머리말

중국경제(中國經濟)는 지역경제(地域經濟)를 이해해야만 한다. 개혁 개방 이후 급속하게 성장하고 있는 중국경제에 대한 수많은 연구와 저서들이 쏟아져 나오고 있지만, 정작 중국의 지역경제에 대한 체계적인 저서는 아직도 매우 부족한 실정이다. 여러 지역경제들이 유기적으로 결합하고 있는 중국은 지역별 특성이 매우 강하기 때문에 하나의 잣대로서 보기 보다는 다양한 지역의 측면에서 접근하는 것이 필요하다.

저자는 중국의 남개대학(南開大學, Nankai University)에서 10여 년을 머무르면서 중국의 지역경제를 연구하고 강의하였다. 이 기간 동안 저자는 중국의 지역경제문제 특히 지역별 발전 격차를 주로 연구하였으며 여러 지역과 도시의 지역개발계획에도 참가하였다. 이를 통해 중국의 지역경제의 발전 역사와 메커니즘을 조금이나마 이해할 수 있었으며, 이 경험들을 졸저를 통해서 독자들과 함께 나누고자 한다.

이 책의 목적은 중국경제를 지역경제라는 측면에서 이해하고자 한다. 그리고 이를 통해 중국 지역의 "지역성(地域性)"을 도출하고자 한다. 한 국가의 경제를 이해한다는 것은 상당히 힘든 일이며 광범위한 작업을 필요로 한다. 특히 한 국가의 지역경제를 이해한다는 것은 더욱 힘든 일이다. 왜냐하면 우선 지역을 어떻게 볼 것인가가 문제이기 때문이다. 특히 지역은 고정적인 개념이 아니라 경제발전 수준과 단계에 따라서 동태적으로 변화할 수 있기 때문에 우리의 이해를 더욱 어렵게 하고 있다.

중국은 한국과 지리적으로 인접한 이웃나라일 뿐만 아니라 경제적으로도 밀접한 관계를 가지고 있으며 앞으로 더욱 긴밀한 경제적 관계를 형성해 나갈 국가이다. 따라서 중국의 경제발전에 대한 이해는 향후 한국의 경제발전을 위해서도 중요한 의의가 있다고 본다. 특히 중국의 지역경제발전에 대한 이해는 한국의 경제발전에 더욱 중요한 의의가 있다고 본다.

집필을 마치면서 여러 분들에게 고마운 마음을 전하고 싶다. 저자에게 처음

지역경제학을 가르쳐 주신 경북대학교의 최용호 지도교수님, 그리고 중국지역연구의 첫 출발을 도와주신 남개대학의 郝壽義 지도교수님, 저자에게 지역연구방법론을 깨우쳐 주신 남개대학의 蔡孝箴 교수님에게 감사드린다. 그리고 남개대학(南開大學) 경제학원(經濟學院)과 경제사회발전연구원(經濟社會發展研究院)은 이 저서가 집필될 수 있는 좋은 연구 환경을 제공해 주어서 매우 감사드린다. 지금도 경상북도 고령군 다산면 벌지리에서 농사일을 하고 계시는 아버지와 어머니에게 특별한 감사를 드린다. 그 분들의 기도와 흘리신 땀방울이 없었다면 오늘의 이 저서도 세상에 나오지 못했을 것이다. 마지막으로 나의 아내 이미정과 큰 아들 김학빈 그리고 올해 태어난 김학재와 이 저서의 완성을 함께 축하하고자 한다. 또한 이 저서가 출판되기까지 심혈을 기울여 주신 신아사의 정현걸 사장님과 한규갑 상무님 그리고 본 저서의 편집을 꼼꼼하게 도와주신 김금란 실장님에게 감사드린다.

2011년 가을

배재대학교 연구실에서

중국지역경제개론
Introduction to Chinese Regional Economies

목 차

제1장 지역경제 연구방법 • *21*

제2장 지역구분 • *43*

제3장 도시발전 • *97*

제4장 농촌경제 • *167*

제5장 지역경제발전격차 • 251

제6장 인구 • *335*

제8장 외국인 직접투자 • 475

제9장 물류 • *611*

일러두기

1. 지명과 인명은 중국어 표기법에 따라 표기하고 페이지별로 해당 단어가 처음 나올 때 괄호 안에 한자를 함께 적었다. 음은 한글을 그대로 사용하였다.

    예) 북경(北京)

2. 자주 쓰이는 한자가 포함된 고유명사는 한국 한자음으로 표기했다.

    예) 성진(城鎭)

3. 한자식 표현이 더 분명하게 의미를 전달할 수 있다고 판단되는 용어는 한자식으로 표기했다. 현대 중국어와 일치하는 것이 더욱 도움이 되는 경우는 간자체를 사용하였다.

    예) 보세구(保税区)

제1장
지역경제 연구방법

1

中國地域經濟概論
Introduction to Chinese Regional Economies

1. 중국지역경제의 개념
2. 중국지역경제의 연구방법
3. 중국지역연구 자료출처

1. 중국 지역경제의 개념

1.1. 중국 지역경제의 개념

지역경제에 대한 개념과 구분은 동태적이다. 지역경제학에서는 지역개념에 대해서 많은 이론적 고민을 해 왔지만 만족할 만한 결과를 제시하지는 못하고 있다. 중국의 지역경제 개념 역시 마찬가지이다. 무엇이 중국의 지역경제인가? 중국의 지역경제는 어느 범위까지를 포함하는가? 중국의 지역경제에는 어떠한 것들을 포함하고 있는가? 등의 문제들에 대한 대답을 필요로 하고 있다.

중국의 지역경제는 우선 지리적으로는 중화인민공화국(中華人民共和國)[1]의 영토 내부를 말한다. 연구의 목적에 따라서는 동남아시아의 화교경제권(華僑經濟圈)까지도 중국의 지역경제 연구범위에 포함시키기도 하지만 일반적으로는 대만지역, 홍콩특별경제구역, 마카오특별경제구역을 제외한 31개 성 · 시 · 자치구(省 · 市 · 自治區)를 지리적 범위에 포함시킨다. 따라서 본 책에서도 특별한 언급이 없는 경우에는 31개 성 · 시 · 자치구를 중국의 지역경제 범위에 포함하기로 한다.

중국의 지역경제는 중요한 특징을 가진다. 중국은 하나의 중국이다. 그러나 그 내부에는 여러 개의 지역을 포함하고 있다. 그리고 이들 여러 개의 지역들은 서로 유기적으로 결합되어 있다. 다른 국가들과는 달리 중국의 지역경제는 비교적 강한 지역성(地域性, locality)을 그 특징으로 하고 있다. 이 지역성은 여러 측면에서 그 영향력을 나타내고 있으며 중국의 지역경제발전에도 상당한 영향력을 발휘하고 있다. 우리가 중국의 지역경제에 대해서 관심을 가지고 연구를 해야 하는 이유가 바로 이 지역성에 있다고 본다. 중국의 지역

1) 특별한 언급이 없으면 중국과 중화인민공화국은 동일하게 사용하도록 한다.

을 보지 못하면 중국을 제대로 이해할 수가 없는 것이다.[2)]

1.2. 중국 지역경제 연구의 의의

중국의 지역경제를 연구하고 이해한다는 것은 우리들에게 큰 의의가 있다. 가장 큰 의의는 중국경제발전의 실체를 파악할 수 있다는 것이다. 중국의 경제발전은 지역에서 시작되었으며, 현재도 지역을 중심으로 경제발전은 진행되고 있으며, 향후에도 중국의 경제발전은 지역에서 더욱 심화되어 나갈 것이다.[3)] 중국의 경제발전에 있어서 지역이 강조되고 있는 것은 물론 각 지역들이 가지고 있는 독특한 지역성에 의한 측면도 있지만 정치적인 측면에서도 지역은 중요한 의의를 가지고 있다고 본다.[4)]

중국은 하나의 중국이다. 그러나 공간적인 측면에서 중국을 하나로만 인식하는 것은 편협된 시각이다. 우선 중국은 여러 민족들이 결합된 국가이다. 그리고 기후조건과 지형조건도 매우 다양하며 복잡한 양상을 가지고 있다. 인간의 삶에 있어서 다양한 민족과 복잡한 자연조건들은 지역적 특성들을 강하게 형성하지 않을 수 없다. 그리고 이러한 토양 위에서 일어나는 경제활동들도 이들의 영향을 피할 수 없는 것이다. 우리가 중국을 정확하게 인식하고 이해하기 위해서는 중국의 지역을 보아야만 한다. 예를 들면 북경시(北京市)

---

2) 중국의 개혁개방과 더불어 국내외의 많은 학자들이 중국경제에 대한 연구를 하고 있다. 국내에서도 많은 저서와 연구들이 진행되고 있으며 진행되었지만 중국의 지역을 단지 국가의 일부분으로서만 보는 관점이 대부분이며 지역이 가지고 있는 독특한 역할과 측면에 대해서는 관심이 집중되고 있지 못하다. 물론 이러한 문제는 중국적인 시각을 가지지 못하는 한계에서 비롯된다고 본다.

3) 중국의 지역경제는 중국식 경제발전모델의 실험의 장(場)이다. 즉 어떤 제도적 개선을 전국적으로 실험하는 것은 무리이기 때문에 특정지역에서 우선적으로 실험을 한 뒤 그 효과에 따라서 다른 지역으로 확산시켜나가는 것이다(최용호, 김상욱, 2003).

4) 위의 각주에서 언급하였듯이 지역은 실험의 장(場)의 역할을 하고 있다. 이러한 실험이 경제적인 측면에서는 효율을 위한 것으로 해석할 수 있지만 정치적인 측면에서는 안정을 위한 것으로 해석할 수도 있다. 그리고 특정 지역이 강조되는 것은 단순히 경제적인 측면만이라기 보다는 정치적인 측면도 동시에 내포하고 있을 것이다.

는 수도일 뿐이지 그 이상의 의의는 없는 것이다. 중앙집권적인 체제에 익숙해진 학자들은 특정 국가의 수도가 그 국가의 중심지이기 때문에 모든 것을 대표할 수 있다는 착각에 빠지게 된다. 이러한 잘못된 시각은 결국 단편을 보고 전체를 해석하려는 실수를 하게 되는 것이다.[5)]

중국의 지역연구는 특히 한국경제에 있어서 큰 의의를 가지고 있다. 중국의 개혁 개방 이후 세계의 각 국가들은 중국의 생산요소를 이용하고자 또는 중국의 시장을 확보하고자 끊임없이 중국으로 진입하고 있다. 특히 무역량의 급속한 증가와 외국인직접투자의 확대는 이러한 사실들을 잘 반영하고 있다. 『중국통계연감』에 의하면, 1978년 중국의 무역규모는 206.4억 달러이었는데 2007년에는 2조 1,738억 달러로 105.3배가 증대하였다. 실제이용액 기준에 의하면, 외국인직접투자도 1979년부터 1984년에는 누계금액이 41.04억 달러 정도였는데, 2007년에는 누계금액이 7,666.97억 달러로 크게 증가하였다. 20세기 80년대 특히 90년대부터 중국은 세계경제에 있어서 간과할 수 없는 영향을 발휘하고 있으며 새로운 기회의 땅으로서 부각되고 있다. 이것은 "세계의 공장"[6)]과 "중국의 기적"[7)] 등 여러 표현들을 통해서 우리들의 실생활에 다가오고 있다.

중국은 한국경제에 있어서 가장 중요한 협력 파트너가 되었다. 이는 한 · 중 수교 이후 매년 급속하게 증가하고 있는 무역규모와 외국인직접투자에서 잘 나타나고 있다. 1992년

---

5) 즉 기존의 연구 대상 공간 자체가 협소하기 때문에 발생하는 문제이다. 지역연구에 있어서 수도와 경제중심은 단지 표면적인 현상일 뿐이다. 왜냐하면 수도도 이전될 수 있으며, 경제중심도 경제발전에 따라서 변할 수 있기 때문이다. 따라서 수도와 경제중심도 전체의 한 부분이지 그 자체가 전체를 '대표'할 수는 없는 것이다.

6) 세계의 공장이란 원래 영국의 산업혁명을 설명할 때 사용하는 중국식 표현이었다. 중국의 공업이 급속하게 발전함에 따라 중국도 세계의 공장이 되고 있는 것이 아닌가라는 것이다. 2004년 5월 중국국무원 총리 溫家寶가 영국을 방문할 때, "중국이 세계의 공장이고는 감히 말하기 힘들며, 중국은 세계의 가공공장이다"라고 하였다. 세계의 가공공장이란 중국은 아직 선진기술이 부족하여 산업을 선도하는 공장의 역할을 하기는 힘들며 오히려 기술수준이 한 단계 낮은 가공공장의 역할을 하고 있음을 말한다.

7) 2차 세계대전 이후 한국경제의 급속한 성장을 "한강의 기적"이라고 평가하였었다. 이와 같이 개혁개방 이후 중국의 급속한 경제성장을 "중국의 기적"이라고 평가한 것이다. "중국의 기적"은 林毅夫(1994)의 『中国的奇迹:发展战略与经济改革』에서 비교적 일찍이 사용하고 있다고 볼 수 있다.

한 · 중 수교 당시 양국의 무역규모는 44.43억 달러로 한국 전체 무역규모의 4.03% 정도만을 차지하였다. 그러나 2007년에는 양국의 무역규모가 1,450.13억 달러로 급성장하였으며 한국 전체 무역규모에서 차지하는 비중도 19.91%로 크게 증가하였으며, 매년 꾸준한 증가 추세를 보이고 있다.[8)]

이렇게 매년 급속도로 증가하는 양국의 무역규모에서 한 가지 주의할 점은 지역별 무역규모가 크게 차이가 있다는 것이다. 즉 한국은 중국의 몇몇 특정 지역과 주로 무역을 하고 있다는 것이다. 무역에 필요한 항구와 공항 등의 인프라 조건이 지역별 집중 현상에 영향을 초래할 수도 있지만, 지역별 집중 현상은 현저하게 나타나고 있다. 지역별로 보면 강소성(江蘇省)과 광동성(廣東省)의 무역규모가 가장 크다. 2007년 기준 각각 전체 무역액의 23.05%, 17.84%를 차지하고 있다, 두 지역의 합은 전체 대중 교역의 40% 정도를 차지하고 있는 것이다. 이외에도 산동성(山東省)이 14.22%, 상해시(上海市)가 10.14%, 천진시(天津市)가 8.15%, 북경시(北京市)가 6.82%, 절강성(浙江省)이 6.35%를 차지하고 있다. 이들 7개 지역과의 무역은 한국의 대중국 무역 전체의 86.65%를 차지하고 있다.

이와 같은 지역 현상은 중국 연구에 있어서 지역연구의 중요성을 나타내고 있다. 즉 한국의 측면에서 보면 중국의 모든 지역과 활발한 무역활동을 하는 것이 아니라 대부분이 동부 연해안 지역의 몇 몇 지역들과 집중적으로 무역을 전개하고 있는 것이다. 따라서 중국을 지역적으로 보는 것이 더욱 현실적인 의의가 있는 것이다.

경제활동의 특정 지역 집중 현상은 무역뿐만 아니라 외국인직접투자에서도 더욱 확연하게 드러나고 있다. 2007년 말 현재 한국의 중국에 대한 외국인직접투자는 약 194.54억 달

8) 한국 관세청의 통계에 의하면 2007년 현재 중국은 한국의 제1 교역 국가이며, 2위 미국(830억 달러), 3위 일본(827억 달러)과 큰 차이를 나타내고 있다. 중국해관총서의 통계에 의하면 한국은 중국의 제4 교역 국가이다. 홍콩(1,972억 달러)를 제외하면 미국(3,021억 달러), 일본(2,360억 달러)에 이어 제3의 교역 국가이다. 한국과 중국의 무역통계는 약간의 오차가 있다. 한국무역협회(KITA)통계에 의하면 2007년 한국의 대중 무역규모는 1,450억 달러이며, 그 중 대중 수출은 820억 달러, 수입은 630억 달러로서 190억 달러의 무역흑자를 달성하였다. 그러나 중국해관총서의 통계에 의하면 2007년 중국의 대한 무역규모는 1,599억 달러이며, 그 중 대한 수출은 561억 달러, 대한 수입은 1,038억 달러로서 477억 달러의 무역적자를 나타냈다.

러[9]에 달한다. 중국의 외국인직접투자 유입 규모에 있어서 한국의 비중은 크게 높지 않지만 2001년 이후 중국에 대한 외국인직접투자는 매년 꾸준한 증가세를 보이고 있다. 특히 한국의 해외직접투자 전체 금액에서 차지하는 중국의 비중은 1997년 아시아금융위기 이전에는 거의 20% 정도를 차지하다가 2001년에는 약 12% 정도로 감소하였다. 그러나 최근에는 다시 40% 이상으로 그 비중이 크게 증가하였다. 무역의 지역별 집중 현상과 마찬가지로 한국의 해외직접투자 역시 현저한 지역별 집중현상을 나타내고 있다.

2004년 말 기준에 의하면, 한국의 중국에 대한 해외직접투자 건수의 35.62%와 누계 투자금액의 28.00%가 산동성(山東省)에 집중되어 있다. 투자 건수로 보면, 그 다음은 요녕성(遼寧省)이 15.11%로 두 번째로 투자가 집중된 지역이고, 세 번째는 천진시(天津市)로 8.92%이다. 투자 금액으로 보면, 그 다음은 강소성(江蘇省)으로 16.16%, 세 번째는 천진시로 10.61%이다. 즉 중국에 대한 한국투자의 대부분은 동부 연해안 지역의 몇 개 지역에 집중적으로 분포하고 있다. 이 역시 무역과 마찬가지로 경제활동의 지역집중현상을 나타내고 있다. 따라서 무역이나 해외직접투자라는 측면에서 볼 때 한·중 양국의 경제관계는 특정 지역을 중심으로 전개되고 있다. 이것은 우리가 중국을 연구할 때 지역에 초점을 두어야 하는 또 하나의 중요한 이유 중의 하나이다.

9) 외국인직접투자에 대한 통계도 약간의 차이가 있다. 한국수출입은행에 의하면 2007년 말 현재 한국의 대중국 외국인직접투자 건수는 62,988건, 누계 총액은 225.4억 달러이며, 중국 상무부의 통계에 의하면 투자 건수는 46,582건, 투자 누계 총액은 385.8억 달러이다. 2007년 실제투자금액을 기준으로 하면 한국은 홍콩(277억 달러)과 버지니아제도(165.5억 달러)를 이어서 제3의 투자 국가이다. 실제투자금액은 36.8억 달러로서 일본의 35.9억 달러보다 조금 많다. 이러한 차이가 발생하는 이유는 투자금액을 신고금액으로 할 것인가 아니면 실제투자금액으로 할 것인가에 있어서 약간의 통계적 오류가 발생할 수 있기 때문이다.

2. 중국 지역경제의 연구방법

2.1. 시스템적 접근

중국 지역경제 연구에 있어서 우선 주의해야 할 점은 시스템적 접근이다. 연구방법론에 있어서 세계관은 중요한 기초가 된다. 세계관은 크게 기계론적 세계관과 유기체적 세계관으로 나눌 수 있다. 일반적으로 볼 때 경제학은 기계론적 세계관을 기초로 하고 있다고 본다. 그러나 중국의 지역연구 특히 지역경제 연구에 있어서는 기계론적 세계관보다는 유기체적 세계관[10]을 기초로 하고 있는 시스템적 접근이 더욱 유용하다고 본다. 이러한 접근법은 다른 국가의 지역연구 또는 지역경제 연구에도 그대로 적용된다고 본다. 즉 지역을 하나의 독립된 개체로서 보지만 지역의 형성과 발전에는 주변 지역과의 연계(linkage)가 반드시 필요로 하기 때문이다. 만약 그렇지 않다면 우리가 바라보는 지역은 고립된 하나의 섬으로서만 존재하기 때문이다. 물론 연구의 편의를 위해서 때로는 의도적으로 지역을 하나의 독립된 섬으로서 간주하기도 한다. 그러나 궁극적으로 지역은 주변 지역과 연계가 있을 때 그 의의를 가질 수 있다.

특히 중국의 지역경제 연구에 있어서는 이러한 연계와 관계가 더욱 중요하다고 본다. 이것은 단순한 경제학적인 세계관의 문제가 아니라 중국이라는 지역을 형성하고 발견시켜 나가고 있는 토양의 철학과도 관련이 있다고 본다. 즉 1+1을 2로서만 인식하는 기계론적

10) 카프라(Capra,F.)는 《새로운 과학과 문명의 전환(The Turning Point)》를 통해 현대 물리학에서 깨달은 그 새로운 세계관이 다른 학문 분야에로 확산되고 있음을 강조한다. 그는 전일적 또는 유기체적 세계관에 뿌리박은 시스템적 접근이 생물학, 심리학, 생의학, 경제학 등 여러 가지 자연 과학 및 사회 과학에서 요원의 불길처럼 일어나고 있음을 상세히 설명한다. 그리고 카프라는 기계론적 세계관에 바탕을 둔 경제학이 얼마나 우리 사회에 대한 분석력이 결핍되고 있는가를 비판하면서 이에 대한 대안으로서 유기체적 세계관을 제시하고 있다.

세계관보다는 1+1의 여러 가지 다양성을 인정하는 것이 중국의 지역을 더욱 정확하게 이해할 수 있는 세계관일 것이다. 시스템적 접근의 핵심은 바로 전체와 개체의 관계를 시스템적으로 보는 것이다. 즉 개체를 전체의 부분집합으로 보면서도 개체의 합집합을 부분의 합집합과는 또 다른 것으로도 해석할 수 있다고 보는 것이다. 철학에서는 이것을 변증법적으로 해석하기도 한다.

2.2. 정치와 경제의 관계

중국경제에 있어서 또 한 가지 주의해야 할 점은 바로 정치와 경제의 관계를 어떻게 이해하고 해석하는 것이다. 이론적으로는 경제발전에 있어서 정치의 역할을 크게 중요시하고 있지 않다. 그러나 현실적으로는 정치가 경제발전에 크고 작은 영향을 초래함을 부정할 수 없다. 특히 경제발전은 각 종 경제정책에 의해서 선도되어지기 때문에 정치적 요인과 밀접한 관계를 형성하고 있다.

중국의 경제 특히 중국의 지역경제 연구에 있어서 정치와 경제의 관계는 더욱 중요한 의의를 가진다. 중국의 경제발전은 5개년 계획을 중심으로 이루어진다. 2008년 현재는 제11차 경제개발 5개년 계획 기간이다. 매 계획은 당시 경제발전 수준에 맞는 또는 필요한 정책들을 입안하고 있다. 그러나 한 가지 주의해야 할 점은 이 경제개발 5개년 계획에 있어서 중국공산당전국대표회의가 중요한 역할을 담당하고 있다는 것이다. 중국의 주요 정책의 결정은 매년 연말 전에 개최되는 중국공산당전국대표회의(中國共産黨全國代表會議)에서 주요한 사항들을 먼저 의결한 후 다음 년도 봄에 개최되는 전국인민대표대회(全國人民代表大會)에서 다시 한 번 더 정책을 실행할 수 있는 법안을 상정함으로써 완성된다. 시기적으로 볼 때 중국공산당전국대표대회가 먼저 개최되고 전국인민대표대회는 후에 개최된다.

정치와 경제의 관계에 있어서 또 한 가지 주의해야 할 점은 당(黨) · 정(政) 혼합시스템이다. 즉 모든 지역과 도시 또는 조직에는 당을 대표하는 서기(書記)가 있으며, 정 또는 실무를 담당하는 대표가 있다. 예를 들면 한 도시에는 도시를 대표하는 시장(市長)이 있으며, 도시의 당 업무를 대표하는 서기가 있다. 물론 어떤 경우에는 시장이 서기를 겸하는 경우도 있지만 행정적으로는 서로 독립 분리되어 있는 것이다. 시장은 경제를 대표한다면 서기는 정치를 대표하는 것이다. 그리고 시장과 서기는 서로 대립적인 구조가 아니라 상호보완적인 역할을 담당하고 있는 것이다. 그러나 또 다른 측면에서 보면 이러한 이중구조가 오히려 경제발전에 비효율을 초래할 수도 있다는 지적이 있다.

중국의 지역경제 연구에 있어서 정치와 경제의 관계를 이해하는 것이 중요한 이유는 중앙집권적인 정치시스템을 가진 중국이면서도 지방분권 또한 발전되어 있기 때문이다. 경제발전이란 결국 한정된 자원을 가장 효율적으로 이용하여서 그 성과를 더 많은 사람들이 향유하고자 하는 과정이다. 그리고 이를 위해서는 부득이하게 자원의 배분이라는 과정을 거치지 않을 수 없다. 이 과정에서 지방정부는 더 많은 자원을 확보하기 위해 정치적인 노력도 병행할 수밖에 없다. 한 가지 예를 들면, 20세기 80년대 초 심천(深圳)의 경제특구, 90년대 상해의 포동신구(浦東新區), 그리고 최근의 천진 빈해신구(濱海新區)와 같은 특별경제구역들은 정치적인 측면에서 지역개발이 의의를 가질 수 있다.

한정된 자원의 효율적 배분뿐만 아니라 소유권 구조에 있어서도 정치와 경제는 밀접한 관계를 가지고 있다. 특히 중국은 국유부분이 국가경제의 핵심적인 역할을 담당하고 있으며, 국유라는 것은 국민소유제를 기반으로 하고 있기 때문에 정치적인 입장이 경제활동에 영향을 초래할 수밖에 없다. 그리고 중국의 장기적 발전방향인 사회주의시장경제(社會主義市場經濟) 또는 중국특색사회주의 등에서도 정치와 경제의 관계를 간접적으로 볼 수 있다. 사회주의시장경제는 중국적 특징을 현저하게 나타내 주고 있는 발전방향이다. 이 개념을 잘 살펴보면 우리는 정치와 경제가 유기적으로 연계되어 있음을 발견할 수 있다. 즉 사회주의는 정치적 의의를 가지며 시장경제는 경제적 의의를 가지고 있기 때문이다.

2.3. 통계자료에 대한 이해

중국지역연구에 있어서 마지막으로 주의할 점은 바로 통계자료에 대한 올바른 인식과 이해이다. 국내외의 많은 학자들이 중국의 통계자료에 대해서 어느 정도의 '불신' 또는 '의혹'을 제기하고 있다. 물론 이것은 중국만의 문제는 아니다. 한 사회가 올바로 발전하기 위해서는 정확한 통계자료가 요구되는 것은 당연한 조건이다. 우리가 유의해야 할 점은 중국의 통계자료를 어떻게 이해할 것인가이다.

우선 통계자료를 단순한 수치의 차이로서 인식하기보다는 하나의 추세로서 해석하는 것이 더욱 현실적인 의의를 가지고 있다고 본다. 즉 중국의 경제성장률이 매년 두 자리 수로 증가한다고 하자. 이것은 중국의 경제성장이 상당히 빠르다는 추세를 나타내고 있다. 중국의 경제성장률이 한 자리 수로 후퇴하였다. 이것은 중국경제의 성장 속도가 둔화되고 있는 추세이다.

둘째, 통계지표 조정에 대한 정확한 인식이 필요하다. 중국의 통계지표는 특별한 경우에는 약간의 조정을 하고 있다. 만약 이러한 통계지표의 조정에 대한 배경을 이해하지 못하면 통계자료 자체에 대한 의문을 가질 수 있기 때문에 유의할 필요성이 있다. 특히 시계열자료를 이용할 경우에는 연도별 격차가 크게 발생할 수 있기 때문에 의문을 제기할 수도 있는 것이다. 예를 들면 1998년의 공업 부문의 기업 수와 공업총생산액 지표의 수정이 있었다. 1998년 이전에는 향급(鄉級) 또는 향급 이상의 기업들에 대한 조사만 포함하였는데, 1998년 이후에는 국유부문과 규모 이상의 비(非)국유부문을 조사대상에 포함시키고 있다. 규모이상의 비국유부문이란 연간 매출액 500만 위안 이상의 기업을 말한다. 이 기준에 의하면 1997년 절강성(浙江省) 공업의 기업 수는 29,163개이나 1998년에는 갑자기 13,475개로 줄어든다. 그리고 공업총생산액도 1997년에는 10,379.96억 위안인데 1998년에는 4,702.40억 위안으로 크게 줄어든다. 인구통계도 주의가 필요하다. 절강성의 인구통계에 의하면 1990년 이전에는 호적인구(戶籍人口)를 기준으로 하고 있으나, 그 이후에는 상주인구(常住人口)를 기준으로 하고 있다. 호적인구는 농촌호적과 도시호적을 구분하고 있

3. 중국 지역연구 자료출처

3.1. 통계연감

지역경제연구에 있어서 가장 기본이 되는 것은 자료의 확보이다. 대부분의 통계자료는 국가를 단위로 하고 있기 때문에 지역경제를 연구하고자 하는 경우에 자료의 부족 문제에 가장 먼저 직면하게 된다. 그리고 어렵게 확보한 자료일지라도 객관성이 요구된다. 이를 위해서는 연구에 필요한 자료출처가 중요하다. 각 종 통계연감은 연구에 필요한 기본적인 자료를 제공하고 있다.

중국의 지역경제 연구는 여러 통계연감을 이용할 수 있다. 우선 가장 기본적인 것은 중국통계연감(中國統計年鑑)이다. 중국국가통계국(中國國家統計局)에서 편찬하고 중국통계출판사(中國統計出版社)에서 발행하는 중국통계연감은 중국경제와 관련된 자료를 종합적으로 제공하고 있다. 또한 당해 연도의 지역별 자료도 제공하고 있기 때문에 지역연구에도 도움이 된다. 그리고 홍콩, 마카오, 대만 지역의 자료도 제공하고 있다. 그러나 한 가지 주의할 점은 제1차 전국경제센서스 결과에 따른 이전 연도 통계자료의 수정이다. 2007년에 발행된 중국통계연감에서는 수정된 자료를 제공하고 있지만 2005년 이전의 통계연감에서는 기존의 자료를 제공하고 있다. 따라서 시계열 추세를 보기 위해서는 수정된 자료를 이용하는 것이 더욱 좋으며, 동시에 이전 자료들에 대해서는 이에 맞는 조정을 반드시 해야 한다. 그리고 과거의 자료들을 확보하기 위해서는 신중국오십오년통계자료회고(新中国五十五年统计资料汇编)을 참고할 수 있다. 이것은 국가통계국국민경제종합통계사(國家統計局國民經濟綜合統計司)에서 편찬하고 중국통계출판사에서 발행한다. 이 통계연감에는 1949년부터 2004년까지의 자료들을 제공하고 있다.

중국지역경제 연구에 있어서 두 번째로 참고할 통계연감은 중국지역경제통계연감(中

國區域經濟統計年鑑)이다. 중국지역경제통계연감은 중국의 국가통계국국민경제종합통계사(國家統計局國民經濟綜合統計司)에서 편찬하고 중국통계출판사에서 발행하고 있다. 중국통계연감에서도 지역별 자료를 제공하고 있지만 중국지역경제통계연감에서는 더욱 구체적인 지역별 자료를 제공하고 있다. 중국지역경제통계연감은 7개의 경제지역, 31개 성급(省級) 행정구역, 330여 개의 지급(地級) 행정구역, 2,000여 개의 현급(縣級) 행정구역의 자료를 제공하고 있다. 7개 경제지역은 동부지역 10개 성급 행정구역, 중부지역 6개 성급 행정구역, 중부지역 12개 성급 행정구역, 동북지역 3개 성급 행정구역, 민족자치지역, 주강(珠江)삼각주 경제지역, 장강(長江)삼각주경제지역을 포함하고 있다.

세 번째로 참고할 자료는 중국도시통계연감(中國城市統計年鑑)이다. 중국도시통계연감은 국가통계국성시사회경제조사사(國家統計局城市社會經濟調查司)에서 편찬하고 중국통계출판사에서 발행하고 있다. 한 가지 주의할 점은 중국도시통계연감은 2년 정도의 시차가 있다는 것이다. 즉 2007년에 발행된 2006년 중국도시통계연감에는 2005년의 자료들을 제공하고 있는 것이다. 중국지역경제통계연감에서도 지급 행정구역 즉 지급 도시의 자료를 제공하고 있으나 중국도시통계연감에서는 도시를 중심으로 하는 자료를 제공하고 있다. 중국도시통계연감에는 지급 도시와 현급 도시의 자료를 제공하고 있으며, 지급 도시는 다시 시직할구(市轄區)와 시 전체(全市)로 나누어서 자료를 제공하고 있다. 즉 중국지역경제통계연감에서는 도시와 농촌을 하나의 지역 단위로 하는 자료를 제공하고 있는 반면, 중국도시통계연감에서는 농촌을 제외한 순수 도시의 자료만을 제공하고 있는 것이다. 중국도시통계연감이 중국의 도시와 관련된 자료들을 비교적 상세하게 제공하고는 있지만 개혁개방 이전의 자료들은 제공할 수 없다. 이들 과거 자료들은 국가통계국성시사회경제조사총대(國家統計局城市社會經濟調查總隊)가 편찬하고 신화출판사(新華出版社)가 발행한 신중국도시50년(新中國城市五十年)을 이용할 수 있다.

네 번째로 참고할 자료는 각 지역별 통계연감이다. 지역별 통계연감에는 31개 성급 행정단위의 통계연감과 주요 도시의 통계연감 그리고 특별경제구역의 통계연감들이 있다. 중국은 31개 성급 행정단위가 각각의 통계연감을 매년 발행하고 있다. 그리고 이들 통계연감에서는 해당 지역의 시계열 자료들을 제공하고 있기 때문에 중국지역경제연구에 매우 유용한 참고자료이다. 주요 도시들도 매년 통계연감을 발행하고 있다. 물론 모든 도시들이 도시통계연감을 발행하는 것은 아니다. 일반적으로 이들 특정 도시통계연감에서는 중국지역경제통계연감과 중국도시통계연감에서 제공할 수 없는 도시 내부의 구(區) 별 자료를 제공하고 있다. 중국은 개혁개방의 효과를 공간적으로 극대화하기 위한 특별경제구역들을 제정하였다. 이들을 중심으로 하는 통계연감 역시 중국지역경제 연구에 필요한 자료들을 제공하고 있다. 예를 들면, 상해포동신구통계연감(上海浦東新區統計年鑑), 하문경제특구연감(厦門經濟特區年鑑), 천진빈해신구통계연감(天津濱海新區統計年鑑) 등이 있다.

다섯 번째로는 부문별 통계연감이다. 지역별 무역과 외국인직접투자와 관련된 자료는 중국무역외경통계연감(中國貿易外經統計年鑑)을 참고할 수 있다. 이 통계연감은 국가통계국무역외경통계사(國家統計局貿易外經統計司)가 편찬하고 중국통계출판사가 발행한다. 한 가지 주의할 점은 중국은 무역통계를 국내무역과 대외무역으로 나누어서 발표한다는 것이다. 특히 외국인직접투자와 관련해서는 중국통계연감이나 중국도시통계연감 등에서도 자료를 제공하고 있으나 중국무역외경통계연감에서는 더욱 구체적이고 체계적으로 자료를 제공하고 있다.

이외에도 과학기술과 관련된 중국과기통계연감(中國科技統計年鑑), 지역별 노동시장을 파악할 수 있는 중국노동통계연감(中國勞動統計年鑑), 지역별 에너지 수급과 관련된 중국에너지통계연감(中國能源統計年鑑), 인구변동 사항과 관련된 중국인구통계연감(中國人口統計年鑑), 교육 관련 자료를 알 수 있는 중국교육연감(中國教育年鑑), 중국교육통계연감(中國教育統計年鑑), 중국교육경비통계연감(中國教育經費統計年鑑), 공업 발전 현황을 알 수 있는 중국공업경제통계연감(中國工業經濟統計年鑑), 서비스 산업의 발전과 관련된 중국제3차산업통계연감(中國第三産業統計年鑑), 첨단산업과 관련된 중국고기술산업통계연감(中國高技術産業統計年鑑) 등을 통해서도 부문별 자료를 이용할 수 있다.

3.2. 정부기관

지역연구를 위해서는 해당 지방정부나 중앙정부 각 기관의 자료들을 충분히 활용하여야 한다. 중국의 지역경제연구를 위해서는 우선 국가통계국(國家統計局)의 통계자료를 이용할 수 있다. 국가통계국의 통계자료는 월별, 분기별, 연도별 자료를 제공하고 있다. 특히 연도별 자료는 홈페이지에서 1996년부터 중국통계연감 원본을 제공하고 있기 때문에 연구에 많은 도움이 된다. 또 하나 주의할 자료는 통계공보(統計公報)이다. 통계공보는 일반적으로 연초에 발행되기 때문에 전년도의 경제활동 상황을 가장 빨리 알 수 있는 자료이다. 그리고 전국의 통계공보 뿐만 아니라 각 성 · 시 · 자치구(省 · 市 · 自治區)의 통계공보도 제공하고 있기 때문에 최신의 지역별 자료를 확보하는데 큰 도움이 된다. 이외에도 국가통계국에서는 인구, 공업, 농업, 서비스업 등 각 종 센서스의 자료도 제공하고 있다. 이외에도 국가개혁과 발전위원회(国家发展和改革委员会), 상무부(商务部), 과학기술부(科学技术部), 공업과 정보화부(工业和信息化部) 등의 정부부문에서도 유용한 자료들을 실시간으로 제공하고 있다.

지방정부에서도 연구에 필요한 각 종 자료들을 제공하고 있다. 중국의 통계시스템은 지방정부가 중앙정부에 기초자료를 보고하면 중앙정부에서는 이를 종합하여 발표하고 있다. 따라서 기초자료는 지방정부 특히 가장 하층의 행정기관에서 확보되고 있다. 성급 단위에서는 자체적으로 통계를 담당하는 통계국이 있다. 따라서 우리는 이들 지방 통계국의 자료를 중심으로 이용하면 된다. 그리고 대부분의 국가급 경제기술개발구는 자체적으로 통계부서를 운영하고 있다. 전국적으로 약 50여 개의 국가급 경제기술개발구가 운영되고 있는데, 이들 통계부서에 있는 자료들도 상당한 이용가치가 있다.

중국지역경제의 연구에 있어서 재중대한민국대사관, 한국수출입은행, 한국은행, 한국무역협회, KOTRA 등에서 제공되는 자료들을 이용할 수도 있다. 그러나 이들 자료들이 대부분은 중국에서 제공하는 1차 자료들을 재가공하는 정도이기 때문에 가능하면 중국에서 직접적으로 자료를 확보하는 것이 더욱 효과적이다.

3.3. 연구기관

연구기관에서 제공하는 자료들은 특정 연구에 적합하도록 가공된 자료들이 많다. 특별한 목적을 위해서 자체 조사를 한 경우가 아닌 연구는 대부분이 각 종 통계연감을 이용하기 때문이다. 따라서 연구기관의 자료는 우선 통계지표의 정확한 해석이 뒤따라야 한다. 중국지역경제연구에 있어서 우선적으로 이용할 수 있는 연구기관은 중국사회과학원(中國社會科學院)이다. 중국사회과학원은 정부출연 연구기관으로서 중국의 사회과학 연구의 핵심적인 역할을 담당하고 있으며 각 지역별로 지방 연구원을 두고 있다. 지역별 사회과학원은 그 지역과 관련된 여러 기초 자료들을 종합적이고 체계적으로 확보하고 있기 때문에 지역경제연구에 필요한 자료를 제공해 줄 수 있다. 중국사회과학원은 산하에 33개의 연구소, 3개의 연구센터, 1개의 연구원을 두고 있으며, 경제뿐만 아니라, 정치, 역사, 종교, 문학, 법, 민족, 인구 등 여러 분야를 연구하고 있는 종합적인 연구기관이다. 특히 사회과학원은 국제관계 및 국제지역연구도 활발하게 전개하고 있다.

중국사회과학원이 사회과학을 중점으로 하고 있는 반면에 중국과학원(中國科學院)은 자연과학을 중점적으로 연구하고 있다. 특히 사회과학원의 산하기관인 중국과학원 지리과학과 자원 연구소(中国科学院地理科学与资源研究所)도 중국지역경제연구에 필요한 자료들을 제공하고 있다. 특히 본 연구소에서는 자원 및 환경, 에너지 등에 관련된 연구를 많이 진행하고 있기 때문에 지역경제연구에도 유용하게 이용할 수 있다.

중국의 각 대학의 전문 연구기관들도 중국지역경제연구에 필요한 유용한 자료들을 많이 확보하고 있다. 각 지역을 대표하는 대학들에서는 그 지역의 경제문제와 경제정책 더 나아가서는 지역개발계획에까지 적극적으로 참여하고 있기 때문이다. 지역별 자료는 중앙정부나 중앙의 연구기관보다도 지방의 전문연구기관 또는 지방의 대학 내의 연구기관들에게서 더 효율적으로 이용할 수 있다. 이들 전문연구기관들은 해당 지역의 지역개발계획이나 도시개발계획, 농촌발전계획 등에 참여하는 해당 지역의 대학이나 연구기관을 우선적으로 찾으면 된다. 예를 들면 중국 서부지역과 관련해서는 란주대학(兰州大学)의 경제학원을 이용할 수 있으며, 천진빈해신구(天津濱海新區)와 관련해서는 남개대학(南開大學)의 중국도시와지역경제연구센터(中国城市与区域经济研究中心)를 이용할 수 있다. 그리고 부문별 발전계획들도 주의할 필요가 있다. 예를 들면 어느 지역의 항만개발계획을 어느 연구기관에서 수행하는가를 파악하면 된다. 중국의 지역별 자료들은 하층 단위로 내려갈수록 더욱 객관성을 가질 수 있지만, 또 한편으로는 더 많은 내재적 문제를 가지고 있을 수도 있다. 따라서 정확한 자료의 확보를 위해서는 어느 기관에서 이 자료를 이용하는가를 파악하는 것도 중요한 과정이다.

중국 국내의 연구기관 이외에 국외에 있는 많은 연구기관들의 자료들도 충분히 활용할 필요성이 있다. 한국의 대외경제정책연구원(KIEP)은 중국 관련 자료들을 꾸준히 제공하고 있다. 대외경제정책연구원은 중국과 관련된 기타 국가들의 자료와 연구결과물도 동시에 제공하고 있다. 그리고 세계은행, IMF, OECD 등에서도 중국과 관련된 연구를 지속적으로 진행 하고 있으며 관련 자료들을 제공하고 있다. 그러나 지역관련 자료는 상대적으로 열악한 실정이다. 이들 외국 연구기관들도 우선적으로 중국의 통계연감에 기초를 두고 있기 때문이다.

3.4. 자체 조사

연구에 필요한 자료를 확보한다는 것은 매우 신중한 일이며 또는 매우 어려운 작업이다. 특히 중국과 같이 대규모의 인구와 넓은 국토면적을 가진 경우에는 연구에 필요한 자료를 정확하게 확보하는 것이 더욱 힘든 작업이다. 위에서도 언급하고 있듯이 각 종 통계연감, 그리고 정부기관과 연구기관들을 통해서 우리가 필요한 자료들을 간접적으로 확보할 수 있으며 또한 이를 이용할 수 있다. 그러나 통계연감은 기존에 있는 통계지표들에 대해서만 자료를 제공할 수 있다. 물론 경제발전에 따라서 필요한 통계지표들을 끊임없이 보완하고는 있지만 지표의 부재는 쉽게 해결되지는 않을 것이다. 이러한 경우에는 자체조사를 통해서 필요한 자료를 확보할 수밖에 없다. 대부분 이러한 조사들은 설문조사나 현지조사를 통해서 이루어지고 있다. 그러나 설문조사나 현지조사는 특정 연도 특정 시점에서 횡단면 자료 정도만을 제공할 수 있기 때문에 지속적인 조사가 병행되지 않는다면 일회성 자료가 될 수 있기 때문에 주의를 요망한다.

중국 현지에서 자체조사를 진행하는 것은 상당한 어려움이 따른다. 물론 재정적인 부담 이외에도 제도적인 장벽들도 높기 때문이다. 특히 설문조사를 실시 할 경우에는 조사대상에 대한 충분한 사전 이해가 뒷받침되지 않으면 편협적인 조사로 귀결될 수 있기 때문에 신중을 기해야 한다. 현지조사도 마찬가지이다. 의무적으로 정보를 공개해야할 상황이 아닌 경우에 필요한 정보를 요구하는 것 자체가 힘든 과정이기 때문이다.

□ 요약

본 장에서는 주로 중국지역경제를 연구함에 있어서 주의할 점과 참고할 사항들을 연구방법이라는 측면에서 논의해 보고 있다. 다른 국가들과는 달리 중국의 지역경제는 지역성, 다양성, 복잡성 등 여러 가지 특징들을 가지고 있기 때문에 그 연구가 더욱 큰 의의를 가진다. 그리고 중국의 지역경제 연구는 중국의 시각에서 해야 함을 강조하고 있다. 본 저서는 중국지역경제연구에 있어서 주의함 점을 시스템적 접근, 정치와 경제의 관계, 통계자료에 대한 이해로서 간단하게 정리하고 있다. 물론 이것은 필자의 경험에 따른 종합적인 판단일 뿐이다. 이외에도 다른 주의할 점들이 더욱 많을 것이다. 마지막으로 본 장에서는 중국지역경제연구에 있어서 이용 가능한 자료들의 출처에 대해서 통계연감, 정부기관, 연구기관, 자체조사 네 가지 측면으로 정리하고 있다.

□ 주요개념

1. 연구방법
2. 중국지역경제
3. 유기체적 세계관
4. 시스템적 접근
5. 기계론적 세계관
6. 사회주의시장경제

□ 주요 참고문헌

Capra, F.(2007), 『새로운 과학과 문명의 전환』(이성범 번역), 범양사.

최용호, 김상욱(2003), 중국경제개발구의 발전과 한국경제에 주는 시사점, 『對外經濟研究』, 하반기호, pp.3−53.

김상욱(2009), 中國 統計資料의 問題點에 대한 考察, 『韓中經商研究』, 제8집, 제2호, pp.5−40.

林毅夫(1994), 『中国的奇迹: 发展战略与经济改革』, 上海: 上海三联书店.

金相郁(2007), 『中国区域经济不平衡与协调发展』, 上海: 上海人民出版社.

Wu, Harry, X., The Chinese GDP growth rate puzzle: How fast has the Chinese economy grown?, Institute of Economic Research, Hitotsubashi University, Discussion Paper Series No.176, 2006.

제2장
지역구분

2

中國地域經濟槪論
Introduction to Chinese Regional Economies

1. 행정지역 구분

1.1. 전국 행정지역구분

지역구분은 지역경제 연구의 기초이며 시작이다. 지역의 구분은 크게 행정지역구분과 경제지역구분으로 나눌 수 있다. 가장 이상적인 경우는 행정지역구분과 경제지역구분이 일치하는 것이다. 그러나 현실적으로는 일치하지 않는 경우가 대부분이다. 왜냐하면 행정지역구분은 조정이 상당히 어려우나 경제지역구분은 경제발전과정에서 매우 동태적으로 변화하기 때문이다.

중국의 현행 행정구획은 기본적으로 성(省), 현(縣), 향(鄕)의 3급 체제로 구성되어 있다. 그리고 전국의 행정구획은 성, 자치구(自治區)와 직할시(直轄市), 그리고 성, 자치구는 자치주(自治州), 현, 자치현(自治縣)으로 나누어지고, 시, 현, 자치현은 향, 민족향(民族鄕), 진(鎭)으로 나누어진다. 자치구(성에 해당), 자치주(자치구와 자치현 사이), 자치현은 소수민족의 자치행정지역이다. 특별행정구역은 『헌법』규정에 따라 국가의 필요에 의해 설립되고 중앙정부의 직접적 통치를 받는 지방행정구역이다. 현재 홍콩특별행정구역과 마카오행정구역 두 개의 특별행정구역이 있다.

<표 2-1> 중국 행정구역

(단위:개)

구분	지급 행정구획		현급 행정구획			향·진급 행정구획		
	합계	지급시	합계	현급시	市轄區	합계	街道辦事處	鎭
행정지역	333	283	2,862	374	852	41,636	6,152	19,522

주의 : 2005년 말 기준, 홍콩특별행정구역, 마카오특별행정구역은 제외.
자료 : 『중국통계연감2006』.

현재, 중국은 22개의 성, 5개의 자치구, 4개의 직할시, 2개의 특별행정구가 있다. 『중국통계연감2006』의 전국행정구역에 따라 전국은 33개의 행정구역, 333개의 지급(地級) 행정구역 (그 중 283개의 지급시), 2,862개의 현급 행정구역(그 중 374개의 현급시와 852개의 市轄區), 41,636개 향 · 진급 행정구역(그 중 19,522개 향과 6,152개의 街道辦事處)을 포함하고 있다.

1.2. 성급 행정구역

1.2.1. 성

1.2.1.1. 성(省)의 유래

현재의 중국의 행정구역은 성(省)을 기본적인 단위로 하고 있다. 그러면 성은 언제부터 중국의 행정구역을 대표하는 개념이 되었는가? 성이 원래는 중국 고대의 관명(官名)이다. 당(唐) 나라 때 중서성(中書省), 상서성(尙書省), 문하성(門下省) 세 성은 정무를 책임지는 주요 관직이다. 원(元) 나라 때는 중서성이 상서성의 역할을 겸임하면서 그 권력이 더욱 커져 중앙정부의 권력을 나타내는 관명이 되었다. 그리고 지방의 최고 행정책임자는 행중서성(行中書省)이라 불렀으며 이를 간단하게 행성(行省) 또는 성(省)이라 불렀으며 이것이 현재 성의 유래이다(高峰, 陈承新(2006). 원 나라 때 중서성(中書省)이 행정을 관할하였으며, 주변 지역은 ××행성(行省)을 설치하였다. 명(明) 나라는 기본적으로 원 나라의 행정구역체계를 그대로 받아 들였으며, 중서성(中書省)을 폐지하고 행중서성(行中書省)을 포정사사(布政使司)로 개편하였으나, 통상적으로는 포정사사를 성(省)으로 불렀다(谭其骧, 1996 : 64). 이러한 체계가 청(淸) 나라, 중화민국(中華民國), 중화인민공화국(中華人民共和國)을 거치면서 성(省)이 중국의 가장 최상위의 행정구역이 되었다.

중화인민공화국 헌법 제30조에 의하면 현재 중국은 4개의 직할시(直轄市)와 5개의 자치구(自治區)가 22개 성(省)과 동급의 행정구역을 형성하고 있다(國務院法制辦公室, 2004:1–

4). 직할시는 중앙에서 직접 관할하는 행정구역이다. 즉 직할시의 시장(市長)은 성의 성장(省長)과 동일한 또는 경우에 따라서는 더 높은 행정권한을 가진다. 자치구(自治區)는 중국이 다민족 국가임을 반영하는 특별한 행정구역 명칭이다. 물론 자치구도 직할시와 마찬가지로 성과 동일한 행정권한을 가진다. 성(省)이 역사적으로 오랜 배경을 가진 반면에 직할시(直轄市)와 자치구(自治區)는 중화민국 시기에 나타난 행정구역이다.

1.2.1.2. 성(省) 지명의 특징

중국의 성급 행정구역은 비교적 긴 역사를 가지고 있다. 역사적으로 중국의 대륙에는 수많은 왕조가 흥망성쇠를 거듭하고 있었지만 기본적으로 행정구역의 명칭은 그대로 유지되는 경우가 많다. 특히 동부 연해안지역과 중원 내륙의 지명들은 비교적 오랜 역사를 가지고 있고, 변방 지역의 지명은 상대적으로 잦은 변화가 있다. 肖慧才(2008)가 말한 것처럼 행정구역은 역사적인 배경을 가지고 있기 때문에 행정구역의 명칭을 역사적으로 고찰해 보는 것이 필요하다.

중국의 성급 행정구역의 지명은 크게 네 가지 유래로 나눌 수 있다. 첫째는 해당 지역의 주요 지명을 합성하여 만들어진 것이다. 감숙성(甘肃省)은 감주(甘州)와 숙주(肃州)로부터 유래되었다. 감숙성은 당(唐) 나라 때는 관내도(关内道)와 롱우도(陇右道)에 속하였다. 원(元)나라 초 감주(甘州)에 감숙로(甘肃路)를 설치하였으며 이것이 감숙이라는 지명의 시작이 되었다. 명(明) 나라 때 섬서행도사(陕西行都司)가 설치되었으며, 청(清) 나라 때 감숙성(甘肃省)으로 변경되어 오늘에 이르고 있다. 이러한 성급 행정구역에는 안휘성(安徽省), 강소성(江苏省), 복건성(福建省), 사천성(四川省)이 있다.

두 번째는 해당 지역의 중요한 지리적 특징을 반영한 지명이다. 예를 들면 산동성(山东省)은 태행산(太行山)의 동쪽에 있기 때문에 불리었다. 당(唐) 나라 때는 대부분 지역이 하남도(河南道)에 속하였으며, 송(宋) 나라 때는 경동로(京东路)가 설치되었고, 후에 다시 경동동로(京东東路)와 경동서로(京东西路)로 분리되었다. 금(金) 나라 때 지명이 산동동로(山东東路)와 산동서로(山东西路)로 개명되었으며 이것이 산동이라는 지명의 시작이 되었다. 명(明) 나라 때 산동성(山東省)이 설치되었으며 후에는 산동포정사사(山东布政使

司)로 개편되었으나 청(淸) 나라 때 다시 산동성으로 회복되어 현재에 이르고 있다. 이러한 성급 행정구역은 산서성(山西省), 하남성(河南省), 하북성(河北省), 호남성(湖南省), 호북성(湖北省), 광동성(廣東省), 광서성(廣西省), 강서성(江西省), 운남성(云南省), 섬서성(陝西省)이 있다.

<표 2-2> 성(省) 지명의 특징

지 명	특 징	지 명	특 징
감숙성(甘肅省)	감주(甘州), 숙주(肅州)	산동성(山东省)	태행산(太行山)의 동쪽
안휘성(安徽省)	안경(安庆), 휘주(徽州)	산서성(山西省)	태행산(太行山)의 서쪽
강소성(江苏省)	강녕(江宁), 소주(苏州)	하남성(河南省)	황하(黄河)의 남쪽
복건성(福建省)	복주(福州), 건주(建州)	하북성(河北省)	황하(黄河)의 북쪽
사천성(四川省)	익주로(益州路), 이주로(利州路), 재주로(梓州路), 기주로(夔州路)	호남성(湖南省)	동정호(洞庭湖)의 남쪽
흑룡강성(黑龙江省)	흑룡강(黑龙江)	호북성(湖北省)	동정호(洞庭湖)의 북쪽
절강성(浙江省)	절강(浙江, 钱塘江)	광동성(廣東省)	송(宋) 광남동로(廣南東路)
귀주성(貴州省)	귀산(貴山)	광서성(廣西省)	송(宋) 광남서로(廣南西路)
청해성(青海省)	청해호(青海湖)	강서성(江西省)	강남(江南)의 서쪽
해남성(海南省)	해남도(海南島)	운남성(云南省)	운령(云嶺)의 남쪽
요녕성(遼寧省)	요하유역 영원히 안녕(遼河流域永久安寧)	섬서성(陜西省)	섬원(陜原)의 서쪽
길림성(吉林省)	길림오랍(吉林烏拉) 만주어의 연강(沿江)	영하성(寧夏省)	서하안녕(西夏安寧)
내몽고(內蒙古)	막남몽고(漠南蒙古)	신강성(新疆省)	신벽강토(新辟疆土)

자료 : 김상욱(2011).

세 번째는 해당 지역의 자연적 특성을 그대로 지명에 반영하고 있는 것이다. 예를 들면 흑룡강성(黑龙江省), 절강성(浙江省), 귀주성(貴州省), 청해성(青海省), 해남성(海南省)이 있다.

네 번째는 해당 지역에 대한 안녕을 기원하는 문구에서 유래되고 있는 지명이다. 예를 들면 요녕성(遼寧省)은 "요하유역이 영원히 안녕하라(遼河流域永久安寧)"는 문구의 첫 글자와 마지막 글자에서 유래하고 있다. 요녕성은 북방민족이 중국의 중원으로 진입하는 중요한 요충지이기 때문에 역사적으로 매우 중요한 역할을 담당한 지역이다. 당 나라 때 이 지역은 하북도(河北道)가 설치되었으며, 명 나라 때는 요동도사(遼東都司)가 설치되었다. 청 나라 때는 요동장군(遼東將軍)을 두었으며 후기에는 봉천장군(奉天將軍)을 두었다. 청 나라 말기에는 봉천성(奉天省)으로 개편되었고, 1929년 중화민국 시기에 요녕성으로 개명되어 오늘에 이르고 있다. 이와 같은 지명은 길림성(吉林省), 내몽고(內蒙古), 영하성(寧夏省), 신강성(新疆省)이 있다.

1.2.1.3. 성급(省級) 행정구역의 변천

(1) 중화민국 이전 시기

앞에서 언급한 바와 같이 성(省)이 행정구역으로 사용되기 시작한 것은 원(元) 나라 때부터이다. 원에서는 지방의 최고 행정구역을 행중서성(行中書省)이라 불렀으며 이를 간단하게 행성(行省) 또는 성(省)이라 불렀다. 명(明)을 거쳐 청(淸) 나라가 되면 현재와 비슷한 행정구역이 형성되었다(그림 2–1의 a참조[11]). 행정구역의 구조가 기본적으로는 현재와 비슷하지만 가장 큰 차이는 외몽고(현재의 몽골)가 청 나라의 영토로 포함되어 있다는 점이다.

(2) 중화민국 초기

중화민국(中華民國)은 기본적으로 청나라의 행정구역체계를 그대로 계승하였다. 『중화민국임시약법(中華民國臨時約法)』 제3조에 의하면 중화민국의 영토는 22개의 성(省)과 내 · 외몽고(內 · 外蒙古), 서장(西藏), 청해(靑海)를 포함하고 있다. 1914년의 성급 행정구역 조정을 거친 후 1926년 중화민국은 전국에 모두 33개의 1급 성급 행정구역을 설치하였다. 즉 23개의 성(대만성 포함), 5개의 특별행정구역, 4개의 지방, 1개의 특별시가 설치되었다(그림 2–1의 b참조). 5개의 특별행정구역에는 천변특별행정구역(川邊特別行政區域), 열하특별행정구역(熱河特別行政區域), 찰합이특별행정구역(察哈爾特別行政區域), 수원특별행정구역(綏遠特別行政區域), 동성특별행정구역(東省特別行政區域)이 있으며, 4개의

11) 본 지도에서는 동사군도(東沙群島), 남사군도(南沙群島), 중사군도(中沙群島)와 서사군도(西沙群島)는 지면의 제약으로 생략되어 있음.

지방에는 내·외몽고(內·外蒙古), 서장(西藏), 청해(青海), 경조(京兆)가 있고 1개의 특별시는 한구특별시(漢口特別市)가 있다. 청 나라와 비교해 보면 중화민국 초기의 성급 행정구역은 더욱 복잡해지고 있음을 볼 수 있다. 첫째, 서장과 사천성의 사이에 천변특별행정구역(川邊特別行政區域)을 설치하였다(그림 2–1의 b의 아래 원 참조). 둘째, 북평(北平)을 중심으로 성급 행정구역인 경조지방(京兆地方)을 설치하였다. 셋째, 감숙성의 행정구역이 확대되고 내몽고지역을 세 개의 특별행정구역으로 분리하였다(그림 2–1의 b의 위 원 참조).

(3) 중화민국 중·후기 시기

1927년 국민당(國民黨)이 북벌(北伐)을 완성한 후부터 중화민국의 정치중심은 북평(北平, 현재의 北京)에서 남경(南京)으로 이전되었다. 남경정부(南京政府)는 기본적으로 북경정부(北京政府)의 지방행정체계를 그대로 계승하고 있지만 항일전쟁(抗日戰爭)과 국공내전(國共內戰)을 거치면서 성급 행정구역은 몇 차례의 큰 변화를 거치게 되었다. 1947년을 기준으로 중화민국은 모두 48개의 성급 행정구역을 형성하고 있다. 즉 1926년의 33개의 성급 행정구역에서 15개가 증가하였다. 48개 성급 행정구역에는 35개의 성(省), 1개의 지방(地方), 12개의 직할시(直轄市, 당시에는 院轄市라 부름)가 설립되었다(그림 2–1의 c 참조).

주요 변천 과정은 아래와 같이 요약할 수 있다. 첫째, 천변특별행정구역(川邊特別行政區域)이 서강성(西康省)으로 개편되고, 열하특별행정구역(熱河特別行政區域), 찰합이특별행정구역(察哈爾特別行政區域), 수원특별행정구역(綏遠特別行政區域)은 각각 열하성(熱河省), 찰합이성(察哈爾省), 수원성(綏遠省)으로 개편되었고, 동성특별행정구역(東省特別行政區域)은 폐지되었다. 둘째, 일본침략에 의해 세워진 길림성(吉林省), 흑룡강성(黑龍江省), 봉천성(奉天省)의 만주국(滿洲國)이 철거되고, 동북3성은 요녕성(遼寧省), 안동성(安東省), 요북성(遼北省), 길림성(吉林省), 송강성(松江省), 합강성(合江省), 흑룡강성(黑龍江省), 눈강성(嫩江省), 흥안성(興安省) 9개 성으로 다시 분리 설립되었다(그림 2–1의 c 붉은색 참조). 셋째, 청해지방이 청해성(青海省)으로 변경되고, 감숙성의 북부지역에 영하성(寧夏省)을 설립하였다. 넷째, 경조지방(京兆地方)이 폐지되고, 이 지역은 직이성(直隸省)

으로 귀속되었다. 그리고 직이성은 다시 하북성(河北省)으로 개명되었으며, 북평(北平)도 북경(北京)으로 개명되었다. 다섯째, 중화민국 후기에 가장 현저한 특징은 직할시가 12개 설립되었다는 점이다. 즉 남경(南京)직할시, 상해(上海)직할시, 북경직할시, 천진(天津)직할시, 중경(重慶)직할시, 대련(大連)직할시, 청도(青島)직할시, 한구(漢口)직할시, 광주(廣州)직할시, 서안(西安)직할시, 심양(沈陽)직할시, 하얼빈(哈爾濱)직할시가 설립되었다. 이들 12개 직할시는 당시 경제사회발전의 지역거점으로서 중요한 역할을 담당하였다.

중화민국의 성급 행정구역의 변천에서 한 가지 주의할 점은 항일전쟁(抗日戰爭)이 끝난 후부터 다시 시작된 국공내전(國共內戰)에서 공산당(共産黨)을 중심으로 하는 해방구(解放區)의 설립이다. 이들 해방구는 중화인민공화국이 성립되면서 성급 행정구역을 재편하는데 실질적인 배경이 되고 있기 때문이다. 즉 <그림 2-1>의 c에는 이들 해방구도 함께 존재하고 있는 것이다. 항일전쟁이 끝난 직후 전국의 해방구는 섬감녕(陝甘寧), 진수(晋綏), 진찰기(晋察冀), 동북(東北), 진기노예(晋冀魯豫)와 화동(華東) 등으로 나누어졌다. 후기에는 다시 화북(華北), 동북(東北), 화동(華東), 중남(中南), 서북(西北), 서남(西南) 6대 해방구로 나누어졌다. 따라서 중화인민공화국의 성급 행정구역 변천에는 중화민국 후기의 해방구가 중요한 기초를 제공하고 있다.

(4) 중화인민공화국 시기

1949년 중국은 전국에 6개의 대행정구(大行政區)를 중심으로 50개의 성급 행정구역을 편성하였으며, 여기에는 30개의 성, 1개의 자치구(自治區), 12개의 직할시, 5개의 행서구(行署區), 1개의 지방, 1개의 지역이 포함되어 있다.[12] 1950년 중화인민정부위원회(中華人民政

12) 중화인민공화국 시기의 행정구역 변천에 관한 더욱 상세한 내용은 金相郁(2002)을 참고하기 바람. 화북지역(华北区)은 북경시(北京市), 천진시(天津市), 하북성(河北省), 산서성(山西省), 평원성(平原省), 찰합이성(察哈尔省), 수원성(绥远省), 내몽고자치구(内蒙古 自治区)를 포함하고 있다. 동북지역(东北区)은 심양시(沈阳市), 안산시(鞍山市), 무순시(抚顺市), 본계시(本溪市), 요동성(辽东省), 요서성(辽西省), 길림성(吉林省), 송강성(松江省), 흑룡강성(黑龙江省), 열하성(热河省), 여대행서구(旅大行署区)를 포함하고 있다. 서북지역(西北区)은 서안시(西安市), 합서성(陕西省), 감숙성(甘肃省), 영하성(宁夏省), 청해성(青海省), 신강성(新疆省)을 포함하고 있다. 화동지역(华东区)은 상해시(上海市), 남경시(南京市), 산동성(山东省), 소북행서구(苏北行署区), 소남행서구(苏南行署区), 환북행서구(皖

府委員會)는 화북구(華北區)를 폐지하고 중앙인민정부화북사무부(中央人民政府華北事務部)를 설치하였다. 그리고 동북인민정부(東北人民政府)는 여대행서구(旅大行署區)를 폐지하고,여대시(旅大市)를 설치하였다. 그리고 사천성을 취소하고 동시에 천동행서구(川東行署區), 천서행서구(川西行署區), 천남행서구(川南行署區), 천북행서구(川北行署區)를 설치하였다. 따라서 1950년에는 전국이 5대행정구와, 1개의 사무부, 29개의 성, 1개의 자치구, 13개의 직할시, 8개의 행서구, 1개의 지방과 1개의 지구를 포함한 53개 성급 행정구역을 형성하였다.

(a) 청(淸)의 행정구역

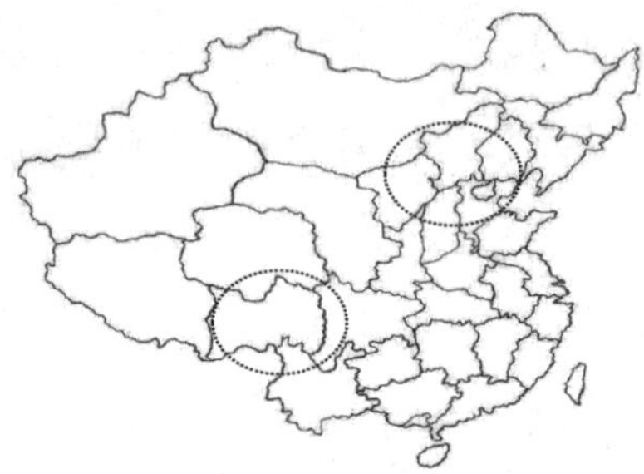

(b) 중화민국(中華民國) 초기의 행정구역

(c) 중화민국(中華民國) 중 · 후기의 행정구역

(d) 중화인민공화국(中華人民共和國)의 행정구역

<그림 2-1> 중국 성급(省級) 행정구역의 변천 과정

자료 : 김상욱(2011).

北行署区), 환남행서구(皖南行署区), 절강성(浙江省), 복건성(福建省)을 포함하고 있다. 서남구(西南区)는 중경시(重庆市), 사천성(四川省), 귀주성(贵州省), 운남성(云南省), 서강성(西康省), 서장지방(西藏地方), 창도지구(昌都地区)를 포함하고 있다. 중남지역(中南区)는 무한시(武汉市), 광주시(广州市), 하남시(河南市), 호북성(湖北省), 호남성(湖南省), 강서성(江西省), 광동성(广东省), 광서성(广西省)을 포함하고 있다.

1952년에는 다시 2개의 성, 8개의 행서구와 1개의 직할시를 취소하고 3개의 성을 회복하였다. 즉 안휘성(安徽省), 사천성(四川省)과 강소성(江蘇省)을 회복하고 평원성(平原省)과 찰합이성(察哈尔省)을 폐지하였다. 그리고 남경시(南京市)는 중앙 관할 직할시에서 강소성 관할의 시로 바꾸었다. 따라서 1952년에는 30개의 성, 1개의 자치구, 12개의 직할시, 1개의 지방, 1개의 지구를 포함한 45개의 성급 행정구역을 설치하였다. 그리고 1953년에는 길림성의 장춘시(長春市)와 송강성의 하얼빈시(哈爾濱市)가 직할시로 승격하였다. 따라서 전국은 14개의 직할시를 포함한 47개의 성급 행정구역으로 다시 재편성되었다.

1954년에는 6대 행정위원회를 폐지하고, 심양시(沈陽市), 여대시(旅大市), 안산시(鞍山市), 무순시(撫順市), 본계시(本溪市), 장춘시(長春市), 하얼빈시(哈爾濱市), 서안시(西安市), 무한시(武漢市), 광주시(廣州市), 중경시(重慶市)의 11개 직할시를 각각 해당 관할 성의 시로 조정하였다. 그리고 요동성(遼東省)과 요서성(遼西省)을 병합하여 요녕성(遼寧省)을 회복하였고, 송강성을 취소하여 해당 행정구역을 흑룡강성으로 병합하였다. 그리고 영하성(寧夏省)을 폐지하고 해당 행정구역을 감숙성(甘肅省)으로 병합하였으며 수원성(绥遠省)을 폐지하고 행정구역을 내몽고자치구로 병합하였다.

1955년에는 열하성(热河省)을 폐지하고 해당 행정구역을 하북성(河北省), 요녕성(遼寧省)과 내몽고자치구로 분할하여 병합하였다. 그리고 서강성(西康省)을 폐지하고 해당 행정구역을 사천성(四川省)으로 병합하였다. 그리고 서북지역에서는 신강성(新疆省)을 폐지하고 신강자치구(新疆自治區)를 세웠다. 서남지역에서는 서장자치구준비위원회(西藏自治區筹备委員會)를 설치하고 창도지구(昌都地區)를 그 산하로 두었다.

1957년에는 영하회족자치구(寧夏回族自治區)를 설치하고 감숙성(甘肅省)의 일부 행정구역을 영하회족자치구로 분할하였다. 또한 광서성(廣西省)을 폐지하고 광서동족자치구(廣西僮族自治區)를 설립하였다. 따라서 1957년에는 22개의 성, 4개의 자치구, 3개의 직할시와 1개의 준비위원회로 30개의 성급 행정구역이 설립 되었다. 1958년에는 직할시인 천진시(天津市)를 하북성(河北省) 관할로 재조정하여 전국에 2개의 직할시를 포함한 29개의 성급 행정구역을 설치하였다.

1965년에 광서동족자치구를 광서장족자치구(廣西壮族自治區)로 개명하였으며, 또한 서장자치구(西藏自治區)가 정식으로 출범하였다. 따라서 전국에는 모두 5개의 자치구가 편성되었다. 그리고 1967년에는 하북성의 천진시를 다시 직할시로 승격시켰다. 따라서 전국에는 3개의 직할시를 포함한 30개의 성급 행정구역으로 나누어졌다.

<표 2-3> 중국 성급 행정구역의 구조

행정지역	지급 행정구획		현급 행정구획			향 · 진급 행정구획		
	합계	지급시	합계	현급시	市轄區	합계	街道辦事處	鎭
북경시(北京市)	—	—	18	—	16	314	131	142
천진시(天津市)	—	—	18	—	15	241	101	120
하북성(河北省)	11	11	172	22	36	2,205	242	943
산서성(山西省)	11	11	119	11	23	1,389	193	561
내몽고자치구(內蒙古自治区)	12	9	101	11	21	1,112	195	493
요녕성(辽宁省)	14	14	100	17	56	1,528	550	602
길림성(吉林省)	9	8	60	20	19	878	254	426
흑룡강성(黑龙江省)	13	12	130	19	65	1,273	365	470
상해시(上海市)	—	—	19	—	18	214	103	108
강소성(江苏省)	13	13	106	27	54	1,410	281	1,019
절강성(浙江省)	11	11	90	22	32	1,525	298	752
안휘성(安徽省)	17	17	105	5	44	1,696	241	948
복건성(福建省)	9	9	85	14	26	1,101	167	593
강서성(江西省)	11	11	99	10	19	1,550	123	773
산동성(山东省)	17	17	140	31	49	1,931	460	1,194
하남성(河南省)	17	17	159	21	50	2,299	392	841
호북성(湖北省)	13	12	102	24	38	1,220	277	733
호남성(湖南省)	14	13	122	16	34	2,409	233	1,089
광동성(广东省)	21	21	121	23	54	1,585	429	1,145
광서장족자치구(广西壮族自治区)	14	14	109	7	34	1,232	106	699
해남성(海南省)	2	2	20	6	4	218	18	180
중경시(重庆市)	—	—	40	4	15	1,081	112	608
사천성(四川省)	21	18	181	14	43	4,782	238	1,865
귀주성(贵州省)	9	4	88	9	10	1,543	92	691

운남성(云南省)	16	8	129	9	12	1,455	56	567
서장장족자치구 (西藏藏族自治区)	7	1	73	1	1	692	9	140
섬서성(陕西省)	10	10	107	3	24	1,745	148	917
감숙성(甘肃省)	14	12	86	4	17	1,348	121	457
청해성(青海省)	8	1	43	2	4	422	30	123
영하회족자치구 (宁夏回族自治区)	5	5	21	2	8	229	42	94
신강위구르자치구 (新疆维吾尔自治区)	14	2	99	20	11	1,009	145	229

주의 : 2005년 말 기준, 홍콩특별행정구역, 마카오특별행정구역, 대만은 제외.
자료 : 『중국통계연감2006』.

개혁개방 이후에는 4개의 성급 행정구역이 추가적으로 설치되었다. 우선 1988년에는 해남행정구(海南行政區)를 폐지하고 해남성(海南省)이 세워져 전국은 31개의 성급 행정구역으로 나누어졌다. 그리고 1997년은 중국 행정구역 변천에서 특별한 의의를 가지는 한 해였다. 첫째는 중경시(重慶市)가 직할시로 승격되었으며, 둘째는 7월 1일 홍콩이 중국에 반환 되어 중화인민공화국헌법 제31조에 의거하여 홍콩특별행정구(香港特別行政區)가 설치되었다(國務院辦公室, 2004: 1–4). 따라서 전국은 33개의 성급 행정구역이 되었다. 그리고 1999년 중국은 마카오에 대한 주권을 되찾고 마카오특별행정구(澳门特別行政區)를 설치하였다. 따라서 34개의 성급 행정구역이 형성되었으며 이 구조는 현재까지 계속되고 있다. <그림 2–1>의 d에는 홍콩특별행정구와 마카오특별행정구가 생략된 모두 32개의 성급 행정구역(대만 포함)이 있다.

1.2.2. 직할시

중국에는 현재 북경시, 천진시, 상해시, 중경시 4개의 직할시(直轄市)가 있다. 직할시는 성(省)과 동일한 행정구역이다. 직할시 아래에는 구(区)와 현(县)을 두고 있다. 구는 시할구(市辖区)로 부르며 주로 도심지역을 말하며 제조업과 서비스업을 중심으로 발전하고 있다. 그리고 현은 시할현(市辖县)으로 부르며 주로 도시외곽지역을 포함하고 있으며 농업을 위주로 발전하고 있다. 북경시는 동성구(东城区), 서성구(西城区) 등의 16개 구와 밀운현(密云县), 연경현(延庆县)의 2개 현이 있다. 일반적으로 현 아래에는 향 · 진(乡 · 镇) 급 행정구역을 설치하고 있다. 그러나 직할시의 현 아래에는 가도판사처(街道办事处)와 진(镇)을 설치한다. <그림 2–2>에서 볼 수 있듯이 순의구(顺义区) 아래에는 7개의 가도판사처(街道办事处)와 12개의 진(镇)을 두고 있다. 그리고 가도판사처 아래에는 사구(社区)와 촌민위원회(村民委员会)를 두고 있다. 그리고 진(镇) 아래에는 촌민위원회 만을 두고 있다. 예를 들면 목림진(木林镇)에는 모두 26개의 촌(村)이 설치되어 있다. 진(镇)은 중국의 행정구역이 가지는 독특한 특징으로 도시와 농촌의 중간 지점에 설치되어 있으며, 도시와 농촌을 연결하는 다리의 역할을 하고 있다.

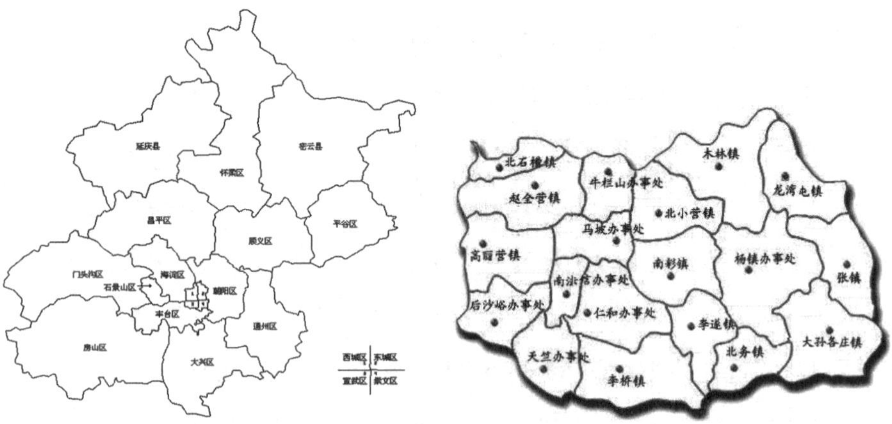

(a) 북경시의 행정구역　　(b) 북경시 순의구의 행정구역

<그림 2–2> 북경시의 행정구역

자료 : 중국 행정구역 홈페이지(http://www.xzqh.org).

1.2.3. 자치구

중국은 56개 민족으로 구성된 다민족 국가이다. 한족(汉族)이 인구의 절대 비중을 차지하고 있지만 55개의 소수민족은 전국 각지에 자신들만의 독특한 문화적 전통을 유지하고 있다. 『중국통계연감2007년』에 의하면, 2006년 말 소수민족의 인구 수는 약 8,367.37만 명으로 전체 인구 13억 1,447만 명의 6.36%를 차지하고 있다. 중국은 이들 소수민족의 전통을 보호하기 위해 소수민족의 집단 주거지역을 중심으로 행정구역에서 자치지역을 설립하였다. 2006년 말 전국에는 5개의 자치구(自治区, 성급 행정구역), 30개의 자치주(自治州, 지급 행정구역), 117개의 자치현(自治县)과 3개 자치기(自治旗, 현급 행정구역), 1,088개의 민족향(民族乡)이 있다.

자치구는 내몽고자치구(内蒙古自治区), 영하회족자치구(宁夏回族自治区), 신강위구르자치구(新疆维吾尔自治区), 광서장족자치구(广西壮族自治区)와 서장장족자치구(西藏藏族自治区)를 포함한다. 내몽고자치구는 몽고족(蒙古族), 영하회족자치구는 회족(回族), 신강위구르자치구는 위구르족(维吾尔族), 광서장족자치구는 장족(壮族), 서장장족자치구는 장족(藏族)의 집단 거주지역이다.

자치주(自治州)는 길림성(吉林省)에 1개, 연변조선족자치주(延边朝鲜族自治州, 1952年에 설립), 호북성(湖北省)에 1개, 은시토가족묘족자치주(恩施土家族苗族自治州, 1983年, 原鄂西土家族苗族自治州), 호남성(湖南省)에 1개, 상서토가족묘족자치주(湘西土家族苗族自治州, 1957年), 사천성(四川省)에 3개, 아패장족강족자치주(阿坝藏族羌族自治州, 1953年), 량산이족자치주(凉山彝族自治州, 1952年), 감자장족자치주(甘孜藏族自治州, 1950年), 귀주성(贵州省)에 3개, 검동남묘족동족자치주(黔东南苗族侗族自治州, 1956年), 검남포의족묘족자치주(黔南布依族苗族自治州, 1956年), 검서남포의족묘족자치주(黔西南布依族苗族自治州, 1982年), 운남성(云南省)에 8개, 서쌍판납태족자치주(西双版纳傣族自治州, 1953年), 문산장족묘족자치주(文山壮族苗族自治州), 홍하합니족이족자치주(红河哈尼族彝族自治州), 덕굉태족경파족자치주(德宏傣族景颇族自治州, 1953年), 노강률률족자치주(怒江傈僳族自治州, 1954年), 적경장족자치주(迪庆藏族自治州, 1957年), 대리백족자치주(大理白族自治州, 1956年), 초웅이족자치주(楚雄彝族自治州), 감숙성(甘肃省)에 2개, 림하회족자치주(临夏回族自治州), 감남장족자치주(甘南藏族自治州), 청해성(青海省)에 6개, 해북장족자치주(海北藏族自治州), 황남장족자치주(黄南藏族自治州), 해남장족자치주(海南藏族自治州), 과락장족자치주(果洛藏族自治州), 옥수장족자치주(玉树藏族自治州), 해서몽고족장족자치주(海西蒙古族藏族自治州), 신강위구르자치구(新疆维吾尔自治区)에 5개, 창길회족자치주(昌吉回族自治州), 파음곽릉몽고자치주(巴音郭楞蒙古自治州), 극자륵소가이극자자치주(克孜勒苏柯尔克孜自治州), 박이탑랍몽고자치주(博尔塔拉蒙古自治州), 이리합살극자치주(伊犁哈萨克自治州)가 있다.

자치현은 전국에 117개가 있다. 하북성(河北省)에는 6개의 자치현이 있는데, 2개는 회족(回族)의 자치현이고, 4개는 만족(满族)의 자치현이다. 요녕성(辽宁省)에는 6개의 만족과 2개의 몽고족(蒙古族) 모두 8개의 자치현이 있다. 길림성(吉林省)에는 1개의 조선족(朝鲜族), 1개의 만족, 1개의 몽고족 모두 3개의 자치현이 있다. 흑룡강성(黑龙江省)에는 1개의 몽고족 자치현이 있으며, 절강성(浙江省)에는 1개의 여족(畲族) 자치현이 있다. 호북성(湖北省)에는 2개의 토가족(土家族)이 있으며, 호남성(湖南省)에는 1개의 요족(瑶族), 2개의 묘족(苗族), 3개의 동족(侗族), 1개의 묘족동족(苗族侗族) 모두 7개의 자치현이 있다. 광동성(广东省)은 2개의 요족, 1개의 장족요족(壮族瑶族) 자치현이 있다. 광서장족자치구(广西壮族自治区)는 6개의 요족, 1개이 묘족, 1개의 동족, 1개의 흘료족(仡佬族), 모남족(毛南族) 등 모두 12개의 자치현이 있다. 해남성(海南省)에는 4개의 려족(黎族), 2개의 여족묘족(黎族苗族) 자치현이 있다. 중경시(重庆市)에는 1개의 토가족(土家族), 2개의 토가족묘족(土家族苗族), 1개의 묘족토가족(苗族土家族) 자치현이 있다. 사천성(四川省)에는 2개의 이족(彝族), 1개의 장족(藏族), 1개의 강족(羌族) 자치현이 있다. 귀주성(贵州省)은 1개의 수족(水族), 1개의 묘족, 1개의 동족, 1개의 토자족, 1개의 토가족묘족, 2개의 포의족묘족(布依族苗族), 1개의 묘족포의족(苗族布依族), 2개의 흘료족묘족(仡佬族苗族), 1개의 이족회족묘족(彝族回族苗族), 모두 11개의 자치현이 있다. 운남성(云南省)은 6개의 이족(彝族), 1개의 회족, 1개의 묘족, 1개의 요족, 2개의 와족(佤族), 1개의 률속족(傈僳族), 1개의 랍호족(拉祜族), 1개의 납서족(纳西族), 1개의 합니족(哈尼族), 1개의 태족와족(傣族佤族), 1개의 이족회족(彝族回族), 1개의 이족묘족(彝族苗族), 2개의 이족태족(彝族傣族), 1개의 독룡족노족(独龙族怒族), 1개의 백족보미족(白族普米族), 2개의 합니족이족(哈尼族彝族), 1개의 묘족요족태족(苗族瑶族傣族), 1개의 합니족이족태족(哈尼族彝族傣族), 1개의 태족랍호족와족(傣族拉祜族佤族), 1개의 이족합니족랍호족(彝族哈尼族拉祜族), 1개의 랍호족와족포랑

족태족(拉祜族佤族布朗族傣族) 모두 29개의 자치현이 있다. 감숙성(甘肃省)과 청해성(青海省)에 각각 7개의 자치현이 있으며, 신강위구르자치구(新疆维吾尔自治区)에는 6개 자치현이 있다.

1.3. 중국 행정구역의 문제점

1.3.1. 행정구역의 경계선

중국의 행정구역은 몇 차례의 변화를 거쳤다. 특히 20세기 50년대와 60년대 가장 많은 변화가 있었다. 80년대 말 이후에는 해남성의 조정과 홍콩과 마카오의 귀환을 제외하고 기본적으로 비교적 큰 성급 행정구역의 변화는 없었다. 행정구역 조정의 어려움은 재정, 인원, 자원의 재분배 문제를 포함하여 일련의 현실적인 문제를 초래할 수 있다. 그러나 경제발전과 행정구획의 관계, 특히 행정구획이 초래하는 문제점들보다 더욱 빠르게 성장하는 경제발전과의 모순에 대해 생각해 볼 가치가 있다. 특히 중국의 개혁개방은 급속한 경제발전을 이루어 내고 있으나, 행정구획 특히 성급구획은 큰 변화가 나타나고 있지 않다. 다른 국가의 행정구획과 비교해 볼 때 현재 중국의 행정구획은 아래와 같은 몇 가지 문제점이 있다고 생각한다.

행정구역의 경계선에 대한 논쟁의 여지가 많다. <그림 2-1>에서 나타나고 있듯이 중국은 건국 이래로 여러 차례 성급 행정구역의 조정을 하였다. 물론 이러한 조정은 당시 시대적 상황을 반영한 결과일 것이다. 그러나 현존하는 행정구획에 대한 명확한 법적 근거가 미약한 곳이 상당히 많이 존재하고 있다. 许正文(1993)에 의하면, 전국의 성급 행정구역의 경계선(국경과 해안선은 포함하지 않음)은 52.8만 ㎞에 달하며, 이들 경계선은 법정선, 관습선, 논쟁선 세 가지 종류를 포함하고 있다. 대만지역, 홍콩, 마카오특별경제구역을 제외한 31개 성 · 시 · 자치구는 모두 67개의 성 경계선을 가지고 있는데, 그 중 오직 하나의 경계선 즉 광동성(广东省)과 해남성(海南省)의 경계선은 법정선의 측량을 마쳤으며, 약 77%

에 달하는 40만 ㎞는 아직 경계선의 측량을 하지 않은 상태이며 역사적으로 전해 내려오는 관습선을 채택하고 있다. 그리고 약 18%에 달하는 9.36만 ㎞는 아직도 논쟁의 여지가 남아 있다. 이들 논쟁의 여지가 있는 행정구역의 면적을 보면, 서부지역이 약 13만 ㎢로 가장 크고, 중부지역이 1.7만 ㎢로 그 다음이며, 동부지역은 약 700㎢로 가장 적다. 행정구역에 대한 정확한 경계선의 확립은 중요한 의의를 가진다. 자원의 중요성이 날로 증대하고 있는 시기에 행정구역의 경계선은 지하자원의 개발과 권리의 귀속문제를 초래하기 때문이다.

1.3.2. 행정구역의 규모

중국은 성급 행정구획 수량이 적으며, 성급 행정구역의 면적이 너무 크다. 지역 수는 매우 중요한 이론 문제이며, 행정구역의 수는 더욱 중요한 현실적 문제이다. 20세기 70년대 경제학자 Richardson, H.W.은 일찍이 이 문제를 제기하였다. 그러나 이론적으로는 한 국가의 지역 수가 몇 개이면 가장 이상적인가에 대해서는 대답할 수 없는 실정이다. 단지 1급 행정구역의 수량을 기준으로 지역의 수를 연구하더라도 국가별로 상이한 차이를 가지고 있기 때문에 행정구역의 수에 대해서 일반적인 결론을 제시하기는 매우 힘들다. 그러나 1급 행정구역이 너무 많으면 불필요한 행정비용을 초래할 수 있기 때문에 경제발전에 악영향을 초래할 수 있으며, 1급 행정구역이 너무 적으면 오히려 행정관리의 비효율성을 초래할 수도 있다.

<표 2-4> 성급 행정구역의 면적 비교

행정구역	면적(만 ㎢)	행정구역	면적(만 ㎢)
북경시(北京市)	1.64	호북성(湖北省)	18.59
천진시(天津市)	1.20	호남성(湖南省)	21.00
하북성(河北省)	19.00	광동성(广东省)	17.98
산서성(山西省)	16.00	광서장족자치구(广西壮族自治区)	23.00
내몽고자치구(内蒙古自治区)	118.30	해남성(海南省)	3.40
요녕성(辽宁省)	15.00	중경시(重庆市)	8.20
길림성(吉林省)	18.00	사천성(四川省)	48.50

흑룡강성(黑龙江省)	45.40	귀주성(贵州省)	17.00
상해시(上海市)	0.63	운남성(云南省)	39.40
강소성(江苏省)	10.26	서장장족자치구(西藏藏族自治区)	120.22
절강성(浙江省)	10.00	섬서성(陕西省)	19.00
안휘성(安徽省)	13.96	감숙성(甘肃省)	45.50
복건성(福建省)	12.00	청해성(青海省)	72.20
강서성(江西省)	16.70	영하회족자치구(宁夏回族自治区)	6.64
산동성(山东省)	15.71	신강위구르자치구(新疆维吾尔自治区)	166.00
하남성(河南省)	16.00		

자료 : 『중국통계연감2007』.

중국의 성급 행정구역에 대해서 현재의 31개(대만, 홍콩, 마카오 제외)는 수량이 적고 성급 행정구역의 행정 면적이 지나치게 크다는 지적이 중국 국내 학자들에 의해서 많이 제기되고 있다. 미국은 모두 51개의 1급 행정구역을 설치하고 있으며, 일본은 47개의 1급 행정구역을 설치하고 있다. 국토 면적이 비슷한 미국과 비교해 볼 때, 중국의 1급 행정구역의 수는 상대적으로 적으며, 행정 구역 면적은 훨씬 크다. 국토면적을 약 960만 ㎢로 할 때, 미국의 평균 1급 행정구역의 행정 면적은 약 18.8만 ㎢이며, 중국은 약 30.9만 ㎢이다. 물론 인구규모, 자연조건, 민족분포, 역사적 전통 등 여러 가지 요인들에 의해서 행정구역이 확정되지만 평균적인 행정면적을 볼 때 중국의 성급 행정면적은 상당히 넓다고 볼 수 있다. 그리고 1급 행정구역의 면적도 상당히 불평형적이다. 신강위구르자치구(新疆维吾尔自治区)는 행정 면적이 약 166만 ㎢이나 상해시(上海市)는 약 6,340㎢로 약 261배의 차이가 있다. 그러나 인구수는 신강위구르자치구는 약 2,050만 명 정도이고, 상해시는 약 1,815만 명 정도로 235만 명 정도의 차이만을 가지고 있다. 따라서 행정 관리 차원에서 보면, 성급 행정구역이 과도하게 크기 때문에 여러 불편을 초래할 가능성이 크다.

1.3.3. 행정구역의 형태

행정구역의 지리적 형태도 중요한 의의를 가진다. 행정구역이 중앙을 중심으로 원형이나 정사각형에 가까우면 구역 내의 거리를 최소화 할 수 있다. 그러나 만약 행정구역이 직사각형이나 타원형에 가까우면 구역 내의 거리가 더욱 멀어진다.

내몽고자치구(內蒙古自治區)와 감숙성(甘肅省)의 행정구역 형상은 일자형에 가깝다. 내몽고자치구는 경도에 따르면 동쪽과 서쪽이 2,400㎞나 되고, 위도에 따르면 북쪽과 남쪽이 1,700㎞가 된다. 그리고 행정중심지인 호화호특(呼和浩特)은 중앙에 위치하고 있다. 비록 행정중심지가 중앙에 위치하고 있어도 동서와 남북의 지리적 길이가 매우 길기 때문에 내몽고자치구 전체를 횡단하는 것은 매우 많은 비용을 요구한다. 그리고 내몽고의 동쪽 지역은 호화호특과 경제적인 관계를 형성하기 보다는 흑룡강성(黑龍江省)의 하얼빈(哈爾濱)이나 길림성(吉林省)의 장춘(長春)과 관계를 형성하는 것이 지리적으로 더욱 가깝다.[13] 행정구역의 지리적 형상이 일자형에 가까운 경우에는 행정구역 내에 사회간접자본시설을 건설하는데 상대적으로 많은 비용이 소요될 수밖에 없다.

또한 성급 행정구역의 행정중심지가 지리적으로 변경지역으로 치우쳐 있기 때문에 지역주민과 자원의 이동에 초과비용을 초래할 여지가 많다. 대부분의 성급 행정구역이 비슷한 문제를 가지고 있다. 예를 들면 흑룡강성의 행정중심지인 하얼빈시는 성의 서남쪽에 기울어 입지하고 있다. 그러면 흑룡강성의 주민이 하얼빈시를 방문할 때 상당한 시간적 비용과 경제적 비용이 발생하게 되는 것이다. 그리고 강소성의 행정중심지는 남경이기 때문에 강소성 북부지역의 주민들은 산동성의 제남(濟南)과 더욱 밀접한 관계를 형성할 수 있다. 내몽고자치구의 경우는 이러한 문제가 더욱 심각해진다. 즉 내몽고자치구의 동쪽 끝과 서쪽 끝에서 호화호특(呼和浩特)으로 이동하는 것은 상당한 시간비용이 발생하기 때문이다.

1.3.4. 직할시의 비대칭

직할시의 수가 적으며 지역 분포가 불평형적이다. 성과 직할시는 모두 중요한 1급 행정지역에 속하나 양자의 성격은 다르다. 성은 국가의 넓은 지역의 원인으로 발생한 것인데,

13) 肖慧才(2008)가 말하는 조정이 필요한 지역 중의 하나가 바로 내몽고자치구이며 그 이유가 바로 행정구역의 형상이 일자형에 가깝다는 점이다.

농촌과 도시를 포함하고 있으나 주로 농촌을 위주로 하는 행정구역을 설치하였다. 반면 직할시는 국가가 대도시지역의 지방행정 단위로 세웠으며 일부 농촌지역을 포함하나 행정지역을 도시 위주로 하였다. 1953년에는 14개의 직할시를 세웠다. 그러나 현재 중국은 북경, 천진 , 상해, 중경 4개 의 직할시만을 가지고 있다. 중국은 개혁개방 이래 특히 도시가 급속한 발전을 하고 있다. 인구의 급속한 유입뿐만 아니라 도시의 면적 또한 크게 확장되고 있다.

2006년, 현재 4개의 직할시를 제외하고 인구 500만 명 이상의 도시들이 급속도로 성장하고 있다. 예를 들면 성도시(成都市)는 1,082.03만 명, 하얼빈시(哈尔滨市)는 974.84만 명, 광주시(广州市)는 750.53만 명, 서안시(西安市)는 741.73만 명, 청도시(青岛市)는 740.91만 명, 장춘시(长春市)는 731.50만 명, 남경시(南京市)는 595.80만 명, 대련시(大连市)는 565.33만 명, 무한시(武汉市)는 801.96만 명, 심양시(沈阳市)는 698.57만 명 등이다. 이들 도시들 중 대부분은 1950년대 초에는 중앙의 직할시이었다. 그리고 대부분 도시들이 각 지역의 정치중심지이며 행정중심지이다. 직할시의 지역분포를 보면 대부분이 동부 연해안 지역에 밀집하고 있다. 이러한 현상은 1950년대에도 역시 마찬 가지였다. 1950년 당시 12개의 직할시 중 중경시, 한구시, 서안시 외에는 모두 동부 연해안 지역에 분포하고 있다. 1997년 중경시의 직할시 승격으로 서남 지역에 유일한 직할시가 하나 위치하게 되었다. 그러나 화남 지역, 서북 지역 등에는 지역발전을 선도해 나갈 직할시가 부재하다.

직할시는 정치적으로나 경제적으로 매우 중요한 역할을 담당하고 있다. 즉 성의 행정중심지보다도 더 중요한 역할을 담당하면서 주변 지역[14]의 경제사회발전을 선도(leading)하고 있기 때문이다. 이러한 측면에서 볼 때 현재 4개만 설치하고 있는 직할시는 수량이 지나치게 적음을 알 수 있다.[15] 동북지역은 전통적으로 산업이 발달하고 있으며 정치적으

14) 여기서의 지역은 성급 행정구역보다 더 큰 공간적 범위를 말한다. 즉 북경시와 천진시는 중국 북방지역의 경제발전을 선도하고 상해시는 남방지역의 경제발전을 선도하며 그리고 중경시는 서남지역의 경제발전을 선도한다.

15) 다른 측면에서 생각해 보면, 직할시의 수량이 지나치게 많게 되면 오히려 지역발전의 거점 형성에 부정적인 영향을 초래할 수 있다. 현재는 각 성급 행정구역의 행정중심지가 경제중심지의 역할을 동시에 가지고 있다. 물론 행정중심지와 경제중심지가 다른 경우도 있지만 만약 경제가 발달된 특

로도 중요한 역할을 하지만 직할시가 부재하다. 그리고 광동성(廣東省) 일대도 중국 개혁개방의 중요한 전진기지이지만 직할시가 부재하다. 이는 직할시의 지역 비대칭이라는 구조적 문제를 야기시킨다.

직할시의 지리적 위치와 관련해 또 하나의 모순은 북경시와 천진시가 인접하고 있다는 점이다. 즉 지역의 경제사회발전을 선도하기 위한 역할로서의 직할시이면 전국적으로 균일하게 분포하는 것이 효율적일 것인데 북경시와 천진시는 직할시의 행정구역이 서로 인접하고 있다. 오히려 두 직할시를 하나로 합병하는 것이 자원의 효율적 배분과 행정관리의 효율성 제고라는 측면에서 더욱 큰 의의를 가진다고 본다. 물론 북경시와 천진시의 합병은 이미 오래전부터 학술적으로 논의가 시작되었지만 정치적으로는 결론을 내지 못하고 있는 실정이다. 최근에는 천진빈해신구(天津濱海新區)의 발전으로 천진시의 역할이 더욱 증대하고 있다. 따라서 제11차 경제개발 5개년 계획에서는 천진시는 경제와 금융의 중심지로 발전시키고 북경시는 행정과 문화의 중심지로 발전시켜 나간다는 절충안을 내놓았다. 그러나 현실적으로는 천진시와 북경시 모두 금융을 지역경제발전의 중요한 산업으로 계획하고 있기 때문에 중복의 문제를 피하기 어려운 실정이다.

직할시의 비대칭과 관련해 또 하나의 모순은 중경시의 행정구역 면적이 지나치게 크다는 점이다. <표 2–4>에서 볼 수 있듯이 중경시의 행정면적은 8.20만 ㎢ 이다. 이는 북경시의 1.64㎢ 와 천진시의 1.20㎢ 보다 상당히 큰 규모이며, 상해시의 0.63㎢ 보다는 매우 크다. 직할시가 비대한 행정면적을 가지고 있는 것은 주변 지역의 발전공간을 잠식할 수 있으며, 직할시 내부의 자원배분과 자원이용의 효율성에도 부정적인 영향을 초래할 가능성이 높다. 중경시가 사천성으로부터 독립되어 하나의 성급 행정구역으로 분리된 것은 중경시를 통해 서남부 지역의 발전을 선도하고자 하는 정책적 목표가 있었다. 그러나 직할시의 행정구역을 지나치게 크게 함으로 인해 오히려 자원의 효율적 배분에 악영향을 초래할 수도 있다.

정 도시를 직할시로 승격시키게 되면 그 지역을 선도하는 외부효과는 그대로 발휘할 수 있지만 재정권한은 지방에서 중앙으로 이전하게 된다. 그렇게 되면 오히려 지역발전의 거점을 상실할 우려도 있다.

이외에도 시 관할 현(市管县)의 폐단이 심각한 문제와 도시행정구역이 농촌 경지를 무단으로 침범하는 등 행정구역은 여러 가지 문제점들을 가지고 있으며 동시에 이를 해결하고자 많은 노력들을 하고 있다.

1.4. 중국 행정구역의 조정

경제가 발전하고 사회가 발전하게 되면 기존의 구조들은 필연적으로 변화를 맞이하게 된다. 행정구역도 이와 같은 발전의 흐름 속에서 변화를 거쳐야 되는 경우가 많다. 이것은 중국만의 문제가 아니라 대부분의 국가들이 경험하고 있는 것이다. 그러나 행정구역의 조정은 경제적인 영향을 초래하기도 하지만 정치적인 변화도 초래하기 때문에 매우 민감하고 신중히 접근해야할 문제이다. 아래에서는 중국에서 자주 논의되어지고 있는 행정구역의 조정을 몇 가지 사례를 통해 정리해 본다.

첫째, 행정구역 통합이다. 행정구역의 조정은 기존 행정구역의 통합을 통해서도 가능하다. 즉 두 개의 도시를 하나의 도시로 통합하는 것이다. 이 구상은 주로 북경시(北京市)와 천진시(天津市)의 통합 논의에서 나타난다. 두 시는 직할시로서 지리적으로 상호 인접하고 있으며, 경제적으로도 상당한 상호보완적인 관계를 형성하고 있다. 이 문제는 이미 여러 해 전부터 논의가 시작되었다. 그러나 결론은 행정구역 통합은 현실적으로 불가능하다는 것이다. 그 이유는 경제적인 이유뿐만 아니라 정치적인 이유가 더욱 크다고 본다. 즉 천진시와 북경시를 통합하는 경우에는 북경시가 수도이기 때문에 천진시는 북경시로 흡수통합될 것이다. 그렇게 되면 천진시의 모든 행정조직은 북경시에 편입되어야만 하는데 이 과정에서 정치적인 모순이 발생할 수 있기 때문이다. 그러나 이러한 행정구역의 통합 논의는 앞으로도 계속적으로 나타날 것이다.

둘째, 현(县)의 구(区) 승격이다. 이것은 경제발전 과정에서 가장 많이 나타나는 행정구역의 조정이다. 중국의 대부분의 도시는 농촌지역을 포함하고 있다. 이 농촌지역은 행정구역 상 현으로 존재하고 있다. 도시가 발전하게 되면 우선 필요한 것이 도시 확장에 필요한 토지의 확보이다. 이를 위해서는 가장 쉬운 방법이 주변 농촌지역의 토지 용도를 농경지에서 도시건설용으로 전환하는 것이다. 이렇게 하기 위해서는 행정구역을 조정해야 한다. 예를 들면 2001년 국무원(國務院)은 북경시의 대흥현(大兴县), 회유현(怀柔县), 평곡현(平谷县)을 대흥구(大兴区), 회유구(怀柔区), 평곡구(平谷区)로 승격하였으며, 천진시의 보저현(宝坻县)을 보저구(宝坻区)로 승격하였다. 그리고 상해시의 봉현현(奉贤县), 남회현(南汇县)도 봉현구(奉贤区)와 남회구(南汇区)로 승격하였다. 이러한 행정구역의 조정을 통해 북경시는 4,109.07㎢, 천진시는 1,523㎢, 상해시는 1,375㎢의 도시건설용 토지를 확보할 수 있었다.

셋째, 성급 행정구역 수량의 확대이다. 이 논의는 중국의 1급 행정구역의 수량이 적고, 평균 행정 면적이 과도하게 크다는 문제 지적에서 시작되고 있다. 중국민정부구획지명사사장(中国民政部区划地名司司长) 대균량(戴均良)은 중국의 행정구획 개혁과 관련해서 향후 약 50여 개의 1급 행정구역으로 조정하는 것이 중국의 현실에 더욱 유리할 것이라는 의견을 제기하였다.[16)] 이미 이전부터 학계에서는 이 문제에 대해서 활발한 토론을 진행해 오고 있었으나 중앙정부 관료의 이와 같은 발언으로 인해 50여개의 새로운 성급 행정구역 구상들이 쏟아져 나오게 되었다. 그러나 아직까지는 이 문제에 대해서 중앙정부 차원에서는 더 이상의 구체적인 언급은 나오고 있지 않다. 이러한 방안은 하나의 실험적인 구상일 뿐 중앙정부의 계획은 결코 아니다. 그러나 현재의 성급 행정구역 면적이 너무 방대하기 때문에 위와 같은 논의는 앞으로도 계속적으로 진행될 것이라 본다.

넷째, 행정구역의 조정은 행정조직의 개편과 동시에 진행된다. 특히 현행의 행정조직은 기본적인 단계가 성(省), 현(縣), 향(鄕)의 3급 체제로 구성되어 있다. 그러나 실질적으로는 매우 복잡한 행정조직이 존재하고 있다. 이렇게 복잡한 행정조직은 행정구역 조정에도 매우 불리한 영향을 초래하고 있다. 즉 행정구역이 조정됨에 따라 기존의 어떤 행정조직이 폐지된다면 그곳에서 근무하는 관료들이 상당한 반발을 할 것이기 때문이다. 특히 중국은 지방과 중앙이 상호 유기적으로 연결된 일당 체제이기 때문에 기존의 부문을 폐지한

16) 中国新闻网 2004년 4월 1일

다는 것은 자기 조직의 혁신이기 때문에 상당한 어려움에 직면하게 되는 것이다. 현실적으로는 성과 현 사이에 시 · 지 · 주(市 · 地 · 州)가 있으며, 현과 향 · 진 사이에도 현 정부의 파견기구가 있으며 심지어는 향 · 진과 촌 사이에도 관리구(管理区)나 판사처(办事处)와 같은 파견기구가 있다. 그렇게 되면 헌법에는 3급 행정체제이지만 현실적으로는 4급 또는 5급 행정체제로 운영되고 있는 것이다. 현행 행정체제에서는 성이 직접 현을 관리하는 것이 아니라 중간에 시가 있기 때문에 시가 현을 관리하는 경우가 대부분이다. 그리고 진(镇)은 독특한 행정 명칭이다. 이론적으로 진은 도시와 농촌의 중간 지점에서 형성되는 인구 밀집지역을 말한다. 진의 성격은 농촌도 아니고 도시도 아니다. 즉 다르게 표현하면 농촌의 성격과 도시의 성격을 모두 가지고 있는 것이다. 진이 자생적으로 형성되게 된 배경은 농촌의 잉여 노동력이 도시로 직접 진입하기 전에 도시 주변 지역에서 집단적으로 거주하면서 발생하게 된 것이다. 최근에는 향과 진을 합병하는 개혁이 전국적으로 추진되고 있다.

2. 경제 지역 구분

2.1. 경제지역 구분의 변천

경제지역의 구분은 행정구역과는 달리 매우 동태적이며 가변적이다. 행정구역의 조정은 법률적인 절차 등 여러 가지 제도적 절차가 필요하지만 경제지역의 구획은 국가나 지역의 발전계획에 의해서도 가능하기 때문이다. 중국의 경제지역 구분은 지역경제연구의 중요한 기초가 되고 지역경제 정책의 수립에도 중요한 기초가 된다. 그리고 각각 다른 경제지역은 다른 형태의 문제를 초래할 수도 있기 때문이다. 급속한 경제발전은 새로운 형태의 경제지역 구분을 요구한다. 중국은 건국 이래 각각 다른 경제발전 조건에 부합하는 6대 경제지역에서부터 최근의 4대 경제지역까지 여러 단계를 경험하고 있다.

2.1.1. 6대 경제지역

중국은 건국 이후 성급 행정구를 기초로 6대 행정구를 설치하였고, 이를 통해 6대 경제지역의 기초가 형성되었다. 6대 행정구는 화북행정구(华北行政区), 동북행정구(东北行政区), 서북행정구(西北行政区), 화동행정구(华东行政区), 중남행정구(中南行政区), 서남행정구(西南行政区)로 형성되었다. 이 6대 행정구는 단순한 경제적인 의의만을 가지는 것이 아니라 정치 · 군사적인 의의도 내포하고 있다. 그리고 6대 지역구분은 현재까지도 암묵적으로 많이 이용되어지고 있다. 특히 중국통계연감이 지역별 자료를 제시할 때 아직도 6대 지역구분을 이용하고 있다. 1958년에는 6대 행정구와 6대 경제구의 기초 위에 전국을 다시 7대 경제협력지역(经济协作区)으로 구획하였다. 그리고 동북(东北), 화북(华北), 화동(华东), 화남(华南), 화중(华中), 서남(西南), 서북(西北)의 7대 경제협력지역에는 경제협력위원회(经济协作委员会)를 설립하였다. 경제협력위원회는 경제협력지역 간의 협력을 촉진하는 역할을 한다. 경제협력위원회 아래에는 경제계획사무실(经济计划办公厅)을 설치하여 위로는 국가계획위원회(国家计划委员会)의 통제를 받으며, 아래로는 각 성의 계획위원회(省计划委员会)를 관리 감독한다. 1961년에는 화중경제협력지역과 화남경제협력지역을 합병하여 다시 6대 경제협력지역을 설립하였다. 그리고 각 경제협력지역의 경제협력위원회를 폐지하고, 동북, 화북, 화동, 중남, 서남, 서북의 6대 중앙국(中央局)을 설립하여 중앙과 지방의 관계를 조정하고 협력하는 업무를 담당하였다. 6대 경제지역 구분은 문화대혁명을 지나면서 잠시 언급되지 않다가 1978년 제5차 전국인민대표대회에서 통과된 국민경제발전 10년 계획에서 다시 채택되었다.

<표 2-5> 6대 경제지역 구분

	경제지역	성 · 시 · 자치구
행정구 1960년대	동북 지역	辽宁省, 吉林省, 黑龙江省
	화북 지역	北京市, 天津市, 河北省, 山西省, 内蒙古自治区
	화동 지역	上海市, 山东省, 江苏省, 浙江省, 安徽省, 江西省, 福建省
	중남 지역	河南省, 湖北省, 湖南省, 广东省, 广西壮族自治区
	서남 지역	四川省, 贵州省, 云南省, 西藏自治区
	서북 지역	陕西省, 甘肃省, 青海省, 宁夏回族自治区, 新疆维吾尔自治区
刘再兴 (1993)	동북지역	辽宁省, 吉林省, 黑龙江省, 内蒙古自治区의 일부 동부 지역
	황하중하류	北京, 天津, 山东, 河北, 山西, 河南, 内蒙古의 중서부 지역
	장강중하류	上海市, 江苏省, 浙江省, 安徽省, 江西省, 湖北省, 湖南省
	동남연해	福建省, 海南省, 广东省, 广西壮族自治区
	서남지역	四川省, 贵州省, 云南省, 西藏自治区
	서북지역	陕西省, 甘肃省, 青海省, 宁夏回族自治区, 新疆维吾尔自治区
黄作平 (1998)	화남지역	香港, 台北市, 广州市와 배후지역
	장강지역	上海市, 南京市, 武汉市와 배후지역
	화북지역	北京市, 天津市, 青岛市와 배후지역
	동북지역	沈阳市, 大连市, 哈尔滨市와 배후지역
	서남지역	重庆市, 成都市, 昆明市와 배후지역
	서북지역	西安市, 兰州市, 乌鲁木齐市와 배후지역

6대 경제지역은 이후에도 여러 학자들에 의해서 지속적으로 제기되고 있는 지역구분이다. 陈栋生(1985)은 전국을 6대 경제지역으로 구분하는 6대 경제구를 제기하였다. 즉 동북

(东北), 황하유역(黄河流域), 장강유역(长江流域), 남방(南方), 신강(新疆), 서장(西藏)을 포함하는 6대 경제지역이다. 기존의 6대 경제지역과는 달리 황하강과 장강을 중심으로 하는 경제지역을 구획하고 신강자치구와 서장자치구를 독립적인 경제지역으로 구획하였다. 刘再兴(1993)은 생산력의 분포라는 측면에서 전국을 6대 경제지역으로 구획하는 방안을 제기하였다. 즉 동북지역, 황하중하류지역, 장강중하류지역, 동남연해지역, 서남지역, 서북지역이다. 또 하나 참고할 것은 黄作平(1998)의 6대 지역구분이다. 黄作平의 지역구분은 경제중심과 경제배후지의 원칙, 자연조건과 지리환경의 원칙, 행정구역과 경제구역의 원칙, 현재와 미래발전추세의 원칙을 따르고 있다. 다른 학자들과는 달리 黄作平은 중국경제지역 측면에서 지역을 구분하고 있다. 그가 말하는 중국경제지역은 중국대륙과 홍콩, 마카오, 대만지역을 모두 포함하고 있다. 즉 모두 34개의 성급 행정구역들을 6개의 경제지역으로 구분하고 있다. 즉 화남경제지역(香港, 澳门, 台北市, 广州市와 배후지역), 장강경제지역(上海市, 南京市, 武汉市와 배후지역), 화북경제지역(北京市, 天津市, 青岛市와 배후지역), 동북경제지역(沈阳市, 大连市, 哈尔滨市와 배후지역), 서남경제지역(重庆市, 成都市, 昆明市와 배후지역), 서북경제지역(西安市, 兰州市, 乌鲁木齐市와 배후지역)이다. 黄作平의 6대 지역구분은 비교적 현행 성급 행정구역의 완전성을 유지하였다. 그러나 유일하게 내몽고자치구는 세 등분으로 나누어졌다. 내몽고자치구의 동부지역의 세 맹(盟)은 동북경제지역으로 분할되고, 중부지역의 4개 시(市)와 4개 맹(盟)은 화북경제지역으로 분할되고, 서부지역의 1개 맹(盟)은 서북경제지역으로 분할되었다. 이렇게 분할한 이유는 경제중심과 경제배후지의 원칙에 따라서이다. 그리고 黄作平의 6대 지역구분은 8대 자연지역과도 깊은 관련이 있다. 중국은 자연지리 조건에 따라서 전국을 8개의 자연지역으로 나눌 수 있다. 즉 동북(东北), 화북(华北), 화중(华中), 서남(西南), 화남(华南), 내몽고(内蒙古), 서북(西北), 청장(青藏) 지역이다. 이들 8개 자연지역 중 동북, 화북, 화중(주로 장강 중 · 하류지역), 화남지역은 4개의 경제지역과도 지리적으로 상당히 일치하고 있다. 따라서 黄作平은 8대 자연지역의 분포에 기초하여 화남연해지역, 장강중 · 하류와 회하(淮河)지역, 황하중 · 하류와 발해(渤海)연안지역, 동북지역, 서남지역, 서북지역 6개 자연지역은 기본적으로 6대 경제지역을 형성하고 있다고 본다.

2.1.2. 3선 지역

1965년 중국과 (구)소련의 관계악화 그리고 서방국가들의 중국에 대한 경제봉쇄 등은 중국을 더욱 긴장하게 만들었다. 이러한 국제정세의 변화는 중국의 지역구분에도 영향을 초래하였다. 즉 지역구분의 기초로서 경제발전을 우선적으로 고려하는 것이 아니라 전쟁과 국방을 주요 고려 조건으로 하게 된 것이다. 이러한 결과로 나온 것이 바로 소위 말하는 3선(线)지역이란 지역구분 개념이다. 3선이란 용어 자체가 이미 전쟁을 고려하고 있음을 알 수 있다. 즉 1선은 최전방을 나타내며 주로 동부 연해안 지역과 국경을 접하고 있는 변경지역들을 말한다. 그리고 3선은 가장 후방으로서 전략적인 준비가 가능한 지역을 말한다. 2선은 1선과 3선의 중간지역으로서 완충지역이다. 여기서 중요한 것은 어느 성급 행정구역이 3선에 포함되는가이다. 왜냐하면 3선 지역이 전략적으로 가장 중요한 지역이기 때문이다. 이 때문에 3선 지역구분도 여러 구상들이 복잡하게 대두되었다. 马泉山(1998)에 의하면, 가장 기본적인 3선 지역구분은 우선 1선 지역에 동북 3성과 연해안 지역의 12개 성 · 시 · 자치구를 포함한다. 3선 지역에는 내륙 지역의 11개 성과 자치구의 전부 또는 일부 지역을 포함한다. 즉 사천성(四川省), 귀주성(贵州省), 운남성(云南省), 섬서성(陕西省), 감숙성(甘肃省), 청해성(青海省), 영하자치구(宁夏自治区)의 전부와 대부분 지역, 그리고 하남성(河南省), 호북성(湖北省), 호남성(湖南省), 산서성(山西省)의 일부지역도 포함한다. 그 나머지 지역은 모두 2선 지역으로 한다.

3선 지역은 또한 대3선(大3线)과 소3선(小3线)으로 나누기도 하였다. 위의 3선 지역 구분은 대3선을 말하며, 각 지방별로 소3선을 구축하기도 하였다. 즉 대3선을 기초로 하여 각 지방은 각자의 지형과 지리적 조건 그리고 사회경제발전조건에 따라 전략적 구상을 하게 된 것이다. 3선 지역구분과 3선 지역건설의 구체적 목표는 "多 · 快 · 好 · 省"을 통해 농업과 공업이 결합하는 그리고 국방과 경제가 결합하는 시스템을 건설하는 것이었다. "多"는 이용가능한 모든 자원들을 많이 동원한다는 의미이며, "快"는 가장 빠른 속도로 목표를 달성한다는 의미이고, "好"는 단순한 목표달성만이 아니라 좋은 방향에서 목표를 달성한다는 의미이다, 그리고 "省"은 가능한 자원이용을 절약하여 최대한의 목표를 달성한다는 의미이다. 대규모의 3선 지역 건설은 1964년과 1965년에 본격적으로 시작되었으며, 1978년 개혁개방으로 발전방향을 전환하기 전까지 지속적으로 전개되었다. 물론 문화대혁명이 말기에 접어들면서 3선 지역건설은 이미 국가정책기조에서 서서히 제외되었지만 공식적으로 완전히 끝난 것은 1978년이 되어서이다.

2.1.3. 10대 경제지역

중국은 1970년 전국을 다시 10대 경제협력지역으로 구획하였다. 이 시기는 문화대혁명이 거의 절정에 달하고 있는 시점이다. 물론 이 시기에 3선 지역건설이라는 전국 규모의 사업이 진행되고는 있었지만 동시 경제사회발전에 부합하는 새로운 경제지역구분의 시도가 있었다.

10대 경제협력지역에는 요녕성(辽宁省), 길림성(吉林省), 흑룡강성(黑龙江省)과 내몽고자치구(内蒙古自治区)의 동부지역 일부를 포함하는 동북경제지역(东北经济区), 북경시(北京市), 천진시(天津市), 하북성(河北省), 산동성(山东省)을 포함하는 화북환발해경제지역(华北环渤海经济区), 상해시(上海市), 강소성(江苏省), 절강성(浙江省)을 포함하는 장강삼각주경제지역(长江三角洲经济区), 광동성(广东省), 광서자치구(广西自治区), 복건성(福建省), 해남성(海南省)을 포함하는 남방연해안경제지역(南方沿海经济区), 섬서성(陕西省), 산서성(山西省), 하남성(河南省), 내몽고자치구(内蒙古自治区)의 중 · 서부 일부지역을 포함하는 황하중류경제지역(黄河中游经济区), 감숙성(甘肃省), 영하자치구(宁夏自治区), 청해성(青海省)을 포함하는 황하상류경제지역(黄河上游经济区), 호남성(湖南省), 호북성(湖北省), 안휘성(安徽省), 강서성(江西省)을 포함하는 장강중류경제지역(长江中游经济区), 사천성(四川省), 귀주성(贵州省), 운남성(云南省)을 포함하는 장강상류경제지역(长江上游经济区), 신강위구르자치구(新疆维吾尔自治区)의 신강경제개발지역(新疆经济开发区)과 서장자치구(西藏自治区)의 서장특수경제지역(西藏特殊经济区)이 있다.

10대 경제협력지역 구분은 중국 지역경제발전에서 큰 주목을 받지 못했다. 그러나 1970

년대의 10대 경제협력지역 구분은 1980년대부터 시작되는 도시화 과정에서 발생하는 도시권 형성과는 밀접한 관계가 있다.

2.1.4. 3대 경제지역

1987년부터 시작하는 "七 · 五"계획은 중국경제지역을 동부, 중부, 서부 3대 지역으로 나누었다. 당시의 3대 지역 구분에서 동부지역은 요녕성(辽宁省), 북경시(北京市), 천진시(天津市), 하북성(河北省), 산동성(山东省), 상해시(上海市), 강소성(江苏省), 절강성(浙江省), 광동성(广东省), 광서자치구(广西自治区), 복건성(福建省), 해남성(海南省) 의 12개 성 · 시 · 자치구를 포함하고 있다. 중부지역은 길림성(吉林省), 흑룡강성(黑龙江省), 내몽고자치구(内蒙古自治区), 산서성(山西省), 하남성(河南省), 호남성(湖南省), 호북성(湖北省), 안휘성(安徽省), 강서성(江西省)의 9개 성 · 자치구를 포함하고 있다. 서부지역은 섬서성(陕西省), 감숙성(甘肃省), 영하자치구(宁夏自治区), 청해성(青海省), 사천성(四川省), 귀주성(贵州省), 운남성(云南省), 서장자치구(西藏自治区), 신강위구르자치구(新疆维吾尔自治区)의 9개 성 · 자치구를 포함하고 있다. 1997년 중경시(重庆市)가 직할시로 승격한 이후 서부지역은 중경시를 포함한 10개의 성 · 시 · 자치구를 포함하게 되었다. 3대 경제지역 구분은 "七 · 五"를 시작으로 하여 "十 · 五" 때까지 거의 20년 정도 중국지역경제개발과 지역경제정책의 가장 기본이 되는 지역구분 역할을 담당하였다. 특히 "十 · 五"부터 강조하고 있는 지역간 균형발전(平衡发展)과 협조발전(协调发展)전략에 있어서도 3대 지역구분은 중요한 역할을 담당하고 있다. 그러나 "十 · 五" 때가 되어서는 광서자치구(广西自治区)가 지리적으로는 동부연해안 지역에 위치하고 있으나 경제사회발전 수준은 중부지역이나 서부지역에 가깝기 때문에 경제지역 구분의 조정이 필요하지 않는가라는 의문이 제기되었다. 이러한 의문제기는 내몽고자치구(内蒙古自治区)에서는 나타나고 있다. 내몽고자치구를 중부지역으로 할 것인가 아니면 서부지역으로 볼 것인가의 문제이다. 지리적으로 내몽고자치구(内蒙古自治区)는 동부, 중부, 서부 지역 모두에 연결되어 있다. 그러나 경제사회발전 수준은 오히려 서부지역에 가깝기 때문이다. 이러한 문제제기가 일어나는 또 하나의 배경에는 "九 · 五"부터 본격적으로 추진하고 있는 서부대개발(西部大开发)전략과 관련하여 서부지역에 포함되는가의 여부에 따라 중앙정부의 정책적 지원이 달라지기 때문이다. 따라서 내몽고자치구는 지역발전을 위한 정책지원확보를 위해서도 서부지역에 포함되고 싶을 것이다.

그러나 한 가지 주의할 점은 3대 지역구분에 대한 객관적이고 명확한 근거가 부족하다는 것이다. 6대 경제지역과 3선 지역은 경제적 측면에서의 지역구분이라기 보다는 군사적이고 정치적 측면에서의 지역구분 성격이 강하다. 그리고 10대 경제지역 구분도 6대 경제협력지역을 기본적인 바탕으로 하다. 이에 비해 3대 경제지역은 3선 지역과도 다르며 명확한 근거가 제시되지 못하고 있다. 金相郁(2004)은 기존의 3대 경제지역 구분에 대한 의문을 군집분석(cluster analysis)을 통해 재분석 한 결과, 동부지역은 동북지역과 동남지역으로 나누어지고, 중부지역과 서부지역은 하나의 지역으로 통합됨을 발견하였다.

2.1.5. 7대 경제지역

1996년부터 2000년은 중국의 제9차 경제개발 5개년 계획기간이다. 중국은 1996년 『关于国民经济和社会发展"九五"计划和2010年远景目标纲要的报告』를 공포하였으며, 여기에서 7대 경제지역을 제시하였다. 즉 상해시(上海市), 강소성(江苏省), 안휘성(安徽省), 절강성(浙江省), 호북성(湖北省), 호남성(湖南省)을 포함하는 장강삼각주 및 장강연강 지역(长江三角洲及沿江地区), 하북성(河北省), 요녕성(辽宁省), 산동성(山东省), 산서성(山西省), 내몽고자치구(内蒙古自治区)의 일부, 북경시(北京市), 천진시(天津市)를 포함하는 환발해지역(环渤海地区), 복건성(福建省)과 광동성(广东省)을 포함하는 동남연해안지역(东南沿海地区), 사천성(四川省), 귀주성(贵州省), 운남성(云南省), 광서자치구(广西自治区), 해남성(海南省), 서장자치구(西藏自治区), 광동성 서부지역 일부를 포함하는 서남 및 화남지역(西南和华南地区), 길림성(吉林省), 흑룡강성(黑龙江省)과 내몽고자치구의 동부 일부지역을 포함하는 동북지역(东北地区), 하남성(河南省), 호북성(湖北省), 호남성(湖南省), 안휘성(安徽省), 강서성(江西省)을 포함하는 중부지역(中部地区), 섬서성(陕西省), 감숙성(甘肃

省), 영하자치구(宁夏自治区), 청해성(青海省), 신강자치구(新疆自治区), 내몽고자치구의 서부지역 일부를 포함하는 서북지역(西北地区)이다.

7대 경제지역 구분은 기존의 지역구분과는 다른 특징을 가지고 있다. 3선 지역구분을 제외하고, 기존의 지역구분은 주로 행정구역을 따라 몇 개의 성급 행정 단위를 하나의 경제지역으로 확정하는 방법을 채택하였다. 그러나 7대 경제지역 구분은 하나의 성급 행정구역도 경제적 관계에 따라서 서로 분할하여 각각 다른 경제지역으로 귀속시키는 방법을 채택한 것이다. 따라서 내몽고자치구의 동부지역 일부는 동북지역에 편입되고, 중부지역은 환발해지역(环渤海地区)에 편입되며, 서부지역은 서북지역에 편입되었다. 또한 호북성(湖北省)과 호남성(湖南省)도 일부는 장강삼각주지역에 편입되었으나 또 일부는 중부지역에 편입되었다. 기본적으로 7대 경제지역 구분은 기존의 행정구역 위주의 지역 구분에서 벗어나 경제적 관계를 중심으로 하는 지역구분을 시도하였다. 7대 경제지역 또는 지역경제 구분은 9차 경제개발 5개년 계획기간뿐만 아니라 10차 경제개발 5개년 계획기간에서도 여전히 이용되어졌다.

2.1.6. 8대 경제지역

李善同과 侯永志(2003)은 8대 경제지역 구획을 제시하였다. 李善同과 侯永志은 경제지역의 구획은 지역경제발전의 일반 법칙을 따라야 하며, 또한 지역경제문제의 연구와 지역경제정책의 분석에도 적합하여야 한다고 강조하였다. 따라서 그들은 아래와 같은 아홉 가지 지역구분 원칙을 제시하였다. 우선 하나의 지역은 공간적으로 서로 인접하고 있어야 한다. 둘째, 자연조건과 자원조건의 구조가 서로 비슷하여야 한다. 셋째, 경제발전 수준이 비슷하여야 한다. 넷째, 경제적으로 상호 연관이 밀접하여야 하며 비슷한 경제적 문제에 직면하고 있어야 한다. 다섯째, 사회구조가 비슷하여야 한다. 여섯째, 지역의 면적을 고려해야 한다, 즉 한 지역은 다른 한 지역의 면적이 어느 정도는 비슷해야 함을 말한다. 일곱째, 역사적인 연결성도 어느 정도 고려해야 한다. 여덟째, 가능하면 행정구역의 완전성을 보장해야 한다. 아홉째, 지역연구와 지역정책의 분석에 편리해야 한다.

이와 같은 아홉 가지 지역 구분 원칙에 따르면, 동북지역(东北地区)은 요녕성(辽宁省), 길림성(吉林省), 흑룡강성(黑龙江省)을 포함한다. 북부연해지역(北部沿海地区)은 북경시(北京市), 천진시(天津市), 하북성(河北省)과 산동성(山东省)을 포함한다. 동부연해지역(东部沿海地区)은 상해시(上海市), 강소성(江苏省)과 절강성(浙江省)을 포함한다. 남부연해지역(南部沿海地区)은 복건성(福建省), 광동성(广东省), 해남성(海南省)을 포함한다. 황하중류지역(黄河中游地区)은 섬서성(陕西省), 산서성(山西省), 하남성(河南省)과 내몽고자치구(内蒙古自治区)를 포함한다. 장강중류지역(长江中游地区)은 호북성(湖北省), 호남성(湖南省), 강서성(江西省), 안휘성(安徽省)을 포함한다. 서남지역(西南地区)은 운남성(云南省), 귀주성(贵州省), 사천성(四川省), 중경시(重庆市), 광서자치구(广西自治区)를 포함한다. 서북지역(西北地区)은 감숙성(甘肃省), 청해성(青海省), 영하자치구(宁夏自治区), 서장자치구(西藏自治区), 신강자치구(新疆自治区)를 포함한다.

위에서 살펴본 대부분의 경제지역 구분은 최소한 성급 행정단위를 기초로 하고 있다. 즉 몇 개의 성급 행정단위를 합하여 大지역을 구획하는 것이다. 즉 하나의 큰 중국 내에 3개, 6개, 7개, 8개의 大지역을 구획하는 것이다. 물론 이러한 구획은 경제발전에 따른 요구일수도 있고 또한 전략적 요구에 따를 수도 있다. 현재는 위와 같은 지역구분 이외에 동부, 중부, 서부, 동북 지역을 중심으로 하는 4대 지역구분을 이용하고 있다. 이에 대해서는 아래 3절에서 소개한다.

2.2. 도시권

성급 행정단위를 기초로 하는 지역구분은 농촌과 도시를 모두 포함하는 그리고 전국토를 모두 포함하는 지역구분 방법이다. 따라서 대(大)지역 구분이라고도 할 수 있다. 그러나 경제지역 혹은 지역경제의 구분의 핵심은 경제중심지와 경제활동의 연계이다. 도시는 지역경제 발전의 중요한 성장거점(增长极)이며 도시의 집중과 밀집은 자연적으로 공간적인 경제체제를 형성하는데 이는 경제지역의 기초를 형성한다. 이와 같이 중심도시를 통한 도시권을 하나의 경제지역으로 구분하는 것은 행정구역에 따라 인위적으로 대지역을 구분하는 것과는 달리 좀 더 경제적인 의의에 접근하고 있다. 대부분 이러한 경제지역 구분은 중심과 주변의 관계 설정에서 시작된다. 즉 중심은 그 지역의 경제발전을 선도하는 중심도시를 말하며 주변은 이 중심도시와 경제적인 연계를 형성하고 있는 중소도시 또는 농촌지역을 말한다.

王建(1996)은"9대 도시권(9大都市圈)"을 제시하였다. 왕건은 중국의 공업화와 도시화의 발전 과정을 기초로, 일본의 도시권역 모형을 참고하여 기존의 전국 단위에서의 분업을 기초로 하는 모형을 개조하여 중국의 공업화와 도시화의 현실에 더욱 부합하는 9대 도시권 건설 구상을 제시하였다. 즉 경제역량이 비교적 강한 도시를 도시권의 중심으로 하고, 대도시를 중심으로 각 도시권은 비교적 독립적인 산업구로를 형성하는 구조를 가지고 있다. 王建(1996)의 구상에 의하면, 경진기도시권(京津冀都市圈)은 북경시(北京市), 천진시(天津市), 석가장시(石家庄市)가 중심도시이다. 심대도시권(沈大都市圈)은 심양시(沈阳市)와 대련시(大连市)가 중심도시이다. 길흑도시권(吉黑都市圈)은 장춘시(长春市)와 하얼빈시(哈尔滨市)가 중심도시이다. 제청도시권(济青都市圈)은 제남시(济南市)와 청도시(青岛市)가 중심도시이다. 상악도시권(湘鄂都市圈)은 무한시(武汉市), 장사시(长沙市)와 남창시(南昌市)가 중심도시이다. 성유도시권(成渝都市圈)은 성도시(成都市)와 중경시(重庆市)가 중심도시이다. 주강삼각주도시권(珠江三角洲都市圈)은 광주시(广州市)가 중심도시이다. 장강중하류도시권(长江中下游都市圈)은 남경시(南京市), 양주시(扬州市), 합비시(合肥市)가 중심도시이다. 상해도시권(上海都市圈)은 상해시(上海市), 소주시(苏州市), 무석시(无锡市), 상주시(常州市), 영파시(宁波市), 항주시(杭州市)가 중심도시이다.

顾朝林(1999)은 지역경제는 중심도시를 중심으로 하여 복사적인 발전을 하는 것이라 생각하고 도시의 종합적인 경쟁력에 근거하여 심양시(沈阳市), 경진(北京市,天津市), 서안시(西安市), 상해시(上海市), 무한시(武汉市), 중경시(重庆市), 광주시(广州市), 오로목제시(乌鲁木齐市), 랍살시(拉萨市)를 중심도시로 하여 주변지역의 발전을 이끌어 나가는 9대 도시경제지역(9大城市经济区) 구분을 제기하였다.

2.3. 특별경제구역

2.3.1. 특별경제구역의 지역분포

특별경제구역(special economic zones)은 중국이 개혁개방을 더욱 효과적으로 추진하기 위해 설립한 각종 특별 우대 정책들을 가지고 있는 경제구역들을 말한다. 특별경제구역에는 각 종 세금정책, 토지정책, 재정정책 등을 통해 외국인직접투자를 주로 유입하고 있다. 특별경제구역은 국가급 특별경제구역과 지방급 특별경제구역을 포함한다. 국가급 특별경제구역은 중앙정부 즉 국무원의 비준을 받아야만 허가가 되는 특별경제구역을 말한다. 주로 경제특구(經濟特區), 경제기술개발구(經濟技術開發区), 보세구(保稅区)와 보세항구(保稅港口), 고기술산업원구(高技術産業園區), 수출가공구(輸出加工区) 등이 있다. 지방급 특별경제구역은 중앙정부의 비준이 필요 없으며 지방정부의 비준만으로 설립이 가능한 특별경제구역들을 총칭한다. 지방급 특별경제구역은 주로 성(省)정부, 직할시(直辖市)정부, 시(市)정부, 현(县)정부에서 비준을 하는데, 공업원구(工业园区)와 개발구(开发区) 등의 형식을 많이 가지고 있다.

국가급 특별경제구역을 보면 지역별로 매우 불평형적인 구조를 가지고 있다. 1980년대의 경제특구는 동남 연해안 지역의 몇 개 도시에서만 비준되었다. 그 이후 국가급 경제기술개발구가 많이 비준되었지만 대부분이 동부 연해안 주요 도시를 중심으로 하고 있다. 이러한 불평형적인 구조는 1993년에 들어서야 중부지역과 서부지역으로 국가급 경제기술개발구가 서서히 비준됨으로서 약간은 해소되고 있지만, 이와 동시에 동부 연해안 지역의 국가급 특별경제구역들이 계속 허가를 받음으로써 불평형적인 구조는 더욱 심화되고 있는 실정이다. 특히 2004년부터 실시되고 있는 경제기술개발구의 정리정돈으로 인해 중부지역과 서부지역의 지방급 특별경제구역들이 많이 철거되고, 11차 경제개발 5개년계획에서 천진빈해신구(天津滨海新区)를 국가중점 개발지역으로 확정함으로 인해 지역 간 불평형 정도는 더욱 심화되고 있다.

2.3.2. 특별경제구역의 유형

2.3.2.1. 경제특구

경제특구는 중국이 자유무역지역과 수출가공지역의 기능을 종합하여 설립한 특별경제구역이다. 1979년 광동성위원회(广东省委员会)는 광동성에 특구를 시범적으로 운영해 보고자 하는 구상을 제기하였으며, 같은 해 중앙정부는 광동성과 복건성 두 곳에 특구시범지역 설치를 비준하였으며, 대외개방과 대외협력에 있어서 특별한 정책과 융통성 있는 정책을 취할 수 있도록 허가하였다. 1980년에는 전국인민대표대회 상무위원회에서 『광동성 경제특구조례(广东省经济特区条例)』를 통과함으로서 공식적으로 중국이 경제특구를 운영한다는 것을 대외적으로 공표하였다. 그 후 중앙정부는 다시 심천시(深圳市), 주해시(珠海市), 산두시(汕头市), 하문시(厦门市)을 경제특구로 지정하였으며, 1988년에는 해남성(海南省)을 다섯 번째 경제특구로 지정하였다.

경제특구는 시 전체의 행정구역을 특별경제구역으로 지정한다는 점에서 이후의 경제기술개발구나 보세구 등과는 차이가 있다. 즉 경제기술개발구는 시 행정구역의 특정 면적을 구획하여 설립하나 경제특구는 시 전체가 하나의 경제특구가 되는 것이다.

2.3.2.2. 경제기술개발구

중국은 20세기 80년대 초 연해안 개방 도시들을 중심으로 경제기술개발구(Economic Technology Development Area)를 설립하였다. 면적은 일반적으로 3~5㎢ 정도이며 수출가공업을 위주로 하고 있다. 경제기술개발구는 경제특구와는 달리 행정조직에 있어서 해당 시정부의 관할 아래에 있다. 산업구조에 있어서도 경제특구는 제조업과 무역을 동시에 발전시켜 나가고 있으나 경제기술개발구는 초기 단계에서는 제조업을 우선적으로 발전시키고 있다. 물론 이후에는 경제기술개발구의 발전에 따라 개발구 내에 무역, 금융, 물류 등 생산자서비스가 연계발전하고 있다. 외국인직접투자기업에 대한 세제 혜택도 경제특구는 생산성 기업과 비생산성 기업에 관계없이 기업소득세를 15%로 책정하고 있으나 경제기술개발구는 주로 생산성 기업에 더욱 많은 세제 혜택을 부여하고 있다.

현재 중국에는 모두 54개의 국가급 경제기술개발구가 설립 운영되고 있다. 1984년에 일차적으로 천진시(天津市), 대련시(大连市), 진황도시(秦皇岛市), 남통시(南通市), 연운항시(连云港市), 청도시(青岛市), 연태시(烟台市), 영파시(宁波市), 복주시(福州市), 광주시(广州市), 담강시(湛江市)에 경제기술개발구를 설립하였다. 이들 경제기술개발구는 가장 역사가 오래된 경제기술개발구로서 중국의 경제기술개발구 발전을 선도하고 있다. 1986년에는 상해시(上海市)에 상해홍교(上海虹桥)경제기술개발구, 상해민행(上海闵行)경제기술개발구, 상해조경하(上海漕泾河)경제기술개발구를 설립하였다.

20세기 90년대는 경제기술개발구가 본격적인 발전을 경험하는 시기이다. 1992년에는 온주(温州), 곤산(昆山), 영구(营口), 위해(威海), 복건복청융교(福建福清融桥), 복건동산(福建东山), 해남양포(海南洋蒲)에 각각 경제기술개발구를 비준하였다. 1993년에는 동부지역에 심양(沈阳), 항주(杭州) 경제기술개발구를 비준하였으며, 중부지역에 하얼빈(哈尔滨), 장춘(长春), 무한(武汉), 천호(芜湖)경제기술개발구를 설립하였다. 그리고 서부지역에 최초로 중경(重庆)경제기술개발구를 비준하였다. 따라서 기존의 동부 연해안 지역 위주의 경제기술개발구가 중부지역과 서부지역으로 확대되기 시작하였다. 1994년에는 북경(北京)과 소주(苏州)에 경제기술개발구가 비준되었으며, 서부지역에는 우루무치(乌鲁木齐)에도 설립되었다. 소주(苏州)는 경제기술개발구라 명명하지 않고 소주공업원구(苏州工业园区)로 명명하였다.

1995년은 경제기술개발구가 가장 많이 비준 설립된 한 해이다. 모두 20개의 경제기술개발구가 비준되었으며, 그 중 13개는 중부지역과 서부지역에 설립되었다. 이는 경제기수개발구가 더 이상 동부 연해안 지역의 특수한 정책이 아니라 중부지역과 서부지역으로까지 확대되는 것을 의미하며, 또 다른 한편으로는 동부 연해안 지역의 경제기술개발구의 실험이 성공적이었음을 반영하는 결과이다. 동부지역에는 석가장(石家庄), 절강소산(浙江萧山), 저파대사(宁波大榭), 남경(南京), 혜주대아만(惠州大亚湾), 광주남사(广州南沙), 강언(姜堰)에 경제기술개발구가 비준되었고, 중부지역에는 합비(合肥), 구강(九江), 남창(南昌), 장사(长沙), 악양(岳阳), 황석(黄石), 흔주(忻州)에 서부지역에는 서안(西安), 곤명(昆明), 남저(南宁), 귀양(贵阳), 성도(成都), 호화호특(呼和浩特)에 경제기술개발구가 비준되었다.

2000년부터 중국의 경제기술개발구는 새로운 발전 단계에 접어들었다. 즉 기존의 성급 경제기술개발구나 다른 형태의 개발구를 국가급 경제기술개발구로 승격시켰다. 특히 이러한 승격은 중부지역과 서부지역에 집중되고 있다. 2000년에 정주(郑州)경제기술개발구와 석하자(石河子)경제기술개발구가 국무원의 비준을 받았으며, 2001년에는 라사(拉萨)경제기술개발구, 태원(太原)경제기술개발구, 은천(银川)경제기술개발구, 2002년에는 란주(兰州)경제기술개발구가 국가급으로 승격되었다. 현재는 모두 54개의 국가급 경제기술개발구가 운영되고 있다.

2.3.2.3. 보세구, 보세항구, 보세물류원구

보세구(保税区)는 특구 중의 특구라고 한다. 보세구는 특정한 범위 안에 국무원이 비준한 폐쇄성 대외개방구역이다. 폐쇄성이란 명확한 경계를 가지고 있으며 완전히 분리 된 시설을 가지고 있기 때문이다. 보세구 설립은 보세구 항구와 육로 항구의 우수한 면을 충분히 이용하여 대외 무역, 중계 무역, 통과 무역, 가공수출, 저장 운송, 분류 포장 및 여러 종류의 관련 서비스업을 발전시키고 외국 자본 이용을 효과적으로 하기 위해 설립하였다.

1990년 상해외고교보세구(上海外高桥保税区)가 가장 일찍 국무원의 비준을 받았으며, 1991년에는 천진항보세구(天津港保税区), 심천복전보세구(深圳福田保税区), 심천사두보세구(深圳沙头角保税区)가 국가급 보세구로 국무원의 비준을 받았다. 1992년에는 하문상서보세구(厦门象屿保税区), 해구보세구(海口保税区), 대련보세구(大连保税区), 청도보세구(青岛保税区), 장가항보세구(张家港保税区), 저파보세구(宁波保税区), 복주보세구(福州保税区), 광주보세구(广州保税区)가, 1993년에는 산두보세구(汕头保税区)가, 그리고 1996년에는 주해보세구(珠海保税区), 심천염전항보세구(深圳盐田港保税区)가 국무원의 비준을 받아 현재는 모두 15개의 국가급 보세구가 운영되고 있다.

보세물류원구(保税物流园区)는 보세구의 기본적인 기능에 물류기능을 더욱 강화한 형태의 특별경제구역이다. 대부분의 보세물류원구는 보세구와 함께 위치하고 있다. 현재 전국에는 약 9개의 보세물류원구가 운영되고 있다. 즉 상해(上海), 청도(青岛), 저파(宁波), 대련(大连), 장가항(张家港), 하문(厦门), 심천(深圳), 천진(天津), 복주(福州) 보세물류원구이다. 심천의 보세물류원구는 염전항보세물류원구(盐田港保税物流园区)에 위치하고 있으며 2004년 국무원의 비준을 받았다.

보세항구(保税港区)는 보세구와 보세물류구와는 성격이 다른 새로운 형태의 특별경제구역이 비준되었다. 차이점은 종합성에서 찾을 수 있다. 보세항구는 수출가공구, 보세구와 항구의 세 가지 기능을 하나로 종합한 형태이다. 그리고 계획면적도 기존의 보세구나 보세물류구 그리고 수출가공구 보다는 훨씬 넓다. 보세항구는 중국이 자유항만을 향한 과도기적 산물이라 볼 수 있다. 2008년 현재 중국은 모두 7개의 보세항구를 운영하고 있다. 2005년에 상해양산항보세항구(上海洋山港保税港区), 2006년에는 천진동강보세항구(天津东疆保税港区)와 대련대요만보세항구(大连大窑湾保税港区), 2007년에는 해남양포보세항구(海南洋浦保税港区), 2008년에는 저파매산보세항구(宁波梅山保税港区), 흠주보세항구(钦州保税港区), 하문해창보세항구(厦门海沧保税港区)가 각각 국무원의 비준을 받았다. 일반적으로 보세항구는 크게 세 가지 구역으로 나누어진다. 즉 항구 작업지역, 가공 및 창고지역, 그리고 관련 서비스 제공지역이다.

2.3.2.4. 고기술산업원구

국가가 고신기술산업개발구(高新技术产业开发区)를 설립한 것은 첨단기술 산업화에 유리한 환경을 조성하고, 세금감면 등을 포함한 여러 가지 특혜정책을 통해 우수한 산업을 한데 모아 육성하고, 우수한 인재를 확보하여 첨단기술의 산업화를 가속화하기 위해서다. 1988년 중국은 횃불계획(火炬计划)을 비준한 이래 고신기술산업개발구는 빠른 속도로 발전하고 있으며, 현재까지 국무원이 비준한 고신기술개발구는 총 53개이다.

중관촌과기원구(中关村科技园区)는 1988년 중국 국무원이 첫 번째로 비준한 고신기술산업개발구이다. 1990년에는 중산화거고기술산업원구(中山火炬高技术产业开发区)가 국무원의 비준을 받았다. 1991년에는 심양고기술산업원구(沈阳高新技术产业开发区), 성도고기술산업원구(成都高新技术产业开发区) 등 23개가 국무원의 비준을 받았다. 1992년에는 상해장강고과기원구(上海市张江高科技园区), 소주고기술산업원구(苏州高新技术产

业开发区), 무석고기술산업원구(无锡高新技术产业开发区) 등 26개가 국무원의 비준을 받았다. 1996년에는 심천고기술산업원구(深圳高新技术产业开发区)가 국무원의 비준을 받았으며, 1997년에는 양릉농업고기술산업원구(杨凌农业高新技术产业示范区)가 국무원에 의해서 농업 첨단산업 시범지역으로 비준 받았다. 2007년에는 저파고기술산업원구(宁波高新技术产业开发区)가 비준되었다. 따라서 현재는 1개의 시범지역을 포함하여 모두 54개의 고신기술산업개발구가 설립되어 운영되고 있다.

2.3.2.5. 수출가공구

2000년 국무원은 수출가공구 설립을 비준하였다. 수출가공구는 기존의 경제기술개발구와 보세구와 협력하여 대외 수출활동을 더욱 촉진시키기 위한 것으로 1차적으로 전국에 15개의 수출가공구를 비준하였다. 즉 대련(大连), 천진(天津), 북경천축(北京天竺), 연태(烟台), 위해(威海), 강소곤산(江苏昆山), 소주(苏州), 상해송강(上海松江), 항주(杭州), 하문행림(厦门杏林), 심천(深圳), 광주(广州), 무한(武汉), 성도(成都), 길림혼춘(吉林珲春)의 15개이다. 그 이후 42개의 수출가공구를 추가적으로 비준하여 현재는 57개의 수출가공구를 운영하고 있다.

2.3.2.6. 변경경제협력구역

동부 연해안 지역은 개방도시, 경제특구, 경제기술개발구, 보세구, 보세물류원구, 보세항구, 수출가공구 등 여러 형태의 특별경제구역을 설립하여서 대외개방과 대외무역을 촉진하고 있다. 그러나 중부지역과 서부지역은 상대적으로 특별경제구역의 발전이 미약한 실정이다. 따라서 국무원은 중부지역과 서부지역의 변경무역을 더욱 촉진시키기 위해 변경경제협력구역을 지정하였다. 연해개방이 동부 지역의 중요한 대외개방이듯이 변경개방은 중 · 서부 지역의 중요한 대외개방이다. 1992년 이래 국무원은 모두 14개의 변경경제협력구역을 비준하였다.

2.3.2.7. 지방급 특별경제구역

국가급 특별경제구역은 반드시 국무원의 비준이 있어야만 설립이 가능하기 때문에 중앙정부 차원에서의 관리가 가능하다. 그러나 지방급 특별경제구역들은 지방 정부가 직접 비준하기 때문에 지역경제발전을 위해서 무질서적으로 비준을 하게 되면 토지이용의 효율성 등 여러 측면에서 문제를 초래할 소지가 있다. 비교적 많은 유형은 공업원구(工业园区)와 개발구(开发区)이다. 무분별한 지방급 특별경제구역의 난립으로 인해 "전국이 개발구가 되는" 사태가 되기도 하였다.

2003년 국토자원부(国土资源部)는 전국적으로 개발구의 정리정돈을 실시하였다. 2004년 연말까지 4,813개의 개발구가 폐지되었으며, 삭감된 면적은 2.49만 ㎢나 되었다. 2005년 각 지방이 유보를 신청한 개발구가 2,042개에 달하며, 계획면적은 1.73만 ㎢, 개발면적은 9,500㎢이다. 그 중 국가급 개발구는 196개이며, 계획면적은 2,700㎢, 개발면적은 1,600㎢이다. 성급 개발구는 976개이며, 계획면적이 9,800㎢, 개발면적이 5,400㎢이다. 성급 이하의 개발구는 870개이며, 계획면적이 4,800㎢, 개발면적이 2,500㎢이다. 비록 정리정돈을 통해서 많은 조정이 있었지만 여전히 개발구는 몇 가지 문제들이 존재하고 있다. 첫째, 전체적으로 볼 때 성급 또는 성급 이하 개발구의 비중이 높다, 수량으로 전체의 90.4%를 차지한다. 둘째, 정리정돈의 기준이 부서별로 차이가 있기 때문에 혼란을 초래한다. 셋째, 여전히 복잡한 유형의 개발구들이 존재한다. 예를 들면, 경제개발구(经济开发区), 공업원(工业园), 물류원구(物流园区), 대학원구(大学园区), 여가휴양구(旅游度假区), 민영경제원(民营经济园), 향진기업시범구(乡镇企业示范区), 경제실험구(经济试验区), 신성(新城), 가공구(加工区), 환보산업원(环保产业园) 등 30여개의 유형이 있다. 2006년 국무원은 160개의 성급 개발구 제8차 재(再) 비준을 통해 모두 1,346개의 성급 개발구를 다시 비준하였다.

<표 2-6> 개발구 재(再) 비준 과정

순서	시기	개발구 종류	수량
제1차 再비준	2005.12. 8	성급개발구	145개
제2차 再비준	2005.12.30	성급개발구	15개
제3차 再비준	2006. 1.26	성급개발구	167개
제4차 再비준	2006. 3. 6	성급개발구	110개
제5차 再비준	2006. 4.17	성급개발구	336개
제6차 再비준	2006. 5.31	성급개발구	134개
제7차 再비준	2006. 7. 6	성급개발구	140개
제8차 再비준	2006. 9.22	성급개발구	160개

자료: 国家发展和改革委员会(National Development and Reform Commission).

2.3.3. 신구

신구(新区)는 단어 그 자체에서 나타나고 있듯이 "새로운 지역"을 말한다. 여기서 새롭다는 것은 기존과는 다르다는 것이다. 신구는 중국의 개혁개방을 선도해 나가는 지역이며, 새로운 제도개혁의 실험의 장(場)이기도 하다. 다른 지역에서는 실시해 보지 못했던 새로운 것들을 실험해 볼 수 있는 것이다. 이것은 금융, 재정, 토지 등 여러 부문에서 실험이 가능하다.

신구도 특별경제구역 중의 하나이지만 일반적인 개발구와는 다른 성격을 가진다. 왜냐하면 신구는 종합성이라는 특징이 있기 때문이다. 종합성이란 측면에서 보면 신구도 20세기 80년대 초반의 특구(特区)와 비슷한 성격을 가지기도 한다. 그러나 특구가 80년대의 산물이었다면 신구는 90년대의 산물이다. 현재 중국에는 두 개의 신구가 국무원에 의해서 비준되었다 하나는 상해포동신구(上海蒲东新区)이며 또 하나는 천진빈해신구(天津滨海新区)이다.

국가종합시스템개혁실험구(国家综合配套改革试验区)는 신구가 가지는 종합성과 개혁성을 강조하는 새로운 개념이다. 국가(国家)는 이 개념이 한 지역의 발전전략이 아니라 국가적인 차원임을 나타내고 있다. 종합(综合)은 기존의 특별경제구역들이 각각 한 두 개의 부문에서 특화되고 전문화되었는데, 예들 들면, 경제기술개발구는 제조업 위주이며, 보세구는 물류위주이다, 국가종합시스템개혁실험구는 제조업과 서비스업 등 모두를 포함하는 것을 의미한다. 시스템(配套)은 매우 중요한 개념이다. 종합성을 지나치게 강조하게 되면 부문 간 협력에 문제가 발생할 수 있다. 따라서 시스템이란 부문 간 유기적 결합을 의미한다. 개혁(改革)은 앞에서도 언급하였듯이 실험의 장이란 의미를 가진다. 실험구(试验区)는 이 개념의 공간적 범위를 의미한다. 즉 실험이 전국적으로 또는 한 도시 전체에서 실시되는 것은 현실적으로 불가능하다. 따라서 특정 공간을 지정하는 것이다.

국가종합시스템개혁실험구는 경제개발구와는 달리 몇 가지 특징을 가지고 있다. 첫째, 개혁의 범위가 다르다. 과거의 경제개발구들은 경제제도개혁 위주로 하고 있다. 그러나 국가종합시스템개혁실험구는 사회경제생활, 정치체제, 문화생활, 사회안정, 생태 환경 등 각 방면을 종합적으로 포함하고 있다. 즉 국가현대화의 지역축소판이라고 말할 수 있다. 둘째, 개혁개방의 정도가 다르다. 중국의 개혁개방이 새로운 단계로 진입함에 따라 사회경제의 발전과 요구도 크게 변화하고 있다. 국가종합시스템개혁실험구는 이러한 사회적 요구를 반영하는 개혁을 실험할 것이기 때문에 제도적인 그리고 체제적인 개선도 가능하며 나아가서는 사회가치관의 변화도 초래할 수 있을 것이다. 셋째, 개혁개방의 방법이 다르다. 과거 경제기술개발구는 외부의 힘을 이용하여 발전하는 방법을 주로 채택했다. 그러나 국가종합시스템개혁실험구는 내부의 힘을 우선적으로 이용하여 발전을 도모하는 전략을 강조하고 있다. 즉 자기 스스로의 자주혁신을 통해서 발전의 역량을 키워 나가자는 것이다. 이를 위해 중앙정부는 "先试权"을 부여하고 있다. 이것은 기존의 몇 몇 우대정책과는 성격이 다른 것이다. 즉 세금을 어느 정도 절감해 주는 것보다도 스스로 발전의 길을 찾아나갈 수 있는 기회를 부여하는 것이다.

2005년 국무원은 상해포동신구(上海浦东新区)를 국가종합시스템개혁실험구로 비준하였다. 동시에 상해포동신구를 "사회주의시장경제종합시스템개혁실험구(社会主义市场经济综合配套改革试验区)"라고도 명명하였다. 사회주의시장경제를 앞에 첨가하는 것은 역사적인 의의를 더욱 강조하고 있다. 2006년에는 천진빈해신구(天津滨海新区)는 중국 제2의 국가종합시스템개혁실험구로 지정되었다. 그리고 2007년에 국가발전개혁위원회는 성도시(成都市)와 중경시(重庆市)를 도농종합시스템개혁실험구(城乡综合配套改革试验区)로 비준하였다. 도농종합시스템개혁실험구가 국가종합시스템개혁실험구와 달리 개혁의 중점을 도시와 농촌의 유기적 발전에 두고 있다. 그리고 2007년에 네 번째 종합시스템개혁실험구가 국무원에 의해서 비준되었다. 즉 호북성의 무한도시권(武汉市城市圈)과 호남성의 장주담도시권(长株潭城市圈)의 전국자원절약형과 친환경형 사회건설 종합시스템개혁실험구(全国资源节约型和环境友好型社会建设综合配套改革试验区)이다. 무산도시권과 장주담도시권은 중부지역에 위치하고 있기 때문에 동부지역의 상해포동신구와 천진빈해신구 서부지역의 도농종합시스템개혁실험구와 더불어 중부지역의 개혁개방을 선도해 나가는 성장거점으로 발전할 것이다.

2.4. 경제지역 구분의 문제점

2.4.1. 비연속성

중국경제지역 구분의 특징은 매 경제개발 5개년 계획 모두 다른 종류의 경제지역 구분을 제시하고 있다는 것이다. 경제발전은 각각 단계별로 당면한 중요한 문제와 과제가 다르기 때문에 경제지역의 조정은 필요하다. 그러나 중국의 경제지역 구분은 너무 자주 변경된다는 것이 문제점이다. 개혁개방초기 "六·五"계획은 2대 경제지역(내륙과 연해안 지역)을, "七·五"계획은 3대 경제지역을, "八·五"계획은 4대 경제지역(내륙, 연해안, 소수민족, 빈곤지역)을 제정하였다. 그리고 "九·五"계획은 7대 경제지역을, "十·五"계획은 3대 경제지역의 의의를 강조하였으며, "十一·五"계획은 다시 4대 경제지역을 제기하고 있다. 즉 1은 전국을 의미하기 때문에 생략하고, 2부터 10까지 5를 제외하고는 모든 지역구분이 있다. 그리고 중국의 경제개발계획은 매 5년 마다 새로운 변화를 거듭한다. 경제지역 구분을 5년 마다 변화시키는 것은 시간적으로 너무 단기적이다. 지역정책은 특히 금융정책이나 재정정책과는 달리 사회간접자본을 확충하는 경우가 많기 때문에 단기적으로 접근하면 그 효과를 나타내기가 힘들 수도 있다. 특히 중국은 특별한 정책의 발표에 따라서 자원의 집중적 배치가 달라지기 때문에 자주 변경되는 경제지역 구분은 지역경제발전 나아가서는 국가경제발전에도 득보다는 실을 더 많이 초래할 수 있을 것이다.

2.4.2. 복잡성

두 번째 문제는 경제지역 구분의 기준이 복잡하고 모호하다는 것이다. 경제지역의 구분은 지역경제발전에 크게 영향을 초래한다. 앞에서 우리는 여러 형태의 경제지역 구분을 살펴보았지만 한 가지 공통적인 문제점을 발견할 수 있다. 즉 기준의 문제이다. 물론 몇 몇 학자들은 나름대로의 원칙을 제시하고는 있지만 정책적으로 받아들여지고 있는 경우는 드물다. 중앙정부 차원에서 제시되고 있는 경제지역구분은 기준에 대해서는 더욱 모호하다. 물론 이 문제가 중국의 지역에만 국한되는 것은 아니다. 다른 국가들의 지역계획에서도 지역구분의 기준 문제는 항상 대두되고 있기 때문이다. 그러나 중국과 같이 지역 간 경제발전 격차가 상당히 큰 경우에는 잘못된 기준에 의한 경제지역구분은 오히려 지역경제 발전에 악영향을 초래할 수도 있기 때문에 신중이 필요하다고 본다.

2.4.3. 경제지역과 행정지역의 불일치

마지막으로 언급해야 할 점은 바로 경제지역과 행정지역의 불일치 문제이다. 이 역시 중국만의 문제라기보다는 많은 국가들이 경험하고 있는 공통적인 문제이다. 이론적으로는 경제지역과 행정지역이 일치하는 것이 가장 이상적이다. 왜냐하면 자원의 배분은 행정지역 구분에 많이 의존하기 때문이다. 그러나 현실적으로 경제지역과 행정지역을 일치시키기가 매우 힘들다. 예를 들면 현재 중국에는 홍콩, 마카오, 대만지역을 제외하고 31개의 성급 행정지역이 있다. 그리고 위에서 보았듯이 여러 종류의 경제지역이 있는데 가장 많은 숫자는 10대 경제지역이다. 이 두 숫자를 비교해 보면 10개의 경제지역을 31개의 경제지역으로 확대하든지 아니면 31개의 행정지역을 10개의 행정지역으로 축소해야만 행정지역과 경제지역이 일치한다. 문제는 이러한 시도가 어떤 의의를 가지는가이다. 경제지역과 행정지역의 불일치가 초래하는 문제의 본질은 경제행위가 행정제도에 의해서 불필요하게 제약되는 사태가 발생할 수 있기 때문이다. 산동성(山东省)의 행정중심은 제남시(济南市)이고 경제중심은 청도시(青岛市)이다. 2006년도 국내총생산이 각각 2,185.09억 위안, 3,206.58억 위안이다. 산동성 서부지역의 경제활동은 상당수가 인접하고 있는 직할시인 천진시(天津市)와 연계되어 있다. 이 경우 이들 경제활동들은 천진시 경제중심의 배후지역의 역할이 더욱 강하지만 행정적으로는 산동성에 속해 있다.

이러한 문제점에 대한 대안으로 제시된 것이 행정경제지역(行政区经济)이다. 즉 하나의 행정지역을 경제지역으로 보자는 것이다. 물론 중국적인 특색을 고려한다면 이것도 하나의 방안이 될 수는 있을 것이다. 그러나 경제적인 활동과 연계를 중심으로 하는 경제지역의 형성을 행정구역으로서 제약한다는 것은 그 자체로서 문제가 있기 때문에 최선의 대안이기 보다는 차선으로 보아야 할 것이다.

경제가 지속적으로 발전해 나감에 따라 경제활동의 공간적 특징들도 변화해 나갈 것이다. 그 결과는 새로운 경제지역의 구분을 끊임없이 요구할 것이며, 우리는 지역경제발전과 국가경제발전을 모두 촉진시킬 수 있는 지역구분을 역시 모색해야 할 것이다.

3. 경제 지역 구분의 재조정

3.1. 4대 기능지역

2006년부터 2010년까지가 계획기간인 11차 경제개발 5개년 계획은 기존과는 달리 발전 패러다임에서 큰 변화를 하고 있다. 즉 기존의 계획은 계획(计划)이었는데 지금은 규획(规划)이다. 글자 하나의 차이이다. 그러나 이 차이는 큰 의미상의 차이가 있다. 즉 기존의 계획은 성장위주이었다면 지금의 규획은 성장 이외의 다른 목표도 종합적으로 고려하고 있다는 것이다. 예를 들면 환경, 안정, 화합 등이 발전의 목표에 포함되는 것이다.

이러한 배경을 바탕으로 "十一·五"계획은 새로운 기능지역 개념을 제시하였다. 발전이라는 측면에서 보면, 국가경제발전이든 아니면 지역경제발전이든 우선적으로 고려하는 것은 경제성장이다. 경제성장은 필연적으로 자원의 고갈과 환경의 오염을 초래하지 않을 수 없다. 이 때문에 선진 국가들은 이미 지속가능한 발전이라는 발전이념을 제시하고 있다. 그러나 아직도 현실적으로는 발전의 모순들을 쉽게 해결하기란 매우 힘들다. 한 국가의 지역경제발전도 마찬가지이다. 모든 지역의 주민들은 다 같이 발전의 성과를 누리기 원한다. 이와 동시에 환경도 보호해야 하며 자원도 절약해야 한다. 이러한 종합적인 과제들을 해결하기 위한 시도로서 중국은 기능지역 개념을 제시하고 있는 것이다. 즉 각 지역은 그 지역의 기능에 맞는 발전을 해야 한다는 것이다. 다른 측면에서 보면 여기서 말하는 기능 그 자체가 지역발전에 족쇄를 채울 수도 있다고 본다. 그러나 전체적인 측면에서 보면 무분별한 발전보다는 기능적인 발전을 추구하는 것이 더욱 유리하다고 판단하는 것이라 생각된다.

"十一·五"계획에서는 고도개발지역, 중점개발지역, 개발제한지역, 개발금지지역의 네 가지 기능지역을 제시하고 있다. 고도개발지역은 이미 개발이 상당히 진행된 지역을 말하며 환경과 자원의 가용능력이 이미 점차 감소하고 있는 지역을 말한다. 중점개발지역은 아직은 어느 정도의 개발 가능성이 존재하는 지역을 말하며, 개발제한지역은 환경과 자원의 가용능력이 비교적 열악하지만 경제성장과 인구집중의 조건이 비교적 좋은 지역을 말한다. 개발금지지역은 환경보호지역으로서 법적으로 개발 자체가 금지되는 지역이다. 4대 기능지역 구분에 의하면 동부 연해안 지역의 대부분은 고도개발지역에 포함될 것이며, 중부지역과 서부지역의 일부와 동부 연해안의 일부 지역들은 중점개발지역에 포함될 것이다. 그리고 서부지역의 대부분은 개발금지지역에 포함될 것이다. 서부지역은 황하강과 장강의 상류지역으로서 환경보호가 매우 중요한 지역이다. 그러나 이 지역도 발전의 욕구 속에서 개발의 의지가 강하게 나타나고 있다. 이 지역의 개발은 결과적으로 중국 전체의 환경문제를 초래할 수도 있기 때문에 개발이 금지되어야 하는 지역인 것이다. 이러한 이유로 인해 4대 기능지역은 기존 지역구분과는 달리 중국의 모든 지역들에게 자신에게 적합하고 합리적인 기능을 부여하는 중대한 의의가 있다고 한다. 그러나 또 다른 측면에서 보면 4대 기능지역 구분은 획일적인 정책의 하나이기 때문에 올바른 지역경제발전을 저해할 여지가 있을 수도 있다.

3.2. 4대 경제지역

11차 경제개발 5개년 계획에서는 지역경제협력발전(区域经济协调发展)을 중요한 내용으로 하고 있다. 즉 "서부대개발을 지속적으로 추진하고, 동북지역의 오래된 공업기지들을 다시 재건시키며, 중부지역의 발전을 촉진하고, 동부지역의 선도적 발전을 지속적으로 격려한다"라고 명시하고 있다.

이 계획에서 4대 경제지역 구분이 제시되고 있다. 즉 "十一·五"계획에서는 기존의 3대 지역구분이 아닌 동북지역을 분리한 4대 지역구분을 이용하고 있다. 즉 동북지역, 동부지역, 중부지역, 서부지역인 것이다. 동부지역은 북경시(北京市), 천진시(天津市), 하북성(河北省), 산동성(山东省), 상해시(上海市), 강소성(江苏省), 절강성(浙江省), 광동성(广东省),

복건성(福建省), 해남성(海南省) 10 개의 성 · 시를 포함하고 있다. 동북지역은 요녕성(辽宁省), 길림성(吉林省), 흑룡강성(黑龙江省) 3개의 성을 포함하고 있다. 중부지역은 산서성(山西省), 하남성(河南省), 호남성(湖南省), 호북성(湖北省), 안휘성(安徽省), 강서성(江西省) 6개 성을 포함하고 있다. 서부지역은 중경시(重庆市), 섬서성(陕西省), 감숙성(甘肃省), 영하자치구(宁夏自治区), 청해성(青海省), 사천성(四川省), 귀주성(贵州省), 운남성(云南省), 서장자치구(西藏自治区), 신강위구르자치구(新疆维吾尔自治区), 광서자치구(广西自治区), 내몽고자치구(内蒙古自治区)의 12개 성 · 시 · 자치구를 포함하고 있다. "九 · 五"계획의 3대 지역구분과 비교해 볼 때, 동부지역이 12개 성 · 시 · 자치구에서 10개 성 · 시로 축소되었다. 즉 광서자치구와 요녕성이 서부지역과 동북지역으로 분리되었다. 중부지역은 9개 성 · 자치구에서 6개 성으로 축소되었다. 즉 내몽고자치구가 서부지역으로 분리되었다. 서부지역은 10개 성 · 시 · 자치구에서 12개 성 · 시 · 자치구로 증가하였다. 원래 중부지역의 내몽고자치구와 동부지역의 광서자치구가 편입되었다.

3대 지역구분과 마찬가지로 4대 지역구분에 대해서도 기준이나 유효성 등에 대해 여러 이견이 있을 수 있다. 그러나 현재 중국의 지역경제발전 상황을 고려할 때 동북지역을 하나의 독립된 경제지역으로 구분하는 것이 더욱 현실적인 의의가 있다고 본다. 특히 동북 3성의 오래된 공업도시들을 새로이 진흥하고자 하는 것이 중앙정부의 거시경제정책 목표 중의 하나이기 때문이다. 4대 지역구분에서 나타나는 또 하나의 특징은 서부지역의 확장과 중부지역의 축소이다. 이 또한 중요한 의의를 가지고 있다. 즉 서부지역이란 동부지역에 비교해서 상대적으로 낙후된 지역을 말한다. 이번 지역구분에서는 광서자치구와 내몽고자치구를 서부지역으로 편입함으로 인해 그 동안 논란이 되어 왔던 경제발전 수준에 따른 지역구분의 문제점을 어느 정도는 해소하고 있다고 본다.

2006년 동부지역의 국토면적은 전국의 9.5%만을 차지하고 있으나 인구는 약 4억 7천만 명 정도로 36.3%를 차지하고 경제규모는 이 보다 더 큰 55.7%를 차지하고 있다. 반면에 서부지역은 국토면적의 71.5%를 차지하고 있으나 인구는 28.0%, 경제규모는 17.1%만을 차지하고 있다. 특히 수출입 총금액은 약 90%정도가 동부지역에 집중되어 있다.

<표 2–7> 4대 경제지역의 비교

(단위 : %)

구분	동부지역	중부지역	서부지역	동북지역
국토면적	9.5	10.7	71.5	8.2
인구	36.3	27.3	28.0	8.4
GDP	55.7	18.7	17.1	8.5
지방재정수입	59.2	16.1	16.7	7.9
지방재정지출	44.7	20.1	25.1	10.2
수출입총금액	89.7	3.1	3.3	3.9
곡물생산량	26.8	31.6	26.0	15.7

자료: 『중국통계연감2007』.

□ 요약

본 장은 중국의 지역구분을 행정지역과 경제지역이라는 두 가지 측면에서 살펴보고 있다. 행정지역은 성급 행정구역을 위주로 직할시와 민족자치구의 행정구역들을 각각 살펴보았다. 중국은 홍콩, 마카오, 대만지역을 제외하고 모두 31개의 성급 행정구역을 가지고 있다. 그 중 4개의 직할시가 있으며, 5개의 자치구와 22개의 성이 있다. 중국의 국토면적에 비해 성급 행정구역의 수가 너무 적다는 지적들이 많이 나오고 있다. 즉 성 하나의 면적이 어떤 국가의 전체 면적과 같기 때문이다. 이렇게 방대한 행정구역은 행정관리의 효율성에는 불리한 영향을 초래할 수 있기 때문에 조정이 필요한 것이다. 본 장에서는 그 동안 논의되었던 행정구역 조정에 대해 간단하게 정리해 보았다.

경제지역 구분은 지역경제 연구의 가장 기초적인 작업이다. 중국의 경제지역 구분은 1차 경제개발 5개년 계획에서부터 11차 경제개발 5개년 계획에까지 수많은 조정을 경험하였다. 즉 2부터 10까지 5를 제외하고는 모두 경제지역 구분을 가지고 있는 것이다. 특히 11차 경제개발 5개년 개획에서는 그 동안 이용되어지던 3대 지역구분이 아닌 4대 지역구분 즉 동부, 중부, 서부, 동북지역 구분을 제시하고 있다. 경제발전에 따라 지역구분 특히 경제지역 구분은 조정이 필요하다. 그러나 중국의 지역구분은 5년을 단위로 너무 자주 개편되는 문제점을 가지고 있다. 본 장의 3절에서는 최근 논의되고 있는 4대 기능지역과 4대 경제지역 구분에 대해서 정리하고 있다.

□ 주요개념

1. 행정지역
2. 경제지역
3. 3대 지역구분
4. 7대 경제지역
5. 4대 지역구분
6. 4대 기능지역
7. 신구(新区)
8. 국가종합시스템개혁실험구(国家综合配套改革试验区)
9. 특별경제구역

□ 주요 참고문헌

김상욱(2010), 중국 행정구역의 효율성 분석: 성급,『사회과학연구』, 배재대학교 사회과학연구소, 제32집, pp.1-19.

김상욱(2011), 중국 성급 행정구역의 변천과 문제점,『사회과학연구』, 배대대학교 사회과학연구소, 제33집, pp.166-187.

金相郁(2007),『中国区域经济不平衡与协调发展』, 上海: 上海人民出版社.

金相郁(2002),『空间收敛第二规律与中国区域经济不平衡发展的研究』, 南开大学经济学院博士学位论文.

马泉山(1998),『新中国工业经济史』, 北京: 经济管理出版社.

黄作平(1998),『中国区域经济新论』, 北京: 中国农业出版社.

刘再兴(1993),『中国区域经济: 数量分析与对比研究』, 北京: 中国物价出版社.

金相郁(2004), 中国区域划分的层次聚类分析,『城市规划汇刊』, 第2期: 23-28.

张海如(1999),『中国经济地区』, 大连: 中国财经大学出版社.

顾朝林(1999),『中国城市地理』, 北京: 商务印刷馆.

王建(1996),『国发展报告: 区域与发展』, 杭州: 浙江人民出版社.

谭其骧(1996),『简明中国历史地图集』, 北京: 中国地图出版社.

陈瑞莲, 张紧跟(2002). 试论中国区域行政研究,『广州大学学报』, 第4期: 34-39.

邹树彬(2007), 行政区划改革: 焦点、态势及走向,『社会科学研究』, 第4期: 52-57.

肖慧才(2008), 浅析我国行政区划调整改革的基本思路, 中華人民共和國民政部政策研究中心.

王宏波(2009), 关于中国省级行政区划改革的思考,『西北农林科技大学学报(社会科学版)』, 第9 卷, 第3 期:101–104.

周晓美(2007),『中国省级行政区划改革研究』, 电子科技大学硕士学位论文.

华伟, 于鸣超(1997), 我国行政区划改革的初步构想,『战略与管理』, 第6期: 1–10.

陶希东(2006), 跨省区域治理: 中国省级政区改革的路径选择,『理论与改革』, 第4期: 63–66.

周华公(2004), 50 个省级区划走上中国版图,『中国经济周刊』, 第15期: 19–22.

金太军, 汪艳(2006), 现行省级行政区划改革的系统思考,『南京师范大学学报(社会科学版)』, 第1期: 12–17.

孙学玉, 伍开昌(2004), 当代中国行政结构扁平化的战略构想–以市管县体制为例,『中国行政管理』, 第3期.

戴均良(2001), 行政区划应实行省县二级制–关于逐步改革市领导县体制的思考,『中国改革』, 第9期.

罗湘衡(2009), 对"市管县"和"省管县"体制的若干思考,『地方财政研究』, 第4期: 43–48.

高峰, 陈承新(2006), 省级行政区划制度改革再构想,『衡阳师范学院学报』, 第27卷, 第1期: 132–136.

国务院法制办公室(2004),『中华人民共和国常用法律规章司法解释大全』, 中国法制出版社.

제3장
도시발전

3

中國地域經濟概論
Introduction to Chinese Regional Economies

1. 중국의 도시의 형성과 발전
2. 중국의 도시화
3. 중국의 도시규모효율

1. 중국의 도시의 형성과 발전

1.1. 근대도시 형성

1.1.1. 근대도시의 맹아

도시는 인간의 경제활동이 집중되어 있는 공간으로서 지역경제발전의 성장 중심 역할을 한다. 따라서 경제발전 특히 지역경제발전에서 도시의 역할을 매우 중요하다. 도시의 특징은 경제활동과 인구의 집중이다. 이러한 측면에서 보게 되면 중국은 이미 오래전부터 도시가 활발하게 형성되어 왔다. 이는 고대에까지 거슬러 올라갈 수 있다. 그러나 소위 말하는 근대적인 도시의 형성은 아편전쟁을 전후해서 발전하고 있다고 본다(孙敬之, 1986; 王建, 1998).

아편전쟁(1840년) 이전에는 근대공업이 발전하고 있다고 보기는 힘드나 상품성 농업은 동남 연해안 지역을 중심으로 점차적으로 발전하고 있었다. 예를 들면 강남(江南) 태호유역(太湖流域), 사천(四川) 성도평원(成都平原)과 광동(广东) 주강삼각주(珠江三角洲)는 3대 양잠업 기지이며, 복건성(福建省)과 광동성(广东省)에서는 사탕수수와 과일이 발달하고 있으며, 강남(江南)에는 면화와 차가, 호남(湖南), 강서(江西), 태호(太湖)유역에는 쌀 재배가 상품성 농업으로서 발전하고 있다. 그리고 비록 농가와 농민을 위주로 하는 수공업이지만 동부 연해안 지역과 장강 유역에서는 상품성 수공업이 발전하고 있었다. 예를 들면 강남(江南)지역의 면방직업, 소주(苏州)와 항주(杭州)의 비단방직업, 강서(江西) 경덕진(景德镇)의 도자기업, 광동(广东) 불산(佛山)의 제철업, 섬서(陕西) 한중(汉中) 일대의 야철과 제지업 등이 있다. 물론 이 당시의 수공업과 상품성 농업은 근대공업으로서는 발전하지는 못하고 있지만 중국 근대도시 형성에 있어서 중요한 역사적 기초를 제공하고 있다.

1.1.2. 근대도시의 형성

근대도시의 형성은 소위 말하는 공장의 건설로부터 시작된다. 중국의 근대도시 형성은 아편전쟁부터 갑오전쟁 이전까지 약 50여 년 간에 걸쳐서 시작되었다. 당시 전국적으로 약 200여 개의 공장이 건설되었는데 주로 농산품 가공업과 방직공업에 종사하고 있다. 지역 별로 보면 공장 수의 43.5%는 상해(上海)에 입지하고, 11.2%는 광동(广东)에, 복건(福建)에 8.3%, 하북(河北)에 7.1%, 호북(湖北)에 7.0%(그 중 武汉은 4.5%), 경진당(京津塘, 즉 북경, 천진, 당산)에 5.3%, 동북(东北)지역에 4.8% 등으로 입지하고 있다(王建, 1998). 즉 지리적으로는 근대도시의 절대 수는 모두 동남 연해안 지역에 분포하고 있다.

당시 동남 연해안 지역은 여러 측면에서 입지 우위에 있었다. 우선 외국인과 외국자본에게 이 지역은 자원이 풍부하기 때문에 좋은 약탈 대상이 되었으며, 민족자본에게는 농산품 가공수출과 관련 기계의 수입에 편리한 점이 있었다. 다른 측면에서 보게 되면 당시 동남 연해안 지역에서의 근대공업의 형성은 통상조약으로 인한 대외개방의 영향을 크게 받은 것으로 볼 수 있다. 『남경조약(南京條約)』에 의해 개방된 5곳의 통상항구, 광주(广州), 복주(福州), 하문(厦门), 저파(宁波), 상해(上海)는 모두 동남 연해안 지역에 위치하고 있다. 그리고 『천진조약(天津條約)』에 의해서 개방된 10개의 통상항구도 우장(牛庄,현재의 营口)와 등주(登州, 현재의 烟台)를 제외한, 태남(台南), 담수(淡水), 조주(潮州), 경주(琼州), 한구(汉口), 구강(九江), 진강(镇江) 모두 동남 연해안 지역에 위치하고 있다. 아편전쟁부터 갑오전쟁 이전까지 이 시기에 외국인은 중국에서 공장을 설립할 수 있는 권한이 정식으로 부여되지 않았다. 따라서 서구 열강은 제국주의로 발전되지는 않았으며 중국이 그들에게는 상품수출지역과 원재료 공급지로서 의의가 컸으며 아직 자본수출 단계로 발전되지는 않았다. 이 시기의 근대도시는 주로 통상항구와 민족자본에 의해서 발전하고 있는 몇몇 지역들을 중심으로 하고 있다. 그리고 공업의 75.2%는 동남 연해안 지역에 집중하고 있으며, 13.9%는 북방지역, 나머지 10.9%는 기타 지역에 분포하고 있다(王建, 1998).

1.1.3. 근대도시의 발전

근대도시의 발전은 갑오전쟁 이후부터 본격적으로 시작된다. 물론 당시 중국 근대도시의 발전은 내발적(內發的) 발전이라기보다는 외부의 힘에 더 크게 의존하는 측면이 강하다. 갑오전쟁부터 1차 세계대전(1895년~1913년) 기간은 동남 연해안 지역의 도시들이 한층 더 발전하고 북방 지역에 근대공업도시들이 발전을 시작하고 있다. 『마관조약(马关条约)』은 외국기업이 중국에서 공장을 설립할 수 있는 권한을 부여하였다. 특히 채광업과 철도건설에 대규모의 외국자본이 진입하였다.

이 시기 중국의 공업은 전국적으로 대규모의 공장을 건설하였다. 약 600여 개의 새로운 공장들이 건설되었으며 광산까지 포함하면 약 700여 개의 공장이 건설되었다(金相郁, 2002). 공업의 구조도 기존의 상품성 농업과 원료를 중심으로 하는 단순한 수출가공업에서 외국자본이 주로 경영하는 면방직, 담배, 조선, 전기, 채광 등의 산업으로 확대 발전하였다. 국내 자본은 주로 면방직, 비단, 밀가루, 식용유, 담배, 성냥 등의 산업으로 발전하였다. 전체적으로 보면 주로 방직업, 식품 그리고 채광 위주로 공업구조로 발전하고 있다.

이 당시 상해(上海)는 장강 삼각주 경제의 중심도시가 되었으며, 광주(广州)는 주강 삼각주 경제의 중심도시가 되었다. 그리고 무한(武汉)도 내륙 공업의 중심도시가 되었다. 이들 세 도시는 전국 공장 수의 약 57.0%를 차지하고 있다(金相郁, 2002). 마관 조약 이후 중국으로 유입된 외국자본은 지역별로 각각 다른 집중 현상을 보이고 있다. 즉 동남 연해안 지역에는 영국 자본이, 산동(山东)지역에는 독일 자본이, 그리고 동북(东北)지역에는 러시아와 일본 자본이 주로 유입되고 있다. 남쪽 지역에는 상해와 광주를 중심으로 하는 도시들이 발전하고 있으며, 주로 방직과 음식료품을 중심으로 하는 경공업이 발달하고 있다. 북쪽 지역에는 광산을 중심으로 하는 중공업이 발달하고 있다. 예를 들면, 무순(抚顺)과 본계(本溪) 광산 부근의 하얼빈(哈尔滨)과 대련(大连), 치박(淄博) 광산 부근의 제남(济南)과 연태(烟台) 등이 있다.

제1차 세계대전과 제2차 세계대전 사이에 국제 정세의 변화는 중국의 외국자본 유입구조에도 큰 영향을 초래하였다. 즉 일본자본의 유입 비중이 크게 상승하고 러시아자본이 완전히 퇴출되었다. <표 3-1>에 의하면 1902년 중국의 일본자본의 국가별 비중이 3.55%정도 밖에 되지 않았다. 그러나 1936년에는 그 비중이 48.92%로 크게 증가하였다. 이러한 변화는 중국 근대도시의 발전에도 영향을 초래하였으며 특히 동북지역과 화북지역의 도시들과 상해에 상대적으로 큰 영향을 초래하였다. 당시 상해에는 약 270만 대의 방직기가 있었는데 그 중 일본자본이 약 136만 대를 차지하여 비중이 50.3%에 달하였으며, 천진의 50만 대 중 일본자본이 32만 대를 차지하여 비중이 64.0%에 달하였다.

<표 3-1> 중국의 외국자본 유입의 국가별 비중 : 1902년~1948년

(단위 : %)

국가	1902년	1914년	1930년	1936년	1941년	1948년
영국	22.80	29.46	30.02	24.41	11.96	33.66
미국	5.26	4.39	8.19	7.95	5.27	44.96
프랑스	14.02	12.52	8.74	7.28	3.11	9.59
독일	19.92	17.10	5.01	3.18	1.50	0.00
일본	3.55	12.90	40.47	48.92	74.54	0.00
러시아	29.84	19.52	0.00	0.00	0.00	0.00
기타 국가	4.61	4.11	7.57	8.17	3.63	12.09

자료: 孙健(1999), p.1353.

이 시기에는 남쪽의 근대도시들은 경공업, 북쪽의 근대도시들은 중공업을 중심으로 발전하였다. 특히 동북지역은 중공업을 중심으로 하는 경제중심도시들이 본격적으로 발전하기 시작하였다. 당시 주요 공업 제품의 지역별 분포에서도 나타나고 있다. 즉 <표 3-2>

<표 3-2> 주요 공업 제품의 지역 별 비중 : 1914년~1936년

(단위 : %)

지역	철	강	전력	석탄	소금	방직	제지
북쪽 지역	97	93	45	63	54	28	20
동남 지역	3	7	41	31	27	70	70
기타 지역	0	0	14	6	19	2	10

자료 : 王建(1998), p.23.

에서 나타나고 있듯이 강(鋼)의 93%는 북쪽 지역에서 생산되고 있으며, 방직과 제지의 70%는 동남 지역에서 생산되고 있다. 이와 함께 안산(鞍山)은 철강공업이 발전하였으며, 심양(沈阳)은 기계공업과 유색야금업이, 대련(大连)은 화학공업이, 무순(抚顺)은 석탄과 석유공업이 각각 발전하였다.

이 시기 중국 근대도시 발전의 또 하나의 특징은 바로 중심도시 주변의 중소도시의 발전이 점차적으로 시작되고 있다는 것이다. 특히 장강 삼각주의 중심도시인 상해는 주로 면방직과 음식료품이 발달하고 있었는데 이들 산업들이 주변 중소도시로 이전하여 지금의 개념에 의하면 도시 분업과 연계가 형성되고 있었다. 대표적인 도시들로는 면방직을 위주로 하는 남통(南通), 상주(常州) 등이 있고, 면방직, 비단, 밀가루 등을 위주로 하는 무석(无锡), 그리고 비단을 위주로 하는 소주(苏州) 등이 있다. 이러한 현상은 중국 근대도시 발전에 있어서 중요한 의의를 가진다. 즉 중심도시의 확산효과(spread effect)가 주변 중소도시로 이어질 때 더 큰 도시의 발전을 가져올 수 있기 때문이다.

<표 3-3> 주요 근대도시의 지역분포 : 1843년~1936년

지역		1843년	1893년			1933년~1936년		
		城镇	대도시	중도시	소도시	대도시	중도시	소도시
내륙	서북(西北)	119	1	2	7	–	–	7
	운남귀주(云贵)	52	–	2	3	–	–	5
	합계	171	1	4	10	–	–	12
연강(장강)	장강 상류	170	–	1	6	–	2	14
	장강 중류	303	1	3	10	1	3	23
	장강 하류	330	1	3	8	3	4	29
	합계	803	2	7	24	4	9	66
연해	동남 연해	125	–	1	4	–	2	13
	영남(岭南)	138	1	2	7	2	–	9
	화북(华北)	416	1	6	18	2	4	37
	합계	679	2	9	29	4	6	59
합계		1,653	5	20	63	8	15	137

자료: 顾朝林 等(1999a), pp.82~83의 관련 내용을 정리.

주의 : 城镇은 2,000명 이상의 인구집중지역을 말하며, 대도시는 인구 50만 명 이상, 중도시는 인구 20만 명~50만 명 사이를, 소도시는 인구 5만 명~20만 명의 인구집중지역을 말함.

중국의 항일전쟁시기(1937년~1945년)에는 일본자본의 중국 내 비중이 크게 증가하였다. <표 3-1>에서도 나타나고 있듯이 1941년 그 비중이 74.54%에 달하고 있다. 그러나 1945년 일본이 철수함에 따라 미국자본과 영국자본의 비중이 크게 증가하였다. 그러나 영국은 제2차 세계대전이 끝남에 따라 국력이 많이 쇠퇴하였다. 따라서 당시 중국의 외국자본은 주로 미국자본의 비중이 크다. 특히 국민당의 통치지역 내에서는 미국자본이 절대적인 비중을 차지하고 있었다. 1948년 그 비중은 약 80%에 달한다(孙建, 1999, p.1297). 그리고 이 시기에는 상해(上海), 천진(天津), 광주(广州)가 중국 도시발전의 중심축을 이루었다. <표 3-4>에 의하면, 1947년 상해가 중국 전체 공장 수의 60%, 노동자 수의 60.8%를 점하고 있으며, 천진은 각각 10%정도를 , 광주는 각각 3.67%와 4.15%를 점하고 있다. 이 세 도시들의 합계는 중국 전체 공장 수의 73.05%와 노동자 수의 74.49%를 차지하고 있다.

<표 3-4> 1933년~1947년 주요 공업 도시

(단위 : %)

조사명칭	조사내용	上海	天津	广州	세 도시 합계
1933년 전국조사	노동자 수	31.30	4.42	4.09	39.81
	자본 총액	39.61	5.02	6.67	51.31
	생산 총액	50.01	5.12	6.97	62.10
1933년 12개 도시조사	공장 수	36.01	12.65	11.41	60.07
	노동자 수	53.27	7.53	6.96	67.76
1947년 12개 도시조사	공장 수	59.99	9.39	3.67	73.05
	노동자 수	60.80	9.54	4.15	74.49

자료: 孙健(1999), p.1371.

중국의 근대도시의 맹아는 아편전쟁에서부터 찾아 볼 수 있다. 그 후 몇 차례에 걸친 통상조약으로 인한 통상항구의 개방은 외국자본 중국진출의 중요한 계기가 되었으며, 외국자본은 주로 중국의 철강과 석탄 등 원료에 많은 투자를 집중시켰다. 이로 인해 중국의 동북지역의 주요 도시들은 주로 중공업이 발달하게 되었으며, 상해와 광주를 중심으로 하는 동남 연해안 지역의 주요 도시들은 경공업을 중심으로 발전하게 되었다. 그리고 이들 주요 도시들의 발전은 주변 중소도시들의 발전을 선도하는 역할이 서서히 나타나게 되었다.

이 시기 중국 근대도시의 형성과 발전에 있어서 중요한 것은 민족자본을 중심으로 하는 내부적인 힘의 역할보다도 외국자본을 중심으로 하는 외부적인 힘의 역할이다. 물론 이들 외국자본의 긍정적인 측면보다도 부정적인 측면에 대해서도 많은 학자들의 이견과 논쟁이 아직도 끊이지 않고 있으나 이 당시 외국자본을 중심으로 하는 중국 근대도시의 형성과 발전은 향후 개혁개방 이후 중국의 도시성장에도 의의가 깊은 역사적 배경을 제공하고 있다.

<표 3-5> 근대도시의 규모등급

도시규모 (만 명)	도시 수		인구 수		도시명칭
	개	%	만 명	%	
200 이상	1	0.5	348.00	10.8	上海
100~200	4	2.1	480.28	14.9	北京, 广州, 天津, 南京
50~100	5	2.7	316.56	9.8	汉口, 香港, 杭州, 青岛, 沈阳
20~50	18	9.5	598.32	18.6	成都, 长沙, 大连, 济南, 武昌, 吉林, 苏州, 福州, 保定, 开封, 重庆, 南昌, 无锡, 宁波, 长春, 镇江, 温州, 周口店
10~20	48	25.4	665.86	20.7	–
5~10	112	59.8	814.51	25.2	–
합계	188	100.0	3,223.55	100.0	–

자료: 顾朝林等(1999a), p.76.

근대도시의 규모등급을 보면 인구 200만 명 이상인 도시는 상해(上海) 하나 이며, 인구 100만 명~200만 명의 도시는 북경(北京), 광주(广州), 천진(天津), 남경(南京) 4개이다. 이들 도시들은 모두 동부 연해안 지역에 분포하고 있다. 그리고 인구 50만 명~100만 명 정도의 도시는 5개가 있으며 인구 5만 명~10만 명의 소도시는 112개가 있다. 그리고 주의할 점은 이 시기에 이미 대도시를 중심도시로 하는 도시권의 맹아가 형성되고 있다. 동북지역에는 심양(沈阳)을 중심으로 대련(大连), 안산(鞍山), 무순(抚顺), 장춘(长春)을 포함하는 도시권이 형성되고 있다. 화북지역에는 북경(北京), 천진(天津), 당산(唐山)을 연결하는 도시권이, 교동반도(胶东半岛)에는 청도(青岛)와 연태(烟台)를 중심으로 위해(威海), 용구(龙口), 석도(石岛), 연운항(连云港)을 포함하는 도시권이, 장강 삼각주 지역에는 상해(上海)을 중심으로 소주(苏州), 무석(无锡), 상주(常州), 남통(南通), 항주(杭州), 가흥(嘉兴), 호주(湖州), 저파(宁波), 소흥(绍兴)을 포함하는 도시권이, 동남 연해안 지역에는 온주(温州)를 중심으로 천주(泉州), 복주(福州), 하문(厦门), 장주(漳州)를 포함하는 도시권이, 주강 삼각주 지역에는 광주(广州)와 홍콩을 포함하는 도시권이 형성되고 있다. 비록 이들 도시들이 이 시기에는 근대도시로서 도시 발전의 초기 단계에 있지만 개혁개방 이후 중국도시경제성장을 선도해 나가는 주요 도시들이다.

1.2. 계획경제와 도시성장

1.2.1. 신흥 도시의 설립

계획경제 시기에 중국의 도시성장은 근대도시의 성장과 비교해 볼 때 도시 수가 크게 증가하지는 못했다. 이 시기는 주로 경제적인 논리보다는 정치적, 군사적인 논리가 도시 발전의 주요 배경이 되었기 때문이다. 『中国城市五十五』에 의하면, 1949년 중국은 모두 132개의 도시가 있다. 1957년이 되어서는 도시 수가 176개로 증가하였으며, 1978년에는 193개로 다시 증가하였다. 30년 동안 60개 정도의 도시 수가 증가하였다. 매년 2개의 도시가 증가한 것이다. 1950년부터 1980년까지 약 133개의 신도시가 설립되었다. 그 중 32개는 동부지역에 설립되고, 65개는 중부지역, 36개는 서부지역에 설립되었다. 즉 중부지역과 서부지역이 동부지역과 비교할 때 상대적으로 더 많은 신도시가 설립된 것이다.

1차 경제개발 5개년계획이 시작되는 1950년~1957년 기간 중 중국의 도시발전은 크게 두 가지 특징을 가지고 있다. 첫째는 동부 연해안 지역의 소도시를 폐지하고 교통의 연계가 유리한 지역을 중심으로 거점도시들을 발전시켰다. 둘째, 중부지역과 서부지역의 내륙 지역에 새로운 공업도시를 건설하였다. 이 시기에는 모두 63개의 신도시가 설립되었으며 23개의 도시가 폐지되었다. 따라서 실질적으로는 40개의 신도시가 설립된 것이다. 지역별로 보면, 호남성(湖南省), 사천성(四川省)과 하남성(河南省)에 가장 많은 신도시가 설립되었다. 호남성에는 상담(湘潭), 상덕(常德), 진시(津市), 소양(邵阳), 익양(益阳), 홍강(洪江), 주주(株洲)의 7개 신도시가 설립되었다. 사천성에도 만현(万县), 로주(泸州), 남충(南充), 아안(雅安), 내강(内江), 의빈(宜宾), 오통교(五通桥)의 7개 신도시가 설립되었다. 그리고 안휘성(安徽省)에는 탁성(卓城), 박성(亳城), 삼하(三河), 당도(当涂), 대통(大通), 선성(宣城), 계수(界首), 숙성(宿城) 8개의 도시가 폐지되었으며, 산동성(山东省)에는 석도(石岛), 양구(羊口), 용구(龙口) 가 폐지되었고, 박산(博山), 장점(张店), 주촌(周村)은 치박(淄博)으로 합병되었다.

<표 3-6> 신도시 설립과 구도시 폐지 현황 : 1950년~1957년

연도	신설 도시 수(개)				폐지 도시 수(개)				순 증가 수(개)				
	동부	중부	서부	동북	동부	중부	서부	동북	동부	중부	서부	동북	합계
1950	4	10	9	0	5	7	1	0	−1	3	8	0	10
1951	0	4	6	0	1	1	0	0	−1	3	6	0	8
1952	2	0	0	4	0	0	1	0	2	0	0	3	5
1953	4	1	0	1	1	2	0	0	3	−1	0	1	3
1954	1	1	0	0	0	0	0	0	1	1	0	0	2
1955	0	0	1	0	1	0	0	0	−1	0	1	0	0
1956	1	2	3	2	0	0	0	1	1	2	3	1	7
1957	0	3	0	1	0	0	0	0	0	3	0	1	4

자료 : 顾朝林等(1999a), pp.88~89, 관련내용 정리.

이 시기는 중국이 건국 이후 제1차 경제개발 5개년 계획을 시작하고 있으며 본격적인 국가발전계획이 시작되는 시점이며, 이에 따라 도시발전도 새로운 국면을 맞게 되었다. 그동안 내전을 통해 파괴되었던 여러 지역들이 국가계획에 의해 새로이 발전하기 시작하였으며, 특히 동부 연해안 지역과 비교해 상대적으로 낙후되어 있는 중부지역과 서부지역에 새로운 도시들이 많이 신설되었다.

그러나 1958년부터는 이러한 상황들이 다시 수렁으로 빠져들게 된다. 소위 말하는 "대약진운동"이 전국적으로 확산되면서 새로운 도시들이 신설되기 보다는 오히려 기존의 도

시들도 폐지되는 현상이 나타났다. 1958년부터 1965년까지 신도시로 설립된 것은 모두 22개이지만 폐지된 도시가 29개에 달한다. 따라서 실질적으로는 7개의 도시가 더 줄어든 셈이다. 상대적으로 경제발전 수준이 높은 동부지역은 1961년부터 1965년 기간 동안 하나의 신도시도 설립되지 못했다. 오히려 1958년부터 1965년 기간 동안 11개의 도시가 폐지되었다.

<표 3–7> 新도시 설립과 舊도시 폐지 현황 : 1958년~1979년

연도	신설 도시 수(개)				폐지 도시 수(개)				순 증가 수(개)				
	동부	중부	서부	동북	동부	중부	서부	동북	동부	중부	서부	동북	합계
1958	3	0	4	1	3	2	1	0	0	–2	3	1	2
1959	1	1	0	0	2	0	2	0	–1	1	–2	0	–2
1960	2	1	2	2	0	0	0	2	2	1	2	0	5
1961	0	0	0	2	0	0	0	0	0	0	0	2	2
1962	0	0	0	0	5	0	0	0	–5	0	0	0	–5
1963	0	0	0	0	1	3	1	0	–1	–3	–1	0	–5
1964	0	0	0	0	0	2	3	1	0	–2	–3	–1	–6
1965	0	0	2	1	0	0	0	0	0	0	2	1	3
1966	0	0	3	0	0	0	0	0	0	0	3	0	3
1967	0	0	0	1	0	0	0	0	0	0	0	1	1
1968	0	0	0	0	0	0	0	0	0	0	0	0	0
1969	0	3	0	0	0	0	0	0	0	3	0	0	3
1970	0	0	0	1	0	0	0	0	0	0	0	1	1
1971	0	3	0	0	0	0	0	0	0	3	0	0	3
1972	0	0	1	0	0	0	0	0	0	0	1	0	1
1973	0	0	0	0	0	0	1	0	0	0	–1	0	–1
1974	0	0	0	0	0	0	0	0	0	0	0	0	0
1975	0	3	1	1	0	0	1	0	0	3	0	1	4
1976	0	0	2	0	0	0	0	0	0	0	2	0	2
1977	0	0	1	1	0	0	0	0	0	0	1	1	2
1978	1	1	1	0	0	0	0	0	1	1	1	0	3
1979	8	10	3	2	0	0	0	0	8	10	3	2	23

자료: 顾朝林等(1999a), pp.91~95 관련내용 정리.

오히려 문화대혁명 기간 중인 1966년부터 1976년에는 전국적으로 22개의 도시가 신설되었으며 단 2개의 도시만이 폐지되었다. 이 시기는 전반적으로 도시 성장이 거의 정체된 시기이며 "3선(線)"지역 건설 구호와 함께 도시의 성장과 발전보다는 전쟁준비에 더욱 중점을 두게 되었다. 문화대혁명이 끝나고 개혁개방을 표방한 1978년부터 중국의 도시성장은 또 다시 새로운 발전의 시기에 접어들게 된다. 이는 신도시 설립에서부터 나타나고 있다. 1979년 1년 동안 전국적으로 23개의 신도시가 설립되었다. 이것은 문화대혁명 10년 기간 중 설립된 신도시 보다 더 많은 수이다.

1.2.2. 도시의 지역분포

『中国城市五十年』에 의하면, 1949년 중국의 도시 수는 132개 정도이며, 1978년에는 193개로 약 61개 정도가 증가하였다. 약 30여 년 동안 61개의 도시만 증가한 것이다. 1949년 주요 도시의 지역분포를 보면, 동부지역에 53개의 도시가 있으며, 중부지역에 34개, 서부지역에 23개, 그리고 동북지역에 22개의 도시가 있다. 1978년에는 동부지역에 52개, 중부지역에 56개, 서부지역에 55개, 그리고 동북지역에 30개의 도시가 분포하고 있다. 동부지역은 이 기간 동안 오히려 도시 수가 53개에서 52개로 줄어들었으며, 기타 지역에서는 도시 수가 모두 증가하였다.

특히 서부지역은 도시 수가 가장 많이 증가하였다. 이 기간 중 32개의 도시 수가 증가하였다. 물론 이 기간 동안 위의 <표 3-6>와 <표 3-7>에서 나타나듯이 새로운 도시가 신설되고 또 기존의 도시가 폐지되는 동태적인 과정들이 반복되고는 있지만 결과적으로는 서부지역의 도시 수가 가장 많이 증가한 것이다. 이것은 이 기간 중에 활발히 전개되었던 "3선(線)"지역의 건설과도 관련이 있다고 본다. 즉 국가 안보라는 전략적인 측면에서 보면 동부 연해안 지역보다는 서부 내륙지역이 더욱 우위가 있다는 판단 아래에 이 지역에 군사적 목적을 가지는 도시들을 대거 발전시켰다. 특히 사천성(四川省)은 "3선(線)"지역 건설의 가장 핵심지역이기 때문에 이 기간 중 8개의 도시가 증가하였다. 그리고 신강자치구(新疆自治区)와 귀주성(贵州省)도 각각 6개와 4개의 도시가 증가하였다.

중부 지역도 도시 수가 1949년 34개시에서 1978년에는 56개로 22개가 증가하였다. 특히 호남성(湖南省), 산서성(山西省), 호북성(湖北省)이 각각 8개, 5개, 3개의 도시가 증가하였다. 동북지역도 8개의 도시가 증가하였다. 특히 이 지역은 중국의 1차 경제개발 5개년 계획 중 구소련의 원조를 받은 "156"프로젝트의 상당수가 입지한 지역이기 때문에 중공업을 중심으로 하는 공업 도시가 크게 발전하고 있다. 이러한 공업의 발전은 도시의 성장과 신도시의 설립으로 이어지고 있는 것이다. 이 시기에는 중국의 도시들이 동부 연해안 지역을 기점으로 하여 중부지역과 서부지역 그리고 동북지역으로 점차적으로 확산되고 있다. 특히 중부지역은 자원이 풍부한 산서성(山西省)과 하남성(河南省) 일대 그리고 장강(长江)의 중 · 상류지역에서 도시 성장이 현저하게 나타나고 있다.

계획경제시기에 중국의 도시성장은 시장의 논리보다는 다른 비경제적 논리에 상당한 영향을 받았다. 그러나 시장에 의한 성장이든지 아니면 정책에 의한 성장이든지 이 시기에 설립된 서부 내륙지역의 도시들은 향후 서부지역 발전에 중요한 기초가 되고 있다.

1.2.3. 도시규모등급

도시규모는 대부분이 도시인구를 이용한다. 도시인구는 두 가지 기준이 있다. 하나는 도시총인구가 있으며, 또 하나는 도시 비농업부문 인구가 있다. 『中国城市五十年』는 도시 데이터를 네 가지 기준에 의해 각각 제공하고 있다. 하나는 시의 직할현(市辖县)을 포함하는 기준이고 또 하나는 포함하지 않는 기준이다. 직할현을 포함하면 행정구역으로는 도시이지만 주로 농업에 종사하는 인구들까지 포함하는 것이며, 직할현을 포함하지 않으면 행정구역으로 직할구에 거주하는 인구만을 포함한다. 그리고 비농업인구도 직할현을 포함하는 경우와 포함하지 않는 경우로 나누어서 자료를 제공하고 있다. 이러한 기준을 주의해야 하는 이유는 행정구역으로는 도시에 포함되나 실질적으로는 농촌지역인 경우가 많기 때문에 도시라 할 때 어느 범위까지를 도시에 포함 시키는가 때문이다.

예를 들면 1949년 천진시(天津市)의 직할현(市辖县)을 포함하는 인구는 402.54만 명이며, 포함하지 않는 인구는 195.84만 명이다. 그리고 직할현(市辖县)을 포함하는 비농업부문 인구는 243.15만 명이며, 포함하지 않는 비농업부문 인구는 184.65만 명이다. 따라서 엄밀하게 말하면, 1949년 2차 산업과 3차 산업에만 종사하고 있는 천진시(天津市)의 도시부문 인구는 184.65만 명인 것이다.

『中国城市五十年』의 직할현(市辖县)을 포함하지 않은 총인구 기준에 의하면, 1949년 도시 인구가 200만 명 이상이 3개가 있으며, 100만 명~200만 명 규모가 5개가 있고, 50만 명~100만 명인 규모가 8개가 있다. 제1차 경제개발 5개년 계획이 시작되는 1952년 중국은 157개의 도시가 있다. 그 중 인구 100만 이상인 도시 수는 9개 이며, 인구 50만~100만 명인 도시 수는 10개, 인구 20만~50만 명인 도시 수는 23개, 인구 20만 명 이하인 도시 수는 115개이다. 즉 인구 100만 명 이상인 대도시는 전체 도시 수의 5.7%만을 차지하고 있으며, 인구 20만 명 이하인 소도시가 73.3%를 차지하고 있다. 1980년에는 전체 도시 수가 223개로 증가하였으며, 그 중 100만 이상인 도시 수는 15개로 증가하였으며, 인구 50만~100만 명인 도시 수는 30개, 인구 20만~50만 명인 도시 수는 70개로 증가하였다. 그러나 인구 20만 명 이

<표 3-8> 1949년 주요 도시의 인구 규모

200만 명 이상		100만 명~200만 명		50만 명~100만 명		20만 명~50만 명	
도시	인구	도시	인구	도시	인구	도시	인구
北京	–	沈阳	160.30	唐山	51.98	石家庄	27.80
天津	243.15	南京	103.70	大连	55.90	太原	38.95
上海	418.94	济南	112.50	哈尔滨	78.51	大同	22.11
		武汉	101.83	宁波	55.44	抚顺	27.83
		广州	142.76	福州	57.70	丹东	28.40
				青岛	63.99	吉林	28.42
				昆明	57.79	齐齐哈尔	26.20
				西安	77.09	无锡	36.31
						常州	24.68
						苏州	45.85
						镇江	37.18
						淮南	20.20
						厦门	26.34
						南昌	25.52
						景德镇	20.01
						长沙	38.35

주의: 도시인구는 직할현(市辖县)을 포함하지 않는 도시총인구를 말함.
자료: 『中国城市五十年』, pp.111~122 관련내용 재정리.

하인 도시 수는 오히려 108개로 7개가 감소하였다. 이 기간 중 특히 중요한 특징은 인구 20만~50만 명 규모의 도시 수가 크게 증가하였다는 것이다. 물론 인구 100만 명 이상인 도시 수도 1952년의 9개에 비해 15개로 증가하였으며, 인구 50만~100만 명 규모의 도시도 10개에서 30개로 증가하였다. 그러나 상대적으로 인구 20만~50만 명 규모의 도시 수가 가장 많이 증가하였다.

인구규모별로 보면 1952년 도시 인구는 모두 4,238만 명 정도이다. 그 중 인구 100만 명 이상인 도시의 인구수는 1,859만 명으로 전체 도시 인구의 43.9%를 차지하고 있다. 인구 50만~100만 명인 도시의 인구수는 644만 명으로 15.2%, 인구 20만~50만 명인 도시의 인구수는 16.1%를 차지하고 있으며, 인구 20만 명 이하의 도시 인구수는 1,052만 명으로 24.8%를 차지하고 있다. 즉 1952년에는 대다수의 도시 인구는 인구 100만 명 이상인 대도시와 인구 20만 명 이하인 소도시에 집중적으로 거주하고 있으며, 중등 규모의 도시에는 상대적으로 적은 인구가 분포하고 있었다.

<표 3-9> 도시인구규모의 변화 추이 : 1952년~1980년

연도	도시인구 (만 명)	100만 명 이상		50~100만 명		20~50만 명		20만 명 이하	
		(만 명)	(%)	(만 명)	(%)	(만 명)	(%)	(만 명)	(%)
1952	4,238	1,859	43.9	644	15.2	683	16.1	1,052	24.8
1957	6,005	2,531	42.1	1,289	21.5	1,073	17.9	1,112	18.5
1960	7,853	3,506	44.6	1,960	25.0	1,496	19.1	1,161	11.3
1965	7,081	3,007	42.5	1,158	16.3	1,399	19.8	1,523	21.4
1975	7,402	2,866	38.7	1,784	24.1	1,642	22.2	1,110	15.0
1980	9,057	3,511	38.8	2,231	24.6	2,128	23.5	1,187	13.1

주의: 도시인구는 직할현(市辖县)을 포함하지 않는 도시비농업인구를 말함.
자료: 顾朝林(1996), pp.189~190 관련내용 정리.

1980년에는 이러한 구조가 큰 변화를 가져온다. 100만 명 이상 도시의 인구 규모가 3,511만 명으로 증가하고, 50만~100만 명 도시의 인구 규모가 2,231만 명, 그리고 20만~50만 명 도시의 인구 규모가 2,128만 명으로 증가하였다. 그러나 20만 명 이하 도시의 인구 규모는 1,187만 명으로 약간 증가하였다. 전반적으로 볼 때, 1952년에서 1980년 기간 중 인구 100만 명 이상의 대도시와 인구 20만 명 이하의 소도시의 인구성장은 크지 않은 반면에 인구 20만~100만 명 규모 도시의 인구 증가는 크게 나타나고 있다. 즉 다시 말하면 중등 규모 도시의 성장이 크게 진전된 것이다.

시기별로 보면 제1차 경제개발 5개년 계획 기간 중에 도시 인구가 가장 많이 증가하였다. 동 기간 중 도시인구는 1,767만 명이 증가하였다. 그 중 100만 명 이상 도시의 인구는 672만 명이 증가하였으며, 50만~100만 명 도시의 인구는 645만 명, 20만~50만 명 도시의 인구는 390만 명 증가하였다. 그러나 20만 명 이하의 도시의 인구는 60만 밖에 증가하지 못했다. 그러나 1960년~1965년 기간에는 오히려 도시인구가 772만 명이 감소하였다. 이는 "대약진"운동 등으로 사회 · 경제적으로 불안정적인 시기였기 때문이다. 그러나 한 가지 주의할 점은 20만 명 이하 도시의 인구는 오히려 362만 명이 증가하였다. 그 이유는 당시 농촌으로의 귀향운동의 영향으로 농촌지역과 가까운 곳에 있는 20만 명 이하 규모의 도시들이 성장하는 계기가 된 것이다. 그리고 "문화대혁명"기간인 1966년부터 1975년 중에는 전체적으로 321만 명의 도시인구가 증가하였는데, 대부분이 인구 20만~100만 명의 규모에서 증가하였다. 인구 50~100만 명 규모의 도시 인구가 626만 명이 증가하였고, 20만~50만 명 규모의 도시 인구가 244만 명 증가하였다. 그러나 100만 명 이상 규모의 대도시는 오히려 141만 명이 감소하였고, 인구 20만 명 이하 규모의 도시 인구는 413만 명이나 감소하였다.

1.3. 개혁개방과 도시발전

1.3.1. 신흥 도시의 설립

개혁개방은 중국경제발전에 있어서 역사적인 전환점이다. 그동안 계획경제체제에서는 자원의 이동이 국가의 강력한 통제를 받아 왔다. 개혁개방을 통해서 대외적으로는 자원의 국가 간 이동의 문이 열렸으며, 국내적으로는 지역 간 자원 이동이 더욱 쉬워지기 시작했다. 특히 동부 연해안 지역의 개방도시를 중심으로 해서 외국인직접투자의 적극적인 유입과 특별경제구역의 설립은 개혁개방을 더욱 촉진시키는 계기가 되었다. 물적 자원과 인적 자원의 이동은 도시 성장에 직접적인 영향을 초래한다. 이러한 영향은 신흥 도시 설립을 통해서 나타나고 있다.

<표 3-10>는 1980년부터 2000년 기간 동안 신흥 도시의 지역별 설립 현황을 나타내고 있다. 표에서도 볼 수 있듯이 계획경제시기와 비교해 볼 때 신흥 도시가 급속하게 증가하고 있음을 할 수 있다. 동 기간에 모두 452개의 도시가 새롭게 탄생하였다. 시기별로는 1990년대 초반에 가장 많은 신도시가 설립되었다. 1991년부터 1995년 기간 동안 모두 169개의 신도시가 설립되었다. 그리고 1980년대 후반에도 145개의 신도시가 설립되었다. 1996년부터 2000년 기간 동안에는 31개의 신도시만 설립되었다. 1980년대 초반에는 개혁개방이 시작 된지 불과 몇 년 지나지 않았기 때문에 자원의 지역 간 이동이 현저하게 증가하지 않았을 것이다. 그렇지만 1980년~1985년 기간 107개의 신도시가 설립되었다.

1990년대 초반부터는 중국의 개혁개방이 본격적인 발전을 시작하는 단계이다. 이 시기에는 전국적으로 경제기술개발구와 같은 특별경제구역이 중부지역과 서부지역과 같은 내륙지역으로까지 확대가 시작되는 시기이다. 따라서 이러한 거시경제 환경의 변화와 더불어 신도시의 설립도 가장 정점에 도달하고 있는 것이다. 그러나 90년대 후반에 들어서는 신도시의 설립보다는 이미 설립된 도시들의 내실을 중요시하는 단계로 접어들고 있다. 따라서 신도시의 설립 수는 크게 증가하지 않고 있다.

<표 3-10> 신도시의 지역별 설립 현황 : 1980년~2000년

지역	1980~1985		1986~1990		1991~1995		1996~2000		합계 (개)
	수량 (개)	비중 (%)	수량 (개)	비중 (%)	수량 (개)	비중 (%)	수량 (개)	비중 (%)	
요녕성	5	4.7	3	2.1	10	5.9	1	3.2	19
하북성	3	2.8	12	8.3	9	5.3	1	3.2	25
산동성	10	9.3	15	10.3	13	7.7	1	3.2	39
강소성	2	1.9	13	9.0	13	7.7	1	3.2	29
절강성	3	2.8	14	9.7	11	6.5	1	3.2	29
복건성	4	3.7	6	4.1	7	4.1	0	0.0	17

광동성	3	2.8	4	2.8	35	20.7	1	3.2	43
광서자치구	5	4.7	1	0.7	5	3.0	2	6.5	13
해남성	0	0.0	1	0.7	4	2.4	2	6.5	7
흑룡강성	5	4.7	9	6.2	5	3.0	1	3.2	20
길림성	3	2.8	10	6.9	5	3.0	1	3.2	19
내몽고자치구	7	6.5	1	0.7	2	1.2	1	3.2	11
산서성	3	2.8	3	2.1	7	4.1	2	6.5	15
하남성	4	3.7	8	5.5	10	5.9	2	6.5	24
안휘성	3	2.8	4	2.8	2	1.2	2	6.5	11
호북성	4	3.7	16	11.0	4	2.4	2	6.5	26
호남성	7	6.5	6	4.1	2	1.2	1	3.2	16
강서성	2	1.9	4	2.8	4	2.4	1	3.2	11
사천성	6	5.6	4	2.8	12	7.1	2	6.5	24
귀주성	1	0.9	3	2.1	3	1.8	1	3.2	8
운남성	7	6.5	0	0.0	5	3.0	1	3.2	13
서장자치구	0	0.0	1	0.7	0	0.0	0	0.0	1
섬서성	3	2.8	4	2.8	0	0.0	0	0.0	7
감숙성	7	6.5	1	0.7	0	0.0	1	3.2	9
영하자치구	2	1.9	0	0.0	0	0.0	1	3.2	3
청해성	1	0.9	1	0.7	0	0.0	0	0.0	2
신강자치구	7	6.5	1	0.7	1	0.6	2	6.5	11
합계	107	100	145	100	169	100	31	100	452

자료: 金相郁(2002).

지역별로는 광동성(广东省)과 산동성(山东省)이 각각 43개와 39개로 가장 많은 신도시를 설립하였다. 강소성(江苏省)과 절강성(浙江省)도 각각 29개의 신도시를 설립하였다. 중부지역의 호북성(湖北省)은 26개, 동부지역의 하북성(河北省)은 25개의 신도시를 설립하였으며, 서부지역의 사천성(四川省)과 중부지역의 하남성(河南省)도 각각 24개의 신도시를 설립하였다.

전반적으로 볼 때 동부 연해안 지역에서 상대적으로 많은 신도시가 설립되고 있다. 이것은 중국의 개혁개방이 동부 연해안 지역을 중심으로 시작되고 있는 것과 밀접한 관계가 있다고 본다. 광동성(广东省)과 산동성(山东省)을 비교해 보면, 산동성은 개혁개방의 시작과 더불어 시기별로 꾸준한 신도시가 설립되고 있음을 발견할 수 있으며, 광동성은 특히 1991년~1995년 사이에 35개의 신도시가 급속하게 설립되고 있음을 발견할 수 있다.

1.3.2. 도시의 지역분포

개혁개방 이후 급속하게 증가하고 있는 신도시는 중국의 도시 지역분포를 크게 변화시키고 있다. <그림 3–1>은 1981년부터 2000년까지 중국의 주요 도시들의 지역분포를 나타내고 있다. 그림을 통해서 직관적으로 알 수 있듯이 계획경제 시기와 비교해 볼 때, 중부지역과 서부지역 즉 내륙지역의 도시 분포가 크게 증가하고 있으며, 이와 동시에 동부 연해안 지역과 동북지역의 도시 분포도 크게 증가하고 있다. 이와 같은 도시 수의 증가는 중심도시와 주변도시를 연계하는 도시권의 형성에 기초가 되고 있다.

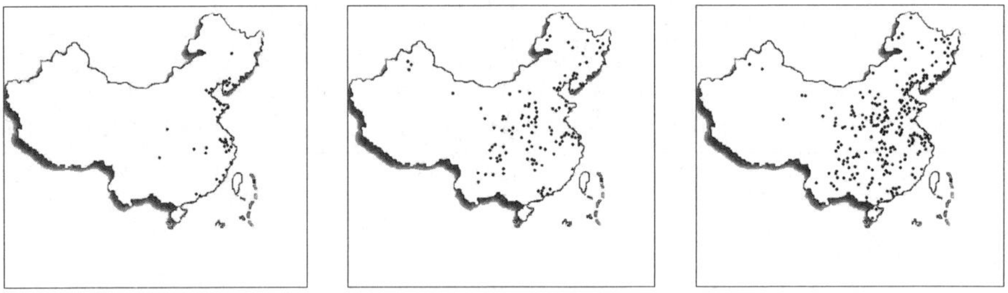

(a) 1840년~1948년 (b) 1949년~1980년 (c) 1981년~2000년

<그림 3–1> 중국 주요도시의 지역 분포

자료: 金相郁(2002).

2005년 현재 중국에는 모두 661개의 도시가 있다. 그 중에는 4개의 직할시(直辖市), 15개의 부성급시(副省级市), 268개의 지급시(地级市), 374개의 현급시(县级市)를 포함하고 있다. 직할시는 3개가 동부 연해안 지역에 있고, 중경시는 서부 내륙지역에 분포하고 있다. 그리고 15개의 부성급시는 대부분이 해당 성의 행정중심이고 경제중심의 역할을 담당하고 있다.

지역별로 보면 동부지역에 가장 많은 도시가 분포하고 있다. 661개 도시 중 232개 도시가 동부지역에 분포하고 있으며 그 비중은 35.1%이다. 그리고 중부지역에는 25.4%, 서부지

<표 3-11> 도시행정구역과 지역분포

지역 구분		도시 합계	직할시	부성급시	지급시	현급시
전국		661	4	15	268	374
동부 지역	북경시	1	1	—	—	—
	천진시	1	1	—	—	—
	하북성	33	—	—	11	22
	상해시	1	1	—	—	—
	강소성	40	—	1	12	27
	절강성	33	—	2	9	22
	복건성	23	—	1	8	14
	산동성	48	—	2	15	31
	광동성	44	—	2	19	23
	해남성	8	—	—	2	6
동북 지역	요녕성	31	—	2	12	17
	길림성	28	—	1	7	20
	흑룡강성	31	—	1	11	19
중부 지역	산서성	22	—	—	11	11
	안휘성	22	—	—	17	5
	강서성	21	—	—	11	10
	하남성	38	—	—	17	21
	호북성	36	—	1	11	24
	호남성	29	—	—	13	16
서부 지역	내몽고자치구	20	—	—	9	11
	광서자치구	21	—	—	14	7
	중경시	5	1	—	—	—
	사천성	32	—	1	17	14
	귀주성	13	—	—	4	9
	운남성	17	—	—	8	9
	서장자치구	2	—	—	1	1
	섬서성	13	—	1	9	3
	감숙성	16	—	—	12	4
	청해성	3	—	—	1	2
	영하자치구	7	—	—	5	2
	신강자치구	22	—	—	2	20

자료: 『中国城市统计年鉴2006』, p.3 관련내용 재정리.

역에는 25.8%, 동북지역에는 13.6%가 분포하고 있다. 성별로 보면, 산동성(山东省)과 광동성(广东省)에 가장 많은 도시가 분포하고 있으며, 강소성(江苏省), 하남성(河南省), 호북성(湖北省)도 비교적 많은 도시들이 분포하고 있다. 서부지역에는 사천성(四川省)에 가장 많은 도시가 분포하고 있다.

1.3.3. 도시규모등급

개혁개방 이후 중국의 도시는 급속한 발전을 거듭하고 있으며 도시 수가 급속히 증가하였다. 계획경제시기에는 신도시의 설립과 구도시의 폐지가 동시다발적으로 활발하게 일어났으니 개혁개방 이후 시기에는 구도시의 폐지는 그 수량이 극히 적으며 대부분은 신도시의 설립으로 나타나고 있다. 따라서 <표 3–10>에서 나타나는 바와 같이 상당수의 신도시가 설립되었으며, 이는 <표 3–11>과 <그림 3–1>에서 나타나는 바와 같은 지역분포를 나타내고 있다.

<표3–12> 2002년 도시규모등급 비교

도시 인구 규모	전국		동부지역		중부지역		서부지역	
	개	%	개	%	개	%	개	%
	660	100	287	100	247	100	126	100
200만 명 이상	15	2.3	9	3.1	3	1.2	3	2.4
100만~200만 명	30	4.5	16	5.6	10	4.0	4	3.1
50만~100만 명	64	9.7	33	11.5	27	10.9	4	3.1
20만 ~50만 명	225	34.1	110	38.3	79	32.0	36	28.3
20만 명 이하	326	49.4	119	41.5	128	51.8	79	62.2

주의: 도시인구는 직할구(市辖区)의 비농업인구를 기준으로 함.
자료: 『中国城市统计年鉴2003』, p.29 관련내용 재정리.

2002년을 기준으로 할 때, 전국에는 모두 660개의 도시가 있다. 그 중 인구가 200만 명 이상인 도시가 15개가 있으며, 100만~200만 명인 도시가 30개, 50만~100만 명인 도시가 64개, 20만~50만 명인 도시가 225개, 그리고 20만 명 이하인 도시가 326개가 있다. 전국적으로 보면, 인구 50만 명 이하의 중소도시가 크게 증가하였다. 인구 50만 명 이하의 도시 수가 전체에서 차지하는 비중이 83.5%에 달한다. 지역별로 보면, 동부지역은 인구 50만 명 이하의 도시 수의 비중이 79.8%로 전국 평균보다 약간 낮으며, 중부지역은 83.8%로 전국 평균과 비슷하다. 그리고 서부지역은 88.5%로 전국 평균보다 높게 나타나고 있다. 이것은 동부지역 도시의 평균 규모가 중부지역이나 서부지역보다는 약간 큼을 간접적으로 나타내고 있다.

<표 3–13>는 다른 기준을 이용하고 있다. 즉 지급시 도시인구는 직할현(市辖县)을 포함하지 않는 도시총인구를 말하고, 현급시 도시인구는 직할현(市辖县)을 나누지 않은 전체 인구를 말한다. 이 기준에 의하면 2002년 전국에 도시 인구 400만 명인 도시는 10개, 200만 명~400만 명인 도시는 23개, 100만 명~200만 명인 도시는 138개, 50만 명~100만 명인 도시는 279개, 20만 명~50만 명인 도시는 171개, 20만 명 이하는 39개 이다.

<표 3–12>과 비교할 때 인구 20만 명 이하의 도시 수가 크게 줄어들었다. 그 이유는 역시 앞에서 말한 통계 기준의 차이에 있다. <표3–12>은 직할구(市辖区)의 비농업인구를 기준으로 하고 있다. 인구가 50만 명 정도가 되는 도시는 규모가 그다지 크지 않으며, 이들 인구 중에는 농업에 종사하는 인구가 대량으로 포함되어 있을 가능성이 크다. 따라서 <표 3–12>의 기준에 의하면 도시인구규모가 작게 나타날 것이며, <표 3–13>의 기준에 의하면 도시인구규모가 크게 나타날 것이다.

한 가지 주의할 것은 인구 200만 명~400만 명 도시규모가 많은 지역이다. 이와 같은 인구규모는 경제중심지의 역할을 할 수 있을 능력을 가지고 있기 때문이다. 즉 강소성(江苏省)에 4개, 산동성(山东省)에 4개, 그리고 광동성(广东省)에 3개가 있다. 가장 많은 도시가 분포하고 있는 산동성은 인구 50만 명~100만 명의 도시가 27개로 가장 많다. 그리고 광동성은 인구 100만 명~200만 명의 도시가 17개로 가장 많다. 도시규모등급을 보면 성급 행정구역 내에서 도시체계가 형성되고 있음을 알 수 있다. 즉 인구 규모가 200만 명 이상인 도시들을 거점으로 인구 50만 명~100만 명인 도시들이 하나의 체계를 형성하고 있다. 이러한 도시체계는 도시군을 형성하는 기초가 되고 있다. 어떤 성급 행정구역 내에는 이러한 중심 도시가 하나가 아닌 2개 또는 3개가 있는 경우도 있다.

<표 3-13> 2002년 지역별 도시규모등급 비교

(단위: 만 명, 개)

지역	합계	400 이상	200~400	100~200	50~100	20~50	20 이하
전국	660	10	23	138	279	171	39
북경시	1	1	0	0	0	0	0
천진시	1	1	0	0	0	0	0
하북성	33	0	2	2	18	11	0
산서성	22	0	1	1	7	13	0
내몽고자치구	20	0	0	3	2	8	7
요녕성	31	1	1	4	22	3	0
길림성	28	0	1	3	7	15	2
흑룡강성	31	0	1	2	15	10	3
상해시	1	1	0	0	0	0	0
강소성	40	1	4	15	17	3	0
절강성	33	0	2	9	17	5	0
안휘성	22	0	0	6	13	3	0
복건성	23	0	1	5	7	10	0
강서성	21	0	0	3	11	5	2
산동성	48	0	4	16	27	1	0
하남성	38	0	1	8	20	8	1
호북성	36	1	1	11	18	5	0
호남성	29	0	0	7	13	8	1
광동성	47	1	3	17	15	11	0
광서자치구	21	0	0	5	8	5	3
해남성	8	0	0	0	4	3	1
중경시	5	1	0	3	1	0	0
사천성	32	1	0	11	15	5	0
귀주성	13	0	0	2	5	6	0
운남성	16	0	1	1	5	6	3
서장자치구	2	0	0	0	0	0	2
섬서성	13	1	0	0	8	4	0
감숙성	14	0	0	2	1	7	4
청해성	3	0	0	1	0	0	2
영하자치구	6	0	0	2	2	4	0
신강자치구	22	0	0	1	1	12	8

주의 : 지급시 도시인구는 직할현(市辖县)을 포함하지 않는 도시총인구를 말함, 현급시 도시인구는 직할현(市辖县)을 나누지 않은 전체 인구를 말함.

자료: 『中国城市统计年鉴2003』, p.30 관련내용 재정리.

2. 중국의 도시화

2.1. 도시화

2.1.1. 도시화율

도시화는 경제발전 과정에서 나타나는 도시인구의 증가현상을 말한다. 경제발전 수준이 높아짐에 따라 농촌인구가 도시로 유입하는 경향이 나타난다. 이것은 도시인구의 증가로 이어진다.

도시화를 추계하는 것은 우선 도시의 기준에 의해서 달라질 수 있다. 즉 어디까지를 도시로 볼 것인가의 문제이다. 중국의 도시들은 직할구(市辖区)와 직할현(市辖县)으로 나누어져 있다. 직할구는 주로 2차 산업과 3차 산업에 종사하는 인구들이 집중된 지역이며, 직할현은 주로 1차 산업에 종사하는 인구들이 집중된 지역이다. 문제는 어떤 도시는 직할구와 직할현의 격차가 매우 크다는 것이다. 그리고 직할구와 직할현 모두 시(市)의 행정구역에 포함되어 있기 때문에, 도시인구가 과대평가될 가능성이 존재하는 것이다.

하북성(河北省) 보정시(保定市)의 2005년 시 전체 인구는 1,092.17만 명이다. 그 중 직할구의 인구는 100.71만 명 정도이다. 차이가 991.46만 명이나 된다. 즉 이 인구는 직할구가 아닌 직할현에 분포하고 있다는 것이다. 직할구에 포함되는 인구일지라도 2차 산업이나 3차 산업에 종사하는 것이 아니라 1차 산업에 종사하고 있다면 이들 인구를 도시인구로 볼 것인지도 역시 문제가 된다. 비농업인구를 기준으로 보면, 2005년 보정시(保定市) 전체는 254.18만 명이다. 시 전체 인구 1,092.17만 명과 비교할 때 837.99가 차이난다. 그리고 직할구의 비농업인구는 불과 88.53에 불과하다.

이 문제는 도시화를 성시화(城市化)로 볼 것인가 아니면 성진화(城镇化)로 볼 것인가로 이어진다. 성시화(城市化)는 중국 행정구역의 특징으로 볼 때 직할현을 포함한다. 성진화(城镇化)는 성(城)과 진(镇)에 거주하는 인구를 주로 포함한다. 진(镇)은 행정구역상 도시와 농촌의 중간 지역에서 발달하고 있는 작은 규모의 인구집중지역이다. 진(镇)은 농촌인구 도시 진입의 중간자적인 역할을 담당하고 있다. 『중국통계연감』에서는 전체 인구를 성진(城镇)인구와 농촌인구로 분리하고 있다. 따라서 일반적으로 중국의 도시화를 말할 때는 『중국통계연감』의 성진(城镇)인구를 이용하고 있다. 이 기준에 의하면 1952년 중국이 제1차 경제개발 5개년 계획을 실시할 때는 도시화율이 불과 11.78%에 지나지 않았으나, 2005년에는 43.0%, 2006년에는 43.9%로 크게 증가하였다.

<표 3–14> 중국의 도시화율

연도	도시화율(%)	연도	도시화율(%)	연도	도시화율(%)	연도	도시화율(%)
1949	10.64	1976	17.44	1988	25.81	2000	36.22
1950	11.18	1977	17.55	1989	26.21	2001	37.66
1952	11.78	1978	17.92	1990	26.41	2002	39.09
1955	13.48	1979	18.96	1991	26.94	2003	40.53
1960	19.75	1980	19.39	1992	27.46	2004	41.76
1965	17.98	1981	20.16	1993	27.99	2005	43.00
1970	17.38	1982	21.13	1994	28.51	2006	43.90
1971	17.26	1983	21.62	1995	29.04	2007	44.94
1972	17.13	1984	23.01	1996	30.48	2008	45.68
1973	17.20	1985	23.71	1997	31.91		
1974	17.16	1986	24.52	1998	33.35	2009	46.59
1975	17.34	1987	25.32	1999	34.78		

자료: 『中国统计年鉴 2010』.

그러나 위에서 지적하였듯이 도시를 어디까지 볼 것인가에 따라 이 숫자가 가지는 의미가 달라질 수 있음을 간과해서는 안 된다. 예를 들면 『中国城市统计年鉴2006』에 의하면, 2005년 중국 도시 전체의 인구는 11.90 억 명이다. 그 중 직할구의 인구는 3.6억 명이며, 직할구의 비농업인구는 2.3억 명이다. 도시에는 현을 포함하고 있기 때문에 도시 전체 인구를 중국 전체 인구로 가정한다면, 직할구 인구 기준에 의하면 도시화율은 30.25%로 크게 줄어든다. 그리고 직할구의 비농업인구로 보면 도시화율은 19.33%로 다시 크게 줄어든다.

2.1.2. 도시화 단계

1949년 중국의 도시인구(城镇인구)는 5,765만 명에 지나지 않았으며, 도시화율은 10.6% 정도에 달했다. 이것은 당시 세계 평균인 28%에 훨씬 못 미치는 수준이었다. 그리고 개발도상국의 평균 수준인 16%보다도 낮은 수준이었다. 중국의 도시화는 크게 네 단계로 발전하고 있다(顾朝林, 1999). 첫 단계는 1949년부터 1957년 기간이다. 이는 중국의 도시화가 정상적인 발전을 시작하게 되는 시기이다. 도시인구는 1959년 9,949만 명으로 증가하였으며 도시화율도 15.4%로 증가하였다. 그리고 도시 수도 1949년의 135개에서 1957년에는 178개로 증가하였다. 1949년~1952년은 전쟁회복시기로 재건을 위한 노동력이 농촌으로부터 도시로 많이 진입하게 되었다. 1951년~1953년 기간 중 연평균 도시 순유입율이 33.1%에 달하고 있으며, 성진(城镇)인구의 연평균 성장율도 7.5%에 달한다. 1953년부터 1957년 기간 중에는 156 프로젝트의 실시로 인해 이에 필요한 노동력이 대량으로 농촌으로부터 도시로 유입되었다. 제1차 경제개발 5개년 기간 동안 도시로 유입된 인구가 1,500만 명에 달한다. 이는 자연적으로 도시인구의 성장을 초래하였다.

두 번째 단계는 1958년부터 1965년 기간이다. 제1차 경제개발 5개년 계획 기간 동안 활발하게 전개되었던 경제재건계획들이 1958년에 들어서는 정상적인 발전 속도를 넘어서는 또는 일종의 정치적 운동으로까지 전개된 대약진(大跃进)운동과 인민공사화(人民公司化)가 전국적으로 실시되었다. 이로 인해 중공업이 필요이상으로 과도하게 발전하게 되었으며, 중공업의 발전을 위해 대량의 농촌 노동력이 도시로 유입되었다. 1959년 한 해 동안 도시인구가 1,650만 명이나 증가하였다. 따라서 1960년 전국의 도시인구는 1.3억 명을 초과하였으며, 연평균 성장 규모가 1,000만 명을 넘었으며, 도시화율은 19.8%로까지 상승하였다. 1958년부터 1960년 3년 동안 신도시가 33개나 설립되었으며, 도시인구의 연평균 성장률은 9.5%로 제1차 경제개발 5계획 계획 기간 보다 높은 수준이다. 그러나 이 3년 동안 도시화율의 급속한 성장과 도시인구의 증가는 정상적인 경제발전 과정의 산물이 아니라 맹목적으로 선진국을 따라잡고자 하는 정치적인 목적에 의한 "운동"의 결과이다. "운동"에 필요한 농촌노동력의 도시로의 대규모 이동은 도시 사회간접자본의 확충을 필요로 하였으며 이는 과도한 도시기본건설투자로 이어지고 있다. 그리고 이 기간 중 발생한 농촌의 파괴와 식량생산의 감소는 도시와 농촌의 불균등 발전을 더욱 조장하였다. 따라서 1961년~1963년 3년 동안은 대규모의 조정을 단행하였다. 즉 이미 도시로 유입된 농촌노동력들을 다시 농촌으로 돌려보내었다. 3년 동안 전국 도시에서 감소된 직공이 약 1,887만 명에 달하였으며, 도시인구가 2,600만 명이 감소하였다. 그리고 도시 수도 1961년의 208개에서 1965년의 171개로 크게 감소하였다. 그리고 도시화율도 1960년의 19.8%에서 1964년에는 14.6%로 크게 줄어들었다.

세 번째 단계는 1966년부터 1978년 기간이다. 이 시기는 문화대혁명 기간으로서 경제발전과 도시발전이 정체된 기간이다. 대규모의 청년들을 산과 농촌으로 보내었으며(上山下乡), 도시의 간부들을 농촌으로 보내었다(下放). 그리고 전국적으로 3선(线)건설 운동을 전개하였으며, 도시는 정상적인 발전을 할 수가 없었다. 1976년 1966년을 비교 할 때, 공업총생산액은 94%가 성장하였으나 도시인구는 13.8%만이 증가하였다. 공업의 연평균 성장속도가 6.9%인 반면에 도시인구의 연평균 성장속도는 1.3%에 지나지 않았다. 1966년 도시인구의 전체인구에 대한 비중은 17.8%이었으며, 1978년에는 17.9%이다. 즉 13년 동안 도시화율이 0.1%만이 증가한 것이다.

네 번째 단계는 1979년부터 최근까지이다. 1979년부터는 중국의 도시성장이 다시 정상의 궤도에 들어섰다. 개혁개방은 문화대혁명을 주도한 "좌"파사상의 잘못을 바로잡고 경제발전을 국가의 가장 주요한 임무로 규정하였다. 이 시기는 다시 세 시기로 나눌 수 있다. 첫째는 1979년~1983년의 회복기이다. 즉 문화대혁명 시기에 농촌으로 강제적으로 이동하였던 간부와 청년들이 다시 도시로 돌아왔다. 따라서 이와 같은 기계적 성장은 도시인구 특히 대도시의 인구성장을 크게 제고시켰다. 1980년 전국의 도시인구는 1.91억 명으로 전체 인구의 19.4%를 차지하였는데, 1984년에는 도시인구가 3.02억 명으로 크게 성장하고 전체 인구의 23.01%를 차지하고 있다. 둘째는 1984년~1991년의 소성진(小城镇)의 고속 성장기이다. 1991년 도시화율은 26.9%로 성장하였다. 1978년부터 시작된 개혁개방 중 개혁의 중점은 농촌에서 시작되었다. 즉 농촌을 중심으로 시작된 개혁의 열풍은 농촌공업도 동시적으로 발전시켜 소성진(小城镇)과 집진(集镇)의 발전에 영향을 미쳤다. 그리고 1984년 중앙정부는 새로운 호적제도(户籍制度)를 발표하였다. 즉 농민이 자신의 양식을 직접 휴대하는 조건으로 진(镇)으로 이동하여 비농업부문(务工经商)에 종사하고 진(镇)에 호적을 옮기는 것을 허가하였다. 그리고 1960년대 이래 계속되었던 시진(市镇)건설제도를 조정하였다. 이러한 개혁에 힘입어 성진(城镇) 수가 급속하게 증가하였다. 1984년 4,294개인 진 수량이 1992년에는 11,153개로 크게 증가하였다.

<표3–15> 진(镇)의 규모등급 비교

인구 규모	진(镇) 수량(개)		진(镇) 인구(만 명)	
	1984년	1992년	1984년	1992년
5만 명 이상	175	1,574	1,288.05	10,310.72
3만~5만 명	555	3,419	2,075.88	13,827.40
1만~3만 명	2,049	5,578	3,860.99	12,987.25
0.5만~1만 명	783	393	577.62	460.46
0.5만 이하	732	189	231.94	61.83
합계	4,294	11,153	8,034.48	37,647.66

자료: 顾朝林(1999a), p.224 관련내용 정리.

1992년 이후는 도시가 급속한 성장을 하는 시기이다. 앞에서 신도시 설립에서도 나타나고 있듯이 1992년 이래로 전국적으로 신도시가 급속하게 증가하고 있다. 그리고 사회주의 시장경제의 발전은 동부 연해안 지역의 도시뿐만 아니라 중부지역과 서부지역에까지도 개혁과 개방의 성과를 나타내고 있다. 1997년과 1998년에는 도시 수가 668개로 성장하였으며, 2006년에는 661개, 도시화율 43.9%를 나타내고 있다.

<표 3–16>는 1990년부터 2005년 기간 중 각 지역별 도시화율의 변화를 나타내고 있다. 전국의 도시화율은 이 기간 중 16.79%의 성장을 나타내고 있다. 지역별로는 강소성(江苏省)이 27.51%로 도시화율이 가장 크게 성장하였으며, 그 다음은 절강성(浙江省)의 도시화율이 25.42%, 해남성(海南省)과 복건성(福建省)이 24.6%, 상해시(上海市)가 22.99%, 광동성(广东省)이 22.48%, 하북성(河北省)이 19.79% 증가하였다. 대부분 도시화율이 크게 성장한 지역은 모두 동부 연해안 지역에 분포하고 있다. 도시화율이 높아진다는 것은 두 가지 측

<표 3–16> 지역별 도시화율 : 1990년~2005년

지역	1990년 도시화율(%)	2005년 도시화율(%)				
		총인구(만 명)	도시(城镇)인구		농촌(乡村)인구	
			인구(만 명)	비중(%)	인구(만 명)	비중(%)
전국	26.2	130,628	56,157	42.99	74,471	57.01
북경시	73.2	1,536	1,284	83.62	252	16.38
천진시	68.2	1,043	783	75.11	259	24.89
하북성	17.9	6,844	2,580	37.69	4,264	62.31
산서성	26.7	3,352	1,411	42.11	1,940	57.89
내몽고자치구	35.5	2,386	1,126	47.20	1,260	52.80
요녕성	51.4	4,220	2,477	58.70	1,743	41.30
길림성	42.8	2,715	1,426	52.52	1,289	47.48
흑룡강성	49.3	3,818	2,027	53.10	1,791	46.90
상해시	66.1	1,778	1,584	89.09	194	10.91
강소성	22.6	7,468	3,742	50.11	3,726	49.89
절강성	30.6	4,894	2,742	56.02	2,152	43.98
안휘성	17.7	6,114	2,170	35.50	3,944	64.50
복건성	22.7	3,532	1,671	47.30	1,861	52.70
강서성	20.9	4,307	1,593	37.00	2,713	63.00
산동성	26.8	9,239	4,158	45.00	5,081	55.00
하남성	15.2	9,371	2,872	30.65	6,499	69.35
호북성	29.6	5,707	2,465	43.20	3,242	56.80
호남성	17.4	6,320	2,338	37.00	3,982	63.00
광동성	38.2	9,185	5,573	60.68	3,612	39.32
광서자치구	15.4	4,655	1,565	33.62	3,090	66.38
해남성	20.6	826	373	45.20	453	54.80
중경시	–	2,797	1,264	45.20	1,533	54.80
사천성	19.7	8,208	2,709	33.00	5,499	67.00
귀주성	20.1	3,725	1,001	26.87	2,724	73.13
운남성	14.7	4,442	1,311	29.50	3,132	70.50
서장자치구	18.1	276	74	26.65	202	73.35
섬서성	20.7	3,718	1,384	37.23	2,334	62.77
감숙성	20.8	2,592	778	30.02	1,814	69.98
청해성	25.3	543	213	39.25	330	60.75
영하자치구	28.5	595	252	42.28	343	57.72
신강자치구	33.0	2,008	746	37.15	1,262	62.85

주의: 1990년 重庆市는 四川省에 포함됨.

자료: 『中国区域经济统计年鉴2006』, p.30 와 沙安文 等人(2006), p.327 관련 내용 정리.

면에서 고려해야 한다. 첫째는 농촌인구의 도시유입이 증가하였다는 것이고 둘째는 도시인구의 자연출생이 증가하였다는 것이다. 그러나 중국은 도시에 대해서는 특별히 산아제한정책을 실시하고 있기 때문에 농촌인구의 도시유입이 도시화율 증가에 가장 중요한 요인이 되고 있다. 따라서 도시로의 인구유입이 증가하는 것은 그 만큼 경제발전의 잠재력이 높기 때문이다.

2.1.3. 도시화의 특징

도시화는 대부분의 국가들이 경제발전 과정에서 나타나는 일반적인 현상 중의 하나이다. 특히 저발전 국가가 농업 위주의 경제구조에서 공업과 서비스업이 발전하게 되면 농촌인구가 도시로 유입되게 된다. 중국은 건국 이래 약 30년 동안을 계획경제체제로 있었기에 자원의 이동에 대해 일정한 제약을 두고 있었다. 개혁개방 이후 이러한 제약이 서서히 조정되기 시작하면서 도시의 성장과 발전도 새로운 국면으로 접어들어서 오늘날까지 발전해 오고 있는 것이다.

우선 중국의 도시화는 도시화율이 낮은 특징을 가지고 있다. 2006년 661개의 도시가 있으며, 도시화율이 43.9% 정도이다. 물론 1952년의 11.8%와 비교하면 32.1%가 증가하였다. 그러나 세계 평균과 비교하면 도시화율이 아직도 낮은 수준이다. 顾朝林(1999)에 의하면, 1990년 세계 평균 도시화율은 45%이며, 선진국의 도시화율은 73%, 개발도상국은 37% 수준이다. 중국의 1990년 도시화율은 26.2%로 개발도상국의 평균보다도 낮은 도시화율을 보이고 있다.

둘째로 도시화가 산업화보다 느리다. 산업화율은 2차 산업의 국내총생산액이 전체 국내총생산액에서 차지하는 비중으로 계산하고 있다. 1952년 산업화율과 도시화율의 차이는 9.1% 정도이다. 그러나 1957년부터 1997년까지는 15%내지 20% 이상의 차이를 유지하고 있다. 가장 큰 차이를 보일 때는 1979년으로 28.4%까지 상승하였다. 그러나 2000년의 9.7%를 기점으로 하여 산업화율과 도시화율은 점차적으로 좁혀지기 시작하여 2006년에는 5.0%의 차이를 보이고 있다.

이론적으로는 산업화율과 도시화율이 반드시 일치하여야 한다는 근거는 없다. 그러나 산업화율은 이에 상응하는 노동력을 필요로 하기 때문에 자연적으로 도시인구의 성장을 수반하는 것으로 볼 수 있다. 중국의 경우에는 다를 수가 있다고 본다. 왜냐하면 산업화에 필요한 잉여 노동력이 농촌에서 제공되는 것이 아니라 도시 자체에서 공급이 가능할 수 있기 때문이다.

일반적인 경우에는 농촌의 잉여 노동력은 도시 근로자보다도 더 낮은 노동비용으로 산업화에 투입될 수 있다. 그러나 중국의 도시들에는 동일한 비용으로도 산업화에 투입될 수 있는 도시 잉여 노동력이 많다는 가정을 할 수 있는 것이다. 또한 도시화율 자체가 여러 제도적 또는 사회적 여건들에 의해서 제약을 받아왔기 때문에 당연히 산업화율과 큰 격차를 보일 수밖에 없는 것이다. 그러나 산업화율을 2차 산업이 아니라 3차 산업까지 포함한다면 도시화율과의 격차는 더욱 크게 될 것이다. 2차 산업과 3차 산업을 합한 2005년 산업화율은 87.4%이다. 이 기준에 의하면 산업화율과 도시화율의 격차는 4.5%에서 다시 44.4%로 크게 확대된다.

셋째 자본투자가 도시성장에 있어서 중요한 영향력을 가지고 있다. 도시가 성장하고 발전하기 위해서는 우선 자본투자가 선행되어야 한다. 자본투자는 생산에 필요한 설비를 증가시키고, 설비의 증가는 이에 필요한 노동력을 증가시키기 때문이다. 따라서 자본투자가 도시성장에 있어서 중요한 역할을 할 수밖에 없다. 중국은 1970년대 이래 대도시의 과도성장을 제한하고 중소도시의 발전을 더욱 격려하고 있다. 그러나 1980년대 개혁개방의 시작과 더불어 대형 프로젝트들 예를 들면 상해보산강철공사(上海宝山钢铁公司), 천진(天津)과 남경(南京)의 석유화학 등이 대도시에 입지하고 있으며, 경제특구와 연해안 개방도시 그리고 경제개방구역들이 대부분 중소규모이기 보다는 대규모의 도시들이다.

넷째 도시화의 중심은 동부 연해안 지역이며 점차 중부지역과 서부지역으로 이동하고 있다. <표 3–17>에 의하면, 1990년 동부지역의 도시화율은 38.69%, 중부지역은 21.25%, 서부지역은 20.98%, 동북지역은 47.83%이다. 한 가지 주의할 것은 동북지역의 도시화율이 동부지역보다 높게 나타나고 있다는 점이다. 2000년에는 동부지역의 도시화율이 동북지역을 초과하여 52.88%를 나타내고 있으며, 1990년과 비교해서 약 14%가 증가했다, 2005년에

<표 3-17> 4대지역의 도시화율 비교

지역	1990년(%) A	2000년(%) B	2005년(%) C	C-A	C-B
동부지역	38.69	52.88	58.98	20.29	6.10
중부지역	21.25	30.60	37.58	16.38	6.98
서부지역	20.98	26.90	35.66	14.68	8.76
동북지역	47.83	51.80	54.77	6.94	2.97

자료: 『中国区域经济统计年鉴2006』, p.30와 沙安文 等人(2006), p.327 관련 내용정리.

는 58.98%까지 증가하여 가장 높은 도시화율을 보이고 있다.

전반적으로 볼 때 1990년부터 2005년 기간 동안 동부지역의 도시화율은 20.29%가 증가했고, 중부지역은 16.38%, 서부지역은 14.68%, 동북지역은 6.94%가 증가했다. 2000년 이후에는 중부지역과 서부지역의 도시화율 성장 폭이 동부지역을 초과하고 있다. 2000년과 2005년 기간 동안 중부지역의 도시화율은 6.98%, 서부지역은 8.76%가 증가했다. 이것은 중부지역과 서부지역으로 도시화가 확산되고 있음을 나타내고 있다.

2.1.4. 도시화의 요인

도시화의 요인은 크게 두 가지로 나누어진다. 하나는 도시의 유입요인이고 또 하나는 농촌의 유출요인이다. 도시의 유입요인 중 가장 일반적인 요인은 농촌과 도시 간의 소득 격차이다.

<표 3-18>에서는 도시와 농촌의 소득 격차를 비교하고 있다. 도시의 소득은 도시주민가정1인당가처분소득을 이용하고 있고, 농촌은 농촌주민가정 1인당 순소득을 이용하고 있다. 1978년 도시주민 평균소득은 343.4위안이고 농촌주민 평균소득은 133.6위안으로 2.6배의 차이를 가지고 있다. 이 차이는 개혁개방 이후 농촌개혁의 성과에 힘입어 1985년에는 1.9배로까지 축소되었다. 그러나 1991년부터는 개혁개방의 중점이 다시 도시로 전환됨에 따라 격차는 지속적으로 확대되고 있다. 1996년부터 1998년까지 아시아금융위기 등 대내외 환경의 불안정으로 인하여 다시 격차가 2.5배로 줄어들다가 1999년부터 다시 격차가 확

대되기 시작하였다. 2005년에는 도시와 농촌의 소득 격차가 3.2배에 달하고 있다.

또 한 가지 자료는 농촌과 도시의 소득격차가 더욱 심각할 수 있음을 나타내고 있다. 즉 직공평균임금 수준이다. 직공은 주로 일반 단순노동자들과는 달리 사회적으로 직위가 보장된 노동자들이라 볼 수 있으며, 대부분의 직공들은 도시 또는 도시와 인접하고 있는 근교에서 일하고 있다고 본다. 이들 직공의 평균임금 수준은 도시주민의 평균소득보다도 훨씬 높다. 2005년 직공평균임금은 18,364위안으로 도시주민 평균소득보다 약 1.75배가 높으며, 농촌주민 평균소득보다는 무려 5.64배가 높다. 그리고 국유기업의 직공 평균임금 수준과 비교하면 이 격차는 더욱 커지게 된다. 이와 같은 도시와 농촌 간의 소득격차는 농촌

<표3–18> 도시와 농촌의 소득 격차

연도	소득 격차			직공 평균 임금			
	도시주민 평균소득	농촌주민 평균소득	소득 격차	합계	국유기업	집체기업	기타
1978	343.4	133.6	2.6	615	644	506	–
1980	477.6	191.3	2.5	762	803	623	–
1985	739.1	397.6	1.9	1,148	1,213	967	1,436
1989	1,373.9	601.5	2.3	1,935	2,055	1,557	2,707
1990	1,510.2	686.3	2.2	2,140	2,284	1,681	2,987
1991	1,700.6	708.6	2.4	2,340	2,477	1,866	3,468
1992	2,026.6	784.0	2.6	2,711	2,878	2,109	3,966
1993	2,577.4	921.6	2.8	3,371	3,532	2,592	4,966
1994	3,496.2	1,221.0	2.9	4,538	4,797	3,245	6,303
1995	4,283.0	1,577.7	2.7	5,500	5,625	3,931	7,463
1996	4,838.9	1,926.1	2.5	6,210	6,280	4,302	8,261
1997	5,160.3	2,090.1	2.5	6,470	6,747	4,512	8,789
1998	5,425.1	2,162.0	2.5	7,479	7,668	5,331	8,972
1999	5,854.0	2,210.3	2.6	8,346	8,543	5,774	9,829
2000	6,280.0	2,253.4	2.8	9,371	9,552	6,262	10,984
2001	6,859.6	2,366.4	2.9	10,870	11,178	6,867	12,140
2002	7,702.8	2,475.6	3.1	12,422	12,869	7,667	13,212
2003	8,472.2	2,622.2	3.2	14,040	14,577	8,678	14,574
2004	9,421.6	2,936.4	3.2	16,024	16,729	9,814	16,259
2005	10,493.0	3,254.9	3.2	18,364	19,313	11,283	18,244

자료:『중국통계연감2006』.

인구의 도시 이동에 큰 영향을 초래하면서 도시화의 주요한 요인이 되고 있다.

도시와 농촌 간의 인구이동이 도시화의 주요한 요인이면서, 도시와 도시 간의 인구이동 역시 도시화의 주요한 요인이 될 수 있다. 특히 중국과 같이 국토면적이 넓고 도시 수가 거의 700여 개에 달하는 대규모 경제체제일 경우 농촌에서 직접적으로 대도시로 이동하기 전에 농촌 주변지역에 있는 중소규모의 도시로 일차적으로 이동한 후 다시 대도시로 이동하는 것이 더욱 현실적일 수 있기 때문이다. 이외에도 도시는 다양한 취업기회를 제공할 수 있으며, 더 높은 교육을 받을 수 있고, 종합적으로 삶의 질을 높일 수 있기 때문에 이 모든 것들이 도시의 인구 유입 요인이 될 수 있다.

도시의 인구유입 요인이 도시화의 주요 요인이 되듯이 농촌의 인구유출 요인도 도시화의 주요 요인이 된다. 농촌경제가 발전하게 되면 농업의 생산력이 높아지고 이는 한편으로는 단위 면적 당 농산품의 생산량을 증가시키며, 또 한편으로는 생산력의 증가로 인한 잉여 노동력을 창출하게 된다. 이들 잉여 노동력은 더 이상 농촌 지역에 머무를 수 없기 때문에 타 지역 또는 도시로 이동하게 된다.

<표 3–19>에 의하면 1990년부터 2005년 기간 동안 1차 산업의 생산력은 매년 크게 성장하고 있다. 1차 산업의 생산력을 알아보기 위해 1차 산업의 총부가가치를 농촌 취업인구로 나누어 보면 1990년에는 0.11이며 2005년에는 0.45로 크게 증가하고 있다. 그리고 1차 산업의 총생산액을 농촌 취업인구로 나누어 보아도 역시 1990년의 0.18에서 2005년의 0.78로

<표 3–19> 농촌의 생산력 발전 추이

구분	1990년	1995년	2000년	2005년
농촌 총인구(만 명)A	89,509.3	91,674.6	92,819.7	94,907.5
농촌 취업인구(만 명)B	42,009.5	45,041.8	47,962.1	50,387.3
농업 기계총동력(억 와트)C	2,870.8	3,611.8	5,257.4	6,839.8
1차 산업 총생산액(억 위안)D	7,662.1	20,340.9	24,915.8	39,450.9
1차 산업 총부가가치(억 위안)E	5,017.0	11,993.4	14,628.1	23,070.5
식량 생산량(만 톤)	44,624.0	46,661.8	46,217.5	48,402.2
E/B	0.11	0.26	0.30	0.45
D/B	0.18	0.45	0.51	0.78

주의: 농촌은 향촌(乡村)을 말함. 1차 산업은 농업, 임업, 목축업, 어업을 포함함.
자료: 『중국지역통계연감2006』 관련 내용 정리.

크게 증가하고 있다. 이것은 농촌의 단위 노동력 당 생산량이 크게 높아지는 것을 나타내며 또한 생산력의 발전을 나타낸다.

위와 같이 도시화의 요인을 크게 도시의 유입 요인과 농촌의 유출요인으로 나누어서 볼 수 있다. 유입 요인 중 가장 중요한 것은 도시가 가져다 줄 수 있는 소득의 증가이며, 유출 요인 중 가장 중요한 것은 농촌의 생산력의 증가이다.

중국의 도시화 요인은 이외에도 몇 가지 특징적인 사항들에 주의할 필요가 있다. 왜냐하면 중국은 건국 후 약 30년 정도를 계획경제시스템으로 발전하여 왔다. 그리고 개혁개방 이후는 시장경제시스템을 위주로 하는 전환을 시도하고 있다. 이러한 시스템의 전환은 도시화 과정에도 적지 않은 영향을 초래하기 때문이다. 도시발전이라는 측면에서 보면 계획경제시기에는 정상적인 발전이 제약되고 억압받고 있었다. 따라서 顾朝林(1999b)은 중국 도시화 과정의 몇 가지 특징적인 요인들을 아래와 같이 정리하고 있다.

첫째는 행정중심 요인이다. 중국의 경제중심과 행정중심은 대체적으로 일치하고 있다. 즉 각 지역의 중심도시는 경제중심지이자 동시에 행정중심지이다. 소위 말하는 성회(省会)는 행정중심이며 경제중심이다.

둘째는 정책 요인이다. 정책의 주체는 정부 즉 중앙정부와 지방정부 혹은 도시정부이다. 특히 중국은 중앙집권적인 정치적 특징을 가지고 있기 때문에 정책적 요인이 도시화에 대한 영향은 매우 크게 나타날 수 있다. 특히 호적 관리정책과 도시 설립 기준 등은 대표적인 정책들이다.

셋째 행정구역의 변화이다. 행정구역은 사실상 관련 정책의 실행과정에서 나타난다. 도시의 행정구역이 크게 확장되면 도시의 인구가 증가할 수 있는 공간적 조건이 확대되기 때문에 도시화에 필연적으로 영향을 초래할 것이다.

네 번째로 대형 프로젝트 건설 요인이다. 물론 다른 국가들에서도 이 요인의 영향이 나타나고 있다. 철강 산업 프로젝트 건설로 인한 반지화(攀枝花), 포두(包头), 석유화학 산업의 대경(大庆), 극랍마의(克拉玛依), 석탄 산업의 육반수(六盘水), 임업의 이춘(伊春) 등이 있다.

다섯째로 외국자본 요인이다. 경제발전에 있어서 자본의 역할은 매우 중요하다. 중국은 개혁개방 이후 유입한 막대한 외국자본을 경제발전에 적극적으로 이용하고 있다. 이 과정에서 경제특구와 경제기술개발구 등 여러 형태의 특별경제구역들이 중요한 역할을 담당하고 있다. 이와 같은 특별경제구역들이 입지한 도시는 인구유입과 도시화가 빠르게 진행되었다. 예를 들면 심천(深圳)은 조그만 어촌 마을이었는데 지금은 중국경제를 선도하는 인구 200만 정도의 도시로 발전하였다.

여섯 번째로 국방요인이 있다. 중국은 광활한 국토면적을 가지고 있기 때문에 예로부터 국방을 매우 중요시하고 있다. 따라서 국방을 위해서 특정지역에 인구를 집중시키게 되면 이 또한 도시화의 한 요인이 될 수 있다.

일곱 번째 변경무역 요인이다. 중국은 북쪽으로는 러시아, 몽고, 북한 등과 국경을 접하고 있으며, 서쪽으로는 인도, 네팔, 카자흐스탄, 남쪽으로는 미얀마, 라오스, 베트남 등과 국경을 접하고 있다. 따라서 이들 국가들과 변경 무역이 활발하게 전개되고 있다. 따라서 변경 무역이 발전하는 도시들은 자연적으로 인구유입이 주변 다른 지역보다 활발하게 일어나고 있다. 예를 들면, 중국과 러시아 변경의 흑하(黑河), 중국과 몽고 변경의 악이고납(鄂尔古纳), 중국과 미얀마 변경의 서려(瑞丽) 등이 있다.

여덟 번째 관광 요인이다. 중국은 풍부한 관광자원을 가지고 있다. 따라서 여러 지역에서 관광자원을 이용한 관광 · 여행 산업이 활발하게 발전하고 있으며 이 또한 인구집중과 인구유입의 중요한 요인이 되고 있다. 관광산업으로 발전한 도시로는 흑룡강성의 오대련지(五大莲池)와 저안(宁安), 복건성의 무이산(武夷山), 강서성의 정강산(井冈山), 안휘성의 황산(黄山), 산동성의 곡부(曲阜), 해남성의 삼아(三亚), 사천성의 아미산(峨眉山) 등이 있다.

2.2. 교외화

2.2.1. 교외화의 추세

도시화(urbanization)와 교외화(suburbanization)는 상대적인 개념이다. 도시화는 경제발전과정에서 발생하는 도시로의 인구유입 현상을 말하며, 교외화는 인구가 도시 중심지역이 아닌 교외지역으로 분산 · 밀집되는 현상을 말한다.

일반적으로 도시화가 먼저 발생하고 도시화가 어느 정도 발전된 후에 교외화가 진행된다. 그러나 중국은 도시화와 교외화의 시차가 빠르다는 특징을 가진다. 전국 평균 도시화는 아직 45%에도 도달하지 못했지만 일부 도시에서는 신구(新区)와 개발구(开发区)의 건설, 대형마트와 별장의 건설 등으로 교외화가 시작 진행되고 있다.

<표 3-20>는 북경시의 인구밀도 변화 추이를 나타내고 있다. 표에 의하면 북경시의 교외화 현상이 서서히 일어나고 있음을 알 수 있다. 1964년 도심지역의 인구밀도는 26,748 명이며, 근거리 교외지역은 1,680명, 원거리 교외지역은 202명이었다. 1990년에는 도심지역의 인구밀도가 조금 감소하였으며, 근거리 교외지역과 원거리 교외지역의 인구밀도는 1964년과 비교해 각각 1.85배와 1.44배가 증가하였다. 이러한 현상은 2005년에는 더욱 현저하게 나타나고 있다. 도심지역의 인구밀도는 22,210명으로 크게 감소하였으며, 근거리 교외지역과 원거리 교외지역은 각각 5,862명과 573명으로 크게 증가하였다. 이러한 변화는 북경시가 전체적으로는 도시화가 진행되면서 도시의 교외지역으로 인구가 밀집하는 교외화 현상이 동시적으로 일어나고 있음을 나타내고 있다.

<표 3-20> 북경시의 인구밀도 추이

연도	1964년	1983년	1990년	1999년	2005년
도심지역	26,748	27,551	26,607	27,478	22,210
동성구(东城区)	25,169	26,377	24,543	25,452	21,665
서성구(西城区)	24,564	25,473	25,194	26,242	20,873

숭문구(崇文区)	25,539	27,692	26,267	26,242	18,826
선무구(宣武区)	34,250	32,948	32,592	33,949	28,133
근교외	1,680	2,203	3,101	3,261	5,862
조양구(朝阳区)	1,530	2,171	3,077	3,160	6,157
봉태구(丰台区)	1,513	1,923	2,594	2,661	5,128
석경산구(石景山区)	2,037	2,704	3,639	3,867	6,214
해정구(海淀区)	1,897	2,342	3,387	3,686	6,004
원교외	202	257	291	392	573
문두구구(门头沟区)	–	–	–	177	191
방산구(房山区)	–	–	–	399	437
통주구(通州区)	–	–	–	686	957
순의구(顺义区)	–	–	–	297	697
창평구(昌平区)	–	–	–	548	582
농촌지역	–	–	–	209	356
대흥현(大兴县)	–	–	–	518	855
평곡현(平谷县)	–	–	–	362	436
부유현(怀柔县)	–	–	–	103	152
밀운현(密云县)	–	–	–	182	197
연경현(延庆县)	–	–	–	136	140

수의 : 행정구역 개편으로 인해 大兴县, 平谷县, 怀柔县은 2005년에는 이미 구(区)로 승격되었다. 그러나 비교를 위해 본 표에서는 그대로 현(县)으로 두었다.
인구밀도=상주인구(명)/토지면적(㎢), 1㎢당 인구 수(명)를 나타냄.

자료 : 顾朝林(1999a), p.613 관련내용 정리. 『北京统计年鉴2000』과 『北京统计年鉴2006』 관련 내용 정리.

2.2.2. 교외화의 원인

교외화 현상이 일어나는 원인은 여러 가지가 있다. 첫째는 중심상업지구의 쇠퇴가 주요한 원인이 될 수 있다. 북경시의 왕부정(王府井)과 상해시의 남경로(南京路) 등은 중국의 가장 번화한 중심상업지구들이다. 그러나 이들 중심상업지구가 다른 지구의 성장과 더불어 쇠퇴하게 되면 인구밀집 정도가 크게 줄어들 수 있다. 둘째는 공장의 이전이다. 도시발전의 초기 단계에서는 공업시설들도 도심의 중앙에 입지하고 있다. 그러나 도시가 발전함에 따라 도심지역은 상업중심으로 전환되고 공업시설들은 도시 외곽으로 이전하게 된다. 공업시설의 이전은 이에 수반되는 연관시설과 인구들을 동시에 이동시키기 때문에 교외화의 원인이 된다. 셋째 교외의 대형할인매장의 건설도 교외화 원인이 된다. 대형할인매장의 건설은 주변 상권을 형성하기 때문에 상권과 관련된 주거지역의 형성이 자발적으로 발생한다. 넷째 대형 별장지구의 형성도 중국의 대도시 주변의 교외화에 주요한 원인이 되고 있다. 도시 주민의 삶의 질 수준이 향상됨에 따라 토지 가격이 상대적으로 높은 중심지보다는 토지 가격이 상대적으로 저렴하고 자연환경 조건이 양호한 교외지역에 고급 대형 별장을 많이 건설하고 있다. 이 또한 교외지역으로의 인구유입을 유발하고 있다. 이외에도 여가시설과 오락시설의 건설 등도 교외화를 부추기는 원인이 된다. 고급 골프장이나 위락시설 등은 교외지역에 입지하는 경향이 강한데 이런 시설물의 입지는 인구이동을 초래할 수 있기 때문이다.

중국의 도시화 과정에서 나타나는 교외화 현상의 원인 중 간과해서는 안 될 것이 바로 특별경제구역의 교외 입지 현상이다. 즉 개혁개방의 열기와 함께 전국 곳곳에 설립되는 각 종 형태의 특별경제구역들은 도시중심지역에 입지하기 보다는 중심지역과 어느 정도 지리적으로 거리가 있는 근거리 교외지역이나 원거리 교외지역에 입지하고 있다. 이것은 특별경제구역에 필요한 토지확보를 위해서 불가피한 선택일 것이다. 이들 특별경제구역들은 경제활동을 통한 부가가치의 창출뿐만 아니라 인구유입도 동시에 초래하고 있다. 중국의 경제기술개발구들은 생산과 소비를 일체형으로 계획하는 경우가 많다. 즉 생산구역과 인접한 곳에 소비구역 즉 주거지역을 형성하는 것이다. 생산과 주거지역을 일체형으로 함으로 인해 노동자들의 이동비용을 최소화할 수 있으며 또한 경제개발구를 통하여 단순한 생산 공장의 발전뿐만 아니라 주변지역의 발전도 선도해 나갈 수 있기 때문이다.

2.2.3. 교외화의 특징

중국 교외화의 가장 큰 특징은 바로 도시화와 교외화가 거의 동시적으로 진행되고 있다는 점이다. 일반적으로 도시화가 진행될 때는 도시중심지역이 급속한 발전을 경험하고, 교외화가 진행될 때는 도시중심지역이 쇠퇴하면서 발전의 축이 교외지역으로 이동한다. 그러나 중국의 경우에는 도시화와 교외화가 동시적으로 발전하면서 도시중심지역이나 도시 주변지역 모두 활발한 발전을 경험하고 있다.

이것은 중국의 도시발전이 전반적으로 초기단계에 있기 때문이라도 본다. 즉 진정한 도시화가 일정한 수준에 도달한 것이 아니기 때문에 어떤 측면에서는 도시중심과 도시외곽지역에서 동시적으로 도시화가 진행된다고 해석할 수도 있다. 이것을 지리적으로 나누게 되면 교외가 분리되고 이 지역에 대한 인구유입을 교외화로 해석할 수 있는 것이다. 그러나 문제는 도시중심과 교외를 지리적으로 어떤 기준에 의해서 구분할 것인가 남아 있기 때문에 도시화와 교외화를 분리시키는 것이 현실적으로는 상당히 어려움이 많다. 중국의 도시화와 교외화의 특징 중 하나는 바로 성향변연구(城乡边缘区)의 형성을 통해서도 나타난다. 성향변연구(城乡边缘区)는 도시와 농촌의 중간 지역에 형성되는 도시이면서도 농촌의 성격을 가진 특수한 지역을 말한다.

2.3. 도시군

2.3.1. 도시군의 분포

도시군은 도시화 과정에서 발생하는 현상 중의 하나로서 중심도시를 위주로 주변 도시들이 하나의 도시체계를 형성하는 것이다. 도시군은 경제발전 수준에 따라 다른 형태로 나타날 수 있다. 즉 경제발전 수준이 낮은 단계에서 도시군의 형성은 매우 초보적일 것이다. 예를 들면 중국 근대도시발전 과정에서 나타나는 상해시, 천진시, 광주시, 무한시 등이 중심도시가 되는 공간적으로도 극히 좁은 형태의 도시군이 형성된다. 좀 더 엄격하게 말하면 이 당시는 도시군 자체가 형성되는 것이 힘들 수도 있다. 왜냐하면 중심도시 주변 지역에 중심도시와 경제적 연계를 형성 즉 공간적 분업을 할 수 있을 정도의 역량을 가진 중소도시가 형성되지 못하였기 때문이다. 그러나 경제발전 수준이 높아짐에 따라서 대도시를 중심으로 주변 지역에 중소규모의 도시들이 많이 형성되고 있다.

顾朝林(1996)은 1980년대 중국의 도시체계를 연구 할 때 9대 도시경제지역을 제시하였다. 물론 여기서 말하는 도시경제지역은 도시군과 조금 다른 의미를 가지고 있다. 도시군은 도시들만의 연계를 강조하는 개념이지만 도시경제지역은 중심도시를 중심으로 농촌지역까지도 포함하고 있기 때문이다. 9대 도시경제지역은 심양시(沈阳市)를 중심으로 흑룡강성, 길림성, 요녕성과 내몽고자치구 동쪽의 3개 맹(盟)과 1개 시(市)를 포함하는 동북도시경제지역(东北城市经济区), 경진당(京津唐)을 중심으로 하북성과 산동성을 포함하고 강소성 북부지역, 안휘성 북부지역, 하남성 동북부지역과 내몽고자치구의 석맹(锡盟)지구를 포함하는 화북도시경제지역(华北城市经济区), 서안시를 중심으로 산서성과 섬서성, 영하자치구를 포함하고, 감숙성 동부지역, 청해성 동부지역, 하남성 서부지역, 내몽고자치구의 하투(河套)지구를 포함하는 서북도시경제지역(西北城市经济区), 상해시를 중심으로 강소성 중남부지역, 안휘성 중남부지역, 절강성 동북지역을 포함하는 화동도시경제지역(华东城市经济区), 무한시를 중심으로 호북성과 호남성을 포함하고 섬서성 남부지역, 하남성 남부지역을 포함하는 화중도시경제지역(华中城市经济区), 중경시를 중심으로 사천성, 운남성, 귀주성, 광서자치구 서부지역을 포함하는 서남도시경제지역(西南城市经济区), 광주시를 중심으로 광동성, 복건성, 해남성을 포함하고, 광서자치구의 동부지역, 절강성의 남부지역, 홍콩, 마카오 지역을 포함하는 동남연해안도시경제지역(东南沿海城市经济区), 우루무치시를 중심으로 신강자치구, 청해성, 감숙성 일대와 내몽고자치구의 아맹(阿盟)지역을 포함하는 신강도시경제지역(新疆城市经济区), 서장자치구를 포함하는 서장도시경제지역(西藏城市经济区)이 있다.

9대 도시경제지역은 중심도시를 중심으로 전국을 9개의 경제지역으로 구분하고 있다는 점에서는 의의가 있지만 도시연계체제를 중심으로 하기보다는 기계적인 구분을 하고 있다는 한계가 있다. 즉 신강도시경제지역과 서장도시경제지역은 하나의 독립된 도시군으로 보기에는 한계가 있다. 국가발전개혁위원회(2005)는 도시성장과 도시연계를 기초로 10대 도시군을 제시하고 있다. 청도시와 제남시를 중심으로 하는 반도도시군(半岛城市

群), 심양시와 대련시를 중심으로 하는 요중남도시군(辽中南城市群), 정주시를 중심으로 하는 중원도시군(中原城市群), 무한시를 중심으로 하는 무한도시군(武汉城市群), 장사시, 주주시, 상담시를 중심으로 하는 장주상도시군(长株湘城市群), 서안시를 중심으로 하는 관중도시군(关中城市群), 하얼빈시와 장춘시를 중심으로 하는 하장도시군(哈长城市群), 상해시를 중심으로 하는 장강삼각주도시군(长江三角洲城市群), 북경시, 천진시, 당산시를 중심으로 하는 환발해도시군(环渤海城市群), 광주시와 심천시를 중심으로 하는 중강삼각주도시군(珠江三角洲城市群)이다. 국가발전개혁위원회가 제시한 10대 도시군은 顾朝林(1996)의 9대 도시경제지역보다는 도시성장과 도시연계를 더욱 현실적으로 나타내고 있다는 점에서 의의가 있다. 그러나 복건성(福建省)과 중경시(重庆市) 일대의 도시군 형성을 간과하고 있다는 점에서 한계가 있다.

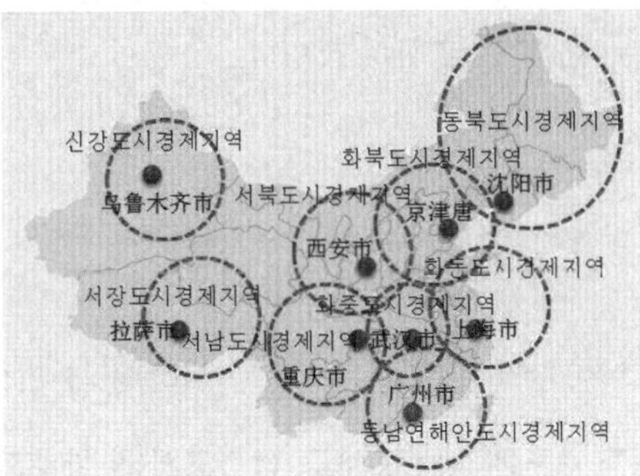

(a) 顾朝林(1996)의 9대도시경제지역

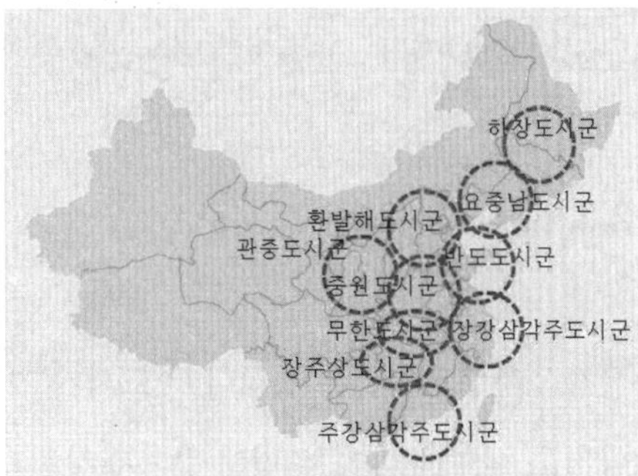

(b) 국가발전개혁위원회(2005)의 10대 도시군

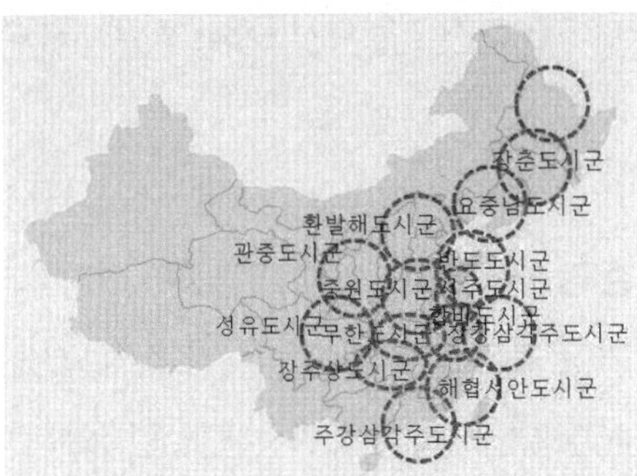

(c) 중국사회과학원(2006)의 15대 도시군

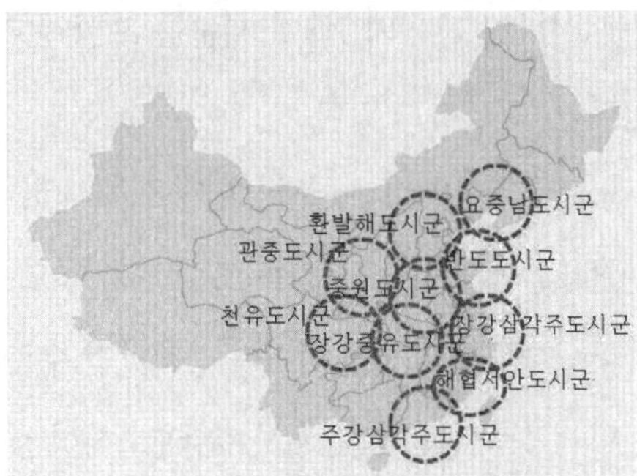

(d) 11차 경제개발 5개년 계획(2007)의 10대 도시군

<그림 3-2> 도시군의 지역분포

중국사회과학원(2006)은 최근에 도시군의 경쟁력 평가를 위해 전국에 모두 15개의 도시군을 설정하였다. 국가발전개혁위원회(2005)의 구분과는 달리 하얼빈시(哈尔滨市)와 장춘시(长春市)를 하나의 도시군으로 보지 않고 각각 독립된 도시군으로 보고 있다. 그리고 장강 상류지역의 성도시와 중경시를 중심으로 하는 도시군을 포함시켰으며, 합비시(合肥市)와 서주시(徐州市)를 각각 독립된 도시군으로 보고 있다. 중국사회과학원에서 제시하고 있는 15개 도시군은 기존의 도시군 구분에서 가장 많은 숫자를 나타내고 있다. 이것은 중국의 도시발전이 매우 빠르게 진행되고 있음을 나타내고 있다.

중국은 또한 11차 경제개발 5개년 계획에서 다시 10대 도시권의 발전구상을 제시하고 있다. 즉 천유도시군(川渝城市群), 관중도시군(关中城市群), 장강중유도시군(长江中游城市群), 해협서안도시군(海峡西岸城市群), 중원도시군(中原城市群), 주강삼각주도시군(珠三角城市群), 장강삼각주도시군(长三角城市群), 환발해도시군(京津冀城市群), 요중남도시군(辽中南城市群), 산동반도도시군(山东半岛城市群)을 포함하고 있다.

2.3.2. 장강삼각주 도시군

장강삼각주도시군은 중국에서 도시가 가장 활발하게 발전하고 있는 지역이며, 중국경제발전을 선도해 나가는 지역이다. 장강삼각주도시군은 상해도시군, 남경도시군, 항주도시군, 합비도시군, 남창도시군 5개의 2급 도시군을 포함하고 있다. 그리고 각각의 2급 도시군은 다시 각각의 3급 도시군을 포함하고 있다. 3급 도시군은 다시 중소규모의 도시와 진(镇)을 포함하고 있다.

상해도시군은 상해시(上海市), 소주시(苏州市), 무석시(无锡市), 상주시(常州市), 남통시(南通市), 염성시(盐城市)를 포함하고 있으며, 철도, 육운, 해운, 운하 등 교통이 편리하고 중국 근대공업의 발원지이며 경제발전 수준이 가장 높은 도시 밀집지역이다. 상해도시군은 다시 상해성진군(上海城镇群), 소석상성진군(苏锡常城镇群), 통염성진군(通盐城镇群) 3개의 3급 도시군을 포함하고 있다. 상해성진군(上海城镇群)은 상해시구(上海市区)를 중심으로 금산(金山), 오송(吴淞), 가정(嘉定), 안정(安亭), 청포(青浦), 송강(松江), 민행(闵行),

포동(浦东), 고교(高桥), 주가각(朱家角), 호호항(芦湖港) 등을 포함하고 있다. 이 지역은 경제, 무역, 금융의 중심역할을 담당하고 있다. 소석상성진군(苏锡常城镇群)은 장강삼각주 지역의 남쪽에 위치하고 있으며, 로저(沪宁) 철도와 강남(江南) 운하가 가운데를 관통하고 있으며 수륙해운교통이 발달해 있으며 강소성의 중요한 대외수출기지이다. 무석(无锡)를 중심으로 소주(苏州)와 상주(常州)가 두 날개를 형성하고 있으며, 강음(江阴), 장가항(张家港), 곤산(昆山), 상숙(常熟), 의흥(宜兴), 율양(溧阳), 정강(靖江) 등으로 구성된 경공업, 방직업, 전자산업이 발달한 지역이다. 통염성진군(通盐城镇群)은 장강삼각주의 북쪽 지역에 위치하고 있으며 강소성 북부 연해평권의 동남부에 위치하고 있다. 통염지구는 남통시(南通市) 관할의 6개 현과 염성시구(盐城市区) 및 대봉(大丰), 동태(东台), 부저(阜宁), 건호(建湖), 사양(射阳), 빈해(滨海) 6개 현을 포함하는 강소성의 중요한 식량 및 면화생산 지역이다.

남경도시군은 남경시(南京市), 진강시(镇江市), 양주시(扬州市), 회음시(淮阴市), 마안산시(马鞍山市), 저주시(滁州市)를 포함하는 범위이며 동부 연해안 지역과 장강유역의 교차 지점에 입지하고 있으며, 동시에 연해 도시가 내륙으로 들어가는 지역에 위치하고 있기 때문에 중요한 의의를 가지고 있다. 남경시는 특히 교통이 발달되어 있으며 기계, 전자, 화학 공업이 발달하고 있다. 그리고 이 지역은 전국적인 양식과 농부산품의 생산기지이다. 남경도시군은 두 개의 성진군(城镇群)을 포함하고 있다. 남경성진군(南京城镇群)은 남경을 중심으로 진강(镇江), 마안산(马鞍山), 저주(滁州), 단양(丹阳), 육합(六合), 대광(大广), 용담(龙潭), 포구(浦口), 강포(江浦), 판교(板桥), 동산(东山) 등으로 구성되어 있다. 이 지역은 주로 기계, 전자, 화공, 석유 등이 발전하고 있다. 양주성진군(扬州城镇群)의 회양지구(淮扬地区)는 강소성의 새로운 식량상품기지로서 농업이 비교적 발달하고 있으며 특히 향진기업(乡镇企业)이 빠르게 성장하고 있다. 이 지역은 이미 농부산품 가공을 위주로 하는 공업 체계가 형성되었다. 이 지역은 양주(扬州)를 중심으로 회안(淮安), 의정(仪征), 태주(泰州), 고항(高港), 흥화(兴华) 등으로 구성된 농부산품 가공 위주의 도시군이다.

항주도시군은 절강성(浙江省)에 있으며 주로 비단, 기계, 식품, 음료가공업이 발달하고 있다. 항주 도시군에는 4개의 3급 도시군을 포함하고 있다. 우선 항가호성진군(杭嘉湖城

<표 3–21> 장강삼각주 도시군의 구조

2급 도시군	3급 도시군	중심 도시	인구 (만 명)	토지 면적 (㎢)	GDP (억 위안)
상해도시군 (上海城市群)	上海城镇群 (상해성진군)	上海市	1,360.26	6,543	9,154.18
	苏锡常城镇群 (소석상성진군)	无锡市	452.84	4,788	2,804.68
		苏州市	607.31	8,488	4,026.52
		常州市	351.63	4,375	1,303.36
	通盐城镇群 (통염성진군)	南通市	770.86	8,001	1,472.08
		盐城市	798.67	16,973	1,004.90
남경도시군 (南京城市群)	南京城镇群 (남경성진군)	南京市	595.80	6,582	2,411.11
		镇江市	267.61	3,847	871.67
		马鞍山市	125.64	1,686	371.35
		滁州市	435.62	13,523	328.08
	扬州城镇群 (양주성진군)	扬州市	456.31	6,634	922.02
		淮安市	527.77	10,072	561.81
		泰州市	502.05	5,797	822.26
항주도시군 (杭州城市群)	杭嘉湖城镇群 (항가호성진군)	杭州市	660.45	16,596	2,942.65
		嘉兴市	334.33	3,915	1,159.66
		湖州市	257.58	5,818	644.25
	宁波城镇群 (저파성진군)	宁波市	556.70	9,365	2,449.31
		绍兴市	435.09	8,256	1,447.47
		舟山市	96.73	1,440	280.16
	金华城镇群 (금화성진군)	金华市	454.13	10,918	1,063.54
		衢州市	245.57	8,841	329.11
	温州城镇群 (온주성진군)	温州市	750.28	11,784	1,596.35
		瑞安市	113.50	1,271	242.55
		丽水市	251.39	17,298	305.98
합비도시군 (合肥城市群)	蚌埠城镇群 (방부성진군)	蚌埠市	349.33	5,952	311.33
		淮南市	235.78	2,585	263.60
	合肥城镇群 (합비성진군)	合肥市	455.70	7,029	853.57
		六安市	681.00	17,976	312.82
		巢湖市	453.06	10,774	301.87
	芜湖城镇群 (천호성진군)	芜湖市	226.88	3,317	400.65
		铜陵市	72.22	1,113	182.05
		安庆市	605.55	15,398	429.64
	黄山城镇群 (황산성진군)	黄山市	146.94	9,807	159.97

남창도시군 (南昌城市群)	南昌城镇群 (남창성진군)	南昌市	475.17	7,402	1,007.70
		九江市	466.20	18,823	428.91
	景德镇城镇群 (경덕진성진군)	景德镇市	150.82	5,256	193.09
		鹰潭市	111.15	3,554	123.53
		上饶市	676.00	22,791	388.11
	新余城镇群 (신여성진군)	新余市	110.72	3,178	177.32
		宜春市	528.17	18,669	372.21
		吉安市	464.76	25,259	303.14

주의: 전도시(全市) 범위의 자료를 이용함, 2005년을 기준으로 함.
자료: 『중국도시통계연감2006』의 관련 내용 정리.

镇群)은 절강성 북부지역에 위치하고 있으며 항가호평원(杭嘉湖平原)은 전국적으로 유명한 식량생산기지이며 비단, 차, 수산품의 생산기지이며 또한 경관이 아름다워 관광지로도 유명하다. 둘째 저파성진군(宁波城镇群)은 저소평원(宁绍平原)에 입지하고 있으며 농업, 어업, 항만, 경관의 네 가지 비교우위를 가지고 있다. 이 지역은 중국의 유명한 식량생산기지이며 비단, 차, 수산품 등의 생산기지이다. 그리고 저파시북창구(宁波市北仑区)와 주산(舟山) 해역은 양호한 조건을 가진 심수항이며 해양수산물 생산기지이다. 특히 이 지역은 장강삼각주의 대외무역항으로서도 발전 전망을 가지고 있다. 셋째 금화성진군(金华城镇群)은 절강성의 중간지역에 있는 금화(金华)분지를 중심으로 위치하고 있으며, 양식과 돼지사육을 위주로 하는 농업생산기지이고 새롭게 발전하는 공업지대이다. 넷째 온주성진군(温州城镇群)은 절강성의 동남지역에 위치하고 있으며, 해양수산업이 발전하고 경공업이 특히 발전하고 있다.

합비도시군(合肥城市群)은 숙현(宿县), 부양(阜阳), 호주시(亳州市)를 제외한 안휘성(安徽省) 일대를 말한다. 이 도시군은 상해도시군의 배후지역으로서 연해안 지역의 도시들이 내륙으로 진입하는 중간지역에 위치하고 있다. 이 도시군은 농업과 어업, 임업, 목축업이 모두 발전하고 있으며, 철과 동 등의 광산자원이 풍부하여 커다란 발전 잠재력을 가지고 있다. 이 도시군은 4개의 3급 도시군을 포함하고 있다. 우선 방부성진군(蚌埠城镇群)은 안휘성의 중요한 농업지역인 회하(淮河)유역에 위치하고 있으며, 양식, 농부산품, 방직업, 농기계업 등이 발달하고 있으며, 회남(淮南), 수현(寿县), 협집(叶集), 곽구(霍丘) 등 지역은 석탄자원이 비교적 풍부하다. 따라서 이 지역은 방부(蚌埠)를 중심으로 회남(淮南), 수현(寿县), 협집(叶集), 곽구(霍丘), 명광(明光)을 포함하는 식품과 석탄 산업을 중심으로 하는 도시군을 형성하고 있다. 합비성진군(合肥城镇群)은 안휘성 중심에 위치하고 있다. 안휘성 중심부에 위치한 소호평원(巢湖平原)은 농업과 경공업이 비교적 발달한 지역이며, 회남(淮南)철도와 경구(京九)철도가 이 지역을 통과하고 있으며, 합비는 또한 안휘성의 행정중심도시이다. 따라서 합비성진군은 합비를 중심으로 육안(六安), 소호(巢湖), 여강(庐江) 등을 포함하는 도시군을 형성하고 있다. 장강의 안휘성 구간 일대는 농업이 비교적 발달했을 뿐만 아니라 철, 동과 같은 광산자원도 비교적 풍부하다. 따라서 이 일대는 천호(芜湖)를 중심으로 동릉(铜陵), 안경(安庆), 귀지(贵池), 망강(望江), 당도(当涂), 유계구(裕溪口), 선주(宣州), 잠산(潜山) 등을 중심으로 하는 도시군이 형성되고 있다. 합비도시군의 가장 남쪽에 위치하고 있는 황상성진군(黄山城镇群)은 황산(黄山)과 구화산(九华山)과 같은 관광지를 중심으로 발전하고 있으며, 황산(黄山)을 중심으로 저국(宁国), 기문(祁门) 등을 포함하는 도시군을 형성하고 있다.

장강삼각주도시군의 다섯 번째 도시군은 남창도시군(南昌城市群)이다. 남창도시군은 다시 남창성진군(南昌城镇群), 경덕진성진군(景德镇城镇群), 신여성진군(新余城镇群) 세 개의 소도시군을 포함하고 있다. 남창성진군은 강서성의 행정중심인 남창을 중심으로 장수(樟树), 봉성(丰城), 진현(进贤), 임주(临州), 남성(南城) 등을 포함하고 있는 기계, 방직, 식품을 위주로 하는 도시군이다. 그리고 구강(九江), 여산(庐山), 성자(星子), 호구(湖口), 서창(瑞昌), 덕안(德安) 등을 중심으로는 장강유역을 이용한 농업이 비교적 발달하고 있으며, 이를 기초로 한 건축자재, 석유화학, 방직, 식품공업, 그리고 관광산업 등이 발전하고 있다. 경덕진성진군(景德镇城镇群)은 강서성의 동북지역에 위치하고 있으며 교통이 비교적 편리하고, 동, 납, 아연 등의 광산자원의 매장량이 풍부하다. 이 지역은 도자기, 기계, 식량, 식용유, 차, 수산품 등의 생산기지이다. 지역의 자원을 활발히 이용하여 경덕진을 중심으로 응담(鹰潭), 파양(波阳), 악평(乐平), 덕흥(德兴), 귀계(贵溪), 상요(上饶)를 포함하는 전국적인 규모의 동 생산기지와 도자기 생산기지를 형성하고 있다. 강서성의 서쪽지역은 석탄, 철광석 등의 광산자원이 비교적 풍부하며, 이를 이용한 석탄, 강철, 전력 등의 산업이 발전하고 있으며 또한 강서성의 중요한 식량생산기지이다. 따라서 이 지역은 석탄과 철광석의 개발과 이용과 더불어 신여(新余)를 중심으로 의춘(宜春), 길안(吉安), 정강산(井冈山), 상고(上高), 만안(万安) 등으로 구성된 신여성진군(新余城镇群)을 형성하고 있다.

2.3.3. 주강삼각주 도시군

주강삼각주도시군은 중국의 동남연해안 지역에 형성되고 있으며, 중국에서 가장 일찍 대외개방한 지역 중의 하나이다. 주강삼각주도시군은 모두 4개의 2급 도시군을 포함하고 있다. 즉 광주도시군(广州城市群), 해구도시군(海口城市群), 남녕도시군(南宁城市群), 복주도시군(福州城市群)이다. <그림 3-2>에서는 복주시를 중심으로 하는 도시군을 해협서안도시군으로 분리하고 있지만 주강삼각주지역과의 경제적인 연계성을 고려하여 여기서는 주강삼각주도시권에 포함하기로 한다.

광주도시군(广州城市群)은 모두 4개의 3급 도시군을 포함하고 있다. 산두성진군(汕头城镇群)은 한강(韩江)유역을 중심으로 화교들을 많이 배출한 지역이다. 광동성의 동북부지역은 매주(梅州), 흥저(兴宁), 용천(龙川) 등을 중심으로 하는 도시군을 형성하고 있다. 해안에는 산두(汕头)를 중심으로 형성된 수출가공업이 발달된 도시군이 형성되고 있다. 광주홍콩성진군(广州香港城镇群)은 주강삼각주 유역을 중심으로 형성되고 있으며, 대외개방도가 높고 수출가공업이 매우 발달되어 있다. 이 도시군은 광주(广州), 홍콩(香港), 심천(深圳), 마카오(澳门)를 중심으로 주해(珠海), 중산(中山), 강문(江门), 불산(佛山), 동완(东莞), 혜주(惠州), 하원(河源), 청원(清远), 조경(肇庆)으로 구성되어 있다. 소관성진군(韶关城镇群)은 광동성 북부지역에 위치하고 있으며, 석탄, 철광석, 텅스텐 등 지하자원이 풍부하고, 차와 담배의 생산량도 풍부한 지역이다. 이와 같은 자원의 개발과 이용에 힘입어 소관(韶关)을 중심으로 악창(乐昌), 영덕(英德), 연주(连州), 남웅(南雄) 등으로 구성되는 도시군을 형성하고 있다.

해구도시군(海口城市群)은 해남성과 광동성의 담강시(湛江市) 일대를 포함하고 있다.

이 지역은 대만에 이은 중국에서 두 번째로 큰 섬을 가지고 있으며 열대작물지역이다. 해구도시군은 4개의 3급 도시군을 포함하고 있다. 해구성진군(海口城镇群)은 해구를 중심으로 형성되고 있다. 문창성진군(文昌城镇群)은 문창을 중심으로 형성되고 있다. 삼아성진군(三亚城镇群)은 삼아를 중심으로 구성되어 있다. 담강성진군(湛江城镇群)은 광동성의 서남지역에 위치하고 있으며, 담강(湛江)을 중심으로 무명(茂名), 양강(阳江), 양춘(阳春), 고주(高州), 화주(化州), 전백(电白), 오주(吴州), 서문(徐闻) 등으로 구성되어 있다.

남저도시군(南宁城市群)은 광서자치구의 전체 행정구역에 걸쳐 위치하고 있으며 3개의 3급 도시군을 포함하고 있다. 오주성진군(梧州城镇群)은 광서자치구의 서쪽지역에 위치하고 있으며, 유주성진군(柳州城镇群)은 광서자치구의 북쪽지역에 위치하고 있으며 남저성진군(南宁城镇群)은 南宁을 중심으로 형성되어 있다.

<표3-22> 주강삼각주 도시군의 구조

2급 도시군	3급 도시군	중심 도시	인구 (만 명)	토지 면적 (㎢)	GDP (억 위안)
광주도시군 (广州城市群)	汕头城镇群 (산두성진군)	汕头市	491.29	2,064	651.35
		梅州市	498.91	15,836	314.45
		潮州市	250.42	3,110	287.60
		揭阳市	609.28	5,240	420.50
		汕尾市	315.36	5,271	210.98
	广州香港城镇群 (광주홍콩성진군)	广州市	750.33	7,434	5,154.22
		深圳市	181.93	1,952	4,950.91
		珠海市	89.60	1,687	634.95
		中山市	140.82	1,800	880.20
		江门市	386.24	9,541	805.37
		佛山市	354.48	3,848	2,383.18
		东莞市	656.07	2,465	2,181.62
		惠州市	297.58	11,158	803.42
		肇庆市	396.48	14,856	450.57
	韶关城镇群 (소관성진군)	韶关市	318.66	18,463	339.93
		乐昌市	52.10	2,421	30.70
		英德市	105.40	5,671	68.72
		连州市	50.80	2,664	38.90
		南雄市	45.90	2,361	24.71

해구도시군 (海口城市群)	海口城镇群 (해구성진군)	海口市	147.30	2,305	301.35
	文昌城镇群 (문창성진군)	文昌市	56.80	2,488	53.84
	三亚城镇群 (삼사성진군)	三亚市	51.19	1,919	74.21
	湛江城镇群 (담강성진군)	湛江市	718.05	12,471	658.09
		茂名市	679.33	11,458	808.22
남녕도시군 (南宁城市群)	梧州城镇群 (오주성진군)	梧州市	305.43	12,588	–
		桂平市	167.40	4,074	60.40
		玉林市	592.43	12,838	356.25
	柳州城镇群 (유주성진군)	柳州市	356.66	18,617	517.50
		桂林市	495.11	27,809	536.92
		河池市	382.78	33,508	206.95
	南宁城镇群 (남저성진군)	南宁市	659.54	22,112	723.35
		贵港市	470.37	10,606	227.01
		钦州市	341.10	10,843	205.52
복주도시군 (福州城市群)	福州城镇群 (복주성진군)	福州市	614.83	11,968	1,476.31
		宁德市	327.03	13,452	343.60
		长乐市	66.0	724	159.82
		福清市	121.40	1,519	263.96
		福安市	61.10	1,880	75.97
		福鼎市	56.50	1,526	60.00
	厦门城镇群 (하문성진군)	厦门市	153.22	1,569	1,006.58
		莆田市	304.81	4,079	359.91
		南安市	148.10	2,035	215.54
		泉州市	667.66	10,866	1,626.30
		漳州市	457.37	12,608	628.53
	三明城镇群 (삼명성진군)	三明市	268.13	22,959	392.84
		龙岩市	286.83	19,050	385.63
		永安市	32.90	2,942	76.85
	南平城镇群 (남평성진군)	南平市	305.07	26,280	348.00
		建瓯市	51.90	4,233	46.25
		建阳市	33.60	3,383	34.28

주의: 전도시(全市) 범위의 자료를 이용함, 2005년을 기준으로 함.
자료: 『중국도시통계연감2006』의 관련 내용 정리.

복주도시군(福州城市群)은 대만해협을 사이에 두고 대만지역과 마주보고 있다. 특히 대외개방이 일찍이 시작된 지역으로 화교들과 밀접한 관계가 있는 지역 중의 하나이다. 특히 이 지역은 철, 석탄, 동, 아연, 망간 등 지하자원이 풍부하기 때문에 도시발전에도 큰 도움이 되고 있다. 복주도시군은 4개의 3급 도시군을 포함하고 있다. 복주성진군(福州城镇群)은 복건성의 동북 연해안 지역에 위치하고 있으며, 복주를 중심으로 구성되어 있다. 하문성진군(厦门城镇群)은 복건성의 서남쪽에 위치하고 있으며, 삼명성진군(三明城镇群)은 복건성의 서쪽지역에 위치하고 있으며, 남평성진군(南平城镇群)은 복건성의 북쪽에 있다.

3. 중국의 도시규모효율

3.1. 도시화경제와 도시규모효율

3.1.1. 도시화경제의 비교

도시화가 급속히 진행되는 과정에서 한 가지 고민해야 할 문제는 바로 도시의 규모효율이다. 인구가 도시로 유입되는 것은 경제발전 과정에서 나타나는 필연적인 현상이다. 문제는 도시가 이 모든 인구를 모두 다 받아들일 수는 없다는 것이다.

일반적으로 도시규모효율은 도시집적경제를 통해서 평가할 수 있다. 도시집적경제는 크게 도시화경제와 국지화경제로 나눌 수 있다. 金相郁(2005a)은 칼리노(Carlino)모형을 이용하여 중국의 주요 도시들의 도시화경제를 추정하였다. 그는 전국 219개 지급(地级)도시의 1990년~2001년 자료를 이용하였다. 金相郁(2005a)의 실증연구는 2차 산업의 국내총생산액, 직공평균임금, 그리고 종업원 수를 이용하였다. 추정결과에 의하면 219개 도시 중 58개 도시의 집적경제계수가 1보다 크게 나타났다. 그리고 란주시(兰州市)의 도시집적경제 즉 도시화경제가 가장 큰 수치를 나타냈고, 그 다음은 산동성의 동영시(东营市)로 나타났다. 한 가지 주의할 점은 金相郁(2005a)의 연구에서 제시하고 있는 도시집적경제계수의 절대치가 너무 크게 나타나고 있다는 것이다. 이러한 결과가 나타나는 것은 통계지표의 불일치에 기인한 것이다. 즉 1998년부터 2001년 기간 동안 통계지표 기준의 수정으로 인해 원시자료의 변화가 발생한 것이다. 이와 같은 문제가 제기하는 한계에 대해서는 이미 제1장에서도 언급한 바 있다.

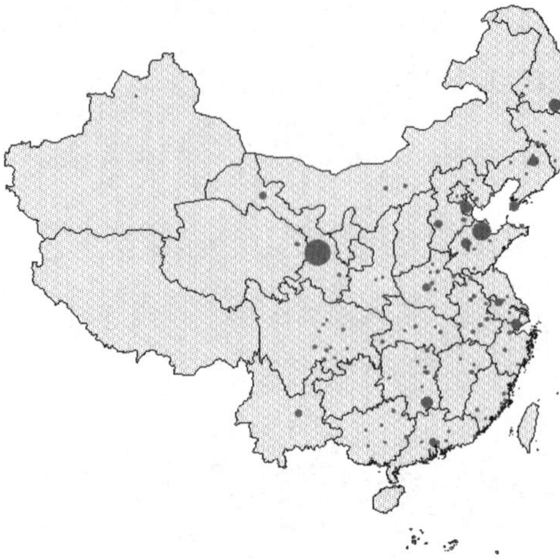

<그림 3-3> 중국 도시화경제의 비교

자료 : 金相郁(2005a).

3.1.2. 상해시와 천진시의 도시화경제 비교

金相郁(2005b)는 칼리노모형을 이용하여 상해시와 천진시의 도시화경제를 비교하고 있다. 상해시는 중국의 남방지역에서 가장 발전된 도시 중의 하나이며, 천진시는 중국 북방지역의 가장 발전된 도시 중의 하나이다. 金相郁(2005b)은 상해시의 1985년부터 2002년 기간의 자료를 이용하고, 천진시는 1991년부터 2002년 기간의 자료를 이용하여 연도별 도시화경제의 변화를 분석하고 있다.

상해시는 중국의 경제발전을 선도하는 도시로서 근대공업의 발상지이기도 하다. 특히 개혁개방 이후에는 외국인 투자 자본을 적극적으로 유입하여 괄목할 성장을 지속하고 있다. 분석결과에 의하면 1995년부터 상해시의 도시화경제가 크게 감소하고 있다. 1985년 도시화경제를 나타내는 h계수가 0.105로 낮은 수준이지만, 1986년 0.310으로 점차 높아지다가 1988년에는 1.824로 크게 상승하고 있다. 이러한 상승추세는 1994년까지 지속되고 있으나 1995년부터는 크게 하락하고 있다. 이와는 대조적으로 천진시의 h계수는 0.8에서 0.9 사이를 유지하고 있다. 상해시와 천진시 모두 중국 동부 연해안 지역의 핵심 도시이지만 이렇게 다른 결과가 나오는 것은 도시의 산업구조와 산업구조의 효율성이 다르기 때문일 것이다. 金相郁(2005b)이 추계하고 있는 도시화경제는 주로 공업 부문을 이용하고 있기 때문에 상해시의 공업은 이미 어느 정도 발전하여 서비스산업을 위주로 하는 도시산업구조로 발전하고 있으며, 천진시는 아직도 공업 부문에서 더 높은 효율을 창조할 수 있는 공간이 있다고 해석할 수 있다.

金相郁(2005b)의 연구는 상해포동신구와 천진빈해신구의 도시화경제를 비교하고 있다. 포동신구는 상해경제발전의 핵심 지역이며, 빈해신구는 천진경제발전의 핵심지역이다. 시기적으로는 상해포동신구의 발전이 더 빠르게 시작되었다. 두 신구의 도시화경제의 비교 결과에 의하면, 1990년부터 2002년까지 상해포동신구의 h계수는 1.1513으로 비교적 높게 나타나고 있으며, 천진빈해신구의 1993년부터 2002년까지의 h계수는 0.4625로서 상해포동신구보다 낮게 나타나고 있다. 이러한 결과는 상해포동신구의 도시화경제는 이미 어느 정도 수준에 도달하였으며, 천진빈해신구의 도시화경제는 아직도 발전의 공간이 남아 있다고 볼 수 있다.

<표 3-23> 상해포동신구와 천진빈해신구의 도시화경제의 비교

지역	β	γ	D.W. 통계값	h 계수
상해포동신구 (1990년~2002년)	0.1943 (1.4097)	−0.0883 (−0.4908)	2.3835	1.1513
천진빈해신구 (1993년~2002년)	0.5936* (7.6798)	−0.8120* (−14.1239)	2.2945	0.4625

주의 : * $p<0.05$.
자료 : 金相郁(2005b).

3.1.3. 도시화경제와 도시규모효율

도시규모효율은 도시성장과정에서 중요한 문제이다. 도시가 성장의 초기 단계에서는 규모가 별로 크지 않지만, 도시가 본격적인 성장 단계로 진입하면 급속한 규모 확대가 이루어진다. 이 과정세서 도시규모의 맹목적 확장에 대한 효율성 문제가 야기된다. 2005년 상해시의 직할구(市辖区) 인구는 약 1,300만 명에 달하며, 북경시는 약 1,100만 명에 달한다. 도시 인구(市辖区 인구)가 500만 명이 넘는 도시도 천진시, 광주시 등 여러 개가 있다.

金相郁(2006a)은 1990년~2001년 중국의 222개 도시의 자료를 이용하여 도시집적경제(도시화경제)와 도시규모효율에 관한 분석을 시도하고 있다. 도시규모는 일반적으로 두 가지 지표를 이용하고 있다. 하나는 도시경제규모이고 다른 하나는 도시인구규모이다. 金相郁(2006a)은 도시인구를 이용하여 도시규모를 분류하고 있다. 도식규모는 다섯 가지를 이용하고 있다. 초대도시는 인구규모가 200만 명 이상인 도시, 특대도시는 인구규모가 100만 명~200만 명, 대도시는 인구규모가 50만 명~100만 명, 중도시는 인구규모가 20만 명~50만 명, 소도시는 인구규모가 20만 명 이하를 말한다. 중국의 도시인구에는 도시의 공간적 범위가 매우 중요하다. 즉 직할구(市辖区)를 포함하느냐 포함하지 않느냐에 따라서 도시인구의 차이가 매우 크기 때문이다. 직할구(市辖区)는 일반적인 도시 중심과 교외지역을 포함하고 있다. 그리고 전도시(全市)는 교외 이외지역 즉 농촌지역까지도 포함한다. 따라서 金相郁(2006a)은 도시집적경제 추정에 직할구(市辖区) 범위의 자료를 이용하고 있다.

金相郁(2006a)의 추정 결과에 의하면, 1990년~2001년 기간 중, 소도시의 도시규모효율이 가장 높게 나타나고 있으며, 대도시와 중도시의 도시규모효율이 비교적 높게 나타나고 있다. 소도시의 h계수는 1.1131, 대도시는 1.0770, 중도시는 1.0615이다. 도시규모가 큰 특대도시와 초대도시는 상대적으로 낮은 도시규모효율을 나타내고 있다. 특대도시의 h계수는 0.9764, 초대도시의 h계수는 0.5287로 나타나고 있다. 이러한 결과는 중국의 도시성장과 발전에 중요한 의의가 있다. 즉 인구가 200만 명 이상인 초대도시보다는 인구가 100만 명 이하인 도시규모가 더욱 효율성을 가지고 있다는 점이다. 물론 金相郁(2006a)의 연구에서 이용하고 있는 공업을 위주로 한 도시집적경제의 추정과 이를 이용한 도시규모효율의 분석이 도시규모효율을 완전하게 나타낼 수는 없다. 특히 인구규모가 200만 명을 초과하는 초대도시들은 이미 공업보다는 서비스업이나 3차 산업이 도시발전과 성장에서 중요한 역할을 하고 있을 가능성이 크기 때문이다.

지역별로는 동부지역의 도시규모효율이 가장 높게 타나고 있다. 이것은 동부지역 도시의 산업구조가 중부지역이나 서부지역보다 더욱 효율적인 발전을 하고 있는 것으로 해석할 수 있다. 전국도시의 분석결과와 비교해 볼 때 동부지역의 분석결과는 중도시와 소도시의 도시규모효율이 현저하게 높게 나타나는 공통점을 가지나 대도시의 도시규모효율이 낮게 나타나는 차이와 특대도시의 도시규모효율이 크게 나타나는 차이를 보이고 있다. 이는 동부지역의 도시성장이 한 단계 더 높은 수준으로 나아가고 있음을 나타내 준다. 중부지역의 분석결과에 의하면, 소도시의 도시규모효율이 낮게 나타난다. h계수가 0.8354이다. 이는 중부지역의 도시발전에 중요한 의의가 있다. 즉 소도시의 발전은 도시발전에 있어서 가장 중요한 시작이기 때문에 이 지역의 발전을 위해서는 소도시의 자생적인 발전을 유도해야 한다. 서부지역의 대부분은 도시규모별로 도시규모효율이 높게 나타나고 있다. 이러한 결과는 서부지역에 원래 도시가 별로 발전하고 있지 않기 때문에 이미 도시로 발전하고 있는 지역은 규모의 효율을 가지고 있음을 나타낸다.

김상욱(2008)은 『중국도시통계연감』의 자료를 이용하여 1990년~2005년 기간 중 중국의 192개 지급(地级)도시의 도시화경제를 추계하였다. 추정에 이용된 모형은 金相郁(2006a)과 동일한 칼리노 모형을 이용하고 있다. 분석결과에 의하면 192개 도시 중 47개 도시의 h 값이 1보다 작게 나타났다. 즉 집적의 불경제가 있다는 것이다.

아래 그림을 통해 도시규모와 도시집적경제 사이의 관계를 좀 더 구체적으로 살펴볼 수 있다. 횡축은 도시 인구(직할구 기준, POP)이며, 종축은 위에서 추정한 각 도시들의 도시집적경제(도시화경제)를 나타내는 h 값들이다. <그림3-4>의 (a)를 통해 직관적으로 볼 수 있듯이 도시규모와 도시집적경제 사이에는 정(+)의 관계가 존재하고 있다. 즉 도시규모가 어느 정도 클수록 도시집적경제도 양(+)의 값을 가질 수 있는 것이다. 이러한 관계는 동부지역이 기타 지역에 비교해서 더욱 현저하게 나타나고 있다. (b)의 기울기가 (c)의 기울기보다 더욱 가파르게 나타나고 있기 때문이다. 즉 동부지역 이외의 지역에서는 도시화경제와 도시규모의 관계가 상대적으로 현저하지 못함을 나타내고 있다. 이는 동부지역 이외의 지역들의 도시규모효율이 상대적으로 낮음을 나타낸다.

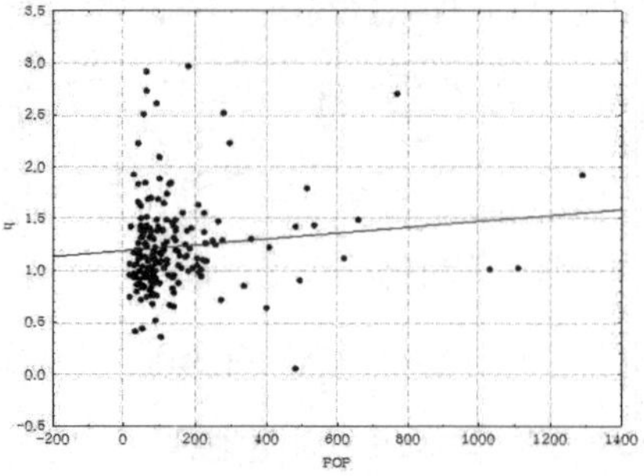

(a) 전국

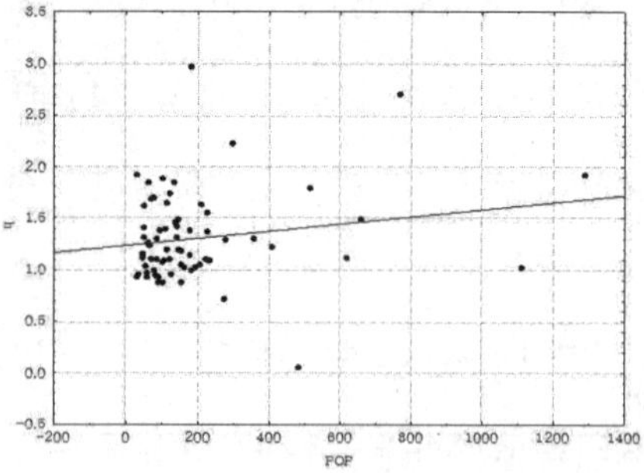

(b) 동부지역

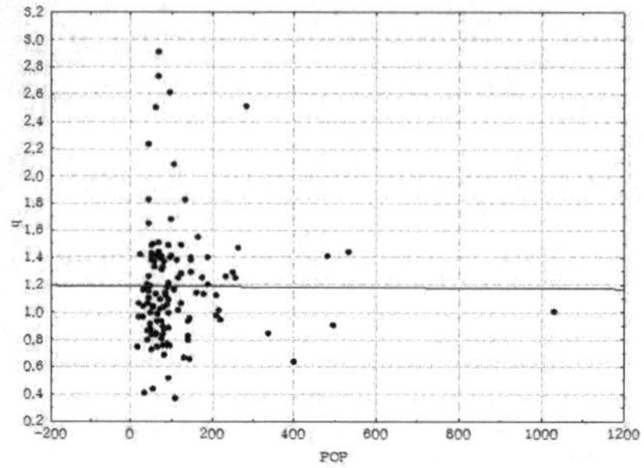

(c) 중부지역, 서부지역과 동북지역

<그림 3–4> 도시화경제와 도시규모의 관계

자료 : 金相郁(2008).

3.2. 도시총요소생산성과 도시규모효율

3.2.1. 도시의 DEA 효율성

자료포락분석(DEA)방법은 효율성 분석에 많이 이용된다. 金相郁(2008)은 DEA 방법을 이용하여 중국 환발해 지역 44개 도시들의 효율성을 분석하였다. 모형 1의 투입 변수는 고정자산투자액, 취업 인구, 토지 면적이며, 산출 변수는 국내총생산액과 지방재정예산내수입이다. 모형 2의 투입 변수는 모형 1의 투입 변수에 외국인직접투자액을 추가하였으며, 모형 3에서는 모형 1의 고정자산투자액을 외국인직접투자액으로 변환하였다. 자료는 중국도시통계연감의 2002년 자료를 이용하였다.

모형 1의 분석결과에 의하면, 하북성(河北省)의 석가장시(石家庄市)과 형수시(衡水市), 요녕성(辽宁省)의 대련시(大连市), 안산시(鞍山市), 반금시(盘锦市), 산동성(山东省)의 청도시(青岛市), 치박시(淄博市), 동영시(东营市)가 DEA 효율성을 나타내고 있다. 주의 할 점은 환발해 지역의 초대형 도시인 북경시(北京市)와 천진시(天津市)가 DEA 효율성을 나타내고 있지 않다는 것이다. 모형 2의 분석결과에 의하면, 외국인직접투자액을 투입 변수로 추가할 경우 더욱 많은 도시들이 DEA효율성을 나타내고 있다. 그러나 천진시는 모형 2에서도 역시 DEA 효율성을 나타내지 못하고 있다. 모형 3에서는 고정자산투자액을 포함하지 않고 있다. 전체적으로는 모형 3의 결과와 모형 1의 결과가 대체적으로 일치하고 있다. 그러나 모형 3의 분석결과에서는 감단시(邯郸市), 요양시(辽阳市), 호호도시(葫芦岛市)가 DEA 효율성을 나타내지 못하고 있다.

북경시와 천진시의 DEA 효율성 비교에 의하면, 북경시의 기술효율성(TE)은 0.9415이며, 천진시는 0.9646이다. 두 도시 모두 1보다 작다, 이것은 두 도시 모두 DEA 효율성이 존재하고 있지 않음을 나타낸다. 모형 2에 의하면 외국인직접투자액을 고려할 경우 북경시는 DEA 효율성이 나타나고 있으나, 천진시는 여전히 DEA 효율성이 나타나고 있지 않다. 모형 3의 분석결과 역시 천진시의 DEA 효율성이 존재하고 있지 않은 것으로 나타나고 있다. 또한 세 모형에서 천진시의 DEA 효율성은 모두 0.9646으로 큰 변화가 없다. 이는 초대도시의 도시규모효율이 크게 높지 않음을 나타낸다. 이 두 도시 이외에도 심양시(沈阳市),제남시(济南市) 등과 같이 오래된 공업도시들의 DEA 효율성도 크게 높지 않게 나타난다. 모형 1의 분석결과에 의하면 이들 두 도시의 DEA 효율성은 각각 0.8177과 0.9318로 나타난다.

金相郁(2008a)의 환발해지역의 44개 도시들의 DEA효율성 분석은 도시의 투입산출의 효율성은 일정한 도시규모에 도달하였을 때 더욱 현저하게 나타나고 있음을 발견한다. 직할구(市辖区)의 인구규모에 의하면, 대부분의 도시들은 도시인구규모가 100만 명에서 300만 명 사이 일 때 비교적 현저한 DEA 효율성이 나타나고 있다. 예를 들면, 2002년을 기준으로 할 때, 석가장시(石家庄市)의 인구는 204.96만 명, 당산시(唐山市)는 292.75만 명, 감단시(邯郸市)는 137.10만 명, 대련시(大连市)는 273.23만 명, 안산시(鞍山市)는 145.54만 명,

제남시(济南市)는 327.55만 명, 청도시(青岛市)는 241.74만 명, 치박시(淄博市)는 271.84만 명, 태안시(泰安市)는 157.17만 명 등이다. 그러나 도시규모와 DEA 효율성 만으로 두 변수 간의 관계를 단정하는 것은 약간의 무리가 있다. 왜냐하면 DEA 효율성과 도시인구규모 사이의 상관계수는 0.150으로 크게 높지 않기 때문이다.

3.2.2. 도시의 총요소생산성

총요소생산성은 투입과 산출의 관계를 추정하는 또 하나의 방법이다. 金相郁(2006b)은 1990년~2003을 기간으로 설정하여 중국의 주요 도시 41개의 도시총요소생산성을 Malmquist지수를 이용하여 추정하고 있다. 그리고 金相郁(2008b)은 동일한 방법을 이용하여 1990년~2005년 기간 중 중국의 지급 이상 주요 도시 196개의 도시총요소생산성을 추정하고 있다.

Malmquist지수가 1보다 크면 총요소생산성이 향상된 것으로 해석할 수 있으며, 1보다 작으면 총요소생산성이 저하된 것으로 해석할 수 있다. 국가급 경제기술개발구가 입지하고 있는 주요 도시 41개의 총요소생산성의 변화 추이를 보면 1990부터 2003년 기간 동안 이들 41개 도시의 총요소생산성은 평균 8.3%가 향상되었다. 그리고 1990년부터 2000년 기간 동안에는 매년 꾸준한 향상을 보이고 있으나, 2001년부터는 오히려 총요소생산성이 감소하는 추세를 보이고 있다. 이러한 결과는 최근 몇 년 동안 이들 도시들의 전반적인 효율성이 저하되고 있음을 나타낸다. 지급 이상의 도시 196개를 분석한 결과에 의하면 1990년부터 2005년 기간 중 중국의 주요 도시들의 총요소생산성은 3.0% 향상되었다. 국가급 경제기술개발구가 입지한 도시의 총요소생산성 보다 평균이 낮게 나타나는데, 이러한 결과는 이 중에는 낮은 총요소생산성을 가진 도시들이 있기 때문에 전체 평균에 영향을 초래하고 있다. 지급 이상의 도시 196개의 결과에 의하면, 1996년부터 2001년 기간 동안에는 총요소생산성이 매년 꾸준한 향상을 보이고 있는 반면에 2002년과 2003년에는 조금 감소하다가 2004년부터는 다시 상승하는 추세를 보이고 있다. 도시총요소생산성의 구조를 보면, 생산성의 향상은 기술변화에 기인하고 있음을 알 수 있다. <표 3-24>에 의하면 기술변화는 동 기간에 3.9%가 향상되었으나, 기술효율변화는 오히려 0.1%가 감소하였다. 즉 새로운 기술의 도입이 생산성 향상에 큰 영향을 미치고 있다.

<표 3-24> 도시총요소생산성의 구조 및 추이

연도	기술효율변화	기술변화	규모효율변화	총요소생산성변화
1990~2005	0.991	1.039	0.997	1.030
동부지역	0.987	1.059	0.998	1.045
중부지역	0.992	1.031	0.997	1.023
서부지역	0.994	1.034	0.998	1.028
동북지역	0.993	1.023	0.996	1.016

자료: 金相郁(2008b).

3.2.3. 도시총요소생성과 도시규모

도시가 급성장 하는 과정에서 도시규모는 중요한 문제이다. 도시가 너무 비대해도 문제가 있으며 도시가 너무 작아도 성장에 오히려 도움이 되지 않는다. 따라서 적정 도시규모는 중요한 현실적 문제이면서 이론적 문제이다. 여기서는 도시총요소생산성이란 측면에서 도시규모와의 관계를 알아보고자 한다. 도시규모는 두 가지 지표를 이용한다. 즉 도시인구규모와 도시경제규모이다. 도시인구는 직할구(市辖区)에 거주하는 상주인구(POP)를 기준으로 한다. 도시경제규모는 해당 년도 도시의 국내총생산(GDP)을 기준으로 한다. <그림 3-5>의 (a)과 (b)에서 볼 수 있듯이 도시총요소생산성과 도시인구규모 사이에는 정(+)의 관계가 존재하고 있다. 1990년 도시인구규모와 도시총요소생산성의 관계가 2005년 도시인구규모와의 관계보다 더욱 현저하게 나타나고 있다. 이것은 1990년에서 2005년 동안 도시인구규모가 증가하였지만 생산성의 증가는 이에 못 미치고 있음을 나타낸다.

<그림 3-5>의 (c)과 (d)는 도시경제규모와 도시총요소생산성과의 관계를 나타낸다. 모두 정(+)의 관계가 있음을 볼 수 있다. 특히 도시경제규모와 도시총요소생산성과의 관계는 도시인구와의 관계보다 더욱 뚜렷하게 나타나고 있다. 이것은 도시경제규모의 성장이 도시총요소생산성의 향상에 도움이 되며, 도시총요소생산성의 향상은 역으로 도시경제

규모의 성장에도 도움이 되는 것으로 해석할 수 있다.

그러나 (e)에 의하면 도시인구규모 성장률과 도시총요소생산성 사이에는 부(－)의 관계로 나타나고 있다. 상관관계는 －0.09이다. 이러한 결과가 나타나는 것은 일부 도시의 도시인구규모는 크게 증가하였지만 도시총요소생산성이 오히려 감소하였기 때문일 것이다. 예를 들면 중경시(重庆市)의 1990년 인구규모는 298.44만 명이었으나 2005년에는 369.16만 명으로 2,871만 명이 증가하였다. 그러나 도시총요소생산성은 오히려 1.2% 감소하였다. 형태시(邢台市)의 인구규모도 40.07만 명에서 675.08만 명으로 크게 증가하였지만 도시총요소생산성은 오히려 1.0% 감소하였다. 그러나 이와 같은 일부 도시들을 제외하고는 대부분의 도시들은 도시인구성장율과 도시총요소생산성 사이에 정(+)의 관계를 가지고 있기 때문에 성급한 결론을 도출하기는 힘들다.

따라서 도시인구규모 이외의 다른 지표로서 양자의 관계를 다시 보기로 한다. <그림 3－5>의 (f)에 의하면 도시총요소생산성과 도시 GDP 성장률 사이에는 정(+)의 관계가 존재하고 있다. 상관계수는 0.310이다. 다르게 말하면, 도시경제규모의 증대는 도시총요소생산성의 향상에 적극적인 영향을 초래하고 있다.

도시규모와 도시총요소생산성과의 관계 규명은 적정도시규모 문제에 중요한 단서를 제공할 수 있다. 현실적으로는 도시인구가 1,000만 명 이상인 도시가 속출하고 있다. 도시규모가 과대하게 되면 도시발전에 긍정적인 측면보다도 부정적인 영향을 초래할 가능성이 크다. 즉 도시주민과 도시산업 발전에 필요한 각 종 사회간접자본의 확충과 도시환경 문제 등이 뒤따르기 때문이다. 위의 도시총요소생산성의 추계에서 부(－)의 값을 가진 도시들을 제외하면 모두 152개의 도시가 남는다. 이들 도시들의 도시총요소생산성의 평균은 4.56%이며, 2005년 평균 도시인구규모는 419.8만 명이다. 따라서 약 420만 명의 인구 규모가 적정도시규모일 가능성이 있다고 본다.

도시총요소생산성이 7.0%~9.0% 구간에 있는 16개 도시 중 인구규모가 가장 큰 도시와 가장 작은 도시를 제외한 14개 도시의 2005년 평균 도시인구규모는 358.09만 명이다. 그리고 도시총요소생산성이 4.0%~6.9% 구간에 있는 49개 도시 중 인구규모가 가장 큰 도시와 가장 작은 도시를 제외한 47개 도시의 2005년 평균 도시인구규모는 449.21만 명이다. 도시

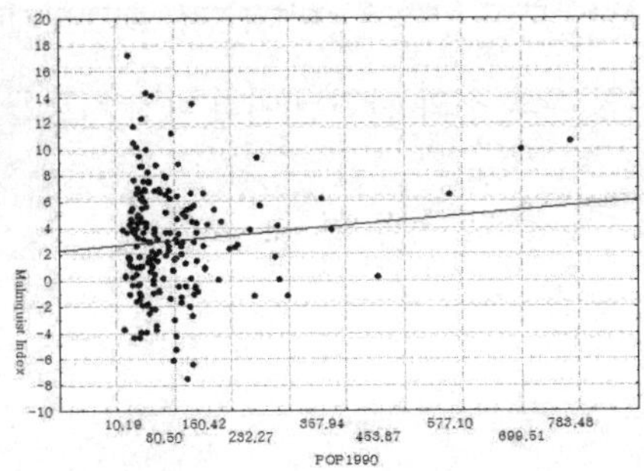

(a) Malmquist 지수와 1990년 도시인구규모

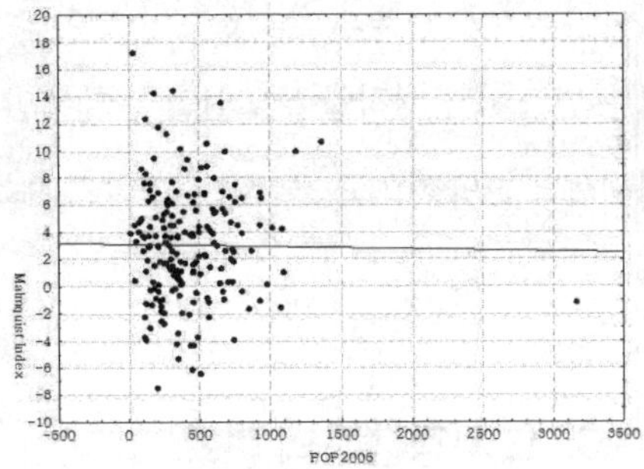

(b) Malmquist 지수와 2005년 도시인구규모

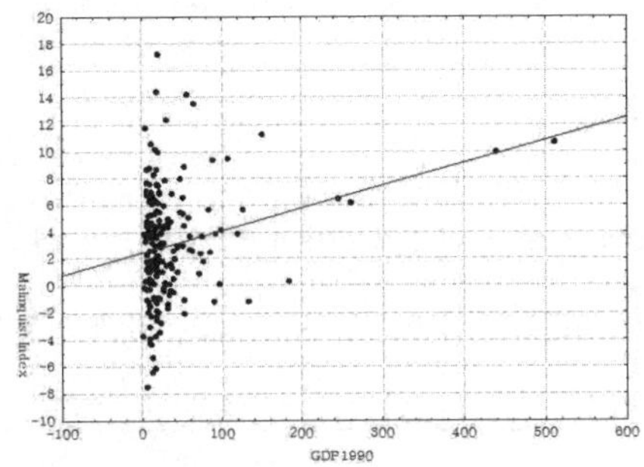

(c) Malmquist 지수와 1990년 GDP

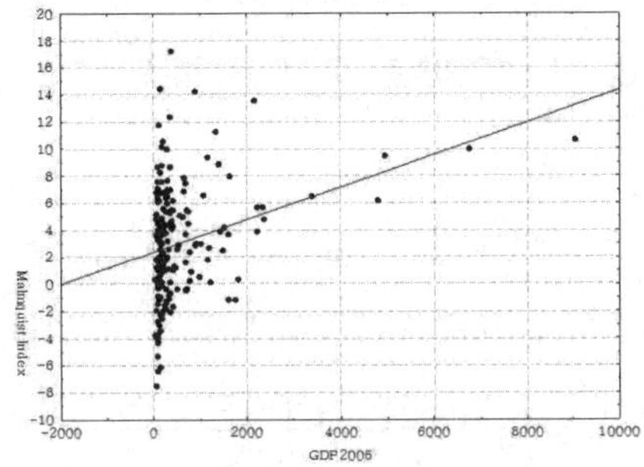

(d) Malmquist 지수와 2005년 GDP

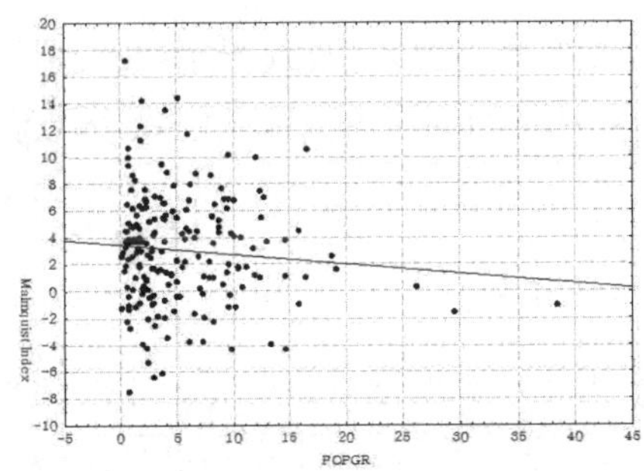

(e) Malmquist 지수와 도시인구성장율

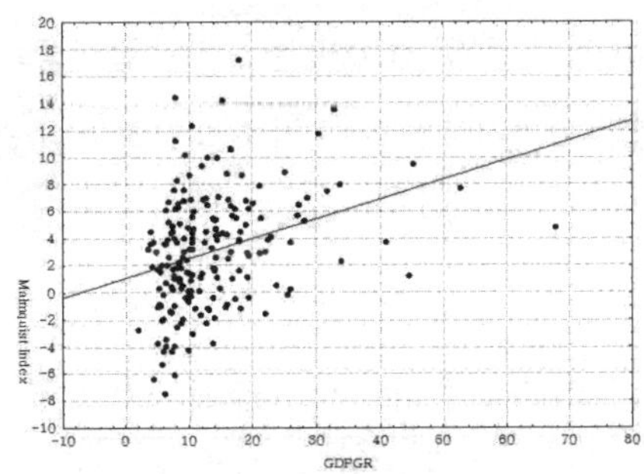

(f) Malmquist 지수와 GDP 성장율

<그림 3–5> 도시규모와 도시총요소생산성의 관계

자료: 金相郁(2008b).

총요소생산성이 0.1%~3.9% 구간에 있는 75개 도시 중 인구규모가 가장 큰 도시와 가장 작은 도시를 제외한 73개 도시의 2005년 평균 도시인구규모는 392.90만 명이다. 종합적으로 보면, 도시인구규모가 350만 명~450만 명 정도가 적정도시규모로 추산할 수 있다. 그러나 이러한 분석이 절대적인 것은 아니다 왜냐하면 도시집적경제와 마찬가지로 도시총요소

생산성도 도시규모효율을 분석하는 하나의 유용한 도구이기 때문이다. 또한 적정도시규모는 반드시 경제적인 투입산출 관계뿐만 아니라 삶의 질과 관련된 여러 가지 지표들에 의해서도 종합적으로 고려되어야 하기 때문이다.

3.3. 도시경쟁력의 비교

3.3.1. 1998년 도시경쟁력의 비교

도시경쟁력은 도시의 발전 잠재력이란 측면에서 더욱 중요한 의의를 가지고 있다. 즉 단순히 발전 수준이 높고 낮음을 비교하는 것이 아니라 전반적인 도시체계 내에서 특정 도시가 가지고 있는 경쟁력은 향후 그 도시의 지속적인 발전과 성장에 중요한 역할을 하고 있기 때문이다. 倪鹏飞(2001)는 일찍이 중국의 주요 도시 24개의 도시경쟁력을 비교 분석하였다. 倪鹏飞(2001)는 도시종합경쟁력을 노동생산성, 시장점유율, 주민1인당평균수입, 장기경제성장율 네 가지 지표를 이용하여 분석하였다. 비교결과에 의하면 상해시(上海市)의 도시종합경쟁력이 1.47로 가장 높고, 그 다음은 심천시(深圳市)가 1.17, 광주시(广州市)가 0.60, 북경시(北京市)가 0.50, 하문시(厦门市)가 0.37, 무석시(无锡市)가 0.36, 천진시(天津市)가 0.30, 대련시(大连市)가 0.15, 항주시(杭州市)가 0.10, 남경시(南京市)가 0.01 순서이다.

3.3.2. 2002년 도시경쟁력의 비교

倪鹏飞(2003)는 2002년을 기준으로 세 가지 도시경쟁력을 추계하고 있다. 하나는 1998년과 비슷한 개념인 도시종합경쟁력이며, 둘째는 도시마케팅경쟁력, 셋째는 도시종합지명도이다. 도시종합경쟁력은 1998년의 체계를 기초로 하면서 시장점유율, 장기경제성장율, 단위 면적 당 국내총생산, 1인당 수입을 포함하고 있다. 그리고 도시경쟁력 추계 도시 수를 홍콩과 마카오를 포함한 200개로 확대하였다.

상위 20개 도시의 분석결과에 의하면, 홍콩이 가장 높은 도시종합경쟁력을 가지고 있으며, 그 다음은 상해시(上海市)와 심천시(深圳市), 북경시(北京市), 마카오(澳门), 광주시(广州市) 등으로 나타났다. 그리고 도시성장 역사가 길지 않은 소주시(苏州市)와 동완시(东莞市)도 높은 도시종합경쟁력을 가지고 있는 것으로 분석되었다. 단위 면적 당 국내총생산의 비교에 의하면, 홍콩이 가장 높은 수준을 보이고 있으며, 기타 도시들은 아직도 홍콩과 비교해서는 큰 차이가 있다. 상해시와 심천시도 홍콩과 비교해서는 약 10%정도 밖에 되지 않기 때문이다.

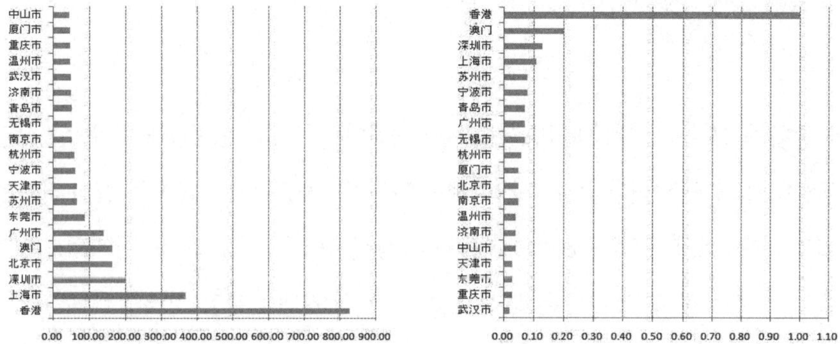

(a) 2002년 도시종합경쟁력 비교 (b) 2002년 면적당 국내총생산 비교

<그림 3-6> 2002년 도시경쟁력의 비교

자료: 倪鹏飞(2003), pp.1~6을 이용하여 재정리.

倪鹏飞(2003)는 도시마케팅경쟁력도 추계하고 있다. 도시마케팅경쟁력은 국제관광수입지수, 외국자본이용지수, 도시종합지명도로 구성되어 있다. 도시마케팅경쟁력은 도시종합경쟁력과 비교해 볼 때 도시 간 격차가 크게 줄어들었다. 상위 20개 도시 중 도시마케팅경쟁력이 가장 높은 도시는 홍콩이며, 그 다음은 북경시(北京市), 상해시(上海市), 마카오(澳门), 심천시(深圳市), 광주시(广州市), 천진시(天津市) 순서이다. 소주시(苏州市)는 도시마케팅경쟁력에서도 11위를 나타내고 있다.

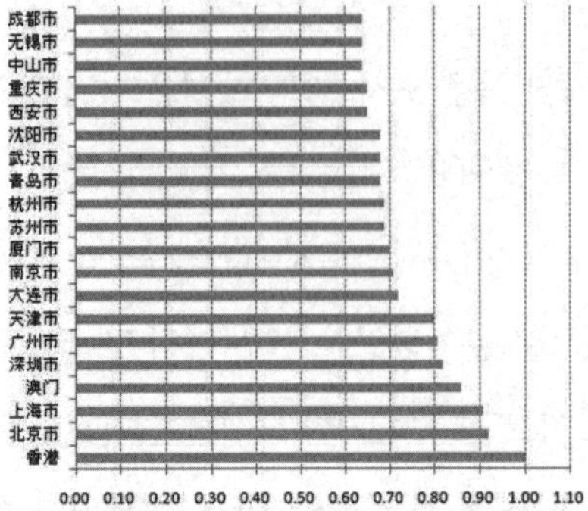

(a) 2002년 도시마케팅경쟁력 비교

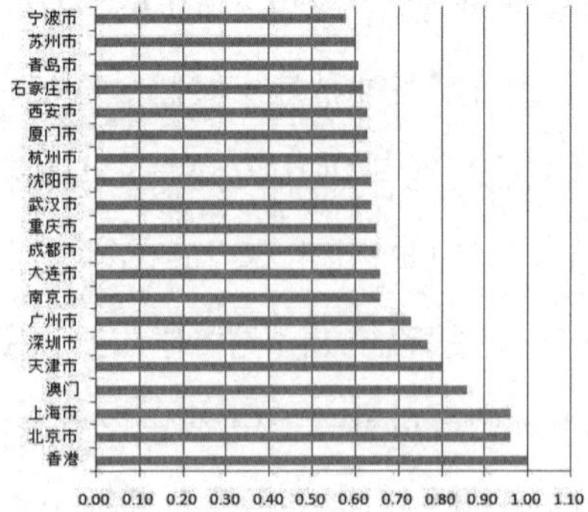

(b) 2002년 도시종합지명도 비교

<그림 3–7> 2002년 도시마케팅경쟁력과 도시종합지명도 비교

자료: 倪鹏飞(2003), pp.13~23을 이용하여 재정리.

도시종합지명도는 도시국내지명도, 도시국제지명도, 시장(市長) 국내지명도와 시장(市長) 국제지명도로 구성되어 있다. 도시마케팅경쟁력과 마찬가지고 도시들 간의 격차는 도시종합경쟁력과 비교해서는 많이 줄어 들었다. 상위 20개 도시 중 도시종합지명도가 가장 높은 도시는 홍콩이며, 그 다음은 북경시(北京市), 상해시(上海市), 마카오(澳门), 천진시(天津市), 심천시(深圳市), 광주시(广州市), 순서이다. 소주시(苏州市)는 도시종합지명도에서는 19위를 나타내고 있다.

3.3.3. 2006년 도시경쟁력의 비교

2006년의 도시경쟁력 평가구조는 1998년과 2002년과 비교해 볼 때 많은 변화가 있다. 즉 구조적으로 더욱 구체화되고 종합화 되었다. 그리고 지역적으로는 대만의 주요 도시들도 도시경쟁력 평가에 포함하고 있다. 倪鹏飞(2007)에 의하면, 2006년의 도시종합경쟁력 평가지표는 성장지수, 규모지수, 효율지수, 효과지수, 구조지수, 질량지수를 포함하고 있다. 기존의 도시경쟁력 지표가 주로 성장에 치우친 반면에 2006년의 평가 지표에는 양적인 지표 이외에도 질적인 지표까지도 포함시키고 있다.

<그림3-8>의 (a)에 의하면, 상위 20개 도시 중 2006년 도시종합경쟁력이 가장 높은 도시는 홍콩이며, 그 다음은 심천시(深圳市), 상해시(上海市), 북경시(北京市), 광주시(广州市), 대북시(台北市), 무석시(无锡市), 소주시(苏州市), 불산시(佛山市), 마카오(澳门), 청도시(青岛市), 천진시(天津市) 순서이다. 한 가지 주목할 점은 심천시가 상해시보다 더 높은 도시종합경쟁력을 보이고 있다는 것과, 무석시, 소주시, 불산시 등과 같은 신흥공업도시들이 도시경쟁력에서 높은 순위를 나타내고 있다는 것이다. 그리고 2006년 평가에 새로 편입된 대만의 대북시와 고웅시(高雄市)도 각각 6위와 14위를 기록하면서 높은 순위를 나타내고 있다. <그림3-8>의 (b)는 강소성 내부의 13개 도시의 도시종합경쟁력을 비교하고 있다. 강소성은 무석시와 소주시를 중심으로 도시경쟁력 구조가 형성되어 있다. 이는 바로 이 두 도시가 이 지역의 핵심 도시로서의 역할을 수행하고 있음을 나타낸다.

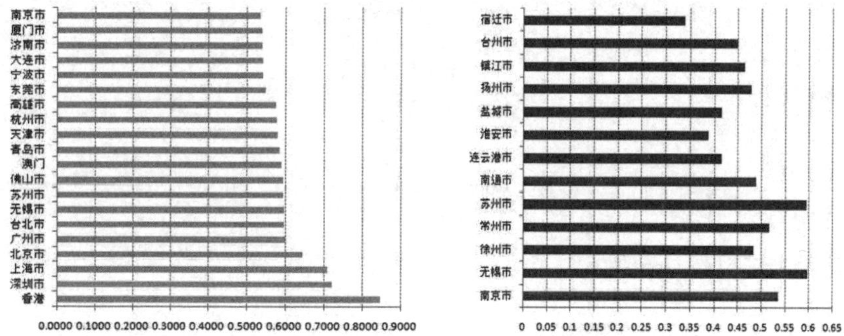

(a) 2006년 도시종합경쟁력 비교 (b) 2006년 江苏省의 도시종합경쟁력 비교

<그림 3-8> 2006년 도시종합경쟁력의 비교

자료: 倪鹏飞(2007), pp.3~9를 이용하여 재정리.

倪鹏飞(2007)는 도시경쟁력을 다시 12가지로 나누어서 순위를 평가하고 있다. 인재경쟁력은 북경시(北京市)가 가장 높으며, 자본경쟁력은 상해시(上海市), 과학기술경쟁력은 북경시(北京市), 구조경쟁력은 저파시(宁波市), 설비경쟁력은 상해시(上海市), 입지경쟁력은 상해시(上海市), 문화경쟁력은 심천시(深圳市), 제도경쟁력은 심천시(深圳市), 정부관리경쟁력은 상해시(上海市), 기업관리경쟁력은 심천시(深圳市), 개방경쟁력은 심천시(深圳市)가 가장 높은 것으로 평가되었다.

□ 요약

도시는 지역경제발전의 핵심공간으로서 역할을 담당한다. 중국의 근대도시발전은 아편전쟁에서부터 시작되며 계회경제시기와 개혁개방을 통해 오늘날까지 발전해 오고 있다. 중국은 국토면적이 넓기 때문에 도시 수가 특히 많다. 약 660여 개에 달하는 도시가 동부 연해안 지역을 중심으로 해서 중부지역, 서부지역, 동북지역으로 분포하고 있다. 계획경제시기에는 도시와 농촌, 그리고 도시와 도시 사이의 인구이동을 제도적으로 억제하고 있었기 때문에 도시화의 진행 속도가 느렸다. 그러나 개혁개방 이후 도시경제의 발전과 제도적 개선 등으로 인해 도시로의 인구유입이 크게 촉진되었으며, 이는 도시화율의 상승을 초래하였다. 도시화의 급속한 진전과 더불어 교외화도 동시에 일어나고 있다. 즉 도심 주변 지역으로 산업시설과 주거시설들이 확산되는 것을 말한다. 중국의 도시발전은 다른 국가의 도시발전과 공통적인 부분도 있으나 중국적인 특색도 있다. 특히 중국적인 특색을 주의 깊게 연구하고 분석하는 것은 향후 중국의 도시발전과 지역경제발전을 이해하는데 많은 도움이 될 것이다.

□ 주요개념

1. 근대도시
2. 도시규모등급
3. 지급(地级)도시와 현급(县级)도시
4. 도시화
5. 교외화
6. 도시군
7. 도시규모효율
8. 도시화경제
9. 총요소생산성
10. 도시경쟁력

□ 주요 참고문헌

김상욱(2008), 중국의 도시화경제와 도시규모에 관한 연구, 『국제지역연구』, 제13권, 제1호, pp.145–166.

박인성(2009), 『중국의 도시화와 발전축』, 서울: 한울아카데미.

인천발전연구원(2006), 『중국의 주요 도시군 현황』, 월간한중 2006–06–01–1호.

孙敬之(1986), 『中国经济地理概论』, 北京: 商务印书馆.

顾朝林(1996), 『中国城镇体系: 历史 · 现状 · 展望』, 北京: 商务印书馆.

顾朝林(1999a), 『中国城市地理』, 北京: 商务印书馆.

顾朝林(1999b), 『经济全球化与中国城市发展』, 北京: 商务印书馆.

沙安文 等人(2006), 『中国地区差异的经济分析』, 北京: 人民出版社.

孙健(1999), 『中国经济通史(中卷)』, 北京: 中国人民大学出版社.

王建 (1998), 『中国发展报告: 区域与发展』, 杭州: 浙江人民出版社.

金相郁(2004), 佳城市规模理论与实证分析: 以中国三大直辖市为例,『上海经济研究』第7期, 35~43.

金相郁(2005a), 中国城市化经济的实证分析, 『中韩区域经济发展比较研究』, 北京: 经济科学出版社, 1~17.

金相郁(2005b), 上海市与天津市工业聚集经济效应的比较分析, 『青岛科技大学学报(社会科学版)』, 第1期, 27~32.

金相郁(2006a), 中国城市规模效率的实证分析. 『财贸经济』第6期, 78~82.

金相郁(2006b), 中国城市全要素生产率的研究. 『上海经济研究』第7期, 16~25.

金相郁(2008a), 中国环渤海地区城市的DEA效率分析, 미발표.

金相郁(2008b), 中国城市全要素生产率与最佳城市规模的研究, 未发表.

国家发展和改革委员会(2005), 『七城市群上半年的经济发展状况』

倪鹏飞(2001), 『中国城市竞争力:理论研究与实证分析』, 北京: 中国经济出版社.

倪鹏飞(2003), 『中国城市竞争力报告 No.1』, 北京: 社会科学文献出版社.

倪鹏飞(2006), 『城市竞争力蓝皮书: 中国城市竞争力报告No.4』, 北京: 社会科学文献出版社.

倪鹏飞(2007), 『中国城市竞争力报告 No.5』, 北京: 社会科学文献出版社.

苗长虹(2007), 『中国城市群发育与中原城市群发展研究』, 北京: 中国社会科学出版社.

肖金成 · 袁朱(2009), 『中国十大城市群』, 北京: 经济科学出版社.

肖金成 · 高国力(2008), 『中国空间结构调整新思路』, 北京: 经济科学出版社.

饶会林(1998),『城市经济理论与实践探索』, 大连: 东北财经大学出版社.
饶会林(1999),『城市经济学』, 大连: 东北财经大学出版社.
饶会林(2003),『中国城市管理新论』, 北京: 经济科学出版社.
郭鸿懋 · 江曼琦(2002),『城市空间经济学』, 北京: 经济科学出版社.
王雅莉(2004),『城市化经济运行分析』, 上海: 上海三联书店.
景普秋(2003),『中国工业化与城镇化互动发展研究』, 北京: 经济科学出版社.
赵苑达(2003),『城市化与区域经济协调发展研究』, 北京: 中国社会科学出版社.
卓勇良(2000),『空间集中化战略』, 北京: 社会科学文献出版社.
刘荣增(2003),『城镇密集区发展演化机制与整合』, 北京: 经济科学出版社.
江曼琦(2001),『城市空间结构优化的经济分析』, 北京: 人民出版社.
高雪莲(2007),『超大城市产业空间形态的生成与发展研究』, 北京: 经济科学出版社.
郭鸿懋(1995),『城市宏观经济学』, 天津: 南开大学出版社.
牛风瑞(2006),『三大都市密集区』, 北京: 社会科学文献出版社.
何念如(2006),『中国当代城市化理论研究』, 上海: 上海人民出版社.
郝仙儒(1994),『城镇经济管理学』, 北京: 中国经济出版社.
蔡孝箴(1998),『城市经济学』, 天津: 南开大学出版社.

제4장
농촌경제

4

中國地域經濟槪論
Introduction to Chinese Regional Economies

1. 중국농촌의 발전
2. 중국농업의 발전
3. 중국농민의 발전

1. 중국 농촌의 발전

1.1. 농촌발전 현황

1.1.1. 농촌발전의 역사적 과정

근대 중국의 농촌은 매우 열악한 상황이었다. 농업의 생산력은 낮은 수준에 머물러 있으며, 농촌은 열악한 발전 상황에 처해 있었다. 장강삼각주와 주강삼각주 지역을 중심으로 하는 식량 생산과 양잠 그리고 차 산업이 당시 농촌경제발전의 중요한 기반이 되었으며, 이를 이용한 단순가공업들도 농촌지역에서 일부 발전하고 있었다. 그러나 규모의 경제를 통한 생산력의 증대에는 많은 한계가 있다. 특히 중국 성립 이전 시기에는 다년 간 계속되는 전쟁으로 인해 농촌과 농업의 기반은 상당히 파괴되었다.

중국이 성립된 후 시작된 계획경제체제는 농촌 발전에 새로운 계기가 되었다. 토지개혁과 함께 시작된 사회주의개조(社会主义改造)는 농지에 속박된 농민에게 영구적인 농업기반을 제공하였으며, 이는 농업의 생산력 증대에도 큰 영향을 불러일으켰다. 그러나 계획경제시기에 지나치게 강조된 국방사업과 정치적 운동은 오히려 농업의 기반을 저해하는 요인으로 작용하였다. 1950년대 중 · 후반부터 시작된 대약진운동(大跃进运动), 인민공사(人民公司)의 설립 등은 표면적으로는 농촌의 근대화와 농업의 발전을 강조하고 있으나 실제적으로는 농업의 생산력을 저해하는 측면이 강하였다. 그리고 1960년대 계속되고 있는 3선(线) 건설과 문화대혁명(文化大革命)은 발전이라는 패러다임보다는 국방과 정치라는 패러다임에 더욱 기울고 있다. 또한 국가 산업발전의 중점이 농업이 아닌 공업 특히 중공업에 있기 때문에 농촌의 발전은 상대적으로 열악한 상황에 놓여졌다.

개혁개방은 농촌발전에 새로운 전환점이 되고 있다. 개방은 주로 동부 연해안 지역을 중심으로 시작되고 있는 반면에 개혁은 농촌에서부터 시작 되고 있다. 계획경제시기에 실시된 토지개혁은 농민의 농업기반을 확보하는 중요한 계기가 되었지만 장기간 계속되는 계획경제체제의 실시는 농업의 생산력뿐만 아니라 농민의 농업에 대한 적극성에도 부정적인 영향을 초래하고 있다. 그러나 1980년대 초 가정연산승포책임제(家庭联产承包责任制)의 실시로 인해 중국 농업의 생산력은 크게 증대하게 되었다. 즉 각 농민에게 분배된 농지에서 생산되는 농산품 중 일부분은 개인적인 용도로 이용할 수 있게 된 것이다. 그리고 향진기업(乡镇企业)의 발전은 농촌경제발전의 또 다른 촉진제가 되었다. 농업의 생산력 증대로 인해 발생되는 잉여 노동력과 해당 지역의 특산품과 주변 도시의 경공업 제품들을 위주로 성장한 향진기업은 농촌경제의 또 다른 수입원이 되었다.

그러나 1990년대부터 시작되는 도시의 급속한 성장은 농촌발전에 큰 영향을 초래하였다. 한편으로는 도시의 성장은 농촌발전에 새로운 수요 공간을 창출하고, 농촌의 잉여 노동력의 이주 공간을 제공하기 때문에 적극적인 영향도 있지만, 상대적으로 열악한 환경에 처한 농촌경제는 도시경제의 급속한 성장으로 인해 낮은 발전 수준을 벗어나지 못하고 있다. 동부 연해안 지역 주요 도시 주변의 농촌지역은 다른 지역의 농촌과 비교해 도시발전의 확산효과를 누리고는 있으나, 중부 지역 특히 서부지역의 대부분 농촌은 아직도 절대빈곤 상태에 있는 지역이 상당히 존재하고 있다.

특히 국민의 절대 비중과 국토의 절대 면적을 차지하고 있는 농민과 농촌은"삼농문제(三农问题)"로 나타나고 있다. 삼농문제란 농촌문제, 농업문제, 농민문제를 말한다. 농촌문제란 농촌이 도시에 비해 상대적으로 저발전 상태에 처해 있는 것을 말하며, 농업문제란 기타 산업에 비해서 낮은 부가가치 규모를 가진 것을 말하고, 농민문제는 특히 교육, 복지, 소득, 위생 등의 측면에서 농민이 가지는 불평등 지위를 말하고 있다. 중국은 11차 경제개발 5개년 계획에서 이 삼농문제의 완화를 가장 중요한 국가계획 중의 하나로 강조하고 있으며, 관련 정책들을 실시하고 있다. 그러나 삼농문제는 단기간에 쉽게 해결할 수 있는 문제가 아니기 때문에 앞으로도 중국지역경제발전에 있어서 중요한 과제가 될 것이다.

1.1.2. 농촌행정조직

중국 농촌의 기초적인 행정조직은 향(乡)과 진(镇)이다. 향은 주로 농촌 지역에 많이 분포하고 있으며, 진은 주로 도시 주변 지역에 많이 분포하고 있다. 제2장에서도 언급하였듯이 1990년대 이래 향을 철거하고 진으로 통합하는 조정이 많이 이루어졌다. 2005년 기준 전국에는 16,621 개의 향과 18,888개의 진이 있으며 합계는 35,509개가 있다.

중국 농촌행정조직은 아래와 같은 몇 가지 특징을 가지고 있다. 첫째 향과 진의 수량이 점차적으로 감소하고 있다. 1990년에는 향과 진의 수량이 55,838개이었는데, 2005년에는 35,509개로 약 2만 여개가 감소하였다. 이것은 도시화와 지역경제발전과 더불어 향진 통합이 중심이 되는 행정구역 조정의 결과이다. 둘째, 향의 수가 급격히 감소하고, 진의 수가 크게 증가하고 있다. 1990년 향의 수는 44,446개 이었으나, 2005년에는 16,621로 약 3만 개가 감소하였다. 그러나 진의 수는 1990년의 11,392개에서 2005년 18,888개로 약 7천 개가 증가하였다. 이는 농촌의 행정조직이 향 중심에서 진 중심으로 전환되고 있음을 나타낸다.

중국 농촌의 가장 기초적인 조직은 촌(村)이다. 촌에는 촌민위원회(村民委员会)와 촌장(村长)이 있으며, 이 조직의 권한은 절대적이라고도 할 수 있다. 즉 농지의 분배와 회수를 촌민위원회에서 결정하고 이행하기 때문이다. 1990년 이래 촌민위원회의 수는 점차 감소하고 있다. 1990년 촌민위원회는 전국에 743,238개가 있으나, 2005년에는 640,139개가 있다. 농촌행정조직의 조정은 두 가지 측면에서 이해할 필요성이 있다. 하나는 도시의 성장으로 인한 농촌과 농지의 점령과 축소이다. 또 하나는 농촌 자체의 발전을 위한 규모경제의 추구이다.

농촌의 기본 행정조적을 지역별로 보면 아래 <표 4–1>과 같다. 향진의 조직이 가장 많은 지역은 사천성(四川省)으로 4,658개가 있으며, 13.10%를 차지하고 있다. 그 다음은 호남성(湖南省)으로 2,220개가 있고, 비중은 6.24%이다. 향진의 조직이 많다는 것은 농촌 지역이 광범위하게 발전하고 있음을 나타낸다. 향진 조직이 천 개 이상인 지역은 하북성(河北省), 산서성(山西省), 강소성(江苏省), 절강성(浙江省), 광동성(广东省), 광서자치구(广西自治区), 안휘성(安徽省), 강서성(江西省), 산동성(山东省), 하남성(河南省), 귀주성(贵州省),

<표 4-1> 지역별 농촌의 기본 행정조직

지역	향(乡)		진(镇)		촌민위원회(村民委员会)	
	개	%	개	%	개	%
북경시	41	0.25	143	0.76	3,964	0.62
천진시	20	0.12	120	0.64	3,821	0.60
하북성	1,018	6.12	944	5.00	49,678	7.76
산서성	717	4.31	475	2.51	28,323	4.42
내몽고자치구	553	3.33	411	2.18	12,129	1.89
요녕성	382	2.30	611	3.23	11,920	1.86
길림성	195	1.17	429	2.27	9,375	1.46
흑룡강성	430	2.59	448	2.37	8,952	1.40
상해시	3	0.02	100	0.53	1,875	0.29
강소성	114	0.69	978	5.18	18,282	2.86
절강성	493	2.97	758	4.01	34,515	5.39
안휘성	551	3.32	915	4.84	24,076	3.76
복건성	341	2.05	593	3.14	14,630	2.29
강서성	663	3.99	772	4.09	17,233	2.69
산동성	277	1.67	1,146	6.07	83,483	13.04
하남성	1,232	7.41	776	4.11	48,145	7.52
호북성	217	1.31	737	3.90	26,682	4.17
호남성	1,127	6.78	1,093	5.79	44,538	6.96
광동성	16	0.10	1,207	6.39	21,825	3.41
광서자치구	432	2.60	698	3.70	14,453	2.26
해남성	20	0.12	180	0.95	2,615	0.41
중경시	364	2.19	594	3.14	10,015	1.56
사천성	2,789	16.78	1,869	9.90	51,198	8.00
귀주성	761	4.58	624	3.30	19,696	3.08
운남성	837	5.04	459	2.43	12,940	2.02
서장자치구	543	3.27	142	0.75	5,886	0.92
섬서성	678	4.08	843	4.46	27,809	4.34
감숙성	800	4.81	451	2.39	16,585	2.59
청해성	283	1.70	109	0.58	4,161	0.65
영하자치구	97	0.58	94	0.50	2,382	0.37
신강자치구	627	3.77	169	0.89	8,953	1.40

주의: 2005년 기준.
자료: 『中国农村统计年鉴2006』.

운남성(云南省), 섬서성(陕西省), 감숙성(甘肃省)이 있다.

진의 수가 가장 많은 지역도 역시 사천성으로 1,869개의 진이 있으며, 비중은 9.90%이다. 그리고 천 개 이상의 진을 가진 지역은 산동성, 호남성, 광동성이 있다. 진의 수가 많다는 것은 농촌의 발전이 상대적으로 높은 수준을 가지고 있음을 반영한다.

향 · 진과 달리 촌민위원회가 가장 많은 지역은 산동성으로 83,483개가 있으며, 13.04%를 차지하고 있다. 그 다음은 사천성으로 51,198개가 있으며, 하북성도 49,768개로 비교적 많은 수의 촌민위원회를 가지고 있다. 촌민위원회의 수량이 많음은 농촌의 가장 기본적인 행정단위의 수가 많음을 나타내며 이는 해당 지역의 농민의 수가 상대적으로 많음을 나타낸다. 그러나 농촌행정조직이 너무 많은 것은 오히려 관리의 효율이나 규모의 경제 측면에서는 부정적인 영향을 초래할 가능성도 있다. 산동성과 같이 8만 개 이상의 촌민위원회가 있다는 것은 주어진 농경지를 분배함에 있어서 적정한 규모를 확보하기가 힘들기 때문이다.

최근 들어 지속적으로 추진하고 있는 행정조직의 개편은 농촌지역에도 활발히 전개되고 있으며, 이는 도시화의 급속한 진전과 더불어 향후 농촌지역에도 큰 영향을 초래할 것이다. 물론 가장 적절한 향과 진, 그리고 촌민위원회의 수량이 몇 개인가는 지역의 수량 문제와 마찬가지로 매우 복잡한 문제이다. 그리고 북경시, 천진시, 상해시, 중경시와 같은 직할시에 포함되어 있는 향과 진은 이들 도시의 도시화와 더불어 비교적 단기간에 행정조직을 조정할 가능성이 있다고 본다.

1.2. 농촌발전 격차

1.2.1. 도시와 농촌의 GDP 비교

도시와 농촌의 발전격차를 비교하는 것은 통계지표의 제약 때문에 어려운 점이 많다. 즉 농촌의 발전 수준을 대표하는 지표의 선택에 있어서 기술적인 제약이 따르기 때문이다. 1차 산업의 GDP는 농촌의 발전 수준을 종합적으로 반영할 수 있는 지표 중의 하나이다. 『中国农村统计年鉴』에 의하면, 1952년 1차 산업의 GDP가 전체 GDP에서 차지하는 비중이 50.5%나 되었다. 그러나 계획경제체제에서 개혁개방체제로 전환되는 1978년에는 28.1%로 크게 감소하였다. 1980년대 들어서 가정연산승포책임제(家庭联产承包责任制)의 실시와 향진기업(乡镇企业)의 발전 등으로 인해 1차 산업의 GDP가 전체 GDP에서 차지하는 비중이 30% 이상으로 다시 증대하였다. 그러나 1980년대 중반부터 그 비중은 다시 매년 점차적으로 감소하기 시작하여 2000년에는 16.4%로 감소하다가 2006년에는 다시 11.7%로 감소하였다. 그러나 1차 산업의 GDP가 농촌의 GDP를 모두 포함할 수는 없다. 왜냐하면 농촌지역에도 1차 산업 이외의 2차 산업, 3차 산업이 발전할 수 있기 때문이다. 예를 들면 향진기업이 농촌지역에 입지하고 있으나 그의 부가가치 창출액은 1차 산업이 아닌 2차 산업으로 포함되기 때문이다.

도시와 농촌은 공간적 구분이기 때문에 『中国城市统计年鉴』의 지급(地级) 이상 도시의 도시전체(全市)와 직할구(市辖区) 지표를 이용하면 좀 더 구체적인 사실을 발견할 수 있다. 중국의 도시는 농촌지역을 행정적으로 광범위하게 포함하고 있기 때문에, 도시전체(全市) 지표는 실제적으로 도심 주변의 농촌지역을 포함한 지표이며, 직할구(市辖区)는 농촌지역을 포함하지 않은 도심과 교외지역을 말한다. 따라서 도시전체에서 직할구를 차감하면 그 나머지 부문을 농촌지역으로 해석할 수 있는 것이다.

『中国城市统计年鉴2005』[17]에 의하면 2004년 전국 도시전체(全市)의 GDP 총액은 16조 3,350.67억 위안[18]이며, 직할구(市辖区)의 합계는 9조1,695.4억 위안이다. 즉 직할구(市辖区)의 비중은 56.13%이다. 그러면 나머지 43.87%는 도시전체(全市)에서 직할구(市辖区)를 차감 한 지역 즉 농촌지역의 비중이 된다. 2004년 1차 산업의 GDP가 전체 GDP에서 차지하는

17) 『中国城市统计年鉴2006』에는 全市와 市辖区의 합계를 제공하고 있지 않기 때문에, 『中国城市统计年鉴2005』를 이용할 수밖에 없다.

18) 『中国统计年鉴』에서는 2004년도 전국의 GDP 합계가 15조 9,586.7 억 위안으로 추계되고 있으며, 『中国农村统计年鉴』에서는 15조 9,878 억 위안으로 추계되고 있다. 그리고 『中国城市统计年鉴』에서는 이보다 훨씬 더 큰 16조 3,350.67억 위안으로 추계되고 있다. 이러한 문제가 바로 제1장에서 강조하고 있는 통계지표의 해석에 대한 경계이며 주의가 필요한 부분이다.

비중이 13.1%임을 감안하면 그 차이가 매우 크다. 연도별로 보게 되면 농촌의 GDP 비중이 계속해서 줄어들고 있음을 볼 수 있다. 1998년 도시와 농촌의 GDP 비중이 48.26:51.74이었는데, 2004년에는 56.13 : 43.87로 도시의 비중이 크게 증가하고 농촌의 비중이 감소하였다.

<표 4-2> 도시와 농촌의 GDP 비교

연도	全市(전국)		도시		농촌	
			市辖区		A-C (억 위안)	B-D (%)
	억 위안(A)	%(B)	억 위안(C)	%(D)		
1998	75,936.41	100.00	36,649.19	48.26	39,287.22	51.74
1999	81,767.73	100.00	40,058.11	48.99	41,709.62	51.01
2000	94,092.90	100.00	47,362.01	50.33	46,730.89	49.67
2001	103,925.85	100.00	55,056.98	52.97	48,868.87	47.03
2002	116,830.20	100.00	64,292.41	55.03	52,537.79	44.97
2003	135,943.10	100.00	76,151.61	56.01	59,791.50	43.99
2004	163,350.67	100.00	91,695.40	56.13	71,655.27	43.87

자료: 『中国城市统计年鉴』 각 년도 자료를 이용하여 재정리.

1.2.2. 도시와 농촌의 취업인구 비교

2005년 전국의 취업인구는 75,825만 명이며, 그 중 도시의 취업인구는 27,331만 명이고, 농촌의 취업인구는 48,494만 명이다. 농촌의 취업인구는 전체의 63.96%를 차지하고 있다. 이는 매우 높은 비중이다. 농추이 43.87%의 국내총생산을 차지하고 있으나 취업인구는 63.96%를 차지하고 있는 것이다. 이 지표에 의하면 중국은 아직도 농업이 국민경제에서 중요한 지위를 가지고 있음을 부인할 수 없다.

개혁개방이 시작되는 1978년에 이 비중은 더욱 높아진다. 1978년 전체 취업인구 40,152만 명 중 농촌의 취업인구는 30,638만 명으로 76.31%를 차지하고 있다. 이러한 구조는 도시경제의 성장과 농촌경제의 발전과 더불어 도시의 취업인구 비중이 점차적으로 높아지고 농촌의 취업인구 비중이 점차적으로 감소하는 추세를 형성하고 있다. 그러나 중국의 도시와 농촌의 취업인구 비교에서 문제는 2005년 기준으로 볼 때 36.04:63.96이라는 구조뿐만 아니라 농업 취업인구의 절대적 규모이다. 즉 약 5억 명이 가까운 농촌 취업인구의 규모이다. 일반적인 경제발전과정에서는 농촌의 잉여 노동력과 도시의 도시수요가 서로 균형을 찾아가는 경험을 하고 있지만, 중국의 경우에는 이와 같이 방대한 농촌의 취업인구가 있다.

농촌 취업인구는 농업, 임업, 목축업, 어업 등에 종사할 뿐만 아니라 기타 2차 산업이나 3차 산업에 종사하기도 한다. <표 4-3>의 가장 오른쪽 열에서는 농촌의 향진기업(乡镇企业), 사영기업(私营企业), 그리고 개체(个体)에 종사하고 있는 취업인구에서 농촌 취업인구를 차감한 지표를 제시하고 있다. 2005년 향진기업에 14,272만 명이 종사하고, 사영기업에는 2,366만 명, 그리고 개체에는 2,123만 명으로 합계 18,760만 명이 종사하고 있다. 전체 농촌 취업인구에서 이 취업인구를 차감하면 29,734만 명이 된다. 즉 약 3억 명 정도가 농촌(도시 이외의 모든 지역)에서 농업, 어업, 임업, 목축업 등에 종사하고 있는 것이다.

<표 4-3> 도시와 농촌의 취업인구 비교

(단위: 만 명)

연도	합계	도시(城镇)	농촌(乡村)	향진기업(乡镇企业)	사영기업(私营企业)	개체(个体)
1978	40,152	9,514	30,638	2,827	–	–
1980	42,361	10,525	31,836	3,000	–	–
1985	49,873	12,808	37,065	6,979	–	–
1990	64,749	17,041	47,708	9,265	113	1,491
1995	68,065	19,040	49,025	12,862	471	3,054
2000	72,085	23,151	48,934	12,820	1,139	2,934
2005	75,825	27,331	48,494	14,272	2,366	2,123

자료: 『中国统计年鉴2006』.

<표 4-4>은 농촌의 남녀 성별 취업인구 구조를 나타내고 있다. 한 가지 주의할 점은 <표 4-4>과 <표 4-3>의 농촌 취업인구 규모가 조금 다르게 나타나고 있다는 것이다. <표 4-4>은 『中国农村统计年鉴2006』을 이용하고 있으며, <표 4-3>는 『中国统计年鉴2006』를 이용하고 있다. 특히 농촌 취업인구의 통계에 있어서 이러한 차이가 발생하는 이유는 농촌의 취업인구의 유동성 때문이다. 즉 일정기간을 농촌에서 취업하고 있는 경우에만 농촌 취업인구로 포함할 수 있는데, 농촌 노동력들이 가진 유동성 때문에 조금은 통계상에서 차이

가 발생할 수 있는 것이다. <표 4-4>에 의하면, 남녀 성별로 보면 남성의 취업인구 규모가 여성 보다 크다. 2005년 남성의 취업인구는 26,930.6만 명이고 여성의 취업인구는 23,456.7만 명이다. 차이는 약 3,474만 명 정도이다. 이러한 성별 구조는 지난 15년 동안 큰 변화가 없다. 즉 1990년과 비교해 볼 때 2005년에도 53.45:46.55로 큰 변화가 없기 때문이다.

<표 4-4> 농촌의 취업인구 성별 비교

연도	합계 (만 명)	남성		여성	
		(만 명)	%	(만 명)	%
1990	42,009.5	22,551.8	53.68	19,457.7	46.32
1995	45,041.8	24,037.4	53.37	21,004.4	46.63
2000	47,962.1	25,517.8	53.20	22,444.3	46.80
2004	49,695.3	26,525.8	53.38	23,169.5	46.62
2005	50,387.3	26,930.6	53.45	23,456.7	46.55

자료: 『中国农村统计年鉴2006』.

농촌 취업인구의 또 하나의 특징은 농림목축어업에 종사하는 취업인구의 비중이 점차적으로 감소하고 있으며, 공업, 건축업, 도소매업, 기타 서비스업 등과 같은 非농림목축어업에 종사하는 취업인구의 비중이 점차 증가하고 있다는 점이다. <표 4-5>에 의하면, 1990년 농림목축어업의 취업인구는 33,336.4만 명이나, 2005년에는 29,975.5만 명으로 3,360.9만 명이 감소하였다. 이와 대조적으로 공업 부문의 취업인구는 1990년의 3,228.7만 명에서 2005년에는 6,011.5만 명으로 2,782.8만 명이 증가하였다. 그리고 건축업, 교통운수창고업, 도소매업도 각각 2,130.4만 명, 797.8만 명, 1,353.1만 명이 증가하였다. 이와 같은 농촌 취업인구의 구조적 변화를 통해 탈농업화(脫農業化)가 점차적으로 일어나고 있음을 알 수 있다.

그러나 한 가지 주의할 점은 중국 농촌의 탈농업화 현상이 취업구조 측면에서는 서서히 나타나고 있지만, 여전히 3억 명 정도의 순수 농업(임 · 목 · 축 · 어업 포함)에 종사하는 취업인구가 있기 때문에, 여전히 농촌은 방대한 농업 취업인구를 가지고 있다는 것이다. 이것이 바로 중국이 직면하고 있는 삼농문제의 본질일 것이다. 즉 이렇게 방대한 농촌 취업인구의 안정과 발전을 동시에 추구해야만 하는 것이다. 특히 농촌의 취업인구는 농업과 농촌의 발전이라는 측면도 중요하지만 더욱 중요한 것은 농촌의 안정과도 직접적으로 관련이 있기 때문이다.

<표 4–5> 농촌의 취업인구 부문별 비교

지표		1990	1995	2000	2005
합계	만 명	42,009.5	45,041.8	47,962.1	50,387.3
농림목축어업	만 명	33,336.4	32,334.5	32,797.5	29,975.5
	비중(%)	79.3	71.8	68.4	59.5
공업	만 명	3,228.7	3,970.7	4,108.6	6,011.5
	비중(%)	7.7	8.8	8.6	11.9
건축업	만 명	1,522.8	2,203.6	2,691.7	3,653.2
	비중(%)	3.6	4.9	5.6	7.3
교통운수창고업	만 명	635.3	983.0	1,170.6	1,433.1
	비중(%)	1.5	2.2	2.5	2.8
도소매업	만 명	693.2	1,170.4	1,751.8	2,046.3
	비중(%)	1.7	2.6	3.7	4.1

자료: 『中国农村统计年鉴2006』.

1.2.3. 지역별 농촌발전 격차

농촌발전을 지역별로 보면 큰 격차가 있다. 즉 동부 연해안 지역의 농촌은 중부지역, 서부지역, 그리고 동북지역보다 더 높은 발전 수준을 보이고 있기 때문이다. 1차 산업의 GDP 규모를 볼 때, 2005년 산동성(山东省)이 1,963.51억 위안으로 가장 크며, 전국 비중은 8.54%를 차지하고 있다. 따라서 산동성을 "농업대성(農業大省)"으로 부르기도 한다. 그 다음으로는 하남성(河南省)이 1,892.01억 위안으로 산동성과 비슷하게 전국 비중의 8.22%를 차지하고 있다. 그리고 하북성(河北省)이 1,503.07억 위안, 사천성(四川省)이 1,481.14억 위안, 강소성(江苏省)이 1,461.49억 위안, 광동성(广东省)이 1,428.27억 위안, 호남성(湖南省)이 1,274.15억 위안, 호북성(湖北省)이 1,082.13억 위안 순서이다. 지리적으로 서로 인접하고 있으며, 화북평야(華北平野)에 주로 입지하고 있는 산동성, 하북성, 하남성, 강소성, 네 성은 중국 1차 산업 GDP의 약 30%를 차지하고 있다. 장강(長江) 중류 지역에 위치하고 있는 호남성과 호북성도 1차 산업 GDP의 약 10%를 차지하고 있다. 서부지역에서는 유일하게 사천성의 1차 산업 GDP 규모가 비교적 크다. 서부지역은 기후조건과 지형조건이 농업에는 상대적으로 열악하기 때문에, 동부지역이나 중부지역과 비교해서 1차 산업이 상대적으로 낙후될 수밖에 없다. 요녕성(辽宁省), 길림성(吉林省), 흑룡강성(黑龙江省)을 포함하는 동북지역의 1차 산업도 다른 산업에 비해서는 상대적으로 적은 규모이다. 동북지역도 서부지역과 마찬가지로 열악한 자연환경 조건 때문에 특정 농작물을 제외하고는 1차 산업에 있어서 부가가치 창출에 많은 제약이 따른다.

1차 산업 GDP 규모 및 전국 비중과는 달리 1차 산업 GDP가 지역 내 GDP에서 차지하는 비중을 보면, 전반적으로는 서부지역 각 성들의 비중이 다른 지역에 비해 상대적으로 높게 나타나고 있다. 사천성(四川省)은 1차 산업 GDP가 지역 내 GDP에서 차지하는 비중이 20.3%로서 서부지역에서도 가장 높다. 그리고 대부분의 서부지역의 성과 자치구는 20% 정도의 비중을 나타내고 있다. 이것은 서부지역의 1차 산업 규모가 상대적으로 크지는 않지만 지역 내 경제발전에 있어서는 큰 비중을 차지하고 있음을 나타낸다. 즉 다른 산업에 비해 농업이 상대적으로 더 많은 비중을 차지하고 있는 것이다. 동부 연해안 지역의 북경시(北京市), 천진시(天津市), 상해시(上海市), 절강성(浙江省), 광동성(广东省)과 같이 경제발전 수준이 상대적으로 높은 지역은 1차 산업의 GDP가 지역 내 GDP에서 차지하는 비중이 매우 낮다. 이들 지역은 1차 산업 이외의 2차 산업이나 3차 산업이 비교적 발달하고 있기 때문이다. 그러나 해남성(海南省)과 산동성(山东省)은 이 비중이 각각 33.7%와 10.4%로 비교적 높다. 즉 해남성은 천연적인 기후조건과 자연환경으로 인해 과일이나 해산물과 같은 1차 산업을 통한 부가가치의 창출이 유리한 지역이기 때문이다. 중부지역의 각 성들의 1차 산업의 GDP가 지역 내 GDP에서 차지하는 비중도 약 20% 정도로 비교적 높다. 호남성(湖南省)은 19.4%를 나타내고 있다. 그러나 산서성(山西省)과 같이 자원개발을 중심으로 하는 지역에서는 이 비중이 6.0%로 비교적 낮게 나타나고 있다. 1차 산업에 종사하는 취업인구의 지역 내 전체 취업인구에 대한 비중을 보면 운남성(云南省)이 68.7%로 가장 높다. 대부분 지역들이 40%~50%의 높은 비중을 나타내고 있다. 이는 중국의 농촌문제의 심각성을 나타내는 또 하나의 지표가 된다.

<표 4-6> 지역별 농촌발전 격차 비교 : 2005년

지역	1차 산업			농촌사회소비품소비액		
	GDP규모 (억 위안)	전국 비중(%)	지역 내 GDP비중(%)	현 급 (억 위안)	현 급 이하 (억 위안)	지역 내 비중(%)
북경시	97.99	0.43	1.4	59.4	383.7	15.3
천진시	112.38	0.49	3.0	42.2	34.9	6.5
하북성	1,503.07	6.53	14.4	588.4	965.7	52.6
산서성	262.42	1.14	6.0	262.3	236.1	35.6
내몽고자치구	589.56	2.56	15.7	275.9	164.8	32.8
요녕성	882.41	3.84	10.7	145.5	329.7	15.8
길림성	625.61	2.72	16.8	106.7	213.4	21.9
흑룡강성	684.60	2.98	12.2	226.4	210.7	24.8
상해시	80.34	0.35	0.9	21.3	362.8	12.9
강소성	1,461.49	6.35	7.6	327.2	1,246.5	27.6
절강성	892.83	3.88	6.5	460.6	1,124.4	34.2
안휘성	966.49	4.20	17.5	360.6	463.2	46.7
복건성	841.20	3.66	12.6	272.9	593.5	36.9
강서성	727.37	3.16	19.0	271.4	313.1	47.3
산동성	1,963.51	8.54	10.4	605.9	1,516.0	34.6
하남성	1,892.01	8.22	17.5	657.4	895.8	46.2
호북성	1,082.13	4.70	16.5	279.1	628.2	30.6
호남성	1,274.15	5.54	19.4	453.6	634.1	44.2
광동성	1,428.27	6.21	6.3	332.7	1,932.0	28.7
광서자치구	912.50	3.97	22.2	245.3	332.5	41.4
해남성	300.75	1.31	33.7	19.7	58.2	29.0
중경시	463.40	2.01	15.1	163.0	338.0	41.2
사천성	1,481.14	6.44	20.3	525.9	1,008.6	51.5
귀주성	368.94	1.60	18.5	115.8	128.4	40.2
운남성	669.81	2.91	18.9	239.3	230.6	45.4
서장자치구	48.04	0.21	19.1	30.8	9.3	54.9
섬서성	435.77	1.89	11.4	233.1	222.3	34.4
감숙성	308.06	1.34	15.6	99.7	119.8	34.7
청해성	65.34	0.28	11.6	36.4	18.5	34.2
영하자치구	72.08	0.31	11.6	19.6	23.5	24.7
신강자치구	509.99	2.22	19.2	95.3	100.1	30.6

자료: 『中国农村统计年鉴2006』.

농촌사회소비품소매액(农村社会消费品零售额)의 규모와 지역 내 비중을 통해서도 농촌의 발전 상황을 비교해 볼 수 있다. 특히 현(縣)과 현 이하 단위의 소매액의 합계는 해당 지역 농촌의 발전과도 연계되기 때문이다. 즉 이 비중이 높다는 것은 농촌의 생활이 상대적으로 양호함을 나타내며, 이 비중이 낮다는 것은 농촌의 생활이 상대적으로 열악함을 나타낸다. 이 비중이 가장 높은 지역은 하북성(河北省)으로 52.6%이다. 그리고 북경시(北京市), 천진시(天津市), 상해시(上海市), 중경시(重庆市) 4개 직할시를 제외한 나머지 27개 성과 자치구의 평균은 36.35%이다.

지역별 농촌 부문별 취업인구를 보면, 하남성의 농촌 취업인구가 4,752.4만 명으로 가장 많으며, 전국의 9.43%를 차지하고 있다. 1차 산업 GDP 규모로 보면 산동성의 비중이 가장 높지만, 농촌 취업인구로 보면 하남성의 비중이 가장 높다. 산동성도 3,782.2만 명이 농촌에 취업하고 있으며, 전국 농촌 취업인구의 7.51%를 차지하고 있다. 농촌 취업인구 중 순수 농림목어업에 종사하는 취업인구를 보면, 하남성이 역시 3,127.7만 명으로 가장 많으며, 전국의 10.43%를 차지하고 있다. 그 다음은 사천성으로 2,317.7만 명이 순수 농임목어업에 종사하고 있으며, 전국 비중은 7.73%이다. 산동성도 2,045.9만 명과 6.83%로 높은 비중을 나타내고 있다.

농촌의 탈농업화라는 측면에서 농촌 취업인구 중 공업이나 도소매업에 종사하는 비중을 보면, 주로 동부 연해안 지역의 성들이 높은 비중을 나타내고 있다. 이것은 이들 지역의 도시들이 이미 일정한 발전 단계에 진입하였으며, 도시발전의 확산효과가 농촌에까지 어느 정도는 전달되고 있는 결과라고 해석할 수 있다. 공업 부문의 취업인구를 보면, 절강성은 754.9만 명, 광동성은 632.1만 명, 강소성은 598.5만 명, 산동성은 534.4만 명, 하북성은 518.9만 명으로, 이들의 합계는 전국 농촌의 공업 부문 취업인구의 42%를 차지하고 있다. 농촌 취업인구 중 도소매업에 종사하는 취업인구의 비중을 보면, 하남성이 197.4만 명으로 전국 비중은 9.65%이다. 그 다음은 산동성으로 185.1만 명이 도소매업에 종사하고 있으며, 비중은 9.05%이다. 이외에도 100만 명 이상의 도소매업 취업인구를 가진 지역은 광동성, 절강성, 하북성, 안휘성, 사천성, 강소성, 호남성 등이 있으며, 이들 지역의 합계는 1,358만 명으로 전체의 66.37%를 차지하고 있다.

<표 4-7> 지역별 농촌 부문별 취업인구 비교 : 2005년

지역	농촌 취업인구		농림목어업		공업	
	만 명	%	만 명	%	만 명	%
북경시	184.0	0.37	58.6	0.20	33.3	0.55
천진시	178.5	0.35	79.6	0.27	49.2	0.82
하북성	2,805.9	5.57	1,552.8	5.18	518.9	8.63
산서성	1,035.7	2.06	637.4	2.13	141.9	2.36
내몽고자치구	690.8	1.37	529.2	1.77	25.8	0.43
요녕성	1,113.5	2.21	686.4	2.29	106.1	1.76
길림성	685.2	1.36	502.1	1.68	30.8	0.51
흑룡강성	948.9	1.88	696.7	2.32	50.7	0.84
상해시	243.5	0.48	59.1	0.20	116.4	1.94
강소성	2,662.5	5.28	1,058.3	3.53	598.5	9.96
절강성	2,298.5	4.56	786.9	2.63	754.9	12.56
안휘성	2,939.2	5.83	1,766.9	5.89	299.3	4.98
복건성	1,313.0	2.61	692.2	2.31	209.2	3.48
강서성	1,638.8	3.25	951.0	3.17	206.6	3.44
산동성	3,782.2	7.51	2,045.9	6.83	534.4	8.89
하남성	4,752.4	9.43	3,127.7	10.43	543.8	9.05
호북성	1,932.8	3.84	1,101.8	3.68	123.1	2.05
호남성	2,975.4	5.91	1,951.9	6.51	266.9	4.44
광동성	3,089.5	6.13	1,533.5	5.12	632.1	10.52
광서자치구	2,275.4	4.52	1,503.1	5.01	86.2	1.43
해남성	256.0	0.51	193.4	0.65	9.2	0.15
중경시	1,366.9	2.71	775.9	2.59	109.8	1.83
사천성	3,801.5	7.54	2,317.7	7.73	259.1	4.31
귀주성	1,934.2	3.84	1,268.1	4.23	81.8	1.36
운남성	2,050.9	4.07	1,690.1	5.64	58.9	0.98
서장자치구	108.8	0.22	85.5	0.29	2.6	0.04
섬서성	1,437.0	2.85	949.2	3.17	90.9	1.51
감숙성	1,084.3	2.15	761.4	2.54	35.3	0.59
청해성	186.0	0.37	128.7	0.43	10.1	0.17
영하자치구	212.0	0.42	140.6	0.47	14.2	0.24
신강자치구	403.9	0.80	344.1	1.15	11.4	0.19

자료: 『中国农村统计年鉴2006』.

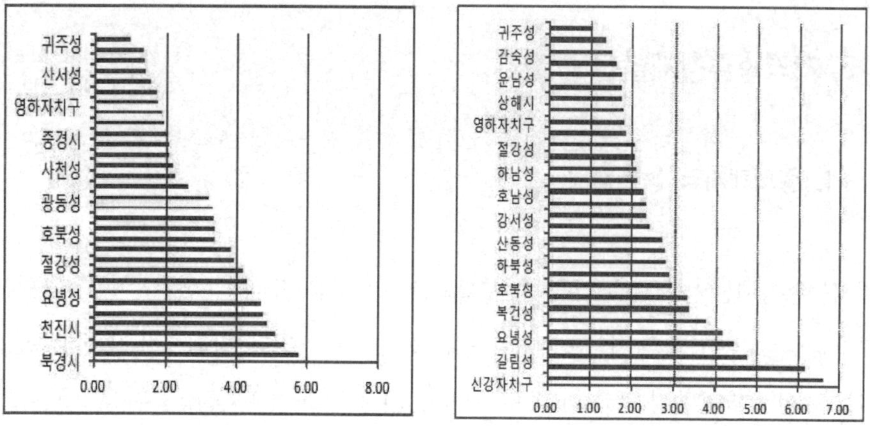

(a) 농촌 농림목어업 취업인구 기준 (b) 농촌전체 취업인구 기준

<그림 4–1> 지역별 1차 산업의 노동생산성 비교

자료: 『中国农村统计年鉴 2006』 관련 자료 재정리

지역별 농촌의 발전 격차를 1차 산업의 노동생산성을 이용하여 비교할 수 있다. <그림 4–1>의 (a)는 1차 산업의 국내총생산을 농촌 농림목어업 취업인구로 나누어서 노동생산성을 추계하였으며, (b)는 농촌 전체 취업인구로 나누어서 노동생산성을 추계하였다. 그리고 가장 낮은 귀주성을 1로 하여 다시 재배열하였다. <그림 4–1>의 (a)에 의하면, 1차 산업의 노동생산성이 가장 높은 지역은 북경시이며, 그 다음은 해남성, 신강자치구, 천진시, 강소성, 상해시 순서이다. (b)에 의하면 신강자치구의 노동생산성이 가장 높게 나타나고 있다. 그 다음은 해남성, 길림성, 내몽고자치구 순서이다. 그리고 노동생산성이 가장 높은 지역과 가장 낮은 지역은 약 6배 이상의 격차가 존재하고 있다.

1.3. 지역농촌경제발전

1.3.1. 황회해지역 농촌경제

지역농촌경제는 농촌과 농업을 중심으로 하는 새로운 지역구분이다. 『中国农村统计年鉴』에서는 모두 11개의 지역농촌경제 구분을 제시하고 있다. 황회해지구(黄淮海地区)는 북경시(北京市), 천진시(天津市), 하북성(河北省), 강소성(江苏省), 안휘성(安徽省), 산동성(山东省), 하남성(河南省) 등 7개 성(省)과 시(市)의 318개 현(縣)과 시를 포함하고 있다. 2005년을 기준으로 할 때, 이 지역의 총인구는 2억 1,511만 명이며, 그 중 농촌인구는 1억 8,746만 명이고, 농촌취업인구는 1억 275만 명이다. 농작물 재배면적은 총 3,214만 헥타르이며, 그 중 식량작물 재배면적은 2,160만 헥타르이다. 식량 생산량은 매년 1억 톤 이상을 유지하고 있으나 2003년에는 9,218만 톤으로 생산량이 약간 감소하였다. 2005년의 식량생산량은 1억 1,860만 톤이다.

<표 4-8> 황회해지구 농촌경제 현황

내용	2000년	2003년	2004년	2005년
현(县) 수(개)	318	318	318	318
총인구(만 명)	21,175	21,444	21,382	21,511
농촌인구(만 명)	18,704	18,778	18,694	18,746
농촌취업인구(만 명)	10,052	10,156	10,181	10,275
농작물재배면적(천 헥타르)	31,671	31,045	31,036	32,139
식량재배면적(천 헥타르)	22,064	19,767	19,874	21,599
식량 생산량(만 톤)	11,037	9,218	11,061	11,860
1차 산업 GDP(억 위안)	3357	3,670	4,483	4,925

자료: 『中国农村统计年鉴2006』.

1.3.2. 장강중상류지역 농촌경제

장강(长江)중상류지역은 상해시(上海市), 강소성(江苏省), 절강성(浙江省), 안휘성(安徽省), 복건성(福建省), 강서성(江西省), 해남성(河南省), 호북성(湖北省), 호남성(湖南省), 광동성(广东省), 광서자치구(广西自治区) 등 11개 성 · 시 · 자치구의 446개 현(縣)과 시(市)를 포함하고 있다. 2005년을 기준으로 할 때, 이 지역의 총인구는 2억 6,076만 명이며, 그 중 농촌인구는 2억 2,059만 명이다. 농촌취업인구는 1억 1,836만 명이다. 농작물 재배면적은 총 3,342만 헥타르이며, 그 중 식량작물 재배면적은 2,008만 헥타르이다. 식량 생산량은 2003년에는 9,365만 톤으로 생산량이 약간 감소하였으나, 2005년의 식량생산량은 1억 1,498만 톤이다.

<표 4-9> 장강중상류지역 농촌경제 현황

내용	2000년	2003년	2004년	2005년
현(县) 수(개)	446	446	446	446
총인구(만 명)	25,948	26,009	26,021	26,076
농촌인구(만 명)	21,882	21,978	21,873	22,059
농촌취업인구(만 명)	11,433	11,583	11,659	11,836
농작물재배면적(천 헥타르)	33,839	31,738	33,562	33,416
식량재배면적(천 헥타르)	20,623	17,785	19,848	20,083
식량 생산량(만 톤)	11,417	9,365	11,302	11,498
1차 산업 GDP(억 위안)	3,976	4,361	4,989	5,452

자료: 『中国农村统计年鉴2006』 관련 자료 재정리.

1.3.3. 황토고원지역 농촌경제

황토고원(黄土高原)지역은 하북성(河北省), 산서성(山西省), 하남성(河南省), 섬서성(陕西省), 감숙성(甘肃省), 영하자치구(宁夏自治区) 등 6개 성 · 시 · 자치구의 212개 현(縣)과 시(市)를 포함하고 있다. 2005년을 기준으로 할 때, 이 지역의 총인구는 6,958만 명이며, 그

중 농촌인구는 6,031만 명이다. 농촌취업인구는 3,076만 명이다. 농작물 재배면적은 총 953만 헥타르이며, 그 중 식량작물 재배면적은 732만 헥타르이다. 식량 생산량은 2000년에는 2,171만 톤이며, 2005년의 식량 생산량은 2,479만 톤이다. 2004년과 비교해서 2005년 식량 생산량은 2.6%가 감소하였다.

<표 4-10> 황토고원지역 농촌경제 현황

내용	2000년	2003년	2004년	2005년
현(县) 수(개)	212	212	212	212
총인구(만 명)	6,879	6,942	6,957	6,958
농촌인구(만 명)	5,980	6,014	6,011	6,031
농촌취업인구(만 명)	2,883	3,007	3,037	3,076
농작물재배면적(천 헥타르)	9,805	9,266	9,410	9,528
식량재배면적(천 헥타르)	7,959	6,972	7,089	7,316
식량 생산량(만 톤)	2,171	2,267	2,544	2,479
1차 산업 GDP(억 위안)	511	617	756	838

자료: 『中国农村统计年鉴2006』 관련 자료 재정리.

1.3.4. 민족지구 농촌경제

민족지구(民族地区)는 하북성(河北省), 내몽고자치구(内蒙古自治区), 요녕성(辽宁省), 길림성(吉林省), 흑룡강성(黑龙江省), 절강성(浙江省), 호북성(湖北省), 호남성(湖南省), 광동성(广东省), 광서자치구(广西自治区), 해남성(海南省), 중경시(重庆市), 사천성(四川省), 귀주성(贵州省), 운남성(云南省), 서장자치구(西藏自治区), 감숙성(甘肃省), 청해성(青海省), 영하자치구(宁夏自治区), 신강자치구(新疆自治区) 등 20개 성 · 시 · 자치구의 636개 현과 시를 포함하고 있다. 2005년을 기준으로 할 때, 이 지역의 총인구는 1억 5,635만 명이며, 그 중 농촌인구는 1억 2,547만 명이다. 농촌취업인구는 6,779만 명이다. 농작물 재배면적은 총 2,581만 헥타르이며, 그 중 식량작물 재배면적은 1,612만 헥타르이다. 식량 생산량은 2003년에는 6,033만 톤으로 생산량이 약간 감소하였으나, 2005년의 식량 생산량은 6,929만 톤이다.

<표 4–11> 민족지구 농촌경제 현황

내용	2000년	2003년	2004년	2005년
현(县) 수(개)	636	636	636	636
총인구(만 명)	15,197	15,403	15,538	15,635
농촌인구(만 명)	12,298	12,511	12,574	12,547
농촌취업인구(만 명)	6,354	6,606	6,732	6,779
농작물재배면적(천 헥타르)	25,671	24,001	25,001	25,805
식량재배면적(천 헥타르)	16,838	15,034	15,691	16,118
식량 생산량(만 톤)	6,167	6,033	6,517	6,929
1차 산업 GDP(억 위안)	2,062	2,387	2,767	3,089

자료: 『中国农村统计年鉴2006』관련 자료 재정리.

1.3.5. 구릉지역 농촌경제

구릉(丘陵)지역은 상해시(上海市), 청해성(青海省), 영하자치구(宁夏自治区)를 제외한 28개 성 · 시 · 자치구의 529개 현(縣), 시(市), 기(旗)를 포함하고 있다. 2005년을 기준으로 할 때, 이 지역의 총인구는 2억 8,195만 명이며, 그 중 농촌인구는 2억 3,758만 명이다. 농촌취업인구는 1억 2,517만 명이다. 농작물 재배면적은 총 4,085만 헥타르이며, 그 중 식량작물

<표 4–12> 구릉지역 농촌경제 현황

내용	2000년	2003년	2004년	2005년
현(县) 수(개)	529	529	529	529
총인구(만 명)	27,970	28,107	28,185	28,195
농촌인구(만 명)	23,565	23,578	23,589	23,758
농촌취업인구(만 명)	12,003	12,179	12,334	12,517
농작물재배면적(천 헥타르)	39,668	37,820	40,288	40,851
식량재배면적(천 헥타르)	28,168	25,288	28,006	28,743
식량 생산량(만 톤)	12,634	11,338	13,611	14,117
1차 산업 GDP(억 위안)	4,041	4,516	5,351	5,861

자료: 『中国农村统计年鉴2006』관련 자료 재정리.

재배면적은 2,874만 헥타르이다. 식량 생산량은 2003년에는 1억 1,338만 톤으로 생산량이 약간 감소하였으나, 2005년의 식량생산량은 1억 4,117만 톤이다. 구릉지역은 분지(盆地)와 마찬가지로 비교적 넓은 평야를 확보하고 있기 때문에 농작물 경작에 유리한 조건을 가지고 있다. 따라서 상당히 많은 농경지가 구릉지역에 포함된다. 안정적 식량 생산량의 확보라는 측면에서 볼 때 앞으로 구릉지역의 농작물 경작 환경의 지속적인 개선이 필요하다.

1.3.6. 산지지역 농촌경제

산지지역은 상해시(上海市), 천진시(天津市), 강소성(江苏省)을 제외한 28개 성 · 시 · 자치구의 895개 현(縣), 시(市), 기(旗)를 포함하고 있다. 2005년을 기준으로 할 때, 이 지역의 총인구는 3억 310만 명이며, 그 중 농촌인구는 2억 6,043만 명이다. 농촌 취업인구는 1억 3,905만 명이다. 농작물 재배면적은 총 3,757만 헥타르이며, 그 중 식량작물 재배면적은 2,512만 헥타르이다. 식량 생산량은 2003년에는 9,543만 톤으로 생산량이 약간 감소하였으나, 2005년의 식량 생산량은 1억 622만 톤이다. 중국의 지형은 동부지역은 낮은 평야로 서부지역은 높은 산지로 형성되어 있다. 따라서 산지지역의 농촌경제도 중요한 역할을 담당한다.

<표 4–13> 산지지역 농촌경제 현황

내용	2000년	2003년	2004년	2005년
현(県) 수(개)	895	895	895	895
총인구(만 명)	29,608	30,008	30,128	30,310
농촌인구(만 명)	25,391	25,888	25,936	26,043
농촌취업인구(만 명)	13,161	13,562	13,736	13,905
농작물재배면적(천 헥타르)	38,198	36,016	37,500	37,566
식량재배면적(천 헥타르)	26,931	23,816	24,890	25,120
식량 생산량(만 톤)	10,609	9,543	10,389	10,622
1차 산업 GDP(억 위안)	3,627	4,110	4,690	5,185

자료: 『中国农村统计年鉴2006』관련 자료 재정리.

2. 중국 농업의 발전

2.1. 농업기반시설

2.1.1. 농경지

중국의 국토면적은 총 960만 ㎢이다. 비록 국토면적은 크나 농업에 이용 가능한 토지 면적은 크지 않다. 국토의 절반 이상이 산지와 고원이며 평원은 국토면적의 11.98%인 115만 ㎢ 정도이다. 고원이 국토면적의 26.04%나 차지하고 있기 때문에 해발이 3,000m 이상의 고원 지대가 국토면적의 25.86%를 차지하고 있다. 용도별로 보면, 경지가 13,004만 헥타르로 13.54%를 차지하고 있으며, 삼림은 17,491만 헥타르로 18.22%를 차지하고 있고, 초지가 40,000만 헥타르로 가장 많은 비중인 41.67%를 차지하고 있다. 그리고 대부분의 초지는 이용가능 한 초지로서 31,333만 헥타르를 차지하고 있다. 이렇게 방대한 국토면적은 농업뿐만 아니라 삼림업, 목축업 등 다양한 1차 산업의 발전에 중요한 공간적 기초를 제공하고 있다.

방대한 국토면적과 비교해서 경지면적은 13,004만 헥타르로 국토면적의 13.54%에 지나지 않는다. 중국은 경제발전에 따른 도시화의 진전으로 인해 대도시 주변의 농지가 도시계획토지로 전환되는 사례가 자주 발생하기 때문에 안정적인 농지의 확보가 중요한 과제가 되고 있다. <표 4–15>에서 나타나고 있듯이 매년 경지면적의 순감소는 큰 규모이다. 2002년과 2003년에는 순감소 면적이 1,686.2천 헥타르와 2,537.4천 헥타르에 달하고 있다. 중국의 국토자원부(國土資源部)가 발표한 『2007年中國國土資源公報』에 의하면, 2007년 현재 전국의 경지면적은 18.26억 무(亩)이며, 61.01만 무가 감소하였다. 그 중 건설용지에 282.43만 무가 사용되었으며, 생태용지에 38.17만 무가 전용되었고, 훼손된 경지가 26.88만

<표 4-14> 중국의 국토면적

총면적(만 ㎢)		면적	비중(%)
		960	100.00
지형 구분(만 ㎢)	산지	320	33.33
	고원	250	26.04
	분지	180	18.75
	평원	115	11.98
	구릉	95	9.90
해발 구분(만 ㎢)	500m 이하	241.7	25.18
	500-1,000m	162.5	16.93
	1,000-2,000m	239.9	24.99
	2,000-3,000m	67.6	7.04
	3,000m 이상	248.3	25.86
용도 구분(만 헥타르)	경지	13,004	13.54
	삼림	17,491	18.22
	내륙수역면적	1,747	1.82
	초지	40,000	41.67
	# 이용가능한초지	31,333	32.64
	기타	23,758	24.75

자료: 『中国统计年鉴2007』.

<표 4-15> 중국의 경지면적 변화 추이

(천 헥타르)

연도	경지면적	신증가면적	감소면적				
				건설용지	경지훼손	생태용지	농업구조조정
1985	96,846.3	590.5	1,597.9	134.3	92.3	97	
1990	95,672.9	484.3	467.4	-	-	-	-
1995	94,973.9	686.7	621.0	-	-	-	-
2000	128,243.1	603.7	1,566.0	163.3	61.7	762.8	578.2
2005	122,066.7	306.7	594.9	138.7	53.5	390.4	12.3
2006	121,800.0	367.2	582.8	167.3	35.9	339.4	40.2

자료: 中國農業部, 『2007年中國農業發展報告』.

무, 농업구조조정에 따른 경지 감소가 7.28만 무, 이 네 가지 경우를 합하면 모두 354.76만 무의 경지가 감소하였다. 그러나 토지정리에 따른 경지 회복이 293.75만 무가 이루어졌기 때문에 순감소 면적은 61.01만 무에 이른다. 경지면적이 비농업용 건설용지로 전용된 면적이 2000년에는 240.00만 무, 2001년 245.55만 무, 2002년 294.75만 무, 2003년 343.65만 무, 2004년 217.05만 무, 2005년 208.05만 무로 6년 동안 무려 1,549.65만 무가 전용되었다.

경지면적을 총인구로 나눈 1인당 경지면적은 점차적으로 감소하고 있는 추세이다. <표 4-16>에 의하면, 1998년 1인당 경지면적은 1.56무(亩)이었으나 2007년에는 1.39무로 감소하였다. 그러나 1인당 경지면적을 총인구로 산출하는 것 보다는 농촌인구나 농림목어업에 종사하는 취업인구로 나누는 것이 더욱 현실적 의의가 있다고 본다. 도시에 거주하는 주민들은 농지를 이용하지 않고 경제활동이 가능하기 때문이다. 실질적으로 농지를 이용하여 소득을 창출하는 것은 농촌에서 농업에 종사하는 농민들이기 때문이다. 농촌인구를 기준으로 하면 1998년도 1인당 경지면적은 4.19무이다. 이는 총인구를 기준으로 하는 1.56무 보다 2.7배나 많은 수준이다. 그러나 매년 점차적으로 1인당 경지면적은 감소하여 2005년에는 3.63무가 되었다. 실제로 농림목어업에 종사하는 인구를 기준으로 1인당 경지면적을 계산하면 1998년도에 5.96무가 된다. 이는 농촌인구를 기준으로 하는 경우보다도 좀 더 많은 수준이다. 이러한 차이는 농촌에 거주하면서도 농업이 아닌 공업이나 서비스업에 종사하는 인구가 있기 때문에 이들을 제외한 실제적으로 농지에서 소득을 창출하는 인구만을 이용하고 있기 때문이다. 이 지표에 의하면 2000년까지 매년 조금씩 1인당 경지면적이 감소하다가 2001년부터는 다시 매년 조금씩 상승하고 있다. 이러한 현상이 발생되는 것은 전체 경지면적은 매년 조금씩 줄어들고 있으나 농림목어업의 취업인구의 감소가 더욱 빠르게 진행되고 있기 때문이다. 2005년 1인당 경지면적은 6.11무 정도로 나타나고 있다.

<표 4-16> 1인당 경지면적의 변화 추세

연도	경지면적 (억 무)	총인구기준 1인당 경지면적(무)	농촌인구 기준 1인당 경지면적(무)	농림목어업인구 기준 1인당 경지면적(무)
1998	19.45	1.56	4.19	5.96
2000	19.24	1.52	4.01	5.87
2005	18.31	1.40	3.63	6.11
2006	18.27	1.39	–	–
2007	18.26	1.38	–	–

주의: 무(亩)=6.667a

자료: 中国国土资源部와 中国国家统计局统计公报2007의 관련 자료를 재정리.

지역별 경지면적을 보면, 흑룡강성(黑龙江省)의 경지면적이 11,773.0천 헥타르로 가장 넓으며, 전국 경지면적의 9.05%를 차지하고 있다. 그 다음은 서부지역의 사천성(四川省)이 9,169.10천 헥타르의 경지를 보유하고 있으며, 전국의 7.05%를 차지하고 있다. 그리고 내몽고자치구(内蒙古自治区), 하남성(河南省), 산동성(山东省), 하북성(河北省)도 각각 8,201.00천 헥타르, 8,110.30천 헥타르, 7,689.30천 헥타르, 6,883.30천 헥타르의 경지면적을 가지고 있다. 서남지역에서는 운남성(云南省)이 6,421.60천 헥타르로 가장 큰 규모의 경지면적을 가지고 있다. 경지면적이 가장 작은 지역은 상해시(上海市), 북경시(北京市), 천진시(天津市)로 각각 343.9천 헥타르, 315.1천 헥타르, 485.6천 헥타르만을 가지고 있다. 그러나 이들 지역은 공업과 서비스업이 상대적으로 발달한 지역이기 때문에 경지면적은 당연히 작다. 이들 세 도시를 제외하고는 서장자치구(西藏自治区)의 경지면적이 가장 적다. 서장자치구는 대부분 지역이 청장(青藏)고원에 입지하고 있기 때문에 362.6천 헥타르의 경지만을 가지고 있다. 청해성(青海省)의 경지면적도 688천 헥타르로 상당히 적은 편이다. 청해성은 대부분 지역이 시달목(柴达木)분지에 입지하고 있기 때문이다. 해남성(海南省)의 경지면적도 762.1천 헥타르로 비교적 적다. 이는 섬으로 이루어진 지역이기 때문에 경지에 적합한 경지면적은 많지 않기 때문이다.

농촌취업인구를 기준으로 하는 1인당 경지면적을 보면, 흑룡강성(黑龙江省)과 내몽고자치구(内蒙古自治区)가 각각 1.24헥타르와 1.19헥타르로 가장 크다. 이들 지역의 1인당 경지면적이 큰 것은 경지면적 자체가 큰 것도 원인이지만 농촌취업인구 규모가 다른 지역에 비해서 작기 때문이다. 1인당 경지면적이 가장 작은 지역은 복건성(福建省)과 광동성(广东省)으로 각각 0.11헥타르이다. 농림목어업 취업인구를 기준으로 하는 1인당 경지면적을 보면, 역시 흑룡강성(黑龙江省)과 내몽고차치구(内蒙古自治区)가 각각 1.69헥타르와 1.55헥타르로 가장 크다. 그리고 신강자치구(新疆自治区)와 길림성(吉林省)도 각각 1.15헥타르와 1.11헥타르로 비교적 큰 1인당 경지면적을 가지고 있다. 신강자치구와 길림성도 역시 비교적 큰 경지면적에 상대적으로 적은 농림목어업 취업인구를 가지고 있기 때문이다.

농업용지의 용도는 전국 평균을 보면 43.18%가 경지로 이용되고 있으며, 2.33%는 과수원으로, 32.25%는 삼림지로, 20.64%는 목초지로, 1.60%는 어업양식지로 이용되고 있다. 즉

<표 4–17> 지역별 1인당 경지면적 : 2005년

지역	경지면적 (천 헥타르)	전국 비중 (%)	농촌취업인구 기준 1인당 경지면적(헥타르)	농림목어업 취업인구 기준 1인당 경지면적(헥타르)
북경시	343.9	0.26	0.19	0.59
천진시	485.6	0.37	0.27	0.61
하북성	6,883.3	5.29	0.25	0.44
산서성	4,588.6	3.53	0.44	0.72
내몽고자치구	8,201.0	6.31	1.19	1.55
요녕성	4,174.8	3.21	0.37	0.61
길림성	5,578.4	4.29	0.81	1.11
흑룡강성	11,773.0	9.05	1.24	1.69
상해시	315.1	0.24	0.13	0.53
강소성	5,061.7	3.89	0.19	0.48
절강성	2,125.3	1.63	0.09	0.27
안휘성	5,971.7	4.59	0.20	0.34
복건성	1,434.7	1.10	0.11	0.21
강서성	2,993.4	2.30	0.18	0.31
산동성	7,689.3	5.91	0.20	0.38
하남성	8,110.3	6.24	0.17	0.26
호북성	4,949.5	3.81	0.26	0.45
호남성	3,953.0	3.04	0.13	0.20
광동성	3,272.2	2.52	0.11	0.21
광서자치구	4,407.9	3.39	0.19	0.29
해남성	762.1	0.59	0.30	0.39
사천성	9,169.1	7.05	0.18	0.30
귀주성	4,903.5	3.77	0.25	0.39
운남성	6,421.6	4.94	0.31	0.38
서장자치구	362.6	0.28	0.33	0.42
섬서성	5,140.5	3.95	0.36	0.54
감숙성	5,024.7	3.86	0.46	0.66
청해성	688.0	0.53	0.37	0.53
영하자치구	1,268.8	0.98	0.60	0.90
신강자치구	3,958.7	3.07	0.98	1.15

주의 : 『中国农村统计年鉴2006』에서 제공하고 있는 각 지역별 경지면적 데이터는 1996년을 시점으로 한 것이다. 2001년에 국가통계국에서 실시한 조사에 의하면, 경지면적은 127,082천 헥타르(표4–15에서는 130,039.2천 헥타르)이며, 그 중 상용경지면적은 105,826천 헥타르, 임시성경지면적은 21,256천 헥타르이다. 표의 자료는 1996년을 기준으로 하고 있기 때문에 중경시(重庆市)는 사천성(四川省)에 포함시켰다.

자료 : 『中国农村统计年鉴2006』관련 자료 재정리.

<표 4-18> 지역별 농업용지 용도

(단위: %, 전체=100)

지역	경지	과수원	삼림지	목초지	어업양식지
전국 평균	43.18	2.33	32.25	20.64	1.60
북경시	72.25	9.80	15.69	0.13	2.13
천진시	86.01	3.87	1.23	0.15	8.74
하북성	69.89	2.37	21.59	5.26	0.89
산서성	69.40	3.91	25.67	0.78	0.24
내몽고자치구	36.46	0.20	22.02	40.66	0.66
요녕성	55.41	3.91	36.99	0.64	3.05
길림성	41.79	0.31	54.09	2.10	1.71
흑룡강성	52.00	0.16	41.67	4.59	1.58
상해시	85.65	3.83	1.63	0.01	8.88
강소성	85.07	3.51	4.18	0.19	7.05
절강성	30.34	6.78	58.86	0.01	4.01
안휘성	62.25	2.45	31.10	0.11	4.09
복건성	20.41	6.99	70.82	0.03	1.75
강서성	27.25	2.83	67.05	0.11	2.76
산동성	83.43	7.73	6.76	0.21	1.87
하남성	83.72	2.33	12.63	0.11	1.21
호북성	52.87	2.56	38.70	0.54	5.33
호남성	40.33	2.64	53.41	1.04	2.58
광동성	27.16	7.70	60.58	0.05	4.51
광서자치구	36.92	4.07	54.96	2.81	1.24
해남성	30.78	5.36	60.56	1.82	1.48
중경시	65.83	1.64	29.94	1.30	1.29
사천성	37.68	1.13	22.83	37.82	0.54
귀주성	61.33	1.51	35.87	1.18	0.11
운남성	34.74	2.47	60.61	1.76	—
서장자치구	29.05	0.10	8.53	62.32	0.42
섬서성	45.08	5.29	46.94	2.48	0.21
감숙성	39.53	0.76	16.74	42.92	0.05
청해성	19.56	0.05	13.14	67.23	0.02
영하자치구	75.10	2.22	11.90	10.18	0.60
신강자치구	11.29	0.39	1.78	86.39	0.15

자료: 『中国农村统计年鉴2006』관련 자료 재정리.

대부분의 농업용지는 농작물 재배를 위한 경지와 목축업을 위한 목초지 및 삼림지로 이용되고 있는 것이다. 지역별로 보면 농업용지의 용도는 큰 차이를 보이고 있다. 북경시(北京市), 천진시(天津市), 하북성(河北省), 산서성(山西省), 요녕성(辽宁省), 흑룡강성(黑龙江省), 상해시(上海市), 강소성(江苏省), 안휘성(安徽省), 산동성(山东省), 하남성(河南省), 호북성(湖北省), 중경시(重庆市), 귀주성(贵州省), 영하자치구(宁夏自治区)는 경지 면적이 전체 농업용지의 50% 이상을 차지하고 있다. 특히 그 중에서도 천진시, 상해시, 강소성, 산동성, 하남성은 농업용지의 80% 이상이 경지로 이용되고 있다. 과수원의 이용 비중이 비교적 높은 지역은 북경시, 산동성, 광동성(广东省), 복건성(福建省), 절강성(浙江省) 등이다. 삼림지의 비중이 가장 높은 지역은 복건성으로 전체 농업용지의 70.82%를 차지하고 있다. 이외에도 강서성(江西省), 광동성, 해남성(海南省), 운남성(云南省)은 60% 이상을 삼림지로 이용하고 있으며, 길림성(吉林省), 절강성(浙江省), 호남성(湖南省), 광서자치구(广西自治区)는 50%이상을 삼림지로 이용하고 있다. 목초지 이용 비중이 가장 높은 지역은 신강자치구(新疆自治区)로서 농업용지의 86.39%를 차지하고 있다. 그리고 서부지역의 서장자치구(西藏自治区), 감숙성(甘肃省), 내몽고자치구(内蒙古自治区), 사천성(四川省) 등도 비교적 높은 비중을 나타내고 있다. 어업양식지의 용도로 이용되는 농업용지의 비중이 비교적 높은 지역은 동부 연해안 지역의 천진시, 상해시, 절강성 등이며, 장강(長江) 중류 지역의 호북성(湖北省)과 주강(珠江) 삼각주지역의 광동성도 비교적 높은 비중을 나타내고 있다.

2.1.2. 농업의 기계화

중국은 1952년 경제개발 1차 5개년 계획을 시작으로 농업의 현대화를 꾸준히 추진해 오고 있다. 1952년 중국 농촌은 1,307대의 대 · 중형 트랙터를 보유하고 있었으며, 농업용기계 총동력은 18.4천 만 와트에 지나지 않았다. 그러나 1957년 제1차 경제개발 5개년 계획의 마지막 년도에 대 · 중형 트랙터 보유량은 14,674대로 10배 이상 증가하였으며, 농업용기계 총동력도 121.4천 만 와트로 증가하였다. 그 후 대약진운동(大跃进运动)과 인민공사(人民

公司)의 설립 등으로 농촌의 현대화와 기계화는 더욱 가속화되었다. 문화대혁명(文化大革命) 한 해 전인 1965년 대 · 중형 트랙터 보유량은 72,599대로 증가하였다. 문화대혁명이 끝나고 농촌을 중심으로 한 개혁이 시작되는 1970년대 말과 1980년대 초 농업의 기계화는 더욱 발전하였으며, 2005년 농업기계 총동력은 68,549.4천 만 와트를 가지고 있으며, 대 · 중형 트랙터 1,395,981대, 소형트랙터 1,526.9만 대를 보유하고 있다.

<표 4-19> 중국의 농업기계 총동력 증가 추이

연도	농업기계총동력 (천만와트)	대중형트랙터 (천만와트)	소형트랙터 (천만와트)	대중형트랙터 (대)	소형트랙터 (만대)
1983	18,022.1	2,708.1	2,391.7	840,776	275.0
1984	19,497.2	2,119.7	2,887.3	853,914	329.8
1985	20,912.5	2,743.6	3,367.0	852,357	382.4
1986	22,950.0	2,807.0	4,003.0	866,463	452.6
1987	24,836.0	2,876.0	4,713.0	880,952	530.0
1988	26,575.0	2,896.0	5,319.0	870,187	595.8
1989	28,067.0	2,814.0	5,848.0	848,220	654.3
1990	28,707.7	2,745.5	6,231.4	813,521	698.1
1991	29,388.6	2,682.4	6,528.6	784,466	730.4
1992	30,308.4	2,630.2	6,720.0	758,904	750.7
1993	31,816.6	2,532.5	7,042.7	721,216	788.3
1994	33,744.0	2,454.3	7,387.8	693,154	823.7
1995	36,118.1	2,404.0	7,848.0	671,846	864.6
1996	38,546.9	2,415.1	8,385.2	670,848	918.9
1997	42,015.6	2,486.5	9,337.2	689,051	1,048.5
1998	45,208.0	2,587.9	10,031.5	725,215	1,122.1
1999	48,996.1	2,772.8	11,008.9	784,216	1,200.3
2000	52,573.6	2,873.4	11,663.9	974,547	1,264.4
2001	55,172.1	3,409.9	12,257.9	829,900	1,305.1
2002	57,929.9	3,073.4	12,695.0	911,670	1,339.4
2003	60,386.5	3,229.8	13,060.2	980,560	1,377.7
2004	64,140.9	3,713.1	13,855.4	1,118,636	1,454.9
2005	68,549.4	4,315.7	14,796.2	1,395,981	1,526.9
2006	72,635.6	5,154.5	15,044.1	–	–

자료: 『中国农村统计年鉴2006』관련 자료 재정리.

그리고 1983년 농촌취업인구 만 명 당 트랙터 수는 103.51대이고, 농업취업인구 만 명 당 트랙터 수는 113.47대이다. 2005년에는 농촌취업인구 만 명 당 트랙터 수는 330.74대로 약 3.2배 성장하였고, 농업취업인구 만 명 당 트랙터 수는 555.95대로 약 4.9배 성장하였다. 성장 추세에 의하면, 농업취업인구 만 명 당 트랙터 수의 성장 속도가 상대적으로 빠르다. 이는 농업의 기계화는 빠르게 성장한 반면 농업취업인구는 상대적으로 느리게 성장 또는 감소하였기 때문이다.

2.1.3. 지역별 기후조건

자연조건은 인간생활에 있어서 매우 중요하다. 특히 기후조건은 인간의 생활방식에 직접적인 영향을 초래 할뿐만 아니라 농업, 공업, 서비스업 등에도 중요한 영향을 초래하고 있다. 농업에 있어서 기후조건은 절대적이다. 중국의 기후는 현저한 계절풍기후, 현저한 대륙성기후, 다양한 기후유형이라는 3가지 특징이 있다.

첫째, 현저한 계절풍기후이다. 중국은 유라시아 대륙과 태평양과 접하고 있어 대부분의 지역에 전형적인 계절풍기후가 나타난다. 대륙과 해양의 큰 기온 차이로 겨울에는 아시아 내륙에 한대성 고기압이 형성되고, 여름에는 상대적으로 동쪽과 남쪽 해양에 열대성 저기압이 형성된다. 즉, 겨울에는 대륙이 해양보다 기온이 낮고 대기압이 높기 때문에 해양에서 대륙으로 부는 한랭한 편북풍이나 서북풍이 많아지고, 여름에는 대륙이 해양보다 기온이 높고 대기압이 낮기 때문에 대륙에서 해양으로 부는 온난한 동남풍이나 서남풍이 많다. 대륙에서 부는 바람은 건조한 기류를 동반하고 해양에서 부는 바람은 습한 기류를 동반하기 때문에 중국의 강수는 대부분 편남풍이 성행하는 여름(5~9월)에 발생한다. 따라서 중국의 계절풍은 풍향의 전환뿐만 아니라 건습(乾濕)의 변화에도 직접적인 영향을 미친다는 사실을 알 수 있다. 결국 중국 계절풍기후의 가장 뚜렷한 특징은 겨울은 한랭건조하고 여름은 고온다습한 것으로 요약할 수 있으며, 이는 바로 사계절이 분명하고 비가 많이 오는 시기와 기온이 높은 시기가 일치한다는 것을 의미한다. 이렇게 비가 많이 오는 시기와 기온이 높은 시기가 일치하면 농업경영에도 매우 유리하다. 겨울에는 농작물의 성장이 정지되어 수분을 그다지 필요로 하지 않고, 여름에는 농작물의 성장이 왕성하여 수분을 많이 필요로 하기 때문이다. 동일한 위도 상의 다른 지역과 강우량의 계절적 분포를 비교하면, 중국은 동일 위도 상에 있는 지역 중에서 강우량이 비교적 많은 국가에 속한다. 동일 위도 상의 아열대 지역을 예로 들면, 미국 동부나 인도와는 강우량이 비슷하지만, 북아프리카 · 사하라사막 북부와 지중해보다는 강우량이 훨씬 많다.

둘째, 현저한 대륙성기후이다. 육지의 열량이 해양보다 적기 때문에 태양의 복사열이 약화되거나 사라질 때에는 대륙의 온도가 해양보다 저하되기 쉬우며, 이로 인하여 대륙의 기온 차는 해양보다 훨씬 크게 나타나는데, 이러한 기후 특징을 대륙성이라 한다. 중국은 대륙성기후의 영향으로 동일 위도 상에 있는 지역 중에서 겨울에 가장 한랭한 국가이다. 1월 평균 기온을 예로 들면, 중국 동북지구는 동 위도 상의 평균기온보다 15~20℃가 낮고, 황하(黃河) · 회하(淮河)유역은 10~15℃가 낮으며, 장강(長江) 이남은 6~10℃가 낮고, 화남(華南) 연해는 5℃가 낮다. 반면 여름에는 동일 위도 상에 있는 국가(사막 제외) 중에서 평균적으로 가장 더운 지역이다. 7월 평균기온을 예로 들면, 동북지구는 동일 위도 상의 평균기온보다 4℃ 높고, 화북(華北)은 2.5℃ 높으며, 장강 중하류는 1.5~2℃가 높다.

셋째, 다양한 기후 유형이다. 중국은 영토가 광활하여 기후 유형도 아주 다양하다. 중국의 최북단 북위 53°에 위치한 막하가 한온대에 속하는가 하면, 최남단 북위 3°에 위치한 남사군도(南沙群島)는 적도기후에 속한다. 뿐만 아니라 해발 4,500m 이상의 청장고원(青藏高原)은 일 년 내내 겨울인 반면, 남해(南海)의 여러 섬들은 일 년 내내 여름이다. 운남성(云南省) 중부는 사계절이 봄처럼 따뜻하고, 그 나머지 지역은 대부분 사계절이 분명하다. 중국과학원(中國科學院)과 중국기상국(中國氣象局)에서는 여러 가지 자료를 종합하여 전국을 9개의 기후대와 1개의 고원지역으로 나누고 있다. 즉 북온대, 중온대, 남온대, 북아열대, 중아열대, 남아열대, 북열대, 중열대, 남열대, 그리고 고원기후지역이다.

강우량에 따른 지역별 수자원은 농업에 있어서 절대적인 조건이다. <표 4–20>에 의하면, 2005년을 기준으로 할 때, 전국의 수자원 총량은 28,053.1억 입방미터이며, 그 중 지표수자원량은 26,982.4억 입방미터(cu.m)로서 전체 수자원량의 96.2%를 차지하고 있으며, 지하 수 자원량은 8,091.1억 입방미터로서 3.8%를 차지하고 있다. 지역별로 보면, 서장자치구

<표 4-20> 중국의 지역별 수자원 비교 : 2005년

지역	수자원 총량		지표 수자원량		지하 수자원량	
	억 cu.m	비중(%)	억 cu.m	비중(%)	억 cu.m	비중(%)
전국	28,053.1	100	26,982.4	100	8,091.1	100
북경시	23.2	0.08	7.6	0.03	18.5	0.23
천진시	10.6	0.04	7.1	0.03	4.5	0.06
하북성	134.6	0.48	58.0	0.21	109.7	1.36
산서성	84.1	0.30	50.4	0.19	72.5	0.90
내몽고자치구	456.2	1.63	338.7	1.26	214.6	2.65
요녕성	377.2	1.34	336.3	1.25	130.2	1.61
길림성	559.7	2.00	489.6	1.81	122.5	1.51
흑룡강성	744.3	2.65	612.0	2.27	288.8	3.57
상해시	24.5	0.09	24.5	0.09	9.3	0.11
강소성	467.0	1.66	366.4	1.36	122.2	1.51
절강성	1,014.4	3.62	999.4	3.70	216.1	2.67
안휘성	719.3	2.56	672.2	2.49	195.4	2.41
복건성	1,401.1	4.99	1,400.0	5.19	397.7	4.92
강서성	1,510.1	5.38	1,490.3	5.52	385.1	4.76
산동성	415.9	1.48	295.9	1.10	213.9	2.64
하남성	558.5	1.99	435.9	1.62	219.7	2.72
호북성	934.0	3.33	903.6	3.35	276.2	3.41
호남성	1,671.0	5.96	1,664.5	6.17	393.2	4.86
광동성	1,747.5	6.23	1,738.5	6.44	400.8	4.95
광서자치구	1,720.8	6.13	1,720.8	6.38	365.7	4.52
해남성	307.3	1.10	304.5	1.13	79.0	0.98
중경시	509.8	1.82	509.8	1.89	107.7	1.33
사천성	2,922.6	10.42	2,921.0	10.83	590.1	7.29
귀주성	834.6	2.98	834.6	3.09	237.9	2.94
운남성	1,846.4	6.58	1,846.4	6.84	660.4	8.16
서장자치구	4,451.1	15.87	4,451.1	16.50	1,013.3	12.52
섬서성	490.6	1.75	468.2	1.74	135.3	1.67
감숙성	269.6	0.96	260.3	0.96	150.2	1.86
청해성	876.1	3.12	857.6	3.18	374.2	4.62
영하자치구	8.5	0.03	6.9	0.03	24.2	0.30
신강자치구	962.8	3.43	910.7	3.38	562.6	6.95

자료: 『中国区域经济统计年鉴2006』.

(西藏自治区)의 수자원이 가장 풍부하다. 수자원 총량이 4,451.1억 입방미터이며 전국의 15.87%를 차지하고 있다. 그 다음은 사천성(四川省)으로 2,922.6억 입방미터의 수자원을 가지고 있으며, 전국의 10.42%를 차지하고 있다. 이외에도 운남성(云南省), 광동성(广东省), 광서자치구(广西自治区), 호남성(湖南省), 강서성(江西省), 복건성(福建省), 절강성(浙江省) 등의 수자원이 비교적 풍부하다. 그리고 수자원의 가장 적은 지역은 영하자치구(宁夏自治区)와 천진시(天津市)이다. 전반적으로 볼 때는 남쪽지역이 북쪽지역보다 상대적으로 수자원이 풍부하다. 중국의 대부분 수자원은 지표 수자원이다. 문제는 수자원의 유실량이 매우 많기 때문에 효율적인 물관리가 필요하다. 특히 농업용수의 효율적인 이용은 매우 중요한 과제이다.

2.1.4. 지역별 농촌투자

중국은 농촌의 현대화와 농업의 기계화를 통한 농업의 발전을 중요한 국가과제로 인식하고 있지만, 농업에 대한 투자는 상대적으로 적은 문제점을 가지고 있다. 특히 개혁개방 이후 시작된 본격적인 공업화와 도시화는 농촌에 대한 투자를 상대적으로 열악하게 하고 있는 실정이다. 국가재정에 있어서 농업에 대한 지출은 비교적 적은 수준이다. 1952년에는 이 비중이 5.1%에 지나지 않았다. 물론 지난 50여 년 동안 국가재정에 있어서 농업지출 규

<표 4-21> 국가재정의 농업지출 비중

(억 위안)

연도	농업지출				농업지출/재정지출(%)
		농업사업비	기본건설	과학기술	
1952	9.0	2.7	3.8	–	5.1
1970	49.4	15.9	22.5	–	7.6
1985	153.6	101.0	37.7	2.0	7.7
1995	574.9	430.2	110.0	3.0	8.3
2000	1,231.5	766.9	414.5	9.7	7.8
2005	2,450.3	1,792.4	512.6	19.9	7.2

자료: 『中国农村统计年鉴2006』.

모는 2005년 2,450.3억 위안으로까지 증대하고는 있지만 전체 재정지출에 있어서의 비중은 10%에도 미치지 못하는 7.2%를 유지하고 있다. 그리고 농업지출의 구조를 보면 대부분은 필요한 종자와 농기계의 구입에 이용되는 농업사업비로 지출되고 있다.

고정자산투자에 있어서 농촌에 대한 비중은 2005년 현재 약 15% 정도를 유지하고 있다. <표 4-22>에 의하면 제6차 경제개발 5개년 계획 기간(1981년~1985년)과 제7차 경제개발 5개년 계획 기간(1986년~1990년) 동안 전사회고정자산투자액 대비 농촌고정자산투자의 비중이 각각 27.9%와 29.0%로 가장 높다. 그러나 2001년부터는 이 비중이 20% 아래로 내려가서 2005년에는 15.4%를 유지하고 있다. 즉 농촌에 대한 고정자산투자보다는 도시에 대한 고정자산투자가 더욱 크게 증대되고 있음을 나타낸다. 1980년대는 농촌주민개인고정자산투자액이 농촌집체단위고정자산투자액 보다 높다. 즉 개인의 투자가 기관이 투자보다 더욱 활발했다는 것이다. 그러나 1990년대 초반부터는 농촌집체단위고정자산투자액이 농촌주민개인고정자산투자액을 초과하기 시작하면서 그 비중이 점차 확대되어 2005년에는 전사회고정자산투자액에서 농촌집체단위고정자산투자액이 차지하는 비중이 11.0%이고, 농촌주민개인고정자산투자액이 차지하는 비중은 4.4%로 낮아졌다. 이와 같은 낮은 투자액과 비중은 농촌발전에 절대적인 영향을 초래할 수 있다.

<표 4-22> 농촌 고정자산투자의 추이

(억 위안, %)

연도	전사회고정자산 투자액(A)	농촌집체단위 고정자산투자(B)	B/A	농촌주민개인 고정자산투자(C)	C/A
"6 · 5"기간(1981-1985)	7,997.6	699.8	8.8	1,527.4	19.1
"7 · 5"기간(1986-1990)	19,774.0	1,818.3	9.2	3,903.9	19.8
"8 · 5"기간(1991-1995)	62,211.3	7,476.4	12.0	6,712.9	10.8
"9 · 5"기간(1996-2000)	138,734.5	16,225.9	11.7	13,596.6	9.8
2001	37,213.5	4,235.7	11.4	2,976.6	8.0
2002	43,499.9	4,887.9	11.2	3,123.2	7.2
2003	55,566.6	6,553.9	11.8	3,201.0	5.8
2004	70,072.7	8,086.5	11.5	3,362.7	4.8
2005	88,604.0	9,737.9	11.0	3,940.6	4.4

자료: 『中国农村统计年鉴2006』.

농촌에 대한 고정자산투자의 지역별 분포를 보면, 산동성(山东省), 강소성(江苏省), 절강성(浙江省)이 가장 많은 비중을 차지하고 있다. 산동성은 전체 농촌에 대한 고정자산투자의 14.86%를 차지하고 있으며, 이 세 지역의 합계는 전체 농촌 고정자산투자의 41.78%를 차지하고 있다. 그리고 비교적 농업이 발달하고 있는 광동성(广东省), 하남성(河南省), 하북성(河北省), 사천성(四川省)도 상대적으로 높은 투자 비중을 가지고 있다. 그러나 서부지역은 대체적으로 매우 낮은 비중을 나타내고 있으며, 동북지역도 요녕성(辽宁省)을 제외하고는 전국 투자 비중이 2%에도 못 미치고 있다. 이는 농업에 대한 투자가 동부 연해안 지역에 집중되고 있음을 반영하고 있으며, 농업이 지역산업에서 중요한 비중을 차지하고 있는 서부지역에는 오히려 투자 비중이 낮음을 알 수 있다. 이러한 지역별 투자구조는 서부지역 농촌발전에 오히려 소극적인 영향을 초래할 수밖에 없다. 특히 동부 연해안 지역의 농업고정자산투자가 집중되고 있는 산동성, 강소성, 절강성은 전국 비농업가구(非農戶)투자의 50.27%를 차지하고 있기 때문에 일정한 규모를 가진 투자도 이들 세 지역에 집중되고 있음을 알 수 있다.

투자항목별로 보면, 2005년 기준 전체 투자의 50.56%인 6,914.4억 위안이 건축공정에 투자되었으며, 그 중 230.0억 위안은 수리공정에, 그리고 2,601.5억 위안은 주택공정에 투자되었다. 그리고 투자금액의 36.43%인 4,983.7억 위안은 설비구입에 사용되었으며, 그 중 3,957.6억 위안은 생산설비 구입에 사용되었다. 따라서 농촌에 대한 고정자산투자의 약 50%는 주택건설과 생산설비 구입에 이용되었다고 볼 수 있다. 농촌 주택 부문에 대한 투자가 가장 많은 지역은 하남성(河南省)으로 전체 주택공정투자의 11.89%를 차지하고 있다. 그리고 동부 연해안 지역의 대부분 성(省)들의 비중이 높고 서부지역은 비중이 낮다.

생산설비에 대한 투자는 농업의 기계화와 현대화에 적극적인 영향을 초래하기 때문에 농촌발전에 대해 중요한 의의가 있다. 농업의 생산력이 낮은 상황에서는 생산설비에 대한 투자가 농업발전에 중요한 역할을 할 수 있기 때문이다. 생산설비에 대한 투자가 가장 많은 지역은 강소성(江苏省)으로 전국의 21.45%를 차지하고 있으며, 그 다음은 절강성(浙江省)이 16.26%, 산동성(山东省)이 16.22%를 차지하고 있다. 이 세 성의 합계는 53.93%로서 절대적인 비중을 차지하고 있다. 즉 이들 세 지역의 농촌은 다른 지역과 비교할 때 더욱 높은 발전 잠재력을 가지고 있다고 볼 수 있다.

<표 4-23> 지역별 농촌 고정자산투자의 구성 : 2005년

(전국=100, %)

지역	투자총액	투자 항목 구성				
		建築工程	水利	住宅	설비구입	생산설비
북경시	1.69	2.19	3.13	1.32	0.99	0.83
천진시	0.96	0.94	0.52	1.22	1.00	0.81
하북성	6.08	5.46	10.74	5.74	7.52	7.29
산서성	1.17	1.23	1.57	1.80	1.11	0.92
내몽고자치구	0.65	0.52	1.43	0.67	0.71	0.63
요녕성	3.90	3.50	5.91	2.85	3.22	2.76
길림성	1.17	0.62	0.52	1.06	1.21	1.08
흑룡강성	1.14	0.57	0.35	1.25	1.74	1.78
상해시	2.27	3.03	0.04	0.43	1.13	0.27
강소성	14.23	11.61	3.48	6.76	18.60	21.45
절강성	12.69	10.49	7.57	8.00	16.01	16.26
안휘성	2.91	3.93	3.30	6.75	1.90	1.78
복건성	2.62	2.99	8.26	2.18	2.18	1.20
강서성	2.00	2.42	6.22	2.63	1.70	1.67
산동성	14.86	16.68	9.74	9.50	14.25	16.22
하남성	6.22	7.63	4.00	11.89	5.05	4.77
호북성	2.11	2.52	2.74	3.49	1.90	2.09
호남성	3.11	3.99	9.65	5.49	2.25	2.16
광동성	7.95	6.47	1.96	6.25	7.76	7.25
광서자치구	1.32	1.88	0.78	4.25	0.73	0.75
해남성	0.20	0.22	0.74	0.42	0.13	0.10
중경시	1.14	1.37	0.83	1.95	0.77	0.80
사천성	4.34	3.86	7.61	4.40	4.27	4.01
귀주성	0.72	0.93	0.48	1.56	0.67	0.71
운남성	1.35	1.59	2.61	3.36	0.27	0.19
섬서성	1.03	1.13	0.48	2.08	0.92	0.49
감숙성	0.62	0.68	1.13	0.98	0.46	0.26
청해성	0.14	0.17	0.52	0.20	0.10	0.11
영하자치구	0.45	0.38	0.70	0.36	0.67	0.81
신강자치구	0.94	1.00	3.00	1.17	0.79	0.56

주의: 西藏自治区는 자료부족으로 제외됨.

자료: 『中国农村统计年鉴2006』.

2.2. 농촌의 산업구조

2.2.1. 농촌의 산업구조

농촌의 산업구조는 크게 농업, 임업, 목축업, 어업으로 나누어진다. 1978년 농촌의 총생산액은 1,397.00억 위안이었으나, 1985년에는 3,619.49억 위안으로 크게 성장하였다. 특히 제8차 경제개발 5개년 계획 기간인 1991년부터 1995년 동안에는 농촌의 부가가치가 매년 4%의 안정적인 성장을 유지하고 있다. 이러한 추세가 제10차 경제개발 5개년 계획 기간에는 약간 줄어들다가 2004년과 2005년에는 다시 5% 이상으로 빠르게 성장하고 있다.

<표 4-24> 중국 농촌의 총생산액 추이

연도	총생산액 (억 위안)					부가가치액
		농업	임업	목축업	어업	(억 위안)
1978	1,397.00	1,117.60	48.06	209.27	22.07	1,018.4
1980	1,922.60	1,454.14	81.38	354.23	32.85	1,359.4
1985	3,619.49	2,506.39	188.68	798.31	126.11	2,541.6
1990	7,662.09	4,954.26	330.27	1,967.00	410.56	5,017.0
1995	20,340.86	11,884.63	709.94	6,044.98	1,701.31	11,993.4
2000	24,915.77	13,873.59	936.52	7,393.08	2,712.57	14,628.1
2005	39,450.90	19,613.40	1,425.50	13,310.80	4,016.10	23,070.5

주의 : 총생산액은 경상가격에 의하고, 부가가치는 불변가격에 의함.
자료 : 『中国农业统计资料汇编1949-2004』, 『中国农村统计年鉴2006』.

전반적으로 볼 때 중국 농촌의 산업구조는 절대적인 농업 위주의 구조에서 농업과 목축업의 이중구조로 발전하고 있다. <표4-25>에 의하면, 1952년 농업이 농촌 전체 총생산액의 85.9%를 차지하고 있다. 그 후 농업의 비중이 매년 점차적으로 줄어들고 있다가 개혁개방과 더불어 더욱 급속하게 감소하고 있으며, 2005년에는 그 비중이 50% 이하로 줄어들었다. 이와는 대조적으로 목축업의 비중은 1952년의 11.2%에서 매년 점차적으로 증가하여

1985년에는 20%를 넘어서다가 2005년에는 33.7%까지 성장하였다. 이는 중국의 경제발전 수준이 높아짐에 따라 국민들의 소비가 곡물위주에서 육류와 유제품을 함께 소비하는 구조로 전환됨과도 관련이 있다고 본다. 그리고 어업의 비중도 1952년에는 전체 농촌의 총생산액에서 단지 1.3%만을 차지하고 있으나 개혁개방이래로 매년 그 비중이 크게 증가하고 있으며, 특히 1995년 이후로는 더욱 빠르게 증가하고 있다. 2005년 어업의 총생산액이 전체 농촌에서 차지하는 비중이 10.2%에 달하고 있다. 이 역시 목축업과 마찬가지로 국민의 소득수준 향상에 기인한 어업의 발전이라고 해석할 수 있다.

<표 4-25> 중국 농촌의 산업구조

연도	농림목어업 총생산액=100				1952년 총생산액=100			
	농업	임업	목축업	어업	농업	임업	목축업	어업
1952	85.9	1.6	11.2	1.3	100.0	100.0	100.0	100.0
1962	84.7	2.2	10.9	2.2	101.6	251.7	92.9	592.3
1970	82.1	2.8	13.4	1.7	163.6	551.7	193.3	838.5
1978	80.0	3.4	15.0	1.6	191.3	892.2	249.8	1,222.5
1980	75.6	4.2	18.4	1.7	203.6	1,014.8	306.4	1,270.7
1985	69.2	5.2	22.1	3.5	291.2	1,572.1	508.2	2,263.0
1990	64.7	4.3	25.7	5.4	356.7	1,601.1	704.4	4,238.2
1995	58.4	3.5	29.7	8.4	439.7	2,298.8	1,237.7	8,915.6
2000	55.7	3.8	29.7	10.8	549.6	2,808.5	1,811.4	14,074.0
2001	55.2	3.6	30.4	10.8	569.4	2,788.4	1,924.8	14,622.3
2002	54.5	3.8	30.9	10.8	591.6	2,985.6	2,040.5	15,518.0
2003	50.1	4.2	32.1	10.6	591.6	3,194.6	2,183.3	16,293.9
2004	50.1	3.7	33.6	9.9	641.9	3,258.5	2,340.5	17,271.5
2005	49.7	3.6	33.7	10.2	–	–	–	–

자료: 『中国农业统计资料汇编1949–2004』, 『中国农村统计年鉴2006』.

농업 부문 부가가치(2005년 기준)의 전국 분포를 보면, 산동성(山东省)이 9.06%, 하남성(河南省)이 8.38%, 강소성(江苏省)이 7.20%, 하북성(河北省)이 6.65%, 광동성(广东省)이 6.07%, 사천성(四川省)이 5.95%, 호남성(湖南省)이 5.48%이다. 산동 반도의 산동성과 하북성, 그리고 하남성은 화북평야에 있기 때문에 전통적으로 농업이 발달한 지역이다. 강소성은 장강삼각주의 곡창지대로서 농업에 적합한 자연조건을 가지고 있다. 광동성은 주강삼각주의 곡창지대이다. 임업 부문 부가가치(2005년 기준)의 전국 분포를 보면, 호남성(湖南省)이 8.57%, 운남성(云南省)이 8.13%, 강서성(江西省)이 6.95%, 복건성(福建省)이 6.68%, 절강성(浙江省)이 6.47%의 분포를 보이고 있다. 목축업 부문의 부가가치(2005년 기준)는 하남성(河南省)이 10.75%, 하북성(河北省)이 8.29%, 사천성(四川省)이 9.63%, 산동성(山东省)이 6.95% 등으로 분포하고 있다. 목축업이 상대적으로 발달하고 있다고 알려진 내몽고자치구(内蒙古自治区)의 비중은 3.61%로 크게 높지 않다. 이는 생산량의 비중이 아닌 부가가치의 비중이기 때문이다. 즉 1차 생산품을 가공하여 부가가치를 창출하는 과정이 내몽고자치구보다는 다른 지역에서 많이 발생하고 있기 때문이다. 어업 부문 부가가치(2005년 기준)의 지역분포를 보면, 주강 삼각주 일대의 광동성(广东省)이 가장 많은 비중 12.84%를 차지하고 있으며, 산동성(山东省)이 12.00%, 복건성(福建省)이 10.72%, 절강성(浙江省)이 8.86%, 요녕성(辽宁省)이 7.85%를 각각 차지하고 있다.

지역 내의 농림목어업 부가가치의 구성을 보면, 전반적으로는 농업의 비중이 가장 높으며 다음은 목축업의 비중이 높고, 임업과 어업은 상대적으로 낮은 비중을 가지고 있다. 전국 평균을 보면 농업의 비중은 55.3%, 임업은 4.2%, 목축업은 28.2%, 그리고 어업은 10.1%이다. 농업의 비중이 전국 평균 보다 높은 지역은 하북성(河北省), 산서성(山西省), 흑룡강성(黑龙江省), 강소성(江苏省), 산동성(山东省), 하남성(河南省), 중경시(重庆市), 귀주성(贵州省), 섬서성(陕西省), 감숙성(甘肃省), 영하자치구(宁夏自治区), 신강자치구(新疆自治区) 등으로 서부지역의 지역들이 많다. 목축업의 비중이 전국 평균 보다 높은 지역은 북경시(北京市), 천진시(天津市), 하북성(河北省), 산서성(山西省), 내몽고자치구(内蒙古自治区), 요녕성(辽宁省), 길림성(吉林省), 안휘성(安徽省), 하남성(河南省), 호북성(湖北省), 호남성(湖南省), 광서자치구(广西自治区), 중경시(重庆市), 사천성(四川省), 귀주성(贵州省), 운남성(云南省), 서장자치구(西藏自治区), 청해성(青海省) 등이 있다. 어업의 비중이 전국 평균 보다 높은 지역은 천진시(天津市), 요녕성(辽宁省), 상해시(上海市), 강소성(江苏省), 절강성(浙江省), 안휘성(安徽省), 복건성(福建省), 강서성(江西省), 산동성(山东省), 호북성(湖北省), 광동성(广东省), 광서자치구(广西自治区), 해남성(海南省) 등이 있다.

<표 4-26> 지역별 농촌의 산업구조 : 2005년 부가가치 기준

지역	전국 비중(%)				지역 비중(%)		
	농업	임업	목축업	어업	농업	임업	목축업
북경시	0.40	0.71	0.67	0.16	47.3	6.3	40.1
천진시	0.38	0.11	0.66	0.75	42.8	0.9	38.2
하북성	6.65	3.04	8.29	1.95	56.5	2.0	35.9
산서성	1.22	0.69	1.25	0.06	59.1	2.5	31.1
내몽고자치구	2.48	2.89	3.61	0.21	53.4	4.8	39.6
요녕성	3.01	2.81	3.98	7.85	43.7	3.1	29.5
길림성	2.70	2.37	3.72	0.41	55.0	3.7	38.7
흑룡강성	3.70	3.12	2.46	0.51	69.0	4.4	23.4
상해시	0.39	0.46	0.25	0.82	54.4	4.9	17.6
강소성	7.20	2.70	3.47	9.46	62.8	1.8	15.4
절강성	3.77	6.47	2.02	8.86	53.9	7.1	14.7
안휘성	3.95	5.74	4.22	4.68	52.1	5.8	28.4
복건성	2.88	6.68	2.28	10.72	43.7	7.8	17.7
강서성	2.68	6.95	3.00	4.86	47.0	9.3	26.8
산동성	9.06	4.16	6.95	12.00	58.8	2.1	23.0
하남성	8.38	5.25	10.75	1.04	56.5	2.7	37.0
호북성	4.48	2.10	4.98	6.54	52.9	1.9	30.0
호남성	5.48	8.57	5.86	3.91	54.8	6.6	29.9
광동성	6.07	5.04	4.41	12.84	53.7	3.4	19.9
광서자치구	3.92	4.97	3.96	4.25	54.8	5.3	28.2
해남성	0.90	4.14	0.84	3.60	38.5	13.6	18.3
중경시	2.22	1.57	2.12	0.81	61.1	3.3	29.8
사천성	5.95	5.32	9.63	2.38	50.0	3.4	41.3
귀주성	1.71	1.63	1.88	0.27	59.2	4.3	33.1
운남성	2.87	8.13	2.95	0.70	54.8	11.8	28.6
서장자치구	0.11	0.97	0.35	0.00	29.8	19.8	47.2
섬서성	2.30	1.62	1.64	0.13	67.3	3.6	24.5
감숙성	1.65	0.66	1.32	0.03	68.4	2.1	27.9
청해성	0.18	0.09	0.59	0.00	35.6	1.4	59.0
영하자치구	0.36	0.22	0.30	0.07	64.2	2.9	27.5
신강자치구	2.96	0.85	1.59	0.09	74.4	1.6	20.4

자료: 『中国农村统计年鉴2006』.

2.2.2. 농업의 산업구조

2005년 부가가치를 기준으로 농업의 산업구조를 보면 곡물류가 57.87%로 가장 많은 비중을 차지하고 있으며, 그 다음은 채소와 원예가 29.39%, 과일과 견과류가 11.14%를 차지하고 있다. 약재는 1.59%만을 차지하고 있다. 곡물에는 주로 벼, 밀, 옥수수 등이 포함되어 있다.

지역별로 보면, 곡물류 부가가치가 가장 큰 지역은 하남성(河南省)으로 전국 비중이 9.36%이다. 다음은 산동성(山东省)이 8.49%, 강소성(江苏省)이 6.53%, 사천성(四川省)이 5.78%, 흑룡강성(黑龙江省)이 5.67%, 호북성(湖北省)이 5.31%, 안휘성(安徽省)이 5.30%, 호남성(湖南省)이 5.21%, 하북성(河北省)이 5.03%, 신강자치구(新疆自治区)가 3.91%로 이들 10개 지역의 합계는 60.59%이다.

채소와 원예의 부가가치가 가장 큰 지역은 산동성으로 전국 비중의 13.58%를 차지하고 있다. 그리고 하남성은 9.69%, 하북성은 8.82%, 강소성은 7.64%, 광동성은 6.94%, 호북성은 5.17%, 절강성은 4.68%, 사천성은 4.64%, 호남성은 4.55%, 복건성은 4.12%를 차지하고 있으며, 이들 10개 지역의 합계는 69.83%이다. 과일과 견과의 부가가치가 가장 큰 지역도 산동성으로 전국의 12.72%를 차지하고 있다. 그리고 광동성은 8.96%, 하북성은 7.14%, 하남성은 6.47%, 절강성은 5.89%, 복건성은 5.81%, 광서자치구는 4.88%, 강소성은 4.82%, 사천성은 4.74%, 섬서성(陕西省)은 4.72%를 차지하고 있으며, 이들 10개 지역의 합계는 66.15%이다.

약재의 생산량과 부가가치는 전체 농업 산업구조에서 차지하는 비중은 2%에도 미치지 못하고 있다. 그러나 약재는 의약산업의 발전과 더불어 앞으로 상당한 발전공간이 있는 품목이다. 중국에서 약재 생산이 가장 많은 지역은 호남성(湖南省)으로 전국 약재 생산의 9.60%를 차지하고 있다. 그 다음은 하남성이 8.37%, 사천성이 7.77%, 감숙성(甘肃省)이 7.41%, 안휘성(安徽省)이 5.75%, 섬서성(陕西省)이 5.71%, 호북성이 5.65%, 절강성이 5.11%, 강소성이 4.72%, 산동성이 4.15%를 차지하고 있으며, 이들 10개 지역의 합계는 64.24%이다.

중국 농업의 산업구조를 지역별로 보면 대체적으로 상위 10개 지역의 집중도가 60% 이상을 차지하고 있다. 다양한 기후를 가진 중국이 농업의 지역별 집중 현상이 높게 나타나는 것은 실질적인 경작지가 주로 동부 연해안 지역을 중심으로 집중되어 있기 때문이다.

<표 4-27> 지역별 농업의 산업구조 : 2005년 부가가치 기준.

지역	전국 비중(%)				지역 내 비중(%)			
	곡물	채소 원예	과일 견과	약재	곡물	채소 원예	과일 견과	약재
북경시	0.19	0.99	0.88	0.27	21.95	57.77	19.43	0.84
천진시	0.34	0.89	0.45	0.00	38.53	51.62	9.84	0.00
하북성	5.03	8.82	7.14	3.49	45.82	40.79	12.52	0.87
산서성	1.58	1.06	1.58	1.66	63.99	21.84	12.32	1.85
내몽고자치구	3.36	1.25	0.58	2.03	80.74	15.24	2.68	1.34
요녕성	3.00	3.69	4.21	3.89	51.82	32.36	13.98	1.84
길림성	3.75	1.20	1.31	3.55	79.66	12.90	5.37	2.07
흑룡강성	5.67	1.15	1.06	0.66	87.59	8.98	3.14	0.28
상해시	0.25	0.94	1.09	0.07	26.60	50.87	22.33	0.19
강소성	6.53	7.64	4.82	4.72	56.95	33.82	8.10	1.13
절강성	1.90	4.68	5.89	5.11	34.25	42.81	20.41	2.53
안휘성	5.30	2.89	3.11	5.75	70.40	19.54	7.96	2.10
복건성	1.68	4.12	5.81	1.46	34.09	42.40	22.69	0.82
강서성	3.07	2.11	2.34	1.59	66.26	23.07	9.72	0.94
산동성	8.49	13.58	12.72	4.15	47.30	38.42	13.64	0.64
하남성	9.36	9.69	6.47	8.37	59.41	31.23	7.90	1.46
호북성	5.31	5.17	3.03	5.65	61.23	30.26	6.72	1.79
호남성	5.21	4.55	2.90	9.60	62.44	27.70	6.69	3.16
광동성	3.70	6.94	8.96	3.99	40.87	38.88	19.04	1.21
광서자치구	3.71	2.58	4.88	2.19	61.64	21.76	15.60	1.00
해남성	0.42	1.25	3.07	0.27	25.29	38.46	35.81	0.44
중경시	1.96	1.68	1.50	1.83	62.21	27.03	9.16	1.59
사천성	5.78	4.64	4.74	7.77	62.40	25.44	9.85	2.31
귀주성	2.08	1.45	0.66	2.89	68.84	24.34	4.20	2.63
운남성	3.44	2.12	1.74	2.56	69.90	21.88	6.79	1.43
서장자치구	0.18	0.09	0.01	0.00	77.82	20.97	1.21	0.00
섬서성	2.07	1.83	4.72	5.71	50.92	22.89	22.33	3.86
감숙성	1.96	1.59	1.36	7.41	60.71	24.94	8.07	6.29
청해성	0.28	0.09	0.01	0.07	85.39	13.48	0.56	0.56
영하자치구	0.47	0.20	0.23	2.66	68.11	14.96	6.43	10.50
신강자치구	3.91	1.13	2.76	0.73	77.67	11.38	10.55	0.40

자료: 『中国农村统计年鉴2006』.

2.2.3. 임업의 산업구조

임업의 산업구조를 보면 임산품의 비중이 37.37%로 가장 높으며, 그 다음은 채벌과 운송이 35.34%, 임목재배가 27.28%이다. 임목재배 부가가치의 전국 비중이 가장 높은 지역은 하남성(河南省)으로 전국 비중이 7.49%이다.

<표 4-28> 지역별 임업의 산업구조 : 2005년 부가가치 기준

지역	전국 비중(%)			지역 내 비중(%)		
	임목재배	채벌운송	임산품	임목재배	채벌운송	임산품
북경시	2.33	0.25	0.61	66.92	9.23	23.85
천진시	0.35	0.06	0.06	68.42	15.79	15.79
하북성	3.85	0.76	4.04	37.11	9.54	53.35
산서성	2.62	0.04	1.19	60.87	1.24	37.89
내몽고자치구	4.93	3.20	0.90	47.79	40.26	11.95
요녕성	4.71	1.88	3.60	39.02	20.18	40.80
길림성	2.06	5.25	1.06	20.00	65.97	14.03
흑룡강성	1.66	11.53	0.80	9.38	84.42	6.20
상해시	2.84	0.02	0.08	95.50	0.90	3.60
강소성	7.47	1.34	1.72	64.58	15.05	20.37
절강성	2.44	5.52	8.50	11.48	33.67	54.85
안휘성	6.24	4.67	5.82	30.78	29.85	39.37
복건성	1.20	11.24	6.60	4.85	58.68	36.46
강서성	5.73	6.98	5.35	25.91	40.92	33.17
산동성	5.27	1.18	6.23	34.38	9.95	55.67
하남성	7.49	7.25	3.18	35.26	44.21	20.53
호북성	3.51	2.93	1.27	38.76	42.01	19.23
호남성	6.32	7.23	8.13	23.55	34.93	41.52
광동성	2.46	7.77	3.26	14.49	59.21	26.30
광서자치구	1.63	6.07	5.20	9.82	47.34	42.83
해남성	1.69	2.11	7.46	11.52	18.65	69.84
중경시	1.50	0.45	2.13	29.95	11.76	58.29
사천성	6.58	5.27	3.56	36.02	37.34	26.65
귀주성	1.15	0.83	2.91	18.53	17.24	64.22
운남성	3.96	5.19	10.57	15.74	26.70	57.55

서장자치구	0.21	0.25	1.58	7.92	11.88	80.20
섬서성	2.86	0.33	2.42	43.32	6.48	50.20
감숙성	2.60	0.04	0.98	65.10	1.34	33.56
청해성	0.40	0.04	0.00	88.24	11.76	0.00
영하자치구	1.34	0.00	0.10	90.91	0.00	9.09
신강자치구	2.62	0.33	0.63	67.12	10.96	21.92

자료:『中国农村统计年鉴2006』.

그 다음은 강소성(江苏省)이 7.47%, 사천성(四川省)이 6.58%, 호남성(湖南省)이 6.32%, 안휘성(安徽省)이 6.24%, 강서성(江西省)이 5.73%, 산동성(山东省)이 5.27%, 내몽고자치구(内蒙古自治区)가 4.93%, 요녕성(辽宁省)이 4.71%, 운남성(云南省)이 3.96%를 차지하고 있으며, 이들 10개 지역의 합계는 58.7%이다. 채벌과 운송의 부가가치 분포를 보면, 흑룡강성(黑龙江省)과 복건성(福建省)이 가장 많은 비중을 차지하고 있다. 전국 비중이 각각 11.53%와 11.24%이다. 그 다음은 광동성(广东省)이 7.77%, 하남성(河南省)이 7.25%, 호남성(湖南省)이 7.23%, 강서성(江西省)이 6.98%, 광서자치구(广西自治区)가 6.07%, 절강성(浙江省)이 5.52%, 사천성(四川省)이 5.27%, 길림성(吉林省)이 5.25%를 차지하고 있으며, 이들 10개 지역의 합계는 74.11%이다. 임산품 부가가치의 전국 분포를 보면, 운남성(云南省)이 10.57%로 가장 높은 비중을 차지하고 있다. 그리고 절강성(浙江省)이 8.50%, 호남성(湖南省)이 8.13%, 해남성(海南省)이 7.46%, 복건성(福建省)이 6.60%, 산동성(山东省)이 6.23%, 안휘성(安徽省)이 5.82%, 강서성(江西省)이 5.35%, 광서자치구(广西自治区)가 5.20%, 호북성(河北省)이 4.04%를 차지하고 있으며, 이들 10개 지역의 합계는 67.90%이다.

2.2.4. 목축업의 산업구조

중국 목축업의 산업구조를 보면, 돼지사육이 가장 큰 비중을 차지하고 있다. 2005년 총생산액을 기준으로 할 때 돼지사육의 비중이 전체 목축업의 50.31%를 차지하고 있다. 그 다음은 닭, 오리와 같은 가금류의 비중이 29.11%며, 소, 양과 같은 가축류의 비중은 20.59%이다.

가축류의 총생산액이 가장 큰 지역은 하남성(河南省)으로 전국 비중이 13.78%를 차지하고 있다. 그 다음은 하북성(河北省)이 11.68%, 내몽고자치구(内蒙古自治区)가 11.12%, 산동성(山东省)이 8.32%, 흑룡강성(黑龙江省)이 6.76%, 요녕성(辽宁省)이 5.33%, 신강자치구(新疆自治区)가 5.09%, 사천성(四川省)이 4.89%, 길림성(吉林省)이 4.20%, 안휘성(安徽省)이 3.77%를 차지하고 있으며, 이들 10개 지역의 합계는 74.94%이다.

돼지사육 총생산액의 전국 분포를 보면, 사천성이 10.12%로 가장 많은 비중을 가지고 있으며, 호남성(湖南省)은 9.47%, 하남성(河南省)은 8.89%, 하북성(河北省)은 6.56%, 산동성(山东省)은 6.15%, 호북성(湖北省)은 5.75%, 광동성(广东省)은 5.55%, 광서자치구(广西自治区)는 4.95%, 안휘성(安徽省)은 4.19%, 운남성(云南省)은 3.75%를 차지하고 있으며, 이들 10개 지역의 합계는 65.38%이다.

<표 4-29> 지역별 목축업의 산업구조 : 2005년 총생산액 기준

지역	전국 비중(%)			지역 내 비중(%)		
	소·양	돼지	가금류	소·양	돼지	가금류
북경시	1.44	0.67	1.19	30.31	34.53	35.16
천진시	1.18	0.66	0.70	31.22	42.60	26.18
하북성	11.68	6.56	9.55	28.35	38.90	32.75
산서성	1.38	1.22	0.82	25.00	54.12	20.88
내몽고자치구	11.12	1.40	1.40	67.32	20.68	12.00
요녕성	5.33	3.54	6.57	22.91	37.15	39.94
길림성	4.20	2.92	4.16	24.41	41.41	34.19
흑룡강성	6.76	2.67	2.93	38.77	37.49	23.74
상해시	0.29	0.38	0.56	14.53	46.23	39.25
강소성	2.06	3.73	6.42	10.18	45.00	44.82
절강성	0.53	2.66	1.67	5.69	69.14	25.17
안휘성	3.77	4.19	4.59	18.39	49.93	31.68
복건성	0.75	2.82	1.81	7.36	67.53	25.10
강서성	0.95	3.56	2.47	7.22	66.20	26.59
산동성	8.32	6.15	12.11	20.55	37.14	42.31
하남성	13.78	8.89	7.70	29.70	46.83	23.47
호북성	1.13	5.75	3.81	5.49	68.34	26.17
호남성	1.77	9.47	4.58	5.63	73.72	20.65
광동성	0.51	5.55	6.25	2.22	59.21	38.57

광서자치구	1.40	4.95	3.32	7.67	66.49	25.83
해남성	0.33	0.74	0.97	9.41	51.57	39.03
중경시	0.56	2.36	1.94	6.19	63.56	30.25
사천성	4.89	10.12	10.32	11.06	55.92	33.02
귀주성	0.98	2.16	0.75	13.36	72.14	14.50
운남성	1.88	3.75	1.13	14.84	72.51	12.65
서장자치구	1.08	0.02	0.01	94.68	3.65	1.66
섬서성	2.37	1.49	0.95	32.25	49.46	18.29
감숙성	1.90	0.97	0.40	39.28	49.06	11.66
청해성	1.55	0.14	0.04	79.73	17.54	2.73
영하자치구	1.01	0.17	0.19	59.73	24.38	15.88
신강자치구	5.09	0.34	0.69	73.98	11.91	14.11

자료: 『中国农村统计年鉴2006』.

가금류 총생산액의 전국 분포를 보면, 산동성(山东省)이 12.11%로 가장 많으며, 사천성(四川省)은 10.32%, 하북성(河北省)은 9.55%, 하남성(河南省)은 7.70%, 요녕성(辽宁省)은 6.57%, 강소성(江苏省)은 6.42%, 광동성(广东省)은 6.25%, 안휘성(安徽省)은 4.59%, 호남성(湖南省)은 4.58%, 길림성(吉林省)은 4.16%를 차지하고 있으며, 이들 10개 지역의 합계는 72.25%이다.

가축류의 산업구조를 좀 더 구체적으로 보면, 소, 양, 유제품의 세 가지 종류로 나누어 볼 수 있다. 그 중 소의 총생산액이 가장 큰 지역은 하남성으로 전국의 17.89%를 차지하고 있으며, 그 다음은 하북성이 13.02%, 산동성이 9.25%, 길림성이 7.56%, 흑룡강성(黑龙江省)이 6.89%, 요녕성이 6.79%, 안휘성이 4.81%, 사천성이 4.72%, 내몽고자치구(内蒙古自治区)가 3.08%, 호남성이 2.60%을 차지하고 있으며, 이들 10개 지역의 합계는 76.61%이다.

양의 총생산액이 가장 많은 지역은 내몽고자치구(内蒙古自治区)로서 전국의 15.04%를 차지하고 있으며, 그 다음은 하남성으로 14.44%를 차지하고 있다. 그리고 하북성은 9.71%, 신강자치구(新疆自治区)는 9.01%, 산동성은 7.45%, 사천성은 7.29%, 안휘성은 4.88%, 강소성은 3.95%, 요녕성(辽宁省)은 3.41%, 감숙성(甘肃省)은 2.64%를 차지하고 있으며, 이들 10개 지역의 합계는 77.82%이다.

우유를 이용한 유제품 생산액의 전국 비중은 내몽고자치구가 22.45%로서 절대적인 비중을 차지하고 있다. 그 다음은 흑룡강성이 13.49%, 하북성이 11.84%, 산동성이 8.10%, 신강자치구가 4.64%, 섬서성(陕西省)이 4.27%, 하남성이 4.25%, 요녕성이 3.66%, 사천성이 2.58%, 북경시(北京市)가 2.56%를 차지하고 있으며, 이들 10개 지역의 합계는 77.84%이다.

유제품은 다른 농산품과 비교할 때 지역별 집중도가 상대적으로 높다. 유제품은 다른 농산품과 달리 양이나 젖소가 사육되지 않으면 안 된다. 내몽고자치구는 다른 지역과 비교할 때 소의 생산액은 높지 않지만 양의 생산액은 매우 높다. 따라서 내몽고자치구의 유제품 생산량이 다른 지역에 비해 높게 나타난다.

<표 4-30> 지역별 소 · 양 · 유제품의 산업구조 : 2005년 총생산액 기준

지역	부가가치(억 위안)			전국 비중(%)		
	소	양	유제품	소	양	유제품
북경시	12.3	11.7	13.1	0.98	1.58	2.56
천진시	10.3	4.9	12.6	0.82	0.66	2.47
하북성	162.9	71.8	60.5	13.02	9.71	11.84
산서성	12.1	11.1	10	0.97	1.50	1.96
내몽고자치구	38.5	111.2	114.7	3.08	15.04	22.45
요녕성	85	25.2	18.7	6.79	3.41	3.66
길림성	94.6	5.6	7.8	7.56	0.76	1.53
흑룡강성	86.2	14.8	68.9	6.89	2.00	13.49
상해시	0.1	1.5	5.8	0.01	0.20	1.14
강소성	7.1	29.2	13	0.57	3.95	2.54
절강성	1.6	6.9	5.3	0.13	0.93	1.04
안휘성	60.2	36.1	2.5	4.81	4.88	0.49
복건성	8.1	6.5	5.2	0.65	0.88	1.02
강서성	20	2.1	2.3	1.60	0.28	0.45
산동성	115.7	55.1	41.4	9.25	7.45	8.10
하남성	223.9	106.8	21.7	17.89	14.44	4.25
호북성	18	7.2	2.7	1.44	0.97	0.53
호남성	32.5	12.2	1.8	2.60	1.65	0.35
광동성	8.8	1	3.7	0.70	0.14	0.72
광서자치구	29.8	5.2	1.8	2.38	0.70	0.35
해남성	6.1	2.3	0	0.49	0.31	0.00
중경시	6.9	5.7	2.2	0.55	0.77	0.43

사천성	59	53.9	13.2	4.72	7.29	2.58
귀주성	20.1	3.9	1.5	1.61	0.53	0.29
운남성	27.8	13.2	5.3	2.22	1.78	1.04
서장자치구	11.2	6.8	6.2	0.90	0.92	1.21
섬서성	20.8	16	21.8	1.66	2.16	4.27
감숙성	19.2	19.5	7.5	1.53	2.64	1.47
청해성	14.6	16.8	6.8	1.17	2.27	1.33
영하자치구	7.2	8.7	9.2	0.58	1.18	1.80
신강자치구	30.5	66.6	23.7	2.44	9.01	4.64

자료:『中国农村统计年鉴2006』.

2.2.5. 어업의 산업구조

어업은 특별한 자연조건이 있을 경우에만 발전할 수 있다. 따라서 동부 연해안 지역이나 장강 유역에서 어업이 발전하고 있다. 2005년 총생산액을 기준으로 하면, 내륙어업의 생산액이 해양어업의 생산액보다 조금 높다. 특히 양식업의 비중이 어업 총생산액의 69.04%를 차지하고 있다. 양식업 중에서도 내륙양식업이 전체 어업 총생산액의 47.00%를 차지하고 있다. 즉 중국의 어업은 내륙 양식업을 중심으로 하고 있다고 볼 수 있다.

2005년 기준 해양어업의 총생산액의 지역별 분포를 보면 산동성(山东省)이 20.69%로 가장 많은 비중을 차지하고 있으며, 복건성(福建省)이 18.01%, 절강성(浙江省)이 15.40%, 요녕성(辽宁省)이 12.73%, 광동성(广东省)이 12.62%, 강소성(江苏省)이 6.81%, 해남성(海南省)이 6.42%, 광서자치구(广西自治区)가 3.53%, 하북성(河北省)이 2.55%, 상해시(上海市)가 0.75%를 차지하고 있으며, 이들 10개 지역의 합계는 99.51%이다. 그리고 이들 10개 지역은 모두 동부 연해안 지역에 위치하고 있다.

해양어업 중 양식업의 총생산액의 전국 분포를 보면, 역시 산동성(山东省)이 24.30%로 가장 높은 비중을 차지하고 있으며, 그리고 복건성(福建省)이 21.53%, 광동성(广东省)이 16.85%, 요녕성(辽宁省)이 13.25%, 절강성(浙江省)이 10.35%, 강소성(江苏省)이 6.80%, 광서자치구(广西自治区)가 2.99%, 하북성(河北省)이 2.18%, 해남성(海南省)이 1.38%, 천진시(天

津市)가 0.35%를 차지하고 있으며, 이들 10개 지역의 합계는 99.98%를 차지하고 있다.

내륙어업의 총생산액 분포를 보면 강소성(江苏省)이 17.65%로서 가장 많은 비중을 차지하고 있으며, 그 다음은 광동성(广东省)이 13.39%, 호북성(湖北省)이 10.76%, 안휘성(安徽省)이 7.53%, 강서성(江西省)이 7.40%, 호남성(湖南省)이 6.30%, 복건성(福建省)이 4.87%, 절강성(浙江省)이 4.59%, 산동성(山东省)이 4.07%, 광서자치구(广西自治区)가 3.62%를 차지하고 있으며, 이들 10개 지역의 합계는 80.18%이다.

내륙양식업의 총생산액 역시 강소성(江苏省)이 18.10%로 가장 많은 비중을 차지하고 있으며, 광동성(广东省)이 14.91%, 호북성(湖北省)이 10.75%, 강서성(江西省)이 7.01%, 호남성(湖南省)이 6.51%, 안휘성(安徽省)이 5.66%, 복건성(福建省)이 4.98%, 절강성(浙江省)이 4.74%, 산동성(山东省)이 4.21%, 사천성(四川省)이 3.90%를 차지하고 있으며, 이들 10개 지역의 합계는 80.77%이다.

<표 4-31> 지역별 어업의 산업구조 : 2005년 총생산액 기준

지역	전국 비중(%)				지역 내 비중(%)			
	해양 어업	양식	내륙 어업	양식	해양 어업	양식	내륙 어업	양식
북경시	0.0	0.0	0.4	0.5	0.0	0.0	100.0	100.0
천진시	0.5	0.4	1.2	1.4	24.8	8.5	75.2	72.2
하북성	2.6	2.2	1.5	1.4	58.4	24.3	41.6	32.0
산서성	0.0	0.0	0.1	0.1	0.0	0.0	100.0	96.3
내몽고자치구	0.0	0.0	0.3	0.3	0.0	0.0	100.0	65.3
요녕성	12.7	13.3	3.4	2.7	75.5	38.3	24.5	16.4
길림성	0.0	0.0	0.7	0.7	0.0	0.0	100.0	92.6
흑룡강성	0.0	0.0	1.3	1.5	0.0	0.0	100.0	100.0
상해시	0.8	0.0	1.7	2.0	26.3	0.4	73.7	72.5
강소성	6.8	6.8	17.7	18.1	24.2	11.8	75.8	66.8
절강성	15.4	10.4	4.6	4.7	73.5	24.1	26.5	23.5
안휘성	0.0	0.0	7.5	5.7	0.0	0.0	100.0	64.5
복건성	18.0	21.5	4.9	5.0	75.4	43.9	24.6	21.6
강서성	0.0	0.0	7.4	7.0	0.0	0.0	100.0	81.4
산동성	20.7	24.3	4.1	4.2	80.8	46.2	19.2	17.1
하남성	0.0	0.0	1.6	1.7	0.0	0.0	100.0	91.5

호북성	0.0	0.0	10.8	10.8	0.0	0.0	100.0	85.8
호남성	0.0	0.0	6.3	6.5	0.0	0.0	100.0	88.8
광동성	12.6	16.9	13.4	14.9	43.8	28.5	56.2	53.7
광서자치구	3.5	3.0	3.6	3.8	44.6	18.4	55.4	50.3
해남성	6.4	1.4	0.7	0.3	88.4	9.2	11.7	4.5
중경시	0.0	0.0	1.1	1.2	0.0	0.0	100.0	94.1
사천성	0.0	0.0	3.6	3.9	0.0	0.0	100.0	93.8
귀주성	0.0	0.0	0.4	0.4	0.0	0.0	100.0	75.5
운남성	0.0	0.0	1.1	1.1	0.0	0.0	100.0	89.1
서장자치구	0.0	0.0	0.0	0.0	0.0	0.0	0.0	0.0
섬서성	0.0	0.0	0.3	0.0	0.0	0.0	100.0	0.0
감숙성	0.0	0.0	0.1	0.1	0.0	0.0	100.0	90.9
청해성	0.0	0.0	0.0	0.0	0.0	0.0	100.0	100.0
영하자치구	0.0	0.0	0.2	0.2	0.0	0.0	100.0	92.5
신강자치구	0.0	0.0	0.2	0.0	0.0	0.0	100.0	0.0

자료: 『中国农村统计年鉴2006』.

2.3. 지역별 농산물 생산량

2.3.1. 농산물 생산량

양곡생산량은 국가경제에 있어서 매우 중요하다. 특히 식량의 자급정도는 사회안정에 결정적인 역할을 하기 때문이다. 중국의 통계지표에 의하면 양곡은 곡물, 콩류, 감자류를 포함하고 있다. 곡물은 다시 벼, 밀, 옥수수, 조, 수수 등을 포함하고 있으며, 감자류에는 고구마도 포함하고 있다.

지난 50여 년 간 중국의 양곡 생산량은 크게 성장하였다. 1949년 양곡 생산량은 11,318만 톤이었으나 2005년에는 48,402만 톤으로 4.28배가 성장하였다. 그 중 곡물은 1949년 8,943만 톤에서 2005년 41,157만 톤으로 4.6배가 성장하였으며, 콩류는 1949년의 509만 톤에서 2005년 2,158만 톤으로 4.24배, 감자류는 985만 톤에서 3,469만 톤으로 3.52배가 성장하였다.

중국의 양곡생산량 중에서 곡물이 85.03%로 절대적인 비중을 차지하고 있다. 곡물 중에서는 벼의 생산량이 가장 많으며 2005년을 기준으로 할 때 17,909만 톤이며, 그 다음은 옥수수로 13,029만 톤을 생산하고 있다. 밀의 생산량도 9,195만 톤에 달하고 있으나 조와 수수의 생산량은 상대적으로 적은 181만 톤과 233만 톤 정도에 머물고 있다.

<표 4–32> 양곡 생산량 추이

(단위: 만 톤, %)

연도	양곡	곡물						콩류	감자류
			벼	밀	옥수수	조	수수		
1949	11,318	79.02	42.98	12.20	10.97	5.96	6.89	4.5	8.7
1952	16,392	76.89	41.75	11.06	10.28	6.77	7.03	5.8	9.9
1957	19,505	75.91	44.49	12.12	10.99	3.92	4.39	5.1	11.2
1965	19,453	77.07	45.09	12.96	12.16	3.66	3.19	3.1	10.2
1970	23,996	79.49	45.84	12.16	13.76	3.67	4.06	3.6	11.1
1975	28,452	82.95	44.13	15.93	16.60	3.79	2.52	2.5	10.0
1978	30,477	85.75	44.93	17.67	18.36	2.65	2.15	2.4	10.4
1980	32,056	84.21	43.65	17.22	19.53	2.12	1.70	2.4	8.9
1985	37,911	86.99	44.46	22.63	16.84	1.48	1.58	2.7	6.8
1990	44,624	88.44	42.43	22.01	21.70	1.27	1.03	2.4	6.1
1995	46,662	89.18	39.70	21.90	24.00	1.02	0.65	3.8	6.9
2000	46,218	87.68	40.66	21.56	22.93	0.56	0.46	4.3	7.9
2005	48,402	85.03	37.00	19.00	26.92	0.37	0.48	4.4	7.1

자료: 『中国农村统计年鉴2006』.

지역별로 양곡생산량이 가장 많은 지역은 하남성(河南省)으로 전국 양곡 생산량의 9.51%를 차지하고 있다. 그 다음은 산동성(山东省)으로 전국 양곡 생산량의 8.13%를 차지하고 있다. 양곡 생산량이 많은 지역은 이 두 지역 이외에도 사천성(四川省), 흑룡강성(黑龙江省), 강소성(江苏省), 호남성(湖南省), 안휘성(安徽省), 하북성(河北省), 길림성(吉林省), 호북성(湖北省) 등이 있으며, 이들 지역의 합계는 전국 생산량의 62.81%를 차지하고 있다. 한 가지 주의할 것은 동북지역의 두 개 성 즉 흑룡강성(黑龙江省)과 길림성(吉林省)의 양곡생산량이 많다는 점이다.

곡물생산량이 가장 많은 지역도 역시 하남성(河南省)으로 2005년 기준 4,255.50만 톤의 생산량을 가지고 있으며 전국 곡물생산량의 10.0%를 차지하고 있다. 그 다음은 산동성(山

东省)으로 3,650.10만 톤의 곡물생산량을 가지고 있으며, 전국에서 차지하는 비중은 8.53%에 달한다. 이 두 지역 이외에도 강소성(江苏省), 사천성(四川省), 하북성(河北省), 호남성(湖南省), 안휘성(安徽省), 길림성(吉林省), 흑룡강성(黑龙江省), 호북성(湖北省) 등의 곡물생산량이 많으며, 이들 10개 지역의 곡물생산량 합계는 전국의 63.4%를 차지하고 있다.

곡물생산량이 전국적인 분포가 상대적으로 균등한 반면, 콩류의 생산량은 흑룡강성(黑龙江省)에 절대적으로 집중하고 있다. 전국 콩생산량의 31.51%가 흑룡강성에서 생산되고 있기 때문이다. 그 다음으로 콩생산량이 많은 지역은 내몽고자치구(内蒙古自治区)와 길림성(吉林省)으로 각각 7.60%와 7.08%를 차지하고 있다. 감자류의 생산량이 가장 많은 지역은 사천성(四川省)으로 전국 감자류 생산량의 14.36%를 차지하고 있다. 그리고 중경시(重庆市)의 감자류 생산량도 전국의 8.08%를 차지하고 있다. 즉 사천성 일대에서 전국 감자류 생산량의 1/4 정도가 생산되고 있는 것이다. 이외에도 하남성(河南省), 귀주성(贵州省), 산동성(山东省), 감숙성(甘肃省), 광동성(广东省), 운남성(云南省), 호남성(湖南省), 내몽고자치구(内蒙古自治区) 등에서도 비교적 많은 생산량이 있다. 이들 10개 지역의 합계는 전국 생산량의 66.3%를 차지하고 있다.

양곡생산이외의 경제작물들도 농촌경제발전에 있어서 중요한 의의가 있다. 특히 경제작물은 양곡에 비해 상대적으로 부가가치가 높기 때문에 농민소득 향상에 크게 기여할 수 있다. 대표적인 경제작물에는 땅콩, 유채씨, 면화, 황홍마, 사탕수수, 사탕무우, 담배잎, 채소 등이 있다. 땅콩의 생산량이 가장 많은 지역은 산동성(山东省)과 하남성(河南省)으로 전국 생산량의 각각 25.09%와 23.58%를 차지하고 있다. 그리고 하북성(河北省)이 9.78%, 안휘성(安徽省)이 5.53%, 광동성(广东省)이 5.29%의 생산량을 차지하고 있으며, 이들 5개 지역의 합계는 전국 땅콩 생산량의 69.27%를 차지하고 있다. 땅콩과 마찬가지로 유채씨의 생산량도 지역적 집중 현상을 보이고 있다. 호북성(湖北省)은 전국 생산량의 16.79%를 차지하고 있으며, 안휘성은 13.97%, 사천성(四川省)은 12.93%, 강소성(江苏省)은 12.16%, 호남성(湖南省)은 8.29%를 차지하고 있다. 이들 5개 지역의 합계는 전국 유채씨 생산량의 64.14%를 차지하고 있다. 면화 생산은 땅콩과 유채씨보다 더욱 높은 지역 집중을 나타내고 있다. 면화 생산량의 32.8%를 신강자치구(新疆自治区)가 차지하고 있으며, 산동

<표 4-33> 지역별 양곡 생산량과 비중 : 2005년 기준

(단위: 만 톤, %)

지역역	양곡		곡물		콩류		감자류	
	생산량	비중	생산량	비중	생산량	비중	생산량	비중
북경시	94.9	0.20	90.4	0.21	2.4	0.11	2.1	0.06
천진시	137.5	0.29	133.1	0.31	3.9	0.18	0.6	0.02
하북성	2,598.6	5.39	2,452.9	5.73	51.2	2.37	94.5	2.72
산서성	978.0	2.03	882.1	2.06	36.7	1.70	59.3	1.71
내몽고 자치구	1,662.2	3.45	1,342.1	3.14	164.1	7.60	156.0	4.50
요녕성	1,745.8	3.62	1,660.3	3.88	43.6	2.02	41.9	1.21
길림성	2,581.2	5.35	2,352.5	5.50	152.8	7.08	75.9	2.19
흑룡강성	3,092.0	6.41	2,324.7	5.43	680.0	31.51	87.3	2.52
상해시	105.4	0.22	101.3	0.24	3.2	0.15	0.9	0.03
강소성	2,834.6	5.88	2,696.9	6.30	82.4	3.82	55.3	1.59
절강성	814.7	1.69	705.3	1.65	47.4	2.20	62.0	1.79
안휘성	2,605.3	5.40	2,385.8	5.58	95.5	4.43	124.0	3.57
복건성	715.2	1.48	544	1.27	24.7	1.14	146.5	4.22
강서성	1,757.0	3.65	1,677.6	3.92	24.9	1.15	54.6	1.57
산동성	3,917.4	8.13	3,650.1	8.53	68.2	3.16	199.1	5.74
하남성	4,582.0	9.51	4,277.5	10.00	74.4	3.45	230.1	6.63
호북성	2,177.4	4.52	1,956.2	4.57	65.0	3.01	156.2	4.50
호남성	2,678.6	5.56	2,452.7	5.73	56.7	2.63	169.2	4.88
광동성	1,395.0	2.89	1,185.1	2.77	24.4	1.13	185.5	5.35
광서자치구	1,487.3	3.09	1,384.9	3.24	40.3	1.87	62.1	1.79
해남성	153.0	0.32	116.0	0.27	2.2	0.10	34.8	1.00
중경시	1,168.2	2.42	845.8	1.98	42.2	1.96	280.3	8.08
사천성	3,211.1	6.66	2,581.4	6.03	131.5	6.09	498.2	14.36
귀주성	1,152.1	2.39	901.2	2.11	37.8	1.75	213.1	6.14
운남성	1,514.9	3.14	1,259.2	2.94	77.2	3.58	178.6	5.15
서장자치구	93.4	0.19	89.6	0.21	3.2	0.15	0.6	0.02
섬서성	1,043.0	2.16	963.9	2.25	37.1	1.72	42.0	1.21
감숙성	836.9	1.74	605.4	1.42	41.7	1.93	189.9	5.47
청해성	93.3	0.19	49.1	0.11	11.8	0.55	32.5	0.94
영하자치구	299.8	0.62	266.3	0.62	6.0	0.28	27.5	0.79
신강자치구	876.6	1.82	843.0	1.97	25.4	1.18	8.2	0.24

자료: 『中国农村统计年鉴2006』.

<표 4-34> 지역별 경제작물의 생산 비중 : 2005년 기준

(단위: %)

지역	땅콩	유채씨	면화	사탕수수	사탕무우	담배잎	채소
북경시	0.17	0.00	0.04	0.00	0.00	0.00	0.75
천진시	0.06	0.00	1.46	0.00	0.00	0.00	0.96
하북성	9.78	0.36	10.10	0.00	5.41	0.36	11.46
산서성	0.20	0.06	1.80	0.00	0.50	0.24	1.60
내몽고자치구	0.10	2.17	0.03	0.00	17.55	0.73	1.79
요녕성	2.30	0.01	0.05	0.00	0.80	1.28	3.46
길림성	2.00	0.00	0.03	0.00	0.93	2.22	1.47
흑룡강성	0.34	0.02	0.00	0.00	19.67	2.74	2.04
상해시	0.03	0.50	0.03	0.17	0.00	0.00	0.72
강소성	3.87	12.16	5.65	0.26	0.00	0.03	6.39
절강성	0.34	3.42	0.38	1.04	0.00	0.15	3.13
안휘성	5.53	13.97	5.68	0.25	0.00	0.97	2.96
복건성	1.78	0.14	0.00	1.08	0.00	4.35	2.48
강서성	2.21	3.19	1.53	0.90	0.00	0.79	2.03
산동성	25.09	0.23	14.81	0.00	0.00	2.81	15.25
하남성	23.58	6.72	11.85	0.29	0.00	10.75	10.42
호북성	4.20	16.79	6.56	0.50	0.00	4.15	5.17
호남성	2.21	8.29	3.46	1.16	0.00	7.94	4.25
광동성	5.29	0.08	0.00	12.86	0.00	2.35	4.60
광서자치구	3.84	0.48	0.02	59.50	0.00	1.23	3.77
해남성	0.60	0.00	0.00	3.22	0.00	0.00	0.55
중경시	0.68	2.44	0.00	0.13	0.00	3.36	1.58
사천성	4.32	12.93	0.43	1.53	0.03	6.77	4.81
귀주성	0.51	5.86	0.01	0.78	0.01	13.75	1.49
운남성	0.40	2.22	0.00	16.34	0.05	29.48	1.72
서장자치구	0.00	0.47	0.00	0.00	0.00	0.00	0.08
섬서성	0.53	2.32	1.36	0.00	0.01	2.21	1.54
감숙성	0.01	2.04	1.93	0.00	1.85	1.26	1.54
청해성	0.00	2.42	0.00	0.00	0.01	0.03	0.15
영하자치구	0.00	0.00	0.00	0.00	0.01	0.03	0.33
신강자치구	0.04	0.71	32.80	0.00	53.18	0.03	1.53

자료:『中国农村统计年鉴2006』.

성(山东省)이 14.81%, 하남성(河南省)이 11.85%, 하북성(河北省)이 10.1%, 호북성(湖北省)이 6.56%를 차지하고 있다. 이들 5개 지역의 합계는 전국 면화 생산량의 76.12%를 차지하고 있다. 사탕수수와 사탕무우도 지역적 집중 현상이 강하다. 사탕수수는 온도가 높은 지역에서 비교적 생산이 용이하며, 사탕무우는 온도가 낮은 지역에서 생산이 용이하기 때문이다. 광서자치구(广西自治区)는 전국 사탕수수 생산량의 59.5%를 생산하고 있으며, 운남성(云南省)과 광동성(广东省)은 각각 16.34%와 12.86%를 생산하고 있다. 그리고 해남성(海南省)과 사천성(四川省)도 약간의 생산량이 있으며 이들 5개 지역의 합계는 전국 사탕수수 생산량의 93.45%를 차지하고 있다. 사탕무우 생산량이 가장 많은 지역은 신강자치구(新疆自治区)로서 전국 생산량의 53.18%를 차지하고 있다. 그리고 흑룡강성(黑龙江省)과 내몽고자치구(内蒙古自治区)도 각각 19.67%와 17.55%의 생산량을 가지고 있으며, 하북성(河北省)과 감숙성(甘肃省)도 5.41%와 1.85%의 생산량을 가지고 있다. 이들 5개 지역의 합계는 전국 사탕무우 생산량의 97.66%를 차지하고 있다. 담배잎 생산량이 가장 많은 지역은 운남성(云南省)으로 전국 생산량의 29.48%를 차지하고 있다. 그리고 귀주성(贵州省), 하남성, 호남성, 사천성도 각각 13.75%, 10.75%, 7.94%, 6.77%를 생산하고 있으며, 이들 5개 지역의 합계는 전국 담배잎 생산량의 68.69%를 차지하고 있다. 채소의 생산량은 기타 경제작물보다는 지역적 집중 현상이 낮으며, 대부분의 지역에서 일정량의 생산량을 가지고 있다. 채소의 생산량이 특히 많은 지역은 산동성(山东省), 하북성(河北省), 하남성(河南省) 등으로 전국 생산량의 37.13%를 차지하고 있다.

차는 중국인들이 즐겨 마시는 기호식품으로서 중요한 경제작물 중의 하나이다. 차의 생산량이 가장 많은 지역은 복건성(福建省)으로서 전국 생산량의 19.77%를 차지하고 있다. 복건성은 지형적으로 산이 많고 기후도 다습하기 때문에 차의 생산에 적합하다. 절강성(浙江省)과 운남성(云南省)도 차 생산량이 비교적 많은 편이다. 절강성은 전국 차 생산량의 15.44%를 차지하고 있으며, 운남성은 12.4%를 차지하고 있다. 그리고 사천성(四川省)도 10.48%의 차 생산량을 가지고 있다. 장강(長江) 중류에 위치하고 있는 호북성(湖北省)도 전국 차 생산량의 9.09%를 생산하는 중요한 차 생산지역이다. 이들 5개 지역의 합계는 전국 차 생산량의 67.18%를 점하고 있다.

과일은 경제발전 수준이 향상됨에 따라 소비량이 급속히 증가하는 경제작물이다. 특히 대도시 주변의 농촌지역의 과일은 농민들에게 높은 부가가치를 창출하게 하는 중요한 소득기반이 된다. 그러나 과일은 해당 지역의 기후적 조건에 따라서 재배가 가능한 것과 재배가 불가능한 것이 있기 때문에 어느 정도의 지역성에서 벗어나기 힘들다. 일반적으로 바나나는 열대기후에서 재배가 가능하다. 따라서 광동성(广东省)은 바나나가 가장 많이 생산되는 지역이다. 광동성은 전국 바나나 생산량의 50.66%를 차지하고 있다. 광서자치구(广西自治区), 해남성(海南省), 복건성(福建省)도 유리한 기후조건으로 인해 바나나 생산량의 18.01%, 14.01%, 13.13%를 생산하고 있으며, 운남성(云南省)도 3.76%의 생산량을 가지고 있다. 사과의 생산량이 가장 많은 지역은 산동성(山东省), 섬서성(陕西省), 하남성(河南省)으로 각각 전국 생산량의 27.97%, 23.33%, 12.52%를 차지하고 있다. 그리고 이들 세 지역의 합계는 전국 사과 생산량의 63.82%를 차지하고 있다. 감귤은 기후조건에 영향을 많이 받는 과일이다. 따라서 남쪽 지방에서 많이 생산된다. 감귤 생산량이 많은 지역은 복건성, 사천성, 호남성, 광동성, 광서자치구 등이다. 그리고 절강성과 호북성도 감귤 생산량이 많은 지역이다. 이들 7개 지역의 감귤 생산량은 전체의 82.04%를 차지하고 있다. 배는 하북성에서 전체 생산량의 28.67%가 생산되고 있다. 산동성의 생산량 비중은 9.37%로 이들 두 지역의 합계는 38.04%로 절대적이다. 포도의 생산량도 상당히 높은 지역 집중을 나타내고 있다. 하북성의 포도 생산량 비중은 14.91%로 전국에서 가장 높으며, 두 번째는 산동성으로 14.35%, 세 번째는 요녕성으로 10.04%이다. 이 들 세 지역의 합계는 39.30%이다. 대추는 전국 생산량의 절반 이상이 하북성과 산동성에서 생산되고 있다. 이 두 지역의 생산량 비중 합계는 전국의 약 60%를 차지하고 있다. 감은 광서자치구의 생산량 비중이 20.19%로 가장 높으며, 그 다름은 하북성과 하남성으로 각각 15.26%와 11.83%를 차지하고 있다.

<표 4-35> 지역별 과일의 생산 비중 : 2005년 기준

(단위: %)

지역	바나나	사과	감귤	배	포도	대추	감
북경시	0.00	0.58	0.00	1.29	0.87	0.28	2.60
천진시	0.00	0.28	0.00	0.20	1.61	0.99	0.52
하북성	0.00	9.17	0.00	28.67	14.91	32.45	15.26
산서성	0.00	6.87	0.00	2.17	2.06	7.91	2.52
내몽고자치구	0.00	0.26	0.00	0.69	0.50	0.00	0.00
요녕성	0.00	5.41	0.00	6.10	10.04	2.89	0.00
길림성	0.00	1.05	0.00	1.19	1.90	0.00	0.00
흑룡강성	0.00	0.74	0.00	0.43	0.36	0.00	0.00
상해시	0.00	0.00	1.13	0.17	0.46	0.04	0.10
강소성	0.00	2.30	0.33	4.91	2.64	0.40	5.54
절강성	0.00	0.00	9.30	2.74	3.80	0.00	1.65
안휘성	0.00	1.16	0.08	5.63	2.99	0.81	4.71
복건성	13.13	0.00	13.53	1.30	1.02	0.00	7.34
강서성	0.00	0.00	6.90	0.66	0.06	0.22	0.43
산동성	0.00	27.97	0.00	9.37	14.35	27.62	6.36
하남성	0.00	12.52	0.23	5.78	7.12	10.77	11.83
호북성	0.00	0.05	9.19	4.43	0.86	0.81	2.18
호남성	0.00	0.00	13.32	0.96	0.90	0.87	0.46
광동성	50.66	0.00	11.48	0.38	0.00	0.00	5.25
광서자치구	18.01	0.00	11.79	1.07	2.06	0.92	20.19
해남성	14.01	0.00	0.12	0.00	0.00	0.00	0.00
중경시	0.03	0.03	5.71	1.59	0.36	0.07	0.29
사천성	0.27	1.01	13.43	6.05	2.78	0.33	1.93
귀주성	0.13	0.04	1.08	1.09	0.36	0.07	0.62
운남성	3.76	0.66	1.33	1.74	1.20	0.16	1.56
서장자치구	0.00	0.02	0.00	0.01	0.00	0.00	0.00
섬서성	0.00	23.33	1.05	5.49	2.41	7.56	7.96
감숙성	0.00	4.22	0.02	2.50	1.34	3.03	0.68
청해성	0.00	0.03	0.00	0.05	0.00	0.00	0.00
영하자치구	0.00	0.93	0.00	0.11	0.83	0.63	0.00
신강자치구	0.00	1.38	0.00	3.25	22.22	1.15	0.00

자료: 『中国农村统计年鉴2006』.

2.3.2. 축산물 생산량

경제작물이나 과일과 달리 육류의 지역별 생산량은 상대적으로 균등하다. 생산량의 차이는 있지만 거의 모든 지역에서 육류의 생산량이 있다. 그 중에서 육류생산량이 가장 많은 지역은 산동성(山东省)으로 전국 육류 생산량의 9.74%를 차지하고 있다. 그리고 하남성(河南省), 사천성(四川省), 하북성(河北省), 호남성(湖南省)도 각각 8.86%, 8.44%, 7.39%, 6.76%의 생산량을 가지고 있으며, 이들 5개 지역의 육류생산량 합계는 전국의 41.19%를 차지하고 있다.

육류를 구체적으로 보면, 돼지고기의 생산량이 가장 많은 지역은 사천성(四川省)으로 전국 생산량의 10.25%를 차지하고 있다. 그리고 상위 5개 지역의 합계는 41.83%를 차지하고 있다. 소고기의 생산량이 가장 많은 지역은 하남성(河南省)으로 전국 생산량의 14.17%를 차지하고 있다. 그리고 하북성(河北省), 산동성(山东省), 길림성(吉林省), 요녕성(辽宁省)도 각각 12.21%, 11.34%, 7.17%, 5.93%의 소고기 생산량을 가지고 있으며, 이들 5개 지역의 소고기 생산량은 전국의 50.82%를 차지하고 있다.

돼지고기와 소고기와 비교해 양고기는 상대적으로 약간 높은 지역성을 나타내고 있다. 내몽고자치구(内蒙古自治区)와 신강자치구(新疆自治区)가 가장 많은 양고기 생산량을 가지고 있으며, 각각 16.62%와 13.75%의 전국 비중을 차지하고 있다. 그리고 하남성(河南省), 산동성(山东省), 하북성(河北省)도 일정한 생산량을 가지고 있으며, 이들 5개 지역의 합계는 전국 양고기 생산량의 57.19%를 차지하고 있다. 우유의 생산량은 내몽고자치구가 전국의 25.10%를 차지하고 있으며, 흑룡강성(黑龙江省)은 15.99%, 하북성(河北省)은 12.36%를 차지하고 있다. 이들 세 지역은 전국 우유 생산량의 53.45%를 차지하고 있다. 꿀 생산량은 비교적 강한 지역 집중 현상을 보이고 있다. 절강성(浙江省)은 전국 꿀 생산량의 26.96%를 차지하고 있으며, 사천성(四川省)은 11.95%를 차지하고 있다. 계란의 생산량이 가장 많은 지역은 하북성(河北省), 산동성(山东省), 하남성(河南省)으로 전체 생산량의 44.11%를 차지하고 있다.

<표 4–36> 지역별 축산물의 생산 비중 : 2005년 기준

(단위: %)

지역	육류	돼지고기	소고기	양고기	유류	우유	꿀	계란
북경시	0.86	0.62	0.62	0.92	2.24	2.33	1.02	0.56
천진시	0.75	0.71	0.87	0.69	2.21	2.30	0.00	0.82
하북성	7.39	6.73	12.21	7.74	12.17	12.36	2.73	15.94
산서성	0.88	0.96	0.97	1.70	2.58	2.59	1.02	1.98
내몽고자치구	2.96	1.75	4.72	16.62	24.33	25.10	1.71	1.60
요녕성	4.49	3.82	5.93	1.63	2.75	2.72	0.68	7.78
길림성	3.36	2.16	7.17	0.96	1.05	1.07	2.73	3.47
흑룡강성	2.24	2.00	4.37	2.46	15.51	15.99	3.75	3.57
상해시	0.40	0.36	0.01	0.14	0.83	0.86	0.00	0.29
강소성	4.55	4.36	0.80	4.11	2.02	2.06	2.39	6.32
절강성	2.13	2.50	0.20	0.90	0.93	0.97	26.96	1.55
안휘성	4.39	4.30	4.64	3.77	0.38	0.40	3.75	4.24
복건성	2.14	2.66	0.41	0.48	0.69	0.70	3.07	1.52
강서성	3.06	3.51	1.43	0.37	0.44	0.45	3.75	1.46
산동성	9.74	7.33	11.34	8.36	7.71	6.80	2.73	15.34
하남성	8.86	8.80	14.17	10.72	3.79	3.78	9.22	13.03
호북성	4.23	5.12	2.29	1.38	0.43	0.44	2.73	4.21
호남성	6.76	8.72	2.56	2.66	0.24	0.25	3.41	3.20
광동성	4.96	5.12	1.01	0.16	0.42	0.42	4.78	1.15
광서자치구	3.14	3.71	2.38	0.87	0.19	0.20	2.73	0.61
해남성	0.75	0.74	0.42	0.30	0.00	0.00	0.34	0.09
중경시	2.30	2.87	0.82	0.83	0.30	0.31	2.05	1.36
사천성	8.44	10.25	4.01	4.59	2.06	2.13	11.95	5.46
귀주성	2.16	2.73	1.76	1.26	0.13	0.14	0.68	0.39
운남성	3.86	4.87	3.05	2.32	1.14	1.12	2.05	0.66
서장자치구	0.28	0.02	1.80	1.72	0.94	0.77	0.00	0.01
섬서성	1.33	1.37	1.67	2.14	4.95	4.12	1.02	1.69
감숙성	1.06	1.01	1.80	2.87	1.11	1.13	0.34	0.50
청해성	0.33	0.17	1.04	2.11	0.87	0.86	0.34	0.05
영하자치구	0.34	0.21	0.73	1.47	2.02	2.10	0.34	0.27
신강자치구	1.85	0.52	4.81	13.75	5.58	5.53	1.71	0.87

자료: 『中国农村统计年鉴2006』.

2.3.3. 수산물생산량

수산물의 생산은 자연적 조건이 만족되어야만 가능하기 때문에 매우 현저한 지역성을 나타내고 있다. 지역별 어류 생산량을 보면 연해안과 인접하고 있는 지역이 상대적으로 높은 생산량 비중을 보이고 있으며, 내륙지역에서는 양식업을 통한 어류 생산만이 가능하기 때문에 상대적으로 낮은 생산량을 나타내고 있다. 그러나 장강(長江)과 인접하고 있는 호북성(湖北省), 호남성(湖南省), 강서성(江西省)은 상대적으로 높은 어류 생산량을 가지고 있다. 『중국농촌통계연감(中国农村统计年鉴) 2006』에 의하면, 새우와 게의 생산량이 가장 많은 지역은 절강성(浙江省)이다. 그리고 조개류 생산이 가장 많은 지역은 산동성(山东省)이며, 김과 미역류의 생산량이 가장 많은 지역도 역시 산동성(山东省)이다.

2.4. 농산물 대외교역

중국은 농산물 생산량의 규모가 매우 크지만 인구 규모가 또한 크기 때문에 매년 필요한 농산물을 수입하기도 하고 또한 수출하기도 한다. 즉 중국은 농산물 수입국임과 동시에 농산물 수출국인 것이다. 주요 농산물 수출품목에는 돼지, 쌀, 면화, 채소, 과일, 수산품 등이 있으나, 최근 들어 쌀과 면화의 수출량은 크게 감소하였으며, 채소와 과일의 수출량은 크게 증가하였다. 1980년 채소의 수출량은 34.0만 톤이었으나 2005년에는 520.0만 톤으로 크게 증가하였다. 과일의 수출량도 24.2만 톤에서 200.0만 톤으로 크게 증가하였다. 수산품의 수출량 역시 크게 증가하였다. 1980년 11.2만 톤 정도이었지만 2005년에는 176.0만 톤으로 크게 상승하였다.

중국의 주요 농산물 수입품목에는 밀, 옥수수, 대두, 면화, 식용식물유 등이 있다. 이 중 밀의 수입량은 크게 감소하고 있으나, 대두와 면화, 그리고 식용식물유의 수입량은 최근 들어서 크게 증가하고 있다. 대두의 수입량은 1980년에 56.5만 톤에서 1985년에는 0.1만 톤으로 크게 감소하였으며 1995년에는 29.4만 톤으로 약간 증가하였으나 2000년에는 1,041.6만 톤으로 크게 증가하였으며 2005년에는 2,659.0만 톤으로 증가하였다. 면화 수입량도 2000년에는 4.7만 톤으로까지 감소하였으나 2005년에는 다시 257만 톤으로 크게 증가하였다.

<표 4-37> 중국의 농산물 대외교역 현황

(단위: 만 두, 만 톤)

구분		1980	1985	1990	1995	2000	2005
주요 수출 품목	돼지	316.0	296.0	300.0	253.0	203.0	176.0
	쌀	109.0	101.0	33.0	5.0	295.0	69.0
	면화	1.0	35.0	17.0	2.0	29.2	0.5
	채소	34.0	51.0	98.0	158.0	245.0	520.0
	과일	24.2	21.4	22.6	39.8	82.0	200.0
	수산품	11.2	12.0	35.8	61.0	120.0	176.0
주요 수입 품목	밀	1,057.0	541.0	1,253.0	1,159.0	88.0	354.0
	옥수수	163.8	9.1	36.9	518.1	–	–
	대두	56.5	0.1	0.1	29.4	1,041.6	2,659.0
	면화	88.5	–	41.7	74.0	4.7	257.0
	식용식물유	9.2	3.5	112.3	213.0	179.0	621.0

자료: 『中国农村统计年鉴2006』.

2.5. 향진기업의 발전

2.5.1. 향진기업의 의의

향진기업(乡镇企业, township—village enterprises : TVEs)은 중국 농촌지역에서 주로 농민들에 의해서 설립된 공업, 운수업, 서비스업 등 비농업부문의 각종 경제활동을 담당하는 다양한 형태의 비국유기업을 총칭하는 개념이다. 향진기업은 중국적인 특징이 강한 기업형태이다. 향진기업이란 중앙정부의 통제로부터 상대적으로 독립된 농촌지역(특히 乡과 镇)의 중소기업을 의미한다(조준현, 2008).

1997년부터 시행된 『향진기업법(乡镇企业法)』에 의하면, 향진기업이라 함은 농촌집단

경제조직 혹은 농민이 주요 투자자이며, 주로 향과 진에 입지하고 있는 농업을 지원하는 각 종 기업을 말한다. 여기서 주요 투자자라 함은 농촌집단 경제조직이나 농민의 투자가 50%를 초과하거나, 50%를 초과하지 못하더라도 경영권을 통제할 수 있거나 실질적인 지배를 하고 있는 것을 말한다.

향진기업이라는 개념은 1984년부터 사용되기 하였다. 향진기업의 전신은 사대기업(社隊企業)이다. 1950년대 이후 중국의 농촌지역에서는 인민공사(人民公社)—생산대대(生産大隊)—생산대(生産隊)의 관리체제가 유지되고 있었는데 이 때 인민공사가 직접 운영했던 기업인 사기업(社企業)과, 생산대대와 생산대가 운영했던 기업인 대기업(隊企業)을 합쳐서 사대기업(社隊企業)이라 불렀다. 향진기업은 향이나 촌에서 설립한 기업 및 사원들이 부분적으로 연합 경영하는 합작기업, 개체기업 및 기타 각종 형태의 합작기업을 통칭한다. 중국의 향진기업은 농민집체소유제 경제를 기반으로 하여 여러 종류의 소유제 형태를 취하고 있다. 일반적으로 향진기업은 소유제의 성격에 따라 세 종류로 나눌 수 있다. 첫째, 집체소유제(集體所有制: collective ownership 또는 community ownership)이다. collective ownership은 중국통계연감(中國統計年鑑)에서 공식적으로 사용하는 개념이기는 하지만 이는 공유(公有)라는 의미를 강조하는 측면이 있으며, community ownership은 집체라는 의미를 강조하고 있다. 즉, 공유제이다. 이때 공유의 범위와 정도에는 각 지역마다 다양한 차이가 존재한다. 둘째, 개체소유제(個體所有制: private ownership) 로 노동자 개인이나 가족에 의한 사유제(私有制)이다. 셋째, 기타 성질의 소유제로 혼합소유제(混合所有制) 이는 향진기업은 주체로 하되 경제발전의 필요에 따라 소유제나 예속관계가 있는 지역과 행정구획의 경계선을 타파하여 국영, 집체, 개인, 과학연구기관 및 외국기업들이 자발성과 호혜 평등의 기초 위에 공동투자로 설립한 각 종 형태의 연합경영 기업을 말한다.

향진기업의 발전은 과거의 농촌공업이 경제적 이익과 효율성을 도외시한 채 운영되었던 반면, 개혁 이후 새로 생겨난 향진기업은 농촌의 잉여 노동력을 이용하여 농민 자신을 풍요롭게 할 것을 목적으로 하고 있다는 점에서 그 요인을 찾을 수 있다. 그러나 중국은 지역이 광활하기 때문에 동일한 향진기업이라도 지역에 따라 서로 상이한 특징을 가지고 있다. 따라서 중국 내에는 여러 개의 향진기업 모델이 형성되어 발전하고 있는데, 그 중 대표적인 것은 강소성(江苏省) 남부 지역의 소주(苏州), 무석(无锡) 등을 중심으로 발전한 소남(苏南)모델, 절강성(浙江省)의 온주(温州)를 중심으로 한 온주(温州)모델, 광동성(广东省)의 주강삼각주를 중심으로 발전한 주강(珠江)모델 등이 있다. 소남(苏南)모델은 집체형 향진기업을, 온주(温州)모델은 사영 향진기업을, 그리고 주강(珠江)모델은 외향형 향진기업을 대표하고 있다(조준현, 2008).

이렇게 농촌을 중심으로 발전하고 있는 향진기업은 몇 가지 특징을 가지고 있다. 첫째, 기존의 사대기업(社隊企業)에서 발전한 향진기업은 일반적으로 창업자금의 기초가 양호하다. 그들이 보유한 기업자산은 대부분 인민공사 체제하에서 각종 행정수단을 통해 집중되었던 농민의 노동축적과 자금축적을 기반으로 하고 있다. 농민은 자신의 노동소득을 향진기업에 창업자금으로 투자하였기 때문에 그들의 자체 이익과 기업 효율은 밀접한 관계를 맺고 있으며 전민(全民) 또는 집체기업의 노동자들에 비하여 더욱 높은 책임감과 생산에 대한 적극성을 갖고 있다. 둘째, 향진기업의 설립은 일반적으로 모두 향촌 혹은 몇몇의 농민을 중심으로 이루어져 있기 때문에 도시기업과 비교해 보면 대부분 그 규모가 작다. 이처럼 향진기업은 신속하게 반응을 보인다거나 생산의 전환도 빨라 상품을 새롭게 바꾸는 데 용이하다. 셋째, 인사, 재무, 경영관리 등의 부문에서 국영기업에 비해 더욱 많은 자주권과 민첩성을 지니고 있다.

2.5.2. 향진기업의 발전 과정

농촌경제의 발전 특히 개혁개방 이후 농촌경제 발전과 더불어 향진기업은 급속한 성장을 하고 있다. 1979년 향진기업의 수는 148만 개이고, 취업인구는 2,827만 명이었으나, 2005년에는 향진기업 수는 2,315만 개로 15.64배 성장하였으며, 취업인구는 14,680만 명으로 5.2배 성장하였다.

향진기업은 농촌 노동력의 탈농업화에 큰 역할을 담당하고 있다. 1978년 향진기업의 취업인구가 전체 농촌 취업인구에서 차지하는 비중은 9.23%정도이었으나, 2005년에는 30.27%로 크게 증가하였다. 이는 농촌 취업인구가 농업이 아닌 기타 2차 산업이나 3차 산업으로 많이 이전되고 있음을 나타낸다. 1984년과 1985년 사이에 향진기업의 수가 급속도로 증가하고 있다. 이는 당시 농촌개혁의 영향으로 계획경제에서 속박되어 있는 농촌의 생산력이 크게 증가하는 계기가 되고 있다.

그러나 1990년대 중반 이후 향진기업의 성장세는 크게 둔화되어 가는데, 그 이유는 중국 정부가 개혁의 중심을 도시부문으로 이동하면서 향진기업의 성장을 상대적으로 억제한 측면도 있고, 또한 여러 형태의 사영기업들이 등장하면서 경쟁의 격화로 인해 도태된 기업도 많기 때문이다. 1990년대 중반 이후 향진기업의 대부분은 주식제 기업으로 개조되거나 또는 사영기업화 되었다. <그림 4–2>와 <그림 4–3>에서 나타나고 있듯이 1994년부터 1996년까지를 정점으로 향진기업의 수와 취업인구가 약간 감소하는 추세를 보이고 있지

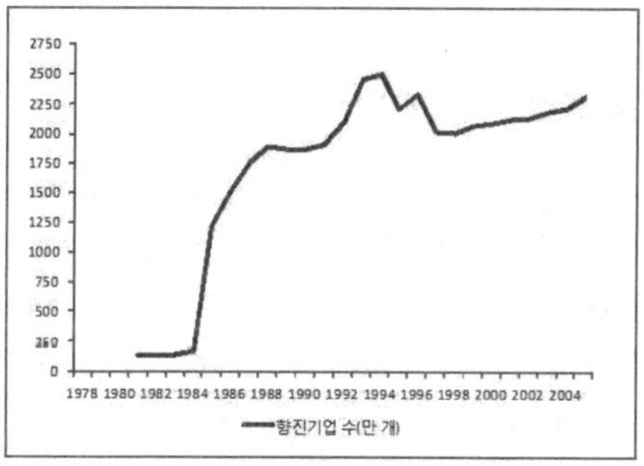

<그림 4–2> 향진기업 수 성장 추이

자료: 『中国农业统计提要2006年度』.

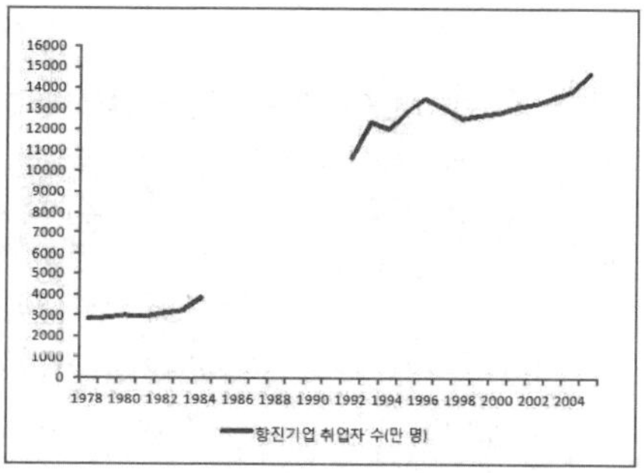

<그림 4–3> 향진기업 취업인구 수 성장 추이

자료: 『中国农业统计提要2006年度』.

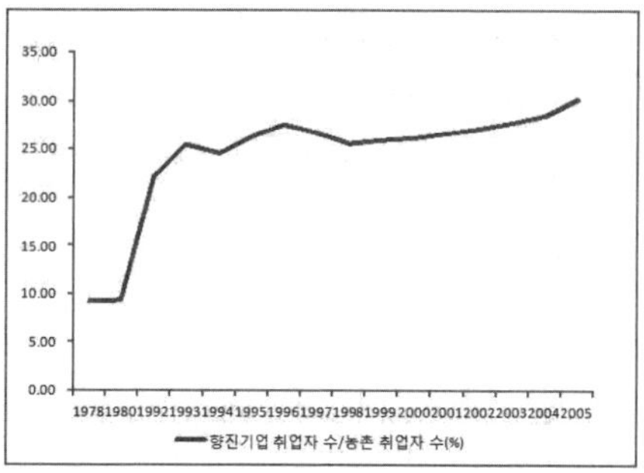

<그림4–4> 향진기업 취업인구의 농촌 업인구 중의 비중 추이

자료: 『中国农业统计提要2006年度』.

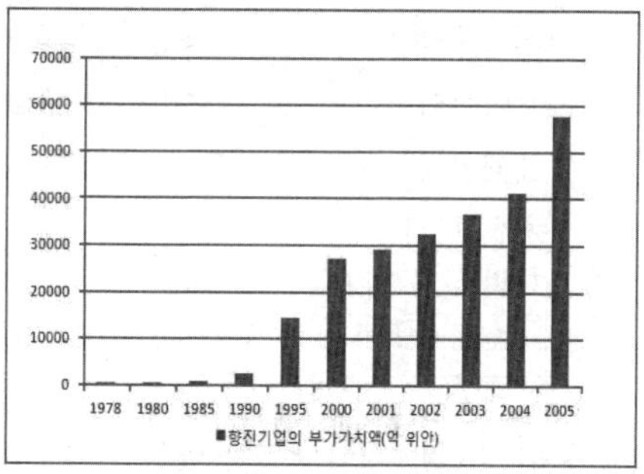

<그림4–5> 향진기업의 부가가치 성장 추이

자료: 『中国农业统计提要2006年度』.

만, 2000년부터는 다시 상승하는 추세를 보이고 있다.

향진기업은 절대 다수가 내국인 기업이며, 외국기업의 비중은 극히 미비하다. 왜냐하면 향진기업은 투자의 규모가 작고, 농촌에서 자발적으로 발전하는 기업 형태이기 때문에 대규모 투자를 통한 규모의 효율을 추구하는 외국자본들에게는 적합한 공간이 아니기 때문이다. 2005년을 기준으로 할 때 기업체 수의 99.70%는 내국인 기업이고 0.3%는 외국기업이다. 그리고 취업인구의 93.83%, 부가가치의 89.85%가 내국인 기업이 담당하고 있다. 내국인 기업 중에서는 개체기업과 사영기업 형태가 가장 많은 비중을 차지하고 있다. 개체기업의 비중은 기업체 수의 75.38%, 취업인구의 38.41%, 부가가치의 28.73%를 차지하고 있다. 개체기업은 수량 측면에서는 비록 절대적인 비중을 차지하지만 규모가 영세하기 때문에 취업인구나 부가가치의 창출에서는 사영기업보다 낮은 비중을 차지하고 있다.

<표 4-38> 자본투자형식별 향진기업 발전 현황 : 2005년 기준

구분		기업 수		취업인구		부가가치	
		만 개	비중(%)	만 명	비중(%)	100억 위안	비중(%)
전국		2,314.47	100	14,680.11	100	579.55	100
내국인 기업	합계	2,307.42	99.70	13,774.31	93.83	520.72	89.85
	집체기업	15.65	0.68	528.02	3.60	27.19	4.69
	주식합작기업	10.87	0.47	264.98	1.81	11.30	1.95
	연합경영기업(联营企业)	3.43	0.15	52.50	0.36	2.29	0.40
	유한책임공사	36.16	1.56	1,550.76	10.56	88.80	15.32
	주식유한공사	4.61	0.20	252.24	1.72	19.32	3.33
	사영기업	492.03	21.26	5,487.11	37.38	205.31	35.43
	개체기업	1,744.67	75.38	5,638.70	38.41	166.50	28.73
외국 기업	홍콩, 마카오, 대만 투자기업	4.08	0.18	509.88	3.47	29.15	5.03
	외국인투자기업	2.97	0.13	395.92	2.70	29.67	5.12

주의: 개체기업(個体企业)은 고용인원이 7인 이하의 기업을 말함.
자료: 『中国农业统计提要2006年度』.

2.5.3. 향진기업의 산업구조

향진기업은 주로 2차 산업이나 3차 산업에 종사하고 있다. 기업 수를 기준으로 하면, 2005년 농림목축어업에 종사하는 향진기업 수는 1.78%를 차지하며, 제조업은 27.06%, 교통운수창고업은 16.47%, 도소매업은 30.79%를 차지한다. 즉 2차 산업의 비중이 29.89%이며, 3차 산업은 67.03%를 차지한다. 그러나 취업인구를 기준으로 하면 2차 산업의 비중이 62.52%로 가장 높다. 그 중 제조업이 53.89%를 차지하고, 건축업도 8.63%를 차지하고 있다. 부가가치를 기준으로 하면 2차 산업의 비중이 더욱 높아진다. 2차 산업의 부가가치가 전체 향진기업에서 72.76%를 차지하고 있으며, 1차 산업과 3차 산업은 각각 5.27%와 21.97%를 차지하고 있다. 2차 산업 중에서도 제조업이 66.38%로 가장 높은 비중을 차지하고 있다. 즉 향진기업은 2차 산업 특히 제조업을 중심으로 발전하고 있는 것이다.

<표 4–39> 향진기업의 산업구조 : 2005년 기준

산업구분	기업 수		취업인구		부가가치	
	만 개	비중(%)	만 명	비중(%)	억 위안	비중(%)
농림목어업	41.08	1.78	273.05	1.86	660.69	1.14
채광업	30.24	1.31	591.39	4.03	2,392.85	4.13
제조업	626.33	27.06	7,911.34	53.89	38,471.54	66.38
건축업	65.43	2.83	1,266.89	8.63	3,697.56	6.38
교통운수창고업	381.23	16.47	946.87	6.45	2,961.52	5.11
도소매업	712.56	30.79	1,958.33	13.34	5,482.59	9.46
숙박음식업	218.70	9.45	886.68	6.04	2,121.17	3.66
사회서비스업	158.05	6.83	537.29	3.66	1,135.93	1.96
기타	80.84	3.49	308.28	2.10	1,031.61	1.78
1차 산업	71.33	3.08	864.44	5.89	3,053.54	5.27
2차 산업	691.76	29.89	9,178.23	62.52	42,169.10	72.76
3차 산업	1,551.39	67.03	4,637.45	31.59	12,732.81	21.97

자료: 『中国农业统计提要2006年度』.

2.5.4. 지역별 향진기업의 발전 현황

<표 4-40>에 의하면, 지역별로는 산동성(山东省)이 225.9만 개의 향진기업이 있으며, 이는 전국 향진기업 수의 9.76%를 차지하고 있다. 100만 개 이상의 향진기업이 발전하고 있는 지역은 호남성(湖南省), 하남성(河南省), 사천성(四川省), 하북성(河北省), 강소성(江苏省), 광동성(广东省), 요녕성(辽宁省), 절강성(浙江省), 호북성(湖北省)이며 이들 10개 지역의 합계는 1,433.74만 개이고 전국 비중은 61.95%이다. 취업인구별로 보면, 산동성(山东省)이 1772.09만 명으로 가장 많으며, 11.01%의 전국 비중을 차지하고 있다. 그리고 장강(長江) 삼각주의 강소성(江苏省)과 절강성(浙江省)도 각각 1,317.9만 명과 1,303.08만 명의 취업인구를 가지고 있다.

<표 4-40> 향진기업의 지역별 발전 현황 : 2005년 기준

지역	기업 수		취업인구		부가가치	
	만 개	비중(%)	만 명	비중(%)	만 명	비중(%)
북경시	15.68	0.68	136.18	0.85	507.88	0.79
천진시	3.34	0.14	97.00	0.60	589.52	0.91
하북성	129.28	5.59	1092.43	6.79	4672.66	7.25
산서성	46.65	2.02	424.15	2.64	1814.78	2.82
내몽고자치구	46.95	2.03	240.60	1.49	934.12	1.45
요녕성	117.00	5.06	639.78	3.98	3660.21	5.68
길림성	61.83	2.67	235.71	1.46	801.43	1.24
흑룡강성	34.49	1.49	182.72	1.14	696.04	1.08
상해시	3.32	0.14	221.98	1.38	1571.88	2.44
강소성	126.89	5.48	1317.90	8.19	9075.57	14.08
절강성	112.96	4.88	1303.08	8.10	7336.54	11.38
안휘성	84.99	3.67	546.51	3.40	1223.63	1.90
복건성	83.36	3.60	698.42	4.34	2364.32	3.67
강서성	77.56	3.35	442.08	2.75	1148.60	1.78
산동성	225.90	9.76	1772.09	11.01	9545.96	14.81
하남성	166.29	7.18	1034.78	6.43	3646.35	5.66
호북성	101.17	4.37	644.38	4.00	2033.39	3.15
호남성	187.37	8.10	944.49	5.87	2496.93	3.87

광동성	121.59	5.25	1289.71	8.01	4005.81	6.21
광서자치구	90.58	3.91	403.33	2.51	666.51	1.03
해남성	4.55	0.20	33.59	0.21	61.58	0.10
중경시	7.59	0.33	215.55	1.34	858.88	1.33
사천성	145.29	6.28	699.46	4.35	1856.91	2.88
귀주성	50.96	2.20	267.44	1.66	546.48	0.85
운남성	89.30	3.86	379.95	2.36	730.54	1.13
서장자치구	0.10	0.00	3.43	0.02	4.50	0.01
섬서성	92.68	4.00	435.77	2.71	849.77	1.32
감숙성	28.15	1.22	205.64	1.28	461.12	0.72
청해성	5.80	0.25	24.83	0.15	35.79	0.06
영하자치구	15.96	0.69	62.76	0.39	105.48	0.16
신강자치구	36.87	1.59	99.04	0.62	150.88	0.23
동부지역	804.00	35.73	6,957.00	48.74	30,085.00	59.51
중부지역	882.00	39.20	4,810.00	33.70	12,684.00	25.09
서부지역	358.00	15.91	1,516.00	10.62	3,018.00	5.97
동북지역	205.00	9.11	990.00	6.94	4,768.00	9.43

자료: 『中国农业统计提要2006年度』, 『中国农业发展报告2007年度』.

1천 만 명 이상의 취업인구를 가진 지역은 이외에도 광동성(广东省), 하북성(河北省), 하남성(河南省)이 있다. 그리고 호남성(湖南省), 사천성(四川省), 복건성(福建省), 호북성(湖北省)도 비교적 많은 취업인구를 가지고 있다. 이들 10개 지역의 취업인구 합계는 10,796.74만 명이며, 전국에서 차지하는 비중은 67.09%이다. 부가가치를 기준으로 하면, 산동성(山东省)과 강소성(江苏省)이 각각 9,545.96억 위안과 9,075.57억 위안으로 가장 큰 규모를 가지고 있으며, 전국 비중은 각각 14.81%와 14.08%이다. 이외에도 절강성(浙江省), 하북성(河北省), 광동성(广东省), 요녕성(辽宁省), 하남성(河南省), 호남성(湖南省), 복건성(福建省), 호북성(湖北省)이 비교적 큰 규모의 부가가치를 창출하고 있으며, 이들 10개 지역의 합계는 48,837.74억 위안이고, 전국에서 차지하는 비중은 75.76%이다.

4대 지역구분에 의하면, 동부지역의 향진기업이 가장 발전하고 있으며, 중부지역도 상대적으로 향진기업이 발전하고 있으나, 서부지역과 동북지역은 상대적으로 낮은 발전 수준을 보이고 있다. 동부지역과 중부지역은 향진기업 수의 35.73%와 39.20%를 차지하고 있으며, 취업인구의 48.74%와 33.70%, 부가가치의 59.51%와 25.09%를 차지하고 있다.

2.5.5. 향진기업의 성장요인

향진기업은 중국의 개혁개방과 더불어 농촌을 중심으로 급속하게 성장하고 있는 기업형태이다. 향진기업은 중국의 특징이 강하게 나타나고 있는 기업형태로서 농촌의 자발적인 발전 이념이 바탕이 되고 있다. 일반적으로 보면, 향진기업의 성장요인에는 경제적 요인이외에 비경제적 요인들도 중요한 영향을 미치고 있다고 볼 수 있다. 예를 들면, 농민의 의지, 지방정부의 정책적 지원 등이 있다.

향진기업의 성장요인에 대해 이말남(2003)은 광동성(广东省)의 연구를 통해 아래와 같은 몇 가지 요인을 발견하고 있다. 첫째, 풍부한 노동력을 이용하여 노동집약적인 상품을 특화하여 수출을 증가 시켰기 때문이다. 둘째, 외국과의 합작투자의 증가 등 외국자본의 도입이 증가하였기 때문이다. 셋째, 정부의 사회간접자본의 투자 증가로 기업의 투자여건이 개선되었기 때문이다. 넷째, 농촌지역의 저축 증가로 향진기업의 투자재원 마련이 용이해졌기 때문이다.

이말남(2003)이 발견한 광동성(广东省)의 향진기업의 성장요인이 다른 지역에도 그대로 적용되기는 힘들다. 왜냐하면 광동성은 지리적으로 홍콩이나 마카오와 인접하고 있기 때문에 이들 지역으로부터의 투자가 다른 지역에 비해 상대적으로 많이 이루어지고 있다. 그러나 <표 4–38>에서 나타나고 있듯이 전국적으로 보면 향진기업의 주요 재원은 국내자본에 의해서 충당되고 있는 것이다. 향진기업의 급속한 성장요인에는 위와 같은 경제적 요인이외에도 비경제적 요인도 중요한 역할을 담당하고 있음을 부정할 수 없다. 즉 농민의 발전에 대한 마인드의 제고 등도 향진기업의 발전에 적극적인 영향을 초래하고 있다.

3. 중국 농민의 발전

3.1. 농민소득

3.1.1. 농민순소득

중국의 농민은 도시주민과 비교해서는 낮은 소득을 가지고 있으나 개혁개방과 더불어 소득이 크게 증가하고 있다. 1949년 농민 1인당 순소득은 43.8위안이었으나 2005년에는 3,254.9위안으로 증가하였다. 특히 2000년 이후에 농촌 현대화의 성과가 점차적으로 나타나기 시작하고 있으며, 이는 농민 순소득의 증가로 나타나고 있다. 2000년 농민 1인당 순소득이 2,253.4위안이며, 2005년에는 약 1,000위안 정도가 증가하였다.

주의할 점은 1983년을 기점으로 하여 가정경영 순수입이 임금수입을 초과하고 있다는 것이다. 임금수입은 농민이 농업을 기반으로 획득하는 수입보다는 제도적 여건에 의해서 고정적으로 획득하는 수입이다. 계획경제시기에는 이와 같은 임금수입이 농민 순소득에서 차지하는 비중이 절반 이상을 차지하고 있다. 그러나 개혁개방 특히 농촌개혁의 시작과 더불어 농업경영은 가정경영승포책임제(家庭经营承包责任制)와 같은 새로운 발전의 기회를 맞이하였으며 이는 농업의 생산력 제고뿐만 아니라 농민의 순소득의 증가에도 큰 영향을 초래하였다.

1983년 임금소득이 농민 1인당 순소득에서 차지하는 비중은 18.56%로 1980년의 55.62%보다 크게 감소하였으며, 가정경영 순소득의 비중은 73.50%로 1980년의 32.72%보다 크게 증가하였다. 그러나 향진기업(乡镇企业)를 중심으로 하는 농촌 현대화의 진전은 농민의 임금소득을 점차적으로 증대시키고 있기 때문에 가정경영 순소득의 비중은 상대적으로 줄어들고 있다. 2005년 임금소득이 농민순소득에서 차지하는 비중은 36.08%이며, 가정경영 순소득의 비중은 56.67%이다. 그리고 이전성 순소득의 비중은 4.53%이다.

<표 4-41> 중국 농민 1인당 순소득 변화 추이

연도	순소득 총액	농민 1인당 순소득(위안)			비중(%)		
		임금소득	가정경영 순소득	이전성 순소득	임금소득	가정경영 순소득	이전성 순소득
1954	64.1	2.4	56.4	5.3	3.74	87.99	8.27
1957	73.0	43.4	21.5	8.1	59.45	29.45	11.10
1962	99.1	52.3	38.2	8.7	52.77	38.55	8.78
1965	107.2	63.2	33.3	10.7	58.96	31.06	9.98
1976	113.1	78.4	26.2	8.5	69.32	23.17	7.52
1978	133.6	88.3	35.8	9.5	66.09	26.80	7.11
1980	191.3	106.4	62.6	22.4	55.62	32.72	11.71
1983	309.8	57.5	227.7	24.6	18.56	73.50	7.94
1985	397.6	72.2	296.0	29.5	18.16	74.45	7.42
1990	686.3	138.8	518.6	29.0	20.22	75.56	4.23
1995	1,577.7	353.7	1,125.8	57.3	22.42	71.36	3.63
1996	1,926.1	450.8	1,362.5	70.2	23.40	70.74	3.64
1997	2,090.1	514.6	1,472.7	79.3	24.62	70.46	3.79
1998	2,162.0	573.6	1,466.0	92.0	26.53	67.81	4.26
1999	2,210.3	630.3	1,448.4	100.2	28.52	65.53	4.53
2000	2,253.4	702.3	1,427.3	78.8	31.17	63.34	3.50
2001	2,366.4	771.9	1,459.6	87.9	32.62	61.68	3.71
2002	2,475.6	840.2	1,486.5	98.2	33.94	60.05	3.97
2003	2,622.2	918.4	1,541.3	96.8	35.02	58.78	3.69
2004	2,936.4	998.5	1,745.8	115.5	34.00	59.45	3.93
2005	3,254.9	1,174.5	1,844.5	147.4	36.08	56.67	4.53

주의: 1990년 이전의 이전(移轉)순소득은 재산(財産)순소득을 포함하고 있음.
자료: 『中国农村统计年鉴2006』.

3.1.2. 농민가정경영순소득

중국 농민의 가정경영순소득의 산업구조를 보면 몇 가지 특징을 발견할 수 있다. 첫째는 1차 산업의 비중이 점차적으로 감소하고 있다. 1983년 1차 산업이 농민가정경영순소득에서 차지하는 비중은 93.39%에 이르고 있으며, 2차 산업은 1.4%에 지나지 않고, 3차 산업도 4.76%정도에 미치고 있다. 그러나 2006년에는 1차 산업의 비중이 78.78%로 감소하였다. 둘째는 1차 산업 중에서도 농업의 비중이 점차적으로 감소하고 있다. 1983년 농업의 비중이 76.39%이나 2006년에는 60.05%로 감소하였다. 물론 감소한 부분은 2차 산업이나 3차 산업으로 이전되었을 것이다. 셋째는 2차 산업과 3차 산업의 비중이 크게 증가하였다. 2006년 2차 산업이 가정경영순소득에서 차지하는 비중은 6.30%로 증가하였으며, 3차 산업은 14.91%로 크게 증가하였다. 3차 산업 중에서도 도소매업과 음식산업이 가장 많은 비중을 차지하고 있다. 지역별로 보면, 동부지역의 1차 산업 비중이 가장 낮으며, 중부지역과 서부지역으로 갈수록 1차 산업의 비중이 높아지고 2차 산업과 3차 산업의 비중이 낮아지고 있다. 그리고 동북지역은 1차 산업의 비중이 가장 높고, 2차 산업과 3차 산업의 비중이 가장 낮다.

<표 4-42> 중국 농민가정경영순소득의 산업 구조

(단위 : %)

연도	1차 산업	농업	목축업	2차 산업	3차 산업
1983	93.39	76.39	14.89	1.84	4.76
1985	89.13	68.28	17.57	3.24	7.63
1990	87.93	66.45	18.67	4.11	7.94
1995	84.96	71.00	11.35	4.28	10.77
2000	76.42	58.42	14.53	6.96	16.62
2005	79.67	59.51	15.38	5.87	14.46
2006	78.78	60.05	13.75	6.30	14.91
동부지역	66.19	48.45	10.96	11.27	22.55
중부지역	81.63	65.27	11.67	5.66	12.71
서부지역	87.37	63.30	19.64	2.38	10.25
동북지역	92.50	79.33	12.49	1.13	6.37

자료: 『中国农业发展报告2007年度』.

3.1.3. 지역별 농민순소득

지역별로 농민 1인당 순소득은 큰 격차를 가지고 있다. 상해시(上海市)의 농민 1인당 순소득은 8,247.77위안이지만 귀주성(贵州省)은 1,876.96위안으로 약 4배 정도의 격차를 가지고 있다. 농민 1인당 순소득이 4,000위안 이상인 지역은 상해시(上海市), 북경시(北京市), 강소성(江苏省), 천진시(天津市), 강소성(江苏省), 광동성(广东省), 복건성(福建省)으로 모두 동부지역에 위치하고 있다. 서부지역의 대다수 지역은 농민 1인당 순소득이 3,000 위안 이하이며, 감숙성(甘肃省)과 귀주성(贵州省)은 2,000위안 이하이다. 중부지역의 산서성(山西省), 하남성(河南省), 안휘성(安徽省)은 농민 1인당 순소득이 3,000위안 이하이다. 특히 하남성은 농업생산액이나 농산품생산량 측면에서 보면 농업의 비중이 크게 높은 지역이지만 농민의 순소득은 상대적으로 낮다.

<표 4-43> 지역별 농민 1인당 순소득과 소득구조 : 2005년 기준

지역	농민1인당 순소득(위안)	순소득 구성(%)			
		임금소득	가정경영 순소득	재산성 순소득	이전성 순소득
전국	3,254.93	36.08	56.67	2.72	4.53
4,000위안 이상 지역		52.03	38.84	3.76	5.37
상해시	8,247.77	74.68	9.39	5.55	10.38
북경시	7,346.26	61.59	24.21	8.00	6.20
강소성	5,276.29	48.63	41.88	4.19	5.30
천진시	5,579.87	48.76	47.07	2.74	1.43
강소성	5,276.29	52.80	40.27	2.85	4.07
광동성	4,690.49	54.63	36.93	3.57	4.88
복건성	4,450.36	37.09	53.14	2.22	7.55
3,000~4,000위안 지역		32.45	61.21	2.50	3.84
산동성	3,930.55	36.57	57.45	2.62	3.36
요녕성	3,690.21	32.85	58.63	3.07	5.45
하북성	3,481.64	37.15	57.12	2.69	3.04
길림성	3,263.99	15.65	73.39	4.55	6.41
흑룡강성	3,221.27	14.41	73.38	7.16	5.04
강서성	3,128.89	39.25	57.09	0.82	2.84

호남성	3,177.74	39.41	54.95	1.35	4.28
호북성	3,099.20	30.38	66.12	0.54	2.96
해남성	3,004.03	15.75	78.08	1.85	4.32
2,000~3,000위안 지역		30.47	63.48	1.97	4.08
내몽고자치구	2,988.87	16.88	74.38	2.44	6.29
산서성	2,890.66	40.75	54.09	2.17	2.99
하남성	2,870.58	29.75	66.66	1.25	2.34
중경시	2,809.32	38.76	54.87	1.09	5.28
사천성	2,802.78	34.07	60.00	1.48	4.45
안휘성	2,640.96	38.25	56.77	1.70	3.28
영하자치구	2,508.89	27.98	62.26	1.94	7.82
광서자치구	2,494.67	36.37	60.78	0.73	2.11
신강자치구	2,482.15	7.88	86.25	1.36	4.51
청해성	2,151.46	26.05	63.19	2.88	7.87
서장자치구	2,077.90	27.20	57.13	10.45	5.22
섬서성	2,052.63	36.87	54.51	2.77	5.85
운남성	2,041.79	17.06	74.94	3.70	4.30
2,000위안 이하 지역		30.39	62.56	1.49	5.55
감숙성	1,979.88	29.63	63.81	1.04	5.51
귀주성	1,876.96	31.08	61.45	1.89	5.58

자료: 『中国农村统计年鉴2006』.

3.2. 농민생활

3.2.1. 소비지출

농민 1인당 순소득의 증가와 더불어 소비지출도 지속적으로 증가하고 있다. 1990년 농민 1인당 소비지출 금액이 584.64위안이며, 2005년에는 2,555.40위안으로 크게 증가하였다. 농민의 소비지출 구조에 있어서 식품이 차지하는 비중이 가장 높다. 전체 소비지출에서 식품 관련 지출이 차지하는 비중은 엥겔지수로 나타난다. 중국 농민의 엥겔지수는 점차 낮아지는 추세에 있다. 1990년 엥겔지수는 58.80이며 2005년에는 45.48이다. 이는 농민의 소비지출 중 식품 이외의 소비지출 비중이 증가하고 있음을 나타낸다. <표 4-44>에 의하면,

2005년 농민의 소비지출에서 주거비용이 14.49%, 문화교육비용이 11.56%, 교통통신비용이 9.59%를 차지하고 있다. 지역별로는 동부 연해안 지역의 농민의 엥겔지수가 서부지역의 농민보다는 낮게 나타나고 있다.

<표 4-44> 지역별 농민의 소비지출 구조

연도와 지역	1인당 소비지출 (위안)	소비지출 비중(%)					
		식품	의복	주거	교통 통신	문화 교육	의료
1990	584.63	58.80	7.77	17.34	1.44	5.37	3.25
1995	1,310.36	58.62	6.85	13.91	2.58	7.81	3.24
2000	1,670.13	49.13	5.75	15.47	5.58	11.18	5.24
2005	2,555.40	45.48	5.81	14.49	9.59	11.56	6.58
북경시	5,315.71	32.66	7.12	16.07	11.58	14.99	9.49
천진시	3,035.96	38.58	8.47	20.23	10.79	10.83	5.90
하북성	2,165.72	41.02	7.18	18.42	10.25	10.43	6.22
산서성	1,877.70	44.23	10.78	10.68	8.54	14.89	5.48
내몽고자치구	2,446.17	43.10	6.13	13.68	11.99	12.65	7.21
요녕성	2,805.94	40.17	7.88	13.48	10.72	13.43	8.32
길림성	2,305.98	43.51	7.29	11.13	12.35	11.32	8.39
흑룡강성	2,544.65	36.30	7.24	20.71	10.08	10.89	9.96
상해시	7,277.94	36.88	5.03	18.13	10.27	12.87	7.72
강소성	3,567.11	43.99	5.36	14.37	10.20	13.43	5.57
절강성	5,432.95	37.94	5.87	16.82	11.38	13.31	7.65
안휘성	2,196.23	45.52	5.35	15.70	8.96	11.69	6.09
복건성	3,292.63	46.09	5.67	13.89	11.10	10.83	4.68
강서성	2,483.70	49.14	5.01	13.13	9.24	11.12	6.23
산동성	2,735.77	39.76	5.84	16.29	10.76	13.79	6.89
하남성	1,891.57	45.41	7.00	16.81	8.44	9.39	6.52
호북성	2,430.19	49.06	5.14	12.77	9.18	11.19	5.57
호남성	2,756.43	51.99	4.64	11.15	7.94	11.95	6.10
광동성	3,707.73	48.26	3.87	14.30	11.10	9.73	5.50
광서자치구	2,349.60	50.51	3.38	16.16	9.11	9.63	5.25
해남성	1,969.09	57.63	3.37	7.41	9.04	10.09	4.72
중경시	2,142.12	52.77	4.48	10.79	7.61	11.66	6.66
사천성	2,274.17	54.72	5.12	10.29	7.54	9.90	6.35
귀주성	1,552.39	52.81	5.13	15.17	6.39	10.37	4.62

운남성	1,789.00	54.54	4.49	12.62	5.58	10.21	6.84
서장자치구	1,723.76	68.76	10.58	4.89	4.60	1.64	2.58
섬서성	1,896.48	42.86	6.56	11.16	8.60	15.68	8.74
감숙성	1,819.58	47.20	5.07	13.23	8.52	14.17	6.26
청해성	1,976.03	45.21	7.90	16.67	10.55	5.54	7.71
영하자치구	2,094.48	44.05	6.83	16.52	8.52	8.49	9.49
신강자치구	1,924.41	41.77	8.91	17.31	9.51	8.28	8.80

자료: 『中国农村统计年鉴2006』.

3.2.2. 식품소비구조

식품소비량을 보면 식량과 채소는 도시와 농촌 모두 매년 감소하고 있는 추세이다. 1983년 도시의 평균 식량소비량은 1인당 144.5 킬로그램이었으나 농촌의 식량소비량은 260.0킬로그램으로 농촌이 도시보다 약 1.8배 많다. 2006년 도시의 식량소비량은 75.9킬로그램으로 크게 감소하였으며, 농촌도 205.6킬로그램으로 감소하였다. 그러나 농촌과 도시의 식량소비량의 차이는 2.7배로 1983년에 비해 격차가 더욱 확대되었다. 채소소비량은 농촌이 도시보다 적다. 1983년 도시의 채소소비량은 165.0킬로그램이며, 농촌의 채소소비량은 131.0킬로그램으로 도시와 농촌의 격차가 1.26배 정도이다. 2006년에는 도시의 채소소비량은 117.6킬로그램으로 감소하고 농촌의 채소소비량은 100.5킬로그램으로 감소하였다. 그러나 도시와 농촌의 격차는 1.18배로 약간 감소하였다. 식용유의 소비량은 1983년과 2006년을 비교하면 크게 증가하였다. 농촌의 식용유소비량은 1983년 3.5킬로그램에서 2006년 6.5킬로그램으로 증가하였으며, 도시의 식용유소비량은 1983년 5.8킬로그램에서 2006년 9.4킬로그램으로 증가하였다. 도시의 식용유소비량 증가 규모가 2.9킬로그램으로 농촌의 2.3킬로그램 보다 약간 크다. 육류의 소비량도 크게 증가하였다. 특히 농촌의 육류소비량 증가폭이 7.0킬로그램으로 도시의 3.9킬로그램보다 크다. 2006년 도시의 육류 소비량은 23.8킬로그램이며, 농촌의 소비량은 17.0킬로그램이다. 육류소비량의 증가는 채소소비량의 감소와도 관련이 있다고 본다. 가금류소비량도 크게 증가하였다. 특히 도시의 가금류소비량이 5.7킬로그램으로 농촌의 3.5킬로그램보다 많다. 2006년 농촌의 가금류소비량은 3.5킬로그램이며, 도시의 소비량은 8.3킬로그램이다. 수산물 소비량은 도시와 농촌 모두 경제발전 수준이 높아짐에 따라 증가하고 있다. 1983년 농촌의 수산품 소비량은 1.6킬로그램이며, 도시의 소비량은 8.1킬로그램으로 도시와 농촌은 5.06배의 격차를 보이고 있다. 2006년에는 도시의 수산품소비량이 13.0킬로그램이며, 농촌의 소비량이 5.0킬로그램으로 도시와 농촌의 격차는 2.6배로 감소하였다. 이는 농촌의 수산품 소비량이 크게 증가하고 있음을 나타내고 있다.

<표 4-45> 도시와 농촌의 식품소비구조 비교

(킬로그램/인)

연도	식량		채소		식용유		육류		가금류	
	농촌	도시	농촌	도시	농촌	도시	농촌	도시	농촌	도시
1983	260.0	144.5	131.0	165.0	3.5	6.5	10.0	19.9	0.8	2.6
1984	267.0	142.1	140.0	149.0	4.0	7.1	10.6	19.9	0.9	2.9
1985	257.0	134.8	131.1	144.4	4.0	5.8	11.0	18.7	1.0	3.2
1986	259.0	137.9	134.0	148.3	4.2	6.2	11.8	21.6	1.1	3.7
1987	259.0	133.9	130.0	142.6	4.7	6.4	11.7	21.9	1.2	3.4
1988	260.0	137.2	130.0	147.0	4.8	6.7	10.7	19.8	1.3	4.0
1989	262.0	133.9	133.0	144.6	4.8	6.2	11.0	20.3	1.3	3.7
1990	262.1	130.7	134.0	138.7	5.2	6.4	11.3	21.7	1.3	3.4
1991	255.6	127.9	127.0	132.2	5.7	6.9	12.2	22.2	1.3	4.4
1992	250.5	111.5	129.1	124.9	5.9	6.7	11.8	21.4	1.5	5.1
1993	251.8	97.8	107.4	120.6	5.7	7.1	11.7	20.8	1.6	3.7
1994	257.6	102.0	109.0	121.0	5.7	7.7	11.0	20.2	1.6	4.1
1995	260.1	97.0	104.6	118.6	5.8	7.6	11.3	19.7	1.8	4.0
1996	256.2	94.7	106.3	118.5	6.1	7.7	11.9	20.4	1.9	5.4
1997	250.7	88.6	107.2	115.2	6.2	7.7	12.7	19.0	2.4	6.5
1998	250.2	86.7	109.0	113.8	6.2	7.6	13.2	19.2	2.2	6.3
1999	247.5	84.9	108.9	114.9	6.2	7.8	13.9	20.0	2.5	4.9
2000	249.5	82.3	112.0	114.7	7.1	8.2	14.6	20.1	2.9	7.4
2001	238.6	79.7	109.3	115.9	7.0	8.1	14.5	19.2	2.9	7.3
2002	236.5	78.5	110.2	116.5	7.5	8.5	14.9	23.3	2.9	9.2
2003	222.4	79.5	107.4	118.3	6.3	9.2	15.0	23.7	3.2	9.2
2004	219.3	78.2	106.6	122.3	5.3	9.3	14.8	22.9	3.1	8.4
2005	208.8	77.0	102.3	118.6	6.0	9.3	17.1	23.9	3.7	9.0
2006	205.6	75.9	100.5	117.6	5.8	9.4	17.0	23.8	3.5	8.3

자료: 『中国农业发展报告2007年度』.

3.3. 농촌복지

3.3.1. 농촌교육

농촌의 교육환경은 도시와 비교하면 상대적으로 열악하다. 11차 경제개발 5개년 계획에서는 농촌의 9년 의무교육을 강력하게 추진하고 있지만 열악한 교육환경은 농촌교육의 발전을 저해하고 있는 실정이다. 농촌의 고등학교의 수는 1995년 이래 점차 감소하고 있다. 1995년 고등학교 수는 3,122개이며, 2005년에는 2,180개이다. 그러나 재학생 수와 전임교사의 수는 매년 증가하고 있다. 1995년 농촌의 고등학교 재학생 수는 113.2만 명이며, 2005년에는 233.7만 명으로 10년 동안 120.5만 명이 증가하였다. 전임교사 수도 1995년의 9.4만 명에서 2005년 12.4만 명으로 크게 증가하였다. 중학교의 학교 수는 1995년의 45,626개에서 2005년 36,405개로 약 1만 여개가 감소하였다. 재학생 수는 2,659.8만 명에서 2,784.7만 명으로 약간 증가하였으며, 전임교사도 149.9만 명에서 153.4만 명으로 약간 증가하였다. 전반적으로 볼 때 중학교의 교육환경이 크게 개선되었다고는 볼 수 없다. 초등학교의 학교 수는 1995년 55.9만 개에서 2005년에는 31.7만 개로 크게 감소하였다. 그리고 재학생 수도 9,306.2만 명에서 6,947.8만 명으로 약 1,300만 명이 감소하였다. 또한 전임교사 수도 382.7만 명에서 356.9만 명으로 감소하였다. 이러한 감소는 중국 농촌의 기초 교육환경이 열악함을 나타내고 있다.

<표 4-46> 중국 농촌의 교육 환경

구 분		1995년	2000년	2003년	2005년
고등학교	학교 수(개)	3,122	2,629	2,288	2,180
	학급반 수(개)	2.3	2.9	3.6	4.0
	졸업생 수(만 명)	33.1	39.2	47.8	65.7
	입학생 수(만 명)	44.7	64.4	81.4	88.0
	재학생 수(만 명)	113.2	157.8	210.4	233.7
	전임교사 수(만 명)	9.4	10.4	11.4	12.4

중 학교	학교 수(개)	45,626	39,313	37,251	36,405
	학급반 수(개)	50.9	60.1	54.5	49.5
	졸업생 수(만 명)	684.6	903.8	937.4	975.1
	입학생 수(만 명)	1,017.3	1,265.9	1,063.6	882.5
	재학생 수(만 명)	2,659.8	3,428.5	3,160.4	2,784.7
	전임교사 수(만 명)	149.9	168.2	157.8	153.4
초등 학교	학교 수(만 개)	55.9	44.0	36.0	31.7
	학급반 수(개)	309.4	274.6	245.8	222.6
	졸업생 수(만 명)	1,328.7	1,567.6	1,523.4	1,331.0
	입학생 수(만 명)	1,791.1	1,253.7	1,192.4	1,067.9
	재학생 수(만 명)	9,306.2	8,503.7	7,689.2	6,947.8
	전임교사 수(만 명)	382.7	367.8	364.6	356.9

자료 : 『中国农村统计年鉴2006』.

3.3.2. 농촌위생

위생환경은 경제발전 과정에 있어서 간과해서는 안 되는 중요한 조건이다. 도시와는 달리 농촌은 재정적인 측면이나 관리적인 측면 모두에 있어서 열세에 처해 있기 때문에 농촌위생은 향후 중국경제발전이 해결해야할 또 하나의 과제인 것이다.

<표 4–47>는 지역별 향 · 진(鄉 · 鎭)의 위생환경과 촌(村)의 위생환경을 비교하고 있다. 2005년 현재 전국에는 4만 여개의 위생원(卫生院)과 58만 여개의 촌위생실(村卫生室)이 있다. 위생원은 향과 진의 행정단위에 설립된 위생행정과 의료예방업무를 병행하는 종합적 성격을 가진 기구이다. 위생원은 해당 관할지역의 의료위생, 군중위생활동, 위생기술인원의 배양 등의 업무를 담당하고 있다. 촌위생실은 촌(村) 단위에 설립된 기구로서 가장 하층의 위생기구이다. 그러나 의료조건은 매우 열악하기 때문에 의료서비스의 제공에는 많은 한계가 있다.

지역별로는 사천성(四川省)이 가장 많은 위생원과 침상을 가지고 있으며, 하남성(河南省)은 가장 많은 58,986개의 촌위생실을 가지고 있다. 의사와 간호사 등을 포함하는 향(진) 위생원의 위생인원은 강소성(江苏省)이 약 7만 7천 개 정도로 가장 많다. 그러나 일부 중

부지역의 성(省)이나 서부지역의 성들은 상대적으로 열악한 위생조건을 가지고 있다. 농업인구 1천 명 당 위생인원의 전국평균은 1.04명이다. 지역별로는 산동성이 1.63명으로 가장 높고, 청해성, 산서성, 상해시, 하북성, 북경시, 복건성, 천진시, 강소성, 하남성, 내몽고자치구, 흑룡강성, 섬서성, 서장자치구, 강서성과 사천성이 전국 평균보다 높다. 그리고 해남성(海南省)은 0.44명으로 전국에서 가장 낮은 수준이다.

농촌의 농업생산력이 높아지고 농민의 평균 수명이 증가하면서 농촌위생은 농촌발전의 중요한 문제가 되어가고 있다. 도시는 상대적으로 재정지원 등을 통하여 도시주민의 위생환경 개선에 큰 성과를 보이고 있는 반면 농촌은 상대적으로 열악한 재정지원으로 인해 위생환경이 더욱 악화되고 있는 지역이 많다. 또한 빈곤지역에서는 가장 기본적인 위생조건도 만족되지 못하고 있는 실정이다. 농촌의 위생환경 개선은 위생관련 기구의 설립도 중요하지만 농민의 위생의식 제고도 함께 병행되어야 더 큰 성과를 거둘 수 있을 것이다.

<표 4-47> 중국 농촌의 위생 환경 : 2005년 기준

지역	향 · 진(鄉 · 鎭) 위생환경			촌(村) 위생환경		
	위생원(개)	침상(개)	위생인원(명)	위생실(개)	위생인원(명)	농업인구 1천 명 당 위생인원 수(명)
전국	40,907	678,240	1,012,006	583,209	916,532	1.05
북경시	150	3,366	5,572	2,718	4,003	1.33
천진시	184	2,236	5,028	2,322	4,932	1.30
하북성	1,966	35,560	42,702	49,160	67,641	1.35
산서성	1,599	21,362	29,009	20,102	31,645	1.39
내몽고자치구	1,330	13,116	19,774	12,366	16,966	1.20
요녕성	1,021	21,899	24,155	17,759	21,843	1.01
길림성	801	11,981	24,588	8,940	13,137	0.90
흑룡강성	922	12,425	21,784	12,463	22,326	1.15
상해시	100	9,712	8,230	1,667	2,890	1.37
강소성	1,442	53,494	77,208	17,921	53,165	1.29
절강성	2,174	20,569	40,621	16,355	14,188	0.43
안휘성	1,980	36,873	50,909	22,847	46,523	0.90
복건성	929	18,033	22,621	18,222	30,384	1.31
강서성	1,506	19,045	30,764	20,989	34,436	1.07

산동성	1,688	52,866	78,954	54,706	99,117	1.63
하남성	2,088	52,609	82,279	58,986	96,238	1.22
호북성	1,156	31,764	69,626	21,136	34,417	0.96
호남성	2,472	36,663	64,505	35,141	38,547	0.75
광동성	1,391	37,621	68,438	22,274	30,114	0.79
광서자치구	1,294	20,944	33,301	22,056	36,172	0.91
해남성	307	4,025	7,405	1,951	2,238	0.44
중경시	1,077	16,269	25,537	11,506	19,878	0.85
사천성	5,163	57,235	70,064	48,565	70,467	1.06
귀주성	1,445	14,061	18,809	18,805	24,320	0.75
운남성	1,483	24,139	24,503	13,474	35,153	0.99
서장자치구	666	1,986	1,891	3,584	2,452	1.09
섬서성	1,725	18,621	26,123	21,938	31,210	1.13
감숙성	1,352	12,707	14,973	13,482	17,223	0.86
청해성	405	2,059	2,707	4,214	4,956	1.40
영하자치구	266	2,056	3,434	2,767	3,542	0.94
신강자치구	825	12,944	16,492	4,793	6,409	0.57

자료: 『中国农村统计年鉴2006』.

3.3.3. 농민최저생활보장

중국은 도시근로자들에게는 도시최저임금제도를 통해 최저생활을 보장하고 있으며, 농촌에서는 농촌최저생활보장제도를 실시하고 있다. 소득수준이 이 최저생활 수준에 미치지 못하면 정부가 이를 보조해 주는 제도이다. 농촌최저생활보장제도는 2007년부터 전국적으로 실시하고 있다. 2007년을 기준으로 연평균 순수입이 683위안 이하인 농촌 빈곤인구가 약 2천 만 명 정도로 추산되고 있다. 중국은 농촌최저생활보장제도를 통해 농촌과 도시의 소득격차를 축소하고자 노력하고 있다. 그러나 최저생활의 기준이 지역별로 다르기 때문에 실질적으로 농민이 이 제도를 통해 누릴 수 있는 효과는 상당히 제한적이다.

□ 요약

중국의 농촌은 변하고 있다. 개혁과 개방의 물결 속에서 중국 농촌은 새로운 발전의 기회를 찾으면서 발전하고 있는 것이다. 그러나 삼농문제로 요약되는 중국의 농촌문제는 단기간에 그 해답을 찾기가 힘들다. 8억 명 내지 9억 명에 달하는 농촌 인구의 생활수준 향상을 위해서는 해결해야하는 구조적 문제들이 산재해 있기 때문이다. 중국은 건국 이후 진행된 토지개혁을 통해 농민들에게 삶의 기반이 되는 농지를 분배하였다. 그러나 계획적인 분배에 따른 생산성의 저하는 중국 농촌을 저발전의 늪에서 쉽게 헤어나지 못하게 하였다. 개혁개방 이후 단행된 농촌개혁은 농업의 생산력을 크게 제고 하였으며, 이러한 개혁은 오늘날까지 진행되어 오고 있다. 본 장에서는 중국의 농촌발전을 크게 세 가지 측면에서 살펴보고 있다. 즉 농촌, 농업, 농민이다. 통계자료들을 바탕으로 중국의 농촌, 농업, 그리고 농민의 발전 현황과 구조적 특징들을 요약하고 있다. 특히 농촌의 산업구조는 농업, 임업, 목축업, 어업으로 구분하고 있으며, 중국농촌산업의 중요한 역할을 하고 있는 향진기업에 대해서 발전과정과 발전현황에 대해 분석하고 있다. 중국농민의 발전과 관련해서는 농민소득, 농민생활, 그리고 농촌복지 세 가지 측면에서 정리하고 있다.

□ 주요개념

1. 삼농(三農)문제
2. 향진기업(鄕鎭企業)
3. 대약진운동(大躍進運動)
4. 토지개혁
5. 농촌산업구조
6. 농업산업구조
7. 임업산업구조
8. 목축업산업구조
9. 어업산업구조
10. 엥겔지수
11. 농민순소득

□ 주요 참고문헌

胡欣(윤원호 옮김)(1994), 중국경제지리, 서울: 서신원.

이말남(2003), 中國 廣東省의 향진기업 성장요인에 관한 연구,『經濟硏究』, 제21권, 제3호, pp.233–256.

전재욱, 최의현(1998), 중국 향진기업의 발전과 국제화, 대외경제정책연구원 정책 연구98–21.

조준현(2008), 최근 중국의 농촌경제와 향진기업의 동향,『농촌경제』, 제30권, 제6호, pp.111–131.

陈桂棣, 春桃(2004),『中国农民调查』, 北京: 人民文学出版社.

孙振远(2000),『中国粮食问题』, 郑州: 河南人民出版社.

陈文科(2000),『中国农民问题』, 郑州: 河南人民出版社.

华中师范大学农村问题研究中心(2000),『中国农村研究』, 北京: 中国社会科学出版社.

史万里(1998),『中国农村改革20年』, 郑州: 中州古籍出版社.

郑景骥(1997),『中国农村土地使用与管理制度研究』, 成都: 西南财经大学出版社.

马洪 · 王梦奎(2000),『中国发展研究』, 北京: 中国发展出版社.

车裕斌(2004),『中国土地流转机制研究』, 北京: 中国农业出版社.

程漱兰(1999),『中国农村发展:理论和实践』, 北京: 中国人民大学出版社.

中国社会科学院农村发展研究所组织与制度研究室(1999),『大变革中的乡土中国』, 北京: 社会科学文献出版社.

中国社会科学院农村发展研究所组织与制度研究室(2002),『中国村庄的工业化模式』, 北京: 社会科学文献出版社.

李强(2004),『农民工与中国社会分层』, 北京: 社会科学文献出版社.

明恩溥(1998),『中国乡村生活』, 北京: 时事出版社.

谭庆刚(2007),『双重转型中的乡镇企业』, 北京: 社会科学文献出版社.

程丹峰(2000),『中国反贫困』, 北京: 经济科学出版社.

余红(2000),『中国农村社会负担与农村发展研究』, 上海: 上海财经大学出版社.

林善浪(1999),『中国农村土地制度与效率研究』, 北京: 经济科学出版社.

麦天枢(1994),『中国农民:关于九亿人的现场笔记』, 北京: 生活 · 读书 · 新知三联书店.

费孝通(1997),『江村农民生活及其变迁』, 兰州: 敦煌文艺出版社.

聂华林(2007),『中国西部三农问题调研报告』, 北京: 中国社会科学出版社.

제5장
지역경제발전격차

5

中國地域經濟概論
Introduction to Chinese Regional Economies

1. 지역 경제발전격차의 비교

1.1. GDP 통계 수정

1.1.1. 국가 GDP 통계 수정

중국 GDP는 여러 학자들에 의해서 신뢰성이 의심을 받아왔다. 개혁개방 이후 중국의 GDP는 모두 2번에 걸쳐 수정이 이루어졌다. 첫 번째 수정은 1995년 제1차 전국제3차산업조사(全國第三次産業普査) 후에 이루어졌다. 이 조사는 주로 1991년과 1992년을 대상으로 하고 있기 때문에 GDP의 수정 역시 이 두 연도를 중심으로 이루어졌다. 그러나 이 당시는 GDP에 대한 관심이 별로 높지 않았기 때문에 사회적 영향은 크지 않았다(许宪春, 2006b).

최근 들어 가장 큰 영향을 초래한 것은 바로 2005년에 실시된 제1차 전국경제조사이다. 2005년 한 해 동안 2004년을 대상으로 실시된 제1차 전국경제조사는 2006년 말 경에 조사결과가 발표되었다. 제1차 전국경제조사는 중국의 GDP에 큰 변화를 초래하였다. 우선 『中國統計年鑑2004年』과 『中國統計年鑑2005年』을 비교해 보면, 1980년부터 2003년까지는 연도별 GDP가 일관성을 유지하고 있다. 그러나 『中國統計年鑑2006年』에 의하면, 연도별 GDP가 큰 차이를 나타내고 있다. 특히 2004년의 GDP가 23,002.4억 위안이 증가하였다. 이는 『中國統計年鑑2005年』에 의한 2004년 GDP 규모의 16.81%에 달하는 큰 규모이다.

연도별 조정 규모를 보면, 1980년의 0.62%에서부터 시작하여 매년 점차적으로 증가하다가 2000년 이후에는 매년 조정 규모가 『中國統計年鑑2005年』의 자료를 기준으로 10% 이상에 달하고 있으며, 2004년에는 16.81%에 달하고 있다. 『中國統計年鑑2006年』에서는 제1차 전국경제조사의 결과를 반영하여 2005년까지의 GDP를 조정하였다. 새로운 조사에 의한 조정은 필요불가결한 것이다. 그러나 여기서 한 가지 문제점을 발견할 수 있다. 그것은 『中國統計年鑑2007年』과 『中國統計年鑑2008年』의 2005년 GDP 자료의 변화이다. 『中國統計年鑑2006年』에서는 2005년의 GDP가 183,084.8억 위안이다. 그러나 『中國統計年鑑2007年』에서는 183,867.9억 위안으로 783.1억 위안(0.43%)이 증가하였다. 그러나 『中國統計年鑑2008年』의 2005년 GDP 자료에서는 오히려 650.5억 위안(0.35%)이 감소하고 있다. 또 한 가지 문제는 2006년도의 GDP 자료이다. 『中國統計年鑑2007年』에서 2006년도 GDP는 210,871.0억 위안이나 『中國統計年鑑2008年』에서는 211,923.5억 위안으로 1,052.5억 위안(0.49%)이 증가하였다.

<표 5-1> 중국 GDP의 수정 前과 수정 後의 비교

(단위: 억 위안, %)

연도	中國統計年鑑 2004年	中國統計年鑑 2005年	中國統計年鑑 2006年	中國統計年鑑 2007年	차이	비중
1980	4,517.8	4,517.8	4,545.6	4,545.6	27.8	0.62
1985	8,964.4	8,964.4	9,016.0	9,016.0	51.6	0.58
1990	18,547.9	18,547.9	18,667.8	18,667.8	119.9	0.65
1991	21,617.8	21,617.8	21,781.5	21,781.5	163.7	0.76
1992	26,638.1	26,638.1	26,923.5	26,923.5	285.4	1.07
1993	34,634.4	34,634.4	35,333.9	35,333.9	699.5	2.02
1994	46,759.4	46,759.4	48,197.9	48,197.9	1,438.5	3.08
1995	58,478.1	58,478.1	60,793.7	60,793.7	2,315.6	3.96
1996	67,884.6	67,884.6	71,176.6	71,176.6	3,292.0	4.85
1997	74,462.6	74,462.6	78,973.0	78,973.0	4,510.4	6.06
1998	78,345.2	78,345.2	84,402.3	84,402.3	6,057.1	7.73
1999	82,067.5	82,067.5	89,677.1	89,677.1	7,609.6	9.27
2000	89,468.1	89,468.1	99,214.6	99,214.6	9,746.5	10.89
2001	97,314.8	97,314.8	109,655.2	109,655.2	12,340.4	12.68
2002	105,172.3	105,172.3	120,332.7	120,332.7	15,160.4	14.41
2003	117,251.9	117,390.2	135,822.8	135,822.8	18,432.6	15.70
2004	–	136,875.9	159,878.3	159,878.3	23,002.4	16.81
2005	–	–	183,084.8	183,867.9	–	–
2006	–	–	–	210,871.0	–	–

주: 1) 차이는 『中國統計年鑑2006年』과 『中國統計年鑑2005年』 자료의 차이를 말함.
2) 경상가격 기준.

연도별 GDP 자료에 있어서 차이가 발생하는 주요한 원인은 바로 제1차 전국경제조사의 결과에 의한 조정을 반영하고 있기 때문이다. 물론 이것은 제1차 전국경제조사가 기존의 조사들보다는 더욱 객관적이고 신뢰성이 있다는 가정하에서다. 그러나 2005년과 2006년의 GDP 자료에서 발생하고 있는 변화는 인위적인 조정일 가능성을 배제할 수 없다.

1.1.2. 부문별 GDP 통계 수정

제1차 전국경제조사에서 산업별 GDP를 보면 3차 산업에서 가장 큰 조정이 이루어졌다. 1980년의 산업별 GDP에 의하면, 『中國統計年鑑2006年』에서는 『中國統計年鑑2005年』과 비교해 3차 산업의 GDP가 27.80억 위안이 증가하였으며, 이는 수정 前 GDP의 2.88%에 달한다. 1993년부터는 조정 규모가 크게 증가하였으며, 1995년에는 11.95%로 10% 이상에 달한다. 이러한 조정 규모의 증가는 매년 크게 증가하여 2004년에는 48.71%에 이른다.

<표 5-2> 중국 GDP의 수정 前과 수정 後의 비교 : 3차 산업별구조

(단위: 억 위안)

연도	수정 前 中國統計年鑑 2005年		수정 後 中國統計年鑑 2006年		차이		
	2차 산업	3차 산업	2차 산업	3차 산업	1차산업	2차 산업	3차 산업
1980	2,192.0	966.4	2,192.0	994.2	0.00	0.00	27.80
1985	3,866.6	2,556.2	3,866.6	2,607.8	0.00	0.00	51.60
1990	7,717.4	5,813.5	7,717.4	5,933.4	0.00	0.00	119.90
1991	9,102.2	7,227.0	9,102.2	7,390.7	0.00	0.00	163.70
1992	11,699.5	9,138.6	11,699.5	9,424.0	0.00	0.00	285.40
1993	16,428.5	11,323.8	16,454.4	11,992.2	5.20	25.90	668.40
1994	22,372.2	14,930.0	22,445.4	16,281.1	14.20	73.20	1,351.10
1995	28,537.9	17,947.2	28,679.5	20,094.3	27.00	141.60	2,147.10
1996	33,612.9	20,427.5	33,835.0	23,455.8	41.60	222.10	3,028.30
1997	37,222.7	23,028.7	37,543.0	27,165.4	53.40	320.30	4,136.70
1998	38,619.3	25,173.5	39,004.2	30,780.1	65.60	384.90	5,606.60
1999	40,557.8	27,037.7	41,033.6	34,095.3	76.10	475.80	7,057.60
2000	44,935.3	29,904.6	45,555.9	38,942.5	88.00	620.60	9,037.90
2001	48,750.0	33,153.0	49,512.3	44,626.7	104.40	762.30	11,473.70

2002	52,980.2	36,074.8	53,896.8	50,197.3	121.30	916.60	14,122.50
2003	61,274.1	39,188.0	62,436.3	56,318.1	140.20	1,162.20	17,130.10
2004	72,387.2	43,720.6	73,904.3	65,018.2	187.70	1,517.10	21,297.60

주: 1) 차이는『中國統計年鑑2006年』과『中國統計年鑑2005年』자료의 차이를 말함.
2) 경상가격 기준.

제1차 전국경제조사의 주요 목적이 그동안 누락되었던 3차 산업의 GDP를 보완하고자 하는 점에서 이러한 조정 결과는 당연하지만 조정 규모가 매우 크다는 의문을 제기하지 않을 수 없다. 비록 그동안 통계조사에서 누락되었다고는 하지만 서비스업의 부가가치가 기타 산업에 비해 증가 규모가 매우 크다. 그러나 3차 산업에 비해 2차 산업과 1차 산업의 조정 규모는 상대적으로 작다. 그리고 1980년부터 1992년 기간에는 1차 산업과 2차 산업에는 변화가 없다. 제1차 전국경제조사의 결과 보고에서는 이에 대한 해석이 부족하다. 1993년의 수정 후 1차 산업 GDP는 수정 전과 비교해 0.08%가 증가하였으며, 2차 산업은 0.16%가 증가하였다. 3차 산업과 마찬가지로 1차 산업과 2차 산업도 매년 증가 규모가 증가하고 있다. 2004년에는 1차 산업의 증가 규모가 수정 전과 비교 해 0.90%, 2차 산업은 2.10%가 증가하였다. 이는 3차 산업과 비교해서는 매우 작은 증가 규모이다. 또한 3차 산업별 GDP의 조정 결과는 산업구조에도 큰 변화를 가져왔다. 즉 3차 산업의 비중이 크게 증가하고 1차 산업과 2차 산업의 비중은 감소하였다. 특히 2차 산업의 비중은 1차 산업보다 감소폭이 더욱 크다. 수정 전 3차 산업구조는 15.17%, 52.89%, 31.94%이나, 수정 후에는 13.11%, 46.23%, 40.67%이다.

2차 산업과 3차 산업의 세부구조를 보면 수정 전과 수정 후의 조정이 더욱 큰 문제가 있음을 발견할 수 있다. 우선 가장 큰 문제점은 2차 산업의 수정 후 자료에서 건축업의 GDP가 1993년 이래 지속적으로 감소하고 있으며, 감소폭이 매년 크게 증가하고 있다는 것이다. 여기서 우리는 두 가지 의문점을 제기하지 않을 수 없다. 첫째는 1980년부터 1992년 기간 동안에는 공업과 건축업의 GDP변화가 없는 이유는 무엇인가? 둘째는 1993년부터 2004년까지 공업의 GDP는 증가하였지만 건축업의 GDP는 오히려 감소하고 있는 이유는 무엇인가? 이것은 매우 심각한 문제를 유발시킬 수 있다. 1993년 이후 중국의 건축업은 매년 크게 성장하고 있는 산업 중의 하나이다. 특히 "부동산 거품"이 사회적 문제가 될 정도로 건축업에 대한 투자는 매년 크게 증가하고 있으며, 각 종 사회간접자본(SOC)에 대한 과도한 투자는 경기의 연착륙에도 불리한 영향을 초래하기 때문에 적정한 조정이 필요하다는 논란이 끊이지 않고 있다. 그러나 <표 5-3>에서 나타나고 있듯이 건축업의 GDP 규모가 오히려 감소하고 있다는 것은 현실과 너무 동떨어진 결과라고 본다.

<표 5-3> 중국 GDP의 수정 前과 수정 後의 비교 : 2차 산업과 3차 산업의 세부 구조

(단위: 억 위안)

연도	수정 前 中國統計年鑑2005年		수정 後 中國統計年鑑2006年		차이			
	공업	건축업	공업	건축업	공업	건축업	교통 운수 창고 우정 통신업	도매 소매 무역 음식업
1980	1,996.5	195.5	1,996.5	195.5	0.0	0.0	0.0	0.0
1985	3,448.7	417.9	3,448.7	417.9	0.0	0.0	0.0	0.0
1990	6,858.0	859.4	6,858.0	859.4	0.0	0.0	0.0	0.0
1991	8,087.1	1,015.1	8,087.1	1,015.1	0.0	0.0	0.0	0.0
1992	10,284.5	1,415.0	10,284.5	1,415.0	0.0	0.0	0.0	0.0
1993	14,143.8	2,284.7	14,188.0	2,266.5	44.2	−18.2	82.4	108.0
1994	19,359.6	3,012.6	19,480.7	2,964.7	121.1	−47.9	212.4	288.0
1995	24,718.3	3,819.6	24,950.6	3,728.8	232.3	−90.8	369.4	535.4
1996	29,082.6	4,530.5	29,447.6	4,387.4	365.0	−143.1	574.5	818.9
1997	32,412.1	4,810.6	32,921.4	4,621.6	509.3	−189.0	795.8	1,154.2
1998	33,387.9	5,231.4	34,018.4	4,985.8	630.5	−245.6	1,057.1	1,505.7
1999	35,087.2	5,470.6	35,861.5	5,172.1	774.3	−298.5	1,361.5	1,878.3
2000	39,047.3	5,888.0	40,033.6	5,522.3	986.3	−365.7	1,924.8	2,313.7
2001	42,374.6	6,375.4	43,580.6	5,931.7	1,206.0	−443.7	2,437.8	2,868.6
2002	45,975.2	7,005.0	47,431.3	6,465.5	1,456.2	−539.6	2,973.2	3,474.2
2003	53,092.9	8,181.2	54,945.5	7,490.8	1,852.7	−690.4	3,454.0	4,241.5
2004	62,815.1	9,572.1	65,210.0	8,694.3	2,394.9	−877.8	4,453.5	5,151.3

주: 1) 차이는『中國統計年鑑2006年』과『中國統計年鑑2005年』자료의 차이를 말함.
2) 경상가격 기준.

『中國統計年鑑2005年』에서 2004년 건축업의 기업 수는 53,309 개이며, 종업원 수는 2,557.9만 명, 총생산액은 27,745.38억 위안이다. 『中國統計年鑑2006年』에서는 2004년의 건축업의 기업 수가 59,018개로 5,709개가 증가하였으나, 종업원 수는 2500.3만 명으로 57.6만 명이 감소하였고, 총생산액은 2,9021.45억 위안으로 1,276.07억 위안이 증가하였다. 즉 건축업의 기업 수와 총생산액이 증가하였는데 GDP는 오히려 감소하고 있다. 이러한 결과는 일반적인 상황에서는 발생하기 불가능한 경우이다. 이것은 2차 산업의 비중을 축소하고 3차 산업의 비중을 증가시키기 위한 인위적(made-up)인 조작일 가능성이 매우 크다(Wu,H.X., 2007).

3차 산업의 GDP 역시 세 가지의 의문점을 가진다. 첫째는 1980년부터 1993년까지는 3차 산업의 주요 두 산업에서 GDP의 변화가 없다. 둘째는 도매 · 소매 · 무역 · 음식업의 GDP 증가 규모가 교통 · 운수 · 우정 · 통신업보다 큰 이유는 무엇인가? 셋째는 두 종류의 3차 산업의 GDP 증가 규모가 공업의 GDP보다 큰 이유는 무엇인가? 제1차 전국경제조사는 그동안 통계조사에서 누락되었던 3차 산업과 개체경영(個體經營)을 집중적으로 보완한다는 목적을 가지고 있다. 그러나 1990년 이후 중국은 세계의 공장이라는 이름에서 보여 지고 있듯이 제조업을 중심으로 하는 공업이 급속한 발전을 하고 있는데 제1차 전국경제조사에서는 공업보다는 오히려 서비스업이 더욱 큰 증가를 가져왔다. 이러한 조정은 다른 의도가 있을 가능성을 배제할 수 없다. 산업구조를 재조정함으로써 제조업을 중심으로 하는 공업의 발전 공간을 확보할 수 있으며, 서비스업의 비중을 증대시킴으로써 산업구조 고도화에 한 발 더 다가갈 수 있기 때문이다. 중국경제성장의 핵심 원동력은 제조업이다. 특히 수출지향적인 정책에서 제조업의 경쟁력은 더욱 큰 의의를 가진다. 따라서 향후 제조업이 더욱 발전할 수 있는 공간을 확보하는 것이 중국으로서는 과제가 될 수 있는 것이다.

1.1.3. 지역별 GDP 통계 오차

국가통계국(國家統計局)에서 발표하는 연도별 GDP와 지방정부가 발표하는 지역별 GDP 사이에도 오차가 존재한다. 중국의 행정체계에서는 지역별 경제성장과 경제발전 지표가 중요한 지방행정 책임자의 평가 기준이 되고 있다. 특히 개혁개방 이후 지역경제발전은 해당 지역행정책임자의 전도(前途)에 결정적인 영향을 초래하게 된다. 즉 '경제를 발전시키는 행정가가 유능한 행정가'라는 사회적인 등식이 성립되는 것이다. 이것은 통계자료에도 직접적인 영향을 초래할 가능성이 있다. 즉 해당 지역의 GDP를 과대하게 중앙정부에 보고하는 것이다.

<표 5-4>는 지방정부가 발표한 GDP와 중앙정부가 발표한 GDP를 비교하고 있다. 수정 전의 GDP를 이용하면, 1995년 이전에는 지방정부가 발표한 GDP의 합계는 중앙정부가 발

<표 5-4> 지방정부 발표 GDP와 중앙정부 발표 GDP의 비교

(단위: 억 위안)

연도	지방정부 발표 (A)	国家统计局 발표		차이(A-B)	차이(A-C)
		수정 前(B)	수정 後(C)		
1985	8,459.41	8,964.4	9,016.0	−504.99	−556.59
1990	18,120.92	18,547.9	18,667.8	−426.98	−546.88
1991	20,885.75	21,617.8	21,781.5	−732.05	−895.75
1992	25,794.29	26,638.1	26,923.5	−843.81	−1,129.21
1993	34,219.12	34,634.4	35,333.9	−415.28	−1,114.78
1994	45,383.69	46,759.4	48,197.9	−1,375.71	−2,814.21
1995	57,632.78	58,478.1	60,793.7	−845.32	−3,160.92
1996	68,312.88	67,884.6	71,176.6	428.28	−2,863.72
1997	76,825.18	74,462.6	78,973.0	2,362.58	−2,147.82
1998	82,494.34	78,345.2	84,402.3	4,149.14	−1,907.96
1999	87,671.13	82,067.5	89,677.1	5,603.63	−2,005.97
2000	97,209.37	89,468.1	99,214.6	7,741.27	−2,005.23
2001	106,766.26	97,314.8	109,655.2	9,451.46	−2,888.94
2002	117,612.81	105,172.3	120,332.7	12,440.51	−2,719.89
2003	134,948.46	117,251.9	135,822.8	17,696.56	−874.34
2006	229,901.49	−	211,923.5	−	17,977.99
2007	274,123.51	−	249,529.9	−	24,593.61

주: 1) 1985년-2003년 지방정부 발표 GDP는 杨冠琼(2006, p.13)을 참고.

2) 2006년과 2007년 지방정부 발표 GDP는 지역별 『地方公報2006년』과 『地方公報2007년』을 참고하여 저자가 계산.

3) 국가통계국(国家统计局) 발표 자료는 『中國統計年鑑2005年』(수정 前)과 『中國統計年鑑2006年』(수정 後)을 참고.

4) 경상가격 기준.

표한 GDP보다도 규모가 더 작다. 그러나 1996년부터는 지방정부의 GDP가 중앙정부의 GDP보다 매년 크게 증가하고 있다. 2003년에는 과대 보고된 비중이 15.09%에 달한다. 여기서 우리는 두 가지 의문점을 가진다. 첫째는 1995년 이전 지방정부의 GDP 합계가 중앙정부의 GDP보다 더 작은 이유는 무엇인가? 둘째는 1996년부터 지방정부의 GDP 합계가 더욱 커지게 되는 이유는 무엇인가?

그러나 제1차 전국경제조사에 의한 연도별 GDP 수정은 또 다른 문제를 야기 시킨다. 즉 중앙정부의 GDP가 지방정부의 GDP합계보다 더 크다는 것이다. 그러나 2006년과 2007년의 자료를 이용하여 두 지표를 비교해 보면, 지방정부의 GDP 합계가 중앙정부의 GDP보다 또 다시 커지고 있다. 2006년 지방정부가 발표한 GDP의 합계는 229,901.49억 위안이며, 중앙정부가 발표한 GDP는 211,923.5억 위안으로 전자가 후자보다 17,977.99억 위안이 더 크다. 이는 중앙정부가 발표한 GDP의 8.48%에 달하는 규모이다. 2007년의 GDP에서는 이 비중이 9.86%로 더욱 증가하고 있다.

각 지역별 GDP는 이와 같은 문제가 더욱 복잡해지고 있음을 알 수 있다. <표 5–5>는 2006년과 2007년의 31개 성 · 시 · 자치구(省 · 市 · 自治區)의 GDP를 『지방공보(地方公報)』와 『중국통계연감(中國統計年鑑)』의 자료를 이용하여 비교하고 있다. 여기서 한 가지 문제점은 『공보』와 『중국통계연감』의 GDP가 일치하지 않는다는 것이다. 즉 어떤 지역은 『공보』의 GDP가 『중국통계연감』보다 크며, 어떤 지역은 그 반대이다. 2006년을 기준으로 할 때, 요녕성(辽宁省)과 흑룡강성(黑龙江省) 두 지역만 『공보』의 GDP가 『중국통계연감』보다 크다. 2007년을 기준으로 할 때, 하북성(河北省), 흑룡강성(黑龙江省), 하남성(河南省), 해남성(海南省) 4개 지역이 『공보』의 GDP가 『중국통계연감』보다 크다. 기타 지역은 『중국통계연감』의 GDP가 『공보』보다 크다. 즉 중앙정부의 추계한 지역별 GDP가 그 해당 정부가 추계한 것보다 더 크다는 것이다. 이것은 杨冠琼(2006)이 지적하고 있는 문제점과 정반대의 상황이다. 지역별 GDP 차이의 규모를 보면, 2007년 자료를 기준으로 할 때, 광동성(广东省)과 북경시(北京市)의 차이가 가장 크며, 각각 410.69억 위안과 347.12억 위안의 차이가 난다. 그 중 북경시(北京市)의 경우는 『공보』를 기준으로 3.85%가 차이가 난다.

<표 5–4>와 <표 5–5>을 비교해 보면 또 하나의 문제점을 발견할 수 있다. 즉 『중국통

계연감』내에서 전국 GDP와 지역별 GDP의 합계가 차이가 있다는 것이다. <표 5–4>에서 2007년도 전국 GDP는 249,529.9억 위안이지만 <표 5–5>에서의 지역별 GDP의 합계는 275,624.62억 위안으로 26,094.72억 위안의 차이가 있으며, 이는 전국 GDP의 9.47%에 달하는 적지 않은 규모이다. 이 문제는 이전 연도에서도 동일하게 존재하고 있다. 지방정부는 자신의 GDP 규모를 중앙정부에 보고할 때 과대하게 보고할 수 있기 때문이다.

<표 5–5> 지방공보와 통계연감의 지역별 GDP의 비교

(단위: 10억 위안)

지역	2006年			2007年			
	地方公报 (A)	统计年鉴 (B)	차이 B–A	地方公报 (A)	统计年鉴 (B)	차이 B–A	조정율 (%)
북경시	772.0	787.0	15.0	900.6	935.3	34.7	3.85
천진시	433.8	435.9	2.1	501.8	505.0	3.2	0.64
하북성	1,161.4	1,166.0	4.7	1,386.4	1,371.0	–15.4	–1.11
산서성	474.7	475.3	0.6	569.6	573.3	3.7	0.65
내몽고자치구	479.0	479.1	0.1	601.9	609.1	7.2	1.20
요녕성	925.7	925.1	–0.6	1,102.2	1,102.3	0.2	0.02
길림성	424.9	427.5	2.6	522.6	528.5	5.9	1.12
흑룡강성	621.7	618.9	–2.8	707.7	706.5	–1.2	–0.17
상해시	1,029.7	1,036.6	6.9	1,200.1	1,218.9	18.8	1.56
강소성	2,154.8	2,164.5	9.7	2,556.0	2,574.1	18.1	0.71
절강성	1,564.9	1,574.3	9.4	1,863.8	1,878.0	14.2	0.76
안휘성	614.2	614.9	0.7	734.6	736.4	1.8	0.25
복건성	750.2	761.5	11.3	916.0	924.9	8.9	0.97
강서성	461.9	467.1	5.2	546.9	550.0	3.1	0.57
산동성	2,184.7	2,207.7	23.1	2,588.8	2,596.6	7.8	0.30
하남성	1,246.4	1,249.6	3.2	1,505.8	1,501.2	–4.6	–0.30
호북성	749.7	758.1	8.4	915.0	923.1	8.1	0.88
호남성	749.3	756.9	7.6	914.5	920.0	5.5	0.60
광동성	2,596.9	2,620.4	23.6	3,067.4	3,108.4	41.1	1.34
광서자치구	480.2	482.9	2.7	588.6	595.6	7.0	1.19
해남성	105.2	105.3	0.0	123.0	122.3	–0.6	–0.51
중경시	348.6	349.2	0.5	411.2	412.3	1.1	0.26
사천성	863.8	863.8	0.0	1,050.5	1,050.5	0.0	0.00
귀주성	226.7	228.2	1.5	271.0	274.2	3.2	1.17

운남성	400.2	400.7	0.5	472.2	474.1	2.0	0.41
서장자치구	29.0	29.1	0.1	34.2	34.2	0.0	0.00
섬서성	438.4	452.4	14.0	537.0	546.6	9.6	1.79
감숙성	227.5	227.7	0.2	269.9	270.2	0.3	0.12
청해성	64.1	64.2	0.1	76.1	78.4	2.3	2.98
영하자치구	70.7	71.1	0.4	83.4	88.9	5.5	6.60
신강자치구	301.9	304.5	2.6	349.4	352.3	2.9	0.82

주: 1) 2006년 자료는 『中國統計年鑑2007年』과 각 지역의 2006년도 『公報』를 이용함.
2) 2007년 자료는 『中國統計年鑑2008年』과 각 지역의 2007년도 『公報』를 이용함.
3) 경상가격 기준.

<표 5–6>에서는 1997년부터 2007년 기간 동안 GDP 수정 전과 수정 후의 전국 GDP와 지역별 GDP합계의 차이를 나타내고 있다. <표 5–6>에 의하면 수정 전 2004년도에는 그 차이가 16.15%에 달한다. 그리고 수정 후에도 매년 그 차이가 증가하고 있는 추세이다.

<표 5–6> 지역별 GDP와 전국 GDP의 비교

(단위: 억 위안)

연도	지역별 GDP 합계(A)	전국 GDP(B)	차이(A–B)	비중(%)
1997	76,956.61	74,772.4	2,184.21	2.84
1998	82,780.25	79,395.7	3,384.55	4.09
1999	87,671.13	81,910.9	5,760.23	6.57
2000	97,209.37	89,403.6	7,805.77	8.03
2001	106,766.30	95,933.3	10,833.00	10.15
2003	135,539.14	117,251.9	18,287.24	13.49
2004	163,240.44	136,875.9	26,364.54	16.15
2005	197,789.03	183,084.8	14,704.23	7.43
2006	231,053.34	210,871.0	20,182.34	8.73
2007	275,624.62	249,529.9	26,094.72	9.47

주: 1) 지역별 GDP는 지역별 통계공보를 이용하고, 전국 GDP는 『中國統計年鑑』 각 연도별 자료를 이용하여 계산함.
2) 경상가격 기준.
3) 1997–2004년 수정 전의 자료, 2005–2007은 수정 후의 자료.

GDP는 한 국가나 지역의 경제발전 상황을 평가할 수 있는 가장 일반적인 지표이다. 그러나 위에서 살펴 본 바와 같이 중국의 GDP는 여러 가지 의문점을 가지게 한다. 특히 제1차 전국경제조사를 통한 GDP의 조정은 오히려 이러한 의문점을 어느 정도 해소하기 보다는 오히려 더 큰 의문점들을 초래하고 있다. 따라서 이와 같은 의문점들을 적절하게 조정하지 않으면 통계자료의 신뢰성에 큰 영향을 가져다 줄 수 있다. 특히 GDP 자료는 실증분석에서 가장 많이 이용되어지고 있기 때문에 자료의 신뢰성과 일관성은 반드시 만족되어야 할 조건이다. 그러나 여전히 GDP가 경제발전 수준을 나타내는 가장 일반적인 지표로서 사용되고 있다.

1.2. 지역별 GDP 격차

1.2.1. 지역별 GDP 규모 비교

앞에서 설명하고 있듯이 중국의 GDP는 논란의 여지가 있는 지표로서 자료의 이용에 있어서는 주의가 필요하다. 지역별 GDP 추계에 있어서 기술적으로 누락되는 부분이 있을 가능성도 있지만 가장 큰 문제는 지방정부의 인위적인 과대보고이다. GDP가 중요한 정치적 업적으로 평가받을 수 있기 때문에 과대보고와 허위보고의 유혹을 뿌리칠 수 없는 것이다. 물론 이러한 문제가 있다는 것이 통계자료 자체를 부정하는 이유는 될 수 없다. 동일한 문제가 다른 국가들에서도 흔히 발생하고 있기 때문이다.

지역별 GDP의 비교는 아래 <표 5-7>과 같다. GDP 규모가 가장 큰 지역은 광동성(廣東省)으로 2009년 39,482.56억 위안의 GDP를 창출하였으며 전국의 10.81%를 차지하고 있다. 광동성은 홍콩과 마카오에 인접해 있으며 주강(珠江) 삼각주 경제권역을 중심으로 급속하게 성장하고 있다. 그 다음은 강소성(江蘇省), 산동성(山東省), 절강성(浙江省)의 비중이 높다. 강소성과 산동성은 각각 9.43%와 9.28%의 GDP를 창출하고 있다. 강소성과 절강성은 상해시(上海市)를 중심으로 장강(長江) 삼각주 경제권역을 형성하고 있으며 주강삼

<표 5-7> 지역별 GDP의 연도별 비교

(단위: 억 위안, %)

지역	2005년		2009년		2005년~2009년 연평균성장률
	규모	비중	규모	비중	
북경시	6,969.52	3.50	12,153.03	3.33	11.78
천진시	3,905.64	1.96	7,521.85	2.06	15.62
하북성	10,012.11	5.03	17,235.48	4.72	11.94
산서성	4,230.53	2.12	7,358.31	2.01	11.22
내몽고자치구	3,905.03	1.96	9,740.25	2.67	19.36
요녕성	8,047.26	4.04	15,212.49	4.16	13.68
길림성	3,620.27	1.82	7,278.75	1.99	14.56
흑룡강성	5,513.70	2.77	8,587.00	2.35	11.78
상해시	9,247.66	4.64	15,046.45	4.12	11.44
강소성	18,598.69	9.34	34,457.30	9.43	13.88
절강성	13,417.68	6.74	22,990.35	6.29	12.08
안휘성	5,350.17	2.69	10,062.82	2.75	12.66
복건성	6,554.69	3.29	12,236.53	3.35	13.38
강서성	4,056.76	2.04	7,655.18	2.10	12.92
산동성	18,366.87	9.22	33,896.65	9.28	13.62
하남성	10,587.42	5.31	19,480.46	5.33	13.24
호북성	6,590.19	3.31	12,961.10	3.55	13.36
호남성	6,596.10	3.31	13,059.69	3.58	13.52
광동성	22,557.37	11.32	39,482.56	10.81	12.79
광서자치구	3,984.10	2.00	7,759.16	2.12	13.70
해남성	897.99	0.45	1,654.21	0.45	12.30
중경시	3,467.72	1.74	6,530.01	1.79	13.88
사천성	7,385.10	3.71	14,151.28	3.87	13.22
귀주성	2,005.42	1.01	3,912.68	1.07	12.60
운남성	3,461.73	1.74	6,169.75	1.69	11.08
서장자치구	248.80	0.12	441.36	0.12	12.38
섬서성	3,933.72	1.97	8,169.80	2.24	14.68
감숙성	1,933.98	0.97	3,387.56	0.93	11.20
청해성	543.32	0.27	1,081.27	0.30	12.52
영하자치구	612.61	0.31	1,353.31	0.37	12.16
신강자치구	2,604.19	1.31	4,277.05	1.17	10.64

주: 경상가격 기준.

자료: 『中國統計年鑑2010年』.

각주 경제권역과 함께 중국지역경제발전을 선도하는 지역이다. 이외에도 하남성(河南省), 하북성(河北省), 요녕성(遼寧省), 상해시(上海市), 사천성(四川省), 호남성(湖南省)이 상위 10대 지역으로 다른 지역과 비교해 상대적으로 큰 GDP 규모를 가지고 있다. 이들 상위 10대 지역의 GDP 합계는 전국의 61.59%를 차지하고 있다. 2009년의 구조는 2005년과 비교해 볼 때도 비슷한 양상을 가지고 있다. 다만 상위 10대 지역의 비중이 62.66%에서 약간 감소하고 있을 뿐이다. 지역별 GDP 규모가 가장 작은 지역은 서장자치구(西藏自治區)로서 2009년을 기준으로 전국의 0.12%만을 차지하고 있다. 서장자치구 외에도 서부지역의 다른 지역들도 전반적으로 비교적 작은 GDP 규모를 가지고 있다. 서부지역의 10개 성 · 시 · 자치구(省 · 市 · 自治區)의 GDP 합계는 전국의 13.55%만을 차지하고 있다. 서부지역에서도 경제성장이 상대적으로 양호한 중경시(重慶市), 사천성(四川省), 섬서성(陝西省)을 제외한 7개 지역의 GDP 합계는 전국의 5.65%로 매우 낮은 수준이다. 중국 정부가 국가전략적인 차원에서 서부지역의 경제발전에 중점을 둘 수밖에 없는 이유도 이들 지역의 GDP 규모를 보면 쉽게 짐작할 수 있는 것이다. 2005년–2009년 기간 동안 지역별 GDP의 연평균 성장률은 대부분이 10% 이상을 유지하고 있다. 그 중에서도 내몽고자치구(內蒙古自治區)와 천진시(天津市), 길림성(吉林省) 등 지역은 상대적으로 높은 성장률을 보이고 있다.

<표 5–8> 지역별 GDP의 3차 산업구조

(단위: 억 위안, %)

지역	2005년				2009년			
	1차산업	2차산업	공업	3차산업	1차산업	2차산업	공업	3차산업
북경시	1.42	29.43	24.79	69.15	0.97	23.50	18.95	75.53
천진시	3.04	55.47	50.98	41.49	1.71	53.02	48.15	45.27
하북성	14.89	51.83	46.21	33.29	12.81	51.98	46.32	35.21
산서성	6.28	56.30	50.67	37.42	6.49	54.28	47.82	39.23
내몽고자치구	15.13	45.52	37.94	39.35	9.54	52.50	46.23	37.95
요녕성	11.02	49.36	43.57	39.62	9.30	51.97	45.53	38.73
길림성	17.28	43.67	37.68	39.05	13.47	48.66	41.97	37.87
흑룡강성	12.42	53.92	48.92	33.66	13.44	47.29	41.34	39.27
상해시	0.88	48.64	45.11	50.48	0.76	39.89	35.95	59.36
강소성	7.98	56.57	50.99	35.45	6.56	53.88	47.78	39.55

절강성	6.64	53.33	47.25	40.03	5.06	51.80	45.75	43.14
안휘성	17.98	41.32	33.83	40.70	14.86	48.75	40.39	36.39
복건성	12.81	48.72	43.27	38.48	9.67	49.08	41.73	41.26
강서성	17.93	47.27	35.88	34.80	14.35	51.20	41.76	34.45
산동성	10.60	57.40	51.67	32.00	9.52	55.76	49.85	34.72
하남성	17.87	52.08	46.24	30.05	14.21	56.52	50.82	29.26
호북성	16.60	43.10	37.37	40.31	13.86	46.59	39.99	39.56
호남성	19.57	39.88	33.63	40.55	15.08	43.55	36.90	41.37
광동성	6.39	50.70	46.86	42.91	5.09	49.19	45.82	45.72
광서자치구	22.39	37.07	31.03	40.55	18.80	43.58	36.91	37.62
해남성	33.62	24.60	17.46	41.78	27.94	26.81	18.17	45.25
중경시	15.09	41.01	33.33	43.90	9.29	52.81	44.68	37.89
사천성	20.06	41.53	34.22	38.41	15.83	47.43	40.13	36.74
귀주성	18.64	41.77	36.09	39.59	14.06	37.74	32.02	48.20
운남성	19.29	41.26	34.00	39.46	17.30	41.86	33.85	40.84
서장자치구	19.12	25.29	6.96	55.59	14.47	30.96	7.50	54.57
섬서성	11.86	50.31	42.27	37.83	9.67	51.85	42.86	38.48
감숙성	15.93	43.36	35.46	40.71	14.67	45.08	35.53	40.24
청해성	12.03	48.70	37.54	39.27	9.93	53.21	43.50	36.86
영하자치구	11.89	46.40	37.79	41.71	9.40	48.94	38.45	41.66
신강자치구	19.58	44.73	36.93	35.69	17.76	45.11	36.38	37.12

주: 경상가격 기준.
자료: 『中國統計年鑑2010年』.

지역별 GDP의 산업구조는 <표 5-8>과 같다. 2009년 GDP를 기준으로 할 때 31개 지역의 평균은 1차 산업의 비중은 11.48%, 2차 산업은 46.93%, 그 중에서 공업은 39.45%, 3차 산업은 41.59%의 구조를 가진다. 지역 내 GDP 비중이 전국 평균보다 높은 지역은 해남성(海南省), 광서자치구(廣西自治區), 신강자치구(新疆自治區), 운남성(云南省), 사천성(四川省), 호남성(湖南省), 안휘성(安徽省), 감숙성(甘肅省), 서장자치구(西藏自治區), 강서성(江西省), 하남성(河南省), 귀주성(貴州省), 호북성(湖北省), 길림성(吉林省), 흑룡강성(黑龍江省), 하북성(河北省)이 있다. 그 중 해남성은 1차 산업이 지역 GDP의 27.94%를 차지하고 있으며 전국에서 가장 높은 비중이다. 이 들 지역 중 하북성을 제외하고는 모두 중부지역과 서부지역에 입지하고 있는 지역들이다. 2차 산업의 비중이 전국 평균보다 낮은 지역은 호북성, 신강자치구, 감숙성, 광저자치구, 호남성, 운남성, 상해시(上海市), 귀주성, 서장자치구, 해남성과 북경시(北京市)이다. 상해시와 북경시를 제외한 지역들은 모두 1차 산업의 비중이 전국 평균보다 높은 지역들이다. 1차 산업 비중이 높다는 것은 상대적으로 2차 산업의 비중이 낮기 때문이다. 3차 산업의 비중이 전국 평균보다 높은 지역은 북경시, 상해시, 서장자치구, 귀주성, 광동성(廣東省), 천진시(天津市), 해남성, 절강성(浙江省), 영하자치구(寧夏自治區)가 있다. 산업구조적인 측면에서 볼 때 1차 산업보다는 2차 산업과 3차 산업의 비중이 상대적으로 높다. 그러나 일부 지역의 경우에는 전국평균과 비교할 때 상대적으로 1차 산업과 3차 산업의 비중이 높고 2차 산업의 비중이 낮은 지역들도 있다. 지역경제발전이라는 측면에서 볼 때 단순히 비중이 높다고 반드시 경쟁력을 가지는 것은 아니다. 더욱 중요한 것은 산업 내의 업종 구조가 어떻게 구성되어 있는가이다.

1.2.1. 지역별 1인당 GDP 격차

GDP 규모는 한 지역의 경제력을 평가하는 지표로서 이용될 수 있다. 그러나 주민복지라는 측면에서는 오히려 1인당 GDP가 더욱 큰 의의를 가지고 있다고 본다. 인구가 매우 많은 지역의 GDP 규모 100과 인구가 매우 적은 지역의 GDP 규모 100은 비록 규모는 동일하지만 그 의미는 크게 다르기 때문이다. 특히 중국은 인구대국이면서 하나의 지역경제가 가진 인구규모도 매우 크기 때문에 1인당 GDP가 중요한 의의를 가진다. <표 5-9>는 2005년과 2009년의 지역별 1인당 GDP를 경상가격을 기준으로 비교하고 있다.

<표 5-9> 지역별 1인당 GDP의 비교

(단위: 위안, 달러)

지역	2005년			2009년		
	인민폐기준	달러기준	귀주성 1.00	인민폐기준	달러기준	귀주성 1.00
북경시	45,444	5,548.68	9.00	70,452	10,315.08	6.83
천진시	35,783	4,369.13	7.08	62,574	9,161.64	6.07
하북성	14,782	1,804.92	2.93	24,581	3,598.98	2.38
산서성	12,495	1,525.64	2.47	21,522	3,151.10	2.09

내몽고자치구	16,331	1,993.99	3.23	40,282	5,897.80	3.91
요녕성	18,983	2,317.85	3.76	35,239	5,159.44	3.42
길림성	13,348	1,629.79	2.64	26,595	3,893.85	2.58
흑룡강성	14,434	1,762.40	2.86	22,447	3,286.53	2.18
상해시	51,474	6,284.98	10.19	78,989	1,1565.01	7.66
강소성	24,560	2,998.78	4.86	44,744	6,551.10	4.34
절강성	27,703	3,382.50	5.48	44,641	6,536.02	4.33
안휘성	8,675	1,059.24	1.72	16,408	2,402.29	1.59
복건성	18,646	2,276.66	3.69	33,840	4,954.61	3.28
강서성	9,440	1,152.63	1.87	17,335	2,538.07	1.68
산동성	20,096	2,453.78	3.98	35,894	5,255.34	3.48
하남성	11,346	1,385.41	2.25	20,597	3,015.67	2.00
호북성	11,431	1,395.73	2.26	22,677	3,320.20	2.20
호남성	10,426	1,273.02	2.06	20,428	2,990.92	1.98
광동성	24,435	2,983.52	4.84	41,166	6,027.23	3.99
광서자치구	8,788	1,072.98	1.74	16,045	2,349.19	1.56
해남성	10,871	1,327.35	2.15	19,254	2,819.03	1.87
중경시	10,982	1,340.90	2.17	22,920	3,355.78	2.22
사천성	9,060	1,106.23	1.79	17,339	2,538.65	1.68
귀주성	5,052	616.84	1.00	10,309	1,509.37	1.00
운남성	7,835	956.65	1.55	13,539	1,982.28	1.31
서장자치구	9,114	1,112.82	1.80	15,295	2,239.39	1.48
섬서성	9,899	1,208.67	1.96	21,688	3,175.40	2.10
감숙성	7,477	912.89	1.48	12,872	1,884.63	1.25
청해성	10,045	1,226.46	1.99	19,454	2,848.32	1.89
영하자치구	10,239	1,250.18	2.03	21,777	3,188.43	2.11
신강자치구	13,108	1,600.49	2.59	19,942	2,919.77	1.93

주 : 인민폐는 경상가격 기준, 2005년 연평균환율은 100달러=819.17위안, 2009년 연평균환율은 100달러=683.10위안으로 계산함.
자료:『中國統計年鑑2010年』.

표에 의하면 2009년 지역별 1인당 GDP의 평균은 인민폐를 기준으로 28,736.95위안이며, 달러를 기준으로 4,207.45달러이다. 2009년을 기준으로 1인당 GDP가 전국평균보다 높은 지역은 상해시(上海市), 북경시(北京市), 천진시(天津市), 강소성(江蘇省), 절강성(浙江省), 광동성(廣東省), 내몽고자치구(內蒙古自治區), 산동성(山東省), 요녕성(遼寧省), 복건성(福

建省)으로 10개 지역이며, 나머지 21개 지역은 전국 평균보다 낮은 수준이다. 따라서 지역간 1인당 GDP의 격차가 매우 심각함을 알 수 있다. 그리고 내몽고자치구를 제외한 나머지 지역들은 모두 동부 연해안 지역에 위치하고 있다. 이는 연해안 지역이 내륙지역보다 더욱 발전하고 있음을 반영한다. 2009년을 기준으로 1인당 GDP가 가장 높은 지역은 상해시로 인민폐 78,989위안이며 가장 낮은 지역은 귀주성(貴州省)으로 인민폐 10,309위안이다. 상해시와 귀주성의 격차는 7.66배이다. 2005년과 2009년을 비교해 보면 이 격차가 10.19배에서 7.66배로 크게 줄어들었다.

1.2.3. 실질GDP와 명목GDP의 비교

중국의 GDP를 지역별로 비교할 때 고려해야 할 점은 바로 실질GDP와 명목GDP의 관계이다. 명목GDP가 아무리 높아도 전체적인 물가지수가 높아지면 실질GDP가 오히려 낮아질 수도 있기 때문이다. 명목 GDP를 실질 GDP로 나누어 사후적으로 얻어지는 값을 GDP 디플레이터라 한다. 그런데 GDP 추계 시에는 생산자물가지수(PPI)나 소비자물가지수(CPI) 뿐만 아니라 수출입물가지수, 임금, 환율 등 각종 가격지수가 종합적으로 이용되고 있기 때문에 GDP디플레이터는 국민소득에 영향을 주는 모든 물가요인을 포괄하는 종합적인 물가지수로서 GDP라는 상품의 가격수준을 나타낸다고 할 수 있다. 따라서 GDP디플레이터는 생산자물가지수나 소비자물가지수와 함께 국민경제 전체의 물가수준을 나타내는 지표로 사용되기도 한다.

중국에서는 공식적으로 지역별 GDP 디플레이터를 발표하지 않고 있다. 국가통계국국민경제종합통계사(国家统计局国民经济综合统计司)에서는 각 지역별로 주민소비가격지수(居民消费价格指数), 상품소매가격지수(商品零售价格指数), 농업생산자료가격지수(农业生产资料价格指数), 공업품공장도가격지수(工业品出厂价格指数), 원재료, 연료, 에너지구입가격지수(原材料, 燃料, 动力购进价格指数), 고정자산가격지수(固定资产投资价格指数) 등 각 종 가격지수를 제공하고 있다. 그 중 주민소비가격지수(居民消费价格指数)는 도시주민과 농촌주민을 분리하고 있다. 그러나 전년도 대비 가격지수 상승률만 제공하고 있기 때문에 이를 지역별 GDP 디플레이터로 이용하기에는 한계가 있다.

지역별 소비자물가지수(居民消费价格指数, consumer price index: CPI)로 GDP 디플레이터를 대신할 수 있다. 물론 소비자물가지수가 GDP 디플레이터를 완전히 대체할 수는 없지만 현재 중국의 통계자료의 이용가능성 조건에 의하면 생산자물가지수 등을 포함한 기타 부문의 물가지수는 많은 한계점이 있다.

<그림 5–1>은 북경시(北京市), 천진시(天津市), 상해시(上海市), 중경시(重慶市) 4대 직할시의 1978년–2006년 기간 동안 소비자물가지수의 변화 추이를 나타내고 있다. <그림 5–1> (1)의 소비자물가지수는 1978년을 100으로 하고 있다.

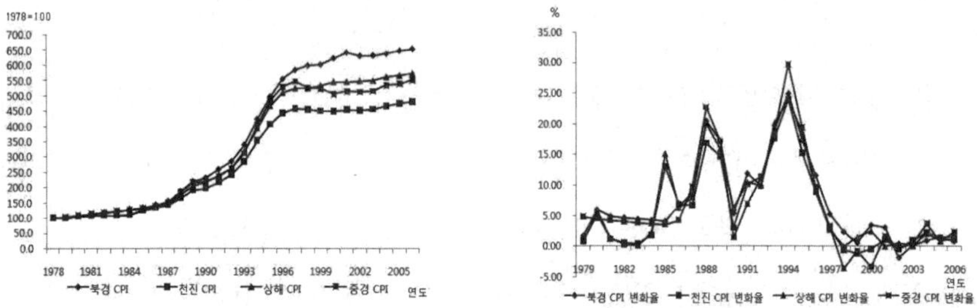

(1) 4대 직할시의 CPI 변화 추세　　(2) 4대 직할시의 CPI 변화율 추세

<그림 5–1> 4대 직할시(直轄市)의 소비자물가지수(CPI)의 비교

<그림 5–1>에 의하면 4대 직할시의 변화 추이가 비슷한 모습을 보이고 있다. 전 기간 동안 북경시의 소비자물가지수는 1978년의 100에서 2006년에는 653.6으로 상승하였으며, 천진시는 480.5, 상해시는 574.5, 중경시는 552.0으로 상승하였다. 북경시의 소비자물가지수의 상승 폭이 가장 크며, 천진시가 가장 낮다. 전반적으로 볼 때 1980년대는 소비자물가지수가 비교적 완만하게 상승하고 있으나, 1990년대에는 상승 폭이 급격하게 증대하고 있으며, 2000년대 이후에는 또 다시 완만한 상승 폭을 나타내고 있다. 즉 1990년대에 소비자물가지수의 상승이 가장 크게 나타나고 있는 것이다. 특히 1991년부터 1996년 기간 동안 소비자물가지수의 상승 폭이 가장 현저하게 나타나고 있다.

이러한 특징은 <그림 5–1>의 (2)에서 더욱 잘 나타나고 있다. <그림 5–1>의 (2)의 4대 직

할시의 소비자물가지수의 연평균 성장률에 의하면, 모두 세 번의 고점(高點)이 나타나고 있다. 첫 번째는 1985년–1986년 기간이다. 특히 천진시와 상해시의 소비자물가지수의 연평균 성장률이 10%이상으로 높으며, 북경시와 중경시는 상대적으로 낮은 성장률을 보이고 있다. 두 번째는 1988년–1989년 기간이다. 4개 직할시 모두 20%에 근접하는 높은 성장률을 보이고 있으며, 특히 1988년 북경시, 상해시, 중경시는 20%의 성장률을 보이고 있다. 세 번째는 1991년–1996년 기간이다. 4개 직할시 모두 연평균 10%이상의 성장률을 보이고 있으며, 특히 1994년에는 북경시가 24.90%, 천진시가 23.98%, 상해시가 23.89%, 중경시가 29.69%로 가장 높은 성장률을 나타내고 있다. 한 가지 특징적인 사실은 1998년 이후 4대 직할시의 소비자물가지수의 연평균 성장률의 변화가 매우 작다는 것이다. 특히 2002년에는 북경시, 천진시, 중경시가 모두 마이너스(–) 변화를 보이고 있으며, 천진시와 중경시는 1998년–2000년 기간에 마이너스(–)를 보이고 있다. 이러한 사실은 1998년 이후 4대 직할시는 지역 소비자물가를 매우 강력하게 통제하고 있음을 나타낸다.

지역별 GDP 디플레이터를 지역별 소비자물가지수(CPI)를 이용하여 계산한 명목 GDP와 실질 GDP의 차이는 <그림 5–2>에 나타나고 있다. 북경시의 1978년 명목 GDP는 108.80억 위안이며, 2006년 명목 GDP는 7,870.30억 위안으로 72.34배가 증가하였다. 그러나 실질 GDP의 증가는 11.07배 정도 증가하였다. 명목 GDP와 실질 GDP의 성장 규모가 이와 같이 큰 차이가 발생하는 것은 소비자물가의 상승에 기인한 것으로 해석된다. 천진시의 명목 GDP는 1978년의 82.65억 위안에서 2006년 4,359.15억 위안으로 52.74배 증가하였으나, 실질 GDP는 2006년 907.21억 위안으로 10.98배가 증가하였다. 상해시의 명목 GDP는 1978년의 272.81억 위안에서 2006년 10,366.37억 위안으로 38.00배 증가하였으나, 실질 GDP는 2006년 1,804.55억 위안으로 6.61배 증가하였다. 중경시의 명목 GDP는 1978년의 67.32억 위안에서 2006년 3,491.57억 위안으로 51.87배 증가하였으나, 실질 GDP는 2006년 632.53억 위안으로 9.40배 증가하였다.

4대 직할시의 명목 GDP와 실질 GDP의 차이는 특히 1990년대 이후 크게 증가하고 있다. 이는 소비자물가지수의 변화와 밀접한 관계가 있다. <그림 5–1>에 의하면 4대 직할시의 소비자물가지수는 크게 세 단계를 거치고 있다. 첫 번째 단계는 1978년–1987년 기간으로

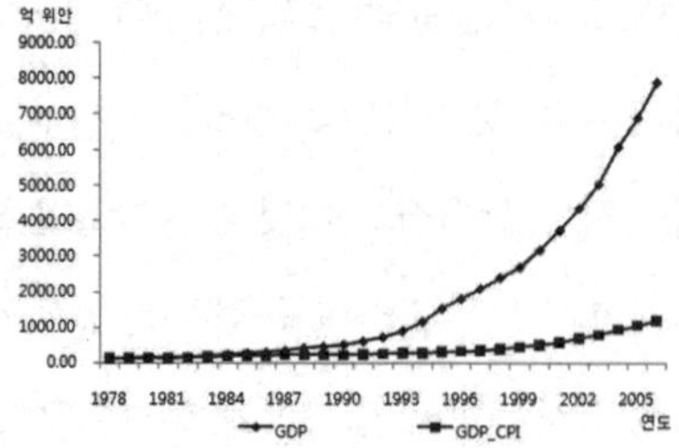

(1) 北京市의 명목 GDP와 실질 GDP의 비교

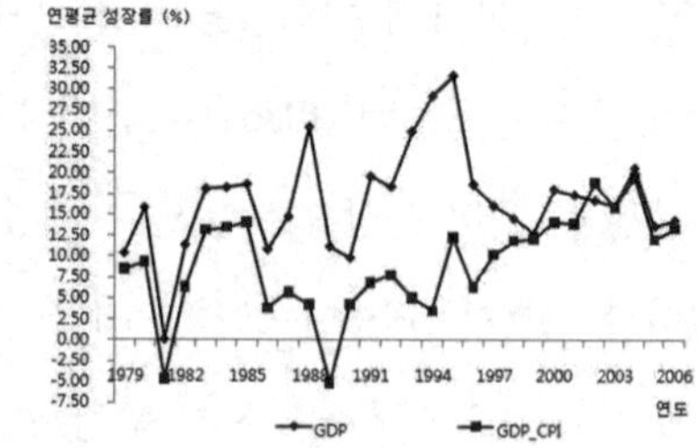

(2) 北京市의 명목 GDP 성장률과 실질 GDP 성장률의 비교

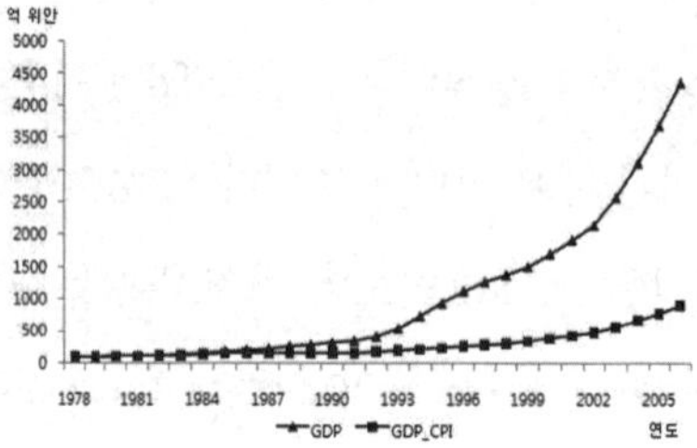

(3) 天津市의 명목 GDP와 실질 GDP의 비교

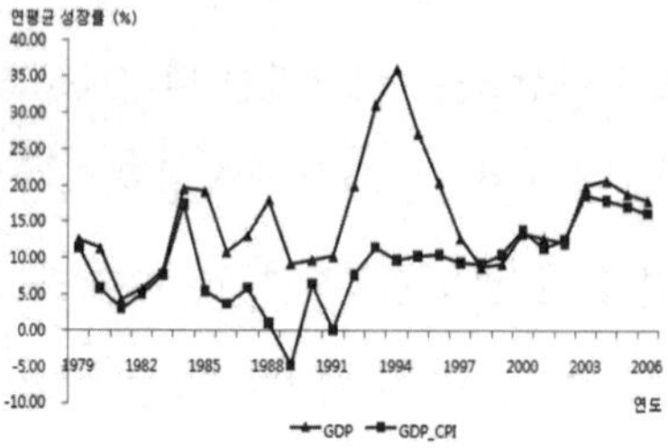

(4) 天津市의 명목 GDP 성장률과 실질 GDP 성장률의 비교

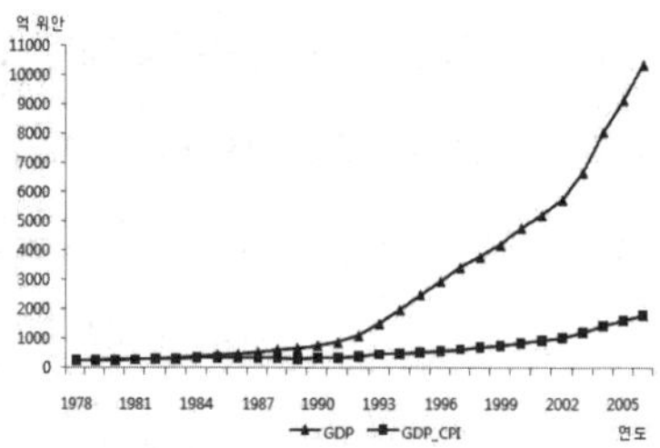

(5) 上海市의 명목 GDP와 실질 GDP의 비교

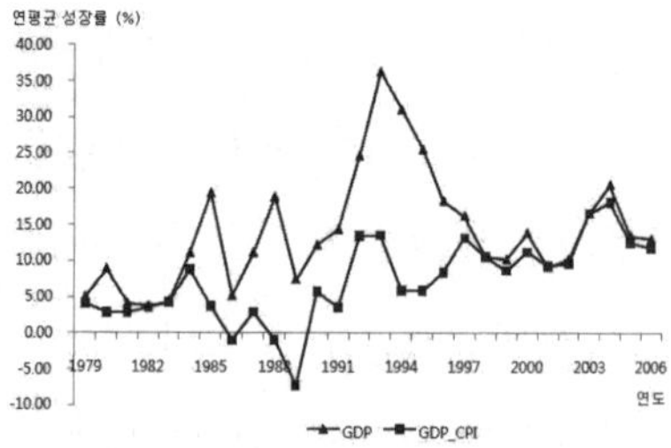

(6) 上海市의 명목 GDP 성장률과 실질 GDP 성장률의 비교

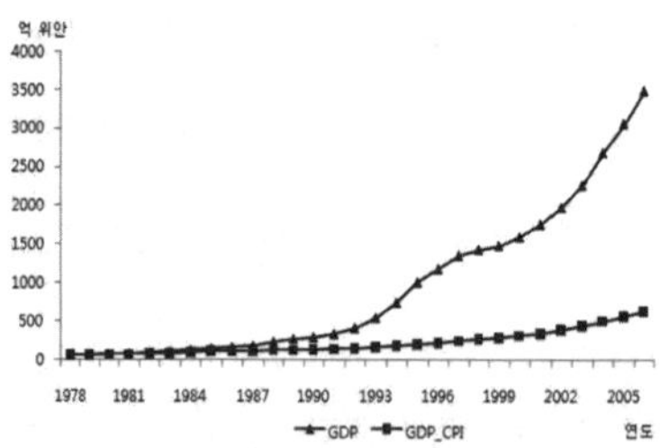

(7) 重慶市의 명목 GDP와 실질 GDP의 비교

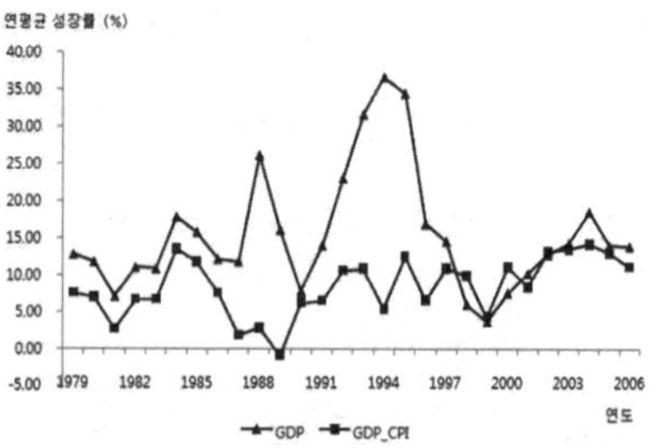

(8) 重慶市의 명목 GDP 성장률과 실질 GDP 성장률의 비교

<그림 5-2> 4대 직할시(直轄市)의 명목 GDP와 실질 GDP의 비교

소비자물가지수가 완만하게 상승하고 있다. 두 번째 단계는 1988년–1997년 기간으로 소비자물가지수가 빠르게 상승하고 있다. 세 번째 단계는 1998년–2006년 기간으로 소비자물가지수가 다시 안정적인 성장 추세로 전환하였으며, 어떤 연도에서는 마이너스(–) 성장을 하고 있다. 이와 같은 추세는 명목 GDP와 실질 GDP의 연평균 성장률에서도 나타나고 있다. 즉 1988년–1997년 기간에는 명목 GDP보다 실질 GDP의 성장률이 더욱 크게 변화하고 있기 때문이다.

소비자물가지수를 이용한 실질 GDP에 의하면 1978년–2006년 기간 동안 4대 직할시의 연평균 성장률이 크게 달라진다. 즉 북경시의 명목 GDP 연평균 성장률은 16.68%이지만 실질 GDP의 연평균 성장률은 9.13%이다. 천진시는 각각 15.44%와 9.08%, 상해시는 각각 14.14%와 7.13%, 중경시는 각각 15.41%와 8.40%이다. 즉 실질 GDP를 기준으로 할 때 4대 직할시의 연평균 성장률은 명목 GDP를 기준으로 할 때 보다 크게 낮아진다. 물론 그 이유는 소비자물가지수의 상승에 기인하고 있다.

4대 직할시의 1인당 실질 GDP의 변화 추이도 실질 GDP의 변화와 기본적으로 비슷한 추세를 보이고 있다. 즉 소비자물가지수의 변화가 완만한 1978년–1987년 기간에서는 1인당 명목 GDP와 1인당 실질 GDP의 연평균 성장률이 비교적 동일한 추세를 나타내고 있으나, 소비자물가지수의 변화가 급격한 1988년–1997년 기간에서는 1인당 명목 GDP의 연평균 성장률과 1인당 실질 GDP의 연평균 성장률의 격차가 크게 심화되고 있다. 그리고 1998년–2006년 기간에서는 다시 비교적 동일한 변화 추세로 전환되고 있다. 지역별 실질 GDP와 지역별 1인당 실질 GDP는 전반적으로 비슷한 추세를 보이고 있으며, 연평균 성장률 또한 전반적으로 비슷한 추세를 나타내고 있다. 그리고 소비자물가지수를 이용한 1인당 실질 GDP에 의하면 1978년–2006년 기간 동안 4대 직할시의 연평균 성장률이 역시 크게 달라진다. 즉 북경시의 1인당 명목 GDP 연평균 성장률은 14.25%이지만 1인당 실질 GDP의 연평균 성장률은 6.85%이다. 천진시는 각각 13.92%와 7.65%, 상해시는 각각 13.26%와 6.30%, 중경시는 각각 15.08%와 8.11%이다. 즉 1인당 실질 GDP를 기준으로 할 때 4대 직할시의 연평균 성장률은 명목 GDP를 기준으로 할 때 보다 크게 낮아진다. 물론 그 이유는 역시 소비자물가지수의 상승에 기인하고 있다.

1.3. 지역별 소득격차의 비교

1.3.1. 지역별 도농소득격차

지역은 일반적으로 도시와 농촌을 포함하고 있다. 개혁개방 이후 급속한 경제성장 과정에서 도시는 상대적으로 빠르게 성장하고 있다. 계획경제시스템의 생산력 저하 문제를 해결하기 위한 개혁의 발단은 농촌에서 시작되었지만 제한된 자원을 효율적으로 이용하고 빠른 시간 내에 성과를 창출하기 위해서는 도시의 성장이 필요한 것이었다. 이러한 전략적 고려는 도시와 농촌의 소득격차를 확대시키는 요인이 되었다.

<표 5-10>은 개혁개방 이후 도시와 농촌의 평균소득을 비교하고 있다. 1978년을 100으로 볼 때 도시주민 1인당 가처분소득은 2009년 895.4로 성장하였으며, 농촌주민 1인당 순소득은 860.6으로 성장하였다. 이 수치로는 도시와 농촌이 비슷하게 성장한 것처럼 보이나 절대적인 격차는 1978년의 209.8위안에서 2009년에는 12,021.5위안으로 증가하였다. 그리고 도시와 농촌의 소득격차도 1978년의 2.57배에서 2009년에는 3.33배로 증가하였다. 1985년에는 도시와 농촌의 소득격차가 1.86배로 오히려 감소하고 있다. 이는 도시와 농촌의 두 가지 요인에 의한다. 농촌은 가정연산승포책임제(家庭联产承包责任制)를 통한 생산력 증대가 농촌 주민의 소득 증가로 이어지고 있으나, 도시는 상대적으로 이러한 생산력 증대의 효과가 현저하지 못하기 때문이다. 경제특구, 개방도시 등 대외개방의 시작은 이미 1980년대 초반에 시작되었지만 도시를 중심으로 하는 도시의 본격적인 성장은 1990년대 초반부터 시작되고 있다. 1990년대 초반부터는 도시를 중심으로 외국인직접투자의 유입이 급속도로 진행되고 1980년대의 경제특구와 개방도시에 대한 정책과 투자가 점차적으로 효력을 발휘하기 시작했다. 이와 같은 도시의 생산력 증대는 도시주민의 소득을 증대시켰으며 이는 도시와 농촌 간 소득격차의 또 다른 요인으로 작용하고 있다. 1995년에는 도시와 농촌의 소득격차가 2.71배로 다시 증가하고 있으며 이는 2009년까지 지속되고 있다.

<표 5-10> 도시와 농촌의 평균소득비교

연도	도시주민 1인당 가처분소득(A)		농촌주민 1인당 순소득(B)		A-B	A/B
	위안	1970=100	위안	1970=100		
1978	343.4	100.0	133.6	100.0	209.8	2.57
1980	477.6	127.0	191.3	139.0	286.3	2.50
1985	739.1	160.4	397.6	268.9	341.5	1.86
1990	1,510.2	198.1	686.3	311.2	823.9	2.20
1995	4,283.0	290.3	1,577.7	383.6	2,705.3	2.71
2000	6,280.0	383.7	2,253.4	483.4	4,026.6	2.79
2005	10,493.0	607.4	3,254.9	624.5	7,238.1	3.22
2009	17,174.7	895.4	5,153.2	860.6	12,021.5	3.33

자료: 『中國통계연감2010年』.

1.3.2. 지역별 도시주민의 소득격차

도시주민의 소득과 관련해서 중국통계연감은 두 가지 지표를 제공하고 있다. 첫째는 도시주민 총수입이다. 도시주민 총수입은 도시주민이 획득한 임금수입(工薪收入), 경영성순수입(经营净收入), 재산성수입(财产性收入), 이전성수입(转移性收入)으로 구성되며, 재산처분소득과 임차소득을 포함하지 않는다. 임금수입은 노동력에 대한 대가로서의 수입이며, 이전성수입은 어떠한 대가도 지불하지 않고 획득한 재화, 서비스, 자금, 자산의 소유권 등을 포함하고, 고정자산 형성을 위해 무상 제공된 부분은 포함하지 않는다. 둘째는 도시주민 가처분소득이다. 도시주민 가처분소득은 최종지출과 기타 비(非)의무성지출 그리고 저축에 사용할 수 있는 소득의 합계를 말한다. 즉 도시주민이 독립적으로 지배할 수 있는 수입니다. 도시주민 가처분소득은 총수입에서 개인소득세, 개인적으로 납부할 사회보장지출 등을 차감한 결과이다. 따라서 일반적으로 도시주민 1인당 총수입이 도시주민 1인당 가처분소득보다는 조금 많은 금액이다.

<표 5-11>은 지역별 도시주민의 1인당 가처분소득을 비교하고 있다. 표에 의하면 2009년을 기준으로 할 때 도시주민의 1인당 가처분소득이 가장 많은 지역은 상해시(上海市)로 28,837.78위안이며, 가장 적은 지역은 감숙성(甘肅省)으로 11,929.78이다. 그리고 이 둘 지역

<표 5–11> 지역별 도시주민의 1인당 가처분소득 비교

(단위: 위안, 배, %)

지역	2005년		2009년		2005년~2009년 연평균 증가율
	가처분소득	격차	가처분소득	격차	
북경시	17,652.95	2.21	26,738.48	2.24	12.87
천진시	12,638.55	1.58	21,402.01	1.79	17.33
하북성	9,107.09	1.14	14,718.25	1.23	15.40
산서성	8,913.91	1.12	13,996.55	1.17	14.25
내몽고자치구	9,136.79	1.14	15,849.19	1.33	18.37
요녕성	9,107.55	1.14	15,761.38	1.32	18.26
길림성	8,690.62	1.09	14,006.27	1.17	15.29
흑룡강성	8,272.51	1.04	12,565.98	1.05	12.98
상해시	18,645.03	2.33	28,837.78	2.42	13.67
강소성	12,318.57	1.54	20,551.72	1.72	16.71
절강성	16,293.77	2.04	24,610.81	2.06	12.76
안휘성	8,470.68	1.06	14,085.74	1.18	16.57
복건성	12,321.31	1.54	19,576.83	1.64	14.72
강서성	8,619.66	1.08	14,021.54	1.18	15.67
산동성	10,744.79	1.34	17,811.04	1.49	16.44
하남성	8,667.97	1.08	14,371.56	1.20	16.45
호북성	8,785.94	1.10	14,367.48	1.20	15.88
호남성	9,523.97	1.19	15,084.31	1.26	14.60
광동성	14,769.94	1.85	21,574.72	1.81	11.52
광서자치구	9,286.70	1.16	15,451.48	1.30	16.60
해남성	8,123.94	1.02	13,750.85	1.15	17.32
중경시	10,243.46	1.28	15,748.67	1.32	13.44
사천성	8,385.96	1.05	13,839.40	1.16	16.26
귀주성	8,151.13	1.02	12,862.53	1.08	14.45
운남성	9,265.90	1.16	14,423.93	1.21	13.92
서장자치구	9,431.18	1.18	13,544.41	1.14	10.90
섬서성	8,272.02	1.04	14,128.76	1.18	17.70
감숙성	8,086.82	1.01	11,929.78	1.00	11.88
청해성	8,057.85	1.01	12,691.85	1.06	14.38
영하자치구	8,093.64	1.01	14,024.70	1.18	18.32
신강자치구	7,990.15	1.00	12,257.52	1.03	13.35

자료: 『中國統計年鑑2010年』.

의 격차는 2.42배이다. 2005년 가장 적은 지역인 신강자치구와 가장 많은 지역인 상해시의 격차가 2.33배인 것과 비교하여 격차가 더욱 확대되었다. 지역별 1인당 GDP와 마찬가지로 도시주민 1인당 가처분소득이 높은 상위 10개 지역 역시 내몽고자치구를 제외하고는 모두 동부 연해안 지역에 위치하고 있다. 2005년~2009년 기간 동안 연평균 증가율을 보면 내몽고자치구가 18.37%로 가장 높다. 또한 연평균 증가율이 높은 상위 10개 지역의 분포를 보면 8개 지역이 중부지역과 서부지역에 입지하고 있다. 이것은 동부 연해안 지역의 도시들보다는 중부지역과 서부지역의 도시들이 더욱 빠르게 성장하고 있음을 나타낸다.

동부 연해안 지역의 도시들은 이미 지난 20~30여 년 간 괄목할만한 성장을 경험하였다. 도시의 성장은 인구의 대량 유입과 증가로 이어졌으며 이는 또한 각 종 사회간접자본의 수요를 창출하면서 국내투자의 절대적인 비중이 도시로 집중되었다. 또한 중국의 경제성장을 대변하고 있는 경제기술개발구(經濟技術開發區)를 포함한 각 종 특별경제구역들이 대부분 동부 연해안 지역의 도시들을 중심으로 발전하였기 때문에 이는 도시주민의 소득증가에도 중요한 영향을 초래하였다. 그러나 동부 연해안 지역의 급속한 도시성장은 중서부 내륙지역과의 발전격차를 확대하는 결과를 초래하고 있기 때문에 지역 간 발전격차를 줄이기 위해서는 내륙지역의 도시가 성장해야 하는 과제를 안고 있다.

<표 5-12>는 지역별 도시주민의 총수입구조를 나타내고 있다. 도시주민의 소득구조도 지역별로 편차가 크다. 전국 평균을 보면 임금소득이 전체 수입의 약 70% 정도를 차지하고 있으며, 이전소득이 약 25% 정도를 차지하고 있다. 그리고 경영소득과 재산소득은 낮은 비중을 차지하고 있다. 이러한 구조는 두 가지 특징을 가진다. 첫째는 도시주민의 주요 소득원천이 임금소득이며, 둘째는 이전소득의 비중이 전체 소득의 약 1/4를 차지하고 있다.

임금소득의 비중이 높은 것은 당연한 결과로서 받아들일 수 있다. 즉 도시주민도 노동자이기 때문이다. 그러나 이전소득의 비중이 전체 총수입에서 차지하는 비중이 1/4 정도 나되는 것은 일반적으로 받아들이기 힘들다. 앞에서도 정의하였듯이 이전소득은 어떠한 대가도 없이 그냥 획득되는 재화나 서비스 등을 말한다. 2005년과 비교해 볼 때 2009년의 총수입구조에서 임금소득이 차지하는 비중이 약간 감소하고 오히려 이전소득의 비중이 약 간 증가하고 있다. 이러한 구조의 변화는 도시주민의 총수입 구조가 상대적으로 더욱

<표 5-12> 지역별 도시주민의 1인당 총수입 구조

(단위: %)

지역	2005년				2009년			
	임금 소득	경영 소득	재산 소득	이전 소득	임금 소득	경영 소득	재산 소득	이전 소득
전국 평균	69.10	6.07	1.51	23.33	66.33	7.56	2.00	24.11
북경시	69.96	1.09	0.97	27.97	68.81	3.57	1.91	25.71
천진시	60.27	4.91	1.09	33.73	61.06	3.60	1.30	34.05
하북성	65.99	6.69	1.22	26.09	62.71	6.23	1.24	29.82
산서성	74.47	3.68	1.43	20.42	65.02	6.30	1.68	27.00
내몽고자치구	69.73	8.97	1.69	19.62	66.47	10.25	2.15	21.14
요녕성	62.04	4.94	0.97	32.04	58.68	8.75	1.35	31.22
길림성	64.74	7.81	0.88	26.57	62.57	8.63	0.96	27.85
흑룡강성	62.80	9.84	0.84	26.52	61.04	8.94	0.65	29.36
상해시	69.31	3.87	1.42	25.39	71.51	4.43	1.46	22.60
강소성	62.99	7.72	1.80	27.48	59.93	9.51	1.70	28.86
절강성	66.79	10.75	3.09	19.36	61.58	12.15	5.22	21.05
안휘성	69.96	6.76	1.36	21.92	66.04	6.52	1.74	25.70
복건성	65.57	6.26	3.34	24.83	65.51	9.47	5.41	19.61
강서성	68.81	5.89	0.90	24.40	65.06	7.67	1.59	25.68
산동성	77.76	4.24	1.31	16.69	72.33	7.13	2.13	18.41
하남성	66.65	7.23	1.05	25.08	64.32	7.81	1.07	26.80
호북성	70.00	4.47	1.20	24.33	65.81	7.85	1.89	24.45
호남성	67.34	8.63	1.94	22.09	61.29	10.85	2.61	25.25
광동성	75.48	6.42	2.57	15.53	70.07	10.20	3.05	16.67
광서자치구	69.60	5.19	1.76	23.46	65.72	8.14	2.90	23.25
해남성	70.02	7.63	2.29	20.06	64.92	10.27	2.85	21.96
중경시	70.84	4.44	1.70	23.02	69.59	6.00	1.49	22.92
사천성	64.84	5.73	2.35	27.08	66.12	7.39	1.99	24.50
귀주성	65.79	9.43	1.08	23.71	65.29	8.23	0.97	25.51
운남성	61.74	5.96	4.28	28.02	61.49	6.97	6.66	24.89
서장자치구	97.58	0.41	0.10	1.91	88.97	2.52	1.46	7.05
섬서성	71.31	2.01	1.52	25.16	70.38	3.55	0.99	25.07
감숙성	74.24	4.28	0.45	21.03	71.08	5.34	0.46	23.11
청해성	64.04	5.86	0.71	29.40	66.01	5.90	0.32	27.76
영하자치구	66.00	10.94	0.74	22.32	61.71	13.09	1.81	23.38
신강자치구	75.38	6.01	0.63	17.98	75.23	7.17	0.85	16.75

자료: 『中國統計年鑑2010年』.

불투명해지고 있다고 볼 수 있다.

2009년을 기준으로 지역별로 임금소득의 비중이 전국 평균보다 높은 지역은 서장자치구(西藏自治區), 신강자치구(新疆自治區), 산동성(山東省), 상해시(上海市), 감숙성(甘肅省), 섬서성(陝西省), 광동성(廣東省), 중경시(重慶市), 북경시(北京市), 내몽고자치구(內蒙古自治區) 등이 있다. 그리고 이전소득의 비중이 전국 평균보다 높은 지역은 천진시(天津市), 요녕성(遼寧省), 하북성(河北省), 흑룡강성(黑龍江省), 강소성(江蘇省), 길림성(吉林省), 청해성(青海省), 산서성(山西省), 하남성(河南省), 북경시, 안휘성(安徽省), 강서성(江西省), 귀주성(貴州省), 호남성(湖南省), 섬서성, 운남성(云南省), 사천성(四川省), 호북성(湖北省) 등이 있다. 이 들 지역을 비교해 보면 임금소득이 높은 비중을 차지하는 지역은 상대적으로 이전소득의 비중이 낮고, 이전소득이 비중이 높은 지역은 상대적으로 임금소득의 비중이 낮음을 알 수 있다.

1.3.3. 지역별 농민의 소득격차

일반적으로 농민의 소득은 가처분소득이 아닌 순소득을 이용한다. 농민순소득은 농촌 상주 농가가 해당 연도에 각 종 소득원을 통해 벌어들인 총소득에서 세금, 농업생산비, 생산성 고정자산의 감가상각 등을 제외한 나머지 소득을 말한다. 농촌 상주 농가는 1년 이상 현 · 향 · 진(縣 · 鄉 · 鎮)의 행정구역 내에 거주하는 농가를 말한다. 호구(戶口)가 농촌에 있어도 1년 이상 현지를 떠나 있을 때는 경지소유를 불문하고 현지 상주 농가에 포함되지 않는다. 즉 농민공(農民工)으로 1년 이상 농촌을 떠나면 농촌 상주 농가에서 제외된다. 그리고 반대로 호구가 해당 지역 농촌 호구가 아니어도 현지에서 1년 이상 거주하게 되면 농촌 상주 농가에 포함된다.

농민의 순소득은 도시주민의 가처분소득과 마찬가지로 임금소득, 가정경영소득, 재산소득 그리고 이전소득으로 구성된다. 임금소득은 농민이 기업에 고용되어 노동의 대가로 얻는 소득을 말한다. 가정경영소득은 가정을 생산경영단위로 하여 얻는 소득을 말하며, 농업, 임업, 목축업, 공업, 건축업, 운수업, 요식업, 무역업 등 모든 업종을 대상으로 한다. 재산소득은 금융자산 또는 비생산성 유형자산의 소유권을 기관 혹은 개인에게 대여한 대가로 얻는 소득을 말한다. 이전소득은 농가 또는 농민이 어떠한 대가도 지불하고 않고 얻는 현물, 서비스, 자금 또는 자산소유권을 뜻하며 무상으로 제공되는 고정자산 형성을 위한 자본은 포함하지 않는다.

<표 5-13>은 지역별 농민의 1인당 순소득을 비교하고 있다. 2009년을 기준으로 농민 1인당 순소득의 전국 지역별 평균은 5,513.40위안이며, 전국 평균보다 높은 지역은 상해시, 북경시, 절강성, 천진시, 강소성, 광동성, 복건성, 산동성, 요녕성 등이 있다. 이들 지역은 모두 동부 연해안 지역에 위치하고 있으며 지역경제발전 수준이 상대적으로 높은 지역들이다. 상해시의 농민 1인당 순소득은 12,482.94위안으로 가장 낮은 수준인 감숙성과 비교하면 4.19배의 차이가 있다. 도시주민의 1인당 가처분소득의 최고 수준과 최저 수준의 격차가 2.24배인 것과 비교해 보면 농민의 소득격차가 더욱 심각함을 알 수 있다. 이는 지역경제발전 수준이 낮은 지역의 농민은 전국의 평균보다도 더 낮은 수준의 소득만을 창출하고 있음을 나타낸다. 2005년과 비교해 보면 상해시와 감숙성의 격차가 4.39배에서 4.19배로 약간 감소하고 있지만 여전히 큰 격차를 가지고 있다.

2005년~2009년의 연평균 증가율을 보면 상위 10개 지역에 안휘성(安徽省), 서장자치구(西藏自治區), 섬서성(陝西省), 하남성(河南省), 내몽고자치구(內蒙古自治區), 운남성(云南省), 호북성(湖北省), 강서성(江西省), 흑룡강성(黑龍江省), 요녕성(遼寧省) 등이 포함되고 있으며 이들 지역은 대부분이 중부지역과 서부지역에 입지하고 있다. 즉 도시주민의 가처분소득과 마찬가지로 농촌주민의 순소득도 내륙지방에서 상대적으로 더욱 빠르게 증가하고 있다.

지역별 농민의 1인당 순수입 구조는 도시주민의 가처분소득과는 크게 다르다. 도지주민의 가처분소득 구조에서는 임금소득의 비중이 가장 크지만 농민의 순수입 구조에서는 경영소득의 비중이 가장 크다. 이것은 농민이 자신의 농지를 이용하여 창출한 소득이 경영소득으로 귀속되기 때문이다. <표 5-14>는 지역별 농민의 1인당 순수입 구조를 나타내고 있다.

<표 5-13> 지역별 농민의 1인당 순소득 비교

(단위: 위안, 배, %)

지역	2005년		2009년		2005년~2009년 연평균 증가율
	순소득	격차	순소득	격차	
북경시	7,346.26	3.91	11,668.59	3.92	14.71
천진시	5,579.87	2.97	8,687.56	2.92	13.92
하북성	3,481.64	1.85	5,149.67	1.73	11.98
산서성	2,890.66	1.54	4,244.10	1.42	11.71
내몽고자치구	2,988.87	1.59	4,937.80	1.66	16.30
요녕성	3,690.21	1.97	5,958.00	2.00	15.36
길림성	3,263.99	1.74	5,265.91	1.77	15.33
흑룡강성	3,221.27	1.72	5,206.76	1.75	15.41
상해시	8,247.77	4.39	12,482.94	4.19	12.84
강소성	5,276.29	2.81	8,003.54	2.69	12.92
절강성	6,659.95	3.55	10,007.31	3.36	12.57
안휘성	2,640.96	1.41	4,504.32	1.51	17.64
복건성	4,450.36	2.37	6,680.18	2.24	12.53
강서성	3,128.89	1.67	5,075.01	1.70	15.55
산동성	3,930.55	2.09	6,118.77	2.05	13.92
하남성	2,870.58	1.53	4,806.95	1.61	16.86
호북성	3,099.20	1.65	5,035.26	1.69	15.62
호남성	3,117.74	1.66	4,909.04	1.65	14.36
광동성	4,690.49	2.50	6,906.93	2.32	11.81
광서자치구	2,494.67	1.33	3,980.44	1.34	14.89
해남성	3,004.03	1.60	4,744.36	1.59	14.48
중경시	2,809.32	1.50	4,478.35	1.50	14.85
사천성	2,802.78	1.49	4,462.05	1.50	14.80
귀주성	1,876.96	1.00	3,005.41	1.01	15.03
운남성	2,041.79	1.09	3,369.34	1.13	16.25
서장자치구	2,077.90	1.11	3,531.72	1.19	17.49
섬서성	2,052.63	1.09	3,437.55	1.15	16.87
감숙성	1,979.88	1.05	2,980.10	1.00	12.63
청해성	2,151.46	1.15	3,346.15	1.12	13.88
영하자치구	2,508.89	1.34	4,048.33	1.36	15.34
신강자치구	2,482.15	1.32	3,883.10	1.30	14.11

자료:『中國統計年鑑2010年』.

<표 5-14> 지역별 농민의 1인당 순수입 구조

(단위: %)

지역	2005년				2009년			
	임금소득	경영소득	재산소득	이전소득	임금소득	경영소득	재산소득	이전소득
전국 평균	34.78	57.43	2.92	4.87	38.16	49.80	3.29	8.74
북경시	61.59	24.21	8.00	6.20	62.79	13.20	10.87	13.14
천진시	48.76	47.07	2.74	1.43	50.74	40.88	3.08	5.30
하북성	37.15	57.12	2.69	3.04	43.71	47.39	2.41	6.49
산서성	40.75	54.09	2.17	2.99	42.17	45.23	4.83	7.76
내몽고자치구	16.88	74.38	2.44	6.29	18.24	66.38	2.78	12.61
요녕성	32.85	58.63	3.07	5.45	37.59	50.64	3.45	8.32
길림성	15.65	73.39	4.55	6.41	16.50	65.26	5.52	12.71
흑룡강성	14.41	73.38	7.16	5.04	19.58	63.89	4.63	11.90
상해시	74.68	9.39	5.55	10.38	69.46	4.73	7.47	18.34
강소성	52.80	40.27	2.85	4.07	52.96	36.72	4.07	6.26
절강성	48.63	41.88	4.19	5.30	50.86	38.67	4.88	5.59
안휘성	38.25	56.77	1.70	3.28	41.79	49.70	2.60	5.91
복건성	37.09	53.14	2.22	7.55	40.09	49.85	2.99	7.06
강서성	39.25	57.09	0.82	2.84	39.78	52.91	1.58	5.72
산동성	36.57	57.45	2.62	3.36	40.80	51.14	3.21	4.85
하남성	29.75	66.66	1.25	2.34	33.74	60.13	1.17	4.96
호북성	30.38	66.12	0.54	2.96	37.74	56.17	1.16	4.92
호남성	39.41	54.95	1.35	4.28	45.51	45.98	1.65	6.85
광동성	54.63	36.93	3.57	4.88	59.21	29.21	5.18	6.40
광서자치구	36.37	60.78	0.73	2.11	36.81	55.98	1.04	6.17
해남성	15.75	78.08	1.85	4.32	20.50	72.22	1.18	6.10
중경시	38.76	54.87	1.09	5.28	42.87	47.15	1.51	8.47
사천성	34.07	60.00	1.48	4.45	40.82	46.46	2.12	10.60
귀주성	31.08	61.45	1.89	5.58	35.75	51.16	2.73	10.37
운남성	17.06	74.94	3.70	4.30	20.33	67.64	3.78	8.25
서장자치구	27.20	57.13	10.45	5.22	25.88	55.40	4.20	14.52
섬서성	36.87	54.51	2.77	5.85	41.55	45.68	2.69	10.07
감숙성	29.63	63.81	1.04	5.51	33.39	53.13	1.14	12.34
청해성	26.05	63.19	2.88	7.87	32.32	49.80	3.50	14.38
영하자치구	27.98	62.26	1.94	7.82	37.52	52.16	1.56	8.76
신강자치구	7.88	86.25	1.36	4.51	11.88	79.05	3.12	5.94

자료: 『中國統計年鑑2010年』.

표에 의하면 2009년을 기준으로 전국 평균을 보면 경영소득의 비중이 49.80%로 약 50%를 차지하고 있으며 다음은 임금소득으로 38.16%, 이전소득이 8.74%, 재산소득이 8.29%를 차지하고 있다. 경영소득의 비중이 가장 높은 지역은 신강자치구(新疆自治區)로서 농민 1인당 순소득의 79.05%를 차지하고 있다. 그리고 해남성(海南省), 운남성(云南省), 내몽고자치구(內蒙古自治區) 등 18개 지역이 전국 평균보다 높은 비중이다. 이들 지역은 대부분이 중부지역과 서부지역에 위치하고 있으며 제조업의 발전이 낙후된 지역들이기 때문에 농민의 주요 소득이 농지에 의해서 창출되고 있다. 임금소득의 비중을 보면 경영소득과는 다른 구조를 발견할 수 있다. 상해시(上海市)를 포함한 16개 지역의 비중이 전국 평균보다 높다. 상해시 농민의 1인당 순소득 중 임금소득의 비중은 69.46%로 가장 높다. 그리고 동부 연해안 지역의 대부분 성 · 시(省 · 市)는 전국 평균보다 높은 비중을 차지하고 있다. 이것은 동부 연해안 지역의 농촌은 중부지역이나 서부지역과 달리 농업 이외의 업종이 상대적으로 발전해 있으며 농민들이 이 부문에서 소득창출이 상대적으로 많다. 농촌에 기반을 두고 있는 향진기업(鄕鎭企業)도 농민의 임금소득 창출에 중요한 역할을 하고 있다.

2. 지역경제발전격차의 패턴

2.1. 지역경제발전격차의 장기적 추세

2.1.1. 지역경제발전격차에 대한 견해

중국은 개혁개방 이래 지난 30년 동안 급속한 경제발전을 경험하고 있다. 중국의 기적(中國의 奇績)은 20세기 후반 중국경제발전의 성과를 대변하고 있으며, 세계의 공장(世界의 工場)은 향후 발전 잠재력을 나타내고 있다. 그러나 이러한 경제발전의 성과와 함께 중국은 지역 간 경제발전 격차(disparity)[19]의 확대라는 새로운 과제를 안고 있다. 지역 간 발전의 격차는 단순한 경제발전이나 소득수준의 차이로서만 인식되는 것이 아니라 지역의 사회적 안정을 위해서도 중요한 문제로 인식되고 있다. 왜냐하면 경제발전 수준이 매우 낮은 지역은 상대적인 소외감에 빠져들 수 있기 때문이다(이상엽, 1995; 张敦富, 覃成林, 2001).

중국의 지역경제발전 격차의 추세에 대해서는 국내외적으로 많은 연구들이 이루어졌다. 특히 가장 많은 연구가 이루어지는 문제는 바로 지역경제발전 격차가 확대되고 있는

19) 지역격차는 지역불균형(regional disparity, regional inequality, spatial imbalance)이라는 용어와 유사하게 사용되지만, 이를 정확하게 정의하기란 용이한 일이 아니다(이상엽, 1995). 지역격차의 의미는 전통적으로 경제개발을 통한 지역 간 소득격차로 받아들여졌고, 근래에는 지역격차의 개념을 소득, 지역복지, 생활의 질 또는 인간의 기본수요 등의 측면에서 광의적으로 정의하는 경향이 나타나고 있다. 한 가지 주의할 점은 격차와 불균형의 관계이다. 균형과 불균형의 개념을 지역발전 격차에 적용하게 되면 개념적으로 혼란을 초래할 수 있다. 왜냐하면 균형과 불균형은 시장에서 수요와 공급이 만나는 조건에서 나타나기 때문이다. 즉 시장의 균형이 달성된 상황에서도 지역 간 발전의 차이는 나타날 수 있기 때문이다. 따라서 불균형보다는 격차의 개념이 지역발전 차이를 나타내는데 더욱 적합하다고 보기 때문에 지역발전 격차를 이용하기로 한다.

가 아니면 축소되고 있는가에 대한 실증분석이다.[20] 杨开忠(1989)은 1952년부터 1985년을 분석기간으로 설정하여 성(省)을 중심으로 하는 지역 간 발전 격차가 역U자형을 나타내고 있음을 발견하였다. 1990년대 초반에는 국내총생산(GDP) 자료가 미비하였기 때문에 주로 국민수입(杨开忠, 1989; 魏后凯, 1992; 이상엽, 1995)이나 국민순생산(Lyons, T. P., 1991), 그리고 주민소득(이상엽, 1995; 魏后凯, 1996) 등을 이용하여 지역 간 발전 격차를 추계하였다. 이들 실증분석은 대부분이 개혁개방이전에는 지역 간 발전 격차가 점차적으로 확대되고 있다가 개혁개방을 시작으로 그 격차가 점차적으로 축소되고 있으며, 1990년대 초반을 기점으로 다시 격차가 확대되고 있는 추세를 발견하고 있다. 이러한 사실은 Chen, J. & Fleisher, B.(1996), Jian, T. et.al.(1996), 宋学明(1996), 魏后凯(1997), Gundlach, E.(1997)의 수렴가설의 검증에서도 비슷하게 나타나고 있다. Jian, T. et.al.(1996)의 검증에 의하면 1978년부터 1990년 기간에는 수렴이 존재하고 있지만, 1990년부터 1993년까지 기간에는 수렴이 나타나지 않고 있다. 이것은 1990년 초 이후 지역 간 발전 격차가 확대되고 있다는 사실과도 부합된다.

그러나 1인당 GDP가 아닌 주민소득을 이용할 경우에는 개혁개방 이후 성(省) 지역 간 발전 격차가 "先축소 · 後확대"가 아닌 지속적인 확대 추세를 나타내고 있다. 지니계수와 주민소득을 이용한 林毅夫, 蔡昉, 李周(1998)와 Kanbur, R. et.al.(1999)의 연구에서는 지역 간 발전 격차가 점차적으로 확대되고 있음을 발견하였다. 이러한 차이는 지역경제발전을 어떤 지표로 측정하는 것이 가장 객관적인가라는 문제를 야기 시킨다. 즉 1인당 GDP가 가장 객관적인가 아니면 주민소득이 가장 객관적인가의 문제이다. 그리고 지역경제발

20) 이들 연구는 크게 세 가지 유형으로 나눌 수 있다. 첫 번째는 지역경제발전의 격차(disparity)와 불평형(inequality)에 대한 평가이다. 즉 격차 확대되고 있는가 아니면 축소되고 있는가이다. 이를 위해서 시그마 수렴(σ-convergence)과 베타 수렴(β-convergence) 등의 방법론이 이용되고 있다. 그리고 수렴가설의 검증에는 절대적 수렴(absolute convergence)과 조건적 수렴(conditional convergence)을 나누어서 분석하기도 한다. 두 번째는 지역경제발전 격차와 불평형의 요인에 대한 분석이다. 이를 위해서 자본과 노동력으로 구성되는 지역경제성장함수를 설정하기도 하고, 또한 기타 변수들을 추가하여서 이들 변수의 유의성에 대한 검증을 실시하기도 한다. 세 번째는 지역경제발전 격차에 대한 법칙(金相郁, 2001)을 연구하는 것이다. 이것은 첫 번째 유형이 더욱 발전되고 있는 것이다. 즉 지역 간 발전의 격차는 일정한 법칙을 가지고 있다는 가정에서 출발하고 있다.

전 격차를 추계하는 방법 또한 주의해야 할 필요성이 있다. 예를 들면, Ying, L.G.(1999)과 Zheng, F.(2000)는 각각 분석기간을 1978년–1994년과 1978년–1995년으로 설정하고 1인당 GDP와 변이계수를 이용하여 지역경제발전 격차를 분석하고 있다. 분석결과는 성(省)간 발전 격차가 U자형 추세를 나타내고 있다. 그러나 분석기간을 1978년–1998년으로 설정하고 역시 1인당 GDP를 이용하였지만 타일계수를 이용한 蔡昉, 都阳(2000)의 연구에서는 성(省)간 발전 격차가 지속적으로 확대되고 있는 것으로 나타났다. 그러나 선행연구들을 전반적으로 볼 때 개혁개방을 기점으로 지역 간 발전 격차가 점차적으로 축소되는 추세를 보이다가 1990년 초반을 기점으로 다시 확대되는 추세를 나타내고 있다. 이러한 추세는 후속 연구들에서도 대체적으로 공통적으로 나타나고 있다.

분석기간을 기준으로 하면 2000년 이후의 연구들은 크게 두 범주로 나눌 수 있다. 첫째는 개혁개방 이후를 분석기점으로 하는 연구이다. 刘强(2001)와 刘水平, 舒元(2001)의 수렴가설 검증 결과는 개혁개방 이후 성(省) 간 발전 격차는 축소되는 추세를 채택하지 못하고 있다. 그리고 Fujita, M. & Hu, D.P.(2001), Cai, F. et.al.(2002), Lu, M. & Wang E.R.(2002), 刘夏明, 魏英琪, 李国平(2004), 徐现祥, 李郇(2004), 袁海霞(2005), 石磊, 高帆(2006), 许召元, 李善同(2006), Lin, Y. F. & Liu, P. L.(2006), 张茹(2008)의 연구는 개혁개방 이후를 분석 기점으로 하고 각각 다른 분석방법을 이용하고는 있으나 모두 공통적으로 "先축소 · 後확대"의 추세를 나타내고 있다. 둘째는 제1차 경제개발 5개년 계획 시작 연도인 1952년이나 1953년을 분석기점으로 하는 연구이다. Wu, Y. R.(2002)는 변이계수, 지니계수와 타일계수를 이용하여 1953년–2000년 기간 동안 중국의 성(省) 간 지역경제발전 격차가 "先역U자형 · 後U자형"인 추세를 발견하였다. 그리고 董先安(2004), 严汉平, 白永秀(2004), 徐建华(2005), 金相郁(2005), Kanbur, R. et.al.(2005), 金相郁, 郝寿义(2006)의 연구도 분석기간을 다소 차이가 나지만 기본적으로는 "先역U자형 · 後U자형"인 추세를 발견하고 있다. 즉 개혁개방 이전 시기에는 지역경제발전 격차가 "先확대 · 後축소"의 추세를 보이다가 개혁개방을 기점으로 점차적으로 지역 간 발전 격차가 축소되고 다시 1990년대 초반을 기점으로 격차가 확대되고 있는 것이다.

지역경제발전 격차의 추세를 분석함에 있어서 지역의 단위를 어떻게 설정하는가는 매우 중요한 문제이다. 극단적으로 한 국가를 한 지역으로 설정할 경우에는 지역 간 발전 격차가 존재하지 않기 때문이다. 중국의 지역경제발전 격차에서는 주로 성(省)급 행정구역을 단위로 하는 지역구분을 많이 이용한다. 이 외에도 동부, 중부, 서부 3대 지역을 기준으로 하는 경우도 있으며, 최근에는 동북 지역을 따로 분리한 4대 지역 구분을 이용하기도 한다. 魏后凯(1996), 林毅夫, 蔡昉, 李周(1998)는 동 · 중 · 서부 지역 간 발전 격차가 점차적으로 확대되고 있음을 발견하였으며, 姚波, 吴诣民, 刘鹏飞(2005)는 동 · 중 · 서부 지역 간 수렴이 존재하지 않음을 발견하였다. 즉 동부지역은 연해안을 중심으로 상대적으로 유리한 경제발전 조건을 최대한 활용하여 중부지역이나 서부지역보다 더욱 빠른 성장을 하고 있는 반면에, 중부지역과 서부지역은 내륙에 위치하고 있으며 상대적으로 낮은 성장을 보이고 있다. 그리고 蔡昉, 都阳(2000), 沈坤荣, 马俊(2002), Bhalla, A. et.al.(2003), 陈安平, 李国平(2004), 姚波, 吴诣民, 刘鹏飞(2005)의 연구는 비록 동 · 중 · 서부 지역 간에는 발전 격차가 확대되고는 있으나 각각 지역의 내부에서는 발전 격차가 축소되고 있는 추세를 보이고 있다.

기존의 연구들을 종합해 보면, 1952년부터 1978년까지는 대체적으로 성(省)을 단위로 하는 지역경제발전 격차가 확대되다가 축소되는 추세를 보이고 있으며, 개혁개방 이후에는 지역 간 발전 격차가 더욱 축소되다가 1990년 초반을 기점으로 다시 격차가 확대되고 있는 추세이다. 그리고 동 · 중 · 서부 지역을 기준으로 하면 3대 지역 간의 격차는 점차적으로 확대되고 있는 추세이나 3대 지역 내부에서는 격차가 점차 축소되고 있는 추세를 나타내고 있다.

지역경제발전 격차의 추계에 있어 중요한 것은 바로 지역경제발전을 대변하는 지표이다. 즉 어떤 지표가 지역경제발전을 가장 잘 대변할 수 있는가이다. 일반적으로 가장 많이 이용되어지고 있는 지표는 1인당 국내총생산이다. 1인당 국내총생산은 한 지역의 경제발전 수준을 가장 잘 나타내는 지표로 인식되고 있기 때문이다. 이외에 주민소득도 자주 이용되어지고 있는 지표 중의 하나이다.

그러나 여기서 한 가지 의문을 가질 수 있다. 즉 2005년 실시된 제1차 전국경제조사 결과에 의하면 각 지역별 국내총생산 자료가 모두 수정이 되었다. 물론 개혁개방 이후의 자료도 수정이 이루어졌다. 따라서 수정된 1인당 국내총생산에 의하면 지역 간 발전 격차는 과연 축소되고 있는지 아니면 확대되고 있는가에 대한 분석이 필요하다. 최근 Li, S.T. & Xu, Z.Y(2008)는 제1차 전국경제조사의 결과를 인식하고는 있지만 단지 2004년과 2005년의 자료만을 수정된 자료를 이용하고 있기 때문에 그 이전의 연도에 대해서는 새로운 분석이 필요하다.

2.1.2. 지역경제발전격차 추계방법

지역 간 경제발전 수준의 격차(disparity)를 분석할 때, 대부분의 연구는 변이계수를 이용하고 있다. 격차는 일반적으로 두 개의 사물이 가지는 차이를 말한다. 지역경제가 두 개만 있다고 가정하면 격차의 추계 문제는 쉬워진다. 그러나 대부분의 경우에 지역경제는 다수가 존재하고 있다. 그러면 문제는 이들 다수의 격차를 동시에 나타낼 수 있는 방법이 필요한 것이다. 이러한 경우에 가장 많이 이용되고 있는 것이 변이계수(Coefficient of Variation: CV)이며 추정방법은 아래 식 (1)과 같다.

$$CV = \frac{\sqrt{\frac{1}{n}\sum_{i=1}^{n}(y_i - \mu)^2}}{\mu} \quad \cdots\cdots (1)$$

그 중, y_i는 i 지역의 경제발전을 나타내며, μ는 지역 전체의 평균발전 수준을 의미한다. 그리고 n은 추정 대상 지역의 수이다. 변이계수는 값이 커질수록 격차의 정도가 높다는 것을 의미한다. 변이계수에 의하면, 소득 수준이 y인 지역으로부터 소득 수준이 $(y-d)$인 지역으로 이전되는 소득이전효과는 y 수준 여하를 불문하고 같다는 것이다. 이것을 소득이전효과의 중립성(neutrality)한다. 변이계수는 低발전 지역이나 高발전 지역에서의 소득이전효과가 같다는 중립성의 성질은 가지고 있으나, 일반적으로는 低발전 지역에서의 소득이전효과를 더욱 높이 평가하고자 하는 경향이 있다. 低발전 수준에서 이전하는 것과 高발전 수준에서 이전하는 것은 그 효과가 달리 평가되어야 함에도 불구하고 같은 값의 측도를 얻는 것은 직관적으로 경제적 후생을 반영하지 못하는 것이다.[21] 따라서 低발전 지역의 소득이전을 高발전 지역에서의 그것보다 중요성을 더 부여하려면 소득수준의 대수변환으로 가능하다. 발전 수준 y_j를 크기 순서로 배열했을 때, 그것이 기하급수적인 증가 계열이라면 여기에 대수를 취한 $\log y_j$인 대수변환 계열은 대수급수적 증가계열이 된다. 이런 이유로 인해 대수변환을 하면 높은 발전 수준일수록 변화가 비교적 적어져 변이계수(CV)에서의 중립성 문제는 어느 정도 보완될 수 있다. 즉 대수를 취하면 高발전 수준의 편차는 상대적으로 적어지는 반면, 低발전에서의 편차는 비교적 높아지게 된다. 대수변환 변이계수(Logarithm Coefficient of Variation: LCV)는 아래 식(2)을 통해 구할 수 있다. 각 변수는 식 (1)과 동일하다.

$$LCV=\left\{\frac{\sum_{i=1}^{n}(\log y_i-\log\mu)^2}{n}\right\}^{1/2} \quad \cdots\cdots (2)$$

한 가지 유의할 점은 Wei, Y.D.(1999)가 지적하고 있듯이 지역경제발전 격차를 추계할 때는 하나의 분석방법 보다는 여러 방법을 이용하는 것이 더욱 객관성을 확보할 수 있다. 따라서 기본적으로 변이계수(CV)와 대수변환 변이계수(LCV)를 이용하고 있으며, 또한 지역경제발전 격차의 원인이 高발전 지역의 상대적으로 빠른 발전 때문인지 아니면 低발전 지역의 상대적으로 느린 발전 때문인지를 분석하기 위해 Low, P., Olarreaga, M., Suarez, J.(1998)가 이용하고 있는 테일엔트로피지수와 허핀달–허쉬만지수를 이용한다. 그들은 테일엔트로피지수(Theil Entrophy Index: TEI)와 허핀달–허쉬만지수(Herfindhal—Hirschman Index: HHI)를 이용하여 세계 전체의 무역과 투자의 집중도를 분석하고 있다. 허핀달–허쉬만지수 하나 만을 이용하면 집중도의 분석에 더욱 큰 의의가 있지만, 이를 테일엔트로피지수와 함께 이용하면 흥미로운 사실을 도출할 수 있다. 즉 TEI의 변화가 비교

21) Marshall, A.은 소득이 1,000파운드와 5,000파운드 간의 차는 별 문제될 바 없지만, 30파운드와 150파운드 간의 차는 엄청난 것이라고 했다. 그 이유는 150파운드는 한 가족이 한 달 생활이 가능하지만 30파운드는 한 가족의 한 달 생활을 할 수 없는 수준이기 때문이다(윤기중, 1997, p.57).

적 안정적이면서 HHI가 상승하는 추세이면, 집중도의 증가는 주로 큰 비중을 가진 부문에 기인하는 것이다. 이는 지역 간 발전 격차는 주로 상대적으로 경제발전 수준이 높은 지역에 영향을 받고 있다는 것이다. 그리고 즉 TEI의 변화가 비교적 안정적이면서 HHI가 하락하는 추세이면, 집중도의 하락은 주로 작은 비중을 가진 부문에 기인하는 것이다. 즉 지역 간 발전 격차는 주로 상대적으로 경제발전 수준이 낮은 지역에 영향을 받고 있다는 것이다.

테일(Theil, H.)에 의해 제시된 불평형 측도는 정보이론의 엔트로피(entropy) 개념에 기인한다.[22] 즉 y가 특정 사상의 출현 확률이라 할 때, 그 사상이 실제 출현한다는 것을 알려주었을 때 얻어질 정보의 가치 $h(y)$는 y의 감소함수가 된다. 즉 그 사상의 출현이 어려울수록 출현 정보의 가치는 크게 평가되는 것이다. 이러한 성질을 가지는 정보가치를 하나의 지표로 만들기 위해서 y의 역수에 대수를 취하면 아래 식 (3)과 같다. 그리고 가능한 사상이 n개 있다 할 때, $y_i > 0$, $\sum_{i=1}^{n} y_i = 1$ 이 되도록 확률 $y_i, y_2, \cdots y_n$를 전제한다.

$$h(y) = \log \frac{1}{y} \quad \cdots\cdots (3)$$

이러한 상황의 엔트로피, 즉 기대정보가치는 각 사상의 정보가치를 각각의 확률에 의해 가중 합계한 것으로 식 (4)로 표현된다. 즉, n개의 확률 y_i가 $1/n$에 가까워지면 엔트로피는 증가하는 것이 분명하다. 이것을 소득분포의 격차의 측도로서 표현하면, y_i가 $1/n$과 같아지면, $H(y)$는 최대값인 $\log n$이 되고, 최소값은 y_i 중 어느 하나가 1이고 나머지는 모두 0인 경우이다. 즉 한 소득분포의 엔트로피 $H(y)$를 그의 최대값인 $\log n$에서 빼면 그 분포의 격차의 지표를 얻게 되는 것이다. 이것을 식 (5)으로 나타낼 수 있으며, 테일지수, 또는 테일엔트로피지수(Theil Entrophy Index: TEI)라 한다. 열역학에서 유래된 테일엔트로피지수는 흥미 있는 방법이다. 특히 테일엔트로피지수에 의하면, 高발전 지역으로부터 低발전 지

22) 테일엔트로피지수에 대한 설명은 주로 윤기중(1997, pp.62-64)을 참고.

역으로 소득이 이전되면 지수 값이 작아져 피구—달톤 조건(Pigou—Dalton condition)[23]이 충족된다.

$$H(y) = \sum_{i=1}^{n} y_i h(y_i) = \sum_{i=1}^{n} y_i \log(\frac{1}{y_i}) \quad \cdots\cdots (4)$$

$$TEI = \log n - H(y) = \sum_{i=1}^{n} y_i \log n\, y_i \quad \cdots\cdots (5)$$

허핀달—허쉬만지수(Herfindhal—Hirschman Index: HHI)는 원래 집중도를 추계하는 방법 중 가장 많이 이용되는 지수 중의 하나이다. Low, P., Olarreaga, M., Suarez, J.(1998)는 이 지수를 이용하여 세계 전체를 대상으로 무역과 투자가 어느 정도 집중되는가를 분석하고 있다. 허핀달—허쉬만지수의 기본적인 구조는 아래 식 (6)과 같다.

$$HHI = \sum_{i=1}^{n} s_i^2, \quad s_i = \frac{y_i}{Y}, \; Y = \sum_{i=1}^{n} y_i, \; 0 < HHI < 1 \quad \cdots\cdots (6)$$

그 중, y_i는 i 지역의 발전 수준을 나타내며, Y는 국가 전체 발전 수준을 나타낸다. 그리고 y_i의 합계는 Y이다. HHI는 집중도가 가장 높으면 1이며, 집중도가 가장 낮으면 0이 된다. HHI가 가지는 중요한 특징은 볼록(convex) 함수의 성격을 가지고 있다는 것이다. 이는 HHI가 큰 비중의 변화에 비교적 더욱 민감하다는 것을 의미한다. 지역경제 측면에서 보면, 지역경제가 상대적으로 발전된 지역들 간의 변화에 비교적 영향을 많이 받는다는 것이다. 이와는 반대로 테일엔트로피지수(TEI)는 오목(concave) 함수의 성격을 가지고 있기 때문에, 작은 비중의 변화에 비교적 민감하게 반응한다.[24]

---

23) 피구-달톤 조건은 移轉의 原理(principle of transfer)라고도 한다. 즉 두 사람의 소득자가 있다 할 때, 고소득자의 소득 가운데 그 일부를 저소득자에게 이전시키면 불평등도는 작아진다는 이론이다.

24) $TEI = \sum_{i=1}^{n} s_i \log(s_i), \quad s_i = \frac{y_i}{Y}, \; Y = \sum_{i=1}^{n} y_i, \; 0 < TEI < 1$

2.1.3. 지역경제발전격차 추계결과

지역경제발전의 수준을 나타낼 수 있는 가장 이상적인 변수는 무엇인가? 일반적으로 1인당 국내총생산(GDP)은 국가의 경제발전 수준을 나타내는 가장 일반적인 지표일 뿐만 아니라 지역의 경제발전 수준을 나타내는 가장 일반적인 지표로서 받아들여지고 있다. 앞의 선행연구들에서도 나타나고 있듯이 국내외의 대다수 연구들은 1인당 국내총생산을 이용하여 지역 간 발전 격차를 분석하고 있다.

<표 5-15> 중국 GDP의 수정 前과 수정 後의 비교

(단위: 억 위안, %)

연도	전국				천진시(天津市)	
	수정 前(A)	수정 後(B)	차이(B-A)	조정률(%)	차이(B-A)	조정률(%)
1980	4,517.8	4,545.6	27.8	0.62	0.0	–
1985	8,964.4	9,016.0	51.6	0.58	0.0	–
1990	18,547.9	18,667.8	119.9	0.65	0.1	–
1991	21,617.8	21,781.5	163.7	0.76	–0.1	–
1992	26,638.1	26,923.5	285.4	1.07	–0.2	–
1993	34,634.4	35,333.9	699.5	2.02	2.8	0.53
1994	46,759.4	48,197.9	1,438.5	3.08	7.8	1.07
1995	58,478.1	60,793.7	2,315.6	3.96	14.3	1.56
1996	67,884.6	71,176.6	3,292.0	4.85	22.5	2.04
1997	74,462.6	78,973.0	4,510.4	6.06	29.4	2.38
1998	78,345.2	84,402.3	6,057.1	7.73	38.2	2.86
1999	82,067.5	89,677.1	7,609.6	9.27	50.9	3.51
2000	89,468.1	99,214.6	9,746.5	10.89	62.5	3.81
2001	97,314.8	109,655.2	12,340.4	12.68	79.0	4.29
2002	105,172.3	120,332.7	15,160.4	14.41	99.6	4.86
2003	117,390.2	135,822.8	18,432.6	15.70	130.4	5.33
2004	136,875.9	159,878.3	23,002.4	16.81	179.1	6.11

자료 : 『中國統計年鑑2005年』, 『中國統計年鑑2007年』, 『天津統計年鑑2005年』, 『天津統計年鑑2007年』의 관련 자료를 이용하여 재정리.

그러나 중국의 국내총생산 지표는 이용에 있어서 주의할 점이 있다. 바로 GDP의 수정이다. 지역문제를 실증 분석할 때 가장 큰 문제는 바로 자료의 일관성과 정확성이다. 특히 그 중에서도 자료의 일관성은 실증분석에 직접적인 영향을 초래하게 된다. 2005년에 실시된 제1차 전국경제센서스는 기존의 GDP에 큰 조정을 하였다. 제1차 전국경제센서스는 특히 3차 산업과 사영기업(私營企業)에 대한 조사를 보완하였다. 3차 산업은 2차 산업에 종사하는 기업과는 다른 형식을 취하는 경우가 많기 때문에 기존의 통계체계에서는 상당수가 누락되었다. 특히 제1차 전국경제센서스는 각 지역별 3차 산업의 경제활동이 지역경제에서 차지하는 비중을 크게 증가시켰다.

<표 5–15>에 의하면, 수정 후 전국의 국내총생산 규모는 2004년을 기준으로 할 때 16.81%가 더 증가하였다. 또한 2000년 이후에는 조정률이 두 자리로 비교적 크다. 물론 각 지역별 국내총생산 규모도 조정이 이루어졌다. 예를 들어 천진시(天津市)의 자료를 비교하면, 2004년의 지역 국내총생산 규모가 수정 前과 비교해서 6.11%가 증가하였다. 지역별 국내총생산의 수정에 있어서 가장 중요한 문제는 이전 연도 자료에 대한 소급이다. 2006년 이후에 발표되고 있는 중국의 지역별 통계연감에서는 이전 연도의 자료를 소급하여 수정 한 자료를 제공하고는 있지만, 몇몇 지역의 특정 연도는 아직 수정이 미진한 상태이다. 따라서 우선 연도별 『中國統計年鑑』과 지역별로 각 연도별 『統計年鑑』을 통해 기본적인 자료를 우선 획득하고, 미진한 지역별 연도별 자료는 中国经济信息网(China Economic Information Network)[25]의 中国经济统计数据库를 이용하여 보완한다. 중경시(重庆市)는 『重庆统计年鉴2008年』을 이용하여 1952년부터 2007년까지 수정된 자료를 이용하고 있다. 그리고 상해시(上海市)의 1993년 이후부터의 자료는 中国经济统计数据库와 『上海统计年鉴2008年』과 약간의 차이가 있기 때문에 후자의 자료를 이용하기로 한다.

마지막으로 언급할 사항은 인구 자료이다. 아래의 추계에서는 지역별 1인당 국내총생산을 이용하여 지역경제발전 수준을 설명하고, 이를 통해 지역 간 발전 격차를 추계한다. 지역별 1인당 국내총생산은 지역의 국내총생산을 인구로 나눈 것이다. 중국은 두 가지 인

25) 자세한 설명은 http://db.cei.gov.cn을 참고.

구 지표를 이용한다. 하나는 상주인구(常住人口)이며, 또 하나는 호적인구(户籍人口)이다. 상주인구는 실제로 그 지역에 일정 기간을 거주하고 있는 인구의 총계이며, 호적인구는 그 지역에 거주하는 것이 아니라도 그 지역에 호적을 두고 있는 인구의 총계이다. 본서에서는 국내총생산을 이용하기 때문에 1인당 국내총생산을 계산할 때는 상주인구를 이용한다. 왜냐하면 지역 국내총생산은 일정 기간 동안 일정 지역 내에서 창출한 부가가치의 합계이기 때문이다. 따라서 그 지역에 상주하는 인구가 기준이 되는 것이 더욱 의의가 있는 것이다. 한 가지 추가 설명이 필요한 것은 개혁개방 이전의 자료에 대해서는 기존의 자료를 이용하고 있다. 특히 개혁개방 이전의 1인당 국내총생산은 상주인구가 아닌 호적인구를 주로 이용하고 있기 때문에 자료의 일관성에 문제가 초래될 가능성이 있지만, 개혁개방 이전 시기에서는 인구의 이동이 제도적으로 많은 제약을 받고 있었기 때문에 호적인구와 상주인구의 차이가 크지 않을 것이다. 따라서 개혁개방 이후시기에 상주인구를 이용하더라도 개혁개방 이전시기와 자료의 일관성을 유지하는데 큰 무리는 없을 것이다.

본 추계의 분석기간은 1952년–2008년으로 설정한다. 주의할 점은 각 지역별 통계연감은 주로 1978년까지 소급하여 GDP를 조정하고 있다. 따라서 1978년 이전 자료는 통계국국민경제종합통계사(国家统计局国民经济综合统计司)의 『新中国五十年统计资料汇编』과 『新中国五十五年统计资料汇编』을 이용한다. 그리고 1978년–2007년까지의 자료는 각 지역별 통계연감과 中国经济统计数据库, 그리고 『中国统计年鉴2008年』을 통해 자료를 획득하고 있다. 해남성(海南省)의 자료는 1978년부터 이용가능하기 때문에 1952년–1977년 기간에는 해남성을 제외한 30개 지역을 기준으로 하고 있으며, 1978년–2008년 기간에는 해남성을 포함한 31개 지역을 기준으로 하고 있다. 그리고 각 지역별 2008년 1인당 국내총생산 자료는 『統計公報』를 이용한다.

지역 간 경제발전 격차를 분석할 때 분석지역의 설정은 중요한 조건 중의 하나이다. 왜냐하면 지역(region)은 동태적이면서도 개방적인 개념이다. 그러나 실증분석에서는 분석의 가능성을 위해 정태적이고 폐쇄적인 지역 개념을 이용하여 필요한 통계자료를 획득한다. 특히 행정 지역은 자료의 이용가능성이라는 측면에서 가장 많이 채택되어지는 개념이다.

현재 중국은 모두 31개의 성급 행정구역[26)]을 설정하고 있다. 즉 4개의 직할시(直辖市), 5개의 자치구(自治区), 22개의 성(省)을 가지고 있다. 그 중 해남성(海南省)은 1988년에 광동성(广东省)으로부터 독립되어 성으로 승격하였으며, 1996년 중경시(重庆市)는 사천성(四川省)으로부터 독립되어 직할시로 승격되었다. 따라서 그 이전 시기에는 자료의 이용에 제약이 있다. 그러나 해남성의 1987년 이전 자료는 中国经济统计数据库를 이용하여 보완하였으며, 중경시의 1995년 이전 자료는 『重庆统计年鉴2008年』을 이용하여 보완하였다. 따라서 본서에서는 31개의 지역별 1인당 국내총생산 자료를 이용하고 있다.

변이계수를 이용한 지역 간 발전 격차 추세는 <그림 5-3>과 같다. 그림에서 1952년부터 1979년까지는 수정 전의 자료와 수정 후의 자료가 같기 때문에 동일한 변이계수가 나타나고 있다. 그리고 1980년부터 짙은 선은 수정 후의 지역별 1인당 국내총생산 자료를 이용한 변이계수의 추이를 나타내고 있으며, 얕은 선은 수정 전의 자료를 이용한 변이계수의 추이를 나타내고 있다.[27)]

<그림 5-3>을 통해 중요한 세 가지 사실을 발견할 수 있다. 첫째는 수정 후의 자료를 이용한 변이계수가 수정 전의 변이계수보다 낮아지고 있다는 것이다. 1993년 수정 전의 변이계수는 0.683이나 수정 후 자료를 이용한 변이계수는 0.661로서 지역 간 발전 격차가 상대적으로 낮아지고 있다. 그리고 이러한 추세는 2008년까지 계속되고 있다. 이는 국내총생산의 수정이 특정 지역에만 적용되는 것이 아니라 모든 지역에서 전반적으로 이루어지고, 특히 상대적으로 발전 수준이 낮은 지역들에서 비교적 큰 수정의 변화가 발생하고 있기 때문이라고 해석할 수 있다.

26) 홍콩과 마카오는 특별행정구역이기 때문에 기타 31개 행정구역과는 경제활동이 제한적인 개방성을 가지고 있기 때문에 본서에서는 제외하기로 한다.

27) 수정 후 지역별 국내총생산을 이용한 변이계수의 추계 결과에 의하면, 1978년 이후 지역별 국내총생산의 격차는 매년 점차적으로 확대되고 있다. 1978년 변동계수는 0.645이나 1990년에는 0.679로 확대되고, 2000년에는 0.793으로 격차가 더욱 심화되고 있으며, 2006년에는 0.848로 매년 격차가 확대되고 있다.

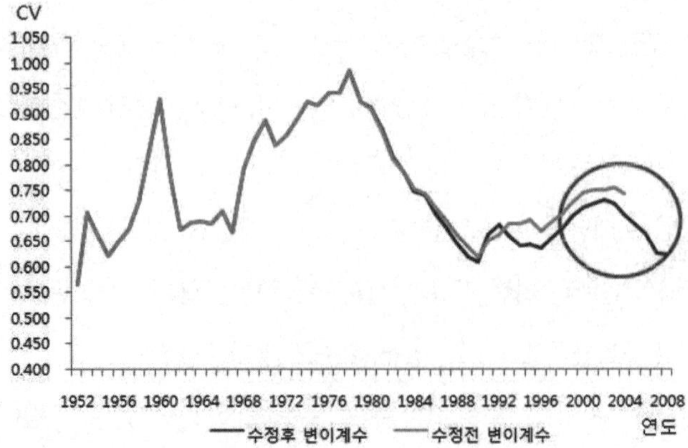

<그림 5-3> 성(省) 지역 간 발전 격차의 추이 : CV

자료 : 김상욱(2009a).

둘째는 전반적으로 개혁개방 이전 시기보다 개혁개방 이후의 시기에서 더 낮은 격차를 나타내고 있다는 점이다.[28] 특히 1990년대 이후 지역 간 발전 격차가 급속하게 확대되는 것이 아니라 완만한 축소과정을 거치면서 확대되고 있다는 점이다. 이것은 기존의 연구와는 다른 결과이다. 기존의 연구에서는 1990년 초반 이후 비교적 급속한 격차의 확대를 나타내고 있으나, <그림 5–3>에서는 완만한 격차의 확대가 나타나고 있다. 셋째는 2002년을 기점으로 새로운 역U자형의 주기가 나타나고 있다는 점이다. <그림 5–3>의 원에 의하면, 수정 전의 자료에서는 2003년의 변이계수가 0.755로 정점을 이루고 있으나, 수정 후의 자료에서는 2002년의 변이계수가 0.732로 정점을 이루고 있으며, 이는 2008년까지 매년 감소하고 있다. 물론 이것을 새로운 주기의 시작으로 볼 것인지 아니면 국지적인 변화인지는 좀 더 장기적인 추세를 보아야 한다. 그러나 1990년의 저점에서 변이계수가 0.610인 것을 감안하면 2002년부터 2008년의 추세는 새로운 주기의 시작일 가능성이 크다.

대수변환 변이계수를 이용한 <그림 5–4>의 결과에서도 기본적인 추세는 <그림 5–3>과 비슷하다. 특히 1990년부터 2008년의 추세는 <그림 5–3>과 비슷한 결과를 나타내고 있다.

28) <그림 1>에서 1950년대 후반과 1960년대 초반에 지역 간 발전 격차의 변화 폭이 매우 불규칙적이다. 이것은 당시의 자연적, 경제적, 정치적 환경의 급변에 따른 결과라고 본다.

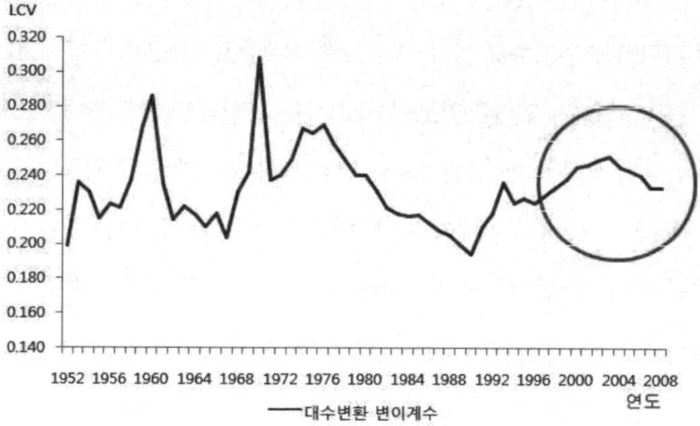

<그림 5–4> 성(省) 지역 간 발전 격차의 추이 : LCV

자료 : 김상욱(2009a).

대수변환 변이계수를 이용한 경우에도 1990년이 0.194로서 저점을 나타내고 있으며, 단지 정점이 2002년이 아닌 2003년에서 시작되고 있다는 점이 다르다. 그리고 2003년부터 2008년까지는 역시 지역 간 발전 격차가 매년 점차적으로 감소하고 있는 추세이다. 2008년 대수변환 변이계수는 0.233으로 2003년과 비교해 크게 낮아지고 있다.

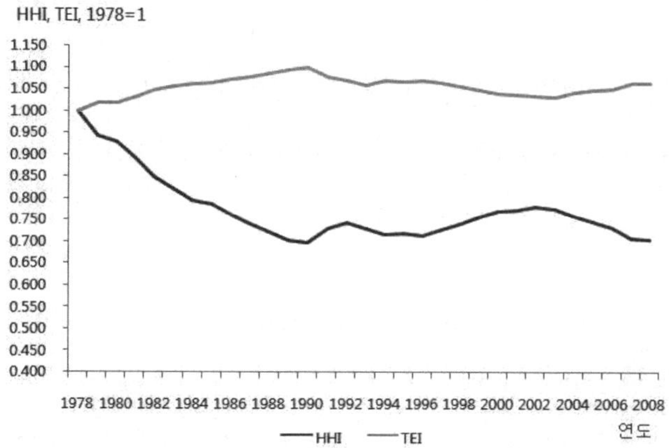

<그림 5–5> 성(省) 지역 간 발전 격차의 추이 : HHI와 TEI의 비교

자료 : 김상욱(2009a).

<그림 5–5>는 지역별 1인당 국내총생산을 이용하여 허핀달–허쉬만지수(HHI)와 테일 엔트로피지수(TEI)를 추계하고 있다. 그림에서 짙은 색은 HHI를 나타내고, 얕은 색은 TEI를 나타내고 있다. 위에서 언급하였듯이 HHI는 큰 비중의 변화에 상대적으로 더욱 민감하고, TEI는 작은 비중의 변화에 상대적으로 민감하게 반응한다. 즉 TEI의 변화가 비교적 안정적이면서 HHI가 상승하는 추세이면, 격차의 확대는 주로 큰 비중을 가진 부문에 기인하는 것이다. 이는 지역 간 발전의 격차(disparity)는 상대적으로 발전 수준이 높은 지역에 영향을 많이 받고 있다는 것이다. 즉 상대적으로 발전 수준이 높은 지역이 더욱 발전하였기 때문에 지역 간 격차가 확대되었다는 것이다. 그러나 TEI의 변화가 비교적 안정적이면서 HHI가 하락하는 추세이면 작은 비중이 더욱 커지기 때문이다. <그림 5–5>에 의하면, 1978년 이후 TEI의 변화는 상대적으로 미약하며 HHI는 하락하는 추세이다. 특히 HHI는 1978년부터 1990년까지 매년 지속적으로 하락하고 있으며, 1991년부터 2002년까지는 전반적으로 상승하고 있으나 2003년부터는 다시 하락하는 추세이다. 따라서 HHI와 TEI의 추계 결과를 비교해 보면 개혁개방 이후 1980년대에는 상대적으로 低발전 지역의 발전이 전체 지역 간 격차의 축소에 적극적인 영향을 초래하고 있으며, 이러한 추세는 1990년대 들어서는 오히려 高발전 지역의 발전이 전체 지역 간 격차의 확대에 영향을 초래하였으나, 2000년대 이후에는 또 다시 상대적으로 低발전 지역의 발전이 지역 간 발전 격차의 축소에 더욱 중요한 역할을 담당하고 있음을 알 수 있다. 그리고 이러한 추세는 위의 변이계수(CV)와 대수변환 변이계수(LCV)의 추계 결과와도 일치하고 있다. 즉 CV와 LCV의 추계 결과에 의하면 2002년 이후 전반적으로 지역 간 발전 격차가 축소되고 있으며, 이는 상대적으로 低발전 지역이 더욱 발전하고 있기 때문인 것이다.

<표 15–16> 1978년–2008년 지역별 GDP의 성장 규모

1978년과 2008년의 비교			1990년과 2008년의 비교		
지역	증가 규모(배)	1978년 전국비중(%)	지역	증가 규모(배)	1990년 전국비중(%)
광동성	192.07	5.35	절강성	23.93	4.86
절강성	173.67	3.56	내몽고자치구	23.80	1.73
복건성	163.67	1.91	광동성	22.90	8.45

산동성	137.82	6.49	강소성	21.20	7.67
내몽고자치구	130.94	1.67	북경시	20.94	2.71
강소성	120.46	7.18	복건성	20.80	2.83
하남성	111.71	4.69	산동성	20.56	8.19
신강자치구	107.78	1.12	천진시	20.44	1.68
북경시	96.40	3.13	하남성	19.47	5.06
광서자치구	94.55	2.18	하북성	18.06	4.86
하북성	88.43	5.27	상해시	17.52	4.23
섬서성	84.03	2.34	중경시	17.00	1.62
운남성	82.55	1.99	섬서성	16.85	2.19
영하자치구	82.31	0.37	영하자치구	16.50	0.35
산서성	79.86	2.53	산서성	16.37	2.33
길림성	78.07	2.36	신강자치구	16.11	1.41

주: 경상가격 기준.
자료: 『中國統計年鑑2008年』, 지역별 『統計年鑑』, 『統計公報』.

이것은 지역별 국내총생산의 비교를 통해서도 알 수 있다. 1978년과 2008년을 비교해 볼 때 31개 지역은 평균적으로 경제규모 즉 국내총생산 규모가 71.14배 증가하였다. 그 중 12개 지역의 성장 폭이 평균 보다 높으며, 광동성(广东省)과 절강성(浙江省)은 1978년과 비교해 2008년의 국내총생산이 각각 192.07배와 173.67배가 증가하였다. 그리고 <표 15-16>에서 나타나고 있듯이 1978년을 기준으로 한 국내총생산 규모가 비교적 큰 지역들 중에는 내몽고자치구(内蒙古自治区), 하남성(河南省), 신강자치구(新疆自治区), 광서자치구(广西自治区), 섬서성(陕西省), 운남성(云南省), 영하자치구(宁夏自治区), 산서성(山西省), 길림성(吉林省)과 같이 중부와 서부 내륙지역에 입지하고 있는 지역들이 상대적으로 많다. 이것은 1990년과 2008년 기간에서도 비슷하게 나타나고 있다. 중국은 개혁개방 이후 특히 1990년대 이후 지역 간 발전 격차를 축소하기 위한 여러 가지 정책적 노력들을 하고 있다. 이러한 노력이 중부지역에서는 중부궐기(中部崛起), 서부지역에서는 서부대개발(西部大开发), 그리고 동북지역에서는 노후공업기지진흥계획(老工业基地振兴计划)으로 나타나고 있다. 이러한 노력들이 결과적으로는 그 지역의 경제발전에 적극적인 영향을 초래하고 있다고 볼 수 있으며, 이는 또한 전체 지역 간 발전 격차의 축소에도 적극적인 영향을 미치고 있음을 알 수 있다.

2.2. 수렴가설의 검증

2.2.1. 수렴가설의 검증 방법

일반적으로 지역경제발전격차는 위와 같이 변이계수 등을 이용하여 장기적인 추세를 직관적으로 분석할 수 있으며, 또는 수렴가설의 검증을 통해 장기적인 추세를 분석할 수 있다.

수렴가설은 지역경제발전 격차의 연구에 있어 중요한 이론적 기초로서 수렴(convergence)은 확산(divergence)과 대비되는 개념으로 지역 간 발전의 격차가 점차적으로 감소하는 추세를 말한다. 식 (7)은 Barro, R.J., Sala—i—Martin, X.(1995)의 방법으로 $y_{i,o}$는 초기의 i지역의 1인당 국내총생산을 나타내며, $y_{i,t}$는 t기의 i지역의 1인당 국내총생산을 나타낸다. 만일 추정 회귀계수 β값이 음(—)일 경우 분석 기간 동안 지역 간 발전 격차가 수렴(convergence)하고 있다는 의미이며, β값이 양(+)일 경우 지역 간 발전 격차가 확산(divergence)되고 있음을 나타낸다.

$$\ln\left(\frac{y_{i,t}}{y_{i,0}}\right)=\alpha+\beta\ln\left(y_{i,0}\right)+\epsilon_{i,t} \quad \cdots\cdots (7)$$

2.2.2. 수렴가설의 검증 결과

수렴 가설의 검증결과는 아래 <표 15—17>과 같다(자료 : 김상욱, 2009a). 수렴가설을 검증하기 위해 분석기간을 주기별로 나누기로 한다. 즉 개혁개방 이전 시기 정점을 나타내고 있는 1968년을 기점으로 하여 개혁개방 이후 저점을 나타내고 있는 1990년을 하나의 분석기간으로 설정한다. 그리고 1991년부터 지역 간 발전 격차가 점차적으로 상승하고 있으며 이러한 추세는 2002년을 정점으로 하여 다시 2008년까지 축소되고 있기 때문에 1991년–2008년을 하나의 분석기간으로 설정한다. 또한 개혁개방 이후의 수렴가설 검증을 위해 1978년–2008년을 하나의 분석기간으로 설정한다.

<표 15–17> 수렴 가설 검증 결과

변수	1952년~ 2008년	1952년~ 1967년	1968년~ 1990년	1991년~ 2008년	1978년~ 2008년
α	2.5728*** (7.7966)	0.4607** (2.5879)	1.5167*** (7.3024)	1.0754*** (3.5515)	2.3927*** (8.0015)
β	–0.1766 (–1.1153)	–0.0908 (–1.0635)	–0.2701*** (–3.0168)	–0.0089 (–0.0957)	–0.2632** (–2.2615)
R^2	0.9946	0.9068	0.9867	0.9906	0.9929
F 통계량	1.2439 (0.2741)	1.1311 (0.2966)	9.1012 (0.0053)	0.0092 (0.9243)	5.1145 (0.0314)
D.W.	1.5499	2.0215	2.0717	1.2025	1.5131

주 : ***는 $p<0.01$, **는 $p<0.05$, *는 $p<0.10$을 나타냄.
자료: 김상욱(2009a).

1952년–2008년의 검증 결과에 의하면, 비록 추정 회귀계수 β값이 음(–)으로 나타나지만 통계적 유의성을 가지지 못한다. 즉 절대적 수렴이 존재하지 않은 것으로 해석할 수 있다. 이것은 다른 측면에서 해석하면 지역 간 발전의 격차가 축소되는 것이 아니라 확대되고 있다고도 볼 수 있다. 1952년–1967년의 검증결과에 의하면 회귀계수 β값이 음(–)이지만 t 통계량이 매우 낮다. 이것은 변이계수에서 나타나고 있듯이 이 기간 중 격차의 변화가 매우 불규칙적이기 때문에 수렴 가설 검증에도 영향을 초래한다고 본다. 1968년–1990년 기간의 분석에서는 음(–)의 β값을 발견하였으며, 또한 강한 통계적 유의성을 가지고 있다. 이것은 이 기간에서는 수렴의 현상이 존재하는 것으로 해석할 수 있다. 특히 이 기간은 개혁개방이 시작되는 시기이며, 농촌을 중심으로 하는 개혁과 도시를 중심으로 하는 개방은 지역 간 발전 격차를 축소하는데 적극적인 영향을 미치고 있다. 그러나 1991년–2008년의 분석기간에서는 수렴 가설이 채택되지 않는다. 즉 지역 간 발전의 격차가 확대되고 있는 것이다. 그러나 분석기간을 1978년–2008년을 설정해서 수렴 가설을 검증하면, β값이 음(−)으로 나타나고 강한 통계적 유의성을 가지고 있기 때문에, 개혁개방이후에 지역경제발전 격차는 수렴하고 있다는 가설을 채택할 수 있다. 그러나 이러한 수렴은 1978년–1990년 기간에 주로 일어나고 있으며, 1991년–2008년 기간에서는 약하게 존재하고 있다.

2.3. 역U자가설의 검증

2.3.1. 역U자가설의 의의

지역경제발전 격차의 추세가 어떠한 법칙을 가지고 있는가는 중요한 이론적 문제이다. 20세기 60년대 Williamson, J. G.(1965)은 국가별 자료를 이용하여 경제발전 수준과 지역경제발전의 격차는 역U자의 관계가 있음을 발견하였다. 이것은 “역U자 가설”이라 명명되어 지역경제 연구에서 중요한 이론적 기초를 제공하고 있다. “역U자 가설”은 지역경제발전에 있어서 중요한 의의를 가지고 있다. 즉 국가경제발전 수준이 낮은 단계에서는 지역경제 간의 발전 격차가 크지 않지만, 경제발전 수준이 높아질수록 발전의 격차는 점차적으로 확대되고, 경제발전 수준이 더욱 높은 단계에 도달하면 격차는 오히려 감소하는 것이다. 따라서 이 가설은 지역경제발전에 있어서 장기적으로는 지역 간에 격차가 축소될 것이라는 “이상(理想)”을 주고 있다. 그러나 이에 대해 金相郁(2001)은 지역경제발전의 격차는 집중과 분산이 변증법적으로 작용하기 때문에 궁극적으로는 역U자와 같은 단선적인 변화의 궤적을 가지는 것이 아니라 역U자가 연속적으로 반복되는 특징을 가지고 있다고 주장하고 있다.

2.3.2. 역U자가설의 검증방법

아래에서는 역U자 검증을 위해서 변병설(1999)과 金相郁(2005)의 방법을 이용하여 아래 식 (8)과 식 (9)을 설정한다. 두 식에서 $\alpha, \beta, \gamma, \delta_1, \delta_2$는 회귀계수를 나타낸다. 회귀분석 결과에 의해, 식 (9)의 δ_2가 음(−)의 값을 가지면, 2차 함수가 역U자의 형태를 가지며, 양(+)의 값을 가지면, 2차 함수가 U자의 형태를 가진다. 그리고 식 (8)의 β가 음(−)의 값을 가지면 국가 경제발전 수준과 지역경제발전 격차는 역(逆)의 관계를 가지며, 양(+)의 값을 가지면 정(正)의 관계를 가진다. 따라서 식 (9)의 회귀계수 δ_1가 양(+)의 값을 가지고, δ_2 가 음(−)의 값을 가지면 양자는 역U자의 관계가 있음을 나타낸다.

$$CV_{pcgdp,t} = \alpha + \beta pcgdp_t + \epsilon_t \qquad \cdots\cdots (8)$$

$$CV_{pcgdp,t} = \gamma + \delta_1 pcgdp_t + \delta_2 pcgdp^2 + \epsilon_t \qquad \cdots\cdots (9)$$

회귀분석에서 국가경제 발전수준을 나타내는 지표로는 연도별 1인당 국내총생산을 이용하며, 지역경제발전 격차를 나타내는 변수는 앞에서의 변이계수(CV)를 이용한다. 그리고 이들 변수의 1980년 이후 자료는 모두 수정 후의 1인당 국내총생산을 이용한 것이다. 또한 분석은 시기별 특징을 알아보기 위해 수렴가설 검증과 같이 분석기간을 몇 개로 나누었다.

2.3.3. 역U자가설의 검증결과

1952년–2008년의 분석결과에 의하면(김상욱, 2009a), 식 (9)의 회귀계수 δ_1가 음(−)의 값을 가지고, δ_2가 양(+)의 값을 가지기 때문에 U자의 관계가 있는 것으로 해석할 수 있다. 그러나 δ_2의 검증통계량이 유의성을 가지기 못하기 때문에 국가경제발전 수준과 지역경제발전 격차가 U자의 관계가 있음을 받아들이기는 힘들다. 1952년–1967년 기간의 분석에 의

하면, δ_1가 양(+)의 값을 가지고, δ_2가 음(−)의 값을 가지기 때문에 역U자의 관계가 있는 것으로 해석할 수 있다. 그러나 δ_2가 통계적 유의성을 가지기 못하기 때문에 결론으로 받아들이기는 역시 약간의 무리가 있다.

<표 15–18> 역U자 가설 검증 결과

변수	1952–2008	1952–1967	1991–2008	1978–2008
식 (8)				
α	0.7663*** (47.7031)	0.5019*** (5.2029)	0.6738*** (39.8088)	0.7540*** (32.9235)
β	−8.1047e−06*** (−2.6538)	0.0010* (2.1314)	0.0000004 (0.27939)	−7.03e−06** (−2.2051)
R^2	0.9823	0.9898	0.9977	0.9858
F 통계량	7.0429 (0.0104)	4.5430 (0.0512)	0.0781 (0.7837)	4.8627 (0.0358)
D.W.	0.2395	0.7364	0.3303	0.0938
식 (9)				
γ	0.7759*** (43.9562)	−0.2334 (−0.5417)	0.6091*** (25.8069)	0.7780*** (27.9457)
δ_1	−1.9171e−05** (−2.0938)	0.0092* (1.9655)	1.8054e−05*** (3.2873)	2.05e−05** (−2.1002)
δ_2	7.7534e−10 (1.2811)	−0.00002 (−1.7449)	−8.8758e−10** (−3.3029)	8.6113e−10 (1.4594)
R^2	0.9828	0.9917	0.9987	0.9868
F 통계량	4.3839 (0.0173)	4.1257 (0.0409)	5.5197 (0.0170)	3.5944 (0.0413)
D.W.	0.2561	0.9428	0.4076	0.1270

주: ***는 $p<0.01$, **는 $p<0.05$, *는 $p<0.10$을 나타냄.
자료: 김상욱(2009a).

1968년–1990년 기간의 분석에서는 U자의 관계가 있는 것으로 해석할 수 있다. 그러나 δ_2가 역시 통계적 유의성을 가지기 못하기 때문에 결론으로 받아들이기는 무리가 있다. 그리고 1991년–2008년의 기간에서는 δ_1가 양(+)의 값을 가지고, δ_2가 음(−)의 값을 가지기 때문에 역U자의 관계가 있는 것으로 해석할 수 있다. 그리고 둘 다 모두 통계적 유의성을 가지고 있다. 개혁개방 이후의 시기로 볼 수 있는 1978년–2008년 기간에서는 δ_1과 δ_2의 회귀계수가 모두 양(+)의 값을 가지기 때문에 2차 함수의 성질을 판단하기는 힘들다. 분석결과를 종합해 보면, 1952–2008년 기간에서 역U자 가설은 채택되지 않고 있으며, 단지 1991년–2008년 기간에서만 역U자 가설이 채택되고 있다. 이것은 위의 변이계수의 추계 결과도 같은 맥락이며 또한 수렴가설의 검증 결과와도 거의 같은 의미를 가지고 있다.

3. 지역 경제발전전략

3.1. 개혁개방이전의 지역경제발전전략

3.1.1. 내륙개발론

지역경제발전정책은 시장의 메카니즘이 초래하는 지역문제를 해결하기 위한 정부의 노력이다. 일반적으로 시장의 역량은 경제발전에 필요한 자원을 집중시키는 특징이 있으며 이는 지역 간 경제발전 격차를 확대시키는 결과를 초래하게 된다. 따라서 정부는 지역 간 경제발전 격차를 축소하기 위한 여러 가지 정책들을 구상하게 된다. 이 절에서는 주로 중국이 지금까지 구상하고 실행하고 있는 지역경제발전 격차 축소와 관련된 주요 정책들을 살펴 보기로 한다.

중국의 근대화는 1860년대의 양무운동(洋務運動)부터 시작되고 있으며 더 엄격하게 말하면 아편전쟁(阿片戰爭)에서부터 근대화의 맹아가 시작되고 있다고 볼 수 있다. 왜냐하면 아편전쟁의 결과로 인해 중국은 봉건제국으로부터 반식민지 · 반봉건적인 국가로 전환되었고, 농업을 위주로 하는 산업구조에서 공업의 맹아가 나타나기 시작하였기 때문이다. 아편전쟁은 중국 지역경제의 중심을 내륙으로부터 연해지역으로 전환하는 중요한 계기가 되었다. 『남경조약(南京條約)』에 의해 개방된 5곳의 통상항구, 광주(广州), 복주(福州), 하문(厦门), 저파(宁波), 상해(上海)는 모두 동남 연해안 지역에 위치하고 있다. 그리고 『천진조약(天津條約)』에 의해서 개방된 10개의 통상항구도 우장(牛庄,현재의 营口)와 등주(登州, 현재의 烟台)를 제외한, 태남(台南), 담수(淡水), 조주(潮州), 경주(琼州), 한구(汉口), 구강(九江), 진강(镇江) 모두 동남 연해안 지역에 위치하고 있다. 따라서 서구 열강의 연해지역 진출로 인해 연해지역은 내륙보다 상대적으로 발전하는 계기가 되었다.

서구 열강이 동부지역 및 동남 연해안 지역에 진출하게 된 동기는 연해지역의 통상항구가 가진 몇 가지 장점이 있었기 때문이다. 첫째는 중국의 광물자원이나 농업 및 공업의 원료를 본국에 운송하기에 편리하였기 때문이며, 또한 자국의 공산품을 중국시장에 판매하기에 편리한 교통의 거점이었기 때문이다. 둘째는 서구 열강의 중요한 군사적 교두보 역할에 내륙보다는 연해안 지역이 상대적으로 유리하였기 때문이다. 셋째는 통상항구 주변에 거주하는 풍부하고 저렴한 노동력을 이용하기에 편리하였기 때문이다(朴靚植, 1997).

동남 연해안 지역은 차와 비단 등의 주요 산지로서 교통이 다른 지역과 비교해 상대적으로 발달해 있었기 때문에 외국자본의 유입에 따라 더욱 신속하게 발전할 수 있는 계기가 마련되었다. 외국자본은 불평등조약을 통해 특권을 이용하여 중국의 주요 자원들을 쉽게 확보하였다. 이러한 시대적 상황에서 지역경제발전이 빠르게 이루어진 지역은 상해시(上海市), 광주시(廣州市), 무한시(武漢市) 등이다. 무한시와 한구시(漢口市)는 대륙의 중심에 위치하고 있지만 장강(長江)을 통해 바다로 연결되는 장점이 있었기 때문에 일찍이 중국의 주요 통상항구였다. 그리고 천진조약에 의해 항구가 개방됨으로써 외국자본의 유입이 더욱 가속화되었다. 외국자본의 유입과 무역의 증대로 인해 한구는 내륙의 거점도시로 발전하였으나 계속되는 수해(水害)와 정치적 불안정 요인으로 인해 지속적인 공업화에 실패하면서 1930년대에는 전국적인 비중이 크게 하락하였다(丸山伸郎, 1993).

동부 연해안 지역에 외국자본과 공업시설이 집중됨에 따라 연해지역과 내륙지역의 발전격차는 점점 확대되었다. 특히 서구 열강의 기업들은 전체 공업자본의 약 절반 정도를 차지하고 있으며 이들은 거의 대부분이 연해안지역에 입지하고 있다. 이러한 지역경제불균형과 대외의존도를 낮추기 위해 그리고 일본침략에 대응하기 위해 중국정부는 경제중심을 연해안 지역에서 내륙지역으로 이전하고자 하였다.

당시의 중화민국(中華民國) 정부는 일본의 침략을 방어하기 위한 목적으로 일부 군수산업과 주요 산업시설을 사천성(四川省)과 중경시(重慶市)를 중심으로 하는 내륙지역으로 이전하였으며, 또한 섬서성(陝西省) 연안시(延安市)를 중심으로 대생산운동(大生産運動)이 전개되었다. 이를 내륙발전론(內陸發展論)이라 한다. 내륙발전론은 경제적 자주를 주창하고 이를 통해 경제발전의 기반을 형성하고자 하는 주장에 따른 것이었다. 대표적인 내륙발전론의 주장자인 翁文灝은 자원위원회(資源委員會)를 조직하여 1936년 호남성(湖南省) 상담(湘潭)지역에 철강기지를 건설하는 중공업건설 5개년계획을 수립하였으나, 일본군의 침략으로 계획은 무산되고 사천성(四川省), 운남성(云南省), 귀주성(貴州省)을 중심으로 하는 계획이 대신 추진되면서 연해지역의 일부 공장들이 내륙지역으로 이전되었다(朴靓植, 1997, p.40).

내륙개발론은 주로 서남지역(西南地域)을 중심으로 전개되었기 때문에 서북지역을 중심으로 하는 서북개발론(西北開發論)이 제기되기도 하였다. 서북개발론자들은 섬서성 서안시(西安市)를 중심으로 서북지역이 중국민족의 부흥발원지이며 국방적인 측면에서도 더욱 의의가 크기 때문에 서남지역을 중심으로 하는 내륙개발론보다 서북지역이 전략적으로 더욱 중요하다고 주장하였다. 그러나 서북개발론은 계획이 체계적이지 못하고 주요 추진세력이 미약하였기 때문에 내륙개발론에 밀려나게 되었다.

3.1.2. 156프로젝트정책

중화인민공화국이 건국되면서 중국은 1949년부터 1952년까지의 회복기간을 거쳐 1953년부터는 제1차 경제개발 5개년 계획을 실시하였다. 당시의 중국은 내전과 한국전쟁의 참전 등으로 인해 경제적 기반이 거의 파탄지경에 이르렀다. 자체적인 공업기반이 나약한 상황에서 구소련의 원조는 중국의 지역경제발전에 중요한 계기가 되었다.

제1차 경제개발 5개년 계획 기간(1953년~1957년)은 구소련으로부터의 원조 프로젝트인 156프로젝트를 중심으로 하는 694개의 대형 프로젝트가 중점계획이 되었다. 특히 156프로젝트는 대부분이 중공업과 관련된 분야가 큰 비중을 차지하고 있다. 업종별 구조를 보면 전력산업, 석탄산업, 기계산업이 각각 25개, 25개, 24개로 가장 큰 비중을 차지하고 있으며, 이외에도 철강산업이 7개, 화학공업이 7개, 유색금속공업이 13개, 항공산업이 12개, 전자산업이 10개, 군사산업이 16개, 선박산업이 4개 등을 차지하고 있다. 실제적으로 국민의 실제 생활과 밀접한 관련을 가진 경공업은 2개의 프로젝트만 원조가 이루어졌다. 물론 경공업과 관련된 중소형의 사업은 중국이 자체적으로 자원의 조달이 가능하지만 중공업은 막대한 자본뿐만 아니라 기술이 필요하기 때문에 구소련의 원조가 절대적으로 필요하였다.

156프로젝트의 지역별 배분을 보면 동부 연해안 지역보다는 내륙지역을 더욱 중요시 하고 있음을 알 수 있다. 동부 연해안 지역에는 북경시(北京市)와 하북성(河北省)을 제외하고는 156프로젝트가 배분되지 않았다. 이 둘 지역도 5개의 프로젝트만 배분되어 전체의 3.20%만을 차지하고 있다. 동부 연해안 지역과 달리 동북지역은 비교적 많은 중공업 건설 사업이 배분되었다. 흑룡강성(黑龍江省), 길림성(吉林省), 요녕성(遼寧省)에는 모두 18개의 프로젝트가 배분되었으며 11.53%를 차지하고 있다. 동북지역은 구소련과 인접하고 있으며 또한 일본의 침략에 의한 중공업 산업기지가 이미 형성되어 있었기 때문에 156프로젝트를 안배하기에 상대적으로 유리한 조건을 갖추고 있었다. 동부 연해안 지역보다는 중부지역과 서부지역 등 내륙지역에 대한 국가 주요 사업의 배분은 단기적으로는 이 지역의 산업기지 형성이 무리가 있지만 장기적인 발전의 기반을 마련하였다는 점에서 큰 의의가 있다. 그리고 이러한 지역적 배분을 통해 연해지역과 내륙지역 간의 지역발전격차를 줄이는 역할도 어느 정도 하고 있다고 본다.

3.1.3. 3선 건설정책

내륙지역발전은 중국의 제1차 경제개발 5개년 계획에서 가장 중점적으로 추진된 사업이다. 1949년~1952년 3년 동안의 경제회복시기에 이미 내륙지역발전에 대한 여러 정책들을 구상하였다. 1950년에는 동부 연해안 지역에 편중되어 있는 공업시설들을 원료 생산지와 가까운 내륙지역으로 이전할 것을 결정하였으며, 1952년에 발표된 제1차 경제개발 5개년 계획의 초안에서는 공업의 지역적 분포는 국방과 장기적 발전에 있어서 중요한 의의를 가지고 있기 때문에 공업의 내륙지역 이전을 강조하고 있다. 1955년 중국공산당전국대표대회(中國共産黨全國代表大會)에서는 보다 적극적인 내륙발전 정책들을 구상하고 있다. 즉 내륙지역 공업기지의 적절한 배치, 원료생산지와 최종소비지의 근접도 등을 고려하였다. 또한 동북지역, 화북지역, 서북지역, 화중지역 등 내륙지역에 대규모의 산업기지 건설을 결정하였으며 철도건설도 서북지역과 서남지역 그리고 중남지역을 연결하여 장기적인 수요에 대비하도록 하였다. 1956년 모택동(毛澤東)은 『10대 관계를 논함(論十大關係)』에서 공업기지의 중심을 내륙에 배치하고 연해지역의 공업을 이용하여 내륙지역의 공업을 발전시켜야 함을 강조하였다.

그리고 1958년에 시작된 중·소(中·蘇) 분쟁은 내륙지역에 대한 군사적, 정치적 의미를 강화하게 되었고 이는 경제적, 정책적 지원을 강화하는 계기가 되었다. 중·소 분쟁으로 내륙지역의 파견된 대규모 156프로젝트 기업에 파견된 소련 기술자들이 철수함으로 인해 일부 기업은 가동이 중단되기도 하였다. 따라서 중국 정부는 경제의 자력갱생을 강조하고 내륙지역에 자립적인 공업기반을 건설하고자 더욱 박차를 가하였다. 그러나 대약진운동(大躍進運動)의 실패와 연이은 자연재해 등으로 인해 이러한 노력은 심각한 좌초를 겪게 되었다. 지역경제발전에 필요한 자본과 기술이 절대적으로 부족한 상황이지만 중국 정부는 내륙지역발전에 대한 필요성과 정책적 의지를 지속적으로 견지해 나가고 있었다.

1964년 미국은 베트남 전쟁에 참전하게 되었고, 중·소 분쟁은 더욱 악화되면서 중국의 국제관계는 매우 긴장국면으로 전환되었다. 이러한 국제환경의 변화는 중국의 내륙발전 정책에 다시 도화선이 되었다. 이는 3선건설전략(3線建設戰略)으로 요약된다. 1선은 주로 동부 연해안 지역을 말하며 이는 군사적인 전략으로는 최전방에 해당된다. 3선은 군사적으로 가장 후방지역으로 전쟁과 같은 유사시에는 가장 중요한 역할을 할 수 있는 지역이다. 그리고 1선과 3선의 중간지역을 2선으로 규정하였다. 이러한 구상은 중화민국 시기 국민당의 내륙발전론과도 동일한 의도이며 그리고 서북개발론과도 일맥상통하는 전략적 구상이다. 내륙발전론이 주로 서남지역을 중심으로 하고 있으며 서북개발론이 주로 서북지역을 중심으로 하고 있는 반면에 3선지역건설은 서남지역과 서북지역을 모두 포함하고 있다. 3선건설전략은 3선지역에 국방 및 과학기술 분야의 공업을 중점으로 육성하고, 교통, 석탄, 전력, 철강, 비철금속 등 산업의 발전을 기초로 하고 있다. 대규모의 3선 지역 건설은 1964년과 1965년에 본격적으로 시작되었으며, 1978년 개혁개방으로 발전방향을 전환하기 전까지 지속적으로 전개되었다. 물론 문화대혁명이 말기에 접어들면서 3선 지역건설은 이미 국가정책기조에서 서서히 제외되었지만 공식적으로 완전히 끝난 것은 1978년이 되어서이다. 1970년대 말까지 내륙지역에는 모두 29,000여 개의 3선 프로젝트가 건설되었고, 대중형기업과 연구단지는 전국 총계의 약 1/3에 해당하는 2천 여 개가 3선 지역에 설립되었다. 종합적으로는 3선지역건설정책으로 인해 이 지역에 약 50여 개의 대규모 생산기지가 설립되었고 약 30여 개의 신흥도시가 형성되었다(日本貿易振興會, 1992, pp.2~3).

문화대혁명(文化大革命) 시기에도 3선건설전략은 계속 추진되었으며 내륙지역과 연해지역의 발전격차를 축소하고자 하는 노력은 지속되었다. 문화대혁명 기간 중 등소평(鄧小平) 등을 포함한 지식인, 전문기술자, 청년 및 도시주민들은 농촌지역이나 내륙지역으로 하방(下放)되었다. 실질적으로 하방운동은 모택동의 권력에 맞서는 무리들을 숙청하기 위한 정치적 운동이었기 때문에 경제적인 측면에서의 효과는 크지 않다. 그러나 하방운동이 외형적으로는 농촌과 내륙지역으로의 인구이동을 촉진하였기 때문에 국민들에게는 내륙발전에 대한 상징적인 의미를 부여할 수 있었다. 그러나 1970년대 초반부터는 자연적, 지리적 조건을 무시한 3선건설정책에 대한 비판이 제기되고 미국 등 서구국가들과의 관계가 개선되면서 이에 따른 무역이 증대되면서 동부 연해안 지역으로 경제발전의 중심이 다시 이동하기 시작하였다.

3.1.4. 4 · 3계획

1970년대 초반 3선건설정책에 비판이 제기되면서 제4차 경제개발 5개년 계획 기간(1971년~1975년)에는 제1차 경제개발 5개년 계획 기간 중의 156프로젝트 이후 두 번째로 대규모 외국설비와 기술의 유입이 계획되었다. 이 계획을 역사적으로 4 · 3계획이라 부른다. 주요 설비로는 13개의 대형 화학비료 생산설비, 3개의 대형 석유화공 생산설비, 4개의 대형 화학섬유 생산설비, 43개의 석탄채굴기계설비, 3개의 대형 발전소설비, 그리고 철강설비 등이 있다. 업종별로는 석유화공이 전체 도입설비의 54.7%를 차지하며 방직 · 경공업이 26.1%를 차지하고 있다. 1950년대 초반의 156프로젝트가 주로 중공업을 위주로 하고 있는 반면에 1970년대 초반의 4 · 3계획은 중공업과 경공업이 어느 정도 혼합되어 있다. 즉 민생(民生)과 관련된 외국설비 도입이 상당한 비중을 차지하고 있기 때문이다.

<표 15-19> 4 · 3계획의 도입설비의 업종 구조

업종	계약금액 비중(%)	설비금액 비중(%)
석유화공	46.0	54.7
방직 · 경공업	21.5	26.1
야금공업	18.4	21.6
에너지공업	19.4	14.1
기계공업	11.6	8.7
교통 · 통신업	0.7	0.4
농업 및 임업	0.8	0.1
기타	3.1	0.4

자료: 馬泉山(1998), p.385.

<표 15-20>은 4 · 3계획의 도입설비의 지역 분포를 나타내고 있다. 표를 통해서 볼 수 있듯이 주요 설비가 중부지역이나 서부지역과 같이 내륙지역에만 편중되는 것이 아니라 동부 연해안 지역에도 상당 수 분포되고 있다. 전력공업과 관련해서 3개의 발전소가 건설되었는데 2개는 천진시(天津市)와 하북성(河北省) 당산(唐山)에 건설되었으며 나머지 1개는 내몽고자치구(內蒙古自治區)의 적봉(赤峰)에 건설되었다. 지리적으로 적봉도 동부 연해안 지역과 가깝기 때문에 모든 발전소가 동부 연해안 지역에 건설되었다고 해도 과언이 아니다. 화학공업은 대부분이 화학비료공장을 중심으로 설비가 도입되었는데 북경시(北京市), 하북성(河北省) 창주(沧州), 강소성(江苏省) 남경(南京), 산동성(山东省) 치박(淄博)을 비롯한 동부 연해안 지역에도 상당 수 입지하고 있다. 방직공업도 내륙지역보다는 연해안지역에 더 많은 설비가 입지하고 있다. 4 · 3계획에서 모두 4개의 화학섬유공장이 건설되었는데 사천성(四川省) 장수(長壽)의 长寿维尼纶厂을 제외하고는 모두 동부 연해안 지역에 입지하고 있다.

개혁개방 이전 시기에는 전반적으로 내륙발전을 중시하는 지역균형발전전략이 주류를 형성하고 있다. 특히 내륙발전이 경제적인 목적보다도 군사적이고 정치적인 목적을 가지고 대두되는 특징이 있다. 그러나 군사적이고 정치적인 목적을 위한 지역경제발전전략은 성공할 수가 없다. 따라서 1970년대 초반부터는 경제적인 논리에 따라 지역경제발전을 추

<표 15-20> 4 · 3계획의 도입설비의 지역 분포

업종	프로젝트	입지지역	도입국가	시공일시	신규증가 생산능력
전력 공업	北大港电厂	天津市	이탈리아	1974.12	64만천KW
	唐山陡河电厂	河北省唐山	일본	1973.12	75만천KW
	元宝山电厂	内蒙古赤峰	프랑스	1974.09	30만천KW
화학 공업	北京石油化工总厂	北京市房山	일본	1969.03	64만 톤
	北京化工二厂	北京市	독일	1974.10	10만 톤
	沧州化肥厂	河北省沧州	미국	1973.07	78만 톤
	辽河化肥厂	辽宁省盘山	미국	1973.06	78만 톤
	吉林化学工业公司	吉林省吉林	독일	1977.09	36만 톤
	黑龙江石油化工总厂	黑龙江大庆	미국	1974.05	78만 톤
	南京栖霞山化肥厂	江苏省南京	프랑스	1974.09	57만 톤
	安庆石油化工厂	安徽省安庆	프랑스	1974.03	66만 톤
	胜利石油化工总厂	山东省淄博	일본	1974.04	78만 톤
	宜昌化肥厂	湖北省枝江	미국	1974.10	62만 톤
	洞庭化肥厂	湖南省岳阳	미국	1974.04	62만 톤
	广州石油化肥总厂	广东省广州	프랑스	1974.12	66만 톤
	四川化工厂	四川省成都	일본	1974.05	78만 톤
	泸州大然气化工厂	四川省泸州	미국	1978.08	78만 톤
	赤水天然气化工厂	贵州省赤水	미국	1976.01	78만 톤
	水富天然气化工厂	云南省水富	미국	1975.01	78만 톤
방직 공업	天津石油化纤厂	天津市	일본	1977.06	13.3만 톤
	辽阳石油化纤厂	辽宁省辽阳	프랑스	1973.09	17.6만 톤
	上海石油化工总厂	上海市	일본	1974.01	9.4만 톤
	长寿维尼纶厂	四川省长寿	프랑스	1972.02	18.5만 톤

자료: 馬泉山(1998), pp.386~389. 丛树海(1999), p.408.

진해야 한다는 내부적인 반성이 나타나기 시작하였으며 이러한 노력은 4 · 3계획에서 현실적으로 나타나고 있다. 그러나 경제적인 측면에서 지역경제발전을 추진하는 노력은 개혁개방이 대두되면서 더욱 박차를 가하게 되었다.

3.2. 개혁개방 이후의 지역경제발전전략

3.2.1. 연해지역우선발전론

계획경제 시기의 지역경제발전전략들은 대부분이 지역균형발전을 목표로 전개되고 있으며, 이는 내륙지역발전을 통해 연해지역과의 경제적 발전격차를 줄이고자 하였다. 그러나 내륙발전전략은 지역 간 산업배치의 오류, 사회주의체계의 경직성, 문화대혁명 등의 정치적 요인, 국가안보를 고려한 군사적 요인이 우선적으로 고려되었기 때문에 경제적인 측면에서의 성과는 크게 나타나지 못하였다. 지역 간 산업배치의 오류는 지역경제의 균형발전을 위해 내륙지역에 주요 산업시설을 배치한 결과로서 경제적인 효율성을 무시하고 산업 간 유기적 연계를 통한 시너지 효과를 경시한 정책적 오류라고 평가할 수 있다. 왜냐하면 이 시기의 내륙지역은 공업의 기초가 거의 없는 농경사회(農耕社會)였고, 사회간접자본도 전혀 형성되지 않은 상태였기 때문에, 이러한 조건을 무시한 과도한 투자는 오히려 투자의 비효율성을 초래하였다.

비효율적인 투자는 1965년~1972년까지 3선건설시기에 극단적으로 전개되었다. 3선건설은 비록 중국 내륙지역의 철도교통과 원자재, 에너지 등 기초공업의 발전을 촉진하였으나 국방안보 등 비경제적 요인만을 중시하고, 교통, 통신 및 자원공급, 각 지역의 경제상황, 막대한 자금의 회전지연, 높은 수송코스트, 건설지역이나 그 주변지역에 기본 수요가 거의 없다는 등의 제반 경제조건을 경시함으로써 막대한 투자손실과 함께 자본소모, 기술혁신의 지연이라는 손실을 초래하였다(朴月羅, 1992, p.12).

1978년 중국공산당 제11기 3중전회의에서 개혁개방을 주요 내용으로 하는 국가발전사상이 제창되었다. 지역경제발전과 관련하여 이 사상의 핵심은 사회주의체제에 대한 재인식과 서구의 경제발전 이론에 대한 새로운 해석에 있었으며, 생산력의 공간배치는 동부연해안 지역의 특정지역을 중심으로 하고 있다. 이는 동부 연해안 지역의 경제적 기초와 교통시설 등 사회간접자본이 내륙지역과 비교해 상대적으로 우월하고 기술력도 집중되어 있다는 장점에 기인하고 있다. 등소평(鄧小平)은 중국공산당 제11기 3중전회의에서 동부 연해안 지역의 경제적 조건을 최대한 활용하는 지역경제 불균형발전전략을 제기하였다. 그리고 1980년대 초 심천(深圳)을 중심으로 하는 경제특구(經濟特區)가 설립되고, 또한 연해안 지역의 주요 도시들을 개방도시(開放都市)로 지정하여 외국자본과 기술력의 유입을 적극적으로 추진하였다. 등소평은 1985년에도 특정지역을 우선적으로 발전시키는 것이 중국의 지역경제발전에 유리하다는 입장을 강조하였다. 1985년 3월 7일『一靠理想二靠纪律才能团结起来』에서 "우리가 일부 지역을 우선적으로 부유하게 하는 것을 제창하는 것은 우선 부유하게 된 지역이 낙후지역을 도와 더욱 발전시키기 위한 것이며, 일부 국민들을 부유하게 하는 것도 같은 이치이다"라고 강조하였다. 중국정부의 이러한 지역경제발전전략은 지역 간 발전격차를 더욱 확대시키는 계기가 되었다. 그러나 등소평은 1992년 심천을 방문하는 자리(南巡講話)에서도 여전히 지역불균형발전전략을 견지하고 있었다. 이러한 전략에 따라 1988년 광동성(廣東省)의 해남도(海南島)를 해남성(海南省)으로 승격시키고 성 전체를 경제특구로 개방하였으며, 그 결과 동부 연해안 지역은 대부분이 경제특구와 경제기술개발구로 지정되면서 외국자본의 유입과 무역의 증대에 박차를 가하게 되었다. 1990년대 초반 에는 상해시(上海市)의 포동(浦東)지역을 개발하기 시작하였으며 경제기술개발구도 동부 연해안 지역에서 내륙지역으로 확산되기 시작하였다.

동부 연해안 지역은 전통적으로 지역경제발전의 기반이 상대적으로 양호하였기 때문에 연해지역우선발전론의 대두는 이 지역의 발전에 더욱 박차를 가하게 되었고 이는 또 다시 상대적으로 내륙지역과의 격차를 확대시키는 계기가 되었다.

3.2.2. 지역협력발전전략

3.2.2.1. 지역협력발전전략의 배경

연해지역우선발전론은 연해지역과 내륙지역 간의 발전격차를 더욱 확대시키는 결과를 초래하게 되었다. 1990년대 초반에는 지역불균형발전전략이 가진 문제점들에 대한 비판이 제기되었다. 이러한 비판은 지역협력발전전략(地域協調發展戰略)의 대두로 이어지고 있다. 계획경제시기의 지역균형발전전략은 내륙발전의 성과를 극대화하기 위해 연해지역의 희생을 전제로 하고 있다. 그리고 개혁개방 이후에 대두된 지역불균형발전전략은 연해지역이 우선 발전 한 후 내륙지역을 돕도록 하는 것이다. 지역협력발전전략에서는 연해지역과 내륙지역이 서로 협력하고 이미 발전된 연해지역은 내륙지역의 발전을 지원하도록 하고 있다. 지역균형발전전략과 지역불균형발전전략에서는 지역 간 협력을 원론적인 측면에서 강조하고 있지만 지역협력발전전략에서는 지역 간 협력을 중요한 정책내용으로 하면서 실질적인 협력을 도모하고 있다. 지역협력발전전략의 근본적인 목표는 지역경제의 정책 중점을 연해지역의 계속적인 발전과 내륙지역의 발전 촉진에 두고 있으며, 지역경제발전을 지속하면서 연해지역 우선발전정책으로 야기된 연해지역과 내륙지역 간 경제발전 격차를 해소하고 국가경제의 전반적인 발전을 추구하는데 있다.

중국의 지역경제발전전략이 지역협력발전전략으로 전환되는 계기는 1991년 제7기 전국인민대표대회 제4차 회의이다. 이 회의에서 지역 간 분업, 지역 간 상호보완과 상호협력을 새로운 지역경제발전방향으로 제기하고 있다. 이러한 견해는 1992년 중국공산당 제14기 전국대표대회에서 다시 강조되고 있다. 강택민(江澤民)은 중국공산당 제14기 전국대표대회에서 사회주의시장경제(社會主義市場經濟)를 향후 중국이 발전시켜 나갈 국가체제로 발표하고 지역 간 발전격차 문제는 지역협력발전전략(地域協調發展戰略)으로 해결해 나갈 것임을 대내외적으로 공식 천명하였다.

3.2.2.2. 지역협력발전전략의 이론적 특징

여러 국가의 경험들을 종합해 보면 우리는 하나의 사실을 발견할 수 있다. 그것은 지역 간 경제발전의 격차는 동태적인 과정이라는 것이다. 즉 지역 간 경제발전의 격차는 축소도 되고 또한 확대도 되는 것이다. 따라서 수렴이라는 이론적 오류를 통해 지역 간 경제발전의 격차는 장기적으로 축소되어질 것이라는 허상을 강조하는 것은 잘못된 해석이며, 마찬가지로 지역 간 경제발전의 격차는 지속적으로 확대되어 갈 것이라는 암울한 결론도 잘못된 해석이라고 본다(김상욱, 2009c).

지역 간 경제발전 과정은 변증법(辨證法, dialectic)적인 과정이다. 이 변증법 과정에는 집중(concentration)과 분산(decentralization)이라는 경제활동의 특성이 내포되어 있다. 경제활동 특히 생산 활동은 공간적으로 집중하는 경향이 강하다. 집중을 통해서 공간적 외부경제 즉 집적경제(agglomeration economies)를 창출하기도 하기 때문이다. 그러나 과도한 집중은 집적경제를 창출하기 보다는 오히려 집적불경제(agglomeration diseconomies)를 초래할 가능성이 높다. 따라서 이러한 상황이 도래하면 생산 활동은 오히려 분산을 하게 된다.

주의할 점은 분산은 또 다른 집중을 초래할 수 있다는 것이다. 만약 우리의 사회를 정태적으로 보게 되면, 공간상의 경제활동은 집중과 분산으로서 끝 날 수 있다. 그러나 우리의 사회는 동태적이다. 지역경제 역시 동태적이다. 따라서 분산이 지역 간 발전 격차를 축소시키는 역할을 할 수 있지만, 뒤따르는 또 다른 집중은 또 다시 발전 격차를 확대시킬 수 있기 때문이다. 金相郁(2001)은 이를 집중과 분산의 변증법이라고 하고, 지역경제발전 격차에는 다음과 같은 일반법칙이 존재한다고 본다. 지역 간 경제발전 수준의 차이는 필연적이다, 왜냐하면 각 지역이 가지고 있는 지역성이 모두 다르기 때문이며, 그러나 발전의 격차는 축소되기도 하고 확대되기도 한다.

따라서 지역경제발전 격차에 대해서는 새로운 이론적 접근이 필요하다고 본다. 격차 그 자체로서는 문제가 아니다. 문제는 두 가지 차원에서 새롭게 검토할 필요성 있다. 첫째는 각각의 지역이 가지고 있는 조건과 이를 이용한 성과 사이의 관계이다. 둘째는 적정한 격차 수준에 대한 판단이다. 첫 번째 문제는 지속가능한 발전(sustainable development)과 밀접한 관계가 있다고 본다. 지역의 발전은 우선 그 지역이 가지고 있는 조건을 과학적이고 객관적으로 인식하고 이들 조건을 최대한 활용할 수 있는 방안을 간구하여야 하는 것이다. 비판적 시각에 의하면 두 번째 문제가 핵심적이다. 우리가 생활하고 있는 지역은 끊임없는 집중과 분산의 과정에 있다. 따라서 경제활동의 집중과 분산은 모두 지역경제의 발전에 도움이 될 수 있다. 문제는 집중과 분산이 초래한 격차를 어떻게 적정한 수준으로 유지하는가이다.

기존의 연구들을 종합해 볼 때 지역경제발전 격차에 대해서는 크게 두 가지 발전관이 공존하고 있다. 하나는 균형발전론(均衡發展論)과 또 하나는 불균형발전론(不均衡發展

論)이다. 균형발전론에서는 장기적으로 지역 간 발전 격차는 축소된다는 것이다. 불균형 발전론에서는 격차의 축소는 불가능하다는 것이다. 균형발전론은 위에서도 언급하고 있듯이 균형이라는 개념의 사용에 문제점을 가지고 있다. 특히 균형이 지역 간 발전 격차가 사라지게 하는 것인지 아니면 축소시키는 것인지에 대해서 명확한 설명이 부족하다. 다만 발전 격차가 축소되기를 바라는 희망을 담고 있을 뿐이다. 불균형발전론에서도 역시 균형의 개념 사용에 문제점을 가지고 있다. 그리고 균형발전론에서의 균형이 근본적으로 존재하지 않음을 강조하고 있다. 그러나 더 이상의 근본적인 문제에 대해서는 설명이 부족하다.

협력발전론(協調發展論)은 기존의 발전경제학이나 지역경제학에서는 논의되지 않은 새로운 사상이다(陈栋生, 2005). 협력(協調)이 가지는 의미는 한 쪽으로 치우치지 않고 즉 "중용(中庸)"을 유지하면서 모두에게 가장 좋은 방향으로 사물을 발전시켜 나간다는 사상이다. 따라서 협력발전론은 기계론적 세계관에 바탕을 두고 있는 기존의 경제학적 사고와는 다른 개념이다. 협력발전론은 중국이라는 지역적 특수성을 가진 국가에서 발전된 개념임을 주의해야 한다. 중국은 국토면적이 넓고, 인구규모가 방대하고, 지역구분이 복잡하고, 다민족 국가이며, 국가경제발전이 초기 단계에 처해 있는 조건을 가지고 있다. 이러한 조건 아래에서 세대 간 환경과 자원문제, 계층 간 소득격차 문제, 지역 간 발전격차 문제 등이 나타나고 있다. 특히 협력발전론은 지역 간 발전 격차 문제에 대한 이론적 방향을 제시하고 있다. 陈栋生(2005)은 지속가능한 발전은 세대 간 공평(代際公平)을 목표로 하고 있는 반면에, 협력발전은 지역 간 공평(區際公平)을 목표로 하고 있다고 주장한다.

협력발전론의 가장 중요한 핵심은 바로 차이와 격차를 객관적인 사실로서 인정하는 것이다. 즉 차이와 격차를 부정적(negative)이 아니라 긍정적(positive)으로 인식하면서 이를 어떻게 협력시켜나가는가를 고민하는 것이다. 이러한 사고의 전환은 기존과는 매우 다르다. 즉 기존의 사고에서는 차이와 격차는 반드시 축소시켜 나가야 하는 문제로서만 인식하였기 때문이다.

협력발전론은 기본적으로 발전 수준이 높은 지역과 상대적으로 낮은 지역의 발전을 모두 고려하고 있다. 그리고 더욱 중요한 것은 이들의 발전 격차가 일정한 수준을 유지하고 있다는 것이다. 협력발전론은 중국의 지역경제발전이론에서 발전된 개념이다. 그리고 협력발전론은 문제의 본질을 새롭게 인식할 가능성을 제공하면서도 문제를 해결할 수단도 동시에 제공하고 있다. 즉 협력으로서 문제를 분석하고 또한 협력의 상태로 구조적인 발전을 유도하고 있는 것이다.

3.2.2.3. 지역협력발전전략의 이론적 문제

지역협력발전론(地域協調發展論)은 절충적인 관점으로서 하나의 대안이 될 수 있다. 그러나 협력발전론은 협력이 가지는 이론적 의미에 충분한 해답을 제시하여야만 대안으로서 의의를 가진다(김상욱, 2009c).

첫 번째 문제는 협력의 정의이다. 특히 이 문제는 효율(efficiency)과 공평(equity)이라는 경제학의 전통적인 딜레마에 빠질 가능성이 크다. 즉 지나친 효율의 강조는 지역 간 격차의 확대를 조장할 수 있으나, 지나친 공평의 강조는 개별 지역의 효율적인 발전을 저해할 수도 있기 때문이다. 따라서 협력에 대한 더욱 구체적인 정의가 필요한 것이다.

이 문제는 협력성(協調性)과 지역성(地域性)의 관계를 어떻게 이론적으로 해석할 것인가이다. 지역성은 협력성의 조건이다. 즉 차이가 존재하기 때문에 협력될 필요성이 있는 것이다. 그리고 이러한 차이의 근원에는 지역성이 존재하고 있다. 일반적인 경제학이론에서는 몇 가지 중요한 경제 변수들로서 이론을 구축하고 있다. 그리고 이러한 경제 변수들은 한계체감의 법칙이라는 특성을 가지고 있는 것으로 가정한다. 이러한 논리들이 지역을 배경으로 할 때도 역시 일반성을 위해 지역적인 특징들을 배제하게 된다. 그러나 지역의 측면에서 보게 되면 지역성은 지역 존재의 가장 기본적인 요인이 되기 때문에 기존의 경제학이론과는 상충되는 측면이 발생하지 않을 수 없다.

협력의 상태는 균형의 상태가 아니며, 또한 불균형의 상태도 아니다. 균형과 불균형은 협력의 상태와는 전혀 다른 차원의 문제이다. 경제활동이 균형 특히 시장균형에 달성 되어도 협력롭지 않은 상태가 발생할 수 있으며, 또한 시장불균형의 상태에서도 협력적인 상태가 이루어질 수 있기 때문이다. 특히 지역적인 측면에서의 지역협력발전(地域協調發展)은 지역 간 발전 격차, 소득 격차뿐만 아니라 지역 간의 분업도 중요한 조건으로 인식하고 있다(陈栋生, 2005). 지역 간 분업은 두 가지 측면의 의의를 가지고 있다. 첫째는 개별 지역의 조건에 부합되는 전문화의 극대화를 통해 지역 간 협력을 도모하는 것이다. 둘째는 개별 지역의 조건에 부합되지 않는 전문화는 지양되어야 하는 것이다. 대부분의 지역개발에 있어서 문제점은 개별 지역의 조건에 부합되는 전문화의 극대화를 추구하는 것이 아니라 지역발전을 위해 필요한 지역개발을 선정하는 것이다.

두 번째는 협력의 주체 문제이다. 즉 무엇이 협력을 이루어야 하는가이다. 앞에서도 언급하였듯이 지역경제의 발전 수준을 평가할 때 국내총생산 또는 지역총생산을 대표적인 지표로서 이용하고 있다. 과연 이것이 협력의 주체로서 합당한지도 고민이 필요하다. 이 문제는 양적 성장(growth)과 질적 발전(development)이라는 딜레마에 빠질 소지가 있다.

협력의 주체는 발전 특히 지역발전(regional development)이다. 앞에서도 언급하고 있듯이 지속가능한 발전은 세대 간 발전의 문제이며, 협력 발전은 지역 간 발전의 문제이다. 즉 지역 간 발전의 격차를 적절한 수준으로 조정하는 것이다. 문제의 핵심은 지역발전을 나타내는 지표를 무엇으로 설정할 것인가이다. 경제발전은 지역발전의 가장 기본적인 조건이 된다는 것에 큰 이견을 제시하기는 힘들다. 그러나 경제발전이 지역발전의 모든 것을 대변할 수 있다는 논리는 조금 무리를 가질 수 있다. 한 국가의 발전 수준을 단지 국내총생산에만 의존하기 보다는 종합적인 지표의 개발이 필요하다는 인식은 인간발전지표(Human Development Index: HDI)로 발전하고 있다. 인간발전지표는 예상수명지표(Life Expectancy Index), 교육지표(Education Index), 그리고 국내총생산(GDP)으로 구성되어 있다. 그러나 현재까지 인간발전지표는 주로 국가 단위에서 적용되고 있으며, 지역 단위에서는 이용이 극히 제한적이다. 그리고 행복지수(Happiness Index: HPI)는 인간의 궁극적인 목적은 행복의 추구이기 때문에 단순히 경제발전 수준으로서 한 국가나 사회의 발전을 나타내는 것은 한계가 있다.

협력의 주체는 앞으로 더 심도 있는 연구가 필요한 문제이다. 즉 어떠한 지표로서 협력을 추구할 것인가에 대한 고민이다. 경제발전이 지역발전에 있어서 가장 중요한 물질적 기초가 된다는 것을 의심할 사람은 없다. 그러나 한 지역의 발전을 경제발전으로만 평가한다면 기본적인 경제발전 조건이 부재한 지역에서는 협력의 문제가 더욱 심각해 질 수 있기 때문이다. 그러나 실제적으로는 그 지역 주민의 복지와 삶의 질은 상대적으로 높을 수 있기 때문이다. 그러나 더욱 정교하고 종합적인 지표가 개발되지 않은 상황에서는 경제발전을 나타내는 1인당 국내총생산과 같은 지표가 한 지역의 발전을 나타내는 종합적인 지표로서 이용되어지는 것이 논리적으로 문제가 있는 것은 아니라고 본다.

세 번째는 협력의 목표설정 문제이다. 제한된 자원을 효율적으로 이용하여 최대 다수의 복지를 보장하기 위해서는 목표 설정이 필수불가결하다. 협력발전론에서 가장 핵심적인 문제가 바로 이것이다(金相郁, 2007). 위에서 제기한 첫 번째와 두 번째 문제는 적절한 가정의 도입으로서 어느 정도의 해답을 제시 할 수 있다. 그러나 세 번째 문제는 구체적인 해답이 필요하다. 즉 격차가 어느 정도일 때 그리고 구조적으로 어떠한 상태일 때 협력로운 상태인가이다. 예를 들면 변이계수(coefficient variance), 지니계수(Gini index), 타일계수(Theil index) 등 지역 간 발전 격차를 평가하는 여러 가지 지표들이 있다. 이들 기존의 지표들이 과연 협력의 상태를 측정할 때 운용이 가능한지 아니면 새로운 지표의 개발이 필요한지도 중요한 과제이다.

이 문제는 기존의 이론에서도 밝혀지지 않고 있는 것이다. 이론의 역할은 현실의 발전에 대한 방향 설정이 있어야 한다. 즉 이론은 추상적 분석을 통하여 현실의 변화에 대한 본질을 파악하고 더 나아가서는 이에 대한 방향 설정이 있어야만 이론의 역할을 완성할 수 있는 것이다. 그러나 기존의 이론들은 이 문제에 대한 어떠한 언급도 없는 실정이다. 지역 간 발전 격차가 축소되었다, 아니면 지역 간 발전 격차가 수렴 추세에 있다는 것만 밝힐 수 있는 것이다. 문제는 어떤 상태로 발전 될 때 또는 어떤 상태가 되었을 때 가장 이상적인가에 대한 고민이다.

물론 이 문제가 쉽게 해결될 수 있는 것은 아니다. 왜냐하면 이 문제는 가치판단과도 관련이 있기 때문이다. 지역 간 발전 격차에 있어서 기회의 공평이 중요한 것이지 성과의 평등이 중요한 문제가 아니라는 것에 기본적으로 인식을 공유하더라도 현실적으로는 기회의 공평 자체가 많은 도전을 받고 있기 때문이다. 즉 제한된 자원을 특정 지역에 집중적으로 투자하는 것 자체가 이미 기회의 공평에 제약을 주고 있기 때문이다.

협력에 대한 가치판단의 문제는 협력지수(協調指數)의 개발과는 관련이 있다. 즉 지역

간 발전 격차에 대한 종합적인 평가를 할 수 있는 협력지수의 개발은 지역협력발전론을 이론적으로 더욱 성숙시킬 수 있는 방법일 것이다. 협력지수의 개발을 통해 현재 지역 간 발전 격차의 구조가 협력적인 상태에서 어느 정도 괴리가 있는지 그리고 협력적인 상태로의 발전되고 있는지에 대한 평가가 가능하기 때문이다.

네 번째는 협력의 실천적 방법이다. 즉 어떠한 경로를 통해서 협력적인 상태에 도달하는가의 문제이다. 지역 간의 발전 격차를 축소하기 위해서 각 국가는 여러 가지 정책들을 실시하고 있다. 정책의 내용과 강도는 각각 다르지만 이들 정책은 현실 경제에서 나름대로의 효과를 나타내고 있다. 경제는 흐르는 물과 같기 때문에 무조건적으로 방임해 두는 것도 좋은 것은 아니며, 또한 무리하게 흐름을 방해해서도 좋지 않다. 지역발전을 협력적인 상태로 발전시키기 위해서 상대적으로 발전된 지역의 발전 역량을 막을 수는 없다. 이와 동시에 상대적으로 발전이 낮은 지역을 고려해 주어야 한다. 그러나 저발전 지역에 무조건적인 요소 투입이 협력적인 발전을 추구하는데 가장 합리적인 방법이라는 근거는 부족하다.

3.2.3. 서부대개발전략

3.2.3.1. 서부대개발전략의 배경

중국은 건국 이래 지역 간 발전 격차를 축소하고 지역 간 경제협력을 촉진하기 위해 여러 가지 지역발전전략들을 구상하였다. 그러나 대부분의 지역발전전략들은 오히려 지역 간 발전격차를 더욱 확대시키는 요인으로 작용하였으며, 궁극적으로는 지역협력발전전략을 통해 전방위적으로 지역 간 발전 격차 문제를 해결하고자 노력하고 있다. 1990년대는 비록 지역협력발전전략이 정부차원에서 제기되었지만 실물경제에서는 자원의 동부연해안 지역 집중이 더욱 가속화되었다. 2000년에는 이러한 지역문제를 해결하기 위한 장기발전전략인 서부대개발(西部大開發)전략을 제기하였다.

중국 정부는 계획경제시기부터 시작하여 개혁개방 이후 동부 연해안 지역이 경제발전의 견인차 역할을 하고 있으며 국가재정수입의 대부분을 담당해 왔다는 인식을 가지고 있다. 그러나 중국은 단순 노동력을 바탕으로 한 산업구조에서 탈피하여 보다 부가가치가 높은 산업구조로 이행해 나가려는 단계에 진입해 있다. 또한 미래의 지속가능한 경제성장을 이루기 위해서는 서부지역이 가지고 있는 미래잠재시장의 개발과 서부지역의 단순 노동력을 보다 숙련된 노동력으로 전환해야 하고 풍부한 광산자원 등을 개발할 필요성이 있다. 이에 따라 중국 정부는 2000년 3월 전국인민대표대회(全國人民代表大會)를 통해 서부대개발 프로젝트를 국가적 차원에서 적극적으로 추진하겠다는 의지를 대내외적으로 천명하였다.

서부대개발의 개념은 등소평이 제창한 선부론(先富論)을 바탕으로 이룩된 동부 연해안지역에서의 유리한 경제발전 여건과 경제적 성과를 상대적으로 낙후되어 있는 서부지역의 개발에 효율적으로 활용함으로써 중국 전지역의 균형적 발전을 이룩해야 한다는 양개대국론(兩個大局論)이 그 바탕이 되었다(원천식, 2006).

3.2.3.2. 서부대개발전략의 목표

서부대개발전략은 3단계 국가발전전략과 결합하여 추진되고 있는 장기 프로젝트이다. 이를 위해 중국 정부는 서부대개발의 효율적인 추진을 위해 단계별 목표를 설정하고 있으며, 서부대개발의 궁극적인 목표는 광활한 중국 전국을 균형 있게 발전시킴으로써 국가경쟁력을 극대화하고 낙후지역의 주민들의 소득증대를 도모하는 것이다.

우선 1단계는 2000년~2005년으로 설정하고 있으며 이 시기에는 계획과 정책의 구체적 수립, 주요 기구의 설립과 홍보 그리고 기초시설의 가속화를 목표로 설정하고 있다. 2단계는 2006년~2015년 기간으로 서부지역의 개발능력을 제고, 서부지역의 투자규모 확대를 주요 목표로 설정하고 있다. 마지막 3단계는 2016년~2050년으로 설정하고 있으며, 서부지역의 도시화, 시장화, 그리고 국제화 수준의 제고를 정책 목표로 설정하고 있다.

3.2.3.3. 서부대개발전략의 문제점

서부대개발전략은 낙후된 서부지역의 개발을 통해 전국의 균형발전을 도모하고자 하는 대규모 장기계획이다. 그러나 서부지역의 대개발은 여러 가지 문제점들에 직면하고 있다.

첫째는 열악한 자연환경으로 인한 제약이 가장 큰 문제점이다. 중국의 서부지역은 고원지대가 많고 또한 강우량이 적기 때문에 사막화 현상이 심각하여 자연환경 자체가 경제발전에 제약요인이 되고 있다. 서부지역은 강우량이 연간 600mm 이하인 경지면적이 약 8억 ha나 된다. 그리고 충분한 관개시설이 미비하기 때문에 수자원의 낭비가 극심한 편이다. 다라서 서부지역에 공업시설을 건설할 경우에는 공업용수 부족 문제에 직면할 수도 있다. 부족한 물 자원 문제를 해결하기 위해 삼협(三峽) 댐을 건설하는 등 여러 가지 노력들을 하고 있지만 근본적인 해결책은 되지 못한다.

둘째는 서부대개발을 견인할 자본이 절대적으로 부족하다. 서부대개발을 위해서는 막대한 재원이 필요하다. 그러나 문제점은 서부대개발을 위한 자본이 절대적으로 부족하다는 것이다. 등소평(鄧小平)이 1980년대 초반에 제기한 연해지역우선발전론 또는 선부론(先富論)에서는 동부 연해안 지역이 우선적으로 발전하고 또한 우선적인 발전을 위한 자원을 적극적으로 지원하고 그 후에는 서부지역의 발전을 견인하고 도움을 주어야 한다고 하였다. 그러나 1990년대를 지나면서 동부 연해안 지역은 상당한 발전의 성과를 거두었지만 서부대개발을 위한 자원을 쉽게 내어 놓지 않고 있다. 자발적인 협력이 쉽게 일어나지 않는 상황에서 중앙정부가 주도적으로 동부 연해안 지역과 중부지역과 서부지역의 각 성과 자치구를 맺어주고 상호협력을 유도하였지만 실질적인 성과는 크게 나타나지 못하였다.

셋째는 서부지역의 인프라 시설이 매우 열악하다. 지형적으로 중국은 서쪽지역이 높고 동쪽지역이 낮은 형상이다. 이러한 지리적 특징으로 인해 전통적으로 서부지역은 교통이나 통신 등 인프라 시설이 열악하고 부족하였다. 전 국토 면적의 약 70%를 차지하고 있는 서부지역의 도로 길이는 전국 도로 길이의 30% 정도에 불과하다. 도로뿐만 아니라 철도, 공항 등 모든 인프라 시설이 동부지역과 비교하여 매우 열악하다. 따라서 서부지역의 운송원가는 동부지역과 비교해 상대적으로 높아지지 않을 수 없다.

넷째는 서부지역은 고급인력이 부족하고 기술수준도 매우 낮다. 지역경제의 발전은 풍부한 자금력과 양호한 인프라도 중요하지만 무엇보다도 중요한 것은 인적자본이다. 서부지역의 고급인력 부족 현상은 이 지역의 개발을 추구하는 데 큰 제약요인이 되고 있다. 서부지역은 자연조건이 열악하고 교통 및 통신 조건이 취약하기 때문에 젊은이들은 대부분이 생활환경이 상대적으로 양호한 중부지역이나 동부지역으로 이동하게 된다. 또한 우수한 인재가 부족하기 때문에 기술개발이 늦어지고 전반적인 지역기술수준이 낮은 문제점을 가진다. 서부지역은 군사적인 목적을 가진 공업시설이 입지하고는 있지만 주민생활에 필요한 기술이 아닌 군사기술이 상당 부문을 차지하기 때문에 향후에는 군사기술의 민간화도 고려해 보아야 할 것이다.

다섯째는 서부지역대개발에 가장 큰 문제점이라 할 수 있는 의식구조의 낙후성이다. 서부지역은 자연, 기후 및 환경조건이 열악하고 중국의 중심지역과 지리적으로 멀리 떨어져 있고, 또한 교통, 통신 및 인프라시설의 미비로 교육수준도 상대적으로 낮다. 이러한 낙후성은 총체적으로 지역 주민들의 의식수준도 낮게 만들고 있다. 그리고 소수민족이 많이 거주하는 지역들은 주민들의 의식이 대부분 현실안주적인 경향이 강하고 평균주의 사상이 만연해 있어서 경쟁의식이 미비한 문제점도 있다. 그리고 시장의식이 부족하여 자원의 효율적 배분에도 악영향을 초래하는 경우가 많다. 낙후된 의식구조는 서부대개발 추진에 중요한 장애요인으로 작용하고 있으며 이를 극복하기 위한 노력이 시급하지만 아직도 미흡한 실정이다.

3.2.4. 동북지역 발전전략

동북지역(東北地域)은 중화민국시기 때부터 중공업을 중점적으로 발전 육성하였다. 석탄, 철강, 목재 등 풍부한 자원을 중심으로 중국 근대 중공업기지로서 중요한 역할을 한 동북지역이 개혁개방 이후 성장극이 남쪽지방으로 이동하면서 동북지역은 상대적으로 낙후되기 시작하였다. 그리고 중공업은 대부분이 국유기업의 소유제 형식을 가지고 있었으나 오랜 기간 동안 누적되어 온 국유기업의 비효율성은 동북지역의 경쟁력을 저하시키는 요인으로 작용하고 있다.

개혁개방 이전 동북지역은 중국의 중요한 공업지역으로서 발전하였으며, 개혁개방 이후에도 적지 않은 성과를 거두고 있다. 그러나 동부 연해안 지역의 다른 지역과 비교할 때 동북지역의 발전은 상대적으로 낙후되고 있다. 동북지역의 GDP도 개혁개방 초기에는 전국의 15~20% 정도를 차지하였으나 그 이후에는 10% 미만으로 감소하고 있다. 낙후된 동북지역의 공업기지를 다시 재건하기 위해 2003년 10월 중국 정부는 『關于實施東北地區等老工業基地振興戰略的若干意見』을 발표하고 동북지역 진흥전략을 발표하였다. 이를 통해 동북지역은 지역경제발전의 새로운 전기를 맞이하였으며 지역 내의 오래된 국유기업들은 개혁에 더욱 박차를 가할 수 있었다.

3.2.5. 중부지역 발전전략

2000년에 제기된 서부대개발전략은 중국의 지역경제개발전략에 있어서 중요한 의의를 가진다. 이를 통해 서부지역은 상대적으로 곤고한 정책적 배경을 가지게 되었다. 그러나 중부지역은 동부지역과 서부지역의 사이에 위치해 있기 때문에 상대적으로 소외되었다는 주장이 제기되었다. 계획경제시기의 3선건설계획에 있어서도 1선지역인 동부 연해안 지역은 최전방지역으로서 인식되었고 3선지역인 서부지역은 최후방지역으로 정책적 입지를 가졌으나 중부지역은 1선도 3선도 아닌 2선지역이라는 애매한 입지를 가졌다. 비슷한 상황이 서부대개발전략이 대두되면서 중부지역에서 제기되었고 중앙정부는 2004년 이에 대한 입장을 밝히었다. 2004년 3월 온가보(温家宝)는 정부업무보고에서 중부지역의 발전을 명확히 언급하고 2004년 12월 중앙정부의 경제협력회의에서 중부지역궐기(中部地区崛起)를 다시 강조하였다.

중부지역궐기는 이 지역의 지역경제발전전략의 핵심사상으로 발전하고 있다. 특히 중부지역은 중화민족의 발원지이고 하남성(河南省)은 농업생산량이 전국에서 가장 많은 지역 중의 하나로서 전략적 의의가 큰 지역이다.

3.2.6. 동부지역 발전전략

21세기에 접어들면서 중국의 지역경제발전전략은 춘추전국시대를 맞이하였다. 이론적으로 지역개발전략은 특정지역에 초점을 맞추고 자원을 우선적으로 배분하여 지역발전을 도모하는 것이다. 그러나 중국적인 체제에서는 특정 지역만을 우선적으로 고려한다는 것이 상당히 위험한 정치적 모험이 될 수도 있다. 결국은 전 국토가 모두 지역경제발전전략의 대상이 될 소지가 있다. 실제적으로 21세기 중국의 지역은 모든 지역들이 각각 중앙정부의 정책을 하나씩 부여 받고 있다. 서부지역은 서부대개발전략, 중부지역은 중부지역궐기, 동북지역은 동북진흥전략이 있다.

다른 지역들이 모두 중앙정부 차원의 정책적 배경을 가진 반면 동부지역은 어떠한 지역발전전략도 없다. 동부지역은 다른 지역과 달리 신구(新區)라는 새로운 개념을 통해 지역경제발전을 도모하고자 한다. 신구는 단어 그 자체에서 나타나고 있듯이 "새로운 지역"을 말한다. 여기서 새롭다는 것은 기존과는 다르다는 것이다. 즉 신구는 중국의 개혁개방을 선도해 나가는 지역이며, 새로운 제도개혁의 실험의 장(場)이기도 하다. 다른 지역에서는 실시해 보지 못했던 새로운 것들을 실험해 볼 수 있는 것이다. 이것은 금융, 재정, 토지 등 여러 부문에서 실험이 가능하다. 신구도 특별경제구역 중의 하나이지만 일반적인 개발구와는 다른 성격을 가진다. 왜냐하면 신구는 종합성이라는 특징이 있기 때문이다. 현재 중국에는 두 개의 신구가 국무원에 의해서 비준되었다 하나는 상해포동신구(上海蒲东新区)이며 또 하나는 천진빈해신구(天津滨海新区)이다.

신구에는 국가종합시스템개혁실험구(国家综合配套改革试验区)라는 새로운 정책이 실시되고 있다. 국가종합시스템개혁실험구는 신구가 가지는 종합성과 개혁성을 강조하는 새로운 개념이다. 2005년 국무원은 상해포동신구(上海蒲东新区)를 국가종합시스템개혁실험구로 비준하였다. 동시에 상해포동신구를 "사회주의시장경제종합시스템개혁실험구(社会主义市场经济综合配套改革试验区)"라고도 명명하였다. 2006년 천진빈해신구(天津滨海新区)는 중국 제2의 국가종합시스템개혁실험구로 지정되었다. 그리고 2007년 국가발전개혁위원회는 성도시(成都市)와 중경시(重庆市)를 도농종합시스템개혁실험구(城乡综合配套改革试验区)로 비준하였다. 도농종합시스템개혁실험구가 국가종합시스템개혁실험구와 달리 개혁의 중점을 도시와 농촌의 유기적 발전에 두고 있다. 그리고 2007년에 네 번째 종합시스템개혁실험구가 국무원에 의해서 비준되었다. 즉 호북성의 무한도시권(武汉市城市圈)과 호남성의 장주담도시권(长株潭城市圈)의 전국자원절약형과 친환경형 사회건설 종합시스템개혁실험구(全国资源节约型和环境友好型社会建设综合配套改革试验区)이다. 무산도시권과 장주담도시권은 중부지역에 위치하고 있기 때문에 동부지역의 상해포동신구와 천진빈해신구 서부지역의 도농종합시스템개혁실험구와 더불어 중부지역의 개혁개방을 선도해 나가는 성장거점으로 발전할 것이다.

□ 요약

중국은 광활한 국토면적을 가지고 있다. 국토면적이 넓기 때문에 지역문제도 매우 복잡하게 나타난다. 본 장에서는 중국의 지역경제발전격차에 대해서 소개하고 있다. 우선 제1절에서는 지역경제발전격차에 가장 많이 이용되고 있는 지역별 GDP에 대한 소개와 지역별 비교를 하고 있다. 또한 지역별 소득격차를 도시주민 가처분소득과 농촌주민의 순소득을 이용하여 비교하고 있다. 제2절에서는 중국의 지역경제발전격차의 패턴을 변이계수를 이용하여 추계하고 있으며, 또한 수렴가설과 역U자 가설의 검증을 통해 살펴보고 있다. 제3절에서는 지역경제발전전략을 개혁개방이전과 이후로 나누어서 각각 살펴보고 있다. 개혁개방 이전의 지역경제발전전략으로는 내륙개발론, 156프로젝트정책, 3선건설정책 그리고 4 · 3계획을 중심으로 살펴보고 있다. 개혁개방 이후의 지역경제발전전략으로는 연해지역우선개발론, 지역협력발전전략, 서부대개발전략, 동북지역 발전전략, 중부지역 발전전략 그리고 동부지역 발전전략으로 각각 나누어서 살펴보고 있다. 특히 지역협력발전전략에 대해서는 이론적 고찰을 통해 중국적인 특색을 가진 지역협력발전전략이 기존의 이론과 어떤 관계가 있는가도 중점적으로 분석하고 있다.

□ 주요개념

1. 지역경제발전격차
2. 지역별 GDP
3. 실질GDP
4. 명목GDP
5. 지역소득
6. 도시주민 가처분소득
7. 농민순소득
8. 변이계수
9. 허핀달－허쉬만지수(HHI)
10. 테일엔트로피지수(TEI)
11. 수렴가설
12. 역U자가설
13. 서부대개발전략
14. 지역협력발전전략

□ 주요 참고문헌

김상욱(2008), 「중국의 인적본과 중국지역경제발전 격차에 관한 연구」, 『국제지역연구』, 제12권, 제1호, pp.193－221.

김상욱(2009a), 「중국 지역경제발전격차의 추세, 수렴과 역U자 가설 검증」, 『국제지역연구』, 제13권, 제2호, pp.201－225.

김상욱(2009b), 「중국 통계자료의 문제점에 관한 고찰」, 『한중경상연구』, 제8집, 제2호, pp.5－40.

김상욱(2009c), 「지역경제발전격차의 현실, 이론과 과제: 조화발전론을 중심으로」, 『배재대학교 사회과학연구』, 제31집, pp.59－77.

남설봉, 심승진(2007), 「중국의 성(省)/시(市)간 소득수렴발산에 대한 실증연구: 외국인직접투자 요인을 중심으로」, 『국제지역연구』, 제11권, 제1호, pp.175－193.

박월라(1992), 『중국경제의 지방분권화 현황과 문제점』, 대외경제정책연구원.

변병설(1999), 「地域隔差 패턴에 관한 韓美間 比較硏究」, 『국토연구』, 제34권, 제2호, pp.157－165.

심승진(2006),「중국의 성(省)/시(市)간 소득수렴 가설의 검증」,『국제지역연구』, 제9권, 제2호, pp.140–163.

윤기중(1997),『한국경제의 불평등 분석』, 서울: 박영사.

이상엽(1995),「중국의 지역격차 분석」,『한국행정학보』, 제29권, 제3호, pp.713–732.

이종철, 강승호(1998),「개혁 개방과 중국의 지역격차: 현황, 원인 및 전망」.『국제경제연구』, 제4권, 제2호, pp.113–131.

정홍렬(2009),「중국의 시대별 지역개발정책과 지역 간의 소득격차에 대한 研究」,『東北亞經濟研究』, 제21권, 제1호, pp.95–126.

원천식(2006), 중국 서부대개발 정책의 추진현황과 시사점, KIET산업경제, 2006년 3월호, pp.66–79.

朴靚植(1997),『중국의 지역경제 발전정책에 관한 연구』, 성균관대학교 대학원 무역학과 박사학위논문.

고영종 외(1997),『현대지역이론과 정책』, 서울, 한울아카데미.

袁海霞(2005),「중국 지역경제발전의 격차 연구: 생산력 불균형구조 각도에서 분석」,『한중사회과학연구』, 제5권, pp.143–168.

日本貿易振興會(1992),『中國の地域開發』.

丸山伸郎(1993),『長江流域の經濟發展』, アジア經濟研究所.

馬泉山(1998),『新中國工業經濟史』, 北京: 經濟管理出版社.

丛树海(1999),『新中國經濟發展史』, 上海: 上海財政大學出版社.

蔡昉, 都阳(2000),「中国地区经济增长的趋同与差异」,『经济研究』, 第10期, pp.30–37.

林毅夫, 蔡昉, 李周(1998),「中国经济转轨时期的地区差距分析」,『经济研究』, 第6期, pp.3–10.

刘强(2001),「中国经济增长的收敛性分析」,『经济研究』, 第6期, pp.70–77.

沈坤荣, 马俊(2002),「中国经济增长的"俱乐部收敛"特征及其成因研究」,『经济研究』, 第1期, pp.33–39.

杨开忠(1989),『中国区域发展研究』, 北京, 海洋出版社.

陈安平, 李国平(2004),「中国地区经济增长的收敛性–时间序列的经验研究」,『数量经济技术经济研究』, 第11期, pp.31–35.

姚波, 吴诣民, 刘鹏飞(2005),「我国区域经济差异的实证分析」,『统计研究』, 第8期, pp.35–37.

徐建华(2005),「中国区域经济差异的时空尺度分析」.『地理研究』, 第24卷, 第1期, pp.57–68.

杨伟民(1992),「地区间收入差距变动的实证分析」,『经济研究』, 第1期, pp.70–74.
魏后凯(1992),「论我国区际收入差异的变动格局」,『经济研究』, 第4期, pp.61–65.
魏后凯(1996),「中国地区间居民收入差异及其分解」,『经济研究』, 第11期, pp.66–73.
魏后凯(1997),「中国地区经济增长及其收敛性」,『中国工业经济』, 第3期, pp.31–37.
宋学明(1996),「中国区域经济发展极其收敛性」,『经济研究』, 第9期, pp.38–44.
申海(1999),「中国区域經濟差距的收敛性分析」,『数量经济技术经济研究』, 第8期, pp.55–57.
刘夏明, 魏英琪, 李国平(2004),「收敛还是发散」,『经济研究』, 第7期, pp.70–81.
严汉平, 白永秀(2004),「中国区域差异变化轨迹及区域差异系统分析」,『云南大学学报(社会科学版)』, 第4期, pp.73–82.
徐现祥, 李郇(2004),「中国城市经济增长的趋同分析」,『经济研究』, 第5期, pp.40–48.
张茹(2008),「中国经济增长地区差异的动态演进:1978–2005」,『世界经济文汇』, 第2期, pp.69–83.
石磊, 高帆(2006),「地区经济差距:一个基于经济结构转变的实证研究」,『管理世界』, 第5期, pp.35–44.
彭国华(2006),「我国地区经济的长期收敛性: 一个新方法的应用」,『管理世界』, 第9期, pp.19–29.
许召元, 李善同(2006),「近年来中国地区差距的变化趋势」,『经济研究』, 第7期, pp.106–116.
管卫华, 林振山, 顾朝林(2006),「中国区域经济发展差异及其原因的多尺度分析」,『经济研究』, 第7期, pp.117–125.
董先安(2004),「浅释中国地区收入差距: 1952–2002」,『经济研究』, 第9期, pp.48–59.
郭腾云, 徐勇(2005),「1952–2003我国区域经济发展不均衡的长期变化态势」,『地理科学进展』, 第24卷, 第1期, pp.21–30.
金相郁(2001),「空间收敛第一规律与空间收敛第二规律」,『南开经济研究』, 第3期, pp.46–50.
金相郁(2005),「中国区域发展差距格式实证研究」,『地域研究与开发』,第24卷, 第1期, pp.1–5.
金相郁(2007),『中国区域经济不平衡与协调发展』, 上海, 上海人民出版社.
金相郁, 郝寿义(2006),「中国区域发展差距的趋势分析」,『财经科学』, 第7期, pp.110–117.
张敦富, 覃成林(2001),『中国区域经济差异与协调发展』. 北京, 中国轻工业出版社.
祝炜平(2001),「中国东部欠发达区域发展研究: 以浙江省为例」, 发表在2001年度中国区域发展学术研讨会,南开大学.
樊纲(2004),「平等, 公平与经济发展」,『开放导报』, 总第117期, pp.7–14

陈栋生(2005),「论区域协调发展」,『北京社会科学』, 第2期, pp.3–10

Amos, O.M.(1988), "Unbalanced regional growth and regional income inequality in the latter stages of development," *Regional Science and Urban Economics*, 18(4), pp.5–16.

Barro, R. J., Sala–i–Martin, X.(1995), Economic Growth, McGraw–Hill.

Bhalla, A., Yao, S.J. and Zhang, Z.Y. 2003. "Regional economic performance in China," *The Economics of Transition*, 11(1), pp.25–39.

Cai, F., Wang, D. and Du, Y.(2002), "Regional disparity and economic growth in China: the impact of labour market distortions," *China Economic Review*, 13, pp.197–212.

Chen, J. & Fleisher, B.(1996), "Regional Income Inequality and Economic Growth in China," *Journal of Comparative Economics*, 22(2), pp.141–164.

Fujita, M., Hu, D.P.(2001), "Regional disparity in China 1985–1994: the effects of localization and economic liberalization," *The Annals of Regional Science*, 35(1), pp.3–37.

Gundlach, E.(1997), "Regional convergence of output per worker in China: a neoclassical interpretation," *Asian Economic Journal*, 11(4), pp.423–442.

Jian, T., Sachs, J., and A. Warner(1996), "Trends in Regional Inequality in *China,"China Economic Review*, 7(1), pp.1–21.

Kanbur, R., & Zhang, X. 1999. "Which regional inequality? The evolution of rural–urban and inland–coastal inequality in China from 1983 to 1995." *Journal of Comparative Economics*, 27(4), pp.686–701.

Kanbur, R., and X. Zhang(2005), "Fifty Years of Regional Inequality in China: A Journey through Central Planning, Reform, and Openness," *Review of Development Economics*, 9(1), pp.87–106.

Lee, J.C. & Rhee, S.K. 2007. "Structural transformation and regional convergence: a case in China", 東北亞經濟研究, 第19卷, 第3號, pp.65–91.

Li, S.T. & Xu, Z.Y.(2008), The Trend of Regional Income Disparity in the People's Republic of China, ADB Institute Discussion Paper No. 85.

Lin, Justin Y.F. & Liu, P.L.(2006), "Development strategies and regional income disparities in China," Working Papers RP2006/129, World Institute for Development Economic Research(UNU–WIDER)

Low, P., Olarreaga, M., Suarez, J(1998), "Does globalization cause a higher concentration of international trade and investment flows?", Staff Working Paper ERAD–98–08,

WTO Economic Research and Analysis Division.

Lu, M. & Wang E.R.(2002), "Forging ahead and falling behind: changing regional inequalities in post–reform China," *Growth and Change*, 33(1), pp.42 –71.

Lyons, T.P.(1991), "Interprovincial disparities in China: output and consumption, 1952–1987," *Economic Development and Cultural Change*, 39(3), pp.471–506.

Tsui, Kai Yuen.(1991), "China's regional inequality: 1952–1985," *Journal of Comparative Economics*, 15(1), pp.1–21.

Tsui, Kai Yuen(1993), "Decomposition of China's regional inequality," *Journal of Comparative Economics*, 17(3), pp.600–627.

Tsui, Kai Yuen(1996), "Economic reform and interprovincial inequalities in China," *Journal of Development Economics*, 50(2), pp.353–368.

Wei,Y.D(1999), "Regional inequality in China," *Progress in Human Geography*, 23(1), pp.49 –59.

Williamson, J.G.(1965), "Regional inequality and the process of national development: a description of the patterns", *Economic Development and Cultural Change*, 13(s4), pp.3–45.

Wu, Y.R.(2002), "Regional Disparities in China: An Alternative View," *International Journal of Social Economics*, 29(7), pp.575 589.

Yang, D.T.(2002), "What has caused regional inequality in China?," *China Economic Review*, 13(4), pp.331–334.

Yao, S.J. & Zhang, Z.Y.(2001), "On regional inequality and diverging clubs: a case study of contemporary China." *Journal of Comparative Economics*, 29(3), pp.466–484.

Ying, L.G.(1999), "China's changing regional disparities during the Reform period," *Economic Geography*, 75(1), pp.59–70.

Zhang, Z.Y., Liu, A., and Yao, S.J.(2001), "Convergence of China's regional Incomes," *China Economic Review*, 12(2–3), pp. 243–258.

Zheng, F., Xu, L.D., Tang, B.Y.(2000), "Forecasting regional income inequality in China," *European Journal of Operational Research*, 124(2), pp.243–254.

제6장
인 구

6

中國地域經濟槪論
Introduction to Chinese Regional Economies

1. 인구현황
2. 인구이동
3. 중국의 인구정책과 과제

1. 인구 현황

1.1. 전국인구현황

1.1.1. 총인구

중국의 인구조사는 크게 두 가지 경로를 이용하고 있다. 하나는 전국적으로 실시하는 전국인구조사(全国人口普查)[29)]와 1%전국인구샘플조사(全国1%人口抽样调查)가 있다. 현재 이용하고 있는 자료는 제5차 전국인구조사의 자료를 바탕으로 한 1%인구샘플조사를 이용하고 있다. 『중국노동통계연감(中國勞動統計年鑑)』에 의하면, 2006년 현재 중국의 총인구는 13.15억 명 정도이다. 1952년에 총인구가 5.75억 명인 것을 비교하면,[30)] 약 50년 동안 7.4억 명의 인구가 증가한 것이다. <그림 6-1>에 의하면, 연평균 인구성장률은 1960년대와 1970년대 초반에는 2.0%~3.0%를 유지하고 있었으나, 1970년대 중후반부터 감소하기 시작하여 1980년대는 1.0%~1.5%를 유지하고 있다. 그러나 1998년 이후부터는 연평균 인구 성장률이 1.0%선 아래로 내려갔으며, 2006년에는 0.53%이다. 한 가지 주의할 점은 1960년과 1961년에 총인구가 감소하고 있다는 것이다. 1960년에는 1,000만 명이 감소하였으며, 1961년에는 다시 348만 명이 감소하였다. 따라서 1959년 총인구는 6.72억 명이었으나, 1960년의 총인구는 6.62억 명이 되었으며, 1961년에는 다시 6.59억 명으로 감소하였다. 이것은 당시

29) 제1차 전국인구조사는 1953년, 제2차 전국인구조사는 1964년, 제3차 전국인구조사는 1982년, 제4차 전국인구조사는 1990년, 제5차 전국인구조사는 2000년에 실시되었다.

30) 인구규모가 2억 명이 증가하는 시간을 비교해 보면, 1834년 4.01억 명에서 119년의 시간이 지난 1953년 5.9억 명으로 약 2억 명이 증가하였으며, 다시 15년이 지난 1968년에 8.1억 명으로 증가하였고, 다시 12년이 지만 1980년에 10.1억 명으로 증가하였다. 그리고 다시 12년이 지만 1992년에 12.01명으로 증가하고 있다.

대약진운동과 자연재해로 인해 출생률은 현저히 낮아지고 사망률은 매우 높아진 결과이다(若林敬子, 1994, p.13).

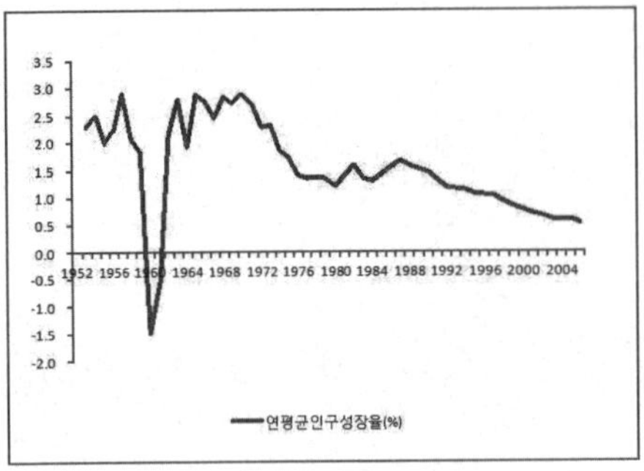

<그림 6–1> 총인구 성장율 추이

자료:『中国劳动统计年鉴2006』.

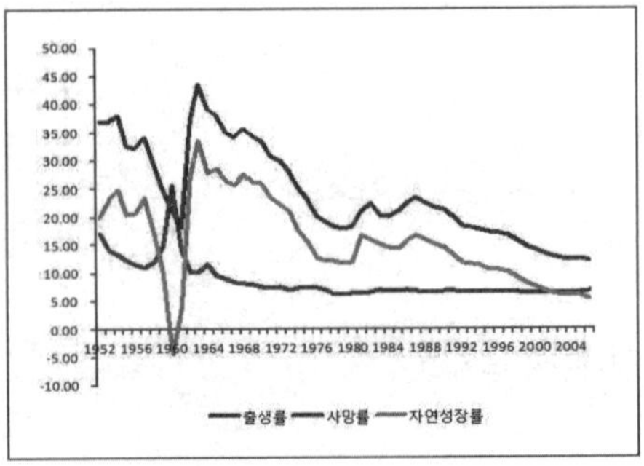

<그림 6–2> 인구 자연성장률 추이

자료:『中国人口统计年鉴2006』.

<그림 6–2>에 의하면, 1960년 출생률은 20.86‰, 사망률은 25.43‰로써 인구 자연증가율이 –4.57‰이다. 그리고 1961년은 출생률이 18.02‰, 사망률이 14.24‰로서 인구 자연증가율이 3.78‰이다. 당시 출생률은 매년 30.0‰이상을 유지하고 있으며, 사망률은 10.0‰~15.0‰ 정도를 유지하고 있는 것에 비하면, 매우 큰 변화를 보이고 있다.

1.1.2. 성별인구구성

중국 인구의 성별 구성을 보면 남성인구가 여성인구보다 약 4천 만 명 정도가 더 많다. 1978년 남성인구는 49,567만 명으로 전체 인구의 51.49%를 차지하고 있으며, 여성인구는 46,692만 명으로 48.51%를 차지하고 있다. 그리고 남성인구와 여성인구의 차이는 2,875만 명이다. 그러나 이러한 성별구조는 1980년대 초반부터 남성인구가 크게 증가함으로써 더욱 불균등하게 되고 있다. 1985년에는 남성인구와 여성인구의 차이가 3,599만 명으로까지 확대되었다. 이러한 구조적 변화가 발생하는 것은 1970년대 말과 1980년대 초반부터 실시하고 있는 산아제한정책과 전통적인 남아선호사상 등에 영향을 받고 있는 것으로 볼 수 있다. 1990년대 초반부터는 다시 여성인구비중이 점차적으로 증가하고 있으며, 1996년에는 인구격차가 2,011만 명으로까지 감소하였다. 그러나 1997년부터 다시 남성인구가 크게 증가하기 시작하여 2000년에는 4,131만 명으로까지 격차가 확대되었으며, 최근에는 약 4천 만 명 정도의 격차를 유지하고 있다.

<표 6–1> 중국 성별 인구구성

연도	남성인구A (만 명)	비중(%)	여성인구B (만 명)	비중(%)	A–B (만 명)
1978	49,567	51.49	46,692	48.51	2,875
1980	50,785	51.45	47,920	48.55	2,865
1985	54,725	51.70	51,126	48.30	3,599
1989	58,099	51.55	54,605	48.45	3,494
1990	58,904	51.52	55,429	48.48	3,475
1995	61,808	51.03	59,313	48.97	2,495
2000	65,437	51.63	61,306	48.37	4,131
2005	67,375	51.53	63,381	48.47	3,994

자료:『中国统计年鉴2006』.

1.1.3. 연령별 인구구성

연령별 인구구성을 보면 15세 이하 인구의 비중이 전체 인구의 19.55%를 차지하고 있으며, 그 중 남자는 10.59%, 여자는 8.97%를 차지하고 있다. 즉 남자가 여자보다 약 2%정도 더 많은 것이다.

중국은 1980년대 초반부터 산아제한정책을 실시하면서 인구증가를 억제하고자 노력하고 있다. 이러한 정책은 남자아이를 더욱 선호하게 하는 경향으로 나타나고 있다. 그러나 24세 이하 인구의 남녀성별구성을 보면, 17.94%와 16.22%로 차이가 크지 않게 나타나고 있다. 그리고 20세부터 44세의 인구구성을 보면, 남자보다 여자의 인구가 더 많다. 특히 20세에서 24세의 인구는 전체 인구의 6.10%를 차지하고 있으며, 남자인구는 2.94%, 여자인구는 3.16%를 차지하고 있다, 그리고 여자인구를 100으로 볼 때 남자인구는 93.13이다. 이것은 산아제한정책을 실시한 후 남자아이를 선호한 것이 아니라 오히려 여자아이의 출생률이 높았음을 간접적으로 반영하고 있다.

<표 6-2> 중국 연령별 인구구성 : 2005년

연령(세)	인구(명)			비중(%)		
		남자	여자		남자	여자
0–4	907,102	499,709	407,393	5.34	2.94	2.40
5–9	1,060,664	577,004	483,660	6.24	3.40	2.85
10–14	1,353,263	721,493	631,770	7.97	4.25	3.72
15–19	1,443,484	749,084	694,399	8.50	4.41	4.09
20–24	1,036,723	499,927	536,796	6.10	2.94	3.16
25–29	1,110,290	539,235	571,055	6.54	3.17	3.36
30–34	1,445,908	711,021	734,887	8.51	4.19	4.33
35–39	1,651,487	813,134	838,354	9.72	4.79	4.94
40–44	1,475,539	732,641	742,898	8.69	4.31	4.37
45–49	1,147,578	575,858	571,720	6.76	3.39	3.37
50–54	1,236,929	622,759	614,170	7.28	3.67	3.62
55–59	907,435	462,421	445,014	5.34	2.72	2.62
60–64	668,310	342,519	325,791	3.93	2.02	1.92
65–69	564,095	286,166	277,929	3.32	1.68	1.64
70–74	454,955	224,027	230,928	2.68	1.32	1.36
75–79	290,171	135,684	154,487	1.71	0.80	0.91
80–84	156,110	66,132	89,978	0.92	0.39	0.53
85–89	56,582	20,475	36,107	0.33	0.12	0.21
90–94	15,825	4,785	11,040	0.09	0.03	0.06
95+	3,319	810	2,509	–	–	0.01

주의: 1% 샘플조사에 의함.
자료: 『中国人口统计年鉴2006』.

연령이 45세 이상이 되면서부터 남자의 인구가 여자의 인구를 다시 초과하기 시작한다. 그리고 60세부터 64세의 인구구성에서는 남자인구와 여자인구의 차이가 가장 크게 나타난다. 그러나 70세 이상이 되면 남녀 인구구성은 다시 여자 위주로 전환된다. 65세 이상의 인구가 전체 인구에서 차지하는 비중은 2005년 기준으로 9.05%이다. 만약 65세 이상의 인구가 총인구에 대한 비율을 고령화율로 본다면 중국의 고령화율은 9.05%인 것이다. 그리고 여성 고령화가 남성 고령화보다 조금 높게 나타나고 있다. 65세 이상 남자인구가 전체 인구에서의 비중은 4.34%이지만, 여성인구의 비중은 4.72%이기 때문이다.

여성의 고령화 수준이 남성보다 약간 높은 것은 평균예상수명(life expectancy)을 통해서도 나타나고 있다. 중국통계연감에 의하면, 1982년 제3차 전국인구조사에서 평균예상수명은 67.77세로 조사되었으며, 남자의 평균예상수명은 66.28세, 여자의 평균예상수명은 69.27세로 여자가 남자보다 2.99세 더 높은 평균예상수명을 가지고 있다. 1990년의 제4차 전국인구조사에 의하면 평균예상수명은 68.55세로 1982년에 비해 0.78세 증가하였으며, 남자의 평균예상수명은 66.84세로 1982년에 비해 0.56세 증가하였으나, 여성은 1.2세가 증가한 70.47세로 남자와 여자의 평균예상수명 차이가 3.63세로 크게 확대되었다. 이러한 추세는 2000년의 제4차 전국인구조사에서도 그대로 나타나고 있으며, 남자와 여자의 평균예상수명 차이가 3.7세로 다시 확대되었다. 즉 평균예상수명이 71.40세로 나타났으며, 남자는 69.63세, 여자는 73.33세로 조사되었다. 이와 같이 여성의 평균예상수명이 남성보다 길기 때문에 여성의 고령화율에도 영향을 초재한다고 본다.

1.2. 지역별 인구현황

1.2.1. 도시와 농촌의 인구분포

도시와 농촌의 인구구성을 보면, 지난 50여 년 동안 큰 변화를 보이고 있다. 첫째, 농촌인구는 전반적으로 감소하고 있는 추세이며, 도시인구는 증가하고 있는 추세이다. 농촌인구는 1952년의 50,319만 명이며 1995년에는 85,947만 명으로 가장 많은 수준으로 증가하였으나 1996년부터는 점차적으로 감소하여 2006년에는 73,742만 명이다. 도시인구는 1952년의 7,163만 명에서 매년 점차적으로 증가하고, 특히 1980년대 이후 급속한 증가세를 보여 2006년 현재는 57,706만 명이다. 둘째 농촌과 도시의 인구비중의 격차가 점차 좁아지고 있다. 1952년 도시와 농촌의 인구비중은 각각 87.5%와 12.5%이었으나, 2006년에는 각각 56.1%와 43.9%로 그 격차가 크게 좁아졌다. 셋째, 동부지역과 동북지역의 대부분은 도시인구의 비중이 농촌인구의 비중보다 높다. 그러나 중부지역과 서부지역의 대부분은 농촌인구의 비중이 도시인구의 비중보다 높다. 동부지역은 하북성(河北省) 만이 농촌인구의 비중이 61.56%로 도시인구비중 38.44%보다 높다. 중부지역의 6개 성(省)은 모두 농촌인구

<표 6-3> 중국 도시(城市), 진(镇), 향촌(乡村)의 연령별 인구구성

연령(세)	도시(城市)인구			진(镇)인구			향촌(乡村)인구		
	비중(%)	남자(%)	여자(%)	비중(%)	남자(%)	여자(%)	비중(%)	남자(%)	여자(%)
0–4	4.21	2.26	1.95	5.25	2.88	2.37	5.94	3.30	2.63
5–9	4.87	2.61	2.26	6.26	3.42	2.84	6.93	3.78	3.15
10–14	5.76	3.05	2.72	7.93	4.26	3.67	9.08	4.85	4.24
15–19	7.95	4.00	3.95	8.52	4.43	4.08	8.77	4.61	4.16
20–24	7.75	3.72	4.03	5.70	2.70	3.00	5.40	2.63	2.77
25–29	8.07	3.91	4.17	7.05	3.37	3.68	5.60	2.74	2.86
30–34	9.90	4.92	4.98	9.45	4.61	4.84	7.52	3.68	3.84
35–39	10.17	5.11	5.06	10.51	5.19	5.32	9.25	4.50	4.75
40–44	9.40	4.79	4.61	9.15	4.56	4.59	8.18	4.00	4.19
45–49	7.38	3.73	3.65	6.60	3.31	3.29	6.49	3.24	3.25
50–54	7.14	3.55	3.59	6.87	3.43	3.45	7.48	3.80	3.68
55–59	5.04	2.49	2.55	4.95	2.49	2.45	5.62	2.91	2.71
60–64	3.63	1.78	1.85	3.62	1.84	1.78	4.18	2.19	1.99
65–69	3.28	1.60	1.68	3.00	1.50	1.50	3.44	1.79	1.65
70–74	2.60	1.28	0.32	2.38	1.16	1.22	2.81	1.39	1.42
75–79	1.60	0.78	0.83	1.51	0.71	0.81	1.82	0.84	0.98
80–84	0.82	0.36	0.46	0.82	0.34	0.48	1.00	0.42	0.58
85–89	0.30	0.11	0.18	0.30	0.10	0.20	0.36	0.13	0.23
90–94	0.09	0.03	0.06	0.09	0.03	0.06	0.10	0.03	0.07
95+	0.02	0.00	0.01	0.02	0.00	0.01	0.02	0.00	0.01

주의: 2005년 기준.
자료: 『中国人口统计年鉴2006』.

의 비중이 도시인구보다 높다. 동북지역은 전반적으로 도시인구의 비중이 농촌인구보다 높다. 특히 요녕성(辽宁省)은 도시인구의 비중이 58.99%에 달한다. 서부지역은 중경시(重庆市)를 제외하고는 모두 농촌인구의 비중이 도시인구비중 보다 높다. 특히 귀주성(贵州省)은 농촌인구의 비중이 72.54%에 달해 전국에서 가장 높은 수준을 나타내고 있다.

넷째, 농촌으로 갈수록 젊은 연령층의 비중이 높게 나타난다. <표 6–3>에 의하면, 도시(城市)의 20세 미만의 인구가 전체 도시인구에서 차지하는 비중이 22.79%이며, 진(镇)은 27.96%, 그리고 향촌(乡村)은 30.72%이다. 그리고 농촌지역으로 갈수록 20세 미만의 인구 중에서 남자인구의 비중이 여자인구의 비중보다 높다. 도시의 20세 미만의 남자인구와 여자인구의 비중 차이는 1.04%이며, 진은 2.03%, 그리고 향촌은 2.36%이다. 또한 인구의 고령화율도 향촌이 도시보다 높다. <표 6–3>에 의하면, 향촌인구에서 65세 이상 인구가 차지하는 비중은 9.55%로 도시의 8.71%, 진의 8.12%보다 높다.

1.2.2. 지역별 인구분포

<표 6–4>에 의한 2005년 기준으로 지역별 인구분포를 보면, 하남성(河南省), 산동성(山东省)과 광동성(广东省)이 각각 9,380만 명, 9,248만 명, 9,194만 명으로 가장 큰 인구규모를 가지고 있으며, 전국 인구의 7.31%, 7.21%, 7.16%를 차지하고 있다. 인구규모가 5천 만 명을 초과하는 지역으로는 위의 세 지역 외에도 하북성(河北省)이 6,851만 명, 강소성(江苏省)이 7,475만 명, 안휘성(安徽省)이 6,120만 명, 호북성(湖北省)이 5,710만 명, 호남성(湖南省)이 6,326만 명, 사천성(四川省)이 8,212만 명 등이다. 특히 사천성은 서부 내륙지역에 위치하면서도 인구 규모가 매우 큰 지역이다.

인구규모가 가장 작은 지역은 서장자치구(西藏自治区)로서 2005년 현재 277만 명 정도의 인구규모를 가지고 있으며 전국 인구의 0.22%만을 차지하고 있다. 그 다음은 청해성(青海省)과 영하자치구(宁夏自治区)가 각각 543만 명과 596만 명의 인구규모를 가지고 있다. 중국의 가장 남쪽에 위치한 해남성(海南省)은 828만 명의 인구규모를 가져 인구가 네 번째로 적은 지역이다.

출생률이 가장 높은 지역은 서부지역의 서장자치구(西藏自治区)와 신강자치구(新疆自治区)로 각각 17.94‰와 16.42‰를 나타내고 있다. 이는 전국 평균 12.40‰보다 매우 높은 수준이다. 그리고 이 두 지역은 또한 소수민족의 비중이 높은 지역들이기도 하다. 따라서 이 두 지역의 높은 출생률은 소수민족들에 대한 특별한 인구정책도 어느 정도 영향을 미치고 있다고 해석할 수 있다. 한족(汉族)은 자녀 한 명만을 출산하게 하지만 소수민족에게는 어느 정도의 융통성을 발휘하고 있기 때문이다. 출생률이 전국 평균보다 높은 지역은 위의 두 지역 외에도 영하자치구, 청해성, 운남성(云南省), 해남성, 귀주성(贵州省), 광서자치구(广西自治区), 강서성(江西省), 하북성(河北省), 감숙성(甘肃省), 안휘성(安徽省) 등이 있다. 대부분 출생률이 높은 지역은 서부지역에 위치하고 있다. 출생률이 가장 낮은 지역은 북경시(北京市)로 6.29‰이다. 그리고 상해시(上海市)와 천진시(天津市)도 각각 7.04‰와 7.44‰로 상대적으로 낮은 출생률 수준을 가지고 있다. 한 가지 주의할 점은 동북지역의 세 성 모두 전국적으로 낮은 수준의 출생률을 나타내고 있다는 것이다. 요녕성(辽宁省)의 출생률은 7.01‰, 흑룡강성(黑龙江省)은 7.87‰, 길림성(吉林省)은 7.89‰이다. 지역의 출생률이 낮다는 것은 지역발전이 상대적으로 침체되고 있음을 반영한다. 지역이 발전 할수록 젊은 연령층의 인구가 많이 유입되기 때문에 그 만큼 출생률도 증가하기 때문이다.

사망률이 가장 높은 지역은 귀주성(贵州省)과 서장자치구(西藏自治区)로 각각 7.21‰과 7.15‰이다. 그리고 전국 평균 사망률보다 높은 지역은 위의 두 지역 외에 강소성(江苏省), 사천성(四川省), 운남성(云南省), 하북성(河北省), 호남성(湖南省), 감숙성(甘肃省) 등이 있다. 대부분 사망률이 높은 지역은 서부지역에 위치하고 있으며, 동부지역의 두 성도 비교적 높은 사망률을 나타내고 있다. 서부지역의 사망률이 높은 것은 자연조건과 위생조건이 매우 낮기 때문인 것으로 해석할 수 있다. 사망률이 가장 낮은 지역은 동부지역에 위치하고 있는 광동성(广东省)으로 4.68‰이다. 그 다음은 영하자치구(宁夏自治区)와 신강자치구로 이들 두 지역은 모두 서부지역에 위치하고 있다. 그리고 북경시, 흑룡강성, 길림성, 내몽고자치구(内蒙古自治区) 등 지역도 비교적 낮은 사망률을 나타내고 있다.

인구의 자연증가율이 가장 높은 지역은 신강자치구, 영하자치구, 서장자치구로 모두 서부지역에 위치하고 있으며 2005년 인구의 자연증가율이 모두 10.0‰를 초과하고 있다. 신

<표 6-4> 지역별 인구분포

지역	총인구		인구자연증가율			성별인구구성	
	만 명	비중 (%)	출생률 (‰)	사망률 (‰)	자연 증가율 (‰)	남성 인구 비중 (%)	여성 인구 비중 (%)
전국	128,323	100.00	12.40	6.51	5.89	50.54	49.46
북경시	1,538	1.20	6.29	5.20	1.09	50.65	49.35
천진시	1,043	0.81	7.44	6.01	1.43	50.20	49.80
하북성	6,851	5.34	12.84	6.75	6.09	50.23	49.77
산서성	3,355	2.61	12.02	6.00	6.02	50.73	49.27
내몽고자치구	2,386	1.86	10.08	5.46	4.62	51.15	48.85
요녕성	4,221	3.29	7.01	6.04	0.97	50.13	49.87
길림성	2,716	2.12	7.89	5.32	2.57	50.78	49.22
흑룡강성	3,820	2.98	7.87	5.20	2.67	50.60	49.40
상해시	1,778	1.39	7.04	6.08	0.96	50.32	49.68
강소성	7,475	5.83	9.24	7.03	2.21	49.07	50.93
절강성	4,898	3.82	11.10	6.08	5.02	50.73	49.27
안휘성	6,120	4.77	12.43	6.23	6.20	50.20	49.80
복건성	3,535	2.75	11.60	5.62	5.98	50.28	49.72
강서성	4,311	3.36	13.79	5.96	7.83	50.90	49.10
산동성	9,248	7.21	12.14	6.31	5.83	49.99	50.01
하남성	9,380	7.31	11.55	6.30	5.25	50.79	49.21
호북성	5,710	4.45	8.74	5.69	3.05	50.87	49.13
호남성	6,326	4.93	11.90	6.75	5.15	51.14	48.86
광동성	9,194	7.16	11.70	4.68	7.02	50.64	49.36
광서자치구	4,660	3.63	14.26	6.09	8.16	51.84	48.16
해남성	828	0.65	14.65	5.72	8.93	52.49	47.51
중경시	2,798	2.18	9.40	6.40	3.00	50.39	49.61
사천성	8,212	6.40	9.70	6.80	2.90	49.86	50.14
귀주성	3,730	2.91	14.59	7.21	7.38	51.49	48.51
운남성	4,450	3.47	14.72	6.75	7.97	51.59	48.41
서장자치구	277	0.22	17.94	7.15	10.79	49.50	50.50
섬서성	3,720	2.90	10.02	6.01	4.01	50.50	49.50
감숙성	2,594	2.02	12.59	6.57	6.02	50.45	49.55
청해성	543	0.42	15.70	6.21	9.49	50.52	49.47
영하자치구	596	0.46	15.93	4.95	10.98	50.36	49.64
신강자치구	2,010	1.57	16.42	5.04	11.38	50.68	49.32

주의: 2005년 기준.

자료: 『中国统计年鉴2006』.

강자치구의 인구 자연증가율은 11.38‰, 영하자치구는 10.98‰, 서장자치구는 10.79‰이다. 이 세 지역 외에 인구의 자연증가율이 전국 평균 5.89‰보다 높은 지역은 청해성, 해남성, 광서자치구, 운남성, 강서성, 귀주성, 광동성, 안휘성, 하북성, 감숙성, 산서성, 복건성 등이 있다. 인구의 자연증가율이 가장 낮은 지역은 상해시로서 0.96‰이다. 그리고 요녕성, 북경시, 천진시, 강소성, 길림성, 흑룡강성 등도 비교적 낮은 인구의 자연증가율을 나타내고 있다. 즉 이들 지역은 인구증가가 비교적 느린 지역들인 것이다. 상해시, 북경시, 천진시는 직할시로서 이미 지역발전이 상대적으로 높은 수준에 도달하였기 때문에 인구의 증가가 둔화되고 있는 것으로 해석할 수 있으며, 동북지역의 세 성은 지역경제발전이 상대적으로 낙후되고 있기 때문에 인구의 자연적 증가가 둔화되고 있는 것으로 볼 수 있다.

지역별 성별 구성을 보면, 해남성(海南省)의 여성인구 대비 남성인구 비중이 가장 높다. 그리고 광서자치구(广西自治区), 운남성(云南省), 귀주성(贵州省), 내몽고자치구(内蒙古自治区), 호남성(湖南省), 강서성(江西省), 호북성(湖北省), 하남성(河南省), 길림성(吉林省), 산서성(山西省), 절강성(浙江省), 신강자치구(新疆自治区), 북경시(北京市), 광동성(广东省), 흑룡강성(黑龙江省) 등의 남성인구 비중이 상대적으로 높은 지역이다. 여성인구가 상대적으로 많은 지역은 강소성(江苏省), 서장자치구(西藏自治区), 사천성(四川省), 산동성(山东省) 등이다. 그 중 강소성은 여성인구의 비중이 남성인구에 비해서 가장 많은 지역으로 여성인구가 성 전체 인구의 50.93%를 차지하고 있다.

지역별 인구성장을 보면, 1953년부터 2005년 기간 중 전국의 인구는 701백 만 명이 증가하였으며, 그 중 인구성장 규모가 가장 큰 지역은 광동성(广东省), 하남성(河南省), 사천성(四川省), 산동성(山东省), 광서자치구(广西自治区)로 각각 55.20백 만 명, 49.59백 만 명, 44.42백 만 명, 43.60백 만 명, 37.29백 만 명이 증가하였다. 광서자치구는 이 기간 중 인구 증가 규모는 크지만 1953년의 인구규모는 비교적 적다. 이들 다섯 개 지역의 합계는 이 기간 중 인구증가의 32.87%를 차지하고 있다. 인구증가가 가장 적은 지역은 서장자치구(西藏自治区)로 약 50년 동안 1.50백만 명만 증가하고 있다. 그 다음은 청해성(青海省)과 영하자치구(宁夏自治区)도 인구 증가가 크지 않다. 이들 지역은 모두 서부지역에 위치하고 있으며, 자연조건이 매우 열악하고 경제발전 기반도 상대적으로 약한 지역이다. 그리고 천진시(天

<표 6–5> 지역별 인구성장: 1933년~2005년

(백 만 명, %)

지역	1933년~2005년		1953년~1982년		1983년~2005년	
	인구	비중	인구	비중	인구	비중
전국	825	100	421	100	280	100
북경시	13.82	1.68	6.46	1.54	6.15	2.20
천진시	8.93	1.08	5.07	1.21	2.67	0.96
하북성	37.51	4.55	15.12	3.60	15.51	5.55
산서성	21.99	2.67	10.98	2.61	8.26	2.96
내몽고자치구	19.36	2.35	11.94	2.84	4.59	1.64
요녕성	25.75	3.12	15.16	3.60	6.49	2.32
길림성	19.16	2.32	11.27	2.68	4.60	1.65
흑룡강성	33.54	4.07	20.76	4.94	5.54	1.98
상해시	13.78	1.67	5.66	1.35	5.92	2.12
강소성	43.75	5.30	19.57	4.65	14.25	5.10
절강성	28.44	3.45	16.02	3.81	10.09	3.61
안휘성	38.77	4.70	19.01	4.52	11.53	4.13
복건성	21.03	2.55	12.79	3.04	9.42	3.37
강서성	25.55	3.10	16.42	3.90	9.92	3.55
산동싱	54.95	6.66	25.53	6.07	18.07	6.47
하남성	61.13	7.41	30.21	7.18	19.38	6.93
호북성	30.55	3.70	20.01	4.76	9.30	3.33
호남성	33.03	4.00	20.78	4.94	9.25	3.31
광동성	58.24	7.06	22.56	5.36	32.64	11.68
광서자치구	43.11	5.23	18.83	4.48	18.46	6.60
사천성	57.56	6.98	34.03	8.09	10.39	3.72
귀주성	26.01	3.15	13.51	3.21	8.75	3.13
운남성	32.71	3.97	14.88	3.54	12.15	4.35
서장자치구	1.97	0.24	0.62	0.15	0.88	0.31
섬서성	26.57	3.22	13.02	3.10	8.30	2.97
감숙성	20.32	2.46	7.98	1.90	6.37	2.28
청해성	4.12	0.50	2.22	0.53	1.53	0.55
영하자치구	5.56	0.67	1.96	0.47	2.06	0.74
신강자치구	17.53	2.13	8.21	1.95	7.02	2.51

주의: 비교의 일치를 위해 海南省은 广东省에 重庆市는 四川省에 편입하여 계산함.
자료: 若林敬子(1994)와『中国统计年鉴2006』의 관련 자료 재정리.

津市), 상해시(上海市), 북경시(北京市) 등 직할시도 인구증가가 그다지 크지 않다. 왜냐하면 이들 대도시 직할시는 이미 상대적으로 많은 인구집중을 가지고 있으며, 또한 도시라는 특수한 배경이 있기 때문에 상대적으로 느린 인구성장을 하고 있는 것이다.

1953년에서 1982년까지의 계획경제기간 동안에는 전국 인구가 421백 만 명이 증가하였으며, 1983년부터 2005년까지의 개혁개방기간 동안에는 280백 만 명의 인구가 증가하였다. 1982년을 계획경제시기와 개혁개방시기를 나누는 하나의 시점으로 보는 것은 제3차 전국인구조사가 1982년에 실시되었기 때문이다. 계획경제시기에 인구가 가장 많이 증가한 지역은 사천성(四川省)과 하남성(河南省)으로 각각 34.03백 만 명과 30.21백 만 명이 증가하였다. 그리고 산동성(山东省), 광동성(广东省), 호남성(湖南省), 흑룡강성(黑龙江省) 등도 2천 만 명 이상의 인구가 증가하였다.

사천성의 인구 증가가 큰 이유는 물론 자연증가율에 의한 영향을 배제할 수 없지만 또한 가지 영향은 삼선(三线)건설과 같은 정책적인 영향이다. 개혁개방 이후 인구증가가 가장 많은 지역은 광동성으로 32.64백 만 명이 증가하였다. 광동성은 개혁개방이 시작되는 지역으로서 홍콩, 마카오 등과 인접해 있는 지역이며 개방에 따른 급속한 경제발전은 이 지역의 인구증가에 큰 영향을 초래하고 있다. 이외에도 하남성, 광서자치구(广西自治区), 산동성, 하북성(河北省), 강소성(江苏省), 운남성(云南省), 안휘성(安徽省), 사천성(四川省), 절강성(浙江省) 등 지역도 비교적 많은 인구증가가 이루어지고 있다.

1.2.3. 지역별 인구밀도

중국의 지역별 인구밀도는 동부 연해안 지역으로 갈수록 인구밀도가 높아지고 있으며, 서부지역으로 갈수록 인구밀도가 낮아지고 있다. 그리고 서북지역의 일부 지역은 인간이 거주하기에 거의 적합하지 않은 지역도 있다. 지역별 인구밀도를 좀 더 구체적으로 보면, 2005년 현재 인구밀도가 가장 높은 지역은 상해시(上海市)로 ㎢ 당 2,222.50명이 거주하고 있다. 그 다음은 북경시(北京市)와 천진시(天津市)의 인구밀도가 각각 904.71인/㎢와 869.17인 / ㎢로 높은 수준을 나타내고 있다.

<표 6-6> 중국의 지역별 인구밀도 비교

(인/㎢)

지역	1953년(A)	1982년(B)	1990년(C)	2005년(D)	B-A	D-B
전국	61	107	118.95	133.67	46	26.67
北京市	165	549	613.47	904.71	384	355.71
天津市	238	687	730.46	869.17	449	182.17
河北省	201	282	325.43	360.58	81	78.58
山西省	92	162	183.65	213.69	70	51.69
内蒙古自治区	7	16	18.96	20.89	9	4.89
辽宁省	141	245	262.57	281.40	104	36.40
吉林省	60	120	130.14	143.70	60	23.70
黑龙江省	25	69	76.32	83.04	44	14.04
上海市	1,000	1,913	1,621.51	2,222.50	913	309.50
江苏省	399	590	641.32	711.90	191	121.90
浙江省	225	382	405.85	466.48	157	84.48
安徽省	220	356	410.28	437.14	136	81.14
福建省	108	213	249.11	289.75	105	76.75
江西省	101	199	227.66	258.14	98	59.14
山东省	319	486	540.13	585.32	167	99.32
河南省	265	446	523.31	565.06	181	119.06
湖北省	148	255	292.84	306.99	107	51.99
湖南省	158	257	290.04	298.40	99	41.40
广东省	174	280	356.68	516.52	106	236.52
广西自治区	76	158	181.97	197.46	82	39.46
海南省	–	–	189.00	236.57	–	–
四川省	116	176	192.35	194.52	60	18.52
贵州省	85	162	185.88	211.93	77	49.93
云南省	45	83	97.26	115.89	38	32.89
西藏自治区	1	1	1.85	2.30	0	0.70
陕西省	77	141	161.46	181.46	64	40.46
甘肃省	26	43	55.62	63.89	17	20.89
青海省	2	5	6.10	7.54	2	2.54
宁夏自治区	29	59	71.80	90.30	30	31.30
新疆自治区	3	8	9.19	12.09	5	4.09

주의 : ① 1953년과 1982년 海南省은 자료 부족.
② 重庆市는 四川省에 포함되어 있음.
자료 : 若林敬子(1994)와 『中国统计年鉴2006』의 관련 자료 재정리.

인구밀도가 ㎢ 당 500명 이상인 지역은 강소성(江苏省), 산동성(山东省), 하남성(河南省), 광동성(广东省)이며, 200명 이상인 지역은 절강성(浙江省), 안휘성(安徽省), 하북성(河北省), 호북성(湖北省), 호남성(湖南省), 복건성(福建省), 요녕성(辽宁省), 강서성(江西省), 해남성(海南省), 산서성(山西省), 귀주성(贵州省)이다. 동북지역의 흑룡강성(黑龙江省)은 83.04인/ ㎢로 상당히 낮은 인구밀도를 가지고 있다. 그리고 서부지역은 사천성(四川省), 귀주성(贵州省), 섬서성(陕西省)을 제외하고는 대부분 지역이 전국 평균보다 낮은 인구밀도를 나타내고 있다. 특히 서장자치구(西藏自治区)와 청해성(青海省)은 전국에서 가장 낮은 인구밀도인 2.30인/ ㎢과 7.54인/평방킬로미터 수준이며, 내몽고자치구(内蒙古自治区)도 20.89인/평방킬로미터로 상당히 낮은 인구밀도를 나타내고 있다.

시기별로 보면, 개혁개방 이전 시기에 인구밀도의 증가가 개혁개방 이후보다 더욱 현저하다. <표 6–6>에서 나타나고 있듯이 1982년과 1953년을 비교해 보면, 인구밀도가 평방킬로미터 당 46명이 증가하였지만, 2005년과 1982년의 비교에서는 26.67명이 증가하였다. 지역별로는 대부분의 지역에서 개혁개방 이전 시기에 인구밀도의 증가가 더욱 높게 나타나고 있다. 다만 서장자치구(西藏自治区), 청해성(青海省), 감숙성(甘肃省), 영하자치구(宁夏自治区)는 오히려 개혁개방 이후 인구밀도의 증가가 더욱 높게 나타나고 있다.

1.3. 소수민족의 인구

1.3.1. 소수민족의 인구비중

소수민족(少数民族)이란 단어 자체가 말해 주듯이 적은 인구수를 가진 민족이다. 중국은 현재 공식적으로 56개의 민족으로 구성되어 있다. 그 중 한족(汉族)이 가장 많은 비중을 차지하고 있으며, 나머지 55개의 소수민족은 그 나머지 비중을 차지하고 있는 것이다. 1953년 제1차 전국인구조사에서는 전국적으로 41개의 소수민족을 인정하였으며, 1964년에는 53개의 소수민족을 그리고 1982년에 55개의 소수민족을 인정하였다.

1953년의 제1차 전국인구조사에 의하면 한족의 비중이 전체 인구의 93.94%를 차지하고 있으며, 소수민족은 6.06%를 차지하고 있다. 1964년에 실시한 제2차 전국인구조사에 의하면 한족의 인구수는 65,456만 명으로 총인구의 94.24%를 차지하고 있으며, 소수민족의 인구수는 4,002만 명으로 총인구의 5.76%를 차지하고 있다. 1953년과 비교해 보면 1964년에는 소수민족의 비중이 감소하였다. 그 이유는 여러 가지가 있을 수 있으나, 若林敬子(1994)는 그 당시 상당수의 소수민족은 정치적인 입장을 고려하여 한족으로 속여서 다니는 경우가 많았다고 분석하고 있다. 또한 1958년부터 1959년까지 이어진 지방민족주의(地方民族主义)에 대한 비판도 소수민족의 신분에 대한 사회적 영향을 초래하고 있다고 볼 수 있다. 왜냐하면 중국 성립 이후 설립된 각 자치구들은 소수민족을 중심으로 인구가 구성되어 있으며, 이들의 정치적 입장과 영향을 중앙정부는 항상 주시하고 있었기 때문이다.[31]

1982년 제3차 전국인구조사에서는 한족의 비중이 다시 93.32%로 약간 감소하고 소수민족의 비중이 6.68%로 다시 약간 상승하였다. 이것은 개혁개방 이후 소수민족에 대한 정책이 관대해지고 특히 산아제한정책에 있어서는 소수민족에게 좀 더 많은 출산기회를 주고 있기 때문에 소수민족의 인구증가에 긍정적인 영향을 초래한다고 볼 수 있다. 1990년의 제4차 전국인구조사에서는 소수민족의 인구규모가 9,120만 명으로 전국 총인구의 8.04%까지 성장하였다. 이것은 1980년대에 소수민족이 더욱 발전하였음을 나타내주는 지표의 변화이다. 가장 최근에 실시된 2000년도의 제5차 전국인구조사에서는 소수민족의 인구수가 드디어 1억 명으로 초과하였으며, 총인구에서 차지하는 비중은 8.41%로 증가하고 있으며, 한족의 비중은 91.59%로 약간 감소하고 있다. 그리고 2005년에는 한족의 비중이 다시 90.56%로 감소하고, 소수민족의 비중은 9.44%로 증가하고 있다. 지난 50여 년 간을 비교해 보면 소수민족의 인구는 약 8,801만 명이 증가하였다. 이것은 매우 큰 인구증가이다. 중국은 지속적으로 소수민족에 대한 융합정책을 실시하고 있으나 소수민족에 대한 우대정책은 오히려 소수민족의 인구증가를 초래하는 역할을 하고 있는 것이다.

---

31) 내몽고자치구(内蒙古自治区)는 1947년 5월에 설립되었으며, 신강유요이자치구(新疆维吾尔自治区)는 1955년 10월에, 광서장족자치구(广西壮族自治区)는 1958년 3월에, 영하회족자치구(宁夏回族自治区)는 1958년 10월, 서장자치구(西藏自治区)는 1965년 9월에 각각 설립되었다.

<표 6-7> 소수민족 인구성장 추이와 비중

연도	한족(汉族)		소수민족	
	만 명	비중(%)	만 명	비중(%)
제1차 전국인구조사(1953년)	54,728	93.94	3,532	6.06
제2차 전국인구조사(1964년)	65,456	94.24	4,002	5.76
제3차 전국인구조사(1982년)	94,088	93.32	6,730	6.68
제4차 전국인구조사(1990년)	104,248	91.96	9,120	8.04
제5차 전국인구조사(2000년)	115,940	91.59	10,643	8.41
全国1%人口抽样调查(2005年)	118,295	90.56	12,333	9.44

자료: 『中国统计年鉴2006』.

지역별 소수민족과 한족의 인구비중은 아래 <표 6-8>과 같다. 동부지역은 한족의 인구가 45,946만 명으로 전국 한족 인구의 38.38%를 차지하고 있으며, 소수민족 인구는 949.4만 명으로 전국 소수민족 인구의 7.70%를 차지하고 있다. 중부지역은 한족인구의 비중이 29.04%이며, 소수민족의 비중은 9.26%이다. 서부지역은 한족의 비중이 23.55%이며, 소수민족의 비중은 65.56%나 차지하고 있다. 동북지역은 한족 인구의 비중이 8.16%이며, 소수민족 인구의 비중은 8.95%이다. 즉 절대 다수의 소수민족 인구는 서부지역에 분포하고 있는 것이다.

<표 6-8> 지역별 소수민족 인구비중

지역	인구구성(%)		지역	인구구성(%)	
	한족	소수민족		한족	소수민족
북경시	95.33	4.67	호북성	95.32	4.68
천진시	97.09	2.91	호남성	89.24	10.8
하북성	95.65	4.35	광동성	98.21	1.79
산서성	99.69	0.31	광서자치구	61.46	38.6
내몽고자치구	78.38	21.6	해남성	82.14	17.9
요녕성	83.39	16.6	중경시	93.50	6.50
길림성	91.26	8.74	사천성	94.39	5.61
흑룡강성	95.66	4.34	귀주성	61.02	39.0
상해시	99.10	0.90	운남성	66.5	33.5

강소성	99.54	0.46	서장자치구	6.54	93.5
절강성	98.93	1.07	섬서성	99.33	0.67
안휘성	99.26	0.74	감숙성	90.74	9.26
복건성	98.08	1.92	청해성	53.68	46.3
강서성	99.67	0.33	영하자치구	64.02	35.3
산동성	99.27	0.73	신강자치구	39.74	60.3
하남성	98.82	1.18			

주의: 2005년 기준.
자료: 『中国人口统计年鉴2006』관련 자료 재정리.

좀 더 구체적으로 보면, 서장자치구(西藏自治区)의 소수민족 인구 비중이 가장 높다. 서장자치구의 한족은 불과 18만 명 정도이며, 전체 서장자치구 인구의 6.54%만을 차지하고 있으며, 소수민족의 인구는 258만 명으로 93.5%나 차지하고 있다. 그 다음으로 소수민족의 비중이 높은 지역은 신강자치구(新疆自治区)로서 전체 자치구 인구의 60.3%를 차지하고 있다. 그리고 청해성(青海省), 귀주성(贵州省), 광서자치구(广西自治区), 영하자치구(宁夏自治区), 운남성(云南省), 내몽고자치구(内蒙古自治区) 등의 소수민족 인구 비중도 한족에 비해 상대적으로 높다. 동부지역에서는 북경시(北京市)와 하북성(河北省)의 소수민족 비중이 상대적으로 높다. 북경시는 모두 72만 명 정도의 소수민족이 거주하고 있으며, 이는 북경시 인구의 4.67%를 차지하고 있다. 하북성은 약 298만 명 정도가 거주하고 있으며, 이는 성 전체 인구의 4.35%를 차지하고 있다. 북경시에 소수민족 인구가 상대적으로 많은 이유는 정치적인 또는 행정적인 목적에 따라 각 지역의 소수민족들이 많이 파견되어 있기 때문일 것이다. 그리고 중국의 행정수도이기 때문에 각 지역의 소수민족들의 대표들이 상당 수 상주하고 있을 것이다. 중부지역에서는 호남성(湖南省)에 가장 많은 소수민족이 집중적으로 분포하고 있다. 호남성에는 약 680만 명 정도의 소수민족이 거주하고 있으며 이는 성 전체 인구의 10.8%를 차지하고 있다.

1.3.2. 소수민족의 인구구성

소수민족의 인구구성을 보면, 장족(壮族)이 1,618만 명으로 가장 많으며, 전체 소수민족 인구의 15.48%를 차지하고 있다. 그 다음은 만족(满族)으로 인구규모는 1,069만 명 정도이며, 전체 소수민족에서 차지하는 비중은 10.22%이다. 장족(壮族)과 만족(满族)은 전국 총 인구에서 차지하는 비중도 각각 1.23%와 0.81% 정도이다. 세 번째로 인구규모가 큰 소수민족은 회족(回族)으로 982만 명 정도이며, 소수민족 인구의 9.39%를 차지하고 있다. 그 다음은 묘족(苗族), 유오이족(维吾尔族), 토가족(土家族), 이족(彝族), 몽고족(蒙古族), 장족(藏族), 포의족(布依族), 동족(侗族), 요족(瑶族) 등의 순서이며, 이들 소수민족은 소수민족 인구의 2%이상을 차지하고 있다. 조선족(朝鲜族)은 2005년 현재 약 192만 명 정도가 있으며, 전체 소수민족 인구의 1.84%정도를 차지하고 있다. 기타 소수민족은 인구규모가 200만 명 이하로서 비교적 작은 집단을 이루고 있다. 소수민족으로서 인구규모가 가장 작은 민족은 락파족(珞巴族)으로 2,965명만이 있다. 인구 1만 명 이하의 소수민족으로는 이외에도 문파족(门巴族), 악윤춘족(鄂伦春族), 독용족(独龙族), 탑탑이족(塔塔尔族), 혁철족(赫哲族), 고산족(高山族) 등이 있다.

<표 6-9> 소수민족의 인구구성

명칭	소수민족		총인구 중비중 (%)	명칭	소수민족		총인구 중비중 (%)
	만 명	비중 (%)			만 명	비중 (%)	
壮族	1,617.88	15.48	1.24	仫佬族	20.74	0.20	0.01586
满族	1,068.23	10.22	0.82	锡伯族	18.88	0.18	0.01444
回族	981.68	9.39	0.75	柯尔克孜族	16.08	0.15	0.01230
苗族	894.01	8.56	0.68	达斡尔族	13.24	0.13	0.01013
维吾尔族	839.94	8.04	0.64	景颇族	13.21	0.13	0.01011
土家族	802.81	7.68	0.61	毛南族	10.72	0.10	0.00820
彝族	776.23	7.43	0.59	撒拉族	10.45	0.10	0.00799
蒙古族	581.39	5.56	0.44	布朗族	9.19	0.09	0.00703
藏族	541.60	5.18	0.41	塔吉克族	4.10	0.04	0.00314

布依族	297.15	2.84	0.23	阿昌族	3.39	0.03	0.00260
侗族	296.03	2.83	0.23	普米族	3.36	0.03	0.00257
瑶族	263.74	2.52	0.20	鄂温克族	3.05	0.03	0.00233
朝鲜族	192.38	1.84	0.15	怒族	2.88	0.03	0.00220
白族	185.81	1.78	0.14	京族	2.25	0.02	0.00172
哈尼族	143.97	1.38	0.11	基诺族	2.09	0.02	0.00160
哈萨克族	125.05	1.20	0.10	德昂族	1.79	0.02	0.00137
黎族	124.78	1.19	0.10	保安族	1.65	0.02	0.00126
傣族	115.90	1.11	0.09	俄罗斯族	1.56	0.01	0.00119
畲族	70.96	0.68	0.05	裕固族	1.37	0.01	0.00105
傈僳族	63.49	0.61	0.05	乌孜别克族	1.24	0.01	0.00095
仡佬族	57.94	0.55	0.04	门巴族	0.89	0.01	0.00068
东乡族	51.38	0.49	0.04	鄂伦春族	0.82	0.01	0.00063
拉祜族	45.37	0.43	0.03	独龙族	0.74	0.01	0.00057
水族	40.69	0.39	0.03	塔塔尔族	0.49	0.00	0.00037
佤族	39.66	0.38	0.03	赫哲族	0.46	0.00	0.00035
纳西族	30.88	0.30	0.02	高山族	0.45	0.00	0.00034
羌族	30.61	0.29	0.02	珞巴族	0.30	0.00	0.00023
土族	24.12	0.23	0.02				

주의: 2005년 기준.
자료: 『中国统计年鉴2006』 관련 자료 재정리.

1.3.3. 소수민족의 인구변화

소수민족별 인구변화를 보면, 1953년부터 2005년까지 약 50여 년 동안 장족(壮族)의 인구가 696만 명에서 1,618만 명으로 922만 명이 증가하였다. 그 다음은 만족(满族)이 242만 명에서 1,068만 명으로 826만 명 증가하였으며, 토가족(土家族)도 59만 명에서 803만 명으로 744만 명이 증가하였다. 비록 장족(壮族)의 인구증가가 가장 많지만 장족(壮族)은 원래 인구수가 많기 때문에 실질적으로 인구가 가장 많이 증가한 소수민족은 토가족(土家族)으로서 지난 50여 년 동안 13.61배의 인구가 증가하였다. 이에 비해 장족(壮族)은 2.4배, 만족(满族)은 4.41배가 증가하였다.

그 다음으로 인구변화가 비교적 큰 소수민족은 회족(回族)과 묘족(苗族)이다. 회족(回

族)은 1953년 약 356만 명의 인구를 가지고 있었으나, 2005년에는 982만 명으로 약 626만 명이 증가하였다. 그리고 묘족(苗族)은 1953년의 251만 명에서 2005년에는 894만 명으로 약 643만 명이 증가하였다. 또한 유오이족(维吾尔族)은 476만 명, 이족(彝族)은 451만 명, 몽고족(蒙古族)은 435만 명의 인구가 증가하였다.

장족(藏族)의 인구는 1953년의 277만 명에서 2005년 542만 명으로 265만 명이 증가하였다. 그러나 다른 소수민족에 비해 인구증가 규모가 크지는 않다. 포의족(布依族)은 125만 명에서 297만 명으로 172만 명이 증가하였으며, 동족(侗族)은 71만 명에서 296만 명으로 225만 명이 증가하였다. 그리고 요족(瑶族)은 67만 명에서 264만 명으로 197만 명이 증가하였다. 조선족(朝鲜族)은 1953년의 112만 명에서 2005년 192만 명으로 지난 50여 년 동안 약 80만 명 정도만 증가하였다. 다른 소수민족들과 비교해서 조선족(朝鲜族)의 인구증가는 상대적으로 적은 편이다.

1.3.4. 소수민족의 지역분포

중국의 소수민족은 전국 국토의 약 64% 정도에 걸쳐서 분포하고 있다. 여러 가지 역사적인 원인으로 인해 대부분의 소수민족은 중국의 서부지역과 북부 변경지역에 집중분포하고 있다. 즉 서남지역, 서북지역, 그리고 동북지역은 중국의 소수민족의 집중 거주지역이다. 전반적으로 볼 때 중국의 소수민족의 지역분포는 상당히 복잡한 형식을 가지고 있다.

소수민족의 지역분포를 간단하게 요약하면 "大杂居, 小聚居交错居住"로 표현할 수 있다. 즉 일정 지역의 자치지역들을 중심으로 집중 거주하면서도 전국적으로 넓게 분포하고 있는 것이다. 특히 회족(回族)은 전국적으로 넓게 분포하고 있다. 서북지역인 영하자치구(宁夏自治区)에 17.7%, 감숙성(甘肃省)에 12.7%, 청해성(青海省)에 7.4%, 신강자치구(新疆自治区)에 7.9%가 분포하고 있으며, 하남성(河南省)에도 10.1%가 분포하고 있다. 만족(满族)의 지역분포도 비교적 넓으면서 특정 지역에 집중분포하고 있다. 즉 요녕성(辽宁省)에 50.4%, 흑룡강성(黑龙江省)에 12.1%, 길림성(吉林省)에 1.07%, 내몽고자치구(内蒙古自治区)에 4.6%가 분포하고 있으며, 하북성(河北省)에도 17.6%가 분포하고 있다. 묘족(苗族)

은 전체 인구의 50.0%가 귀주성(贵州省)에 분포하고 있으며, 호남성(湖南省)에 21.0%, 운남성(云南省)에 12.1%, 사천성(四川省)에 7.2%, 그리고 광서자치구(广西自治区)에 5.7%가 분포하고 있다. 토가족(土家族)의 지역분포도 상당히 넓다. 즉 호남성(湖南省)에 31.5%, 호북성(湖北省)에 31.0%, 사천성(四川省)에 18.9%, 귀주성(贵州省)에 10.8%가 분포하고 있다. 장족(藏族)은 인구의 45.6%가 서장자치구(西藏自治区)에 집중 분포하고 있으나, 지리적으로 인접하고 있는 사천성에 23.7%, 청해성(青海省)에 19.8%, 감숙성(甘肃省)에 8.0%, 그리고 운남성(云南省)에 2.4%가 분산적으로 분포하고 있다.

그러나 대부분의 소수민족은 지역별 집중 현상을 나타내고 있다. 장족(壮族)은 광서자치구(广西自治区)에 91.4%, 유오이족(维吾尔族)은 신강자치구(新疆自治区)에 99.7%, 이족(彝族)은 운남성(云南省)과 사천성(四川省)에 각각 61.7%와 27.1%, 몽고족(蒙古族)은 내몽고자치구(内蒙古自治区)에 70.2%, 포의족(布依族)은 귀주성(贵州省)에 94.4%, 동족(侗族)도 귀주성(贵州省)에 56.0%, 요족(瑶族)은 광서자치구(广西自治区)에 62.1%, 조선족(朝鲜族)은 길림성(吉林省)에 61.5%, 백족(白族)은 운남성(云南省)에 84.0%, 합니족(哈尼族)은 운남성(云南省)에 99.5%, 합살극족(哈萨克族)은 신강자치구(新疆自治区)에 99.6%, 여족(黎族)은 해남성(海南省)에 91.8%, 납서족(纳西族)은 운남성(云南省)에 95.6%가 집중 분포하고 있다. 대부분 소수민족의 지역분포는 지역별 집중현상을 나타내고 있으며, 또한 지리적으로 인접한 주변 지역에 분산적으로 분포하고 있다. 그러나 석백족(锡伯族)은 인구의 69.5%가 요녕성(辽宁省)에 집중분포하고 있으며 지리적으로 상당한 거리에 있는 신강자치구(新疆自治区)에 19.1%가 분포하고 있다.

운남성(云南省)은 소수민족이 상대적으로 많이 분포하고 있는 지역이다. 성 전체 지역에 20여 개 이상의 소수민족이 골고루 분포하고 있다. 운남성 소수민족 중 가장 많은 인구수를 가진 이족(彝族)은 성의 서북지역에 집중적으로 분포하고 있으며, 백족(白族)도 이족(彝族)과 지리적으로 인접한 서북지역에 주로 분포하고 있다. 세 번째로 인구수가 많은 합니족(哈尼族)은 성의 동쪽 지역에 주로 분포하고 있으며, 네 번째로 인구수가 많은 태족(傣族)는 남쪽 지역에 집중적으로 분포하고 있다.

<표 6–10> 소수민족의 지역분포

소수민족 명칭	인구 (만 명)	지역분포 및 비중
壮族	1,548.96	① 广西自治区 91.4%, ② 云南省 6.5%
满族	982.12	① 辽宁省 50.4%, ② 河北省 17.6%, ③ 黑龙江省 12.1%, ④ 吉林省 1.07%, ⑤ 内蒙古自治区 4.6%
回族	860.29	① 宁夏自治区 17.7%, ② 甘肃省 12.7%, ③ 河南省 10.1%, ④ 新疆自治区 7.9%, ⑤ 青海省 7.4%
苗族	739.80	① 贵州省 50.0%, ② 湖南省 21.0%, ③ 云南省 12.1%, ④ 四川省 7.2%, ⑤ 广西自治区 5.7%
维吾尔族	721.44	① 新疆自治区 99.7%
彝族	657.22	① 云南省 61.7%, ② 四川省 27.1%, ③ 贵州省 10.8%
土家族	570.42	① 湖南省 31.5%, ② 湖北省 31.0%, ③ 四川省 18.9%, ④ 贵州省 10.8%
蒙古族	480.68	① 内蒙古自治区 70.2%, ② 辽宁省 12.2%, ③ 新疆自治区 3.4%, ④ 吉林省 3.2%, 黑龙江省 2.9%
藏族	459.33	① 西藏自治区 45.6%, ② 四川省 23.7%, ③ 青海省 19.8%, ④ 甘肃省 8.0%, ⑤ 云南省 2.4%
布依族	254.51	① 贵州省 94.4%, ② 云南省 1.3%
侗族	251.40	① 贵州省 56.0%, ② 湖南省 30.0%, ③ 广西自治区 11.4%
瑶族	213.40	① 广西自治区 62.1%, ② 湖南省 21.5%, ③ 云南省 8.1%, ④ 广东省 6.3%
朝鲜族	192.06	① 吉林省 61.5%, ② 黑龙江省 23.6%, ③ 湖南省 7.2%
白族	159.48	① 云南省 84.0%, ② 贵州省 7.6%, ③ 湖南省 7.2%
哈尼族	125.39	① 云南省 99.5%
哈萨克族	111.17	① 新疆自治区 99.6%
黎族	111.09	① 海南省 91.8%, ② 贵州省 7.2%
傣族	102.51	① 云南省 99.0%
畲族	63.04	① 福建省 54.9%, ② 浙江省 27.4%, ③ 江西省 12.1%, ④ 广西自治区 4.2%
傈僳族	57.94	① 云南省 96.9%, ② 四川省 2.8%
拉祜族	41.15	① 云南省 99.2%
东乡族	37.39	① 甘肃省 83.3%, ② 新疆自治区 15.1%
佤族	35.20	① 云南省 98.8%
水族	34.60	① 贵州省 93.2%, ② 广西自治区 3.7%, ③ 云南省 2.2%
纳西族	27.80	① 云南省 95.6%
土族	19.16	① 青海省 85.0%, ② 甘肃省 11.0%
羌族	19.80	① 四川省 99.0%
锡伯族	17.28	① 辽宁省 69.5%, ② 新疆自治区 19.1%

仫佬族	15.93	① 广西自治区 97.9%
柯尔克孜族	14.15	① 新疆自治区 99.0%
达斡尔族	12.14	① 内蒙古自治区 59.0%, ② 黑龙江省 35.0%
景颇族	11.92	① 云南省 99.2%
撒拉族	8.77	① 青海省 87.8%, ② 甘肃省 7.7%
布朗族	8.23	① 云南省 99.4%
毛南族	7.20	① 广西自治区 98.3%
仡佬族	43.80	① 贵州省 98.3%
塔吉克族	3.35	① 新疆自治区 99.9%
普米族	2.97	① 云南省 98.8%
阿昌族	2.77	① 云南省 99.7%
怒族	2.71	① 云南省 98.0%
鄂温克族	2.63	① 内蒙古自治区 88.8%, ② 黑龙江省 9.8%
京族	1.90	① 广西自治区 86.8%, ② 贵州省 5.4%
基诺族	1.80	① 云南省 99.0%
德昂族	1.55	① 云南省 99.6%
乌孜别克族	1.45	① 新疆自治区 99.7%
俄罗斯族	1.35	① 新疆自治区 59.8%, ② 内蒙古自治区 32.4%
裕固族	1.23	① 甘肃省 96.0%
保安族	1.22	① 甘肃省 90.6%, ② 青海省 5.0%
门巴族	0.75	① 西藏自治区 99.1%
鄂伦春族	0.70	① 黑龙江省 51.5%, ② 内蒙古自治区 44.5%
独龙族	0.58	① 云南省 95.1%
塔塔尔族	0.49	① 新疆自治区 98.8%
赫哲族	0.42	① 黑龙江省 88.3%
高山族	0.29	① 福建省 17.9%, ② 河北省 8.4%
珞巴族	0.23	① 西藏自治区 96.0%

주의: 2005년 기준.

자료: 『中国统计年鉴2006』관련 자료 재정리.

2. 인구이동

2.1. 도농간 인구이동

2.1.1. 농촌의 잉여노동력

선진국들의 경험을 보면, 경제발전이 가속화됨에 따라 농촌에는 잉여노동력이 발생하게 되고, 이들 잉여노동력들은 도시로 진입하여 도시화를 촉진시키기도 하며, 잉여노동력의 도시이전은 또한 농촌발전에도 적극적인 영향을 초래하기도 한다.

중국은 현재 어느 정도의 잉여노동력을 가지고 있는가? 이것은 상당히 어려운 문제이다. 현재 약 2억 명 정도의 잉여노동력이 농촌에 있다고 보는 견해도 있으며, 또한 약 1억 5천만 명 정도의 잉여노동력이 있다고 보는 견해도 있다. 농업의 잉여노동력에 대해서 张平(2005)은 1990년 현재 약 171.53백 만 명 정도가 있다고 추계하고 있다. 지역별로는 동부지역의 잉여노동력이 50.88백만 명이고, 중부지역은 53.93백만 명, 서부지역은 60.26백만 명으로 가장 많다. 그리고 동북지역은 9.76백만 명으로 가장 적은 잉여노동력을 가지고 있다. 잉여노동력은 두 가지 측면에서 이해할 필요가 있다. 한 측면은 농촌의 농업 생산력이 증가함에 따른 잉여노동력의 발생이고 또 한 측면은 농촌의 낙후로 인한 잉여노동력의 발생이다. 후자의 의미는 농촌에 더 이상 발전의 기회가 없으며 동시에 필요 이상의 인구가 있을 때 발생하는 잉여노동력을 말한다. 张平(2005)의 연구에서 이 두 가지 경우를 구분하고 있지는 못하다. <표 6–11>에 의하면 사천성(四川省)이 19.00백만 명으로 가장 많은 잉여노동력을 가지고 있으며, 하남성(河南省)과 호남성(湖南省), 안휘성(安徽省)도 각각 15.27백만 명, 12.41백만 명, 그리고 10.93백만 명으로 비교적 많은 잉여노동력을 가지고 있다. 그리고 동부지역의 광동성(广东省)도 11.19백만 명의 잉여노동력을 가지고 있다. 한 가지 주의할 점은 张平(2005)의 자료는 1990년을 기준으로 하고 있기 때문에 최근에는 이 보다 더 큰 규모의 잉여노동력이 존재하고 있을 가능성이 크다.

<표 6-11> 지역별 농업부문의 잉여노동력

(백 만 명)

지역	잉여노동력	지역	잉여노동력	지역	잉여노동력
북경시	0.19	흑룡강성	1.70	신강자치구	1.49
천진시	0.56	길림성	3.83	서장자치구	0.66
하북성	8.05	료저성	4.23	영하자치구	0.74
산동성	9.95	산서성	4.23	청해성	0.66
강소성	5.80	안휘성	10.93	섬서성	6.00
상해시	0.27	강서성	5.14	귀주성	9.26
절강성	8.06	호남성	12.41	운남성	9.53
복건성	6.81	호북성	5.95	사천성	19.00
광동성	11.19	하남성	15.27	중경시	–
해남성	–	감숙성	2.68	내몽고자치구	1.91
전국	171.53			광서자치구	8.33

자료: 张平(2005, p.131).

2.1.2. 농촌유동인구

농촌의 잉여노동력은 농촌의 유동인구를 발생시킨다. 농촌의 유동인구의 규모와 이동의 방향은 중국지역경제에서 중요한 의의를 가진다. 왜냐하면 농촌의 유동인구의 규모가 지나치게 방대해지면 도시가 이를 흡수하지 못할 경우 심각한 사회적 문제를 야기 시킬 수 있기 때문이다. 그리고 유동인구가 특정 지역으로 집중할 경우 그 지역에 필요한 노동력 자원을 충분히 공급하는 긍정적인 측면도 있지만 단기간에 과도한 인구가 유입될 경우 사회간접자본시설과 같은 제반 여건들이 이를 뒷받침하지 못할 경우 또 다른 문제를 야기할 수 있기 때문이다.

유동인구는 잉여노동력과는 조금 다른 개념이다. 중국은 인구통계에서 크게 세 가지 개념을 이용하고 있다. 첫째 상주인구(常住人口)는 일정기간 동안 그 지역에 장기적으로 거주하는 인구를 말한다. 그리고 상주인구는 다시 호적인구(戶籍人口)를 분리할 수 있다. 즉 그 지역에서 장기적으로 거주하더라도 호적이 그 지역이 아닌 경우는 따로 분리할 수 있기 때문이다. 둘째는 잠주인구(暂住人口)이다. 즉 잠시 동안 거주하는 인구이다. 셋째는 유동인구(流動人口)이다. 이는 어떤 지역에서 장기적으로 거주하는 것이 아니라 자주 지역을 이동하는 인구이다. 유동인구와 잠주인구는 정확하게 구별하기는 힘든 측면도 있다.

농촌유동인구의 성장 추세는 <표 6–12>에서 어느 정도 추측이 가능하다. <표 6–12>에 의하면 1993년의 농촌 유동인구는 약 6,200만 명 정도로 추산하고 있다. 그 중 성(省) 외부지역으로 이동하는 유동인구는 약 36% 정도인 2,200만 명으로 추산하고 있다. 그러나 1993년의 조사는 구체적인 이동목적지를 제시하지 못하고 있다. 1997년부터 2000년 동안 중국 노동부와 국가통계국(国家统计局)의 조사에 의하면, 농촌 유동인구의 비교적 구체적인 이동 목적지를 알 수 있다. 1997년의 전체 농촌 유동인구는 약 8,313만 명 정도이며, 그 중 향(鄕) 내부의 유동인구는 53.2%를 차지하고 있고, 향을 벗어나 현(縣) 내부로 이동한 인구는 15.49%, 현을 벗어나 성(省) 내부로 이동한 인구는 13.40%, 그리고 성 외부로 이동한 인구는 17.90%를 차지하고 있다. 2000년에는 1997년과 비교하여 전체 유동인구의 규모가 1억 1,338만 명으로 약 3천 만 명이 증가하였으며, 이동 목적지로 보면 향 내부의 유동인구보다 성 외부로의 유동인구의 비중이 크게 증가하였다. 이러한 구조의 변화는 농촌 유동인구의 이동거리가 점차적으로 확대되고 있음을 말해 주고 있다. 2004년 국무원연구실(国务院研究室)의 조사에 의하면 농촌유동인구는 약 2억 명 정도에 달하는 것으로 나타났다. 그 중 향 이상의 유동인구가 약 1억 2천 만 명으로 전체의 60% 정도를 차지하고 있다. 그리고 『중국인구통계연감(中国人口统计年鉴)』의 『2005년전국1%인구샘플조사주요자료공보(2005年全国1%人口抽象调查主要数据公报)』에 의하면, 전국의 유동인구는 약 1억 4,735만 명 정도이며, 그 중 성 외부로 이동하는 유동인구는 4,779만 명 정도로 제5차 전국인구조사와 비교해 보면, 유동인구는 296만 명이 증가하였으며 성 간 유동인구는 537만 명이 증가하였다. 지역경제발전 수준이 높아지면서 농촌유동인구의 규모가 점차적으로 확대되고 있으며 특히 다른 성(省)으로 이동하는 유동인구의 규모가 점차적으로 증가하고 있다.

<표 6-12> 농촌 유동인구의 성장 추세

(만 명)

<table>
<tr><th>연도</th><th>합계</th><th>향(鄕) 내부</th><th>현(縣) 내부
향(鄕) 외부</th><th>성(省) 내부
현(縣) 외부</th><th>성(省) 외부</th></tr>
<tr><td>1983</td><td></td><td></td><td>200</td><td></td><td></td></tr>
<tr><td>1988</td><td></td><td></td><td colspan="2">2,600(그중 성 외부 500)</td><td></td></tr>
<tr><td>1989</td><td></td><td></td><td colspan="2">3,000(그중 성 외부 700)</td><td></td></tr>
<tr><td>1993</td><td>6,200</td><td colspan="4">6,200(그중 성 외부 2,200)</td></tr>
<tr><td>1994</td><td>7,000</td><td colspan="4">7,000(그중 성 외부 2,500)</td></tr>
<tr><td>1995</td><td>7,500</td><td colspan="4">7,500(그중 성 외부 2,800)</td></tr>
<tr><td>1997</td><td>8,313.3</td><td>4,423</td><td>1,288</td><td>1,114</td><td>1,488.3</td></tr>
<tr><td>1998</td><td>9,546.5</td><td>4,611</td><td>1,718</td><td>1,346</td><td>1,871.5</td></tr>
<tr><td>1999</td><td>10,106.6</td><td>4,903</td><td>1,582</td><td>1,497</td><td>2,124.6</td></tr>
<tr><td>2000</td><td>11,338.4</td><td>5,205</td><td>1,622</td><td>1,678</td><td>2,833.4</td></tr>
<tr><td>2001</td><td></td><td></td><td colspan="3">8,961</td></tr>
<tr><td>2002</td><td></td><td></td><td colspan="3">9,400</td></tr>
<tr><td>2003</td><td></td><td></td><td colspan="3">11,000</td></tr>
<tr><td>2004</td><td>20,000</td><td></td><td colspan="3">12,000</td></tr>
</table>

자료: 谭永生(2007, p.139).

물론 중국 통계조사의 현실을 고려해 본다면 이러한 수치의 정확성은 어느 정도의 객관성을 유지하기가 힘들 수도 있다. 그러나 2005년을 기준으로 한 약 1억 5천 만 명 정도의 농촌 유동인구가 존재한다는 사실은 대다수 농촌 인구 중 절대 비중이 이동의 의사를 가지고 있거나 또는 이동할 수밖에 없는 현실에 처해 있다고 볼 수 있다.

2.1.3. 민공

농촌 유동인구의 이동은 민공(民工)이라는 사회적 개념을 탄생시켰다. 민(民)이란 농민을 의미한다. 즉 원래의 신분이 농민이라는 것이다. 공(工)은 이들이 농촌의 일터에서 도시로 일터를 전환했음을 의미한다. 물론 민공이 공업에 종사할 수도 있으며, 또는 서비스업에 종사할 수도 있다.

민공의 규모는 개혁개방 특히 1990년대 이후 급속도로 증가하고 있다. 민공의 규모 증가는 도시화의 진전과도 밀접한 관계가 있으며, 농촌의 생산력 증대의 결과이기도 하다. 앞 절에서는 중국 농촌의 유동인구 규모를 연도별로 추계해 보았다. 각 기관들이 추계한 농촌 유동인구의 규모의 특징은 매년 그 규모가 크게 증가하고 있다는 점이다. 최근에 중국은 제2차 전국농업조사(第二次全国农业普查)[32]를 실시하였다. 중국국가인구와계획생육위원회(中国国家人口和计划生育委员会)가 발표한 조사결과에 의하면, 2006년 말 현재 약 1억 3,181만 명의 민공(民工)이 있는 것으로 조사되었다. 이 수치는 위의 <표 6–12>에서 나타나고 있는 2004년의 1억 2천 만 명보다 약 1천 만 명이 증가한 규모이다. 그리고 약 1억 3천 만 명의 민공 중 남성이 64.0% 정도를 차지하고 있는 것으로 조사되었다.

민공이 상대적으로 남성을 지칭하는 반면 다공매(打工妹)는 여성을 지칭하고 있다. 즉 남성 농촌 유동인구는 상대적으로 체력이 많이 소모되는 노동에 종사하는 반면에 여성 농촌 유동인구는 제조업종 중 생산조립라인이나 또는 도시 가정의 보모 등의 업종에 많이 종사하고 있다. 엄격하게 말하면 위에서 말하는 민공은 남성과 여성 모두를 포함하고 있다고 볼 수 있다.

중국 지역경제발전에 있어서 민공의 역할은 매우 중요하다. 특히 사회간접자본투자가 활발히 이루어지고 있는 현재 중국은 저렴한 대규모의 노동력을 필요로 하고 있다. 이를 공급해 주는 것이 바로 민공이기 때문이다. 그러나 한편으로는 이와 같이 급속도로 규모가 증대된 민공은 여러 가지 문제들을 동시에 내포하고 있다. 즉 도시 정규직 노동자로 인정받지 못하는 이들은 임금, 교육, 의료, 주택, 복지 등 여러 방면에서 약자의 위치에 처해 있기 때문이다. 따라서 중국의 중앙정부와 각 지방정부는 매년 연말이 되면 이들 민공들의 체불된 임금을 조속히 처리하라는 행정명령을 각 기관과 기업들에게 공표하고 있다. 그러나 상대적으로 약자의 위치에 있는 민공의 생활환경 개선은 아직도 많은 문제점들을

32) 제1차 전국농업조사(全國農業調査)는 1997년 1월 1일부터 시작되었으며, 1996년 1월1일부터 12월 31일을 기준으로 하고 있다. 제2차 전국농업조사는 2007년 1월 1일부터 시작되었으며, 2006년 1월1일부터 12월 31일을 기준으로 하고 있다. 특히 제2차 전국농업조사는 전국의 3만 여 개의 향(鄕)과 진(鎭), 60만 여 개의 촌민위원회(村民委員會), 2억 명 정도의 농가를 조사대상으로 하고 있는 세계적으로도 가장 규모가 큰 농업조사이다. 중국은 전국 단위의 농업조사를 통해 농업기반에 대한 자료를 확보하고 이를 통해 농촌발전에 대한 정책에 중요한 자료를 확보하고자 한다.

과제로 안고 있는 실정이다. 심지어는 민공의 인권침해 문제까지 대두되고 있기 때문에 경제발전뿐만 아니라 사회안정이라는 측면에서도 중요한 의의를 가지고 있다.

2.2. 지역간 인구이동

2.2.1. 지역간 인구이동 현황

중국의 지역 간 인구이동 현황을 보면 주요 인구유출 지역은 사천성(四川省), 호남성(湖南省), 호북성(湖北省), 산동성(山东省), 안휘성(安徽省), 하남성(河南省), 강소성(江苏省) 등이다. 이들 지역은 모두 전체 인구규모가 큰 지역이며 또한 농업인구가 다른 지역에 비해 상대적으로 많은 지역이다. 계획경제시기에는 지역 간 인구이동이 주로 서남지역, 서북지역, 그리고 동북지역으로 이동한다. 이것은 당시의 국가정책에 기인하고 있다. 즉 신강자치구(新疆自治区), 서장자치구(西藏自治区) 그리고 흑룡강성(黑龙江省) 등의 변방지역의 안정을 도모하기 위해 필요한 인구를 대규모로 이동시키고 있기 때문이다. 개혁개방 이후에는 주요 이동 목적지가 동부 연해안 지역으로 전환되고 있다. 즉 대부분의 인구이동은 동부 연해안 지역의 경제발전지역, 심천시(深圳市)를 중심으로 하는 주강삼각주지역, 상해시(上海市)를 중심으로 하는 장강삼각주지역, 그리고 북경(北京) 지역으로 이동하고 있다.

2.2.2. 지역별 인구유입과 인구유출

지역별 인구유입과 인구유출 추이를 보면 시기별로 다른 차이를 보이고 있다. 1985년~1990년 시기에 인구유출이 가장 많은 지역은 사천성(四川省)으로 65.3만 명의 인구유출이 있다. 그 다음으로 인구유출 규모가 큰 지역은 광서자치구(广西自治区)가 36.6만 명, 하북성(河北省)이 33.1만 명, 흑룡강성(黑龙江省)이 28.1만 명, 안휘성(安徽省)이 27.5만 명 등이다. 그리고 1985년~1990년 시기에 인구유입이 가장 많은 지역은 광동성(广东省)으로 77.7만 명의 인구유입이 이루어졌으며, 그 다음은 상해시(上海市)가 41.1만 명, 강소성(江苏省)이 24.8만 명, 요녕성(辽宁省)이 23만 명, 북경시(北京市)가 22.5만 명 등이다.

인구이동 목적지를 보면 사천성의 유출인구는 운남성(云南省)으로 12.4만 명, 광동성(广东省)으로 11.9만 명, 신강자치구(新疆自治区)로 11.4만 명, 귀주성(贵州省)으로 10.7만 명, 강소성(江苏省)으로 9.7만 명, 호북성(湖北省)으로 9.2만 명이 유입되었다. 광동성의 유입인구는 광서자치구(广西自治区)로부터 36.6만 명, 호남성(湖南省)으로부터 20.8만 명, 사천성(四川省)으로부터 11.9만 명, 그리고 해남성(海南省)으로부터 8.4만 명이 유입되었다.

<표 6–13> 지역 간 인구이동 추이

(단위 : 만 명)

1985년~1990년			1990년~1995년			1995년~2000년		
유출지역	유입지역	이동규모	유출지역	유입지역	이동규모	유출지역	유입지역	이동규모
광서	광동	36.6	호남	광동	44.3	호남	광동	248.8
하북	북경	22.5	광서	광동	44.0	사천	광동	174.0
호남	광동	20.8	사천	광동	35.2	광서	광동	162.9
강소	상해	19.0	안휘	강소	26.7	강서	광동	121.3
안휘	강소	15.1	강서	광동	19.5	호북	광동	114.9
흑룡강	료저	14.7	사천	신강	16.7	하남	광동	80.9
흑룡강	산동	13.4	하북	북경	16.5	안휘	강소	75.3
사천	운남	12.4	강소	상해	16.1	안휘	상해	68.6
안휘	상해	12.4	하남	신강	16.1	강서	절강	61.3
사천	광동	11.9	안휘	상해	16.0	안휘	절강	56.1
사천	신강	11.4	흑룡강	산동	13.1	강소	상해	47.4
사천	귀주	10.7	흑룡강	요녕	11.9	귀주	광동	45.4
하북	천진	10.6	사천	운남	10.2	강서	복건	42.0
사천	강소	9.7	하남	광동	9.9	하북	북경	37.4
절강	상해	9.7	절강	상해	9.8	사천	절강	35.5
사천	호북	9.2	사천	복건	9.7	안휘	광동	28.6
해남	광동	8.4	흑룡강	내몽고	9.6	사천	신강	27.7
길림	요녕	8.3	사천	강소	9.5	사천	복건	26.1
산동	흑룡강	7.9	길림	요녕	8.5	하남	신강	24.7
길림	흑룡강	7.8	강서	절강	8.5	사천	운남	24.6

자료: 沙安文(2006, pp.324–325).

1985년~1990년 시기에 가장 큰 인구이동은 광서자치구(广西自治区)와 광동성(广东省) 사이에 발생하였으며, 그 규모는 36.6만 명이다. 이것은 당시 광동성의 개방과 더불어 필요한 저렴한 노동력이 지리적으로 가장 가까운 광서자치구에서 공급되고 있음을 반영하고 있다.

1990년~1995년 시기에 인구유출이 가장 많은 지역은 사천성(四川省)으로 81.3만 명의 인구유출이 발생하였다. 그 다음은 호남성(湖南省), 광서자치구(广西自治区), 안휘성(安徽省), 흑룡강성(黑龙江省), 강서성(江西省), 하남성(河南省) 등도 비교적 많은 인구유출이 일어나고 있다. 이전 시기와 비교해서 호남성의 인구유출이 크게 증가하였다. 이것은 광동성(广东省)과 지리적으로 인접하고 있기 때문이라고 본다. 1980년대 후반과 마찬가지로 광동성의 경제발전에 필요한 노동력의 공급이 호남성에서 발생하고 있기 때문이다. 1990년~1995년 시기에 인구유입이 가장 많은 지역은 역시 광동성이다. 광동성은 152.9만 명을 유입하여 다른 지역과 비교해서 절대적으로 큰 규모의 인구를 유입하고 있다. 그 다음은 상해시(上海市), 강소성(江苏省), 신강자치구(新疆自治区), 요녕성(辽宁省), 북경시(北京市) 등이 비교적 많은 인구를 유입하고 있다. 가장 많은 인구유출이 일어나고 있는 사천성(四川省)은 광동성으로 가장 많은 인구가 유입되고 있으며, 그 다음은 신강자치구, 운남성(云南省), 복건성(福建省), 강소성 등으로 인구유입이 이루어지고 있다. 가장 많은 인구를 유입한 광동성은 대부분의 유입인구가 호남성과 광서자치구로부터 오고 있으며, 사천성, 강서성, 하남성에서도 비교적 많은 인구가 광동성으로 유입되고 있다.

1995년~2000년 시기에 인구유출이 가장 많은 지역은 사천성으로 287.9만 명의 인구유출이 있다. 그 다음은 호남성으로 248.8만 명, 안휘성이 228.6만 명, 강소성이 224.6만 명, 광서자치구가 162.9만 명, 호북성(湖北省)이 114.9만 명, 하남성이 105.5만 명 등이다. 이전시기와 비교해 볼 때, 안휘성과 강소성의 인구유출이 현저하게 증가하고 있다. 안휘성은 지리적으로 인접하고 경제발전 수준이 상대적으로 높은 강소성, 상해시, 절강성(浙江省) 등으로 인구이동이 발생하고 있으며, 지리적으로는 거리가 있지만 경제발전 수준이 높은 광동성으로도 적지 않은 인구유출이 일어나고 있다. 강서성 역시 지리적으로 인접한 절강성과 복건성으로 인구이동이 많이 이루어지고 있으며, 지리적으로는 거리가 있지만 경제발전 수준이 높은 광동성으로 대규모의 인구이동이 이루어지고 있다. 인구유출규모가 가장 큰 사천성과 호남성은 대부분의 인구유출이 광동성으로 유출되고 있다. 1995년~2000년 시기에 인구유입이 가장 많은 지역은 광동성이며, 절대적인 비중을 차지하고 있다. 그 다음으로는 절강성(浙江省), 상해시(上海市), 강소성(江苏省), 복건성(福建省) 등으로 인구유입이 많이 이루어지고 있다. 광동성으로 유입되는 인구는 호남성(湖南省)으로부터 248.8만 명, 사천성(四川省)으로부터 174만 명, 광서자치구(广西自治区)로부터 162.9만 명, 강서성(江西省)으로부터 121.3만 명, 호북성(湖北省)으로부터 114.9만 명, 하남성(河南省)으로부터 80.9만 명, 귀주성(贵州省)으로부터 45.4만 명, 그리로 안휘성(安徽省)으로부터 28.6만 명이 있다.

2.2.3. 잠주인구

잠주인구(暂住人口)는 상주하고 있는 소재지를 떠나 다른 도시나 지역에서 3일 이상 잠시 거주하는 인구를 말한다.[33] 잠주인구는 1998년 4,045.7만 명[34]에서 2001년 4,744.3만 명, 2002년 5,981.2만 명[35], 2003년 6,993.4만 명[36], 2005년 8,673만 명[37]으로 매년 크게 증가하고 있다. 그리고 이들 유동인구가 잠시 거주하는 시간이 점차적으로 길어지고 있는 추세이다. 즉 유동인구가 유동하지 않고, 잠주인구가 상주화(常住化)하는 현상이 나타나고 있는 것이다. 이것은 경제발전 과정에서 필연적으로 나타나는 현상일 것이다. 유동 초기에는 유동인구의 취업기회나 생활조건들이 유동적이고 불안정적이기 때문에 유동성이 높아지

33) 중국에서는 자신이 거주하고 있는 지역에서 다른 지역으로 이동할 경우에는 해당 행정기관(일반적으로 파출소)에 잠주(暂住) 등록을 하고 잠주증(暂住证)을 발급받아야 한다. 주로 이 업무는 파출소에서 담당하기 때문에 그리고 의무사항이기 때문에 이를 기초한 자료들은 비교적 객관적인 상황을 제공할 수 있다.

34) 国家公安部治安管理局(1998),『全国暂住人口统计资料汇编1998年』, 中国人民公安大学出版社.

35) 中国社会科学院人口与劳动研究所(2003),『中国人口年鉴2003年』, 经济管理出版社.

36) 中国社会科学院人口与劳动研究所(2003),『中国人口年鉴2003年』, 经济管理出版社.

37) 中国城市发展研究会(2005),『中国城市年鉴2005』, 中国城市年鉴社.

지만 시간이 경과할수록 이들 유동인구가 도시나 기타 지역에 적응하기 때문에 또 다시 다른 지역으로 이동하기보다는 그 곳에서 장기적으로 정착하고자 하는 경향이 강하게 나타나기 때문이다.

1998년과 2003년의 잠주인구의 산업별 취업비중을 비교해 보면, 공업에 종사하는 비중이 54.02%에서 65.43%로 증가하고 있으며, 농업에 종사하는 비중은 3.44%에서 2.54%로 감소하고 있다. 그리고 상업과 서비스업에 종사하는 비중도 각각 14.55%와 8.09%에서 11.38%와 7.93%로 약간 감소하고 있다. 그리고 상업과 서비스업에 종사하는 잠주인구의 규모는 각각 588.5만 명과 327.2만 명에서 796.1만 명과 554.6만 명으로 크게 증가하고 있다.

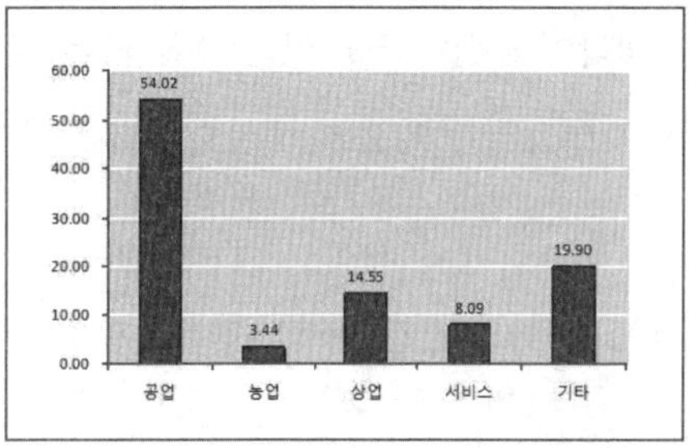

<그림 6-3> 1998년 暂住人口의 산업별 취업비중

자료: 国家公安部治安管理局(1998).

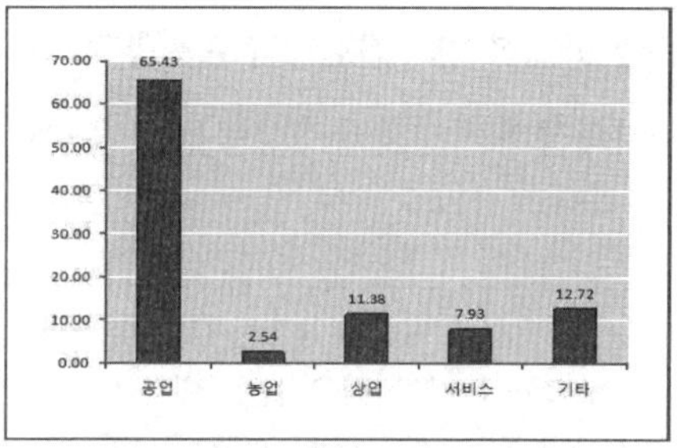

<그림 6-4> 2003년 暂住人口의 산업별 취업비중

자료: 中国社会科学院人口与劳动研究所(2003).

2.3. 인구이동의 잠재적 요인 조사

2.3.1. 조사방법

인구이동은 경제발전과정에서 나타나는 필연적인 현상이다.[38] 문제는 이러한 인구이동

38) 인구이동에 대해서는 여러 가지 이론은 크게 경제학적 모형과 비경제학적 모형으로 나눌 수 있다. 경제학적 모형이란 이동이 주로 경제적 요인에 의해서 결정됨을 가정하고 있으며, 비경제학적 모

의 경로와 요인에 대한 이해가 필요한 것이다. 특히 중국과 같이 넓은 국토면적과 지역별 경제발전 격차가 큰 경우에는 인구이동의 경로와 패턴이 매우 복잡하게 나타날 수 있기 때문에 더 구체적인 접근이 필요하다.[39] 김상욱(2008)은 중국의 天津市의 대학생과 대학원생들을 중심으로 그들의 이동에 관한 잠재적 요인을 조사하고 있다.[40]

김상욱(2008)은 설문조사방법을 채택한다. 설문조사방법을 이용하면 연구에 필요한 자료를 체계적이고 구체적으로 얻을 수 있기 때문에 실증연구에 많이 이용되고 있다. 조사 시기는 2007년 10월~11월이다. 조사는 중국 천진(天津)지역의 주요 대학인 남개대학(南開大學)과 천진대학(天津大學)의 대학생과 대학원생을 조사 대상으로 한다. 남개대학은 경제학, 경영학, 법학 등의 인문학과 수학, 화학, 생명공학 등 기초과학학문이 주로 발전하고 있는 종합대학이며, 천진대학은 전통적으로 공과대학이 중심이 되고 있는 종합대학이다.

조사대상의 기본적인 사항들을 보면 남학생이 237명으로 전체 조사 대상의 49%를 차지

형이란 인구의 이동이 경제적 요인이외에도 비경제적 요인에 의해 결정됨을 가정하고 있다. 경제학적 모형에는 고전적 인구이동이론, 인적자본이론, 기대임금이론 등이 있다. 고전적 인구이동이론(classical theory of migration)에서는 지역 간의 임금격차를 주요한 이동요인으로 보고 있다. Sjaastad, L.A.(1962)에 의해 제기된 인적자본이론(human capital theory)은 이동의 결정요인을 한 시점의 임금이 아니라 노동 생애 전 기간의 수입으로 보고 있다. Harris, J.R. & Todaro, M.P.(1970)는 기대임금이론(expected wage theory)을 이용하여 개발도상국에서 실업자가 많음에도 불구하고 인구가 도시로 이동하는 현상을 기대임금을 이용하여 설명하고 있다. 임금을 인구이동과 인적자본이동의 중요한 결정요인으로 보고 있는 경제학적 모형과는 달리 Stark, O.(1984)과 김헌민(1990)은 인구이동이 지역 내의 상대적 박탈감(relative deprivation)으로 인한 불평등도로 인해 일어난다고 보고 있다.

39) 중국의 인적자본 이동에 관해 文建东(2005), 吴慈生(2006), 郑丽琳(2007) 등 일부 중국학자들이 인적자본의 이동과 지역경제발전 사이의 관계에 대한 중요성을 강조하고는 있지만 실제적인 이동 현황에 대해서는 구체적인 연구가 아직도 미흡한 상황이다. 이러한 상황에서 王奋, 杨波(2006), 孟繁强 등(2007)의 조사연구는 중요한 의의가 있다.

40) 지역경제발전이라는 측면에서 보면 단순한 인구의 이동과 달리 고급 인력의 유출에 대한 문제가 중요한 의의를 가지게 된다. 특히 산업구조가 고도화됨에 따라 단순 노동에 종사하는 인구의 이동보다는 고급 기술을 가진 노동력의 이동에 더욱 큰 관심을 가지게 된다. 이 분야에 대한 연구는 비교적 최근에 활발하게 전행되고 있으며 주로 조사를 통한 실증분석에 치중되고 있다. 대표적인 연구로는 Akl, E.A.(2007)와 Baruch, Y., Budhwar, P. S., Khatri, N.(2007)의 연구가 있다. 두 연구는 모두 인재유출(brain drain)이라는 측면에서 인적자본의 이동을 연구하고 있다. 특히 Baruch, Y., Budhwar, P.S., Khatri, N. (2007)의 연구는 가족유대(family ties)의 역할을 再발견하고 있다는 점에서 의의를 가진다.

하고 여학생은 51%를 차지한다. 학력별로 보면, 조사 대상의 133명은 재학 중인 대학생으로 28%를 차지하고, 308명은 재학 중인 석사대학원생으로 전체 조사 대상의 64%를 차지한다. 그리고 재학 중인 박사대학원생도 40명이 조사에 응하고 있다. 연령별로 보면, 주로 20세~25세가 절대적인 비중을 차지하고 있다. 조사 대상의 15%는 18세~21세이고, 22세~25가 365명으로 전체 조사 대상의 76%를 차지하고 있다.[41] 그리고 26세~29세가 약 7% 정도, 30세 이상이 약 2%를 차지하고 있다.

<표6-14> 조사 대상의 기본 통계

분류		샘플 수(명)	비중(%)	분류		샘플 수(명)	비중(%)
성별	남자	237	49.00	문과	경영과학	41	8.52
	여자	244	51.00		공정관리	30	6.24
학력	대학생	133	27.65		산업경제학	29	6.03
	석사대학원생	308	64.03		경제·경영·법학	25	5.19
	박사대학원생	40	8.32		기술경제	17	3.53
연령	18세~21세	72	14.97	이과	전력시스템자동화	29	6.03
	22세~25세	365	75.88		기계공정	27	5.61
	26세~29세	33	6.86		정보처리	25	5.19
	30세 이상	9	1.87		전자전기	23	4.78

자료: 김상욱(2008).

조사대상자들의 출생지 지역 분포를 보면, 동북 지역이 48명으로 10%, 동부 지역이 257명으로 54%, 중부 지역이 113명으로 24%, 서부 지역이 60명으로 12%를 차지하고 있다. 여기서 말하는 지역이란 조사 대상의 대학 진학 이전의 거주 지역을 말한다. 이 비중에 의하면 조사 대상의 절반 이상이 동부 지역에서 천진 지역에 대학 진학을 위해 이동하였다. 남개대학(南開大學)과 천진대학(天津大學)은 국가 중점 육성 대학으로서 입학 요건이 비교적 높다. 따라서 동부 지역에서 온 재학생이 중부 지역이나 서부 지역보다 상대적으로 많

41) 조사 대상자가 주로 20세~25세에 집중하고 있는 것은 중국의 남자 대학생들이 군복무를 하지 않기 때문이다. 그리고 7세에 초등학교에 진학하는 경우도 많기 때문에, 18세나 19세에 대학교 1학년에 입학하게 되면 22세나 23세에 석사대학원에 진학할 수 있다.

다. 동부 지역 내에서도 천진시(天津市)의 조사 대상이 가장 많고, 그 다음은 천진시와 지리적으로 인접한 하북성(河北省)과 산동성(山東省)의 조사 대상이 상대적으로 많다. 이 두 지역의 우수한 인재들은 지리적으로 인접하고 있는 북경시(北京市)와 천진시(天津市)로 많이 유입되고 있다. 중국은 개혁 개방 이후 점차적으로 호구(戶口)제도를 개선하여 지역 간 인구 이동을 더욱 촉진시키고는 있지만 대학입지에 있어서는 지역 간 특히 성(省) 간 이동에 많은 제약이 존재하고 있다. 따라서 대학입시 성적이 높은 학생들이 우선적으로 지역 이동을 할 수 있다.

<표 6-15> 조사 대상의 지역 분포

지역	지역	샘플 수 (명)	비중 (%)	지역	지역	샘플 수 (명)	비중 (%)
동북 지역	흑룡강성	16	33	중부 지역	산서성	29	26
	길림성	14	29		하남성	29	26
	요녕성	18	38		안휘성	20	17
동부 지역	하북성	85	33		호북성	17	15
	산동성	66	26		강서성	12	11
	천진시	62	24		호남성	6	5
	강소성	17	7	서부 지역	내몽고자치구	19	32
	절강성	13	5		사천성	12	20
	복건성	8	3		섬서성	9	15
	북경시	3	1		중경시	6	10
	광동성	3	1		감숙성	5	8
					광서자치구	4	6
					귀주성	3	5
					청해성	1	2
					운남성	1	2

자료: 김상욱(2008).

2.3.2. 조사내용

경제발전이 가속화 되고 농촌의 노동생산력이 증대하면 자연적으로 잉여 노동력이 창출되고, 이러한 노동력들은 도시로 진입하고자 하는 욕구가 강하게 작용한다. 산업화 과정에서 급속하게 이루어지는 도시화는 새로운 일자리를 끊임없이 창출하게 되고, 또한 미래의 삶에 대한 희망치를 높이기 때문에 경제발전에 따라 인구 이동은 더욱 가속화 될 수밖에 없다. 특히 중국은 급속한 산업화와 도시화의 과정 중에 있기 때문에 인구 이동의 경향이 더욱 크게 나타날 것이다.

인구 이동 요인에는 유입 요인과 유출 요인이 있다. 일반적으로 유입 요인과 유출 요인은 상대적이다. 경제발전수준이 높은 지역은 유입 조건이 좋고, 낮은 지역은 유출 요인이 강하기 때문이다. 경제발전이 수준이 낮은 지역에서는 인재유출(brain drain)[42]이 중요한 문제가 되기도 한다. 인구이동요인을 경제적 요인과 비경제적 요인으로 나누어 볼 수도 있다. 경제적 요인은 주로 임금, 직업 발전 공간, 시장 환경 등이 있으며, 비경제적 요인에는 생활환경 등이 있다. 조사 대상이 모두 국가 중점 대학의 대학생과 대학원생들이고 이들의 고향이 대부분 천진지역이 아니기 때문에 우선 졸업 후 천진지역에서 일하고 싶은지 아니면 타 지역으로 이동하고 싶은지에 대해서 알아본다. 두 번째는 직업의 발전 공간이다. 고급 인력일수록 직업이 창출하는 화폐적 가치 이외에도 전반적인 발전 공간을 중요시한다고 본다. 특히 개혁 개방 이후 중국경제는 점차적으로 시장경제화 되고 있기 때문에, 계획경제시대의 '철 밥그릇'과 같은 직업보다도 개인의 능력을 충분히 발휘할 수 있는 공간적 여건이 더욱 중요해지고 있는 추세이다. 세 번째는 임금 수준이다. 직업의 발전 공간이 중요하지만 임금 수준 역시 중요한 이동 요인이 된다. 임금 수준은 단기적 수준과 장기적 수준으로 나누어 본다. 단기적 임금 수준은 현재 혹은 졸업 후의 임금 수준이며, 장기적 수준은 졸업 후 5년 후의 임금 수준이다. 네 번째는 시장 환경이다. 직업 발전 공간은 개인이 일하는 회사나 기관의 환경이고, 시장 환경은 사회 전반적인 환경이다. 또한 시장 환경은 지역사회의 전반적인 분위기를 나타내고 있기 때문에 인구 이동 특히 고급 인적자본

42) 인재유출(brain drain)이란 지역에서 교육받은 인재가 기타 지역으로 이동하는 현상을 말한다. 인재유출은 상대적인 개념이다. 왜냐하면 유출이 발생하면 유입이 되는 지역이 있기 때문이다. 중국은 현재 도시화의 초기단계에 있다, 도시화가 제공하는 여러 측면의 조건들은 농촌의 우수한 인재들을 도시로 유입하고 있으며, 도시와 도시 간에도 끊임없는 인재들의 이동이 이루어지고 있다. 그리고 국내뿐만 아니라 해외 유학 후에도 국내로 귀국하지 않고 그 국가에서 계속 직업을 가지는 인재유출도 적지 않은 비중을 차지하고 있다.

의 이동에 일정한 영향력을 가지고 있다. 다섯 번째는 생활환경이다. 한 지역에서 일하는 것은 당연히 생활환경에도 영향을 받는다. 특히 소득 수준이 향상됨에 따라 화폐적 가치의 추구이외에도 쾌적하고 편안한 생활환경도 중요시하기 때문이다. 특히 천진(天津)지역은 봄철의 황사 현상과 겨울철의 가뭄 등의 기후 조건을 가지고 있기 때문에 고급 인력의 입지 선정에 영향을 초래할 것이다. 그리고 공공시설의 발달 여부, 교육환경의 조건 등도 인구 이동에서 고려되는 요인들이다. 특히 교육은 주요한 고려 요인이 될 수 있다. 중국은 호구제도를 점차적으로 개선하고는 있지만 성(省)을 단위로 하는 학군제는 여전히 중요한 영향을 가지고 있는 교육제도이다.

2.3.3. 조사결과

졸업 후 천진지역에 계속해서 거주하고자 하는 의향에는 취업기회, 연봉, 개인의 발전공간, 천진의 발전 전망, 생활비용, 생활환경, 출생지와의 접근 정도, 치안 상태 8가지의 요인을 채택하고 있다. 이동의 의향에 대해서는 가장 중요한 요인별로 선택을 한다. 즉 제1선택 요인, 제2선택 요인, 제3선택 요인으로 나누어서 중요한 순서별로 조사하였다. 조사결과는 아래의 <표 6–16>과 같다. 표에 의하면, 조사대상자들이 졸업 후 천진지역에 계속 머물고 싶은 의향 중 지역발전전망이 가장 중요한 요인으로 조사되었다. 천진지역 발전전망을 제1선택 요인으로 대답한 조사자가 145명으로 48.5%를 차지하고 있다. 두 번째 요인은 출생지와의 접근도이다. 즉 천진지역에서 출생하였거나 또는 산동성(山東省)이나 하북성(河北省)에서 출생하였기 때문에 천진지역을 비교적 선호한다는 것이다. 출생지와의 접근도는 대학생이나 대학원생들의 졸업 후 근무 지역 입지 선정에서 중요한 역할을 하고 있다. 세 번째 요인은 개인의 직업발전공간이다. 그러나 지역발전전망과 출생지와의 접근도와 비교해 볼 때, 직업발전공간을 제1선택 요인으로 선택한 조상대상자 수는 19명으로 절대적 비중이 크게 낮아지고 있다. 그 다음으로는 생활비용이 비교적 낮다, 취업기회가 많다, 치안 수준이 양호하다, 연봉 수준이 높다, 생활환경이 비교적 양호하다 등의 순서로 조사되었다. 한 가지 주의할 점은 연봉 수준의 영향이 크지 않다는 것이다. 이것은 예상과는 조금 다른 결과이다. 고급 인력들이 입지선정을 할 때 연봉 수준은 일반적으로 가장 중요시되는 요인 중의 하나이다. 그러나 이번 조사에서는 천진지역에서 계속 남아서 일하고 싶은 의향의 원인 중에 연봉 수준은 일곱 번째로 중요도가 낮게 나타나고 있다. 다르게 해석하면 천진지역에서 남아 일하고 싶은 조사대상자들은 이 지역의 연봉수준을 이미 어느 정도는 알고 있기 때문에 이 요인보다는 오히려 다른 요인들을 더욱 중요시하고 있다고 볼 수 있다. 오히려 출생지와의 접근도가 더욱 중요한 요인으로 나타나고 있다.

<표6-16> 천지지역 선택 의향

선택 요인	제1선택			제2선택			제3선택			종합 순서
	순서	수량 (명)	비중 (%)	순서	수량 (명)	비중 (%)	순서	수량 (명)	비중 (%)	
지역 발전 전망	1	145	48.5	1	61	21.1	4	37	13.5	1
출생지와의 접근정도	2	65	21.7	4	40	13.8	5	35	12.8	2
개인의 직업 발전 공간	4	19	6.4	2	53	18.3	3	39	14.3	3
생활 비용 적음	5	17	5.7	2	53	18.3	2	45	16.5	4
취업 기회 많음	3	29	9.7	5	30	10.4	6	34	12.5	5
치안 수준 안전	8	2	0.7	6	25	8.5	1	54	19.8	6
연봉 수준 높음	6	12	4.0	7	17	5.88	8	11	4.0	7
생활환경 좋음	7	10	3.3	8	10	3.46	7	18	6.6	8

주의 : 종합순서는 제1선택에는 5점, 제2선택에는 3점, 제3선택에는 1점의 가중치를 부가하여 종합적으로 계산한 것임.

좀더 구체적으로 알아보기 위해 앞의 두 요인에 대해 교차분석을 하였다. 천진지역 발전전망을 선택한 조사대상 243명 중 남학생은 119명으로 49%를 차지하고, 여학생은 124명으로 51%를 차지하고 있다. 이 결과에 의하면 남학생이나 여학생 모두 천진지역 발전전망을 중요한 요인으로 보고 있기 때문에 성별차이는 없다고 볼 수 있다. 학력별로 보면, 조사대상 243명 중 대학생은 68명으로 28%를 차지하고, 석사대학원생은 159명으로 65.4%, 박사대학원생은 16명으로 6.6%를 차지하고 있다. 이 비율은 전제 조사대상의 학력 비율과 비슷하게 나타나고 있기 때문에 대학생이나 대학원생이나 모두 천진지역의 발전전망을 높이 평가하고 있다고 해석할 수 있다. 연령별에 의해서도 조사대상의 연령구조와 비슷한 형태를 보이고 있다.

출생지와의 접근정도를 중요한 요인으로 대답하고 있는 143개의 조사 대상 중, 남학생이 79명으로 56.4%를 차지하고 있으며, 여학생이 61명으로 43.6%를 차지하고 있다. 남녀 성별로 보면 남학생이 여학생보다 천진 지역이 본인의 출생지와 가까운 거리에 있음을 더욱 중시하고 있다고 해석할 수 있다. 이 조사결과는 중요한 시사점을 가지고 있다. 즉 남학생이 여학생보다 더욱 가족에 대한 지리적 인접도를 중시한다는 것이다. 이러한 결과는 중국이 지속적으로 추진해 온 출산제한정책과 관련이 있다고 본다. 1980년대 초반에 출생한 청년들이 현재 대학생이나 대학원생이라고 볼 때, 특히 남학생은 부모와 지리적으로 멀리 떨어지기보다는 가능한 가까운 거리에 있고자 하는 경향이 강할 것이다. 출생지와의 접근정도와 학력의 관계를 보면, 대학생이 전체 조사대상의 28.6%, 석사대학원생이 61.4%, 박사대학원생이 10%를 차지하고 있다. 절대적인 비중을 비교해 보면 석사대학원생이 가장 많은 비중을 차지하고 있다. 이는 석사대학원생이 대학생이나 박사대학원생보다 상대적으로 안정적인 취업이 가능하기 때문인 것으로 해석된다. 대학생과 박사대학원생인 경우는 출생지와의 접근정도보다도 본인이 원하는 지역이나 취업기회를 더욱 선호하는 것으로 해석할 수 있다. 출생지와의 접근정도와 연령과의 관계를 보면, 전체 연령구조와 비교해 볼 때 26세~29세 사이의 비중이 가장 높으며, 30세 이상의 비중이 상대적으로 높고, 18세~21세와 22세~25세 연령이 출생지와의 접근정도에 대한 비중이 상대적으로 낮다. 이러한 결과는 연령이 높을수록 출생지와 가까운 거리에서 취업하고자 하는 경향이 높음을 나타낸다. 중국은 남학생이 군복무의무가 없다. 따라서 19세에 대학을 입학하면 22세에 졸업할 수 있으며, 석사대학원을 진학하면 24세 또는 25세에 석사학위를 수여할 수 있다. 이러한 연령 기준을 보면 22세~25세가 취업의 황금시기이다. 이 연령에서는 자신에게 적합한 그리고 발전 가능성이 높은 지역선택에 더욱 중점을 두기 때문에, 출생지와의 접근정도는 상대적으로 그 중요성이 낮을 것이다. 그러나 본 조사에서도 나타나듯이 25세 이상이 되면 출생지와의 접근 정도를 상대적으로 더욱 중시하는 경향이 있다.

졸업 후 천진지역을 이동하는 의향에는 임금, 발전 속도, 개인 발전 공간, 정보의 신속성, 공공시설의 현대화, 시장문화, 생활환경 7가지의 요인을 채택하고 있다. 조사대상자들이 졸업 후 천진 지역을 이동하고자 하는 의향에는 임금수준이 가장 높은 비중을 차지하고 있다. 제1선택에서 임금 수준이 낮기 때문에 천진 지역을 떠날려는 조사대상자는 64명으로 24.5%의 비중을 차지하고 있다. 제2선택에서도 38명, 15.0%가 천진의 임금수준이 크게 높지 않다고 보고 있다. 천진지역은 빈해신구(濱海新區)의 비준으로 심천(深圳)과 상해(上海)를 이은 제3의 성장지역으로 발전하고 있다. 그러나 타 지역과 비교할 때 천진지역의 평균임금 수준은 낮은 편이다. 특히 일반 시민들이 피부로 느끼고 있는 임금 수준은 더욱 낮은 편이다.

<표 6–17> 천지지역 이동 의향

선택 요인	제1선택			제2선택			제3선택			종합 순서
	순서	수량 (명)	비중 (%)	순서	수량 (명)	비중 (%)	순서	수량 (명)	비중 (%)	
임금 수준이 낮음	1	64	24.5	3	38	15.0	5	32	13.4	1
시장 환경이 좋지 않음	2	51	19.5	1	50	19.7	2	40	16.8	2
생활환경이 좋지 않음	3	49	18.8	2	39	15.4	1	48	20.2	3
발전 속도가 느림	4	35	13.4	4	37	14.5	6	23	9.7	4
직업 발전 공간이 작음	5	31	11.9	5	34	13.4	3	39	16.4	5
공공시설이 낙후됨	7	10	3.8	7	28	11.0	4	36	15.1	6
정보가 원활하지 못함	6	21	8.1	6	28	11.0	7	20	8.4	7

주의 : 종합순서는 제1선택에는 5점, 제2선택에는 3점, 제3선택에는 1점의 가중치를 부가하여 종합적으로 계산한 것임.

그 다음은 시장 환경과 생활환경에 대한 평가가 비교적 낮다. 천진지역은 타 지역과 비교해서 국유 부문이 크게 발전하고 있는 지역이다. 즉 사영기업들이 중심이 되는 중소기업 위주의 기업구조가 아닌 대기업(여기에는 국내기업과 외국기업이 모두 포함 됨) 이 지역경제발전에 핵심적인 역할을 담당하고 있는 기업구조를 가지고 있다. 이러한 기업구조는 천진지역의 시장 환경에도 영향을 미치고 있다. 즉 시장의 역할보다는 정부의 역할이 지역경제발전에서 더욱 두드러지게 나타나고 있다는 점이다. 생활환경은 공공시설과 관련되어서 비교적 낙후되어 있다고 상당수의 조사대상자들이 인식하고 있다. 천진은 전통적인 공업도시로서 근대적인 도시계획에 의해 발전된 것이 아니다. 따라서 급속한 도시화

과정에서 도시공공시설의 불합리한 배치 등이 지역주민들에게 많은 불편함을 초래하고 있다. 또한 천진지역은 타 지역과는 달리 두 개의 성장거점을 동시에 가지고 있기 때문에 한 쪽 성장거점에서 다른 한 쪽 성장거점으로 이동하는 것은 추가 이동비용을 초래하고 있다. 그 다음 요인으로는 비교적 느린 발전 속도, 직업 발전 공간이 적음, 정보가 원활하지 못함 등으로 나타나고 있다. 종합적으로 볼 때 천진지역이 아닌 타 지역에서 직업을 가지기를 원하는 대학생이나 대학원생들은 천진지역이 타 지역에 비해 임금 수준이 상대적으로 낮고 시장경제의 발전 수준이 낮다고 보고 있다.

3. 중국의 인구정책과 과제

3.1. 출산제한정책

3.1.1 인구성장과 출산제한정책

출산제한정책은 아이 출생 수를 제한하는 정책이다. 중국의 출산제한정책은 20세기 70년대부터 실시되기 시작하였으며, 1982년부터는 국가주요정책으로 확립하였으며, 2002년부터는 『중화인민공화국인구와계획생육법(中华人民共和国人口与计划生育法)』이 실시됨으로 더 이상 정책이 아닌 법률이 되었다. 이 법률은 국무원의 『流动人口计划生育工作管理办法』, 『计划生育技术服务管理条例』, 『社会抚养费征收管理办法』과 함께 중국의 출산을 규제하는 중요한 법률적 기반이다. 그리고 각 지방정부는 중앙정부의 『中华人民共和国人口与计划生育法』를 바탕으로 하여 『人口与计划生育条例』를 제정하고 있다.

『中华人民共和国人口与计划生育法』의 제18조에 의하면 "국가는 현행의 출산정책을 더욱 안정적으로 유지하고, 국민들의 결혼 시기와 출산시기를 가능하면 늦추도록 유도하며, 부부는 1명의 자녀만을 출산하도록 장려한다"라고 규정하고 있다. 즉 장려한다는 것은 의무가 아닌 것임을 주의해야 한다. 만약 이 규정에 위반되면 그에 상응하는 대가를 지불해야 함을 동시에 내포하고 있다. 그리고 제18조는"법률과 법규에 규정하는 조건에 부합할 경우에는 두 번째 자녀를 출산할 수 있다"라고 규정하고 있다. 그리고 구체적인 방법은 성, 자치구, 직할시의 인민대표대회(人民代表大會)나 인민대표상무위원회(人民代表常務委員會)에서 결정하는 것으로 한다. 소수민족에 대해서 제18조는 따로 규정을 두고 있다. "소수민족도 역시 출산계획을 실시해야 하며 구체적인 방법은 성, 자치구, 직할시의 인민대표대회나 인민대표상무위원회에서 결정하는 것으로 한다"라고 규정하고 있다. 현행 제도에 의하면 대부분의 도시 주민들은 1 부부 1 자녀의 정책에 부합하고 있으며, 농촌 지역에서는 1 부부 다 자녀인 경우가 상대적으로 빈번하다. 그리고 소수민족은 1 부부 1 자녀의 정책에서 상당히 유동적이다.

3.1.2. 출산제한정책의 인구성장억제 효과

2006년 3월 국가인구 및 계획생육위원회(国家人口和计划生育委员会)의 주임인 张维庆은 인터뷰[43]에서 중국의 출산제한정책은 약 4억 명 정도의 인구성장 억제효과를 가져왔다고 보고 있다. 즉 2006년 현재 1 부부 당 자녀 출생률은 1.8명으로 20세기 70년대 초반의 5.8명에서 크게 감소하였다.

이러한 인구성장억제 정책의 효과는 UN에서 발간한 『세계 인구 예측』에서도 나타나고 있다. 이 보고서는 2050년에 세계 인구가 89억 명 정도가 될 것으로 예측하고 있으며, 인도는 2000년의 10억 명에서 2050년에는 약 15억 명으로 인구증가가 이루어질 것으로 예측하고 있으나, 중국은 2000년의 12.75억 명에서 2050년에는 13.95억 명으로 1억 2천 만 명만 증가할 것으로 예측하고 있다. 2006년 현재 매년 출생하는 아이의 수가 1,600만 명 정도이고, 사망자 수가 800만 명 정도임을 감안하면 인구 순증가 규모는 약 800만 명 정도이다. 2050년이면 아직 40년 정도가 더 남았는데 매년 800만 명의 인구 증가로 계산하면 기하급수적인 인구 증가가 예상된다. 그러나 『세계 인구 예측』에서는 향후 40년 동안 1억 2천 만 명 정도의 인구증가만을 예측하고 있다는 것은 출산제한정책이 더욱 실효를 거둘 것으로 보고 있기 때문이다.

3.1.3. 출산제한정책의 과제

출산제한정책이 실질적으로 중국의 인구성장 억제에 큰 역할을 하고 있음을 부인할 수

43) http://news.xinhuanet.com/politics/2006-03/21/content_4327704.htm

는 없다. 그러나 현행의 제도는 출산제한정책을 위반하였을 경우에는 여러 가지 불이익이 주어지기 때문에, 이것을 다른 측면에서 보게 되면 인권의 침해로까지 해석이 가능하다. 그리고 강제적인 출산제한정책을 실시하기 때문에 아이의 성별검사와 낙태수술 등 여러 가지 의료행위 등이 사회적인 문제로까지 나타날 수 있기 때문에 이러한 부분에 대해서는 제도적인 지도가 필요하다.

3.2. 인구고령화

3.2.1. 인구고령화 현황

인구고령화는 경제발전 수준이 상승할수록 더욱 심화되는 현상이다. 소득수준이 낮고 의료조건이 열악한 저개발국가에서는 평균 수명이 낮지만, 소득수준이 높아질수록 건강에 대한 관심과 선진 의료조건들은 평균 수명을 더욱 연장시킨다.

중국은 이러한 일반적인 과정을 거치면서도 특별한 측면이 있다. 그것은 바로 위에서 설명하고 있는 출산제한정책이다. 출산제한정책으로 어린 아이의 출생 수가 점차적으로 줄어들고 있기 때문에 전체 인구에서 고령인구가 차지하는 비중은 상대적으로 높아질 수밖에 없는 것이다. 물론 출산제한정책 이외의 여러 가지 요인들이 중국의 인구고령화 현상에 영향을 초래하고 있다.

2006년 발표된 全国老龄工作委员会办公室의 『중국인구노령화발전추세예측연구보고(中国人口老龄化发展趋势预测研究报告)』에 의하면 중국은 1999년 이미 고령화 사회에 진입하였으며, 현재 세계 노인 인구의 약 1/5를 차지하고 있다. 인구 고령화율[44]의 전국 평균은 10.97%이며, 지역별로 보면, 상해시(上海市)는 18.48%, 천진시(天津市)와 강소성(江苏省)은 각각 13.75%, 북경시(北京市)는 13.66%로 전국 평균 보다 높은 고령화 수준을 나타

44) 고령화율은 일반적으로 65세 연령의 인구가 전체 인구에서 차지하는 비율을 말한다.

내고 있다. 위의 보고서에 의하면, 향후 중국은 세 단계의 고령화를 예고하고 있다. 첫 번째는 2001년부터 2020년까지의 고령화가 빠르게 진행되는 단계이다. 두 번째는 2021년부터 2050년까지 고령화가 가속화되는 단계이다. 세 번째는 2051년부터 2100년까지로 고령화가 안정적인 단계이다.

중국은 이미 고령화 사회에 진입하였으며, 인구의 고령화는 여러 방면에서 그 영향을 나타내고 있다. 보고서는 다른 국가와 비교해 볼 때 중국의 인구 고령화가 가지는 특징을 아래 일곱 가지로 요약하고 있다. 첫째는 고령인구의 규모가 크다는 것이다. 2004년 말 현재 60세 이상의 인구가 1.43억 명이며, 2014년에는 2억 명으로 확대될 것이며, 2026년에는 3억 명, 2037년에는 4억 명으로 증가할 것이며, 2051년을 기점으로 그 이후는 3억 명 내지 4억 명 정도의 규모를 계속 유지할 것으로 예측하고 있다. 둘째는 21세기 중엽 이후 중국은 인도에 이은 세계에서 노인인구가 가장 많은 국가가 될 것이다. 셋째는 고령화 속도가 빠르다. 65세 이상의 고령인구가 전체 인구에서 차지하는 비중이 7%에서 14%로 증가하는데 선진국은 대략 45년 이상의 시간이 필요했다. 그러나 중국은 27년의 시간을 통해 고령화단계에 진입하였다. 넷째는 지역 간 격차가 현저하다. 중국의 인구고령화는 동부 연해안 지역이 가장 빠르게 진행되고 중부지역과 서부지역으로 점차적으로 확대되는 지역적 특성을 나타내고 있다. 다섯째는 도시와 농촌의 격차가 심하다. 현재 농촌의 고령화율은 도시보다 1.24%가 높다. 이러한 구조는 2040년까지 계속 지속될 것이며, 21세기 중엽이 지나면 도시의 고령화율이 농촌을 초과할 것이다. 이것은 중국의 고령화가 다른 국가와 다른 중요한 특징 중의 하나이다. 여섯째 여성 고령화 인구가 남성보다 많다. 현재 여성의 고령화 인구가 남성보다 464만 명이 더 많다. 2049년이 되면 이 격차는 2,645만 명으로 가장 크게 확대될 것이며, 여성의 고령화 인구가 남성을 초과하는 규모는 1,700만 명~1,900만 명 정도에서 안정화 될 것이다. 그리고 이들 여성 고령화 인구 중 50%내지 70%는 80세 이상의 超고령화 인구가 될 것이다. 일곱째는 고령화가 현대화보다 빠르게 진행되고 있다. 중국의 1인당 국내총생산은 이제 3,000달러 정도를 넘어섰는데 벌써 고령화 사회에 진입하고 있는 것이다. 일반적으로 선진국의 경험에 의하면 1인당 국내총생산이 5,000달러 내지 1만 달러 정도 일 때 고령화 사회에 진입하고 있다.

3.2.2. 인구고령화의 과제

급속한 인구고령화는 많은 과제를 동시에 제기한다. 특히 노인인구에 대한 사회복지시설과 제도가 부족한 중국은 이 문제를 향후 잘 풀어나가야 할 것이다. 도시의 정부기관이나 국유기업에서 퇴직한 노인인구는 양로보험(养老保险)의 혜택을 누릴 수 있기 때문에 어느 정도의 사회적 부담을 줄일 수 있지만, 이러한 양로보험과 같은 사회적 복지를 누릴 수 없는 노인들이 절대 비중을 차지하고 있기 때문에 인구고령화는 중국에게 큰 사회적 부담이 될 수밖에 없다. 그리고 중국은 아직 전체 국민 의료보험이 실시되고 있지 않기 때문에 65세 이상이 되어서 직장에서 퇴임한 후 의료서비스를 이용하는 부담이 매우 높다.

3.2.3. 인구고령화와 가정구조

출산제한정책과 인구고령화는 중국의 독특한 가정구조를 만들고 있다. 즉 "421"가정구조인 것이다. 즉 한 명의 아이에게 두 명의 부모가 있으며, 이들 두 명의 부모에게 각각 다시 두 명의 부모가 있는 것이다. 1980년 초반에 출생한 아이들은 현재 대부분이 결혼 적령기에 접어들고 있다. 이들이 아이를 출산하게 되면 출산제한정책에 의해 1명의 자녀만을 출산한다. 그러면 자연적으로 421구조가 형성되는 것이다. 특히 도시지역은 농촌보다는 이러한 가정구조가 더욱 현저하게 나타나고 있다. 가정구조의 변화는 단순한 사회적인 현상 일 뿐만 아니라 그 지역의 발전에도 여러 가지 영향을 초래할 수 있다.

□ 요약

중국은 인구 대국(大國)이다. 좀 과장되게 말하면, 중국의 모든 문제는 인구문제로 귀결된다고 할 수 있다. 경제규모가 큰 이유도 인구규모가 크기 때문이며, 1인당 국내총생산이 매우 낮은 이유도 인구규모가 매우 크기 때문이다. 즉 분자가 아무리 크다고 해도 분모가 상대적으로 더 크기 때문에 중국의 문제는 "분모의 문제"로 귀결되는 것이다. 본 장에서는 중국의 인구에 대해서 인구현황, 인구구성, 인구이동, 인구정책 등 종합적으로 살펴보았다. 특히 날로 비중이 증가하고 있는 소수민족에 대해서도 민족별, 지역별 구조를 자세하게 살펴보고 있다. 중국은 출산제한정책을 통해 인구성장을 억제하고 있다. 물론 출산제한정책과 인권과의 관계는 또 다른 문제를 야기 시킨다. 그러나 결론적으로 볼 때는 출산제한정책은 중국의 인구성장을 상당 부문 억제하고 있으며, 이것은 인류의 인구성장 억제에도 큰 영향을 초래하고 있다. 중국은 인구규모가 매우 크다는 특징이외에도 인구구조가 매우 다양하고 복잡하다는 특징을 가지고 있다. 특히 다민족으로 구성된 중국은 앞으로 많은 문제에 직면하게 될 가능성이 크다. 즉 다양한 민족들의 다양한 요구들을 어떻게 조정하는 가는 사회적 안정이나 지역발전 모두에서 중요한 의의를 가지고 있기 때문이다. 그리고 중국의 지역을 이해하기 위해서는 그 지역의 인구적 특징과 특성을 잘 파악해야한다. 본 장에서는 주로 지역별 인구의 양적인 특징들을 살펴보았다. 다음 장에서는 인적자본을 중심으로 지역별 인구의 질적인 특징들을 살펴볼 것이다.

□ 주요개념

1. 지역별 인구분포
2. 지역별 인구밀도
3. 농촌의 잉여노동력
4. 농촌유동인구
5. 민공(民工)
6. 지역간 인구이동
7. 잠주인구(暫住人口)
8. 출산제한정책
9. 인구고령화
10. 421가정구조

□ 주요 참고문헌

김상욱(2008), “중국 고급인력의 잠재적 이동요인에 관한 연구: 天津市 사례”, 『현대중국연구』, 제10집, 제1호, pp.213~258.

杨坚白, 胡伟略(2007), 『人口经济论』, 北京: 社会科学文献出版社

崔传义(2004), 『中国农民流动观察』, 太原: 山西经济出版社

温锐, 游海华(2001), 『劳动力的流动与农村社会经济变迁』, 中国社会科学出版社.

蔡昉(2000), 『中国流动人口问题』, 郑州: 河南人民出版社.

蔡昉(2003), 『中国人口与劳动问题报告』, 北京: 社会科学文献出版社.

若林敬子(1994), 『中国人口问题』, 北京: 中国人民大学出版社.

张平(2005), 『中国区域产业结构演进与优化』, 武汉: 武汉大学出版社.

谭永生(2007), 『人力资本与经济增长—基于中国数据的实证研究』, 北京: 中国财政经济出版社.

沙安文(2006), 『中国地区差异的经济分析』, 北京: 人民出版社.

Zeigd, D.(2005), “Learning to Compete: China’s Efforts to Encourage a Reverse Brain Drain”, Working Paper No. 2, Hong Kong: Center on China Transnational Relations.

제7장
노동력

7

中國地域經濟槪論
Introduction to Chinese Regional Economies

1. 노동력 시장
2. 노동력 비용
3. 인적자본

1. 노동력시장

1.1. 노동연령인구

1.1.1. 노동연령인구와 노동력참가율

중국의 경제지표 해설에 의하면, 경제활동인구는 만 16세 이상의 인구 중에서 노동 능력이 있는 인구가 경제활동에 참가하고 있는 경우와 그리고 참가할 의사가 있는 경우를 모두 포함한다고 규정하고 있다. 이 기준에 의하면 경제활동인구는 취업인구와 실업인구를 포함하게 된다. 그리고 일반적으로 이용하고 있는 만 15세 이상의 인구는 노동연령인구(勞動年齡人口)로 분류하고 있다. 또한 노동연령인구에서 경제활동인구가 차지하는 비중을 노동력참가율이라고 부르고 있다.

<표 7-1> 노동연령인구 변화 추이

연도	연령별 인구비중(%)			연령별 인구구성(만 명)		
	0세~14세	15세~64세	65세 이상	0세~14세	15세~64세	65세 이상
1953	36.28	59.31	4.41	21,563.02	35,250.90	2,621.08
1964	40.69	55.75	3.56	28,262.46	38,722.84	2,472.70
1982	33.59	61.50	4.91	33,864.77	62,003.07	4,950.16
1990	27.69	66.74	5.57	31,391.60	75,661.80	6,314.60
2000	22.89	70.15	6.96	28,974.85	88,797.97	8,810.18
2005	19.55	71.37	9.05	25,562.80	93,320.56	11,833.42

자료: 『中国人口统计年鉴2006』 관련 자료 재정리.

중국의 노동연령인구는 2005년 현재 전체 인구의 71.37%를 차지하는 약 9억 3천만 명 정도이다. 중국의 노동연령인구는 지난 50여 년 동안 매년 지속적으로 증가하고 있다. 1953년 노동연령인구는 약 3억 5천만 명 정도로서 전체인구의 59.31%를 차지하고 있으며, 1964년에는 55.75%로 증가하고, 1982년에는 61.50%, 1990년에는 66.74%, 2000년에는 70.15%로 증가하고 있다. 노동연령인구의 증가는 노동력 시장의 규모를 크게 할 수 있다는 측면에서 경제발전에 적극적인 측면이 있는 반면에, 노동연령인구의 규모 확대는 그에 상응하는 취업기회를 창출해야만 하는 사회적 부담도 동시에 존재하고 있다.

중국인구정보센터(中国人口信息中心)의 자료에 의하면, 2005년 중국의 노동력참가율은 83.2%이다. 노동연령인구에 비해 경제활동인구의 비중이 상당히 높은 편이다. 그러나 노동력참가율의 예측에 의하면 2010년에는 81.7%로 낮아지기 시작하여 2050년에는 73.6%까지 낮아지는 것으로 나타나고 있다.

<표 7–2> 노동력 참가율 예측

연도	총인구(억 명)	인구자연성장률(‰)	노동연령인구(억 명)	노동력참가율(%)	경제활동인구(억 명)
2010	13.77	8.17	9.73	81.7	7.95
2015	14.30	6.97	9.99	80.6	8.05
2020	14.72	5.21	10.04	79.6	7.99
2025	15.04	3.54	10.18	78.6	8.00
2030	15.25	2.34	10.09	77.6	7.83
2035	15.38	1.41	9.38	76.6	7.19
2040	15.44	0.13	9.58	75.6	7.24
2045	15.38	–1.30	9.50	74.6	7.09
2050	15.22	–2.56	9.39	73.6	6.91

자료: 中国人口信息中心.

1.1.2. 도시와 농촌의 노동연령인구

노동연령인구와 관련하여 『중국인구통계연감(中国人口统计年鉴)』은 세 종류의 지표를 제공하고 있다. 즉 성시(城市), 진(镇), 향촌(乡村)이다. 일반적으로 성시(城市)와 진(镇)을 도시로 간주하고, 향촌(乡村)을 농촌으로 간주하고 있다. 성시(城市)를 보면, 전체 인구의 76.43%가 노동연령인구이며, 그 중 남성은 38.00%, 여성은 38.44%로 여성이 남성보다 조금 높은 노동연령인구 비중을 가지고 있다. 진(镇)은 전체 인구의 72.42%가 노동연령인구이며, 성시(城市)와 마찬가지로 여성의 비중이 남성보다 조금 높다. 향촌(乡村)은 노동연령인구의 비중이 가장 낮은 68.49%이며, 남성의 비중이 여성의 비중보다 조금 높다. 농촌의 노동연령인구 비중이 가장 낮은 이유는 도시에 비해 상대적으로 0세~14세 인구의 비중이 높기 때문이다. 이 비중이 성시(城市)는 14.84%이지만 향촌(乡村)은 21.95%이다.

<표 7–3> 도시와 농촌의 노동연령인구 비중

연령 구분		전국	성시(城市)	진(镇)	향촌(乡村)
0세~14세	전체	19.55	14.84	19.44	21.95
	남성	10.59	7.92	10.56	11.93
	여성	8.97	6.93	8.88	10.02
15세~64세	전체	71.37	76.43	72.42	68.49
	남성	35.61	38.00	35.93	34.30
	여성	35.78	38.44	36.48	34.20
65세 이상	전체	9.07	8.71	8.12	9.55
	남성	4.34	4.16	3.84	4.60
	여성	4.72	4.54	4.28	4.94

주의 : 2005년 기준.
자료 : 『中国人口统计年鉴2006』 관련 자료 재정리.

1.1.3. 지역별 노동연령인구

지역별 노동연령인구(15세~16세 인구) 비중을 보면, 상해시(上海市)가 79.04%로 가장 높으며, 북경시(北京市)와 천진시(天津市)도 각각 78.90%와 77.64%로 비교적 높다. 노동연령인구의 비중이 전국 평균 보다 높은 지역은 위의 세 지역 이외에 길림성(吉林省), 흑룡강성(黑龙江省), 요녕성(辽宁省), 내몽고자치구(内蒙古自治区), 하북성(河北省), 산동성(山东省), 강소성(江苏省), 절강성(浙江省), 복건성(福建省), 호북성(湖北省), 섬서성(陕西省)이 있다. 이 중 길림성, 흑룡강성, 요녕성은 동북지역에 포함되며, 하북성, 산동성, 강소성, 절강

<표 7-4> 지역별 노동연령인구의 비중 및 규모

지역	연령별 인구비중(%)			연령별 인구구성(만 명)		
	0세~14세	15세~64세	65세 이상	0세~14세	15세~64세	65세 이상
전국	19.55	71.38	9.07	25,565.2	93,327.79	11,863.01
북경시	10.28	78.90	10.81	158.13	1,213.56	166.31
천진시	12.67	77.64	9.69	132.12	809.82	101.06
하북성	17.67	74.15	8.17	1,210.88	5,080.19	559.93
산서성	21.30	70.99	7.71	714.47	2,381.84	258.70
내몽고자치구	17.06	75.01	7.93	407.01	1,789.74	189.26
요녕성	14.24	75.99	9.77	601.05	3,207.59	412.36
길림성	14.49	77.84	7.67	393.48	2,114.19	208.34
흑룡강성	14.81	77.59	7.60	565.66	2,963.96	290.38
상해시	9.00	79.04	11.96	160.02	1,405.24	212.73
강소성	15.54	73.60	10.87	1,161.31	5,501.36	812.32
절강성	15.90	73.52	10.58	778.78	3,601.11	518.11
안휘성	23.09	66.82	10.09	1,413.23	4,089.15	617.62
복건성	18.48	72.76	8.75	653.38	2,572.22	309.39
강서성	25.10	66.47	8.44	1,081.97	2,865.35	363.68
산동성	15.92	74.13	9.95	1,472.57	6,855.32	920.11
하남성	21.13	70.63	8.24	1,982.19	6,625.02	772.78
호북성	18.88	71.94	9.17	1,078.32	4,108.02	523.64
호남성	18.71	71.16	10.13	1,183.76	4,501.62	640.61
광동성	21.40	71.20	7.40	1,967.23	6,546.32	680.45
광서자치구	23.74	66.70	9.55	1,106.50	3,108.29	445.20
해남성	23.69	67.77	8.54	196.15	561.14	70.71
중경시	20.67	68.37	10.97	578.32	1,912.86	306.83
사천성	21.85	67.23	10.92	1,794.36	5,521.12	896.53
귀주성	28.34	63.46	8.20	1,056.93	2,367.06	306.01
운남성	24.12	68.36	7.52	1,073.16	3,041.98	334.86
서장자치구	27.30	66.54	6.16	75.62	184.31	17.07
섬서성	19.56	71.82	8.63	727.53	2,671.55	320.92
감숙성	23.40	69.37	7.22	607.12	1,799.49	187.39
청해성	24.07	69.89	6.04	130.70	379.51	32.78
영하자치구	25.91	68.07	6.02	154.40	405.69	35.91
신강자치구	23.54	69.98	6.48	473.21	1,406.56	130.23

주의: 2005년 기준.

자료: 『中国人口统计年鉴2006』관련 자료 재정리.

성, 복건성은 동부지역에 포함된다. 서부지역의 대부분 성 · 시 · 자치구는 노동연령인구 비중이 전국 평균 보다 낮은 수준을 가지고 있다. 그 중 귀주성(贵州省)은 노동연령인구 비중이 63.46%로 가장 낮다.

지역별로 노동연령인구 규모가 가장 큰 지역은 산동성(山东省)으로 6,855.32만 명의 노동연령인구를 가지고 있다. 그 다음은 하남성(河南省)과 광동성(广东省)도 6,625.02만 명과 6,546,32만 명으로 비교적 많은 노동연령인구를 가지고 있다. 노동연령인구 규모가 크다는 것은 지역경제발전에 필요한 노동력시장이 풍부하다는 것을 의미한다. 그리고 서부지역의 사천성(四川省)과 동부지역의 강소성(江苏省)과 하북성(河北省)도 5천 만 명 이상의 노동연령인구를 가지고 있다. 노동연령인구 규모가 가장 작은 지역은 서장자치구(西藏自治区)와 청해성(青海省)으로 각각 184.31만 명과 379.51만 명의 노동연령인구를 가지고 있다.

1.2. 경제활동인구와 취업인구

1.2.1. 경제활동인구의 구조

경제활동인구는 만 16세 이상 인구 중 실질적으로 경제활동에 참가하고 있는 인구를 말하며, 취업인구와 실업인구를 포함하고 있다. 2005년 중국의 경제활동인구는 77,877만 명으로 전체 인구의 59.56%를 차지하고 있다. 그 중 취업인구는 75,825만 명이고, 실업인구는 839만 명이다. 취업인구와 실업인구를 합하면 경제활동인구가 되는데, 실제적으로 두 지표를 합은 76,664만 명으로 경제활동인구와의 차이가 1,213만 명이나 된다. 이것은 실업인구 지표는 도시등록실업인구를 이용하고 있기 때문이다.

도시등록실업인구는 노동연령 내(16세 이상~64세 이하)에 있는 비농업 인구 중 노동능력이 있지만 직업이 없고 또한 취업을 할 의사가 있는 인구로서 해당 지역 취업서비스 부문에서 구직 등록을 하고 있는 인구를 말한다. 따라서 실제로는 취업을 못하고 있는 상태이지만 위와 같은 조건에 만족되지 않는 경우에는 실업인구 지표 내에 포함되지 않는다.

따라서 취업인구와 실업인구의 합계는 전체 경제활동인구 보다 더 적게 나타나는 것이다.

연도별로 보면, 자료가 이용 가능한 1998년부터 2005년까지 경제활동인구는 매년 꾸준히 증가하고 있다. 그리고 노동력참가율은 매년 80% 이상 수준을 유지하고 있다.

<표 7–5> 경제활동인구의 규모 추이

(단위: 만 명)

연도	총인구	노동연령인구	경제활동인구	취업인구	실업인구*	노동력참가율
1952	57,482	–	21,106	20,729	–	–
1960	67,295	–	–	25,880	–	–
1970	82,992	–	–	34,432	–	–
1980	98,705	–	42,903	42,361	–	–
1985	105,851	–	50,112	49,873	–	–
1990	114,333	–	65,323	64,749	383	–
1991	115,823	–	66,091	65,491	352	–
1992	117,171	–	66,782	66,152	364	–
1993	118,517	–	67,468	66,808	420	–
1994	119,850	–	68,135	67,455	476	–
1995	121,121	80,630.24	68,855	68,065	520	85.40
1996	122,389	82,233.17	69,765	68,950	553	84.84
1997	123,626	84,040.95	70,800	69,820	570	84.24
1998	124,761	85,161.86	72,087	70,637	571	84.65
1999	125,786	86,062.78	72,791	71,394	575	84.58
2000	126,743	88,793.00	73,992	72,085	595	83.33
2001	127,627	88,802.23	74,432	73,025	681	83.82
2002	128,453	90,623.59	75,360	73,740	770	83.16
2003	129,227	91,945.01	76,075	74,432	800	82.74
2004	129,988	93,760.34	76,823	75,200	827	81.94
2005	130,756	93,320.56	77,877	75,825	839	83.45

주의: * 실업인구는 도시등록실업인구(城镇登记失业人数)를 말함.
자료: 『中国统计年鉴』, 『中国劳动统计年鉴』, 『中国人口统计年鉴』.

2005년 중국의 취업인구는 75,825만 명으로 경제활동인구의 83.45%를 차지하고 있으며, 총인구의 58.0%를 차지하고 있다. 1952년 이래 중국의 취업인구는 매년 꾸준히 증가하고 있으며, 개혁개방 이후 그 증가 속도는 더욱 빨라지고 있다. 도시의 취업인구는 매년 증가 추세에 있으며, 1990년대에는 그 증가속도가 더욱 빨라지고 있다. 그러나 농촌의 취업인구는 1990년의 47,708만 명으로 시작으로 큰 변화가 없다. 도시의 취업인구는 2005년 기준으로 27,331만 명으로 전체 취업인구의 36.04%를 차지하고 있으며, 농촌의 취업인구는 48,494만 명으로 63.96%를 차지하고 있다. 지난 50여 년 동안 도시취업인구가 전체 취업인구에서 차지하는 비중은 꾸준히 증가하고 있으나, 농촌취업인구가 전체 취업인구에서 차지하는 비중은 점차 감소하고 있다. 이것은 중국의 취업기회가 농촌보다는 도시에서 더욱 많이 창출되고 있음을 간접적으로 반영하고 있다.

1.2.2. 지역별 취업인구와 실업인구

아래 <표 7–6>은 중국의 지역별 취업인구와 실업인구를 나타내고 있다. 취업인구가 가장 많은 지역은 하남성(河南省)으로 5,662.4만 명의 취업인구를 가지고 있으며, 전국 취업인구의 8.32%를 차지하고 있다. 그 다음은 산동성(山东省)으로 역시 5천 만 명 이상의 취업인구를 가지고 있으며, 전국 취업인구의 7.51%를 차지하고 있다. 광동성(广东省), 사천성(四川省), 강소성(江苏省), 호남성(湖南省), 안휘성(安徽省), 하북성(河北省), 절강성(浙江省) 등 지역도 비교적 큰 규모의 취업인구를 가지고 있으며, 이들 10개 지역의 합계는 전국 취업인구의 55.52%를 차지하고 있다.

도시취업인구가 가장 많은 지역은 광동성(广东省)으로 1,612.6만 명의 규모를 가지고 있으며, 전국 도시취업인구의 9.14%를 차지하고 있다. 그 다음은 산동성(山东省)과 강소성(江苏省)이 각각 1,328.6만 명과 1,215.2만 명으로 모두 천 만 명이 넘는 도시취업인구를 가지고 있다. 이외에도 하남성(河南省), 절강성(浙江省), 요녕성(辽宁省), 사천성(四川省), 호북성(湖北省), 북경시(北京市), 호남성(湖南省) 등 지역도 도시취업인구가 비교적 많은 지역들이다. 이들 10개 지역의 도시취업인구의 합계는 전국 도시취업인구의 55.56%를 차지하고 있다.

농촌취업인구가 가장 많은 지역은 하남성(河南省)으로 4,752.4만 명의 농촌취업인구를 가지고 있으며, 전국 농촌취업인구의 9.43%를 차지하고 있다. 그 다음은 사천성(四川省),

<표 7–6> 지역별 취업인구와 실업인구

지역	취업인구		도시취업인구		농촌취업인구		실업인구	
	만 명	%	만 명	%	만 명	%	만 명	%
북경시	920.4	1.35	736.3	4.17	184.0	0.37	10.6	1.47
천진시	426.9	0.63	248.4	1.41	178.5	0.35	11.7	1.63
하북성	3,467.3	5.10	661.3	3.75	2,805.9	5.57	27.8	3.87
산서성	1,476.4	2.17	440.6	2.50	1,035.7	2.06	14.3	1.98
내몽고자치구	1,041.1	1.53	350.3	1.99	690.8	1.37	17.7	2.46
요녕성	1,978.6	2.91	865.1	4.90	1,113.5	2.21	60.4	8.39
길림성	1,099.4	1.62	414.2	2.35	685.2	1.36	27.6	3.84
흑룡강성	1,625.8	2.39	676.9	3.84	948.9	1.88	31.3	4.35
상해시	855.9	1.26	612.4	3.47	243.5	0.48	27.5	3.82
강소성	3,877.7	5.70	1,215.2	6.89	2,662.5	5.28	41.6	5.78
절강성	3,202.9	4.71	904.3	5.13	2,298.5	4.56	29.0	4.03
안휘성	3,484.7	5.12	545.5	3.09	2,939.2	5.83	27.8	3.86
복건성	1,868.5	2.75	555.5	3.15	1,313.0	2.61	14.9	2.06
강서성	2,107.5	3.10	468.7	2.66	1,638.8	3.25	22.8	3.17
산동성	5,110.8	7.51	1,328.6	7.53	3,782.2	7.51	42.9	5.96
하남성	5,662.4	8.32	910.0	5.16	4,752.4	9.43	33.0	4.59
호북성	2,676.3	3.93	743.5	4.21	1,932.8	3.84	52.6	7.31
호남성	3,658.3	5.38	682.9	3.87	2,975.4	5.91	41.9	5.82
광동성	4,702.1	6.91	1,612.6	9.14	3,089.5	6.13	34.5	4.79
광서자치구	2,703.1	3.97	427.7	2.42	2,275.4	4.52	18.5	2.57
해남성	377.7	0.56	121.7	0.69	256.0	0.51	5.1	0.71
중경시	1,720.8	2.53	353.9	2.01	1,366.9	2.71	16.9	2.35
사천성	4,603.5	6.77	802.0	4.55	3,801.5	7.54	34.3	4.77
귀주성	2,215.8	3.26	281.7	1.60	1,934.2	3.84	12.1	1.69
운남성	2,461.3	3.62	410.4	2.33	2,050.9	4.07	13.0	1.80
서장자치구	140.4	0.21	31.5	0.18	108.8	0.22	0.0	0.00
섬서성	1,882.9	2.77	445.8	2.53	1,437.0	2.85	21.5	2.99
감숙성	1,347.6	1.98	263.3	1.49	1,084.3	2.15	9.3	1.29
청해성	267.6	0.39	81.5	0.46	186.0	0.37	3.6	0.50
영하자치구	299.6	0.44	87.6	0.50	212.0	0.42	4.4	0.60
신강자치구	764.3	1.12	360.4	2.04	403.9	0.80	11.1	1.55

주의: * 실업인구는 도시등록실업인구(城镇登记失业人数)를 말함, %는 전국비중을 말함.
자료: 『中国统计年鉴』, 『中国劳动统计年鉴』관련 자료 재정리.

산동성(山东省), 광동성(广东省)도 각각 3,801.5만 명, 3,782.2만 명, 3,089.5만 명의 농촌취업인구를 가지고 있다. 그리고 호남성(湖南省), 안휘성(安徽省), 하북성(河北省), 강소성(江苏省), 절강성(浙江省), 광서자치구(广西自治区) 등 지역도 농촌취업인구가 상대적으로 많은 지역들이다. 이들 10개 지역의 농촌취업인구의 합계는 전국 농촌취업인구의 62.28%를 차지하고 있다. 실업인구가 가장 많은 지역은 요녕성(辽宁省)으로 2005년 실업인구규모가 60.4만 명이며 전국 실업인구의 8.39%를 차지하고 있다. 그 다음은 호북성(湖北省), 산동성(山东省), 호남성(湖南省), 강소성(江苏省)이 각각 40만 명 이상의 실업인구를 가지고 있다.

그리고 광동성(广东省), 사천성(四川省), 하남성(河南省), 흑룡강성(黑龙江省), 절강성(浙江省) 등 지역이 비교적 실업인구가 많은 지역들이다. 이들 10개 지역의 합계는 전국 실업인구의 55.79%를 차지하고 있다. 특히 요녕성(辽宁省)과 흑룡강성(黑龙江省)은 동북지역에 위치하고 있으며, 실업인구의 규모를 통해서도 이들 지역의 경제침체가 심각함을 알 수 있다.

4대 직할시의 취업인구 변화 추이를 보면, 개혁개방 이래 매년 상승 추세에 있음을 볼 수 있다. 그러나 1990년대 두세 번 정도의 취업인구 감소 현상이 나타나고 있다. 이것은 주로 도시취업인구의 변화에 기인한 것으로 본다. 1990년대 중국은 국유기업개혁과 같은 산업구조 조정을 실시하고 있는데, 이를 통한 취업인구의 변화에 기인하고 있는 것으로 해석된다. 상해시(上海市)의 도시취업인구는 1992년 567.07만 명에서 1993년에 552.18만 명으로 감소하였다. 동부지역의 강소성(江苏省)과 하북성(河北省)은 취업인구의 변화가 크지 않으나, 산동성(山东省)과 광동성(广东省)은 비교적 큰 변화를 보이고 있다. 특히 1990년대 이후 이들 두 지역의 취업인구는 크게 증가하고 있다. 특히 광동성의 도시취업인구는 2001년 이래 매년 크게 증가하고 있다. 2003년은 2002년에 비해 224.42만 명의 도시취업인구가 증가하였으며, 2005년은 2004년에 비해 196.18만 명이 증가하였다. 중부지역에서는 하남성(河南省)의 취업인구 증가가 현저하다. 그러나 2000년 이후 증가 추세는 약간 둔화되고 있다. 사천성(四川省)은 서부지역에서 취업인구 규모가 가장 크다. 그러나 1980년대의 급속한 취업인구 증가를 경험한 후 1990년에는 비교적 완만한 상승 추세를 보이고 있다.

1.2.3. 산업별 취업인구

3차 산업별 취업인구를 보면, 2005년 현재 1차 산업에 종사하는 인구가 33,970만 명, 2차 산업에 종사하는 인구가 18,084만 명, 3차 산업에 종사하는 인구가 23,771만 명으로, 비중은 각각 44.8%, 23.8%, 31.4%이다. 즉 1차 산업의 취업인구가 가장 많으며, 그 다음은 3차 산업이고, 2차 산업의 취업인구는 상대적으로 적다. 1950년대 제1차 경제개발 5개년 계획이 시작될 때와 비교해 보면, 지난 50여 년 동안 1차 산업의 취업인구 비중은 83.5%에서 44.8%로 크게 감소하였으며, 2차 산업과 3차 산업의 취업인구 비중은 각각 7.4%와 9.1%에서 23.8%와 31.4%로 크게 증가하였다. 한 가지 주의할 점은 1980년 이후 1차 산업의 취업인구가 크게 감소하는 반면, 2차 산업보다 3차 산업의 취업인구 비중 증가가 더욱 현저하다는 것이

<표 7-7> 3차 산업별 취업인구 규모와 비중의 변화 추이

연도	취업 인구	산업별 취업인구(억 명)			산업별 취업인구 비중(%)		
		1차 산업	2차 산업	3차 산업	1차 산업	2차 산업	3차 산업
1952	20,729	17,317	1,531	1,881	83.5	7.4	9.1
1957	23,771	19,309	2,142	2,320	81.2	9.0	9.8
1962	25,910	21,276	2,059	2,575	82.1	8.0	9.9
1965	28,670	23,396	2,408	2,866	81.6	8.4	10.0
1970	34,432	27,811	3,518	3,103	80.8	10.2	9.0
1975	38,168	29,456	5,152	3,560	77.2	13.5	9.3
1980	42,361	29,122	7,707	5,532	68.7	18.2	13.1
1985	49,873	31,130	10,384	8,359	62.4	20.8	16.8
1990	64,749	38,914	13,856	11,979	60.1	21.4	18.5
1995	68,065	35,530	15,655	16,880	52.2	23.0	24.8
2000	72,085	36,043	16,219	19,823	50.0	22.5	27.5
2001	73,025	36,513	16,284	20,228	50.0	22.3	27.7
2002	73,740	36,870	15,780	21,090	50.0	21.4	28.6
2003	74,432	36,546	16,077	21,809	49.1	21.6	29.3
2004	75,200	35,269	16,920	23,011	46.9	22.5	30.6
2005	75,825	33,970	18,084	23,771	44.8	23.8	31.4

자료: 『中国统计年鉴』관련 자료 재정리.

다. 1980년 2차 산업의 취업인구 비중은 18.2%이다. 2005년에는 5.6%가 더 증가하였지만, 3차 산업은 18.3%가 더 증가하였다. 즉 1차 산업에서 감소한 취업인구가 2차 산업으로 수평이동하는 것이 아니라 상당한 부분이 3차 산업으로 흡수되고 있음을 나타낸다.

지역별로 취업인구의 산업구조를 보면 <표 7-8>과 같다. 1차 산업 취업인구의 비중이 전국 평균보다 높은 지역은 운남성(云南省), 서장자치구(西藏自治区), 귀주성(贵州省), 감숙성(甘肃省), 해남성(海南省), 광서자치구(广西自治区), 하남성(河南省), 내몽고자치구(内蒙古自治区), 호남성(湖南省), 신강자치구(新疆自治区), 안휘성(安徽省), 섬서성(陕西省), 사천성(四川省), 청해성(青海省), 흑룡강성(黑龙江省), 영하자치구(宁夏自治区), 길림성(吉林省), 강서성(江西省), 중경시(重庆市), 하북성(河北省)으로 해남성과 하북성을 제외하고는 모두 중부지역, 서부지역 그리고 동북지역에 위치하고 있다. 그리고 서부지역의 12개 성 · 시 · 자치구의 1차 산업 취업인구비중은 모두 전국 평균보다 높다. 1차 산업의 취업인구 비중이 가장 높은 지역은 운남성(云南省)으로 전체 취업인구의 69.4%가 1차 산업에 종사하고 있다.

2차 산업의 취업인구 비중이 전국 평균보다 높은 지역은 절강성(浙江省), 천진시(天津市), 상해시(上海市), 강소성(江苏省), 복건성(福建省), 광동성(广东省), 산동성(山东省), 하북성(河北省), 산서성(山西省), 요녕성(辽宁省), 북경시(北京市)로 산서성을 제외하고는 모두 동부지역에 위치하고 있다. 산서성의 2차 산업 취업인구의 비중이 상대적으로 높은 것은 석탄채광업이 특화되어 있기 때문이다. 1차 산업의 취업인구 비중과는 달리 2차 산업의 취업인구 비중은 동부지역에서 높게 나타나고 있는 것은 동부지역의 공업화가 기타 지역보다 더욱 빠르게 진전되고 있음을 반영하고 있다. 2차 산업의 취업인구 비중이 가장 높은 지역은 절강성으로 전체 취업인구의 41.8%가 2차 산업에 종사하고 있다.

3차 산업의 취업인구 비중이 전국 평균 보다 높은 지역은 북경시, 상해시, 천진시, 요녕성, 호북성(湖北省), 광동성, 길림성(吉林省), 강소성, 절강성, 청해성(青海省), 신강자치구(新疆自治区), 중경시(重庆市), 광서자치구(广西自治区), 해남성(海南省), 귀주성(贵州省), 강서성(江西省)이다. 그 중 북경시의 3차 산업 취업인구 비중은 68.6%로 전국에서 가장 높다. 한 가지 주의할 점은 청해성, 신강자치구, 광서자치구, 귀주성 등과 같은 서부지역의 일

<표 7-8> 지역별 3차 산업 취업인구 규모와 비중

지 역	취업인구(만 명)				지역 내 비중(%)		
		1차 산업	2차 산업	3차 산업	1차산업	2차 산업	3차산업
북경시	920.4	62.2	226.4	631.8	6.8	24.6	68.6
천진시	426.9	80.5	173.3	173.1	18.9	40.6	40.5
하북성	3,467.3	1,562.3	1,048.4	856.6	45.1	30.2	24.7
산서성	1,476.4	641.8	385.8	448.7	43.5	26.1	30.4
내몽고자치구	1,041.1	560.5	162.8	317.9	53.8	15.6	30.5
요녕성	1,978.6	718.9	504.4	755.2	36.3	25.5	38.2
길림성	1,099.4	523.9	201.8	373.8	47.7	18.4	34.0
흑룡강성	1,625.8	787.7	339.7	498.4	48.4	20.9	30.7
상해시	855.9	61.1	331.3	463.5	7.1	38.7	54.2
강소성	3,877.7	1,076.7	1,493.4	1,307.6	27.8	38.5	33.7
절강성	3,202.9	791.1	1,339.9	1,071.8	24.7	41.8	33.5
안휘성	3,484.7	1,778.2	762.7	943.7	51.0	21.9	27.1
복건성	1,868.5	702.5	582.3	583.7	37.6	31.2	31.2
강서성	2,107.5	967.4	464.3	675.8	45.9	22.0	32.1
산동성	5,110.8	2,056.5	1,558.6	1,495.6	40.2	30.5	29.3
하남성	5,662.4	3,138.8	1,251.7	1,271.9	55.4	22.1	22.5
호북성	2,676.3	1,133.9	521.8	1,020.5	42.4	19.5	38.1
호남성	3,658.3	1,962.0	639.4	1,056.9	53.6	17.5	28.9
광동성	4,702.1	1,548.7	1,443.1	1,710.3	32.9	30.7	36.4
광서자치구	2,703.1	1,518.7	302.1	882.2	56.2	11.2	32.6
해남성	377.7	215.1	40.1	122.5	57.0	10.6	32.4
중경시	1,720.8	779.5	370.6	570.7	45.3	21.5	33.2
사천성	4,603.5	2,329.9	845.8	1,427.8	50.6	18.4	31.0
귀주성	2,215.8	1,272.0	228.5	715.3	57.4	10.3	32.3
운남성	2,461.3	1,709.2	245.1	507.0	69.4	10.0	20.6
서장자치구	140.4	86.3	12.9	41.2	61.4	9.2	29.3
섬서성	1,882.9	956.4	348.3	578.2	50.8	18.5	30.7
감숙성	1,347.6	770.5	184.8	392.3	57.2	13.7	29.1
청해성	267.6	131.6	46.5	89.6	49.2	17.4	33.5
영하자치구	299.6	145.1	66.7	87.8	48.4	22.3	29.3
신강자치구	764.3	407.1	101.7	255.4	53.3	13.3	33.4

주의: 2005년 기준.
자료: 『中国统计年鉴』 관련 자료 재정리.

부 지역들의 3차 산업 취업인구 비중이 전국 평균보다 높다는 것이다. 이들 지역은 1차 산업의 취업인구 비중도 전국 평균 보다 높다. 따라서 이들 지역의 3차 산업 취업인구 비중이 상대적으로 높은 이유는 2차 산업이 발전이 느리기 때문이라고 본다. 즉 2차 산업에 종사하지 못하는 인구가 3차 산업으로 이전되기 때문이다.

광동성의 산업별 취업인구 구조를 보면, 2006년 현재 2차 산업의 비중이 가장 높다. 즉 전체 취업인구의 33.81%가 2차 산업에 종사하고 있으며, 30.37%는 1차 산업에, 그리고 30.82%는 3차 산업에 종사하고 있다. 1978년과 비교해 보면, 1차 산업의 취업인구 비중이 크게 감소하였으며, 2차 산업의 비중이 3차 산업과 비교해서 상대적으로 더욱 많이 증가하였다. 1978년 1차 산업의 취업인구 비중은 13.75%이고 2006년은 이에 비해 25.06%가 증가하였으며, 1978년 3차 산업의 취업인구 비중은 12.57%이며, 2006년은 이에 비해 18.25%가 증가하였다. 산동성(山东省)도 광동성과 비슷한 구조의 변화를 보이고 있으나, 3차 산업의 비중 증가가 더욱 높다. 1978년 산동성(山东省)의 1차 산업 취업인구 비중은 79.2%이며, 2004년에는 44.4%로 감소하였다. 반면에 2차 산업의 취업인구 비중은 12.3%에서 27.6%로 15.3%가 증가하였으며, 3차 산업의 취업인구 비중은 8.5%에서 28.0%로 19.5%가 증가하였다. 취업인구 비중으로 보면, 개혁개방 이후 광동성(广东省)의 2차 산업이 산동성보다 상대적으로 더욱 발전하고 있음을 알 수 있다.

세부산업별 취업인구 규모와 비중은 <표 7-9>에 나타나고 있다. 2005년을 기준으로 제조업이 전체 취업인구의 28.16%로 가장 많은 비중을 차지하고 있으며, 그 다음은 교육부문이 13.01%, 공공관리와 사회조직이 10.88%로 비교적 높은 취업인구 비중을 차지하고 있다. 농림목어업의 취업인구 비중은 2003년에서 2005년 동안 매년 감소하고 있는 추세이다. 2차 산업에 있어서는 건축업의 취업인구 비중이 매년 증가추세에 있으며, 제조업도 비교적 빠른 증가 추세에 있다, 2003년 제조업의 취업인구 비중이 27.17%이며, 2005년에는 28.16%로 증가하였다. 3차 산업에 있어서는 정보서비스와 소프트웨어업의 비중이 2003년의 1.06%에서 1.14%로 약간 증가하였다. 그리고 부동산업도 1.10%에서 1.28%로 약간의 증가 추세에 있으며, 임대 및 비즈니스서비스업도 1.67%에서 1.92%로 증가추세에 있다. 그러나 다른 산업들은 오히려 취업인구 비중이 약간 감소하는 추세에 있다.

<표 7–9> 세부 산업별 취업인구 : 전국

세부 산업		2003년 비중(%)	2004년 비중(%)	2005년	
				만 명	비중(%)
1차 산업	농림목어업	4.42	4.20	446.3	3.91
2차 산업	채광업	4.45	4.51	509.2	4.47
	제조업	27.17	27.49	3,210.9	28.16
	전력 · 가스 · 수도업	2.71	2.71	299.9	2.63
	건축업	7.60	7.58	926.6	8.13
3차 산업	교통운수 · 창고 · 우정업	5.80	5.69	613.9	5.38
	정보서비스 · 소프트웨어업	1.06	1.11	130.1	1.14
	도소매업	5.73	5.29	544.0	4.77
	숙박음식업	1.57	1.60	181.2	1.59
	금융업	3.22	3.21	359.3	3.15
	부동산업	1.10	1.20	146.5	1.28
	임대 · 비즈니스서비스업	1.67	1.75	218.5	1.92
	과학연구 · 탐사업	2.02	2.00	227.7	2.00
	수리 · 환경 · 공공시설관리	1.57	1.59	180.4	1.58
	주민서비스 · 기타서비스업	0.48	0.49	53.9	0.47
	교육	13.15	13.22	1,483.2	13.01
	위생 · 사회보장 · 사회복지	4.43	4.46	508.9	4.46
	문화 · 체육 · 오락업	1.17	1.11	122.5	1.07
	공공관리 · 사회조직	10.67	10.80	1,240.8	10.88

주의: 취업인구는 성진단위(城镇单位)를 기준.
자료: 『中国劳动统计年鉴』 관련 자료 재정리.

<표 7–10>은 중국의 3대 직할시의 세부 산업별 취업인구 규모와 비중을 나타내고 있다. 북경시(北京市)의 제조업 취업인구 비중은 20.25%이며, 건축업은 8.13%이다. 천진시(天津市)의 제조업 취업인구 비중은 40.04%, 건축업은 4.70%이다. 상해시(上海市)의 제조업 취업인구 비중은 35.73%, 건축업은 3.99%이다. 3대 직할시 중 천진시의 제조업 비중이 가장 높다. 천진시의 채광업 비중은 3.77%로서 다른 직할시에 비해 매우 높다. 이것은 천진시의 석유와 천연가스 채굴에 기인한 것이다.

3차 산업에 있어서는 북경시의 정보서비스와 소프트웨어산업의 취업인구 비중이 3.84%로 천진시의 2.4%와 상해시의 1.28%보다 상대적으로 높다. 이것은 북경시의 중관촌(中关

村)을 중심으로 한 IT산업의 발전과도 관련이 있다고 본다. 숙박음식업은 북경시의 비중이 가장 높으며, 천진시의 비중이 가장 낮다. 이것은 북경시가 중국의 수도로서 정치와 행정의 중심지 역할을 하고 있기 때문일 것이다.

<표 7–10> 3대 직할시의 세부 산업별 취업인구

세부 산업		북경시(北京市)		천진시(天津市)		상해시(上海市)	
		만 명	%	만 명	%	만 명	%
1차 산업	농림목어업	2.8	0.56	0.8	0.42	1.5	0.44
2차 산업	채광업	2.2	0.44	7.3	3.77	0.1	0.02
	제조업	102.4	20.25	77.7	40.04	118.7	35.73
	전력 · 가스 · 수도업	5.8	1.14	3.4	1.73	5.4	1.64
	건축업	41.1	8.13	9.1	4.70	13.3	3.99
3차 산업	교통운수 · 창고 · 우정업	37.1	7.33	11.8	6.06	32.8	9.88
	정보서비스 · 소프트웨어업	19.4	3.84	2.4	1.25	4.2	1.28
	도소매업	38.8	7.67	11.7	6.05	24.4	7.35
	숙박음식업	24.6	4.86	3.0	1.54	7.8	2.33
	금융업	15.8	3.13	5.1	2.64	15.8	4.77
	부동산업	23.3	4.62	2.3	1.20	8.2	2.47
	임대 · 비즈니스서비스업	46.7	9.23	6.6	3.39	14.9	4.49
	과학연구 · 탐사업	31.6	6.26	5.3	2.74	13.2	3.98
	수리 · 환경 · 공공시설관리	7.0	1.39	3.6	1.86	5.1	1.53
	주민서비스 · 기타서비스업	10.3	2.03	4.3	2.22	4.0	1.20
	교육	36.8	7.27	17.0	8.74	25.7	7.72
	위생 · 사회보장 · 사회복지	16.2	3.21	7.7	3.97	15.5	4.66
	문화 · 체육 · 오락업	14.1	2.78	1.7	0.90	4.5	1.34
	공공관리 · 사회조직	29.7	5.87	13.2	6.80	18.3	5.50

주의: 2005년 기준, 취업인구는 성진단위(城镇单位)를 기준.
자료: 『中国劳动统计年鉴』 관련 자료 재정리.

그러나 금융업의 취업인구 비중은 상해시가 북경시와 천진시보다 상대적으로 높다. 상해증권거래소를 중심으로 하는 국제금융허브의 기능이 반영되고 있다고 본다. 이외에 3차 산업의 기타 세부 업종, 즉 부동산업, 임대 및 비즈니스서비스업, 과학연구 및 탐사업, 문화체육 및 오락업 등에 있어서는 북경시의 비중이 상대적으로 높다. 그러나 교육부문의 취업인구 비중은 천진시가 8.74%로 북경시의 7.27%와 상해시의 7.72%보다 약 1%정도 더 높다. 또한 위생, 사회보장 및 사회복지업에 있어서는 상해시의 취업인구 비중이 4.66%로 북경시나 천진시 보다 더 높다.

동부지역의 경제발전을 선도하는 세 성(省)의 세부 산업별 취업인구 비중은 아래 <표 7–11>과 같다. 세 성 모두 제조업의 비중이 전체 취업인구에서 가장 높게 나타나고 있다. 그 중 강소성(江苏省)이 40.01%로 가장 높은 비중을 가지고 있다. 농림목어업에 있어서는 강소성의 취업인구 비중이 2.46%로 다른 두 성보다 상대적으로 높다. 이것은 강소성의 남쪽 지역은 공업화가 어느 정도 진전되고 있으나 북쪽지역은 아직도 공업화의 공간이 상대적으로 많기 때문이다. 산동성(山东省)의 채광업 종사 취업인구 비중이 6.91%로 비교적 높은 이유는 승리유전(胜利油田)을 중심으로 하는 석유채굴업과 관련이 있다. 교통운수 · 창고 · 우정업, 정보서비스 · 소프트웨어업, 금융업, 과학연구 · 탐사업, 위생 · 사회보장 · 사회복지업에 있어서는 산동성(山东省)이 강소성(江苏省)과 광동성(广东省)보다 상대적으로 낮은 취업인구 비중을 가지고 있다. 그러나 공공관리 · 사회조직에 있어서는 산동성(山东省)의 취업인구 비중이 11.08%로 가장 높다. 그리고 교육부문의 취업인구 비중은 강소성이 13.01%로 가장 높으며, 그 다음은 산동성으로 11.73%, 광동성은 세 성 중에서 가장 낮은 10.88%를 나타내고 있다.

중국은 사회주의시장경제체제의 특성을 가지고 있다. 여기서 사회주의가 가지는 경제적 의의는 바로 전국민소유제(全民所有制)이다. 소유제의 가장 핵심적인 요소는 바로 국유제(国有制)이다. 물론 시장경제는 국유제를 기초로 하는 것이 아니라 사유제(私有制)를 중심으로 하는 경쟁체제이다. 따라서 사회주의시장경제는 국유와 사유를 유기적으로 결합하고자 하는 중국의 노력이라고도 볼 수 있는 것이다.

이와 같은 소유제를 기준으로 취업인구 구성을 보면, 국유부분의 비중이 36.8%이고 非국유부분의 비중이 63.3%를 차지하고 있다. 非국유부분에는 크게 집체, 사영 · 개체, 그리고 기타로 나눌 수 있는데, 사영 · 개체 부문의 비중이 35.4%로 가장 높으며, 집체의 비중이 4.6%로 가장 낮다. 그리고 기타는 유한책임회사, 유한주식회사, 외국인투자기업 등을 포함하고 있는데 취업인구의 비중은 23.3%이다.

<표 7-11> 동부지역 주요 3개 성(省)의 세부 산업별 취업인구

세부 산업		광동성(广东省)		산동성(山东省)		강소성(江苏省)	
		만 명	%	만 명	%	만 명	%
1차 산업	농림목어업	10.6	1.18	6.5	0.73	15.5	2.46
2차 산업	채광업	3.3	0.36	61.6	6.91	14.9	2.37
	제조업	360.0	39.81	336.7	37.79	251.6	40.01
	전력 · 가스 · 수도업	19.6	2.16	20.2	2.27	14.1	2.23
	건축업	58.6	6.48	68.2	7.66	27.0	4.29
3차 산업	교통운수 · 창고 · 우정업	47.3	5.23	29.5	3.31	33.0	5.25
	정보서비스 · 소프트웨어업	14.0	1.55	5.8	0.65	6.5	1.03
	도소매업	40.6	4.49	39.8	4.47	28.9	4.59
	숙박음식업	22.2	2.45	11.8	1.32	8.6	1.37
	금융업	29.9	3.31	24.6	2.76	22.2	3.54
	부동산업	20.9	2.31	8.5	0.96	5.8	0.92
	임대 · 비즈니스서비스업	23.5	2.60	10.8	1.21	9.1	1.45
	과학연구 · 탐사업	12.3	1.36	8.1	0.91	9.2	1.47
	수리 · 환경 · 공공시설관리	11.9	1.32	11.4	1.28	10.0	1.58
	주민서비스 · 기타서비스업	4.2	0.46	3.1	0.35	1.2	0.19
	교육	98.4	10.88	104.5	11.73	81.8	13.01
	위생 · 사회보장 · 사회복지	38.2	4.23	35.4	3.97	29.9	4.75
	문화 · 체육 · 오락업	8.2	0.91	5.7	0.64	5.0	0.80
	공공관리 · 사회조직	80.7	8.93	98.7	11.08	54.7	8.69

주의: 2005년 기준, 취업인구는 성진단위(城镇单位)를 기준.
자료: 『中国劳动统计年鉴』관련 자료 재정리.

1995년과 비교해 볼 때, 국유부문의 취업인구 비중은 크게 감소하였으며, 非국유부문의 취업인구 부분은 크게 증가하였다. 非국유부문 중에서도 집체부문의 취업인구 비중은 크게 감소하였으나, 사영 · 개체, 그리고 기타 부문의 비중은 크게 증가하였다. 즉 취업인구 비중으로 볼 때 사회주의시장경제체제에서 사회주의의 비중은 점차 감소하고 있으며 시장경제의 비중이 점차 증가하고 있는 것이다.

지역별로 보면, 국유부문의 취업인구 비중이 전국 평균 보다 낮은 지역은 천진시(天津市), 요녕성(辽宁省), 중경시(重庆市), 산동성(山东省), 복건성(福建省), 북경시(北京市), 광동성(广东省), 강소성(江苏省), 상해시(上海市), 절강성(浙江省)으로 중경시를 제외하고는

<표 7-12> 지역별 소유제별 취업구조

지역	국유부문(%)	非국유부문(%)			
			집체	기타	사영 · 개체
1995년 전국	64.9	35.1	18.1	5.2	11.8
2005년 전국	36.8	63.3	4.6	23.3	35.4
북경시	26.5	73.4	3.2	38.9	31.3
천진시	36.3	63.7	4.6	37.3	21.8
하북성	52.5	47.5	5.7	16.7	25.1
산서성	57.3	42.7	7.1	17.4	18.2
내몽고자치구	46.2	53.7	3.5	19.6	30.6
요녕성	35.0	65.0	4.7	17.8	42.5
길림성	43.1	56.9	5.1	15.0	36.8
흑룡강성	46.4	53.7	5.7	20.4	27.6
상해시	23.1	76.9	2.4	28.9	45.6
강소성	23.3	76.7	3.2	25.2	48.3
절강성	19.9	80.2	3.4	35.5	41.3
안휘성	38.3	61.8	5.7	17.6	38.5
복건성	27.2	72.8	3.4	41.4	28.0
강서성	42.5	56.5	3.0	12.3	41.2
산동성	31.9	68.0	4.9	30.2	32.9
하남성	44.5	55.5	10.0	22.5	23.0
호북성	42.1	57.9	5.0	21.7	31.2
호남성	38.0	62.0	4.5	17.0	40.5
광동성	23.6	76.4	4.3	28.2	43.9
광서자치구	46.5	53.5	4.6	15.2	33.7
해남성	47.6	52.3	3.3	10.4	38.6
중경시	34.7	65.2	3.9	22.2	39.1
사천성	39.4	60.6	5.3	19.2	36.1
귀주성	52.1	47.9	3.7	19.0	25.2
운남성	42.7	57.3	2.8	14.7	39.8
서장자치구	53.7	46.3	1.6	2.4	42.3
섬서성	55.9	44.1	5.0	14.1	25.0
감숙성	60.4	39.6	4.8	8.6	26.2
청해성	39.3	60.6	2.7	10.2	47.7
영하자치구	43.9	56.0	1.6	22.5	31.9
신강자치구	51.9	48.1	1.7	14.3	32.1

자료: 『中国劳动统计年鉴』관련 자료 재정리.

모두 동부지역에 위치하고 있는 성 · 시들이다. 국유부문의 취업인구 비중이 가장 낮은 지역은 절강성으로 비중이 19.9%이다. 상대적으로 절강성의 非국유부문의 취업인구 비중은 80.2%로 가장 높다.

국유부문의 취업인구 비중이 가장 높은 지역은 감숙성(甘肅省)으로 60.4%이다. 사영 · 개체부문의 취업인구 비중이 가장 높은 지역은 강소성으로 전체 취업인구의 48.3%를 차지하고 있다. 그리고 청해성(青海省), 상해시, 광동성, 요녕성, 서장자치구(西藏自治区), 절강성, 강서성(江西省), 호남성(湖南省), 운남성(云南省), 중경시, 해남성(海南省), 안휘성(安徽省), 길림성(吉林省), 사천성(四川省)도 사영 · 개체부문의 취업인구 비중이 전국 평균 보다 높다. 한 가지 주의할 점은 사영 · 개체부문의 취업인구 비중이 높은 것이 시장경제시스템이 더욱 발전하고 있는 것은 아니라는 것이다. 서부지역의 일부 성들이 사영 · 개체부문의 취업인구 비중이 높게 나타나는 이유는 국가의 개발정책 역량이 상대적으로 낮게 투입되었기 때문인 것으로 해석해야 할 것이다.

1.3. 노동력의 교육수준

1.3.1. 문맹인구

중국은 1964년의 인구조사에서는 13세 이상 인구 중 글자를 모르는 인구를 문맹인구라 정의하였으나, 1982년부터는 15세 이상 인구 중 글자를 모르는 인구를 문맹인구라 정의하고 있다. 그리고 문맹인구가 15세 이상 인구에서 차지하는 비중을 문맹률이라고 한다.

중국의 문맹인구는 1964년의 23,327만 명에서 2000년 8,507만 명으로 꾸준히 감소하고 있다. 이와 함께 문맹률도 1964년의 33.58%에서 2000년의 6.72%로 크게 감소하고 있다. 한 가지 주의할 것은 2005년의 문맹인구 규모와 문맹률이 다시 상승하고 있는 것이다. 2005년의 문맹인구는 11,600만 명, 문맹률은 11.04%로 2000년에 비해 오히려 증가하였다. 이러한 현상은 일반적인 사회경제발전법칙과 크게 상반되는 결과이다. 2000년에서 2005년은 중국의 도시화가 급속하게 진전되고 인구의 지역 간 이동이 크게 증가하는 시기이다. 그리고 전반적으로 사회경제발전 수준도 크게 제고되고 있는 시기이다. 일반적으로 사회경제발전은 자연적으로 문맹퇴치를 동반하게 되는 것이다. 따라서 2005년 문맹률의 상승은 2000년 제5차 전국인구조사의 통계적 오류에 기인하는 현상으로 밖에 해석할 수 없다. 왜냐하면, 2000년의 문맹인구는 1990년에 비해 무려 1억 명 정도나 감소하였기 때문이다. 이것은 1982년과 1990년 기간 동안 약 5천 만 명의 문맹인구 감소와 비교할 때 이례적으로 큰 변화이다. 제1장에서도 언급하고 있듯이 중국의 지역연구에 있어서 특히 주의할 점은 바로 통계수치의 이용과 해석이다. 따라서 문맹인구의 해석에도 특별한 주의가 필요하다.

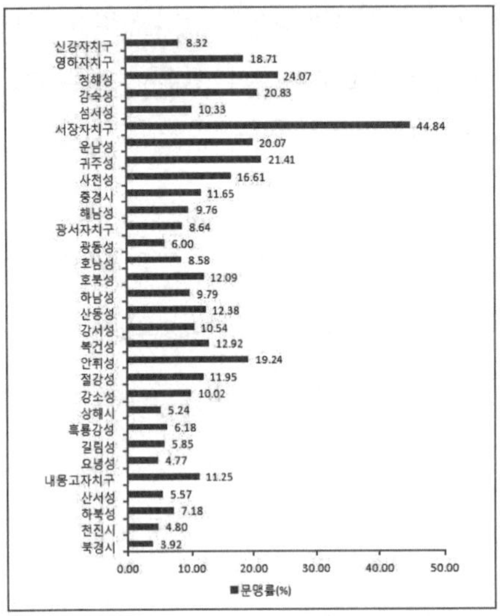

<그림 7–1> 중국의 지역별 문맹률

주의: 2005년 기준.
자료:『中国统计年鉴』.

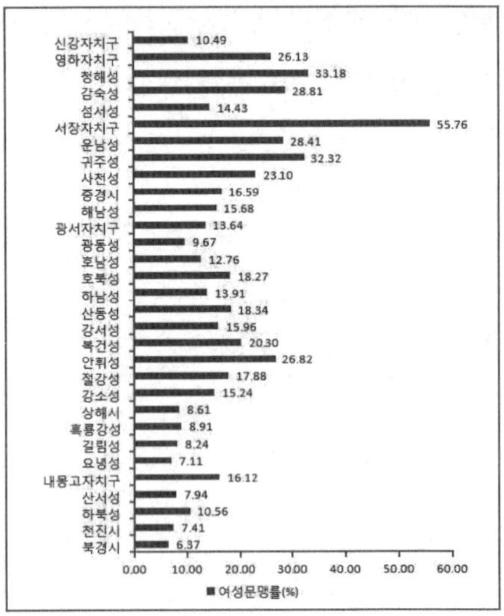

<그림 7–2> 중국의 지역별 여성문맹률

주의: 2005년 기준.
자료:『中国统计年鉴』.

지역별로 문맹률이 가장 높은 지역은 서장자치구(西藏自治区)로 44.84%이다. 그 다음은 청해성(青海省)으로 24.07%의 문맹률을 가지고 있다. 문맹률이 가장 낮은 지역은 북경시(北京市)로 3.92%이다. 전반적으로 보면, 동부지역 각 성 · 시의 상대적으로 낮으며, 서부지역의 성 · 시 · 자치구는 상대적으로 전국 평균 보다 높은 문맹률을 가지고 있다. 서부지역에서는 신강자치구(新疆自治区), 섬서성(陕西省), 광서자치구(广西自治区)는 전국 평균 보다 낮은 문맹률을 가지고 있다. 동부지역에서는 산동성(山东省), 복건성(福建省), 절강성(浙江省)은 전국 평균보다 높은 문맹률을 가지고 있다. 여성문맹률이 가장 높은 지역은 역시 서장자치구(西藏自治区)로 55.76%이다. 이것은 서장자치구 전체 문맹률 44.84%보다 10%이상이 높은 수준이다. 여성의 문맹률은 전체 문맹률과 비슷한 지역별 구조를 가지고 있으나 문맹률의 절대적 수준이 더욱 높다.

1.3.2. 총인구의 교육수준

총인구의 교육수준은 아래 <표 7–13>과 같다. 2005년 기준 총인구에서 미학력 인구의 비중은 10.37%이며, 초등학교 수준 인구의 비중은 33.28%, 중학교 수준 인구의 비중은 38.35%, 고등학교 수준 인구의 비중은 12.44%, 전문대학 이상 수준의 인구비중은 5.56%이다.

학력별로는 중학교 교육수준의 인구비중이 가장 높다. 이것은 중국이 실시하고 있는 9년 의무교육제도와 관련이 있다고 본다. 즉 초등학교 6년과 중학교 3년 합계 9년의 의무교육을 실시하는 것이다.

2005년을 기준으로 지역별로는 북경시(北京市), 상해시(上海市), 천진시(天津市)의 총인구의 교육수준이 상대적으로 높다. 특히 전문대학 이상의 교육수준을 가진 인구가 전체 인구에서 차지하는 비중이 북경시는 24.49%로 전국에서 가장 높다. 상해시와 천진시도 각각 17.85%와 14.08%로 비교적 높은 교육수준을 가지고 있다. 미학력 인구의 비중이 가장 높은 지역은 서장자치구(西藏自治区)와 청해성(青海省)으로 지역 인구의 45.54%와 22.64%를 차지하고 있다. 그리고 귀주성(贵州省), 감숙성(甘肃省), 운남성(云南省), 안휘성(安徽省), 영하자치구(宁夏自治区), 사천성(四川省), 산동성(山东省), 복건성(福建省), 절강성(浙江省), 호북성(湖北省), 중경시(重庆市), 내몽고자치구(内蒙古自治区)의 미학력 인구의 비중은 전국 평균 보다 높다. 중학교의 교육수준을 가진 인구 비중이 가장 높은 지역

<표 7-13> 총인구의 교육수준

(단위: %)

지역	미학력	초등학교	중학교	고등학교	전문대학 이상
전국	10.37	33.28	38.35	12.44	5.56
북경시	3.93	14.30	32.15	25.13	24.49
천진시	5.00	21.87	37.94	21.10	14.08
하북성	6.90	30.06	46.27	12.04	4.73
산서성	5.19	29.89	46.30	13.05	5.57
내몽고자치구	10.58	27.97	38.22	15.31	7.93
요녕성	4.79	27.28	45.87	13.72	8.34
길림성	5.94	30.47	41.93	14.98	6.68
흑룡강성	6.24	28.86	43.88	14.60	6.42
상해시	5.50	15.86	35.87	24.92	17.84
강소성	10.23	28.78	39.45	14.74	6.80
절강성	11.72	35.84	34.87	12.14	5.42
안휘성	16.63	33.68	36.63	9.22	3.85
복건성	11.98	36.42	34.45	12.17	4.98
강서성	9.43	40.46	35.43	10.82	3.85
산동성	12.22	28.90	41.85	12.59	4.44
하남성	8.86	28.50	47.01	11.41	4.22
호북성	10.94	31.79	38.68	13.52	5.07
호남성	8.10	33.77	39.68	13.96	4.49
광동성	5.87	32.51	40.41	15.40	5.81
광서자치구	8.06	39.80	38.19	9.95	4.00
해남성	8.63	30.90	40.66	14.36	5.45
중경시	10.77	42.30	32.08	10.21	4.63
사천성	14.88	43.32	30.56	7.75	3.48
귀주성	18.60	44.68	26.72	6.67	3.32
운남성	17.98	47.63	24.71	6.30	3.37
서장자치구	45.54	42.96	8.49	2.12	0.89
섬서성	9.52	31.21	38.98	14.12	6.17
감숙성	18.48	37.05	29.00	11.21	4.26
청해성	22.64	34.29	25.09	10.88	7.11
영하자치구	16.17	33.46	31.67	11.89	6.82
신강자치구	8.08	34.94	36.03	12.20	8.75

주의 : ① 2005년 기준.

② 2005년도 인구 1% 샘플조사 결과를 이용하여 작성, 샘플비율은 1.325%.

③ %는 해당 학력을 가진 인구가 6세 이상 인구에서 차지하는 비중을 말함.

자료 : 『中国统计年鉴』관련 자료 재정리.

은 해남성(海南省)으로 47.01%를 차지하고 있다. 그리고 광동성(广东省), 하북성(河北省), 내몽고자치구(内蒙古自治区), 산서성(山西省), 호남성(湖南省), 요녕성(辽宁省), 귀주성(贵州省), 신강자치구(新疆自治区), 상해시 등 지역은 전국 평균보다 높은 비중을 가지고 있다.

1.3.3. 취업인구의 교육수준

취업인구의 교육수준을 보면, 2005년을 기준으로 미학력 취업인구가 전체 취업인구에서 7.8%를 차지하고 있으며, 초등학교 학력은 29.2%, 중학교 학력은 44.1%, 고등학교는 12.1%, 전문대학은 4.5%, 대학교는 2.1%, 대학원은 0.18%를 차지하고 있다. 중학교 학력을 가진 인구가 전체 취업인구에서 차지하는 비중이 가장 높다. 이것은 위에서도 설명하였듯이 9년 의무교육제도에 기인한 결과일 것이다. 그리고 이 비중을 다른 측면에서 보게 되면, 상당수의 취업인구는 중학교만을 졸업하고 바로 취업을 하는 것으로도 볼 수 있다. 전체 취업인구 중 남성의 교육수준이 전반적으로 여성보다 조금 높다. 즉 남성 취업인구 중에서 미학력 인구의 비중은 4.4%이나 여성은 11.8%로 2배 이상 높다. 그리고 초등학교 학력의 취업인구 비중도 남성은 26.4%이나 여성은 32.6%로 상대적으로 높다. 그러나 중학교 이상의 학력에서는 남성이 여성보다 높은 비중을 가지고 있다. 중학교 학력을 보면 남성 취업인구의 비중은 47.8%이나 여성은 39.6%이다. 그러나 전문대학 이상의 학력에서는 이 차이가 크게 좁아지고 있다. 이것은 고학력자의 취업인구 비중에서는 여성의 비중이 상

<표 7-14> 성별 취업인구의 교육수준 비중

(단위: %)

구분	미학력	초등학교	중학교	고등학교	전문대학	대학	대학원
전체	7.8	29.2	44.1	12.1	4.5	2.1	0.18
남성	4.4	26.4	47.8	14.1	4.7	2.4	0.22
여성	11.8	32.6	39.6	9.9	4.2	1.8	0.12

주의 : 2005년 기준.
자료 : 『中国劳动统计年鉴』관련 자료 재정리.

대적으로 높아지고 있기 때문일 것이다. 그러나 대학원 학력에서는 남성의 비중이 다시 여성보다 2배 정도 높아지고 있다.

연령별 취업인구의 교육수준을 비교해 보면, 역시 중학교 학력 수준이 가장 높은 비중을 차지하고 있다. 25세~49세 사이의 취업인구 중에서는 중학교 학력 수준이 가장 높은 비중을 차지하고 있으며, 50세 이상의 취업인구 중에서는 초등학교 학력 수준이 가장 높은

<표 7–15> 연령별 취업인구의 교육수준 비중

(단위: %)

연령=100	미학력	초등학교	중학교	고등학교	전문대학	대학	대학원
16세–19세	1.5	15.1	73.6	9.2	0.5	0.0	0.0
20세–24세	1.6	12.3	61.2	16.5	6.0	2.4	0.0
25세–29세	2.1	15.8	53.1	16.1	8.4	4.2	0.3
30세–34세	2.8	22.6	51.8	12.6	6.6	3.3	0.3
35세–39세	3.5	27.6	50.6	10.7	4.7	2.7	0.2
40세–44세	4.4	25.2	47.0	16.3	4.6	2.3	0.3
45세–49세	8.4	33.1	35.9	17.5	3.7	1.3	0.1
50세–54세	13.8	46.1	28.2	8.1	2.7	1.0	0.1
55세–59세	18.4	54.5	20.3	4.3	1.8	0.7	0.0
60세–64세	27.2	52.5	17.0	2.5	0.5	0.4	0.0
65세이상	42.8	47.4	7.9	1.4	0.3	0.3	0.0
학력=100	미학력	초등학교	중학교	고등학교	전문대학	대학	대학원
16세–19세	0.9	2.3	7.3	3.3	0.4	0.1	0.1
20세–24세	1.7	3.5	11.7	11.4	11.3	9.6	2.0
25세–29세	2.7	5.5	12.3	19.2	19.2	20.1	17.7
30세–34세	5.0	10.5	16.0	20.1	20.1	21.1	24.1
35세–39세	7.1	14.9	18.1	16.8	16.8	19.7	21.9
40세–44세	7.8	12.0	14.9	14.4	14.4	15.2	21.1
45세–49세	11.2	11.7	8.4	8.5	8.5	6.4	7.5
50세–54세	18.0	16.0	6.5	6.2	6.2	4.6	3.6
55세–59세	15.1	11.9	2.9	2.5	2.5	2.2	1.4
60세–64세	12.4	6.3	1.4	0.4	0.4	0.6	0.4
65세 이상	18.1	5.3	0.6	0.2	0.2	0.4	0.2

주의: 2005년 기준.

자료: 『中国劳动统计年鉴』 관련 자료 재정리.

비중을 차지하고 있다.

50세 이상의 취업인구는 그들이 학교를 다녀야 하는 시기에 중국은 문화대혁명(文化大革命)과 같은 동란의 시기였기 때문에 초등학교 이상의 학업기회를 가지기 힘들었을 것이다. 이것이 현재의 연령별 취업인구의 교육수준에서 반영되고 있다고 본다. 문화대혁명은 교육기반을 전반적으로 파괴하였기 때문에 대부분의 지식인들은 교육현장에서 쫓겨나야 하는 상황이 발생되기도 하였다. 따라서 25세~49세의 취업인구는 개혁개방 이후에 교육을 받았기 때문에 상대적으로 높은 교육기회를 경험할 수 있었다. 이것은 미학력 인구의 연령에서도 나타나고 있다. 즉 취업인구의 연령이 높아질수록 미학력 인구의 비중이 높아지고 있는 것이다.

지역별로 미학력 인구가 취업인구에서 차지하는 비중이 가장 높은 지역은 서장자치구(西藏自治区)로 48.0%를 차지하고 있다. 그리고 청해성(青海省)과 귀주성(贵州省)도 20% 이상의 비중을 차지하고 있다. 이외에도 감숙성(甘肃省), 운남성(云南省), 영하자치구(宁夏自治区), 안휘성(安徽省), 사천성(四川省), 중경시(重庆市), 산동성(山东省), 호북성(湖北省), 내몽고자치구(内蒙古自治区)는 전국 평균 7.8%보다 높은 비중을 가지고 있다.

한 가지 주의할 점은 동부지역의 산동성(山东省)이다. 산동성은 경제발전 수준이 상대적으로 높은 지역이나 취업인구 중 미학력 인구가 차지하는 비중이 전국 평균보다 높은 8.4%를 차지하고 있다. 이것은 이 지역의 산업구조에서 고학력의 노동력을 상대적으로 적게 이용하고 있음을 반영한다. 그리고 안휘성(安徽省)도 취업인구 중 미학력 인구의 비중이 15.8%로 비교적 높다. 각 지역별로 보면, 대부분 성 · 시 · 자치구는 중학교 학력 수준이 전체 취업인구에서 가장 높은 비중을 차지하고 있다. 전국 평균 보다 높은 비중을 가진 지역은 산서성(山西省), 절강성(浙江省), 상해시(上海市), 광동성(广东省), 복건성(福建省), 강소성(江苏省), 하북성(河北省), 호북성(湖北省), 흑룡강성(黑龙江省) 등이다.

중학교 학력 수준이 취업인구의 주류를 이루고 있지만, 일부 성 · 시 · 자치구는 초등학교 학력 수준이 중학교보다 높은 비중을 가진 지역도 있다. 중경시(重庆市), 사천성(四川省), 귀주성(贵州省), 운남성(云南省), 서장자치구(西藏自治区), 감숙성(甘肃省), 청해성(青海省)은 초등학교 학력 수준의 취업인구 비중이 가장 높다. 전문대학 학력의 비중을 보면 북경시(北京市)와 상해시(上海市)가 각각 14.5%와 11.4%로 전국에서 가장 높은 비중을 가지고 있다. 그리고 신강자치구(新疆自治区), 천진시(天津市), 내몽고자치구(内蒙古自治区), 청해성(青海省), 영하자치구(宁夏自治区), 요녕성(辽宁省), 흑룡강성(黑龙江省), 산서성(山西省), 길림성(吉林省), 광동성(广东省), 섬서성(陕西省), 강소성(江苏省), 해남성(海南省)도 전국 평균보다 높은 비중을 가지고 있다. 대학교 학력 수준을 가진 취업인구의 비중도 역시 북경시와 상해시가 13.6%와 9.2%로 전국에서 가장 높다. 대학교 학력을 가진 취업인구의 비중이 전국 평균보다 낮은 지역 중 산동성(山东省)과 하북성(河北省)은 동부지역에 위치하고 있다. 일반적으로 볼 때, 동부지역은 취업인구의 교육수준이 전국 평균보다 높게 나타나고 있는데, 대학교 학력 수준의 취업인구 비중에서 이 두 성이 전국 평균보다 낮은 수준을 나타내고 있는 것은 이들 지역의 취업인구의 평균 교육수준이 다른 지역에 비해 상대적으로 낮다고 볼 수 있다. 대학원 학력 수준이 전체 취업인구에서 차지하는 비중이 가장 높은 지역도 역시 북경시와 상해시로서 각각 2.84%와 1.39%는 이는 전국 평균인 0.18%보다 매우 높은 수준이다. 일반적으로 보면, 취업인구 중 중학교 교육수준이 가장 높고, 초등학교 교육수준이 그 다음이다. 이는 아직도 취업인구의 교육수준이 높지 않으며, 주로 단순노동을 위주로 하는 현장에 많이 취업하고 있음을 나타낸다.

<표 7-16> 지역별 취업인구의 교육수준

(단위: %)

지역	미학력	초등학교	중학교	고등학교	전문대학	대학	대학원
전국 평균	7.8	29.2	44.1	12.1	4.5	2.1	0.18
북경시	1.0	6.6	35.0	26.5	14.5	13.6	2.84
천진시	1.6	15.5	45.1	22.9	8.3	6.0	0.50
하북성	3.5	24.7	54.5	11.7	3.7	1.7	0.07
산서성	2.2	20.9	55.0	13.9	5.7	2.1	0.12
내몽고자치구	8.1	23.7	42.0	15.9	7.3	2.9	0.14
요녕성	1.5	22.5	53.2	13.0	6.3	3.3	0.28
길림성	2.3	27.5	47.4	14.6	5.2	2.8	0.19
흑룡강성	2.8	25.1	48.6	14.9	5.9	2.6	0.14
상해시	2.0	10.8	39.7	25.6	11.4	9.2	1.39
강소성	6.7	24.9	45.8	15.0	4.9	2.5	0.22

절강성	7.0	33.3	41.6	11.7	4.1	2.2	0.18
안휘성	15.8	30.6	40.7	8.0	3.4	1.5	0.07
복건성	7.8	33.4	39.0	12.9	4.4	2.3	0.15
강서성	6.1	37.7	39.9	10.8	4.0	1.4	0.04
산동성	8.4	25.4	49.3	11.8	3.4	1.6	0.08
하남성	6.5	23.0	54.8	10.6	3.6	1.4	0.07
호북성	8.3	30.4	42.3	13.0	4.0	1.8	0.17
호남성	4.7	30.6	46.2	13.0	3.9	1.6	0.09
광동성	2.3	22.3	50.3	17.6	5.0	2.3	0.24
광서자치구	4.7	34.8	45.2	10.3	3.6	1.4	0.11
해남성	6.1	22.4	48.6	15.8	4.8	2.1	0.11
중경시	8.6	41.1	35.6	9.1	3.7	1.7	0.12
사천성	13.1	42.1	33.8	6.8	2.8	1.3	0.10
귀주성	20.0	41.3	28.2	6.0	3.2	1.3	0.03
운남성	16.8	46.7	26.8	5.8	2.6	1.2	0.08
서장자치구	48.0	42.6	7.1	1.4	0.7	0.2	0.01
섬서성	7.4	26.7	45.2	13.1	5.0	2.4	0.23
감숙성	19.3	33.4	31.5	10.1	4.2	1.5	0.08
청해성	23.7	30.6	26.2	9.5	7.0	2.9	0.15
영하자치구	16.8	26.2	35.6	11.6	6.9	2.9	0.08
신강자치구	6.1	29.2	39.8	12.6	8.7	3.4	0.16

주의: 2005년 기준.
자료: 『中国劳动统计年鉴』관련 자료 재정리.

세부 산업별 취업인구의 교육수준을 보면, 농림목어업은 미학력이 전체 취업인구의 12.1%를 차지하고 있다. 그리고 초등학교는 40.2%, 중학교는 42.8%로 중학교 이하가 전체 취업인구의 95.1%를 차지하고 있다.

2차 산업에 있어서는 채광업, 제조업, 건축업은 모두 중학교 학력이 가장 많은 비중을 차지하고 있다. 전력 · 가스 · 수도업은 고등학교 학력이 가장 높은 비중을 가지고 있으며, 전문대학교의 비중도 18.7%로 비교적 높다. 이는 산업 특성 상 상대적으로 높은 교육수준을 요구하고 있기 때문이다. 제조업에서는 중학교 학력이 전체 취업인구의 55.8%를 차지하고 있으며, 고등학교 학력은 19.8%를 차지하고 있다. 제조업에 있어서 고등학교 학력의

<표 7–17> 세부 산업별 취업인구의 교육수준

(단위: %)

세부 산업		미학력	초등학교	중학교	고등학교	전문대학	대학	대학원
1차 산업	농림목어업	12.1	40.2	42.8	4.7	0.2	0.0	0.0
2차 산업	채광업	1.9	19.4	51.4	20.4	5.1	1.8	0.1
	제조업	1.7	16.3	55.8	19.8	4.5	1.8	0.1
	전력 · 가스 · 수도업	0.4	5.0	30.7	38.2	18.7	6.5	0.4
	건축업	2.2	23.0	56.2	13.5	3.6	1.4	0.1
3차 산업	교통운수 · 창고 · 우정업	1.1	12.4	54.6	24.6	5.5	1.8	0.1
	정보서비스 · 소프트웨어업	0.3	2.6	20.4	31.1	25.6	17.9	2.2
	도소매업	2.1	15.0	49.6	25.5	5.9	1.9	0.1
	숙박음식업	1.9	14.9	57.3	21.8	3.4	0.7	0.0
	금융업	0.1	1.4	11.7	31.7	35.0	18.7	1.5
	부동산업	0.7	6.3	29.9	33.1	20.2	9.0	0.8
	임대 · 비즈니스서비스업	0.7	5.9	29.3	29.4	20.4	12.8	1.4
	과학연구 · 탐사업	0.2	2.4	15.4	24.3	25.3	27.1	5.3
	수리 · 환경 · 공공시설관리	3.1	14.6	33.3	27.6	15.1	5.9	0.4
	주민서비스 · 기타서비스업	3.1	17.7	56.3	19.5	2.8	0.6	0.0
	교육	0.2	1.8	8.7	24.4	38.2	24.2	2.5
	위생 · 사회보장 · 사회복지	0.3	3.2	17.5	36.5	29.9	11.6	0.9
	문화 · 체육 · 오락업	0.6	5.4	29.7	29.6	20.1	13.4	1.2
	공공관리 · 사회조직	0.5	3.3	14.9	27.0	34.5	18.7	1.1

주의: 2005년 기준.
자료: 『中国劳动统计年鉴』관련 자료 재정리.

비중이 채광업이나 건축업에 비해 상대적으로 높은 것은 이들 업종과 비교해 더 높은 수준의 기술을 요구하는 부문이 있기 때문이다.

3차 산업에 있어서는 대부분 업종이 중학교와 고등학교 학력의 비중이 가장 높으나, 정보서비스 · 소프트웨어업, 금융업, 부동산업, 임대 · 비즈니스서비스업, 교육, 위생 · 사회보장 · 사회복지, 문화 · 체육 · 오락업, 공공관리 · 사회조직은 전문대학 학력의 비중이 전체 취업인구에서 차지하는 비중이 20% 이상을 차지하고 있다. 그 중 교육, 금융업, 공공관리 · 사회조직은 30% 이상의 비중을 차지하고 있다. 이것은 이들 업종이 더 높은 교육수준의 노동력을 필요로 하기 때문이다. 특히 교육부문은 대학교 학력도 24.2%로 역시 높은 비중을 차지하고 있다. 그리고 과학연구 · 탐사업은 업종의 특성으로 인해 대학교 학력의 비중이 전체 취업인구의 27.1%, 대학원 학력이 5.3%로 다른 업종에 비해 높다.

1.4. 노동시간

1.4.1. 연령별 노동시간

노동시간은 취업인구와 마찬가지로 노동력시장을 이해하는데 중요한 지표이다. 2005년 기준 중국의 도시취업인구의 주당 노동시간은 47.8시간이다. 중국은 현재 주 5일제 근무를 실시하고 있지 않기 때문에 47.8시간을 6으로 나누면 하루 평균 노동시간은 7.96시간이 된다. <표 7–18>에서 나타나고 있듯이 도시취업인구의 주당 노동시간은 매면 조금씩 증가하고 있다. 남성과 여성을 비교해 보면, 남성의 평균 노동시간이 여성보다 약간 길다. 2005년 남성의 주당 평균 노동시간은 48.7시간이며, 여성은 46.7시간이다. 즉 남성이 여성보다 2시간 더 일한다는 것이다.

연령별로 보면, 16세~19세의 취업인구의 주당 평균 노동시간이 51.8시간으로 가장 길다. 그 다음은 25세~24세의 취업인구로 주당 평균 노동시간이 49.4시간이다. 40세 이상이 되면 주당 평균 노동시간이 전체 평균보다 점차적으로 짧아지고 있으며, 60세~64세인 경우에는 42.9시간으로 가장 짧다. 이는 16세~24세의 취업인구는 대부분이 제조업의 생산 현장이나 3차 산업의 서비스업에 종사하고 있기 때문인 것으로 보인다.

<표 7-18> 연령별 도시취업인구의 주당 노동시간

(단위: 시간/주)

연령	2002년	2003년	2004년	2005년
평균	45.2	45.4	45.5	47.8
남성	45.6	45.8	46.0	48.7
여성	44.7	44.9	44.9	46.7
16세-19세	47.7	48.4	48.7	51.8
20세-24세	46.3	46.2	46.4	49.4
25세-29세	45.7	45.7	45.9	48.6
30세-34세	45.7	45.7	45.9	48.6
35세-39세	45.4	45.7	46.0	48.4
40세-44세	44.8	45.1	45.3	47.7
45세-49세	44.5	44.9	44.7	46.9
50세-54세	44.0	44.5	44.5	45.9
55세-59세	43.4	44.2	44.0	44.8
60세-64세	41.6	42.7	43.0	42.9
65세 이상	38.7	40.7	40.7	-

주의: 매년 11월 기준.
자료: 『中国劳动统计年鉴』관련 자료 재정리.

1.4.2. 업종별 노동시간

위의 <표 7-18>에 의하면, 16세~19세의 취업인구의 주당 평균 노동시간이 51.8시간으로 가장 길게 나타나고 있다. 이것은 이들이 종사하는 업종에 의한 결과라고 본다. <그림 7-3>은 업종별 평균 노동시간을 나타내고 있다. 그림에 의하면, 숙박 · 음식업은 주당 평균 노동시간이 53.4시간, 도소매업은 52.2시간, 주민서비스 · 기타서비스업은 51.9시간, 제조업은 51.3시간으로 전체 평균 보다 길다. 숙박 · 음식업과 도소매업은 업종의 특성으로 인해 저녁이나 야간에도 계속적인 근무가 필요하다. 따라서 이들 업종의 평균 노동시간은 다른 업종에 비해 길어질 수밖에 없다. 제조업도 노동시간이 길어질 수밖에 없다. 세계의 공장인 중국의 제조업은 현재 고부가가치를 창출하는 업종보다는 중저가 제품을 주로 생산하는 업종에 전문화되어 있다. 따라서 이들 제조업 업종에서는 야간 근무를 위주로 하는 2교대 또는 3교대 작업이 매우 일반적인 현상이다. 그리고 농림목어업의 주당 평균 노동시간이 40.8시간으로 가장 짧다. 6일을 노동일로 보면 하루 평균 노동시간이 6.8시간이다. 이것은 과도한 체력을 필요로 하는 업종이기 때문에 상대적으로 2차 산업이나 3차 산업보다 평균 노동시간이 짧아지는 것이라 본다. 그리고 공공관리와 사회조직도 주당 평균 노동시간이 41.3시간으로 비교적 짧다.

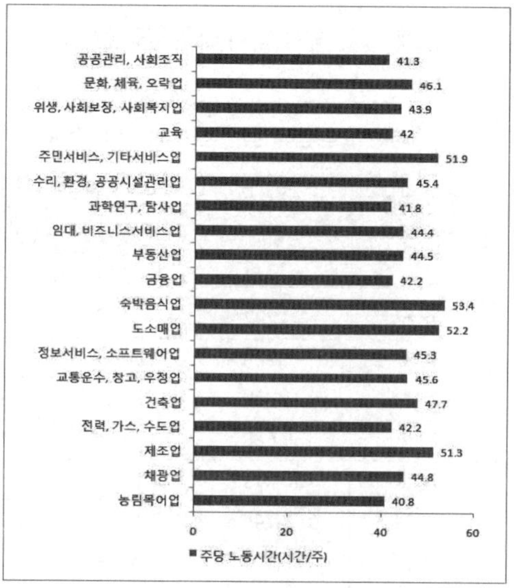

<그림 7–3> 업종별 평균노동시간

주: 2005년 기준
자료: 『中国劳动统计年鉴』

1.5. 노동쟁의와 노동조합

1.5.1. 노동쟁의 발생 건수

노동쟁의는 경제발전과정에서 필연적으로 발생하는 노사문제이다. 특히 중국은 사회주의시장경제의 과정에서 기존 계획경제시기의 기업형태를 점차적으로 시장경제체제에 적합한 형태로 전환하고 있기 때문에 이 과정에서 노동쟁의는 더욱 현저하게 나타날 가능성이 많다. <표 7–19>는 1996년 이래 노동쟁의의 발생 현황을 종합적으로 정리하고 있다. 1996년에는 48,121건의 노동쟁의가 접수되었으나, 2005년에는 313,773건이 접수되어 6배 이상 증가하였다. 노동쟁의의 접수 건 수가 증가하는 것은 한편으로는 노사관계가 더욱 대립되고 있음을 나타내고, 또 한편으로는 노동력시장이 더욱 제도적으로 성숙하고 있음을 나타낸다. 노동쟁의 접수 건 수와 처리 건 수를 비교해 보면, 매년 미해결 건수가 증가하고 있다. 이것은 노사관계가 더욱 복잡해지고 있음을 나타낸다.

<표 7–19> 노동쟁의 접수 건수와 처리 건수

연도	노동쟁의 접수건수(건)	전년대비 성장률(%)	노동쟁의 처리건수(건)	전년대비 성장률(%)	미해결 건수(건)	전년대비 성장률(%)
1996	48,121	–	46,543	–	3,024	–
1997	71,524	48.63	70,792	52.10	3,596	18.92
1998	93,649	30.93	92,288	30.37	4,836	34.48
1999	120,191	28.34	121,289	31.42	6,536	35.15
2000	135,206	12.49	130,688	7.75	10,892	66.65
2001	154,621	14.36	150,279	14.99	13,081	20.10
2002	184,116	19.08	178,744	18.94	17,844	36.41
2003	226,391	22.96	223,503	25.04	19,164	7.40
2004	260,471	15.05	258,678	15.74	18,817	–1.81
2005	313,773	20.46	306,027	18.30	–	–

자료: 『中国劳动统计年鉴』 관련 자료 재정리.

1.5.2. 노동쟁의 발생 원인

노동쟁의의 발생원인은 노동임금과 관련한 쟁의가 33.37%로 가장 많으며, 그 다음은 사회보험과 관련된 쟁의가 31.53%, 노동계약해지와 관련된 쟁의가 17.74%이다. 노동쟁의의 발생 원인을 통해서 볼 수 있듯이 노동자가 가장 큰 관심은 역시 임금과 사회보험이다. 이 두 가지는 노동자에게 직접적으로 보수로 주어지는 것이기 때문에 가장 민감하게 반응하게 되는 것이다. 실제적으로 중국에서는 연말이 되면 임금체불로 심각한 사회적 문제를 일으키는 기업들이 많이 있다. 이러한 임금체불은 결국 노동쟁의로 나타날 수 있는 것이다.

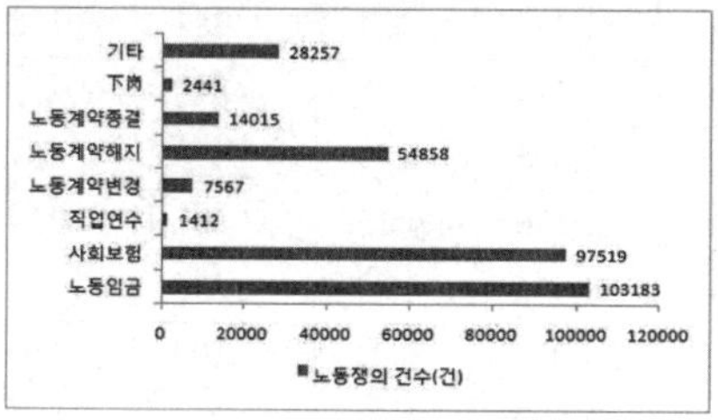

<그림 7–4> 노동쟁의 발생 원인

주의: 2005년 기준.
자료:『中国劳动统计年鉴』.

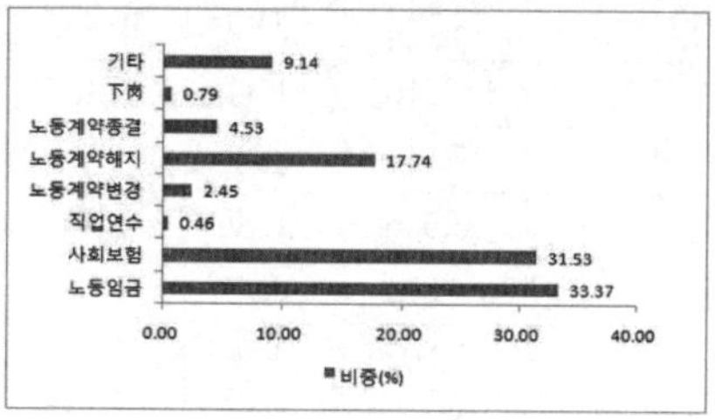

<그림 7–5> 노동쟁의 발생 원인 비중

주의: 2005년 기준.
자료:『中国劳动统计年鉴』.

지역별로 보면 노동쟁의가 가장 많이 발생하는 지역은 광동성(广东省)으로 2005년 한 해 동안 61,247건의 노동쟁의가 접수 되었으며, 이는 전국의 19.52%를 차지하는 비중이다. 그 다음은 강소성(江苏省)으로 2005년 50,762건의 노동쟁의가 접수되었으며, 전국 비중의 16.18%를 차지한다. 이 두 지역은 전국 노동쟁의 접수 건 수의 35.70%를 차지하고 있다. 그리고 산동성(山东省), 상해시(上海市), 북경시(北京市), 절강성(浙江省)도 전국 비중의 5% 이상을 차지하는 지역들로서 노동쟁의 발생이 비교적 많은 지역이다.

지역별로 노동쟁의 발생 원인을 보면, 대부분 지역이 노동임금, 사회보험, 그리고 노동계약해지가 원인의 70% 이상을 차지하고 있다. 광동성과 강소성의 노동임금에 의한 노동쟁의는 전국 접수 건 수의 각각 27.88%와 15.25%를 차지하고 있으며, 이 두 지역의 합계는 43.13%이다. 즉 지역별로 보더라도 노동임금이 노동쟁의의 가장 중요한 원인이 되고 있다.

4대 지역별로 보면, 중부지역, 서부지역과 동북지역이 동부지역에 비해 상대적으로 낮은 노동쟁의 발생을 보이고 있다. 이것은 서부지역으로 갈수록 시장경제 의식이 더욱 약해지고 있기 때문인 것으로 보인다. 즉 노동자가 자신의 권익을 찾기보다는 체제를 통한 권익의 보호를 더욱 선호하기 때문일 것이다. 또한 동부지역은 외국인투자기업이 집중적으로 분포하고 있기 때문에 노동자들과 기업 간의 관계가 더욱 복잡하게 전개되고 있다.

<표 7-20> 지역별 노동쟁의 접수 건수 및 노동쟁의 원인

지역	노동쟁의 접수건수		노동쟁의 원인					
	건수(건)	비중(%)	노동임금		사회보험		노동계약해지	
			건수(건)	비중(%)	건수(건)	비중(%)	건수(건)	비중(%)
북경시	18,794	5.99	10,463	10.14	1,339	1.37	284	0.52
천진시	4,210	1.34	1,137	1.10	1,741	1.79	310	0.57
하북성	7,146	2.28	1,601	1.55	2,916	2.99	994	1.81
산서성	3,666	1.17	863	0.84	1,126	1.15	627	1.14
내몽고	2,874	0.92	760	0.74	1,456	1.49	336	0.61
요녕성	9,602	3.06	3,523	3.41	1,977	2.03	2,209	4.03
길림성	5,421	1.73	1,039	1.01	1,980	2.03	785	1.43
흑룡강성	6,069	1.93	917	0.89	737	0.76	397	0.72
상해시	20,391	6.50	7,311	7.09	6,797	6.97	1,461	2.66
강소성	50,762	16.18	15,738	15.25	13,963	14.32	10,203	18.60
절강성	18,624	5.94	5,262	5.10	9,905	10.16	2,341	4.27
안휘성	3,105	0.99	580	0.56	1,261	1.29	821	1.50
복건성	7,626	2.43	2,000	1.94	2,186	2.24	1,862	3.39
강서성	1,999	0.64	436	0.42	824	0.84	434	0.79
산동성	25,976	8.28	6,958	6.74	11,463	11.75	4,100	7.47
하남성	7,960	2.54	1,319	1.28	3,393	3.48	1,529	2.79
호북성	7,668	2.44	1,313	1.27	4,228	4.34	1,192	2.17
호남성	7,206	2.30	2,595	2.51	887	0.91	1,200	2.19
광동성	61,247	19.52	28,768	27.88	9,493	9.73	16,827	30.67
광서자치구	5,623	1.79	1,162	1.13	2,219	2.28	1,065	1.94
해남성	875	0.28	223	0.22	272	0.28	283	0.52
중경시	8,812	2.81	2,109	2.04	4,218	4.33	1,173	2.14
사천성	10,943	3.49	2,490	2.41	5,301	5.44	1,938	3.53
귀주성	3,037	0.97	251	0.24	2,081	2.13	246	0.45
운남성	2,095	0.67	489	0.47	568	0.58	542	0.99
서장자치구	1,152	0.37	762	0.74	368	0.38	10	0.02
섬서성	4,369	1.39	1,311	1.27	1,748	1.79	786	1.43
감숙성	1,213	0.39	325	0.31	557	0.57	152	0.28
청해성	465	0.15	179	0.17	172	0.18	32	0.06
영하자치구	764	0.24	203	0.20	320	0.33	119	0.22
신강자치구	4,079	1.30	1,096	1.06	2,023	2.07	600	1.09

주의: 2005년 기준.

자료: 『中国劳动统计年鉴』관련 자료 재정리.

1.5.3. 노동조합

노동조합은 노동자의 권익을 보호하고 노사 간의 관계를 더욱 원활히 하기 위한 제도적 장치이다. 중국에서는 노동조합을 공회(工会) 즉 노동자들의 모임이라 부르고 있다. 노동조합의 수는 1952년의 20.7만 개에서 2005년에는 117.4만 개로 크게 증가하였다. 그리고 노동조합을 설립한 기업 및 기관의 전체 직공 수에서 조합에 가입한 직공 수가 차지하는 비율인 노동조합참가율도 1952년의 71.94%에서 2005년에는 94.02%로 크게 증가하였다. 한 가지 주의할 점은 중국의 모든 취업인구가 노동조합에 가입하고 있는 것은 아니라는 것이다. 노동조합참가율은 노동조합을 설립한 기업 및 기관의 직공을 대상으로 하는 비

<표 7-21> 노종조합 수와 노동조합 참가율 변화 추이

연도	노동조합 수 (만 개)	노동조합 설립한 기업 및 기관			취업인구 (만 명) C	취업인구의 노동조합 참가율(%) B/C
		전체직공 수 (만 명) A	조합 가입 직공 수(만 명) B	노동조합 참가율(%) B/A		
1952	20.7	1,393.2	1,002.3	71.94	20,729	4.84
1962	16.5	2,667.1	1,922.0	72.06	25,880	7.43
1980	37.6	7,448.2	6,116.5	82.12	42,361	14.44
1985	46.5	9,643.0	8,525.8	88.41	49,873	17.10
1990	60.6	11,156.9	10,135.6	90.85	64,749	15.65
1995	59.3	11,321.4	10,399.6	91.86	68,065	15.28
1996	58.6	11,181.4	10,211.9	91.33	68,950	14.81
1997	51.0	10,111.5	9,131.0	90.30	69,820	13.08
1998	50.4	9,716.5	8,913.4	91.73	70,637	12.62
1999	50.9	9,683.0	8,689.9	89.74	71,394	12.17
2000	85.9	11,472.1	10,361.5	90.32	72,085	14.37
2001	153.8	12,997.0	12,152.3	93.50	73,025	16.64
2002	171.3	14,461.5	13,397.8	92.64	73,740	18.17
2003	90.6	13,301.6	12,340.5	92.77	74,432	16.58
2004	102.0	14,436.7	13,694.9	94.86	75,200	18.21
2005	117.4	15,985.3	15,029.4	94.02	75,825	19.82

자료: 『中国劳动统计年鉴』관련 자료 재정리.

중이기 때문에 높게 나타날 수밖에 없다. 취업인구를 기준으로 하는 노동조합참가율은 2005년 현재 19.82%로 크게 낮다. 즉 전체 취업인구의 약 80% 정도는 아직까지 노동조합에 가입하지 못하고 있는 실정이다.

『중국노동통계연감(中國勞動統計年鑑)』의 2005년 자료에 의한 소유형태별로 노동조합의 수를 보면 사영기업이 395,219개로 가장 많으며 그 다음은 사업단위로서 252,361개이다. 그리고 각 종 기관도 145,226개의 노동조합을 가지고 있고, 국유기업은 116,731개를 가지고 있다. 이 네 개 소유형태의 노동조합 수는 전체의 77.7%를 차지하고 있다. 사영기업의 노동조합 수가 상대적으로 많은 이유는 다른 형태의 기업과 비교해 규모가 작기 때문에 노동조합의 운영이 용이하기 때문이다. 그리고 사업단위, 기관, 국유기업의 노동조합 수가 많은 이유는 국가가 주로 경영하고 있기 때문이다. 그러나 상대적으로 유한책임공사나 주식회사, 그리고 외국인투자기업의 노동조합 수는 적은 편이다. 소유형태별 노동조합 회원 수를 보면, 국유기업이 가장 많고, 그 다음이 사영기업이다. 즉 국유기업은 기업 규모가 크기 때문에 상대적으로 많은 조합원 수를 가지고 있는 것이다. 국유기업의 조합원 수는 전체 조합원 수의 23.83%를 차지하고 있다.

지역별 노동조합 수를 보면, 광동성(广东省)이 전체의 11.07%를 차지하고 있다. 그리고 산동성(山东省)과 강소성(江苏省)도 비교적 큰 비중을 차지하고 있다. 노동조합의 수가 많다는 것은 그 만큼 노동자의 권익이 상대적으로 잘 보장되고 있다는 것이다. 이것은 위의 노동쟁의 건수와도 관련이 있다고 본다. 즉 노동조합의 수가 가장 많은 이 세 지역은 노동쟁의 접수 건 수도 가장 많은 지역이기 때문이다. 전체 노동조합을 기업과 기관으로 나누어 보면, 기업보다 기관이 상대적으로 전국적으로 균등하게 분포되어 있다. 기업의 노동조합은 역시 광동성과 산동성 그리고 강소성에 상대적으로 집중적으로 분포하고 있다. 외국인 투자자기업의 노동조합 수를 보면, 광동성에 34.25%가 분포되어 있으며, 복건성(福建省)에 13.32%, 상해시(上海市)에 10.33%가 분포되어 있다. 이들 세 지역의 합계는 전체 외국인 투자기업 노동조합 수의 57.9%를 차지하고 있다. 내국인 투자기업 중에서 국유기업과 집체기업의 노동조합이 가장 많이 분포한 지역은 광동성으로 전체의 9.65%를 차지하고 있다. 따라서 전반적으로 보면, 북쪽지역보다는 남쪽지역에 노동조합이 더 많이

<표 7-22> 지역별 노동조합 수의 비중

(단위: 전국=100%)

지역	전체 노동조합수	기업	내자기업		외자기업	기관
				국유·집체기업		
북경시	1.15	1.20	1.20	1.96	1.16	1.06
천진시	1.38	1.51	1.47	2.02	2.35	1.15
하북성	5.64	6.19	6.39	6.00	1.67	4.63
산서성	2.35	2.07	2.15	3.99	0.08	2.94
내몽고	2.34	1.80	1.87	1.55	0.23	3.42
요녕성	3.72	3.72	3.68	4.41	4.56	3.74
길림성	1.80	1.64	1.68	1.94	0.69	2.11
흑룡강성	2.01	1.55	1.61	3.73	0.25	2.93
상해시	2.94	3.57	3.27	3.16	10.33	1.72
강소성	5.27	6.02	5.89	3.77	9.00	3.85
절강성	6.01	6.88	6.95	2.44	5.23	4.39
안휘성	3.05	2.81	2.91	3.69	0.63	3.55
복건성	5.25	6.20	5.89	4.13	13.32	3.45
강서성	3.18	2.85	2.94	3.83	0.89	3.86
산동성	7.94	9.30	9.30	6.94	9.26	5.36
하남성	5.23	5.22	5.41	5.83	1.03	5.30
호북성	4.68	4.34	4.50	6.51	0.85	5.38
호남성	4.90	4.63	4.80	5.78	0.85	5.48
광동성	11.07	13.82	12.91	9.65	34.25	5.82
광서자치구	2.67	2.40	2.47	2.95	0.78	3.23
해남성	0.52	0.43	0.43	1.02	0.25	0.70
중경시	1.51	1.18	1.22	1.15	0.32	2.16
사천성	4.68	3.32	3.44	2.74	0.75	7.37
귀주성	2.07	1.60	1.66	2.29	0.20	3.02
운남성	1.96	1.07	1.11	1.49	0.35	3.71
서장자치구	0.33	0.00	0.00	0.00	0.00	0.00
섬서성	2.94	2.43	2.52	3.90	0.43	3.96
감숙성	1.49	1.07	1.12	1.36	0.17	2.32
청해성	0.48	0.28	0.29	0.37	0.04	0.88
영하자치구	0.42	0.34	0.36	0.36	0.05	0.57
신강자치구	1.00	0.54	0.56	1.03	0.03	1.91

주의: 2005년 기준.

자료: 『中国劳动统计年鉴』관련 자료 재정리.

<표 7–23> 지역별 노동조합 조합원 수의 비중

(단위: 전국=100%)

지역	전체 노동조합 회원 수	기업				기관
			내자기업		외자기업	
				국유 · 집체기업		
북경시	2.19	2.41	2.46	2.59	1.71	1.56
천진시	1.80	1.99	1.94	2.45	2.62	1.24
하북성	5.05	5.20	5.43	5.17	1.85	4.65
산서성	3.20	3.29	3.52	5.21	0.12	2.95
내몽고	2.47	2.35	2.48	1.77	0.44	2.83
요녕성	5.75	5.71	5.75	7.79	5.17	5.88
길림성	2.21	2.20	2.31	3.08	0.60	2.23
흑룡강성	3.42	3.48	3.70	6.46	0.42	3.25
상해시	3.38	3.89	3.50	3.13	9.39	1.93
강소성	6.68	7.29	7.08	3.93	10.26	4.94
절강성	5.30	6.00	6.06	1.82	5.15	3.29
안휘성	2.92	2.82	2.95	3.48	1.04	3.22
복건성	2.99	3.17	2.60	1.59	11.31	2.48
강서성	2.51	2.28	2.40	2.96	0.64	3.17
산동성	7.97	8.54	8.54	6.35	8.48	6.35
하남성	5.36	5.01	5.28	6.33	1.17	6.38
호북성	5.15	5.11	5.40	6.13	0.97	5.27
호남성	4.72	4.51	4.78	5.66	0.78	5.34
광동성	8.91	8.96	7.12	5.81	34.82	8.82
광서자치구	2.15	1.78	1.86	2.16	0.68	3.24
해남성	0.43	0.40	0.41	0.80	0.21	0.51
중경시	1.63	1.64	1.72	1.09	0.44	1.60
사천성	4.61	4.22	4.46	3.35	0.78	5.79
귀주성	1.47	1.20	1.27	1.54	0.13	2.28
운남성	1.60	1.14	1.21	1.48	0.25	2.94
서장자치구	0.10	0.00	0.00	0.00	0.00	0.00
섬서성	2.42	2.27	2.41	3.21	0.35	2.88
감숙성	1.38	1.20	1.28	1.62	0.08	1.91
청해성	0.32	0.23	0.24	0.31	0.04	0.56
영하자치구	0.37	0.33	0.35	0.45	0.03	0.48
신강자치구	1.55	1.39	1.48	2.29	0.08	2.02

주의: 2005년 기준.

자료: 『中国劳动统计年鉴』 관련 자료 재정리.

분포하고 있음을 알 수 있다. 북쪽지역은 상대적으로 국유기업의 비중이 높고 남쪽지역은 비국유기업의 비중이 높다. 따라서 남쪽지역에서는 노사관계가 상대적으로 유연하다.

지역별 노동조합원 수를 보면, 광동성(广东省)이 8.91%로 가장 많은 비중을 차지하고 있다. 그러나 노동조합 수의 비중 11.07%보다는 더 낮다. 이것은 광동성(广东省)의 노동조합 당 조합원의 수가 많지 않음을 간접적으로 나타내고 있다. 내자기업 중 국유 및 집체기업의 노동조합원 수가 가장 많은 지역은 요녕성(辽宁省), 흑룡강성(黑龙江省), 산동성(山东省), 하남성(河南省)이다. 그리고 광동성의 비중은 이들 네 지역보다 낮다. 이것은 동북지역은 국유기업이 광동성 보다 상대적으로 더 발전하고 있음을 나타내고 있다. 그러나 외자기업의 노동조합원 수를 보면 광동성이 역시 절대적 비중을 차지하고 있으며, 복건성(福建省)과 상해시(上海市)도 비교적 큰 비중을 차지하고 있다. 광동성은 전체 외자기업 노동조합원 수의 34.82%를 차지하고 있으며, 복건성은 11.31%, 상해시는 10.26%를 차지하고 있다. 기관의 노동조합원 수에 있어서는 광동성이 8.32%로 가장 큰 비중을 차지하고 있다. 그리고 4대 지역별로 보면, 동부지역의 노동조합원 수가 중부지역, 서부지역, 그리고 동북지역에 비해 상대적으로 많은 특징을 가지고 있다.

1.6. 노동력의 수요와 공급

1.6.1. 노동력의 공급

노동력시장을 구체적으로 파악하기 위해서는 당해 연도의 노동력 수요와 노동력의 공급 상황을 이해하는 것이 중요하다. 물론 이것은 상당히 어려운 지표이다. 왜냐하면 국가 전체의 또는 특정 지역의 노동력 수요 규모를 파악하는 것이 힘들기 때문이다. 그리고 특정 기업이나 기관에서 노동력의 수요가 발생하더라도 그 수요가 해당 지역 내에서 소비되는 것이 아니라 다른 지역으로 이동할 수 있기 때문이다. 사실 위에서 살펴보고 있는 노동연령인구, 경제활동인구, 그리고 취업인구 지표는 당해 연도의 전체적인 상황을 반영할 뿐 노동력시장의 동태성(動態性)을 반영하기는 힘들다.

<표 7-24>는 도시노동력의 공급 현황을 나타내고 있다. 2005년에 의하면, 신규 노동력의 공급 규모는 3,280.14만 명이며, 그 중 대학교 졸업생이 337.33만 명으로 10.28%를 차지하고 있으며, 군인제대가 66.15만 명으로 2.01%, 기술고등학교 졸업생이 444.13만 명으로 13.53%, 미진학생이 509.99만 명으로 15.54%, 그리고 농촌의 노동력 이전이 407.55만 명으로 12.42%, 도시등록실업자가 1,514.99만 명으로 46.18%를 차지하고 있다. 즉 노동력 시장에 새로 발생하는 공급 중 도시등록실업자가 절반 정도를 차지하고 있으며, 나머지 절반은 당해 연도에 새로 발생한 노동력의 공급이다. 1999년과 2005년을 비교해 보면, 대학교 졸업생의 노동력 공급 규모는 약 100만 명 정도가 증가하고 있으나, 기술고등학교 졸업생과 미진학생의 노동력 공급규모는 300만 명 이상이 증가하고 있다. 그리고 농촌의 도시로의 노동력 이전 규모도 200만 명 이상이다. 이것은 노동력 시장에서 평균 학력 수준이 낮은 노동력의 공급이 더욱 빠르게 증가하고 있음을 나타낸다.

<표 7-24> 도시노동력 공급 현황

(단위: 만 명)

연도	합계	대학교 졸업생①	군인제대	기술 고등학교 졸업생	초·중·고등학교 미진학생	농촌 노동력이전②	도시등록 실업자③
1999	1,525.35	241.20	43.27	95.20	229.41	176.91	–
2000	1,665.21	246.21	46.59	107.20	221.15	204.43	–
2002	2,545.61	184.15	39.42	200.09	248.67	318.51	–
2003	2,896.38	222.03	42.70	250.83	302.45	465.84	–
2004	3,350.69	229.05	47.40	255.46	304.03	507.93	–
2005	3,280.14	337.33	66.15	444.13	509.99	407.55	1,514.99

주 : ① 대학교 졸업생은 전문대학도 포함.
② 1999년~2004년의 농촌노동력이전은 직접 농촌에서 직접 도시로 이전된 노동력과 농촌호구(戶口)를 도시호구로 전환한 경우의 노동력을 모두 포함하고, 2005년은 후자의 경우만을 포함.
③ 도시등록실업자는 전년도에서 이전된 실업자와 당해 연도 발생 실업자를 포함.
④ 합계가 일치하지 않는 것은 기타가 있기 때문임.
자료 : 『中国劳动统计年鉴』 각 년도 관련 자료 재정리.

<표 7-25> 지역별 도시노동력 공급 현황

(단위: 만 명)

지역	대학교 졸업생	군인 제대	기술 고등학교 졸업생	초·중·고등학교 미진학생	농촌 노동력 이전	도시 등록 실업자
전국 평균	337.33	66.15	444.13	509.99	407.55	1,514.99
북경시	6.60	0.30	5.50	1.60	8.00	32.18
천진시	7.03	0.30	5.07	0.11	0.85	17.83
하북성	18.32	2.19	13.36	7.50	21.74	66.96
산서성	19.79	1.14	14.84	9.40	4.20	14.10
내몽고	2.56	1.35	2.59	12.09	16.37	44.37
요녕성	20.00	3.00	15.00	12.00	30.00	106.10
길림성	8.90	1.20	5.35	5.62	–	30.20
흑룡강성	8.50	2.02	6.24	27.18	2.13	69.06
상해시	12.01	0.65	2.29	0.28	19.01	66.43
강소성	18.88	4.19	20.93	17.59	20.73	107.32
절강성	14.45	1.78	16.85	10.82	28.11	68.50
안휘성	11.19	2.24	10.39	28.90	18.67	39.00
복건성	4.94	1.24	9.33	12.14	2.56	30.02
강서성	13.95	1.02	14.68	9.97	13.32	57.98
산동성	23.46	3.06	38.06	24.11	44.05	71.45
하남성	12.46	3.71	20.95	25.25	22.67	59.75
호북성	18.79	3.07	10.94	4.64	1.55	104.88
호남성	23.75	16.95	90.94	104.49	48.32	41.87
광동성	27.53	5.21	65.07	98.27	40.80	96.46
광서자치구	6.65	1.27	11.50	17.70	5.99	29.93
해남성	1.99	0.36	1.76	4.49	5.82	5.92
중경시	11.55	1.79	12.09	11.38	14.94	32.85
사천성	13.90	1.99	22.10	4.92	4.09	92.20
귀주성	3.92	0.92	4.32	5.99	3.14	21.93
운남성	4.64	1.00	4.68	23.11	4.20	24.61
서장자치구	0.58	0.15	0.06	0.39	0.37	2.19
섬서성	7.75	2.36	8.75	12.78	5.15	31.61
감숙성	6.04	0.54	2.90	6.78	5.62	21.93
청해성	1.89	0.14	0.60	2.49	1.00	3.64
영하자치구	0.99	0.20	1.79	0.50	12.60	4.40
신강자치구	4.30	0.80	5.20	7.50	1.56	13.40

주의: 吉林省의 농촌노동력이전은 자료 부족.

자료: 『中国劳动统计年鉴2006』 관련 자료 재정리.

지역별 도시노동력 공급 현황을 보면, 광동성(广东省)과 호남성(湖南省)이 333.34만 명과 326.32만 명으로 가장 큰 규모를 가지고 있다. 그리고 산동성(山东省)도 200만 명이 넘는 규모 즉 204.19만 명의 노동력 공급 규모를 가지고 있으며, 강소성(江苏省), 요녕성(辽宁省), 하남성(河南省), 호북성(湖北省), 절강성(浙江省), 사천성(四川省), 하북성(河北省), 흑룡강성(黑龙江省), 강서성(江西省), 안휘성(安徽省), 상해시(上海市) 등은 100만 명 이상의 노동력 공급 규모를 가지고 있다.

대학생 졸업생 규모를 보면, 역시 광동성(广东省)이 27.53만 명으로 가장 많으며, 호남성(湖南省)과 산동성(山东省)도 각각 23.75만 명과 23.46만 명이다. 대학생 졸업생이 10만 명에서 20만 명 사이인 지역은 위의 세 지역 외에도 요녕성(辽宁省), 산서성(山西省), 강소성(江苏省), 호북성(湖北省), 하북성(河北省), 절강성(浙江省), 강서성(江西省), 사천성(四川省), 하남성(河南省), 상해시(上海市), 중경시(重庆市), 안휘성(安徽省)이 있다. 기술고등학교 졸업생이 가장 많은 지역은 호남성으로 2005년 기준으로 90.94만 명이 있다. 그리고 광동성과 산동성도 각각 65.07만 명과 38.06만 명으로 비교적 큰 규모를 가지고 있다. 이외에도 기술고등학교 졸업생 규모가 20만 명 이상인 지역은 사천성, 하남성, 강소성이 있으며, 10만 명 이상인 지역은 절강성, 요녕성, 산서성, 강서성, 하북성, 중경시, 광서자치구(广西自治区), 호북성(湖北省), 안휘성이 있다.

1.6.2. 노동력의 수요공급 격차

노동력시장의 더욱 구체적인 현황을 파악하기 위해서는 중화인민공화국노동과사회보장부(中华人民共和国劳动和社会保障部)의 도시노동력시장 수요공급 현황 분석을 이용할 수 있다. 이 분석은 분기별로 전국의 주요 도시의 공공직업소개소를 이용한 노동력의 수급현황을 파악하고 있으며, 전체 도시를 조사할 수는 없지만 매 분기마다 50% 이상의 도시와 취업인구를 조사하고 있기 때문에 중요한 참고 의의가 있는 자료이다. 그러나 한 가지 주의할 점은 이 조사는 주로 제도적 노동력시장을 통해서 수급이 이루어진 경우를 말하며, 만약 개인적으로 구직을 하는 경우에는 이 조사의 범위에 포함되지 않는다.

<표 7–26>에 의하면, 2007년도 네 분기의 평균 구인비율은 0.98로 나타나고 있다. 이것은 10명의 구직인이 9.8개의 취업기회를 놓고 노동력시장에서 경쟁을 하고 있다는 의미이다. 구인비율은 2004년 1분기의 0.89에서 매 분기별로 지속적으로 증가하고 있다. 이것은 구직인 수에 비해 노동력의 수요가 점차적으로 증대하고 있음을 나타낸다. 그러나 이 조사에 의한 자료는 주로 도시의 노동력 중 제도적 노동력시장을 통한 수급현황만을 나타내고 있다는 한계가 있기 때문에, 구인비율이 전체 사회의 노동력 수급 상황을 대변하기에는 약간의 무리가 있다. 단지 공공직업소개소를 이용한 노동력 수급의 규모가 점차 증대되고 있음은 알 수 있다.

<표 7–26> 도시노동력 수급 현황과 구인비율

(단위: 만 명)

분기	노동력 수요 (A)	구직인 수 (B)	구인비율 (A/B)
2004년 1분기	302.8	341.4	0.89
2004년 2분기	380.1	408.3	0.93
2004년 3분기	380.1	401.3	0.94
2004년 4분기	347.4	369.1	0.94
2005년 1분기	354.9	376.5	0.94
2005년 2분기	411.0	433.6	0.95
2005년 3분기	426.6	438.9	0.97
2005년 4분기	368.8	382.9	0.96
2006년 1분기	331.4	344.1	0.96
2006년 2분기	373.3	386.8	0.96
2006년 3분기	404.0	420.9	0.96
2006년 4분기	357.1	372.3	0.96
2007년 1분기	338.5	347.0	0.98
2007년 2분기	433.0	444.0	0.98
2007년 3분기	482.0	494.0	0.98
2007년 4분기	412.0	422.0	0.98

자료: 中华人民共和国劳动和社会保障部.

산업별로 노동력의 수요를 보면, 3차 산업의 비중이 점차 감소하고 2차 산업의 비중이 점차 증가하는 추세를 볼 수 있다. 2001년 2차 산업의 노동력 수요는 전체의 25.7%를 차지하였으나, 2006년에는 32.9%로 크게 증가하였으며, 3차 산업의 비중은 72.5%에서 64.7%로 감소하였다. 소유형태별로 보면 기업의 노동력 수요가 96.1%로 가장 많은 비중을 차지하고 있으며, 기관이나 사업단위는 3.9%로 적은 비중을 차지하고 있다. 기업 중에서도 내자기업이 절대적인 노동력 수요 비중을 차지하고 있으며, 외국인투자기업은 전체의 7.1%를 차지하고 있다. 그리고 내자기업 중에서도 사영기업이 전체 노동력 수요의 28.3%를 차지하고 있으며, 국유기업은 4.0%만을 차지하고 있다. 국유기업의 노동력 수요 비중이 크게 낮은 이유는 필요한 노동력을 공공직업소개소 이외의 다른 경로를 통해서 충당할 수 있기 때문이라고 본다. 그리고 유한책임공사의 노동력 수요 비중도 18.4%로 비교적 높으며, 주식유한공사는 12.1%를 차지하고 있다.

<표 7–27> 성별 및 연령별 도시노동력 수급 현황과 구인비율

구분		노동력 수요 (A)		구직인 수 (B)		구인비율 (A/B)
		만 명	%	만 명	%	
성별	남성	570.72	39.0	851.05	55.8	0.92
	여성	519.16	35.4	673.13	44.2	1.02
	구분 없음	375.92	25.6	–	–	–
연령	16세~24세	486.19	33.2	550.21	36.1	0.99
	25세~34세	481.66	32.9	515.71	33.8	1.04
	35세~44세	252.69	17.2	323.32	21.2	0.88
	45세 이상	89.45	6.1	134.95	8.9	0.77
	구분 없음	155.81	10.6	–	–	–

주의: 2006년도 기준.
자료: 中华人民共和国劳动和社会保障部.

성별 노동력 수급 현황을 보면, 2006년 기준으로 남성의 노동력 수요가 전체의 39.0%를 차지하고 있으며, 여성은 35.4%, 그리고 남녀 구분이 없는 수요가 25.6%를 차지하고 있다. 반면 구직인 수는 남성이 55.8%를 차지하고 여성은 44.2%를 차지하고 있기 때문에 구인비율은 여성이 1.02로서 남성의 0.92보다 높게 나타나고 있다. 연령별로는 25세~34세가 구인비율이 1.04로서 가장 높으며, 45세 이상이 0.77로서 가장 낮다.

2. 노동력 비용

2.1. 임금

2.1.1. 평균임금

임금은 화폐형태로 주어지는 노동에 대한 보수이다. 노동에는 육체적 노동과 정신적 노동을 모두 포함하고 있다. 임금 수준은 노동력에 대한 비용 추정에 있어서 가장 기초가 되는 기준이다. 그러나 중국의 경우 자세한 임금 자료를 얻기가 힘들다. 유일하게 제공되는 임금 기준은 직공평균임금(职工平均工资)이다. 『중국노동통계연감(中国劳动统计年鉴)』의 통계지표 해설에 의하면, 직공은 국유, 도시집체, 주식회사, 외국인투자기업 및 기타 단위 또는 그 직속 기구에서 일하는 자를 말한다. 향진기업의 노동자, 사영기업의 노동자, 도시개체노동자, 이직이나 퇴직한 노동자, 재취업한 이직 또는 퇴직 노동자, 사립학교(民办)교사, 외국인투자기업의 외국인 노동자, 기타 규정에 의해 직공의 범위에 포함되지 않는 노동자는 직공의 범위에 포함되지 않는다. 그리고 1998년 이후에는 각 종 임금 지표, 예를 들면, 직공임금총액, 직공평균임금 등은 모두 실제 노동에 종사하고 있는 자를 기준으로 하고 있다.

직공평균임금은 1978년은 615위안이나 2005년은 18,364위안으로 크게 증가하였다. 그리고 연평균증가율도 매년 꾸준한 증가세를 보이고 있다. 1989년에 직공평균임금의 연평균 성장률이 마이너스를 나타내는 것은 당시의 도시소비자물가지수의 영향 때문이다. 1988년과 1989년 두 연도는 도시소비자물가지수의 상승률이 각각 20.7%와 16.3%로 크게 증가하였다. 따라서 화폐임금은 상승하였지만 도시소비자물가의 상승이 상승부분을 상쇄하였다.

1997년은 실질임금의 연평균성장률이 1.1%로 상당히 낮은 수준이다. 이는 도시소비자물가지수의 상승에 기인하기보다는 당시 아시아금융위기 등 전반적인 경제 환경의 악화로 인한 결과로 해석할 수 있다. 1997년 도시소비자물가지수 상승률은 3.1% 정도이다.

한 가지 주의할 점은 1999년 이후 직공평균임금 연평균상승률(실질임금 기준)이 두 자리 수를 나타내고 있다는 것이다. 1978년부터 1998년 기간 중 1994년의 직공평균임금의 연평균성장률이 화폐임금 기준은 34.6%, 실질임금 기준은 7.7%로 가장 높다. 1999년 이후부

<표 7–28> 직공평균임금 변화 추이

(단위: 위안, %)

연도	직공 평균임금	직공평균임금 연평균성장률		전체 취업인구 평균임금 연평균성장률	
		화폐임금	실질임금	화폐임금	실질임금
1978	615	6.8	6.0	–	–
1980	762	14.1	6.1	–	–
1985	1,148	17.9	5.3	–	–
1989	1,935	10.8	–4.8	–	–
1990	2,140	10.6	9.2	–	–
1991	2,340	9.3	4.0	–	–
1992	2,711	15.9	6.7	–	–
1993	3,371	24.3	7.1	–	–
1994	4,538	34.6	7.7	–	–
1995	5,500	21.2	3.8	18.9	1.8
1996	6,210	12.9	3.8	11.8	2.8
1997	6,470	4.2	1.1	7.8	4.5
1998	7,479	6.6	7.2	15.5	16.2
1999	8,346	11.6	13.1	11.7	13.2
2000	9,371	12.3	11.4	12.2	11.3
2001	10,870	16.0	15.2	16.1	15.3
2002	12,422	14.3	15.5	14.2	15.4
2003	14,040	13.0	12.0	12.9	11.9
2004	16,024	14.1	10.5	14.0	10.4
2005	18,364	14.6	12.8	14.3	12.5

주의: 실질임금은 도시소비자물가를 반영한 것임.
자료: 『中国劳动统计年鉴2006』 관련 자료 재정리.

터는 매년 두 자리 수의 꾸준한 성장을 보이고 있으며, 2005년에는 화폐임금의 연평균성장률은 14.6%, 실질임금은 12.8%의 성장 추세를 나타내고 있다.

이러한 추세는 중요한 사실을 반영하고 있다. 즉 중국의 노동력 비용이 꾸준히 상승하고 있다는 것이다. 경제발전 수준이 높아지게 되면 이에 상응하는 각종 생산요소의 비용상승은 필연적인 과정이라고 본다. 특히 중국은 계획경제시기에 저물가 · 저임금정책을 통해서 계층 간 또는 지역 간 소득구조의 균등화를 추구하였으나, 개혁개방의 진전과 더불어 고물가 · 고임금의 방향으로 전환되고 있는 것이다.

소유형태별로 직공평균임금의 변화를 보면, 몇 가지 특징을 발견할 수 있다. 첫째, 모든 소유형태의 직공평균임금이 크게 상승하고 있으나 국유부문의 증가 폭이 가장 크다. 국유부문의 직공평균임금은 1985년의 1,213위안에서 2005년의 19,313위안으로 15.92배 증가하였으며, 집체부문은 967위안에서 11,283위안으로 11.67배, 기타부문은 1,436위안에서 18,244위안으로 12.70배가 증가하였다. 즉 국유부문의 증가 폭이 가장 크다.

둘째, 2003년을 기점으로 국유부문의 직공평균임금이 기타부문을 초과하였다. 2003년 국유부문의 직공평균임금은 14,577위안이며, 기타부문은 14,574위안으로 3위안을 초과하였다. 그러나 2004년에는 470위안, 2005년에는 1,069위안으로 그 격차가 지속적으로 확대되고 있다. 그리고 국유부문의 연평균성장률이 기타부문보다 높기 때문에 이러한 추세는 향후 지속될 것으로 예측할 수 있다. 국유부문의 직공평균임금이 높아지는 원인은 여러 측면에서 해석할 수 있다. 우선은 국유부문의 경쟁력 상승이다. 즉 국유부문이 계획경제시기의 국유부문이 아닌 세계화에서 경쟁할 수 있는 기업으로 전환되고 있다는 것이다. 또 하나의 원인은 대부분 국유부문이 장악하고 있는 기간산업이나 에너지산업 등의 독점 또는 반독점경영으로 인한 수익 상승의 영향이다. 수도, 전기, 가스, 난방 등 주요 기간산업은 국유부문이 거의 독점 및 반독점경영을 하고 있다. 이들 산업은 수요에 대한 가격탄력성이 낮기 때문에 경제발전 수준이 높아질수록 더 많은 소비가 발생하게 되는 것이다.

셋째, 국유부문의 직공평균임금 연평균성장률이 다른 부문에 비해서 높다. 전체 직공평균임금의 연평균성장률(화폐임금 기준)은 2005년에 14.6%이다. 그러나 국유부문의 화폐임금 기준 연평균성장률은 15.4%이다. 기타부문의 12.2%와 비교해 볼 때 상당히 높은 성장률이다. 기타부문은 주로 사영기업, 주식회사, 그리고 외국인투자기업 등이 포함되어 있다. 이들 부문보다 국유기업의 직공평균임금의 연평균성장률이 높다는 것은 한편으로는 우수한 인재를 확보할 수 있는 조건이 주어지는 반면, 또 한편으로는 국유부문의 노동력 비용이 과대평가되어 있다는 의심도 가지게 한다.

<표7-29> 소유형태별 직공평균임금 변화 추이

(단위: 위안, %)

연도	직공평균임금			화폐임금 평균성장률			실질임금 연평균성장률		
	국유	집체	기타	국유	집체	기타	국유	집체	기타
1978	644	506	–	7.0	5.9	–	6.2	5.1	–
1980	803	623	–	13.9	14.9	–	6.0	6.9	–
1985	1,213	967	1,436	17.3	19.2	37.0	4.8	6.6	22.5
1989	2,055	1,557	2,707	10.9	9.2	13.6	–4.6	–6.1	–2.3
1990	2,284	1,681	2,987	11.1	8.0	10.3	9.7	6.6	8.9
1991	2,477	1,866	3,468	8.5	11.0	16.1	3.2	5.6	10.5
1992	2,878	2,109	3,966	16.2	13.0	14.4	7.0	4.1	5.3
1993	3,532	2,592	4,966	22.7	22.9	25.2	5.7	5.9	7.9
1994	4,797	3,245	6,303	35.8	25.2	26.9	8.7	0.2	1.5
1995	5,625	3,931	7,463	17.3	21.1	18.4	0.4	3.7	1.4
1996	6,280	4,302	8,261	11.6	9.4	10.7	2.6	0.6	1.7
1997	6,747	4,512	8,789	7.4	4.9	6.4	4.2	1.7	3.2
1998	7,668	5,331	8,972	6.1	2.5	–2.3	6.7	3.1	–1.7
1999	8,543	5,774	9,829	11.4	8.3	9.6	12.9	9.7	11.0
2000	9,552	6,262	10,984	11.8	8.5	11.8	10.9	7.6	10.9
2001	11,178	6,867	12,140	17.0	9.7	10.5	16.2	8.9	9.7
2002	12,869	7,667	13,212	15.1	11.6	8.8	16.3	12.7	9.9
2003	14,577	8,678	14,574	13.3	13.2	10.3	12.3	12.2	9.3
2004	16,729	9,814	16,259	14.8	13.1	11.6	11.1	9.5	8.0
2005	19,313	11,283	18,244	15.4	15.0	12.2	13.6	13.2	10.4

자료: 『中国劳动统计年鉴2006』관련 자료 재정리.

그러나 중국의 노동력 비용을 추산함에 있어서 주의해야할 점은 지역별, 산업별 격차가 크다는 것이다. 즉 2005년 국유기업의 직공평균임금을 12개월로 나누어 보면, 한 달 평균이 1530.3위안이다. 이것은 상당히 낮은 수준이다. 이 수준을 중국 노동자의 평균임금으로 추산하는 것은 무리가 있는 것이다.

2.1.2. 산업별 평균임금

산업별로 보면, 직공평균임금은 큰 격차를 가지고 있다. 1차 산업인 농림목어업은 2005년을 기준으로 할 때 직공평균임금이 1만 위안 이하인 8,309위안 정도이다. 2차 산업과 3차 산업은 이 보다 더 높은 수준이다. 2차 산업 내에서도 전력 · 가스 · 수도업이 가장 높은 평균임금 수준을 가지고 있으며, 건축업이 가장 낮은 수준이다. 3차 산업 내에서도 부문별로 큰 격차를 나타내고 있다. 직공평균임금 수준이 가장 높은 정보서비스 · 소프트웨어업은 40,558위안으로 전체 직공평균임금의 2배 이상 수준이다. 그러나 숙박 · 음식업은 이 보다 훨씬 낮은 13,857위안 수준이다.

3차 산업 중에서 직공평균임금 수준이 높은 부문은 정보서비스 · 소프트웨어업 이외에 금융업, 과학연구 · 탐사업, 문화 · 체육 · 오락업, 교통운수 · 창고 · 우정업, 위생 · 사회보장 · 사회복지, 임대 · 비즈니스서비스업, 부동산업, 공공관리 · 사회조직이 있으며, 이들 부문의 직공평균임금은 전체 평균 수준보다 모두 높다. 그리고 3차 산업 내에서도 숙박 · 음식업 이외에 교육, 주민서비스 · 기타서비스업, 도 · 소매업, 수리 · 환경 · 공공시설관리업은 전체 평균보다도 낮은 수준이다. 특히 산업별 직공평균임금 중 교육부문의 수준이 매우 낮은 것은 향후 중국의 경제발전에서 중요한 과제 중의 하나이다.

<표 7-30> 3차 산업별 직공평균임금

(단위: 위안)

구분		2003	2004	2005
1차 산업	농림목어업	6,969	7,611	8,309
2차 산업	채광업	13,682	16,874	20,626
	제조업	12,496	14,033	15,757
	전력 · 가스 · 수도업	18,752	21,805	25,073
	건축업	11,478	12,770	14,338

3차 산업	교통운수 · 창고 · 우정업	15,973	18,381	21,352
	정보서비스 · 소프트웨어업	32,244	34,988	40,558
	도 · 소매업	10,939	12,923	15,241
	숙박 · 음식업	11,083	12,535	13,857
	금융업	22,457	26,982	32,228
	부동산업	17,182	18,712	20,581
	임대 · 비즈니스서비스업	16,501	18,131	20,992
	과학연구 · 탐사업	20,636	23,593	27,434
	수리 · 환경 · 공공시설관리	12,095	13,336	14,753
	주민서비스 · 기타서비스업	12,900	14,152	16,642
	교육	14,399	16,277	18,470
	위생 · 사회보장 · 사회복지	16,352	18,617	21,048
	문화 · 체육 · 오락업	17,268	20,730	22,885
	공공관리 · 사회조직	15,533	17,609	20,505

자료: 『中国劳动统计年鉴2006』관련 자료 재정리.

제조업 업종별 직공평균임금을 보면 담배제조업이 42,772위안으로 가장 높다. 이것은 전체 직공평균임금보다 2배 이상 높은 수준이다. 그 다음은 석유가공제조업으로 25,779위안, 흑색금속제련 및 압연가공업이 24,220위안, 통신설비 및 기타전자설비제조업이 20,299위안, 교통운수설비제조업이 19,805위안으로 전체 직공평균임금보다 높은 수준이다. 제조업 업종 중 직공평균임금이 가장 낮은 업종은 방직업과 목재제조업이다. 방직업은 평균직공 수는 제조업 중 가장 많으나 평균임금수준은 가장 낮다.

<표 7–31> 제조업 업종별 직공평균임금

제조업 업종	임금총액 (억 위안)	평균 직공 수 (천 명)	직공 평균임금 (위안)	방직업 =1
농부식품가공업	113.2	1,010	11,215	1.06
식품제조업	86.9	650	13,360	1.26
음료제조업	92.3	683	13,518	1.28
담배제조업	77.1	180	42,772	4.04
방직업	286.3	2,701	10,597	1.00
복장, 신발, 모자제조업	209.8	1,687	12,437	1.17
피혁, 모피제조업	103.5	844	12,261	1.16

목재제조업	30.9	311	9,927	0.94
가구제조업	33.3	268	12,393	1.17
제지업	69.5	563	12,347	1.17
인쇄업	61.2	410	14,910	1.41
문화교육체육용품제조업	50.1	393	12,741	1.20
석유가공제조업	140.4	545	25,779	2.43
화공원료및화학제품제조업	321.8	2,065	15,585	1.47
의약제조업	150.8	881	17,121	1.62
화학섬유제조업	31.5	205	15,352	1.45
고무제조업	50.9	365	13,926	1.31
플라스틱제조업	90.0	679	13,246	1.25
비금속광물제조업	239.1	2,067	11,568	1.09
흑색금속제련및압연가공업	445.9	1,841	24,220	2.29
유색금속제련및압연가공업	134.9	770	17,534	1.65
금속제조업	133.4	901	14,806	1.40
일반설비제조업	306.5	1,861	16,474	1.55
전문설비제조업	251.1	1,562	16,078	1.52
교통운수설비제조업	450.1	2,273	19,805	1.87
전기기계및기자재제조업	255.2	1,586	16,093	1.52
통신설비기타전자설비제조업	440.1	2,168	20,299	1.92
계기제조업	92.3	545	16,941	1.60
공예품제조업	70.2	563	12,461	1.18

주의: 2005년 기준.
자료: 『中国劳动统计年鉴2006』관련 자료 재정리.

2.1.3. 지역별 평균임금

산업별 직공평균임금 수준과 마찬가지로 지역별 직공평균임금 수준도 큰 격차를 보이고 있다. 지역별로 보면, 상해시(上海市)가 34,345위안으로 가장 높으며, 북경시(北京市)도 34,191위안으로 상해시와 비슷한 수준이다.

그리고 서장자치구(西藏自治区), 절강성(浙江省), 천진시(天津市), 광동성(广东省), 강소성(江苏省)은 모두 2만 위안 이상 수준이다. 그리고 청해성(青海省)도 전국 평균 수준보다 높은 지역 중 의 하나이다. 한 가지 주의할 점은 서장자치구와 청해성은 서부지역에 위치

<표 7-32> 지역별 직공평균임금

(단위: 위안)

지역	전체 평균	국유부문	집체부문	기타부문
북경시	34,191	39,067	14,695	32,324
천진시	25,271	26,685	15,713	24,945
하북성	14,707	15,291	9,041	14,835
산서성	15,645	16,027	10,157	16,580
내몽고	15,985	16,598	10,804	15,514
요녕성	17,331	18,360	9,161	17,550
길림성	14,409	14,566	8,735	15,868
흑룡강성	14,458	14,424	7,724	16,492
상해시	34,345	36,077	22,486	33,756
강소성	20,957	24,659	13,064	18,468
절강성	25,896	39,048	20,567	18,958
안휘성	15,334	15,450	9,894	16,788
복건성	17,146	20,897	13,811	14,947
강서성	13,688	14,276	8,952	13,140
산동성	16,614	19,823	11,474	14,018
하남성	14,282	14,877	10,383	14,852
호북성	14,419	15,585	8,923	13,062
호남성	15,659	16,649	11,547	14,422
광동성	23,959	28,835	13,240	21,500
광서자치구	15,461	16,113	10,684	14,852
해남성	14,417	14,427	8,640	16,185
중경시	16,630	18,614	11,614	14,373
사천성	15,826	17,898	11,067	12,812
귀주성	14,344	14,681	10,506	14,161
운남성	16,140	16,900	10,516	14,894
서장자치구	28,950	29,644	12,336	19,154
섬서성	14,796	15,223	7,926	15,465
감숙성	14,939	15,840	9,291	11,827
청해성	19,084	21,158	10,080	13,591
영하자치구	17,211	17,634	13,630	16,668
신강자치구	15,558	15,364	12,738	16,503

주의: 2005년 기준.
자료: 『中国劳动统计年鉴2006』관련 자료 재정리.

하고 있으나 전국 평균 수준보다 높은 직공평균임금을 가지고 있다는 것이다. 이 두 지역이 서부지역의 다른 지역과 다른 점은 국유부문의 직공평균임금 수준이 상대적으로 높다는 것이다. 즉 서장자치구의 국유부문의 직공평균임금은 29,644위안이고, 청해성은 21,158위안으로 국유부문의 전국 평균인 19,313위안보다 훨씬 높은 수준이다. 즉 이 두 지역의 국유부문은 정책적인 영향을 받고 있다고 본다. 기타 부문에 있어서도 청해성을 제외한 위의 7개 지역이 전국 평균 보다 높은 수준을 나타내고 있다.

세 직할시의 직공평균임금 변화 추이를 비교해 보면, 1978년에 비해 2005년 북경시(北京市)의 직공평균임금이 59.61배로 가장 많이 상승하였다. 동 기간 천진시(天津市)의 직공평균임금은 43.17배, 상해시(上海市)는 44배가 증가하였다. 동부지역의 주요 세 성의 비교에 의하면, 절강성(浙江省)의 직공평균임금이 1978년과 비교해 51.14배로 가장 많이 상승하였으며, 광동성(广东省)은 42.58배, 강소성(江苏省)은 46.36배가 증가하였다.

2.1.4. 도시별 평균임금

도시별 직공평균임금을 보면, 2005년 기준 시직할구(市辖区)의 전국 평균은 20,500.38위안이며, 전체시(全市)의 전국 평균은 18,360.13위안으로 2,140원의 격차가 있다. 4대 직할시를 비교해 보면, 북경시(北京市)의 시직할구(市辖区)의 직공평균임금은 34,569.15위안으로

<표 7–33> 4대 직할시의 직공평균임금

직할시	직공 수(만 명)		직공 임금 총액 (억 위안)		직공평균임금(위안)	
	全市	市辖区	全市	市辖区	全市	市辖区
북경시	444.58	432.02	1,520.05	1,493.45	34,190.73	34,569.15
천진시	166.12	156.15	419.80	400.25	25,271.03	25,632.25
상해시	345.28	339.26	1,102.82	1,084.55	31,940.08	31,968.19
중경시	207.95	131.11	345.82	245.15	16,630.14	18,698.38

주의 : 표7–33와 표7–32의 4대 직할시의 자료에 차이가 발생하는 이유는 통계연감의 지표 차이에 기인함.

자료: 『中国城市统计年鉴2006』관련 자료 재정리.

전국에서 가장 높은 수준이며, 그 다음은 상해시(上海市)로 31,968.19위안이다. 천진시(天津市)의 시직할구(市辖区)의 직공평균임금은 25,632.25위안으로 4대 직할시 중 세 번째로 높은 임금수준을 가지고 있다. 중경시(重庆市)는 직할시이지만 시직할구(市辖区)의 직공평균임금이 18,698.38위안으로 전국 평균보다 약간 높은 수준이며, 전체시(全市)의 직공평균임금은 전국 평균보다 낮은 수준이다.

<표 7–34>는 4대 직할시를 제외한 도시 중 직공평균임금이 가장 높은 상위 10개 도시를 나타내고 있다. 도시의 통계 범위 중 시직할구(市辖区)를 이용하여 순위를 결정하였다. 전국에서 직공평균임금이 가장 높은 도시 시직할구(市辖区)는 운남성(云南省)의 소통시(昭通市)이다. 그러나 소통시(昭通市)의 시직할구(市辖区)의 직공 수는 2.03만 명이기 때문에 다른 도시와의 비교에서 큰 의의를 가지지 못한다.

<표 7–34> 직공평균임금의 상위 10개 도시

도시	직공 임금 총액(억 위안)		직공평균임금(위안)	
	全市	市辖区	全市	市辖区
소통시(昭通市)	21.08	7.27	14,588.18	35,811.97
광주시(广州市)	656.28	630.46	34,327.66	35,250.98
영파시(宁波市)	219.81	144.57	29,045.01	32,428.96
항주시(杭州市)	301.01	262.47	30,578.50	31,551.00
태주시(台州市)	116.08	44.83	31,079.60	31,504.43
남경시(南京市)	258.46	250.32	29,343.76	29,856.54
구주시(衢州市)	31.99	17.66	26,462.86	28,854.09
동완시(东莞市)	51.80	51.80	28,777.78	28,777.78
동영시(东营市)	87.18	76.67	26,007.82	28,261.85
소주시(苏州市)	240.07	119.65	25,015.21	27,774.37

주의 : 심천시(深圳市)는 2005년도 시직할구(市辖区)의 자료가 부재하여 순위에서 제외하였음, 그러나 전체시(全市)의 직공평균임금은 32,476위안으로 높은 수준임.
자료 : 『中国城市统计年鉴2006』관련 자료 재정리.

소통시(昭通市)를 제외하면, 전국에서 가장 높은 직공평균임금을 가진 도시는 광주시(广州市)로서 시직할구(市辖区)는 35,250.98위안, 전체시(全市)는 34,327.66위안의 수준이다.

그 다음은 절강성(浙江省)의 영파시(宁波市), 항주시(杭州市), 태주시(台州市)로서 전체시(全市)의 직공평균임금이 각각 29,045.01위안, 30,578.50위안, 31,079.60위안이며, 시직할구(市辖区)의 직공평균임금은 각각 32,428.96위안, 31,551.00위안, 31,504.43위안이다. 절강성(浙江省)의 구주시(衢州市)와 광동성(广东省)의 동완시(东莞市)도 비교적 높은 수준의 직공평균임금을 가지고 있다. 그러나 두 도시의 전체 직공 수는 각각 12.09만 명과 18.0만 명으로 적은 규모이다. 아홉 번째로 직공평균임금이 높은 도시는 산동성(山东省)의 동영시(东营市)이고, 열 번째인 도시는 강소성(江苏省)의 소주시(苏州市)이다.

2.1.5. 최저임금제도

최저임금(最低工资)제도는 노동자의 최소한의 권익을 보장하기 위한 방안 중의 하나이다. 중국은 『노동법(劳动法)』에 근거하여 1993년에 『기업최저임금규정(企业最低工资规定)』을 발표하였으며, 1994년에는 『劳动部关于实施最低工资保障制度的通知』를 발표하였다. 최저임금은 노동자자 법정 노동시간 혹은 노동계약서 상에 약정된 노동시간에 의거하여 정상적인 노동을 제공하였을 경우, 노동이용자가 법적으로 반드시 지불해야하는 최저 노동 보수를 말한다. 여기서 말하는 정상적인 노동이란 노동자가 법적 근거에 의거하여 체결한 노동계약서를 기준으로 법정 노동시간 혹은 노동계약서 상에 약정된 노동시간 내에 종사한 노동을 말한다. 그리고 노동자는 휴가, 친지 방문, 혼인이나 장례 휴가, 생육휴가, 출산휴가 등 법이 보장하는 휴가를 향유할 수 있으며, 법정 노동시간 내에 합법적으로 참가한 사회활동도 정상적인 노동으로 간주하고 있다. 노동이용자는 노동자의 임금에서 아래의 사항들을 제외 한 후 해당 지역의 최저임금기준보다 낮게 임금을 지불하여서는 안 된다. 첫째는 초과 근무 수당, 둘째는 야간, 고온, 저온, 유독유해 등 특수노동환경에 대한 수당, 셋째는 법률과 국가의 규정이 정하는 노동자의 복지이다.

현재 31개 성·시·자치구는 모두 최저임금기준을 정하고 있으며, 이를 실행하고 있다. 최저임금기준의 조정은 해당 지역의 최저생활비용, 도시주민 소비자 물가지수, 사회보장비, 주택보조금(住房公积金), 직공평균임금, 경제발전 수준, 취업상황 등을 종합적으로 고려

<표 7-35> 지역별 시간 당 최저임금 수준

지역	시행일자	시간 당 최저임금 기준(위안)			
북경시	2006년 7월 1일	7.9			
천진시	2006년 4월 1일	6.4			
하북성	2006년 10월 1일	6.6	6.2	5.6	5.2
산서성	2006년 10월 1일	6.5	6.0	5.5	5.0
흑룡강성	2006년	5.5	4.4	4.4	4.0
길림성	2006년 5월 1일	4.2	3.8	3.4	
요녕성	2006년	6.0	4.8	3.5	
내몽고자치구	2006년 10월 1일	5.5	5.0	4.5	4.0
상해시	2006년 9월 1일	6.5			
안휘성	2006년 10월 1일	5.7	5.4	5.0	4.7
강소성	2006년 10월 1일	6.3	5.2	4.4	
산동성	2005년	6.0	5.8	5.3	5.2
복건성	2006년 8월 1일	6.8	5.5	5.0	4.5
하남성	2005년 10월 1일	7.0	6.0	5.0	
절강성	2006년 9월 1일	6.4	5.7	5.3	4.6
강서성	2004년 9월 1일	3.6	3.3	3.0	2.7
호북성	2005년 3월 1일	5.0	4.5	4.0	3.5
호남성	2006년 7월 1일	6.5	6.0	5.5	5.0
귀주성	2006년 10월 1일	6.3	5.7	5.1	
광서자치구	2006년 9월 11일	3.8	3.3	2.9	2.6
해남성	2006년 7월 1일	5.2	4.3	3.9	
사천성	2006년 9월 11일	6.4	5.6	4.9	4.4
중경시	2004년 5월 1일	5.5			
운남성	2006년 7월 1일	5.0	4.4	3.9	
섬서성	2006년 7월 1일	6.0	5.6	5.2	4.8
감숙성	2006년 8월 25일	4.4	4.0	3.7	3.3
청해성	2006년 7월 1일	5.2	5.1	5.0	
영하자치구	2006년 3월 1일	5.2	5.0	4.7	
신강자치구	2006년 5월 1일	7.5	6.5	6.0	5.5

기준: 2006년 11월.
자료: 中华人民共和国劳动和社会保障部.

하여 정한다. 최저임금기준은 크게 시간 당 최저임금기준과 월별 최저임금기준이 있다.

월별 최저임금기준은 전일제 노동자에게 적용하며, 시간 당 최저임금기준은 비전일제 노동자에게 적용하고 있다. 그리고 최저임금기준은 매 2년 마다 반드시 한 번은 조정하게 하고 있다.

중화인민공화국노동과사회보장부(中华人民共和国劳动和社会保障部)가 제공한 2006년 11월 기준 각 성·시·자치구(省·市·自治區)의 시간당 최저임금 수준은 <표 7-35>와 같다. 4대 직할시는 시간당 최저임금기준이 하나이지만 기타 성·자치구는 여러 수준이 동시에 있다. 이는 한 성 내에서도 경제발전 수준의 차이가 크게 나기 때문에 이를 반영하고 있는 것이다. 즉 각각 다른 경제발전 수준에서는 다른 기준을 적용하고 있는 것이다. 그리고 이 기준은 성급 행정구역을 기준으로 하고 있기 때문에 일부 도시는 성급 평균보다 높은 경우도 있다. 지역별로 보면 시간 당 최저임금 수준이 가장 높은 지역은 북경시(北京市)로 7.9위안이며, 가장 낮은 지역은 광서자치구(广西自治区)의 가장 낮은 수준인 2.06위안이다. 물론 최저임금기준의 그 지역의 평균임금을 대변할 수는 없다. 그러나 중국과 같이 노동력 시장의 규모가 방대하고 지역별 격차가 큰 경우에 노동자의 권익을 보장하기 위해서는 최저임금기준이 필요하다.

월별 최저임금 수준은 2005년 전국 평균이 483.52위안이며, 2006년에는 574.35위안으로 90.83위안이 증가하였다. 월별 최저임금 기준이 가장 많이 상승한 지역은 흑룡강성(黑龙江省)으로 2005년에서 2006년 동안 230위안이 증가하였다. 그 다음은 신강자치구(新疆自治区)가 190위안, 복건성(福建省)과 중경시(重庆市)가 각각 180위안, 길림성(吉林省)과 귀주성(贵州省)이 각각 150위안, 내몽고자치구(内蒙古自治区)와 요녕성(辽宁省)이 각각 140위안, 사천성(四川省)이 130위안, 호남성(湖南省)이 120위안, 안휘성(安徽省)이 110위안, 광동성(广东省)이 96위안으로 전국 평균 보다 상대적으로 많이 증가하였다.

지역별 월별 최저임금 수준을 비교해 보면, 2006년 현재 광동성(广东省)이 780위안으로 가장 높으며, 상해시(上海市)와 강소성(江苏省), 절강성(浙江省)이 750위안으로 그 다음 수준이다. 그리고 북경시(北京市)와 천진시(天津市)의 월별 최저임금 수준은 각각 640위안과 670위안으로 상대적으로 낮은 수준이다. 이외에도 전국 평균 보다 월별 최저임금 기준이 높은 지역은 신강자치구(新疆自治区), 복건성(福建省), 흑룡강성(黑龙江省), 산동성(山东省), 호남성(湖南省), 요녕성(辽宁省), 하북성(河北省), 해남성(海南省), 중경시(重庆

<표 7–36> 지역별 월별 최저임금 수준

지역	2005년		2006년		2008년	
	위안	최저=1	위안	최저=1	위안	최저=1
북경시	580	1.71	640	1.49	800	1.86
천진시	590	1.74	670	1.56	820	1.91
하북성	520	1.53	580	1.35	680	1.58
산서성	520	1.53	550	1.28	610	1.42
내몽고자치구	420	1.24	560	1.30	680	1.58
요녕성	450	1.32	590	1.37	700	1.63
길림성	360	1.06	510	1.19	650	1.51
흑룡강성	390	1.15	620	1.44	680	1.58
상해시	690	2.03	750	1.74	960	2.23
강소성	690	2.03	750	1.74	850	1.98
절강성	670	1.97	750	1.74	850	1.98
안휘성	410	1.21	520	1.21	560	1.30
복건성	470	1.38	650	1.51	750	1.74
강서성	360	1.06	360	0.84	580	1.35
산동성	530	1.56	610	1.42	760	1.77
하남성	480	1.41	480	1.12	650	1.51
호북성	460	1.35	460	1.07	580	1.35
호남성	480	1.41	600	1.40	635	1.48
광동성	684	2.01	780	1.81	860	2.00
광서자치구	460	1.35	500	1.16	580	1.35
해남성	500	1.47	580	1.35	630	1.47
중경시	400	1.18	580	1.35	680	1.58
사천성	450	1.32	580	1.35	650	1.51
귀주성	400	1.18	550	1.28	650	1.51
운남성	470	1.38	540	1.26	680	1.58
서장자치구	495	1.46	495	1.15	730	1.70
섬서성	490	1.44	540	1.26	600	1.40
감숙성	340	1.00	430	1.00	430	1.00
청해성	370	1.09	460	1.07	600	1.40
영하자치구	380	1.12	450	1.05	560	1.30
신강자치구	480	1.41	670	1.56	670	1.56

자료: 中华人民共和国劳动和社会保障部.

市), 사천성(四川省)이 있다. 그리고 서부지역은 동부지역과 비교할 때 평균 150위안 정도가 낮은 수준이다.

2.1.6. 임금지도선

임금지도선(工资指导价位 또는 工资指导线)은 각 지역별로 직업에 따른 임금 기준을 제시하고 있다. 일반적으로 임금지도선은 한 가지 직업에 대해 최고선, 중간선, 최저선, 그리고 평균선을 제시하고 있으며, 이는 노동력 시장에서 임금을 결정하는 데 참고자료가 된다. 일반적으로 임금지도선은 성 · 시 · 자치구의 노동과사회보장국(劳动和社会保障局)에서 발표하고 있다. 그리고 임금지도선은 전일제 임금과 비전일제 임금을 나누어 발표하고 있으며, 또는 산업별로 발표하기도 한다. <표 7–37>은 2006년 기준 상해시(上海市)의 임금지도선 중 일부를 나타내고 있다.

<표 7–37> 상해시 임금지도선

(단위: 위안)

구분	최고선	중간선	최저선	평균선
대표이사(董事长)	439,884	131,886	42,059	153,914
사장(总经理)	398,107	101,600	25,257	138,406
당서기(党委书记)	354,751	90,000	27,597	95,652
공회주석(工会主席)	207,006	61,100	20,497	64,497
재무부경리(财务部经理)	267,737	83,000	25,650	86,042
출납(出纳)	81,436	26,236	11,841	31,618
회계(会计)	90,046	31,232	12,611	37,086
세무원(税务员)	138,072	48,179	17,120	55,603
영어통역원(英语译员)	102,037	52,475	17,888	53,807
일어통역원(日语译员)	84,629	48,862	18,797	48,882
러이사어통역원(俄语译员)	50,592	32,123	15,007	33,836
판매부경리(销售部经理)	199,182	64,000	21,070	69,315

주의: 2006년 기준.
자료: 中国劳动力市场(http://www.lm.gov.cn).

2.2. 사회보장

2.2.1. 노동자 사회보장 구조

도시 노동자들은 매월 지급되는 화폐 임금 이외에 각 종 사회보장의 혜택을 누리고 있다. 예를 들면, 양로보험(养老保险), 의료보험(医疗保险), 실업보험(失业保险), 산재보험(工伤保险), 출산보험(生育保险) 등이 있다. 양로보험은 국민연금과도 비슷하다. 퇴직 후에 퇴직 전 임금의 일정 금액을 지급받는 것이다. 의료보험은 의료 서비스가 필요할 때 일정 금액을 지급받는 것이며, 실업보험은 취업기회를 상실하여 실업자가 된 경우 지급 받을 수 있는 보험금이며, 산재보험은 노동현장에 발생한 산업재해에 대한 보험이다. 그리고 중국은 출산보험제도를 별도로 운용하고 있다. 즉 아이가 출산할 경우에 받을 수 있는 혜택이다. 그리고 주택구입보조금을 지급하는 기업이나 기관도 있다. 일반적으로 기업은 노동자를 고용할 때 노동에 대한 화폐임금을 협의하고 또한 이들 보험에 대해서도 명확한 규정을 두고 있다. 즉 기업이 부담하는 비중과 개인이 부담하는 비중을 결정하는 것이다.

<표 7–38>은 기업A와 기업B의 보험 구조를 나타내고 있다. 이 자료는 2007년 10월 저자가 중국 현지에서 기업을 대상으로 한 조사를 바탕으로 하고 있다. 기업A는 종업원 규모가 300명 정도인 중소기업이며, 기업B는 종업원 규모가 3,000명 정도인 대기업이다. 두 기업 모두 천진시(天津市)에 입지하고 있다. 기업A의 양로보험 비중은 기업이 20.0%이고 개인이 8.0%로서 합계 28.0%이다. 그리고 의료보험은 기업이 9.0%를 부담하고 개인이 2.0%를 부담하여 합계 11.0%이며, 실업보험은 기업이 2.0%, 개인이 1.0%를 부담하여 합계 3.0%이다. 산재보험은 기업만이 1.0%를 부담하고 있으며, 출산보험은 개인이 기업보다 0.2% 많은 1.0%를 그리고 기업이 0.8%를 부담하고 있다. 기업A의 총 부담 비중은 기업이 32.8%, 개인이 12.0%로서 합계 44.8%이다.

기업B의 구조는 기본적으로는 기업A와 비슷하다. 즉 양로보험, 실업보험, 의료보험의 비중은 두 기업이 모두 동일하다. 그러나 기업B는 산재보험의 비중이 0.5%로 기업A 보다

0.5% 낮으며, 출산보험은 3.0%로 기업A보다 1.2% 높다. 그리고 기업B는 주택구입보조금을 기업이 13.0% 부담하고 개인이 9.0%를 부담하고 있다. 따라서 기업B의 총 비용은 기업이 48.5%, 개인이 19.0%를 부담하여 합계 67.5%이다. 기업과 개인이 부담해야 하는 이들 보험과 주택구입보조금의 기준은 최종 임금액이 아닌 기본임금 수준이다. 그리고 이 기본임금 수준은 또한 지역별로 최저임금수준을 반영하여 책정하고 있다.

예를 들면 2007년 10월 천진시(天津市)의 최저 기본임금 수준은 800위안이다. 기업A의 경우는 800위안의 임금에서 358.4위안을 더 추가 한 1,158.4위안이 노동력 1인당 총 비용으로 지출되는 것이다. 기업B의 경우는 800위안의 임금에서 540위안을 더 추가 한 1,340위안의 비용이 지출되는 것이다. 따라서 중국의 노동력 비용을 추정할 때는 이와 같은 기타 사회보험이나 보조금들에 대한 충분한 고려를 하여야 한다. 두 기업의 평균을 보더라도 최저 기본임금의 50% 정도가 더 추가적으로 비용이 발생하고 있는 것이다.

<표 7–38> 노동자의 사회보험구조

(단위: %)

내용	기업A			기업B		
	기업	개인	합계	기업	개인	합계
양로보험	20.0	8.0	28.0	20.0	8.0	28.0
실업보험	2.0	1.0	3.0	2.0	1.0	3.0
의료보험	9.0	2.0	11.0	10.0	1.0	11.0
산재보험	1.0	–	1.0	0.5	–	0.5
출산보험	0.8	1.0	1.8	3.0	–	3.0
주택구입보조금	–	–	–	13.0	9.0	22.0
합계	32.8	12.0	44.8	48.5	19.0	67.5

주의 : 이 외에도 门诊大额医疗, 离退休干部医疗统筹, 在职大额医疗救助 등의 비용도 있다. 그러나 비중이 낮기 때문에 표에서는 제외하였음.

2.2.2. 도시 노동자 사회보장 인구

각 종 형태의 사회보장제도들이 존재하고 있지만, 모든 노동자들이 이와 같은 혜택을 가질 수 있는 것은 아니다. 주로 도시에서 취업하고 있는 노동자들이 위에서 제시하고 있는 보험들의 혜택을 누리고 있다. 또한 도시 노동자들도 전체가 아닌 일부만이 보험의 혜택을 누릴 수 있는 것이다. 양로보험은 보험 가입자 수가 가장 많다. 2005년 말 현재 양로보험에 가입하고 있는 노동자는 17,487.0만 명이며, 그 중 취업 중에 있는 직공 수는 13,120.4만 명으로 75.02%를 차지하고 있으며, 이미 퇴직하였으나 양로보험의 혜택을 받고 있는 노동자는 4,367.5만 명으로 24.98%를 차지하고 있다. 양로보험 가입자 수는 1989년의 5,710.3만 명에서 2005년에는 17,487.0만 명으로, 1,1776.7만 명이 증가하였다. 이는 노동자에 대한 사회보장이 더욱 확대되고 있음을 반영하고 있다. 도시 취업인구를 기준으로 할 때 양로보험 가입자 수의 비중도 1989년의 39.68%에서 2005년에는 63.98%로 크게 증가하였다.

<표 7-39> 연도별 양로보험 가입자 규모와 비중

(단위: 만 명, %)

연도	보험가입자 수(A)	취업 중 직공 수 (B)	퇴직자 수(C)	도시 취업인구 (D)	A/D	B/A	C/A
1989	5,710.3	4,816.9	893.4	14,390	39.68	84.36	15.64
1990	6,166.0	5,200.7	965.3	17,041	36.18	84.34	15.66
1991	6,740.2	5,653.7	1,086.6	17,465	38.59	83.88	16.12
1992	9,456.2	7,774.7	1,681.5	17,861	52.94	82.22	17.78
1993	9,847.6	8,008.2	1,839.4	18,262	53.92	81.32	18.68
1994	10,573.5	8,494.1	2,079.4	18,653	56.69	80.33	19.67
1995	10,979.0	8,737.8	2,241.2	19,040	57.66	79.59	20.41
1996	11,116.7	8,758.4	2,358.3	19,922	55.80	78.79	21.21
1997	11,204.4	8,671.0	2,533.4	20,781	53.92	77.39	22.61
1998	11,203.1	8,475.8	2,727.3	21,616	51.83	75.66	24.34
1999	12,485.4	9,501.8	2,983.6	22,412	55.71	76.10	22.94
2000	13,617.4	10,447.5	3,169.9	23,151	58.82	76.72	22.15
2001	14,182.5	10,801.9	3,380.6	23,940	59.24	76.16	22.36
2002	14,736.6	11,128.8	3,607.8	24,780	59.47	75.52	22.73
2003	15,506.7	11,646.5	3,860.2	25,639	60.48	75.11	22.94
2004	16,352.9	12,250.3	4,102.6	26,476	61.76	74.91	23.08
2005	17,487.0	13,120.4	4,367.5	27,331	63.98	75.03	22.90

자료: 『中国统计年鉴2006』와 『中国劳动统计年鉴2006』의 관련 내용 재정리.

양로보험과 비교해 볼 때 기타 4대 보험의 가입자 규모는 전체 노동자 규모에 비해 적다. 2005년을 기준으로 할 때 실업보험에 가입하고 있는 노동자 수는 10,647.7만 명이며, 그 중 당해 연도에 실업보험의 보장을 받고 있는 노동자 수는 677.8만 명이다. 의료보험에 가입한 노동자는 모두 10,021.7만 명이며, 그 중 이미 퇴직한 노동자의 수는 3,761.2만 명이다. 산재보험의 가입자 수는 8,478.0만 명이며, 이 중 당해 연도에 보험의 혜택을 보장 받은 노동자 수는 63.0만 명이다. 출산보험은 대부분이 여성이 가입하고 있기 때문에 전체 가입자 수는 5,408.0만 명으로 상대적으로 적은 규모이다. 그러나 도시 전체 노동자 수와 비교하면 4대 보험 가입자 수의 비중은 양로보험에 비해 상당히 낮은 수준이다. 실업보험의 가입자 비중은 전체 도시 노동자의 38.96%, 의료보험은 36.67%, 산재보험은 31.02%, 출산보험은 19.79%이다.

<표 7-40> 연도별 기타 4대 보험 가입자 규모

연도	실업보험		의료보험		산재보험		출산보험
	가입자	혜택자	가입자	퇴직자	가입자	혜택자	가입자
1994	7,968.0	196.5	374.6	25.7	1,822.1	5.8	915.9
1995	8,238.0	261.3	702.6	43.3	2,614.8	7.1	1,500.2
1996	8,333.1	330.8	791.2	64.5	3,102.6	10.1	2,015.6
1997	7,961.4	319.0	1,588.9	173.1	3,507.8	12.5	2,485.9
1998	7,927.9	158.1	1,508.7	369.0	3,781.3	15.3	2,776.7
1999	9,852.0	271.4	1,509.4	555.9	3,912.3	15.1	2,929.8
2000	10,408.4	329.7	2,862.8	924.2	4,350.3	18.8	3,001.6
2001	10,354.6	468.5	5,470.7	1,815.2	4,345.3	18.7	3,455.1
2002	10,181.6	657.0	6,925.8	2,475.4	4,405.6	26.5	3,488.2
2003	10,372.4	741.6	7,974.9	2,926.8	4,574.8	29.5	3,655.4
2004	10,583.9	753.5	9,044.5	3,359.2	6,845.2	51.9	4,383.8
2005	10,647.7	677.8	10,021.7	3,761.2	8,478.0	63.0	5,408.0

자료: 『中国统计年鉴2006』와 『中国劳动统计年鉴2006』의 관련 내용 재정리.

지역별 양로보험 가입자 규모를 보면, 광동성(广东省)이 1,796.1만 명으로 가장 크며, 전국의 10.27%를 차지하고 있다. 그리고 강소성(江苏省)과 산동성(山东省)의 양로보험 가입자 수도 각각 1,345.6만 명과 1,302.4만 명으로 전국 가입자의 7.69%와 7.45%를 차지하고 있다. 또한 동북지역의 요녕성(辽宁省)도 1,193.6만 명의 양로보험 가입자를 가지고 있다. 재직자와 퇴직자의 양로보험 가입자 수를 비교해 보면, 재직자이면서 보험 가입자 수가 가장 많은 지역은 역시 광동성(广东省), 강소성(江苏省), 산동성(山东省)으로 각각 1천 만 명 이상의 규모를 가지고 있다. 그러나 요녕성(辽宁省)은 퇴직자의 보험 가입자 수가 360.8만 명으로 전국에서 가장 큰 규모를 가지고 있으며, 재직자의 비중은 상대적으로 낮다. 이는 요녕성(辽宁省)의 노동자에 대한 사회적 부담이 다른 지역에 비해 과중함을 나타내고 있다.

<표7–41> 지역별 양로보험 가입자 규모와 비중

(단위: 만 명, %)

지역	2000년		2005년			
	재직자	퇴직자	재직자	퇴직자	합계	비중
전국	3,786.9	924.2	13,120.4	4,367.5	17,487.9	100.00
북경시	232.6	81.9	364.7	155.2	520.0	2.97
천진시①	139.6	46.8	200.6	107.7	308.3	1.76
하북성	159.9	35.4	523.7	184.2	707.9	4.05
산서성	72.1	11.4	285.2	98.2	383.4	2.19
내몽고자치구	103.7	22.1	252.9	86.1	338.9	1.94
요녕성	109.5	36.6	832.8	360.8	1,193.6	6.83
길림성	40.2	8.5	325.0	131.0	455.9	2.61
흑룡강성	52.1	15.1	545.7	223.2	768.9	4.40
상해시	569.6	204.3	539.3	290.7	830.0	4.75
강소성	307.3	71.9	1,037.6	307.9	1,345.6	7.69
절강성	228.0	67.5	801.3	160.9	962.3	5.50
안휘성	61.5	13.3	347.0	124.8	471.7	2.70
복건성	77.8	18.9	320.8	88.9	409.6	2.34
강서성	61.4	9.5	282.0	105.5	387.4	2.22
산동성	253.3	48.7	1,053.9	248.6	1,302.4	7.45
하남성	296.2	58.4	619.8	194.2	814.0	4.65
호북성	133.9	11.6	597.6	206.4	804.0	4.60
호남성	127.3	30.4	523.4	195.2	718.6	4.11
광동성	350.3	41.6	1,564.9	231.2	1,796.1	10.27
광서자치구	10.2	2.1	215.3	73.3	288.6	1.65
해남성	33.9	5.1	84.4	36.5	120.9	0.69
중경시	9.7	2.4	189.6	100.5	290.2	1.66
사천성	261.2	74.1	562.7	230.7	793.4	4.54

귀주성[2]	31.1	6.9	132.0	51.7	183.7	1.05
운남성	69.5	15.9	176.8	81.9	258.7	1.48
서장자치구[3]	–	–	4.6	3.1	7.7	0.04
섬서성	130.5	28.2	268.4	107.8	376.1	2.15
감숙성	5.0	1.2	142.2	55.1	197.3	1.13
청해성	12.7	2.6	43.0	16.9	60.0	0.34
영하자치구	5.4	1.1	51.5	16.1	67.5	0.39
신강자치구	11.9	4.6	213.1	89.0	302.1	1.73

주의 : ① 천진시(天津市)의 2000년 자료는 2001년 자료임.
② 귀주성(贵州省)의 2000년 자료는 2001년 자료임.
③ 2000년 서장자치구(西藏自治区)는 자료 부족.
자료: 『中国劳动统计年鉴2001』, 『中国劳动统计年鉴2006』.

지역별 의료보험 가입자 규모를 보면, 광동성(广东省)과 강소성(江苏省)이 각각 1,235.3만 명과 1,124.1만 명으로 가장 크다. 두 성의 전국 비중은 각각 8.96%와 8.16%로 합계 17.12%이다. 재직자 중 가장 많은 노동자가 의료보험에 가입하고 있는 지역도 역시 광동성(广东省)으로 1,055.0만 명이 있다. 퇴직자의 의료보험 가입자 수는 그 지역의 사회적 부담을 증가시킨다. 강소성(江苏省)이 303.0만 명으로 가장 많은 퇴직자 의료보험 가입자를 가지고 있다. 그리고 요녕성(辽宁省)도 양로보험과 마찬가지로 퇴직자 수의 의료보험 가입자 수가 280만 명으로 비교적 많다.

<표 7–42> 지역별 의료보험 가입자 규모와 비중

지역	합계		재직자		퇴직자	
	만 명	%	만 명	%	만 명	%
전국	13,782.9	100.00	10,021.7	100.00	3,761.2	100.00
북경시	574.8	4.17	419.7	4.19	155.1	4.12
천진시	299.1	2.17	180.8	1.80	118.3	3.14
하북성	562.1	4.08	422.6	4.22	139.6	3.71
산서성	324.9	2.36	251.9	2.51	73.0	1.94
내몽고자치구	292.0	2.12	206.0	2.06	86.0	2.29
요녕성	864.2	6.27	584.2	5.83	280.0	7.45
길림성	283.0	2.05	209.1	2.09	73.9	1.96

흑룡강성	602.9	4.37	432.5	4.32	170.4	4.53
상해시	728.6	5.29	452.7	4.52	275.9	7.33
강소성	1,124.1	8.16	821.1	8.19	303.0	8.06
절강성	639.6	4.64	476.5	4.75	163.1	4.34
안휘성	387.1	2.81	274.4	2.74	112.7	3.00
복건성	333.0	2.42	255.8	2.55	77.2	2.05
강서성	276.7	2.01	201.7	2.01	75.0	2.00
산동성	861.5	6.25	684.8	6.83	176.7	4.70
하남성	641.5	4.65	487.4	4.86	154.1	4.10
호북성	502.0	3.64	354.9	3.54	147.2	3.91
호남성	503.4	3.65	356.8	3.56	146.6	3.90
광동성	1,235.3	8.96	1,055.0	10.53	180.3	4.79
광서자치구	285.9	2.07	203.6	2.03	82.3	2.19
해남성	87.2	0.63	62.8	0.63	24.5	0.65
중경시	237.7	1.72	145.8	1.45	91.9	2.44
사천성	647.0	4.69	426.8	4.26	220.2	5.86
귀주성	180.5	1.31	129.0	1.29	51.5	1.37
운남성	320.7	2.33	225.2	2.25	95.5	2.54
서장자치구	15.2	0.11	10.4	0.10	4.8	0.13
섬서성	348.8	2.53	247.4	2.47	101.3	2.69
감숙성	176.6	1.28	130.4	1.30	46.2	1.23
청해성	62.0	0.45	41.6	0.42	20.4	0.54
영하자치구	64.5	0.47	47.3	0.47	17.2	0.46
신강자치구	321.1	2.33	223.6	2.23	97.5	2.59

주의: 2005년 기준.
자료: 『中国劳动统计年鉴2006』의 관련 내용 재정리.

2.2.3. 농촌 노동자 사회보장 인구

농촌의 사회보장은 도시보다 열악하다. 도시 노동자는 위에서 설명한 것처럼 양로보험, 의료보험, 실업보험, 산재보험, 출산보험과 같은 각종 사회보장을 가지고 있지만, 농촌 노동자는 주로 양로보험을 통해서만 사회보장의 혜택을 받고 있는 실정이다. 2005년 말 현재 농촌의 양로보험 가입자 수는 모두 5,441.9만 명이며, 산동성(山东省)과 강소성(江苏省)

<표 7–43> 지역별 농촌양로보험 가입자 규모와 비중

지역	농촌양로보험 실시 지역			연말 보험 가입자 수		당해 연도 신규 가입자 수	
	향·진	촌	향진기업	만 명	%	만 명	%
전국	26,171	381,682	75,003	5,441.9	100	234.1	100
북경시	186	3,559	2,470	40.7	0.75	8.5	3.61
천진시	–	–	–	–	–	–	–
하북성	1,458	29,227	622	227.4	4.18	2.4	1.04
산서성	1,497	10,896	7,082	210.0	3.86	6.0	2.56
내몽고자치구	815	7,919	12	80.9	1.49	2.7	1.15
요녕성	911	9,150	4,371	216.8	3.98	2.1	0.92
길림성	256	1,197	35	8.5	0.16	–	–
흑룡강성	864	10,917	397	181.3	3.33	0.1	0.04
상해시	128	1,886	14,024	73.2	1.35	2.6	1.11
강소성	1,310	20,027	22,507	850.3	15.62	62.5	26.71
절강성	950	23,037	4,824	477.9	8.78	6.4	2.74
안휘성	1,533	16,845	3,125	147.5	2.71	1.6	0.66
복건성	1,072	15,334	–	152.3	2.80	1.7	0.71
강서성	1,544	18,639	6,792	221.7	4.07	0.1	0.02
산동성	1,834	81,847	3,234	1,041.0	19.13	105.7	45.13
하남성	920	17,311	397	140.0	2.57	11.6	4.94
호북성	1,058	21,947	3,090	311.4	5.72	–	–
호남성	1,784	23,556	424	165.7	3.04	–	–
광동성	19	219	–	88.6	1.63	–	–
광서자치구	1,095	10,639	259	179.2	3.29	–	–
해남성	214	4,116	87	28.7	0.53	0.5	0.21
중경시	527	3,427	156	35.0	0.64	0.1	0.06
사천성	2,538	21,327	176	291.4	5.35	2.9	1.23
귀주성	26	377	1	6.0	0.11	0.1	0.06
운남성	1,528	10,306	508	137.8	2.53	2.3	0.97
서장자치구	55	206	–	14.4	0.26	14.4	6.15
섬서성	1,613	14,145	356	89.7	1.65	–	–
감숙성	194	1,345	54	9.8	0.18	–	–
청해성	193	2,000	–	13.8	0.25	–	–
영하자치구	49	281	–	1.1	0.02	–	–
신강자치구	–	–	–	–	–	–	–

주의: 2005년 기준.

자료: 『中国劳动统计年鉴2006』의 관련 내용 재정리.

이 각각 1,041.0만 명과 850.3만 명으로 가장 큰 규모를 가지고 있다. 당해 연도 가입자 수를 보면 2005년 한 해 동안 전국적으로 234.1만 명의 농촌 노동자가 양로보험에 가입하였으며, 산동성(山东省) 한 성에 105.7만 명의 농촌 노동자가 가입하여 전국 가입자 수의 45.15%를 차지하고 있다.

2.3. 기타 노동력 비용

2.3.1. 주택구입보조금

화폐임금과 각종 사회보험이 노동력 비용의 중요한 부분을 차지하고 있다. 그리고 이외에도 중국은 노동자에게 주택구입보조금(住房公积金)을 별도로 지급하고 있다. 물론 모든 노동자에게 지급되는 것은 아니다. 주택구입보조금은 계획경제시기에 실시한 주택 공급과는 다른 형식의 보조이다. 즉 계획경제시기에는 국가가 직접 노동자에게 거주할 주택을 실물로 공급하였으나, 주택구입보조금은 노동자의 근무경력과 근무기간에 따라 일정한 금액을 적립한 후 노동자가 주택을 구입할 때 이 금액을 보조해 주는 제도이다.

2.3.2. 보조금

보조금(津贴)은 중국의 임금제도가 가지고 있는 특수한 형식 중의 하나이다. 일반적으로 보조금은 단순 노동력에 종사하는 노동자에게는 적용되는 경우가 적으며, 기관이나 중 · 고급 노동력에 종사하는 경우에 적용되는 경우가 많다. 즉 전체 임금 기준은 국가적으로 낮게 책정하고 있으나 보조금을 통해 실질적으로는 노동력에 대한 더 높은 보수를 받고 있는 것이다. 그러나 보조금은 지역과 부문별로 차이가 크기 때문에 평균적인 상황을 파악하기는 매우 힘들다. 그리고 어떤 경우에는 보조금이 기준 임금보다 더 높은 경우가 많다. 따라서 중국의 노동력 비용을 좀 더 구체적으로 파악하기 위해서는 보조금의 현황을 반드시 고려해야만 한다.

<표 7-44>는 중국의 한 대학의 교수들의 직책을 등급별로 나눈 것이다. 모두 9등급으로 나누어져 있으며, 각 등급별 보조금이 다르다. C3은 가장 낮은 등급이며, A1은 가장 높은 등급이다. 등급이 높아질수록 기본임금 대비 보조금의 비율이 높아진다. 즉 C3은 기본임금이 680위안이며, 이에 상응하는 보조금은 250위안으로 기본임금이 보조금의 절반에 못 미친다. 그러나 가장 높은 등급인 A1에서는 기본임금이 1,900위안이며, 보조금은 이의 두 배가 넘는 4,167위안이다. 그리고 상여금은 근무 성과에 따라서 별로도 지급하는 보수이다. 따라서 대학 교수의 임금을 추정할 때 기본임금 이외에도 보조금과 상여금 등을 종합적으로 고려하여야만 한다.

<표 7-44> 대학 교수의 보조금 비교

(단위: 위안)

등급	기본임금 (岗位工资)	최저임금 (最低薪资)	최고임금 (最高薪资)	최저상여금 (最低岗绩)	최고상여금 (最高岗绩)	보조금 (津贴)
A1	1,900	555	1,534	2,455	3,434	4,167
A2	1,630	555	1,534	2,185	3,164	3,333
A3	1,420	555	1,534	1,975	2,954	2,500
B1	1,180	317	1,109	1,497	2,289	2,083
B2	1,040	317	1,109	1,357	2,149	1,667
B3	930	317	1,109	1,247	2,039	1,250
C1	780	181	944	961	1,724	833
C2	730	181	944	911	1,674	500
C3	680	181	944	861	1,624	250

자료: 2006년 기준.
자료: 현지조사.

2.3.3. 상여금

상여금(奖金)은 보조금보다 더욱 가변적인 노동력 비용이며 보수이다. 비록 보조금이 지역별로 또는 부문별로 큰 격차가 있다고 하지만 사회적으로 일정한 기준에 따라서 변동하게 된다. 그러나 상여금은 기업이나 기관에서 성과에 따라서 결정하는 것이기 때문에 보조금보다 격차가 더욱 현저할 수밖에 없다. 어떤 경우는 연말에 지급되는 상여금(年底奖金)이 12개월의 화폐임금(보조금을 포함)보다 더 많을 수도 있다.

3. 인적자본

3.1. 인재의 지역분포

3.1.1. 장원의 지역분포

인재는 매우 광범위한 개념이다. 일반적으로 어떤 분야에서 특출한 재능을 가진 사람을 인재하고 할 수 있다. 근대 이전 중국에는 과거제도로서 인재를 선발하였다. 장원은 가장 높은 과거시험에 합격한 자를 말한다. 중국의 과거제도는 송(宋)대부터 기본적인 제도를 갖추게 되었다. 명(明)대에 오면, 과거는 크게 동생시(童生试), 향시(乡试), 회시(会试), 전시(殿试)의 네 등급으로 나누어진다. 동생시는 현(县)이나 부(府)에서 시행되며, 향시는 성(省)에서 시행되고, 회시와 전시는 수도(京城)에서 시행된다. 각 등급의 과거에 합격한 자들을 생원(生员), 거인(举人), 공사(贡士), 진사(进士)로 부르며, 생원은 수재(秀才)라고 부르기도 한다. 향시의 일등을 해원(解元), 회시의 일등을 회원(会元), 그리고 전시의 일등을 장원(状元)이라고 부른다. 또한 전시의 이등은 방안(榜眼), 3등은 탐화(探花)라고 부른다. 그리고 향시, 회시, 전시를 연속 일등한 자를 연중삼원(连中三元)이라고 부른다.

胡兆量(2001)에 의하면, 중국은 역사적으로 모두 733 차례의 과거를 시행하였으며, 기록에 정확하게 기재되어있는 장원은 모두 615명이다. 그 중 현재 출생지가 파악된 장원은 모두 493명이다.[45] 연대별로 보면, 당(唐) · 오대(五代) 시기에 모두 111명의 장원이 배출되었으며, 청(清)대에 118명의 장원이 배출되었다.

---

45) 봉건제 아래에서 과거제도는 남성만이 참가할 수 있었다. 그러나 유일하게 1853년(태평천국3년)에 남녀가 함께 과거를 시행하였다. 당시 傅善祥은 여자로서 장원이 되었으며, 그녀는 중국 역사상 유일한 여자 장원으로 기록되고 있다(胡兆量, 2001:184).

<표 7-45> 장원의 지역분포와 비중

지역	합계(명)	비중(%)	당(唐)·오대(五代)	북송(北宋)·요(辽)	남송(南宋)·금(金)·서하(西夏)	원(元)	명(明)	청(清)
하남성	53	10.75	27	20	2	1	2	1
하북성	46	9.33	18	7	8	6	3	4
산동성	37	7.51	10	10	7	0	4	6
산서성	16	3.25	7	2	5	2	0	0
섬서성	14	2.84	9	2	0	0	2	1
요녕성	8	1.62	1	3	1	0	0	3
내몽고자치구	5	1.01	0	0	1	4	0	0
감숙성	4	0.81	4	0	0	0	0	0
영하자치구	2	0.41	1	0	1	0	0	0
흑룡강성	1	0.20	0	0	1	0	0	0
강소성	84	17.04	7	4	5	0	18	50
절강성	68	13.79	1	5	21	1	20	20
강서성	40	8.11	5	5	7	2	18	3
복건성	36	7.30	2	7	13	0	11	3
안휘성	25	5.07	2	2	3	1	5	12
사천성	18	3.65	8	5	1	1	2	1
호북성	11	2.23	1	4	0	2	1	3
광동성	9	1.83	2	0	1	0	3	3
광서자치구	8	1.62	3	1	0	0	0	4
호남성	6	1.22	3	0	0	0	1	2
귀주성	2	0.41	0	0	0	0	0	2
합계	493	100.0	111	77	77	20	90	118

자료: 胡兆量(2001:186).

지역별로는 강소성(江苏省)이 84명으로 가장 많은 장원을 배출하고 있으며, 전국 비중은 17.04%를 차지하고 있다. 그 다음은 절강성(浙江省)과 하남성(河南省)으로 각각 68명과 53명의 장원을 배출하여 13.79%와 10.75%를 차지하고 있다. 이외에도 하북성(河北省), 강서성(江西省), 산동성(山东省), 복건성(福建省), 안휘성(安徽省), 사천성(四川省), 산서성(山西省), 섬서성(陕西省)에서 10명 이상의 장원을 배출하고 있다. 이들 지역들의 합계는 모두 437명으로 88.64%를 차지하고 있다. <표 7-45>에서 하남성(河南省)부터 흑룡강성(黑龙江

省)을 북쪽으로 보고, 강소성(江苏省)부터 귀주성(贵州省)까지를 남쪽으로 보면, 북쪽에서는 186명의 장원을 배출하였으며, 남쪽에서는 모두 307명의 장원을 배출하였다. 비중은 각각 37.73%와 62.27%이다. 그리고 시기적으로는 당(唐) · 오대(五代)와 북송(北宋) · 요(辽) 시기에 북쪽에서는 121명의 장원이 배출되었으며, 남쪽에서는 67명의 장원이 배출되었다. 그러나 남송(南宋) · 금(金) · 서하(西夏), 원(元), 명(明), 청(清) 시기에 북쪽에서는 65명의 장원만이 배출되었으나 남쪽에서는 모두 240명의 장원이 배출되었다. 즉 인재의 지리적 중심이 북쪽에서 남쪽으로 이동한 것이다. 이러한 지리적 중심의 전환은 청(清) 시기에 더욱 현저하게 나타나고 있다. 이 시기에 남쪽에서는 모두 103명의 장원이 배출되었으나, 북쪽에서는 단 15명의 장원이 배출되었다. 이 15명도 요녕성(辽宁省), 하북성(河北省)과 산동성(山东省)에서 각각 3명, 4명과 6명을 배출하고 있으며, 나머지 지역은 거의 장원이 배출되지 않고 있다. 이에 반해 강소성(江苏省)과 절강성(浙江省)은 각각 50명과 20명의 장원을 배출하여 인재의 집중지역이 되고 있다. 그리고 안휘성(安徽省)도 12명의 장원을 배출하여 인재의 중요한 지역이 되고 있다.

3.1.2. 원사의 지역분포

원사(院士, academician)는 학위는 아니지만 학문 분야에 있어 지대한 공헌이 있는 학자에게 수여하는 최고의 호칭이다. 중국에서 원사는 원래 학부위원(学部委员)으로 불리었으며, 최초의 학부위원들은 1948년 3월에 81명이 선정되었다. 1955년에는 중국과학원(中国科学院)에서는 학부위원을 선정하였으며, 위의 81명 중 46명이 학부위원으로 다시 선정되었다. 학부위원은 1994년 원사로 개칭되었다. 1994년에는 중국공정원(中国工程院)에서도 원사를 선정하기 시작하였으며, 현재 전국에는 중국과학원(中国科学院)과 중국공정원(中国工程院)에 약 1,800여 명이 넘는 원사가 있다. 중국과학원은 1955년 성립 이래 모두 1,106명의 원사를 선정하였다. 그리고 중국공정원은 1993년 성립 이래 모두 717명의 원사를 선정하였다.

<표 7-46 > 중국과학원과 중국공정원 원사의 지역분포

지역	중국과학원		중국공정원		합계	
	원사 수 (명)	비중 (%)	원사 수 (명)	비중 (%)	원사 수 (명)	비중 (%)
절강성	204	18.46	119	16.60	323	17.73
강소성	243	21.99	119	16.60	362	19.87
산동성	50	4.52	49	6.83	99	5.43
호남성	55	4.98	44	6.14	99	5.43
광동성	85	7.69	38	5.30	123	6.75
상해시	42	3.80	38	5.30	80	4.39
요녕성	17	1.54	36	5.02	53	2.91
호북성	35	3.17	32	4.46	67	3.68
하북성	49	4.43	30	4.18	79	4.34
복건성	93	8.42	30	4.18	123	6.75
사천성	34	3.08	30	4.18	64	3.51
안휘성	46	4.16	27	3.77	73	4.01
하남성	28	2.53	20	2.79	48	2.63
북경시	18	1.63	17	2.37	35	1.92
산서성	11	1.00	13	1.81	24	1.32
천진시	11	1.00	12	1.67	23	1.26
강서성	37	3.35	12	1.67	49	2.69
섬서성	11	1.00	9	1.26	20	1.10
중경시	8	0.72	9	1.26	17	0.93
길림성	8	0.72	7	0.98	15	0.82
흑룡강성	2	0.18	6	0.84	8	0.44
운남성	4	0.36	5	0.70	9	0.49
광서자치구	6	0.54	4	0.56	10	0.55
감숙성	2	0.18	3	0.42	5	0.27
내몽고자치구	1	0.09	2	0.28	3	0.16
해남성		0.00	2	0.28	2	0.11
신강자치구		0.00	1	0.14	1	0.05
귀주성	5	0.45	1	0.14	6	0.33
서장자치구			1	0.14	1	0.05

자료: 중국과학원의 원사 자료는 중국과학원학부와원사(中国科学院学部与院士)의 웹싸이트(http://www.casad.ac.cn)를 이용하였으며, 중국공정원의 원사 자료는 중국공정원(中国工程院)의 웹싸이트(http://www.cae.cn)를 이용하였다.

중국과학원과 중국공정원의 원사의 출생지 지역분포를 보면, 강소성(江苏省)과 절강성(浙江省)이 가장 많은 비중을 차지하고 있다. 강소성(江苏省)은 모두 243명의 중국과학원 원사와 119명의 중국공정원 원사를 배출하였으며, 절강성은 204명의 중국과학원 원사와 119명의 중국공정원 원사를 배출하였다. 이와 같은 지역분포는 청(清)대의 장원의 지역분포와 비슷한 구조를 가지고 있다. 이 두 지역은 중국 원사의 37.6%를 배출하고 있는 지역이다.

3.2. 지역별 인적자본의 추계

3.2.1. 인적자본의 개념

인적자본의 추계에 있어서 가장 중요한 것은 인적자본의 개념이다, 즉 인적자본을 어떻게 정의하는가이다. Schultz, T.W.(1968)의 인적자본 정의에는 다섯 가지 요소를 포함하고 있다, 즉 의료와 건강, 재직훈련, 학교교육, 기술수준, 개인이나 가정의 취업기회 및 이를 위한 이동이다. 대부분의 인적자본의 정의는 Schultz, T.W.(1968)의 다섯 가지 요소를 기초로 하고 있다. 인적자본은 광의의 인적자본과 협의의 인적자본으로 구분할 수 있다. 광의의 인적자본은 유형의 인적자본 즉 어린이가 사회에서 직장을 가질 때까지 소비되는 모든 지출의 합계, 즉 교육투자, 건강투자, 연구개발투자 등을 포함하고 있다. 이 중에서 교육투자와 건강투자는 협의의 인적자본을 구성한다(张帆, 2000). 이는 주로 투자적인 측면에서 인적자본을 정의하고 있다. 즉 매년 관련 투자의 누계 총액을 감가상각하면 인적자본을 추계할 수 있는 것이다. 李宝元(2000)은 교육부문 투자지출과 건강위생부문 투자지출로 구성된 인적자본 투자 총액을 통해 인적자본을 정의하고 있다. 그러나 인적자본을 투자적인 측면에서 정의하면 물적 자본의 투자와 마찬가지로 감가상각의 문제를 해결해야 한다. 그러나 각 종 지식이나 기능이 인간의 신체 내에 체화되어 있는 투자들을 어떻게 감가상각 하는가는 매우 복잡한 문제이다. 인적자본을 정의하는 또 하나의 방법은 산출 측면이다. 즉 각 종 형태의 인적자본 관련 투자는 결과적으로 일정한 규모와 수량으로 나타날 것이다. 산출 측면에서 볼 때, 건강이나 정서 등의 요소들을 잠시 고려하지 않고, 지식이나 기능을 주로 고려하면, 교육이 매우 중요한 변수가 된다. 즉 교육의 성과 혹은 교육을 받은 정도로서 인력자본 수준을 평가할 수 있다.

3.2.2. 인적자본의 추계 방법

교육수준을 통해서 인적자본을 추계하는 방법을 교육연한법이라 한다. 교육연한법의 기본 가정은 인간의 신체에 체화된 지식과 기능은 정규 교육을 통해서 형성된다는 점이다.[46] 즉 인적자본의 투입이 많을수록 즉 교육연한이 길수록 인적자본의 규모도 커진다는 것이다. 기존의 연구들을 볼 때 대부분은 교육변수를 대리변수로 이용하고 있다.

Barro, R.J.(1991), Levine, R., Renelt, D.(1992), 赖明勇(2002)은 입학률을, Romer, P.M.(1989), 蔡昉, 都阳(2000)은 성인식자율을, 沈坤荣, 田源(2002)은 취업인원 중 전문대학 이상 학력을 가진 인원비중을 이용하여 인적자본을 추정하고 있다. 이와 같이 교육 대리변수들을 이용하는 가장 큰 이유는 바로 추정 방법상의 편리 때문이다. 그러나 한두 가지 대리변수로서 인적자본 전체를 설명하기에는 많은 한계점이 있다는 것에 주의해야 한다. 성인식자율은 초등학교 이상의 학력을 가진 사람이 전체 인구에서 차지하는 비중이며, 입학률은 정부가 지정한 각 연령의 재학인원수와 실제 재학인원수의 비례이다. 이들 대리변수는 교육발전의 기초적인 수준을 반영하지만, 성인식자율과 입학률이 동일하다고 해서 인적자본 스톡이 동일하다고 단정하기는 무리가 있다. 취업인원 중 전문대학 이상 학력을 가진 노동자의 비중 역시 노동자의 절대적인 교육수준을 반영할 수는 있지만 인적자본의 구조를 반영하기는 힘들다. 따라서 교육변수를 대리하는 한두 가지 변수를 선택하는 방

46) 물론 비정규교육도 인적자본 형성에 영향이 없다고는 가정할 수 없다. 특히 학교교육 이외의 교육이 인적자본의 형성에 대한 영향은 향후 더 심도 있는 연구가 필요하다고 본다. 예를 들면 가정에서의 교육이 인적자본의 형성에 대한 영향이나, 직장에서 습득하는 여러 가지 기술이나 노하우 등의 인적자본의 형성에 적극적인 영향을 가진다고 가정할 수 있다. 본서의 인적자본 추계는 김상욱(2008)을 인용하고 있음.

법보다는 평균교육연한이나 교육연한합계 등과 같은 종합적인 지표를 이용하여 인적자본을 대리하는 것이 더욱 의의가 있다고 본다. 王绍光, 胡鞍钢(2000), 蔡昉, 王德文(2002)은 인구와 노동자의 평균교육연한을, 候亚非, 王金荣(2001), 朱翊民, 钏庆才(2002)는 인구와 노동자의 교육연한 합계를 이용하고 있다. 기본적인 계산 방법은 아래 식1과 같다.

$$H_t = \sum_{i=1}^{n} HE_{i,t} h_i \quad \cdots\cdots \text{식1}$$

식1에서 H_t는 t년도 인적자본이며, $HE_{i,t}$는 t년도 i학력 수준의 노동자 수, h_i는 i학력 수준의 교육연한이다. H_t를 각 학력 수준의 노동자 수의 합계로 나누면 평균교육연한과 같다. 노동자의 교육 정도 혹은 교육연한을 이용한 인력자본 추계는 그 과정이 간단명료할 뿐만 아니라 자료의 이용가능성과 정확성도 비교적 높다. 또한 교육연한과 노동력의 인적자본 투자 간에는 높은 상관성이 존재하며, 화폐적 의의에서 추정하는 인적자본 투자 비용에서 흔히 발생할 수 있는 가격요소의 영향도 어느 정도 제거할 수 있다. 그리고 노동력의 교육정도와 교육연한은 노동력이 노동과정에서 발생하는 인적자본의 증대와도 정(正)의 관계가 있기 때문에, 교육정도가 높을수록 노동력의 경험축적 능력이 높고, 또한 신기술이나 신지식에 대한 학습능력과 축적능력이 높아진다. 또한 노동력의 교육연한과 노동력의 소득과도 정(正)의 상관관계가 있다. 그리고 교육연한이 길수록 자신의 건강이나 위생상태에 대한 주의 정도도 역시 높아진다. 따라서 교육연한은 인적자본 추정에 있어서 상당한 대표성을 가진다고 볼 수 있다.

그러나 교육연한법이 가진 결정적인 결함은 인적자본이 가진 축적효과를 반영할 수 없다는 점이다. 식1로 인적자본을 추정할 경우, 초등학교 1년 기간 동안 형성된 인적자본과 대학교 1년 기간 동안 형성된 인적자본이 동일하게 취급되기 때문이다. 축적효과는 인적자본 추정에 있어서 기술상의 중대한 문제이다. 이외에도 식1이 가지고 있는 또 하나의 결함은 바로 인적자본의 구조를 반영할 수 없다는 점이다. 현실적 또는 정책적인 의의에서 보면, 실제적으로 더욱 관심을 가지는 것은 인적자본 전체의 스톡뿐만 아니라, 인적자본의 구조, 즉 각각 다른 수준의 인적자본이 경제발전 혹은 소득증가에 대한 영향이다. 이러한 문제점을 극복하기 위한 방안이 바로 교육연한축적법이다. 식1에 인적자본의 축적효과를 추가하면 아래 식2와 같이 나타낼 수 있다.

$$H = e^{f(E)}L \quad \cdots\cdots \text{식2}$$

식2에서 $f(E)$는 교육회수율이며, 노동자가 1년의 교육연한이 길어짐으로 발생하는 생산효율의 증가 비율을 말한다. 만약 E=0이고, $f(0)$=0이며, $H=e^{f(o)}L=L$로써, 학교교육을 전혀 받지 않은 노동력은 1단위의 단순한 노동만을 제공할 수 있다.

식2를 이용한 인적자본의 추계에서 가장 중요한 것은 교육회수율의 설정이다. Psacharopoulos, G., Patrinos, A.(2004)에 의하면, 중국의 교육회수율이 초등학교 단계에서는 0.180, 중 · 고등학교 단계에서는 0.134, 그리고 대학교 단계에서는 0.151로 추정하고 있으며, 이는 아시아의 다른 국가들의 평균 수준에 비교적 접근하고 있다. 따라서 이를 기준으로 하여, 교육연한이 0년~6년인 경우, $f(E)$를 0.180로 설정하고, 교육연한이 7년~12년인 경우 $f(E)$를 0.134로, 교육연한이 12년 이상인 경우 $f(E)$를 0.151로 설정한다. 그리고 교육연한이 0년~6년인 경우의 인적자본을 초등인적자본, 교육연한이 7년~12년인 경우의 인적자본을 중등 인적자본, 교육연한이 12년 이상인 경우의 인적자본을 고등 인적자본으로 정의한다. 구체적인 추정 공식은 아래 식3과 같다.

$$\begin{aligned} H_t &= \sum_{i=1}^{5} HEe^{r_j h_i} \\ H_{lt} &= \sum_{i=1}^{2} HEe^{r_1 h_i} \\ H_{st} &= \sum_{i=3}^{4} HEe^{r_2 h_i} \\ H_{ht} &= HE_{5t}e^{r_3 h_5} \end{aligned} \quad \cdots\cdots \text{식3}$$

식 3에서 i(=1, ⋯, 5)는 1은 문맹 수준, 2는 초등학교 수준, 3은 중학교 수준, 4는 고등학교 수준, 5는 대학(전문대학 포함) 이상 수준을 나타내며, h_i는 각 교육 수준에 상응하는 교육연한을 나타내며, h_1는 1, h_2는 6, h_3은 9, h_4는 12, h_5는 16을 나타낸다. H_t는 t년도의 인적자본 총량을, H_{lt}는 t년도의 초등 인적자본을, H_{st}는 t년도의 중등 인적자본을, H_{ht}는 t년도의 고등 인적자본을 나타낸다. HE_{it}는 t년도 i학력 교육연한을 가진 인구수를 나타낸다. r_j는 교육회수율을 나타낸다. 즉 교육연한 1년의 증가로 인한 인적자본의 증가분을 나타낸다.

3.2.3. 지역별 인적자본의 추계

아래에서는 식3을 이용하여 지역별 인적자본을 추계한다. 지역은 성(省)급 행정구역을 기초로 하는 31개 성 · 시 · 자치구(省 · 市 · 自治區)로 설정한다. 그리고 분석기간은 1997년부터 2004년으로 설정한다. 중경시(重慶市)의 자료는 1997년부터 이용이 가능하기 때문에 1997년 이후를 분석기간으로 설정한다. 인적자본을 추정함에 있어서 노동자의 교육연한을 이용하는 방법과 인구의 교육연한을 이용하는 방법이 있는데, 현재 중국에서 공개 발행되고 있는 통계연감에서는 후자의 데이터만 이용할 수 있다. 따라서 『중국인구통계연감(中國人口統計年鑑)』에서 매년 제공하고 있는 인구의 교육연한 데이터를 이용한다. 그러나 1998년부터 2005년의 『중구인구통계연감』은 통계자료의 불일치 등의 문제를 가지고 있기 때문에, 이에 대해 적절한 조정을 한 후에 이용한다. 즉 2000년의 자료는 9개 수준으로 인구의 교육정도를 제시하고 있으며, 기타 년도는 모두 5개의 수준으로 인구의 교육정도를 파악하고 있다. 따라서 2000년도의 자료는 5개의 수준으로 재조정 한 후에 이용한다.

식3에 의한 지역별 인적자본의 추계 결과는 아래 <표 7-47>과 같다. 인적자본의 구조를 보면, 1997년~2004년 기간 중, 고등 인적자본의 비중은 9.39%에서 17.51%로 증가하였으며, 중등 인적자본 비중은 48.71%에서 53.68%로 증가하였으며, 초등 인적자본은 오히려 41.89%에서 28.81%로 크게 감소하였다. 동부지역, 중부지역, 서부지역 세 지역으로 나누어 보면, 인적자본의 성장은 세 가지 특징을 보이고 있다. 첫째, 동부 지역의 인적자본 성장이 비교적 빠르다. 특히 북경시(北京市), 천진시(天津市), 상해시(上海市), 광동성(廣東省), 산동성(山東省)의 인적자본 성장은 전국 평균보다 빠르다.

둘째, 동북 지역과 중부 지역의 주요 성(省)의 인적자본 성장은 비교적 느리다. 특히 흑

<표 7–47> 지역별 인적자본의 구조

(단위: %)

지역	1997년			2004년		
	H_l	H_s	H_h	H_l	H_s	H_h
전국	41.89	48.71	9.39	28.81	53.68	17.51
북경시	14.38	52.85	32.77	8.78	42.19	49.03
천진시	25.28	53.92	20.80	14.09	51.50	34.41
하북성	40.07	52.71	7.22	24.83	57.68	17.49
산서성	34.90	54.23	10.87	24.77	59.47	15.75
내몽고자치구	37.86	50.16	11.98	26.22	54.18	19.60
요녕성	29.05	52.84	18.11	20.07	56.86	23.06
길림성	32.18	52.68	15.14	22.53	58.17	19.30
흑룡강성	32.49	52.72	14.79	23.60	62.35	14.05
상해시	17.68	58.36	23.96	10.19	48.84	40.97
강소성	38.81	54.01	7.19	28.54	56.09	15.37
절강성	42.44	48.78	8.78	27.26	50.62	22.11
안휘성	46.15	47.19	6.66	32.80	52.87	14.33
복건성	47.96	42.83	9.20	34.19	51.27	14.54
강서성	46.39	47.09	6.52	31.41	54.19	14.40
산동성	43.83	50.67	5.50	25.90	57.23	16.86
하남성	39.71	54.70	5.59	25.44	60.96	13.59
호북성	40.74	47.98	11.27	26.80	55.82	17.38
호남성	44.16	48.95	6.89	29.03	55.15	15.82
광동성	39.93	48.19	11.88	31.15	53.16	15.69
광서자치구	52.22	44.38	3.40	30.87	53.25	15.88
해남성	39.79	52.33	7.89	24.79	59.74	15.48
중경시	50.84	42.09	7.07	42.48	45.45	12.07
사천성	49.58	43.26	7.15	37.79	50.37	11.84
귀주성	57.72	34.58	7.70	42.05	42.96	14.99
운남성	59.94	35.20	4.86	46.38	40.48	13.13
서장자치구	88.04	10.34	1.61	73.68	22.07	4.25
섬서성	40.75	49.11	10.14	25.70	53.30	21.00
감숙성	48.05	45.73	6.22	35.01	46.86	18.13
청해성	54.62	36.74	8.64	38.83	45.95	15.22
영하자치구	40.75	47.60	11.65	31.07	47.31	21.62
신강자치구	39.32	43.27	17.42	26.78	46.00	27.23

주의 : H는 전체 인적자본을, Hl은 초등 인적자본을, Hs는 중등 인적자본을, Hh는 고등인적자본을 나타냄.

자료: 김상욱(2008).

룽강성(黑龍江省)의 성장이 가장 느리며 성장률이 3.51%에 지나지 않는다. 셋째, 서부지역의 주요 성(省)의 인적자본 성장은 전국 평균 수준보다 빠르다. 그리고 각 성(省)의 고등 인적자본의 빠른 성장은 지역 인적자본 성장을 주도하고 있다. 예를 들면, 상해시(上海市)는 분석 기간 중 인적자본의 성장이 가장 빠른 지역이며, 초등 인적자본은 마이너스 성장을 하였지만, 중등 인적자본은 15.38% 성장하였고, 고등 인적자본은 135.74% 성장하였다.

3.3. 인적자본과 지역경제발전

3.3.1. 지역별 인적자본의 격차

인적자본의 지역 간 차이를 알아보기 위해 변이계수(coefficient variance)를 이용하여 인적자본의 불균형 정도를 계산해 보았다. 1997년 인적자본 전체의 변이계수는 0.6279이며, 2004년에는 0.6178로서 분석 기간 중 인적자본의 지역 간 격차는 조금 감소하였다. 인적자본의 구조를 보면, 초등 인적자본의 1997년 변이계수는 0.6749로서 인적자본 전체보다는 지역 간 격차가 심하며, 2004년에는 변이계수가 0.6704로서 격차가 약간 감소하였다. 중등 인적자본의 변이계수는 0.6661로서 인적자본 전체의 지역 간 격차보다는 크지만, 초등 인적자본보다는 지역 간 격차가 조금은 작다, 2004년 중등 인적자본의 변이계수는 0.6699로서 1997년보다는 지역 간 격차가 확대되었다. 1997년 고등 인적자본의 변이계수는 0.6035로서 인적자본 전체보다는 지역 간 격차가 균등하며, 초등 인적자본이나 중등 인적자본보다도 지역 간 격차가 작다, 2004년 변이계수는 0.5431로서 상대적으로 지역 간 격차가 크지 않다.

3.3.2. 인적자본과 지역경제발전 격차

인적자본과 지역경제발전과의 관계는 아래 <그림 7-6>을 통해서 더욱 구체적으로 알 수 있다. <그림 7–6>의 (a)에 의하면, 지역경제발전(PCGDP)과 전체 인적자본(HC) 사이에는 정(正)의 상관관계가 존재하며, (b)에 의하면 지역경제발전과 초등 인적자본(HCL) 사이에는 부(負)의 상관관계가 존재하며, (c)에 의하면 지역경제발전과 중등 인적자본(HCS) 사이에는 정(正)의 상관관계가 존재하며, 인적자본 전체보다는 약한 상관관계를 보이고 있다, 그리고 (d)에 의하면 지역경제발전과 고등 인적자본(HCH) 사이에는 강한 정(正)의 상관관계가 있다.

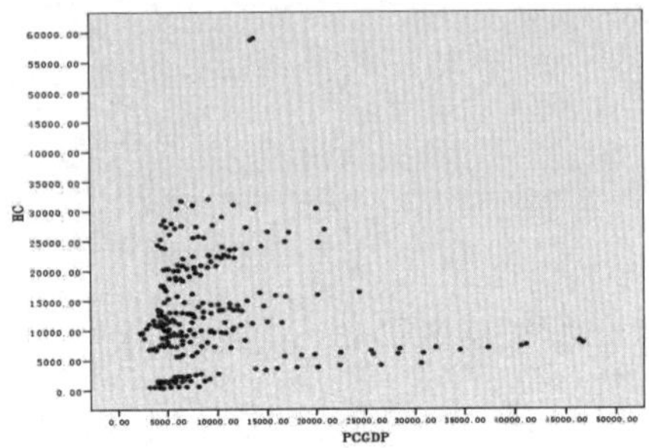

(a) 전체 인적자본과 1인당 GDP의 상관관계

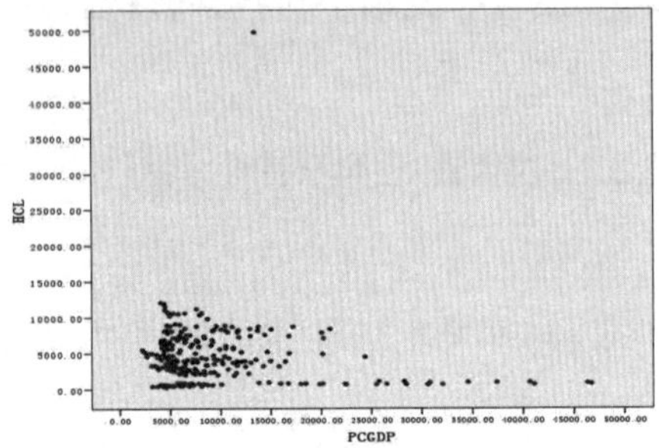

(b) 초등 인적자본과 1인당 GDP의 상관관계

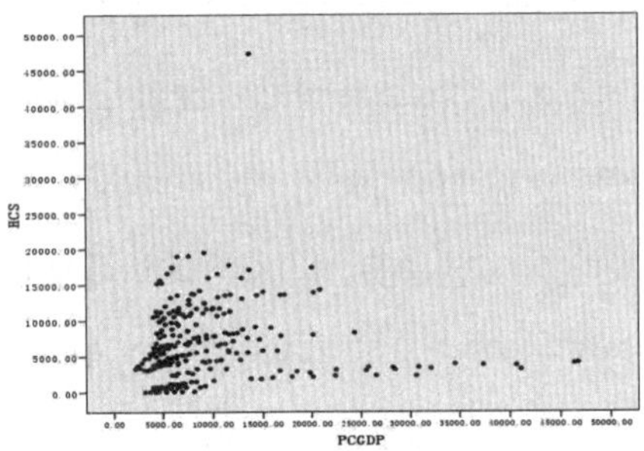

(c) 중등 인적자본과 1인당 GDP의 상관관계

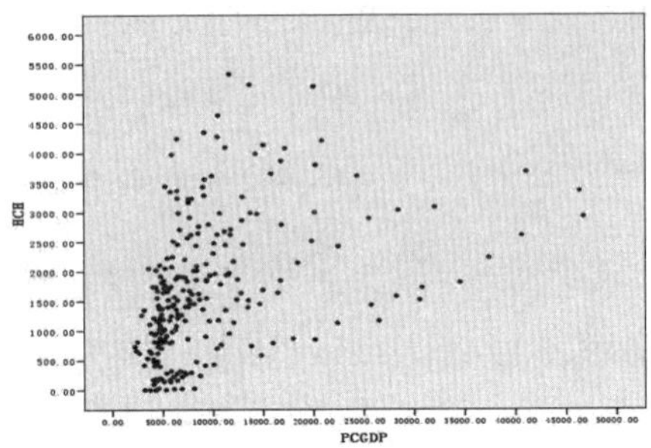

(d) 고등 인적자본과 1인당 GDP의 상관관계

<그림 7–6> 인적자본과 지역별 1인당 GDP의 상관관계

자료: 김상욱(2008).

□ 요약

노동력은 경제발전에서 가장 중요한 요소 중의 하나이다. 본 장에서는 중국의 노동력 시장, 노동력 비용, 그리고 인적자본에 대해 살펴보고 있다. 중국은 전체 인구 규모가 매우 큰 인구대국(人口大國)이다. 인구 규모가 크면 충분한 노동력 풀(pool)을 형성할 수 있다는 장점이 있으나, 또 한편으로는 사회가 부담해야할 부담도 그 만큼 증가하게 되는 것이다. 전반적으로 볼 때 중국의 방대한 인구와 노동력 규모는 노동시장에서 노동력의 비용을 낮게 하고 있다. 그러나 중국의 노동력에 대한 보수는 상당히 복잡한 구조를 가지고 있기 때문에, 평균임금 지표로 노동력의 비용을 추정하기 보다는 임금 이외의 각 종 사회보험, 주택구입부조금, 보조금, 상여금 등을 종합적으로 고려하는 것이 더욱 객관적인 지표가 될 수 있다. 그러나 임금 이외의 관련 자료들은 지역별 그리고 산업별로 비교적 큰 차이가 있기 때문에 전국의 평균을 추정하는 것은 어려운 과제이다. 또한 중국의 노동력 시장을 더욱 심도 있게 이해하기 위해서는 인재의 지역별 분포를 주의할 필요가 있다. 즉 노동력 시장에 있어서도 지역성(locality)이 강하게 나타나기 때문이다.

□ 주요개념

1. 노동연령인구
2. 노동력 참가율
3. 경제활동인구
4. 문맹인구
5. 노동시간
6. 노동조합(工会)
7. 임금(工资)
8. 최저임금제도(最低工资制度)
9. 임금지도선(工资指导线)
10. 양로보험(养老保险)
11. 주택구입보조금(住房公积金)
12. 보조금(津贴)
13. 상여금(奖金)
14. 장원(状元)

15. 원사(院士)
16. 인적자본(human capital)

□ 주요 참고문헌

김상욱(2008), "중국의 인적자본과 중국지역경제발전 격차에 관한 연구", 『국제지역연구』, 제12권, 제1호, pp.193~221.

李涛(2006), 『人力资本投资与城市经济竞争力』, 北京: 社会科学文献出版社.

胡兆量(1999), 『中国区域发展导论』, 北京: 北京大学出版社.

胡兆量(2001), 『中国文化地理概述』, 北京: 北京大学出版社.

谭永生(2007), 『人力资本与经济增长: 基于中国数据的实证研究』, 北京: 中国财政经济出版社.

金相郁, 郝寿義(2006), 「中国区域经济发展差距的趋势与动因分析」, 『财经科学』 第7期, pp.110–117.

周英章, 孙崎岖(2002), 「我国教育投入对实际经济增长的贡献实证分析」, 『中国软科学』, 第7期, pp.39–42.

阎淑敏, 秦江萍(2002), 「人力资本对西部经济增长的贡献分析」, 『数量经济技术经济研究』, 第11期, pp.17–20.

边雅静, 沈利生(2004), 「人力资本对我国东西部经济增长影响的实证分析」, 『数量经济技术经济研究』, 第12期, pp.19–24.

赖明勇, 张新(2005), 「经济增长的源泉人力资本, 研究开发与技术外溢」, 『中国社会科学』, 第12期, pp.32–46.

徐现祥, 舒元(2005), 「物质资本, 人力资本与中国地区双峰趋同」, 『世界经济』, 第1期, pp.47–58.

陈钊, 陆铭, 金煜(2004), 「中国人力资本和教育发展的区域差异:对面板数据的计算」, 『世界经济』, 第12期, pp.25–33.

白雪梅(2004), 「教育与收入不平等:中国的经验研究」, 『管理世界』, 第6期, pp.53–58.

沈坤荣, 田源(2002), 「人力资本与外商直接投资的区位选择」, 『管理世界』, 第11期, pp.34–45.

莫志宏(2004), 『人力资本的经济学分析』,北京:经济管理出版社, pp.129–131.

李秀敏(2007), 「人力资本, 人力资本结构与区域协调发展来自中国省级区域的证据」, 『华中师范大 学学报(人文社会科学版)』, 第3期, pp.47–56.

Becker, G.S.(1960), "An economic analysis of fertility", in Ansley, J.Coale, editors, Demographic and Economic Change in Developed Countries, Princeton, Princeton University Press.

Lucas, R.E.Jr.(1988), "On the mechanism of economic development", Journal of Monetary Economics 22, pp.3–22.

Meng, X. and Wu, H.X.(1998), "Household income determination and regional income differential in rural China, Asian Economic Journal 12, pp.35–63.

Morduch, J. and Sicular,T.(2002), "Rethinking inequality decomposition, with evidence from rural China", The Economic Journal 112, pp. 93–106.

Ren, R.E.(2002), "How fast has China's economy grown?: a comment on two recent assessments", China Economic Quarterly 2(1), pp.37–52.

Romer, P.M.(1989), "Human capital and growth: theory and evidence", NBER Working Paper, No.3173, 1989.

Romer, P.M.(1990), "Endogenous technological change", Journal of Political Economy 98, pp.s71–s102.

Schultz, T.W.(1968), "Institution and the rising economic value of man", American Journal of Agricultural Economics 50, pp.1113–1122.

Wang, Y. and Yao,Y.D.(2003), "Sources of China's economic growth 1952–1999: incorporating human capital accumulation", China Economic Review 14, pp.32– 52.

Wei, Y.H., Liu, X., Song, H., Romilly, P.(2001), "Endogenous innovation growth theory and regional income convergence in China", Journal of International Development 13(2), pp.153–168.

Wu, G., Richardson, S., Travers, P.(1996), "Rural poverty and its causes in China", Working Paper 96/2, Adelaide: School of Economics, Chinese Economies Research Centre, University of Adelaide.

Yang, D.T.(2004), "Education and allocative efficiency: household income growth: during rural reforms in China", Journal of Development Economics 74, pp. 137–62.

제8장
외국인직접투자

8

中國地域經濟槪論
Introduction to Chinese Regional Economies

1. 외국인직접투자의 지역분포
2. 외국인직접투자와 지역경제발전
3. 한국의 중국에 대한 해외직접투자

1. 외국인 직접투자의 지역분포

1.1. 외국인직접투자의 추세

1.1.1. 외국인직접투자의 규모

중국경제에 있어서 외국인직접투자(Foreign Direct Investment: FDI)는 중요한 역할을 담당하고 있다. 외국인투자는 크게 직접투자와 간접투자로 나눌 수 있다. 간접투자는 주로 금융투자를 통해서 이루어지며, 직접투자는 실물투자를 통해서 이루어지고 있다. 중국은 현재 세계에서 가장 많은 외국인직접투자를 유치하는 국가 중의 하나이다. 특히 아시아지역에서는 가장 많은 외국인직접투자를 유치하고 있다.

1979년부터 2006년 기간 동안 중국은 매년 꾸준한 외국인투자를 유치하고 있다. 1979년부터 2006년 말까지 실제 유치한 외국인투자 금액 총액은 8,826.7억 달러로서 그 중 상업차관은 1,471.6억 달러로서 16.67%를 차지하고 있으며, 외국인직접투자는 6,919.0억 달러로서 78.39%, 기타 외국인투자는 436.19억 달러로 4.94%를 차지하고 있다. 지난 30여 년 간의 외국인투자의 구성을 보면, 실제투자금액을 기준으로 보면, 1991년까지는 상업 차관의 규모가 외국인직접투자보다 더 크다. 그러나 1992년부터는 상업 차관보다 외국인직접투자의 규모가 더욱 빠르게 성장하고 있다. 1979년부터 1990년 기간 동안 외국인직접투자가 전체 외국인투자금액에서 차지하는 비중은 31.33%이었으나, 1991년부터 2000년 기간에는 69.10%로 증가하였으며, 2001년부터 2006년 기간에는 94.87%로 크게 증가하였다.

중국이 개혁개방 정책을 채택한 것은 1978년 12월이며, 1980년대 초반부터는 동남 연해안 지역을 중심으로 하는 적극적인 대외개방정책을 시도하고 있지만, 본격적인 대외개방은 1990년대 초반의 사회주의시장경제 체제의 정식적인 대외표방으로부터 시작된다. 즉

1980년대에 외국 기업들과 외국 자본가들은 중국의 잠재력에 대해서는 어느 정도 인식을 하고 있지만 체제의 불안정이 초래하는 투자위험의 증대 때문에 상대적으로 소극적인 자세를 취하였다. 그러나 1990년대 초반에 공식적인 체제 전환의 표방은 외국기업이나 투자

<표 8-1> 중국의 외국자본 이용 추이

(단위: 억 달러)

연도	투자계약금액			실제투자금액			
	합계	차관	FDI	합계	차관	FDI	기타
1984*	281.26	169.78	97.50	181.87	130.41	41.04	10.42
1985	102.69	35.34	63.33	47.60	25.06	19.56	2.98
1986	122.33	84.07	33.30	76.28	50.14	22.44	3.70
1987	121.36	78.17	37.09	84.52	58.05	23.14	3.33
1988	160.04	98.13	52.97	102.26	64.87	31.94	5.45
1989	114.79	51.85	56.00	100.60	62.86	33.93	3.81
1990	120.86	50.99	65.96	102.89	65.34	34.87	2.68
1991	195.83	71.61	119.77	115.54	68.88	43.66	3.00
1992	694.39	107.03	581.24	192.03	79.11	110.08	2.84
1993	1,232.73	113.06	1,114.36	389.60	111.89	275.15	2.56
1994	937.56	106.68	826.80	432.13	92.67	337.67	1.79
1995	1,032.05	112.88	912.82	481.33	103.27	375.21	2.85
1996	816.10	79.62	732.76	548.05	126.69	417.26	4.10
1997	610.58	58.72	510.03	644.08	120.21	452.57	71.30
1998	632.01	83.85	521.02	585.57	110.00	454.63	20.94
1999	520.09	83.60	412.23	526.59	102.12	403.19	21.28
2000	711.30	–	623.80	593.56	100.00	407.15	86.41
2001	719.76	–	691.95	496.72	–	468.78	27.94
2002	847.51	–	827.68	550.11	–	527.43	22.68
2003	1,169.01	–	1,150.69	561.40	–	535.05	26.35
2004	1,565.88	–	1,534.79	640.72	–	606.30	34.42
2005	1,925.93	–	1,890.65	638.05	–	603.25	34.80
2006	2,046.63	–	2,001.74	735.23	–	694.68	40.55
합계	16,680.7	1,385.4	14,858.5	8,826.7	1,471.6	6,919.0	436.2

주의: 2000년부터 차관 자료는 부족함, * 1984년 자료는 1979년부터 1984년까지의 합계.
자료: 『中国统计年鉴2007年』의 관련 자료를 재정리.

자들에게 안정적인 투자환경 심리에 적극적인 영향을 미치고 있으며, 이것은 외국인직접투자의 급속한 증대로 이어지고 있는 것이다.

또 한 가지 주의할 점은 외국인직접투자의 규모가 1992년을 기점으로 하여 매년 꾸준히 증가하고 있다는 것이다. 이것은 중국시장에 대한 외국기업들의 적극적인 예측의 결과일 것이다. 그러나 1997년의 아시아금융위기의 발생으로 인한 전반적인 투자환경의 악화는 1999년과 2000년의 약간의 투자 감소를 초래하였지만, 2001년 이후에는 다시 빠른 성장세로 돌아섰다. 2006년 한 해 동안 중국이 유치한 외국인직접투자 규모는 694.68억 달러에 달한다. 그 중 외국인직접투자가 전체 실제투자금액에서 차지하는 비중은 94.48%로 높으며, 기타 외국인투자의 비중은 5.52%로 상대적으로 낮다. 즉 외국인투자는 절대 비중이 외국인직접투자가 차지하고 있는 것이다.

외국인투자는 투자계약과 실제투자로 나누어서 살펴볼 필요가 있다. 즉 투자계약은 전체 투자를 위한 계약이며, 실제투자는 당해 연도에 실질적으로 투자된 금액이다. 따라서 투자계약금액의 변화는 외국기업이나 외국투자자들이 중국경제의 미래를 예측하는 지표로 볼 수 있으며, 실제투자금액은 단기적인 안목에서 중국경제를 인식하는 지표로 볼 수 있다. 투자계약 총금액에서 실제투자 총금액이 차지하는 비중을 보면, 1979년부터 1990년 기간에는 평균 68.53%로 높은 수준을 유지하고 있으나, 1991년부터 2000년 기간에는 66.09%로 약간 낮아지고 있으며, 2001년부터 2006년 기간에는 다시 48.65%로 크게 낮아지고 있다. 투자계약에서 실제투자가 차지하는 비중이 낮아지고 있는 것은 두 가지 측면에서 해석할 수 있다. 하나는 미래의 중국경제에 대한 긍정적인 예측을 하고 있기 때문에 투자계획을 크게 하고 있다는 것이다. 또 하나는 투자계획은 크게 하고 있지만 중국경제의 단기적인 변화에 적극적으로 대응하기 위해서 실제투자는 그 보다 작게 실행하고 있다는 것이다.

외국인직접투자의 투자계약금액과 실제투자금액의 비중도 비슷한 시기별 구조를 나타내고 있다. 즉 1979년부터 1990년 기간에는 53.78%정도이며, 1991년부터 2000년 기간에는 다시 55.80%로 약간 상승하였으며, 2001년부터 2006년 기간에는 47.34%로 다시 낮아지고 있다. 1999년에는 외국인직접투자의 계약투자금액과 실제투자금액의 비율이 97.81%로 최고 높은 수준을 나타내었으나, 그 후 매년 감소하여 2006년에는 34.70% 정도를 유지하고 있다.

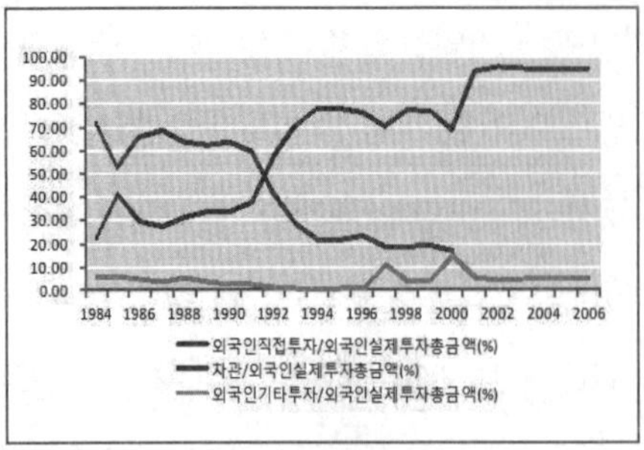

<그림 8–1> 외국인투자의 형태별 비중

자료: 『中国统计年鉴2007年』.

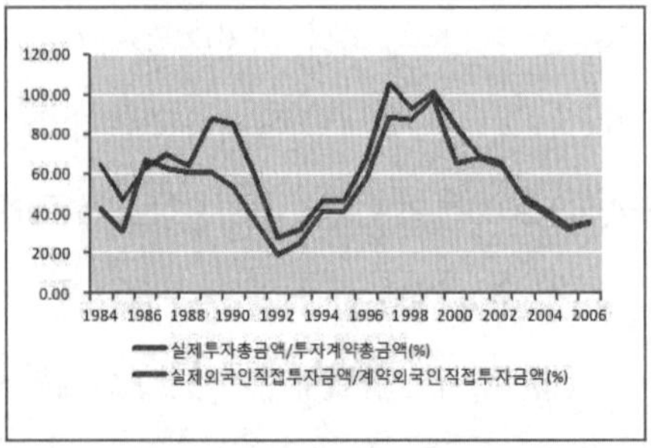

<그림 8–2> 외국인투자의 형태별 비중

자료: 『中国统计年鉴2007年』.

1.1.2. 국가별 외국인직접투자

지역별로 보면, 중국에 대한 외국인직접투자는 아시아지역에서 가장 많이 유치되고 있다. 아시아지역은 지리적으로 역사적으로 중국과 가까운 거리에 있기 때문에, 그리고 문화적으로 동질성이 높기 때문에 중국에 대한 외국인직접투자에 적극적인 영향을 미치고 있다고 본다. 중화인민공화국상무부(中华人民共和国商务部)의 자료에 의하면 1979년부터 2006년까지 전체 투자누계금액의 65.99%가 아시아 지역에서 유치되었다. 그리고 7.48%는 유럽에서, 8.43%는 북미지역에서 유치되었다. 한 가지 주의할 점은 버진 아일랜드(Virgin Islands), 카이만(Cayman)군도, 사모아 같은 국가의 투자금액 비중이 높다는 것이다. 버진 아일랜드의 중국에 대한 외국인직접투자금액은 전체의 8.12%로 유럽의 비중보다 더 크며, 북미지역과 비슷하다. 이것은 버진 아일랜드의 특수한 지정학적 위치 때문이다. 지리적으로는 북대서양에 위치하고 있으며, 금융업이 매우 발달되어 있다. 즉 상당한 규모의 외국인투자들이 버진 아일랜드를 경유하여 중국으로 유입되고 있는 것이다.

국가별로 보면, 홍콩의 중국에 대한 외국인직접투자가 2006년 말 누계투자금액으로 가장 많은 39.74%를 차지하고 있다. 그리고 대만도 6.23%의 비중을 차지하고 있다. 두 지역을 합하면 중국의 외국인직접투자 유치금액의 45.97%이다. 버진 아일랜드를 제외하고, 그 홍콩과 대만 다음으로 중국에 대한 외국인직접투자가 많은 국가는 일본과 미국으로 각각 8.24%와 7.66%를 차지하고 있다. 그리고 한국과 싱가포르도 4.97%와 4.26%로 비교적 높은 비중을 차지하고 있다. 그 외 영국, 독일, 프랑스, 네델란드, 스페인, 캐나다 등도 중국에 대한 외국인직접투자의 일부를 차지하고 있으나 전체 비중은 별로 크지 않다.

<표 8-2> 중국에 대한 외국인직접투자의 국가별 비교

(단위: 건, 억 달러, %)

투자국	2006년 말 누계투자				2006년 신규 투자		
	투자건수	비중	투자금액	비중	투자건수	투자금액	비중
합계	554,445	100	7,039.74	100	41,485	694.67	100
아시아	460,205	83.00	4,645.20	65.99	28,835	345.88	49.79
(홍콩)	269,555	48.62	2,797.55	39.74	15,496	202.33	29.13
(일본)	37,714	6.80	579.73	8.24	2,590	45.98	6.62
(대만)	71,847	12.96	438.93	6.23	3,752	21.36	3.07
(한국)	43,130	7.78	349.99	4.97	4,262	38.95	5.61
(싱가포르)	15,556	2.81	300.04	4.26	1,191	23.50	3.38
유럽	24,046	4.34	526.30	7.48	2,624	67.09	9.66
(영국)	5,359	0.97	139.22	1.98	462	7.54	1.09
(독일)	5,338	0.96	134.18	1.91	578	32.50	4.68
(프랑스)	3,271	0.59	78.02	1.11	338	3.83	0.55
(네델란드)	1,949	0.35	77.59	1.10	262	8.43	1.21
(스페인)	1,249	0.23	10.29	0.15	167	2.35	0.34
(스웨덴)	813	0.15	13.67	0.19	88	2.04	0.29
북미	61,999	11.18	593.69	8.43	4,097	69.78	10.05
(미국)	52,211	9.42	539.55	7.66	3,208	65.54	9.43
(캐나다)	9,788	1.77	54.14	0.77	889	4.24	0.61
버진아일랜드	16,616	3.00	571.64	8.12	2,605	112.48	16.19
카이만군도	1,843	0.33	107.55	1.53	414	20.95	3.02
사모아	4,358	0.79	75.13	1.07	806	15.38	2.21

자료: 中华人民共和国商务部.

2006년의 신규 투자 현황을 보면, 아시아 지역에서의 투자가 전체 투자금액의 49.79%를 차지하고, 유럽은 9.66%, 북미 지역은 10.05%를 차지하고 있다. 그리고 버진 아일랜드의 투자 비중이 16.19%로 2006년 말 누계금액을 기준으로 하는 비중보다 더 높아지고 있다. 주의할 점은 홍콩을 비롯한 아시아 지역의 비중이 전체적으로 감소하고 있으며, 기타 지역의 비중이 높아지고 있다는 점이다. 이것은 아시아 지역의 주요 국가들은 중국의 저렴하고 풍부한 노동력을 중심으로 하는 외국인직접투자를 해 오고 있으나 최근 들어 중국의 노동력 비용의 상승으로 인해 투자지역을 다변화하고 있는 결과로 볼 수 있다. 이에 반해 유럽과 북미 지역의 중국에 대한 외국인직접투자는 시장을 중심으로 오히려 투자의 비중

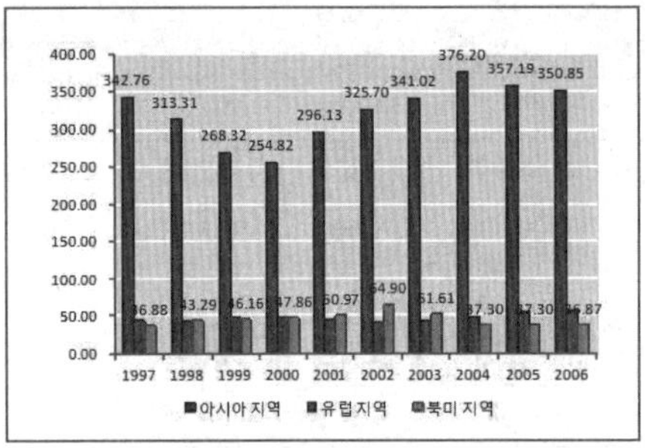

<그림 8–3> 외국인투자의 투자금액

주의: 실제투자금액 기준(억 달러).
자료: 中华人民共和国商务部.

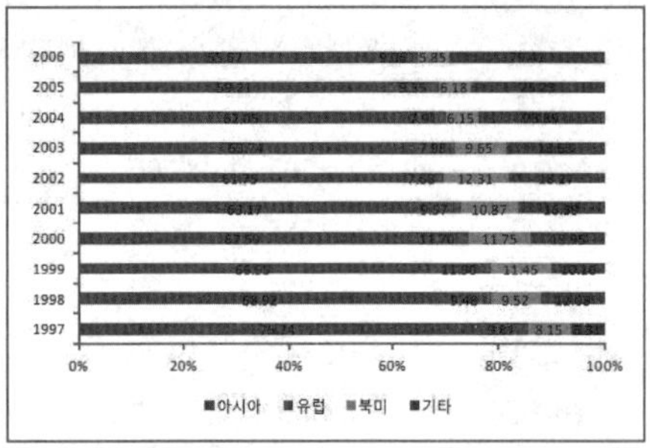

<그림 8–4> 외국인투자의 지역별 비중

주의: 실제투자금액 기준(%).
자료: 中华人民共和国商务部.

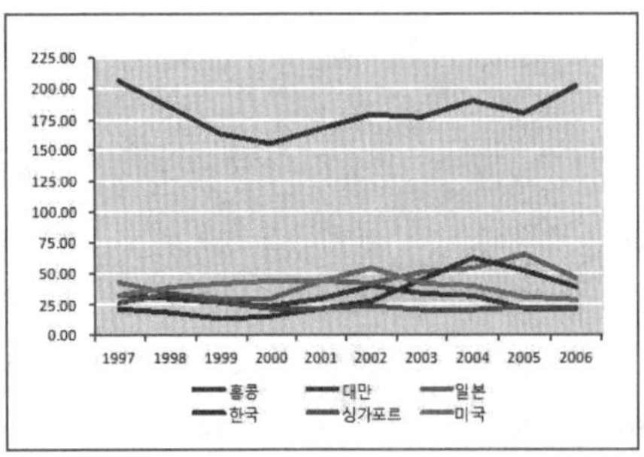

<그림 8–5> 외국인투자의 국가별 비중

주의: 실제투자금액 기준(억 달러).
자료: 中华人民共和国商务部.

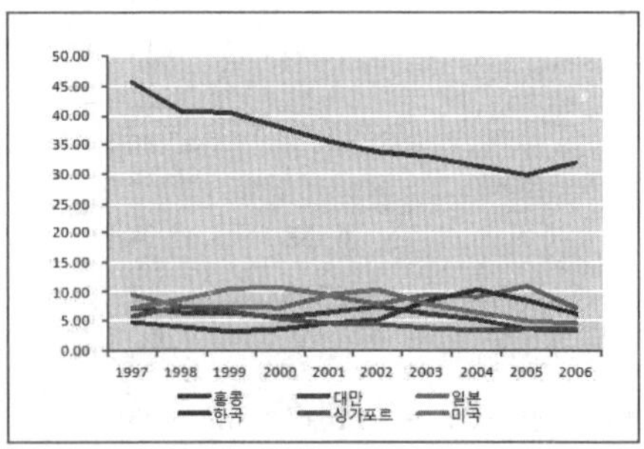

<그림 8–6> 외국인투자의 국가별 비중

주의: 실제투자금액 기준(%).
자료: 中华人民共和国商务部.

이 높아지고 있다. 독일과 같은 경우에는 2006년 한 해 동안 32억 달러를 투자하였으며, 이는 1979년부터 2006년 기간 동안의 투자의 1/4에 달하는 규모이다.

중국에 대한 외국인직접투자는 아시아가 절대적 비중을 차지하고 있다. 그러나 아시아 금융위기 이후 아시아의 비중은 점차적으로 감소하고 있으며, 투자국이 점차 다변화되고 있다. 1997년 아시아 지역 각 국가의 중국에 대한 외국인직접투자는 전체 투자 유치 금액(실제투자금액 기준)의 75.74%를 차지하고 있으나, 2006년에는 55.67%로 감소하였다. 유럽의 중국에 대한 외국인직접투자의 비중은 1997년의 9.81%에서 2006년의 9.06%로 약간 감소하였으나 큰 변화는 없다. 반면 미국과 캐나다를 중심으로 하는 북미지역의 중국에 대한 외국인직접투자의 비중은 1997년의 8.15%에서 2006년에는 5.85%로 비교적 큰 감소폭을 나타내고 있다. 이와는 상대적으로 기타 지역의 비중은 1997년의 6.31%에서 2006년에는 29.41%로 크게 증가하였다.

중국에 대한 외국인직접투자가 가장 많은 6개 국가(버진 아일랜드 제외)의 1997년부터 2006년까지 투자 현황을 보면 아래와 같다. 홍콩은 매년 150억 달러에서 200억 달러의 꾸준한 투자를 하고 있다. 1997년 중국의 외국인직접투자 유입액의 45.59%를 차지하고 있으나, 2005년에는 29.75%로 감소하였으며, 2006년에는 다시 32.11%로 증가하고 있다. 기타 5개 국가는 투자금액이 10억 달러에서 50억 달러로 전체 투자의 5%에서 10% 정도를 차지하고 있다.

1.1.3. 외국인직접투자의 투자규모

투자규모를 보면, 아시아 지역의 중국에 대한 외국인직접투자 규모는 상대적으로 작다. 아시아 지역의 중국에 대한 투자는 주로 노동집약적 산업에 집중하고 있기 때문에 평균 투자규모가 작다. 2006년 투자 누계금액을 기준으로 하면, 전체 투자의 건 당 평균 투자규모는 167.45만 달러이다. 반면 아시아 지역의 평균은 119.95만 달러로서 전체 평균 규모보다 매우 작은 규모이다. 그 중 한국과 대만은 평균투자규모가 더욱 작다. 한국의 투자 건당 평균 투자규모는 91.39만 달러이며, 대만은 56.93만 달러이다. 일본의 평균 투자규모는

177.53만 달러로 아시아 지역에서 가장 규모가 크며, 전체의 평균 규모보다 크다. 유럽에서는 독일의 평균투자규모가 562.28만 달러로 가장 크다.

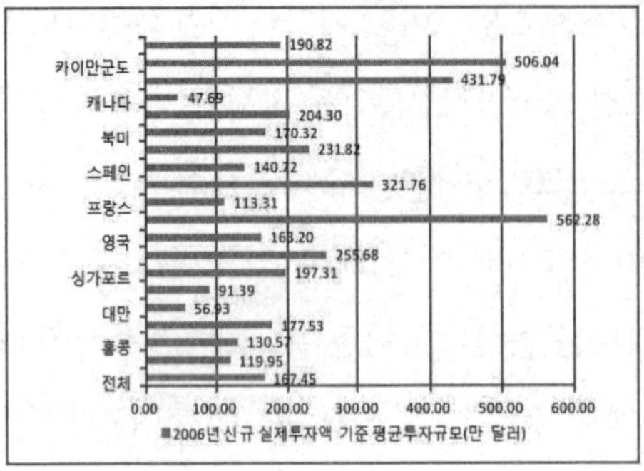

<그림 8–7> 외국인직접투자의 평균 투자규모 : 2006년 말 누계금액 기준

자료: 中华人民共和国商务部.

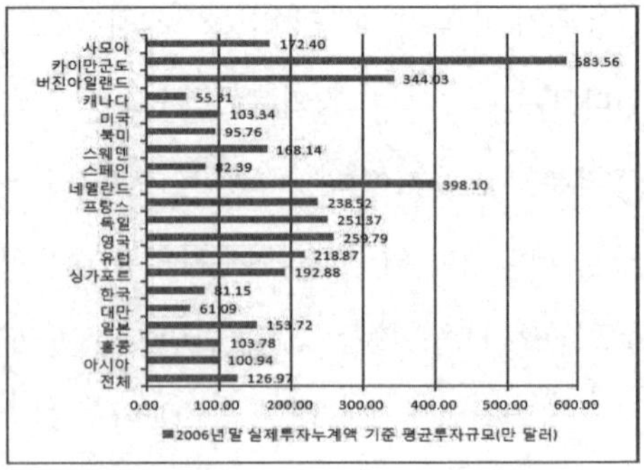

<그림 8–8> 외국인직접투자의 평균 투자규모 : 2006년 신규 투자금액 기준

자료: 中华人民共和国商务部.

국가별 외국인직접투자의 투자규모를 좀 더 구체적으로 보면 아래 <표 8–3>과 같다. 1990년 이전에는 홍콩이나 대만의 투자규모는 100만 달러 이하이며, 일본, 유럽, 미국의 투자규모는 100만 달러 이상이다. 홍콩이나 대만의 중국에 대한 투자는 주로 노동집약적인 산업에 집중되고 있으며, 지리적으로도 인접하고 있기 때문에 홍콩이나 대만 본국의 가공무역 형식을 많이 채택하고 있다. 따라서 투자규모가 크지 않다. 1990년대로 접어들어서는 1995년을 기준으로 하여 초기에는 전반적으로 투자 규모가 작으나, 1996년 이후에는 투자 규모가 점차 증대하고 있다. 그리고 국가별로는 홍콩의 투자 규모도 100만 달러 이상으로 증대하고 있다. 2000년 이후에는 대만의 투자 규모가 100만 달러 이하로 가장 작은 규모이며, 홍콩, 일본, 미국, 유럽의 평균투자규모는 매년 100만 달러 이상으로 비교적 큰 규모를 가지고 있다. 2007년을 기준으로 보면, 홍콩의 평균 투자 규모는 170.92만 달러, 일본은 181.82만 달러, 유럽은 161.01만 달러이며, 대만은 53.79만 달러로 가장 작은 규모이다. 그리고 미국의 2007년 평균투자규모도 99.59만 달러로 비교적 작다. 그러나 2006년 이전에는 100만 달러 이상의 평균 투자규모를 가지고 있다.

<표 8-3> 국가별 대중국 외국인직접투자의 투자규모 추이

(단위: 만 달러)

연도	홍콩	일본	대만	미국	유럽
1986	115.04	280.16	—	319.77	557.91
1987	92.27	194.42	—	252.69	131.78
1988	45.32	217.10	—	87.72	180.77
1989	50.02	121.20	28.72	103.00	240.53
1990	39.57	147.62	20.16	127.02	179.70
1991	28.29	88.90	26.88	46.57	150.69
1992	24.39	39.33	16.34	15.65	31.84
1993	35.16	37.96	28.67	30.56	38.89
1994	79.87	68.76	54.28	58.98	105.03
1995	116.73	105.51	65.23	88.75	134.72
1996	198.88	211.21	109.13	136.80	234.54
1997	245.47	308.59	109.14	148.04	401.07
1998	237.13	283.84	98.16	174.19	397.07
1999	277.25	254.76	103.99	207.88	501.01
2000	215.31	180.66	73.88	168.03	396.41
2001	208.76	215.37	70.72	170.12	344.54
2002	164.69	152.64	81.82	161.28	249.65
2003	129.83	155.32	75.13	103.41	189.50
2004	129.07	157.83	77.90	100.41	174.95
2005	121.02	199.75	55.07	81.83	182.49
2006	130.57	177.53	56.93	204.30	247.20
2007	170.92	181.82	53.79	99.59	161.01

주의: 실제투자기준.
자료: 中华人民共和国商务部.

1.1.4. 외국인직접투자의 투자방식

일반적으로 외국인직접투자의 투자방식은 크게 세 종류로 나누어진다. 첫째는 합자경영(合资经营) 방식이다. 쌍방이 일정 비율의 자본을 공동으로 투자하여 경영하는 방식이다. 둘째는 합작경영(合作经营) 방식이다. 이는 반드시 자본을 공동으로 투자하는 것이 아니라 자본 투자는 공동으로 하지 않아도 경영은 함께 하는 방식이다. 셋째는 독자투자(独

自投资) 방식이다. 이는 외국인투자가가 중국 측 투자자와 공동으로 기업을 설립하는 것이 아닌 단독으로 투자하는 방식이다.

1979년에서 2006년 전체 기간을 보면, 합자경영 방식이 전체 투자에서 차지하는 비중이 투자 건수는 45.78%, 실제 투자금액 기준은 40.81%이다. 그리고 합작경영 방식이 차지하는 비중은 투자 건수의 9.76%, 실제 투자금액의 15.79%이다. 독자투자 방식은 투자 건수의 44.39%, 실제 투자금액의 41.14%를 차지하고 있다.

<표 8-4> 중국의 외국인직접투자의 투자방식 비교

투자 방식	1979년–2006년					
	투자 건수		계약 금액		실제 투자금액	
	건 수	비중	억 달러	비중	억 달러	비중
합계	573,414	100.00	14,284	100.00	6,402	100.00
합자경영	261,616	45.78	4,225	33.85	2,308	40.81
합작경영	55,684	9.76	1,833	15.55	846	15.79
독자투자	255,686	44.39	8,112	49.80	3,123	41.14
기타	428	0.08	114	0.81	126	2.29
투자 방식	1979년–1996년					
	투자 건수		계약 금액		실제 투자금액	
	건 수	비중	억 달러	비중	억 달러	비중
합계	283,820	100.00	4,693.89	100.00	1,765.92	100.00
합자경영	174,014	61.31	2,174.42	46.32	907.92	51.41
합작경영	41,992	14.79	1,101.60	23.47	380.34	21.54
독자투자	67,677	23.85	1,378.58	29.37	425.51	24.10
기타	137	0.05	39.29	0.84	52.81	2.99
투자 방식	1998년–2006년					
	투자 건수		계약 금액		실제 투자금액	
	건 수	비중	억 달러	비중	억 달러	비중
합계	289,594	100.00	9,590.07	100.00	4,635.97	100.00
합자경영	87,602	30.25	2,050.13	21.38	1,400.18	30.20
합작경영	13,692	4.73	731.24	7.62	465.37	10.04
독자투자	188,009	64.92	6,733.71	70.22	2,697.24	58.18
기타	291	0.1	74.99	0.78	73.18	1.58

자료: 张世贤(2000)과 『中国统计年鉴』 각 년도를 이용하여 재정리.

1997년을 기준으로 할 때, 1979년에서 1996년과 1998년에서 2006년 기간은 현저한 차이가 발생하고 있다. 즉 1979년에서 1996년 시기에는 합자경영의 비중이 투자 건수 기준으로는 51.41%를 차지하고 있으며, 실제 투자금액 기준으로도 51.41%를 차지하고 있다. 즉 절반 이상이 합자경영 방식을 채택하고 있다. 독자투자 방식은 투자 건수의 23.85%, 실제 투자금액의 24.10%로 상대적으로 낮은 비중을 차지하고 있다. 이 시기에 합자경영 방식의 비중이 높은 이유는 여러 가지가 있을 수 있다. 특히 투자 초기 단계에서는 현지의 여러 가지 시장 상황이나 제도적 여건 등에 익숙하지 못하기 때문에 합자경영 방식을 채택하여 투자 리스크를 낮추고자 하기 때문일 것이다.

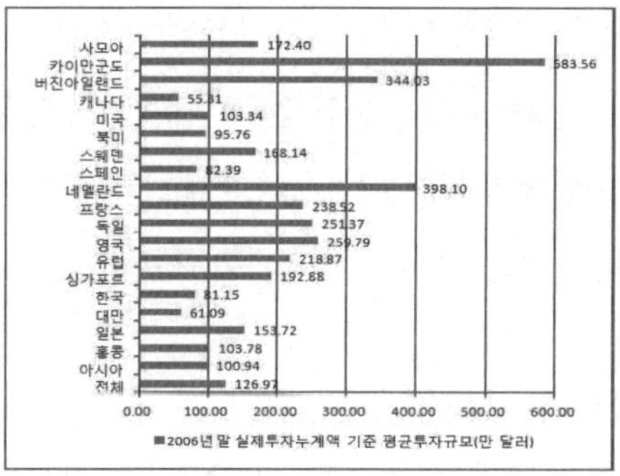

<그림 8–9> 외국인직접투자의 투자방식 변화 추이

주의: 실제투자금액 기준(%).
자료: 中华人民共和国商务部.

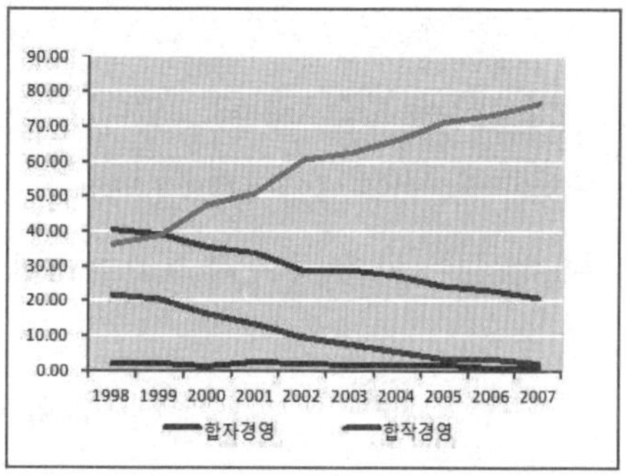

<그림 8–10> 2007년 외국인직접투자의 투자방식 비중

주의: 실제투자금액 기준(%).
자료: 中华人民共和国商务部.

이러한 추세는 <그림 8–9>를 통해서도 볼 수 있다. 1998년부터 2006년 기간 동안 합자경영이나 합작경영의 투자 방식 비중은 매년 감소하고 있는 추세이며, 독자투자 방식의 비중은 매년 지속적으로 증가하고 있다. 1998년 합자경영 투자 방식의 비중은 실제투자금액의 40.36%이고, 합작경영 방식은 21.38%이며, 독자투자는 36.23%이다. 그러나 2007년에는 합자경영 방식의 비중이 20.86%로 감소하고, 합작경영은 1.89%로 절대적으로 감소하였으며, 독자투자는 76.59%로 크게 증가하였다. 독자투자 방식이 증가하는 이유는 그 동안의 투자 연한으로 인한 경험의 축적이 독립적인 경영을 가능하게 하고 있기 때문일 것이다.

그리고 무엇보다도 기업은 독립적인 경영권을 가지고 있어야만 경영활동에 유리하기 때문이다.

1.2. 외국인직접투자의 산업별 구조

1.2.1. 외국인직접투자의 산업구조

중국에 대한 외국인직접투자는 대부분이 중국의 저렴한 노동력과 대규모 시장을 주요 요인으로 하고 있는 경우가 많다. 따라서 대부분의 외국인직접투자는 제조업을 중심으로 하는 2차 산업에 집중 투자되고 있다. 1979년부터 2006년 기간 동안 외국인직접투자의 투자 건수의 73.59%와 계약금액의 67.38%가 2차 산업에 투자되고 있으며, 2006년은 실제 투자금액의 61.19%가 2차 산업에 투자되고 있으며, 37.95%는 3차 산업에 투자되고 있다.

<표 8–5> 외국인직접투자의 산업구조

(단위: 건, %, 억 달러)

구분	1979년–2006년				2006년	
	투자건수	비중	계약금액	비중	투자건수비중	실제투자금액비중
합계	594,445	100.00	14,979.29	100.00	100.00	100.00
1차산업	16,472	2.77	283.43	1.89	2.29	0.86
2차산업	437,453	73.59	10,093.73	67.38	62.01	61.19
3차산업	140,520	23.64	4,602.13	30.72	35.70	37.95

자료: 中华人民共和国商务部.

3차 산업구조를 업종별로 보면, 제조업과 부동산업에 가장 많은 투자가 집중되고 있다. 1979년에서 2006년까지 계약투자금액을 기준으로 하면, 전체 투자 건수의 71.17%와 계약투자금액의 63.85%가 제조업에 투자되었으며, 투자 건수의 7.94%와 계약투자금액의 16.24%는 부동산업에 투자되었다. 제조업과 부동산업은 서로 보완의 관계에 있다. 제조업에 대한 투자는 주로 공장의 건설과 인력의 고용을 중심으로 하고 있다. 부동산업에 투자는 주로 토지, 아파트, 상가, 오피스텔 등의 임대와 매매를 중심으로 하고 있다. 즉 제조업에 대한 투자는 당연히 부동산에 대한 투자를 동반하게 되는 것이다. 그리고 또한 일부 투자는 제조업 본연에 대한 투자 이익보다는 제조업 투자를 통한 토지나 상가 등 부동산 투자를 통한 이익에 더 관심을 가지는 경우도 있을 것이다.

<표 8-6> 외국인직접투자의 업종구조

산업		투자건수	비중(%)	계약투자금액 (억 달러)	비중(%)
합계		594,445	100.00	14,979.28	100.00
1차 산업	농림목어업	16,472	2.77	283.43	1.89
2차 산업	채광업	1,263	0.21	57.91	0.39
	제조업	423,056	71.17	9,563.79	63.85
	전력 · 가스 · 수도업	1,874	0.32	164.71	1.10
	건축업	11,260	1.89	307.31	2.05
3차 산업	교통운수 · 창고 · 우정업	7,272	1.22	365.84	2.44
	정보 · 컴퓨터서비스 · 소프드웨어업	4,493	0.76	95.83	0.64
	도 · 소매업	32,531	5.47	422.11	2.82
	숙박 · 음식업	3,441	0.58	77.99	0.52
	금융업	213	0.04	212.8	1.42
	부동산업	47,226	7.94	2,432.54	16.24
	임대 · 상업서비스업	23,965	4.03	548.8	3.66
	과학연구 · 기술서비스 · 지질탐사업	6,118	1.03	95.23	0.64
	수리 · 환경 · 공공시설관리업	435	0.07	26.72	0.18
	주민서비스 · 기타서비스	11,149	1.88	204.25	1.36
	교육	1,619	0.27	30.26	0.20
	위생 · 사회보장 · 사회복지업	1,267	0.21	58.55	0.39
	문화 · 체육 · 오락업	785	0.13	30.86	0.21
	공공관리 · 사회조직	6	0.00	0.35	0.00

주의: 1979년~2006년 합계를 기준.
자료: 中华人民共和国商务部.

제조업과 부동산업 이외에 외국인직접투자가 많이 집중하고 있는 업종은 도 · 소매업이다. 도 · 소매업은 주로 국내무역과 대외무역을 포함하고 있기 때문에 외국인직접투자가 많이 집중될 수 있는 영역이다. 그러나 도 · 소매업은 상업적 거래나 무역을 중심으로 하고 있기 때문에 투자 규모가 크지는 않다. 도 · 소매업은 전체 투자 건수의 5.47%를 차지하고 있으나 계약투자금액은 2.82%만을 차지하고 있다. 네 번째로 외국인직접투자가 많이 집중하고 있는 업종은 임대 · 상업서비스업으로 전체 투자 건수의 4.03%와 계약투자금액의 3.66%를 차지하고 있다. 다섯 번째는 교통운수 · 창고 · 우정업으로 전체 계약투자금액의 2.82%를 차지하고 있다.

1.2.2. 외국인직접투자의 제조업 업종구조

제조업은 외국인직접투자가 가장 많이 집중되고 있는 산업이다. 『중국통계연감(中国统计年鉴)』의 자료에 의하면, 2006년 말 현재 제조업에 투자하고 있는 외국인직접투자 기업체 수는 모두 59,897개이다. 그 중 의복, 신발, 모자제조업이 5,438개로 가장 많으며 9.08%를 차지하고 있다, 그 다음은 방직업이 5,306개로 8.86%이다, 또한 피혁, 모피제조업도 2,602개로 4.34%를 차지하고 있다. 즉 이 세 업종을 합한 섬유업이 13,346개의 투자업체 수로 22.28%의 비중을 차지하고 있는 것이다. 즉 투자업체 수로 보면, 중국에 대한 외국인직접투자의 1/5 이상이 섬유업에 투자하고 있는 것이다. 이러한 현상은 섬유업이 노동집약적 산업이기 때문이다. 중국은 풍부하고 저렴한 노동력시장을 가지고 있기 때문에 노동집약적 산업에 유리한 투자입지이다.

그리고 전자산업도 외국인직접투자가 많이 집중하고 있는 업종이다. 전기기계 및 기자재제조업에는 4,129개가 투자하고 있으며, 6.89%를 차지하고 있다. 그리고 통신설비 및 기타 전자설비제조업에도 4,965개가 투자하고 있으며, 8.29%를 차지하고 있다. 이 두 업종을 합한 전자산업에는 모두 9,094개의 업체가 투자하고 있으며, 비중은 15.18%에 달한다. 전자산업도 노동집약적 산업에 속한다. 즉 단순조립공정을 위주로 하는 전자산업은 저렴한 노동력이 기업의 경쟁력 제고에 결정적인 영향을 초래하기 때문이다. 섬유업과 전자산업을 합하면 전체 투자업체수의 37.46%를 차지하고 있다. 이외에도 플라스틱제조업, 화공원료 및 화학제품제조업, 일반설비제조업, 금속제조업 등에 비교적 많은 외국인직접투자기업이 투자하고 있다. 또한 중국의 자동차산업의 발전과 자동차 시장의 급성장으로 인해 교통운수설비제조업에 대한 투자도 크게 증가하였다. 2006년 말 기준 교통운수설비제조업에 대한 외국인 투자기업은 2,435개가 되었으며, 이는 전체 외국인투자기업의 4.07%를 차지하고 있다. 외국인직접투자의 업종구조를 보면 단순노동을 위주로 하는 업종에서부터 자본설비를 필요로 하는 업종으로까지 매우 광범위하게 투자가 이루어지고 있음을 알 수 있다.

<표 8-7> 외국인직접투자의 제조업 업종구조(2006년 말 기준)

제조업 업종	투자기업체 수(개)	비중(%)
농부식품가공업	2,321	3.87
식품제조업	1,385	2.31
음료제조업	649	1.08
담배제조업	7	0.01
방직업	5,306	8.86
의복, 신발, 모자제조업	5,438	9.08
피혁, 모피제조업	2,602	4.34
목재제조업	945	1.58
가구제조업	1,151	1.92
제지업	1,296	2.16
인쇄업	675	1.13
문화교육체육용품제조업	1,660	2.77
석유가공제조업	173	0.29
화공원료 및 화학제품제조업	3,295	5.50
의약제조업	955	1.59
화학섬유제조업	288	0.48
고무제조업	792	1.32
플라스틱제조업	3,530	5.89
비금속광물제조업	2,587	4.32
흑색금속제련 및 압연가공업	546	0.91
유색금속제련 및 압연가공업	716	1.20
금속제조업	3,106	5.19
일반설비제조업	3,306	5.52

전문설비제조업	2,303	3.84
교통운수설비제조업	2,435	4.07
전기기계 및 기자재제조업	4,129	6.89
통신설비 및 기타전자설비제조업	4,965	8.29
계기제조업	1,343	2.24
공예품제조업	1,993	3.33
합계	59,897	100.00

자료: 『中国统计年鉴2007』.

중화인민공화국상무부외자사(中华人民共和国商务部外资司)의 『중국외국인투자보고2007년(中国外商投资报告2007年)』에 의하면, 2006년 말을 기준으로 자동차산업에 모두 5,370건의 투자가 유입되었으며, 계약투자금액은 258.63억 달러, 실제투자금액은 157.31억 달러에 달한다. 2006년 한 해 동안 자동차 제조업에 신규 투자한 건수는 951개이며, 그 중 독자투자형식이 626개이다. 그리고 계약투자금액은 51.85억 달러이며, 실제투자금액은 21.41억 달러이다. 투자건수는 2004년을 정점으로 감소하는 추세에 있으며, 실제투자금액도 2005년을 정점으로 감소하는 추세로 전환하였다.

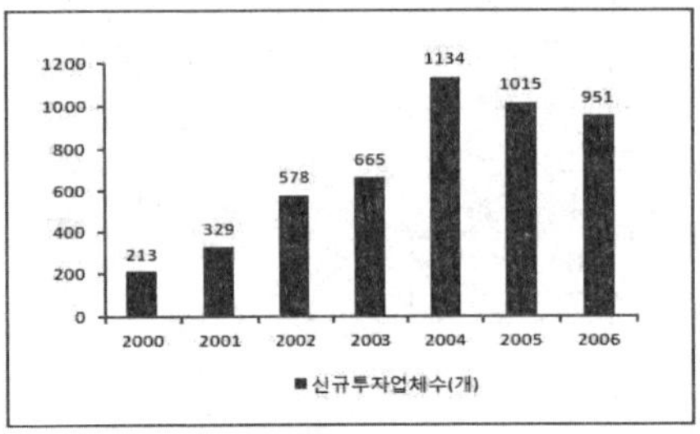

<그림 8–11> 자동차산업의 외국인직접투자 투자건수 추이

자료: 中华人民共和国商务部.

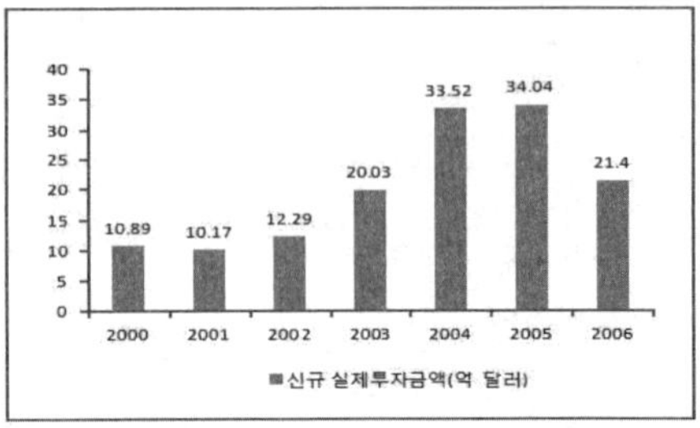

<그림 8–12> 자동차산업의 외국인직접투자 투자금액 추이

자료: 中华人民共和国商务部.

『중국외국인투자보고2007년』에 의하면, 2006년 말까지 전자 및 통신설비제조업에 모두 20,518개의 투자가 유입되었으며, 그 중 계약투자금액은 1,098.93억 달러이며, 실제투자금액은 516.84억 달러이다. 2006년 한 해 동안에는 2,433개의 투자가 유입되었으며, 그 중 독자투자형태가 1,966개로 80.80%를 차지하고 있다. 신규 계약투자금액은 139.13억 달러이며, 실제이용금액은 81.65억 달러로서 전년 대비 24.56%가 증가하였다. 즉 전자 및 통신설비제조업은 여전히 제조업에서 활발한 투자가 이루어지고 있는 분야이다.

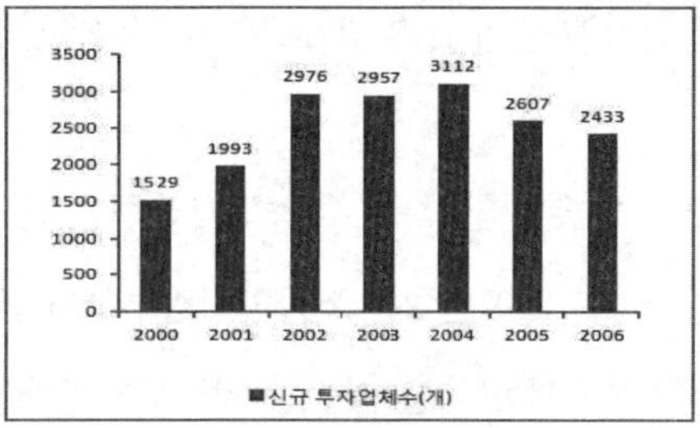

<그림 8–13> 전자 및 통신설비제조업의 외국인직접투자 투자건수 추이

자료: 中华人民共和国商务部.

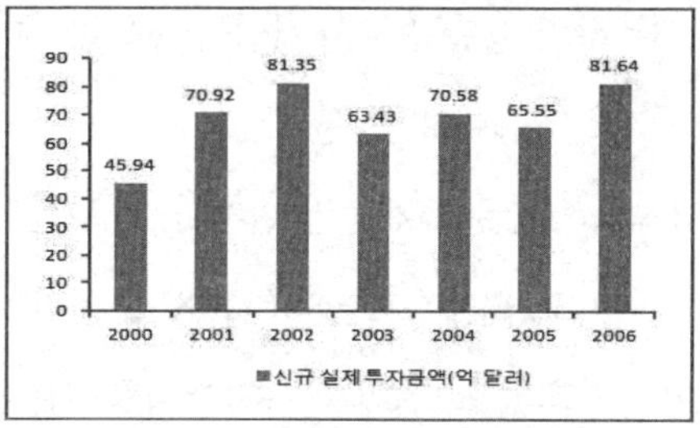

<그림 8–14> 전자 및 통신설비제조업의 외국인직접투자 투자금액 추이

자료: 中华人民共和国商务部.

2006년 말까지 이동전화단말기제조업에는 모두 259건의 투자가 유입되었으며, 계약투자금액은 14.97억 달러이고, 실제투자금액은 20.39억 달러이다. 2006년 한 해 동안에도 모두 30건의 신규투자가 이루어졌으며, 그 중 22건은 독자투자형식이다. 2006년 한 해 동안 신규 계약투자금액은 2.01억 달러이며, 실제이용금액은 6.38억 달러이다.

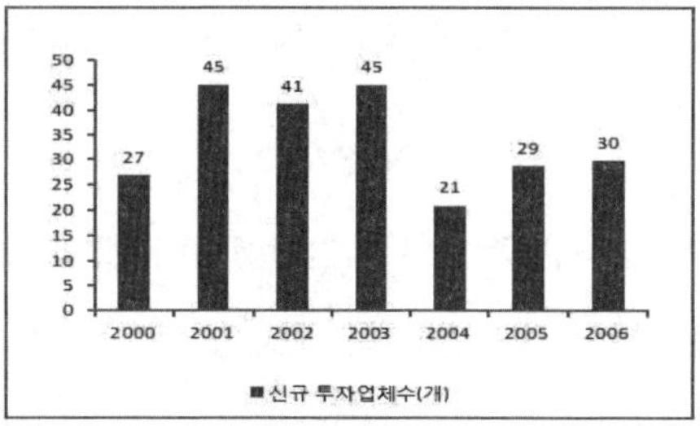

<그림 8–15> 이동전화단말기제조업의 외국인직접투자 투자건수 추이

자료: 中华人民共和国商务部.

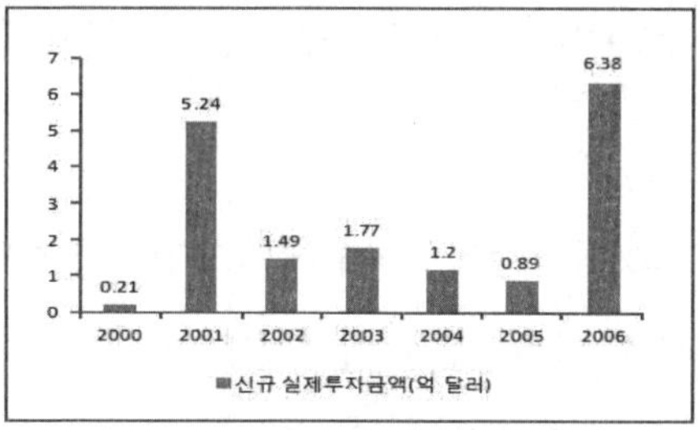

<그림 8–16> 이동전화단말기제조업의 외국인직접투자 투자금액 추이

자료: 中华人民共和国商务部.

철강업은 2006년 연말 현재까지 모두 462건의 외국인직접투자가 유입되었으며, 계약투자금액은 14.06억 달러이고, 실제투자금액은 16.12억 달러이다. 그리고 2006년에는 77건의 외국인직접투자가 유입되었으며, 그 중 독자투자형식은 34건이고, 실제투자금액은 4.41억 달러로서 2005년에 비해 44.02%가 감소하였다. 철강업은 다른 업종과 비교해서 상대적으로 외국인투자기업의 진출이 적은 분야이다. 다른 국가들과 마찬가지로 중국의 철강산업도 대부분이 정부 주도의 기업들이 독차지하고 있기 때문에 관련 외국인투자기업의 진출이 어려운 업종이다.

유색금속업은 2006년 말 현재까지 872건의 투자가 유입되었으며, 계약투자금액은 42.77억 달러이고, 실제투자금액은 18.82억 달러이다. 그리고 2006년에는 외국인직접투자가 354건이 유입되었으며, 그 중 독자투자형식은 189건이다. 2006년 한 해 동안 계약투자금액은 19.27억 달러이며, 실제투자금액은 7.38억 달러이다.

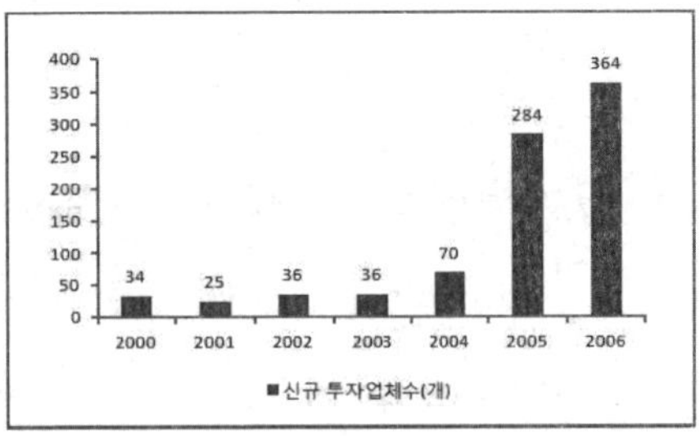

<그림 8–17> 유색금속업의 외국인직접투자 투자건수 추이

자료: 中华人民共和国商务部.

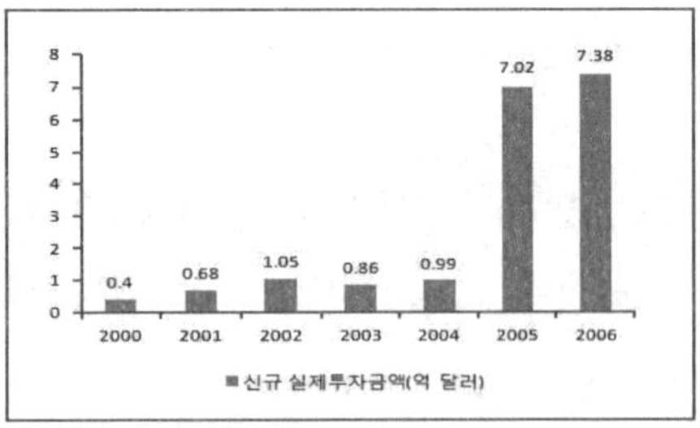

<그림 8–18> 유색금속업의 외국인직접투자 투자금액 추이

자료: 中华人民共和国商务部.

2006년 말 현재 의약업에는 모두 3,501건의 외국인직접투자가 유입되었으며, 계약투자금액은 130.99억 달러이고, 실제투자금액은 55.94억 달러이다. 2006년 한 해 동안에도 409건의 직접투자가 유입되었으며, 독자투자형식이 218건수로 절반이상을 차지하고 있다. 신규 계약투자금액은 20.89억 달러이며, 신규 실제이용금액은 5.16억 달러로 2005년과 비교해 6.13%가 감소하였다.

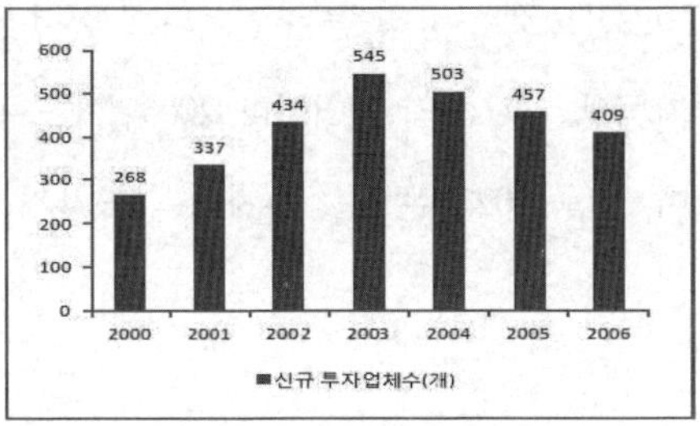

<그림 8–19> 의약업의 외국인직접투자 투자 투자건수 추이

자료: 中华人民共和国商务部.

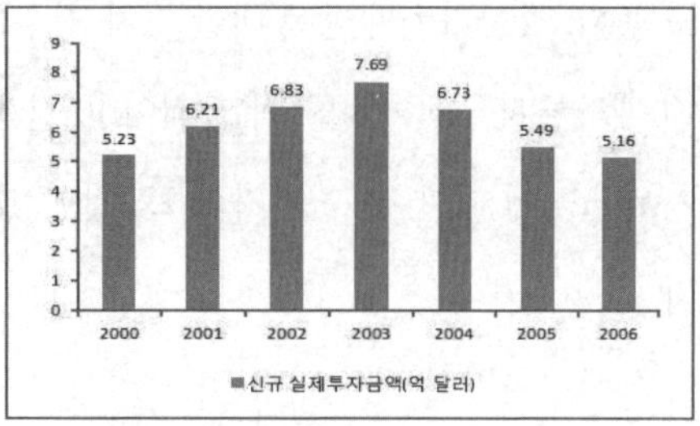

<그림 8–20> 의약업의 외국인직접투자 투자금액 추이

자료: 中华人民共和国商务部.

1.2.3 외국인직접투자의 서비스업 업종구조

중국에 대한 외국인직접투자는 제조업 위주이다. 그러나 최근 들어서는 서비스업에 대한 직접투자도 크게 증가하고 있는 추세이다. 특히 부동산에 대한 투자는 제조업 다음으로 투자가 집중되는 업종이다. 부동산에 대한 투자는 두 가지 측면에서 볼 수 있다. 하나는 제조업투자와 연계된 부동산투자이다. 즉 공장을 건설하기 위해서는 토지가 필요하며, 사무실을 개설하기 위해서도 역시 부동산투자가 필요한 것이다. 또 하나는 부동산투자 자체를 투자영역으로 하고 있다는 것이다. 중국의 부동산시장은 외국인투자자들에게는 여러 가지 유인이 되고 있다. 특히 단기 차액을 겨냥한 부동산투자도 그 중에 포함되어 있다.

서비스업에 있어서 투자구조를 보면, 부동산서비스업이 역시 가장 큰 비중을 차지하고 있다. 2006년 말까지 부동산 서비스업에 대한 투자 건수는 13,028건에 달하며, 계약 투자금액은 963.61억 달러, 실제투자금액은 574.33에 달한다. 그 다음으로는 건축서비스와 여행업이 상대적으로 높은 비중을 차지하고 있다. 투자건수로는 건축서비스업이 3,456건, 여행업이 3,347건이다. 중국이 의료시장을 완전히 개방하지 않은 상태에서도 의료서비스에 대한 투자건수도 228건에 달한다. 그리고 실제투자금액은 5.48억 달러 정도이다. 2006년에도 14건의 신규투자가 있으며, 그 중 5건은 독자투자형식이다. 의료서비스시장은 아직도 개방의 정도가 낮기 때문에 투자형식에 있어서 독자투자형식보다는 합자나 합작의 비중이 아직도 높다. 광산자원개발에 대한 투자 건수도 2,019건으로 상당히 높은 편이다. 2006년 말까지 계약투자금액이 80.95억 달러이며, 실제투자금액은 77.03억 달러이다. 2006년에도 광산자원개발에 대한 신규 투자가 222건이 있으며, 그 중 102건은 독자투자형식을 가지고 있다.

<표 8-8> 외국인직접투자의 서비스업 주요 업종구조(2006년 말 기준)

(단위 : 건, 억 달러)

업종	2006년 말 누적			2006년		
	투자건수	계약 투자금액	실제 투자금액	투자건수	계약 투자금액	실제 투자금액
의료서비스	228	9.72	5.48	14	0.30	0.13
건축서비스	3,456	173.21	93.94	358	18.89	6.88
도로 · 운수업	388	14.00	11.18	70	3.33	3.09
수운 · 항만업	227	32.93	22.06	49	7.46	5.80
만간항공업	48	36.03	4.11	12	9.30	1.39
여행업	3,347	127.21	72.79	212	14.03	4.14
부동산서비스업	13,028	963.61	574.33	2410	236.26	82.30
광산자원개발	2,019	80.95	77.03	222	10.70	4.61

자료: 中华人民共和国商务部, 『中国外商投资报告2007』의 관련 내용 재정리.

1.2.4. 국가별 외국인직접투자의 산업구조

국가별 외국인직접투자의 산업구조는 아래 표와 같다. 2006년의 투자 건수를 기준으로 하면, 홍콩은 60.65%를 2차 산업에 투자하고 있으며, 36.65%는 3차 산업에 투자하고 있다. 실제투자금액에 있어서는 3차 산업의 비중이 39.33%로 약간 높다. 산업별 평균투자규모를 보면, 1차 산업은 44.49만 달러, 2차 산업은 128.62만 달러, 3차 산업은 140.13만 달러이다.

대만의 투자는 2차 산업의 비중이 더욱 높아진다. 투자건수의 69.68%와 실제투자금액의 81.23%가 2차 산업에 투자되고 있다. 그러나 평균투자규모는 홍콩과 비교해 크게 낮다. 2차 산업의 평균투자규모는 69.70만 달러, 3차 산업은 38.93만 달러이다. 이는 대만의 외국인직접투자는 자본집약적이기보다는 노동집약적임을 다시 한 번 더 보여주고 있다.

<표 8–9> 국가별 외국인직접투자의 산업구조(2006년 기준)

(단위: 건, 억 달러, 만 달러)

구분		1차 산업		2차 산업		3차 산업	
		내용	비중(%)	내용	비중(%)	내용	비중(%)
홍콩	투자건수	418	2.70	9,399	60.65	5,679	36.65
	계약투자금액	13.28	1.77	432.28	57.63	304.54	40.60
	실제투자금액	1.86	0.92	120.89	59.75	79.58	39.33
	평균투자규모	44.49		128.62		140.13	
대만	투자건수	171	4.79	2,489	69.68	912	25.53
	계약투자금액	3.86	3.41	85.71	75.61	23.79	20.99
	실제투자금액	0.46	2.15	17.35	81.23	3.55	16.62
	평균투자규모	26.90		69.70		38.92	
미국	투자건수	62	1.93	1,926	60.09	1,217	37.97
	계약투자금액	4.32	3.59	79.69	66.17	36.43	30.25
	실제투자금액	0.27	0.94	19.65	68.59	8.73	30.47
	평균투자규모	43.54		102.02		71.73	
일본	투자건수	34	1.31	1,513	58.42	1,043	40.27
	계약투자금액	0.16	0.16	75.3	76.00	23.62	23.84
	실제투자금액	0.24	0.52	34.01	73.97	11.73	25.51
	평균투자규모	70.58		224.78		112.46	
EU	투자건수	30	1.15	1,528	58.34	1,061	40.51
	계약투자금액	0.79	0.77	65.23	63.70	36.38	35.53
	실제투자금액	0.17	0.32	32.78	61.57	20.29	38.11
	평균투자규모	56.66		214.52		191.23	
싱가포르	투자건수	28	2.35	621	52.23	540	45.42
	계약투자금액	1.37	2.31	36.27	61.11	21.71	36.58
	실제투자금액	0.29	1.28	15.39	68.07	6.93	30.65
	평균투자규모	103.57		247.82		128.33	
한국	투자건수	63	1.48	2,958	64.40	1,253	29.40
	계약투자금액	0.83	0.67	100.49	81.58	22.69	18.41
	실제투자금액	0.43	1.11	33.60	86.26	5.01	12.86
	평균투자규모	68.25		113.59		39.98	

자료: 中华人民共和国商务部, 『中国外商投资报告2007』의 관련 내용 재정리.

미국의 외국인직접투자는 투자건수의 60.09%, 실제투자금액의 68.59%가 2차 산업에 투자되고 있으며, 평균투자규모는 102.02만 달러이다. 일본은 전체 투자건수의 58.42%와 실제투자금액의 73.97%를 2차 산업에 투자하고 있으며, 투자건수의 40.27%와 실제투자금액의 25.52%를 3차 산업에 투자하고 있다. 즉 2차 산업에 대한 비중이 3차 산업보다 훨씬 크다. 그리고 1차 산업의 평균투자규모도 다른 국가에 비해서 큰 70.58만 달러이다. 이는 일본의 1차 산업에 대한 투자가 단순한 노동력비용과 같은 비용절감적인 측면만을 추구하기보다는 무공해와 유기농 식품 등 부가가치가 높은 농산물을 생산하기 때문일 것이다. EU의 중국에 대한 직접투자는 투자건수의 58.34%, 실제투자금액의 61.57%가 2차 산업에 투자되고 있으며, 3차 산업에는 투자건수의 40.51%, 실제투자금액의 38.11%가 투자되고 있다.

싱가포르는 평균투자금액이 다른 국가에 비해서 크다. 1차 산업의 평균투자규모는 103.57만 달러, 2차 산업은 247.82만 달러, 3차 산업은 128.33만 달러이다. 이는 싱가포르의 중국 직접투자자들이 친 중국적인 경향이 있기 때문에 투자규모에 있어서도 영향을 미치고 있음을 나타낸다. 한국의 중국에 대한 직접투자는 실제투자금액에 의하면, 2차 산업에 86.26%, 3차 산업에 12.86%가 투자되고 있다. 그리고 3차 산업의 평균투자규모도 39.98만 달러로 비교적 작다.

1.2.5. 산업별 외국인직접투자의 국가구조

제조업 업종별 외국인직접투자의 국가구조는 아래 <표 8–10>에서 나타나고 있다. 외국인직접투자가 비교적 많이 집중되고 있는 전자 · 통신기기에 있어서 홍콩이 32%를 차지하고 있으며, 버진 아일랜드(영)가 11%, 한국이 11%, 대만이 10%, 미국이 9%를 차지하고 있다. 자동차업에 있어서도 역시 홍콩이 30%로 가장 높은 비중을 차지하고 있으며, 그 다음은 한국과 미국이 각각 13%를 차지하고, 대만이 9%를 차지하고 있다. 컴퓨터 제조업에 있어서는 홍콩, 버진 아일랜드(영), 그리고 한국이 각각 29%, 19%, 14%를 차지하고 있으며, 사모아도 9%를 차지하고 있다. 이동전화제조업에 있어서는 버진 아일랜드(영)가 43%로 가장 높은 비중을 차지하고 있으며, 그 다음은 홍콩으로 36%를 차지하고 있다고, 말레이시아도 15%로 비교적 높은 비중을 차지하고 있다. 집적회로제조업은 버진 아일랜드(영)가 31%, 수리남이 21%, 홍콩이 13%, 사모아가 10%를 차지하고 있다. 소프트웨어는 버진 아일랜드(영)가 28%, 홍콩이 23%, 카이만이 15%, 미국이 8%를 차지하고 있다. 그리고 철강업은 홍콩이 49%로 절대적인 비중을 차지하고 있으며, 말레이시아, 미국, 대만이 각각 10%, 8%, 6%를 차지하고 있다. 그리고 버진 아일랜드(영)와 사모아도 각각 5%씩을 차지하고 있다. 유색금속에 있어서는 홍콩이 52%로 절대적인 비중을 차지하고 있으며, 그 다음은 미국이 10%, 버진 아일랜드(영)가 9%, 한국과 대만이 각각 6%씩을 차지하고 있다. 의약품제조업

<표 8-10> 제조업 업종별 외국인직접투자의 국가구조

(단위: %)

국가	전자통신기기	자동차	컴퓨터제조업	이동전화제조	집적회로제조	소프트웨어	철강	유색금속	의약
홍콩	32	30	29	36	13	23	49	52	39
버진아일랜드(영)	11	6	19	43	31	28	5	9	18
한국	11	13	14	1	3	–	3	6	3
대만	10	9	4	–	9	4	6	6	5
미국	9	13	4	–	9	8	8	10	17
사모아	6	1	9	–	10	2	5	2	2
일본	4	7	–	–	–	–	–	3	–
카이만	3	–	–	4	–	15	–	–	2
싱가포르	3	2	4	–	–	2	1	2	3
캐나다	2	4	7	–	–	4	–	–	2
독일	–	3	–	–	–	–	–	–	–
말레이시아	–	–	–	15	3	–	10	–	2
수리남	–	–	–	–	21	–	–	–	–
영국	–	–	–	–	–	3	1	–	–
오스트레일리아	–	–	–	–	–	2	–	2	1
태국	–	–	–	–	–	–	4	–	–
기타	9	12	10	1	1	–	8	8	6

주의: 2006년 신규 외국인직접투자금액 기준.
자료: 中华人民共和国商务部, 『中国外商投资报告2007』의 관련 내용 재정리.

에 있어서는 홍콩이 39%로 가장 높은 비중을 차지하고 있으며, 버진 아일랜드(영)와 미국이 각각 18%와 17%를 차지하고 있다. <표 8-10>은 2006년의 신규투자를 기준으로 하고 있지만 홍콩의 중국에 대한 직접투자가 매우 활발하게 전개되고 있음을 알 수 있다. 특히 홍콩은 전자산업, 철강산업, 자동차산업, 의약산업 등 산업 전반에 걸쳐 중국에 대한 투자

<표 8-11> 서비스업 업종별 외국인직접투자의 국가구조

(단위: %)

국가	건축	의료	도로 철도 운수	수로 항만 수운	민간 항공	여행	부동산	광산 자원 개발	물류
홍콩	48	3	53	42	87.6	50	51	43	46
버진아일랜드(영)	12	–	6	26	3.2	9	16	22	15
한국	6	1	–	–	–	–	4	6	3
대만	7	1	–	–	–	4	4	6	4
미국	8	45	2	5	–	11	5	9	–
일본	–	–	2	3	–	–	1	–	4
카이만	–	–	–	–	–	2	–	2	–
사모아	–	–	–	–	–	–	–	–	2
싱가포르	3	16	21	20	–	6	4	–	6
캐나다	2	10	3	–	–	–	1	–	–
독일	2	–	–	–	–	–	–	–	–
영국	–	–	–	–	–	–	–	–	2
네델란드	–	–	–	–	–	–	–	–	2
말레이시아	3	–	–	–	–	3	1	–	–
오스트레일리아	2	–	2	–	–	2	–	2	–
쿠바	–	14	–	–	–	–	–	–	–
모리셔스	–	6	–	–	3.6	–	–	–	–
이탈리아	–	4	–	–	–	–	–	–	3
인도네시아	–	–	–	2	–	–	–	–	–
사이프러스	–	–	–	–	4.8	–	–	–	–
마카오	–	–	–	–	–	3	1	2	–
필리핀	–	–	–	–	–	2	–	–	–
바베이도스	–	–	–	–	–	–	3	–	10
기타	7	0	11	2	0	8	9	8	3

주의: 2006년 신규 외국인직접투자금액 기준.

자료: 中华人民共和国商务部, 『中国外商投资报告2007』의 관련 내용 재정리.

가 활발하게 전개되고 있다.

제조업종별로 국가투자구조를 보면, 버진 아일랜드(영), 사모아, 카이만, 수리남 등과 같이 경제규모가 크지 않고, 경제발전수준이 그다지 높지 않은 국가의 투자비중이 상대적으로 높게 나타나고 있음을 발견할 수 있다. 이는 글로벌 기업들이 세금이나 관세 등 여러 가지 제도적 비용을 우회하기 위한 방편의 결과이다. 즉 글로벌 기업들은 버진 아일랜드(영), 사모아, 카이만, 수리남 등 국가들에 매우 유리한 조건으로 투자회사를 설립한 후 이들 국가를 경유해서 다시 중국에 재투자하는 것이다. 그러면 중국 측에서는 이들 국가가 중국에 투자하는 것으로 해석하고 여러 가지 제도적 혜택을 부여하는 것이다. 이러한 투자국가 구조는 외국인직접투자가 중국경제발전에 대한 영향에 있어서 상당히 소극적일 수 있다. 즉 외국인직접투자는 이를 통한 기술의 확산이나, 지식의 이전, 산업구조 고도화 등 여러 가지 측면에서 정(正)의 영향력을 초래할 수 있다. 그러나 위와 같은 투자국가 구조를 보면, 글로벌 기업은 단순히 중국에서 저렴한 노동력을 이용하고자 하는 전략을 볼 수 있다.

이러한 현상은 서비스업종에 있어서도 그대로 나타나고 있다. 그리고 서비스업종에 있어서는 홍콩과 싱가포르의 비중이 제조업종과 비교해서 크게 높아지고 있다. 싱가포르는 의료서비스업의 16%, 도로 및 철도운수의 21%, 수로 · 항만 · 수운의 20%를 차지하고 있다. 그리고 의료서비스업에 있어서는 미국의 투자비중이 45%로 절대적인 비중을 차지하고 있다.

1.3. 외국인직접투자의 지역별 분포

1.3.1. 외국인직접투자의 성별 분포

중국에 대한 외국인직접투자는 중국의 개혁개방이후 본격적으로 시작되고 있으며, 특히 1990년대 초반 사회주의시장경제체제를 공식적으로 표방한 이후부터는 그 추세가 더욱 급증하고 있다.[47] 1980년대 초 외국인직접투자는 소위 말하는 경제특구(经济特区)를 중심으로 유입되기 시작하였다. 그리고 1990년대 초반에는 경제기술개발구가 중부지역과 서부지역으로 확산되면서 외국인직접투자의 지역분포도 더욱 광범위하게 되었다. 그러나 2000년대 들어서는 다시 동부 연해안 지역으로 외국인직접투자가 집중하고 있는 추세이다.

1979년부터 2006년까지의 합계를 보면, 광동성(广东省), 강소성(江苏省), 절강성(浙江省), 상해시(上海市), 산동성(山东省), 복건성(福建省), 요녕성(辽宁省), 북경시(北京市), 천진시(天津市) 등에 비교적 많은 외국인직접투자가 집중하고 있다. 투자기업 수를 기준으로 하면, 1979년부터 2006년까지 모두 274,863개의 기업이 중국에 투자를 하였는데, 그 중 61,999개가 광동성(广东省)에 투자하였으며, 전국 비중은 22.56%에 달한다. 그 다음으로는 강소성(江苏省)과 상해시(上海市)가 각각 13.27%와 11.48%로 높은 비중을 차지하고 있다. 투자금액을 기준으로 하여도, 광동성, 강소성과 상해시가 각각 18.41%, 18.99%와 13.21%로 가장 많은 비중을 차지하고 있다. 그러나 한 가지 주의할 점은 광동성이 투자기업 수에 있어서는 22.56%를 차지하고 있으나 투자금액에 있어서는 18.41%로 그 비중이 낮아지고 있다. 이것은 광동성에 대한 외국인직접투자의 투자규모가 상대적으로 작다는 것을 나타낸다. 대부분 광동성에 대한 투자는 대만이나 홍콩에서 유입되는 것이 많은데, 노동집약적 산업에 치중하고 있기 때문에 투자규모가 상대적으로 작은 것으로 본다. 이에 반해 강소성(江苏省)과 상해시(上海市)의 투자금액 비중은 투자기업 수의 비중보다 높아지고 있다. 특히 강소성의 비중은 크게 증가하고 있다. 이것은 이 두 지역의 투자규모가 상대적으로 크기 때문에 투자금액을 기준으로 한 비중이 증가하고 있는 것이다.

투자금액은 해석에 있어서 주의를 필요로 한다. 즉 투자는 한 번만으로 종결되는 것이 아니라 장기적으로 또한 단계적으로 지속되기 때문에 투자금액에는 미래에 대한 계획도 포함되어 있다. 그러나 등록 자본은 투자를 시작하는 당해 연도에 영업허가를 얻기 위해서는 반드시 실행되어야 하는 금액을 나타낸다. 그리고 등록 자본도 주의를 필요로 하는

47) 중국의 외국자본 유입은 이미 근대중국시기부터 시작되고 있었다. 즉 19세기 후반 아편전쟁이 끝나면서 여러 서구열강들이 중국에 공장을 건설하면서부터이다.

<표 8-12> 외국인직접투자의 성별 분포

지역	투자기업 수		투자총금액		등록자본		외국인등록자본	
	개	비중 (%)	억 달러	비중 (%)	억 달러	비중 (%)	억 달러	비중 (%)
북경시	12,064	4.39	697	4.08	366	3.87	276	3.73
천진시	10,753	3.91	686	4.02	363	3.84	293	3.96
하북성	3,819	1.39	247	1.45	141	1.49	95	1.28
산서성	905	0.33	111	0.65	60	0.63	37	0.50
내몽고자치구	1,030	0.37	148	0.87	75	0.79	50	0.68
요녕성	16,405	5.97	945	5.53	597	6.31	432	5.83
길림성	2,358	0.86	308	1.80	162	1.71	103	1.39
흑룡강성	2,408	0.88	137	0.80	85	0.90	60	0.81
상해시	31,568	11.48	2,255	13.21	1,212	12.81	963	13.00
강소성	36,463	13.27	3,243	18.99	1,654	17.47	1,409	19.03
절강성	20,956	7.62	1,257	7.36	702	7.42	511	6.90
안휘성	2,436	0.89	183	1.07	106	1.12	73	0.99
복건성	18,629	6.78	878	5.14	500	5.28	442	5.97
강서성	4,276	1.56	232	1.36	140	1.48	117	1.58
산동성	20,909	7.61	885	5.18	518	5.47	371	5.01
하남성	2,813	1.02	233	1.36	123	1.30	84	1.13
호북성	4,230	1.54	280	1.64	158	1.67	105	1.42
호남성	2,948	1.07	213	1.25	118	1.25	85	1.15
광동성	61,999	22.56	3,143	18.41	1,805	19.07	1,503	20.29
광서자치구	2,611	0.95	180	1.05	98	1.04	76	1.03
해남성	2,536	0.92	118	0.69	83	0.88	54	0.73
중경시	1,360	0.49	93	0.54	49	0.52	33	0.45
사천성	4,491	1.63	199	1.17	126	1.33	80	1.08
귀주성	601	0.22	26	0.15	16	0.17	12	0.16
운남성	1,967	0.72	107	0.63	59	0.62	38	0.51
서장자치구	115	0.04	4	0.02	3	0.03	2	0.03
섬서성	2,863	1.04	149	0.87	84	0.89	61	0.82
감숙성	431	0.16	28	0.16	16	0.17	10	0.14
청해성	123	0.04	20	0.12	11	0.12	5	0.07
영하자치구	375	0.14	44	0.26	20	0.21	15	0.20
신강자치구	421	0.15	26	0.15	17	0.18	10	0.14

주의: 2006년까지 누적투자 건수와 투자금액 기준.

자료: 『中国统计年鉴2007年』 관련 내용 재정리.

것이 있다. 즉 국내자본과 외국투자자본의 구분이다. 따라서 정확하게 외국인직접투자의 비중을 파악하기 위해서는 외국투자자본의 등록 자본을 볼 필요성이 있다.

이 기준에 의하면, 1979년부터 2006년까지 모두 7,406억 달러의 외국인직접투자가 유입되었으며, 그 중 1,503억 달러가 광동성(广东省)에 유입되었으며, 전국 비중은 20.29%를 차지하고 있다. 그 다음은 강소성(江苏省)이 1,409억 달러를 유입하여 19.03%를 차지하고, 상해시(上海市)는 963억 달러를 유입하여 13.00%를 차지하고 있다. 이 세 지역의 합계는 52.32%로서 절반 이상을 차지하고 있다.

<표 8-13>은 외국인직접투자가 많이 유입되고 있는 상위 7개 성(省)의 연도별 투자유입 금액을 나타내고 있다. <표 8-12>와는 달리 <표 8-13>은 2007년도의 유입 금액도 포함하고 있다. 2007년까지 투자 누계금액을 보면 광동성(广东省)은 1,944.92억 달러로서 가장 많은 규모를 가지고 있다. 그리고 강소성(江苏省)은 1,422.87억 달러를 유입하여 두 번째로 외국인직접투자 규모가 큰 지역이다. <표 8-13>에서 시기별로 외국인직접투자의 유입이 특징을 가지고 있음을 발견할 수 있다. 즉 1990년 이전에는 광동성이 외국인직접투자의 유입이 절대적인 비중을 차지하고 있다. 1979년부터 1990년까지 이들 7개 지역의 외국인직접투자 유입액은 모두 105.49억 달러이다, 그 중 광동성의 유입액은 65.73억 달러로서 이들 7개 지역의 62.3%를 차지하고 있다.

그러나 1991년부터는 이러한 구조가 조금씩 변하기 시작한다. 즉 광동성 위주의 일극구조에서 다극구조로의 변화이다. 변화는 우선 복건성(福建省)에서부터 시작된다. 1990년 복건성의 외국인직접투자 유입액은 2.9억 달러이다. 그러나 1991년에는 6.44억 달러로 크게 증가하기 시작한다. 이러한 변화는 1992년부터는 강소성(江苏省), 상해시(上海市), 절강성(浙江省), 산동성(山东省)으로 확산되고 있다. 1991년 강소성(江苏省)의 외국인직접투자 유입액은 2.33억 달러이었으나, 1992년에는 14.03억 달러로 크게 증가하였다. 상해시(上海市)역시 1.75억 달러에서 12.59억 달러로 증가하였으며, 절강성(浙江省)은 0.92억 달러에서 2.94억 달러로, 산동성은 1.80억 달러에서 9.73억 달러로 증가하였다. 광동성(广东省) 역시 이 시기에 18.23억 달러에서 35.32억 달러로 크게 증가하였다. 절대적인 규모로 볼 때는 광동성의 증가 규모가 약 17억 달러로 가장 크다. 그러나 지역구조적인 측면에서 볼 때는 다

<표 8-13> 주요 성(省) 외국인직접투자 유입 추이

(단위: 억 달러)

연도	광동성	강소성	상해시	절강성	산동성	복건성	요녕성
1979	0.31	–	–	–	–	0.01	–
1980	1.23	–	–	–	–	0.04	–
1981	1.73	–	0.03	–	–	0.02	–
1982	1.71	–	0.03	–	–	0.01	–
1983	2.45	–	0.11	–	–	0.14	0.03
1984	5.42	–	0.28	0.03	–	0.48	0.04
1985	5.15	0.12	0.62	0.16	0.06	1.18	0.16
1986	6.44	0.18	0.98	0.19	0.19	0.61	0.33
1987	5.94	0.50	2.12	0.23	0.24	0.51	0.64
1988	9.19	1.03	3.64	0.30	0.39	1.30	0.90
1989	11.56	0.95	4.22	0.52	1.31	3.29	1.09
1990	14.60	1.41	1.77	0.48	1.51	2.90	2.48
1991	18.23	2.33	1.75	0.92	1.80	6.44	3.14
1992	35.52	14.03	12.59	2.94	9.73	14.16	4.39
1993	74.98	30.02	23.18	10.32	18.43	28.67	12.27
1994	93.97	41.77	32.31	11.44	25.36	37.12	14.24
1995	101.80	47.81	32.50	12.58	26.07	40.39	14.04
1996	116.24	50.72	47.16	15.20	25.90	40.79	16.71
1997	117.11	57.93	48.08	15.03	25.00	41.97	22.14
1998	120.20	66.52	36.38	13.18	22.23	42.12	22.05
1999	122.03	63.99	30.48	15.33	24.69	40.24	20.64
2000	122.37	64.24	31.60	16.13	29.71	38.04	25.52
2001	129.72	71.22	43.92	22.12	36.21	39.18	31.13
2002	131.11	103.66	50.30	31.60	55.81	42.50	39.16
2003	155.78	158.02	58.50	54.49	70.94	49.43	55.83
2004	100.12	121.38	65.41	66.81	87.01	53.18	54.07
2005	123.64	131.83	68.50	77.20	110.10	62.30	35.90
2006	145.11	174.31	71.07	88.90	100.00	71.85	59.90
2007	171.26	218.90	79.20	103.70	110.10	81.31	91.00
합계	1,944.92	1,422.87	746.73	559.80	782.79	740.18	527.80

자료: 中华人民共和国统计局의 『统计公报』의 관련 내용을 재정리.

극구조로 변화하고 있는 것이다. 2000년을 기준으로 볼 때, 1979년부터 2000년까지 유입된 7개 지역의 전체 투자금액은 2,570.4억 달러이며, 그 중 38.44%가 광동성에 집중되고 있다. 즉 상당한 지역 확산이 일어나고 있는 것이다.

2000년 이후에는 강소성(江苏省)이 광동성(广东省)을 초과하여 가장 많은 외국인직접투자가 유입되는 지역으로 변화하였다. 2001년부터 2007년 기간 동안 이들 7개 지역은 모두 4,154.69억 달러의 외국인직접투자를 유입하였는데, 그 중 23.03%는 광동성에 유입되었으며, 23.57%는 강소성에 유입되었다. 즉 강소성에 가장 많은 외국인직접투자가 유입된 것이다. 그리고 지역별 집중도 크게 완화되어 강소성과 광동성 이외의 지역들의 비중이 크게 증가하였다. 즉 2001년부터 2007년 기간 동안 이들 7개 지역 중 상해시는 10.52%, 절강성은 10.71%, 산동성은 13.72%, 그리고 복건성(福建省)은 9.62%, 요녕성(辽宁省)은 8.83%를 유입하였다.

한 가지 주의할 점은 이들 7개 성(省)은 모두 동부 연해안 지역에 위치하고 있다는 것이다. 1980년대 광동성 위주의 지역구조에서 1990년대에는 다른 지역으로 외국인직접투자가 확산되고 있지만, 결국은 동부 연해안지역으로 다시 집중되고 있는 것이다. 특히 광동성과 강소성은 중국에서 외국인직접투자가 가장 많이 유입되는 지역으로 발전하고 있는 것이다. 산업구조가 발전되는 과정에서 정책적으로 중부지역이나 서부지역 그리고 동북지역에 대한 지원이 점차적으로 강화되고 있지만 동부지역은 여전히 외국인직접투자기업이 집중되고 있다. 이는 동부지역이 상대적으로 양호한 투자환경을 제공하고 있기 때문이다.

1.3.2. 외국인직접투자의 도시 분포

외국인직접투자가 입지를 선택할 때는 성(省)을 기준으로 하는 대(大)지역보다는 도시를 기준으로 하는 중(中)지역에 더욱 관심을 가지게 된다. 또한 중지역보다는 특정 경제기술개발구를 기준으로 하는 소(小)지역이 최종 입지 지역이 되는 것이 일반적이라고 볼 수 있다. 즉 외국인직접투자자들이 투자입지를 선정할 때는 우선적으로 국가를 지정하고, 그 다음은 그 국가 내에서 가장 적합한 지역을 선택하며, 이와 함께 특정 도시를 선택하게 된다. 왜냐하면 대부분의 정책은 지역(일반적으로 대지역, 즉 省)을 단위로 수립되기 때문이며, 더욱 구체적인 정책은 도시를 기준으로 하기 때문이다. 이러한 현상을 지역성(地域性, locality)라고 할 수 있다.

도시를 기준으로 하면, 4대 직할시, 즉 북경시(北京市), 천진시(天津市), 상해시(上海市)의 외국인직접투자 유입이 당연히 가장 많다. 외국인직접투자가 가장 많이 유입된 광동성(广东省)의 경우에는 대부분의 외국인직접투자가 광주시(广州市), 심천시(深圳市), 혜주시(惠州市), 동완시(东莞市), 네 개 도시에 집중 되어 있다. 전체 외국인직접투자 유입액(등록자본을 기준)의 61.92%와 투자 기업 수의 60.66%가 이들 네 개 도시에 입지하고 있다. 심천시는 중국에서 경제특구가 가장 먼저 설립된 도시 중의 하나로서 중국의 개혁개방을 상징하는 도시이다. 심천시는 2006년 말 현재 16,830개의 외국인투자기업을 유입하였으며, 310.73억 달러의 외국인직접투자를 유치하였다. 광주시는 2006년 말 현재 8,843개의 외국인투자기업을 유입하였으며, 277.64억 달러의 투자를 유치하였다. 동완시도 7,695개의 투자기업과 228.29억 달러의 외국인직접투자를 유치하였다. 혜주시는 동 기간 중에 4,242개의 기업과 113.87억 달러의 투자를 유치하였다.

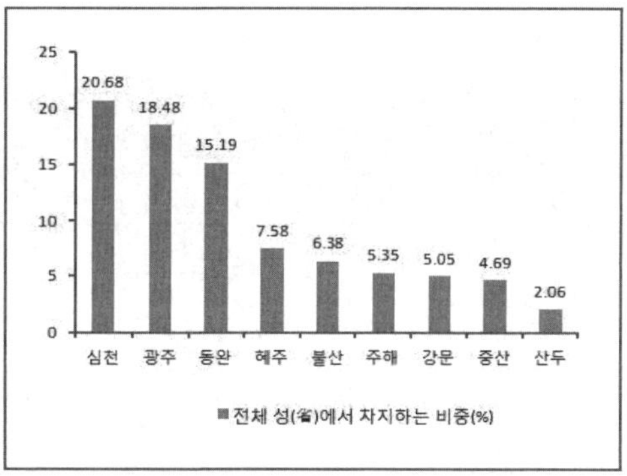

<그림 8-21> 广东省의 외국인직접투자 집중도시

주의: 1979년~2006년 누적합계 기준.
자료: 『广东统计年鉴2007』.

<그림 8-22> 广东省의 외국인직접투자 집중 도시

자료: 『广东统计年鉴2007』.

광주시(广州市), 심천시(深圳市), 혜주시(惠州市), 동완시(东莞市)는 홍콩, 마카오, 대만과 지리적으로 인접하고 있기 때문에 유리한 입지 조건을 가지고 있다. 광주시(广州市)와 심천시(深圳市)는 중국 개혁개방의 선두 지역으로서 유리한 입지조건을 가지고 있으며, 혜주시(惠州市)와 동완시(东莞市)는 이들 두 도시의 중간과 우측에 위치하면서 홍콩과 인접하고 있는 지리적 조건으로 유리한 입지 여건을 가지고 있다. 이러한 입지 여건은 광동성(广东省)에 투자하는 국가의 구조에서도 나타나고 있다. 즉 광동성에 유입된 외국인직접투자의 절대적인 비중이 홍콩에서 오고 있기 때문이다. 1979년부터 2006년 기간 동안, 투자 건수의 72.20%, 계약투자금액의 62.88%, 실제투자금액의 63.28%가 홍콩에서 유입되었다. 마카오와 대만을 합하면 이 비중은 더욱 높아진다. 이들 세 국가와 지역의 광동성(广东省)에 대한 투자는 투자건수의 84.77%, 계약투자금액의 69.29%, 실제투자금액의 69.24%를 차지하고 있다. 광동성에 대한 투자에서 한 가지 유의할 점은 버진 아일랜드의 투자 비중이 계약투자금액이나 실제투자금액을 기준으로 할 때 10% 정도로 비교적 높다는 것이다. 버진 아일랜드는 영국령이기 때문에, 이 국가의 유리한 투자 조건을 이용한 우회투자가 이루어진 결과라고 본다. 물론 이와 같은 우회투자는 세금과 같은 측면에서 유리한 조건을 확보할 수 있기 때문이다.

<표 8-14> 광동성의 외국인직접투자 유입국가 구조와 비중

국가	투자 건수		계약투자금액		실제투자금액	
	수량(개)	비중(%)	억 달러	비중(%)	억 달러	비중(%)
홍콩	92,532	72.20	1,820.76	62.88	1,122.33	63.28
마카오	6,863	5.35	85.41	2.95	40.54	2.29
대만	9,257	7.22	100.24	3.46	65.17	3.67
싱가포르	1,768	1.38	81.38	2.81	45.42	2.56
일본	1,648	1.29	71.72	2.48	68.99	3.89
버진 아일랜드	4,291	3.35	303.20	10.47	181.26	10.22
미국	3,734	2.91	91.23	3.15	59.89	3.38
사모아	1,265	0.99	45.11	1.56	21.67	1.22

주의: 1979년부터 2006년까지의 합계를 기준.
자료: 『广东统计年鉴2007』관련 내용 재정리.

외국인직접투자가 두 번째로 많이 집중하고 있는 강소성(江苏省)에서도 광동성(广东省)에서 나타나고 있는 지역성이 역시 나타나고 있다. 강소성(江苏省)에서는 성(省)의 북부지역보다는 남부지역에 비교적 많은 투자가 집중하고 있다. 이 역시 상해시(上海市)와 지리적으로 인접하고 있기 때문이다. 상해시는 특히 1990년대 초반 이후 포동신구(浦东新区)의 본격적인 발전과 더불어 중국경제성장을 선도하는 지역 중의 하나이다. 그리고 상해시를 중심으로 하는 산업연계의 확충은 자연적으로 주변 지역의 도시들의 발전을 선도하고 있는 것이다. 이와 더불어 강소성의 남경시(南京市), 무석시(无锡市), 소주시(苏州市), 상주시(常州市)가 발전하고 있다.

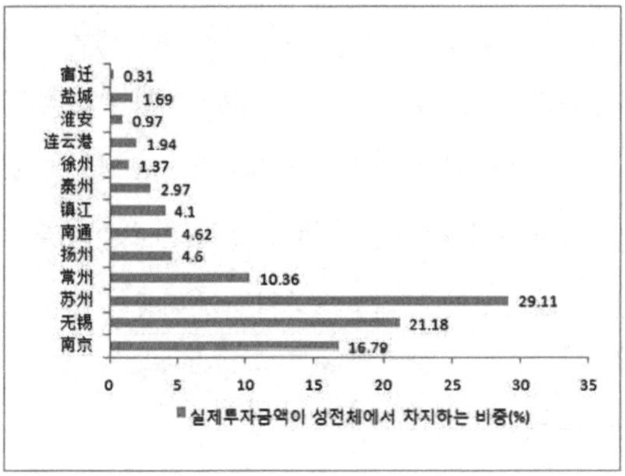

<그림 8–23> 江苏省의 외국인직접투자 집중 도시

주의: 2006년을 기준.
자료:『江苏统计年鉴2007』.

<그림 8–24> 江苏省의 외국인직접투자 집중 도시

자료:『江苏统计年鉴2007』.

2006년을 기준으로 하면, 전체 외국인직접투자 실제투자금액의 29.11%는 소주시(苏州市)에 유입되었으며, 21.18%는 무석시(无锡市)에, 16.79%는 남경시(南京市)에, 10.36%는 상주시(常州市)에 유입되었다. 이들 네 도시의 비중은 성 전체의 77.44%를 차지하고 있다. 그리고 성 남부지역 도시들의 비중 합계는 93.72%이다. 이는 강소성(江苏省)에 외국인직접투자가 많이 유입되지만 결국은 성 전체에 균등하게 분포하는 것이 아니라 성 내부에서도 특정 도시에 집중적으로 분포하는 지역성을 나타내고 있다.

1.3.3. 산업별 외국인직접투자의 지역 분포

『중국외국인투자보고(中国外商投资报告)2007년』에서는 2006년을 기준으로 산업별로 외국인직접투자의 지역분포를 나타내고 있다. 우선 자동차산업을 보면, 2006년 계약투자금액의 25%는 강소성(江苏省)에 분포하고 있으며, 24%는 산동성(山东省)에 그리고 14%는 절강성(浙江省)에 분포하고 있다. 이들 세 지역의 합계는 전체 자동차산업에 대한 투자의 63%를 차지하고 있다. 그리고 이 외에는 요녕성(辽宁省)이 6%, 광동성(广东省)이 6%, 천진시(天津市)가 6%, 복건성(福建省)이 5%, 상해시(上海市)가 2%, 호북성(湖北省)이 2%, 호남성(湖南省)이 2% 등을 차지하고 있다. 자동차산업에 있어서 산동성의 투자 비중이 크게 상승한 이유는 현대자동차의 威亚汽车发动机(山东)有限公司에 대한 4.9억 달러 투자에 기인한다. 전자 및 통신설비제조업은 강소성에 계약투자금액의 34%가 분포하고 있으며, 광동성에는 12%, 절강성에 11%, 그리고 요녕성에 10%가 분포하고 있다. 그리고 내몽고자치구(内蒙古自治区)에도 5%의 투자가 분포하고 있다. 내몽고자치구의 비중이 높은 이

<표 8-15> 제조업 주요 업종의 외국인직접투자 지역분포

자동차산업	전자·통신 설비제조업	컴퓨터 제조업	집적회로 제조업	철강업
江苏省 25%	江苏省 34%	江苏省 30%	天津市 16%	四川省 19%
山东省 24%	广东省 12%	辽宁省 24%	广东省 15%	福建省 12%
浙江省 14%	浙江省 11%	广东省 14%	陕西省 13%	江苏省 12%
辽宁省 6%	辽宁省 10%	浙江省 10%	安徽省 13%	浙江省 12%
广东省 6%	山东省 7%	上海市 7%	浙江省 11%	天津市 11%
天津市 6%	福建省 6%	福建省 6%	辽宁省 8%	辽宁省 7%
福建省 5%	内蒙古自治区 5%	山东省 4%	江苏省 7%	广东省 5%
上海市 2%	上海市 3%	天津市 2%	四川省 6%	河南省 4%
湖北省 2%	天津市 3%	四川省 1%	北京市 3%	山西省 4%
湖南省 2%	安徽省 2%	湖南省 1%	湖北省 3%	
합계 92%	합계 93%	합계 99%	합계 95%	합계 90%

주의: 2006년 계약투자금액 기준.
자료: 『中国外商投资报告2007』의 관련 내용을 재정리.

유는 미국의 宏阳企业有限公司가 8억 달러를 투자한 锡林郭勒盟马耳立芯片制造有限公司가 있기 때문이다.

컴퓨터제조업은 강소성(江苏省)에 투자금액의 30%가 분포하고 있으며, 요녕성(辽宁省)에는 24%, 광동성(广东省)에는 14%, 절강성(浙江省)에는 10%가 분포하고 있다. 그리고 상위 10개 집중지역은 전체 투자금액의 99%를 차지하고 있다. 이동전화제조업은 지역별 집중이 더욱 현저하다. 즉 광동성에 34%, 강소성에 28%, 절강성에 20%, 그리고 상해시(上海市)에 15%가 분포하고 있으며, 이들 네 개 지역의 합계는 전체 투자금액의 97%를 차지하고 있다. 집적회로제조업은 상대적으로 넓은 지역에 분포하고 있다. 천진시(天津市)에 16%, 광동성에 15%, 섬서성(陕西省)에 13%, 안휘성(安徽省)에 13%, 절강성(浙江省)에 11%가 분포하고 있으며, 상위 10개 지역의 합계는 전체투자금액의 95%를 차지하고 있다. 철강업은 사천성(四川省)에 가장 많은 투자금액인 19%가 집중분포하고 있으며, 복건성(福建省)에 12%, 강소성에 12%, 절강성에 12%, 천진시에 11%가 분포하고 있다. <표 8-15>에서 나타나고 있듯이 제조업의 대부분 업종은 상위 10개 지역에 집중적으로 분포하고 있다. 그리고 이들 10개 지역은 대부분이 동부 연해안 지역에 위치하고 있다. 다만 철강업은 서부지역인 사천성에도 비교적 많은 투자가 이루어지고 있다.

1.3.4. 외국인직접투자의 입지요인

외국인직접투자의 입지는 여러 가지 요인들에 의해서 결정된다. 외국인직접투자의 입지결정 요인이 관심을 받게 되는 이유는, 국가와 지역들이 날로 증가하는 외국인직접투자를 유입하기 위한 투자 여건을 개선할 때 중요하기 때문이다.

일반적으로 외국인직접투자는 크게 두 가지 요인에 의해서 이동을 한다. 하나는 비용적인 요인이다. 즉 국내의 생산비용이 증가함에 따라 제품의 국제 가격경쟁력을 유지하기 힘든 경우, 생산비용이 상대적으로 낮은 국가나 지역으로 이동하는 것이다. 또 하나는 시장적인 요인이다. 즉 성장 잠재력이 높은 시장에 우선적으로 진출하여 그 시장의 점유율을 높이고자 하는 것이다. 외국인직접투자가 이 두 가지 요인 모두에 영향을 받고 있다고 보는 것이 더욱 현실적이다. 즉 비용적인 측면을 고려하면서 동시에 시장적인 측면을 고려하는 것이다.

金相郁, 朴英熙(2006)는 중국의 외국인직접투자의 입지요인을 비용, 시장, 집적(agglomeration), 제도 네 가지 측면에서 분석하고 있다. 특히 지역을 성(省)이 아닌 210개의 지급(地級) 이상 도시(城市)를 분석대상으로 하고 있다는 점에서 외국인직접투자의 지역성(地域性)을 분석에 포함하고 있다. 金相郁, 朴英熙(2006)는 모두 14개의 입지요인을 설정하였다. 비용요인에는 노동력비용, 노동력의 질, 토지비용, 에너지비용을 포함하고 있으며, 시장요인에는 시장의 규모, 시장의 구매력, 그리고 시장의 잠재력 요인들을 포함하고 있다. 또한 집적요인에는 도시화율과 인프라 등이 포함되어 있으며, 제도요인에는 개방화와 지방금융의 발전 등이 포함되어 있다. 아래 <표8–16>은 이들 입지요인과 대리변수들에 관한 내용들을 정리하고 있다.

<표 8–16> 외국인직접투자의 입지요인

입지 요인 (대분류)	입지 요인 (소분류)	대리 변수	변수 명칭
비용요인	노동력비용	직공평균임금	WAGE
	노동력의 질	대학교 재학생 수 교육 및 과학 사업경비	EDU RAD
	토지비용	1인당 토지 면적	LAND
	에너지비용	1인당 생활용 전력량	ENERGY
시장요인	시장 규모	GDP 규모	GDP
	시장 구매력	1인당 GDP	PCGDP
	시장 잠재력	GDP 성장률	GRGDP
집적요인	도시화	도시화율	URBAN
	제조업 발전	공업총생산액	GOV
	인프라	1인당 도로포장 면적	ROAD
제도요인	개방화	외국인직접투자 기업의 공업총생산액/ 공업총생산액	OPEN
	지방금융	도시농촌 주민 저축액	LOCAL

자료: 金相郁, 朴英熙(2006).

金相郁, 朴英熙(2006)은 2002년 중국 지급 이상의 210개 도시의 자료를 이용하여 이들 변수들이 외국인직접투자의 입지결정에 영향이 있는가를 회귀분석 하였다. 도시 전체의 회귀분석결과에 의하면, α=0.01의 후방회귀분석에서는 LAND, ROAD, LOCAL이 통계적으로 유의하게 나타났으며, 전방회귀분석에서는 GDP, ROAD가 통계적으로 유의적으로 나타나고, SR에서도 GDP와 ROAD만이 통계적으로 유의하게 나타났다. α=0.05의 후방회귀분석에서는 LAND, GRGDP, GDP, ROAD, LOCAL이 통계적으로 유의하게 나타났으며, 전방회귀분석과 Stepwise회귀분석에서도 이들 변수들이 역시 통계적으로 유의한 것으로 나타났다. α=0.2 인 경우에는 약간 다른 결과가 나타났다. 즉 후방회귀분석에서는 EDU가 추가적으로 통계적 유의성을 가진 것으로 나타났으며, 전방회귀분석과 Stepwise 회귀분석에서 GOV가 통계적으로 유의한 것으로 나타났다. 도시 전체의 회귀분석 결과를 종합해 보면, LAND, GRGDP, GDP, ROAD, LOCAL, EDU, GOV가 외국인직접투자의 입지결정에 유의한 영향력을 가지고 있는 것으로 나타났으나, LAND, GDP, ROAD, LOCAL 변수의 영향력이 상대적으로 더욱 현저하며, EDU와 GOV는 상대적으로 낮은 것으로 해석할 수 있다.

<표 8-17> 도시 전체의 회귀분석 결과

변수	α=0.01			α=0.05		
	BR	FR	SR	BR	FR	SR
LAND	0.78*** (4.48)			0.522*** (2.653)	0.522*** (2.653)	0.522*** (2.653)
GRGDP				0.5003** (2.242)	0.5003** (2.242)	0.5003** (2.242)
GDP		1.241*** (13.61)	1.241*** (13.61)	0.495** (2.309)	0.495** (2.309)	0.495** (2.309)
GOV						
ROAD	1.27*** (7.26)	0.315*** (3.923)	0.315*** (3.923)	0.900*** (4.107)	0.900*** (4.107)	0.900*** (4.107)
EDU						
LOCAL	1.00*** (10.0)			0.612*** (3.183)	0.612*** (3.183)	0.612*** (3.183)

F값	144.7	107.10	107.10	93.12	93.12	93.12
R^2	0.678	0.6667	0.6667	0.6953	0.6953	0.6953
DW	1.437	1.3559	1.3559	1.4120	1.4120	1.4120

주의 : ① 상수항은 표기하지 않았음.

② ***은 P<0.01, **은 P<0.05, *은 P<0.1

③ 괄호는 t-통계값.

④ BR은 후방회귀 분석, FR은 전방회귀 분석, SR은 stepwise 회귀분석을 나타냄.

⑤ $$\begin{aligned}\ln FDI = &\alpha_0 + \beta_1 \ln LNAD_i + \beta_2 \ln WAGE_i + \beta_3 \ln ENERGY_i + \beta_4 \ln PCGDP_i \\ &+ \beta_5 \ln GRGDP_i + \beta_6 \ln GDP_i + \beta_7 \ln URBAN_i \\ &+ \beta_8 \ln GOV_i + \beta_9 \ln GDPKM_i + \beta_{10} \ln ROAD_i + \beta_{11} \ln EDU_i \\ &+ \beta_{12} \ln RAD_i + \beta_{13} \ln LOCAL_i + \beta_{14} \ln OPEN_i + \epsilon_t\end{aligned}$$

자료: 金相郁, 朴英熙(2006).

이러한 결과는 토지조건, 시장규모, 인프라조건, 그리고 지역금융 등 기업경영에 직접적으로 필요한 조건들이 외국인직접투자 기업들의 입지결정에 현저한 영향력을 행사하고 있으며, 교육이나 제조업의 발전과 같은 변수들은 직접적인 영향력이 크게 높지 않은 것이다. 그러나 이러한 분석결과는 해석에 있어서 주의가 필요하다. 즉 외국인직접투자가 이들 조건들을 먼저 고려하고 투자입지를 결정하는지 아니면 외국인직접투자의 입지로 인한 결과인지에 대한 구분이 필요한 것이다.

그리고 도시 전체의 회귀분석 결과에서 한 가지 주의할 것은 노동력 비용 즉 직공평균임금 변수의 통계적 유의성이 나타나고 있지 않다는 점이다. 일반적으로 노동력 비용은 중국의 외국인직접투자의 유입에 있어서 결정적인 역할을 하는 변수로서 받아들여지고 있는데, 본 분석결과에서는 통계적 유의성이 검증되지 않고 있다. 이와 같은 결과를 노동력 비용이 중국의 외국인직접투자의 입지 결정에 있어서 영향력이 없는 것처럼 직접적인 해석을 하기에는 무리인 것 같으며, 노동력 비용 조건보다는 시장적, 제도적 조건들이 상대적으로 더 큰 영향을 가지고 있다고 해석하는 것이 더욱 현실에 부합된다고 본다.

2. 외국인 직접투자와 지역경제발전

2.1. 외국인직접투자와 지역경제성장

2.1.1. 사회고정자산투자와 외국인직접투자

외국인직접투자는 개혁개방이후 중국경제성장과 경제발전에 큰 영향을 초래하였다. 중국은 개혁개방 이후 풍부한 노동력을 보유하고 있었으나, 경제발전에 필요한 자금력과 기술, 그리고 선진 경영 기법 등이 부족하였다. 이와 같은 부족한 점들을 외국인직접투자로서 보완하고자 하였다. <표 8–18>는 1981년부터 2006년 기간 동안 중국의 사회고정자산투자의 구조를 나타내고 있다. 표에 의하면 외국자본의 비중은 다른 자본에 비해서 비중이 낮다. 한 가지 특징은 국가예산의 비중이 매년 감소하고 있으며, 자기조달 및 기타의 비중이 크게 증가하고 있다. 1981년에는 국가예산이 전체 사회고정자산투자에서 차지하는 비중이 28.1%이나, 2006년에는 3.9%로 크게 낮아졌다. 반면에 자기조달 및 기타의 비중은

<표 8–18> 사회고정자산투자 중 외국자본의 비중 : 1981년~2006년

(단위: 억 위안, %)

연도	국가예산		국내대출		외국자본		자기조달 및 기타	
	금액	비중	금액	비중	금액	비중	금액	비중
1981	269.8	28.1	122.0	12.7	36.4	3.8	532.9	55.4
1985	407.8	16.0	510.3	20.1	91.5	3.6	1,533.6	60.3
1990	393.0	8.7	885.5	19.6	284.6	6.3	2,954.4	65.4
1995	621.1	3.0	4,198.7	20.5	2,295.9	11.2	13,409.2	65.3
1996	625.9	2.7	4,573.7	19.6	2,746.6	11.8	15,412.4	66.0
1997	696.7	2.8	4,782.6	18.9	2,683.9	10.6	17,096.5	67.7
1998	1,197.4	4.2	5,542.9	19.3	2,617.0	9.1	19,359.6	67.4

1999	1,852.1	6.2	5,725.9	19.2	2,006.8	6.7	20,169.7	67.8
2000	2,109.5	6.4	6,727.3	20.3	1,696.3	5.1	22,577.4	68.2
2001	2,546.4	6.7	7,239.8	19.1	1,730.7	4.6	26,470.0	69.6
2002	3,161.0	7.0	8,859.1	19.7	2,085.0	4.6	30,941.9	68.7
2003	2,687.8	4.6	12,044.4	20.5	2,599.4	4.4	41,284.8	70.5
2004	3,254.9	4.4	13,788.0	18.5	3,285.7	4.4	54,236.3	72.7
2005	4,154.3	4.4	16,319.0	17.3	3,978.8	4.2	70,138.7	74.1
2006	4,672.0	3.9	19,590.5	16.5	4,334.3	3.6	90,360.2	76.0

자료:『中国统计年鉴2007』.

1981년의 55.4%에서 2006년에는 76.0%로 크게 증가하였다. 이것은 사회고정자산투자에 있어서 국가의 역할이 점차적으로 감소하고 기업의 역할이 상대적으로 증대하고 있음을 반영한다. 외국자본의 비중은 1995년부터 1997년까지의 3년을 제외하고는 모두 10%미만이며, 2006년에는 그 비중이 3.6%이다. 이것은 외국자본이 중국 국내투자에 있어서 중요한 역할을 담당하고는 있지만 규모는 크지 않음을 나타내고 있다.

<표 8–19>는 사회고정자산투자 중 외국자본의 비중을 지역별로 나타내고 있다. 전국의 범위에서 보면, 2006년 기준으로 국가예산에 의한 사회고정자산투자가 가장 많은 지역은 호북성(湖北省)으로 6.32%를 차지하고 있으며, 그 다음은 요녕성(辽宁省)으로 5.81%를 차지하고 있다. 이 두 지역은 중부지역과 동북지역의 중심지역으로서 국가의 중점적인 투자가 이루어지고 있음을 반영하고 있다. 이 두 지역 이외에 섬서성(陕西省), 신강자치구(新疆自治区), 산동성(山东省), 강서성(江西省), 안휘성(安徽省), 운남성(云南省), 사천성(四川省), 내몽고자치구(内蒙古自治区), 광서자치구(广西自治区) 등 지역이 비교적 높은 비중을 차지하고 있으며, 산동성을 제외하고는 이들 지역은 모두 중부지역이나, 서부지역에 위치하고 있다. 이는 국가예산이 주로 저개발지역을 중심으로 배정되고 있음을 나타낸다.

국내대출이 전체 사회고정자산투자에서 차지하는 비중은 국가예산과는 다른 구조를 보이고 있다. 즉 전국 비중이 높은 상위 5개 지역은 모두 동부 연해안 지역에 위치한 성·직할시들이다. 국내대출은 국가예산과 같이 정책적으로 배정하는 것이 아니라 그 지역의 경제발전 수준과 발전 잠재력에 따라 이루어진다. 따라서 상대적으로 발전 수준이 높은

<표 8-19> 사회고정자산투자 중 외국자본의 비중 : 지역별(2006년 기준)

(단위: %)

지역	전국 비중				지역 내 비중			
	국가 예산	국내 대출	외국 자본	자기 조달 기타	국가 예산	국내 대출	외국 자본	자기 조달 기타
북경시	2.26	6.75	1.76	3.71	2.17	27.16	1.57	69.09
천진시	0.49	2.71	3.53	1.75	1.00	23.12	6.70	69.18
하북성	2.11	3.27	1.78	5.36	1.75	11.27	1.36	85.63
산서성	1.75	2.43	0.67	1.96	3.48	20.14	1.24	75.14
내몽고자치구	3.19	2.06	0.50	3.01	4.53	12.17	0.66	82.63
요녕성	5.81	3.81	3.06	5.40	4.51	12.32	2.20	80.98
길림성	1.78	1.36	1.39	2.40	3.22	10.28	2.33	84.16
흑룡강성	2.56	1.14	0.70	2.09	5.29	9.84	1.34	83.53
상해시	1.59	5.93	6.24	3.79	1.51	23.51	5.49	69.49
강소성	1.43	7.41	20.18	9.28	0.62	13.41	8.12	77.85
절강성	2.79	8.02	8.94	7.04	1.54	18.52	4.59	75.34
안휘성	3.88	3.17	1.36	3.15	4.89	16.68	1.59	76.85
복건성	3.01	3.91	3.32	2.63	4.11	22.29	4.20	69.40
강서성	4.34	1.68	2.20	2.34	7.40	11.95	3.48	77.17
산동성	4.44	6.19	11.15	10.63	1.80	10.49	4.20	83.50
하남성	2.67	3.62	1.78	5.98	1.98	11.18	1.23	85.62
호북성	6.32	3.49	1.60	2.80	8.25	19.05	1.94	70.76
호남성	2.85	2.69	2.18	2.93	3.91	15.40	2.78	77.91
광동성	2.25	8.44	19.97	7.22	1.15	18.03	9.47	71.35
광서자치구	3.09	2.03	1.14	1.86	6.36	17.39	2.17	74.08
해남성	0.69	0.50	1.56	0.28	7.26	21.69	15.18	55.88
중경시	2.95	3.48	0.65	1.94	5.32	26.19	1.09	67.41
사천성	3.23	4.02	1.85	4.16	3.16	16.42	1.67	78.75
귀주성	1.30	1.73	0.33	0.97	4.71	26.18	1.12	67.99
운남성	3.51	3.21	0.42	1.52	7.52	28.71	0.84	62.93
서장자치구	2.32	0.02	0.00	0.14	44.43	1.93	0.00	53.64
섬서성	4.66	2.58	0.56	1.99	8.56	19.77	0.95	70.72
감숙성	2.10	0.95	0.35	0.79	9.68	18.36	1.51	70.45
청해성	1.27	0.34	0.05	0.29	15.15	17.01	0.52	67.32
영하자치구	0.98	0.47	0.21	0.34	10.04	20.03	1.97	67.96
신강자치구	4.54	0.95	0.20	1.30	13.44	11.76	0.56	74.25
지역구분없음	13.84	2.09	0.38	0.95	33.46	21.12	0.84	44.57

자료: 『中国统计年鉴2007』.

동부 연해안 지역에서 국내대출로 인한 사회고정자산투자의 비중이 높다. 광동성(广东省)과 절강성(浙江省)이 각각 8.44%와 8.02%의 전국 비중을 차지하고 있다. 그리고 강소성(江苏省), 북경시(北京市), 산동성, 상해시(上海市)도 비교적 높은 비중을 차지하고 있다.

외국자본이 사회고정자산투자에서 차지하는 전국 비중이 가장 높은 지역은 강소성(江苏省)으로 20.18%를 차지하고 있다. 그 다음은 광동성(广东省)과 산동성으로 각각 19.97%와 11.15%를 차지하고 있다. 그리고 절강성과 상해시도 각각 8.94%와 6.24%로 비교적 높은 비중을 차지하고 있다. 이들 5개 지역은 전국의 66.48%를 차지하고 있다. 지역별로 사회고정자산투자의 구조를 보면, 외국자본의 비중이 가장 높은 지역은 해남성(海南省)으로 지역 사회고정자산투자의 15.18%를 차지하고 있다. 그리고 광동성과 강소성 역시 비중이 9.47%와 8.12%로 비교적 높다. 이외에도 동부 연해안 지역의 천진시(天津市), 상해시, 절강성, 복건성(福建省), 산동성 등 지역도 4% 이상의 높은 비중을 나타내고 있다. 이는 이들 지역의 전체 투자 중 외국자본의 투자가 비교적 중요한 역할을 하고 있음을 나타내고 있다.

기업투자를 기준으로 하는 외국인직접투자의 사회고정자산투자 중의 비중은 아래 <표 8-20>과 같다. 전반적으로 볼 때, 동부 연해안 지역의 성 · 직할시는 외국인투자가 지역 전체 사회고정자산투자에서 차지하는 비중이 상대적으로 높으며, 중부지역과 서부지역은 그 비중이 상대적으로 낮다.

전국 평균을 보면, 지역 투자 중 국내투자의 비중은 90.13%이며, 외국인투자는 9.87%를 차지하고 있다. 전체 규모를 보면 외국인투자가 지역 전체 투자에서 차지하는 비중은 그다지 높지 않은 10%정도이다.

외국인투자가 지역 전체 투자에서 차지하는 비중이 가장 높은 지역은 광동성(广东省)으로 24.13%를 차지하고 있으며, 상대적으로 국내투자의 비중은 75.87%이다. 광동성은 중국에서 가장 일찍이 개방 한 지역으로 대외협력이 매우 활발하게 전개되고 있다. 따라서 외국인투자가 가장 활발하게 일어나고 있는 것이다. 그 다음은 복건성(福建省)의 비중은 20.39%로 역시 높은 비중을 나타내고 있다. 복건성 역시 중국 대외개방의 선두 지역으로서 활발한 대외협력이 전개되고 있다. 그리고 상해시(上海市), 강소성(江苏省), 천진시(天

<표 8-20> 기업투자 중 외국인투자의 비중 : 지역별(2006년 기준)

(단위: %)

지역	전국 비중				지역 내 비중			
	국내	홍콩 마카오 대만	기타 외국	외국 투자 합계	국내	홍콩 마카오 대만	기타 외국	외국 투자 합계
전국	100	100	100	100	90.13	4.31	5.56	9.87
북경시	3.00	2.81	3.94	5.29	84.52	5.68	9.80	15.48
천진시	1.66	1.54	1.18	3.93	83.72	3.09	13.19	16.28
하북성	4.97	5.22	2.41	2.96	94.61	2.09	3.30	5.39
산서성	2.05	2.22	0.93	0.25	97.36	1.96	0.69	2.64
내몽고자치구	3.06	3.32	0.54	0.73	97.90	0.76	1.34	2.10
요녕성	5.17	5.13	4.70	6.29	89.32	3.92	6.76	10.68
길림성	2.36	2.46	1.46	1.49	93.82	2.68	3.51	6.18
흑룡강성	2.03	2.19	0.53	0.70	96.97	1.13	1.91	3.03
상해시	3.55	3.24	3.78	8.32	82.37	4.60	13.04	17.63
강소성	9.15	8.38	12.43	19.09	82.55	5.86	11.59	17.45
절강성	6.90	6.69	8.43	9.13	87.38	5.27	7.35	12.62
안휘성	3.21	3.34	2.66	1.52	93.79	3.58	2.64	6.21
복건성	2.71	2.39	7.37	4.22	79.61	11.73	8.66	20.39
강서성	2.44	2.51	2.69	1.09	92.76	4.76	2.48	7.24
산동성	10.10	10.23	6.74	10.57	91.31	2.88	5.81	8.69
하남성	5.37	5.68	2.75	2.42	95.29	2.21	2.50	4.71
호북성	3.04	3.12	2.53	2.09	92.60	3.58	3.82	7.40
호남성	2.89	3.05	1.98	0.94	95.24	2.96	1.80	4.76
광동성	7.25	6.10	25.24	11.88	75.87	15.02	9.11	24.13
광서자치구	2.00	2.05	1.64	1.46	92.40	3.55	4.06	7.60
해남성	0.39	0.38	0.55	0.41	87.86	6.20	5.94	12.14
중경시	2.19	2.28	1.23	1.37	94.10	2.43	3.47	5.90
사천성	4.01	4.22	2.32	1.88	94.90	2.50	2.60	5.10
귀주성	1.09	1.18	0.18	0.35	97.50	0.71	1.79	2.50
운남성	2.01	2.20	0.32	0.18	98.82	0.69	0.49	1.18
서장자치구	0.21	0.23	0.00	0.00	99.91	0.00	0.09	0.09
섬서성	2.26	2.41	1.01	0.68	96.40	1.92	1.68	3.60
감숙성	0.93	1.00	0.16	0.39	96.93	0.73	2.34	3.07
청해성	0.37	0.40	0.07	0.08	98.00	0.76	1.24	2.00
영하자치구	0.45	0.49	0.00	0.16	98.06	0.00	1.94	1.94
신강자치구	1.42	1.56	0.22	0.14	98.81	0.66	0.54	1.19

자료: 『中国统计年鉴2007』.

津市), 북경시(北京市), 절강성(浙江省), 해남성(海南省), 요녕성(辽宁省) 등 동부 연해안의 다른 지역들도 전국 평균 10%보다 높은 비중을 나타내고 있다. 이는 동부 연해안 지역에서 외국인투자가 지역투자에서 중요한 역할을 담당하고 있음을 말해준다.

외국인투자의 지역비중에서 한 가지 주의할 점은 홍콩, 마카오, 대만의 투자와 기타 국가의 투자의 지역 내 비중이다. 광동성, 복건성, 해남성의 외국인투자 중에서 홍콩, 마카오, 대만의 투자 비중이 상대적으로 높다. 광동성의 투자구조 중 홍콩, 마카오, 대만의 투자는 지역 전체 사회고정자산투자의 15.02%를 차지하며, 기타 외국인투자의 비중은 9.11%를 차지한다. 복건성은 이 비중이 각각 11.73%와 8.66%이며, 해남성은 이 비중이 각각 6.20%와 5.94%이다. 그러나 동부 연해안 지역의 다른 지역에서는 기타 국가의 비중이 홍콩, 마카오, 대만의 비중보다 높다. 강소성(江苏省)의 홍콩, 마카오, 대만의 투자는 지역 전체 사회고정자산투자의 5.86%를 차지하며, 기타 국가의 투자는 11.59%를 차지한다. 상해시(上海市)는 이 비중이 각각 4.6%와 13.04%이다. 그리고 천진시(天津市)는 이 비중이 각각 3.09%와 16.28%이다.

2.1.2. 외국인직접투자와 지역고용

중국에 대한 외국인직접투자는 대부분이 제조업에 집중되어 있다. 제조업 중에서도 노동집약적 업종에 집중적으로 투자하고 있다. 따라서 외국인직접투자는 지역고용을 크게 증대시키는 역할을 하고 있다. 개혁개방 이후 외국기업의 취업인구가 전체 취업인구에서 차지하는 비중은 매년 꾸준히 증가하고 있다. 1990년 외국기업의 취업인구는 66만 명으로 전체 취업인구의 0.10%정도를 차지하고 있다. 그러나 2006년에는 1,407만 명으로 취업인구의 규모가 증대하고 전체 취업인구에서의 비중도 1.84%로 크게 증가하였다.

전체 취업인구는 농업에 종사하는 취업인구까지도 포함하고 있다. 그러나 대부분의 외국기업의 취업인구는 농업이 아닌 제조업이나 서비스업에 종사하고 있다. 따라서 도시 취업인구를 기준으로 하는 것이 더욱 현실적인 의의가 있다고 본다. 도시 취업인구에서 외국기업 취업인구가 차지하는 비중은 더 높다. 1990년에는 0.39%이나 2006년에는 4.97%로

<표 8-21> 연도별 외국기업 취업인구 비중

(단위: 만 명, %)

연도	취업인구					직공 수		
	전체 취업인구 (A)	도시 취업인구* (B)	외국기업 취업인구** (C)	C/A	C/B	전체 직공 수 (A)	외국기업 직공 수 (B)	B/A
1990	64,749	17,041	66.00	0.10	0.39	–	–	–
1991	65,491	17,465	165.00	0.25	0.94	–	–	–
1992	66,152	17,861	221.00	0.33	1.24	–	–	–
1993	66,808	18,262	288.00	0.43	1.58	14,849	288	1.94
1994	67,455	18,653	406.00	0.60	2.18	14,849	400	2.69
1995	68,065	19,040	513.00	0.75	2.69	14,908	503	3.37
1996	68,950	19,922	540.00	0.78	2.71	14,845	527	3.55
1997	69,820	20,781	581.00	0.83	2.80	14,668	565	3.85
1998	70,637	21,616	587.00	0.83	2.72	12,337	564	4.57
1999	71,394	22,412	612.10	0.86	2.73	11,773	586	4.98
2000	72,085	23,151	642.28	0.89	2.77	11,259	613	5.45
2001	73,025	23,940	670.90	0.92	2.80	10,792	644	5.96
2002	73,740	24,780	758.00	1.03	3.06	10,558	721	6.82
2003	74,432	25,639	863.00	1.16	3.37	10,492	820	7.81
2004	75,200	26,476	1,032.80	1.37	3.90	10,576	979	9.25
2005	75,825	27,331	1,245.15	1.64	4.56	10,850	1,188	10.95
2006	76,400	28,310	1,407.00	1.84	4.97	11,161	1,340	12.01

주의: * 도시는 성진(城镇)을 말함, ** 도시의 외국기업취업인구를 말함.
자료: 『中国统计年鉴2007』의 관련 내용을 재정리.

거의 5% 정도이다. 전체 취업인구가 아닌 직공 수를 기준으로 하면, 이 비중은 더욱 높아진다. 2006년 현재 전체 직공 수는 11,161만 명이며, 외국기업의 직공 수는 1,340만 명으로 비중은 12.01%이다. 이러한 비중은 외국기업의 고용창출 효과가 상당히 크다는 것을 나타내고 있다.

전국 평균을 보면, 2006년 현재 전체 도시 취업인구에서 외국기업에 취업하고 있는 노동자의 비중은 4.97%이다. 그러나 지역별로는 큰 격차가 있다. 즉 개방의 정도가 높은 동부연해안 지역에는 외국기업에 취업하고 있는 노동자의 비중이 가장 높은 복건성(福建省)의 경우에는 약 30%에 달한다. 그 다음인 천진시(天津市)는 21.77%의 비중을 나타내고 있

<표 8-22> 지역별 외국기업 취업인구 비중

(단위: 만 명, %)

지역	도시 취업인구 (A)	외국기업 취업인구			D/A	B/D	B/A
		홍콩, 마카오, 대만기업 (B)	외국기업 (C)	합계 (D)			
전국	28,310.0	611.0	796.0	1,407.0	4.97	43.43	2.16
북경시	783.4	23.5	57.3	80.8	10.31	29.08	3.00
천진시	252.6	11.2	43.8	55.0	21.77	20.36	4.43
하북성	688.8	9.5	14.0	23.5	3.41	40.43	1.38
산서성	454.5	5.3	1.8	7.1	1.56	74.65	1.17
내몽고자치구	365.0	1.3	2.7	4.0	1.10	32.50	0.36
요녕성	874.5	9.6	42.3	51.9	5.93	18.50	1.10
길림성	398.0	2.6	7.5	10.1	2.54	25.74	0.65
흑룡강성	690.6	3.1	4.5	7.6	1.10	40.79	0.45
상해시	615.5	28.0	64.4	92.4	15.01	30.30	4.55
강소성	1,401.7	50.2	108.2	158.4	11.30	31.69	3.58
절강성	1,077.9	61.4	74.2	135.6	12.58	45.28	5.70
안휘성	543.9	5.0	7.3	12.3	2.26	40.65	0.92
복건성	609.6	107.3	72.1	179.4	29.43	59.81	17.60
강서성	504.1	8.4	6.0	14.4	2.86	58.33	1.67
산동성	1,375.6	27.5	106.8	134.3	9.76	20.48	2.00
하남성	941.8	8.0	9.6	17.6	1.87	45.45	0.85
호북성	763.8	9.3	15.9	25.2	3.30	36.90	1.22
호남성	692.8	8.3	7.8	16.1	2.32	51.55	1.20
광동성	1,849.8	212.3	120.6	332.9	18.00	63.77	11.48
광서자치구	449.9	5.3	6.6	11.9	2.65	44.54	1.18
해남성	125.2	1.9	2.2	4.1	3.27	46.34	1.52
중경시	356.7	2.3	5.0	7.3	2.05	31.51	0.64
사천성	837.6	3.7	7.4	11.1	1.33	33.33	0.44
귀주성	288.2	0.9	1.4	2.3	0.80	39.13	0.31
운남성	418.5	2.0	2.5	4.5	1.08	44.44	0.48
서장자치구	34.9	—	—	—	—	—	0.00
섬서성	467.2	1.6	1.3	2.9	0.62	55.17	0.34
감숙성	269.4	0.5	0.7	1.2	0.45	41.67	0.19
청해성	82.4	0.2		0.2	0.24	100.00	0.24
영하자치구	96.1	—	1.0	1.0	1.04	—	0.00
신강자치구	370.1	0.8	1.1	1.9	0.51	42.11	0.22

자료: 『中国统计年鉴2007』의 관련 내용을 재정리.

<표 8-23> 지역별 외국기업 직공 수 비중

(단위: 만 명, %)

지역	전체 직공 수 (A)	외국기업 직공 수			D/A	B/D	B/A
		홍콩, 마카오, 대만기업 (B)	외국기업 (C)	합계 (D)			
전국	11,161.0	593.0	747.0	1,340.3	12.01	44.25	5.31
북경시	453.1	20.9	49.3	70.2	15.49	29.77	4.61
천진시	172.0	10.3	40.0	50.3	29.24	20.48	5.99
하북성	488.1	9.3	13.7	23.0	4.71	40.43	1.91
산서성	357.2	5.3	1.7	7.0	1.96	75.71	1.48
내몽고자치구	239.3	1.3	2.7	4.0	1.67	32.50	0.54
요녕성	476.0	9.2	37.6	46.8	9.83	19.66	1.93
길림성	259.9	2.6	7.4	10.0	3.85	26.00	1.00
흑룡강성	459.2	3.1	4.4	7.5	1.63	41.33	0.68
상해시	264.5	22.6	50.2	72.8	27.53	31.04	8.55
강소성	645.7	48.5	102.0	150.5	23.31	32.23	7.51
절강성	580.7	59.3	71.1	130.4	22.46	45.48	10.21
안휘성	320.9	4.9	7.0	11.9	3.71	41.18	1.53
복건성	412.2	106.2	70.8	177.0	42.94	60.00	25.76
강서성	271.9	8.3	5.9	14.2	5.22	58.45	3.05
산동성	874.3	27.1	105.5	132.6	15.17	20.44	3.10
하남성	692.1	7.9	8.8	16.7	2.41	47.31	1.14
호북성	495.3	9.2	14.6	23.8	4.81	38.66	1.86
호남성	390.0	7.8	7.7	15.5	3.97	50.32	2.00
광동성	935.1	210.7	118.5	329.2	35.21	64.00	22.53
광서자치구	267.8	5.1	6.5	11.6	4.33	43.97	1.90
해남성	73.9	1.8	2.2	4.0	5.41	45.00	2.44
중경시	213.0	2.3	4.9	7.2	3.38	31.94	1.08
사천성	500.9	3.7	7.2	10.9	2.18	33.94	0.74
귀주성	201.9	0.8	1.3	2.1	1.04	38.10	0.40
운남성	248.0	1.9	2.1	4.0	1.61	47.50	0.77
서장자치구	17.0	—	—	—	—	—	—
섬서성	323.7	1.6	1.2	2.8	0.86	57.14	0.49
감숙성	190.2	0.5	0.6	1.1	0.58	45.45	0.26
청해성	41.2	0.2	0.0	0.2	0.49	100.0	0.49
영하자치구	56.7	0.0	1.0	1.0	1.76	0.00	0.00
신강자치구	238.9	0.7	1.1	1.8	0.75	38.89	0.29

자료: 『中国统计年鉴2007』의 관련 내용을 재정리.

다. 이외에도 대부분 동부 연해안 지역의 성·자치구는 비교적 높은 비중을 나타내고 있다.

동부 연해안 지역에서 도시 취업인구 중 외국기업 취업인구의 비중이 가장 낮은 두 지역은 해남성(海南省)과 요녕성(辽宁省)으로 각각 3.27%와 5.93%를 나타내고 있다. 특히 요녕성은 전통적으로 국유기업이 지역경제에서 차지하는 비중이 상당히 높기 때문에 외국기업의 고용효과가 상대적으로 낮게 나타나고 있다.

지역투자에서와 마찬가지로 복건성과 광동성은 지리적으로 인접한 홍콩, 마카오, 대만의 투자기업들이 많은 비중을 차지하고 있기 때문에, 이들 투자기업에 고용된 노동자의 비중이 기타 외국기업들에 고용된 노동자의 비중보다 높다. 광동성은 전체 외국기업 취업인구의 63.77%, 그리고 복건성은 59.81%가 홍콩, 마카오, 대만 투자기업에 취업하고 있다. 광동성과 복건성은 대만의 투자기업들이 집중해 있는 지역이다. 대만기업은 지리적으로 가깝고 전통적인 혈연관계가 있는 광동성과 복건성에 대한 투자를 집중하고 있다. 한국의 투자기업들도 심천시와 광주시에 대한 투자가 이루어지고 있지만 비중은 크지 않다.

직공 수를 기준으로 하면, 지역별 외국기업 직공 수가 전체 직공 수에서 차지하는 비중이 더욱 현저한 격차가 나타난다. 동부 연해안 지역의 복건성(福建省)은 42.94%, 광동성(广东省)은 35.21%, 천진시(天津市)는 29.24%, 상해시(上海市)는 27.53%, 강소성(江苏省)은 23.31%, 절강성(浙江省)은 22.46%, 북경시(北京市)는 15.49%, 산동성(山东省)은 15.17%의 비중을 나타내고 있다. 그러나 중부지역과 서부지역은 동부 연해안 지역과 비교해서 외국기업의 직공 수가 전체 직공 수에서 차지하는 비중이 매우 낮다.

외국인직접투자기업의 취업인구는 국내기업의 노동자보다 상대적으로 좀 더 높은 보수를 받을 수 있기 때문에 지역경제발전에도 기여할 수 있다. 1995년 도시취업인구 1인당 평균노동보수는 5,348위안이며, 홍콩, 마카오, 대만기업의 평균 노동보수는 7,711위안, 그리고 기타 외국기업의 평균 노동보수는 8,812위안이다. 홍콩, 마카오, 대만기업의 평균 노동보수와 전체 평균과는 2,363위안의 차이가 있으며, 기타 외국기업과는 3,464위안의 차이가 있다.

2006년 도시취업인구 1인당 평균노동보수는 20,856위안이며, 홍콩, 마카오, 대만기업의 평균 노동보수는 19,678위안, 그리고 기타 외국기업의 평균 노동보수는 26,552위안이다. 그러나 홍콩, 마카오, 대만기업의 평균 노동보수는 전체 평균보다 오히려 1,178위안이 적으며, 기타 외국기업 보다는 5,696위안의 차이가 있다. 즉 외국인직접투자기업의 노동자는 도시 취업인구의 평균 노동보수보다 더 높은 보수를 받고 있으나, 홍콩, 마카오, 대만투자기업은 도시 취업인구의 평균 노동보수 보다는 조금 낮은 보수를 받고 있다.

<표 8-24> 외국기업 취업인구와 직공의 평균임금

(단위: 위안)

연도	도시취업인구 1인당 평균노동보수			도시 직공 1인당 평균임금		
	전체 평균	홍콩 마카오 대만기업	기타 외국기업	전체 평균	홍콩 마카오 대만기업	기타 외국기업
1993	–	–	–	3,371	5,147	5,315
1994	–	–	–	4,538	6,376	6,533
1995	5,348	7,711	8,812	5,500	7,484	8,058
1996	5,980	8,557	10,084	6,210	8,334	9,383
1997	6,444	9,553	11,216	6,470	9,329	10,361
1998	7,446	10,330	12,927	7,479	10,027	11,767
1999	8,319	11,349	14,353	8,346	10,991	12,951
2000	9,333	12,210	15,692	9,371	11,914	14,372
2001	10,834	12,959	17,553	10,870	12,544	16,101
2002	12,373	14,197	19,409	12,422	13,756	17,892
2003	13,969	15,155	21,016	14,040	14,691	19,366
2004	15,920	16,237	22,250	16,024	15,727	20,440
2005	18,200	17,833	23,625	18,364	17,273	21,902
2006	20,856	19,678	26,552	21,001	19,045	24,784

자료: 『中国统计年鉴2007』의 관련 내용을 재정리.

2.1.3. 외국인직접투자와 지역생산

지역투자와 지역고용에서 외국인직접투자기업이 큰 비중을 차지하는 것은 지역생산에도 영향을 초래한다. 즉 제조업을 중심으로 하는 지역생산에서 외국인직접투자기업은 중요한 역할을 하고 있다. 중국은 개혁개방 이후 수출주도형 경제발전전략을 추진하면서 외국기업들의 적극적인 유치를 통한 제조업 상품의 국제경쟁력을 강화하고 있다. 상대적으로 저렴한 노동력과 거대한 내수시장은 외국인 투자기업들에게는 유리는 입지조건을 제공할 수 있다.

공업부문에 있어서, 2006년 현재 외국인직접투자기업의 수는 60,872개로 전체 기업 수의 20.16%를 차지하고 있으며, 총생산액은 31.61%, 부가가치는 28.05%를 차지하고 있다. 그리고 공업생산에 있어서 외국인직접투자의 비중은 매년 증가하고 있다. 1998년과 비교하면, 기업 수의 비중은 4.14%가 증가하였으며, 총생산액은 6.87%가 증가하였고, 부가가치는 7.17%가 증가하였다. 부가가치의 비중 증가가 가장 큰 이유는 최근 외국인직접투자가 고부가가치 업종으로 투자가 다변화 되고 있기 때문이다. 전체 공업에서 외국인직접투자 기업의 부가가치 창출 비중이 30%에 달하는 것은 매우 큰 비중이다. 이렇게 높은 비중은 한편으로는 외국기업들의 영향을 반영하면서도 또 다른 한편으로는 중국의 국내기업들이 상대적으로 열악한 상황에 처해 있다고도 해석한다.

<표 8-25> 외국인직접투자기업의 공업생산비중

연도	외국인직접투자기업			외국인직접투자기업/전체공업			
	기업 수 (개)	부가가치 (억 위안)	종사자수 (만 명)	기업 수 (%)	총생산액 (%)	부가가치 (%)	종사자수 (%)
1998	26,442	4,055.07	775.19	16.02	24.74	20.88	12.51
1999	26,837	4,850.92	791.86	16.56	26.07	22.49	13.64
2000	28,445	6,090.35	852.96	17.46	27.39	23.98	15.34
2001	31,423	7,128.11	938.98	18.35	28.52	25.16	17.26
2002	34,466	8,573.10	1,054.34	18.98	29.30	25.98	19.10
2003	38,581	11,599.65	1,258.67	19.66	31.18	27.62	21.90
2004	57,165	15,240.50	1,755.26	20.68	32.72	27.81	26.51
2005	56,387	20,468.28	1,899.64	20.74	31.74	28.35	27.55
2006	60,872	25,545.80	2,118.10	20.16	31.61	28.05	28.78

주의: 전체공업의 기업 수는 국유기업 및 일정 규모(연간 매출액 500만 위안) 이상의 기업을 말함.
자료: 『中国统计年鉴2007』의 관련 내용을 재정리.

지역별로 보면, 외국인직접투자기업의 지역공업 비중은 큰 격차를 보이고 있다. 대외개방도가 높은 동부 연해안 지역의 각 성 · 직할시에서는 외국인직접투자기업이 공업 생산에서 차지하는 비중이 상대적으로 높으며, 내륙으로 갈수록 외국인직접투자 자체가 비중이 매우 낮다. 광동성(广东省)은 외국인직접투자기업이 성 전체 공업의 기업 수에서 42.73%를 차지하며, 공업총생산액의 60.37%, 부가가치의 58.77%를 차지하고 있다. 즉 공업 부문의 부가가치 생산의 60% 정도를 외국인투자기업이 창출하고 있는 것이다. 이것은 세계의 공장인 중국이 외국자본에 대한 의존도가 지나치게 높음을 간접적으로 시사하고 있다. 복건성(福建省)은 기업 수의 38.62%, 공업 총생산액의 56.92%, 공업 부가가치의 58.77%를 외국인투자기업이 창출하고 있다. 역시 지역 공업에 있어서 외국인투자기업의 비중이 매우 높다. 이 두 지역 외에도 동부 연해안 지역의 상해시(上海市), 천진시(天津市), 강소성(江苏省), 북경시(北京市), 요녕성(辽宁省), 해남성(海南省), 절강성(浙江省), 산동성(山东省)에서도 외국인직접투자기업이 공업생산에서 차지하는 비중이 매우 높다.

<표 8-26> 외국인직접투자기업의 지역공업 비중

지역	외국인직접투자기업			외국인직접투자기업/ 지역전체공업			
	기업 수 (개)	부가가치 (억 위안)	종사자수 (만 명)	기업 수 (%)	총생산액 (%)	부가가치 (%)	종사자수 (%)
북경시	1,401	689.90	34.09	21.89	46.27	37.49	29.05
천진시	1,954	1,046.35	45.50	31.01	51.25	42.82	39.11
하북성	1,043	681.22	35.22	9.81	17.38	17.56	11.61
산서성	141	114.85	8.31	3.02	4.87	5.35	3.77
내몽고자치구	153	154.43	6.42	4.98	10.84	8.68	7.08
요녕성	2,532	890.24	59.45	17.16	21.89	21.50	19.68
길림성	309	382.82	9.36	9.51	26.32	25.28	8.90
흑룡강성	226	161.00	12.45	7.65	9.93	6.28	8.87
상해시	5,547	2,810.98	146.35	38.51	62.96	58.15	54.85
강소성	8,495	4,130.05	292.20	23.39	41.08	40.06	37.73
절강성	7,740	1,478.89	189.17	16.94	26.09	24.68	26.02
안휘성	624	301.51	18.96	9.57	16.44	15.99	11.50
복건성	5,312	1,565.23	188.16	38.62	56.92	54.96	57.91
강서성	586	193.09	20.22	10.99	14.63	14.99	16.07
산동성	5,227	2,149.26	160.77	16.37	18.59	18.70	20.40
하남성	466	249.02	17.07	3.92	6.21	5.41	4.67

호북성	685	526.21	25.06	9.08	23.14	22.00	13.13
호남성	474	155.79	12.66	5.27	7.77	7.46	7.11
광동성	16,022	6,923.83	780.99	42.73	60.37	58.77	64.89
광서자치구	440	221.48	14.82	10.86	23.08	20.61	16.22
해남성	102	54.71	2.80	17.14	35.01	28.76	22.95
중경시	199	184.25	8.02	6.20	20.20	19.69	8.35
사천성	530	214.03	13.55	5.89	8.14	7.68	5.80
귀주성	111	20.64	2.26	4.28	3.36	2.76	3.36
운남성	189	65.85	4.16	7.26	6.42	5.18	5.81
서장자치구	1	1.45	0.06	0.49	7.41	7.68	2.78
섬서성	199	120.93	6.12	5.90	7.21	6.60	4.99
감숙성	48	17.21	1.17	2.77	2.40	2.43	1.70
청해성	21	6.30	0.54	4.83	2.07	2.43	3.69
영하자치구	35	22.49	1.27	4.60	8.85	8.50	5.15
신강자치구	60	11.78	0.92	4.05	1.64	1.02	1.92

주의: 전체공업의 기업 수는 국유기업 및 일정 규모(연 매출액 500만 위안) 이상의 기업을 말함.
자료: 『中国统计年鉴2007』의 관련 내용을 재정리.

이들 중 산동성은 외국인직접투자기업이 공업생산에서 차지하는 비중이 동부 연해안 지역의 다른 성 · 직할시보다 상대적으로 낮다. 즉 기업 수의 16.37%, 공업 총생산액의 18.59%, 부가가치의 18.70%를 차지하고 있다. 산동성(山东省)의 비중이 상대적으로 낮은 것은 이 지역에서는 외국자본보다는 국내자본에 의한 공업이 더욱 발전하고 있기 때문으로 해석할 수 있을 것이다. 서부지역에서는 외국인직접투자기업 수가 가장 많은 지역은 사천성(四川省)으로 530개가 있다. 공업총생산액과 부가가치에서의 비중이 가장 높은 지역은 중경시(重庆市)로 각각 20.20%와 19.69%를 차지하고 있다.

<표 8–27> 제조업 업종별 외국인직접투자기업의 비중

(단위: %)

제조업 업종	기업 수	총생산액	부가가치	종사자수
농부식품가공업	14.19	27.79	26.64	23.21
식품제조업	22.87	38.48	39.51	29.91
음료제조업	16.58	37.28	37.75	24.55
담배제조업	3.91	0.26	0.18	2.42

방직업	20.94	24.52	24.85	25.23
의복, 신발, 모자제조업	41.60	44.97	47.39	51.48
피혁, 모피제조업	37.94	52.82	52.09	62.54
목재제조업	14.83	21.10	20.51	19.32
가구제조업	31.95	51.01	49.01	54.19
제지업	16.42	35.17	34.97	25.92
인쇄업	13.42	31.83	33.15	27.90
문화, 교육, 체육용품제조업	45.69	61.17	61.27	69.94
석유가공제조업	8.01	10.56	12.90	7.63
화공원료 및 화학제품제조업	15.91	27.19	28.77	13.44
의약제조업	17.79	25.32	26.17	19.41
화학섬유제조업	20.54	29.33	29.29	20.07
고무제조업	23.62	36.63	38.12	37.83
플라스틱제조업	26.14	41.34	42.14	44.09
비금속광물제조업	11.79	18.27	18.60	14.97
흑색금속제련 및 압연가공업	7.80	14.43	11.37	7.64
유색금속제련 및 압연가공업	12.21	16.20	14.69	11.99
금속제조업	19.94	34.89	33.37	32.16
일반설비제조업	14.43	27.33	26.00	19.04
전문설비제조업	19.83	26.06	27.04	21.57
교통운수설비제조업	19.35	46.12	47.35	25.38
전기기계 및 기자재제조업	24.42	37.60	36.87	42.63
통신설비 및 기타전자설비제조업	51.14	82.15	77.29	74.19
계기제조업	32.88	65.04	58.81	54.11
공예품제조업	34.58	41.22	44.01	49.03

자료: 『中国统计年鉴2007』의 관련 내용을 재정리.

공업생산에 있어서 외국인직접투자기업이 지역별로 큰 격차를 보이고 있는 것처럼 제조업 내에서도 업종별로 비교적 큰 격차를 보이고 있다. 이러한 격차가 존재하는 것은 외국인직접투자는 지역별과 업종별로 가장 효율적인 입지와 업종을 선택하기 때문이다.

제조업 업종별로 보면, 통신설비 및 기타 전자설비제조업, 문화, 교육, 체육용품제조업, 의복, 신발, 모자제조업, 피혁, 모피제조업, 공예품제조업, 계기제조업, 가구제조업, 플라스

<표 8-28> 광동성의 제조업 업종별 외국인직접투자기업의 비중

(단위: %)

제조업 업종	기업 수	총생산액	부가가치	종사자수
농부식품가공업	28.52	43.96	41.00	42.60
식품제조업	36.04	67.36	70.91	57.87
음료제조업	37.93	79.17	80.50	60.12
담배제조업	0.00	0.00	0.00	0.00
방직업	45.57	62.23	61.68	63.69
의복, 신발, 모자제조업	53.41	59.23	58.84	68.71
피혁, 모피제조업	63.67	80.37	81.03	81.68
목재제조업	35.44	40.00	42.96	48.09
가구제조업	45.24	64.79	63.21	69.53
제지업	33.33	59.89	62.01	54.17
인쇄업	23.86	54.60	55.06	56.94
문화교육체육용품제조업	66.49	75.59	74.47	85.01
석유가공제조업	17.39	14.32	14.24	7.72
화공원료 및 화학제품제조업	37.52	69.02	76.21	50.02
의약제조업	35.80	40.65	39.23	35.34
화학섬유제조업	60.00	64.07	61.28	65.68
고무제조업	51.98	55.08	56.82	71.31
플라스틱제조업	46.07	64.47	64.36	67.81
비금속광물제조업	24.81	36.09	40.09	34.66
흑색금속제련 및 압연가공업	30.63	59.05	47.27	36.42
유색금속제련 및 압연가공업	27.82	45.04	43.47	34.43
금속제조업	33.98	54.74	52.81	54.05
일반설비제조업	33.20	55.09	54.02	46.20
전문설비제조업	44.29	60.95	62.24	60.97
교통운수설비제조업	44.69	84.09	87.04	64.88
전기기계 및 기자재제조업	42.43	49.59	48.97	60.81
통신설비 및 기타전자설비제조업	61.96	77.69	70.79	79.29
계기제조업	67.46	90.25	86.21	83.09
공예품제조업	51.68	55.80	64.22	69.55

주의: 2006년 기준.

자료: 『广东统计年鉴2007』의 관련 내용을 재정리.

틱제조업, 전기기계 및 기자재제조업 등에 비교적 많은 외국인직접투자기업이 집중하고 있으며, 그 비중 또한 다른 업종에 비해 상대적으로 높다. 통신설비 및 기타전자설비제조업의 외국인직접투자기업은 전체 기업 수의 51.14%를 차지하고 있으며, 공업총생산액과 부가가치에서도 각각 82.15%와 77.29%를 차지하고 있다. 이는 매우 높은 비중이다. 즉 통신설비 및 기타 전자설비제조업은 외국인직접투자기업이 절대적인 우위를 점하고 있는 업종이다. 문화, 교육, 체육용품제조업은 외국인직접투자기업이 기업 수의 45.69%, 공업총생산액의 61.17%, 부가가치의 61.27%를 차지하고 있다. 그리고 전통적인 노동집약적 산업인 의복, 신발, 모자제조업에서도 각각 41.60%, 44.97%, 47.39%를 차지하고 있다.

광동성(广东省)은 외국인직접투자기업이 지역경제 특히 지역공업에서 차지하는 비중이 전국에서 가장 높은 지역이다. 제조업 업종별로 보면, 모든 제조업 업종에서 외국인직접투자기업이 차지하는 비중이 거의 전국 평균보다 높은 비중을 나타내고 있다. 특히 섬유산업과 관련한 각 업종들은 기업 수나, 총생산액 그리고 부가가치에 있어서 전국 평균보다 모두 높은 비중을 나타내고 있다. 2006년을 기준으로 방직업에 있어서 외국인직접투자기업이 기업 수와 부가가치에서 차지하는 비중은 각각 45.57%와 61.68%이다. 의복, 신발, 모자제조업은 그 비중이 각각 53.41%와 58.84%이다. 피혁, 모피제조업은 그 비중이 각각 63.67%와 81.03%로 전국 평균보다 매우 높은 수준이다. 이것은 광동성(广东省)의 외국인직접투자가 대규모 설비 위주의 투자이기보다는 노동집약적 업종에 주로 투자가 집중되고 있음을 나타내고 있다.

강소성(江苏省)도 외국인직접투자기업이 가장 많이 유입되고 있는 지역 중의 하나이다. 특히 1990년대 이후 강소성의 남부 지역은 상해시(上海市)의 배후지역으로서 또는 산업연계 지역으로서 그 역할이 더욱 증대하고 있다. 광동성(广东省)과 달리 강소성(江苏省)은 섬유산업보다는 전자산업과 관련된 업종에서 외국인직접투자의 비중이 상대적으로 높다. 2006년을 기준으로 강소성의 통신설비 기타 전자설비제조업에서 외국인직접투자기업이 지역공업 전체에서 차지하는 비중은 기업 수의 59.37%와 부가가치의 91.96%이다. 이에 비해 방직업에서 외국인직접투자기업의 부가가치 비중은 22.53%, 의복, 신발, 모자제조업의 부가가치 비중은 39.44%으로 상대적으로 낮은 비중이다.

<표 8-29> 강소성의 제조업 업종별 외국인직접투자기업의 비중

(단위: 개, 억 위안, 만 명, %)

제조업 업종	외국인직접투자기업			비중		
	기업 수	부가가치	종사자수	기업 수	부가가치	종사자수
농부식품가공업	175	89.32	2.87	15.79	43.20	25.76
식품제조업	91	32.19	2.22	28.71	50.99	39.72
음료제조업	41	27.03	1.02	19.07	31.12	14.97
담배제조업	—	—	—	0.00	0.00	0.00
방직업	1,021	207.40	25.49	18.53	22.43	22.17
의복, 신발, 모자제조업	868	157.49	27.91	37.85	39.44	43.51
피혁, 모피제조업	176	38.63	7.21	38.94	50.88	54.38
목재제조업	78	18.56	1.83	9.71	16.88	14.35
가구제조업	79	20.98	3.08	48.77	73.30	71.67
제지업	127	107.40	4.33	21.75	67.84	44.44
인쇄업	61	17.12	1.46	18.10	42.05	29.61
문화교육체육품제조업	249	44.53	8.15	42.42	60.67	61.82
석유가공제조업	17	14.36	0.24	12.14	18.55	10.27
화공원료 화학제품제조업	637	337.74	8.81	20.13	36.42	20.33
의약제조업	116	59.15	3.26	25.44	32.01	31.44
화학섬유제조업	47	63.28	2.52	9.69	28.70	24.30
고무제조업	121	64.37	5.29	31.35	68.50	60.11
플라스틱제조업	414	91.16	10.60	30.17	45.46	50.42
비금속광물제조업	313	84.60	7.18	18.40	30.26	25.22
흑색금속제련 및 압연가공업	120	161.35	3.74	12.02	19.51	14.79
유색금속제련 및 압연가공업	150	99.52	2.77	18.92	33.65	31.82
금속제조업	398	125.08	9.94	18.45	31.83	29.04
일반설비제조업	564	191.68	13.13	14.87	30.06	21.97
전문설비제조업	397	109.30	9.27	21.95	36.94	32.31
교통운수설비제조업	368	169.90	12.12	24.62	39.67	34.09
전기기계 및 기자재제조업	562	254.96	19.79	24.27	34.51	41.60
통신설비 기타 전자설비제조업	890	1280.7	86.44	59.37	91.96	86.67
계기제조업	164	102.97	6.34	34.82	65.98	57.49
공예품제조업	134	15.47	2.56	36.61	32.85	38.22

주의: 2006년 기준.

자료: 『江苏统计年鉴2007』의 관련 내용을 재정리.

2.1.4. 외국인직접투자의 지역무역

외국인직접투자기업이 중국의 대외무역에서 차지하는 비중은 매우 높다. 즉 중국의 대외무역은 절대적으로 외국인직접투자기업에 의존하고 있는 것이다. 2006년 중국의 수출입 총금액은 17,603.9억 달러이며, 그 중 수출 금액은 9,689.3억 달러이고, 수입 금액은 7,914.6억 달러이다. 동 년 외국인직접투자기업의 수출입 총금액은 10,362.7억 달러로서 중국 전체 수출입 총금액의 58.87%를 차지하며, 수출 금액은 5,637.7억 달러로 58.19%를 차지하며, 수입 금액은 4,724.9억 달러로서 59.70%를 차지한다. 외국인직접투자기업들은 대부분이 제조업에 투자하고 있기 때문에, 많은 국내 기업들이 산업 연계를 형성하고 있다. 이러한 연계까지 고려한다면 외국인직접투자기업의 무역비중은 더욱 높아질 것이다.

<표 8-30> 외국인직접투자기업의 전체 무역 비중

(단위: 억 달러, %)

연도	외국인직접투자기업			외국인직접투자기업이 전체무역에서 차지하는 비중		
	수출입	수출	수입	수출입	수출	수입
1980	0.38	0.08	0.3	0.10	0.04	0.15
1985	23.5	2.9	20.6	3.38	1.06	4.88
1990	201.2	78.1	123.1	17.43	12.58	23.07
1995	1,098.2	468.7	629.4	39.10	31.51	47.65
2000	2,367.2	1,194.4	1172.7	49.91	47.93	52.10
2005	8,316.4	4,441.8	3874.5	58.49	58.30	58.71
2006	10,362.7	5,637.7	4724.9	58.87	58.19	59.70

자료: 『中国统计年鉴2007』의 관련 내용을 재정리.

한 가지 주의할 점은 외국인직접투자기업의 절대적인 대외무역 비중은 1990년대부터 높아지기 시작한다. 1980년에는 외국인직접투자기업의 수출입 비중은 0.10%로 매우 적다. 그러나 1990년이 되면 이 비중은 17.43%로 크게 증가 하고 있으며, 2000년 이후에는 이 비중이 50%를 초과하였다. 또 한 가지 주의할 점은 수출보다는 수입에 있어서 외국인직접투자의 비중이 좀 더 높다는 것이다. 이것은 외국인직접투자기업들이 산업간 무역보다는 산업내 무역(inter—industry trade)을 많이 하고 있음을 나타낸다. 즉 최종생산에 필요한 원부자재를 본국이나 제3 국가로부터 수입하는 것이다.

외국인직접투자는 일반적으로 합자투자, 합작투자 그리고 독자투자를 모두 포함하고 있다. 이와 같이 투자형식별 외국인직접투자기업의 무역 비중을 보면, 합자투자와 합작투자 위주에서 점차적으로 독자투자 위주로 전환되고 있다. 1985년 전체 외국인직접투자기업의 수출에서 합자투자기업(합작투자기업 포함)의 비중은 73.65%를 차지하고 있으며, 독자투자기업의 비중은 26.35%를 차지하고 있다. 이러한 구조는 2000년까지도 그대로 유지되고 있다. 다만 독자투자기업의 비중이 점차적으로 증대하고 있다. 그러나 2001년에는 독자투자기업의 비중이 50%를 초과하여, 2006년에는 65.86%를 차지하고 있다. 즉 현재는 외국인직접투자기업의 수출에 있어서 독자투자기업이 절대적 비중을 차지하고 있다.

<표 8-31> 투자형식별 외국인직접투자기업의 수출 비중

(단위: 억 달러, %)

연도	합자투자기업		합작투자기업		독자투자기업	
	금액	비중	금액	비중	금액	비중
1980	0.08	100.00	0	0.00	0	0.00
1985	2.18	73.65	0	0.00	0.78	26.35
1990	52.64	67.37	13.21	16.91	12.28	15.72
1995	226.89	48.40	67.91	14.49	173.96	37.11
2000	503.11	42.12	99.29	8.31	592.00	49.56
2005	1,359.87	30.62	156.64	3.53	2,925.32	65.86

주의: 1990년 이전의 합자투자는 합작투자를 포함하고 있음.
자료: 『中国贸易外经统计年鉴2006』의 관련 내용을 재정리.

지역별 외국인직접투자기업의 무역 비중을 보면, 동부 연해안 지역의 대부분 성 · 직할시는 높은 비중을 보이고 있으며, 중부지역과 서부지역, 그리고 동북지역은 상대적으로 낮은 비중을 나타내고 있다. 특히 외국인직접투자가 거의 없는 서부지역의 성 · 자치구는 지역무역에서 외국인직접투자기업이 차지하는 비중이 매우 낮다.

<표 8-32> 지역별 외국인직접투자기업의 무역 비중

(단위: 억 달러, %)

지역	지역무역규모(A)		외국인직접투자기업 무역규모(B)		B/A	
	수출입	수출	수출입	수출	수출입	수출
북경시	1,580.37	379.54	389.52	166.45	24.65	43.86
천진시	644.62	334.91	526.63	268.05	81.70	80.04
하북성	185.31	128.34	69.82	45.09	37.68	35.13
산서성	66.27	41.40	11.21	6.68	16.92	16.14
내몽고자치구	59.61	21.41	6.76	4.00	11.34	18.68
요녕성	483.90	283.19	272.29	149.97	56.27	52.96
길림성	79.14	29.97	37.84	8.58	47.81	28.63
흑룡강성	128.57	84.36	10.42	6.42	8.10	7.61
상해시	2,275.24	1,135.89	1,534.74	759.46	67.45	66.86
강소성	2,839.78	1,604.10	2,310.18	1,236.18	81.35	77.06
절강성	1,391.42	1,008.91	572.71	379.53	41.16	37.62
안휘성	122.45	68.38	41.26	21.00	33.70	30.71
복건성	626.60	412.62	400.01	246.03	63.84	59.63
강서성	61.95	37.53	29.64	12.22	47.85	32.56
산동성	952.14	585.98	513.35	307.52	53.92	52.48
하남성	97.95	66.34	18.38	11.01	18.76	16.60
호북성	117.62	62.61	46.60	20.28	39.62	32.39
호남성	73.52	50.92	13.38	7.21	18.20	14.16
광동성	5,271.99	3,019.46	3,452.39	1,939.22	65.49	64.22
광서자치구	66.68	35.93	22.01	8.12	33.01	22.60
해남성	28.46	13.76	11.22	4.78	39.42	34.74
중경시	54.70	33.51	20.47	4.84	37.42	14.44
사천성	110.21	66.24	28.99	11.70	26.30	17.66
귀주성	16.18	10.38	1.93	1.24	11.93	11.95
운남성	62.25	33.91	4.86	3.01	7.81	8.88
서장자치구	3.28	2.22	0.02	0.00	0.61	0.00
섬서성	53.60	36.30	9.38	4.77	17.50	13.14
감숙성	38.25	15.10	2.37	2.06	6.20	13.64
청해성	6.52	5.34	0.46	0.11	7.06	2.06
영하자치구	14.37	9.43	3.79	1.33	26.37	14.10
신강자치구	91.03	71.39	1.82	1.43	2.00	2.00

자료: 『中国统计年鉴2007』의 관련 내용을 재정리.

지역 수출입에서 외국인직접투자기업이 차지하는 비중이 가장 높은 지역은 천진시(天津市)로서 81.7%이다. 그리고 강소성(江苏省)도 이 비중이 81.35%에 달한다. 이것은 이들 지역의 대외무역이 절대적으로 외국인직접투자기업에 의존하고 있음을 나타낸다. 이러한 구조는 두 가지 측면의 의의를 가진다. 하나는 이들 지역의 대외개방도가 높다는 것이다. 즉 개방형경제구조를 가지고 있다는 것이다. 또 하나의 측면은 지역경제발전이 내부적 역량에 의존하기 보다는 외부적인 요인에 크게 의존하고 있기 때문에 지역의 내발적 발전에 반드시 긍정적인 측면만 있는 것은 아니다. 이외에도 상해시(上海市)는 전체 지역 수출입에서 외국인직접투자기업이 차지하는 비중이 67.45%, 광동성(广东省)은 65.49%, 복건성(福建省)은 63.84%, 요녕성(辽宁省)은 56.27%, 산동성(山东省)은 53.92%로서 모두 절반 이상의 비중을 차지하고 있다. 한 가지 주의할 점은 절강성(浙江省)의 비중이 41.16%로서 동부 연

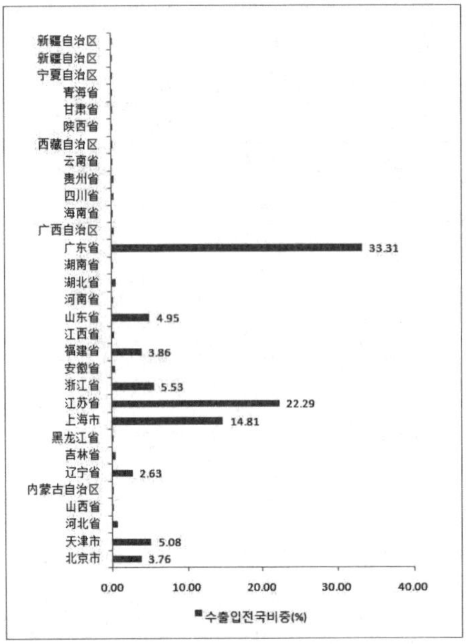

<그림 8-25> 지역별 외국인직접투자기업의 수출입 비중

주의: 2006년 기준.

자료: 『中国统计年鉴2007』.

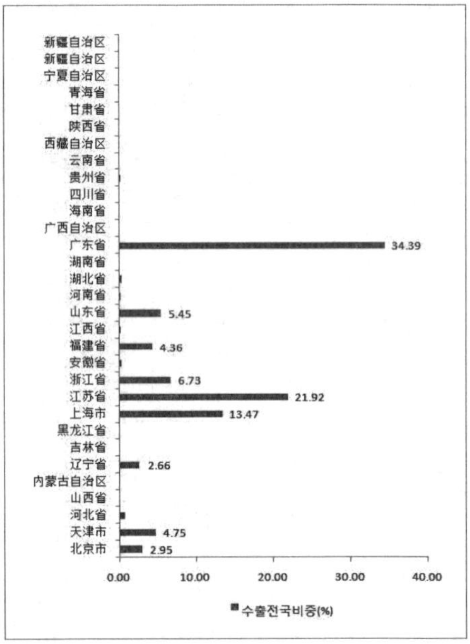

<그림 8-26> 지역별 외국인직접투자기업의 수출 비중

주의: 2006년 기준.

자료: 『中国统计年鉴2007』.

<표 8-33> 지역별 독자투자기업의 지역무역 비중

(단위: 억 달러, %)

연도	수출입		수출		수입	
	금액	비중	금액	비중	금액	비중
북경시	88.09	32.57	27.15	22.79	60.94	40.27
천진시	269.73	63.08	144.20	65.56	125.53	60.45
하북성	12.60	22.64	7.60	22.00	5.00	23.67
산서성	2.91	32.23	1.65	31.80	1.26	32.80
내몽고자치구	5.80	70.07	2.88	69.39	2.92	70.75
요녕성	104.99	43.25	59.48	44.63	45.51	41.58
길림성	4.82	17.01	2.35	34.53	2.47	11.48
흑룡강성	2.90	33.12	1.67	35.23	1.22	30.62
상해시	906.18	72.24	435.35	70.70	470.84	73.74
강소성	1,438.38	77.86	736.73	78.19	701.65	77.52
절강성	183.25	43.24	108.05	39.63	75.20	49.73
안휘성	10.55	37.59	6.51	43.33	4.04	30.98
복건성	249.28	69.68	154.00	70.79	95.28	67.96
강서성	5.47	35.17	2.80	43.62	2.66	29.21
산동성	213.21	51.58	125.19	52.67	88.02	50.10
하남성	2.09	13.96	1.63	19.33	0.46	7.07
호북성	5.96	18.66	3.82	29.58	2.14	11.25
호남성	3.78	29.47	1.77	27.45	2.01	31.51
광동성	1,984.60	71.22	1,092.60	70.64	892.00	71.94
광서자치구	10.40	58.11	2.93	46.09	7.47	64.72
해남성	4.23	45.38	1.47	36.90	2.76	51.61
중경시	2.35	15.07	0.46	12.79	1.89	15.75
사천성	3.61	24.24	1.72	25.21	1.89	23.43
귀주성	0.65	24.12	0.44	28.74	0.21	18.07
운남성	1.32	32.93	0.81	33.29	0.51	32.37
서장자치구	0.00	0.00	0.00	0.00	0.00	0.00
섬서성	2.54	30.89	1.39	43.29	1.16	23.00
감숙성	0.53	22.98	0.51	26.64	0.02	6.00
청해성	0.06	11.94	0.03	19.62	0.03	9.17
영하자치구	0.31	13.59	0.14	12.47	0.17	14.52
신강자치구	0.23	12.43	0.07	4.77	0.17	33.86

주의: 2005년 기준.

자료: 『中国贸易外经统计年鉴2006』의 관련 내용을 재정리.

해안 지역의 다른 성(省)들 보다는 낮다는 것이다. 수출 비중에서도 절강성은 37.62%로 다른 지역보다는 상대적으로 낮은 수준이다. 이것은 절강성의 기업들 중 국내기업의 역할이 외국기업보다 더욱 크다는 것을 의미한다.

전국적인 범위에서 보면, 광동성(广东省)과 강소성(江苏省)이 외국인직접투자의 수출입의 33.31%와 22.29%를 차지하고 있다. 그리고 상해시(上海市)는 14.81%를 차지하고 있다. 이들 세 지역의 합계는 70.41%로서 외국인직접투자의 대외무역의 절대적인 비중을 차지하고 있다. 수출에 있어서는 광동성의 비중이 더욱 크다. 그리고 이들 세 지역의 합계는 69.78%이다.

중국의 대외개방의 초기에는 합작투자기업이나 합자투자기업의 무역 비중이 높았으나, 점차적으로 독자투자기업의 무역 비중이 높아지고 있다. 이는 전반적인 투자구조의 변화와도 관련이 있다고 본다. 2005년을 기준으로 전체 외국인직접투자기업의 무역에서 독자투자기업이 차지하는 비중이 65.86%에 달하고 있다. 이러한 현상은 지역별로도 큰 차이를 보이고 있다. 강소성(江苏省)은 독자투자기업의 비중이 지역 전체 외국인직접투자기업의 무역규모에서 77.86%를 차지하고 있으며, 상해시(上海市), 광동성(广东省), 내몽고자치구(内蒙古自治区)도 70% 이상을 나타내고 있다. 그리고 복건성(福建省)은 69.68%, 천진시(天津市)는 63.08%, 광서자치구(广西自治区)는 58.11%, 산동성(山东省)은 51.58%로 모두 50% 이상의 비중을 차지하고 있다. 이러한 비중은 지역무역에서 외국인독자투자기업의 역할이 점차적으로 확대되고 있음을 나타내고 있다. 그리고 북경시(北京市)와 하북성(河北省)은 동부 연해안 지역에 위치하고 있으나 이 비중은 32.57%와 22.64%로 주변에 위치한 천진시(天津市)보다 크게 낮다. 이것은 북경시와 하북성은 외국인독자투자기업보다는 합작이나 합자투자기업이 상대적으로 더욱 발전하고 있음을 나타낸다.

2.2. 외국인직접투자와 경제기술개발구

2.2.1. 경제기술개발구와 중국경제성장

경제기술개발구는 중국의 대외개방의 공간을 제공하고 있다. 그리고 중국의 경제발전은 사실상 경제기술개발구의 발전이라 해도 과언이 아닐 정도이다. 2007년 현재까지 국무원이 설립을 비준한 국가급 개발구는 모두 54개이다. 그 중 32개는 동부 연해안 지역에 위치하고 있으며, 9개는 중부지역에, 13개는 서부지역에 위치하고 있다. 33개의 경제기술개발구는 1984년에서 1995년 기간에 설립이 비준되었으며, 16개는 2000년 이후 중부지역과 서부지역에 새로이 비준되었다. 이들 49개의 국가급 개발구 이외에 厦门海沧台商投资区, 金桥出口加工区, 海南洋浦开发区, 宁波大榭开发区, 苏州工业园区의 5개도 국가급 개발구에 포함된다.

<표 8-34> 국가급 경세기술개발구의 명칭과 설립연도

동부지역		중부지역	
경제기술개발구 명칭	설립연도	경제기술개발구 명칭	설립연도
辽宁省大连经济技术开发区	1984.09	湖北省武汉经济技术开发区	1993.04
河北省秦皇岛经济技术开发区	1984.01	安徽省芜湖经济技术开发区	1993.04
山东省烟台经济技术开发区	1984.01	吉林省长春经济技术开发区	1993.04
山东省青岛经济技术开发区	1984.01	黑龙江省哈尔滨经济技术开发区	1993.04
浙江省宁波经济技术开发区	1984.01	安徽省合肥经济技术开发区	2000.02
广东省湛江经济技术开发区	1984.11	河南省郑州经济技术开发区	2000.02
天津市天津经济技术开发区	1984.12	湖南省长沙经济技术开发区	2000.02
江苏省连云港经济技术开发区	1984.12	江西省南昌经济技术开发区	2000.04
江苏省南通经济技术开发区	1984.12	山西省太原经济技术开发区	2001.06
广东省广州经济技术开发区	1984.12	서부지역	
福州省福州经济技术开发区	1985.01	경제기술개발구 명칭	설립연도
上海市闵行经济技术开发区	1986.08	重庆市重庆经济技术开发区	1993.04
上海市虹桥经济技术开发区	1986.08	新疆乌鲁木齐经济技术开发区	1994.08
上海市漕河泾经济技术开发区	1988.06	内蒙古呼和浩特经济技术开发区	2000.07

浙江省温州经济技术开发区	1992.03	广西南宁经济技术开发区	2001.05
江苏省昆山经济技术开发区	1992.08	贵州贵阳经济技术开发区	2000.02
辽宁省营口经济技术开发区	1992.01	青海省西宁经济技术开发区	2000.07
山东省威海经济技术开发区	1992.01	四川省成都经济技术开发区	2000.02
福建省福清融侨经济技术开发区	1992.01	陕西省西安经济技术开发区	2000.02
福建省东山经济技术开发区	1993.04	云南省昆明经济技术开发区	2000.02
辽宁省沈阳经济技术开发区	1993.04	宁夏银川经济技术开发区	2001.07
浙江省杭州经济技术开发区	1993.04	甘肃省兰州经济技术开发区	2002.03
浙江省萧山经济技术开发区	1993.05	新疆石河子经济技术开发区	2000.04
广东省南沙经济技术开发区	1993.05	西藏拉萨经济技术开发区	2001.09
广东省惠州大亚湾经济技术开发区	1993.05		
北京市北京经济技术开发区	1994.08		
江苏省南京经济技术开发区	2002.03		
福建省厦门海沧台商投资区	1989.05		
上海市上海金桥出口加工区	1990.03		
海南省海南洋浦经济开发区	1992.03		
浙江省宁波大榭开发区	1993.03		
江苏省苏州工业园区	1994.02		

자료: http://www.fdi.gov.cn(中国投资指南).

2007년 54개의 국가급 경제기술개발구는 모두 38,426.28억 위안의 공업총생산액을 달성하였으며, 2006년에 비해 27.2%가 증가하였다. 이는 전국 공업총생산액의 7.47%에 달한다. 그 중 동부지역의 32개 국가급 경제기술개발구는 79.39%를 차지하고 있으며, 중부지역은 13.18%, 서부지역은 7.42%를 차지하고 있다. 그리고 동부지역의 국가급 경제기술개발구 중 공업총생산액이 2,000억 위안을 초과하는 개발구는 天津经济技术开发区, 苏州工业园区, 昆山经济技术开发区, 广州经济技术开发区, 北京经济技术开发区이며, 天津经济技术开发区는 3,350.67억 위안으로 가장 많은 공업총생산액을 달성하였다. 苏州工业园区와 昆山经济技术开发区는 모두 강소성(江苏省)에 위치하고 있다. 중부지역의 9개 국가급 경제기술개발구 중 공업총생산액이 600억 위안을 초과하는 것은 长春经济技术开发区, 武汉经济技术开发区, 芜湖经济技术开发区, 哈尔滨经济技术开发区, 合肥经济技术开发区로 5개가 있다. 그 중 长春经济技术开发区의 공업총생산액은 821.66억 위안으로 중부지역에서 가장 높은 수준이다. 서부지역의 13개 국가급 경제기술개발구 중 공업총생산액이 400억 위안을 초과하는 것은 重庆经济技术开发区와 西安经济技术开发区가 있다. 그리고 동부지역 국가급 경제기술개발구의 공업총생산액의 전년대비 성장률은 25.81%, 중부지역은 30.46%, 서부지역은 42.21%로 중부지역과 서부지역의 성장속도가 동부지역보다 빠르다. 왜냐하면 동부지역의 경제기술개발구는 성숙단계로 접어들었으며, 중부지역과 서부지역은 초기 발전단계에 있기 때문이다.

2007년을 기준으로 국가급 경제기술개발구의 공업부가가치는 9,199.70억 위안으로 전국의 8.57%를 차지하고 있으며, 2006년 대비 24.1%가 성장하였다. 그 중 동부지역은 7,334.37억 위안의 공업부가가치를 달성하였으며, 전년대비 22.58%가 성장하였다. 동부지역 국가급 경제기술개발구의 공업부가가치는 전체의 79.72%를 차지하고 있으며, 공업부가가치 창출이 가장 큰 경제기술개발구는 天津经济技术开发区(764.85억 위안), 广州经济技术开发区(723.14억 위안), 昆山经济技术开发区(553.76억 위안), 苏州工业园区(537.10억 위안), 大连经济技术开发区(406.80억 위안)이다. 그리고 공업부가가치의 성장이 가장 큰 개발구는 海南洋浦经济技术开发区로서 전년 대비 122.40%이다.

<표 8-35> 국가급 경제기술개발구의 주요 경제지표 : 2007년 기준

(단위:%)

구분	전국(A)	개발구(B)	비중(B/A)	지역 비중		
				동부지역	중부지역	서부지역
GDP(억 위안)	246,619	12,695.96	5.15	79.39	13.18	7.42
공업부가가치(억 위안)	107,367	9,199.70	8.57	79.72	13.80	6.47
공업총생산액(억 위안)	404,489	38,426.28	7.47	82.55	11.96	5.49
세수(억 위안)	49,443	2,036.77	4.12	81.78	11.17	7.05
수출(억 달러)	12,180	1,780.84	14.62	95.23	3.01	1.76
수입(억 달러)	9,558	1,527.95	15.46	95.19	3.57	1.24
실제이용외자(억 달러)	748	173.21	23.16	81.10	12.31	6.59
토지개발면적(㎢)	–	1,137.76	–	75.75	12.37	11.89
공장입주면적(㎢)	–	663.76	–	71.50	15.04	13.46
취업인구(만 명)	–	535.04	–	76.52	12.80	10.68

자료: 中国投资指南의 『投资研究』.

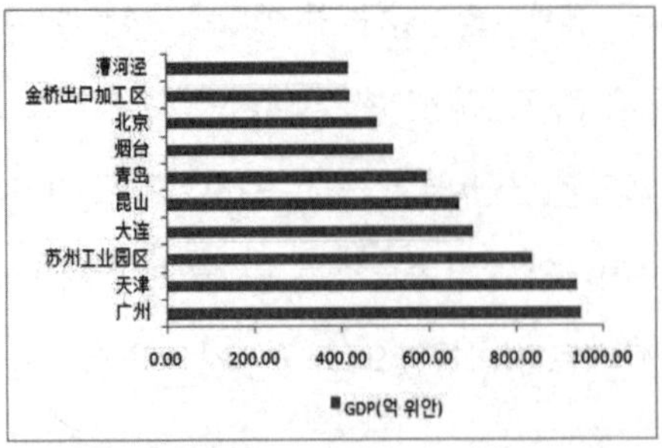

<그림 8–27> GDP 상위 10개 국가급경제기술 개발구

주의: 2007년 기준.
자료: 中国投资指南의『投资研究』.

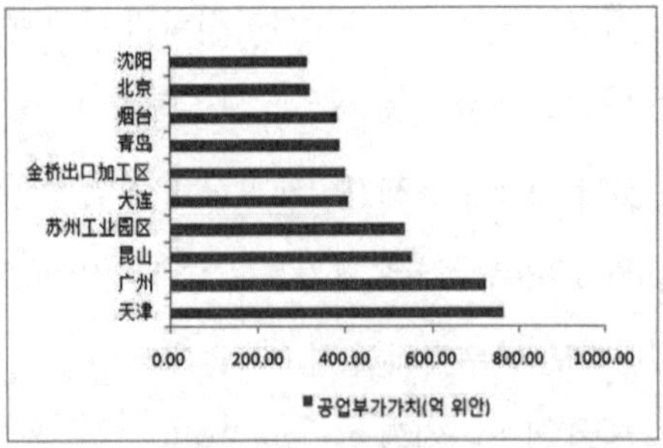

<그림 8–28> 공업부가가치 상위 10개 국가급 경제기술개발구

주의: 2007년 기준.
자료: 中国投资指南의『投资研究』.

2007년 전국 54개 국가급 경제기술개발구의 세수(税收)는 모두 2,036.77억 위안으로서 전년대비 29.73%가 증가하였으며, 전국 세수의 4.12%를 차지하고 있다. 동부지역 국가급 경제기술개발구의 세수는 모두 1,665.63억 위안으로 전국 국가급 경제기술개발구 세수 총액의 81.78%를 차지하고 있다. 세수가 100억 위안을 초과하는 개발구는 天津经济技术开发区(198.16억 위안), 广州经济技术开发区(186.11억 위안), 苏州工业园区(168.45억 위안), 北京经济技术开发区(121.13억 위안), 金桥出口加工区(102.89억 위안) 등이 있다.

2007년을 기준으로 중부지역의 국가급 경제기술개발구는 모두 227.38억 위안의 세수를 실현하였으며, 세수가 20억 위안을 초과하는 개발구는 武汉经济技术开发区, 芜湖经济技术开发区, 长春经济技术开发区, 合肥经济技术开发区, 南昌经济技术开发区, 长沙经济技术开发区, 哈尔滨经济技术开发区가 있으며, 그 중 武汉经济技术开发区는 60.63억 위안의 세수를 실현하였다. 서부지역의 세수는 모두 143.56억 위안으로, 그 중 세수가 10억 위안을 초과하는 개발구로는 重庆经济技术开发区, 西安经济技术开发区, 呼和浩特经济技术开发区, 乌鲁木齐经济技术开发区가 있으며, 重庆经济技术开发区는 57.56억 위안의 세수를 실현하여 서부지역 개발구 세수 총액의 40.35%를 차지하고 있다.

경제기술개발구는 외국인직접투자의 집중지역이다. 2007년 54개 국가급 경제기술개발구는 모두 173.21억 달러의 외국인직접투자를 유입하여, 중국 전체의 23.16%를 차지하고

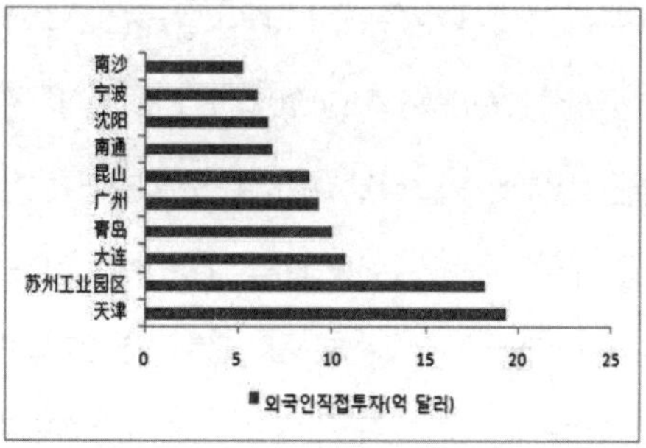

<그림 8-29> 외국인직접투자 상위 10개 국가급 경제기술개발구

주의: 2007년 기준.
자료: 中国投资指南의 『投资研究』.

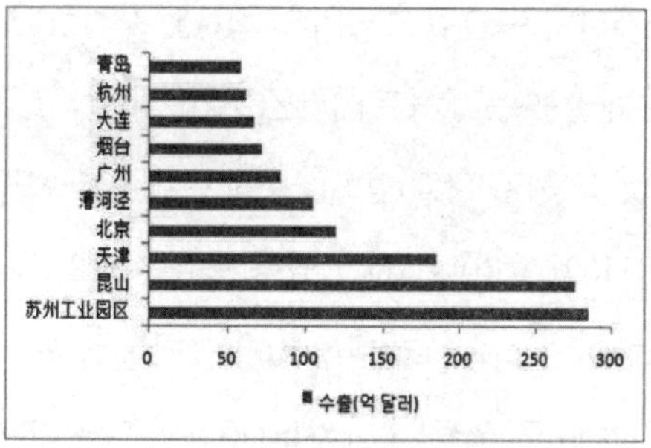

<그림 8-30> 수출 상위 10개 국가급 경제기술개발구

주의: 2007년 기준.
자료: 中国投资指南의 『投资研究』.

있다. 그 중 동부지역은 81.10%를 차지하며, 중부지역은 12.31%, 서부지역은 6.59%를 차지하고 있다. 동부지역 국가급 경제기술개발구는 모두 140.47억 달러의 외국인직접투자를 실제적으로 이용하였으며, 전년 대비 18.28%가 성장하였다. 외국인직접투자 이용액이 5억 달러를 초과하는 개발구는 모두 11개가 있는데, 그 중 상위 5개 개발구로는 天津经济技术开发区(19.31억 달러), 苏州工业园区(18.18억 달러), 大连经济技术开发区(10.74억 달러), 青岛经济技术开发区(9.98억 달러), 昆山经济技术开发区 (8.79억 달러)가 있다. 중부지역은 모두 21.32억 달러의 외국인직접투자를 이용하였으며, 전년 대비 3.16%가 성장하였다. 3개의 개발구가 2억 달러 이상을 이용하였다. 즉 长春经济技术开发区(7.05억 달러), 合肥经济技术开发区(3.53억 달러), 太原经济技术开发区(2.86억 달러)이다. 서부지역의 국가급 경제기술개발구는 모두 11.4억 달러의 외국인직접투자를 실제적으로 이용하였으며, 전년 대비 48.37%가 증가하였다. 그 중 西安经济技术开发区는 3.2억 달러의 외국인직접투자를 이용하여 서부지역에서 가장 높은 규모를 실현하였다.

54개 국가급 경제기술개발구의 수출입총액은 2007년 기준 3,309억 달러로서 전국 수출입의 15%를 차지하고, 전년 대비 17%가 증가하였다. 그 중 수출은 1,781억 달러로서 전국 수출의 14.62%를 차지한다. 수입은 1528억 달러로 전국 수입의 15.46%를 차지한다. 동부지역 32개 국가급 경제기술개발구의 수출입 총액은 3150.26억 달러로서 전국 국가급 경제기술개발구 수출입 총액의 95.20%를 차지한다. 동부지역에서 수출액이 100억 달러를 초과하는 개발구는 苏州工业园区(285.09억 달러), 昆山经济技术开发区(276.70억 달러), 天津经济技术开发区(185.00억 달러), 北京经济技术开发区(119.58억 달러), 漕河泾经济技术开发区(105.16억 달러)로 5개가 있다. 중부지역의 국가급 개발구는 모두 108.17억 달러의 수출입을 실현하였으며, 수출액이 10억 달러를 초과하는 개발구는 长沙经济技术开发区(10.27억 달러)와 武汉经济技术开发区(10.23억 달러) 2개가 있다. 서부지역의 국가급 경제기술개발구는 모두 50.36억 달러의 수출입을 실현하였으며, 그 중 수출액은 24.39억 달러이다. 乌鲁木齐经济技术开发区는 11.57억 달러를 수출하여 서부지역 국가급 경제기술개발구 중에서 가장 큰 규모를 가지고 있으며, 西宁经济技术开发区와 西安经济技术开发区는 각각 2.72억 달러와 2.33억 달러의 수출을 달성하였다.

위와 같이 외국인직접투자는 경제기술개발구라는 공간을 통해 중국경제성장에 중요한 역할을 담당하고 있다. 이러한 역할은 국내총생산, 공업부가가치, 세수, 수출입 등에서 나타나고 있다. 위에서 살펴본 경제기술개발구는 모두 국가급이다. 즉 국무원이 직접 비준을 하고 있는 개발구들이다. 그러나 실제적으로는 이들 국가급 개발구 이외에도 각 종 형태의 지방급 개발구들이 존재하고 있다. 그리고 이들 지방급 개발구들 역시 중국경제발전 특히 지역경제발전에 있어서 중요한 역할을 담당하고 있는 것이다.

2.2.2. 경제기술개발구와 지역경제발전

경제기술개발구는 중국경제성장과 발전에 큰 역할을 담당하고 있다. 특히 지역경제발전에서는 더욱 큰 역할을 담당하고 있다. 광동성(广东省)의 4개의 국가급 경제기술개발구의 국내총생산은 광동성 전체의 4.79%를 차지하며, 공업부가가치는 7.56%, 수출은 3.38%를 차지하고 있다. 이들 4개의 국가급 경제기술개발구 외에 경제특구와 기타 형식의 개발구를 모두 포함하면 이 비중은 더욱 높아질 것이다. 강소성(江苏省)의 국가급 경제기술개발구가 지역경제에서 차지하는 비중은 더욱 높다. 苏州工业园区를 포함한 5개의 국가급 경제기술개발구는 강소성 국내총생산의 7.71%를 차지하고 있으며, 공업부가가치의

<표 8-36> 동부지역 국가급 경제기술개발구의 주요 경제지표와 지역비중

구분		GDP (억 위안)	공업부가가치 (억 위안)	수출 (억 달러)
광동성 (广东省)	广州经济技术开发区	947.66	723.14	84.39
	南沙经济技术开发区	305.68	237.77	21.35
	湛江经济技术开发区	59.55	50.56	6.07
	惠州大亚湾经济技术开发区	156.79	115.85	12.87
	합계(A)	1,469.68	1,127.32	124.68
	广东省(B)	30,673.70	14,910.00	3,692.60
	A/B(%)	4.79	7.56	3.38
강소성 (江苏省) 강소성	苏州工业园区	836.01	537.10	285.09
	昆山经济技术开发区	670.62	553.76	276.70
	南京经济技术开发区	201.49	187.13	55.24
	连云港经济技术开发区	101.34	76.13	6.68
	南通经济技术开发区	162.58	119.00	15.04
	합계(A)	1,972.04	1,473.12	638.75
	江苏省(B)	25,560.10	13,000.10	2,037.00
	A/B(%)	7.71	11.33	31.36
천진시 (天津市)	天津经济技术开发区(A)	938.70	764.85	185.00
	天津市(B)	5,018.30	2,669.00	381.50
	A/B(%)	18.70	28.66	48.50
요녕성 (辽宁省)	大连经济技术开发区	703.16	406.80	67.53
	沈阳经济技术开发区	386.05	312.70	9.52
	营口经济技术开发区	175.50	90.01	6.00
	합계(A)	1,264.71	809.51	83.05
	辽宁省(B)	11,021.70	5,179.40	353.30
	A/B(%)	11.47	15.63	23.51
북경시 (北京市)	北京经济技术开发区(A)	481.51	320.49	119.58
	北京市(B)	9,006.20	2,053.40	489.20
	A/B(%)	5.35	15.60	24.44
산동성 (山东省)	青岛经济技术开发区	596.96	389.08	58.85
	烟台经济技术开发区	520.12	382.91	72.73
	威海经济技术开发区	120.12	73.70	14.14
	합계(A)	1,237.20	845.69	145.72
	山东省(B)	25,887.70	13,411.20	751.30
	A/B(%)	4.78	6.30	19.40

상해시(上海市))	金桥出口加工区	419.46	400.60	42.59
	漕河泾经济技术开发区	416.44	278.73	105.16
	闵行经济技术开发区	147.84	146.37	12.29
	虹桥经济技术开发区	99.39	–	–
	합계(A)	1,083.13	–	–
	上海市(B)	12,001.20	5,295.90	1,438.90
	A/B(%)	9.02	–	–
절강성(浙江省)	宁波大榭经济技术开发区	103.02	38.88	4.62
	宁波经济技术开发区	317.84	206.92	43.57
	温州经济技术开发区	118.75	84.09	9.84
	杭州经济技术开发区	252.95	208.61	62.17
	萧山经济技术开发区	130.67	114.26	17.64
	합계(A)	923.23	652.76	137.84
	浙江省(B)	18,638.40	9,040.00	1,282.90
	A/B(%)	4.95	7.22	10.74
복건성(福建省)	厦门海沧经济技术开发区	205.11	145.57	25.60
	福州经济技术开发区	167.92	121.19	14.60
	福清融侨经济技术开发区	120.37	115.10	45.54
	东山经济技术开发区	14.60	8.48	1.07
	합계(A)	508.00	390.34	86.81
	福建省(B)	9,160.10	3,980.70	499.40
	A/B(%)	5.54	9.80	17.38
하북성(河北省)	秦皇岛经济技术开发区(A)	127.07	69.49	9.63
	河北省(B)	13,863.50	6,566.80	170.10
	A/B(%)	0.92	1.06	5.66
해남성(海南省)	海南洋浦经济技术开发区(A)	74.17	55.10	4.77
	海南省(B)	1,229.60	278.40	13.60
	A/B(%)	6.03	19.80	35.07

주의: 2007년 기준.
자료: 中国投资指南의 『投资研究』와 『中国统计年鉴2008』의 관련 자료를 재정리.

11.33%, 수출의 31.36%를 차지하고 있다. 천진시(天津市)에 입지하고 있는 天津经济技术开发区는 천진시 전체 국내총생산의 18.70%를 차지하고 있으며, 공업부가가치의 28.66%, 수출의 48.50%를 차지하고 있다. 즉 천진시경제발전은 절대적으로 天津经济技术开发区

에 의존하고 있는 것이다. 요녕성(辽宁省)의 3개의 국가급 경제기술개발구는 성 전체 국내총생산의 11.47%를 차지하고 있으며, 공업부가가치의 15.63%, 수출의 23.51%를 차지하고 있다. 복건성(福建省)은 비교적 일찍이 대외개방을 추진하고 있는 지역이지만, 경제기술개발구의 지역경제에 대한 비중은 크게 높지 않다. 厦门海沧经济技术开发区를 비롯한 4개의 국가급 경제기술개발구는 성 전체 국내총생산의 5.54%를 차지하고 있으며, 공업부가가치의 9.80%, 수출의 17.38%를 차지하고 있다. 최근에 급속한 성장을 하고 있는 해남성(海南省)의 海南洋浦经济技术开发区는 지역경제발전에 큰 비중을 차지하고 있다. 즉 해남성 국내총생산의 6.03%, 공업부가가치의 19.80%, 수출의 35.07%를 차지하고 있다.

<표 8–37> 苏州工业园区의 소주시경제에 대한 비중

(단위: 억 위안, 억 달러, %)

연도	GDP	공업부가가치	실제이용외자		수출	수입	苏州市 GDP 비중
			총금액	싱가폴자본			
1994	11.32	5.77	0.70	0.65	0.00	0.00	1.57
1995	13.57	7.26	1.62	1.62	0.06	0.19	1.50
1996	19.62	10.19	4.11	4.04	0.72	2.93	1.96
1997	32.74	14.85	6.81	6.69	1.65	5.38	2.89
1998	50.29	22.55	12.00	11.68	2.95	10.54	4.02
1999	74.40	38.67	8.00	7.55	6.34	9.40	5.48
2000	130.48	79.99	6.32	5.72	15.10	20.20	8.47
2001	180.15	107.00	5.30	4.13	16.52	21.36	10.23
2002	251.70	141.46	9.11	6.56	25.52	31.87	12.10
2003	365.10	211.80	12.05	6.70	59.60	83.90	13.03
2004	502.70	345.40	18.12	10.14	118.85	162.51	14.57
2005	580.70	378.50	15.81	11.50	192.44	213.11	14.42
2006	679.52	453.52	16.00	9.68	250.41	249.89	14.10
2007	836.01	537.10	18.18	10.58	285.09	283.73	14.66

자료: 『苏州统计年鉴2008』와 苏州工业园区统计资料의 관련 자료 재정리.

강소성(江苏省) 소주시(苏州市)의 苏州工业园区는 동부지역의 32개 국가급 경제기술개발구 중에서 가장 빠른 성장을 하고 있는 개발구 중의 하나이다. 苏州工业园区는 1994

년 국무원의 비준으로 설립되었으며, 행정구역면적은 288㎢에 달하고, 인구(호적인구)는 약 30만 명 정도이다. 그리고 중국과 싱가포르의 공동협력개발구의 계획면적은 80㎢에 달한다. 1994년 설립 초기에는 소주시(苏州市) 국내총생산 비중이 1.57% 로 매우 낮았으나, 2007년에는 이 비중이 14.66%로 크게 증가하였다. 그리고 2007년 실제이용외국자본의 25.37%를 차지하고, 수출입총액의 26.85%를 차지하고 있다. 즉 苏州工业园区는 소주시의 경제발전을 선도하는 성장 중심지역이 되고 있는 것이다.

중부지역의 국가급 경제기술개발구들이 해당 지역경제에서 차지하는 비중은 동부지역보다는 낮게 나타나고 있다. 이것은 아직 중부지역의 국가급 경제기술개발구들이 성장단계로 진입하지 못하고 있음을 나타내며, 또 한 편으로는 향후 성장의 잠재력이 큼을 나타내고 있다. 안휘성(安徽省)은 중부지역에서 유일하게 2개의 국가급 경제기술개발구를 가진 지역이다. 合肥经济技术开发区와 芜湖经济技术开发区는 안휘성 국내총생산의 5.70%를 차지하고 있으며, 공업부가가치의 12.19%, 수출의 20.26%를 차지하고 있으며, 지역경제발전의 중추적 역할을 담당하고 있다.

<표 8-38> 중부지역 국가급 경제기술개발구의 주요 경제지표와 지역비중

구분		GDP (억 위안)	공업부가가치 (억 위안)	수출 (억 달러)
흑룡강성 (黑龙江省)	哈尔滨经济技术开发区(A)	340.46	237.74	7.76
	黑龙江省(B)	3,390.10	3,412.00	122.70
	A/B(%)	10.04	6.97	6.32
길림성 (吉林省)	长春经济技术开发区(A)	340.46	237.74	7.76
	吉林省(B)	5,226.10	2,085.80	38.6
	A/B(%)	6.51	11.40	20.10
안휘성 (安徽省)	合肥经济技术开发区	259.91	191.67	7.6
	芜湖经济技术开发区	158.82	143.8	10.27
	합계(A)	418.73	335.47	17.87
	安徽省(B)	7345.7	2752.1	88.2
	A/B(%)	5.70	12.19	20.26
호북성 (湖北省)	武汉经济技术开发区(A)	264.64	227.74	10.23
	湖北省(B)	9,150.00	3,588.90	81.7
	A/B(%)	2.89	6.35	12.52

호남성 (湖南省)	长沙经济技术开发区(A)	194.31	128.93	6.44
	湖南省(B)	9,145.00	3,360.60	65.2
	A/B(%)	2.12	3.84	9.88
하남성 (河南省)	郑州经济技术开发区(A)	64.71	27.32	0.75
	河南省(B)	15,058.10	7,508.30	83.9
	A/B(%)	0.43	0.36	0.89
강서성 (江西省)	南昌经济技术开发区(A)	194.15	143.69	3.15
	江西省(B)	5,469.30	2,264.10	54.6
	A/B(%)	3.55	6.35	5.77
산서성 (山西省)	太原经济技术开发区(A)	33.11	30.31	2.53
	山西省(B)	5,696.20	3,098.20	65.3
	A/B(%)	0.58	0.98	3.87

주의: 2007년 기준.
자료: 中国投资指南의 『投资研究』와 『中国统计年鉴2008』의 관련 자료를 재정리.

서부지역의 국가급 경제기술개발구는 중부지역이나 동부지역보다 설립연도가 늦다. 따라서 아직까지는 이들이 해당 지역의 경제성장에 괄목할만한 영향을 초래하지는 못하고 있다고 본다. 그러나 동부지역이나 중부지역의 투자환경이 상대적으로 악화되고 있는 상황에서 서부지역의 경제기술개발구는 향후 도약의 기회를 맞을 가능성이 있다고 본다.

<표 8-39> 서부지역 국가급 경제기술개발구의 주요 경제지표와 지역비중

구분		GDP (억 위안)	공업부가가치 (억 위안)	수출 (억 달러)
중경시(重庆市))	重庆经济技术开发区(A)	162.44	111.20	3.26
	重庆市(B)	4,111.80	1,514.70	45.10
	A/B(%)	3.95	7.34	7.23
사천성(四川省)	成都经济技术开发区(A)	109.8	46.21	1.35
	四川省(B)	10,505.30	3,868.60	86.10
	A/B(%)	1.05	1.19	1.57
섬서성(陕西省)	西安经济技术开发区(A)	200.1	142.36	3.73
	陕西省(B)	5,369.90	2,498.20	46.70
	A/B(%)	3.73	5.70	7.99

영하자치구(宁夏自治区)	银川经济技术开发区(A)	40.82	22.14	2.43
	宁夏自治区(B)	834.20	348.70	10.89
	A/B(%)	4.89	6.35	22.31
감숙성(甘肃省)	兰州经济技术开发区(A)	30.79	12.81	0.11
	甘肃省(B)	2,699.20	1,066.70	16.60
	A/B(%)	1.14	1.20	0.66
청해성(青海省)	西宁经济技术开发区(A)	65.10	42.57	1.45
	青海省(B)	2,699.20	1,066.70	16.60
	A/B(%)	2.41	3.99	8.73
운남성(云南省)	昆明经济技术开发区(A)	48.33	29.58	1.35
	云南省(B)	4,721.80	1,701.80	47.40
	A/B(%)	1.02	1.74	2.85
귀주성(贵州省)	贵阳经济技术开发区(A)	33.62	15.97	0.78
	贵州省(B)	2,710.30	1,006.00	14.70
	A/B(%)	1.24	1.59	5.31
광서자치구(广西自治区)	南宁经济技术开发区(A)	50.46	30.48	0.50
	广西自治区(B)	5,885.90	2,001.20	51.10
	A/B(%)	0.86	1.52	0.98
내몽고자치구(内蒙古自治区)	呼和浩特经济技术开发区(A)	86.98	78.38	0.78
	内蒙古自治区(B)	6,018.80	2,668.60	29.50
	A/B(%)	1.45	2.94	2.64
서장자치구(西藏自治区)	拉萨经济技术开发区(A)	22.39	–	0.27
	西藏自治区(B)	342.20	–	3.30
	A/B(%)	6.54	–	8.18
신강자치구(新疆自治区)	乌鲁木齐经济技术开发区	56.45	39.26	14.06
	石河子经济技术开发区	35.54	24.62	1.33
	합계(A)	91.99	63.88	15.39
	新疆自治区(B)	3,494.40	1,378.50	115.03
	A/B(%)	2.63	4.63	13.38

주의: 2007년 기준.

자료: 中国投资指南의 『投资研究』와 『中国统计年鉴2008』의 관련 자료를 재정리.

2.2.3. 경제기술개발구의 문제점

중국은 개혁개방 이후 경제기술개발구를 통해 외국자본을 적극적으로 유입하여, 경제성장에 필요한 자금의 부족문제를 어느 정도 해결하였으며, 또한 외국인직접투자기업을 통해 국내 고용을 크게 증대시키는 효과를 보았다. 또한 경제기술개발구는 공간적으로 지역경제발전에 있어서 중요한 성장극(growth pole) 역할을 담당하고 있기 때문에 공간의 효율적 이용이라는 측면에서도 중요한 의의를 가진다. 그러나 효율성을 극대화하기 위한 경제기술개발구의 설립과 운영은 여러 가지 구조적 모순과 문제점을 내포하고 있다.

우선 가장 심각한 것은 공간이용의 비효율성이다. 경제기술개발구는 공간을 집약적으로 이용하여 단위 면적 당 최대의 산출을 목표로 하고 있다. 그러나 무분별한 개발은 계획면적을 크게 하고 실제 이용하는 면적은 이에 못 미치고 있는 경우가 있다.

둘째는 경제기술개발구가 더 이상의 특수경제지역이 아니라는 점이다. 경제기술개발구는 크게 국가급과 지방급으로 나누어진다. 국가급은 국무원의 비준을 통해서만 설립이 가능하지만 지방급은 지방정부의 비준으로 설립이 가능하다. 문제는 지방정부는 해당지역경제발전을 위해 무분별하게 개발구를 비준하고 있다는 것이다. 그 결과는 국토 대부분이 개발구가 되는 기이한 현상을 나타내고 있다. 중앙정부는 이러한 모순을 해결하기 위해 개발구의 조정을 시행하였지만 지방정부의 발전에 대한 의욕을 통제하기에는 역부족인 것이다.

셋째는 경제기술개발구가 새로운 성장의 동력이 부족하다는 것이다. 대부분의 경제기술개발구는 제조업을 중심으로 발전하고 있다. 세계의 공장이 이러한 현실을 잘 나타내주고 있다. 그러나 제조업의 성장이 어느 정도 수준에 도달할 때 새로운 성장의 동력을 찾아야 하는데 현재 여러 경제기술개발구는 이러한 산업구조 고도화의 문제에 직면하고 있는 것이다. 산업구조 고도화는 기술과 지식이 선행되어야 한다. 그러나 기술과 지식은 단기간의 요소투입방식에 의해서 가능한 것은 아니기 때문이다.

2.3. 신구와 지역경제발전

2.3.1. 신구의 의의

신구(新区)는 기존의 경제기술개발구(经济技术开发区)와는 다른 종합적인 개념이다. 경제기술개발구는 제조업을 중심으로 전문화하고 있으며, 하이테크첨단산업기지(高新技术产业园区)는 주로 첨단산업(소프트웨어산업도 포함)을 중심으로 전문화하였다. 그리고 보세구(保税区)와 보세항구(保税港区)는 모두 물류를 중심으로 전문화하고 있다. 신구는 이들 전문 개발구들을 종합적으로 통합한 개념이다. 즉 제조업, 서비스업, 첨단산업, 물류 등을 유기적으로 결합한 것이다.

현재 국무원이 비준한 신구는 상해포동신구(上海浦东新区)와 천진빈해신구(天津滨海新区) 두 개가 있다. 그리고 지방정부가 비준한 신구도 몇 개 있다. 예를 들면, 강소성(江苏省)의 무석신구(无锡新区), 진강신구(镇江新区), 회안시청하신구(淮安市清河新区) 등이 있다. 강소성의 무석신구는 1992년 설립된 无锡国家高新技术产业开发区를 기초로 1995년에 성립되었다. 강소성의 진강신구는 진강시(镇江市)의 동쪽에 위치하고 있으며, 1992년 설립된 镇江经济技术开发区와 1993년에 설립된 镇江大港经济开发区를 기초로 1998년에 성립되었다. 이외에도 하북성(河北省)의 沙河市新区, 하남성(河南省)의 义马市新区, 심천시(深圳市)의 光明新区, 귀양시(贵阳市)의 金阳新区 등이 있다. 그러나 대부분 지방정부가 비준한 신구는 국무원이 비준한 신구와는 달리 정책적 지원이나 산업발전계획이 종합적이지 못하고 첨단산업이나 제조업에 국한되어 전문화하고 있다. 그리고 기존의 경제기술개발구나 하이테크첨단산업기지와 큰 차이를 나타내지 못하는 한계점을 가지고 있다. 그러나 각 지방정부는 변화하는 환경에 적극적으로 대처하면서 지역경제발전에 필요한 인적 자원과 물적 자원을 유입하기 위해 "新"이라는 개념을 이용하고 있는 것이다.

2.3.2. 상해포동신구의 발전

2.3.2.1. 상해포동신구의 입지

포동신구(浦东新区)는 상해경제를 선도하는 중심지역이면서 중국경제의 대외개방의 핵심지역 중의 하나이다. 특히 11차 경제개발5개년 계획에서는 향후 중국경제를 이끌어 나갈 새로운 지역발전모델을 실험하는 장(場)의 역할도 가지고 있다.

포동(浦东)은 상해의 중심 강인 황포강(黄浦江)의 동쪽에 위치하고 있기 때문에 붙여진 지명이다. 즉 황포강의 포(浦)와 동쪽의 동(东)을 조합한 것이다. 20세기 90년대 이전 포동은 주로 농업과 어업이 위주인 낙후지역으로 포서(浦西)에 비해 발전수준이 매우 낮았다. 1990년 중앙정부는 포동의 개방과 개발전략을 수립하였으며, 1993년에는 포동신구관리위원회(浦东新区管委会)가 정식으로 성립되었다. 지난 17년의 노력으로 현재 포동신구는 중국 개혁개방의 가장 중요한 지역이 되고 있으며, 또한 중국 현대화의 선도지역이 되고 있다. 2006년 말 현재 포동신구의 면적은 532.75㎢이며, 인구(호적인구)는 187.55만 명이다.

2.3.2.2. 상해포동신구의 경제규모

표동신구(浦东新区)는 지난 17년 동안 괄목할 성장을 이루었다. 1990년 당시 포동신구의 국내총생산은 60.24억 위안이었으나, 2006년에는 2,365.33억 위안으로 약 40배의 성장을 이루었다. 산업구조는 1차 산업과 2차 산업의 비중이 점차적으로 낮아지고, 3차 산업의 비중은 점차 높아지는 구조로 발전하였다. 1990년에 1차 산업의 국내총생산의 비중은 3.7%, 2차 산업의 비중은 76.2%, 그 중 공업의 비중은 71.6%, 그리고 3차 산업의 비중은 20.1%이었다. 2006년에는 1차 산업의 비중이 0.2%로 낮아졌으며, 2차 산업의 비중도 50.8%로 낮아졌고, 그 중 공업의 비중도 47.9%로 낮아졌다. 반면에 3차 산업의 비중은 49.3%로 크게 높아졌다. 특히 포동신구는 세계적인 금융중심지로서 발전하고 있기 때문에 이는 3차 산업의 비중 증대에도 직접적인 영향이 있다.

<표 8-40> 포동신구의 국내총생산(GDP) 추이

연도	GDP(억 위안)				비중(%)			
	1차 산업	2차 산업	공업	3차 산업	1차 산업	2차 산업	공업	3차 산업
1990	2.22	45.89	43.13	12.13	3.7	76.2	71.6	20.1
1991	2.41	53.45	50.46	15.68	3.4	74.7	70.5	21.9
1992	1.89	73.72	70.25	25.88	1.9	72.6	69.2	25.5
1993	2.12	114.45	108.16	47.43	1.3	69.8	66.0	28.9
1994	3.19	197.13	177.45	90.88	1.1	67.7	60.9	31.2
1995	4.22	283.92	260.07	126.51	1.0	68.5	62.7	30.5
1996	4.57	320.31	286.32	171.59	0.9	64.5	57.7	34.6
1997	4.95	376.87	325.38	226.40	0.8	62.0	53.5	37.2
1998	5.30	412.82	349.97	286.15	0.8	58.6	49.7	40.6
1999	5.47	435.66	388.88	360.23	0.7	54.4	48.5	45.0
2000	5.72	488.60	445.43	429.19	0.6	52.9	48.2	46.5
2001	6.06	560.29	508.62	521.18	0.6	51.5	46.8	47.9
2002	6.38	635.54	579.86	602.08	0.5	51.1	46.6	48.4
2003	6.67	767.53	708.98	736.12	0.4	50.8	46.9	48.7
2004	6.00	952.25	894.13	891.88	0.3	51.5	48.3	48.2
2005	6.09	1,070.96	1,009.47	1,031.74	0.3	50.8	47.9	48.9
2006	5.88	1,194.47	1,133.76	1,164.98	0.2	50.5	47.9	49.3

자료: 『上海浦东新区统计年鉴2007』.

포동신구(浦东新区)가 상해시(上海市) 경제에서 차지하는 비중도 크게 높아졌다. 1990년 포동신구의 GDP가 상해시의 전체 GDP에서 차지하는 비중은 7.71%로 별로 높지 않았다. 그러나 2006년에는 22.82%로 크게 높아졌다. 이것은 포동신구가 상해시경제에서 중심적인 역할을 담당하고 있음을 나타내고 있다. 2차 산업에 있어서의 비중도 1990년의 9.18%에서 2006년에는 24.28%로 크게 높아졌으며, 3차 산업에 있어서의 비중도 1990년의 5.02%에서 2006년에는 22.21%로 크게 높아졌다.

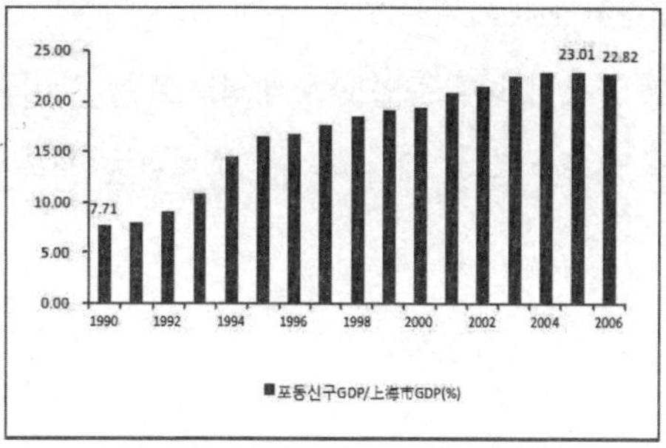

<그림 8–31> 浦东新区의 上海市 GDP에 대한 비중

자료: 『上海浦东新区统计年鉴007』과 『上海统计年鉴2007』.

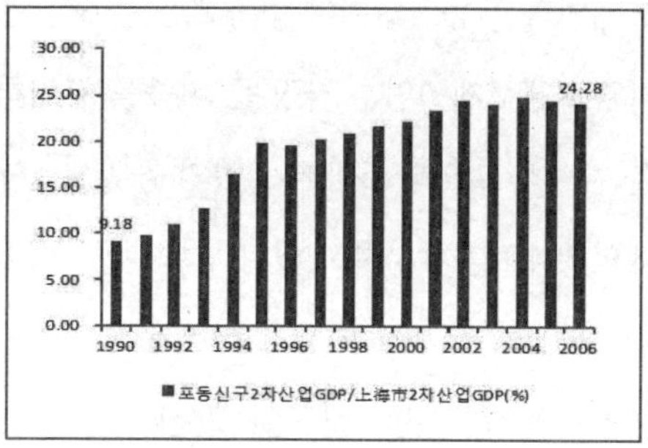

<그림 8–32> 浦东新区의 上海市 2차산업 GDP에 대한 비중

자료: 『上海浦东新区统计年鉴007』과 『上海统计年鉴2007』.

2.3.2.3. 상해포동신구의 산업구조

포동신구(浦东新区)의 산업구조를 보면 공업이 가장 많은 비중을 차지하고 있다. 2006년 국내총생산을 기준으로 공업의 비중은 47.90%이다. 그 다음으로 비중이 큰 산업은 금융업으로 전체 국내총생산의 13.30%를 차지하고 있다. 이것은 포동신구가 금융의 중심지로서 역할도 동시에 가지고 있음을 나타내고 있다. 세 번째로 비중이 큰 산업은 도매 및

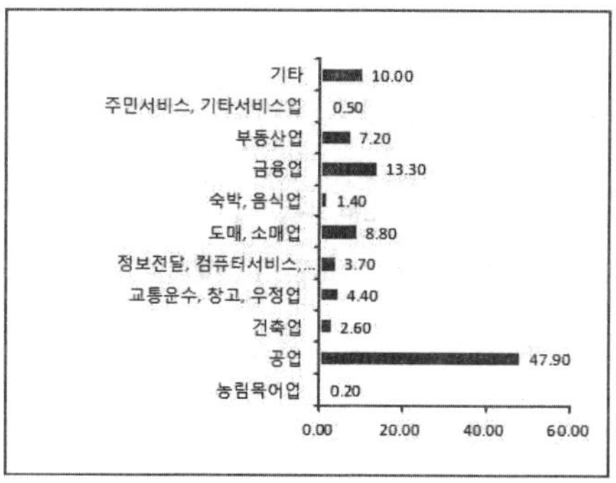

<그림 8–33> 浦东新区의 산업구조

주의: GDP 기준.
자료: 『上海浦东新区统计年鉴2007』.

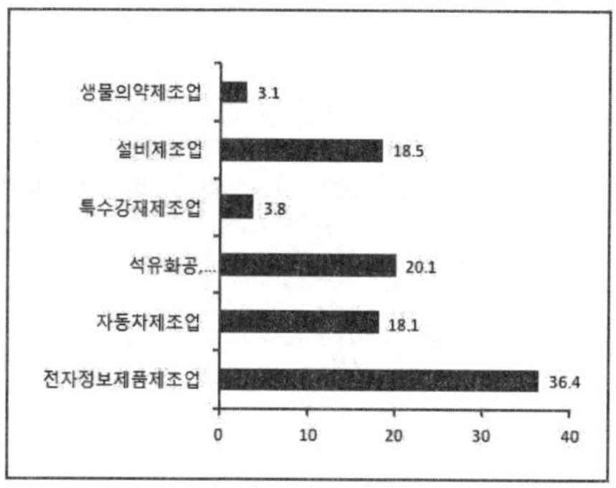

<그림 8–34> 浦东新区의 6대 제조업의 공업생산액 비중

자료: 『上海浦东新区统计年鉴2007』.

소매업과 부동산업이다. 浦东新区는 6대 제조업이 전문화되어 있다. 특히 그 중에서도 전자정보제품제조업은 가장 큰 비중을 차지하고 있으며, 화학공업도 상대적으로 높은 비중을 차지하고 있다. 6대 제조업의 공업생산액을 기준으로 할 때 전자정보제품제조업은 전체의 35.4%를 차지하고 있다.

2.3.3. 천진빈해신구의 발전

2.3.3.1. 천진빈해신구의 발전조건

천진빈해신구(天津滨海新区)는 세 가지 측면에서 유리한 발전조건을 가지고 있다(김상욱, 2006). 첫째는 지리입지조건이다. 전체 계획면적이 2,270㎢에 달하는 빈해신구는 천진시(天津市) 행정구역 중의 당고구(塘沽區), 대항구(大港區), 한고구(漢沽區)의 전체 지역과 동려구(東麗區), 진남구(津南區)의 일부를 포함하고 있다. 빈해신구는 북으로는 북경시(北京市)와 인접해 있으며, 동으로는 발해만(渤海灣)과 인접해 있다. 빈해신구에는 천진경제기술개발구(天津經濟技術開發區, TEDA: Tianjin Economic Development Area), 천진항, 보세구(保稅區, FTZ: Free Trade Zone)가 입지하고 있으며, 천진의 대외관문이고 주요 제조업 단지가 형성되어 있다. 대항구(大港區)와 한고구(漢沽區)는 석유와 천연가스 생산기지가 있으며, 이와 관련된 석유화학산업이 발전하고 있다.

빈해신구는 이상적인 지리입지조건을 가지고 있다. 중국 발해만에 인접하고 있는 빈해신구는 중국 북방지역의 주요 교통 결절지점이다. 특히 천진항은 중국 북방의 대외관문으로서 수도 북경시의 주요 물류항구로서 중요한 의의를 가지고 있다. 그리고 한국과 황해를 사이에 두고 있는 빈해신구는 동북아시아와 유럽을 연결하는 지리적 요충지이기도 하다.

둘째는 정책조건이다. 정책은 발전의 중요한 추진력이 된다. 특히 중국의 경제발전 또는 지역발전은 중앙정부의 정책에 많은 영향을 받고 있다. 심천(深圳)의 경제특구, 상해(上海) 포동신구 등의 경험이 이를 뒷받침해 주고 있다. 지금 정책의 초점이 환발해 지역의 빈해신구로 집중되고 있다. 11 · 5계획에서 국가발전전략에 빈해신구의 개발개방(開發

開放)[48]을 포함하고 있으며, 또한 "빈해신구의 개발개방 추진은, 21세기 새로운 발전 단계에 직면하여 계획한 경제사회를 포함한 총체적인 발전전략 중의 하나로서 20세기 80년대의 심천(深圳), 90년대의 상해(上海)를 이은 21세기 중국을 이끌어 나갈 새로운 성장거점이다"라고 강조하고 있다. 이는 중요한 의의를 지니고 있다. 빈해신구의 발전을 지역경제 단위에서가 아니라 국가발전이라는 측면에서 그 의의를 부여하고 있기 때문이다. 그 중요성은 계획의 작성에서부터 시작된다. 일반적으로 지역의 발전계획은 그 지역의 행정부에서 관할하는 것이 상례이다. 그러나 빈해신구의 발전계획에는 천진시(天津市) 뿐만 아니라 중앙정부의 국무원(國務院)도 참여하고 있다. 2006년 5월 국무원에서 작성한 방안에서는 빈해신구 개발개방의 세 가지 의의를 강조하고 있다. 첫째, 빈해신구의 개발개방은 중국 환발해지역의 국제경쟁력 향상에 큰 의의를 가지고 있다. 둘째, 중국 지역균형발전에 큰 의의를 가지고 있다. 셋째, 21세기 지역발전 新모델 모색에 큰 의의를 가지고 있다. 위의 세 가지 의의가 강조하고 있는 점은 빈해신구를 단순한 지역발전정책으로서가 아니라, 향후 중국을 이끌어 나갈 그리고 새로운 국내외환경에 적합한 발전모델을 모색하고자 하는 것이다. 이를 위해 중국정부는 빈해신구에 기존과는 전혀 다른 새로운 정책을 실험하고자 한다.

셋째는 배후지역조건이다. 배후지역은 지역발전 특히 항만발전에 매우 중요한 조건이다. 빈해신구는 대규모 배후지역을 가지고 있다. 천진시(天津市), 북경시(北京市), 하북성(河北省), 산서성(山西省)과 내몽고자치구(內蒙古自治區)를 포함하는 화북지역, 요녕성(遼寧省)과 길림성(吉林省), 흑룡강성(黑龍江省)을 포함하는 동북지역, 그리고 멀리 서북지역 신강자치구(新疆自治區)에까지 이어지는 배후지역은 빈해신구발전에 중요한 입지

48) 중국의 경제발전을 대표하는 것은 바로 개혁개방(改革開放)이다. 즉 대외개방(對外開放)과 대내개혁(對內改革)을 모두 포함하고 있다. 주의할 점은 빈해신구 발전을 계획 할 때, 개혁개방이아니라 개발개방(開發開放)을 강조하고 있다는 것이다. 이는 상해(上海)의 포동신구(浦东新区)의 발전전략에서도 마차가지이다. 이는 중요한 차이를 가지고 있다. 즉 개혁부문의 성과가 역사적으로 부정적인 평가를 받지 않기 위해 미리 개혁을 강조하기보다는 개발을 강조하는 전략이념을 채택하고 있는 것이다. 중국의 개혁개방 과정을 보면, 대외개방은 대내개혁보다 상대적으로 더 현저한 성과를 나타내고 있다. 내부적인 문제는 특히 체제개혁 문제는 단기간에 성과를 보기가 힘들며 장기적인 전략차원에서 다루어지고 있다.

조건을 제공하고 있다. 2005년 현재 이들 3북(三北)지역은 중국 인구의 26.3%, 국내총생산의 30.1%, 공업부가가치의 29.1%, 그리고 수출입 총액의 19.6%를 차지하고 있다.

그리고 천진시(天津市)는 중국 국내의 주요한 교통결절지일 뿐만 아니라 세계물류의 중심지이다. 대부분의 주요 철도노선이 천진시를 경유하고 있고, 천진항(天津港)은 세계 주요 항구들과 해운노선을 구축하고 있으며, 전세계 160여 개 국가, 300여 개 항구와 항로를 개설하고 있고, 빈해국제공항(濱海國際空港)은 중국 북방지역의 중요한 항공물류기지이다. 그리고 최근 급속하게 증가하고 있는 중국의 에너지 소비와 관련하여 주요 에너지원 수입항구로서 천진항의 입지는 더욱 중요한 의미를 가지고 있다.

2.3.3.2. 천진빈해신구와 국가발전전략

천진빈해신구(天津滨海新区)의 발전전략을 이해하기 위해서는 우선 11 · 5계획과 지역균형발전전략을 살펴볼 필요가 있다. 중국은 5년마다 경제개발계획을 추진하고 있다. 이는 중국경제발전을 이끌어 나가는 주요한 계획으로서 계획 기간 중 중국이 직면한 경제문제에 대한 중요한 정책들을 포함하고 있다. 이 계획은 중앙정부에서 작성하는 전국계획과 각 지방정부에서 작성하는 지역계획으로 구성되어 있다. 그리고 전국계획은 각 지역계획의 지도적인 성격을 가지며, 지역계획은 중앙정부의 계획이념을 크게 벗어나지 않는다. 특히 11 · 5계획에서는 자원의 효율적 이용과 농촌경제의 발전에 정책의 중점을 두고 있다.

전국 11 · 5계획은 10가지 부문과 46가지의 구체적 내용으로 구성되어 있다. 부문별로는 소강(小康)사회[49]의 건설, 과학발전관(科學發展觀)[50]에 의한 경제사회발전, 사회주의 新

49) 소강(小康)은 원래 중국 고전 『예기(禮記)』에서 유래된 것으로 대동(大同)과 상대적인 개념으로서 생활이 비교적 안정적인 상태를 말한다. 중국이 제기하고 있는 소강사회의 건설은 등소평(鄧小平)이 제시한 3단계 발전전략 중 제2단계 발전전략의 목표로서, 중국국가통계국(中國國家統計局)은 어떠한 상태가 소강의 수준인가에 대한 구체적인 지표들을 제시하고 있다.

50) 과학발전관은 현재 중국의 경제발전을 이끌어 나가는 핵심적인 이념이다. 발전은 모든 국가가 직면하고 있는 영원한 과제임을 강조하고 있는 과학발전관은 무엇보다도 자신의 조건과 상황(國情)에 부합하는 발전이념을 채택하는 것이 중요함을 강조하고 있다. 중국이 제기하고 있는 과학발전

농촌 건설, 산업구조 고도화 추진, 지역균형발전 추진, 자원절약형 및 환경친화형 사회 건설, 체제개혁 심화와 대외개방 확대, 과학진흥전략과 인재강국전략 확대 실시, 사회주의 화합사회[51] 건설 추진, 대국민 및 민족 단결이 포함되어 있다. 특히 지역균형발전과 관련하여 세 가지 주요한 구체적 정책을 제시하고 있다. 첫째, 합리적인 지역발전패턴을 형성한다. 즉 서부지역개발[52]을 지속적으로 추진하고, 동북지역과 같은 오래된 공업지역들을 적극적으로 재개발하고,[53] 중부지역의 발전을 촉진하며,[54] 동부지역의 선행적 발전을 더욱 장려한다. 둘째, 지역 간 상호협력 메커니즘을 더욱 완비한다. 셋째, 도시화 발전을 더욱 촉진한다. 특히 도시화 발전과 관련하여 11 · 5계획은 빈해신구에 대한 발전방향을 명확히 제시하고 있다. 즉 "경제특구와 포동신구(浦东新区)의 작용을 지속적으로 발휘하게 하고, 빈해신구 등 조건이 비교적 양호한 지역의 개발과 개방을 더욱 추진하여, 지역경제 발전을 이끌어 나간다."라고 명시하고 있다. 11 · 5계획에서 제시하고 있는 지역발전전략은 중국의 동 · 중 · 서부지역을 모두 포괄하고 있으며, 각 지역별로 지역조건에 상응하는

관은 크게 세 가지 발전개념을 종합하고 있다. 즉 전면적(全面), 협조적(協調), 그리고 지속가능한 발전이다.

51) 사회주의 화합사회의 건설과 관련해 중국정부는 모두 6개 방면에 걸쳐 구체적인 내용들을 제시하고 있다. 즉 민주법치(民主法治), 공평정의(公平正義), 성신우애(誠信友愛), 충만활력(充滿活力), 안정유서(安定有序), 人과 自然의 화합이다. 사회주의 화합사회 건설은 경제발전뿐만 아니라 사회안정을 주요 목표로 하고 있다고 본다.

52) 서부대개발(西部大開發)이라는 국가프로젝트는 서북지역과 서남지역의 개발을 포함하고 있다. 10차 5개년 경제개발계획에서부터 중시되고 있는 서부지역개발은 중국의 지역균형발전을 위한 중요한 과제 중의 하나이다. 낙후된 경제발전 수준과 불리한 자연조건은 이 지역의 발전을 가로 막은 주요한 장애요인들이다. 중앙정부 차원에서 여러 정책들을 실행하고 있지만 단기간에 성과를 보기는 힘든 지역이기도 하다. 현재는 매년 막대한 재정지원과 사회 인프라 시설의 건설이 서부지역개발의 주요 내용들이다.

53) 동북지역은 중국 건국 초기에는 주요 중공업기지이었지만 개혁개방 이후 타 지역들에 비해 상대적으로 느린 발전을 보이고 있다. 이를 개선하기 위한 정책이 바로 동북노공업기지진흥계획(東北老工業基地振興計劃)이다. 그러나 정책 목표와는 달리 가시적인 성과를 나타내지 못하고 있는 실정이다.

54) 중부지역이란 동부 연해안 지역과 서부지역을 제외한 나머지 지역을 말한다. 동부 연해안 지역은 전통적인 입지조건으로 인해 지속적인 발전을 거듭하고, 서부지역은 서부대개발이라는 국가프로젝트가 있지만 중부지역은 특별한 정책이 없는 실정이다.

발전전략을 제시하고 있다. 이와 동시에 동부지역 특히 환발해 지역의 발전에 중점을 두고 있다. 11 · 5계획에서 강조하고 있는 빈해신구 발전은 단순히 경제적인 목적뿐만 아니라 더욱 중요한 의의를 가진다. 즉 현 정부의 정치적 업적을 총체적으로 나타낼 수 있는 지역이 바로 빈해신구인 것이다. 북경시(北京市)와 인접해 있으며, 이미 유리한 발전조건을 갖추고 있는 빈해신구는 상해시(上海市)나 심천시(深圳市)와 달리 중앙정부 차원에서 특수한 의의를 가지고 있기 때문이다.

천진시 빈해신구 발전전략 중 가장 핵심적인 개념은 바로 국가종합시스템개혁실험지역(國家綜合配套改革試驗區)이다. 중국은 빈해신구 개발을 통해 새로운 발전모델을 모색해 보고자 노력하고 있다. 사회주의시장경제 건설을 목표로 하는 중국경제는 시장경제체제의 도입으로 인한 여러 가지 문제점들에 직면해 있다. 한편으로는 발전을 위한 개혁과 개방이 필요하고, 또 한편으로는 전통적인 체제유지를 위한 방안도 필요한 중국은 자체 모순에 빠지지 않기 위한 발전모델들을 끊임없이 모색해 오고 있다. 그 대표적인 예가 바로 심천(深圳)의 경제특구 모델과 상해(上海)의 포동신구(浦東新區) 모델이다. 그러나 이 발전모델들이 해당 지역경제발전에는 큰 성과를 거두고 있지만 중국 전체의 발전을 선도하기에는 지역적 한계[55]를 벗어나지 못하고 있다. 그리고 지역적 한계 이외의 시대적 변화도 새로운 발전모델을 요구하고 있는 것이다.

2.3.3.3. 천진빈해신구의 발전전략

천진빈해신구를 총괄하는 발전전략은 현재도 진행 과정 중에 있다. 2006년 1월 천진시 발전과개혁위원회(天津市發展和改革委員會)에서 발표한 방안에서는 모두 9개 부문의 주요 임무를 제시하고 있다.

우선, 신구(新區)의 행정관리체계 개혁을 추진하고, 공공서비스형 정부를 건설하는 것을 첫 번째 발전전략으로 제시하고 있다. 정부 행정관리체계의 개혁은 전면적인 개혁을

55) 어떤 한 지역에서 성공한 발전모델을 다른 지역에 적용하였을 때 반드시 성공하는 것은 아니다. 대부분의 지역발전모델은 그 지역의 독특한 문화와 제도 위에서 형성되었기 때문이다. 경제특구 모델뿐만 아니라 소주(蘇州)모델 역시 마찬가지다.

더욱 심화하고, 대외개방 수준을 더욱 높이는 주요한 관건이다. 빈해신구의 행정관리체계 개혁은 현재 准정부의 성격을 가진 빈해신구관리위원회를 점차적으로 실질적인 정부관리모델로 전환하여 더욱 효과적으로 지역경제를 관리운영 하도록 하고자 함을 목표로 하고 있다.

빈해신구 발전전략의 두 번째 주요 내용은 혼합소유제경제의 발전이다. 천진시는 중국 동부 연해안의 다른 지역, 특히 주강삼각주와 장강삼각주 지역경제와 비교할 때, 국유기업의 비중이 상대적으로 높다. 천진시의 대외개방 및 대외의존도는 타 지역에 비해 낮지 않지만, 민영경제(民營經濟)의 발전이 부족하고 국유기업의 체제전환이 상대적으로 지체되고 있는 문제점을 가지고 있다. 따라서 빈해신구의 발전을 위해서 천진시는 혼합소유제 경제의 발전을 더욱 촉진시키고자 하며, 이와 동시에 민영 중소기업을 적극 육성해 나갈 방침이다.

빈해신구 발전전략의 세 번째 주요 내용은 도시와 농촌의 전면적 발전이다. 도시와 농촌의 발전 격차 확대는 중국경제의 중요한 구조적 문제 중의 하나이다. 지난 20여 년 동안 농촌발전을 끊임없이 추진해 오고는 있지만, 삼농(三農)문제로 요약되는 농촌문제는 중국경제발전의 발목을 잡고 있다. 이는 빈해신구 만이 아니라 중국전체가 직면하고 있는 구조적 문제이기도 하다. 이를 해결하기 위해 중국은 统筹전략[56]을 구상하고 있다. 즉 도시와 농촌의 이원적 구조를 개선하여 전면적이고 총체적인 발전을 유도하고자 하는 것이다. 빈해신구는 이러한 국가전략의 주요 실험지역으로서 빈해신구를 사회주의 新농촌과 농업산업화의 시범지역으로 발전시키고자 한다.

빈해신구 발전전략의 네 번째 주요 내용은 금융제도의 혁신과 요소시장의 발전이다. 금융시장과 요소시장은 시장경제체제에서 핵심적인 역할을 담당하고 있다. 특히 금융제도혁신은 빈해신구 발전전략 4대 중점부문[57] 중의 하나이다. 금융시장의 발달은 경제발

56) 统筹란 어떤 문제를 전면적으로 고려한다는 것이다. 중국이 제기하는 统筹전략은 모두 5가지 부문을 포함하고 있다. 즉 도시와 농촌의 전면적 발전, 지역의 전면적 발전, 경제와 사회의 전면적 발전, 인간과 자연의 전면적 발전 그리고 국내발전과 대외개방의 전면적 발전이다.

57) 4대 중점 부문은 금융, 재정, 토지, 개방부문이다.

전에 필요한 자금을 적절하게 조달할 수 있는 가장 중요한 관건이다. 이를 위해 빈해신구는 금융혁신실험기지를 건설하고, 금융부문의 대외개방을 확대하여, 금융상품혁신을 가속화함으로 경제중심에 맞는 금융서비스체계를 형성하고자 한다. 이를 통해 환발해 지역과 나아가서는 중국 북방지역에 대한 금융 서비스 능력을 제고시키고자 한다. 또한 발전을 위해서는 한정된 자원을 가장 효율적으로 이용하는 것이 필요하다. 지역 내의 요소를 적절하게 이용할 수 있는 요소시장의 건설 역시 중요한 과제이다.

빈해신구는 국제해상운송중심과 국제물류중심 건설을 위해, 대외무역, 외환시스템 및 통상항구제도개혁을 더욱 심화하며, 보세항구(保稅港區), 임공경제구(臨空經濟區)의 건설을 더욱 가속화하여, 서비스무역개방도 먼저 실행하고 실험하고자 한다. 그리고 외국자본이용정책을 완비하고, 대외무역 관련 법규를 정비하고, “走出去” 戰略을 더욱 가속화하여 외향형 경제를 더욱 발전시켜 나가고자 한다.[58] 또한 각 부문의 개혁을 통해 국제경쟁력 강화에 도움이 되는 그리고 국제통용규칙에 부합하는 제도적 환경을 완비 하고자 한다. 이를 위해 빈해신구는 여섯 가지 부문에 있어 구체적인 정책들을 제시하고 있다.

여섯 번째 발전전략은 사회사업체제개혁이다. 사회사업과 공공서비스는 급속한 경제발전과 더불어 그 수요가 크게 증대하고 있다. 특히 급속한 경제성장은 사회의 양극화를 더욱 심화시키고 있으며, 중국은 사회주의 화합사회 건설을 목표로 공공서비스 부문에 대한 개혁에 더욱 박차를 가하고 있다. 이를 위해서 정부와 공공부문의 관계를 명확히 설정하여 정사(政事)[59]가 분리 된 현대법인제도를 설립하고자 한다. 이와 동시에 국내외자본의 참여를 통한 사회사업개혁과 발전을 도모하여, 공공부문의 사회화 수준 및 서비스 능력을 제고하고자 한다.

일곱째 발전전략은 과학기술 및 인재혁신, 그리고 자주혁신능력 강화이다. 자주혁신능

58) 중국의 해외투자정책을 총칭하는 개념이다. UNCTAD의 자료에 의하면, 2002년 말 현재 중국의 해외투자 총금액은 350억 달러에 달하며, 중국 상무부(商務部) 자료에 의하면, 2003년 말 현재 非금융부문의 해외투자 금액은 114.27억 달러이다. 세계 전체의 규모로 보면 중국의 해외투자는 적은 규모이지만, 최근 몇 년 동안 중국의 해외투자는 외환보유액의 급성장과 함께 크게 증가하고 있다.

59) 정부와 공공서비스사업을 말함.

력을 강화하는 것은 경제성장방식을 전환하는 주요 조건 중의 하나이며, 신구(新區)의 발전과 경쟁력 제고의 주요 원천이다. 과학기술체제의 개혁을 통해 빈해신구가 전국적 자주혁신의 실험지역이 되도록 한다. 이를 위해 첫째, 과학기술체제를 개혁하고, 둘째, 과학기술혁신기지를 건설하며, 셋째, 과학기술연구기관의 개혁을 심화하고, 넷째, 인재제도의 혁신을 더욱 강화하도록 한다. 여덟째 임무는 사회보장제도 개혁을 심화하는 것이다. 일자리 창출은 사회적 안정을 위한 주요한 조건이다. 취업은 소득분배와도 연관되는 것으로서 공평과 효율을 동시에 추구할 수 있는 사회보장체제의 건설은 중국이 해결해야할 중요한 과제이기도 하다. 특히 국유기업의 개혁 과정에서 발생하는 대규모의 인원감축은 심각한 사회적 문제이다. 이를 위해서 아래의 세 가지 정책에 중점을 두고 있다. 첫째, 공공취업기회를 확대한다. 둘째, 효율우선, 공평분배 원칙을 중심으로 하는 분배제도를 더욱 완비하도록 한다. 셋째, 사회보장시스템을 완비한다. 마지막 아홉 번째 임무는 순환경제의 건설이다. 공업화와 도시화의 급속한 발전은 자원과 환경의 제약을 더욱 심화시키고 있으며, 시민들의 생활환경에 대한 요구는 더욱 높아지고 있다. 자원과 환경을 보호하는 것은 경제성장방식의 전환에 있어서 관건이다. 빈해신구를 전국순환경제시범지역으로 건설하고자 한다. 이를 위해 대항(大港)석유화학단지 순환경제시범지역, 개발구생태공업시범지역, 한고(漢沽)순환경제시범지역, 해하(海河)야금순환경제시범지역을 건설하고자 한다.

위에서 빈해신구의 주요 발전전략을 모두 9개 부문으로 나누어 그 구체적인 내용들을 살펴보았다. 마지막으로 강조할 점은 바로 순서이다. 즉 계획의 순위가 앞쪽 일수록 그 중요성이 더욱 큼을 의미하고 있다. 위에서 보았듯이 첫 번째 부문은 바로 행정체계 개혁이다. 이는 바로 정부개혁을 의미하기도 한다. 중국의 개혁개방에서 개방은 점진적으로 그리고 전면적으로 추진되어 나가고 있다. 그러나 개혁부문은 현재 새로운 과제에 직면하고 있다. 바로 정부자신의 개혁인 것이다. 중국정부는 이 개혁의 실험장으로서 빈해신구를 선택하고 있는 것이다.

2.3.3.4. 천진빈해신구의 발전목표

빈해신구의 장기적 발전 목표는 빈해신구의 발전위상을 통해 알 수 있다. 2006월 1월 천진시발전과개혁위원회(天津市發展和改革委員會)는 아래와 같이 빈해신구의 장기적 발전 위상을 말하고 있다, 즉 "빈해신구는 天津市에 위치하고 있으며, 北京市와 河北省에 의지하면서, 환발해 지역과 三北지역을 배후지역으로, 동북아시아 지역과 인접해 있다. 높은 수준의 현대 제조업과 연구개발기지, 북방의 국제해상운송중심과 국제물류중심을 건설하기 위해 노력하고, 살기 좋은 생태형 신도시로 발전한다." 그리고 2006년 5월 국무원(國務院)에서는 위의 발전 위상에 '중국북방지역의 대외 개방 문호'와 '번영하는 경제와 화합하는 사회'라는 두 가지 발전위상을 추가하고 있다. 현재는 일반적으로 국무원의 내용을 빈해신구의 발전위상으로 채택하고 있다.

빈해신구는 천진경제의 핵심 성장지역으로서 나아가서는 환발해 경제의 성장 견인지역으로서 최근 급속한 성장과 발전을 거듭하고 있다. 2005년 GDP 규모는 1,608.63억 위안에 달하고 있다. 그 중에서 2차 산업이 차지하는 비중은 68.5%에 달하며, 공업이 차지하는 비중은 65.0%이다. 이는 빈해신구가 공업 중심의 산업구조를 형성하고 있음을 말해 주고 있다. 2005년 공업생산액은 3,996.73억 위안으로서 1994년에 비해 약 11.5배의 성장을 하고 있으며, 고정자산투자 역시 급속한 성장을 이루고 있다. 외국인직접투자는 빈해신구 발전의 주요한 원동력이다. 매년 신규 투자 기업 수가 수 백 여개에 달하고 있으며, 2005년에는 총 투자계약액이 약 50억 달러에 달하고, 그 중 실제이용액은 25.31억 달러에 이르고 있다. 특히 2000년 이후 신규 투자 기업 수와 실제이용 외국인직접투자는 매년 지속적인 증가추세에 있다. 수출액은 2005년 184.70억 달러를 달성하여 1994년에 비해 31.3배나 증가하였다. 공업의 발전과 수출액의 급성장 등과 관련해서 재정수입도 동 기간에 큰 성장을 보이고 있다. 1994년에 7.82억 위안이던 재정수입이 2004년에는 168.68억 위안으로 21.6배 증가하였다.

빈해신구의 구체적인 발전목표에 대한 목표치는 현재 발표되지 않고 있다. 그러나 천진시(天津市) 11 · 5계획의 발전목표를 통해서 간접적으로 추측해 볼 수 있다. 11 · 5계획의 마지막 연도는 2010년이다. 계획에 의하면, 시 전체 장기거주 인구규모는 1,150만 명 정도이다. 그리고 일인당 GDP는 7,000달러 이상을 목표로 하고 있으며, 이를 달성하기 위해서는 계획 기간 중 연평균 성장률이 12% 이상을 달성하여야 한다. 재정수입 연평균 성장률은 16%, 사회전체고정자산투자 연평균 성장률은 15%로 계획하고 있다. GDP 대비 연구개발투자는 2.5% 정도로 계획하고 있으며, 신규 취업인구는 140만 명 정도, 도시 등록 실업인구는 4% 이내로 통제 할 것을 목표로 하고 있다. 도시주민 일인당 연평균 가처분소득과 농촌주민 일인당 연평균 순수입 성장률은 10%, 농촌도시화율 60%, 공업 부가가치 연평균 성장률 14%로 비교적 높은 계획 목표를 가지고 있다. 또한 환경과 관련해서 오수처리율과 생활쓰레기 무공해 처리비율을 90% 이상으로 할 계획이다. 현재의 발전추세로 볼 때, 빈해신구는 천진시(天津市)의 발전목표보다 더 높은 성과를 달성할 것으로 예측할 수 있다.

<표 8-41> 天津빈해신구의 발전 추세

구 분		1994년	2000년	2002년	2004년	2005년
GDP	1차산업(억 위안)	3.36	5.24	6.16	8.02	7.70
	2차산업(억 위안)	114.55	382.08	569.65	872.80	1,101.6
	공업(억 위안)	–	358.85	539.64	832.33	1,045.3
	3차산업(억 위안)	50.75	175.08	246.71	369.36	499.33
	합 계(억 위안)	168.66	562.40	820.52	1,250.1	1,608.6
공업생산액(억 위안)		346.27	1,244.43	1,700.0	3,030.7	3,996.7
고정자산투자(억 위안)		108.03	184.34	280.89	565.47	693.31
FDI	신규투자기업수(개)	987	292	371	477	625
	총계약액(억 달러)	16.04	33.06	38.91	37.62	49.86
	실제이용액(억 달러)	–	–	28.14	17.44	25.31
수출액(억 달러)		5.90	44.63	72.01	136.99	184.70
재정수입(억 위안)		7.82	39.13	44.66	168.68	–
종사자수(만 인)		50.03	55.31	53.52	63.32	–

자료: 『天津濱海新區統計年鑑』 각 년도.

3. 한국의 중국에 대한 해외직접투자

3.1. 한국의 중국에 대한 해외직접투자

3.1.1. 한국의 중국에 대한 해외직접투자 추세

중국은 한국에게 매우 중요한 협력 파트너가 되었으며, 또한 한국도 중국에게 중요한 협력 파트너가 되었다. 특히 경제적인 측면에서 한국과 중국은 이미 세계화의 흐름 속에서 가장 긴밀한 관계가 형성되고 있다. 중국은 이미 한국의 가장 중요한 무역국가가 되었으며, 또한 중국에게 있어서도 중요한 무역 상대국이 되었다.[60] 한국과 중국은 지리적으로 인접하고 있으며, 또한 문화와 역사에 있어서도 여러 방면이 공유될 수 있는 최적의 조건을 갖추고 있다. 또한 "한강의 기적(漢江의 奇蹟)"을 통한 경제발전의 경험은 "중국의 기적(中國의 奇蹟)"을 이루고자 하는 중국에게 중요한 의의가 있는 것이다.[61]

한국과 중국의 관계를 나타내는 지표는 여러 가지가 있다. 그 중에서도 해외직접투자

60) 관세청(2010)에 의하면, 2009년 수출입에서 한국의 중국에 대한 무역의존도가 20.53%에 달한다. 1991년 한국의 중국에 대한 무역의존도는 2.9%였지만, 2003년에는 15.3%에 달해 처음으로 일본에 대한 무역의존도 14.38%를 초과했다. 한국의 미국에 대한 무역의존도는 1991년의 24.42%에서 2009년에는 9.71%로 줄어들었다. 일본에 대한 무역의존도 역시 1991년의 21.82%에서 2009년의 10.37%로 감소하였다. 중화인민공화국통계국(中华人民共和国统计局)의 자료에 의하면, 2009년 중국이 한국에 대한 무역의존도가 7.08%에 달해 단일 지역으로서는 일본, 미국, 홍콩의 10.37%, 10.00%, 7.53%에 이어 네 번째로 높은 비중을 차지하고 있다. 아래의 한국의 중국에 대한 해외직접투자는 김상욱(2010a)을 참고하고 있다.

61) 林毅夫, 蔡方, 李周(1994, 1999)에 의하면, 중국은 21세기에 세계에서 가장 강력한 경제대국이 될 것으로 예측하고 있다. 林毅夫 等(2006)에서는 "중국의 기적"이 아닌 "중국기적"이란 개념을 사용하고 있다.

(foreign direct investment)는 양 국가 간의 관계를 가장 잘 대변해 주고 있는 지표 중의 하나이다. 세계화와 더불어 해외직접투자는 가장 활발히 나타나고 있는 현상 중의 하나이다. 개혁개방 이후 특히 1990년대 이후 중국에 대한 투자가 크게 증가하고 있는 추세이다. 이는 중국이 가지고 있는 풍부한 노동력과 방대한 시장이 주요한 요인으로 작용하고 있기 때문이다.[62] 중국의 해외직접투자에서 한국은 중요한 비중과 역할을 담당하고 있다. 지리적으로 중국의 동부 연해안 지역과 인접해 있는 한국은 역사와 문화적으로도 중국과 밀접한 관계를 형성해 오고 있다(김상욱, 2010a).

한국수출입은행 해외경제연구소 해외투자통계(KERI—OIS)[63]에 의하면 한국의 해외

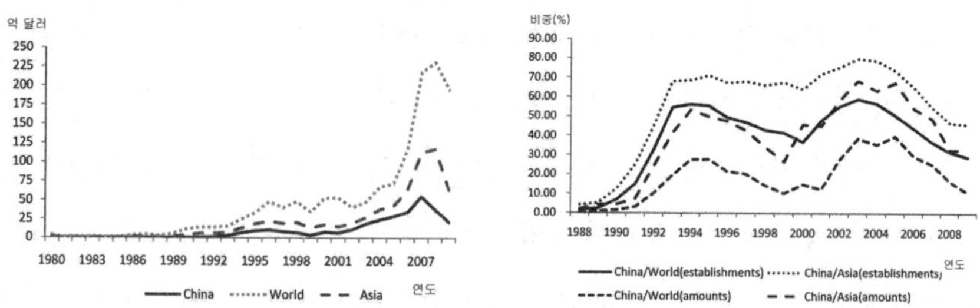

(a) 한국의 對중국 해외직접투자 추이 : 실질투자 금액 기준

(b) 한국의 對 중국 해외직접투자 비중 : 실질투자 금액(amounts) 투자건수(establishments) 기준

<그림 8–35> 한국의 중국에 대한 해외직접투자 추이와 비중

자료: 한국수출입은행 해외투자통계, 김상욱(2010a).

62) OECD(2000)는 중국의 해외직접투자 유입 요인을 경제성장과 경제규모, 자연자원, 인적자본, 인프라, 대외개방, 경제정책, 투자보호정책 등으로 요약하고 있다. 이외에도 徐杰(2003)는 저렴한 노동력을 주요한 요인으로 보고 있으며, 李立新, 金润圭(2002), 张海洋(2003), 邓炜, 郑兵云(2004)는 노동력의 양적인 측면뿐만 아니라 질적인 측면인 인적자본을 주요한 요인으로 추가하고 있다. 그리고 魏后凯(2000), 朱津津(2001), 邓炜, 郑兵云(2004), 潘镇(2005)은 시장규모를 주요한 요인으로 보고 있다. 그리고 Cheng, Kwan(2000), 张立, 龚玉池(2002)는 제도적인 측면에서의 정책을 주요한 요인으로 보고 있으며, 魏后凯(2000)는 문화적 요인을 郑政秉, 林智杰(2003)는 언어소통의 용이 정도를 중국의 해외직접투자 주요 유입 요인으로 보고 있다.

63) 한국수출입은행 해외경제연구소(Kora Eximbank Overseas Economic Research Institute: KERI)의 해외투자통계(Oversea Investment Statistics: OIS)는 1980년-2009년 기간 동안 한국의 해외직접투자에 대한 자료를 연도별, 월별, 지역별, 국가별, 업종별, 제조업종별, 투자규모별, 지방자치단체별로 제공하고 있다.

직접투자는 1980년대 이래 매년 증가하고 있으며, 특히 1990년대 중반 이후는 매년 천 건 이상의 신규 해외직접투자가 이루어지고 있다. 그리고 2000년대 초반부터는 더욱 급속하게 증가하여 2007년에는 신규투자건수가 6,066건에 달해 최고 정점을 이루고 있다. 2009년 말 현재 한국의 해외직접투자는 누계 투자건수가 47,972건에 달하고 투자금액은 1,399.07억 달러에 달한다. 특히 최근 5년 간 2005년–2009년 기간 동안 투자금액이 832.79억 달러에 달해 전체 해외직접투자금액의 59.52%를 차지하고 있다. 즉 최근 5년 동안 전체 해외직접투자의 60%가 이루어지고 있는 것이다.

한국의 해외직접투자는 대부분이 아시아, 북아메리카, 그리고 유럽에 집중 분포되고 있다. 그 중에서도 아시아에 집중적으로 투자되고 있다. 2009년 말 투자금액 기준으로 한국의 해외직접투자 중 아시아의 비중은 46.35%에 달하고, 북아메리카는 23.93%, 유럽은 16.74%에 달한다. 한국의 아시아에 대한 해외직접투자는 대부분이 중국에 집중되고 있다. 2009년 말 투자금액 기준으로 중국 한 국가의 비중이 21.01%에 달한다. 해외직접투자금액의 약 1/5 정도가 중국에 집중 투자되고 있는 것이다. 투자건수를 기준으로 하면 중국의 비중은 43.27%로 더욱 높아진다. 한국의 해외직접투자 기업의 약 절반 정도가 중국에 투자하고 있는 것이다.

한국의 중국에 대한 해외직접투자는 1990년대 중반과 2000년대 중반을 기점으로 소폭의 주기를 형성하고 있다. 투자금액 기준으로 1995년 세계 전체 해외직접투자 중 중국의 비중이 27.65%로 정점을 이루고 그 후 점차 감소하는 추세이다가 1999년에는 그 비중이 10.29%로 낮아지고 있다.[64]

---

64) 한국수출입은행 해외경제연구소 해외투자통계에 의하면 1999년에는 1998년과 비교하여 북미지역에 대한 투자가 크게 증가하고 아시아에 대한 투자는 상대적으로 크게 감소하였다. 1998년 아시아에 대한 직접투자는 20.08억 달러, 북미 지역에 대한 직접투자는 9.94억 달러이다. 그러나 1999년에는 아시아에 대한 직접투자가 13.17억 달러로 크게 감소하고, 북미 지역에 대한 투자는 14.18억 달러로 크게 증가하였다.

<표 8-42> 중국에 대한 한국과 중국의 투자통계의 비교

(단위: 억 달러)

연도	한국의 통계자료		중국의 통계자료		투자금액비교 (A-B)
	신고금액	실제투자금액(A)	신고금액	실제투자금액(B)	
1992	3.79	2.08	4.17	1.19	0.89
1993	6.58	2.91	15.57	3.74	-0.83
1994	8.55	6.75	18.06	7.23	-0.48
1995	13.57	9.17	29.98	10.43	-1.26
1996	19.82	10.25	42.36	13.58	-3.33
1997	9.44	7.99	21.81	21.42	-13.43
1998	9.13	6.86	16.41	18.03	-11.17
1999	5.02	3.50	14.84	12.75	-9.25
2000	10.38	7.81	23.86	14.90	-7.09
2001	10.38	6.54	34.87	21.52	-14.98
2002	21.56	11.06	52.82	27.21	-16.15
2003	29.46	18.47	91.77	44.89	-26.42
2004	37.53	23.88	139.11	62.48	-38.60
2005	37.01	28.49	197.60	51.68	-23.19
2006	46.05	34.37	n.a.	38.95	-4.58
2007	72.92	54.83	n.a.	36.78	18.05
2008	48.98	38.16	n.a.	31.35	6.81
합계	390.17	273.12	n.a.	418.13	-145.01

주: 투자금액은 실질투자금액을 말함, 한국의 통계자료의 1992년은 1980년-1992년의 합계, n.a.는 자료 없음.

자료: 한국의 통계자료는 한국수출입은행 해외투자통계(Oversea Investment Statistics) 자료, 중국의 자료는 1992년-2005년은 상무부(商務部) 외자사(外資司)의 통계를 이용하고, 2006년-2008년은『중국통계연감(中國統計年鑑)』의 자료를 이용함. 김상욱(2010a)

그러나 2000년부터 다시 중국의 비중이 상승하면서 2006년에는 39.72%로 다시 정점을 형성하다가 2007년부터는 점차적으로 감소하고 있는 추세이다.[65] 한 가지 주의할 점은 한

65) 2008년 북경올림픽을 앞두고 한국의 중국에 대한 투자는 크게 증가하였다. 이는 물론 북경올림픽을 준비하는 중국정부가 해외직접투자의 유치에 대해서 선별적 우대정책을 실시한 영향에 기인하는 측면도 있으며, 또한 2001년 중국의 세계무역기구(WTO) 가입에 따른 영향도 고려할 수 있다. 2007년부터 중국에 대한 투자 비중이 점차적으로 감소하는 이유는 노동집약적 산업 종사 기업의 베트남, 캄보디아 등으로의 투자선 다변화에 어느 정도 기인하고 있다. 한국의 베트남에 대한 투자는

국의 중국에 대한 해외직접투자 통계가 중국과 한국에서 비교적 현저한 차이가 있다는 것이다.

한국수출입은행의 해외투자통계에 의하면 2009년도 연말 기준 對중국 해외직접투자의 누계 실질투자금액은 293.96억 달러이고, 실질투자건수는 20,757건이다. 그러나 중국 상무부(商務部) 외자사(外資司)와 『중국통계연감(中國統計年鑑)』의 자료에 의하면 실질투자금액이 더욱 크게 나타난다. 이러한 차이가 발생하는 원인을 몇 가지 측면에서 생각해 볼 수 있다(김상욱, 2010a).

첫째는 중국 현지에서 투자신청을 할 때 투자금액을 조금 과대하게 보고할 여지가 있다. 현지에 대한 투자는 중 · 장기적인 전략적 접근이 필요하다. 따라서 지나치게 작은 투자로 인식되기 보다는 어느 정도의 규모를 갖춘 투자로 인정받는 것이 현지경영에 더욱 유리한 조건을 얻어 낼 수 있는 소지가 있는 것이다. 따라서 중국의 투자통계가 과대하게 집계될 가능성이 있는 것이다.

둘째는 중국 현지에서의 재투자이다. 한국에서 중국으로 유입되는 해외직접투자는 대부분이 신규투자(greenfield investment)를 중심으로 집계되고 있다. 즉 신규로 이루어진 투자를 중심으로 해외투자통계가 집계되는 것이다. 그러나 중국 현지에서는 한국수출입은행을 거치지 않고 바로 재투자를 할 기회도 많이 있다. 이러한 재투자는 중국의 통계에서는 여전히 해외직접투자로 집계될 수 있기 때문에 중국의 통계자료가 더욱 과대하게 나타날 수 있다.

세 번째는 중국 통계자료 자체가 가지는 문제점이다. 즉 지방정부가 중앙정부로 통계자료를 보고할 때 과대평가한 수치를 제공할 가능성이다. 이 문제는 특히 GDP 통계에서 심각하게 나타나고 있는 현상이다. 김상욱(2009)의 연구에서도 지적하고 있듯이 지방정부가 자신들의 정치적 성과를 과대하게 선전하기 위해서 통계자료를 부풀리는 것이다. 따라서 이러한 제반 요인들이 종합적으로 작용하여 중국의 통계자료가 한국보다 더욱 과대하게 평가되고 있을 가능성이 있는 것이다. 1993년부터 2006년 기간 중 한국과 중국의 자료를

2006년 5.9억 달러에서 2007년에는 13.5억 달러, 2008년에는 13.2억 달러로 점차적으로 증가하고 있다(박세근, 2009).

비교해 보면 중국측의 통계가 일관적으로 과대하게 평가되고 있다. 그러나 2007년과 2008년의 자료에서는 오히려 중국의 자료가 과소평가되고 있다. 중국의 통계자료가 한국보다 과대평가 되는 이유는 앞에서 세 가지 경우를 예로 들고 있다. 그러나 한국의 자료가 과대평가 되는 이유는 좀 더 구체적인 분석이 필요하다.

한국의 중국에 대한 해외직접투자가 세계 전체 해외직접투자에서 차지하는 비중이 21.01%에 달하고 있으나, 중국이 유입한 전체 해외직접투자에서 한국투자가 차지하는 비중은 크지 않다. 1992년–2008년 기간 동안 중국은 모두 8,275.56억 달러의 해외직접투자를 실질적으로 유입하였다. 동 기간 중 한국이 중국에 대한 해외직접투자는 한국수출입은행의 통계에 의하면 273.12억 달러이고 중국 상무부의 통계에 의하면 418.13억 달러이다. 이를 기준으로 할 때 한국의 투자규모가 중국 전체의 해외직접투자 유입규모에서 차지하는 비중은 각각 3.30%와 5.05%이다.[66)]

중국이 유입한 전체 해외직접투자 중 가장 많은 비중을 차지하는 것은 홍콩으로부터의 투자이다.[67)] 중국 상무부와 중국통계연감에서 제공되는 자료를 이용하여 1979년부터 2008년 말까지의 누계 실질투자금액을 기준으로 하면 홍콩은 3,779.20억 달러를 중국에 투자하여 중국 전체 누계투자금액의 44.32%를 차지하고 있다. 그 다음은 대만으로 678.94억 달러에 비중은 7.96%이다. 미국과 일본도 각각 628.10억 달러와 652.84억 달러를 투자하여 7.37%와 7.66%의 비중을 차지하고 있다. 이 기준에 의하면 한국의 투자비중은 4.90%로 약

---

66) 한국의 중국에 대한 투자의 전체 규모가 중국이 유입한 해외직접투자에서 차지하는 비중이 크게 높지 않은 것은 투자의 규모가 상대적으로 작기 때문이다. 전반적으로 볼 때 한국의 중국에 대한 투자에서 중소기업이 차지하는 비중이 매우 높다. 특히 투자건수를 기준으로 하면 중소기업의 비중은 더욱 높아진다. 중국에 대한 직접투자에서 중소기업의 비중이 높은 이유는 여러 가지가 있을 수 있다. 가장 중요한 원인은 대기업과의 연계투자이고, 그 다음은 지리적으로 인접하고 문화 · 역사적으로 유사한 사회구조를 가지고 있기 때문에 한국에서 퇴출 또는 경쟁력이 심각하게 저하된 중소기업이 새로운 시장과 기회를 창출하기 위해 중국을 선택하고 있기 때문이다.

67) 홍콩은 중국과 지리적으로 인접하고 있으며, 특히 개혁개방의 선두지역인 광주(廣州)와 심천(沈圳)과 인접하고 있다. 홍콩의 중국에 대한 직접투자가 본격적으로 시작된 것은 1992년부터이다. 그리고 1992년부터 1996년 기간 동안 홍콩의 중국에 대한 투자가 크게 증가하였으며, 1997년부터 2001년 기간 동안은 잠시 투자의 열기가 감소하였으나, 2002년부터 다시 홍콩의 중국에 대한 투자는 매년 크게 증가하고 있다.

간 작아진다. 왜냐하면 전체 투자를 1979년부터 집계하고 있기 때문이다. 그 다음으로는 싱가포르도 4.55%의 비중을 차지하여 한국과 비슷하지만, 영국, 독일, 프랑스는 모두 2% 미만의 비중을 차지하고 있다. 이들 상위 10개 국가와 지역은 중국이 유입한 해외직접투자 전체 금액의 82.51%를 차지하고 있다. 특히 상위 5개 국가 · 지역의 집중도는 72.21%에 달하고 있다. 이는 중국의 해외직접투자 유입이 특정 국가에 집중적으로 의존하고 있음을 나타낸다.

종합적으로 보면 중국의 해외직접투자 유입에서 한국이 차지하는 투자 금액의 비중은 3~5% 정도로 크게 높지 않다. 그러나 한국의 해외직접투자 유출에서 중국이 차지하는 투자 금액의 비중은 상대적으로 높은 구조를 형성하고 있다. 이러한 불균형한 구조는 한국이 중국에 대한 직접투자에 지나치게 의존하는 결과를 초래할 수 있다. 최근 문제가 되고 있는 투자철회와 투자철수에 있어서 한국투자기업들이 입장이 상대적으로 수동적인 것도 이러한 불균형 구조가 초래하는 영향에 어느 정도 기인하고 있다고 볼 수 있다.[68]

3.1.2. 한국의 중국에 대한 해외직접투자의 산업별 분포

일반적으로 해외직접투자의 동인과 관련해 두 가지 가설이 있다. 하나는 기업의 해외시장개척과 관련된 가설이며, 또 하나는 사양산업의 퇴출과 관련된 가설이다.[69] 이 두 가설

68) 투자철수와 투자철회는 공식적이고 합법적으로 이루어지기 보다는 비공식적이고 비합법적으로 이루어지는 경우가 있기 때문에 정확한 통계를 집계하는데 어려움이 있다. 王佳佳(2009)에 의하면, 2000년-2007년 기간 동안 8,344개의 한국기업이 청도시(青岛市)에 투자하였으며, 그 중 21.5%(206개 기업)이 불법적으로 투자를 철수하였다. 2003년에 21개 기업이 철수하였으며, 2007년에는 한 해 동안 87개 기업이 철수하였다.

69) 해외시장개척은 시장추구형(market access) 직접투자로 볼 수 있으며, 사양산업의 퇴출은 생산효율추구형(factor proportions) 직접투자로 볼 수 있다. 투자대상국의 시장을 겨냥한 시장추구형(market access) 직접투자는 수평적 직접투자(horizontal foreign direct investment), 시장지향형투자라고도 하며, 생산효율추구형(factor proportions) 직접투자는 수직적 직접투자(vertical foreign direct investment), 비용절감형투자라고도 한다. 이홍식, 김혁황(2004)의 연구에 의하면, 한국의 對중국 직접투자는 초기에는 중국의 저렴한 노동력을 이용하는 초보단계의 직접투자이나 점차적으로 중국의 방대한 시장을 공략하고자 하는 보다 적극적인 투자로 발전하고 있다고 밝히고 있다. 박번순(2004)은 산업자원부의

은 모두 산업구조 고도화라는 공통된 특징을 가지고 있다. 한국의 해외직접투자 역시 이들 두 가설에 기반을 두고 있다고 볼 수 있으며, 그 중에서도 생산원가의 절감이라는 동인이 강하게 작용하고 있다. 즉 한국 국내의 생산원가가 지속적으로 상승함에 따른 수출제품의 가격경쟁력을 제고하기 위해 생산비용이 상대적으로 저렴한 국가나 지역으로 국경을 넘어서 생산기지가 이동하고 있는 것이다. 물론 해외직접투자의 동인은 이들 여러 요인들이 종합적으로 작용하고 있다고 보는 것이 더욱 현실적일 것이다.

<표 8-43> 한국의 중국에 대한 해외직접투자의 산업구조

(단위: %)

구분	세계에 대한 투자		중국에 대한 투자	
	투자건수	투자금액	투자건수	투자금액
제조업	50.50	41.17	73.67	76.44
건설업	3.35	2.72	1.55	2.53
도매 및 소매업	16.29	14.99	8.85	5.76
운수업	1.68	1.54	0.86	0.83
숙박 및 음식점업	6.15	1.81	3.26	1.54
출판, 영상, 방송통신 및 정보서비스업	2.42	2.60	1.20	0.69
금융 및 보험업	1.01	7.37	0.37	6.18
부동산업 및 임대업	4.88	6.87	1.72	2.35
기타	13.72	20.93	8.52	3.68
합계	100.00	100.00	100.00	100.00

주 : 투자 건수와 투자 금액은 실질투자건수와 금액을 말함; 2009년 말 누계 기준.
자료 : KERI-OIS.

한국수출입은행의 해외투자통계(KERI—OIS)를 이용하여 2009년 말 기준 한국의 해외직접투자의 산업구조를 보면 투자 건수를 기준으로 1차 산업이 1.61%, 2차 산업이 55.22%, 3차 산업이 43.16%를 차지하고 있다. 즉 제조업을 중심으로 하는 2차 산업이 가장 큰 비중을 차지하고 있다. 투자 금액을 기준으로 하면 1차 산업이 0.59%를 차지하고 있으며, 2차 산업과 3차 산업이 각각 56.08%와 43.33%를 차지하고 있다. 즉 제조업을 중심으로

2003년도 현지조사 자료를 이용하여 대기업은 주로 현지시장개척을 주요 투자동기로 하고 있으며, 중소기업은 노동비용절감을 주요 투자동기로 하고 있음을 밝히고 있다.

하는 2차 산업의 비중이 더욱 높아지고 있는 구조이다.

한국의 중국에 대한 해외직접투자는 제조업을 중심으로 하는 2차 산업의 비중이 더욱 높은 산업구조를 가진다. 2009년 말 투자 건수를 기준으로 하면 1차 산업이 1.34%, 2차 산업이 75.82%, 3차 산업이 22.84%를 차지하고 있다. 투자 금액을 기준으로 하면 1차 산업이 0.38%, 2차 산업이 79.89%, 3차 산업이 19.74%로 2차 산업이 비중이 80%에 달하고 있다. 이는 한국의 중국에 대한 해외직접투자가 주로 제조업을 중심으로 하는 2차 산업에 집중되고 있음을 나타낸다.

투자 산업구조를 좀 더 구체적으로 보면, 2차 산업에서는 제조업의 비중이 가장 높고, 3차 산업에서는 도매 및 소매업의 비중이 가장 높게 나타나고 있다. 그러나 세계에 대한 투자와 중국에 대한 투자는 조금의 차이가 있다. 2009년 말 누계 자료를 기준으로 세계에 대한 투자 중 제조업에 대한 투자 건수는 전체의 50.50%를 차지하고 있으며, 투자 금액의 41.17%를 차지하고 있다. 반면에 중국에 대한 투자 중 제조업에 대한 투자 건수는 전체의 73.67%를 차지하고 있으며, 투자 금액은 76.44%를 차지하고 있다. 이는 중국에 대한 해외직접투자는 절대적으로 제조업에 집중되고 있음을 나타내고 있다.[70] 즉 제조업을 중심으로 하는 집중 현상이 나타나고 있다(김상욱, 2010b).

중국에 대한 해외직접투자 중 가장 많은 비중을 차지하고 있는 제조업을 다시 업종별로 보면, 역시 특정 업종에 집중되고 있음을 알 수 있다. 즉 제조업을 중심으로 하는 집중뿐만 아니라 제조업 내부에서는 업종별 집중이 존재하고 있는 것이다. 제조업 업종 중 가장 큰 비중을 차지하고 있는 업종은 전자부품, 컴퓨터, 영상, 음향 및 통신장비 제조업이다. 이는 전체 투자 건수의 14.18%와 투자금액의 26.93%를 차지하고 있다. 두 번째는 자동차 및 트레일러 제조업으로 투자금액의 11.30%를 차지하고 있다. 투자 건수를 기준으로 하면 의복, 의복악세서리 및 모피제품 제조업이 14.19%로 가장 많은 비중을 차지하고 있는 업종이다. 그러나 투자금액의 비중은 4.49%로 비교적 낮다. 이는 전자부품, 컴퓨터, 영

70) 일본의 對중국 투자 역시 제조업에 집중되고 있다. 투자금액을 기준으로 1979년-1983년 동안 제조업의 투자금액이 전체 투자의 15.4%를 차지하였으나, 1984년-1990년 기간에는 25.7%로 증가하고, 1991년-2003년 기간 동안에는 75.7%로 증가하였다(張青松, 2007:129).

상, 음향 및 통신장비 제조업과 달리 의복, 의복액세서리 및 모피제품 제조업은 대부분이 중소기업을 중심으로 투자가 진행되고 있기 때문으로 해석할 수 있다.[71)]

<표 8-44> 한국의 중국에 대한 해외직접투자의 제조업종별 구조

(단위: %)

구분	투자건수	신고금액	투자금액
전자부품, 컴퓨터, 영상, 음향 및 통신장비 제조업	14.18	25.88	26.93
자동차 및 트레일러 제조업	4.89	10.6	11.30
화학물질 및 화학제품 제조(의약품 제외)	6.65	6.44	6.41
금속가공제품 제조업(기계 및 가구 제외)	5.62	6.53	6.06
1차 금속 제조업	2.34	5.98	5.97
기타 기계 및 장비 제조업	8.14	6.13	5.63
비금속 광물제품 제조업	3.10	4.60	5.07
섬유제품 제조업(의복제외)	6.03	5.71	5.02
기타 운송장비 제조업	0.91	4.07	4.60
의복, 의복액세서리 및 모피제품 제조업	14.19	4.75	4.49
식료품 제조업	6.67	3.46	3.69
고무제품 및 플라스틱제품 제조업	1.86	3.26	3.66
기타 제품 제조업	10.74	3.29	3.07
전기장비 제조업	3.25	2.46	1.92
가죽, 가방 및 신발 제조업	2.55	1.75	1.66
의료, 정밀, 광학기기 및 시계 제조업	2.80	1.75	1.61
펄프, 종이 및 종이제품 제조업	1.33	0.93	0.69
음료 제조업	0.09	0.44	0.52

주 : 표 2와 동일, 담배제조업, 코크스, 연탄 및 석유정제품 제조업, 목재 및 나무제품 제조업, 가구 제조업, 의료용 물질 및 의약품 제조업, 인쇄 및 기록매체 복제업은 비중이 매우 낮아 제외.

자료: KERI-OIS.

71) 일본의 제조업 투자구조도 한국과 비슷하다. 1984년-1990년 기간 동안 전기기전(電氣器電)의 투자 비중이 36.24%로 가장 크고 그 다음은 일반기계가 15.89%로 높은 비중을 차지하고 있다. 이외에도 식품과 섬유가 각각 8.56%와 7.82%로 비교적 높은 비중을 차지하고 있다. 1991년-2003년 기간에도 역시 전기기전이 25.74%로 가장 높은 비중을 차지하고 있다. 두 번째는 운송기계가 14.51%로 높은 비중을 차지하고 있다(張青松, 2007:126-127). 특히 운송기계가 높은 비중을 차지하는 것은 1990년대에 일본의 혼다, 스즈키, 토요다, 미즈비시 등 유명 자동차 회사들이 중국에 대규모 투자를 시작하고 있기 때문이다(稲垣清, 2002:242-243).

KERI—OIS에 의하면 한중 수교가 시작된 1992년 제조업이 전체 투자금액에서 차지하는 비중은 83.16%이다. 그 후 1997년, 2007년, 2008년 3년을 제외하고는 매년 70% 이상의 비중을 차지하고 있다. 그리고 2009년에는 그 비중이 다시 79.26%로 크게 증가하고 있다. 중국에 대한 투자에서 제조업의 비중이 가장 높은 연도는 2001년으로 전체 투자금액에서 차지하는 비중이 91.63%이다. 그 후 2008년까지는 非제조업의 비중이 매년 점차적으로 상승하다가 2009년에는 다시 제조업의 비중이 크게 증가하고 非제조업의 비중이 감소하는 추세이다. 앞에서 언급하였듯이 제조업종별로 보면 전자부품, 컴퓨터, 영상, 음향 및 통신장비 제조업이 가장 큰 비중을 차지하고 있는 업종이다. 1992년부터 2009년까지의 연도별 추이를 보면, 동 업종은 매년 꾸준히 증가하고 있는 추세이다. 2000년 이전에는 전체 제조업에서 차지하는 투자금액 비중이 5%–10% 정도였지만 2000년 이후에는 매년 10% 이상을 차지하고 있으며, 2002년에는 19.50%로 가장 높은 비중을 차지하고 있다. 투자 건수를 기준으로 하여도 역시 매년 꾸준한 증가 추세를 나타내고 있다. 2002년–2007년 기간에는 매년 천 건 이상의 신규 투자가 이루어지고 있으며, 비록 이 시기에 한국의 중국에 대한 해외직접투자에서 제조업의 차지하는 비중이 매년 낮아지고 있는 추세이지만 전자부품, 컴퓨터, 영상, 음향 및 통신장비 제조업은 오히려 제조업의 비중을 유지하는데 크게 기여하고 있는 것이다(김상욱, 2010a).

3.1.3. 한국의 중국에 대한 해외직접투자의 지역별 분포

중국은 1990년대 초반 이후 해외직접투자의 유입이 급속도로 확대되고 있다. 특히 동부연해안 지역을 중심으로 활발하게 건설되고 있는 각종 경제개발구는 외국인기업에 대한 우대정책을 기반으로 하고 있기 때문에 해외직접투자의 유입에 적극적인 역할을 담당하고 있다.[72] 따라서 상대적으로 유리한 투자환경으로 인해 중국이 유입한 대부분의 해외직

72) 이홍직, 김혁황(2004)의 연구에서는 경제특구, 경제기술개발구, 고신기술산업개발구, 보세구 등 다양한 형태의 경제개발구를 지정하여 직접투자 기업에 대한 많은 유인책을 제공하고 있으며, 이것이 1992년 이래 중국의 해외직접투자 유입을 크게 증가시킨 한 요인으로 보고 있다. 그리고 연도별 세계의 중국에 대한 해외직접투자의 성장률과 경제개발구 사이에 상관관계가 0.73으로 나타났다. 그리고 이홍직, 김혁황(2004)의 실증분석에서는 한국의 중국에 대한 직접투자와 경제개발구 사이에

접투자는 동부 연해안 지역에 집중적으로 분포하고 있다.[73)]

중국의 31개 성 · 시 · 자치구(省 · 市 · 自治區) 지역을 기준으로 할 때 한국의 중국에 대한 해외직접투자가 주로 입지하고 있는 지역도 동부 연해안 지역이다. 2009년 말 누계 기준으로 투자 건수의 89.74%와 투자금액의 91.90%가 동부 연해안 지역에 분포하고 있다. 그 중 산동성(山東省)과 강소성(江蘇省)은 한국투자기업과 투자금액이 가장 많이 입지하고 있는 지역이다. 2009년 말 누계 기준으로 투자 건수의 34.03%와 투자 금액의 23.17%가 산동성에 입지하고 있으며, 투자 건수의 8.49%와 투자 금액의 21.34%가 강소성에 입지하고 있다. 이 들 두 지역을 합하면 전체 한국투자 건수의 절반 정도이다. 즉 한국의 중국에 대한 해외직접투자는 위에서 발견한 특정 업종 집중 외에 특정 지역 집중이라는 또 다른 공간적 특징을 가지고 있는 것이다.[74)]

2009년 말 누계 투자 건수를 기준으로 하면 한국 투자기업이 가장 많이 분포하고 있는 지역은 산동성이며, 그 다음은 요녕성(遼寧省)으로 13.41%의 비중을 차지하고 있다. 한국기업이 많이 분포하고 있는 상위 10개 지역의 합계는 전체의 94.57%를 차지하고 있다. 그리고 상위 5개 지역의 비중은 72.72%이다. 투자 금액을 기준으로 할 때 역시 산동성이 가장 높은 비중을 차지하고 있으며, 그 다음은 강소성이다. 투자금액을 기준으로 상위 10개

통계적으로 유의한 관계가 발견되었다. 이것은 Chang-Soo, Lee & Chang-Kyu, Lee(2002)의 연구에서도 동일하게 나타나고 있다. 그러나 강한균(2009)의 한국과 일본의 對중국 직접투자 결정요인 분석결과에서는 예상과 달리 경제특구의 수는 일본의 경우 부(-)의 유의적인 변수로 한국의 경우는 비유의적인 변수로 나타났다. 이에 대해 강한균(2009)은 각 성마다 경제특구가 경쟁적으로 설치되어 있어 경제특구의 수가 투자의 결정요인에 큰 영향을 미친다고 추정하기에는 어려운 것 같다고 해석하고 있다.

73) 『중국통계연감(中國統計年鑑)』, 『통계공보(統計公報)』, 상무부(商務部)의 자료에 의하면 1980년부터 2009년 기간 동안 중국이 유입한 외국인직접투자의 81.56%가 북경시(北京市), 천진시(天津市), 하북성(河北省), 산동성(山東省), 강소성(江蘇省), 상해시(上海市), 절강성(浙江省), 복건성(福建省), 광동성(廣東省), 해남성(海南省)의 동부 연해안 지역에 집중적으로 분포하고 있다.

74) 일본의 중국에 대한 투자의 지역별 분포는 1980년대 대련(大連)을 중심으로 하는 북부 연해안지역에서 1990년대는 상해(上海)을 중심으로 하는 동부 연해안지역으로 투자가 확대되고 있다(정훈, 2002). 1980년-2000년 기간 동안 일본의 對중국 직접투자의 지역별 분포는 요녕성(遼寧省)과 광동성(廣東省)으로부터 상해시(上海市)와 강소성(江蘇省)으로 이동하고 있다. 동 기간 중 계약금액을 기준으로 대련시(大連市)의 비중은 12.6%, 상해시(上海市)는 13.3%, 강소성(江蘇省)은 18.1%, 광동성(廣東省)은 7.4%의 비중을 차지하고 있다(稲垣清, 2002:31).

지역의 합계는 전체 투자의 93.00%를 차지하고 있으며, 상위 5개 지역의 합계는 전체 투자의 75.17%를 차지하고 있다. 투자 건수를 기준으로 하면 요녕성에 비교적 많은 한국기업이 입지하고 있지만, 투자 금액을 기준으로 하면 북경시(北京市)가 더욱 큰 비중을 가진다.

<표 8–45> 한국의 중국에 대한 해외직접투자의 지역별 분포

(단위: 건, 억 달러, %, 백만 달러)

지역	투자건수	비중	투자금액	비중	평균투자금액
산동성(山東省)	7,044	34.03	68.07	23.17	0.97
강소성(江蘇省)	1,758	8.49	62.70	21.34	3.57
북경시(北京市)	1,721	8.31	38.62	13.15	2.24
요녕성(遼寧省)	2,776	13.41	26.51	9.02	0.95
천진시(天津市)	1,755	8.48	24.95	8.49	1.42
상해시(上海市)	1,598	7.72	20.44	6.96	1.28
광동성(廣東省)	760	3.67	13.21	4.50	1.74
절강성(浙江省)	721	3.48	10.60	3.61	1.47
길림성(吉林省)	1,034	5.00	3.86	1.31	0.37
하북성(河北省)	410	1.98	4.26	1.45	1.04
흑룡강성(黑龍江省)	385	1.86	3.14	1.07	0.82
호남성(湖南省)	41	0.20	4.24	1.44	10.34
자치구(自治區)	85	0.41	1.93	0.66	2.27
강서성(江西省)	42	0.20	2.72	0.93	6.48
산서성(山西省)	29	0.14	1.92	0.65	6.62
복건성(福建省)	127	0.61	1.36	0.46	1.07
사천성(四川省)	98	0.47	1.11	0.38	1.13
해남성(海南省)	36	0.17	0.61	0.21	1.69
호북성(湖北省)	63	0.30	1.01	0.34	1.60
안휘성(安徽省)	68	0.33	0.94	0.32	1.38
하남성(河南省)	52	0.25	0.71	0.24	1.37
감숙성(甘肅省)	15	0.07	0.25	0.09	1.67
운남성(云南省)	39	0.19	0.30	0.10	0.77
섬서성(陝西省)	29	0.14	0.23	0.08	0.79
귀주성(貴州省)	8	0.04	0.09	0.03	1.13
청해성(靑海省)	5	0.02	0.02	0.01	0.40
합계	20,699	100.00	293.80	100.00	1.42

주 : 투자금액은 실질투자금액을 말함, 2009년 말 기준.

자료: KERI–OIS, 김상욱(2010a).

지역별로 연도별 변화를 보면 대부분 지역이 2000년 이후 시기가 1990년대보다 더 많은 투자가 이루어지고 있다. 1990년대는 1992년의 한 · 중수교가 한국의 중국 에 대한 해외직접투자의 중요한 시발점이 되었다. 그러나 1998년에 발생한 아시아 금융위기는 해외직접투자에 소극적인 영향을 초래하였다. 그러나 2001년 중국의 세계무역기구(WTO) 가입은 또 다른 투자환경을 창출하였으며, 2000년대에 본격적으로 추진이 시작된 자유무역지역(FTA) 협정의 시작 등도 중국에 대한 해외직접투자에 중요한 변수가 되고 있다. 2008년에 개최된 올림픽과 이를 전후한 각 종 거시경제지표의 예측 등은 해외자본에게 중요한 신호가 되었으며 한국의 중국에 대한 해외직접투자에도 적지 않은 영향을 초래하였다고 볼 수 있다.

한국의 투자금액 비중이 가장 높은 산동성과 강소성의 투자금액의 연도별 추이를 보면 2000년 이후 투자금액이 매년 크게 증가하고 있다. 1992년–1999년 기간 산동성에 대한 투자는 전체 투자의 19.36%이고, 2000년–2009년 기간은 80.64%를 차지한다. 특히 2003년–2008년 기간의 투자는 42.68억 달러로 전체 투자의 63.43%를 차지하고 있다. 강소성에 대한 투자는 1992년–1999년 기간에 전체 투자의 31.62%가 이루어졌고, 2000년–2009년 기간에는 68.38%가 이루어졌다. 특히 2003년–2008년 기간에 48.18억 달러의 투자가 이루어져 전체 투자의 77.50%가 집중되어 있다. 그리고 2006년과 2007년은 각각 11.08억 달러와 15.68억 달러의 투자가 강소성에 집중되고 있다. 2006년도 한국의 중국에 대한 직접투자의 32.25%, 2007년도 직접투자의 28.60%가 강소성에 집중적으로 입지하고 있는 것이다. 이는 지역적으로 볼 때 중점 투자지역이 동북지역(東北地域)을 중심으로 하는 북쪽에서 북경시(北京市), 천진시(天津市), 산동성(山東省)을 중심으로 하는 화북지역(華北地域)으로 이동하고, 그리고 강소성(江蘇省)을 중심으로 하는 화동지역(華東地域)으로 다시 이동하고 있음을 나타낸다(김상욱, 2010a).

해외직접투자는 주로 국가에 대한 투자를 말한다. 그러나 엄격하게 말하면 해외직접투자의 종착지는 궁극적으로는 국가가 아니라 지역 또는 도시를 향해 이동하고 있다.[75] 중

75) 다국적기업이 입지를 결정할 때 우선은 국가적인 공간을 고려하게 된다. 왜냐하면 중요한 정책은 중앙정부에서 결정하기 때문이다. 그 다음은 지역을 고려하게 된다. 상품시장과 생산요소적인 측면

국은 모두 31개의 성(省)급 행정구역을 가지고 있다. 어떤 성은 한국보다도 더 큰 행정면적을 가지고 있다. 따라서 성급 행정구역을 기준으로 하는 지역보다는 주요 도시를 기준으로 해외직접투자기업의 입지를 분석하는 것이 더욱 현실적인 의의를 가질 수 있다. 그러나 도시별 해외직접투자에 관한 자료가 거의 제공되지 않고 있기 때문에 차선으로 지역별 자료를 이용하는 경우가 많다.

중국의 도시별 한국투자기업에 대한 자료는 중국한국상회(中國韓國商會)의 자료를 이용할 수 있다. 중국한국상회는 중국에 투자하고 있는 약 5천 여 개의 한국기업의 자료를 제공하고 있다. 중국에 투자하고 있는 모든 한국기업이 중국한국상회에 가입하고 자료를 제공하지는 않는다. 그러나 중국한국상회의 자료를 통해 한국기업의 도시별 분포와 입지에 대한 구조적 특징은 알 수 있다.

한국의 중국에 대한 해외직접투자의 도시별 입지를 보면 대부분의 투자기업이 동부 연해안 지역에 집중적으로 분포하고 있음을 더욱 직관적으로 알 수 있다. 특히 산동성, 강소성, 요녕성, 절강성, 광동성 등 지역의 도시들에 상대적으로 많이 입지하고 있음을 알 수 있다. <그림 8-36>에서도 나타나고 있듯이 대부분의 한국투자기업은 동부 연해안 지역의 주요 거점 도시들을 중심으로 입지하고 있다. 즉 그 지역에서 투자 환경이 가장 양호한 도시를 중심으로 입지하고 있기 때문에 특정 지역 집중과 마찬가지로 특정 도시 집중 현상이 나타나고 있는 것이다.

예를 들면 산동성에서는 청도시(青島市), 위해시(威海市), 연태시(煙台市)에 비교적 많은 한국기업이 집중적으로 입지하고 있으며, 일조시(日照市), 유방시(維坊市), 제남시(濟南市), 치박시(淄博市), 덕주시(德州市)에는 상대적으로 적은 한국기업이 입지하고 있다. 이러한 현상은 강소성, 절강성, 요녕성, 광동성에서도 비슷하게 나타나고 있다. 즉 강소성에

에서 지역은 실질적인 공간적 요인이 될 수 있기 때문이다. 마지막으로 고려하게 되는 공간적 범위는 도시이다. 도시는 노동력시장이 실질적으로 형성되어 있는 공간이며, 또한 토지의 이용에 있어서도 현실적인 제약조건들이 영향을 미치기 때문이다. 특히 중국에 대한 해외직접투자에 있어서 도시는 매우 중요한 공간적 배경이 된다. 왜냐하면 대부분의 공장입지는 도시를 단위로 소유권이 설정되어 있기 때문이다. 중국에 대한 해외직접투자의 도시별 입지 결정요인에 대해서는 金相郁, 朴英姬(2006)를 참고하기 바란다.

서는 남경시(南京市)와 소주시(蘇州市)에 가장 많은 한국기업이 분포하고 있으며, 기타 도시에도 역시 한국투자기업이 입지하고 있으나 상대적으로 적은 비중을 차지하고 있다. 절강성도 의오시(義烏市)에 가장 많은 한국기업이 입지하고 있으며, 광동성에는 심천시(深圳市), 광주시(廣州市), 동완시(東莞市)에 상대적으로 많은 한국기업이 입지하고 있다.

동북지역에는 한국기업의 중국에 대한 해외직접투자 초기에는 상대적으로 많은 기업이 입지하였으나, 최근에는 비중이 크게 감소하였다. 동북지역에는 심양시(沈陽市)에 가장 많은 한국기업이 입지하고 있으며, 그 다음으로는 장춘시(長春市), 대련시(大連市), 하얼빈시(哈爾濱), 단동시(丹東市)에 상대적으로 한국기업의 입지 비중이 높다. 한국기업의 도시별 분포를 보면 중국의 도시군(都市群) 형성과도 밀접한 관계가 있음을 알 수 있다.

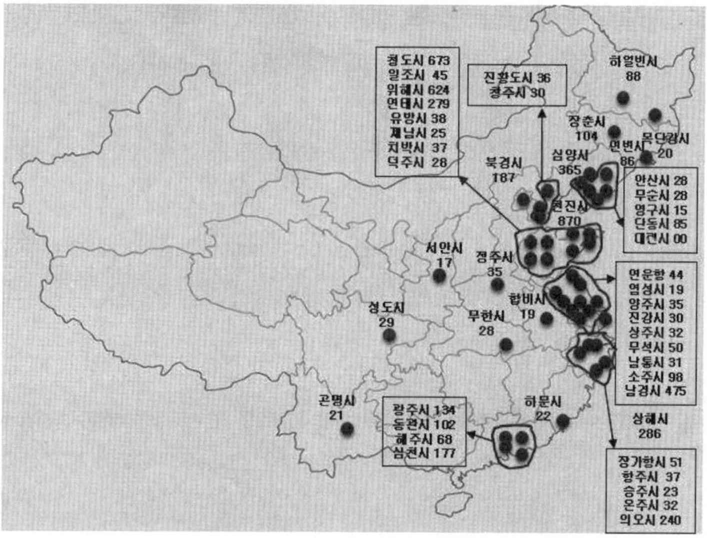

<그림 8-36> 중국에 대한 한국직접투자기업의 도시별 입지

주: 중국한국상회 등록기업 기준, 개.
자료: 중국한국상회(中國韓國商會).

즉 <그림 8-36>에서 원으로 형성되고 있는 지역들은 중국의 동부 연해안 지역의 주요 도시군들이 형성되고 있는 지역들이다. 도시군의 형성은 우수한 인프라를 바탕으로 생산요소의 원활한 공급을 제공하고 있으며 또한 각종 생산자 서비스를 제공 받을 수 있기 때문에 외국투자기업에게는 상대적으로 유리한 투자환경을 조성할 수 있는 것이다. 그리고 제조업에 필요한 노동력 풀(labor pool)이 충분히 제공되고 있기 때문에 전자산업 등을 중심으로 하는 한국투자기업들에게는 상대적으로 유리한 입지지역이 되고 있는 것이다.

3.2. 한국의 중국에 대한 해외직접투자 결정요인

3.2.1. 해외직접투자 결정요인모형

해외직접투자의 결정요인에 대한 실증분석에는 여러 모형들이 이용되고 있다. 일반적으로 모형의 기본적인 구조는 다수의 결정요인들을 설명변수로 채택하여 다중회귀방정식을 설정하는 형태이다. 다국적기업이 해외직접투자를 어느 지역에 할 것인가를 결정할 때 고려하게 되는 요인은 여러 가지가 있다. 따라서 이들 요인들을 모두 고려하는 모형을 설정하는 것은 방법론적으로 무리가 될 수 있다. 따라서 대부분의 실증분석들은 이론적으로 우선시되는 결정요인들을 중심으로 모형을 설정하고 이를 검증하는 방식을 채택하고 있다. 그리고 지역별 결정요인을 분석하기 위해 지역패널회귀모형을 설정하고 있다. 한국의 중국에 대한 해외직접투자의 실증분석도 역시 마찬가지이다.[76] Brainard, L.(1997), 지만수(2002), 이홍식 · 김혁황(2004) 등은 지역별 특성을 고려하기 위한 모형을 이용하고 있다.

$$FDI_{i,t} = f(X_{i,t}, \mu_{i,t}) \quad \cdots\cdots (1)$$

식 (1)에서 $X_{i,t}$는 t기의 지역 i의 특성을 표시하는 변수이며, $\mu_{i,t}$는 t기의 지역 i의 관측할

76) 魏后凯(2000), 崔伯烈(2002), 지만수(2002), 李立新 · 金润圭(2002), Chang-Soo, Lee & Chang-Kyu, Lee(2002), 이홍식 · 김혁황(2004), Sung-Jin, Kang & Hong-Shik, Lee(2004), 강한균(2009) 등의 연구도 general pooled regression model을 설정하고 있다.

수 없는 지역 특성(unobservable province specific variables)을 나타낸다. 그러나 해외직접투자의 결정요인이 다양하기 때문에 그 효과를 정확히 종합적으로 추정할 수 있는 방정식을 설정하는 것은 매우 어렵다. 그리고 설명변수와 종속변수 간에 존재하는 잠재적인 동시성(potential simultaneity)[77]과 설명변수 간의 상호작용이 존재한다면 선형방정식은 한계를 가지지 않을 수 없다.

선형방정식을 가정하는 다중회귀분석에 있어서 핵심은 바로 설명변수를 어떻게 설정하고 이들 설명변수와 종속변수의 관계를 어떻게 설정하는가이다. Chang—Soo, Lee & Chang—Kyu, Lee(2002)는 Lipsey(1999)의 중력모형을 이용하여 한국의 중국에 대한 지역별 해외직접투자 결정요인을 분석하고 있다. Lipsey(1999)의 중력모형은 거리(distance)를 중요한 설명변수로 채택하고 있는 특징을 가지며 미국의 다국적기업들의 아시아지역에 대한 투자결정요인을 설명하고 있다.

연구방법론적인 측면에서 볼 때 기존의 연구들은 몇 가지 한계를 가진다. 첫째는 회귀분석에서 설명변수들 간에 흔히 발생할 수 있는 다중공선성(multicollinearity) 문제에 대한 충분한 언급이 필요하다. 둘째는 패널회귀모형을 이용할 경우 랜덤효과모형(random effect model)과 고정효과모형(fixed effect model)을 선별적으로 분석할 수 있다. 모형의 선택을 위해서는 하우스만검증(Hausman test)이 필요하다. 셋째, 모형의 설정에 있어서 설명변수와 종속변수 간에 일정한 시차를 두고 있다. 이것은 설명변수가 종속변수에 미치는 영향이 시차를 두고 있다고 가정하고 있기 때문이다. 그러나 실질적으로는 대부분의 연구가 전년도와 당해 연도의 시차를 가정하고 있다. 과연 이것이 현실적으로 또는 이론적으로 어떤 의의를 가지는가에 대한 심도 있는 논의가 필요하다(김상욱, 2011a).

77) 잠재적인 동시성이란 설명변수와 종속변수의 관계에 있어서 설명변수가 종속변수를 결정하는 것과 동시에 종속변수가 설명변수에도 영향을 초래할 수 있음을 말한다. 예를 들면 낮은 임금은 해외직접투자를 유인하는 결정요인이 될 수 있지만 동시에 해외직접투자의 유입은 그 지역의 평균 임금수준을 높일 수 있기 때문이다(이홍식, 김혁황, 2004).

3.2.2. 중국에 대한 해외직접투자 결정요인

모형의 설정에 있어서 가장 중요한 문제는 변수이다. 변수의 설정은 두 가지 문제를 가진다. 첫째는 어떤 변수를 채택할 것인가. 둘째는 채택된 변수를 어떻게 이용할 것인가이다. 다른 실증분석들도 흔히 가지고 있는 문제이지만 해외직접투자의 결정요인에 있어서도 이론적인 모형의 설정과 검증을 통해 변수를 설정하기 보다는 연구자의 '직관'에 의한 경우가 자주 있다. Chakrabarti, A.(2003)는 이러한 문제를 극복하기 위해 해외직접투자의 결정요인을 설명하는 이론적 모형을 구축하고자 시도하고 있다. 그의 모형에서는 시장규모(market size), 임금(wage), 관세(tariff), 정치적 안정(political stability), 환율(exchange rate), 운송비용(transportation cost)이 해외직접투자의 결정요인으로 작용하고 있다. 그러나 이들 외에 다른 변수들은 해외직접투자의 결정요인으로 작용하지 않는 것은 아니다. 연구자들은 자신의 연구목적에 부합하는 특정 변수들을 결정요인으로 분석에 이용하는 경우가 자주 있다. <표 8–46>은 선행연구들의 중국에 대한 해외직접투자의 주요 결정요인들을 요약하고 있다.

시장지향(market—oriented) 가설과 시장접근(market access) 가설을 통해 볼 때 시장규모(market size)와 시장잠재력(market potential)은 해외직접투자의 가장 중요한 결정요인 중의 하나이다. 일반적으로 시장규모는 GDP를 이용하고 있으며, 시장잠재력은 GDP 성장률이나 1인당 GDP를 이용하고 있다. 시장은 해외직접투자기업들에게 있어서 가장 중요한 동인으로 작용하고 있다. 생산성의 증가와 이윤극대화의 추구는 결국 협소한 국내시장보다는 더 넓은 시장으로의 진출을 요구하고 있기 때문에 시장규모는 해외직접투자기업들에게는 가장 중요한 고려 요인이 된다. 그리고 장기적인 측면에서 시장의 잠재력 또한 고려하지 않을 수 없다. 그러나 해외직접투자의 증가는 해당 지역이나 국가의 GDP를 증대시키는 중요한 요인으로 작용하기 때문에 내생성문제를 초래 할 수 있다. 이러한 문제점에 대해서는 여러 선행연구들도 공감을 하지만 여전히 GDP는 가장 우선적으로 고려되는 투자결정요인이다.

<표 8-46> 중국에 대한 해외직접투자의 주요 결정요인

연구자	주요 투자결정요인	투자방향
OECD (2000)	Market–oriented FDI; Export–oriented FDI Market size and growth prospects Natural resource Human resource Physical infrastructure Financial infrastructure Technological infrastructure Openness to international trade Access to international markets Regulatory framework Economic policy coherence Investment protection and promotion	World → China
魏后凱 (2000)	Production cost, Market size, Agglomeration, Tax, Geographical and Cultural Linkage	Europe → China U.S. → China Japan → China Korea → China
Cheng, L.K., Kwan,Y.K., (2000)	FDI stock, Per capita income, Wage, Education, Infrastructure, Policy dummy	World → China
Chang–Soo, Lee, Chang–Kyu, Lee (2002)	Lipsey's gravity equation: Market size, Growth rate, Per capita income, Distance, Tax policy, Human capital, Infrastructure Demurger's Foreign Investment Equation: Market size, Openness, Infrastructure, Internal reform, Human capital	Korea → China World → China
Qian, S., Wilson, T., Qiao, Y. (2002)	Market demand and market size, Agglomeration, Labor quality, Labor Cost, Level of scientific research, Degree of Openness, Country risk, FDI substitutes (foreign portfolio investment, FPI)	World → China
Fung, K.C., Iizaka, H. (2002)	Market size, Labor Cost, Labor quality, Infrastructure, dummy variable for Special Economic Zones and Open Coastal Cities, dummy variable for Economic and Technological Development Zones	U.S. → China Japan → China H.K. → China Taiwan → China
崔栢烈 (2002)	Korea's GDP, Korea's Total Export, Export to China, Capital cost, Wage, Exchange rate	Korea → China

지만수 (2002)	Market size, Labor Cost, Labor quality (Human capital), Infrastructure, Number of Economic and Technological Development Zones, Total FDI	Korea → China
Tuan, C., Ng, L.F.Y. (2003)	Land resource, Degree of urbanization, Market potential, Gravity distance from the core	World → Guangdong
张立, 龚玉池 (2003)	Market size, Economic Development Level, Labor Cost(Effective wage), Accumulated FDI, Infrastructure, Policy dummy	World → China
Fung, K.C., Iizaka, H., Siu, A. (2003)	Market size, Labor Cost, Labor quality (Human capital), Infrastructure, Number of Special Economic Zones and Open Coastal Cities, Number of Economic and Technological Development Zones, Distance from capital city to Japan	Japan → China H.K. → China
이홍식, 김혁황 (2004)	Factor proportions FDI; Market access FDI Market size, Labor Cost, Labor quality (Human capital), Infrastructure, Policy, Degree of reform	Korea → China
金相郁, 朴英姬 (2006)	Production cost, Market size, Agglomeration, Infrastructure	World → China
강한균 (2009)	Market size, Labor Cost, Labor quality (Human capital), Infrastructure, Number of Special Economic Zones and Open Coastal Cities, Cultural linkage	Korea → China Japan → China

자료: 김상욱(2011a).

생산효율추구형(factor proportions) 또는 수출지향적(export-oriented) 직접투자를 중요시하는 투자기업은 생산비용 특히 노동비용을 중요한 투자결정요인으로 인식한다. 국내의 생산 환경의 변화로 인한 노동비용의 상승은 국제가격경쟁력에 직접적인 영향을 초래하기 때문에 상대적으로 노동비용이 저렴한 지역으로 이동하고자 하는 동인이 된다. 그러나 FDI와 GDP의 관계와 마찬가지로 임금 역시 잠재적인 동시성(potential simultaneity) 문제를 초래할 수 있다. 즉 낮은 임금수준이 투자에 매력적인 요인이지만 동시에 해외직접투자가 이루어짐으로써 그 지역의 임금이 상승할 수 있기 때문이다. 따라서 여러 실증분석들에서 노동비용 즉 임금변수의 회귀계수가 음(−)이 아니라 양(+)인 경우가 자주 나타나고 있다. 노동에 있어서는 임금뿐만 아니라 노동의 질적인 측면도 고려의 대상이 되고 있다. 양질의 노동력은 해외직접투자기업들에게는 생산성을 높이는데 필요하기 때문이다. 대부분의 실증분석에서는 인적자본(human capital)을 통해 노동력의 질적인 측면을 고려하고 있다. 그러나 문제는 인적자본을 추계하는 것 자체가 매우 어려운 과제이기 때문에 대부분의 실증분석에서는 이를 대체할 수 있는 대리변수를 활용하고 있다. 특히 그 중에서도 노동력의 교육수준이 가장 많이 이용되고 있다. 하지만 교육이란 것 자체가 노동력에 체화되어 있기 때문에 이를 정량화하는 것이 쉬운 일은 아니다.

3.2.3. 한국의 중국에 대한 해외직접투자 결정요인

김상욱(2011)은 한국의 중국에 대한 해외직접투자 결정요인을 7개로 설정하고 이를 이용하여 패널회귀분석을 시도하고 있다. 설명변수 중에서 가장 많이 이용되고 있는 시장규모는 주로 GDP 규모를 이용한다. GDP는 시장의 규모와 시장의 잠재력을 나타내는 중요한 경제지표이다. 시장규모가 크면 해외직접투자기업에게는 더 많은 발전의 기회를 제공할 수 있기 때문이다. 아래에서는 중국의 지역별 GDP를 경상가격 기준으로 이용한다.[78] 노동력의 비용을 나타내기 위해 김상욱(2011a)은 기타단위직공평균임금을 이용하고 있다. 지역별 평균임금에 대해서 『중국통계연감(中國統計年鑑)』에서는 도시를 기준으로 업종별 임금합계와 경제유형별 평균임금을 제공하고 있다. 지역별 통계연감에서는 경제유형을 국유부문, 도시집체, 그리고 기타경제유형으로 구분하고 있다. 김상욱(2011a)은 국유부문의 직공평균임금을 이용하지 않고, 기타경제유형단위를 이용하는 것은 외국인직접투자기업을 고려하고 있기 때문이다. 김상욱(2011a)은 노동력의 질을 나타내는 인적자본은

78) 『中國統計年鑑』에서는 중국의 GDP를 경상가격 기준과 불변가격 기준으로 제공하고 있다. GDP 규모는 경상가격 기준으로 제공하고 있으며, GDP 성장률은 불변가격으로 제공하고 있다. 물론 지역별 물가의 변동을 동시에 고려하기 위해서는 불변가격 기준을 이용할 필요가 있지만 지역별 물가지수에 관한 데이터가 완전하게 제공되지 않고 있기 때문에 부득이하게 경상가격 기준 지역별 GDP를 이용한다.

Fung, K.C., Iizaka, Hitomi, Siu, A.(2003)에서와 같이 전체인구에서 고등학생 재학생이 차지하는 비중을 이용하고 있다.[79)]

해외직접투자는 중국경제의 개혁정도와도 밀접한 관계가 있다. 중국은 개혁개방을 통해 경제구조를 전환하고 있다. 따라서 대내개혁이 더욱 심화될수록 해외직접투자기업에게는 더욱 유리한 투자환경을 제공할 수 있다고 본다. 따라서 사회총고정자산투자에 대한 비국유고정자산투자의 비중을 이용하여 개혁정도를 대체하고 있다. 즉 사회총고정자산투자에서 비국유부분의 비중이 높을수록 개혁의 정도가 높고, 이 비중이 낮을수록 개혁의 정도가 낮다고 보는 것이다. 인프라는 <표 8–46>에서도 나타나고 있듯이 많은 실증분석에서 해외직접투자의 중요한 결정요인으로 채택하고 있다. 김상욱(2011a)은 인프라를 나타내는 변수로서 화물운송량을 이용하고 있다. 다른 연구들에서는 철도나 도로 연장 등 물리적인 길이를 이용하는 경우가 많이 있지만 김상욱(2011a)은 물리적인 길이보다도 화물운송량을 이용하는 것은 제도적인 측면까지도 고려하기 위함이다. 비록 설비와 시설은 좋게 갖추었지만 제도적인 문제가 있으면 화물운송량이 크게 증가할 수 없기 때문이다. 그러나 이와 같은 지표를 이용하면 북경시(北京市), 천진시(天津市), 상해시(上海市)와 같이 한국투자기업이 비교적 많이 집중하고 있는 지역은 기본적으로 화물운송량이 다른 성들보다는 적기 때문에 분석결과에 영향을 초래할 가능성이 있다. 그러나 회귀분석에서는 해당 지역 변수들의 변화율에 중점을 두고 있기 때문에 위의 문제는 크게 중요하지 않을 것이다.

김상욱(2011a)은 또한 투자환경의 종합적인 측면을 고려하기 위해 도시화율을 설명변수로 채택하고 있다. 도시화율이 높은 것은 노동력시장의 풀이 크게 되고 또한 각 종 인프라가 잘 정비될 가능성이 높아진다. 그러나 중국의 도시화율은 시장적인 측면과 더불어 호구(戶口)제도와 같은 제도적인 측면도 동시에 고려되어야 한다. 그리고 이들 지표는 모두 성 또는 지역 전체를 고려하고 있기 때문에 한국투자기업들이 집중하고 있는 특정 도

79) 인적자본의 추계에 대해서는 여러 가지 방법들이 시도되고 있다. 특히 중국의 지역별 인적자본은 재학생수 외에 기타 제도적 요인들도 고려할 필요성이 있다. 그러나 자료의 이용가능성이라는 측면에서 재학생 수를 이용하는 것이 가장 일반적이다.

시들에 대해서는 고려되지 않은 점도 주의해야 한다. 따라서 도시화율은 지역 전체인구에서 도시인구의 비중을 이용하고 있다. 또한 김상욱(2011a)은 지역금융발전이 해외직접투자에게 상당한 영향이 있다고 가정한다. 해외직접투자기업은 투자초기에는 본국으로부터 대부분의 자금을 제공받을 것이다. 그러나 투자연한이 길어지면서 현지에서의 유동성자금은 지역금융을 이용할 가능성이 높아진다. 또한 현지노동자에 대한 임금은 현지의 화폐로 지급하여야 하기 때문에 당연히 지역금융의 이용도가 높아질 수밖에 없다. 따라서 지역금융의 대출규모를 이용하여 지역금융발전 정도를 나타낸다.

3.3. 한국의 천진빈해신구에 대한 해외직접투자

3.3.1. 천진과 한국의 관계

천진(天津, Tianjin)은 중국의 북방지역 그 중에서도 환발해(環渤海)지역에 위치하고 있는 직할시(直轄市)로서 근대시기부터 중국경제의 중심 역할을 담당하는 지역 중의 하나이다.[80] 천진은 중국의 전(前) 외교부 장관을 지낸 錢其琛의 『외교십기(外交十記)』에서도 나타나고 있듯이 한국과 중국의 교류에 있어서 중요한 의의를 가진 지역이다. 이러한 역사적 의의는 이 지역에 대한 한국의 해외직접투자 유입과도 밀접한 연관을 가지게 되었다. 천진은 한국의 중국에 대한 해외직접투자에 있어 전진기지의 역할을 하면서 베이징(北京)과 지리적으로 인접하고 있다는 장점을 최대한 이용하고 있다.

중국의 천진 지역은 한국의 대기업의 대규모 투자가 집중된 지역 중의 하나이다. 삼성과 LG는 이미 천진 지역에 1990년대 중반부터 대규모 투자를 실행하고 있으며, 한국 중소

80) 李洛之 · 聂汤谷(1994)의 『天津的經濟地位』와 吉澤誠一郎(2002)의 『天津の近代』에서는 근대시기 특히 중화민국 시기에 천진이 중국의 경제중심으로서 역할을 하고 있음을 밝히고 있다. 당시 천진은 중국 화북(華北) 지역의 경제중심일 뿐만 아니라 상하이와 우한(武漢)과도 밀접한 경제연계가 형성되고 있었다. 3.3.은 주로 김상욱(2011b)를 참고하고 있음.

기업의 동반투자도 함께 이루어지고 있는 기반을 제공하고 있다. 또한 이들 글로벌 대기업은 한국 본국의 중소기업뿐만 아니라 중국 현지의 기업들에게도 현지화전략을 통해 새로운 발전기회를 제공하고 있다(김상욱, 2008). 한국기업의 천진에 대한 직접투자는 산업집중과 공간집중이라는 두 가지 특징을 가진다. 산업집중은 전기 · 전자산업과 기계 · 금속산업을 중심으로 투자자 집중되고 있음을 나타내며, 공간집중은 특정 지역을 중심으로 대기업과 중소기업이 산업집적을 형성하고 있음을 나타낸다. 이러한 두 가지 집중 현상은 투자 초기부터 나타나기 시작하였으며, 투자시간이 길어지면서 더욱 강화되고 있는 추세이다.

투자의 집중 현상은 천진 지역뿐만 아니라 다른 국가나 지역에서도 일반적으로 나타나고 있는 현상 중의 하나이다. 왜냐하면 해외직접투자가 근본적으로 최적의 입지조건과 산업기반을 찾아서 이동하기 때문이다.[81] 따라서 집중 그 자체로서 문제가 되기보다는 오히려 집중을 통해서 현지화전략을 더욱 강화해 나갈 수 있는 긍정적인 측면이 더욱 부각될 수 있다. 그러나 지나친 집중은 시장 환경의 변화에 능동적으로 대응하는 점에 있어서는 고려해 볼 문제점을 발견할 수 있다. 특히 천진지역의 한국투자기업은 소위 말하는 특별경제구역 그 중에서도 중앙정부가 지정하는 경제구역 보다는 그 주변지역에 집중적으로 입지하고 있는 특징을 가진다.

천진지역은 천진빈해신구(天津濱海新區)의 국가종합시스템개혁실험지역(國家綜合配套改革試驗區)으로의 지정과 함께 새로운 발전과 도약의 기회를 맞이하고 있다. 그러나 이는 동시에 노동집약적 산업에 집중적으로 투자하고 있는 한국투자기업에게는 새로운 변화가 필요한 신호이기도 하다. 그동안 해외직접투자에 대한 주로 거시적인 측면에서 접근하고 있는 경우가 대부분이다. 물론 거시적 측면에서의 연구도 중요한 의의가 있지만 미시적인 연구도 해외직접투자의 연구에 큰 도움이 된다고 본다. 이런 의미에서 천진 지역에 대한 연구는 향후 이 지역의 해외직접투자에 대해서 중요한 시사점이 있다고 본다.

81) 일본의 중국에 대한 해외직접투자도 지역별 집중 특징을 가지고 있다. 일본의 중국에 대한 직접투자는 대부분이 상하이시(上海市)와 지앙수성(江蘇省)을 중심으로 하는 장강(長江)삼각주 지역에 밀집하고 있다(김상욱, 2010b).

3.3.2. 천진의 해외직접투자 유입과 특징

3.3.2.1. 천진의 해외직접투자 유입 추세

천진은 중국 북방지역의 경제중심이며 4대 직할시 중의 하나이다. 천진은 개혁개방 이후 가장 먼저 개방된 연해안 도시 중의 하나로서 지속적으로 해외직접투자 즉 외국인직접투자를 유입하고 있다. 『중국통계연감(中國統計年鑑)』에 의하면 1979년–2009년 중국은 9,426.46억 달러의 해외직접투자를 유입하였다. 그 중 천진은 561.89억 달러를 유입하였으며, 이는 중국 전체의 5.96%를 차지하고 있다. 개혁개방 이후 중국에 대한 해외직접투자가 시작되었으나 본격적인 투자는 1990년대 중반 이후 시작되고 있다. 1995년–2009년 동안 중국은 8,453억 달러를 유입하였으며, 이는 개혁개방 이후 유입한 실제투자금액의 90% 정도를 차지하고 있다. 그 중 천진은 539.57억 달러를 유입하여 전국 실제투자금액의 6.38%를 차지하고 있다.

<표 8–47>에 의하면 연도별 천진의 해외직접투자는 매년 두 자리 수로 증가하고 있지만, 1998년–2000년 3년 동안은 신규투자가 거의 이루어지지 않고 있다. 이것은 1998년의 아시아 금융위기에 기인하고 있다고 볼 수 있다. 그리고 이 시기에는 천진 지역뿐만 아니라 중국 전체의 해외직접투자 유입도 마찬가지로 감소하고 있다. 2001년부터는 천진의 해외직접투자는 다시 매년 증가하는 추세로 전환하였다. 그리고 2006년 국무원(國務院)의 국가종합시스템개혁실험구(國家綜合配套改革試驗區) 비준으로 천진의 개혁개방은 새로운 전환기를 맞이하게 되었다. 이는 해외직접투자의 유입에도 적극적인 영향을 초래하였으며, 전국에서 차지하는 비중도 점차 높아지게 되었다. 2009년에는 천진의 비중이 10%에 달하여 중국 개혁개방의 새로운 성장극(growth pole)로 발전하고 있음을 반영한다.[82)]

---

82) 중국경제전문가들 사이에서는 20세기 80년대는 션젼(深圳)을 중심으로 하는 주강삼각주(珠江三角洲) 경제권역이 시대였으며, 90년대는 상하이(上海)를 중심으로 하는 장강삼각주(長江三角洲) 경제권역의 시대였고, 21세기 초는 천진(天津)을 중심으로 하는 환발해(環渤海) 경제권역이 시대라고 표현하기도 한다.

<표 8-47> 천진 해외직접투자 유입 추세

연도	실제투자금액		실제투자금액/계약금액 비중(%)	실제투자금액/전국실제투자 금액 비중(%)
	금액 (만 달러)	증가율 (%)		
1995	152,064	49.8	39.49	4.05
1996	200,587	31.9	51.11	4.81
1997	251,135	25.2	65.22	5.55
1998	251,803	0.3	69.23	5.54
1999	253,203	0.6	69.94	6.28
2000	256,000	1.1	55.65	6.29
2001	322,000	25.8	69.55	6.87
2002	380,591	18.2	65.48	7.22
2003	163,325	62.9	46.49	3.05
2004	247,243	51.4	44.24	4.08
2005	332,885	34.6	45.46	5.52
2006	413,077	24.1	50.92	6.55
2007	527,776	27.8	45.82	7.06
2008	741,978	40.6	55.97	8.03
2009	901,985	21.6	65.18	10.02
합계	5,618,948	–	53.55	5.96

주: 합계는 1979년–2009년.
자료: 『天津統計年鑑2010年』, 김상욱(2011b).

『천진통계연감(天津統計年鑑)』에 의한 천진 해외직접투자의 국가별 비중을 보면 1979년–2009년 실제누계투자금액을 기준으로 홍콩의 투자비중이 40.21%로 가장 높으며, 그 다음은 일본의 투자비중이 10.91%, 세 번째로 높은 국가는 미국으로 9.83%, 네 번째는 한국으로 8.27%를 차지하고 있고, 다섯 번째는 싱가포르로 6.31%이다. 천진의 해외직접투자의 주요 투자국은 홍콩이다. 2009년 천진의 실제해외직접투자금액에서 홍콩의 비중은 55.51%에 달하고 있다. 이는 최근 들어 홍콩의 천진에 대한 투자가 점차 증가하고 있음을 알 수 있다. 한국의 천진에 대한 직접투자는 다른 국가들과는 달리 상대적으로 안정적인 추세이다. 2009년 말 실질투자누계금액을 기준으로 천진 지역에서 한국의 직접투자비중은 8.27%이며, 2009년의 비중도 7.42%로 거의 비슷한 수준을 유지하고 있다. 2009년의 계약금액비중은 11.16%로 오히려 높아지고 있다. 이는 한국의 천진에 대한 직접투자비중이 여전히 높음을 나타낸다.

3.3.2.2. 천진의 해외직접투자의 산업구조

천진의 해외직접투자는 주로 제조업을 중심으로 하는 2차 산업에 집중적으로 투자되고 있다. 이는 천진뿐만 아니라 중국의 해외직접투자 유입이 가지는 공통적인 산업구조 특징 중의 하나이다. 천진 해외직접투자가 투자초기에는 제조업에 집중되고 있으며, 그리고 투자가 계속되면서 제조업의 생산에 필요한 도 · 소매 · 무역 · 음식업과 생산자 서비스업에 대한 투자도 동반되고 있다. 2001년 말 제조업과 도 · 소매 · 무역 · 음식점업의 투자비중은 각각 64.58%(건설업 포함)과 20.75%이며, 2009년 말 제조업과 도 · 소매 · 무역 · 음식점업의 투자비중은 각각 55.28%와 12.88%이다. 그리고 투자연한이 길어지면서 부동산업과 사회서비스업에 대한 투자도 점차 증가하고 있다. 2001년 말 부동산업의 투자비중은 5.90%이나 2009년 말에는 12.66%로 크게 증가하였다. 이는 중국의 부동산 가격이 급등하면서 부동산업에 대한 직접투자가 새로운 투자영역으로 발전하고 있기 때문이다.[83] 그러나 금융업에 대한 투자비중은 매우 낮다. 천진은 중국의 11차 경제개발5개년계획에서 경제중심(economy center)과 금융중심(financial center)으로 발전할 것을 목표로 하고 있으며,[84]

83) 중국 전체로 볼 때 부동산업은 해외직접투자 유입의 중요한 경로 중의 하나이다. 부동산에 대한 투자는 상업용지나 주거용지에 대한 직접적인 투자와 공업용지에 대한 간접적인 투자로 구분할 수 있다. 중국의 부동산 특히 동부 연해안 지역 대도시들의 부동산 가격은 2000년대 이후 급속하게 상승하고 있다. 따라서 외국기업들은 부동산 영역을 새로운 투자 산업으로 주의하고 있다. 그리고 중국 인민폐 절상이 지속되고 또한 향후 절상의 가능성이 높아짐에 따라 외국자본이 중국에 진입하여 부동산에 우선 자금을 투자하고 이를 다시 매각하면 환차익도 이익이 발생하기 때문에 부동산에 대한 투자는 급증 할 수 있다. 그러나 중국의 부동산은 소유권과 사용권이 분리되어 있기 때문에 거래에 있어서는 특별한 주의가 필요하다.

84) 천진과 베이징은 지리적으로 인접해 있지만 유기적인 분업과 협업 체제가 미비하기 때문에 지나친 경쟁과 중복투자라는 문제점을 안고 있다. 베이징은 중국의 수도로서 중요한 역할을 담당하고 있으며, 천진은 중국 북방의 경제중심이라는 역할을 담당하고 있다. 그러나 직할시가 지리적으로 인접해 있기 때문에 자원의 효율적 배분과 이용에 오히려 정치적 요인이 작용하여 천진의 발전을 저해하고 있다는 지적이 있다. 이를 조정하기 위해 11차 경제개발 5개년 계획에서 베이징시는 행정과

발해은행(渤海銀行)의 설립 등을 통해 금융발전을 모색하고는 있지만 금융업에 대한 개방정도가 낮기 때문에 해외직접투자의 비중은 매우 낮은 수준이다. <표 8–48>에 의하면 천진의 해외직접투자 산업구조가 제조업과 도 · 소매 · 무역 · 음식업을 위주로 하는 단순한 구조에서 부동산업, 사회서비스업, 금융업, 교통운수업 등으로 다양한 구조로 발전하고 있음을 알 수 있다. 2009년의 산업구조를 보면 非제조업의 투자비중이 제조업보다 더욱 높아지고 있다.

<표 8–48> 천진 해외직접투자의 산업구조

<table>
<tr><th rowspan="2">산업</th><th colspan="2">1979년–2001년</th><th colspan="2">1979년–2009년</th></tr>
<tr><th>만 달러</th><th>비중(%)</th><th>만 달러</th><th>비중(%)</th></tr>
<tr><td>농업</td><td>3,244</td><td>0.17</td><td>13,994</td><td>0.25</td></tr>
<tr><td>제조업</td><td rowspan="2">1,233,474</td><td rowspan="2">64.58</td><td>3,105,997</td><td>55.28</td></tr>
<tr><td>건축업</td><td>108,665</td><td>1.93</td></tr>
<tr><td>교통 · 운수 · 창고업</td><td>79,077</td><td>4.14</td><td>333,682</td><td>5.94</td></tr>
<tr><td>도 · 소매 · 무역 · 음식업</td><td>396,261</td><td>20.75</td><td>723,773</td><td>12.88</td></tr>
<tr><td>부동산업</td><td>112,600</td><td>5.90</td><td>711,637</td><td>12.66</td></tr>
<tr><td>사회서비스업</td><td>–</td><td>–</td><td>599,879</td><td>10.68</td></tr>
<tr><td>금융업</td><td>–</td><td>–</td><td>8,043</td><td>0.14</td></tr>
</table>

주: 실질투자금액 기준, –는 『天津統計年鑑』에서 자료가 제공되지 않음.
자료: 『天津統計年鑑』 각 년도, 김상욱(2011b).

천진 해외직접투자에서 非제조업의 비중이 제조업보다 높지만 제조업은 여전히 해외직접투자가 가장 많이 집중하고 있는 업종이다. 업종별로는 2009년 현재 제조업 중 통신설비, 컴퓨터 및 기타전자설비제조업의 기업 수와 취업인구 비중이 각각 10.74%와 21.11%로 가장 높은 비중을 차지하고 있으며, 교통운수설비제조업의 비중은 각각 4.72%와 11.65%로 그 다음을 차지하고 있다.

문화의 중심으로 발전하고 천진은 경제와 금융의 중심으로 발전해 나간다고 밝히고 있다.

3.3.2.3. 천진의 해외직접투자의 공간구조

천진의 해외직접투자는 제조업에 집중되고 있으며, 제조업의 입지는 천진경제기술개발구(Tianjin Economic Technological Development Area: TEDA)를 중심으로 하고 있다. 천진의 행정구역에 의하면 천진경제기술개발구는 당고구(塘沽區)에 위지하고 있으며, 서청구(西青區)의 미전자공업원구(微電子工業園區)도 비록 공간적으로는 떨어져 있지만 천진경제기술개발구의 일부이다. 따라서 천진경제기술개발구를 중심으로 하는 외국투자기업은 주로 당고구(塘沽區)와 서청구(西青區)에 가장 많이 분포하고 있다. <표 8–49>에 의하면 2009년 말 당고구(塘沽區)와 서청구(西青區)에는 각각 1,421개와 826개의 해외직접투자기업이 입지하고 있으며 비중은 각각 25.48%와 14.81%이다. 이 두 지역은 천진 해외직접투자기업의 40.29%를 차지하고 있다. 두 번째로 해외직접투자기업이 집중적으로 입지하고 있는 지역은 하서구(河西區)로 460개의 기업이 입지하고 있다. 이외에도 남개구(南開區)와 화평구(和平區)도 해외직접투자기업이 많이 집중하고 있다. 이들 지역은 행정구역상 시내에 속하며 주로 금융과 무역업과 같은 非제조업 기업들이 상대적으로 많이 입지하고 있다. 그리고 시내와 당고구(塘沽區)의 중간 지역인 동려구(東麗區)와 진남구(津南區)도 해외직접투자기업이 집중적으로 입지하고 있다. <표 8–49>에서 2001년과 2009년의 입지구조를 비교하면 몇 가지 특징을 발견할 수 있다.

천진의 해외직접투자기업의 공간분포의 특징을 보면 첫째는 하서구(河西區)와 남개구(南開區)의 비중이 점차적으로 감소하고 있다. 기업 수가 각각 111개와 118개가 감소하였다. 이들 지역은 시내에 속하기 때문에 천진의 도시발전에 따라서 제조업의 투자환경이 점차적으로 악화되고 있다 따라서 해외직접투자기업은 시내에서 교외지역으로 이전되고 있다. 둘째는 서청구(西青區)의 해외직접투자기업 수가 363개 증가하였으며 당고구(塘沽區)의 기업 수가 110개 감소하였다. 이는 당고구(塘沽區)의 천진경제기술개발구보다는 서청구(西青區)의 미전자공업원구(微電子工業園區)와 서청경제기술개발구(西青經濟技術開發區)의 투자환경이 상대적으로 더욱 개선되고 있음을 반영한다.

<표 8-49> 천진의 해외직접투자기업의 입지 변화

지역	2001年		2009年	
	기업 수(개)	비중(%)	기업 수(개)	비중(%)
하북구(河北區)	159	3.59	106	1.90
홍교구(紅橋區)	67	1.51	27	0.48
남개구(南開區)	529	11.94	407	7.30
화평구(和平區)	472	10.65	353	6.33
하동구(河東區)	221	4.99	166	2.98
하서구(河西區)	613	13.83	460	8.25
동려구(東麗區)	294	6.63	426	7.64
진남구(津南區)	186	4.20	340	6.10
서청구(西青區)	242	5.46	826	14.81
북진구(北辰區)	363	8.19	373	6.69
당고구(塘沽區)	828	18.68	1,421	25.48
무청구(武清區)	167	3.77	250	4.48
대항구(大港區)	44	0.99	71	1.27
보지구(寶坻區)	57	1.29	66	1.18
정해현(靜海縣)	91	2.05	145	2.60
영하현(寧河縣)	45	1.02	64	1.15
한고구(漢沽區)	24	0.54	46	0.82
계현(薊縣)	30	0.68	30	0.54

자료: 『天津統計年鑑』 각 년도, 김상욱(2011b).

셋째는 동려구(東麗區)와 진남구(津南區)의 기업 수가 점차적으로 증가하고 있다. 즉 천진빈해신구(天津濱海新區, Tianjin Binhai New Area)와 시내의 중간 지역인 동려구(東麗區)와 진남구(津南區)에 해외투자기업이 상대적으로 많이 집중되고 있다. 넷째는 북진구(北辰區)와 무청구(武清區)는 다른 지역과 비교해 상대적으로 안정적인 입지 집중을 나타내고 있다. 북진구(北辰區)와 무청구(武清區)는 천진빈해신구(天津濱海新區)와 연결되는 발전축이 아닌 북경시(北京市)와 연결되는 발전축 상에 있다. 따라서 투자환경에 있어서 큰 변화가 없으며 비교적 안정적인 발전을 도모하고 있는 것이다. 종합적으로 보면 개방 초기 천진의 해외직접투자기업은 당고구(塘沽區)의 천진경제기술개발구와 하서구(河西區), 남개구(南開區)와 화평구(和平區)를 중심으로 두 개의 성장극(core)을 형성하였으나 투자연한이 길어질수록 성장극의 중간지역(periphery)들로 해외직접투자기업이 확산·이전되는 구조를 형성하고 있다.

3.3.3. 한국의 천진에 대한 직접투자의 특징

3.3.3.1. 한국의 천진에 대한 직접투자의 추세

천진은 한국의 중국에 대한 해외직접투자에서 중요한 지역 중의 하나이다. <표 8–50>에 의하면 1992년–2009년 기간 동안 천진에 대한 한국의 직접투자금액은 24.91억 달러에 달하며 이는 한국의 중국에 대한 직접투자총금액 293.20억 달러의 8.50%이다. 동 기간 세계의 중국에 대한 직접투자총금액은 9,175.88억 달러이며 그 중 천진에 대한 직접투자금액은 557.42억 달러로 전체의 6.07%를 차지하고 있다. 두 비중을 비교해 보면 한국의 천진에 대한 직접투자가 세계평균보다 더욱 높음을 알 수 있다. 천진이 유입한 해외직접투자 중 한국직접투자의 비중은 4.47%로 조금 낮아진다.

그러나 <표 8–50>의 비교는 중국 측 통계는 『중국통계연감(中國統計年鑑)』과 『천진통계연감(天津統計年鑑)』을 이용하고 있고, 한국 측 통계는 한국수출입은행 해외투자통계를 이용하고 있기 때문에 통계의 오차가 발생하고 있다. 이 문제는 김상욱(2010a)에서도 언급하고 있다. 즉 중국 측의 통계가 한국 측의 통계보다 과대평가되고 있다는 것이다. 예를 들면 『천진통계연감(天津統計年鑑)』에 의하면 2005년과 2009년 한국의 천진에 대한 해외직접투자금액은 실질투자금액을 기준으로 4.37억 달러와 6.60억 달러이다. 그러나 한국수출입은행의 자료에 의하면 각각 2.24억 달러와 1.85억 달러로 2.13억 달러와 4.21억 달러의 차이가 발생한다. 이 차이는 실질투자금액의 상당한 비중을 차지하고 있기 때문에 모두 중국 측의 자료를 이용하면 천진의 해외직접투자에서 한국직접투자가 차지하는 비중은 <표 8–50>의 4.47%보다는 더욱 크게 나타날 것이다. 『천진통계연감(天津統計年鑑)』에서는 2009년 말 천진의 한국직접투자 누계금액이 41.05억 달러이다. 따라서 이 지표를 이용하면 7.36%로 한국직접투자의 비중이 크게 증가한다.

<표 8-50> 천진의 한국직접투자 추이

연도	전 세계투자(억 달러)		한국직접투자(억 달러)		B/A (%)
	전국	천진시	전국(A)	천진시(B)	
1992	110.07	2.31	1.41	0.08	5.67
1993	275.15	5.41	2.91	0.48	16.49
1994	337.67	10.15	6.75	1.33	19.70
1995	375.21	15.20	9.17	0.86	9.38
1996	417.26	20.05	10.25	1.18	11.51
1997	452.57	25.11	7.99	0.74	9.26
1998	454.63	25.18	6.86	1.71	24.93
1999	403.19	25.32	3.50	0.53	15.14
2000	407.15	25.60	7.81	0.65	8.32
2001	468.78	32.20	6.53	1.11	17.00
2002	527.43	38.06	11.06	1.08	9.76
2003	535.05	16.33	18.45	1.12	6.07
2004	606.30	24.72	23.87	1.47	6.16
2005	603.25	33.29	28.45	2.24	7.87
2006	630.21	41.31	34.37	3.00	8.73
2007	747.68	52.78	54.82	3.43	6.26
2008	923.95	74.20	38.16	2.05	5.37
2009	900.33	90.20	20.84	1.85	8.88
합계	9,175.88	557.42	293.20	24.91	8.50

자료: 전 세계투자는 『中國統計年鑑』, 『天津統計年鑑』 각 년도, 한국직접투자는 한국수출입은행 해외투자통계를 이용.

<표 8-50>에 의하면 천진에 대한 한국직접투자도 중국의 다른 지역들과 마찬가지로 2000년대 이후 매년 크게 증가하고 있음을 알 수 있다. 특히 북경올림픽이 개최되기 전 2007년의 직접투자금액은 3.43억 달러로 최고 수준을 달성하고 있다. 그러나 2009년에는 세계경제의 불황으로 인해 천진에 대한 한국의 직접투자도 약간 감소하는 추세이다.

3.3.3.2. 한국의 천진에 대한 직접투자의 산업구조

천진에 대한 한국의 직접투자는 제조업에 집중되어 있다. 한국의 세계에 대한 해외직접투자에서 제조업이 차지하는 비중은 2009년 말 투자금액을 기준으로 41.17%이다. 그리고 중국에 대한 해외직접투자에서 제조업이 차지하는 비중은 76.44%이다. 천진에 대한 비중은 이 보다도 더 높은 85.77%에 달한다. 이 비중은 천진지역은 제조업에 특화된 산업구조를 형성하고 있음을 나타낸다. 그리고 도 · 소매업, 운수업, 금융업, 부동산업과 같은 3차 산업은 제조업에 비해 매우 낮은 비중을 가진다.

이는 천진의 전체 해외직접투자의 산업구조와 비교해 볼 때 매우 다른 특징이다. 즉 천진의 해외직접투자기업의 산업구조는 초기에는 절대적인 제조업과 도 · 소매업 구조를 형성하였으나 2009년 말에는 금융업, 부동산업, 교통운수업 등과 같이 3차 산업에 대한 투자비중이 크게 증가하였으며 제조업의 비중은 약 50%정도로 낮아지고 있다. 그러나 한국의 천진에 대한 직접투자는 여전히 제조업이 절대적인 비중을 가진 산업구조를 형성하고 있다. 이러한 산업구조가 형성되는 것은 천진에 투자하는 한국기업들이 대부분 완성품과 중간제품을 생산하는 대기업이 상대적으로 많기 때문이다. 그리고 또 다른 중요한 요인은 베이징시와 지리적으로 인접해 있기 때문에 금융업과 부동산업 같은 3차 산업에 대한 투자는 천진보다는 오히려 베이징시에 집중적으로 입지할 가능성이 높다. 따라서 천진은 상대적으로 제조업에 투자가 특화되고 있는 것이다.

<표 8-51>는 중국한국상회(中國韓國商會)의 『2010中國韓國商會會員名錄』을 이용하여 천진 한국직접투자기업의 업종을 분류하고 있다. 중국한국상회의 자료를 이용하여 천진의 한국직접투자 산업구조를 보면 좀 더 구체적인 사실들을 발견할 수 있다. 첫째, 천진에 투자하고 있는 한국기업은 대부분이 전기 · 전자업종에 집중하고 있다. 469개 기업 중 전기 · 전자업종에는 모두 262개 기업이 투자하고 있으며 비중은 약 56%에 달한다. 시기별로 보면 2002년~2006년 기간 동안 가장 많이 투자하고 있다. 이 시기는 베이징 올림픽, WTO 가입 등 외국투자기업에게 유리한 투자환경이 형성되고 있다. 따라서 전기 · 전자업종에 대한 투자는 2007년~2009년 기간에도 계속되고 있다.[85] 둘째, 기계 · 기전업종과 금속 · 제

85) 사실 베이징 올림픽을 앞두고 중국은 외국인투자산업지도목록(外商投資産業指導目錄)을 수정하여 외국인투자기업이 전통적인 노동집약적이고 단순임가공 산업으로부터 기술집약적 산업으로 유도하고 있다. 그리고 이러한 유인정책은 기업소득세율의 조정과도 연계시켰다. 즉 기존의 기업소득세율을 내국인기업과 동일하게 약 25% 정도로 통일하는 정책을 말한다. 그리고 노동계약법(勞動合同法)의 개정을 통해 새로운 노사관계를 정립하고자 하였다. 2008년 1월 1일부터 시행되는 개정된 노

조업종에 대한 직접투자는 전기 · 전자업종과 함께 천진의 주요 투자업종이다. 특히 이들 업종은 전기 · 전자업종과 산업연계(industrial linkage)를 형성하고 있다. 예를 들면 LG 전자(樂金電子(天津)電器有限公司)에서 생산되는 전자렌즈에 필요한 강판은 주변 지역의 협력업체에서 공급하고 또한 강판을 생산하는데 필요한 기계도 주변 지역의 관련업체로부터 구입하고 있다. 특별한 경우에는 본국으로부터 원자재와 부품을 직접적으로 공급받고 있지만 일반적인 경우에는 주변 지역으로부터 공급받는 비중을 점차적으로 증대하고 있다. 이것이 현지화의 한 과정이기 때문이다. 셋째, 섬유 · 신발업종은 아시아금융위기 이전에 집중적으로 투자되고 있으나 최근에는 신규투자가 거의 이루어지지 않고 있다. 섬유 · 신발업종은 저렴한 노동력을 필요로 하고 있으나 천진의 경제발전 수준이 높아지면서 평균임금 수준도 동시에 상승하여 투자여건이 악화되고 있기 때문이다. 경제발전 수준이 높아지면서 평균임금 수준도 필연적으로 증가할 수밖에 없다. 그리고 임금 이외의 노동비용 상승도 외국투자기업에게 큰 부담이 되고 있다.[86)]

<표 8-51> 천진 한국직접투자 산업구조분류

구분	1990년–1997년	2002년–2006년	2007년–2009년
전기 · 전자	68(25.95, 50.75)	116(44.27, 56.59)	23(8.98, 60.53)
섬유 · 신발	20(68.97, 14.93)	5(17.24, 2.44)	0(0.00, 0.00)
기계 · 기전	22(27.85, 16.42)	44(55.70, 21.46)	3(3.80, 7.89)
금속 · 제조	12(26.67, 8.96)	22(48.89, 10.73)	5(11.11,13.16)
무역 · 물류	7(17.50, 5.22)	12(30.00, 5.85)	7(17.50,18.42)
건축 · 건재	5(35.71, 3.73)	6(42.86, 2.93)	0(0.00, 0.00)
합계	134(28.57,100.00)	205(43.71,100.00)	469(8.10,100.00)

자료: 1990년–2006년은 金相郁(2008), 2007년–2009년은 『2010中國韓國商會會員名錄』.

동계약법에서는 노동자의 권익을 더욱 보장하기 때문에 외국투자기업 측면에서는 노동비용의 증가가 불가피하게 되었다.

86) 노동자에게 직접적으로 지급되는 임금 외에 기숙사를 제공하고 또한 양로보험(養老保險), 의료보험(醫療保險), 공상보험(工商保險), 실업보험(失業保險) 등을 의무적으로 가입해야한다. 특히 이들 보험은 노동집약적 산업에 투자하고 있는 기업에게는 상당한 부담이 되고 있다. 이들 보험금을 합하면 화폐로 지급되는 임금의 50-70% 정도가 된다.

넷째, 투자연한이 길어지면서 투자업종의 다양화가 이루어지고 있다. 특히 비제조업 부문에 대한 투자영역이 확대되고 있다. 2007년~2009년의 신규투자업종에는 부동산, 금융, 보험, 투자자문, 자동차임대, 네트워크개발, 호텔, 치과, 홈쇼핑, 인테리어, 노무파견 등이 포함되어 있다. 투자업종의 다양화는 투자연한이 길어지면서 반드시 나타나는 현상은 아니다. 투자연한이 길어지면서 직접투자는 한인교민사회를 형성하는 중요한 기초가 되고 있다. 그리고 한인교민사회의 형성은 더욱 다양한 투자업종을 유도하고 있다.

3.3.3.3. 한국의 천진에 대한 직접투자의 공간구조

공간적인 측면에서 천진의 경제중심은 시내중심과 천진경제기술개발구를 중심으로 하는 천진빈해신구에 위치하고 있다. 즉 천진은 두 개의 경제중심을 형성하고 있다. 천진빈해신구를 중심으로 하는 경제중심은 주로 제조업을 기반으로 발전하고 있으며, 제조업을 지원하는 생산자서비스도 함께 동반되고 있다. 시내중심에 형성되는 경제중심은 3차 산업을 주요 기반으로 발전하고 있다.

천진의 외국인 투자기업은 위에서 말한 두 개의 경제중심을 중심으로 입지하고 있다. 김상욱(2008)에 의하면 외국인 직접투자 기업 수의 27.39%가 당고구(塘沽區)에 위치하고, 그 다음은 하서구(河西區)에 10.21%가 입지하고 있다.[87] 그러나 한국직접투자기업의 공간입지는 이와 다른 구조를 형성하고 있다. 전체 외국인 직접투자 기업의 대부분이 당고구(塘沽區)와 하서구(河西區)의 경제중심에 입지하고 있는 반면에 한국의 직접투자 기업은 동려구(東麗區), 진남구(津南區), 서청구(西青區), 북진구(北辰區)와 같은 주변지역에 입지하고 있다. <표 8–52>의 기업 수를 기준으로 이들 네 개 지역의 한국직접투자기업의 비중은 천진 전체 한국투자기업의 64.32%를 차지하고 있으며, 무청구(武清區), 대항구(大港區), 보지구(寶坻區), 정해현(静海縣)에 12.81%가 입지하고 있다. 이러한 입지구조는 한국의 천

87) 2010년 1월 천진시 정부는 천진빈해신구(天津滨海新區) 행정구역을 조정하였다. 기존의 당고구(塘沽區), 대항구(大港區), 한고구(汉沽區)를 철회하고 이들 세 개 행정구역을 천진빈해신구로 통합하였다. 행정구역 통합으로 천진빈해신구정부를 성립하고 천진경제기술개발구(天津经济技术开发區), 천진보세구(天津保税區)도 천진빈해신구정부의 관할로 조정하였다. 이를 위해 천진빈해신구인민대표대회(天津滨海新區人民代表大会)도 조직하였다.

진에 대한 직접투자입지는 중심지 가설(core hypothesis)보다는 주변지 가설(periphery hypothesis)에 더욱 가깝다. 중심지 가설은 외국인투자기업이 대도시 중심에 입지하는 경향을 설명하고 있으며, 주변지 가설은 도심의 교외지역에 입지하는 경향을 설명하고 있다. 천진의 공간적 경제중심을 이해하기 위해서는 천진경제기술개발구(天津经济技术开发區)의 공간입지에 주의해야 한다. 천진경제기술개발구는 당고구(塘沽區)에 입지하고 있으나, 서청구(西青區)에도 천진경제기술개발구가 확장된 미전자공업원구(微電子工業園區)가 입지하고 있다. 당고구(塘沽區)의 천진경제기술개발구는 천진항과 인접하고 있기 때문에 원자재의 수급과 최종재의 수출에 유리한 투자조건을 제공하고 있다. 그러나 첨단산업은 항만이외에 공항도 중요한 입지조건이 될 수 있다. 미전자공업원구(微電子工業園區)는 천진빈해공항과 인접하고 있기 때문에 첨단산업에 있어 상대적으로 유리한 투자환경을 제공할 수 있다. 특히 미전자공업원구(微電子工業園區)에는 삼성모니터, 삼성전자, 삼성카메라와 같은 한국의 전자산업을 대표하는 대기업이 1990년대 중반에 투자를 시작하였다. 이들 대기업의 투자는 중소기업의 동반투자를 유발하였다. 그리고 1차 협력업체는 대기업과 지리적으로 인접하고 있어야 하기 때문에 미전자공업원구(微電子工業園區)가 위치하고 있는 서청구(西青區)에 집중적으로 입지하고 있다. 1차 협력업체와 달리 2차 협력업체들은 지리적 인접성 보다는 좀 더 유리한 투자환경을 찾아 진남구(津南區)에 집중적으로 입지하고 있다.

진남구(津南區)는 서청구(西青區)와 당고구(塘沽區) 사이에 위치하고 있기 때문에 천진경제기술개발구에 있는 대기업에 부품을 공급하기에는 좋은 입지 조건을 가지고 있다. 이와 유사한 경우가 북진구(北辰區)와 동려구(東麗區)에서도 나타나고 있다. 북진구(北辰區)에는 LG전자가 입지하고 있으며 1차 협력업체들이 북진구(北辰區)에 동반투자고 있으며 2차 협력업체들은 동려구(東麗區)에도 상당히 입지하고 있다. 그리고 동려구(東麗區)는 북진구(北辰區)와 당고구(塘沽區) 사이에 위치하고 있다.

한국직접투자기업 중 중소기업이 천진경제기술개발구에 입지하지 않고 주변지역에 입지하는 또 하나의 이유는 투자규모가 작기 때문이다. 중국정부는 외국의 대기업을 유입하여 국내 중소기업의 동반성장을 유도하기 위해 가능하면 투자규모가 큰 기업에게 더

<표 8-52> 천진 한국직접투자기업의 입지 분포

(단위: 개, %)

구분		1990년~1997년		2007년~2009년		합계		
중심1	하북구(河北區)	4	2.06	1	1.89	5	0.76	17.53
	남개구(南開區)	4	2.06	6	11.32	36	5.49	
	화평구(和平區)	7	3.61	4	7.55	17	2.59	
	하동구(河東區)	1	0.52	0	0.00	5	0.76	
	하서구(河西區)	13	6.70	6	11.32	52	7.93	
주변1	동려구(東麗區)	41	21.13	6	11.32	99	15.09	64.32
	진남구(津南區)	48	24.74	8	15.09	160	24.39	
	서청구(西青區)	13	6.70	15	28.30	88	13.41	
	북진구(北辰區)	12	6.19	4	7.55	75	11.43	
중심2	당고구(塘沽區)	13	6.70	1	1.89	35	5.34	5.34
주변2	무청구(武清區)	20	10.31	0	0.00	44	6.71	12.81
	대항구(大港區)	16	8.25	0	0.00	23	3.51	
	보지구(寶坻區)	0	0.00	0	0.00	1	0.15	
	정해현(靜海縣)	2	1.03	2	3.77	16	2.44	

자료: 1990년–2006년은 金相郁(2008), 2007년–2009년은 『2010中國韓國商會會員名錄』.

좋은 투자환경과 투자조건을 제공하고 있다. 그러나 한국의 중소기업은 이러한 투자규모에 도달하지 못하기 때문에 부득이하게 경제기술개발구의 주변지역에 입지하고 있는 것이다. 주변지역에 입지하는 경우에도 역시 경제기술개발구에 소속되는 경우가 일반적이다. 중국은 외국기업을 유입하기 위해 국가급의 경제기술개발구를 설립 운영하고 있는 반면에 또한 지방급의 경제기술개발구도 동시에 설립 운영하고 있다. 국가급과 지방급은 투자조건이 다르기 때문에 우대정책에는 차이가 있다.

공간적인 측면에서 한국기업의 천진에 대한 직접투자를 보면 투자의 자기강화 과정을 발견할 수 있다. 제조업에 종사하는 대기업이 대규모 투자를 시작하면 이에 부품과 원자재를 공급하는 중소기업이 동반투자를 시작하고 대기업과 관련 중소기업 사이에 산업연계가 형성되면서 이를 지원하는 생산자서비스도 함께 투자하는 과정이다. 그리고 궁극적으로는 이러한 산업연계를 바탕으로 산업클러스터(industrial cluster)가 형성되고 있는 것이다. 당고구(塘沽區)에는 삼성전자(1993년), POSCO(1994), LG화학(1995)이 대규모 투자를 시작하였으며, 서청구(西青區)에는 삼성전자(1994), 삼성광전자(1994), 삼성모니터(1998)가 대규모 투자를 시작하였다. 위에서 언급한 북진구(北辰區)의 LG전자는 1995년에 투자를 시작하였으며, 무청구(武清區)에도 LG건축자재(1995)와 삼성SDI(1996)가 이미 1990년대 중반에 대규모 투자를 시작하였다. <표 8-52>에서도 나타나고 있듯이 이러한 공간구조가 아시아금융위기 이전에 이미 형성되고 있으며, 2000년대 이후에는 더욱 강화되고 있음을 알 수 있다. 특히 2007년-2009년에는 서청구(西青區)에 가장 많은 신규투자가 이루어지고 있다. 이는 전자산업을 중심으로 하는 미전자공업원구(微電子工業園區)의 발전과 관련이 있다고 본다.

□ 요약

중국은 개혁개방 이후 외국인직접투자를 적극적으로 유입하고 있다. 외국인직접투자는 경제발전에 필요한 자본을 제공할 뿐만 아니라 기술이나 지식을 이전하는 확산효과가 있기 때문에 중국의 경제발전에 중요한 역할을 담당하고 있다. 본 장에서는 중국의 외국인직접투자를 산업별 특징과 지역별 특징을 중심으로 분석하고 있다. 외국인직접투자는 주로 중국의 저렴한 노동력을 이용하기 위한 목적이기 때문에 대규모 자본투자 보다는 노동집약적인 산업에 집중되고 있다. 지역별로 보면 투자환경이 상대적으로 양호한 동부 연해안 지역에 집중되고 있다. 외국인직접투자의 중국지역경제발전에 대한 영향은 우선 지역고용을 증대시키고 있다. 노동집약적인 산업에 집중된 외국인직접투자는 필연적으로 많은 고용을 창출하고 있는 것이다. 그리고 외국인직접투자는 지역생산의 증대에도 큰 역할을 담당하고 있다. 중국의 개혁개방은 수출을 적극적으로 추진하고 수출증대를 통한 경제발전을 추구하고 있다. 따라서 적극적인 외국인직접투자기업들을 유치하고 이를 통한 수출증대를 추구하고 있다. 중국은 이러한 경제발전전략을 경제기술개발구와 같은 특별경제구역을 통해 추진하고 있다. 경제기술개발구와 같은 특별경제구역은 중국경제성장의 견인차 역할을 할뿐만 아니라 특히 지역경제발전에 중요한 역할을 담당하고 있다. 특히 2000년대 들어서는 기존의 경제기술개발구와 다른 신구(新區)의 설립을 통해 새로운 성장공간을 창출해 가고 있다. 본 장에서는 중국의 경제성장에 있어서 중요한 의의를 가진 천진빈해신구(天津濱海新區)와 상해포동신구(上海浦東新區)에 대해 살펴보고 있다. 중국의 개혁개방과 경제성장과 더불어 한국의 중국에 대한 해외직접투자도 급속도로 증가하고 있다. 한국의 중국에 대한 해외직접투자는 주로 제조업에 집중적으로 투자되고 있으며 산동성(山東省)과 강소성(江蘇省) 등 동부 연해안 지역을 중심으로 투자되고 있다. 즉 산업별 집중과 지역별 집중 특징을 가지고 있다. 본 장은 한국의 중국에 대한 해외직접투자를 천진시(天津市)를 중심으로 집중적으로 살펴보고 있다. 한국의 천진시에 대한 직접투자 역시 산업별 집중과 지역별 집중 특징을 가지고 있다.

□ 주요개념

1. 외국인직접투자
2. 개혁개방
3. 합자경영(合资经营)

4. 합작경영(合作经营)
5. 독자투자(独自投资)
6. 노동집약적산업
7. 계약투자금액
8. 실제투자금액
9. 경제특구
10. 입지요인
11. 지역고용
12. 산업내무역
13. 경제기술개발구
14. 성장극(growth pole)
15. 신구(新區)
16. 시장지향(market-oriented) 가설
17. 시장접근(market access) 가설
18. 중심지 가설(core hypothesis)
19. 주변지 가설(periphery hypothesis)

□ 주요 참고문헌

강한균(2009), "한국과 일본의 대 중국 성별 FDI의 결정요인과 투자집중도의 비교 분석", 『국제경영리뷰』, 제13권, 제2호, pp.177-195.

김상욱(2004), "중국의 경제성장 전략과 우리의 대응과제", 『국토』, 12월호, pp.47-57.

김상욱(2006), "천해빈해신구와 천진항의 발전전략", 항만배후단지 개발방향 모색을 위한 심포지움 발표논문, 해양수산부, 2006년 6월.

김상욱(2008), "韓國직접투자의 중국天津지역경제발전에 대한 영향", 『東北亞經濟研究』, 제20권, 제3호, pp.193-225.

김상욱(2009), "中國 統計資料의 問題點에 대한 考察", 『한중경상연구』, 제8집, 제2호, pp.5-40.

김상욱(2010a), "한국의 중국에 대한 해외직접투자의 산업 및 지역구조 특징", 『中國學論叢』, 한국중국문화학회, 제31집, pp.213-235.

김상욱(2010b), "韓·日 對中國 海外直接投資의 構造 比較", 『韓中經商研究』, 한중경상학회, 제9집, 제2호, pp.25-44.

김상욱(2011a), “한국의 중국해외직접투자의 결정요인분석: 1992–2008년”, 『東北亞經濟研究』, 제23권, 제1호, pp.109–136.

김상욱(2011b), “텐진 한국직접투자기업의 산업구조와 공간구조”, 『中國學論叢 』, 한국중국문화학회, 제34집

.김시중(1991), 『中國의 外國人直接投資 誘致와 韓國의 進出展望』, 對外經濟政策研究院, 政策研究 91–07.

박번순(2004), “한국기업의 대중국 투자 특성과 시사점”, 『국토』, 12월호(통권 278호), pp.35–46.

이홍식, 김혁황(2004), “韓國의 對中國 직접투자 결정요인 분석”, 『대외경제연구』, 제8권, 제2호, pp.257–289.

정구현,(1987), 『多國籍企業의 實體』, 서울:한국경제신문사.

지만수(2002), 『한국기업의 대중국 권역별 진출과 전략』, 대외경제정책연구원 정책연구 02–14.

지만수, 남영숙, 이홍식, 김은국, 조현준(2004), 『중국진출 한국기업의 경영실태와 시사점』, KIEP 연구보고서, 정책연구(Policy Analyses I) 04–14.

한국수출입은행(2010), 『세계 해외직접투자 동향 및 전망(2010.9)』, 한국수출입은행 산업투자조사실 해외투자분석반.

한국은행(2010), 『2009년 말 지역별·통화별 국제투자대조표(잠정)』, 공보 2010–4–22호.

賈偉强, 김용덕(2008), “중국 산동성(山東省)에 대한 외국인직접투자 실증분석”, 『국제경영리뷰』, 제12권, 제2호, pp.123–139.

金相郁, 朴英熙(2006), “中国外商直接投资的区位决定因素分析:城市数据”, 『南开经济研究』, 第2期, pp.35–45

金相郁(2007), “DEA模型与外商直接投资的行业效率分析”, 『南开经济研究』, 第5期, pp.77–90

金相郁, 劉傳(2011), “韓國對華直接投資的決定因素分析: 大企業與中小企業的比較, 『中國과 中國學』, 영남대학교 중국연구센터, 2011년, 제14호, pp.109–133.

王洪庆(2007), 『外商直接投资的贸易效应研究』,北京:经济科学出版社.

国务院(2006), 『关于推进天津滨海新区开发开放有关问题的意见』.

天津港(集团)有限公司(2006), 『天津港集团公司国有经济布局和结构调整”十一五”规划』.

天津市发展和改革委员会(2006), 『天津滨海新区综合配套改革试点框架方案』.

天津市发展和改革委员会(2006), 『关于赴上海学习浦东综合配套改革试点有关情报的汇报』.

上海市浦东新区人民政府(2005),『关于浦东新区”十一五”规划编制情况的汇报』.

上海市浦东新区人民政府(2006),『浦东新区国民经济和社会发展第十一个五年规划纲要』

天津市人民政府(2006),『关于天津市国民经济和社会发展第十一个五年规划纲要的报告』.

天津经济技术开发区管理委员会(2006),『天津经济技术开发区国民经济和社会发展”十一五”规划纲要(2006—2010年)』.

崔栢烈, 2002, “韩国企业对中国直接投资的实情分析和决定因素”,『南京经济学远学报』, 2002年增刊, pp.41–53.

李立新, 金润圭(2002), “在华外商不同来源体FDI区位因素比较分析”,『中国软科学』, 第7期, pp.89–94.

魏后凯(2000), “欧美日韩在华制造业投资的区位决定”,『中国工业经济』, 第11期, pp.65–73.

张立, 龚玉池(2003), “FDI在中国省际分布的决定因素”,『天津大学学报(社会科学版)』, 第4卷, 第2期, pp.117–121.

李洛之, 聂汤谷(1994),『天津的經濟地位』, 天津, 南開大學出版社.

吉澤誠一郎(2002),『天津の近代』, 名古屋, 名古屋大學出版社.

錢其琛(2003),『外交十記』, 北京, 世界知識出版社.

稲垣清(2002),『中國進出企業地圖』, 東京: 蒼蒼社.

林毅夫, 蔡方, 李周(1999),『中国的奇迹:发展战略与经济改革』, 上海:上海人民出版社.

郑政秉, 林智杰(2003), “制造业海外直接投资区位选择的决定因素探讨:以中国大陆, 美国及东盟五国为例”,『产业经济研究』, 第6期, pp.15–32.

徐杰(2003), “外商在华直接投资的区位分析”,『经济评论』, 第4期, pp.49–52.

潘镇(2005), “外商直接投资的区位选择: 一般性, 异质性–对江苏省3570家外资企业的实证研究”,『中国软科学』, 第7期, pp.100–108.

邓炜, 郑兵云(2004), “外商在中西部直接投资的区位选择: 以安徽省为例的实证分析”,『华东经济管理』, 第18卷, 第3號, pp.4–7.

王佳佳(2009), “山东省韩资企业外逃原因及对策分析”,『黑龙江对外经贸』, 第8期, pp.45–46.

張青松(2007),『日本對華直接投資研究』, 北京: 社會科學文獻出版社.

Blonigen, B.A. & Piger, J.(2010), Determinants of Foreign Direct Investment, NBER *Working Paper* No. 16704.

Chakrabarti, A.(2003), A Theory of the Spatial Distribution of Foreign Direct Investment, *International Review of Economics and Finance*, 12, pp.149–169.

Chang–Soo, Lee & Chang–Kyu, Lee(2002), Korea's FDI into China: Determinants of the Provincial Distribution, *KIEP Working Papers* 0216.

Cheng, L.K., Kwan, Y.K.(2000), What are the Determinants of the Location of Foreign Direct Investment? The Chinese Experience, *Journal of International Economics*, 51, pp.379–400.

Fung, K.C., Iizaka, Hitomi(2002), Determinants of U.S. and Japanese Direct Investment in China, *Journal of Comparative Economics*, 30, pp.567–578.

Fung, K.C., Iizaka, Hitomi, Siu, A.(2003), Japanese Direct Investment in China, *China Economic Review*, 14, pp.304–315.

Lipsey, Robert E.(1999), The Location and Characteristics of U.S. Affiliates in Asia, *NBER Working Paper* No.6876.

OECD(2002), Main determinants and impacts of foreign direct investment on China economy, Directorate for Financial, Fiscal and Enterprise Affairs Working Papers on International Investment Number 2000 / 4.

Qian, S., Wilson, T., Qiao, Y.(2002), Determinants of foreign direct investment across China, *Journal of International Money and Finance*, 21, pp.79–113.

Shu–Mei, Yao(2003), Korea's FDI in China: Status and Perspectives, *KIEP Working Papers* 03–01.

Sung–Jin, Kang & Hong–Shik, Lee(2004), Location Choice of Multinational Companies in China: Korean and Japanese Companies, *KIEP Working Papers* 04–13.

Tuan, C., Ng, L.F.Y.(2003), FDI Facilitated by Agglomeration Economies: Evidence from Manufacturing and Services Joint Ventures in China, *Journal of Asian Economics*, 13, pp.749~765.

제9장
물 류

9 中國地域經濟槪論
Introduction to Chinese Regional Economies

1. 물류 인프라

1.1. 도로인프라

1.1.1. 전국 도로체계

경제발전 수준이 높아짐에 따라 각 종 요소의 이동에 필요한 인프라가 필수불가결한 조건이 되고 있다. 특히 중국은 국토면적이 넓고 지형조건이 복잡하기 때문에 각 종 인적 자원과 물적 자원의 원활한 이동과 소통을 위한 각 종 인프라는 경제발전에 매우 중요한 조건이 되고 있다.

중국의 도로(公路)는 크게 일반도로와 고속도로(高速公路)로 나눌 수 있다. 2007년 말 현재 도로 총 연장은 358.37만 ㎞이며, 그 중 일반도로는 352.98만 ㎞로 전체 도로의 98.50%를 차지하고, 고속도로는 5.39만 ㎞로 1.5%를 차지하고 있다. 도로의 발전 추이를 보면, 1978년 전체 도로 연장은 89.02만 ㎞ 정도이며, 2007년에는 약 4배가 증가한 358.37만 ㎞이다. 고속도로는 더욱 급속한 발전을 하고 있다. 1989년 고속도로의 총 연장은 0.03만 ㎞에 지나지 않았으나, 2007년에는 5.39만 ㎞로 약 180배 정도 증가하였다.

중국은 도로를 행정 등급별로도 나누고 있다. 즉 국도(国道), 성도(省道), 현도(县道), 향도(乡道), 촌도(村道), 그리고 전용도로(专用公路)이다. 국도(国道)는 전국적으로 정치와 경제적 의의가 있는 주요 간선도로를 말한다. 국도는 중요한 국제도로, 국방도로, 각 성·시·자치구(省·市·自治区)의 행정중심지(省会)와 수도를 연결하는 도로, 중요한 경제중심, 항구, 상품생산기지, 전략적 요충지 등을 연결하는 도로 등을 포함하고 있다. 따라서 중국의 국도는 아래 네 가지 형태를 포함하고 있다. 첫째는 수도와 성·시·자치구(省·市·自治区), 경제중심, 인구 30만 명 이상 도시를 연결하는 간선 도로이다. 둘째는 주요

항구도시, 철도 결절지점, 주요 농업 및 공업 생산기지를 연결하는 간선 도로이다. 셋째는 대외관문, 개방도시, 주요 역사도시와 관광지를 연결하는 간선도로이다. 넷째는 중요한 국방의 의의가 있는 간선도로이다.

<그림 9–1> 도로 연장 추이

자료: 『中国统计年鉴2008年』.

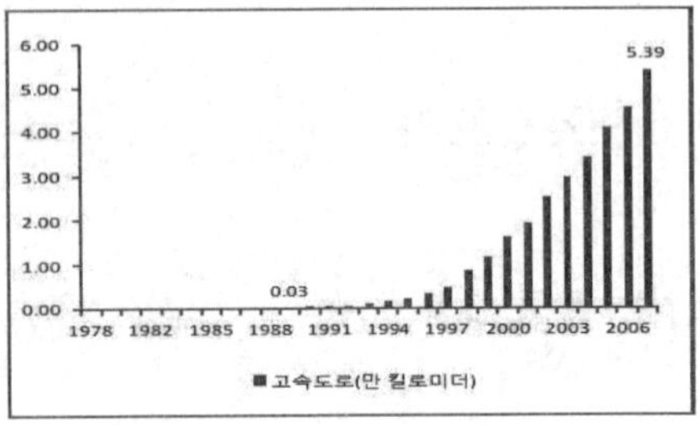

<그림 9–2> 고속도로 연장 추이

자료: 『中国统计年鉴2008年』.

2006년 말 현재, 국도는 총 연장이 13.34만 ㎞로 전체 도로의 3.9%만을 차지하고 있으며, 촌도가 153.20만 ㎞와 44.3%로 가장 많은 비중을 차지하고 있다. 여기서 한 가지 주의할 점은 위의 <그림 9–1>에서 2004년과 2005년 1년 사이에 도로 총 연장이 187.07만 ㎞에서 334.52만 ㎞로 147.45만 ㎞가 증가하였다. 그 이유는 아래 <표 9–1>에서 나타나고 있다. 즉 2005년 중국교통운수부(中国交通运输部)는 전국 농촌도로조사를 실시하였으며, 이를 통해 촌도(村道)의 현황을 파악하고, 이를 도로 총 연장에 포함시켰기 때문이다. 따라서 2005년 도로 총 연장이 1년 사이에 크게 증가하고 있는 것이다. 즉 이것은 실제적으로 도로 총 연장이 크게 증가한 것이 아니라 통계 기준의 변화로 인한 결과인 것이다.

중국은 도로를 기능과 교통량에 따라서 다시 고속도로, 1급 도로, 2급 도로, 3급 도로, 4급도로 다섯 단계로 분류한다.[88] 이 분류에 의하면, 2006년 말, 고속도로와 1급 도로는 각

88) 고속도로란 자동차 전용이며, 차도를 분리하고, 모든 출입을 통제하는 간선도로를 말한다. 편도 4차선 고속도로는 연평균 주야간 통행량이 2,500~55,000대 정도를 말하며, 편도 6차선 고속도로는 45,000~80,000대 정도를 말하고, 편도 8차선 고속도로는 60,000~100,000대 정도를 말한다. 고속도로 이외의 지방도로 등 기타 도로는 다시 4 등급으로 나눈다. 1급 도로는 연평균 주야간 통행량이 1,500~30,000대 정도를 말한다. 2급 도로는 3,000~7,500대 정도, 3급 도로는 1,000~4,000대 정도, 4급 도

각 4.53만 ㎞로 전체 도로 총 연장의 1.31%를 차지하며, 4급 도로가 147.48만 ㎞로 45.56%를 차지하고 있다. 즉 전국의 주요 중심지를 연결하는 간선도로가 아직은 많이 부족한 상태이며, 대부분은 향도(乡道)와 촌도(村道) 등 비교적 열악한 조건이다. 이러한 문제는 기술 및 교통량 등급에 의한 구분에서도 나타나고 있다.

<표 9-1> 중국의 도로체계

행정등급					기능 및 교통량 등급(2006년)		
구분	2004년		2006년		구분	만 km	%
	만 km	%	만 km	%			
국도(国道)	12.98	6.9	13.34	3.9	고속도로	4.53	1.31
성도(省道)	22.78	12.2	23.96	6.9	1급 도로	4.53	1.31
현도(县道)	47.94	25.6	50.65	14.7	2급 도로	26.27	7.60
향도(乡道)	94.52	50.5	98.76	28.6	3급 도로	35.47	10.26
촌도(村道)	–	–	153.20	44.3	4급 도로	157.48	45.56
전용도로 (专用公路)	8.84	4.7	5.80	1.7	등급 외	117.41	33.96
합계	187.06	100.0	345.70	100.0	합계	345.69	100.00

자료: 中华人民共和国交通运输部.

1.1.2. 지역별 도로체계

지역별 도로 현황을 보면, 경제발전 수준이 상대적으로 높은 동부 연해안 지역의 도로체계가 비교적 발달해 있으며, 중부지역이나 서부지역과 같이 경제발전 수준이 상대적으로 낮은 지역은 도로체계의 발전이 미약하다. 동부 연해안 지역은 비교적 밀집된 도로 결절지점이 형성되고 있으나 중부지역이나 서부지역은 도로 결절지점의 수가 상대적으로 적게 형성되고 있다. 물론 이러한 도로 현황은 자연적인 조건에도 영향을 받고 있다. 즉 동부 연해안 지역은 평지가 상대적으로 많기 때문에, 도로의 건설이 용이한 반면, 서부지역은 지형 조건이 열악하기 때문에 인구분포도 밀집되지 못하고 도로건설도 이에 따라 낙후

로는 편도 2차선인 경우에는 1,500대 이하, 1차선인 경우는 200대 이하를 말한다. 그리고 도로의 수명을 고속도로와 1급 도로는 20년, 2급 도로는 15년, 3급 도로와 4급 도로는 10년 정도로 보고 있다.

되고 있는 것이다.

지역별 도로체계는 아래 <표 9-2>를 통해서 볼 수 있다. 2007년 말 현재 하남성(河南省), 산동성(山东省), 운남성(云南省)은 전체 도로 총 연장이 각각 238,676㎞, 212,237㎞, 200,333㎞로 전국의 6.66%, 5.92%, 5.59%를 차지하고 있다. 동부 연해안 지역의 대부분 성들은 10만 ㎞이상의 도로 총 연장을 가지고 있다. 다만 절강성(浙江省)과 복건성(福建省)은 도로 총 연장이 10만 ㎞이하이다. 등급 도로의 총 연장의 전국 비중이 가장 높은 지역은 산동성(山东省)으로 전국 등급 도로의 8.19%를 차지하고 있으며, 그 다음은 하남성(河南省)으로 6.50%를 차지하고 있다. 하남성은 도로 총 연장의 전국 비중이 가장 높다. 반면에 산동성은 등급 도로 총 연장의 전국 비중이 가장 높다. 이것은 산동성의 도로 상황이 하남성보다 양호함 나타내고 있다.

지역별 도로 총 연장 중에서 등급 도로의 비중은 그 지역의 도로 등급의 상황을 반영할 수 있다. 2007년 말 전국 도로 총 연장에서 등급 도로의 비중은 70.75%이다. 상해시(上海市)는 이 비중이 100%로서 모든 도로가 등급 도로이다. 그리고 동부 연해안 지역의 천진시(天津市), 북경시(北京市), 산동성(山东省), 절강성(浙江省)과 하북성(河北省)의 비중도 모두 90%이상으로 비교적 양호한 도로 등급을 가지고 있다. 강소성(江苏省), 광동성(广东省), 복건성(福建省)은 동부 연해안 지역에 위치하고 있으나 위의 성과 시보다는 상대적으로 등급 도로의 비중이 낮으나 전국 평균 보다는 높다. 중부지역에서는 산서성(山西省), 안휘성(安徽省)과 호북성(湖北省)이 전국 평균 보다 높다. 서부지역에서는 영하자치구(宁夏自治区)와 섬서성(陕西省)의 비중이 전국 평균 보다 높다. 특히 영하자치구는 등급 도로가 지역 전체의 도로 총 연장에서 차지하는 비중이 92.08%로 비교적 높다. 이것은 영하자치구의 도로 상황이 상대적으로 좋음을 나타낸다. 동북지역에서는 길림성(吉林省)과 요녕성(辽宁省)의 비중이 전국 평균보다 높다. 고속도로의 연장이 지역전체 도로에서 차지하는 비중도 동부 연해안 지역이 다른 지역과 비교해서 상대적으로 높은 수준이다. 천진시는 이 비중이 5.91%로 전국에서 가장 높다. 그리고 상해시도 5.69%로 천진시와 비슷한 수준이다. 북경시는 이 비중이 3.03%로 천진시와 상해시와 비교해서는 조금 낮은 수준이다.

<표 9-2> 지역별 도로체계

지역	도로 총 연장 (km)	도로 총 연장 전국 비중 (%)	등급 도로 총 연장 전국 비중 (%)	등급 도로/지역 도로 총 연장 (%)	고속도로/지역 도로 총 연장 (%)
전국	3,583,715	100.03	100.00	70.75	1.50
북경시	20,754	0.58	0.81	98.94	3.03
천진시	11,531	0.32	0.45	99.91	5.91
하북성	147,265	4.11	5.25	90.40	1.94
산서성	119,869	3.35	4.22	89.35	1.58
내몽고자치구	138,610	3.87	3.58	65.52	1.28
요녕성	98,101	2.74	3.02	77.99	2.01
길림성	85,445	2.38	2.80	83.13	0.63
흑룡강성	140,909	3.93	3.70	66.60	0.74
상해시	11,163	0.31	0.44	100.00	5.69
강소성	133,732	3.73	4.64	88.01	2.66
절강성	99,812	2.79	3.63	92.20	2.66
안휘성	148,372	4.14	5.06	86.43	1.49
복건성	86,926	2.43	2.50	72.79	1.57
강서성	130,515	3.64	2.85	55.45	1.54
산동성	212,237	5.92	8.19	97.87	1.90
하남성	238,676	6.66	6.50	69.09	1.91
호북성	183,780	5.13	5.80	80.07	1.29
호남성	175,415	4.90	3.61	52.14	1.01
광동성	182,005	5.08	5.98	83.34	1.93
광서자치구	94,202	2.63	2.48	66.73	1.99
해남성	17,789	0.50	0.37	52.26	3.51
중경시	104,705	2.92	1.97	47.71	1.00
사천성	189,395	5.29	4.56	61.08	1.02
귀주성	123,247	3.44	2.19	45.05	0.75
운남성	200,333	5.59	4.13	52.30	1.25
서장자치구	48,611	1.36	0.77	40.13	0.00
섬서성	121,297	3.39	3.58	74.88	1.70
감숙성	100,612	2.81	2.00	50.35	1.31
청해성	52,626	1.47	1.21	58.21	0.41
영하자치구	20,562	0.57	0.75	92.08	3.94
신강자치구	145,219	4.05	2.94	51.33	0.37

주의 : ① 2007년 기준.

② 등급 도로는 고속도로, 1급 도로, 2급 도로, 3급 도로와 4급 도로를 포함하고 있다.

자료: 『中国统计年鉴2008年』.

고속도로와 1급 도로 그리고 2급 도로의 총 연장이 지역 도로 총 연장에서 차지하는 비중은 그 지역의 도로가 현대화된 수준을 반영할 수 있다. 이 기준에 의하면, 상해시(上海市)와 천진시(天津市)가 각각 32.85%와 30.37%로 가장 높은 비중을 보이고 있으며, 강소성(江苏省)과 북경시(北京市)도 20% 이상의 비중을 나타내고 있다. 즉 이들 지역의 도로 현대화 수준이 상대적으로 높음을 나타낸다. 이외에도 동부 연해안 지역의 광동성(广东省), 산동성(山东省), 절강성(浙江省), 하북성(河北省), 해남성(海南省) 등도 전국 평균보다 높은 수준을 보이고 있다. 또한 중부지역의 산서성(山西省)과 해남성(河南省) 그리고 서부지역의 영하자치구(宁夏自治区)와 내몽고자치구(内蒙古自治区)도 전국 평균보다 높은 수준을 보이고 있으며, 동북지역의 요녕성(辽宁省)과 길림성(吉林省)도 각각 19.06%와 12.55%로 비교적 높은 수준을 나타내고 있다.

국도는 1, 2, 3을 첫 글자로 시작하고 있다. 1로 시작되는 도로명은 수도인 북경과 주요 도시를 연결하는 국도이며, 2로 시작되는 도로명은 남쪽과 북쪽을 연결하는 국도이고, 3으로 시작되는 도로명은 동쪽과 서쪽를 연결하는 국도이다. 예를 들면, 101 국도는 수도 북경(北京)과 심양(沈阳)을 연결하며, 204국도는 연태(烟台)와 상해(上海)를 연결하고,

<표 9-3> 수도 북경이 출발지 주요 국도의 길이

국도 명칭	출발지-종착지	총 연장(㎞)
101	북경(北京)-심양(沈阳)	909
102	북경(北京)-하얼빈(哈尔滨)	1,337
103	북경(北京)-천진(天津)	162
104	북경(北京)-복주(福州)	2,420
105	북경(北京)-주해(珠海)	2,717
106	북경(北京)-광주(广州)	2,466
107	북경(北京)-심천(深圳)	2,698
108	북경(北京)-곤명(昆明)	3,331
109	북경(北京)-라사(拉萨)	3,901
110	북경(北京)-은천(银川)	1,357
111	북경(北京)-가격달기(加格达奇)	2,133
112	북경(北京)-고비점(高碑店)	1,228

자료: 中华人民共和国交通运输部.

301국도는 수분하(绥芬河)와 만주리(满洲里)를 연결하고 있다. <표 9-3>은 수도가 시점인 12개 국도의 명칭과 총 연장을 나타내고 있다. 가장 긴 국도는 109국도로서 출발지는 북경(北京)이고 종착지는 라사(拉萨)로서 총 도로 연장이 3,901㎞이다.

<표 9-4> 동서와 남북 횡단 국도 명칭

남북 국도	시점-종점	총 연장 (㎞)	동서 국도	시점-종점	총 연장 (㎞)
201	鹤岗-旅顺口	1,964	301	绥芬河-满洲里	1,680
202	黑河-旅顺口	1,818	302	珲春-乌兰浩特	1,028
203	明水-沈阳	720	303	集安-锡林浩特	1,263
204	烟台-上海	1,031	304	丹东-霍林郭勒	889
205	山海关-广州	3,160	305	庄河-林西	815
206	烟台-汕头	2,375	306	绥中-克什克腾旗	497
207	锡林浩特-海安	3,738	307	歧口-银川	1,351
208	二连浩特-长治	990	308	青岛-石家庄	637
209	呼和浩特-北海	3,435	309	荣城-兰州	2,208
210	包头-南宁	3,097	310	连云港-天水	1,613
211	银川-西安	691	311	徐州-西峡	748
212	兰州-重庆	1,302	312	上海-伊宁	4,967
213	兰州-景洪	2,796	314	乌鲁木齐-红其拉甫	1,948
214	西宁-磨憨	3,542	315	西宁-喀什	3,063
215	红柳园-格尔木	641	316	福州-兰州	2,915
216	阿勒泰-巴仑台	857	317	成都-那曲	2,043
217	阿勒泰-库车	1,117	318	上海-友谊桥	5,476
218	伊宁-若羌	1,067	319	厦门-成都	2,984
219	叶城-拉孜	2,342	320	上海-瑞丽	3,695
220	滨州-郑州	585	321	广州-成都	2,220
221	哈尔滨-同江	668	322	衡阳-友谊关	1,039
222	哈尔滨-伊春	363	323	瑞金-临仓	2,915
223	海口-三亚(东)	323	324	福州-昆明	2,712
224	海口-三亚(中)	309	325	广州-南宁	868
225	海口-三亚(西)	429	326	秀山-河口	1,562
226	楚雄-墨江	288	327	菏泽-连云港	424
227	西宁-张掖	347	328	南京-南通	300
			329	杭州-普陀区	292
			330	温州-寿昌	3,327

자료: 中华人民共和国交通运输部.

<표 9-4>는 동서 횡단국도와 남북 횡단국도를 나타내고 있다. 남북을 횡단하는 국도는 모두 27개가 있으며, 가장 긴 국도는 내몽고자치구의 석림호특(锡林浩特)에서 시작되어 강소성의 해안(海安)까지 총 연장 3,738㎞에 달하는 207국도이다. 동서를 횡단하는 국도는 모두 29개가 있다. 그 중 가장 긴 국도는 상해(上海)에서 시작하여 서장자치구의 우의교(友谊桥)까지 총 연장이 5,476㎞에 달하는 318국도이다.

1.1.3. 고속도로

고속도로는 한 국가의 경제발전 수준을 상징적으로 나타내는 지표이다. 그리고 고속도로는 지역경제발전에 있어서도 매우 중요한 역할을 담당하고 있다. 1989년 고속도로의 총 연장은 0.03만 ㎞에 지나지 않았으나, 2007년에는 5.39만 ㎞로 약 180배 정도 증가하였다. 특히 2000년 이후 고속도로의 총 연장은 매년 급속한 성장을 하고 있다.

중국의 고속도로 건설은 크게 두 가지 계획에 의하고 있다. 하나는 2007년 연말을 계획기간으로 하는 국도주간선계획(国道主干线规划)이며, 또 하나는 2008년부터 시작되는 국가고속도로망계획(国家高速公路网规划)이다. 국도주간선계획에서는 5종 · 7횡의 고속도로 건설을 주요 내용으로 하고 있다. 즉 5종은 중국의 남쪽과 북쪽을 횡단하는 5개의 고속도로를 말하고, 7횡은 동쪽과 서쪽을 횡단하는 7개의 고속도로를 말한다. 5종 · 7횡 고속도로는 총 연장 3.5만 ㎞이며, 그 중 5종 고속도로는 총 연장이 15,022㎞이고, 7횡 고속도로는 20,655㎞이다.

남북을 횡단하는 5종 고속도로는 흑룡강성의 동강(同江)—해남성의 삼아(三亚)(5,439㎞), 북경—광동성의 주해(珠海)(2,310㎞), 중경(重庆)—광동성의 담강(湛江)(1,344㎞), 북경—복건성의 복주(福州)(2,478㎞), 내몽고자치구의 이련호특(二连浩特)—운남성의 하구(河口)(3,451㎞) 구간을 포함하고 있다. 그 중 동강(同江)—삼아(三亚) 고속도로는 중국의 연해안 지역을 종단하는 고속도로이며, 북경(北京)—복주(福州) 고속도로는 동부지역을 종단하고, 북경(北京)—주해(珠海) 고속도로는 동부지역과 중부지역을 종단하고 있다. 특히 이련호특(二连浩特)—하구(河口) 고속도로는 내몽고자치구(内蒙古自治区), 섬서성(陕

西省), 산서성(山西省), 사천성(四川省), 운남성(云南省) 등 5개 주요 성과 자치구를 통과하고 있으며, 태원시(太原市), 서안시(西安市), 성도시(成都市), 곤명시(昆明市) 등 서부지역의 주요 대도시를 연결하고 있다.

7횡 고속도로는 연운항(连云港)-곽이과사(霍尔果斯)(4,304㎞), 상해(上海)-성도(成都)(2,726㎞), 상해(上海)-서려(瑞丽)(3,663㎞), 형양(衡阳)-곤명(昆明)(1,854㎞), 청도(青岛)-은천(银川)(1,602㎞), 단동(丹东)-라사(拉萨)(4,989㎞), 수분하(绥芬河)-만주리(满洲里)(1,527㎞) 구간이 있다.

연운항(连云港)-곽이과사(霍尔果斯) 고속도로는 강소성의 연운항(连云港)에서 출발하여 산동성(山东省), 안휘성(安徽省), 하남성(河南省), 산서성(山西省), 섬서성(陕西省), 감숙성(甘肃省), 영하자치구(宁夏自治区), 청해성(青海省)을 지나 신강자치구(新疆自治区)의 곽이과사(霍尔果斯)에 도달하는 중국의 중앙부를 횡단하는 최대 길이의 고속도로이다.

상해(上海)-성도(成都) 고속도로는 상해시(上海市)에서 출발하여 남경시(南京市), 구강시(九江市), 무한시(武汉市), 형주시(荆州市), 의창시(宜昌市), 중경시(重庆市)를 거쳐 사천성(四川省)의 성도시(成都市)에 도달하는 중부횡단 고속도로이며, 중국 최대의 경제개발축인 장강(长江)을 연결하는 동서 고속도로이다. 상해(上海)-서려(瑞丽) 고속도로는 상해시(上海市)에서 출발하여 항주시(杭州市), 남창시(南昌市), 장사시(长沙市), 귀양시(贵阳市), 곤명시(昆明市), 대리시(大理市)를 지나 운남성(云南省)의 서려현(瑞丽县)에 도달하는 남부 횡단 고속도로이다.

형양(衡阳)-곤명(昆明) 고속도로는 호남성(湖南省)의 형양(衡阳)에서 출발하여 운남성(云南省)의 곤명(昆明)까지 이어지는 중국의 남부 횡단 고속도로이다. 청도(青岛)-은천(银川) 고속도로는 산동성(山东省)의 청도시(青岛市)에서 출발하여 영하자치구(宁夏自治区)의 은천시(银川市)까지 이어지는 중국 중북부 횡단 고속도로이다. 특히 산서성(山西省)을 동서로 횡단하고 있기 때문에 석탄의 운송에 중요한 역할을 담당하고 있다. 단동(丹东)-라사(拉萨) 고속도로는 7횡 고속도로 중 총 연장이 가장 긴 고속도로로서 요녕성(辽宁省)의 단동시(丹东市)에서 출발하여 심양시(沈阳市), 북경시(北京市), 석가장시(石家庄市), 태원시(太原市), 서안시(西安市), 성도시(成都市), 아안시(雅安市)를 지나 라사시(拉萨市)까지 이르는 중국의 동북지역과 서남지역을 연결하는 고속도로이다. 수분하(绥芬河)—만주리(满洲里) 고속도로는 흑룡강성(黑龙江省)의 수분하(绥芬河)에서 시작되어 내몽고자치구(内蒙古自治区)의 만주리(满洲里)까지 이어지는 동북 접경지역을 횡단하는 고속도로이다. 경제발전 특히 제조업의 발전은 이에 수반한 물류의 증가를 동시에 초래한다. 그리고 도시화가 급속히 진전되고 자동차 보유 대수가 크게 증가하면 시민들의 소비구조가 변화하게 되고, 이러한 구조적 변화는 고속도로에 대한 수요를 크게 증가시킬 것이다. 따라서 중국은 국도주간선계획(国道主干线规划)에서 실시한 5종 · 7횡계획을 바탕으로 하여 국가고속도로망계획(国家高速公路网规划)을 실시하고 있다.

국가고속도로망계획의 핵심 내용은 7918네트워크로 요약할 수 있다. 즉 국가 고속도로망은 7개 노선의 수도방사선 고속도로, 9개 노선의 남북 종단 고속도로, 그리고 18개 노선의 동서 횡단 고속도로로 구성된다. 계획에 의하면, 총 연장은 85,000㎞이며, 이 중 주간선 고속도로는 68,000㎞ 정도이며, 나머지 17,000㎞는 지역순환도로와 연결선 등을 포함하고 있다. 이 7918네트워크가 완성되면 동부지역에서는 30분 이내에 주간선 고속도로에 진입이 가능하고, 중부지역에서는 1시간 이내에, 그리고 서부지역에서는 2시간 이내에 진입이 가능해진다. 전체 계획은 2008년부터 약 30년 정도를 예상하고 있으며, 85,000㎞ 중 이미 건설이 완료된 29,000㎞와 건설 중인 16,000㎞를 제외하고 추가 건설이 필요한 연장은 약 40,000㎞ 정도이다. 추가 고속도로 연장에서 동부 지역에 약 8,000㎞가 건설되고, 중부지역에 11,000㎞, 그리고 서부지역에 21,000㎞가 건설될 예정이어서 대부분은 중부지역과 서부지역에 집중될 계획이다.

7개의 수도방사선 고속도로에는 북경(北京)—상해(上海), 북경(北京)—태북(台北), 북경(北京)—홍콩(香港), 북경(北京)—곤명(昆明), 북경(北京)—라사(拉萨), 북경(北京)—오로목제(乌鲁木齐), 북경(北京)—합이빈(哈尔滨) 고속도로를 포함하고 있다.

중국은 넓은 국토면적을 가지고 있기 때문에 지역과 지역을 연결하는 인프라가 경제발전에 있어서 매우 중요하다. 중국은 고속도로 건설과 확충을 통해 이러한 문제를 해결하고자 노력하고 있지만 중부지역과 서부지역은 자연조건이 열악하기 때문에 많은 애로점이 있다.

1.2. 철도인프라

1.2.1. 철도현황

철도는 기상조건에 영향을 상대적으로 적게 받으며, 빠른 시간 내에 대규모의 물자를 이동시킬 수 있기 때문에, 중국과 같이 국토면적이 넓은 국가에서는 아주 유용한 교통수단이 된다. 개혁개방을 전후로 볼 때, 개혁개방 이전에는 주로 양적인 성장 즉 철도 운영구간의 확장에 중점을 두고 있으며, 개혁개방 이후에는 양적인 성장을 추구하면서도 동시에 철도 구간의 질적인 발전도 함께 고려하고 있다, 예를 들면 복선화율의 제고 등이다.

1949년 중국의 철도 운영 구간은 총 연장이 2.2만 ㎞정도이었으나, 1980년에는 5.33만 ㎞로 크게 증가하였으며, 2007년에는 다시 7.80만 ㎞로 증가하였다. 그리고 2007년 현재 전기화 철로 구간은 2.40만 ㎞로 전체 철도 운영 구간의 30.84%를 차지하고 있다.

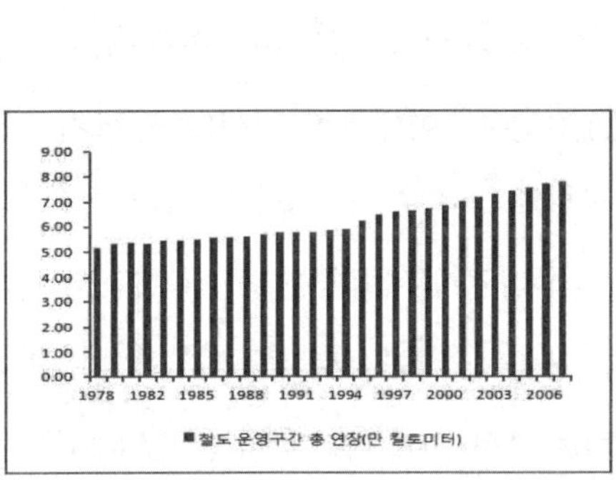

<그림 9-3> 중국의 철도 운영 노선 길이

자료: 『中国统计年鉴2008年』.

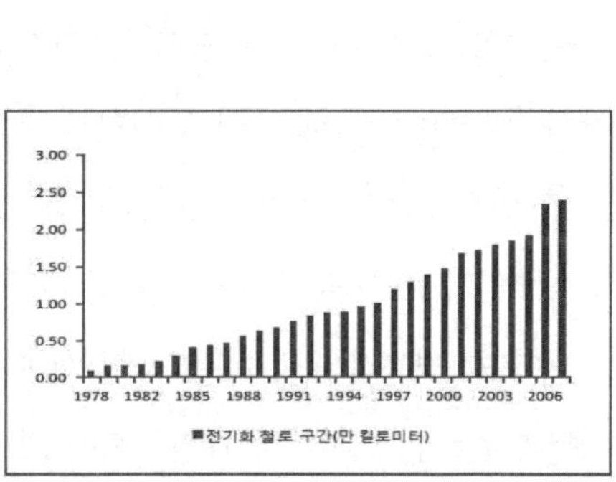

<그림 9-4> 중국의 전기화 철로 노선 길이

자료: 『中国统计年鉴2008年』.

1.2.2. 철도네트워크

중국의 철도네트워크는 중앙정부가 관리하는 8개의 남북을 연결하는 구간(8종)과 8개의 동서를 연결하는 구간(8횡)으로 구성된 주간선과 지방정부가 관리하는 지방철도로 나누어져 있다. 지방정부가 관리하는 지방철도는 전체 철도 연장의 10% 미만으로 점차 감소 추세에 있다.

8종 구간 중 경합철도(京哈铁路)는 북경시(北京市)에서 출발하여 천진시(天津市), 진황도시(秦皇岛市), 요녕성(辽宁省)의 심양시(沈阳市), 길림성(吉林省)의 장춘시(长春市)를 지나 흑룡강성(黑龙江省)의 합이빈시(哈尔滨市)를 경유하여 만주리(满洲里)까지 이르는 총 연장 2,346㎞의 중국 동북부 종단 철도이다. 경합철도는 북경시(北京市)와 합이빈시(哈尔滨市)의 1,412㎞ 구간과 합이빈시(哈尔滨市)와 만주리(满洲里)의 934㎞ 구간으로 나누어진다. 특히 경합철도는 북경과 모스크바 간 국제열차가 운행되고 있다. 동부연해철도(东部沿海铁路)는 요녕성(辽宁省)의 심양시(沈阳市)에서 광동성(广东省)의 담강시(湛江市)까지 이르는 총 연장 4,183㎞의 중국의 가장 긴 해안철도로서 항만 물류의 주요한 인프라를 제공하고 있다. 경호철도(京沪铁路)는 북경시(北京市)에서 출발하여 천진시(天津市), 제남시(济南市), 남경시(南京市)를 경유하여 상해시(上海市)까지 도달하는 총 연장 1,463㎞의 동부 지역의 주간선 철도이다. 특히 이 구간은 향후 고속철도가 운영될 계획이다. 경구철도(京九铁路)는 북경시(北京市)에서 출발하여 하택시(菏泽市), 상구시(商丘市), 구강시(九江市), 남창시(南昌市), 심천시(深圳市)를 경유하여 홍콩의 구룡(九龙)까지 도달하는 총 연장 2,475㎞의 중부지역을 남북으로 종단하는 철도이다. 경광철도(京广铁路)는 북경시(北京市)에서 출발하여 석가장시(石家庄市), 정주시(郑州市), 무한시(武汉市), 장사시(长沙市)를 경유하여 광주시(广州市)에 이르는 총 연장 2,294㎞로서 중부지역의 주요 대도시를 연결하는 노선이다. 대담철도(大湛铁路)는 산서성(山西省)의 대동시(大同市)에서 출발하여 광동성(广东省)의 담강시(湛江市)를 지나 열차페리를 이용하여 해남성(海南省)의 해구시(海口市)에까지 이르는 총 연장 2,982㎞의 중부 지역 종단 철도로서 북광철도의 증가하는 물량을 어느 정도 분산 할 수 있는 노선이다. 포류철도(包柳铁路)는 내몽고자치구(内蒙古自治区)의 포두시(包头市)에서 출발하여 섬서성(陕西省)의 연안시(延安市), 서안시(西安市), 안강시(安康市)를 경유하여 중경시(重庆市)와 귀주성(贵州省)의 귀양시(贵阳市)를 지나 광서자치구(广西自治区)의 류주시(柳州市)와 남녕시(南宁市)에 이르는 총 연장 3,012㎞에 달하는 서부 지역의 주요한 종단철도이다. 란곤철도(兰昆铁路)는 감숙성

(甘肃省)의 란주시(兰州市)에서 출발하여 섬서성(陕西省)의 보계시(宝鸡市), 사천성(四川省)의 성도시(成都市)와 서창시(西昌市)를 경유하여 운남성(云南省)의 곤명시(昆明市)에 이르는 총 연장 2,179㎞의 서부 지역을 남북으로 종단하는 철도이다.

8횡 중 경랍철도는 북경시(北京市)에서 출발하여 감숙성(甘肃省)의 란주시(兰州市), 청해성(青海省)의 서녕시(西宁市)를 경유하여 서장자치구(西藏自治区)의 라사시(拉萨市)에까지 이르는 전체 연장 3,974㎞이다. 경랍철도는 크게 네 노선으로 구성되어 있다. 즉 북경시(北京市)에서 포두시(包头市)까지의 경포선(京包线), 포두시(包头市)에서 란주시(兰州市)까지의 포란선(包兰线), 란주시(兰州市)에서 서녕시(西宁市)까지의 란청선(兰青线), 그리고 서녕시(西宁市)에서 라사시(拉萨市)까지의 청장선(青藏线)이다. 특히 경랍철도는 산서성(山西省), 내몽고자치구(内蒙古自治区), 영하자치구(宁夏自治区), 감숙성(甘肃省), 청해성(青海省), 서장자치구(西藏自治区) 등 중국에서 경제발전이 가장 낙후된 지역을 관통하고 있는 철도 노선이다.

북부석탄운수철도(煤运北通道)는 산서성(山西省)의 대동시(大同市)에서 시작하여 하북성(河北省)의 진황도시(秦皇岛市)까지의 노선과 섬서성(陕西省)의 신목시(神木市)에서 시작되어 하북성(河北省)의 황하시(黄骅市)까지의 2개 노선으로 구성되어 있으며 총 연장은 1,467㎞이다. 남부석탄운수철도(煤运南通道)는 산서성(山西省)의 태원시(太原市)에서 시작하여 산동성(山东省)의 청도시(青岛市)까지의 노선과 산서성(山西省)의 후마시(侯马市)에서 시작하여 산동성(山东省)의 일조시(日照市)까지의 노선으로 구성되어 있으며, 전체 연장은 1,913㎞이다.

중국횡단철도(TCR: Trans China Raliway, 欧亚大陆桥)는 중국의 중앙부를 횡단하여 중앙아시아로 연결되는 노선으로 전체 연장은 4,152㎞이다. 중국횡단철도는 강소성(江苏省)의 연운항시(连云港市)에서 출발하여 감숙성(甘肃省)의 란주시(兰州市)까지의 롱해선(陇海线)과 란주시(兰州市)에서 출발하여 신강자치구(新疆自治区)의 아라산구시(阿拉山口市)까지의 란신선(兰新线)으로 구성되어 있다. 중국횡단철도는 서주시(徐州市), 상구시(商丘市), 개봉시(开封市), 정주시(郑州市), 낙양시(洛阳市), 서안시(西安市), 보계시(宝鸡市), 란주시(兰州市), 오로목제시(乌鲁木齐市) 등 중국 동부, 중부, 서부 지역의 주요 대도시를 통과하고 있다. 따라서 중국횡단철도를 "새로운 비단 길(新丝绸之路)"로 부르기도 한다. UN의 ESCAP(Economic and Social Commission for Asian and Pacific)에서는 20세기 90년대 후반부터 중국횡단철도를 아시아횡단철도(TAR: Trans Asia Railway)의 주요 개발 사업으로 추진하고 있다.

영서철도(宁西铁路)는 강소성(江苏省)의 남경시(南京市)에서 시작하여 섬서성(陕西省)의 서안시(西安市)까지 이어지는 전체 연장 1,028㎞의 노선으로서 중국의 중부 횡단철도이다. 영서철도는 남경시(南京市)에서 시작되어 안휘성(安徽省)의 합비시(合肥市), 하남성(河南省)의 황천시(潢川市)와 남양시(南阳市)를 경유하여 서안시(西安市)에 도달하고 있으며, 교통이 상대적으로 미발달된 중부 내륙지역을 연결해 주고 있다. 연강철도(沿江铁路)는 상해시(上海市)에서 시작하여 중경시(重庆市)까지 이르는 2,200㎞의 총 연장을 가진 노선으로서 강소성(江苏省), 안휘성(安徽省), 강서성(江西省)과 호북성(湖北省) 4개 성을 연결하고 있다. 호곤철도(沪昆铁路)는 상해시(上海市)에서 출발하여 절강성(浙江省), 강서성(江西省), 호남성(湖南省), 귀주성(贵州省)을 경유하여 운남성(云南省)의 곤명시(昆明市)까지 이어지는 총 연장 2,699㎞의 노선으로 중국 남부 횡단철도이다. 서남철도(西南铁路)는 운남성(云南省)의 곤명시(昆明市)에서 시작하여 광동성(广东省)의 담강시(湛江市)까지의 총 연장 1,249㎞ 노선이다.

2006년을 기준으로 현재 이미 중부지역과 서부지역 특히 서장자치구(西藏自治区)와 신강자치구(新疆自治区)에까지 철도가 운행 중에 있다. 동부 연해안 지역의 주요 도시들 간에는 이미 복선이 건설된 구간도 있으나, 아직도 상당한 구간은 단선으로 운행 중에 있다. 이것은 향후 중국의 철도가 해결해야 할 과제 중의 하나이다. 특히 서남지역과 서북지역에는 지형 조건이 열악하기 때문에 도로보다는 철도가 유리한 교통수단이 될 수도 있다. 2004년 중국 국무원은 중 · 장기철도네트워크계획(中长期铁路网规划)을 비준하였다. 계획에 의하면 2020년까지 철도 총 운행 연장을 100,000㎞로 확장하고, 여객과 화물의 수요가 많은 주간선을 여객과 화물을 분리한 분선을 건설하고, 복선화 및 전기화 비율을 50% 이상으로 높이고자한다. 계획에 의하면, 12,000㎞ 이상의 여객전용철도를 건설하고, 객차의 평균 운행속도를 200㎞ 이상으로 유지함을 목표로 한다. 이를 위해 4종 여객전용철도와 4횡 여객전용철도를 건설하고자 한다. 4종 여객전용철도는 북경시(北京市)–상해시(上海市) 노선, 북경시(北京市)–무한시(武汉市)–광주시(广州市)–심천시(深圳市) 노선, 북경시(北京市)–심양시(沈阳市)–대련시(大连市) 노선, 항주시(杭州市)–영파시(宁波市)–복주시(福州市)–심천시(深圳市) 노선을 포함하고 있다. 4횡 여객전용철도는 서주시(徐州市)–정주시(郑州市)–란주시(兰州市) 노선, 항주시(杭州市)–남창시(南昌市)–장사시(长沙市) 노선, 청도시(青岛市)–석가장시(石家庄市)–태원시(太原市) 노선, 남경시(南京市)–무한시(武汉市)–중경시(重庆市)–성도시(成都市) 노선을 포함하고 있다. 이를 위해 기존의 철도 네트워크를 정비하고 16,000㎞ 철도노선을 신설한다. 또한 여객전용철도 건설을 위해 기존의 철도를 개선하고, 13,000㎞의 기존 철도를 복선화 한다. 철도는 단기간에 많은 물자를 운송할 수 있는 교통수단이기 때문에 중국과 같이 국토면적이 넓은 국가에서는 유용한 운송수단이 될 수 있다. 따라서 중국은 전국토를 철도로서 연결하는 네트워크를 건설할 계획을 수립하고 있다.

1.2.3. 고속철도

고속철도 사업은 중국의 중 · 장기철도네트워크계획에서 중요한 의의를 가지고 있다. 중국의 고속철도는 여객전용철도에서 운행 될 열차운행 시스템을 고속철도라고 볼 수 있으며, 특히 여객전용철도 사업 중 북경시(北京市)–상해시(上海市) 노선은 시속 약 300–350㎞, 기타노선은 약 300㎞ 정도로 운행을 목표로 하고 있다. 2007년에 추진된 기존선 속도향상 프로젝트에서 목표로 한 주요 간선의 최고 시속 200㎞, 간선 내 일부 구간에서는 최고 시속 250㎞가 가능한 열차의 투입을 고속철도로 혼용할 수 있으나, 이는 기존선의 속도 향상이므로 진정한 의미의 중국 고속철도사업은 여객전용철도 건설 사업을 의미하는 것으로 판단하여도 무방할 것이다.

중국교통운수부(中国交通运输部)에서 발표한 2020년 고속철도계획에 의하면 시속 300–350㎞, 200–250㎞, 200㎞ 세 단계의 평균속도가 있다. 북경시(北京市)–상해시(上海市) 노선은 계획구간이 1,300㎞이고, 북경시(北京市)–심천시(深圳市) 노선은 2,230㎞, 그리고 북경시(北京市)—대련시(大连市) 노선은 1,860㎞, 항주시(杭州市)—심천시(深圳市) 노선은 1,600㎞이다. 즉 남북을 연결하는 4종 여객전용고속철도의 전체 연장은 6,990㎞이다. 4횡 여객전용철도 중 서주시(徐州市)—란주시(兰州市) 노선의 계획구간은 1,400㎞, 항주시(杭州市)—장사시(长沙市) 노선은 880㎞, 청도시(青岛市)—태원시(太原市) 노선은 770㎞, 남경시(南京市)—성도시(成都市) 노선은 1,900㎞로서 전체 연장은 4,150㎞이다. 4종과 4횡을 합하면 여객전용철도의 전체 연장은 11,140㎞이다.

1.3. 항만인프라

1.3.1. 항만체계

중국은 국토면적인 960만 ㎢로서 미국과 비슷한 면적을 가지고 있다. 그리고 해안선의 길이는 모두 32,000㎞이다. 그 중 대륙과 연결된 해안선의 길이는 18,000㎞이고 도서지역과 연결된 해안선의 길이는 14,000㎞이다. 예로부터 발해(渤海), 황해(黃海), 동해(東海), 남해(南海)로 이어지는 해안선은 중국의 대외무역을 연계하는 중요한 거점지역들을 형성하고 있다. 또한 중국은 풍부한 내륙수역이 형성되어 있기 때문에 내륙에도 규모는 작지만 거점항만들이 많이 형성되고 있다.

<표 9-5> 중국의 연해항만과 내하항만의 비교

(단위: m, 개, %)

구분	합계			생산용		
	부두길이	선석수	만톤급	부두길이	선석수	만톤급
합계	1,138,606	14,205	1,335	1,034,185	12,773	1,335
연해 항만	564,800	4,914	1,076	491,870	4,001	1,076
비중	49.60	34.59	80.60	47.56	31.32	80.60
내하 항만	573,806	9,291	259	542,315	8,772	259
비중	50.40	65.41	19.40	52.44	68.68	19.40

주: 2008년 말 규모이상 기준.

자료: 『中国统计年鉴2009』관련 자료 재정리.

중국의 항만체계는 크게 세 부문, 즉 연해(沿海)항만, 내하(内河)항만, 운하(运河)로 구성되어 있다. 연해항만은 주로 동부 연해안 지역을 중심으로 형성되어 있으나, 주요 항만은 장강삼각주, 주강삼각주, 환발해 지역 등 경제발전 수준이 높은 지역으로 밀집 되어 있다. 내하항만은 주로 장강내하수계(长江内河水系)와 주강내하수계(珠江内河水系)를 중심으로 형성되어 있다. 그리고 운하는 경항운하(京杭运河)가 대표적이다.

중국은 2008년 말 현재 1,138,606미터의 부두가 있으며, 그 중 연해 항만은 564,800미터의 부두를 가지고 있고, 비중은 49.60%를 차지한다. 즉 약 절반 정도의 부두는 연해항만에 구비되어 있으며, 나머지 절반 정도는 내하항만에 구비되어 있다. 부두 길이로 보면, 내하항만이 중국의 항만체계에서 중요한 비중을 가지고 있음을 알 수 있다. 선석 수는 모두 14,205개를 가지고 있으며, 그 중 연해 항만이 4,914개, 내하항만이 9,291개를 가지고 있다. 그러나 만 톤 급 이상의 선석 수는 대부분이 연해 항만에 입지하고 있다. 1,335개의 만 톤 급 선석 중 1,076개는 연해 항만에 입지하고 있다. 만 톤 급 선석 수가 가장 많은 항만은 상해항(上海港)으로 137개가 있으며, 그 다음은 영파—주산항(宁波—舟山港)으로 94개가 있다. 그 다음은 대련항(大连港)이 76개, 천진항(天津港)이 75개, 광주항(广州港)이 56개, 청도항(青岛港)이 48개 순서이다.

부두길이와 선석수의 연도별 추세를 보면, 1995년부터 2008년까지 매년 꾸준히 증가하고 있는 추세이다. 특히 화물량의 증가로 인한 항만의 대형화는 만 톤 급 이상의 선석 수를 요구하고 있다. 따라서 연해항만의 만 톤 급 이상의 선석 수는 1995년의 394개에서 2008년에는 1,076개로 크게 증가하였다. 내하항만의 경우도 1995년의 44개에서 2008년의 259개로 증가하였다. 연해항만과 내하항만의 만 톤 급 이상 선석 수의 절대치는 연해항만이 더욱 많지만 동 기간 동안 연해항만은 2.74배가 증가하였고 내하항만은 5.88배가 증가하였다. 이 수치는 중국의 항만 발전에 있어서 내하항만도 중요한 역할을 하고 있음을 나타내고 있다(김상욱 , 2010).

1.3.2. 항만분포

중국의 대부분의 연해항만은 동부 연해안 지역에 입지하고 있으며, 특히 장강(長江)삼각주, 주강(珠江)삼각주, 그리고 환발해(環渤海) 지역을 중심으로 발전하고 있다. 항만은 일정한 지리적 조건이 충족되어야 하고, 또한 배후지역이 있어야만 한다. 특히 배후지역은 항만발전에 있어서 매우 중요한 조건이다. 이런 측면에서 장강(長江)삼각주, 주강(珠江)삼각주, 그리고 환발해(環渤海) 지역은 연해항만 발전의 조건을 충족하고 있다.

장강삼각주는 중국경제발전의 선도 지역이다. 장강삼각주에는 상해항(上海港), 영파-주산항(宁波-舟山港)으로 대표되는 연해항만이 입지하고 있으며, 또한 남경항(南京港), 진강항(镇江港), 태주항(泰州港), 양주항(扬州港), 남통항(南通港), 소주항(苏州港)으로 대표되는 내하항만이 입지하고 있다. 그 중 남경항과 진강항은 만 톤 급 선석 수가 각각 43개와 27개로 장강삼각주와 내륙을 연결하는 중요한 역할을 담당하고 있다. 상해항에서 출발하는 내하운송체계는 무한(武汉)을 지나 중경(重庆)으로까지 이어지고 있기 때문에 중국물류시스템에서 중요한 역할을 담당하고 있다.

홍콩, 마카오과 연계된 주강삼각주는 중국 개혁개방이 가장 먼저 시작된 지역으로서 중국 남쪽 지역의 성장거점일 뿐만 아니라 동남아시아의 경제발전도 선도하고 있는 지역이다. 주장삼각주에는 심천항(深圳港), 광주항(广州港), 주해항(珠海港)으로 대표되는 항만이 있으며, 산두항(汕头港), 담강항(湛江港), 해구항(海口港), 팔소항(八所港), 삼아항(三亚港)은 주강삼각주의 보조 연해항만으로서 중요한 역할을 담당하고 있다(김상욱, 2010).

1.3.3. 항만규모

1.3.3.1. 화물처리량

항만의 규모는 화물처리량과 컨테이너 물동량으로 평가할 수 있다. 중국 연해항만의 화물처리량은 1985년 3억 1천 만 톤 정도에서 2008년에는 약 43억 만 톤으로 크게 증가하였다. 특히 2000년 초 이후 화물처리량이 크게 증가하고 있다. 2000년–2004년 기간 동안 연해항만의 화물처리량의 연평균 증가율이 약 24% 정도에 달하고 있다. 이러한 증가 추세는 중국의 WTO 가입 등 대외무역환경이 변화하고 또한 중국의 사회발전으로 인한 각 종 화물의 수입의 증가에 기인하고 있다. 2004년을 기점으로 하여 화물처리량의 규모는 매년 증가하고 있으나 연평균 증가율은 점차 감소하고 있는 추세이다.

<표 9–6> 중국의 주요 연해항만의 화물처리량 비교

항만	1985년		2000년		2008년	
	만 톤	비중(%)	만 톤	비중(%)	만 톤	비중(%)
합계	31,154	100	125,603	100	429,599	100
대련항(大连港)	4,381	14.06	9,084	7.23	24,588	5.72
영구항(营口港)	98	0.31	2,268	1.80	15,085	3.51
진황도항(秦皇岛港)	4,419	14.18	9,743	7.75	25,231	5.87
천진항(天津港)	1,856	5.95	9,566	7.61	35,593	8.29
연태항(烟台港)	689	2.21	1,774	1.41	11,189	2.60
청도항(青岛港)	2,611	8.38	8,636	6.87	30,029	6.99
일조항(日照港)	–	–	2,674	2.12	15,102	3.52
상해항(上海港)	11,291	36.24	20,440	16.27	50,808	11.83
연운항항(连云港港)	929	2.98	2,708	2.15	10,060	2.34
영파–주산항(宁波–舟山港)	1,040	3.33	11,547	9.19	52,048	12.12
산두항(汕头港)	201	0.64	1,284	1.02	2,806	0.65
광주항(广州港)	1,772	5.68	11,128	8.85	34,700	8.08
담강항(湛江港)	1,231	3.95	2,038	1.62	6,682	1.56
해구항(海口港)	170	0.54	808	0.64	2,614	0.61
팔소항(八所港)	388	1.24	378	0.30	554	0.13
삼아항(三亚港)	78	0.25	48	0.03	75	0.02
기타	–	–	31,479	25.06	112,435	26.17

주: 2006년 이전의 영파–주산항(宁波–舟山港)은 영파항(宁波港)만을 포함.
2007년부터 연태항(烟台港)은 연태항(烟台港)과 용구항(龙口港)을 포함.
자료: 『中国统计年鉴』 각 년도 관련 자료 재정리, 김상욱(2010).

화물처리량을 기준으로 할 때, 2008년 말 현재 영파–주산항(宁波–舟山港)이 52,048

만 톤으로 가장 큰 규모를 가지고 있으며, 그 다음은 상해항(上海港)으로 화물처리량이 50,808만 톤에 달하고 있다. 이 두 항만은 전국 화물처리량의 각각 12.12%와 11.83%를 차지하고 있기 때문에 합계 약 1/4의 화물을 처리하고 있다. 그 다음은 환발해 경제권의 중심 항만인 천진항(天津港)과 청도항(青岛港)의 화물처리량이 각각 약 3억 5천 만 톤과 약 3억 만 톤 정도이다. 그리고 주강삼각주 지역의 광주항(广州港)의 화물처리량도 약 3억 5천 만 톤으로 상당한 규모를 가지고 있다. 2008년 말을 기준으로 이들 16개 주요 항만은 중국 전체 화물처리량의 73.83%를 담당하고 있다.

개혁개방 초기인 1985년과 비교할 때 화물처리량이 가장 많이 증가한 항만도 역시 영파—주산항(宁波—舟山港)과 상해항(上海港)이다. 1985년과 2008년 기간 동안 각각 51,008만 톤과 39,517만 톤이 증가하였다. 그리고 천진항과 광주항도 역시 3억 톤 이상의 화물처리량이 증가하였다. 2009년을 기준으로 세계 10대 항만의 화물처리량을 비교해 보면, 상해항이 5.92억 톤으로 전 세계에서 가장 많은 화물처리량을 달성하였다. 그 다음은 영파—주산항으로 5.77억 톤으로 상해항과 비슷한 규모를 달성하였다.

<표 9–7> 세계 10대 화물처리량 항만 비교

순위	2007년		2009년	
	항만	화물처리량 (만 톤)	항만	화물처리량 (만 톤)
1	상해항(上海港)	4.70	상해항(上海港)	5.92
2	싱가폴항	4.47	영파—주산항(宁波—舟山港)	5.77
3	영파—주산항(宁波—舟山港)	4.24	싱가폴항	4.71
4	로테르담항	3.78	로테르담항	3.86
5	광주항(广州港)	3.03	천진항(天津港)	3.81
6	천진항(天津港)	2.58	광주항(广州港)	3.64
7	남루이지애나항	2.384	청도항(青岛港)	3.15
8	홍콩항(香港港)	2.382	대련항(大连港)	2.72
9	부산항(釜山港)	2.36	진황도항(秦皇岛港)	2.49
10	청도항(青岛港)	2.24	홍콩항(香港港)	2.43

자료: 『国际商报』, 2010년 7월 26일, 김상욱(2010).

2007년에는 화물처리량 세계 10대 항만 중 중국의 항만이 5개 포함되어 있었으나 2009

년에는 7개가 포함되어 있고, 홍콩을 포함하면 모두 8개의 항만이 포함되어 있다. 이것은 전세계 화물처리량의 상당 부분이 중국의 항만을 통해서 이루어지고 있음을 나타낸다. 2009년을 기준으로 세계 10대 화물처리량 항만에서 중국 이외의 항만은 싱가폴항과 로테르담항 2곳만 있다. 한국의 부산항은 2007년에는 화물처리량이 2.36억 톤으로 9위였으나 2009년에는 10위권 밖으로 밀려났다. 그러나 항만의 규모를 비교할 때 화물처리량으로만 기준으로 하기 보다는 컨테이너 처리량을 함께 비교하는 것이 더욱 의의가 있다고 본다.

1.3.3.2. 컨테이너 물동량

2009년을 기준으로 컨테이너 물동량에 의하면, 상해항(上海港)이 2,500.20만 TEU로서 가장 큰 규모를 가지고 있다. 그 다음은 심천항(深圳港)으로 1,825.00만 TEU의 규모이다. 2007년에는 1,000만 TEU 이상을 처리한 항만이 상해항과 심천항 2개뿐이었는데, 2009년에는 광주항(广州港), 영파—주산항(宁波—舟山港), 청도항(青岛港)의 컨테이너 처리량도 1,000만 TEU를 초과하였다. 그리고 천진항(天津港)도 2009년 말 컨테이너 처리량이 870.40만 TEU를 달성하고 있기 때문에 조만간 1,000만 TEU를 초과할 것으로 예상된다.

<표 9–8> 중국 10대 연해항만의 컨테이너 처리량 비교

(단위: 만 TEU)

	2006년		2009년	
순위	항만	처리량	항만	처리량
1	상해항(上海港)	2,171.00	상해항(上海港)	2,500.20
2	심천항(深圳港)	1,846.89	심천항(深圳港)	1,825.00
3	청도항(青岛港)	770.20	광주항(广州港)	1,195.40
4	영파—주산항(宁波—舟山港)	706.80	영파—주산항(宁波—舟山港)	1,050.30
5	광주항(广州港)	660.00	청도항(青岛港)	1,026.20
6	천진항(天津港)	595.00	천진항(天津港)	870.40
7	하문항(厦门港)	401.87	하문항(厦门港)	468.00
8	대련항(大连港)	321.20	대련항(大连港)	457.70
9	연운항항(连云港港)	130.23	—	—
10	중산항(中山港)	117.34	—	—

자료: 2006년과 2007년은 南开大学现代物流研究中心, 2009년은 『国际商报』, 2010년 7월 26일.

세계의 공장으로서 그리고 세계의 소비시장으로서 급성장하고 있는 중국경제의 물류량은 매년 크게 증가하고 있다. 그리고 컨테이너 물동량의 증가는 연해안 지역의 거점항만을 세계적인 항만으로 발전시키는 배경이 되고 있다. 2006년에는 세계 10대 컨테이너 항만 중에서 중국의 항만은 3개이지만(홍콩 제외) 2009년에는 5개로 증가하였고 모두 1,000만 TEU이상을 처리하고 있다. 홍콩항을 포함하면 모두 6개의 항만이 세계 10대 컨테이너 항만에 포함된다.

<표 9-9> 세계 10대 연해항만의 컨테이너 처리량 비교

(단위: 만 TEU)

2006년			2009년	
순위	항만	처리량	항만	처리량
1	싱가포르항	2,429.2	싱가포르항	2,586.64
2	홍콩항	2,323.4	상해항(上海港)	2,500.20
3	상해항(上海港)	2,171.8	홍콩항	2,098.30
4	심천항(深圳港)	1,847.0	심천항(深圳港)	1,825.00
5	부산항	1,203.0	부산항	1,195.40
6	고웅항(高雄港)	977.4	광주항(广州港)	1,119.90
7	로테르담항	965.3	두바이항	1,119.00
8	두바이항	892.3	영하-주산항(宁波-舟山港)	1,050.30
9	함부르크항	886.1	청도항(青岛港)	1,026.20
10	청도항(青岛港)	770.2	로테르담항	974.33

자료: 南开大学现代物流研究中心.

1.3.3.3. 항만 컨테이너 시설 비교

항만의 경쟁력은 항만의 시설에서 출발한다. 물론 제도적인 측면과 시스템적인 측면 그리고 기술적인 측면 모두를 종합적으로 고려해야하지만 우선은 양호한 시설이 있어야만 이러한 소프트 한 조건들이 제대로 된 역할을 할 수 있기 때문이다. 항만의 컨테이너 시설을 보면, 상해항이 가장 우수한 시설을 보유하고 있다. 상해항은 上海集装箱码头有限公司(Shanghai Container Terminals Limited: SCT)가 운영하고 있는 ZhangHuaBao(張華濱), JunGongLu(軍工路), BaoShan(寶山) 3개의 터미널을 시작으로 포동신구(浦東新

區)의 성장에 따라 WaiGaoQiao(外高桥) 1기, WaiGaoQiao(外高桥) 2기, WaiGaoQiao(外高桥) 3기, WaiGaoQiao(外高桥) 4기, WaiGaoQiao(外高桥) 5기의 터미널로 확장하고 있으며, 장강삼각주가 가진 수심문제를 근본적으로 해결하기 위한 YangShan(洋山) 1기와 YangShan(洋山) 2기 터미널을 보유하고 있다. 특히 YangShan(洋山) 1기와 YangShan(洋山) 2기 터미널은 선석길이가 각각 1,600미터와 1,400미터에 달하고, C/C도 각각 15대와 16대를 보유하고 있다.

ChiWan(赤灣), SheKou(蛇口), YanTian(鹽田) 3개의 주요 컨테이너 터미널을 보유하고 있는 심천항(深圳港)은 모두 32개의 선석을 보유하고 있으며, 144대의 C/C와 402대의 CY G/C를 보유하고 있다. 청도항(青島港)은 QianWan(前湾) 신항의 개발로 새로운 단계로 발전하고 있다. 青岛前湾集装箱码头有限责任公司(QQCT)는 QianWan(前湾) 신항에 11개의 선석을 보유하고 있다. 청도항은 컨테이너 선석 수가 53개로 심천항과 상해항보다도 많으며 선석길이도 13,450미터로 가장 길다. 천진항(天津港)은 기존의 BeiJiang(北疆) 위주의 컨테이너 부두를 DongJiang(东疆) 신항의 건설로 크게 확장하였다. 천진항은 BeiJiang(北疆) 터미널에 14개의 컨테이너 선석을 보유하고 있으며, DongJiang(东疆) 터미널에 6개의 컨테이너 선석을 보유하고 있다.

중국의 주요 항만의 시설은 <표 9-10>과 같이 정리할 수 있다. 특히 주의할 점은 항만의 수심이다. 1만 TEU급 이상의 컨테이너 선박이 정박하기 위해서는 일정한 수심이 요구된다. 중국의 주요 항만은 수심 문제를 해결하기 위해 여러 방안들을 실행하고 있다. 가장 일반적인 경우는 청도항과 대련항 같이 기존의 컨테이너 부두를 기반으로 주변지역을 확장하는 것이다. 이는 적은 비용으로 일정한 효과를 달성할 수 있다. 또한 상해항과 같이 일정한 수심이 보장되는 바다로 나가서 그 곳에 컨테이너 터미널을 건설하고 육지와는 다리로 연결하는 것이다. 이렇게 건설된 YangShan항은 수심이 16미터 이상을 확보하고 있다. 또한 천진항과 같이 인공적으로 바다를 메워 컨테이너 터미널을 건설하는 경우도 있다. 천진항의 DongJiang(东疆) 신항이 대표적인 경우다. 천진항은 매년 퇴적되는 모래로 인해 일정한 수심의 확보가 큰 과제이다. 이를 해결하기 위해 BeiJiang(北疆) 신항과 마주보는 위치에 인공으로 바다를 메워 컨테이너 터미널을 건설하였다.

<표 9-10> 중국의 주요 항만 컨테이너터미널시설 현황 비교

<table>
<tr><th></th><th>운영자</th><th>터미널</th><th>선석(개)</th><th>면적(만m²)</th><th>선석 길이 (m)</th><th>수심 (m)</th><th>CY장치 능력 (TEU)</th></tr>
<tr><td rowspan="12">상해항
(上海港)</td><td rowspan="3">SCT</td><td>張華濱</td><td>3</td><td>30</td><td>784</td><td>12.5</td><td>21,736</td></tr>
<tr><td>軍工路</td><td>4</td><td>31</td><td>857</td><td>10.5</td><td>20,678</td></tr>
<tr><td>寶山</td><td>3</td><td>22</td><td>640</td><td>10.5</td><td>16,628</td></tr>
<tr><td>SPICT</td><td>外高桥1期</td><td>3</td><td>50</td><td>900</td><td>12.0</td><td>30,000</td></tr>
<tr><td>SPCWT</td><td>外高桥2, 3期</td><td>5</td><td>166</td><td>1,585</td><td>13.2</td><td>97,200</td></tr>
<tr><td rowspan="2">SECT</td><td rowspan="2">外高桥4期</td><td>4</td><td>155</td><td>1,250</td><td>14.2</td><td rowspan="2">87,464</td></tr>
<tr><td>2</td><td>8</td><td>186</td><td>8.5</td></tr>
<tr><td rowspan="2">SMCT</td><td rowspan="2">外高桥5期</td><td>4</td><td rowspan="2">163</td><td>1,110</td><td>12.8</td><td rowspan="2">98,596</td></tr>
<tr><td>2</td><td>190</td><td>–</td></tr>
<tr><td rowspan="2">SHSICT</td><td>洋山1期</td><td>5</td><td>134</td><td>1,600</td><td>16.0</td><td>93,874</td></tr>
<tr><td>洋山2期</td><td>4</td><td>89</td><td>1,400</td><td>–</td><td>–</td></tr>
<tr><td colspan="2">합계</td><td>39</td><td>848</td><td>10,502</td><td>–</td><td>466,176</td></tr>
<tr><td rowspan="4">심천항
(深圳港)</td><td>CWCCT</td><td>赤灣</td><td>9</td><td>125</td><td>3,400</td><td>13.0</td><td>–</td></tr>
<tr><td>SCT</td><td>蛇口</td><td>8</td><td>100</td><td>3,000</td><td>16.0</td><td>–</td></tr>
<tr><td>YICT</td><td>鹽田</td><td>15</td><td>298</td><td>6,092</td><td>15.0</td><td>–</td></tr>
<tr><td colspan="2">합계</td><td>32</td><td>523</td><td>12,492</td><td>–</td><td>–</td></tr>
<tr><td rowspan="5">청도항
(青島港)</td><td>大港</td><td>大港</td><td>26</td><td>114</td><td>5,187</td><td>14.0</td><td>–</td></tr>
<tr><td>QQTU</td><td>黄岛港</td><td>7</td><td>34</td><td>1,700</td><td>13.5</td><td>–</td></tr>
<tr><td>QQCT</td><td>前湾新港</td><td>11</td><td>225</td><td>3,400</td><td>17.5</td><td>–</td></tr>
<tr><td>QQCTU</td><td>黄岛港</td><td>9</td><td>3</td><td>3,163</td><td>17.0</td><td>–</td></tr>
<tr><td colspan="2">합계</td><td>53</td><td>376</td><td>13,450</td><td>–</td><td>–</td></tr>
<tr><td rowspan="5">대련항
(大連港)</td><td>DCT</td><td>大窑湾</td><td>5</td><td>48</td><td>1,459</td><td>14.0</td><td>4,9000</td></tr>
<tr><td>DDCT.CS</td><td>大窑湾</td><td>4</td><td>15</td><td>876</td><td>11.8</td><td>–</td></tr>
<tr><td>DPCT</td><td>大窑湾</td><td>2</td><td>6</td><td>360</td><td>9.4</td><td>–</td></tr>
<tr><td>DPCM</td><td>大窑湾</td><td>2</td><td>21</td><td>652</td><td>13.5</td><td>2,5000</td></tr>
<tr><td colspan="2">합계</td><td>13</td><td>90</td><td>3,347</td><td>–</td><td>–</td></tr>
<tr><td rowspan="5">천진항
(天津港)</td><td>TCT</td><td>北疆三汤池</td><td>4</td><td>70</td><td>1,223</td><td>16.0</td><td>42,000</td></tr>
<tr><td>TOCT</td><td>北疆四汤池</td><td>6</td><td>45</td><td>1,136</td><td>14.0</td><td>–</td></tr>
<tr><td>FICT</td><td>北疆新港</td><td>4</td><td>35</td><td>1,202</td><td>16.0</td><td>–</td></tr>
<tr><td>TPCT</td><td>东疆</td><td>6</td><td>–</td><td>2,300</td><td>16.0</td><td>–</td></tr>
<tr><td colspan="2">합계</td><td>20</td><td>–</td><td>5,861</td><td>–</td><td>–</td></tr>
</table>

영파항 (宁波港)	NBSCT	北仑港	4	70	1,258	15.0	–
	NBCT	北仑港	3	40	900	14.0	–
	CSCT	穿山港	4	–	1,400	17.0	–
	YDCT	穿山港	3	–	1,010	17.0	–
	CMICT	大榭港	4	80	1,500	17.0	–
	합계		18	–	6,068	–	–

주: 2009년말 기준.

자료 : 上海集装箱码头有限公司(Shanghai Container Terminals Limited: SCT), 上海浦东国际集装箱码头有限公司(SPICT), 上海港集装箱有限公司外高桥码头分司(SPCWT), 上海泸东集装箱码头有限公司(SECT), 上海明东集装箱码头有限公司(SMCT), 洋山深水港区综合信息服务网, 赤灣集裝箱碼頭有限公司(CWCCT), 蛇口集裝箱碼頭有限公司(SCT), 鹽田國際集裝箱碼頭有限公司(YICT), 青岛前湾集装箱码头有限责任公司(QQCT), 青島前灣聯合集裝箱碼頭有限責任公司(QQCTU), 大连集装箱码头有限公司(DCT), 大连大港中海集装箱码头有限公司(DDCT.CS), 大连港集装箱股份有限公司码头分公司(DPCT), 大连港湾集装箱码头有限公司(DPCM), 天津五洲国际集装箱码头有限公司(FICT), 天津港太平洋国际集装箱码头有限公司(TPCT), 天津东方海陆集装箱码头有限公司(TOCT), 天津港集装箱码头有限公司(TCT), 北仑第二集装箱码头分公司(NBSCT), 北仑国际集装箱码头有限公司(NBCT), 宁波港吉(意宁)码头经营有限公司(CSCT), 宁波远东码头经营有限公司(YDCT), 大榭国际招商码头有限公司(CMICT)의 관련 자료를 정리.

1.3.3.4. 항만 배후지역 비교

항만의 발전에 있어서 배후지역은 매우 중요한 역할을 한다. 기본적으로 항만은 물건을 옮기는 역할을 한다. 경제발전에 따라서 사회가 필요로 하는 물건의 규모는 크게 증가한다. 또한 수출과 수입은 국내뿐만 아니라 해외로 또는 해외로부터 많은 물건의 이동을 초래하게 된다. 이는 물류량의 증가를 가져오고 항만의 발전을 촉진하게 된다. 따라서 배후지역의 발전은 항만발전에 있어서 필요한 조건이 되는 것이다. 배후지역을 엄격하게 공간적으로 구분하는 것은 힘들다. 오히려 주변지역이라는 것이 더욱 현실적인 의의를 가질 것이다. 중국의 상해항(上海港), 심천항(深圳港), 광주항(广州港), 영파-주산항(宁波-舟山港), 청도항(青岛港), 천진항(天津港), 대련항(大连港) 등이 세계적인 항만으로 성장할 수 있는 것은 바로 이들 항만에게 끊임없이 물동량을 공급하고 있기 때문이다. 그리고 이러한 물동량의 증대에는 중국경제의 성장이라는 배후지역의 조건이 있다.

상해항과 영파-주산항은 상해시(上海市), 강소성(江苏省), 절강성(浙江省)의 1차 배후지역이 있으며, 안휘성(安徽省), 호남성(湖南省), 호북성(湖北省), 강서성(江西省)으로 이어지는 2차 배후지역이 있고, 내륙으로 더 들어가면 사천성(四川省)과 중경시(重庆市)로 이어지는 3차 배후지역이 있다. 그리고 이들 배후지역과 상해항, 영파–주산항은 육로뿐만 아니라 장강이라는 내하운송체계를 통해서도 연결되기 때문에 더욱 광범위한 배후지역을 형성하고 있는 것이다.

<표 9–11> 중국 항만의 배후지역 경제력 비교

구분	1차 배후지역			2차 배후지역		
	지역	인구 (만명)	GDP (억위안)	지역	인구 (만명)	GDP (억위안)
	전 국	133,474	335,353	전 국	133,474	335,353
상해항 영파–주산항	상해시	1,921.32	14,960.93	안휘성	6,130	10,052.90
	강소성	7,724.50	34,061.20	호북성	5,720	12,831.52
	절강성	5,180.00	22,832.00	호남성	6,900	12,930.69
	합 계	14,825.82	71,854.13	합 계	18,750	35,815.11
	비 중	11.11%	21.43%	비 중	14.05%	10.68%
심천항 광주항	광동성	9,638.00	39,081.59			
	비 중	7.22%	11.65%			
청도항	산동성	9,470.00	33,805.30	하남성	9,487	19,367.28
	하북성	7,034.00	17,026.60	산서성	3,427	7,365.70
				섬서성	3,772	8,186.65
	합 계	16,504.00	34,919.63	합 계	16,686	34,919.63
	비 중	12.36%	15.16%	비 중	12.50%	10.41%
천진항	천진시	1,228.16	7,500.00	하북성	7,034	17,026.60
	북경시	1,755.00	11,865.90	내몽고	2,422	9,725.78
	합 계	2,983.16	19,365.90	합 계	9,456	26,752.38
	비 중	2.24%	5.77%	비 중	7.08%	7.98%
대련항	요녕성	4,319.00	15,065.60	길림성	2,740	7,203.18
	비 중	3.24%	4.49%	비 중	2.05%	2.15%

자료: 중화인민공화국통계국의 2009년도 지역별『統計公報』의 자료를 재정리 함, 김상욱(2010).

<표 9–11>은 중국 통계국의 2009년도 지역별『統計公報』자료를 이용하여 주요 항만의 배후지역을 1차 배후지역과 2차 배후지역으로 나누어서 경제력을 비교하고 있다. 1차 배

후지역은 직접적인 항만 이용이 가능한 지역을 말하며, 2차 배후지역은 간접적인 항만 이용이 가능한 지역을 말한다. <표 9–11>에 의하면, 2009년 현재 상해항과 영파–주산항이 가장 큰 배후지역을 가지고 있음을 알 수 있다. 상해시, 강소성(江苏省), 절강성(浙江省)의 인구는 중국 전체의 11.11%를 차지하고 있으며, GDP는 21.43%, 그리고 수출입은 47.21%를 차지하고 있다. 특히 GDP와 수출입은 화물량과 직접적인 관련이 있기 때문에 상해항과 영파–주산항은 중국의 항만 중 가장 큰 규모로 성장할 수 있는 배후지역 조건을 가지고 있으며, 현재도 가장 큰 규모를 가지고 있다. 그리고 장강(長江) 수계를 따라 올라가면 안휘성(安徽省), 호북성(湖北省), 호남성(湖南省)도 상해항을 이용하여 대외무역을 할 수 있다. 이들 세 지역의 인구는 중국 전체의 14.05%를 차지하고 있으며, GDP와 수출입은 각각 10.68%와 1.95%를 차지하고 있다. 상해시, 강소성, 절강성을 1차 배후지역으로 안휘성, 호북성, 호남성을 2차 배후지역으로 할 경우 1차 배후지역과 2차 배후지역을 합치면 상해항과 영파–주산항의 배후지역의 경제규모는 중국 전체 인구의 25.16%, GDP의 32.11%, 수출입의 49.16%를 차지하고 있다.

심천항과 광주항은 광동성(广东省)을 배후지역으로 하고 있다. 광동성은 중국 전체 인구의 7.22%를 차지하지만 GDP와 수출입은 각각 11.65%와 27.69%를 차지하고 있다. 또한 심천항과 광주항은 호남성과 강서성(江西省)과 같은 내륙지역과도 화물연계를 구축하고 있기 때문에 2차 배후지역의 범위는 더욱 크다고 본다. 2008년 장사(长沙)와 심천(深圳)의 赤灣 · 蛇口터미널은 철도로 연결되는 복합화물운송시스템을 구축하였다. 따라서 36시간 안에 장사의 화물이 통관될 수 있다.

청도항은 중국에서 가장 빠른 경제성장을 하고 있는 산동성(山东省)을 1차 배후지역으로 하고 있다. 그리고 하북성(河北省)도 청도항의 중요한 배후지역이다. 이들 두 지역은 중국 전체 인구의 12.36%를 차지하고 있으며, GDP의 15.16%, 수출입의 7.62%를 차지하고 있다. 청도항의 2차 배후지역이 될 수 있는 하남성(河南省), 산서성(山西省), 섬서성(陕西省)까지를 고려하면, 청도항의 배후지역은 중국 전체 GDP의 25.57%와 수출입의 9.00%를 차지하고 있다.

천진항과 대련항은 중국 환발해지역의 거점항만으로서 중요한 역할을 담당하고 있다.

특히 천진항은 북경시(北京市)와 하북성(河北省)의 대외관문으로서, 대련항은 동북 3성 지역의 관문으로서 중요한 역할을 담당한다. 천진항의 1차 배후지역인 천진시와 북경시의 인구는 중국 전체의 2.24%만을 차지하지만 GDP는 5.77%, 수출입은 12.63%를 차지하고 있다. 또한 천진항은 천진빈해신구(天津滨海新区)의 발전과 더불어 향후 발전의 잠재력이 매우 높은 항만이다. 천진항은 또한 하북성과 내몽고자치구까지도 2차 배후지역으로 연계하고 있다. 내몽고자치구는 항만이 없기 때문에 가장 가까운 천진항을 통과해야만 대외무역이 가능하다. 대련항 역시 중국 GDP의 4.49%와 수출입의 2.85%를 차지하고 있는 요녕성(辽宁省)을 1차 배후지역으로 연계하고 있지만 길림성(吉林省)까지도 2차 배후지역으로 연계하고 있다.

그러나 배후지역은 공간적으로 중복되는 부분이 있다. 즉 호남성에서 장강을 이용하여 상해항을 이용할 수도 있기 직접 철도를 이용하여 심천항을 이용할 수도 있기 때문이다. 따라서 배후지역을 칼로 절단하듯이 구분하는 것은 현실적으로 무리이다. 또한 항만의 기능은 단순한 하역기능이아닌 복합물류기능을 더욱 중요시하기 때문에 철도와 도로와의 연계를 통해 배후지역을 구분하는 것이 더욱 현실적이다.

1.3.3.5. 항만 컨테이너 운송경쟁력 비교

아래 <표 9-12>는 중국의 주요 항만의 컨테이너 운송경쟁력을 비교하고 있다. 비교에 의하면 상해항의 경쟁력이 가장 높은 것으로 나타났다. 그 다음은 심천항이고 청도항은 세 번째로 높은 경쟁력을 가지고 있다. 컨테이너 항로는 상해항이 400개로 가장 많으며 그 다음은 광주항과 영파항으로 각각 268개와 200개를 가지고 있다. 항선밀도 역시 상해항이 2,182개/월로 가장 많으며 심천항이 2,000개/월로 그 다음이다. 선박이 대형화 되면서 평균수심도 항만 경쟁력의 중요한 조건이 되고 있다. 평균수심이 가장 양요한 항만은 영파항으로 17.6m이다. 그 다음은 천진항이 16.0m이고, 상해항과 광주항은 15.5m이다. 중국의 항만은 일정한 평균수심의 확보를 위해 상해의 양산항(洋山港)과 같이 먼 바다로 나가서 새로운 항만을 건설하기도 하고 천진의 동강항(東疆港)과 같이 인공으로 항만을 건립하기도 한다. 작업일수는 항만 경쟁력에 직접적인 요인이다. <표 9-12>에 의하면 영파항의 작업일수가 360일로 가장 많으며 천진항의 작업일수가 272일로 가장 적다.

<표 9-12> 중국의 주요 항만의 컨테이너 운송경쟁력 비교

구 분		상해항	심천항	광주항	영파항	청도항	천진항
지리조건	국제주요항로 접근도	비교적 근접	매우 근접	매우 근접	매우 근접	일반	일반
	컨테이너항로(개)	400	165	268	200	110	100
	항선밀도(개/월)	2,182	2,000	1,650	833	640	400
배후지역	배후지역 대외의존도	6.95%	2.49%	1.28%	0.68%	0.43%	1.45%
	배후지역컨테이너 화물창출능력	높음	높음	비교적 높음	비교적 높음	비교적 높은	비교적 높음
자연조건	평균수심(m)	15.5	14.1	15.5	17.6	14.0	16.0
	작업일수(일)	340	330	320	360	320	272
	모래조건	비교적 많음	적음	적음	비교적 적음	비교적 적음	많음
	풍랑조건(m)	4.20	3.44	2.22	2.94	3.77	3.77
운송체계	내륙운송 체계조건	좋음	좋음	좋음	비교적 좋음	비교적 좋음	비교적 좋음
	수륙운송 체계조건	좋음	비 교 적 좋음	비교적 좋음	비교적 좋음	비교적 좋음	비교적 좋음
	컨테이너 하적장 면적(만 m2)	380	460	91	72	150	132
항만정보화	컨테이너 하역정보화	비교적 발달	비교적 발달	비교적 발달	비교적 발달	비교적 발달	비교적 발달
	EDI	비교적 발달	비교적 발달	비교적 발달	비교적 발달	비교적 발달	비교적 발달
항만마케팅	항만마케팅	발달	발달	비교적 반단	비교적 발달	발달	발달
	화물대리규모	비교적 발달	비교적 발달	비교적 발달	비교적 발달	일반	일반
민간투자	민간투자개발정도	비교적 높음	일반	비교적 높음	일반	비교적 낮음	일반
	미래민간투자계획	높음	높음	비교적 높음	비교적 높음	비교적 높음	일반
	항만민영화정도	일반	일반	비교적 낮음	비교적 낮음	비교적 낮음	비교적 낮음
항로협력정도		높음	높음	비교적 높음	비교적 높음	높음	높음

해관 검역 영향	해관업무의 부정적 영향	일반	일반	적음	일반	일반	일반
	검역의 부정적 영향	일반	일반	적음	일반	일반	일반
작업 효율	컨테이너 하역효율 (TEU/시간)	1,700	1,100	902	728	996	774
	항만당국운영효율	일반	비교적 높음	비교적 높음	일반	일반	비교적 높음
	부두조직운영효율	비교적 높음	비교적 높음	비교적 높음	비교적 높음	비교적 높음	일반
종합 순위		1	2	4	6	3	5

주: 2008년 말 기준.
자료: 김상욱(2010).

1.3.3.6. 항만개발계획

중국은 날로 증가하는 항만 화물량을 신속하게 처리하기 위해 항만시설을 확장하고 있다. 그러나 중국의 동부 연해안 지역의 지형 조건상 심수 항만을 건설하기에는 여러 가지 제약들이 존재하고 있다. 특히 대형 컨테이너 선박을 정박하기 위해서는 최소한 15m이상의 수심이 요구되고 있으나 장강삼각주와 주강삼각주 그리고 환발해 지역 모두 내륙에서부터 내려오는 토사유입으로 인해 많은 애로점을 가지고 있다. 이러한 문제들을 해결하기 위해 상해시(上海市)와 천진시(天津市)는 각각 다른 방법을 채택하고 있다. 상해시는 해양의 섬과 육지를 연결하여 심수 항만을 건설하였으며, 천진시는 인공 섬을 조성하여 심수 항만을 건설하였다.

상해시는 포동신구(浦东新区)의 날로 증가하는 화물량을 처리하기 위한 심수 항만을 양산항(洋山港)에 건설하였다. 양산항은 장강삼각주에서 상당한 거리가 있다. 상해시는 새로 건설한 양산항과 포동신구를 동해대교(东海大桥)로서 연결하고 있다. 해상을 가로지르는 동해대교는 그 연장이 32㎞에 달한다. 양산항의 건설은 급속하게 증가하는 포동신구의 화물량을 분산시키는 효과를 가지고는 있지만, 동해대교를 통한 육로와의 연결은 기상조건이 악화 될 때는 위험을 초래할 수도 있다.

천진시 역시 빈해신구(滨海新区)와 환발해 지역의 화물량을 처리하기 위한 천진항(天津港) 확장 계획을 실시하였다. 계획의 중점은 분업과 신설이다. 분업은 기존의 북강항(北疆港)을 컨테이너 전용 항만으로, 남강항(南疆港)을 벌크 화물 전용 항만으로 하고, 동강항(东疆港)을 새로 건설하는 것이다. 동강항은 양산항과는 달리 인공 섬을 매립하여 그 위에 컨테이너 전용부두를 건설하는 것이다.

1.4. 공항인프라

1.4.1. 공항체계

중국은 2006년 현재 147개의 공항을 운영하고 있으며, 허브공항(枢纽机场), 지역 허브공항(干线机场), 그리고 지선공항(支线机场)으로 이루어진 공항체계를 발전시키고 있다.

허브공항은 중국 최대의 3대 공항인 북경(北京) Capital Airport(首都机场), 상해(上海) Pudong Airport(浦东机场), 그리고 광주(广州) Baiyun Airport(白云机场)를 포함하고 있다. 이들 세 공항은 중국의 경제발전과 지역별 전략화를 위한 것으로서 최고 수준의 서비스와 시설을 보유하고 있다. 지역 허브공항은 중등 규모로서 주로 중국 내 간선망을 연결하는 공항으로 개별 지역의 허브역할을 담당하고 있다. 대표적인 공항으로는 성도공항(成都机场), 곤명공항(昆明机场), 서안공항(西安机场), 심양공항(沈阳机场), 무한공항(武汉机场), 오로목제공항(乌鲁木齐机场) 등이 있다. 지선공항은 대부분이 서부지역에 위치하고 있으며, 소규모로서 C급의 항공기가 운항하는 공항이다. 지선공항은 연간 여객수가 약 백만 명 미만 정도의 규모이다.

1.4.2. 공항규모

2006년 말 현재 147개의 공항이 운영 중에 있으며, 그 중 45개는 민간용과 군용이 혼용되고 있다. 공항의 평균 밀도는 10만 ㎢ 당 1.53개를 보유하고 있다. 공항등급[89]에 따르면 4E급 공항이 25개, 4D급 공항이 35개, 4C급 공항이 58개 그리고 3C급 공항이 29개가 있다.

4대 지역별로는 동부 지역에 41개, 중부 지역에 25개, 서부 지역에 69개, 그리고 동북 지역에 12개의 공항이 분포하고 있다. 6대 지역별로 보면, 동북 지역에 12개, 화북지역에 18개, 화동지역에 37개, 중남지역에 25개, 서남지역에 31개, 그리고 서북지역에 24개의 공항이 있으며, 10만 ㎢ 당 공항 수는 각각 1.51개, 1.16개, 4.67개, 2.57개, 1.53개와 0.81개가 있다. 즉 화동지역에 가장 많은 공항이 분포하고 있다.

2007년 기준 공항의 운항회수(항공기의 이착륙 회수)에 따르면, 북경수도(北京首都, Beijing Capital) 공항이 전국 1위를 차지하고 있다. 북경수도 공항은 이미 3개의 활주로를 확보하고 있으며, 2007년 공항 운항회수가 약 40만 회에 달하고, 전국 전체 공항 운항회수의 약 10%를 차지하고 있다.

<표 9-13> 중국의 주요 공항의 운항 회수

순위	공항	운항 회수(회)		성장률 (%)	전국 비중(%)	
		2007년	2006년		2007년	2006년
1	北京首都	399,209	378,888	5.4	10.13	10.87
2	广州	260,828	232,404	12.2	6.62	6.67
3	上海浦东	253,532	231,994	9.3	6.43	6.65
4	洛阳	196,720	166,899	17.9	4.99	4.79
5	上海虹桥	187,045	177,626	5.3	4.75	5.09
6	深圳	181,450	169,493	7.1	4.60	4.86
7	成都	166,312	155,484	7.0	4.22	4.46
8	昆明	148,128	135,573	9.3	3.76	3.89

89) 공항등급은 주로 활주로의 길이와 날개폭(翼展), 그리고 좌우 두 바퀴 간의 거리(轮距)로서 나눈다. 활주로의 길이는 1부터 4까지의 숫자로서 표시하며, 날개폭과 좌우 두 바퀴 간의 거리는 영어 대문자로 표시한다. 활주로 길이가 800미터 이하인 경우는 1, 800미터~1,200미터는 2, 1,200미터~1,800미터는 3, 1,800미터 이상은 4로 명명한다. 그리고 비행기 날개폭이 5미터 이하이고, 좌우 두 바퀴 간의 거리가 4.5미터 이하인 경우는 A, 5미터~24미터와 4.5미터~6미터인 경우는 B, 24미터~36미터와 6미터~9미터인 경우는 C, 36미터~52미터와 9미터~14미터인 경우는 D, 52미터~60미터와 9미터~14미터인 경우는 E로 명명한다. 따라서 4E급 공항은 활주로의 길이가 1,800미터 이상이고, 날개폭이 52미터~60미터, 좌우 두 바퀴 간의 거리가 9미터~14미터인 공항을 말한다.

9	西安	119,341	99,315	20.2	3.03	2.85
10	杭州	114,672	100,799	13.8	2.91	2.89
11	重庆	105,092	88,929	18.2	2.67	2.55
12	武汉	93,498	66,876	39.8	2.37	1.92
13	厦门	85,251	77,355	10.2	2.16	2.22
14	南京	82,392	64,591	27.6	2.09	1.85
15	青岛	82,367	72,008	14.4	2.09	2.07
16	长沙	82,041	71,139	15.3	2.08	2.04
17	天津	65,664	54,948	19.5	1.67	1.58
18	大连	63,416	56,374	12.5	1.61	1.62
19	海口	60,579	61,738	−1.9	1.54	1.77
20	乌鲁木齐	59,284	51,602	14.9	1.50	1.48
합계		2,806,821	2,514,035		71.23	72.11

자료: 中国民用航空局.

광주(广州)의 백운(白云, Baiyun) 공항은 중국의 제2공항으로서 2007년 공항 운항회수가 약 26만 회로 전국 비중은 6.62%에 달한다. 상해(上海)에는 두 개의 공항이 있다. 포동(浦东) 공항은 공항 운항회수가 253,532회이며, 홍교(虹桥) 공항은 187,045회이다. 이 두 공항의 전국 비중은 합계 14.6%이다. 즉 공항을 단독으로 보면 북경수도(北京首都) 공항의 규모가 가장 크지만, 공항 소재 도시별로 보면 상해시(上海市)가 가장 큰 규모를 가지고 있다. 이외에도 낙양(洛阳), 심천(深圳), 성도(成都), 곤명(昆明), 서안(西安), 항주(杭州), 중경(重庆) 공항 등은 2007년 기준 공항 운항회수가 모두 10만 회가 넘는 규모를 가지고 있다.

<표 9–13>에 의하면, 운항회수가 많은 상위 20개 공항의 전국 비중이 71.23%로서 절대적 비중을 차지하고 있다. 이것은 비록 공항이 전국적으로 분포 입지하고는 있으나, 공항 이용 규모는 상위 20개 공항에 집중되어 있음을 반영한다. 2006년과 비교해 볼 때 이들 상위 20개 공항의 비중이 약간 감소하고는 있지만 여전히 높은 비중이다.

1.4.3. 공항개발계획

중국민용항공국(中国民用航空局)의 『전국민용공항분포계획(全国民用机场布局规划)』에 의하면, 2020년까지 현재 147개의 공항을 244개로 증가할 계획이다. 이것은 매년 증가하는 여객량과 화물량을 도로나 철도, 항만으로 감당하기에는 부족하기 때문에, 신속하고 빠른 항공 수단을 더욱 발전시켜나가고자 하는 것이다.

『전국민용공항분포계획(全国民用机场布局规划)』에 의하면 이미 건설 운영 중에 있는 공항은 147개이고, 11차 경제개발 5개년 계획 기간(2006년–2010년) 동안 신규 건설 되는 공항은 45개, 2011년부터 2020년 기간 동안 신규 건설 될 예정인 공항은 52개이다. 따라서 『전국민용공항분포계획(全国民用机场布局规划)』에 의하면, 2020년까지 모두 97개의 공항이 신규로 건설될 예정이며, 건설이 완공되면 중국은 모두 244개의 공항을 보유하게 되는 것이다.

『전국민용공항분포계획(全国民用机场布局规划)』은 전국을 5개의 공항권역으로 나누었다. 북방공항권역은 북경시(北京市), 천진시(天津市), 하북성(河北省), 산서성(山西省), 내몽고자치구(内蒙古自治区), 요녕성(辽宁省), 길림성(吉林省), 흑룡강성(黑龙江省)을 포함하고 있으며, 2007년 현재 30개의 공항을 보유하고 있다. 계획에서는 이 지역에 북경제2공항(北京第二机场), 양향(良乡), 감단(邯郸), 형수(衡水), 승덕(承德), 장가구(张家口), 여량(吕梁), 오태산(五台山) 등 24개의 공항을 신규로 건설하고자 한다. 화동공항권역은 상해시(上海市), 강소성(江苏省), 절강성(浙江省), 산동성(山东省), 안휘성(安徽省), 강서성(江西省), 복건성(福建省)을 포함하고 있으며, 2007년 현재 37개의 공항을 보유하고 있다. 계획에 의하면, 2020년까지 회안(淮安), 소중(苏中), 여수(丽水), 제녕(济宁), 구화산(九华山), 방부(蚌埠), 천호(芜湖), 의춘(宜春), 장동(赣东), 삼명(三明), 영덕(宁德), 평담(平潭)의 12개 공항을 추가로 건설하여, 모두 49개의 공항을 보유하게 된다.

중남공항권역은 광동성(广东省), 광서자치구(广西自治区), 해남성(海南省), 하남성(河南省), 호북성(湖北省), 호남성(湖南省)을 포함하고 있으며, 2007년 현재 25개의 공항을 보유하고 있으며, 2020년까지 14개의 공항을 추가로 건설하여 모두 39개의 공항을 입지하고자 한다. 중남공항권역은 다른 권역과 비교해 상대적으로 적은 수의 공항을 보유하고 있다.

서남공항권역은 중경시(重庆市), 사천성(四川省), 운남성(云南省), 귀주성(贵州省), 서장자치구(西藏自治区)를 포함하고 있으며, 현재 31개의 공항을 보유하고 있고, 2020년까지 21개의 공항을 추가로 건설하여 모두 52개의 공항을 가지게 된다. 서북공항권력은 섬서성(陕西省), 감숙성(甘肃省), 청해성(青海省), 영하자치구(宁夏自治区), 신강자치구(新疆自治区)를 포함하고 있으며, 2007년 현재는 24개의 공항을 보유하고 있으나, 2020년까지 호구(壶口), 보계(宝鸡), 상락(商洛), 천수(天水), 하하(夏河), 금창(金昌), 롱남(陇南), 장액(张掖), 무위(武威), 항천성(航天城) 등 26개의 공항을 추가로 건설하여 모두 50개의 공항을 보유하게 된다.

2. 운송

2.1. 운송규모

2.1.1. 운송수단별 운송규모

경제발전은 여객량과 화물량의 급속한 증가를 수반하게 된다. 중국은 개혁개방 이전 시기에는 인구이동에 상당한 제약이 존재하였기 때문에 여객량도 영향을 초래하지 않을 수 없었다. 그러나 개혁개방 이후 사회주의시장경제체제의 발전과 인구와 상품의 이동에 대한 각 종 제약들이 점차적으로 완화되면서 여객량과 화물량은 급속도로 증가하였다. 1978년과 비교해 2007년 여객량은 8.77배 증가하였으며, 화물량은 9.14배가 증가하였다. 전반적으로 매년 여객량과 화물량은 크게 증가하고 있으며, 특히 2000년 이후에는 연평균 증가율이 지속적으로 상승하고 있고, 2007년에는 10%를 초과하였다.

<표 9-14> 중국의 여객과 화물 운송량의 연도별 추이

연도	여객 운송량		화물 운송량	
	여객량(만 명)	증가율(%)	화물량(만 명)	증가율(%)
1978	253,993	–	248,946	–
1980	341,785	34.56	546,537	119.54
1985	620,206	81.46	745,763	36.45
1990	772,682	24.58	970,602	30.15
1991	806,048	4.32	985,793	1.57
1992	860,855	6.80	1,045,899	6.10
1993	996,634	15.77	1,115,902	6.69
1994	1,092,883	9.66	1,180,396	5.78
1995	1,172,596	7.29	1,234,937	4.62
1996	1,245,356	6.21	1,298,421	5.14

1997	1,326,094	6.48	1,278,218	−1.56
1998	1,378,717	3.97	1,267,427	−0.84
1999	1,394,413	1.14	1,293,008	2.02
2000	1,478,573	6.04	1,358,682	5.08
2001	1,534,122	3.76	1,401,786	3.17
2002	1,608,150	4.83	1,483,447	5.83
2003	1,587,497	−1.28	1,564,492	5.46
2004	1,767,453	11.34	1,706,412	9.07
2005	1,847,018	4.50	1,862,066	9.12
2006	2,024,158	9.59	2,037,060	9.40
2007	2,227,761	10.06	2,275,822	11.72

자료: 『中国统计年鉴2008』관련 내용을 재정리.

운송수단의 발전과정을 보면, 철도가 가장 먼저 발전하고, 그 다음으로 도로와 해운이 발전하며, 항공 운수는 가장 늦게 발전한다. 운송수단별 여객량의 비중을 보면, 철도위주의 구조에서 도로위주의 구조로 전환되고 있음을 발견할 수 있다. 1978년 철도가 전체 여객량에서 차지하는 비중은 32.08%, 도로가 차지하는 비중은 58.75%이다. 해운의 비중도 9.07%로 비교적 높은 비중을 차지하고 있으나, 항공 운수의 여객량 비중은 0.09%로 매우 낮은 수준이다. 즉 대부분의 여객은 철도와 도로로서 이동하고 있음을 알 수 있다. 철도는 국가철도의 비중이 절대적이며, 지방철도의 비중은 매우 낮은 수준이다.

1980년대부터 시작하여 철도가 전체 여객량에서 차지하는 비중은 점차적으로 낮아지기 시작한다. 1990년대 중반에는 10%대로 낮아지기 시작하여, 2000년에는 6.09% 정도를 유지하고 있다. 반면에 도로가 전체 여객량에서 차지하는 비중은 1980년대부터 매년 증가하여 1990년대 중반에는 90%를 초과하여, 2007년에는 92.05%를 나타내고 있다. 즉 여객량의 절대적인 규모가 도로로 이동하고 있는 것이다. 이것은 앞에서 살펴본 도로인프라의 급속한 발전과는 관계가 있다고 본다. 해운이 여객량에서 차지하는 비중은 지속적으로 감소하여 2007년에는 1.03%정도만을 차지하고 있다. 그리고 항공의 비중은 1980년의 0.10%에서 2007년에는 0.83%로 크게 증가하였다. 이와 같이 운송수단별 여객량의 구조가 철도위주에서 도로위주로 변화하는 것은 전반적인 인프라의 발전을 반영하는 것이다.

<표 9–15> 중국의 운송수단별 여객량의 비중

(단위: %)

연도	철도	국가 철도	지방 철도	합자 철도	도로	해운	항공
1978	32.08	31.78	0.30	0.00	58.75	9.07	0.09
1980	26.98	26.70	0.28	0.00	65.19	7.74	0.10
1985	18.08	17.88	0.19	0.00	76.83	4.98	0.12
1990	12.39	12.28	0.11	0.00	83.87	3.52	0.21
1995	8.76	8.71	0.06	0.00	88.76	2.04	0.44
2000	7.11	6.89	0.04	0.18	91.13	1.31	0.45
2001	6.85	6.63	0.04	0.19	91.44	1.22	0.49
2002	6.57	6.33	0.03	0.21	91.74	1.16	0.53
2003	6.13	5.90	0.03	0.20	92.24	1.08	0.55
2004	6.32	6.07	0.02	0.23	91.91	1.08	0.69
2005	6.26	5.99	0.02	0.25	91.90	1.10	0.75
2006	6.21	5.91	0.02	0.27	91.91	1.09	0.79
2007	6.09	5.78	0.02	0.29	92.05	1.03	0.83

자료: 『中国统计年鉴2008』관련 내용을 재정리.

운송수단별 거리환산 여객량의 비중도 위와 비슷한 구조적인 특징을 가지고 있다. 즉 철도위주의 구조에서 도로위주의 구조로의 전환이다. 그러나 <표 9–15>와는 달리 <표 9–16>에서는 도로의 비중이 상대적으로 낮으며, 철도와 항공의 비중이 상대적으로 높게 나타나고 있다. 이는 <표 9–16>은 거리환산 여객량을 나타내기 때문이다. 즉 철도와 항공은 장거리 여객 운송에 더욱 적합하고, 도로는 주로 단거리와 중거리 여객 운송에 적합하기 때문에, 거리환산 여객량의 비중에 의하면, 철도와 항공의 운송비중이 증가할 수밖에 없다.

거리환산 여객량의 비중에 의하면, 1978년 철도는 62.72%를 차지하며, 도로는 29.91%, 해운은 5.77%, 항공은 1.60%를 차지하고 있다. 즉 철도가 절대적인 비중을 차지하고 있다. 그러나 1990년에는 철도와 도로의 비중이 거의 비슷한 구조를 형성하고 있으며, 그 이후에는 도로의 비중이 크게 증가하고 있다. 2007년에는 철도의 비중이 33.42%, 도로의 비중이 53.29%, 해운의 비중이 0.36%, 항공의 비중이 12.93%로 나타나고 있다.

<표 9-16> 중국의 운송수단별 거리환산 여객량 비중

(단위: 억 명-㎞, %)

연도	철도				도로	해운	항공
		국가 철도	지방 철도	합자 철도			
1978	62.72	62.58	0.14	0.00	29.91	5.77	1.60
1980	60.63	60.51	0.12	0.00	31.98	5.66	1.73
1985	54.46	54.38	0.08	0.00	38.88	4.03	2.63
1990	46.42	46.37	0.04	0.00	46.56	2.93	4.10
1995	39.39	39.35	0.03	0.00	51.13	1.91	7.57
2000	36.97	36.01	0.04	0.92	54.30	0.82	7.92
2001	36.24	35.25	0.04	0.95	54.79	0.68	8.30
2002	35.18	34.00	0.04	1.14	55.26	0.58	8.98
2003	34.67	33.47	0.03	1.17	55.72	0.46	9.15
2004	35.02	33.80	0.02	1.20	53.64	0.41	10.93
2005	34.71	33.40	0.02	1.29	53.20	0.39	11.71
2006	34.50	33.09	0.02	1.38	52.77	0.38	12.35
2007	33.42	31.94	0.02	1.46	53.29	0.36	12.93

자료: 『中国统计年鉴2008』관련 내용을 재정리.

<표 9-17> 중국의 여객 운수 평균 거리

(단위: ㎞)

연도	합계	철도	도로	해운	항공
1978	69	134	35	44	1,208
1980	67	150	33	49	1,153
1985	72	216	36	58	1,563
1990	73	273	40	61	1,388
1995	77	345	44	72	1,331
2000	83	431	49	52	1,444
2005	95	524	55	34	1,479
2007	97	532	56	34	1,503

자료: 『中国统计年鉴2008』관련 내용을 재정리.

거리환산 여객량에서 철도와 항공의 비중이 좀 더 높게 나타나고 있는 것은 여객 운수 평균 거리에서 그 해답을 찾을 수 있다. 개혁개방 이후 여객 운수 평균 거리는 매년 점차적으로 증가하고 있다. 즉 여객의 이동 거리가 증가하는 것이다. <표 9-17>에서 나타나고 있듯이 철도와 항공의 여객 운수 평균 거리가 도로나 해운보다 더 크다.

<표 9-18> 중국의 운송수단별 화물량의 비중

(단위: %)

연도	철도				도로	해운	항공
		국가 철도	지방 철도	합자 철도			
1978	44.23	43.18	1.06	0.00	34.22	17.39	0.00
1980	20.36	19.87	0.49	0.00	69.90	7.81	0.00
1985	17.53	17.10	0.43	0.00	72.15	8.49	0.00
1990	15.52	15.06	0.46	0.00	74.60	8.25	0.00
1995	13.44	12.91	0.53	0.00	76.15	9.17	0.01
2000	13.14	12.22	0.62	0.31	76.46	9.01	0.01
2001	13.78	12.78	0.68	0.32	75.35	9.46	0.01
2002	13.82	12.64	0.76	0.41	75.25	9.56	0.01
2003	14.33	12.77	0.84	0.73	74.14	10.10	0.01
2004	14.59	12.76	0.87	0.95	72.96	10.98	0.02
2005	14.46	12.45	0.96	1.06	72.06	11.80	0.02
2006	14.15	12.05	0.96	1.14	71.98	12.21	0.02
2007	13.81	11.53	1.07	1.21	72.04	12.36	0.02

주의: 운송수단별 화물량의 비중의 나머지는 수송관의 비중.
자료: 『中国统计年鉴2008』 관련 내용을 재정리.

화물량 역시 여객량과 마찬가지로 도로가 절대적인 비중을 차지하고 있다. 그러나 철도와 해운의 비중이 여객량 보다는 상대적으로 더 높다. 이것은 화물은 여객과 달리 큰 부피가 있기 때문에 도로 운송보다는 철도와 해운이 더욱 유리한 경우가 많기 때문이다. 전반적으로는 여객운송과 마찬가지로 철도 위주의 구조에서 도로 위주의 구조로 전환되고 있다. 철도가 화물량에서 차지하는 비중은 1978년의 44.23%에서 2007년 13.81%로 크게 감소하였다. 도로의 비중은 34.22%에서 72.04%로 크게 증가하였다. 그러나 항공의 화물량 비중은 여전히 0.02%로 매우 낮은 수준이다.

<표 9-19> 중국의 운송수단별 거리환산 화물량의 비중

(단위: 억 톤-㎞, %)

연도	철도	국가 철도	지방 철도	합자 철도	도로	해운	항공
1978	54.38	54.26	0.12	0.00	2.79	38.45	0.01
1980	47.54	47.46	0.08	0.00	6.35	42.02	0.01
1985	44.25	44.17	0.08	0.00	10.36	42.09	0.02
1990	40.53	40.45	0.08	0.00	12.81	44.23	0.03
1995	36.34	36.25	0.10	0.00	13.07	48.88	0.06
2000	31.07	30.33	0.10	0.64	13.83	53.55	0.11
2001	30.80	30.12	0.12	0.57	13.27	54.47	0.09
2002	30.89	30.03	0.12	0.74	13.38	54.28	0.10
2003	32.02	30.59	0.13	1.30	13.18	53.32	0.11
2004	27.78	26.33	0.13	1.32	11.29	59.66	0.10
2005	25.82	24.34	0.12	1.36	10.83	61.89	0.10
2006	24.71	23.14	0.12	1.45	10.98	62.46	0.11
2007	23.46	21.80	0.13	1.53	11.20	63.39	0.11

주의: 운송수단별 화물량의 비중의 나머지는 수송관의 비중.
자료: 『中国统计年鉴2008』 관련 내용을 재정리.

운송수단별 거리환산 화물량의 비중을 보면, 해운의 비중이 가장 많이 증가하였다. 즉 철도 위주의 운송구조에서 해운 위주로 변화하고 있는 것이다. 이것은 여객과 달리 대부분의 화물은 규모와 부피가 크기 때문에 도로보다는 해운이나 철도가 운송에 더욱 적합하기 때문이다. 1978년 거리환산 화물량의 54.38%를 철도가 담당하고 해운은 38.45%를 담당하고 있었다. 도로는 겨우 2.79%만을 담당하고 있었다. 이러한 구조가 2007년에는 해운이 63.39%를 차지하고 철도가 23.46%, 도로가 11.20%가 차지하는 구조로 변화하고 있다.

2.1.2. 지역별 운송규모

지역별 운송규모는 그 지역의 여객량과 화물량으로 나타난다. 특히 지역의 운송규모는 그 지역의 발전수준을 나타내는 지표가 될 수 있다. 즉 여객량이 많음은 인구 이동이 활발히 이루어지고 있기 때문에, 지역의 노동력 시장뿐만 아니라 관광 등 여러 관련 산업에도 긍정적인 의의를 가지고 있다. 화물량의 규모 또한 그 지역의 발전 수준을 나타내는 중요한 지표가 될 수 있다.

전국에서 여객량이 가장 많은 지역은 사천성(四川省)으로 2007년 지역 여객량은 모두 20억 7,174만 명이며, 전국 비중은 9.38%를 나타내고 있다. 그 다음은 광동성(广东省)으로 9.02%를 차지하고 있다. 그리고 절강성(浙江省)과 강소성(江苏省)도 각각 8.60%와 8.48%로 비교적 큰 규모의 여객량을 가지고 있다. 이들 지역은 모두 경제발전 수준이 상대적으로 높은 지역이다, 다만 사천성의 여객량 비중이 전국에서 가장 높은 이유는 지역 자체의 인구규모가 크며, 또한 타 지역과의 인구이동이 많기 때문이다(제6장 표 6-13 참조). 이외에도 산동성(山东省), 호남성(湖南省), 하남성(河南省), 하북성(河北省), 안휘성(安徽省), 호북성(湖北省) 등도 비교적 높은 여객량 비중을 나타내고 있다. 이들 상위 10개 지역의 합계는 63.88%로서 대부분의 여객량이 이들 상위 10개 지역에 집중되고 있음을 알 수 있다.

전국 철도 여객량의 지역별 비중을 보면, 요녕성(辽宁省)과 광동성이 각각 7.70%와 7.56%로 가장 많은 비중을 차지하고 있다. 그리고 흑룡강성(黑龙江省), 강소성, 절강성, 북경시(北京市)도 모두 5% 이상의 전국 비중을 가지고 있다. 그 중 북경시의 비중이 다른 지역과 비교해 상대적으로 높은 이유는 북경시의 철도 노선이 비교적 많기 때문이다. 철도 여객량이 많은 상위 10개 지역은 전국 철도 여객량의 57.29%를 차지하고 있다.

도로의 여객 운송량이 가장 많은 지역은 사천성으로 전국의 9.60%를 차지하고 있다. 그 다음은 광동성, 절강성, 강소성으로 각각 9.11%, 8.75%, 8.74%를 차지하고 있다. 이외에도 산동성(山东省), 호남성(湖南省), 하남성(河南省), 하북성(河北省), 안휘성(安徽省) 등 지역의 도로 여객량이 비교적 많으며, 이들 10개 지역의 합계는 전국 도로 여객 운송량의 65.06%를 차지하고 있다.

수운(해상 운송과 내륙 운송을 포함)의 지역별 여객량 분포를 보면, 사천성(四川省)과 절강성(浙江省)의 비중이 각각 18.01%와 13.86%로 가장 많다. 사천성은 장강(長江)의 상류지역으로 중국 내륙 수운의 중요한 결절 지역이다. 또한 절강성은 장강의 하류지역으로 해상 운송과 내륙 수운이 교차하는 지역이다. 이외에도 광동성(广东省), 산동성, 상해시

<표 9-20> 중국의 지역별 운송수단별 여객량 비중

지역	여객량 전체 비중		전국 비중(%)			지역 내 비중(%)		
	만 톤	%	철도	도로	수운	철도	도로	수운
북경시	16,190	0.73	5.10	0.45	0.00	42.71	57.29	0.00
천진시	6,829	0.31	1.16	0.26	0.01	23.03	76.92	0.04
하북성	88,886	4.02	4.60	4.03	0.00	7.02	92.98	0.00
산서성	43,866	1.99	3.08	1.93	0.22	9.54	90.35	0.12
내몽고자치구	38,678	1.75	2.68	1.71	0.00	9.41	90.59	0.00
요녕성	70,659	3.20	7.70	2.90	2.85	14.78	84.30	0.92
길림성	31,477	1.42	3.58	1.29	0.51	15.42	84.21	0.37
흑룡강성	64,480	2.92	7.10	2.66	1.13	14.94	84.67	0.40
상해시	9,086	0.41	3.53	0.14	6.21	52.78	31.61	15.62
강소성	187,270	8.48	5.92	8.74	0.12	4.29	95.69	0.01
절강성	190,026	8.60	5.43	8.75	13.86	3.87	94.46	1.67
안휘성	86,907	3.93	3.13	4.01	1.83	4.88	94.64	0.48
복건성	63,669	2.88	1.67	2.93	5.78	3.55	94.38	2.07
강서성	43,616	1.97	3.39	1.88	1.60	10.56	88.60	0.84
산동성	123,982	5.61	3.79	5.72	6.69	4.15	94.62	1.23
하남성	122,242	5.53	4.88	5.63	0.70	5.42	94.45	0.13
호북성	82,374	3.73	3.05	3.78	3.18	5.02	94.10	0.88
호남성	123,334	5.58	4.44	5.69	2.30	4.89	94.69	0.43
광동성	199,162	9.02	7.56	9.11	9.07	5.15	93.81	1.04
광서자치구	60,793	2.75	1.72	2.80	4.87	3.83	94.34	1.83
해남성	40,239	1.82	0.03	1.90	5.01	0.11	97.05	2.84
중경시	76,945	3.48	1.67	3.58	5.98	2.94	95.28	1.78
사천성	207,174	9.38	4.56	9.60	18.01	2.99	95.03	1.99
귀주성	74,440	3.37	2.20	3.43	4.75	4.00	94.54	1.46
운남성	45,668	2.07	1.59	2.09	2.62	4.72	93.97	1.31
서장자치구	549	0.02	0.07	0.02	0.00	16.19	83.81	0.00
섬서성	48,772	2.21	3.57	2.12	1.62	9.94	89.30	0.76
감숙성	20,483	0.93	1.27	0.90	1.08	8.43	90.37	1.20
청해성	5,607	0.25	0.29	0.25	0.00	7.00	93.00	0.00
영하자치구	8,134	0.37	0.28	0.38	0.00	4.70	95.30	0.00
신강자치구	27,648	1.25	0.96	1.28	0.00	4.70	95.30	0.00

주의: 2007년 기준.

자료: 『中国统计年鉴2008』관련 내용을 재정리.

(上海市), 중경시(重庆市), 복건성(福建省), 해남성(海南省), 광서자치구(广西自治区), 귀주성(贵州省)의 수운 여객량이 비교적 많은 지역이다. 이들 10개 지역의 합계는 80.23%로 서 중국 수운 여객량의 절대적 비중을 차지하고 있다.

지역내의 운송수단별 여객량 비중을 보면, 대부분 지역은 도로의 비중이 가장 크고, 그 다음은 철도의 비중이 크고, 수운의 비중은 가장 작은 구조를 가지고 있다. 철도의 지역내 여객량 비중이 상대적으로 높은 지역은 북경시(北京市), 천진시(天津市), 요녕성(辽宁省), 길림성(吉林省), 흑룡강성(黑龙江省), 상해시, 강서성(江西省), 서장자치구(西藏自治区) 등이다. 북경시, 천진시, 상해시의 경우는 도시 내 철도(지하철, 고속전철 등)가 발달해 있기 때문에 여객 운송에 큰 도움이 되고 있다. 서장자치구는 서북지역에 위치하고 있기 때문에 철도의 여객 운송이 중요한 수단이 된다.

지역별 화물량 비중을 보면, 산동성의 화물량이 8.77%로 가장 큰 비중을 차지하고 있다. 산동성은 화북지방의 중요한 지역으로서 북경시, 천진시와 지리적으로 인접해 있기 때문에 화물량이 많다. 그 다음으로는 산서성(山西省)으로 화물량의 비중이 6.97%이다. 산서성은 석탄 생산량이 많기 때문에 화물량이 다른 지역과 비교해 많다. 이외에도 절강성, 광동성, 강소성, 요녕성, 하남성, 호남성, 내몽고자치구, 하북성 등 지역의 화물량이 비교적 많으며, 이들 상위 10개 지역의 화물량은 전국의 58.89%를 차지하고 있다.

철도 화물량의 전국 비중이 가장 높은 지역은 산서성으로 전국 철도 운송 화물량의 23.33%를 차지하고 있다. 산서성은 석탄 생산이 많은 지역이며, 석탄은 철도 운송이 비교적 적합하다. 따라서 산서성의 철도 화물 운송량이 전국의 1/4을 차지하고 있다. 수운의 화물량은 상해시, 강소성, 절강성을 중심으로 하는 장강 삼각주지역과 광동성을 중심으로 하는 주강 삼각주지역에 비교적 집중되어 있다.

운송수단별 화물량의 지역 내 비중을 보면, 대부분 지역은 도로의 비중이 가장 크다. 여객량과 비교해서 화물량은 철도의 비중이 상대적으로 조금 높다. 지역내 화물 운송에서 수운이 비교적 큰 비중을 차지하는 지역으로는 천진시, 상해시, 강소성, 절강성, 복건성, 광동성, 해남성 등이 있다.

<표 9-21> 중국의 지역별 운송수단별 화물량 비중

지역	여객량 전체 비중		전국 비중(%)			지역 내 비중(%)		
	만 톤	%	철도	도로	수운	철도	도로	수운
북경시	19,877	0.89	0.64	1.09	0.00	10.09	89.91	0.00
천진시	50,261	2.26	3.62	1.43	5.64	22.54	46.76	30.71
하북성	96,891	4.35	4.76	4.87	0.79	15.38	82.38	2.23
산서성	155,143	6.97	23.33	5.01	0.01	47.07	52.91	0.02
내몽고자치구	98,682	4.43	8.11	4.47	0.00	25.72	74.28	0.00
요녕성	116,917	5.25	5.67	5.51	3.21	15.18	77.31	7.51
길림성	37,935	1.70	2.01	1.93	0.03	16.55	83.23	0.22
흑룡강성	70,137	3.15	5.40	3.17	0.46	24.08	74.14	1.78
상해시	78,340	3.52	0.37	2.17	15.18	1.48	45.49	53.03
강소성	141,158	6.34	1.86	5.95	13.83	4.13	69.05	26.82
절강성	154,286	6.93	1.41	6.02	18.68	2.86	64.00	33.14
안휘성	83,361	3.74	3.66	3.79	3.59	13.76	74.45	11.79
복건성	51,263	2.30	1.37	2.12	4.43	8.40	67.94	23.66
강서성	40,921	1.84	2.07	1.83	1.61	15.84	73.39	10.77
산동성	195,259	8.77	5.33	10.00	5.34	8.54	83.97	7.49
하남성	101,341	4.55	5.09	5.10	0.68	15.73	82.43	1.83
호북성	54,909	2.47	2.02	2.41	3.30	11.50	72.06	16.44
호남성	100,076	4.50	2.05	5.21	3.01	6.40	85.37	8.23
광동성	151,282	6.80	2.48	6.87	11.29	5.14	74.44	20.42
광서자치구	48,860	2.19	2.54	2.09	2.45	16.28	69.98	13.75
해남성	17,876	0.80	0.22	0.62	2.57	3.84	56.83	39.33
중경시	50,273	2.26	0.75	2.56	2.16	4.69	83.57	11.74
사천성	81,426	3.66	2.75	4.22	1.33	10.59	84.94	4.47
귀주성	26,787	1.20	2.33	1.15	0.24	27.21	70.31	2.48
운남성	71,512	3.21	1.83	4.00	0.10	7.99	91.64	0.37
서장자치구	372	0.02	0.00	0.02	0.00	3.23	96.77	0.00
섬서성	49,175	2.21	2.98	2.42	0.04	18.96	80.80	0.24
감숙성	30,528	1.37	1.65	1.54	0.02	16.87	82.96	0.17
청해성	8,050	0.36	0.57	0.38	0.00	22.02	77.98	0.00
영하자치구	10,540	0.47	1.26	0.40	0.00	37.54	62.46	0.00
신강자치구	32,669	1.47	1.86	1.64	0.00	17.84	82.16	0.00

주의: 2007년 기준.

자료: 『中国统计年鉴2008』관련 내용을 재정리.

2.1.3. 철도 운송규모

<표 9-22>는 철도 노선별 여객량과 화물량의 비중을 나타내고 있다. 여객량의 비중이 가장 큰 노선은 경광선(京广线)과 경호선(京沪线)으로 전체 노선 여객량의 19.89%와

<표 9-22> 중국의 주요 철도 노선별 운송 비중

(단위: %)

철도 노선	여객량	거리환산 여객량	철노 노선	화물량	거리환산 화물량
京沪线	18.65	13.24	京哈线	1.45	5.43
新石线	0.76	0.39	京广线	6.65	9.24
沪昆线	10.88	13.68	京沪线	5.40	6.22
鹰厦线	1.15	1.29	京九线	3.58	7.47
京九线	8.54	10.60	京包线	4.28	4.46
京广线	18.89	22.63	滨洲线	3.45	2.64
石太线	0.92	0.40	滨绥线	0.91	1.37
石德线	0.89	0.62	大秦线	1.85	11.40
焦柳线	2.05	2.13	石太线	5.47	1.60
京包线	2.64	1.68	石德线	0.52	1.18
包兰线	1.04	0.79	北同蒲线	14.77	1.42
北同蒲线	1.12	0.36	南同蒲线	5.96	1.53
南同蒲线	1.98	1.00	包兰线	6.50	2.79
陇海线	10.25	10.53	新石线	3.88	3.39
宝中线	0.21	0.37	太焦线	5.57	0.69
兰新线	2.09	4.41	焦柳线	3.79	5.59
兰青, 青藏线	0.78	0.96	胶济线	1.57	1.63
兰青, 青藏线	0.78	0.96	陇海线	7.00	8.92
宝成, 成渝线	3.52	2.73	沪昆线	8.50	9.18
宝成, 成渝线	3.52	2.73	宝成线	0.95	1.81
襄渝线	2.71	2.66	南昆线	1.49	2.07
南昆线	0.66	0.72	成昆线	2.65	2.53
成昆线	2.26	1.22	兰新线	2.57	6.79
京哈线	8.01	7.61	青藏线	1.22	0.65

주의: 2007년 기준.

자료: 『中国统计年鉴2008』 관련 내용을 재정리.

18.65%를 차지하고 있다. 경광선(京广线)은 수도 북경시(北京市)와 주강 삼각주의 광주시(广州市)를 연결하는 주요 간선 철도이며, 경호선(京沪线)은 북경시(北京市)와 장강 삼각주의 상해시(上海市)를 연결하는 주요 간설 철도이다.

거리환산 여객량을 기준으로 하면, 경광선(京广线)이 22.63%로 가장 많은 비중을 차지하고 있다. 화물량이 가장 많은 노선은 북동포선(北同蒲线)으로 전체 철도 화물량의 14.77%를 차지하고 있다. 그 다음은 호곤선(沪昆线)과 롱해선(陇海线)의 화물량 비중이 비교적 크다. 거리환산 화물량을 기준으로 하면, 대진선(大秦线)의 비중이 11.40%로 가장 크다.

철도역의 여객량을 보면, 2007년 기준 북경서(北京西) 철도역의 여객량이 3,632만 명으로 전국에서 가장 많다. 그 다음은 상해(上海) 철도역이 3,439만 명이다. 이외에도 광주(广州), 서안(西安), 합이빈(哈尔滨), 정주(郑州), 성도(成都), 남경(南京), 항주(杭州) 철도역이 여객량이 가장 많은 상위 10개 철도역이다.

<표 9-23> 주요 철도역 여객량 비교

(단위: 만 명)

철도역	여객량	철도역	여객량	철도역	여객량
北京西	3,632	长春	1,490	本溪	957
上海	3,439	南昌	1,441	贵阳	917
北京	2,998	深圳	1,433	天津	905
广州	2,866	石家庄	1,405	徐州	884
西安	2,360	沈阳	1,280	常州	731
哈尔滨	2,255	太原	1,197	重庆	667
郑州	2,207	苏州	1,103	兰州	650
成都	1,896	济南	1,042	乌鲁木齐	565
南京	1,659	无锡	1,025	洛阳	539
杭州	1,578	武昌	998	蚌埠	506

주의: 2007년 기준.
자료: 『中国统计年鉴2008』관련 내용을 재정리.

화물량이 가장 많은 철도역은 대신(大新)으로 2007년 기준 7,325만 톤이다. 그 다음은 대동동(大同东) 철도역이 3,341만 톤이며, 평정산동(平顶山东) 철도역이 2,820만 톤, 곽림하(霍林河) 철도역이 2,429만 톤, 구천(口泉) 철도역이 2,366만 톤, 일조(日照) 철도역은 2,328만 톤의 화물량을 처리하였다.

<표 9-24> 중국의 주요 철도역 화물량 비교

(단위: 만 톤)

철도역	화물량	철도역	화물량	철도역	화물량
大新	7,325	阳泉	1,606	中云	1,213
大同东	3,341	灵山	1,591	潘集西	1,202
平顶山东	2,820	七台河	1,427	湛江	1,176
霍林河	2,429	白羊墅	1,413	白云鄂博	1,171
口泉	2,366	古交	1,370	云岗西	1,102
日照	2,328	嘉峰	1,346	新港	1,063
黄岛	1,975	长治北	1,292	介休	1,009
北周庄	1,877	双鸭山	1,280	本溪	893
新高山	1,815	玉门沟	1,260	古冶	838
万水泉	1,803	晋城北	1,247	鹤岗	785

주의: 2007년 기준.
자료: 『中国统计年鉴2008』관련 내용을 재정리.

2.1.4. 공항 운송규모

공항의 운송규모는 여객량과 화물량으로 나누어서 살펴볼 수 있다. 2007년 여객량을 기준으로 하면 북경수도(北京首都) 공항이 가장 큰 운송 규모를 가지고 있다. 북경수도 공항은 전체 여객량의 13.83%를 차지하고 있다. 그 다음은 광주(广州) 공항으로 전체 여객량의 7.99%를 차지하고 있다. 광주 공항은 주강 삼각주지역을 대표하고 있다. 상해에는 두 개의 공항이 운영되고 있다. 2007년을 기준으로 상해포동(上海浦东) 공항은 전국 여객량의 7.46%를 차지하고 있으며, 상해홍교(上海虹桥) 공항은 5.84%를 차지하고 있다. 이 두 공항의 합계는 13.30%로 북경수도 공항과 비슷한 규모를 가지고 있다. 네 번째로 여객량 규모가 큰 공항은 심천(深圳)으로 전체 여객량의 5.32%를 차지하고 있다. 광주(广州) 공항과 심천(深圳) 공항의 합계는 13.31%로서 상해의 두 공항과 북경수도 공항과 비슷한 여객량 규모를 가지고 있다. 이외에도 성도(成都), 곤명(昆明), 항주(杭州), 서안(西安), 중경(重庆) 공항 등이 여객량 기준 상위 10개 공항에 포함된다.

한 가지 주의할 점은 이들 상위 10대 공항이외의 20위권에 속하는 다른 공항들의 여객량 증가 속도가 더욱 빠르다는 것이다. 2006년 대비 2007년 여객량 성장률을 보면, 무한(武汉) 공항은 37.0%가 증가하였으며, 삼아(三亚) 공항은 36.0%가 증가하였다. 이러한 변화는 북경, 상해, 광주, 심천과 같이 경제발전 수준이 높은 지역이외의 기타 지역의 공항발전이 더욱 속도가 빠르며, 이것은 또한 이들 지역의 경제발전 속도가 빨라지고 있음을 간접적으로 반영하고 있는 것이다. 기타 지역 공항의 발전은 여객량 집중도에서도 나타나고 있다. 즉 2006년 상위 20개 공항의 여객량 집중도는 77.77%이었으나, 2007년에는 약간 감소한 76.82%로 나타나고 있다.

<표 9-25> 중국의 주요 공항의 여객량 비교

순위	공항	여객량(명)		성장률(%)	전국 비중(%)	
		2007년	2006년		2007년	2006년
1	北京首都	53,611,747	48,748,298	10.0	13.83	14.68
2	广州	30,958,467	26,222,037	18.1	7.99	7.90
3	上海浦东	28,920,432	26,788,586	8.0	7.46	8.07
4	上海虹桥	22,632,962	19,336,517	17.0	5.84	5.82
5	深圳	20,619,164	18,356,069	12.3	5.32	5.53
6	成都	18,574,284	16,280,225	14.1	4.79	4.90
7	昆明	15,725,791	14,443,607	8.9	4.06	4.35
8	杭州	11,729,983	9,919,532	18.3	3.03	2.99
9	西安	11,372,630	9,368,958	21.4	2.93	2.82
10	重庆	10,355,730	8,050,007	28.6	2.67	2.42
11	厦门	8,684,662	7,501,004	15.8	2.24	2.26
12	武汉	8,356,340	6,100,582	37.0	2.16	1.84
13	长沙	8,069,989	6,592,602	22.4	2.08	1.99
14	南京	8,037,189	6,269,103	28.2	2.07	1.89
15	青岛	7,867,982	6,791,240	15.9	2.03	2.05
16	大连	7,281,084	6,351,089	14.6	1.88	1.91
17	海口	7,265,349	6,668,795	8.9	1.87	2.01
18	沈阳	6,190,448	5,343,566	15.8	1.60	1.61
19	乌鲁木齐	6,169,981	5,136,028	20.1	1.59	1.55
20	三亚	5,311,622	3,905,956	36.0	1.37	1.18
합계					76.82	77.77

자료: 中国民用航空局.

공항의 화물량은 여객량과 밀접한 관계가 있다. 여객 노선이 많을수록 화물 노선도 동시에 많아지기 때문이다. 화물량의 규모가 가장 큰 공항은 상해포동(上海浦东) 공항으로 2007년을 기준으로 전체 항공 화물량의 29.72%를 차지하고 있다. 이것은 상해가 북경보다 경제활동이 더욱 활발함을 나타내고 있다. 그 다음은 북경수도(北京首都) 공항으로 전체 화물량의 16.45%를 차지하고 있다. 북경수도(北京首都) 공항은 화북지역의 허브 공항으로서 항공 화물량의 절대적인 비중을 차지하고 있다. 이 두 공항의 항공 화물량은 전체의 46.17%로 거의 절반을 차지하고 있다. 상해홍교(上海虹桥) 공항은 4.52%를 차지하고 있기

<표 9-26> 중국의 주요 공항의 화물량 비교

순위	공항	화물량(톤)		성장률(%)	전국 비중(%)	
		2007년	2006년		2007년	2006년
1	上海浦东	2,559,245.9	2,168,071.8	18.0	29.72	28.79
2	北京首都	1,416,452.3	1,201,815.0	17.9	16.45	15.96
3	广州	695,092.7	653,261.3	6.4	8.07	8.67
4	深圳	616,172.2	559,243.7	10.2	7.16	7.42
5	上海虹桥	388,904.0	363,581.4	7.0	4.52	4.83
6	成都	325,944.9	295,497.9	10.3	3.79	3.92
7	昆明	232,656.3	219,197.6	6.1	2.70	2.91
8	杭州	195,710.6	185,518.1	5.5	2.27	2.46
9	厦门	193,642.4	175,011.1	10.6	2.25	2.32
10	南京	180,401.1	152,063.2	18.6	2.10	2.02
11	重庆	143,522.5	120,178.3	19.4	1.67	1.60
12	天津	125,087.3	96,755.7	29.3	1.45	1.28
13	大连	121,693.4	108,992.5	11.7	1.41	1.45
14	青岛	115,781.4	101,266.9	14.3	1.34	1.34
15	西安	112,053.7	99,433.7	12.7	1.30	1.32
16	沈阳	97,412.1	90,253.9	7.9	1.13	1.20
17	武汉	89,595.7	73,770.0	21.5	1.04	0.98
18	乌鲁木齐	85,255.7	76,215.1	11.9	0.99	1.01
19	海口	69,829.6	62,510.0	11.7	0.81	0.83
20	长沙	68,668.9	62,571.3	9.7	0.80	0.83
합계					90.97	91.15

자료: 中国民用航空局.

때문에, 상해의 두 공항의 항공 화물량의 합계는 34.24%로 절대적인 비중을 차지하고 있다. 그리고 천진(天津), 무한(武汉), 중경(重庆), 남경(南京) 등 지역 공항의 화물량이 비교적 빠르게 성장하고 있다.

주요 공항의 화물량 집중도는 여객량의 집중도보다 더욱 높게 나타나고 있다. 이는 여객량은 생산 활동뿐만 아니라 소비활동에서도 창출이 되지만, 대부분 화물량은 생산 활동과 관련되기 때문일 것이다. 2007년을 기준으로 할 때 전국 20개 주요 공항 화물량의 집중도는 90.97%로 매우 높은 수준이다. 그러나 2006년의 91.15%와 비교할 때 조금은 낮아지고 있는 추세이다. 화물의 항공 운송도 여객과 마찬가지로 기타 지역 공항으로 점차적으로 분산되고 있음을 나타내고 있다. 그러나 여객과 비교해서는 아직도 집중도가 매우 높다.

2.2. 운송산업

2.2.1. 운송산업의 발전추세

운송산업은 교통운수업, 창고업, 그리고 우정업을 포함하고 있다. 1978년에는 운송산업의 부가가치가 전체 국내총생산에서 차지하는 비중이 4.99%이며, 2007년 현재 5.85%를 차지하고 있다. 특히 3차 산업에 있어서 운송산업의 비중은 개혁개방 이후 매년 지속적으로 감소하고 있는 추세이다. 1978년 운송산업이 3차 산업의 부가가치에서 차지하는 비중은 20.86%이나, 2007년에는 14.60%로 감소하였다.

<표 9-27> 중국의 국내총생산 중 운송산업의 비중

(단위: 억 위안, %)

연도	합계 (A)	3차 산업 (B)	교통운수, 창고, 우정업(C)	C/A	C/B
1978	3,645.2	872.5	182.0	4.99	20.86
1980	4,545.6	982.0	213.4	4.69	21.73
1985	9,016.0	2,585.0	421.7	4.68	16.31

1990	18,667.8	5,888.4	1,167.0	6.25	19.82
1995	60,793.7	19,978.5	3,244.3	5.34	16.24
2000	99,214.6	38,714.0	6,161.0	6.21	15.91
2005	183,217.4	73,432.9	10,835.7	5.91	14.76
2006	211,923.5	84,721.4	12,481.1	5.89	14.73
2007	249,529.9	100,053.5	14,604.1	5.85	14.60

자료: 『中国统计年鉴2008』관련 내용을 재정리.

상해시(上海市)는 장강 삼각주의 경제중심이면서 교통운수의 허브이다. 상해시의 운송산업이 지역 국내총생산에서 차지하는 비중은 전국 평균보다 훨씬 높다. 이것은 이 지역의 운송산업이 기타 지역과 비교해서 더욱 발전하고 있음을 반영한다. 2007년 기준 운송산업이 상해시(上海市) 전체 국내총생산에서 차지하는 비중은 5.93%이며, 3차 산업에서 차지하는 비중은 11.28%이다. 운송산업 부가가치의 절대적 규모는 매년 크게 증가하고 있으나 지역 전체 부가가치에서 차지하는 비중은 오히려 감소하고 있는 추세이다.

<표 9-28> 상해시(上海市) 국내총생산 중 운송산업의 비중

(단위: 억 위안, %)

연도	합계 (A)	3차 산업 (B)	교통운수, 창고, 우정업 (C)	교통 운수업 (D)	C/A	C/B	D/C
2001	5,210.12	2,728.94	345.99	305.25	6.64	12.68	88.23
2006	10,366.37	5,244.20	669.01	595.19	6.45	12.76	88.97
2007	12,188.85	6,408.50	723.13	636.23	5.93	11.28	87.98

자료: 『上海统计年鉴2008』관련 내용을 재정리.

2.2.2. 운송산업의 설비

자동차는 도로운송에 있어서 가장 기본적인 운송수단이다. 개혁개방 이전 중국의 자동차는 매우 열악한 수준이었다. 운송수단으로서의 자동차는 매우 제한적으로 이용되었으며 대부분은 군사용으로 사용되었다. 그러나 개혁개방 이후 민간용 자동차 보유량은 매년 크게 증가하였다.

1978년 135.84만 대인 민간용 자동차는 2007년 4,358.36만 대로 약 32배가 증가하였다. 민간용 자동차의 용도도 화물용 위주에서 여객용 위주로 변화하였다. 1978년 민간용 자동차 중 여객용은 19.07%를 차지하고 화물용은 73.74%를 차지하고 있었다. 2000년을 기점으로 하여 여객용 자동차의 비중이 화물용을 초과하였으며, 2007년에는 여객용이 73.33%를 차지하고 화물용이 24.18%를 차지하고 있다. 즉 화물용에 이용되는 자동차보다는 여객용에 이용되는 자동차가 더욱 많아지고 있는 추세이다. 이는 시장경제시스템의 발전과도 관련이 있다고 본다.

<표 9-29> 중국의 연도별 민간용 자동차 보유량 추이

연도	총계 (만 대)	여객용		화물용		기타	
		만 대	비중 (%)	만 대	비중 (%)	만 대	비중 (%)
1978	135.84	25.90	19.07	100.17	73.74	–	–
1980	178.29	35.08	19.68	129.90	72.86	–	–
1985	321.12	79.45	24.74	223.20	69.51	–	–
1990	551.36	162.19	29.42	368.48	66.83	–	–
1995	1,040.00	417.90	40.18	585.43	56.29	–	–
2000	1,608.91	853.73	53.06	716.32	44.52	–	–
2005	3,159.66	2,132.46	67.49	955.55	30.24	71.66	2.27
2006	3,697.35	2,619.57	70.85	986.30	26.68	91.49	2.47
2007	4,358.36	3,195.99	73.33	1,054.06	24.18	108.31	2.48

자료: 『中国统计年鉴2008』관련 내용을 재정리.

자동차 규모를 기준으로 하면, 여객용은 소형 자동차가 가장 많은 비중을 차지하고 있고, 화물용은 중형과 대형 자동차가 상대적으로 많은 비중을 차지하고 있다. 2007년 기준 여객용 대형 자동차는 전체의 2.94%를 차지하고 있으며, 중형은 4.40%, 소형은 92.67%를 차지하고 있다. 민간의 여객용 자동차에는 개인 자동차가 포함되어 있기 때문에 소형의 비중이 매우 높게 나타난다. 반면에 화물용은 화물 운송에 많이 이용되어지기 때문에 중형과 대형이 상대적으로 높은 비중을 차지한다. 2007년 기준 화물용 민간용 자동차는 대형이 17.72%를 차지하고 있으며, 중형은 23.10%를 차지하고 있다.

<표 9-30> 민간용 자동차 규모별 비중

구분	여객용		화물용	
	만 대	비중(%)	만 대	비중(%)
대형	93.82	2.94	186.74	17.72
중형	140.52	4.40	243.46	23.10
소형	2,961.65	92.67	623.86	59.19
합계	3,195.99	100.00	1,054.06	100.00

주의: 2007년 기준.
자료: 『中国统计年鉴2008』관련 내용을 재정리.

자동차는 개인용과 공용으로 소유가 가능하다. 물론 개인용이나 공용 모두 영업용으로 이용할 수 있다. 아래의 표에 의하면 개인용 자동차의 보유량 비중이 점차적으로 증가하고 있음을 알 수 있다. 1985년에는 민간용 자동차의 8.87%만이 개인이 보유하였지만, 2007년에는 이 비중이 65.99%로 크게 증가하였다. 특히 여객용은 개인 보유 비중이 더욱 높다. 2007년을 기준으로 여객용은 72.49%를 개인이 보유하고 있으며, 화물용은 51.18%를 개인이 보유하고 있다. 특히 여객용에 있어서 개인 보유 비중이 높은 이유는 자가용 승용차의

<표 9-31> 민간용 자동차 대비 개인 자동차의 보유량 비중

(단위: %)

연도	합계	여객용	화물용
1985	8.87	2.43	11.86
1990	14.80	14.84	15.60
1995	24.03	27.32	22.52
2000	38.87	42.76	36.17
2005	58.49	64.90	47.31
2006	63.11	69.61	50.18
2007	65.99	72.49	51.18

자료: 『中国统计年鉴2008』관련 내용을 재정리.

보급이 크게 확산되고 있기 때문이다. 또한 화물용의 개인 보유도 점차적으로 크게 증가하는 것은 개인 단위의 사업장용으로 자동차의 소비가 크게 증가하고 있음을 간접적으로 나타내고 있다.

지역별로 자동차의 보유량 비중을 보면, 광동성(广东省)이 전국의 11.59%로 가장 많은 비중을 차지하고 있다. 이는 광동성의 운송과 물류가 기타 지역과 비교해 상대적으로 더욱 발전하고 있음을 나타낸다. 그 다음은 산동성(山东省)으로 전국 자동차 보유량의 8.25%를 보유하고 있다. 그리고 동부 연해안 지역의 주요 경제발전지역인 절강성(浙江省), 강소성(江苏省), 북경시(北京市), 하북성(河北省)의 비중도 모두 6% 이상이다. 중국의 중앙에 위치하고 있는 하남성(河南省), 그리고 서남지역의 중요한 경제발전지역인 사천성(四川省) 등의 자동차 보유량도 많은 수준이다. 요녕성(辽宁省)과 산서성(山西省)을 합한 상위 10개 지역은 중국 전체 자동차 보유량의 62.38%를 차지하고 있다. 자동차 보유량이 많음은 운송설비 조건이 상대적으로 양호하기 때문에 그 지역의 발전에 도움이 된다.

<표 9-32> 지역별 자동차 보유량 비중

(단위: 만 대, %)

지역	전국 비중						지역 내 비중	
	보유량 합계		여객용		화물용		여객용	화물용
	보유량	비중	보유량	비중	보유량	비중		
北京市	273.36	6.27	251.6	7.87	17.56	1.67	92.05	7.95
天津市	93.25	2.14	77.40	2.42	14.00	1.33	83.00	17.00
河北省	273.25	6.27	185.3	5.80	75.07	7.12	67.82	32.18
山西省	144.33	3.31	102.8	3.22	38.72	3.67	71.26	28.74
内蒙古自治区	99.77	2.29	64.36	2.01	30.52	2.90	64.51	35.49
辽宁省	171.36	3.93	124.1	3.88	42.46	4.03	72.44	27.56
吉林省	86.80	1.99	64.29	2.01	20.80	1.97	74.07	25.93
黑龙江省	108.10	2.48	77.01	2.41	27.96	2.65	71.24	28.76
上海市	119.70	2.75	98.92	3.10	20.78	1.97	82.64	17.36
江苏省	296.31	6.80	241.4	7.56	47.99	4.55	81.50	18.50
浙江省	301.61	6.92	232.9	7.29	63.81	6.05	77.23	22.77
安徽省	113.42	2.60	66.78	2.09	40.58	3.85	58.88	41.12
福建省	110.87	2.54	77.40	2.42	30.70	2.91	69.81	30.19
江西省	69.90	1.60	43.11	1.35	24.69	2.34	61.67	38.33

山东省	359.59	8.25	268.6	8.41	79.36	7.53	74.71	25.29
河南省	210.32	4.83	146.3	4.58	57.16	5.42	69.60	30.40
湖北省	115.46	2.65	78.62	2.46	33.92	3.22	68.09	31.91
湖南省	109.83	2.52	75.26	2.35	31.85	3.02	68.52	31.48
广东省	505.29	11.59	373.6	11.69	122.68	11.64	73.95	26.05
广西自治区	79.64	1.83	55,67	1.74	21.66	2.06	69.90	30.10
海南省	22.11	0.51	15.52	0.49	6.24	0.59	70.23	29.77
重庆市	63.63	1.46	38.39	1.20	23.86	2.26	60.33	39.67
四川省	183.62	4.21	137.1	4.29	44.37	4.21	74.68	25.32
贵州省	60.05	1.38	40.36	1.26	19.10	1.81	67.21	32.79
云南省	133.23	3.06	89.17	2.79	43.00	4.08	66.93	33.07
西藏自治区	11.61	0.27	6.43	0.20	5.04	0.48	55.39	44.61
陕西省	91.13	2.09	68.53	2.14	19.89	1.89	75.20	24.80
甘肃省	43.04	0.99	27.18	0.85	14.71	1.40	63.15	36.85
青海省	15.60	0.36	9.94	0.31	5.25	0.50	63.73	36.27
宁夏自治区	20.09	0.46	11.82	0.37	7.15	0.68	58.86	41.14
新疆自治区	72.10	1.65	45.63	1.43	23.17	2.20	63.29	36.71

주의: 2007년 기준.
자료: 『中国统计年鉴2008』관련 내용을 재정리.

여객용 자동차의 보유량 비중도 역시 광동성(广东省)이 11.69%로 가장 많다. 그리고 상위 10개 지역 역시 위와 같다. 이들 10개 지역의 합계는 전체 자동차 보유량의 64.59%를 차지하고 있다. 화물용 자동차의 보유량 비중이 가장 높은 지역 역시 광동성으로 전국의 11.64%를 차지하고 있다. 그 다음은 산동성(山东省)으로 7.53%를 차지하고 있다. 상위 10개 지역의 합계는 전체 화물용 자동차 보유량의 58.48%를 차지하고 있다. 화물용 자동차의 보유량 집중도가 여객용 보다 낮은 이유는 경제발전이 낮은 지역에서는 여객용 보다는 상대적으로 화물용 자동차가 더욱 많이 이용되어지고 있기 때문일 것이다. <표 9–32>는 지역 내의 여객용 자동차와 화물용 자동차의 비중을 나타내고 있다. 전국 평균이 73.33%와 24.18%이다. 즉 여객용 자동차의 비중이 화물용 자동차보다 크게 높다. 지역별로는 차이를 나타내고 있다. 북경시(北京市), 천진시(天津市), 상해시(上海市)와 같이 직할시인 대도시들은 여객용 자동차 보유량의 비중이 전국 평균보다 더욱 높다. 그러나 중부지역과 서부지역으로 갈수록 여객용 자동차보다는 화물용 자동차의 비중이 전국 평균보다 높아진다. 이것은 경제발전 수준이 낮은 지역에서는 개인용 승용차의 보급이 낮기 때문인 것으로 해석할 수 있다.

도로 여객영업용 자동차의 지역별 비중을 보면 광동성(广东省)이 보유량이나 운송능력에 있어서 모두 가장 높은 비중을 차지하고 있다. 2007년을 기준으로 광동성은 모두 12.13만 대를 보유하고 있으며, 운송능력은 252.26만 좌석으로 각각 전국의 7.36%와 10.39%를 차지하고 있다. 도로 화물영업용 자동차의 지역별 비중을 보면, 광동성이 자동차 보유량은 전국의 11.50%를 차지하고 있으나, 운송능력은 산동성(山东省)의 비중이 9.33%로 전국에서 가장 높은 수준이다.

<표 9-33> 도로 영업용 자동차의 지역별 비중

(단위: 만 대, 만 좌석, 만 톤, %)

연도	여객용 자동차				화물용 자동차			
	보유량	비중	운송 능력	비중	보유량	비중	운송 능력	비중
북경시	2.87	1.74	39.62	1.63	10.91	1.59	43.09	1.37
천진시	0.73	0.44	25.08	1.03	7.37	1.08	33.49	1.07
하북성	8.13	4.94	81.86	3.37	42.93	6.27	263.45	8.40
산서성	1.66	1.00	35.78	1.47	22.11	3.23	147.40	4.70
내몽고자치구	5.62	3.41	50.52	2.08	21.24	3.10	173.73	5.54
요녕성	10.29	6.25	96.29	3.96	34.34	5.02	176.84	5.64
길림성	4.93	2.99	48.68	2.00	14.69	2.15	68.54	2.19
흑룡강성	9.42	5.72	94.80	3.90	13.33	1.95	59.16	1.89
상해시	8.35	5.07	187.49	7.72	15.68	2.29	104.77	3.34
강소성	8.48	5.15	158.53	6.53	32.45	4.74	173.50	5.53
절강성	7.48	4.54	115.95	4.77	43.61	6.37	144.08	4.59
안휘성	7.87	4.78	91.44	3.76	26.87	3.93	113.82	3.63
복건성	3.47	2.10	53.46	2.20	16.21	2.37	71.72	2.29
강서성	2.43	1.47	39.61	1.63	13.78	2.01	55.82	1.78
산동성	10.87	6.60	149.49	6.15	50.49	7.38	292.60	9.33
하남성	7.50	4.55	126.47	5.21	41.76	6.10	220.71	7.04
호북성	6.82	4.14	89.02	3.67	21.93	3.20	80.43	2.57
호남성	4.98	3.02	92.29	3.80	22.99	3.36	76.23	2.43
광동성	12.13	7.36	252.26	10.39	78.74	11.50	285.72	9.11
광서자치구	4.09	2.49	70.54	2.90	14.14	2.07	56.73	1.81

해남성	1.16	0.71	19.51	0.80	2.30	0.34	7.42	0.24
중경시	3.31	2.01	49.35	2.03	17.08	2.49	51.37	1.64
사천성	7.77	4.72	118.54	4.88	32.33	4.72	86.49	2.76
귀주성	2.64	1.60	45.39	1.87	10.22	1.49	31.02	0.99
운남성	5.02	3.05	72.30	2.98	22.84	3.34	76.48	2.44
서장자치구	0.68	0.41	10.05	0.41	1.94	0.28	9.68	0.31
섬서성	4.49	2.72	69.69	2.87	13.70	2.00	53.44	1.70
감숙성	3.91	2.37	44.96	1.85	9.63	1.41	38.89	1.24
청해성	1.70	1.03	19.59	0.81	3.71	0.54	13.65	0.44
영하자치구	1.50	0.91	17.93	0.74	7.17	1.05	36.14	1.15
신강자치구	4.42	2.68	62.33	2.57	18.00	2.63	89.28	2.85

주의: 2007년 기준.
자료: 『中国统计年鉴2008』관련 내용을 재정리.

<표 9–34> 철도 객차 수량의 변화 추이

(단위: 대, %)

연도	국가철도		지방철도		합자철도	
	객차 수량	비중	객차 수량	비중	객차 수량	비중
1985	11,770	96.82	386	3.18	–	–
1990	13,592	97.22	389	2.78	–	–
1995	15,146	97.38	408	2.62	–	–
2000	14,472	94.88	327	2.14	454	2.98
2005	16,547	94.70	348	1.99	578	3.31
2006	16,904	94.97	314	1.76	581	3.26
2007	17,311	94.56	335	1.83	660	3.61

자료: 『中国统计年鉴2008』관련 내용을 재정리.

철도 객차는 철도 운송에 있어서 중요한 운송수단이다. 철도객차 수량은 개혁개방 이후 매년 지속적으로 증가하고 있다. 2007년을 기준으로 국가철도의 객차의 비중이 94.56%로 가장 높으며, 지방철도와 합자철도의 객차 수량은 각각 1.83%와 3.61%로 매우 낮은 수준이다. 한 가지 주의할 점은 2000년 이후 합자철도의 객차 수량이 지방철도의 객차수량보다 많아지고 있다는 것이다. 이것은 중국의 철도운송에 있어서 외국자본의 역할이 비록 현재로서는 미약한 규모이지만 점차적으로 증가하고 있음을 나타내고 있다.

2.2.3. 물류업

물류업은 운송, 창고, 배송 등을 포함하는 종합적인 개념이다. 전통적인 의미에서의 운송은 단순히 물품의 운반에 중점을 두고 있으나, 현대적인 의미에서의 물류는 운반 이외에 보관, 창고, 가공, 배송 등도 함께 고려하고 있다.

중국의 급속한 경제성장 특히 지역경제성장에 따라서 물품과 상품의 운반과 운송에 대한 수요 또한 급격히 증가하고 있으며, 이는 물류업을 발전시키는 중요한 물적 기반이 되고 있다. 사회물류총금액은 최근 몇 년 동안 지속적으로 증가하고 있다. 그리고 연평균 성장률도 20% 이상을 유지하고 있다. 이는 경제성장 속도 보다 2~3배 이상 빠른 속도이다. 2007년 중국의 사회물류총금액은 75.2조 위안으로 전년 대비 26.2%의 성장률을 보이고 있다.

<표 9-35> 물류비용과 물류업 부가가치 성장 추이

연도	사회물류총금액		사회물류비용		물류업 부가가치	
	조 위안	성장률(%)	억 위안	성장률(%)	억 위안	성장률(%)
2004	38.4	29.9	29,114	16.6	8,459	8.4
2005	48.1	25.1	33,860	12.9	12,140	12.7
2006	59.6	59.6	38,414	13.5	14,120	15.1
2007	75.2	26.2	45,406	18.2	16,981	20.3

자료: 南开大学现代物流研究中心(2008).

사회물류총금액의 증가는 사회물류비용의 증가를 동시에 수반하게 된다. 물류는 비용이 수반되면서 동시에 수익을 창출한다. <표 9-36>에 의하면 2004년부터 2007년 기간 동안 중국의 사회물류비용은 매년 꾸준히 증가하고 있으며, 연평균 성장률은 두 자리 수를 유지하고 있다. 이와 동시에 물류업의 부가가치도 매년 꾸준히 성장하고 있다. 그리고 연평균 성장률 역시 매년 두 자리 수를 유지하고 있다. 그러나 최근 3년 동안 물류업 부가가치의 연평균 성장률이 사회물류비용 보다 더욱 높게 나타나고 있다. 이것은 중국의 물류업이 전통적인 운송위주에서 점차적으로 현대적인 물류업으로 발전하고 있음을 나타낸다.

<표 9-36> 사회물류총금액의 구성

구분	사회물류총금액 (억 위안)	성장률 (%)	비중 (%)
농산품 물류총금액	15,849	17.0	2.11
공산품 물류총금액	660,878	27.9	87.85
수출화물 물류총금액	72,627	14.8	9.65
재생자원 물류총금액	2,436	18.3	0.32
기타	493	21.1	0.07
합계	752,283	26.2	100.00

주의: 2007년 기준.
자료: 南开大学现代物流研究中心(2008).

사회물류총금액의 구성을 보면 절대적인 비중이 공산품 물류총금액에 집중되고 있다. 이는 세계의 공장인 중국이 주로 제조업과 관련된 상품을 많이 운송하고 있음을 반영한다. 2007년 기준으로 농산품 물류총금액은 전체의 2.11%를 차지하고 있으며, 공산품 물류총금액은 87.85%를 차지하고 있다. 그리고 수출화물 물류총금액도 9.65%로 비교적 높은 비중을 차지하고 있음을 알 수 있다. 이는 수출위주의 경제발전전략을 채택하고 있는 중국이기 때문에 이에 따른 물류규모의 증가에 기인한다.

南开大学现代物流研究中心(2008)은 2008년 2월 전국의 주요 도시를 대상으로 물류업 조사를 하였다. 이 조사는 매년『현대물류발전보고(现代物流发展报告)』를 편집하기 위한 기초 자료로서 중요한 의의를 가진다. 2008년도 조사는 2,250개의 설문지를 배포하여 932개를 회수하여 41.42%의 회수율을 가진다. 조사결과에 의하면 물류기업의 주요 고객은 주로 기업으로 나타났다. 주식회사가 68.9%로 가장 높은 비중을 차지하고, 그 다음은 민영기업이 61.9%로 두 번째로 높은 비중을 나타냈다. 외국인투자기업도 비교적 높은 비중을 나타내고 있으나, 국유기업은 35.6%로 비교적 낮은 비중으로 나타났다. 국유기업의 물류기업 이용 비중이 낮은 이유는 운송이 필요한 물품이 적기 때문이기보다는 기업 자체적인 물류시스템을 운영하고 있기 때문에 물류기업 이용 비중이 낮기 때문인 것으로 해석할 수 있다. 그리고 외국인직접투자기업의 물류기업 이용 비중이 상대적으로 낮은 것은 국내기업과 비교해서 국내 판매에 있어 여러 조건들이 있기 때문에 내수 판매보다는 수출 판매에 더욱 주력하기 때문인 것으로 해석 할 수 있다.

<표 9-37> 물류기업의 주요 고객

구분	비중(%)		
	2005년	2006년	2007년
주식회사	–	72.7	68.9
민영기업	–	55.9	61.9
합작/합자기업	61.11	61.4	53.1
독자기업	50.56	47.0	43.6
국유기업	36.56	42.8	35.6
사업기관	12.50	18.2	19.3
기타	9.72	9.1	4.6

주의: 복수 응답.
자료: 南开大学现代物流研究中心(2008).

<표 9-38> 제조업 상품의 판매 범위와 비중

구분	비중(%)		
	2005년	2006년	2007년
도시 내부	2.3	3.9	3.1
성 내부와 직할시 내부	5.3	5.7	10.8
성과 주변 지역	18.3	18.1	25.0
전국	46.6	55.5	59.8
국제	27.5	37.6	40.2

자료: 南开大学现代物流研究中心(2008).

물류는 공간적 거리에 많은 영향을 받는다. 즉 공간적 거리가 길어질수록 물류비용이 증가하기 때문이다. 南开大学现代物流研究中心(2008)의 2008년도 조사에 의하면, 중국 기업들의 제조업 상품의 판매 공간이 크게 확산되고 있음을 알 수 있다. 2007년을 기준으로 하면, 도시 내부에서만 상품이 판매되는 비중은 3.1%로 매우 낮게 나타나고 있으며, 전국적인 범위에서 상품이 판매되는 비중이 59.8%로 가장 높다. 그리고 수출을 통해서 국제적으로 상품이 교역되는 비중도 40.2%로 높게 나타나고 있다. 또한 2005년과 비교해서 국제적인 상품 교여의 비중이 크게 증가하였다.

<표 9-39> 물류기업 업무의 공간적 범위

구분	비중(%)		
	2005년	2006년	2007년
도시 내부	1.02	2.45	2.20
성 내부와 직할시 내부	1.76	1.15	1.02
성과 주변 지역	31.67	27.90	23.10
전국	41.67	43.40	45.60
국제	23.89	25.10	28.08

자료: 南开大学现代物流研究中心(2008).

제조업 상품의 공간적 판매 범위의 확대는 물류기업 업무의 공간적 범위를 크게 확대시킨다. 南开大学现代物流研究中心(2008)의 2008년도 조사에 의하면, 물류기업의 업무의 공간적 범위가 전국인 경우가 45.60%로 가장 많고, 그 다음은 국제적인 범위로서 28.08%이다. 이와는 상대적으로 도시 내부의 비중은 2.20%로 비교적 낮으며, 성 지역 내부의 비중은 1.02%로 가장 낮다. 그리고 전국과 국제의 비중이 매년 점차적으로 증대하고 있다. 즉 물류기업의 업무 범위가 국내 위주에서 국내와 국제를 동시에 고려하는 구조로 전환되고 있는 것이다. 이것은 중국의 경제발전전략이 대외수출을 중시하고 있는 시스템이기 때문에 물류 부문에서도 당연히 이러한 결과가 나타나고 있는 것이다. 2005년 전국의 범위는 41.67%로 나타났으나, 2007년에는 45.60%로 나타났다. 그리고 2005년 국제의 범위는 23.89%로 나타났으나, 2007년에는 28.08%로 증가하였다.

2.3. 운송장비제조업

2.3.1. 자동차제조업

자동차는 도로운송의 가장 중요한 장비이다. 특히 여객용 자동차와 화물용 자동차는 여객운송과 화물운송에 있어서 중요한 운송 장비이다. 개혁개방 이후 중국의 자동차 생산량은 매년 크게 증가하였다. 1978년 전국의 자동차 생산량은 14.91만 대이고, 2007년에는 888.89만 대로 증가하였다. 특히 2000년 이후 자동차 생산량의 연평균 증가율은 더욱 상승하였다. 그 중 화물차 생산량은 2007년을 기준으로 218.31만 대이다. 화물차의 생산량은 상대적으로 증가율이 낮은 편이지만, 향후 중국의 물류량의 증가는 화물량 자동차의 생산량을 크게 제고시킬 것으로 예측하고 있다.

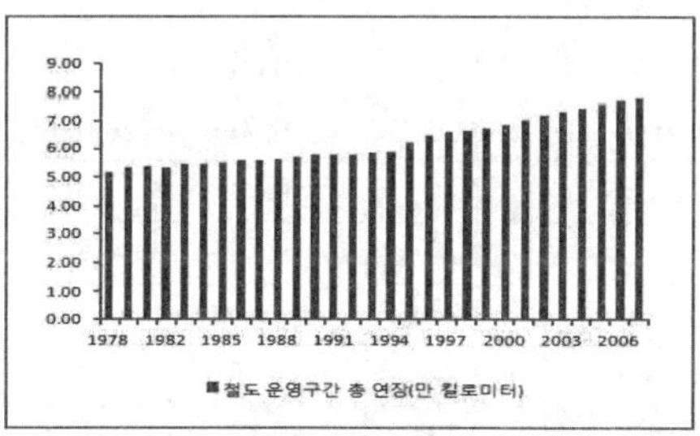

<그림 9–5> 연도별 자동차 생산량

자료: 『中国统计年鉴2008』.

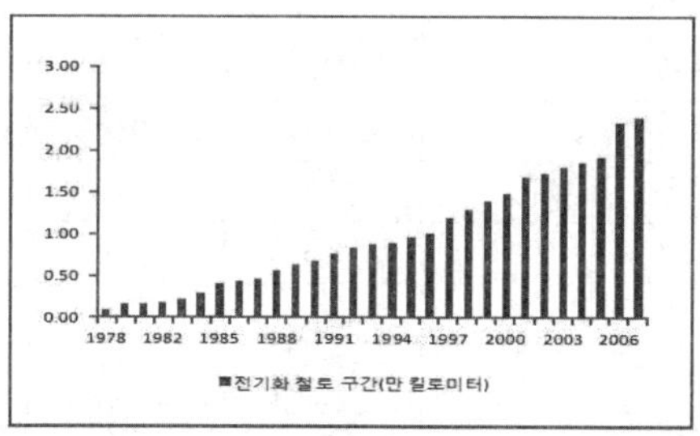

<그림 9–6> 연도별 화물차 생산량

자료: 『中国统计年鉴2008』.

지역별 자동차 생산량을 보면, 2007년을 기준으로 길림성(吉林省)이 82.15만 대로 가장 많으며, 그 다음은 상해시(上海市)가 82.12만 대를 생산하고 있다. 이 두 지역은 중국 자동차 생산량의 18.56%를 차지하고 있다. 그 외에도 광동성(广东省)이 8.87%, 호북성(湖北省)이 8.16%, 중경시(重庆市)가 7.96%, 북경시(北京市)가 7.95%, 안휘성(安徽省)이 6.87%, 광서자치구(广西自治区)가 6.80%, 천진시(天津市)가 5.14%, 산동성(山东省)이 4.54%를 차지하고 있다. 이들 10개 지역의 합계는 664.66만 대로 전국 자동차 생산량의 74.77%를 차지하고 있다.

승용차 생산량이 가장 많은 지역은 상해시로 2007년 기준 80.15만 대이다. 그 다음은 광동성으로 생산량은 72.63만 대이다. 이 들 두 지역의 합계는 전체 승용차 생산량의 31.84%이다. 전체 자동차 생산량이 가장 많은 지역인 길림성의 승용차 생산량은 전국의 12.02%를 차지하고 있다. 천진시도 9.47%로 비교적 높은 비중을 가지고 있다. 이외에도 중경시, 안휘성, 호북성, 북경시, 절강성, 산동성 등 지역도 승용차 생산량의 비중이 비교적 높은 편이며, 생산량 합계는 412.44만 대로 전국 승용차 생산량의 85.95%를 차지하고 있다.

<표 9-40> 지역별 자동차 생산량의 변화

(단위: 만 대, %)

연도	2000년		2007년			
	자동차 생산량	전국 비중	자동차 생산량	전국 비중	승용차 생산량	전국 비중
북경시	13.71	6.63	70.67	7.95	20.28	4.23
천진시	10.18	4.92	45.69	5.14	45.43	9.47
하북성	0.94	0.45	32.30	3.63	0.00	0.00
산서성	0.11	0.05	0.00	0.00	0.00	0.00
내몽고자치구	0.07	0.03	2.10	0.24	0.00	0.00
요녕성	8.37	4.05	37.71	4.24	14.86	3.10
길림성	32.26	15.60	82.15	9.24	57.68	12.02
흑룡강성	12.20	5.90	19.88	2.24	4.25	0.89
상해시	25.27	12.22	82.12	9.24	80.15	16.70
강소성	8.34	4.03	26.51	2.98	11.49	2.39
절강성	1.08	0.52	20.62	2.32	17.54	3.66
안휘성	5.74	2.78	61.06	6.87	32.89	6.85
복건성	2.36	1.14	8.60	0.97	4.00	0.83
강서성	13.34	6.45	22.18	2.50	6.58	1.37
산동성	1.28	0.62	40.35	4.54	15.18	3.16
하남성	0.84	0.41	7.13	0.80	0.00	0.00
호북성	18.62	9.00	72.57	8.16	29.48	6.14
호남성	1.74	0.84	5.72	0.64	1.50	0.31
광동성	3.83	1.85	78.81	8.87	72.63	15.14
광서자치구	12.78	6.18	60.48	6.80	2.99	0.62

해남성	0.31	0.15	12.26	1.38	11.45	2.39
중경시	25.28	12.22	70.76	7.96	41.18	8.58
사천성	3.64	1.76	7.21	0.81	0.00	0.00
귀주성	0.14	0.07	0.00	0.00	0.00	0.00
운남성	2.32	1.12	4.69	0.53	0.20	0.04
서장자치구	0.00	0.00	0.00	0.00	0.00	0.00
섬서성	1.93	0.93	17.06	1.92	10.04	2.09
감숙성	0.00	0.00	0.00	0.00	0.00	0.00
청해성	0.00	0.00	0.00	0.00	0.00	0.00
영하자치구	0.00	0.00	0.00	0.00	0.00	0.00
신강자치구	0.14	0.07	0.23	0.03	0.00	0.00

자료: 『中国统计年鉴2001』와 『中国统计年鉴2008』관련 내용을 재정리.

2000년과 비교해 볼 때 자동차의 주요 생산지역에 약간의 변화가 있다. 즉 2000년 전체 자동차 생산량 기준으로 전국의 6.45%를 차지한 강서성(江西省), 5.90%를 차지한 흑룡강성(黑龙江省), 그리고 4.05%를 차지하고 있는 요녕성(辽宁省)이 2007년에는 그 비중이 낮아졌으며, 2000년에는 비중이 2.78%인 안휘성(安徽省), 1.85%인 광동성(广东省), 0.62%인 산동성(山东省)의 비중이 2007년에는 크게 증가하였다. 이 들 세 지역의 새로운 자동차 생산기지로 발전하고 있는 것이다.

또 한 가지 주의 할 점은 2000년과 비교해 2007년의 10대 생산지역의 비중이 감소하고 있다는 것이다. 즉 상위 10대 생산지역의 전체 자동차 생산량 비중이 2000년의 83.17%에서 2007년에는 74.77%로 감소하였다. 이것은 자동차 생산이 기타 지역으로 확산되고 있음을 반영하고 있다. 그러나 주요 생산지역의 집중도는 더욱 높아졌다. 즉 2000년 상위 3개 자동차 생산 집중 지역인 길림성(吉林省), 상해시(上海市), 중경시(重庆市)의 비중이 40.40%이었지만, 2007년 상위 3개 집중 지역인 길림성, 상해시, 광동성(广东省)의 합계는 41.31%로 더욱 증가하였다. 이것은 자동차 생산의 지역집중도가 더욱 높아지고 있음을 반영하고 있다.

승용차 생산 지역에 있어서도 비슷한 현상이 나타나고 있다. 2000년 상위 10개 생산 지역의 승용차 생산량 합계는 전국의 99.95%를 차지하고 있으나, 2007년에는 85.95%로 약간 감소하고 있다. 그러나 승용차 생산량의 상위 3개 지역의 집중도는 오히려 감소하고 있다.

2000년 상해시(上海市)는 전체 승용차 생산량의 41.43%를 차지하고, 길림성(吉林省)과 천진시(天津市)는 각각 20.66%와 13.51%를 차지하여, 세 지역의 합계는 75.60%이었으나, 2007년 상해시(上海市), 광동성(广东省), 길림성(吉林省)의 합계는 43.86%로 크게 감소하였다. 이것은 승용차의 생산 거점이 기타 지역으로 크게 확산되고 있음을 반영하고 있다.

화물차 생산량이 가장 많은 지역은 산동성(山东省)으로 2005년 기준 36.28만 대의 생산량을 가지고 있으며, 전국 화물차 생산량의 18.98%를 차지하고 있다. 그 다음은 북경시(北京市)와 호북성(湖北省)으로 각각 15.79%와 10.04%를 차지하고 있다. 이외에도 길림성(吉林省), 하북성(河北省), 강서성(江西省), 안휘성(安徽省), 강소성(江苏省), 광서자치구(广西自治区), 중경시(重庆市) 등 지역의 화물차 생산량이 비교적 많으며, 이들 10개 지역의 합계는 158.24만 대로 전국 화물차 생산량의 82.81%를 차지하고 있다.

<표 9-41> 지역별 화물차 생산량의 변화

(단위: 만 대, %)

지역	2002년		2003년		2004년		2005년	
	생산량	비중	생산량	비중	생산량	비중	생산량	비중
전국	124.53	100.00	115.67	100.00	167.73	100.00	191.11	100.0
북경시	19.17	15.39	23.85	20.62	32.70	19.50	30.17	15.79
천진시	0.00	0.00	0.00	0.00	0.01	0.01	0.01	0.01
하북성	2.69	2.16	1.83	1.58	10.30	6.14	13.05	6.83
산서성	0.07	0.06	0.01	0.01	0.02	0.01	0.00	0.00
내몽고자치구	0.03	0.02	0.27	0.23	0.59	0.35	0.71	0.37
요녕성	0.79	0.63	1.23	1.06	3.16	1.88	4.34	2.27
길림성	20.55	16.50	18.28	15.80	23.01	13.72	16.30	8.53
흑룡강성	2.43	1.95	2.73	2.36	5.06	3.02	5.85	3.06
상해시	0.00	0.00	0.50	0.43	0.48	0.29	0.06	0.03
강소성	4.56	3.66	4.63	4.00	5.61	3.34	7.00	3.66
절강성	0.02	0.02	0.08	0.07	1.25	0.75	0.69	0.36
안휘성	6.60	5.30	7.21	6.23	9.58	5.71	11.66	6.10
복건성	0.07	0.06	0.00	0.00	0.07	0.04	0.42	0.22
강서성	19.57	15.72	16.63	14.38	13.05	7.78	12.30	6.44
산동성	10.10	8.11	3.55	3.07	9.67	5.77	36.28	18.98
하남성	1.13	0.91	2.14	1.85	0.77	0.46	1.01	0.53
호북성	13.40	10.76	10.20	8.82	20.90	12.46	19.18	10.04

호남성	0.18	0.14	0.11	0.10	4.53	2.70	5.54	2.90
광동성	0.42	0.34	0.40	0.35	0.89	0.53	0.51	0.27
광서자치구	7.03	5.65	5.21	4.50	7.41	4.42	6.17	3.23
해남성	0.00	0.00	0.00	0.00	0.00	0.00	0.00	0.00
중경시	8.72	7.00	8.64	7.47	5.58	3.33	6.13	3.21
사천성	1.55	1.24	1.99	1.72	5.15	3.07	5.01	2.62
귀주성	0.08	0.06	0.00	0.00	0.00	0.00	0.04	0.02
운남성	3.68	2.96	4.03	3.48	4.95	2.95	6.10	3.19
서장자치구	0.00	0.00	0.00	0.00	0.00	0.00	0.00	0.00
섬서성	1.48	1.19	2.07	1.79	2.77	1.65	2.47	1.29
감숙성	0.00	0.00	0.00	0.00	0.00	0.00	0.00	0.00
청해성	0.00	0.00	0.00	0.00	0.00	0.00	0.00	0.00
영하자치구	0.00	0.00	0.00	0.00	0.00	0.00	0.00	0.00
신강자치구	0.21	0.17	0.08	0.07	0.22	0.13	0.11	0.06

자료: 中华人民共和国国家统计局.

2002년과 비교해서 크게 두 가지의 변화가 나타나고 있다. 첫째는 화물차의 주요 생산 지역이 2002년에는 길림성이었으나, 2005년에는 산동성으로 변화하였다. 둘째는 상위 10개 지역의 집중도가 2002년에는 91.05%이었으나, 2005년에는 82.81%로 감소하였다. 그리고 상위 3개 지역의 집중도 역시 2002년의 47.61%에서 2005년에는 44.81%로 감소하였다. 이러한 변화는 화물차의 생산이 특정 지역에 집중되는 구조에서 전국적으로 점차적으로 확산되고 있음을 나타내고 있다. 또한 승용차의 지역 집중도와 비교해서도 화물차가 조금 낮게 나타나고 있다. 승용차는 높은 기술 수준과 디자인 등 생산에 필요한 요구 수준이 높지만 화물차는 상대적으로 실용성에 중점을 두고 있기 때문에 생산에 더욱 용이하기 때문이다. 향후 중국의 화물차 생산은 중요한 산업 중의 하나로서 발전해 나갈 것이다.

중국의 자동차 제조업은 크게 7개의 자동차클러스터를 형성하고 있다. 첫째 경진(京津) 자동차제조클러스터는 北京现代, 一汽丰田, 天津一汽, 北京奔驰-戴克 등 기업을 중심으로 발전하고 있다. 북경시(北京市)와 천진시(天津市)는 중국 환발해경제권역을 선도하는 두 도시이며, 경진지역의 자동차제조업은 전국에서도 중요한 지위를 가지고 있다. 1983년 5월 北京汽车制造厂과 미국은 北京吉普公司를 설립하였다. 이것은 당시 국내 첫 번째 완성차 생산을 위한 합작기업이며, 또한 국내 규모가 가장 큰 합작회사이다. 지역 정부의 적극적인 지원과 지역 자체가 축적한 경험을 바탕으로 경진지역의 자동차제조업은 이미 이 지역의 대표적인 지주 산업이 되고 있다. 또한 天汽集团과 一汽集团의 연합과 北汽控股公司가 선도하는 北汽福田, 北京现代, 北京奔驰—戴克, 北京汽车制造厂 등은 이미 완성차 생산 시스템을 갖추었다. 따라서 경진지역은 양호한 발전조건과 강력한 시장 잠재력을 가진 자동차제조클러스터로 발전하고 있다.

둘째 동북(东北)자동차제조클러스터이다. 이 지역은 一汽集团, 一汽大众, 一汽马自达, 哈飞集团, 华晨集团 등이 대표기업으로 발전하고 있다. 1953년 중국 최초이면서 가장 규모가 큰 자동차 기업인 一汽集团이 장춘시(长春市)에 입지하였다. 이는 동북자동차제조클러스터 형성의 씨앗이 되었으며, 개혁개방 이후 장춘시 자동차 제조업의 급속한 발전은 주변의 요녕성(辽宁省)의 华晨集团과 흑룡강성(黑龙江省)의 哈飞集团의 발전으로까지 이어지면서 현재는 중국 동북지역을 대표하는 가장 중요한 자동차 생산기지로 발전하고 있다.

셋째 호북(湖北)자동차제조클러스터이다. 1969년 호북성(湖北省)의 십언시(十堰市)에는 중국의 두 번째 자동차 공장이 건설되었으며, 이는 1990년대에 东风汽车로 발전하였다. 장강(长江)의 중류 지역에 위치하고 있는 호북성은 교통이 편리하고, 전통적으로 중공업이 발전하고 있었다. 东风汽车와 함께 东风标致—雪铁龙과 东风本田은 이 지역을 대표하는 자동차 기업들이다. 중국의 11차 5개년 경제개발계획에서는 자동차산업을 중점산업으로 발전시키고 있다. 一汽, 上汽와 함께 중국의 3대 자동차그룹에 속하는 东风汽车는 국가가 중점적으로 지원하고 있다. 정부의 적극적인 지원과 수상운송과 육상운송을 결합하는 편리한 물류조건 등이 결합하여 무한시(武汉市)—양번시(襄樊市)—십언시(十堰市)를 연결하는 자동차산업클러스터가 형성되고 있다. 또한 세계 우수 자동차 기업을 유치하여 화물차 위주의 생산구조에서 승용차와 화물차를 동시에 생산하는 구조로 발전되고 있다.

넷째는 안휘(安徽)자동차제조클러스터이다. 안휘성(安徽省)은 주로 奇瑞와 江淮가 대표적인 지역이다. 이 지역은 다른 자동차제조업클러스터와 비교해 특별한 우위가 현저하지 못하다. 다만 1990년대 부터 소형차와 화물차 생산을 위주로 자동차 생산이 시작되었다. 90년대 중반 이후 안휘성은 자동차제조업을 주요 산업으로 지정하고 이에 대한 지원을 적극적으로 확대하였다. 2001년 중국의 WTO가입은 안휘성의 자동차산업에 새로운 기회를 주게 되었다. 즉 개혁개방 이후 세계의 대형 자동차기업들이 중국에서 협력 파트너를 형성하고 있지만, 안휘성의 제조업체들은 규모나 기술면에서 이들 외국기업들의 협력 파트너로서는 많이 부족하였다. 오히려 이러한 조건이 중국정부의 자동차산업에 있어서 자주혁신을 추진하는데 좋은 조건이 되었다.

다섯째는 중경(重庆)자동차제조클러스터이다. 이 지역에는 长安集团, 长安福特马自达, 长安铃木, 力帆汽车 등이 대표기업이다. 중경시(重庆市)는 중국 근대시기부터 발전되기 시작한 공업도시이다. 특히 장강 상류지역에 위치하고 있기 때문에 교통이 발달되어있다. 따라서 기존의 기계제조업과 편리한 교통 등은 이 지역의 자동차 산업의 발전에 중요한 조건을 제공하고 있는 것이다. 长安集团을 중심으로 하는 자동차제조클러스터의 형성은 중국 자동차산업의 자주혁신을 선도하는 중요 지역 중의 하나로 발전하고 있다.

여섯째는 주강삼각주(珠江三角洲)자동차제조클러스터이다. 이 지역은 국내 자동차기업과 외국 자동차기업이 유기적으로 결합되어 형성된 자동차제조클러스터이다. 특히 广州丰田, 广州本田, 东风日产, 比亚迪 등은 이 지역을 대표하는 자동차 제조기업들이다. 1997년 广州标致이 파산할 당시 광주시(广州市)는 자동차제조업에 적합하지 않은 지역으로 낙인 되었다. 그러나 1998년 广州本田은 广州标致의 폐허위에서 다시 일어났으며, 이는 이 지역의 자동차제조업에 새로운 활기를 불어 넣었다. 广州本田의 성공은 더 많은 기업들을 유치하는 계기가 되었으며, 광주시 정부는 자동차제조업을 특화하는 汽车工业园区를 건설하여 자동차산업의 발전을 더욱 촉진시켰다. 따라서 광주시는 부품연구개발, 완성차 생산, 물류운송, 인재배양 등을 모두 갖춘 완전한 자동차클러스터를 형성하였으며, 날로 발전하고 있다. 그리고 이의 확산효과는 전체 주강삼각주지역으로 확산되고 있다. 현재는 일본을 대표하는 3대 자동차 브랜드 丰田, 本田, 日产과 한국의 现代, 그리고 일본의 五十铃 등을 중심으로 하는 외국 기업과 比亚迪, 福迪을 중심으로 하는 국내 기업이 상호 유기적으로 결합되어 “동방의 디트로이트”를 발전시켜 나가고 있다.

일곱째는 장강삼각주(长江三角洲)자동차제조클러스터이다. 상해시(上海市)는 제조업과 금융업이 종합적으로 발달된 국제항만도시이다. 1985년 上海大众의 설립은 이 지역 자동차제조업 성장의 기초가 되었다. 이어서 南京汽车, 上海通用, 东风悦达起亚, 长安福特 등이 이 지역에 완성차 공장을 건설하면서 중국에서 가장 큰 자동차제조클러스터를 형성하기 시작하였다. 상해시의 완성차 조립공장을 중심으로 강소성과 절강성의 자동차 부품업도 동시에 발전하기 시작하였다. 자동차 부품과 완성차 조립공장의 클러스터 형성은 吉利, 吉奥, 众泰 등과 같은 중형 민영 자동차 기업의 발전에도 중요한 환경을 제공하고 있다.

2.3.2. 선박제조업

국무원이 비준한 『船舶工业中长期发展规划(2006년~2015년)』은 선박제조업의 3대 생산기지를 더욱 발전시켜나갈 것을 계획하고 있다. 중국의 3대 선박제조기지는 환발해만(环渤海湾) 선박제조기지, 장강(長江)삼각주 선박제조기지, 주강(珠江)삼각주 선박제조기지이다. 중국의 선박제조능력은 1998년의 367만 톤에서 2006년에는 1,452만 톤으로 크게 증가하였다.

중국의 선박제조업은 2대 기업에 의해서 주도되고 있다. 중국선박중공집단(中国船舶重工集团, CSIC)은 대련시(大连市), 천진시(天津市), 청도시(青岛市) 등 주로 중국의 북방 지역에 모두 9개의 조선소를 가지고 있으며, 중국선박공업집단(中国船舶工业集团, CSSC)는 주로 상해시(上海市)를 중심으로 14개의 조선소를 가지고 있다.

<표 9-42> 중국 2대 조선기업의 구조

기업	업종	업체 수	비고
중국선박중공집단 中国船舶重工集团 CSIC	조선소	9개	大连, 天津, 青岛, 北海 등
	기자재	37개	디젤엔진, 추진기 등 생산
	연구소	27개	경제연구소, 함정연구소, 설계연구원 등
중국선박공업집단 中国船舶工业集团 CSSC	조선소	14개	外桥高, 江南, 上海 등
	기자재	16개	디젤엔진, 전장품 등 생산
	연구소	9개	선박계통공정부, 해양공정설계연구원 등

자료: 홍성인(2006).

이외에도 上海长兴造船基地, 青岛海西湾造修船基地, 广州龙穴造修船基地를 지속적으로 발전시켜 나갈 계획을 가지고 있다. 青岛海西湾造修船基地계획은 中国船舶重工集团의 주도로 이루어지고 있으며, 环渤海湾의 선박제조능력을 더욱 제고시킬 것이다. 上海长兴造船基地와 广州龙穴造修船基地는 中国船舶工业集团에 의해서 주도되고 있으며, 장강삼각주와 주강삼각주의 선박제조능력을 더욱 제고시킬 것이다.

2.3.3. 민간항공기제조업

중국의 항공기제조업 중국항공공업제1집단공사(中国航空工业第一集团公司, China Aviation Industry Corporation Ⅰ, CAIA Ⅰ)와 중국항공공업제2집단공사(中国航空工业第二集团公司, China Aviation Industry Corporation Ⅱ, CAIA Ⅱ)가 주도적으로 담당하고 있다. 특히 민간항공기제조업은 중국항공공업제1집단공사가 중요한 역할을 하고 있다.

중국의 민간항공기 제조는 1960년대 이미 최초로 시작되었다. Y–7(运–7)항공기는 중국이 개발한 최초의 지선[90] 항공기다. 1980년에는 Y–7 항공기가 중국내 노선에 투입되었으며, 200대의 Y–7 항공기가 사용에 투입되었다. 그리고 1980년 중국이 독자 개발한 대형여객기 Y–10은 상해시(上海市)에서 처녀비행에 성공했다. 그러나 시장, 경비 등 여러 가지 원인으로 인해 제대로 생산되지 못했다. 1985년 중국과 미국 MD사는 공동으로 MD82 제트 여객기를 조립하여 1994년 10월 35대의 항공기를 사용에 투입했다. 1995년 중국과 미국은 협력을 강화하고, 국산화 비중이 더욱 높은 MD 90–30 여객기 20대를 생산했는데, 미국 MD사가 보잉에 의해 인수합병 되면서 MD90 생산라인은 생산을 중단하게 되었다. 결국 중국은 2대의 MD90–30 항공기만을 생산하고 생산을 멈추게 되었다. 동년 중국은 에어버스와 공동으로 AE100 항공기를 개발하려고 준비했으나, 결국 실패했다.

2000년 이후 중국의 민간항공기 제조업은 새로운 발전단계로 진입하였다. 2002년 신형

90) 지선 항공기란 좌석 수가 50-110석 규모이고, 비행거리가 600-1,200㎞인 소형 여객기를 말한다.

터보팬 단거리(지선) 항공기 프로젝트가 정식 입안되었으며, 중국항공공업제1집단공사 산하에 상용비행기유한공사(中国一航商用飞机有限公司)가 설립되었다. ARJ21 지선여객기는 계획단계부터 자체개발로 방향을 확정했다. 중국1항제1비행기설계연구원(中国一航第一飞机设计研究院)의 항공기 설계는 자체 지적재산권 보유의 중요한 첫 행보이다.

2003년 12월 20일, 중국항공공업제1집단공사 상해비행기제조공장과 서안비행기공업공사(西安飞机工业公司), 심양비행기공업공사(沈阳飞机工业公司), 성도비행기공업공사(成都飞机工业公司)가 공동으로 ARJ21 단거리 여객기 제조에 들어갔다. 2007년 12월 21일, 중국항공공업제1그룹공사가 독자 개발 및 생산한 중국 첫 자체 지적재산권 보유 제트 지선여객기 ARJ21-700 항공기가 상해비행기제조공장에서 전체 조립을 마치고 출고됐다. 지선항공기의 출고는 중국이 민간 항공기의 연구 및 제조 분야에서 거둔 획기적인 성과로서, 중국 항공제조업이 새로운 발전단계에 진입하였음을 의미한다. ARJ21 항공기는 70-90석 규모의 중/단거리 터보팬 항공기다. 선진국 수준에 이르는 단거리 민간항공기인 ARJ21 항공기는 기술상에서 기존의 115석 단일통로 대형항공기와 대체적으로 비슷하나, 다음과 같은 두 가지 비교우위를 갖고 있다. 첫째, 중국의 자연환경에 적합하게 설계됨으로써, 절대다수 공항, 특히 곤명(昆明)공항을 대표로 하는 서부지역 공항의 이착륙 요구를 충족시킬 수 있다. 둘째, 해외 동종분야 항공기보다 폭이 넓어 더욱 쾌적하다.

<표 9-43> ARJ21 항공기의 인도량과 수주량 예측

구분	2008년	2009년	2010년	2028년
인도량	-	3대	21대	
수주량(누계)	200대	-	-	800대

자료: 한중과학기술협력센터(2008).

ARJ21 항공기는 2009년 3대를 인도할 예정이며, 2010년에는 21대를 인도할 계획이다. 그리고 2028년까지는 국내외 수주가 약 800대에 달할 것으로 예상하고 있다. 중국항공공업발전센터(中国航空工业发展中心)는 2007년-2026년 기간 항공여객 유동량의 연평균 증가율을 8.4%로, 화물 운송량의 연평균 증가율을 10.5%로 계산할 경우, 향후 20년간 중국의 항공기 수요량은 3,365대에 달하며, 그 중 대형 제트 여객기는 2,467대, 지선 여객기는 898대에 이를 것이라고 관측했다. 이들 항공기의 시장가치는 2,200억 달러로 예상되며, 항공기제조업에서 완제품 항공기의 제조가 밝은 전망을 보이고 있다.

이와 같이 증가하는 항공기의 수요를 충당하기 위해 중국 정부는 중국항공공업제1집단공사와 중국항공공업제2집단공사를 중심으로 2006년 天津中天航空工业投资有限公司를 설립하였으며, 2007년에는 프랑스의 에어버스(AIRBUS)와 합작으로 천진시(天津市)에서 완성 비행기 A320을 조립하는 계약을 체결하였다. 에어버스와의 합작은 두 가지 효과를 가져 올 것으로 예측한다. 첫째는 중국의 항공 운송이 필요로 하는 항공기의 국내 공급이 가능하며, 둘째는 중국 국내 항공기 산업이 필요로 하는 항공기 제조기술의 학습효과(learning effect)가 가능한 것이다. A320계획은 2010년까지 연간 완성 항공기 44대의 생산능력을 갖출 것을 목표로 하고 있다. 항공기의 조립은 관련 산업의 전후방 연관효과를 극대화시켜 항공기제조클러스터를 형성할 것이다. 상해항공기제조클러스터는 국내 기술을 중심으로 발전하고, 천진항공기제조클러스터는 합작 기술을 중심으로 발전할 것으로 예상된다.

3. 물류단지

3.1. 물류원구

물류단지(物流园区)는 일반적으로 물류센터(物流中心)와 배송센터(配送中心)를 포함하고 있다. 물류단지는 물류 관리 결점(node)을 집중적으로 건설하고 발전시킴으로써 도시 물류기능을 촉진시키는 경제개발 성격을 가진 구역이며, 또한 관련 물류서비스 시설을 건설하여 물류원가를 절감하고 물류 효율성을 제고하여 기업서비스와 관련된 유통가공, 원재료 구매, 생산과 소비의 직접 연결 등 항목을 개선하는 산업발전 기능을 가진 경제개발구역으로 정의하고 있다(한국무역협회, 2006).

물류단지는 여러 가지 유형으로 발전하고 있다. 지역형 물류기능단지(区域物流组织型园区)는 지역의 물류수요를 만족시키는 기능을 중심으로 하고 있으며, 대다수 물류단지는 이 유형에 포함된다. 상업무역형 물류단지(商贸型物流园区)는 지역의 특정 상품의 무역 및 지역 운수와 도시 배송 서비스 조건을 충족함을 목적으로 한다. 운수중심형 물류단지(运输枢纽型物流园区)는 물류가 상대적으로 집중되는 지역에서 수송 및 수송서비스 분야에 초점을 맞추어 건설한 물류단지이다. 종합형 물류단지(综合型物流园区)는 물류 기능, 상업유통 기능, 운수중심 및 기업물류기능 등을 갖춘 다기능 물류단지이다.

3.2. 보세구

보세구(保税区)는 중국이 경제기술개발구(经济技术开发区)를 발전시키면서 동시에 설립한 창고 및 보관을 중심으로 하는 특별경제구역이다. 경제기술개발구는 제조업을 전문적으로 특화하고 있으며, 보세구(保税区)는 이에 필요한 원부자재와 완성품의 보관과 창고 즉 물류를 중심으로 특화 되고 있다. 따라서 대부분의 보세구는 항만과 경제기술개발구와 인접하여 위치하고 있다. 수출가공구는 기존의 보세구가 창고와 보관의 역할만을 담당하는 것에서 단순 가공을 추가하여 더 많은 부가가치를 창출하기 위한 제도적 개선이다.

3.3. 보세물류원구

중국은 물류와 관련하여 보세 지역과 같은 제도를 활용하여 외자를 유치하고 경제 성장에 기여하기 위해 노력해 왔다. 보세 지역은 보세구(保税区), 수출가공구(出口加工区)와 2004년에 설립된 보세물류원구(保税物流园区) 등의 형태로 운영되고 있는데, 이 중 보세물류원구는 물류기능을 특화했다는 점에서 주목할 만하다. 보세물류원구의 주요 장점은 중국 국내에서 보세물류원구 내에 화물이 반입된 시점부터 수출로 인정하므로, 판매자는 반입과 동시에 부가가치세 환급신청이 가능하며, 통관 절차가 간단하고, 항구 내에 위치하고 있어 화물의 적체가 용이하여 국제 수송과 중계 무역의 편의성을 높였다.

이러한 특성을 잘 살려 국내외 물류업체들이 보세물류원구를 거점으로 하여, 국제 조달, 국제 배송, 국제 중계 등 다양한 국제 물류 모델을 구축할 수 있게 되었고, 중국 정부도 보세물류원구를 국제물류산업의 발전거점으로 성장시키기 위해 적극적인 정책을 펼치고 있다. 이러한 정책적 지원으로 보세물류원구의 이용이 점점 확대되어가며 중국의 물류 서비스 수준을 제고하는 계기가 되고 있다.

보세물류원구는 크게 세 가지 기능을 동시에 가지고 있다. 첫째 보세스톡 기능이다. 보세스톡은 외국의 판매자가 상품을 보세물류원구에 보관해 놓고, 중국 국내 매수인으로부터 주문이 있을 때에 필요한 물량만 수입통관을 걸쳐 판매하는 방식을 말한다. 보세물류원구에서는 작은 규모로 여러 번 통관할 경우 세관의 허가를 얻어 일괄 신고 할 수 있어 통관 비용 절감은 물론 운송시간을 단축하여 판매자는 소액 주문에 대해서도 유연하게 대응 할 수 있어 원활한 수출과 신속한 배송이 가능 하게 되었다.

두 번째 기능은 바이어 통합(buyer's consolidation)이다. 바이어 통합은 외국의 바이어가 중국의 판매자로부터 보세물류원구 인도를 조건으로 상품을 조달하고 보세물류원구에 보관 또는 재포장 후 필요에 따라 해외의 목적지로 발송 하는 방식이다. 바이어는 중국의 보세물류원구에 물류센터를 이용함으로써 일본과 홍콩, 대만의 물류 창고보다 싼 비용으로 상품을 보관 할 수 있게 되는 것이다. 또한 중국의 판매자들에게는 부가가치세 환급과 관련한 서류를 빨리 발급 받을 수 있어 상호 이익이 되는 시스템이라 할 수 있다.

세 번째 기능은 간접 수출입 거래이다. 간접 수출입 거래는 해외에 있는 기업A가 바이어로써 중국의 기업B로부터 보세물류원구 인도를 조건으로 상품을 수입하고, 수입한 상품을 보세물류원구에 보관 또는 재포장 작업을 한 후, 중국의 기업C에게 다시 수출하는 방식을 말한다. 보세물류원구에서는 물류원구 외부 기업C가 물류원구내의 화물을 구입한 경우, 물류원구의 창고기업과 해외기업과의 화물위탁계약서를 근거로 해외 외화 결재가 가능하게 된다. 즉 상품의 운송과 가공이 모두 중국 국내에서 처리되었음에도 불구하고 해외의 화주 기업에 대한 외화 지불이 가능하며, 실제로 상품이 오가는 가공무역에 비해 운송 비용절감과 함께 시간을 단축할 수 있게 되었다.

중국의 보세물류원구는 다른 보세 지역과 마찬가지로 지속적으로 중국의 국내 규제제도에 있어 우위성을 발휘한다는 부분에 있어서는 장점이라 할 수 있다. 하지만, 아직 보세물류원구가 모든 지역에서 일률적으로 활용되는 것은 아니며, 각 보세물류원구마다 운영과 규정에 있어 조금씩 다른 부분이 있어 주의가 필요한 것도 사실이다. 그러나 이 같은 사항에 유의하면서, 앞의 활용사례를 전략적으로 잘 이용한다면 보세물류원구를 통한 비용절감으로 중국에 진출하는 수출입 기업의 경쟁력 제고에 도움이 될 것으로 전망된다.

□ 요약

본 장에서는 주로 물류인프라, 운송, 그리고 물류단지 세 가지 측면에서 중국의 물류가 가지는 특징에 대해서 요약하고 있다. 물류는 경제발전 과정에서 매우 중요한 역할을 담당하고 있다. 과거에 물류는 단순한 화물의 운반에 치중하고 있었으나, 현대적인 의미에서 물류는 화물의 운반뿐만 아니라 보관, 가공까지도 포함하고 있는 종합적인 서비스이다. 중국은 개혁개방 이후 경제발전이 매년 빠르게 성장함에 따라 이에 따른 물류의 수요도 크게 증가하고 있다. 따라서 도로, 철도, 항만, 공항 등과 같은 물류 인프라를 매년 지속적으로 확장하고 있으며, 더 높은 물류 서비스를 제공하기 위한 제도적 개선을 하고 있다. 특히 중국은 지역별로 물류 인프라의 차이가 크기 때문에 중국의 경제발전을 전망하기 위해서는 지역별 물류 발전 현황도 동시에 고려하는 것이 필요하다.

□ 주요개념

1. 물류
2. 운송
3. 5종7횡
4. 7918네트워크
5. 8종8횡
6. 4종4횡
7. 허브공항
8. 자동차제조클러스터
9. 항공기제조클러스터
10. 선박제조클러스터
11. 보세물류원구

□ 주요 참고문헌

김상욱(2010), "중국항만의 발전현황과 전망, 중부권항만의 대응과제", 『해운물류연구』, 제26권, 제4호, pp.833–855.

인천발전연구원(2008), 『보세물류원구를 활용하여 물류기능을 강화하는 중국』, 월간한중 08–08–02호.

한국무역협회(2006), 『중국의 물류시장』, 한국무역협회 국제물류지원단, 2006–03.

홍성인(2006), 『중국 조선 산업의 글로벌화와 우리의 대응전략』, 산업연구원.

홍철, 전일수, 홍석진(2005), 『21세기 허브공항 전략 및 사례』, 도서출판 범한.

邓淑莲(2003), 『中国基础设施的公共政策』, 上海: 上海财政大学出版社.

南开大学现代物流研究中心(2002), 『中国现代物流发展报告(2002)』, 北京: 机械工业出版社.

南开大学现代物流研究中心(2003), 『中国现代物流发展报告(2003)』, 北京: 机械工业出版社.

南开大学现代物流研究中心(2005), 『中国现代物流发展报告(2005)』, 北京: 机械工业出版社.

南开大学现代物流研究中心(2006), 『中国现代物流发展报告(2006)』, 北京: 机械工业出版社.

南开大学现代物流研究中心(2008), 『中国现代物流发展报告(2008)』, 北京: 电子工业出版社.

金士宣, 徐文述(2000), 『中国铁路发展史(1876–1949)』, 北京: 中国铁道出版社.

王海平(2003), 『中国集装箱运输发展』, 北京: 人民交通出版社.

王庆云(2006), 『交通运输发展理论与实践』, 北京: 中国科学技术出版社.

张东风, 马广青, 张东红(2007), 『中国高速公路产业论』, 北京: 中国社会科学出版社.

제10장 지역문화

10

中國地域經濟槪論
Introduction to Chinese Regional Economies

1. 지역문화의 비교
2. 문화인프라
3. 문화산업
4. 문화지표

1. 지역 문화의 비교

1.1. 지역문화의 정의

1.1.1. 문화의 정의

문화는 매우 다양한 개념으로 사용되고 있으며,[91)] 이는 문화에 대한 연구를 힘들게 하는 가장 기본적인 원인이 되고 있다. UNESCO(1995)는 문화란 예술과 문자뿐만 아니라, 삶의 방식, 인간의 기본적 권리, 가치체계, 전통, 신념 등을 포함한다고 정의하고 있다. 그리고 정연정 · 김학용(2006)은 문화는 사회 구성원에 의해 공유되는 지식, 신념, 행위의 총체로서, 문화를 구성하는 요소에는 언어, 관념, 신앙, 관습, 규범, 제도, 기술, 예술, 의례 등을 포함한다고 정의하고 있다.

1.1.2. 문화경제학과 문화

경제적인 관점에서 문화에 대한 관심은 19세기 후반 Ruskin, J.의 문화경제학(cultural economics)에서부터 본격적으로 논의되고 있다고 본다(金相郁, 2004). 이후 미국과 일본

91) 정정숙(2006)에 의하면, 문화개념에는 문화상대론과 문화영역론, 문화원리론의 세 가지 차원이 혼재되어 이해되고 있다. 특히 문화영역론은 문화적 행위의 매체 혹은 수단을 중심으로 정의를 한정한다. 광의로는 정치, 경제영역과 차별되는 모든 영역을 의미하고, 협의로는 예술행위만을 의미한다. 문화원리론은 행위의 방향성과 가치를 중시한다. 즉 문화적 활동은 특정의 예술영역만을 대상으로 하는 것이 아니라 모든 정치, 경제, 사회 영역이 대상이 되며, 그 어떤 대상이라도 문화적인지 아닌지를 판별할 수 있게 된다. 문화의 정의에 대해서는 Gerring, J., Barresi, P.A.(2003), Cochrane, P.(2006)의 연구를 참고할 수 있다.

등 국가로 크게 영향을 미친 문화경제학은 주로 예술의 가치를 집중적으로 연구하고 있다. Ruskin, J.은 당시의 고전학파 경제학이 주로 화폐가치에 중점을 두고 있음을 비판하고 예술가치의 중요성을 강조하였다. 이는 예술의 고유가치론과 유효가치론으로 집약되고 있다. 문화경제학은 크게 두 가지 측면에서 경제발전에 의의를 가지고 있다. 하나는 가치론의 발전이다. 즉 화폐가치로만 측정되는 경제가치(economic value)에 문화가치(cultural value)를 함께 고려해야만 진정한 가치를 발견할 수 있다는 것이다. 또 하나는 경제발전에 있어서 예술 산업의 역할과 중요성이다. 예술 산업의 예술 상품은 일반 상품과는 다른 특징들을 가지고 있으며,[92] 이는 경제발전에 있어서 중요한 역할을 담당할 수 있다는 것이다.

2차 대전 이후 경제학의 발전은 여러 측면에서 문화를 새롭게 인식하였다. 제도경제학에서는 문화를 제도적 규범으로 정의하면서, 제도적 규범으로서의 문화가 경제발전에 중요한 역할을 담당함을 강조하고 있다(Gorden, W., 1995). 특히 Capra,F.(1982)는 유기론적 세계관과 기계론적 세계관이 경제학 이론 발전에 대한 영향을 비교할 때, 문화적인 요소에 관심을 크게 두고 있다. 그리고 Lal, D.(1999)은 개인주의 문화가 시장경제 발전에 어떠한 영향을 미치는가를 연구하고 있으며, Stulz, R.M., Williamson, R.(2001)은 문화를 개인의 행위를 결정하는 신념체계로서 인식하고, 각각 다른 국가에서 투자자의 권익에 대한 보호가 다른 이유는 바로 문화적 신념에 바탕 한 제도적 차이임을 강조하고 있다. 또한 Bertrand, M., Luttmer, E.F.P., Mullainathan, S.(1998)의 사회네트워크 형성 중 언어의 역할, 그리고 Alesina, A., Ferrara, E.L.(2000)의 신뢰의 연구 등도 문화와 경제발전의 관계에 대한 중요한 연구 성과들이다. 한편 Sen, A.(2000)은 비교경제학적인 관점에서 일본

92) 예를 들면, 상품의 가치에 있어서 문화상품은 그 생산에 필요한 고유가치 뿐만 아니라 그 상품을 향유할 능력이 부가되었을 때 새로운 유효가치를 창출할 수 있다. 한편 Baumol, W.J.(1966)은 문화상품은 다른 제조업 상품과 달리 공급가격이 상대적으로 높은 특징을 가지고 있음을 발견하였다. 즉 제조업 상품은 노동생산력을 비교적 빠른 시간 내에 높일 수 있지만, 문화상품은 노동생산력을 단기간에 높이기 힘들기 때문에 상대적으로 높은 공급가격을 가질 수밖에 없다는 것이다. Baumol, W.J.은 이러한 현상을 비용재앙(Cost Disease)라 하였다. 문화상품이 다른 상품과 다른 또 하나의 특징은 바로 외부성(外部性)이다. 즉 문화상품은 소비를 통해서 타인에게 외부효과를 창출할 수 있기 때문이다.

의 경제발전을 분석할 때 일본적 문화가 기업구조와 경제발전에 특별한 영향을 미치고 있음을 발견하였다.

종합적으로 볼 때, 주류경제학에서는 문화를 경제발전의 독립적 요소로서는 간주하고 있지 않고 있지만, 문화를 경제발전의 주요한 요소 중의 하나로서 인식하는 시도는 이미 고전학파경제학이 형성되는 시기부터 시작되고 있다. 특히 2차 대전 이후에는 문화를 단순히 예술적인 측면에서만 보는 것이 아니라 인간의 행위와 규범까지도 문화의 영역으로 포함시켜서 더욱 광범위한 영역에서 문화에 대한 연구가 경제학자들에 의해서 진행되어 오고 있다.[93)]

1.1.3. 지역문화와 지역경제발전

문화와 경제에 대한 관계는 지역적인 측면에서는 지역문화와 지역경제발전에 대한 연구로 나타나고 있다. 지역문화가 지역경제발전, 특히 지역경제발전 격차에 대한 영향은 Saxenian, A.(1994)의 연구에서 잘 나타나고 있다. 미국의 동부 지역과 서부 지역의 발전 격차를 연구 할 때, Saxenian, A.은 한 지역이 발전하기 위해서는 그 지역에 적합한 지역산업시스템(local industrial system)을 발전시켜야 함을 강조하고 있으며, 이 지역산업시스템의 구성 요소 중에 지역문화가 중요한 역할을 담당하고 있음을 발견하였다. 지역문화와 지역경제발전의 관계를 신뢰(trust)의 관점에서 보기도 한다. 신뢰는 한 지역의 문화적인 특징을 형성하는 중요한 요소이기 때문이다. Dasgupta, P. (2002)는 신뢰를 사회자본(social capital)의 형성에 있어서 중요한 요소로서 인식하고 있다. 그리고 彭泗清(1999)은 신뢰를 단순한 개인의 심리적 행위로 간주하는 것이 아니라 사회적 현상으로 보고 있다.

93) 광의적으로 보면, 부패에 대한 연구도 문화와 관련된 연구영역에 포함된다. IMF에서는 20세기 90년대에 부패가 경제발전에 궁극적으로 정(正)의 영향을 초래하는지 아니면 부(負)의 영향을 초래하는지에 대해서 여러 실증분석을 시도하고 있다. 또한 Global Corruption Forum 등도 부패가 경제발전에 대한 영향에 대한 연구를 하고 있다.

특히 신뢰는 관계(*guanxi*)[94]와 연결되고 있기 때문에, 지역문화의 형성과 지역경제발전에 큰 영향을 초래할 수 있다. 张维迎 · 柯荣住(2002)는 중국 각 지역의 신뢰도와 1인당 GDP 사이에 밀접한 관계가 있음을 발견하였으며, 신뢰도가 높은 지역일수록 소득수준이 높음도 발견하였다.

신뢰가 지역문화의 중요한 특징 중의 하나임과 마찬가지로 개방성(openness) 역시 지역문화를 결정하는 중요한 요소 중의 하나이다. Woolcock, M.(1998)은 사회자본의 형성에 있어서 외부 지역과의 개방성을 강조하고 있으며, Woolcock, M., Narayan, D. (2000)은 사회자본의 교량(bridging)적인 특성을 강조하고 있는데, 이는 바로 지역의 개방성과 관련된다. 물론 한 지역의 개방성을 어떻게 측정하는가는 여러 가지 방법이 있을 수 있다. 이에 대한 실증연구는 Geda, A.(2006)가 체계적으로 정리하고 있다. 그리고 Otto, D., Noor, T.S., Ryan, V. (2001), Putman, R., Leonardi, R., Nanetti, R.Y.(1993)은 문화에 기초를 둔 사회자본이 지역경제발전 격차와 관계가 있음을 증명하고 있으며, Kantz, E.(2000), Pretty, J., Ward, H.(2001)은 문화에 기초한 사회자본은 자연자원을 이용하고 관리하는 것과도 관계가 있다고 주장하고 있다. 한편, Ray, C.(1998)는 문화가 농촌경제발전에 있어서 가지는 중요성이 물적자본이나 인적자본보다 더욱 중요함을 강조하고 있다.

94) *guanxi*는 중국어로서 관계를 나타낸다. 어느 사회에서든지 관계는 경제활동에 중요한 역할을 담당하고 있지만, 특히 중국에서는 관계의 중요성이 더욱 크게 인식되고 있다. 관계는 또한 체면과는 연계되어 있기 때문에 "관계경제" 또는 "체면경제"의 형태로도 그 현상을 설명할 수 있다.

1.2. 부문별 지역문화의 비교

1.2.1. 언어의 지역성과 지역차이

1.2.1.1. 중국어의 지역구조

중국의 지역성을 볼 때 언어의 지역성이 가장 현저하다. 중국은 한족(漢族)이 전체 인구의 90% 이상을 차지하고 있다. 또한 언어의 지역통일정책으로 보통화(普通話)가 공식적인 언어로 지정되어 있지만 여전히 지역특성이 강한 언어들이 공존하고 있다. 우리가 흔히 보는 홍콩영화에서 사용되는 언어를 보통화를 배운 사람이 전혀 이해할 수 없다.

중국어(漢語)는 일반적으로 7개의 방언 지역으로 나눌 수 있다. 전국을 남쪽과 북쪽으로 나누어 볼 때 북쪽에는 언어가 비교적 통일되어 있고, 남쪽은 상대적으로 복잡한 구조를 가지고 있다. 동북(東北), 화북(華北), 서북(西北), 서남(西南), 화동(華東)과 화중(華中)의 장강(長江) 이북지역은 모두 북방방언지역에 포함된다. 북방방언지역의 인구는 전체 인구의 68.9%를 차지하고 있다.

<표 10-1> 중국어(漢語) 방언 지역 구조

방언 지역	인구(백만 명)	비중(%)
전국	1,329	100.0
중국어(漢語) 합계	1,269	95.5
1. 북방방언지역(北方方言区)	916	68.9
2. 오방방언지역(吴方言区)	94	7.1
3. 민방언지역(闽方言区)	72	5.4
4. 월방언지역(粤方言区)	61	4.6
5. 객가방언지역(客家方言区)	45	3.4
6. 상방언지역(湘方言区)	41	3.1
7. 감방언지역(赣方言区)	40	3.0
소수민족 언어 지역	60	4.5

주의: 2004년 기준.
자료: 胡兆量(2006), p.81.

북방방언지역은 다시 9개의 방언지역으로 구분할 수 있다(李蓉, 1985, pp.2–5), 즉 동북아(東北亞)지역, 북경(北京)지역, 기로(冀魯)지역, 교요(胶辽)지역, 산서(山西)지역, 중원(中原)지역, 란은(兰银)지역, 서남(西南)지역, 그리고 강회(江淮)지역이다. 이들 9개의 방언지역 간에는 상호간에 어느 정도 언어의 소통이 가능하다. 동북의 하얼빈에서 운남성(云南省)의 곤명(昆明)까지 직선거리는 3천 여 ㎞이다. 이 구간에서는 상호 장거리 통화가 가능하다(胡兆量, 2006, p.80).

7개의 중국어 방언 지역 중 6개가 남쪽지역에 포함된다. 이들 6개 지역의 언어는 서로 소통이 힘들며 심지어는 전혀 소통이 되지 못하는 경우도 있다. 그리고 6개 지역 내에서도 서로 소통이 힘든 경우가 있다. 이와 같이 중국어가 남쪽에는 복잡하고 북쪽에는 비교적 통일된 특징을 가지는 것은 역사적인 그리고 사회적인 배경이 있다. 북방지역은 역사적으로 전쟁이 빈번히 발생하고 또한 자연재해가 자주 일어났다. 이는 인구의 이동을 유발하였으며 때로는 대규모의 인구이동도 초래하였다. 인구의 이동은 언어의 통일에 적극적인 영향을 초래하였다. 그리고 북방지역은 오랫동안 정치의 중심지로서 역할을 담당하였기 때문에 이 역시 언어의 통일에 큰 역할을 하였다. 왜냐하면 정치와 행정에 종사하기 위해서는 관공서에서 사용하는 언어 즉 관화(官話)를 사용해야 하기 때문이다. 따라서 북방방언을 한 때는 관화라고 부르기도 하였다. 동남지역은 상대적으로 전쟁이 적고 또한 자연재해도 많지 않았다. 북방지역은 넓은 평원이 많은 반면에 동남지역은 구릉이 상대적으로 많이 분포하고 있으며 지형도 복잡하다. 동남지역의 주민들은 예로부터 삼각주(三角洲), 분지, 강 주변의 평원 등에 집단적으로 거주하여 기타 지역과의 교류가 적었다. 타 지역과의 교류가 단절되기 때문에 언어도 상대적으로 고립될 수밖에 없었다.

1.2.1.2. 보통화의 지역성

중국어의 표준어를 일반적으로 보통화(普通話)라 부른다. 보통화라는 단어는 1906년에 최초로 나타났다. 표준어를 널리 보급하고자 노력한 朱文熊은 1906년에 『江苏新字母』를 출간하였으며 이 책에서 보통화라는 개념을 사용하였다. 朱文熊은 보통화를 "각 성에서 통용되는 언어(各省通用之话)"로 정의하였다. 그 이후 5 · 4운동 때에는 국어(國語)와 백화문(白話文)를 널리 보급하고자 하는 노력이 일어났으며 이는 보통화의 보급에도 큰 영향을 초래하였다. 20세기 50년대에는 보통화의 규범화를 위해 북경어음(北京語音)을 표준음으로 하고, 북방화(北方話)를 기반으로 하는 언어를 한민족(漢民族)의 공동언어로 규정하였다. 그리고 『中華人民共和國通用語言文字法』에서는 2001년 1월 1일부터 모든 국가기관에서는 보통화를 공식적으로 사용할 것을 법제화하였으며 모든 업무에서도 반드시 보통화를 사용하도록 규정하였다.

공통된 언어는 국가와 민족의 응집력과 결집력을 상징한다. 보통화가 대만에서는 국어(國語)로, 싱가폴이나 말레이시아에서는 화어(華語)로 불리운다. 북경어음(北京語音)이 보통화의 표준어음이 되는 것은 중국 언어발전의 필연적인 결과이다. 북경(北京)은 역사적으로 수차례의 대규모 인구의 유입이 발생한 도시이다. 요(遼), 금(金), 원(元), 명(明), 청(淸)나라는 모두 북경을 수도로 정하였다. 매 왕조가 교체될 때마다 북경의 기존 거주자들은 사방으로 이주되었고 새로운 인구가 유입되었다. 예를 들면 명 나라 초기에 산서(山西), 하북(河北), 안휘(安徽), 강소(江蘇) 등 지역으로부터 많은 주민이 북경으로 유입되었으며 이들을 통해 산서방언(山西方言)과 강회방언(江淮方言)이 함께 전파되었다. 1644년 만족(滿族)이 북경으로 들어오면서 북경에는 만어(滿語)와 한어(漢語)가 병존하는 언어 환경이 형성되었다. 수 백 년의 시간이 경과하면서 한어와 만어가 서로 융합되면서 만어식(滿語式)의 한어가 나타나게 되었으며 이것을 북경어(北京語)라 부른다(胡兆量, 2006, p.85).

1.2.1.3. 소수민족언어의 지역별 차이

중국은 56개의 민족으로 구성되어 있으며 한족(漢族)을 제외한 55개의 소수민족(少數民族)이 지역별로 분포하고 있다. 이들 소수민족은 여러 가지 문화적인 측면에서 독립성을 가지고 있으면서도 한족과 조화되는 특징을 가지고 있다. 소수민족의 언어는 매우 복잡하다. 일반적으로 5개의 어계(語系)로 나눌 수 있다. 그 중에서 한장어계(汉藏语系)의 인구가 소수민족 총인구의 약 70 % 이상을 차지하고 있다. 한장어계에는 장동어족(壮侗语族), 장면어족(藏缅语族), 묘요어족(苗瑶语族)이 포함되어 있다. 알타이어계(阿尔泰语系)가 그 다음으로 많은 비중을 차지하고 있다. 알타이어계에는 돌궐어족(突厥语族), 몽고어족(蒙古语族) 그리고 조선어족(朝鲜语族) 등이 포함된다. 그리고 남아어계(南亚语系), 남도어계(南岛语系), 인도유럽어계(印欧语系) 등도 있지만 비중은 매우 낮다.

지리적인 또는 역사적인 요인 등에 의해서 어떤 소수민족은 동시에 두 종류 또는 세 종류의 언어를 사용하기도 한다. 현재 확인되고 있는 소수민족의 언어는 모두 30여 종류에 달한다. 세 종류의 언어를 사용하는 소수민족은 요족(瑶族), 노족(怒族), 부의족(布依族), 락파족(珞巴族) 등이 있다. 요족은 묘요어족(苗瑶语族) 중 요어(瑶语)에서 발전한 면어(勉语), 묘요어족 중 묘어(苗语)에서 발전한 포노어(布努语), 그리고 장동어족(壮侗语族) 중 동어(侗语)에서 발전한 랍가어(拉珈语)를 사용하고 있다.

<표 10-2> 소수민족의 어계와 어족

어계(语系)와 어족(语族)	인구(만 명)	비중(%)	주요 언어
汉藏语系	4,114	72.2	
壮侗语族	1,977	34.7	壮语, 布依语, 侗语, 傣语, 黎语, 水语
藏缅语族	1,516	26.6	彝语, 藏语, 哈尼语, 白语, 拉祜语, 纳西语, 土家语
苗瑶语族	621	10.9	苗语, 勉语, 布努语
阿尔泰语系	1,499	26.3	
突厥语族	866	15.2	维吾尔语, 哈萨克语, 柯尔克孜语, 撒拉语
蒙古语族	416	7.3	蒙古语, 东乡语, 达土族语
朝鲜语族	211	3.7	朝鲜语
满-通古斯语族	6	0.1	锡伯语, 鄂温克语
南亚语系	47	0.8	
孟-高锦语族	47	0.8	佤语, 德昂语, 布朗语
南岛语系	34	0.6	
印度尼西亚语族	34	0.6	高山语
印欧语系	6	0.1	
塔吉克语族	6	0.1	塔吉克语
俄罗斯语族			俄罗斯语
合计	5,700	100.0	

주의: 1998년 기준.
자료: 胡兆量(2006), p.88.

하나의 소수민족이 하나의 언어를 사용하고 있지만 그 내부에서 여러 가지 방언이 존재하기도 한다. 귀주성(貴州省)의 묘족(苗族)은 동부, 중부, 서부지역에 3 종류의 방언이 있다.

그 중에서 서부지역의 방언은 다시 6개의 세부 방언과 13개의 토착방언으로 나누어진다.

1.2.2. 음식의 지역성과 지역차이

음식은 그 지역에서 생산되는 농수산물을 위주로 발전한다. 따라서 음식은 지리와 환경의 특성이 가장 잘 반영되고 있다. 중국은 음식의 지역격차가 매우 크다. 일반적으로 남쪽 지역의 음식은 모양이 작으며, 북쪽 지역의 음식은 모양이 상대적으로 크다. 남쪽 지역의 음식은 다양하고 북쪽 지역의 음식은 종류가 비교적 간단하다. 이것은 기후에 따라 생산되는 농산품의 종류가 차이가 있기 때문이다. 남쪽 지역은 기후가 온난하여 비교적 많은 종류의 농산품이 생산되는 반면에 북쪽 지역은 기후가 춥기 때문에 생산되는 농산품의 종류가 상대적으로 적다. 남쪽 지역은 쌀의 생산량이 많아 쌀을 주식으로 하고 있으며, 북쪽 지역은 밀의 생산량이 많아 면을 주식으로 하고 있다. 따라서 북쪽 지역에서는 밀과 면을 이용한 각 종 음식이 발달하고 있다(표 10-3). 북쪽 지역에서는 "쌀밥을 먹어서는 배가 부르지 않고 면 종류의 음식을 먹어야만 먼 길을 갈 수 있다"라는 말이 있다. 그러나 남쪽 지역에서는 면 종류의 음식은 단지 간식으로 간주하고 있다. 남쪽 지역에서는 간식을 면점(面点)이라고도 부른다.

<표 10-3> 북쪽 지역의 주요 면 음식

조리 방법	음식 명칭
蒸	馒头, 花卷, 蒸饼, 包子, 银丝卷
煮	面条, 面片, 饺子, 馄饨
炸	油条, 油饼, 麻花, 麻团, 春卷
烤	烤饼, 酥饼
烙	烙饼, 春饼, 馅饼, 锅贴

음식문화는 지역문화의 일부분이다. 중국에서는 일반적으로 4대 요리를 통해 지역성과 지역문화를 알 수 있다. 4대 요리는 두 가지 분류가 있다. 첫째는 산동요리(山东菜), 사천요리(四川菜), 강절요리(江浙菜), 광동요리(广东菜)라고 분류하는 것이고 둘째는 산동

요리, 사천요리, 회양요리(淮扬菜), 광동요리로 분류하는 것이다. 일반적으로는 첫 번째 분류를 많이 채택하고 있다. 왜냐하면 4대 요리의 분류가 지역성을 대표하고 있기 때문이다. 사천요리는 주로 서남지역을 대표하고, 산동요리는 북방지역을 대표하고, 강절요리는 화동지역을 대표하고 광동요리는 화남지역을 대표하고 있다. 산동요리는 소금을 많이 이용하고 있으며, 산동지역에서 많이 생산되는 마늘이나 파 등이 요리에 자주 이용된다. 사천요리는 지역에서 생산되는 고추를 많이 사용하기 때문에 매운 맛이 주를 이룬다. 그리고 강절요리는 상해(上海) 일대를 중심으로 주로 단 맛이 주를 이루고 있다. 4대 요리를 기본으로 최근에는 8대 요리로 분류하는 경우도 있다. 8대 요리는 4대 요리에 절강요리, 복건요리, 호남요리, 안휘요리를 추가한 것이다. 이외에도 지역문화를 기준으로 좀 더 세분화된 분류를 이용하기도 한다. 예를 들면 동북요리(东北菜), 북경요리(北京菜), 기로요리(冀鲁菜), 교요요리(胶辽菜), 산서요리(山西菜), 중원요리(中原菜), 서북요리(西北菜), 상강요리(上江菜), 강회요리(江淮菜), 강서요리(江西菜), 강절요리(江浙菜), 호남요리(湖南菜), 복건요리(福建菜), 객가요리(客家菜), 광동요리(广东菜) 등이 있다.

1.2.3. 희곡의 지역성과 지역차이

중국에는 방대한 희곡체계가 있다. 1995년에 출판된 『중국희곡극종대사전(中國戏曲劇種大辭典)』에는 모두 335종류가 수록되어 있다. 희곡의 규모와 영향에 의해 모두 5개 범주로 분류할 수 있다. 첫째는 전국적인 영향력이 있는 희곡이다. 둘째는 성(省)을 넘어서 영향력을 행사하는 희극이다. 셋째는 성(省) 내부에 영향이 있는 희곡이다. 넷째는 소수의 전문 극단에 의해 유지되는 지방희곡이다. 다섯째는 전문 극단이 없는 지방희곡이다.

경극(京劇)은 북경(北京)에서 형성되었으며 전국적인 영향력이 있는 희곡이다. 경극은 또한 경희(京戏)라고도 불린다. 서장자치구를 제외한 전국의 각 성 · 시 · 자치구(省 · 市 · 自治區)에는 모두 전문적인 경극 극단이 있다. 두 번째 범주는 성을 넘어서 영향력이 있는 8종류의 희극이다. 북방지역에는 평극(评剧), 이인전(二人转), 예극(豫剧), 진극(晋剧), 진강(秦腔)이 있으며, 남쪽 지방에는 월극(越剧), 월극(粤剧), 천극(川剧)이 있다. 이 8종류의 희극에 경극(京劇)을 더하여 모두 9대 희극이 중국의 희극체계를 형성하고 있다. 평극(评剧)은 주로 하북성(河北省)과 동북(東北)지역에서 발전하고 있다. 이인전(二人转)은 주로 동북지역과 내몽고(內蒙古)의 동부지역에서 발전하고 있다. 예극(豫剧)은 하남성(河南省)에서 형성되었으며 점차 주변지역으로 발전되어 나갔다. 진극(晋剧)은 주로 산서성(山西省)에서 발전되었으며 산서인들이 대규모로 이주한 내몽고 서부지역으로 발전되어 나갔다. 진강(秦腔)은 산섬방자(山陕梆子)라고도 불리며 주로 섬서성(陕西省) 일대에서 발전하여 서북(西北)지역 전체에 영향을 미치고 있다. 월극(越剧)은 주로 절강성(浙江省) 일대에서 발생하였으며 화동(華東)지역과 화북(華北)지역까지 영향을 미치고 있다. 월극(粤剧)은 광동성(廣東省)과 광서자치구(廣西自治區)를 중심으로 형성되었으며 홍콩과 마카오 등에까지 영향을 미치고 있다. 천극(川剧)은 사천성(四川省)을 중심으로 발전하였으며 운남성(云南省)과 귀주성(貴州省)에까지 영향을 미치고 있다.

<표 10-4> 중국의 9대 희극의 전문 극단의 지역분포

지역	경극 京劇	평극 评剧	이인전 二人转	예극 豫剧	진극 晋剧	진강 秦腔	월극 越剧	월극 粤剧	천극 川剧
북경시	12	6							
천진시	4	6							
하북성	15	36		20	14				
산서성	1			2	69				
내몽고자치구	3	9	4		23				
요녕성	12	51	15						
길림성	6	28	25						
흑룡강성	9	56	29	1					
산동성	44	3		27					
하남성	6	1		134					
섬서성	2	1		6	6	76			
감숙성	2			1		64			
영하자치구	1					12	1		
청해성	1			1		3			
신강자치구	2			5		7			
상해시	5						8		
강소성	13						7		

안휘성	9						3		
절강성	4						65		
복건성	2						19		
강서성	10	2					8		
호북성	12			8					
호남성	5						1		
광동성	1							66	
광서자치구	1							20	
사천성	12						1		124
귀주성	7	1					1		4
운남성	7								1
합계	213	200	73	208	112	162	116	86	129

주의: 1984년 기준.
자료: 胡兆量(2006), p.105.

1.3. 지역별 지역문화의 비교

1.3.1. 화북지역문화

화북(華北)지역은 북경시(北京市), 천진시(天津市), 하북성(河北省), 산서성(山西省)과 산동성(山東省)을 포함하고 있다. 북경은 중국의 수도로서 북경문화의 특징은 수도문화(首都文化)이다. 사합원(四合院)은 북경의 전통적인 건축문화를 대표하고 있으며 또한 수도문화의 상징중의 하나이다. 사합원은 봉건사회의 전형적인 거주형식으로서 동서남북 사방으로 방이 연결되어 있으며 외부와는 단절되어 있다.

하북성과 천진시는 고대 춘추전국(春秋戰國) 시대 연(燕)나라와 조(赵)나라의 중심지역이다. 이러한 역사적인 배경을 가진 연조문화(燕赵文化)는 황회해평원(黃淮海平原)의 북부지역에 위치하고 있다. 연조문화의 첫 번째 특징은 용맹성이다. 이 지역에는 예로부터 무인(武人)들이 많이 배출되었다. 두 번째 특징은 비가(悲歌)이다. 이는 연(燕)나라 태자의 부탁을 받은 형가(荊苛)가 진시황(秦始皇)을 암살하는 이야기에서 유래하고 있다.

삼진문화(三晋文化)는 산서성(山西省) 일대의 지역문화를 대표한다. 삼진이라는 것은 춘추시대 위(魏), 한(韓), 조(趙) 세 나라가 진(晋)을 나누어 통치하였기 때문에 이를 역사에서는 삼진(三晋)이라 부른다. 산서성은 중국고대건축박물관(中國古代建築博物館)이라 불리고 있다. 현재 보존되고 있는 전통 건축물은 약 2만 여 개 정도로 목조건축물도 약 1만 여 개가 있다. 요(遼)와 금(金) 나라 이전의 목조건축물도 100여 개가 있으며 이는 전국에서 보존되고 있는 목조건축물의 약 70% 정도를 차지하고 있다. 전국에 있는 비교적 완전하게 보존된 당(唐) 나라 때의 5개의 목조건축물 중 4개가 산서성에 있다. 삼진문화의 또 하나의 특징은 진상(晋商)의 발달이다. 산서성은 고대에 소금의 주요 산지였다. 중국에서의 3대 소금은 사천성의 정염(井盐), 산서성의 지염(池盐), 그리고 연해 지역의 해염(海盐)이다. 그리고 철과 석탄도 명(明)나라에서부터 이미 채굴이 시작되어 주요한 교역품이 되었다. 진상(晋商)은 상업을 통해 얻은 이익으로 그들만의 상업문화를 형성하고 발전시켰다.

제로(齐鲁)는 산동성(山東省)의 대명사이다. 유학(儒學)은 제로문화(齐鲁文化)를 대표하고 있다. 곡부(曲阜)는 공자(孔子)의 탄생지이고 유학의 발원지이다. 공자의 약 3천 명 정도의 제자가 있는데 그 중에서 80 여 명이 관직에 진출하였는데 약 60여 명은 로(鲁) 나라 출신이다. 최근에는 시장경제의 발달과 함께 공자의 유학에 다시 관심을 가지고 있다. 왜냐하면 시장경제에서 중요시하고 있는 성실과 신용은 바로 유학의 가치관이 일맥상통하기 때문이다. 산동성의 또 하나의 문화적인 특징은 태산(泰山)에서 시작되고 있다. 태산은 고대로부터 중국의 오악지존(五岳之尊)으로 불린다. 태산의 해발은 1,524미터로 서악(西岳)인 화산(華山)이나 북악(北岳)인 항산(恒山)보다도 낮다. 화산은 해발이 2,160미터이고 항산은 2,017미터이다. 위치를 보아도 태산은 중국의 동쪽에 위치하고 있지 중앙에 위치하고 있지 않다. 그러나 중국인들에게 태산은 가장 중심에 있는 명산으로 인식되고 있다. 2002년 내 마음속의 중화명산 투표에서 태산은 10대 명산 중 가장 높은 점수를 받았다.

1.3.2. 동북지역문화

동북(東北)지역은 요녕성(遼寧省), 길림성(吉林省), 흑룡강성(黑龍江省)을 포함한다. 관동(關東)이라는 용어는 명(明)나라부터 사용되기 시작했다. 즉 산해관(山海關) 동쪽의 지역을 말한다. 따라서 관동은 동북지역을 나타내는 대명사로도 쓰인다. 관동문화(關東文化)는 동북지역의 문화를 말한다. 동북지역은 기온이 낮기 때문에 남쪽지역과는 전혀 다른 거주문화를 형성하고 있다. 이러한 기후조건은 동북인(東北人)의 성격에도 영향을 미친다. 일반적으로 동북인은 성격이 강하고, 솔직하며 낙관적이라고 평가한다. 성격이 강한 것은 열악한 기후조건을 이겨내기 위한 하나의 방편이라고 본다. 또한 열악한 자연환경에서 생존하기 위해서는 서로 협력해야하는데 그렇게 하기위해서는 솔직한 성격이 요구된다.

내몽고자치구(內蒙古自治區)의 동쪽 지역은 동북지역과 인접하고 있다. 내몽고는 초원으로 형성되어 있으며 이는 초원문화(草原文化) 형성의 자연적 조건을 제공하고 있다. 초원에서의 생활은 매우 힘들다. 따라서 초원문화는 상대적으로 호전적인 특징을 가진다.

1.3.3. 화동지역문화

화동(華東)지역은 상해시(上海市), 강소성(江蘇省), 절강성(浙江省)그리고 복건성(福建省)을 포함하고 있다. 오월문화(吳越文化) 지역은 강소성, 절강성, 그리고 상해시를 포함하고 있다. 춘추전국 시기에 이 지역은 오(吳) 나라와 월(越) 나라의 영토였다. 특히 장강삼각주지역은 오월문화의 핵심지역이다. 장강삼각주지역은 예로부터 사계절이 뚜렷하고 토양이 비옥하여 농사가 잘 되었으며 여러 가지 물질적인 조건이 양호하였다. 이러한 조건은 지역경제발전을 촉진시켰으며 하늘에는 천당이 있고 세상에는 소주(蘇州)와 항주(杭州)가 있다는 말을 만들었다. 물질적 기반이 풍부한 지역에서는 정신적인 문화 활동도 활발히 발달하게 된다.

오월문화(吳越文化)의 가장 큰 특징은 우수한 인재의 배출이다. 소주장원(蘇州狀元)과 소흥사야(紹興師爺)는 역사적으로 유명한 지역인재집단을 말하는데 모두 오월문화지역을 배경으로 하고 있다. 명나라와 청나라의 장원 중에서 소주부(蘇州府)의 출신이 가장 많기 때문에 소주장원이라 불리었다. 소흥(紹興)은 사야(師爺)로 유명하기 때문에 소흥사야(紹興師爺)로 불리었다. 사야(師爺)는 정식 관직은 아니었으나 관리를 도와주는 조수와 같은 역할을 하는 사람을 말한다. 소흥에는 이러한 역할을 하는 인재들을 많이 배출하였다. 이러한 인재배출도 이 지역이 가진 문화적인 잠재력이 크기 때문이다.

개혁개방 이후 온주(溫州)를 중심으로 발전한 민영경제는 이 지역의 독특한 지역발전모델을 형성하였으며 이를 온주모델이라고도 부른다. 온주모델을 형성하고 발전시키는데 있어서 특별한 문화적인 측면을 온주문화(溫州文化)라 부른다. 온주문화의 특징은 민간을 기반으로 하는 활발한 경제활동이다. 중국은 계획경제시기에 국가가 모든 자원의 배분을 계획하고 책임지고 있다. 개혁개방 이후에는 국가의 역할과 시장의 역할을 동시에 추구하고 있지만 국유부분이 주요한 경제적 자원을 독점하고 있는 것은 부정할 수 없는 사실이다. 이러한 배경에서 민간이 중심이 되는 경제활동은 특별히 주목을 받았으며, 시장이 있는 곳에는 항상 온주인(溫州人)이 있다라는 말까지 유행되고 있다.

상해를 중심으로 하는 지역문화를 상해문화(上海文化)라 한다. 상해은 원(元) 나라 때 처음으로 현(縣)을 설치하고 송강부(松江府)의 관할에 두었다. 당시 송강부는 경제발전수준이 상당히 높았다. 그러나 상해는 아편전쟁 이전에는 작은 어촌에 지나지 않았다. 아편전쟁 이후 통상을 개방하면서 상해는 새로운 발전의 기회를 갖게 되었으며 이는 상해가 동서문화를 융합하는 국제이민도시로 성장하였다. 일반적으로 상해인(上海人)을 말할 때는 정명(精明)하다고 한다. 즉 계산에 익숙하고 철저함을 의미한다.

화동지역의 문화적 특징인 강한 지역 중의 하나는 복건성(福建省)이다. 복건성 일대를 중심으로 하는 지역문화를 팔민문화(八闽文化), 민문화(闽文化), 복건문화(福建文化)라 부른다. 복건(福建)이란 지명은 당(唐) 나라 때 복건경약사(福建經略使)를 설치하면서 처음으로 사용되었으며 복주(福州)와 건주(建州)의 합해서 붙여진 이름이다. 북송(北宋) 시기에 복건로(福建路)에는 모두 8개의 행정구역을 설치하였다. 이 행정구역이 그 후 수백

년 동안 사용되었으며 줄여서 팔민(八闽)이라 불렀다. 복건지역의 문화적 특징은 대개 이 8개 행정구역과 비슷하게 일치하고 있다.

<표 10-5> 복건성 방언 인구 구조

방언 지역	인구(만 명)	비중(%)
闽方言地域	3,076	87.6
闽東方言地域	1,015	28.9
闽南方言地域	1,376	39.2
莆仙方言地域	302	8.6
闽北方言地域	204	5.8
闽中方言地域	91	2.6
邵将方言地域	88	2.5
客家方言地域	281	8.0
赣方言地域	17	0.5
吳方言地域	32	0.9
北方方言地域	7	0.2
混合方言地域	98	2.8
합계	3,511	100.0

주의: 2004년 기준.
자료: 胡兆量(2006), p.272.

1.3.4. 화중지역문화

중국의 하남성(河南省), 안휘성(安徽省), 호북성(湖北省), 호남성(湖南省), 강서성(江西省)은 화중(華中)지역이라 부른다. 특히 하남성을 중심으로 하는 지역문화를 중원문화(中原文化)라 한다. 하남성은 고대에는 예주(豫州)였으며 구주(九州)의 중앙에 위치하고 있기 때문에 중주(中州) 또는 중원(中原)이라고도 불렀다. 중원은 화하문명(華夏文明)의 발원지 중의 하나로서 기원전 21세기부터 1127년 북송(北宋)이 멸망하기 전까지 약 3천 여 년 동안 중국문화중심의 역할을 담당하였다. 하남성은 또한 중국 무술문화의 발원지이다. 소림무술(少林武術), 진씨태극권(陳氏太極拳) 등은 모두 하남성에서 시작되었다. 수(隨)나라 말 소림사(少林寺)는 이세민(李世民)을 도와 왕세충(王世充)을 무찔렀으며, 명(明)

나라 때는 왜구를 물리쳐 세상 사람들에게 추앙을 받게 되었다. 이후 민간에서는 천하의 무술은 소림사에서 나온다(天下功夫出少林)라는 말이 전해지게 되었다. 하남성은 또한 불교와도 깊은 관련이 있다. 불교가 인도로부터 중국으로 전해지면서 첫 번째로 안착한 곳이 바로 낙양(洛陽)이다. 낙양의 백마사(白馬寺)는 한(漢) 나라 때 세우진 중국 최초의 사찰이다.

중원이 문화적으로 중요한 배경을 가지고는 있지만 입지조건이 좋지 않아 중원문화의 발전을 저해하였다. 다르게 해석하면 이러한 입지조건이 오히려 중원문화 형성의 발판을 마련하였다고도 할 수 있다. 첫 번째 입지조건은 바로 전쟁이다. 중원은 주변 국가들이 중국으로 진입할 때 반드시 점령해야하는 중요한 전략적 요충지였다. 따라서 중원지역에는 전쟁이 빈번하게 발생하였다. 진(秦)부터 청(清)까지 중국에는 약 720 차례의 전쟁이 발생했는데 그 중 120 차례는 중원지역을 배경으로 하고 있다(胡兆量, 2006, p.286). 빈번한 전쟁은 하남성의 지역경제발전을 크게 저해하였다. 두 번째 입지조건은 자연조건이다. 황토고원(黃土高原)으로부터 내려온 진흙은 황하(黃河)를 경유하면서 하남성에 쌓이기 시작하였다. 이는 하남성의 농경작과 생활에 심각한 재난을 초래하였다.

현재의 안휘성(安徽省)을 배경으로 하는 안휘문화(安徽文化)는 화중지역문화의 또 하나의 중요한 부문이다. 안휘는 회하(淮河)를 경계로 북방과 남방으로 나누어진다. 안휘문화에서 가장 큰 특징은 바로 휘상문화(徽商文化)이다. 휘상(徽商)은 안휘성 지역의 상인을 말한다. 진상(晋商)이 산서성을 중심으로 북쪽 지역의 상권에 영향력을 초래하고 있듯이 휘상은 안휘성을 중심으로 남쪽 지역의 상권에 상당한 영향력을 초래하고 있다. 안휘성의 상인들이 세력을 형성하게 된 것은 명(明) 나라 때이다. 휘상은 일상생활에 필수품인 소금의 교역을 통해 큰 이익을 축적할 수 있었다. 따라서 이 지역에는 교역과 상업이 지역문화의 중요한 근간을 이루고 있다. 예전에는 남자 아이가 15세가 되면 집을 떠나 혼자서 독립해야 생활해야 한다고 가르쳤다. 이러한 독립성이 바로 휘상문화의 기반을 형성하고 있다.

현재의 강서성(江西省) 일대에는 강서문화(江西文化)가 발전하고 있다. 예전에는 강서지역이 중원과는 지리적으로 거리가 있었다. 그러나 주변의 절강성과 마찬가지로 많은 인재들이 배출되었다. 강서성의 또 다른 문화적 기반은 중국의 공산당 혁명이 시작되면서 다시 형성되고 있다. 즉 공산당의 혁명근거지가 정강산(井岡山)에서 시작되면서 최근에는 혁명문화(革命文化)의 발원지로 많은 관광객이 찾고 있다.

1.3.5. 화남지역문화

화남(華南)지역은 현재의 광동성(廣東省), 해남성(海南省), 광서자치구(廣西自治區), 그리고 홍콩과 마카오 등 지역을 포함하고 있다. 광동성 북부에는 남령산맥(南岭山脈)이 있다. 남령산맥의 남쪽을 영남(岭南)이라 부르고 주로 광동성과 해남성을 포함한다. 이 지역의 독특한 문화적 특성을 영남문화(岭南文化)라 한다. 영남문화의 특징은 한(漢) 문화를 근간으로 남월(南越)의 문화와 여러 외국의 문화를 종합적으로 융합한 문화체계를 형성하고 있다. 영남지역은 긴 해안선을 가지고 있으며 수 많은 섬들이 있다. 따라서 영남지역은 해상 비단길(丝绸之路)의 출발점으로 중국 근대의 외국문물이 이 지역을 통해 유입되는 경우가 많았다. 외부 세계와의 빈번한 접촉은 이 지역문화의 개방성을 더욱 높여 주었다.

광부문화(廣府文化)는 영남지역의 문화적 특징을 나타내는 대명사 중의 하나이다. 광주(廣州)는 광동성의 행정중심지이다. 따라서 광주를 중심으로 북경의 수도문화(首都文化)와 비슷한 형태의 문화적인 특징이 형성되며 이것을 광부문화라 부른다. 진시황이 영남지역을 통일한 후에 중원의 사람들이 광동성 일대로 이주해 오면서 광부문화는 시작되고 있다. 복건성의 사람들도 광동성으로 이주하였지만 이들은 광주 근처에서 발전하지 못하고 광동성의 동쪽 즉 복건성과 인접한 곳에서 거주하였다. 이들을 중심으로 형성된 지역문화를 조산문화(潮汕文化)라 부른다. 조산문화는 복요문화(福佬文化)라고도 부른다. 요(佬)는 사람을 뜻한다. 즉 복요(福佬)는 복건성의 사람이란 뜻이다. 조산지역의 사람들은 예로부터 근면성실하고 단결력이 강한 것으로 유명하다. 특히 경제활동에 있어서는 손재주가 뛰어나고 경제와 무역에 능통하였다.

화남지역문화에서 또 하나 빠트릴 수 없는 것은 바로 객가문화(客家文化)이다. 객가는 주로 중원에서 이주해 온 이주민이다. 역사적으로 볼 때 객가인들은 송(宋) 나라 말기 또는 원(元) 나라 초기에 중원으로부터 이주 해와서 주로 광동성의 동쪽과 북쪽 지역에 거주하기 시작하였다. 객가인들이 광동성에 이주해 올 때 자연환경이 비교적 좋은 지역은 이미 다른 부족이 점령하고 있었기 때문에 주로 산지지역에서 거주할 수밖에 없었다. 객가문화의 특징은 집단의식이 강하고 가족개념이 농후하여 주로 집단부락을 이루고 생활하였다.

화남지역문화의 네 번째 구성 요소는 바로 홍콩문화(香港文化)와 마카오문화(澳门文化)이다. 홍콩과 마카오는 중국 근대시기에 영국과 포르투갈의 점령과 더불어 비로소 지역발전의 계기를 마련할 수 있었다. 특히 홍콩문화는 영국의 영향을 받고 마카오문화는 포르투갈의 영향을 받아서 개방적이고 국제적인 문화적 특성을 가진다. 또한 현대에 접어들어서는 마카오는 전세계 도박의 도시로 성장하면서 지역문화 형성에도 적지 않은 영향을 초래하고 있다.

화남지역문화의 마지막 구성 요소는 바로 팔계문화(八桂文化)이다. 고대 전설에 의하면 월궁(月宮)에는 팔계수(八桂樹)가 있다고 한다. 계림(桂林)의 산수는 월궁과 같이 아름답기 때문에 사람들은 팔계를 계림이라 불렀다. 계림은 역사적으로 광서(廣西)의 행정중심지로서 팔계는 바로 광서를 나타내는 대명사로 사용되었다. 광서지역은 중국에서 소수민족이 가장 많은 지역 중의 하나이다. 그리고 팔계인들은 예로부터 노래 부르는 것을 좋아하였다. 어떤 모임이 있을 때 노래를 부르고, 길을 갈 때도 노래를 부르고, 기쁠 때는 기쁜 노래를 부르고, 슬플 때는 슬픈 노래를 불렀다고 한다.

1.3.6. 서북지역문화

서북(西北)지역은 섬서성(陝西省), 감숙성(甘肅省), 청해성(青海省), 영하회족자치구(寧夏回族自治區)와 신강유오이자치구(新疆维吾尔自治區)를 포함하고 있다. 섬서성을 대표하는 지역문화를 삼진문화(三秦문화)라 부른다. 섬서성은 고대 진(秦)나라의 영토였다. 항우(項羽)가 관중(關中)에 들어 온 후 세 명의 왕을 봉하여 각각 함양(咸陽) 서쪽과 동쪽 그리고 섬서 북쪽 지방을 통치하게 하였다. 이를 역사에서는 삼진(三秦)이라 부른다. 섬서성은 자연환경과 인문환경의 남북 격차가 크기 때문에 섬남(陝南), 관중(關中), 섬북(陝北) 세 지역으로 나눈다. 그 중 관중은 섬서지역의 사회, 경제, 문화의 중심지 역할을 하였다. 외지인들이 섬서지역에 와서 느끼는 10가지 기괴한 현상들을 섬서십대괴(陝西十大怪)라 부른다. 그 중 대부분은 음식문화와 관련이 있다. 관중지역은 소맥이 많이 생산된다. 따라서 국수는 일반적인 서민음식이다. 관중인들은 면을 먹을 때 길고 두꺼운 모양을 좋아한다. 면의 길이가 1미터가 넘는 경우도 있으며 폭이 3센티미터가 넘는 경우도 있다고 한다.

감숙성 일대를 중심으로 감롱문화(甘隴文化)가 형성되고 있다. 진(秦) 나라 때 이 지역에 롱서군(隴西郡)을 설치하였으며 줄여서 롱(隴)이라 불렀다. 원(元) 나라 때 감숙행성(甘肅行省)을 설치하고 감주(甘州)의 감(甘)과 숙주(肅州)의 숙(肅)을 합하여 감숙이라 불렀다. 감롱문화의 특징은 동양과 서양을 연결하는 통로와 돈황(敦煌)을 중심으로 하는 석굴문화(石窟文化)이다. 현재까지 발견된 석굴은 약 5백 여 개가 있으며 석굴에서 발견된 서적은 5만 여 권이 넘는다. 이들 서적에는 역사, 종교, 과학, 의학, 문학 등 여러 방면에 걸친 전문적인 지식들이 쌓여 있다.

신강유오이자치구는 여러 민족이 혼합되어 있는 지역이다. 천산(天山)산맥이 중앙을 가로지르고 있으며, 남쪽 지역은 유오이족의 전통적인 녹주문화(綠州文化)가 형성되어 있고, 북쪽 지역은 합살극족(哈薩克族)의 전통적인 초원문화가 형성되어 있다. 녹주문화와 초원문화를 합하여 신강문화(新疆文化)를 형성하고 있다. 신강문화의 특징은 4대 문화 즉 중국문화, 인도문화, 그리스문화, 그리고 이슬람문화의 집결지이다. 신강문화가 이러한 종합성을 가지게 될 수 있는 이유는 역시 지리적인 요인에 의한다. 신강지역은 동양과 서양을 연결하는 비단길의 가장 중요한 길목에 위치하고 있기 때문에 중동지역에서 중국으로 유입되는 인구와 중국에서 유럽으로 진출하는 인구가 모두 집결하는 지역이다. 따라서 신강지역은 자연적으로 모든 문명이 집결하는 장소로 발전하였다.

1.3.7. 서남문화지역

서남문화지역은 중경시(重經市), 사천성(四川省), 귀주성(貴州省), 운남성(云南省), 서장자치구(西藏自治區) 그리고 청해성(青海省)과 감숙성(甘肅省)의 장족(藏族) 분포지역을 포함한다. 기원 전 2,700년 경 사천분지(四川盆地) 서쪽에 성도(成都)를 중심으로 촉(蜀) 나라가 세워졌고, 분지의 동쪽에는 중경(重慶)을 중심으로 파(巴) 나라가 세워졌다. 이것이 촉파의 기원이다. 성도와 중경 지역을 중심으로 하는 지역문화를 파촉문화(巴蜀文化)라 부른다. 사천분지는 아열대기후지역으로 농경에 적합한 자연조건을 가지고 있다. 양호한 기후조건은 물적자원을 풍부하게 하였고, 또한 문학과 예술을 발전시키는 토양이 되었다. 한(漢) 나라 때 5대 문인 중 3명이 파촉인이었다. 당송8대가(唐宋八大家) 중 3인 역시 파촉 출신이다. 司马相如, 杨雄, 李白, 苏东坡, 郭沫若, 巴金 등은 모두 파촉의 문인들이다. 또한 사천분지는 남쪽 석각예술의 중심이다. 높이가 10미터가 넘는 석불이 약 20여 존(尊)이 있으며 사천성을 대불의 고향(大佛之鄕)이라고도 부른다. 풍부한 농산품과 아열대기후는 사천성 특유의 음식문화를 형성하게 하였다. 사천요리의 특징은 매운 맛이다. 아열대기후에서 매운 맛은 소화를 촉진시키고 식욕을 도와주면서 혈액순환을 증진시키는 역할을 한다고 믿었다. 따라서 사천요리에는 고추가 많이 사용되어진다.

귀주성을 예전에는 검(黔)이라 불렀다. 검귀문화(黔贵文化)는 귀주성 일대를 중심으로 하는 지역문화를 말한다. 검주문화의 가장 큰 특징은 대산문화(大山文化)이다. 귀주에는 산이 많다. 그래서 문만 열면 산이 보인다라는 말도 있다. 그러나 산이 많기 때문에 교통이 불편하여 외부와의 연계는 매우 불편하였다. 이러한 불편함은 많은 소수민족들의 전통을 그대로 계승할 수 있는 요인이 되었다. 운남성을 중심으로 하는 전운문화(滇云文化) 역시 많은 소수민족의 전통이 남아 있다. 특히 운남성은 중국의 한문화(漢文化), 동남아문화, 그리고 인도문화가 서로 만나는 지역으로 다양한 문화적 요인이 융합되어 있다. 운남성의 문화적 특징은 주로 운남십팔괴(云南十八怪)를 통해 요약할 수 있다. 십팔괴의 첫 번째는 마방(马帮)과 관련이 있다. 마방은 예전 운남성의 주요 교통수단으로 열악한 산악환경에서 외부와 연결되는 주요한 방법이었다. 운남성은 20여 개 이상의 소수민족이 분포하고 있으며 그 중 15개의 소수민족은 운남성에만 거주하고 있다. 따라서 운남성을 인류문화의 박물관이라 부른다.

서남지역문화에서 장문화(藏文化)는 독특한 특징을 가진다. 장문화지역은 서장자치구와 청해성의 대부분 지역, 그리고 사천성의 서부지역, 감숙성의 서남부지역, 운남성의 서북부지역까지 포함하는 광대한 면적을 가진다. 중국 전체 면적의 약 1/5을 차지한다. 그러나 인구는 천 만 명도 되지 않는다. 장문화는 청장고원(青藏高原)을 중심으로 형성되고 있으며 장불교(藏佛教)를 발전시키고 있다.

2. 문화인프라

2.1. 문화인프라

2.1.1. 예술공연단체

지역의 문화산업과 문화가 발전하기 위해서는 기본적으로 문화 인프라가 필요하다. 문화 인프라는 크게 유형적인 인프라와 무형적인 인프라로 나눌 수 있으며, 또한 정부 위주의 인프라와 민간 위주의 인프라로 나눌 수도 있다. 유형적인 인프라는 도서관, 박물관 등과 같이 유형의 건물을 중심으로 하고 있으며, 무형적인 인프라는 지역의 분위기와 지역 주민의 문화에 대한 인식도 등을 중심으로 하고 있다. 정부 위주의 인프라는 중앙정부와 지방정부가 중심이 되어서 운영 또는 지원하는 인프라를 말하며 예술공연단체, 예술공연장소, 공공도서관, 군중예술관, 문화관 등을 포함하고 있다. 그리고 민간 위주의 인프라는 민간이 출자하여 운영하는 각 종 문화시설들을 포함하고 있다.

예술공연단체는 지역문화발전을 위한 중요한 인프라 중의 하나이다. 중국의 예술단체는 크게 두 가지로 나눌 수 있다. 하나는 전문적인 예술을 중심으로 하는 것이며, 또 하나는 민간예술을 중심으로 하는 것이다. 전문적인 예술은 예술공연단체를 중심으로 발전하고 있으며, 민간예술은 군중예술관(群众艺术馆)을 중심으로 발전하고 있다. 군중예술관 역시 국가가 설립한 예술을 전문으로 하는 기구이며, 성(省), 자치구(自治区), 직할시(直辖市)와 주요 도시에 설립되어 있다.

중국의 예술공연단체는 1952년 2,084개에서 2006년에는 2,866개로 증가하였다. 한 가지 특이한 점은 개혁개방 이전의 예술공연단체 수가 개혁개방 이후 시기보다 많다. 이것은 당시 문화대혁명(文化大革命)과 같은 격동의 시기를 거치면서 예술공연단체가 단순한 예

<표 10-6> 예술공연단체와 예술공연장소의 발전 추이

(단위: 개)

연도	예술공연단체	예술공연장소
1952	2,084	1,510
1965	3,458	2,943
1980	3,533	1,444
1990	2,805	2,055
2000	2,630	1,912
2006	2,866	1,839

자료: 『中國文化文物統計年鑑2007』관련 내용 재정리.

술공연의 역할뿐만 아니라 정치적 선전과 같은 비예술적인 부문의 역할도 함께 하고 있기 때문이다. 그러나 개혁개방 이후에는 이러한 예술공연단체들이 많은 조정을 거치게 되고, 순수한 예술공연에만 전면하게 되었다. 예술공연장소도 1952년의 1,510개에서 2006년에는 1,839개로 증가하였다. 역시 개혁개방 이전 시기에는 예술공연단체와 마찬가지로 예술공연장소도 1965년에는 2,943개로 크게 증가하였다. 그러나 개혁개방과 더불어 큰 조정을 거치게 되었다.

<표 10-7> 예술공연단체와 장소의 지역별 분포

(단위: 개, %)

지역	예술공연단체				예술공연장소			
	1990년		2006년		1990년		2006년	
	수량	비중	수량	비중	수량	비중	수량	비중
전국	2,805	100.0	2,866	100.0	1,995	100.0	1,839	100.0
중앙	20	0.71	16	0.56	2	0.10	5	0.27
지방	2,785	99.29	2,850	99.44	1,993	99.90	1,834	99.73
북경시	23	0.83	18	0.63	24	1.20	42	2.29
천진시	23	0.83	16	0.56	29	1.46	28	1.53
하북성	143	5.13	135	4.74	101	5.07	93	5.07
산서성	169	6.07	158	5.54	51	2.56	46	2.51
내몽고자치구	124	4.45	108	3.79	30	1.51	28	1.53
요녕성	97	3.48	66	2.32	83	4.16	50	2.73

길림성	74	2.66	60	2.11	64	3.21	69	3.76
흑룡강성	94	3.38	84	2.95	53	2.66	46	2.51
상해시	36	1.29	97	3.40	39	1.96	148	8.07
강소성	137	4.92	127	4.46	125	6.27	81	4.42
절강성	90	3.23	245	8.60	93	4.67	141	7.69
안휘성	99	3.55	89	3.12	107	5.37	93	5.07
복건성	91	3.27	92	3.23	75	3.76	69	3.76
강서성	86	3.09	78	2.74	77	3.86	58	3.16
산동성	119	4.27	118	4.14	117	5.87	95	5.18
하남성	231	8.29	199	6.98	175	8.78	152	8.29
호북성	108	3.88	114	4.00	90	4.52	67	3.65
호남성	91	3.27	93	3.26	110	5.52	78	4.25
광동성	130	4.67	138	4.84	75	3.76	67	3.65
광서자치구	115	4.13	118	4.14	39	1.96	22	1.20
해남성	22	0.79	73	2.56	3	0.15	16	0.87
중경시	0	0.00	36	1.26	0	0.00	19	1.04
사천성	155	5.57	81	2.84	150	7.53	65	3.54
귀주성	33	1.18	24	0.84	14	0.70	11	0.60
운남성	137	4.92	126	4.42	46	2.31	33	1.80
서장자치구	25	0.90	26	0.91	9	0.45	26	1.42
섬서성	119	4.27	112	3.93	111	5.57	108	5.89
감숙성	85	3.05	75	2.63	56	2.81	28	1.53
청해성	14	0.50	12	0.42	3	0.15	1	0.05
영하자치구	20	0.72	14	0.49	16	0.80	11	0.60
신강자치구	95	3.41	118	4.14	28	1.40	43	2.34

자료:『中國文化文物統計年鑑2007』관련 내용 재정리.

문화인프라의 지역별 분포는 비교적 큰 편차를 가지고 있다. 한 가지 주의할 점은 경제발전 수준과 문화인프라의 지역별 분포는 어느 정도의 관계를 가지고 있지만 절대적 관계는 아니라는 사실이다. 2006년을 기준으로 할 때 예술공연단체의 수가 가장 많은 지역은 절강성(浙江省)으로 모두 245개가 있다. 그 다음은 하남성(河南省)과 산서성(山西省)이 각각 199개와 158개로 비교적 많은 예술공연단체를 가지고 있다. 이 들 지역은 중부지역에 위치하고 있으며, 동부지역의 기타 성 · 시(省 · 市)와 비교해서 경제발전 수준이 상대적으로 낮다. 그러나 이들 지역은 전통적인 역사적 기초가 비교적 풍부한 지역이다. 이 외에도 예술공연단체의 수가 상대적으로 많은 지역은 광동성(广东省), 하북성(河北省), 강소성(江苏省), 운남성(云南省), 산동성(山东省), 광서자치구(广西自治区), 신강자치구(新疆自治区), 호북성(湖北省), 섬서성(陕西省), 내몽고자치구(内蒙古自治区) 등이다.

예술공연단체 종사자의 지역별 분포를 보면 하남성이 가장 많은 7.76%를 차지하고 있으며, 그 다음은 산서성이 6.98%를 차지하고 있다. 전반적으로 볼 때 예술공연단체 종사자의 지역비중은 지역경제발전 수준과는 조금 다른 양상을 보이고 있다. 즉 지역경제발전 수준이 높은 동부 연해안 지역의 예술공연단체 종사자의 지역비중이 반드시 높은 것은 아니다. 오히려 문화적이고 역사적인 기반이 상대적으로 양호한 중부지역의 비중이 높다. 서부지역에서는 섬서성의 비중이 5.45%로 가장 높으며 전국에서도 비교적 높은 수준이다. 이 역시 섬서성이 가진 역사적인 조건에 기인하고 있다고 본다.

소유구조별로 보면 국유무분과 집체부문의 종사자수가 큰 비중을 차지하고 있다. 하남성과 산서성의 예술공연단체 종사자 중 국유와 집체부문은 전국의 7.97%와 7.09%를 차지하고 있다. 이는 하남성과 산서성의 예술공연활동이 절대적으로 정부의 지원에 의해 유지되고 있음을 나타낸다. 그러나 어떤 지역에서는 기타부문의 종사자수도 일정 비중을 유지하고 있다. 이는 지역의 예술공연활동이 더욱 다양화되고 있음을 반영한다. 그러나 전반적으로 볼 때 대부분의 지역에서는 국유와 집체부문이 절대적인 비중을 가지고 있는 것은 아직도 예술공연에 대해서는 정부의 지원이 절대적으로 필요함을 간접적으로 반영하고 있다.

<표 10-8> 예술공연단체 종사자의 지역별 분포

(단위: 명, %)

지역	전체 종사자 수(A)		국유+집체(B)		기타(C)		B/A
	수량	비중	수량	비중	수량	비중	
북경시	2,290	1.77	1,965	1.56	325	9.19	85.81
천진시	1,821	1.41	1,821	1.45	0	0.00	100.00
하북성	5,659	4.38	5,624	4.47	35	0.99	99.38
산서성	9,022	6.98	8,912	7.09	110	3.11	98.78

내몽고자치구	4,927	3.81	4,927	3.92	0	0.00	100.00
요녕성	4,111	3.18	3,208	2.55	903	25.54	78.03
길림성	4,204	3.25	4,204	3.34	0	0.00	100.00
흑룡강성	5,363	4.15	5,363	4.27	0	0.00	100.00
상해시	2,708	2.10	2,708	2.15	0	0.00	100.00
강소성	5,220	4.04	5,220	4.15	0	0.00	100.00
절강성	3,591	2.78	3,545	2.82	46	1.30	98.72
안휘성	4,630	3.58	4,249	3.38	381	10.78	91.77
복건성	4,175	3.23	4,077	3.24	98	2.77	97.65
강서성	3,503	2.71	2,940	2.34	563	15.93	83.93
산동성	6,250	4.84	6,250	4.97	0	0.00	100.00
하남성	10,024	7.76	10,024	7.97	0	0.00	100.00
호북성	5,969	4.62	5,668	4.51	301	8.51	94.96
호남성	4,557	3.53	4,449	3.54	108	3.06	97.63
광동성	5,835	4.51	5,741	4.57	94	2.66	98.39
광서자치구	4,250	3.29	4,195	3.34	55	1.56	98.71
해남성	1,078	0.83	1,035	0.82	43	1.22	96.01
중경시	1,341	1.04	1,247	0.99	94	2.66	92.99
사천성	4,429	3.43	4,429	3.52	0	0.00	100.00
귀주성	1,822	1.41	1,822	1.45	0	0.00	100.00
운남성	4,434	3.43	4,119	3.28	315	8.91	92.90
서장자치구	1,216	0.94	1,216	0.97	0	0.00	100.00
섬서성	7,038	5.45	7,038	5.60	0	0.00	100.00
감숙성	4,147	3.21	4,147	3.30	0	0.00	100.00
청해성	891	0.69	891	0.71	0	0.00	100.00
영하자치구	963	0.75	963	0.77	0	0.00	100.00
신강자치구	3,781	2.93	3,717	2.96	64	1.81	98.31

주의: 예술공연단체 종사자는 문화부문의 종사자만을 말함.
자료: 『中國文化文物統計年鑑2007』관련 내용 재정리.

2.1.2. 군중문화기구

군중문화(群众文化)는 중국의 특색이 반영되는 개념이다. 군중문화는 1953년부터 사용되기 시작한 개념으로 직업적인 문화활동 이외에 자발적인 참여와 개발을 위주로 하는 사회적 성격을 가진 문화활동이다. 즉 군중활동을 주체로 자발적으로 즐기고 가르치는 형식을 가지고 있으며 개인의 정신생활수요를 만족시키는 것을 목적으로 주로 문화오락활동을 주요 내용으로 하는 사회 · 역사적 현상을 말한다. 군중문화활동은 주로 군중예술관(群众艺术馆), 문화관(文化馆), 문화참(文化站), 문화궁(文化宫), 소년궁(少年宫) 등을 중심으로 이루어지고 있다.

군중예술관은 중앙정부가 성(省), 자치구(自治区), 직할시(直辖市), 계획내 도시나 구(计划单列市 · 区), 지구 · 주 · 맹(地 · 州 · 盟) 등에 설립한 문화사업기구로서 일반 대중을 대상으로 문화교육, 문화선전, 문화연구, 문예창작 등을 진행하고 군중문화활동을 조직하는 공익성(公益性) 사회주의(社会主义) 문화산업기구이다.

문화관은 현(县)이나 시(市) 단위의 군중문화 사업단위로서 문화중심(文化中心, cultural center)으로 부르는 지역도 있다. 문화관의 역할은 군중예술관과 비슷하나 행정구역 상 하급 단위에 속한다. 현재 중국의 각 성(省)과 시(市)에는 대부분 문화관이 설치되어 있다. 그리고 사회경제발전의 수준이 높아지고 정신문화수요가 증대하면서 더욱 많은 문화관이 건설되고 있다. 외국에 설립되고 있는 공자학원(孔子学院)도 중국의 전통문화를 알리는 문화관의 역할을 하고 있다.

문화참(cultural station)은 주로 농촌의 향(乡), 진(镇), 그리고 도시의 가도판사처(街道办事处), 구공소(区公所)에 설치된 가장 낮은 단위의 문화사업기구이다. 문화참의 역할은 문화관이나 군중예술관과 거의 비슷하나 주로 농촌을 중심으로 설치되어 있기 때문에 농촌문화활동의 중요한 기반이 되고 있다.

문화궁(cultural palace)은 구소련의 10월 혁명 후 직공(职工)들의 문화생활과 오락활동을 위해 설립된 것으로 중국에도 공회(工会)가 설립한 공인문화궁(工人文化宫) · 노동인민문화궁(劳动人民文化宫), 지역 정부가 민족문화의 교류를 위해 설립한 민족문화궁(民族文化宫), 각 지역의 공청단(共青团) 조직이 설립한 청년궁(青年宫) · 소년궁(少年宫) 등이 있다.

<표 10-9> 군중문화기구의 연도별 발전 추이

연도	군중예술관(개)	문화관(개)	문화참(개)
1980	218	2,748	17,297
1985	335	2,960	52,858
1990	366	2,955	52,435
1995	373	2,886	45,038
2000	390	2,907	42,024
2005	375	2,841	38,362
2009	361	2,862	38,736

자료: 『中國文化文物統計年鑑2010』.

군중문화기구는 개혁개방 이후 꾸준히 발전해 오고 있다. 군중예술관은 1980년 218개에서 2009년에는 361개로 증가하였다. 문화관은 1980년의 2,748개에서 2009년에는 2,862개로 증가하였다. 문화참은 17,297에서 38,736개로 가장 많이 증가하였다. 문화참의 증가 규모가 가장 큰 것은 군중문화기구가 도시를 중심으로 하기 보다는 농촌을 중심으로 전개되고 있기 때문이다. 그리고 농촌의 개혁과정에 있어서 문화참이 일정한 역할을 담당하고 있기 때문이다. 1980년대 중반 농촌개혁이 시작될 당시 전국의 문화참은 5만 여 개가 넘기도 하였다.

군중문화 부문을 구체적으로 보면 상당히 활발한 문화활동을 전개하고 있음을 알 수 있다. 2009년을 기준으로 군중예술관은 일 년 동안 총 2,499회의 전시회를 가졌으며, 17,654회의 문예활동을 조직하였다. 군중예술관은 성급(省級)과 지 · 시급(地 · 市級)으로 나누어지는데 상대적으로 지 · 시급에서 더 많은 문화활동이 이루어지고 있다. 문화관 역시 시급(市級)과 현급(縣級)으로 나누어진다. 문화관은 군중예술관 보다도 더욱 활발한 활동을 하고 있다. 2009년 한 해 동안 모두 109,580회의 문화예술 활동을 조직하였다. 그 중 시급 문화관은 54.39%를 차지하고 현급 문화관은 45.61%를 차지하고 있다. 문화참은 가장 하층 단위의 문화활동 조직기구이다. 주로 향 · 진급(鄉 · 鎭級) 문화참이 큰 비중을 차지하고 있다.

<표 10-10> 군중문화산업 부문별 현황(2009년 기준)

(단위: 개, 명, 회, 천 명)

구분	기구 수	종사자수	전시회	문예활동	교육인원
군중예술관	361	10,837	2,499	17,654	701
성급 (省級)	31 (8.59)	1,711 (15.79)	330 (13.21)	976 (5.53)	63 (8.99)
지·시급 (地·市級)	330 (91.41)	9,126 (84.21)	2,169 (86.79)	16,678 (94.47)	638 (91.01)
문화관	2,862	40,325	15,593	109,580	2,787
시급 (市級)	1,219 (42.59)	18,914 (46.90)	7,098 (45.52)	59,597 (54.39)	1,693 (60.75)
현급 (縣級)	1,643 (57.41)	21,411 (53.10)	8,495 (54.48)	49,983 (45.61)	1,094 (39.25)
문화참	38,736	86,325	92,159	427,818	12,445
향·진급 (鄕·鎭級)	33,378 (86.17)	71,768 (83.14)	71,395 (77.47)	300,228 (70.18)	8,651 (69.51)

주의: ( )는 해당 부문에서의 비중.
자료:『中國文化文物統計年鑑2010』.

군중문화기구의 지역별 분포를 보면 농촌인구가 상대적으로 많은 지역에서 군중문화기구가 활발히 발전하고 있음을 알 수 있다. 군중문화기구 수가 가장 많은 지역은 사천성(四川省)으로 전국의 9.48%를 차지하고 있다. 그 다음은 호남성으로 6.55%를 차지하고 하남성과 하북성도 각각 5.92%와 5.57%를 차지하고 있다. 군중예술관이 가장 많은 지역은 요녕성(遼寧省)으로 23개가 있다. 그리고 광동성(廣東省)과 사천성에도 각각 22개와 21개의 군중예술관이 있다. 문화관이 가장 많은 지역도 역시 하남성과 사천성으로 각각 184개와 181개가 있으며 하북성에도 162개가 있다. 문화참은 사천성에 가장 많이 분포되어 있으며 3,600 개로 전국의 약 10%를 차지하고 있다. 그 다음은 호남성에 2,485개의 문화참이 있으며, 하남성과 하북성에도 각각 2천 개 이상의 문화참이 설치되어 있다. 문화참은 농촌지역 문화관련 기구로서는 가장 하층 단계에 있지만 농민의 문화적 수준을 제고시키는 중요한 역할을 담당하고 있다. 아무리 높은 수준의 문화활동을 전개하여도 직접 접촉하지 못하면 문화교류가 발생할 수 없다. 이런 측면에서 문화참은 중국의 농촌경제발전에 있어서 중요한 역할을 담당하고 있음을 알 수 있다.

<표 10-11> 군중문화기구의 지역별 분포

(단위: 개, %)

지역	군중문화기구		군중예술관		文化館		文化站	
	수량	비중	수량	비중	수량	비중	수량	비중
전국	40,088	100.0	395	100.0	2,819	100.0	36,874	100.0
북경시	329	0.82	1	0.25	20	0.71	308	0.84
천진시	200	0.50	1	0.25	18	0.64	181	0.49
하북성	2,231	5.57	13	3.29	162	5.75	2,056	5.58
산서성	1,385	3.45	12	3.04	119	4.22	1,254	3.40
내몽고자치구	1,048	2.61	13	3.29	102	3.62	933	2.53
요녕성	1,495	3.73	23	5.82	110	3.90	1,362	3.69
길림성	830	2.07	14	3.54	67	2.38	749	2.03
흑룡강성	975	2.43	17	4.30	126	4.47	832	2.26
상해시	250	0.62	1	0.25	29	1.03	220	0.60
강소성	1,477	3.68	13	3.29	102	3.62	1,362	3.69
절강성	1,593	3.97	12	3.04	87	3.09	1,494	4.05
안휘성	1,514	3.78	15	3.80	99	3.51	1,400	3.80
복건성	1,108	2.76	10	2.53	80	2.84	1,018	2.76
강서성	1,393	3.47	12	3.04	101	3.58	1,280	3.47
산동성	2,015	5.03	18	4.56	140	4.97	1,857	5.04
하남성	2,373	5.92	18	4.56	184	6.53	2,171	5.89
호북성	1,321	3.30	18	4.56	103	3.65	1,200	3.25
호남성	2,625	6.55	15	3.80	125	4.43	2,485	6.74
광동성	1,731	4.32	22	5.57	120	4.26	1,589	4.31
광서자치구	1,252	3.12	16	4.05	99	3.51	1,137	3.08
해남성	229	0.57	3	0.76	18	0.64	208	0.56
중경시	1,057	2.64	15	3.80	25	0.89	1,016	2.76
사천성	3,802	9.48	21	5.32	181	6.42	3,600	9.76
귀주성	1,419	3.54	8	2.03	87	3.09	1,324	3.59
운남성	1,548	3.86	17	4.30	131	4.65	1,400	3.80
서장자치구	206	0.51	8	2.03	33	1.17	165	0.45
섬서성	1,757	4.38	11	2.78	109	3.87	1,637	4.44
감숙성	1,202	3.00	16	4.05	85	3.02	1,101	2.99
청해성	262	0.65	10	2.53	44	1.56	208	0.56
영하자치구	240	0.60	6	1.52	19	0.67	215	0.58
신강자치구	1,221	3.05	15	3.80	94	3.33	1,112	3.02

주의: 2006년 기준.

자료: 『中國文化文物統計年鑑2007』 관련 내용 재정리.

2.1.3. 공공도서관과 박물관

공공도서관과 박물관은 공익적인 측면에서 중요한 문화인프라이다. <표 10–12>에 의하면 공공도서관 수는 1980년의 1,732개에서 2009년에는 2,850개로 증가하였으며 이용자 수도 9,045만 명에서 32,168만 명으로 크게 증가하였다. 경제발전 수준이 높아지면서 국민들의 문화재 관람수요도 크게 증가한다. 따라서 박물관 수도 1995년에는 전국적으로 1,194개였지만 2009년에는 2,252개로 크게 증가하였다.

<표 10–12> 공익성 문화산업 부문별 현황

연도	공공도서관			박물관 (개)
	도서관수 (개)	소장도서 (만 권)	이용자수 (만 명)	
1980	1,732	19,904	9,045	–
1985	2,344	25,573	11,614	–
1990	2,527	29,064	12,435	–
1995	2,615	32,850	18,298	1,194
2000	2,675	40,953	18,854	1,384
2005	2,762	48,056	23,331	1,581
2009	2,850	58,521	32,168	2,252

주: –는 자료 부재.
자료: 『中國文化文物統計年鑑2010』.

2.2. 문화투자

2.2.1. 문화부문의 기본건설투자

문화부문에 대한 투자는 절대적인 금액은 크게 증가하고 있으나 상대적인 비중은 오히려 감소하고 있는 추세이다. 이것은 향후 중국이 해결해야할 중요한 문화적 과제 중의 하나이다. 제1차 경제개발5개년 계획 기간 동안에 문화부문에 대한 기본건설투자는 전체 국가기본건설투자의 0.49%를 차지하고 있다. 그러나 이 비중이 제2차 경제개발5개년 계획 기간과 제3차 계획 기간에는 각각 0.21%와 0.27%로 낮아졌다. 그러나 개혁개방과 더불어 제6차 경제개발5개년 계획 기간에는 0.75%로 다시 크게 상승하였다. 그러나 1986년부터는 문화부문에 대한 기본건설투자의 절대적 금액은 크게 증가하였으나, 전체 국가기본건설투자에 있어서의 비중은 오히려 점차적으로 감소하고 있으며, 제10차 경제개발5개년 계획 기간에는 이 비중이 0.09%로 크게 감소하였다.

이러한 추세는 두 가지 측면에서 이해할 수 있다. 하나는 문화부문에 대한 투자가 국가 중심에서 민간 중심으로 서서히 전환되고 있다는 것이다. 즉 시장경제체제의 점차적인 성숙으로 인해 문화에 대한 관심과 투자가 민간에서 크게 증가할 가능성이 크기 때문이다. 또 한 가지는 국가의 투자 역량이 여전히 문화부문보다는 기타 부문에 집중되고 있다는 것이다. 중국은 특히 각각의 지역은 문화에 대한 인식이 아직도 낮은 편이다. 비록 문화가 국가발전과 지역발전에 중요한 역할을 하고 있음에는 인식을 공유하지만 문화부문에 대한 투자는 기타 부문과 비교해 우선순위가 멀어지고 있는 것이다. 개혁개방정책이 제조업과 생산자서비스를 우선적으로 지원하고 있기 때문이다.

<표 10-13> 문화부문 기본건설투자 추이

(단위: 억 위안, %)

시기	문화부문 기본건설투자	문화부문기본건설투자 / 국가기본건설투자
제1차 경제개발5개년계획 기간 (1952년~1957년)	2.58	0.49
제2차 경제개발5개년계획 기간 (1958년~1962년)	1.97	0.21
3년 조정 기간(1963년~1965년)	0.40	0.11
제3차 경제개발5개년계획 기간 (1966년~1970년)	2.38	0.27
제4차 경제개발5개년계획 기간 (1971년~1975년)	2.67	0.18
제5차 경제개발5개년계획 기간 (1976년~1980년)	3.77	0.22
제6차 경제개발5개년계획 기간 (1981년~1985년)	25.68	0.75

제7차 경제개발5개년계획 기간 (1986년~1990년)	28.83	0.40
제8차 경제개발5개년계획 기간 (1991년~1995년)	53.13	0.23
제9차 경제개발5개년계획 기간 (1996년~2000년)	98.79	0.17
제10차 경제개발5개년계획 기간 (2001년~2005년)	136.88	0.09
2006년	37.17	0.06

자료: 『中國文化文物統計年鑑2007』관련 내용 재정리.

2.2.2. 문화사업비

문화사업비(文化事業費)는 국가가 사회문화사업을 위해 사용하는 경비지출을 말한다. 주로 박물관, 도서관, 예술관, 기념관, 문화예술단체, 신문, 통신, 방송, 미디어, 출판 등 부문에 사용되는 재정지출을 말한다. <표 10-14>에 의하면 문화사업비는 개혁개방 이후 매년 크게 증가하고 있다. 2009년은 문화사업비가 292.32억 위안에 달하고 있다. 그러나 전체 재정지출에서 차지하는 비중은 오히려 1980년대와 1990년대 보다 2000년대가 더욱 낮아지고 있다. 이는 중국 정부의 재정지출이 기타 부문에 더욱 집중되고 있음을 반영한다.[95)]

문화사업비의 구성을 보면 예술공연이 큰 비중을 차지하고 있으며, 그 다음은 군중문화와 공공 도서관 순서이다. 예술공연은 주로 예술공연단체가 큰 비중을 차지하고 있다. 2009년을 기준으로 예술공연단체가 전체 문화사업비의 20.0%를 차지하고 예술공연장소는 2.8%만을 차지하고 있다. 문화사업비의 지출구조를 보면 공공 도서관이나 군중문화 부문은 비교적 안정적인 비중을 유지하고 있으나 예술공연 부문은 매년 점차적으로 비중

95) 2009년 재정지출 구조를 보면, 교육이 13.68%로 가장 큰 비중을 차지하고 있으며, 일반행정서비스가 12.01%, 사회보장 및 취업이 9.97%, 농림수산업이 8.81%, 도시 및 농촌 건설이 6.69%, 국방이 6.49%, 공공안전이 6.22%, 교통운수가 6.09%, 의료위생이 5.23% 순서이다. 재정지출에서 교육과 농촌건설, 취업 등 민생과 관련된 부분의 비중이 상대적으로 높으며, 문화부문에 대한 비중은 매우 낮은 수준이다.

이 감소하고 있다. 이는 중국의 문화산업 발전에 큰 장애요인으로 작용할 수밖에 없다. 전문적인 예술공연에 대한 지원이 감소하면 결과적으로 질 높은 문화상품의 개발이 힘들기 때문이다.

<표 10-14> 문화사업비와 문화사업 기본건설투자 연도별 추이

연도	문화사업비					문화사업 기본건설투자	
	사업비 (억 위안)	재정지출중 비중(%)	구성			금액 (억 위안)	국가기본건설투자 중 비중(%)
			예술 공연	공공 도서관	군중 문화		
1980	5.60	0.45	56.2	8.9	17.5	3.63	0.82
1985	10.72	0.47	48.3	11.4	17.3	6.32	0.54
1990	17.94	0.49	43.2	12.4	17.4	5.14	0.30
1995	33.39	0.49	41.8	12.9	15.5	16.10	0.22
2000	63.16	0.40	33.5	14.8	17.8	22.95	0.17
2005	133.82	0.39	32.9	17.6	20.2	29.89	0.06
2009	292.32	0.39	22.8	14.0	18.3	81.67	0.05

자료: 『中國文化文物統計年鑑』 각 년도.

문화부문에 대한 투자는 국가기본건설투자에서 차지하는 비중을 보면 더욱 심각해진다. <표 10-14>에 의하면 문화산업 기본건설투자는 매년 절대적인 금액은 증가하고 있지만 국가기본건설투자에서 차지하는 비중은 1980년의 0.82%를 고점으로 매년 점차적으로 감소하여 2009년에는 0.05%만을 차지하고 있다. 물론 문화산업의 발전이 전적으로 국가의 투자역량에 의해서만 결정되는 것은 아니다. 그러나 중국의 경제시스템의 특징을 볼 때 국가의 투자역량은 해당 산업의 발전에 중요한 조건이 될 수밖에 없다.

2.2.3. 지역별 문화사업경비 지출

지역별 문화사업경비 지출의 비중은 아래 표와 같다. 2009년을 기준으로 문화사업경비의 지출 비중이 가장 큰 지역은 광동성으로 8.44%를 차지하고 있다. 그 다음은 상해시(上海市)가 7.77%, 절강성(浙江省)이 7.57%, 강소성(江蘇省)이 6.00%를 차지하고 있다.

<표 10–15> 지역별 문화사업경비 지출 비중

(단위: %)

지역	2001년	2005년	2009년
북경시	4.42	5.27	5.17
천진시	1.76	2.58	2.48
하북성	3.79	3.23	2.65
산서성	2.21	2.43	2.74
내몽고자치구	2.00	2.49	2.86
요녕성	3.80	3.88	3.57
길림성	2.18	2.17	2.60
흑룡강성	2.43	2.75	2.48
상해시	11.18	6.46	7.77
강소성	7.03	6.34	6.00
절강성	7.10	9.01	7.57
안휘성	2.51	2.49	2.94
복건성	3.95	3.51	3.90
강서성	1.86	1.91	2.32
산동성	4.65	5.03	4.18
하남성	3.45	3.08	3.58
호북성	3.67	3.56	3.99
호남성	3.06	2.84	3.25
광동성	10.35	10.46	8.44
광서자치구	2.25	2.29	2.41
해남성	0.41	0.49	1.17
중경시	1.54	1.43	2.11
사천성	3.72	3.63	1.86
귀주성	1.13	1.53	1.89
운남성	2.83	3.43	2.92
서장자치구	0.38	0.65	0.65
섬서성	1.93	1.92	2.72
감숙성	1.38	1.70	1.80
청해성	0.56	0.60	0.88
영하자치구	0.55	0.79	0.83
신강자치구	1.91	2.03	2.27

자료: 『中國文化文物統計年鑑』 각 년도.

그리고 북경시(北京市)도 5.17%로 비교적 높은 비중을 차지하고 있다. 문화사업경비 지출의 전국 비중은 지역경제발전수준과 밀접한 관련이 있다. 문화사업에 대한 경비를 지출한다는 것은 지역경제발전 수준이 어느 정도에 도달하였기 때문에 가능한 것이다. 동부연해안 지역이 상대적으로 지역경제발전 수준이 높기 때문에 문화사업경비 지출 비중도 높으며, 중부지역과 서부지역은 상대적으로 이 비중이 낮다. 중부지역과 서부지역은 지역경제발전 수준이 낮기 때문에 문화사업에 대한 지출보다도 다른 부문에 대한 지출이 더욱 중요할 수 있다. 그러나 서부지역의 섬서성(陝西省), 운남성(云南省), 사천성(四川省), 중경시(重慶市), 신강자치구(新疆自治區) 등은 상대적으로 높은 비중을 차지하고 있다.

3. 문화산업

3.1. 문화산업의 발전

3.1.1. 문화산업의 분류

문화산업의 분류는 문화산업 연구의 가장 기초적인 작업이다. 즉 어떤 영역까지를 문화산업으로 포함시킬 것인가에 대한 문제이기 때문이다. 이는 지식산업이나 IT산업과 마찬가지로 기존의 산업분류체계에서는 직접적인 분류가 불가능하기 때문이다. 문화산업에 대한 분류는 국가별로 공통적인 부분도 있지만 상이한 측면도 있다.

오랫동안 계속되고 있는 문화산업에 대한 정의 문제의 본질은 문화상품이다. 즉 문화가 상품으로서 전환될 때 비로소 문화산업의 주체가 될 수 있기 때문이다. 이 문제에 대해 高福進(2002)은 어떤 생산된 산출물이 물질적인 것이든 정신적인 것이든 또는 실물의 형태든지 아니면 서비스 형태든지 문화상품이 되기 위해서는 반드시 문화적(文化的), 전파적(傳播的), 경제적(經濟的) 세 가지 성질을 가지고 있어야 한다고 주장하고 있다. 문화상품은 시장에 참여하면 자유롭게 교환이 가능하다. 이것이 바로 예술상품과 예술작품의 차이이다. 문화상품이 시장에서 교환되기 위해서는 반드시 교환가치가 있어야 한다. 高福進(2002)은 문화상품의 가치는 문화예술가치, 경제가치, 소비자가치를 포함하고 있다고 본다.

박계화(2010)와 김광규(2010)는 한국의 문화산업을 분류할 때 『문화산업진흥기본법』을 이용하고 있다. 『문화산업진흥기본법』에 의하면 문화산업이란 문화상품의 기획 · 개발 · 제작 · 생산 · 유통 · 소비 등과 이에 관련된 서비스를 행하는 산업으로 정의하고 있다. 日本貿易振興機構(2007)에 의하면 문화산업은 판매, 출판, 발행, 방영, 정보 전달 등의 유통에 종사하는 매체전달기업과 창조적 컨텐츠를 제작하는 기업과 개인으로 구성된다. 이러한 정의에 따라 日本貿易振興機構(2007)는 일본의 문화산업을 영화, TV 방송물, 만화, 애니메이션, 음악, 게임으로 구분하고 있다.

문화산업에 대한 정의를 일반화하기 위한 시도는 지금도 계속되고 있지만 Krober, A. & Kluckhohn, C.(1952)이 오래전에 고민한 것과 같이 여전히 하나의 '추가적 정의'가 계속되고 있다. 왜냐하면 문화 자체가 끊임없이 새로운 발전을 추구하고 있기 때문이다. 안인자(2006)는 문화산업과 관련해서 문화상품, 문화콘텐츠, 디지털콘텐츠, 디지털문화콘텐츠, 온라인디지털콘텐츠, 멀티미디어콘텐츠 등 수많은 용어들이 진화하고 있음을 정리하고 있다. 이러한 진화와 발전은 문화산업의 분류를 더욱 어렵게 하는 요인으로 작용하고 있다. 최근 UNESCO(2007)은 문화활동에 대한 정의를 경제적인 측면으로부터 사회적인 측면으로 확장하고 있다. 문화산업의 분류에 있어서 또 한 가지 유의할 점은 문화산업과 문화적 산업 간에 구분이 필요하다. 일반적으로 문화산업은 문화 자체를 소재로 하는 산업을 의미하고 있으며(Wynne, D., 1992), 문화적 산업은 문화적 특성과 소재를 이용한 산업(Scott, A. J., 1997)으로 섬유, 화장품, 가구 등 제조업 전반을 포함 할 수도 있다(유재윤, 진영효, 김형국, 2000).

<표 10-16> 중국의 문화산업의 분류

<table>
<tr><td rowspan="9">문화산업</td><td rowspan="4">핵심 문화 산업</td><td>신문서비스(新闻服务)</td></tr>
<tr><td>출판발행과 저작권 서비스(出版发行和版权服务)</td></tr>
<tr><td>방송· TV· 영화 서비스(广播 · 电视 · 电影服务)</td></tr>
<tr><td>문화예술서비스(文化艺术服务)</td></tr>
<tr><td rowspan="3">주변 문화 산업</td><td>인터넷문화서비스(网络文化服务)</td></tr>
<tr><td>문화여가오락서비스(文化休闲娱乐服务)</td></tr>
<tr><td>기타 문화서비스(其他文化服务)</td></tr>
<tr><td rowspan="2">상관 문화 산업</td><td>문화용품 · 설비 및 관련 문화제품
(文化用品 · 设备及相关文化产品)의 생산</td></tr>
<tr><td>문화용품 · 설비 및 관련 문화제품
(文化用品 · 设备及相关文化产品)의 판매</td></tr>
</table>

자료: 中華人民共和國國家統計局.

중국의 문화산업 분류는 일반적으로 2004년 국가통계국(國家統計局)에서 발표한 『文化及相关产业分类』(이하 『分類』)를 기준으로 하고 있다. 이 『分類』는 『国民经济行业分类(GB / T4754—2002)』를 바탕으로 문화산업 연구와 정책 수립에 필요한 자료를 구축하고 있다(中華人民共和國國家統計局).

『分類』는 문화산업 및 관련 산업을 "사회 공중에게 문화 · 오락상품과 서비스를 제공하기 위한 활동 그리고 이러한 활동과 관련된 활동의 집합"으로 정의하고 있다. 『分類』는 산업연관에 따라 문화산업을 다시 핵심문화산업, 주변문화산업, 그리고 상관문화산업으로 분류하고 있다. 핵심문화산업에는 신문서비스(新闻服务), 출판발행과 저작권 서비스(出版发行和版权服务), 방송 · TV · 영화 서비스(广播 · 电视 · 电影服务), 문화예술서비스(文化艺术服务)가 포함되며, 주변문화산업에는 인터넷문화서비스(网络文化服务), 문화여가오락서비스(文化休闲娱乐服务), 기타 문화서비스(其他文化服务)가 포함되고, 상관문화산업에는 문화용품 · 설비 및 관련 문화제품(文化用品 · 设备及相关文化产品)의 생산과 판매가 포함된다. 이 중에서 핵심문화산업과 주변문화산업은 일반적인 의미에서의 문화산업으로 분류할 수 있으나 상관문화산업은 범위의 확정이 상당히 어려운 부분이다.

문화용품 · 설비 및 관련 문화제품(文化用品 · 设备及相关文化产品)의 생산에는 다시 문화용품 생산, 문화설비 생산, 그리고 관련 문화용품의 생산이 포함된다. 문화용품의 생산에는 다시 문화용품 제조, 악기 제조, 장난감 제조, 오락용품 제조, 종이 제조, 수공예 종이 제조, 필름 제조 등이 있다. 문화설비 생산에는 전문 인쇄설비 제조, 영화기계 제조, 가정용 영상 및 음향 설비 제조, 복사 및 인쇄설비 제조 등이 포함되지만 일부 업종은 일부분만 문화산업으로 포함 될 수 있다. 따라서 중국의 문화산업 분류 역시 범위의 모호성 문제를 어느 정도 가지고 있을 수밖에 없다.

3.1.2. 문화산업의 구조

일반적으로 문화산업은 경제발전 수준이 높아짐에 따라 동반 성장한다. 경제발전 수준이 매우 낮을 때 문화산업은 산업발전의 순위에서 뒤로 밀리지만 경제발전 수준이 높아지면서 문화에 대한 수요가 증대하게 되고 이는 자연적으로 문화산업의 발전으로 이어진다. 중국의 문화산업도 매년 꾸준한 성장을 하고 있다. 그러나 기타 산업에 비해서 상대적으로 성장 속도는 느리다. 그리고 문화산업의 부가가치가 국가 전체 부가가치에서 차지하는 비중도 아직까지는 1%에도 미치지 못하고 있다. 이는 중국의 문화산업의 발전 공간이 향후에도 매우 크다는 것을 의미한다. 문화산업 중에서도 문화오락업이 가장 큰 비중을 차지하고 있다. 2006년을 기준으로 전체 문화산업 부가가치의 53.15%를 차지하고 있다. 그 다음은 예술업이 12.15%로 비교적 높은 비중을 차지하고 있다. 1996년과 비교해 볼 때 문화오락업의 비중이 감소하고 있으며, 예술업, 군중문화업, 그리고 도서관업의 비중이 약간 증가하고 있다. 이는 문화산업이 점차적으로 고부가가치 영역으로 발전해 나가고 있음을 말한다.

<표 10–17> 문화산업의 부가가치 성장 추이

(단위: 억 위안)

연도	합계 (A)	구성(%)				GDP (B)	A/B (%)
		예술업	도서관업	군중문화업	문화오락업		
1996	211.84	7.10	1.99	3.51	65.28	71,176.6	0.30
1997	207.14	7.56	2.37	4.28	61.46	78,973.0	0.26
1998	207.62	7.71	3.12	4.44	58.40	84,402.3	0.25
1999	191.29	8.84	3.42	5.35	53.32	89,677.1	0.21
2000	205.95	9.07	4.28	5.35	51.38	99,214.6	0.21
2001	210.68	9.94	4.54	5.79	47.44	109,655.2	0.19
2002	250.00	9.50	4.32	5.53	49.51	120,332.7	0.21
2003	307.20	10.39	3.88	5.03	53.10	135,822.8	0.23
2004	326.10	14.15	5.22	6.89	45.81	159,878.3	0.20
2005	389.71	12.13	4.94	6.51	51.12	183,867.9	0.21
2006	446.84	12.15	4.89	6.25	53.15	210,871.0	0.21

자료: 『中國文化文物統計年鑑2007』과 『中國統計年鑑2007』관련 내용 재정리.

3.1.3. 문화산업의 지역별 발전

문화산업의 지역별 부가가치 비중은 아래 <표 10-18>과 같다. 예술업의 부가가치 비중이 가장 높은 지역은 상해시(上海市)이다. 상해시는 경제발전 수준이 높을 뿐만 아니라 문화수요도 상대적으로 고부가가치화 되어 있기 때문에 다른 지역에 비해 예술업의 발전이 현저하다. 그 다음은 절강성(浙江省)과 북경시(北京市)의 예술업 비중이 높다. 절강성은 전통적으로 많은 인재를 배출한 지역이면서 문학과 문예에 있어서 우수한 전통을 가지고 있다. 이러한 조건은 지역 예술업 발전에도 중요한 역할을 한다. 북경시는 수도문화의 중심지로서 지역문화를 중심으로 한 예술업보다는 한(漢) 문화를 종합적으로 발전시키는 예술업이 주류를 이루고 있다. 전반적으로 볼 때 예술업은 지역경제발전 수준과 밀접한 관련이 있다. 예술업과 달리 군중문화업은 상대적으로 지역분포가 균등하게 발전하고 있다. 왜냐하면 군중문화는 서민적인 문화활동을 중심으로 하고 있기 때문이다.

<표 10-18> 문화산업 부가가치의 지역별 비중

(단위: %)

지역	전국 비중			지역 내 비중		
	예술업	군중 문화업	문화시장 경영기구	예술업	군중 문화업	문화시장 경영기구
북경시	5.23	1.75	0.87	23.86	4.11	20.69
천진시	2.13	1.28	0.74	21.82	6.73	39.22
하북성	2.47	3.21	1.87	13.24	8.83	51.79
산서성	2.75	2.17	3.52	10.03	4.08	66.58
내몽고자치구	2.25	2.16	1.10	19.85	9.80	50.30
요녕성	3.89	2.74	1.43	21.99	7.98	42.02
길림성	2.45	2.23	1.41	18.78	8.79	56.14
흑룡강성	2.95	2.04	2.00	17.73	6.30	62.39
상해시	9.20	7.80	9.32	13.25	5.78	69.69
강소성	4.71	7.46	9.16	7.25	5.92	73.23
절강성	6.52	9.65	8.74	9.34	7.12	64.94
안휘성	2.68	2.79	2.92	12.49	6.69	70.50
복건성	3.18	1.57	4.06	11.60	2.95	77.01

강서성	1.65	1.68	5.08	5.27	2.76	84.14
산동성	4.64	4.95	5.20	10.76	5.90	62.54
하남성	3.24	2.84	2.98	12.76	5.76	60.82
호북성	3.36	3.16	3.17	12.40	6.01	60.66
호남성	2.19	2.97	3.59	8.62	6.02	73.36
광동성	6.29	14.23	9.18	8.89	10.35	67.28
광서자치구	2.49	2.80	3.71	9.66	5.59	74.76
해남성	0.95	0.40	0.67	18.66	3.99	67.88
중경시	0.97	2.49	1.99	6.49	8.54	68.94
사천성	2.85	3.90	5.89	6.89	4.85	73.92
귀주성	1.46	1.88	1.42	13.18	8.71	66.37
운남성	3.01	4.02	3.21	12.44	8.56	68.87
서장자치구	0.80	0.42	0.00	36.83	9.83	0.00
섬서성	2.44	1.98	3.37	8.83	3.67	63.19
감숙성	1.98	1.74	1.24	16.84	7.63	54.83
청해성	0.70	0.60	0.13	30.66	13.56	28.75
영하자치구	0.66	0.71	0.46	15.49	8.62	55.66
신강자치구	2.73	2.41	1.59	19.71	8.98	59.65

자료: 『中國文化文物統計年鑑2007』관련 내용 재정리.

<표 10-19> 경영성 문화산업의 부가가치 구성

구분	부가가치		노동자 보수	
	억 위안	비중(%)	억 위안	비중(%)
공연업(演出业)	12.93	7.39	6.24	12.74
영상업(影视业)	2.84	1.62	1.25	2.55
음향업(音像业)	17.48	9.99	6.42	13.11
문화오락업(文化娱乐业)	5.21	2.98	1.48	3.02
인터넷문화업(网络文化业)	126.39	72.20	29.88	61.00
문화관광업(文化旅游业)	0.01	0.01	0.01	0.02
도서잡지업(图书报刊业)	9.90	5.66	3.59	7.33
예술연수업(艺术培训业)	0.00	0.00	0.00	0.00
문물과 예술품업(文物和艺术品业)	0.29	0.17	0.11	0.22

주의: 2006년 기준.
자료: 『中國文化文物統計年鑑2007』관련 내용 재정리.

문화산업은 크게 공익성 문화산업과 경영성 문화산업으로도 분류할 수 있다. 공익성 문화산업은 공공의 이익을 주요 목적으로 하는 문화산업을 말하고 경영성 문화산업은 영리를 추구하는 산업을 말한다. <표 10–19>는 대표적인 경영성 문화산업의 부가가치와 노동자 보수의 비중을 나타내고 있다. 경영성 문화산업의 부가가치 중 가장 큰 비중을 차지하는 업종은 인터넷문화업으로 2006년 기준 72.20%를 차지하고 있다. 그 다음은 음향업과 공연업으로 각각 9.99%와 7.39%를 차지하고 있다. 노동자 보수의 비중을 보면 역시 인터넷문화업이 61.00%로 가장 높으며 음향업과 공연업이 그 다음이다. 부가가치와 비교해서 음향업과 공연업의 노동자 보수의 비중이 약간 높은 것은 상대적으로 조금 높은 임금을 받고 있기 때문이다. 인터넷문화업은 PC방을 중심으로 하는 게임산업이 주를 이루고 있다.

경영성 문화산업의 지역별 부가가치 비중을 보면 역시 지역경제발전 수준과 밀접한 관련이 있다. 공익성 문화산업과 달리 경영성 문화산업은 시장의 수요과 공급에 의해서 발전하기 때문에 지역경제발전 수준과 관련이 있는 것이다. 경영성 문화산업의 비중이 가장 큰 지역은 상해시로 2006년 기준 10.58%를 차지하고 있다. 그리고 절강성과 강소성도 8% 정도의 높은 비중을 차지하고 있다. 그러나 중부지역과 서부지역은 경영성 문화산업의 비중이 크게 낮아진다. 물론 중부지역과 서부지역도 지역인구가 많거나 또는 지역문화가 발전한 지역에서는 어느 정도 높은 비중을 차지하고 있다. 하남성, 호북성, 호남성은 중원지역으로 인구규모도 크다. 이들 지역의 경영성 문화산업 비중은 전국 평균보다 높은 수준이다.

<표 10–20> 경영성 문화산업 부가가치의 지역별 비중

지역	억 위안	비중(%)	지역	억 위안	비중(%)
전국	175.09	100.00	하남성	6.89	3.94
북경시	2.58	1.47	호북성	6.64	3.79
천진시	1.10	0.63	호남성	6.65	3.80
하북성	3.60	2.06	광동성	10.05	5.74
산서성	7.08	4.04	광서자치구	6.38	3.64

내몽고자치구	1.56	0.89	해남성	1.74	0.99
요녕성	2.13	1.22	중경시	3.40	1.94
길림성	2.55	1.46	사천성	7.87	4.49
흑룡강성	3.72	2.12	귀주성	2.48	1.42
상해시	18.52	10.58	운남성	4.41	2.52
강소성	14.69	8.39	서장자치구	0.00	0.00
절강성	14.81	8.46	섬서성	6.63	3.79
안휘성	6.04	3.45	감숙성	2.07	1.18
복건성	6.63	3.79	청해성	0.21	0.12
강서성	9.32	5.32	영하자치구	0.68	0.39
산동성	11.43	6.53	신강자치구	2.90	1.66

자료: 『中國文化文物統計年鑑2007』관련 내용 재정리.

앞에서도 언급하고 있듯이 중국의 문화산업은 결국에는 PC방과 이를 통한 인터넷산업으로 요약할 수 있다. 특히 경제발전수준이 높지 않은 지역에서는 문화수요가 젊은 세대들을 통해서 나타나는 비중이 높으며 이는 시장에서 PC방과 연결되고 있다. PC방 부가가치의 비중이 가장 높은 지역은 상해시가 아닌 절강성과 강소성이다. PC방은 고부가가치 산업이 아니기 때문에 수요의 규모에 의해 부가가치의 규모가 결정된다. 따라서 대부분 인구규모가 큰 지역의 부가가치 규모가 크게 나타나고 있다. 문화산업의 다른 업종과 달리 PC방은 전국적으로 균등하게 분포하고 있다. PC방 수와 종사자가 가장 많은 지역은 산동성이다. 2006년을 기준으로 산동성에는 모두 10,513개의 PC방이 있으며 종사자수는 37,466명에 달한다. 이는 각각 전국의 9.20%와 8.44%를 차지하는 비중이다. 산동성의 PC방 수와 종사자수가 많은 이유는 지역인구규모가 크고, 또한 어느 정도의 지역경제발전 수준에 도달하였기 때문에 젊은 세대의 문화수요가 폭발적으로 증가하는 것에 기인한다고 본다. 그러나 문화수요가 부가가치가 높지 않은 PC방에 집중되고 있는 것은 향후 중국의 문화산업이 풀어 나가야 할 과제이다. 즉 좀 더 고부가가치 업종으로의 산업구조고도화가 필요하다. 그러나 문화수요는 자발적으로 발생하는 것이지 정책적으로 양성되는 것은 아니다. 지나친 수요의 창출은 오히려 공급측면에서 문제를 발생시킬 수 있기 때문이다.

<표 10-21> PC방의 지역별 발전 현황

(단위: %)

지역	개 수		종사자		부가가치		영업면적
	(개)	(%)	(명)	(%)	(천 위안)	(%)	(천 m^2)
북경시	1,149	1.01	5,935	1.34	103,919	0.95	407.6
천진시	696	0.61	3,662	0.83	70,847	0.65	183.5
하북성	5,345	4.68	16,956	3.82	258,321	2.35	519.4
산서성	2,881	2.52	10,604	2.39	521,468	4.75	449.2
내몽고자치구	2,089	1.83	5,911	1.33	75,867	0.69	187.1
요녕성	3,360	2.94	11,759	2.65	103,357	0.94	539.4
길림성	3,019	2.64	13,473	3.04	176,173	1.60	575.9
흑룡강성	4,577	4.01	15,589	3.51	318,764	2.90	559.0
상해시	1,434	1.25	8,556	1.93	253,841	2.31	400.0
강소성	6,912	6.05	24,790	5.59	974,686	8.88	1,176.7
절강성	6,232	5.45	24,211	5.46	949,419	8.65	1,211.4
안휘성	4,557	3.99	15,289	3.45	344,212	3.14	452.9
복건성	2,975	2.60	12,394	2.79	355,886	3.24	540.2
강서성	4,446	3.89	22,243	5.01	717,207	6.53	739.0
산동성	10,513	9.20	37,466	8.44	844,910	7.70	1,372.3
하남성	6,295	5.51	23,803	5.36	553,968	5.05	903.0
호북성	5,659	4.95	23,149	5.22	518,826	4.73	839.7
호남성	9,431	8.25	25,862	5.83	566,928	5.16	943.0
광동성	4,586	4.01	32,401	7.30	593,406	5.40	1,704.1
광서자치구	4,625	4.05	19,798	4.46	525,386	4.79	736.4
해남성	1,046	0.92	3,658	0.82	80,558	0.73	132.6
중경시	2,765	2.42	11,244	2.53	235,786	2.15	359.3
사천성	7,329	6.41	25,641	5.78	487,620	4.44	903.3
귀주성	1,625	1.42	5,689	1.28	182,726	1.66	231.8
운남성	3,262	2.85	9,678	2.18	211,086	1.92	384.0
섬서성	2,646	2.32	17,947	4.04	585,908	5.34	777.6
감숙성	1,543	1.35	5,991	1.35	135,291	1.23	242.5
청해성	351	0.31	1,243	0.28	10,835	0.10	63.2
영하자치구	607	0.53	2,387	0.54	48,200	0.44	99.4
신강자치구	2,318	2.03	6,416	1.45	173,977	1.58	265.7

주의: 西藏自治区는 자료가 부족함.

자료: 『中國文化文物統計年鑑2007』관련 내용 재정리.

3.2. 문화산업의 생산성 비교

3.2.1. 생산성

생산성(productivity)이란 바로 투입에 대한 산출의 비율이다. 가장 이상적인 산출에 대한 실제산출의 비율로써 최대잠재산출에 대한 실제산출의 비율과 최소잠재산출에 대한 실제투입비율을 말한다. 생산단위의 투입과 산출이 모두 하나의 요소라면 생산성의 분석은 간단하다. 그러나 투입 요소의 종류가 많아지면 생산성의 분석은 좀 더 복잡해진다. 그리고 생산과정 중 효율의 차이와 생산 환경들의 차이, 즉 생산 기술의 차이는 생산성의 차이를 야기 시킨다. 따라서 생산성의 변화는 크게 두 가지 즉 생산체계의 효율성 변화와 생산기술의 변화에 기인한다. 생산성을 분석하는 도구는 여러 가지가 있다. 그 중 Malmquist가 고안한 Malmquist 생산성 지수는 거리함수의 비율을 이용하여 투입산출 지수를 구하는 것이다. 생산성의 분석에는 투입변수와 산출변수의 설정이 가장 중요하다. 박계화(2010)는 한국의 문화산업의 생산성을 분석할 때 기업체 수와 종사자 수를 투입변수로 설정하고 총매출액을 산출변수로 설정하고 있다. 김상욱(2011a, 2011b)은 중국의 문화산업의 생산성을 분석할 때 기업체 수와 종사자 수를 투입변수로 설정하고 산출변수는 부가가치 이용한다. 부가가치는 중간재를 포함하지 않기 때문에 산업의 발전을 비교하는 데 더욱 일반적으로 사용되는 변수이기 때문이다.

3.2.2. 문화산업의 부문별 생산성 비교

김상욱(2011a)은 중국의 문화산업의 생산성을 비교하기 위해 Global Malmquist Index를 이용하여 부문별 생산성을 추계한다. 분석기간은 10차 경제개발 5개년 계획이 시작되는 2001년부터 11차 경제개발 5개년 계획 기간 중의 2009년까지 설정한다. 자료는 『中國文化文物統計年鑑』을 이용한다. 그러나 2004년의 통계자료가 이용 불가능하기 때문에 2004

년은 분석에서 제외하기로 한다. 따라서 연도별 생산성 변화가 2003년–2005년으로 설정된다. 실증분석에는 최근에 개발된 MaxDEA를 이용한다.

Global Malmquist Index의 분석결과에 의하면 문화산업의 부문별 생산성은 모두 개선되고 있다. <표 10–22>에 의하면 문화시장경영기수 부문의 생산성이 가장 크게 개선되고 있으며, 그 다음은 문물업과 예술업 순서로 생산성이 개선되고 있다. 문화시장경영기구 부문은 2007~2008년 기간을 제외하고는 모두 Global Malmquist Index가 1보다 크게 나타나고 있다. 특히 2006~2007년 기간에는 Global Malmquist Index가 1.9312로 약 93%의 생산성이 개선된 것을 해석할 수 있다. 2008~2009년 기간에도 약 41% 정도의 생산성이 개선되고 있다. 문화시장경영기구 부문에서 가장 큰 비중을 차지하고 있는 가무오락과 PC방도 2008~2009년 기간 동안 각각 41.33%와 26.62%의 생산성이 개선되고 있다.

<표 10–22> Global Malmquist Index 분석 결과

문화산업 부문	2001–02	2003–05	2007–08	2008–09
예술업	1.1553	1.4585	1.0796	1.2110
# 예술공연단체	1.1436	1.8749	1.0743	1.1279
# 예술공연장소	1.1804	1.4353	1.0897	1.5501
도서관업	1.1314	1.5906	1.1232	1.1466
군중문화서비스	1.1460	1.6564	1.1145	1.1403
예술교육업	1.1239	1.8187	1.1185	1.1839
문화시장경영기구	1.3957	1.0343	0.8830	1.4091
# 가무오락	1.1147	1.1643	0.8898	1.4133
# PC방	1.3611	1.2467	0.9884	1.2662
문예과학 · 연구	2.9306	1.8272	1.1215	1.1465
문물업	1.2573	1.9090	1.0379	1.3268

자료 : 김상욱(2011a).

가무오락 부문의 생산성이 크게 개선된 것은 해당 분야의 기업 수가 2008년의 84,356개에서 2009년에는 82,200개로 감소한 반면 부가가치는 210억 위안에서 2009년에는 297억 위안으로 증가하였기 때문이다. PC 방의 기업 수는 2008년의 134,267개에서 2009년에는 138,048개로 증가하였으며, 부가가치도 2008년의 228억 위안에서 2009년에는 297억 위안으로 증가하였다. 기업 수는 2.81%가 증가하였으나 부가가치는 30.26%가 증가하였기 때문에 생산성도 크게 증가한 것이다. 그러나 2007~2008년 기간에서는 문화오락 부문의 생산성이 12% 정도가 감소하였다. 왜냐하면 동 기간 문화오락 부분의 종사자 수는 2.26%가 증가하였으나 부가가치가 9.79% 감소하였기 때문이다. 그 중에서도 PC 방은 종사자 수가 4.86% 증가하고 부가가치가 3.64%가 증가하였고, 가무오락은 종사자 수가 4.64% 증가하였지만 부가가치는 6.88% 감소하였다.

<표 10-23> 예술공연단체와 예술공연장소의 성장률 비교

(단위: %)

연도	예술공연단체			예술공연장소		
	단체 수	종사자 수	부가가치	공연장 수	종사자 수	부가가치
2002년	–0.12	–0.12	14.23	–0.60	–6.04	12.17
2003년	1.20	–0.29	7.98	4.54	–0.82	23.94
2005년	7.14	3.37	94.46	–2.41	–3.80	38.51
2006년	2.17	1.76	14.95	–1.45	–2.15	17.85
2007년	57.43	28.61	37.67	12.56	13.81	32.68
2008년	13.34	–0.40	8.68	–6.09	5.73	12.45
2009년	20.04	12.72	28.19	9.93	10.43	71.03

자료: 『中國文化文物統計年鑑2002』, 『中國文化文物統計年鑑2010』.

예술업은 분석기간 중 매년 생산성이 개선되고 있다. 전반적으로 볼 때 예술공연단체보다는 예술공연장소의 생산성이 상대적으로 더욱 개선되고 있다. 2009년을 기준으로 예술공연단체의 부가가치는 전체 문화산업의 7.56%를 차지하고 있으며 예술공연장소는 2.79%를 차지하고 있다. 즉 예술공연단체가 예술공연장소 보다는 더욱 큰 부가가치 규모를 가지고 있다. 그러나 예술공연단체는 단체 수가 매년 꾸준히 증가하고 있으나 예술공연장소 수는 특정 연도에 오히려 감소하는 경향이 있다. 종사자 수에 있어서도 역시 마찬가지이다. 따라서 특정 연도에서 예술공연장소의 생산성 개선이 예술공연단체보다 상대적으로 높게 나타나고 있는 것이다. 2008~2009년 기간 중에도 예술공연단체는 20.04%가 증가하고 있으나 부가가치는 28.19%가 증가하였다. 그러나 예술공연장소 수는 이 보다 적은 9.93%가 증가하였으나 부가가치는 71.0%가 증가하였다. 그 결과 Global Malmquist

Index가 예술공연단체는 12.8%가 개선되었으며 예술공연장소는 55.0%가 개선된 것으로 나타나고 있다.

분석결과를 종합하면 중국의 문화산업은 2001년~2009년 기간 동안 매년 부문별 생산성이 개선되고 있는 것으로 나타났다. Global Malmquist Index의 분석결과에 의하면 생산성의 개선이 가장 큰 부문은 문화시장경영기구이며 그 다음은 예술업 부문이다. 이 두 부문은 부가가치의 비중이 가장 크며 분석 기간 내에서 생산성의 개선도 가장 현저하게 나타나고 있다.

3.2.3. 문화산업의 지역별 생산성 비교

김상욱(2011b)는 김상욱(2011a)과 동일한 방법으로 중국의 지역별 문화산업의 생산성을 비교하고 있다. 분석결과에 의하면 문화산업의 전체의 생산성은 29.9% 정도 개선된 것으로 나타났다. 생산성의 개선 정도가 전국 평균보다 높은 지역은 호남성(湖南省), 하남성(河南省), 사천성(四川省), 길림성(吉林省), 북경시(北京市), 절강성(浙江省), 청해성(青海省), 복건성(福建省), 영하자치구(寧夏自治區), 감숙성(甘肅省), 내몽고자치구(內蒙古自治區), 상해시(上海市), 요녕성(遼寧省)이다.

생산성의 개선을 기술효율의 변화와 기술수준의 변화로 나누어 보면, 전자의 평균은 0.780이고 후자의 평균은 1.666이다. 이것은 생산성의 개선이 주로 부가가치의 증가로 인한 결과로 해석할 수 있다. 즉 투입과 산출의 관계가 개선되었다 보다는 산출의 절대적인 규모가 확대되면서 나타난 결과로 볼 수 있는 것이다. 기술효율의 변화에서 현저한 개선이 나타나는 지역은 호북성 뿐이다. 연도별로 보면 2005년–2006년 기간에 12.6%의 생산성 개선이 나타나고, 2006년–2007년 기간에 72.2%의 생산성이 개선되고 있으나 2007년–2008년에는 오히려 생산성이 악화되고 있다. 2008년–2009년 기간에는 다시 54.2%의 생산성이 개선이 나타나고 있다. 이러한 결과는 문화산업의 부가가치 자체가 2007년의 791.08억 위안에서 2008년의 762.43억 위안으로 감소하기 때문이다.

경영성 문화산업과 공익성 문화산업을 나누어서 생산성을 비교해 보면 더욱 흥미로운

<표 10-24> 중국 지역별 문화산업의 생산성 분석결과

지역	문화산업	경영성 문화산업	공익성 문화산업	문화시장 경영기구
북경시(北京市)	1.389	1.447	1.130	1.339
천진시(天津市)	1.213	1.248	1.185	1.288
하북성(河北省)	1.218	1.262	1.016	1.290
산서성(山西省)	1.157	1.180	1.106	1.189
내몽고자치구(内蒙古自治區)	1.340	1.377	1.170	1.426
요녕성(辽宁省)	1.323	1.361	1.193	1.388
길림성(吉林省)	1.420	1.471	1.196	1.527
흑룡강성(黑龙江省)	1.154	1.150	1.175	1.143
상해시(上海市)	1.339	1.365	1.094	1.390
강소성(江苏省)	1.203	1.214	1.126	1.214
절강성(浙江省)	1.365	1.419	1.086	1.445
안휘성(安徽省)	1.293	1.314	1.129	1.362
복건성(福建省)	1.347	1.377	1.138	1.427
강서성(江西省)	1.150	1.188	0.983	1.192
산동성(山东省)	1.264	1.281	1.139	1.307
하남성(河南省)	1.466	1.533	1.159	1.596
호북성(湖北省)	2.210	2.283	1.185	2.394
호남성(湖南省)	1.196	1.208	1.148	1.237
광동성(廣东省)	1.294	1.336	1.088	1.339
광서자치구(廣西自治區)	1.242	1.262	1.137	1.280
해남성(海南省)	1.281	1.304	1.126	1.336
중경시(重庆市)	1.144	1.163	1.039	1.180
사천성(四川省)	1.434	1.468	1.200	1.513
귀주성(贵州省)	1.233	1.244	1.188	1.277
운남성(云南省)	1.247	1.267	1.111	1.302
서장자치구(西藏自治區)	1.197	1.205	1.099	1.210
섬서성(陕西省)	1.274	1.344	1.058	1.347
감숙성(甘肃省)	1.345	1.413	1.196	1.467
청해성(青海省)	1.354	1.411	1.171	1.517
영하자치구(寧夏自治區)	1.346	1.364	1.219	1.479
신강자치구(新疆自治區)	1.149	1.151	1.137	1.169
평균	1.299	1.331	1.132	1.359
2005–2006년	1.126	1.137	1.061	1.143
2006–2007년	1.722	1.827	1.177	1.978
2007–2008년	0.952	1.935	1.097	0.906
2008–2009년	1.542	1.615	1.197	1.666

자료 : 김상욱(2011b).

결과를 얻을 수 있다. 경영성 문화산업은 문화시장경영기구와 예술공연단체 그리고 예술공연장소를 포함하고 있으며, 공익성 문화산업은 도서관, 박물관, 그리고 군중문화기구를 포함하고 있다. 경영성 문화산업은 영리추구를 목적으로 하기 때문에 투입과 산출의 관계에 상대적으로 더욱 민감할 수 있으나, 공익성 문화산업은 공공의 이익을 추구하기 때문에 상대적으로 덜 민감할 수 있다. 이러한 특성은 생산성의 개선 정도에서도 확연하게 나타나고 있다. <표 10-24>에 의하면 경영성 문화산업의 생산성 개선 정도는 평균 33.1%이고 공익성 문화산업은 평균 13.2%이다. 즉 경영성 문화산업의 생산성 개선 정도가 상대적으로 더욱 높게 나타나고 있는 것이다. 지역별로는 전국 평균보다 높은 지역이 문화산업 전체와 비슷하다. 경영성 문화산업을 기술효율의 변화와 기술수준의 변화로 나누어 보면, 전자는 0.766이고, 후자는 1.737이다. 즉 산출의 절대적 규모 확대가 생산성 개선에 크게 영향을 미치고 있으며, 그 정도는 문화산업 전체의 영향 보다 더욱 크게 나타나고 있다. 그러나 공익성 문화산업은 기술효율의 변화가 1.044이고 기술수준의 변화가 1.084로서 차이가 현저하지 않다.

3.3. 인터넷 게임산업의 발전

3.3.1. 온라인 게임산업의 구조

중국의 온라인 게임산업은 주로 인터넷게임, 모바일게임, 그리고 PC게임만을 포함한다. 2009년을 기준으로 온라인 게임산업의 구조를 보면, 인터넷게임이 97.47%로 절대적인 비중을 차지하고 있으며, 핸드폰을 위주로 하는 모바일게임의 비중과 컴퓨터에 게임을 설치하는 PC게임의 비중은 0.10%로 매우 낮은 비중이다. 즉 중국의 온라인 게임산업은 인터넷 게임이 절대적인 비중을 차지하고 있다.[96]

96) 3.3.은 주로 김상욱(2011c)을 참고하고 있음.

GPC(中国版协游戏工委)와 IDC(国际数据公司)가 공동으로 편찬한 『2009年中国游戏产业报告(摘要版)』에 의하면 2014년에도 역시 인터넷게임이 주를 이루고 있으나 모바일게임의 비중도 2009년에 비해서는 상당히 증가할 것으로 보고 있다. 그리고 향후 5년 간의 연평균 성장률도 과거 5년 보다는 보수적으로 예측하고 있다.

<표 10-25> 중국 온라인 게임산업의 구조

구분		인터넷게임	모바일게임	PC게임
영업수입 (2009년)	금액	256.2억 위안	6.4억 위안	0.25억 위안
	비중	97.47%	2.43%	0.10%
영업수입 (2014년)	금액	508억 위안	48.1억 위안	–
	비중	91.35%	8.15%	–
2009–2014년 연평균 성장률		14.7%	58.6%	–

주: 2014년 영업수입과 2009–2014년 연평균 성장률은 예측임.
자료: 『2009年中国游戏产业报告(摘要版)』, 김상욱(2011c).

3.3.2. 인터넷 게임산업의 발전

3.3.2.1. 인터넷 게임산업의 발전 단계

중국의 인터넷 게임산업은 2000년부터 시작되고 있다. 불과 10여 년 만에 인터넷 게임산업은 미증유의 발전을 거듭하고 있다. 2000–2003년은 발육기로서 주로 외국계 게임산업의 대리인 역할을 하였다. 2004–2006년은 take—off단계로서 국내 게임브랜드가 나타나기 시작하면서 MMORPG를 위주로 하는 대형 게임산업 기업들이 나타나기 시작하였다. 그리고 연간 영업수입이 100억 위안에 이르게 되었다. 2006–2009년은 중국의 인터넷 게임산업이 급속하게 성장하는 단계로서 국내 게임산업 브랜드가 외국계 상품을 초과하였다. 그리고 MMORPG를 위주로 하는 대형 게임 상품 이외에 단편 게임 상품들이 시장에 급속하게 나타나게 되있다. 시장집중도도 높아져 C_{10}은 85%에 달하게 되었다. 2010년부터는 안정기에 접어들고 있다.

중국의 인터넷 게임산업의 영업수입은 지난 5년 동안 약 6배 이상이나 증가하였다.

2005년 영업수입이 37.7억 위안이지만 2009년에는 256.2억 위안으로 성장하였다. 그리고 GPC(中国版协游戏工委)와 IDC(国际数据公司)의 예측에 의하면 2014년 인터넷 게임산업의 영업수입은 천 억 위안을 초과할 것으로 예상되고 있다. 이러한 예측은 중국의 인터넷 발전과 문화수요의 다양화 그리고 소득수준의 향상 등과 함께 충분히 달성할 가능성이 있다고 본다.

<표 10-26> 중국 인터넷 게임산업의 영업수입

연도	영업수입 (억 위안)	국내기업 영업수입 (억 위안)	비중 (%)
2005년	37.7	22.6	59.95
2006년	65.4	42.4	64.83
2007년	105.6	68.8	65.15
2008년	183.8	110.1	59.90
2009년	256.2	165.3	64.52
2012년	349.0	210.8	60.40
2014년	1,008.1	830.3	82.36

주: 2012년과 2014년 영업수입은 예측임.
자료: 『2009年中国游戏产业报告(摘要版)』.

인터넷 게임산업의 영업수입 구조를 보면 국내기업의 비중이 계속해서 증가하고 있다. 2005년 국내기업의 영업수입은 22.6억 위안으로 전체 산업의 59.95%를 차지하고 있으나 2009년에는 64.52%로 증가하고 2014년의 예측에는 국내기업의 영업수입 규모가 800억 위안을 초과하고 산업 내 비중은 80%를 초과할 것으로 예측하고 있다. 국내기업의 영업수입 비중이 높아지는 것은 중국 정부가 자국 내 기업을 적극 육성하고자 하는 노력의 일환으로 볼 수 있다.

3.3.2.2. 인터넷 게임산업의 산업특징

인터넷 게임산업은 다른 주변 산업에 대해 파급효과가 매우 큰 특징을 가진다. 기본적으로 인터넷 게임을 하기 위해서는 인터넷에 접속하여야 한다. 이는 통신업의 수요를 증대시킨다. 2009년 인터넷 게임으로 인한 통신업의 직접적인 영업수입은 인터넷 게임산업 자체의 영업수입보다 더욱 많은 369.1억 위안을 달성하였다. 그리고 IT 산업의 영업수입은 127.6억 위안으로 주로 PC, 게임서버, 저장용품, 소프트웨어 판매 및 A/S 등을 통한 영업이익의 창출을 말한다. 또한 인터넷 게임산업의 발전은 광고수입도 증대시키는 효과가 있다. 즉 게임을 통한 광고효과가 크기 때문이다. 2009년 인터넷 게임산업을 통한 광고 파급효과는 58.2억 위안으로 2008년 보다 크게 증가하고 있다. 전반적으로 볼 때 인터넷 게임산업의 발전은 다른 관련 산업의 발전에 적극적인 영향을 초래하고 있다. 이는 인터넷 게임산업 자체의 영업수입 보다 더욱 큰 규모의 파급효과를 창출하는 것이다.

<표 10-27> 중국 인터넷 게임산업의 파급효과

연도	통신업	IT 산업	출판 · 미디어업
2008년	312.8억 위안	112.4억 위안	53.2억 위안
2009년	369.1억 위안	127.6억 위안	58.2억 위안

자료: 『2009年中国游戏产业报告(摘要版)』와 『2008年中国游戏产业报告(摘要版)』.

인터넷 게임산업의 산업특징을 파급효과 이외에 아래 몇 가지로 요약해 볼 수 있다. 첫째, 국가가 게임산업의 발전을 적극적으로 지원하고 있다. 2009년 제정한 문화산업진흥계획(文化产业振兴规划)에서는 애니메이션을 중심으로 하는 게임산업의 발전을 적극적으로 지원하고 있다. 특히 민족적인 특성을 가진 애니메이션 게임산업을 적극적으로 발전시켜 나갈 것임을 강조하고 있다. 둘째, 정부부문의 게임산업에 대한 감독이 더욱 강화되고 있다. 이는 국내 게임산업의 육성을 위한 조치로서 해석할 수 있다. 2009년 중국의 신문출판총서(新闻出版总署)는 『关于加强对进口网络游戏审批管理的通知』를 발표하였다. 주요 내용은 외국계 게임산업의 기업들이 중국 내에서 영업을 할 경우에 관리와 감독을 더욱 철저히 한다는 것이다. 이를 통해 신문출판총서는 선정성, 폭력성, 도박성이 강한 71개의 게임을 재심사하여 외국계 게임 44개를 봉쇄하고 15개는 영업을 취소하고 12개는 내용 수정을 요구하였다. 셋째, 인터넷 게임산업이 문화창의산업을 이끌어 나가고 있다. 인터넷 게임산업은 IT 산업과 문화산업이 결합하여 탄생시킨 신흥 업종이다. 인터넷 게임에는 문학, 역사, 지리, 음악, 미술 등 다양한 문화적 요소가 포함되고 있다. 특히 최근에는 고전 소설 등을 활용한 인터넷 게임상품이 많이 등장하고 있다. 2009년 인터넷 게임산업의 영업 수입은 영화티켓판매수입 62.06억 위안을 훨씬 초과하고 있다. 넷째, 인터넷 게임상품이 점점 다양화 되고 있으며 시장구조도 대형게임, 단편게임, 웹게임으로 다양화 되고 있다. 2009년 단편게임의 영업수입은 59.9억 위안으로 크게 증가하였다. 横版格斗, 第一人称射击, 地下城与勇士, 穿越火线 등은 2009년 단편게임시장의 주요 게임들이다. 또한 웹게임은 SNS와 결합하여 새로운 social game들을 생산하고 있다. 上海五分钟网络科技公司가 개발한 开心农场은 开心网, QQ空间, 人人网 등의 SNS와 결합하여 수 천만 명의 가입자를 확보하고 있다. 다섯째, 인터넷 게임기업들의 사회적 책임감이 점차적으로 확대되고 있으며, 공익성 사업을 적극적으로 전개하고 있다.

3.3.2.3. 인터넷 게임산업의 발전요인과 장애요인

중국의 인터넷 게임산업은 불과 10년 전만 해도 거의 황무지와 다름없었다. 이렇게 짧은 시간 내에 급속한 성장을 할 수 있었던 것은 첫째로 정부의 적극적인 지원에 기인하고 있다. 2000년대에 접어들면서 중국은 급속한 경제성장에서 나타나는 에너지와 환경 등의 문제에 직면하게 되었고 이를 해결하기 위한 방편으로 저탄소경제를 적극적으로 추진하였다. 인터넷 게임산업은 저탄소경제를 대표할 만큼 산업적 의의가 있기 때문에 중앙정부뿐만 아니라 각 지방정부들도 적극적으로 발전을 지원하였다. 둘째, 삼망융합(三网融合) 정책은 인터넷 게임산업 발전에 새로운 인프라를 제공하고 있다. 삼망융합(三网融合)이란 인터넷, 이동통신, 유선 TV 세 가지 네트워크를 통합하는 정책을 말한다. 이를 통해 동일한 게임을 컴퓨터, TV, 핸드폰에서 즐길 수 있는 기반이 형성된 것이다. 또한 삼망융합 정책은 기존의 방송업종이나 이동통신업종들도 인터넷 게임산업으로 진입할 수 있는 새로운 기회를 제공하고 있다. 셋째, 출판업의 개혁이 인터넷 게임산업의 공평한 경쟁을 유도하고 있다. 중국의 출판업은 대부분이 국유기업의 성격을 가진 반면에 인터넷 게임산업은 민영기업이 주를 이루고 있다. 신문출판총서(新闻出版总署)는 2009년 『关于进一步推进新闻出版体制改革的指导意见』을 발표하고, 『中央各部门各单位出版社转制工作基本

规程』를 제정하였다. 이를 통해 출판시장의 경쟁을 유도하고 있다. 넷째, 인터넷 기반 시설의 확충은 인터넷 게임산업의 발전에 중요한 역할을 하고 있다. 2010년 인터넷 가입자 수는 4.20억 명에 달하고 있다. 그리고 지속적으로 확충되고 있는 광역 랜 망의 건설과 3D 기술의 발전은 인터넷 가입자 수를 더욱 증가시킬 것이고 이는 자연적으로 인터넷 게임산업 발전으로 이어질 것이다.

인터넷 게임산업은 정부의 적극적인 지원, 제도적 개선과 기반시설의 확충 등으로 급속한 발전을 이루고는 있으나 몇 가지 해결해야할 과제들도 공존하고 있다. 첫째, 관리 · 감독부문의 다원화가 인터넷 게임산업의 발전에 장애요인으로 작용할 수 있다. 인터넷은 통신, 신문, 출판, 교육, 위생 등 부문에서 관리 · 감독하고 있다. 따라서 인터넷 게임산업도 마찬가지이다. 2008년 중앙판공청(中央办公厅)에서 제정한 삼정(三定) 규정에 의해, 신문출판총서(新闻出版总署)는 출판단계에서의 애니메이션에 대한 관리와 게임 출판물의 사전 심사를 담당하고, 문화부(文化部)는 애니메이션과 인터넷 게임 관련 산업의 계획, 산업기지육성, 중점사업지원, 컨벤션교역, 시장의 관리 · 감독 등을 담당한다, 그리고 국가방송영화영상총국(国家广播电影电视总局)은 애니메이션과 인터넷 영상물에 대한 관리 · 감독을 담당하고 있다. 이렇게 분산된 관리 · 감독 체계는 인터넷 게임산업의 발전에 큰 장애요인으로 작용하고 있다. 둘째, 전자화폐의 재산권 귀속문제와 권리권한 문제 등이 인텃넷 게임산업의 발전을 저해하는 요인으로 작용하고 있다. 인터넷 게임 상에서는 여러 가지 종류의 전자화폐들이 거래되고 있다. 그러나 이에 대한 명확한 규정이나 관리지침이 부족하기 때문에 게임상과 소비자 사이에 분쟁이 자주 발생하고 있으며, 최근에는 더욱 증가하는 추세이다. 또한 인터넷 게임산업은 산업의 특성 상 새로운 형태의 게임이 자주 등장한다. 그러나 현재의 규정으로서는 새로운 형태의 게임산업을 관리할 수 없기 때문에 여러 가지 부작용들이 노출되고 있는 것이다. 셋째, 인터넷 게임은 산업의 특성 상 항상 인터넷에 접속되어야만 한다. 따라서 어떤 게임상은 게임 본래의 목적과는 전혀 관련성이 없는 다른 광고 등을 삽입함으로써 게임산업을 혼탁하게 하는 행위가 자주 발생한다. 이러한 행위들은 선정적이고 폭력적인 것들이 많기 때문에 건전한 게임산업의 발전을 저해하는 요인이다.

3.3.3. 중국 국내 인터넷 게임산업의 발전

3.3.3.1. 중국 국내 인터넷 게임기업의 현황

중국의 인터넷 게임산업의 성장과 정부의 적극적인 지원에 힘입어 2000년 중반부터 국내 기업들이 급속하게 성장하고 있다. 2007년 이미 국내 기업이 126개에 달하고 있으며 2009년에는 161개로 성장하였다. 국내 인터넷 게임기업의 지역별 분포를 보면 북경(北京)지역, 상해(上海)지역, 광동(廣東)지역, 복건(福建)지역에 많이 집중되고 있으며, 2009년을 기준으로 이들 4개 지역의 합계는 전국의 73.29%에 달하고 있다. 이들 지역은 경제발전 수준과 대외개방이 다른 지역과 비교하여 상대적으로 양호한 지역이기 때문에 인터넷 게임 산업에 필요한 인적자원의 확보가 상대적으로 용이하다고 본다.

<표 10–28> 중국 국내 인터넷 게임기업 수의 변화

구분	2007년	2008년	2009년	
			기업 수 (개)	비중 (%)
전국 합계	126	131	161	100.00
북경(北京)지역	41	38	47	29.19
상해(上海)지역	22	28	37	22.98
광동(廣東)지역	19	20	25	15.53
복건(福建)지역	—	12	9	5.59
4개 지역합계	82	98	118	73.29

자료: 『中国游戏产业报告(摘要版)』 각 년도.

<표 10–28>에 의하면 국내 기업의 종사자 수도 매년 꾸준히 증가하고 있음을 알 수 있다. 2007년 종사자 수가 21,034명인데 2009년에는 27,909명으로 크게 증가하였다. 그 중 연구개발 부문의 종사자 수는 16,251명으로 전체의 58.23%를 차지하고 非연구개발 부문의 종사자 수는 11,648명으로 41.77%를 차지하고 있다. 연구개발 부문을 보면 삽화의 인원이 기획보다 훨씬 많다. 이러한 인력 구성은 게임기업이 새로운 게임상품을 개발하기 보다는

기존의 상품을 더욱 정교하게 수정 · 보완하는 부문에 중점을 두고 있음을 알 수 있다. 그리고 非연구개발 부문의 종사자 수도 상대적으로 많은 것은 해외영업 등에 많은 인원이 필요하기 때문으로 해석할 수 있다.

인터넷 게임산업의 기업 수와 종사자 수가 증가함에 따라 국내 기업들의 게임상품 개발 수도 매년 크게 증가하고 있다. 2004년 109개 정도인 국내 게임브랜드가 2009년에는 321개로 크게 증가하였다.

<표 10-29> 중국 국내 인터넷 게임기업의 종사자수

구분	2007년	2008년	2009년
합계	21,034명	24,768명	27,909명
연구개발 부문	–	14,599명	16,251명
기획	–	–	3,227명
삽화	–	–	7,012명
非연구개발 부문	–	10,169명	11,648명

주: –는 자료 부재.
자료: 『中国游戏产业报告(摘要版)』 각 년도.

3.3.3.2. 중국 국내 인터넷 게임산업의 업종 특징

급속하게 성장하고 있는 국내 인터넷 게임기업의 업종 특징을 아래 몇 가지로 요약해 볼 수 있다. 첫째, 새로운 게임연구개발 기업들이 크게 증가하고 있다. 2009년 일 년 동안 새로 설립된 게임연구개발 기업이 23개에 달하고 있다. 2008년 글로벌 금융위기의 환경 속에서도 인터넷 게임산업에는 신규투자가 끊임없이 이어지고 있었으며 새로운 기업들이 지속적으로 설립되고 있다. 인터넷 게임산업으로 투자가 집중되는 것은 주식이나 부동산 보다도 투자회수율이 더욱 높다는 투자자의 심리에 기인하고 있다. 둘째, 2009년을 기준으로 국내 인터넷 게임연구개발 기업은 161개에 달하고 있으며 이들은 주로 북경, 상해, 광동 지역으로 집중 분포하고 있다. 중부지역이나 서부지역은 게임연구개발의 연봉이 동부 연해안 지역보다 낮기 때문에 대부분 우수한 인재들은 북경, 상해, 광동 지역으로 이동하고 있다. 셋째, 동부 연해안 주요 지역의 노동비용이 상승함에 따라 일부 규모가 큰 기업들은 중부 내륙 지역이나 주변 중소도시로 자회사를 확장하는 추세이다. 특히 광동성의 주해(珠海)와 사천성의 성도(成都)로 게임연구개발기업이 이동하고 있다. 蓝港在线珠海子公司가 주해에 설립되면서 기존의 金山软件와 함께 주해는 인터넷 게임산업의 새로운 연구개발기지로 발전하고 있다. 성도는 중국 서남부 지역의 중심 도시로서 盛大, 腾讯, 巨人, 完美时空, 九城, 光宇华夏 등 기업들이 연구개발센터를 설립하면서 새로운 연구개발기지로 급성장 하고 있다. 넷째, 국내 인터넷 게임기업들의 임금이 지속적으로 상승하고 있으며 지역별 격차도 점차적으로 확대되고 있다. 2009년을 기준으로 종사자의 월 수입이 3,500~5,000위안이 전체의 25.73%를 차지하고 있으며, 월 수입이 5,000~ 7,500위안인 비중이 23.1%를 차지하고 있다. 이 기준은 전국 평균이기 때문에 동부 연해안 지역의 북경과 상해 그리고 광동성 지역은 이 보다 더욱 높은 연봉이 보장되고 있다. 그러나 성도나 중경(重慶)은 비록 많은 자회사들이 설립되어서 어느 정도 임금상승이 이루어지고는 있으나 여전히 상대적으로 낮은 수준을 유지하고 있다. 다섯째, 대형 게임기업들의 영향력이 상대적으로 더욱 높아지고 있다. 새로운 게임상품을 개발하는 데는 많은 비용와 인력이 필요하다. 따라서 규모가 큰 게임기업이 상대적으로 유리한 조건을 가지고 있다. 또한 대형 기업은 영업망과 광고망이 더욱 발달되어 있기 때문에 시장점유율도 그 만큼 쉽게 달성할 수 있다. 2009년 큰 인기를 얻었던 网易公司의 天下贰와 完美时空의 梦幻诛仙는 새로운 게임이 시장에 출시되면서 바로 대규모 소비자를 모집할 수 있었다. 그 원인은 바로 대형기업이 가진 영업망과 광고망에 기인하고 있다.

3.3.3.3. 중국 국내 인터넷 게임산업의 발전 요인

중국의 인터넷 게임산업의 국내 기업들이 발전 할 수 있는 가장 중요한 요인은 바로 정부가 주도적으로 게임산업의 발전을 추진하고 있기 때문이다. 이를 통해 게임산업의 산업화가 더욱 빨리 형성될 수 있었다. 중앙정부는 인터넷 게임산업의 발전을 도모하기 위해 국가애니메이션게임산업기지(国家动漫游戏产业基地)를 설립하고 있다. 2006년 문화건설11 · 5계획(文化建设十一 · 五规划)에서 문화산업원구(文化产业园区), 국가문화산업시범기지(国家文化产业示范基地), 국가애니메이션게임산업기지의 건설을 통해 게임산업의 규범화, 집약화, 전문화를 촉진시킬 것을 명시하고 있다. 이 때부터 전국적으로 국가애니메이션게임산업기지가 건설되기 시작하였다. 국가애니메이션게임산업기지는 중국의 국내 인터넷 게임기업들에게 중요한 정책적 지원이 되고 있다. 중국 최초의 국가애니메이션게임산업기지는 2004년 상해화동사범대학(上海华东师范大学)에 설립되었다. 그 후 전국적으로 국가애니메이션게임산업기지는 경쟁적으로 설립되었다. 2007년 말에 중국에는 450여 개의 대학에 애니메이션 전공을 설치하고, 5,400 여 개의 애니메이션 관련 기업이 설립되고, 1,300여 개의 애니메이션 교육 기구가 설립되고, 30여 개의 애니메이션산업원구가 형성되고 17개의 국가급 애니메이션산업기지가 건설되었다. 2008년부터는 무분별한 경쟁을 조정하고자 하는 노력이 병행되고 있다. 그러나 지방정부는 지역경제발전을 위해 인터넷 게임산업을 더욱 적극적으로 육성하고자 산업원구를 비준해 주고 있다. 대표적인 산업원구로는 북경(北京)의 석경산산업원(石景山产业园), 항주(杭州)의 북부소프트웨어원(北部软件园), 하문(厦门)의 소프트웨어원(软件园), 성도(成都)의 소프트웨어부화원(软件孵化园) 등이 있다. 중국의 인터넷 게임산업의 국내 기업들이 발전 할 수 있는 요인으로 중앙정부와 지방정부의 적극적인 지원 이외에 세 번째로 중요한 것은 바로 중국전통문화 개념을 이용한 게임상품의 개발이다. 『2009年中国游戏产业报告(摘要版)』에 의하면 조사 대상의 57.1%가 무협소재의 게임을 가장 선호한다고 대답하였다.

3.3.3.4. 중국 국내 인터넷 게임기업의 해외진출

11 · 5계획기간 동안 중국의 국내 기업들은 해외시장 개척에 박차를 가하였다. 2009년 29개 기업의 64개 게임상품이 북미, 유럽, 일본, 한국, 동남아, 홍콩, 마카오, 대만 등 50여개 국가와 지역의 해외시장에 진출하고 있다. 2009년 중국 국내 기업의 해외게임시장에서의 영업수입은 1.09억 달러에 달하고 있다. 주요 기업별로는 完美时空은 3100만 달러, 网龍은 2000만 달러, 金山은 1400만 달러, 久游网은 1200만 달러의 영업수입을 달성하고 있다.

3.4. 중국의 문화정책

비록 국가적 차원에서의 재정지출이나 투자역량은 감소되고 있지만 문화산업 발전을 위한 중요한 정책을 입안하였다. 바로 2009년에 국무원(國務院)에서 통과된 문화산업진흥계획(文化産業振興計劃)이다.

문화산업진흥계획은 글로벌 금융위기와 거시경제조정이라는 국내외적 환경변화를 배경으로 하고 있다. 따라서 문화산업진흥계획은 공익성 문화를 발전시킴과 동시에 문화산업을 발전시켜 다양한 문화수요에 부응하는 것을 목적으로 하고 있다. 특히 문화산업진흥계획은 문화산업의 사회성(社會性)과 경제성(經濟性)을 조화시켜나감을 강조하고 있다. 문화산업진흥계획은 문화산업의 전반적 발전과 경쟁력 강화를 위해 8가지 중점사항[97]을 제시하고 있다. 그리고 제12차 경제사회개발 5개년 계획[98]에서도 문화산업의 발전을 중요하게 인식하고 있다. 제12차 경제사회개발 5개년 계획의 제10편은 혁신을 계승하고 문화의 발전과 번영을 추진하자이다. 제10편은 모두 3개의 장으로 구성되어 있다. 제42장은 전

97) 첫째, 문화혁신, 영화제작, 출판발행, 인쇄복사, 광고, 문예오락, 문화전시, 디지털콘텐츠, 애니메이션 등 중요한 문화산업을 더욱 발전시켜 나간다. 둘째, 사회 각 방면의 역량을 집중하여 시범적인 의의와 확산효과가 뚜렷한 중점 사업들을 추진해 나간다. 셋째, 지역을 넘어서고 업종을 넘어서 융·복합 할 수 있는 문화기업을 중점적으로 육성한다. 넷째, 시범 산업기지들을 건설하고 지역적인 특색과 민족적인 특색을 가진 문화산업클러스터(cultural industry cluster)를 발전시킨다. 다섯째, 도시와 농촌 주민들의 끊임없는 소비구조의 변화와 문화수요의 변화에 따라 새로운 문화상품과 문화서비스를 개발하고 이를 통해 문화수요(文化需要)를 확대시킨다. 여섯째, 문화예술공연기업을 발전시킨다. 특히 유선방송, 영화관, 디지털영화관, 출판물 발행기관 등이 다지역(多地域)으로 영업망을 확장하도록 유도하고 이를 통해 도시와 농촌의 문화시장을 발전시킨다. 일곱째, 모바일TV, 인터넷TV, 핸드폰TV 등 다양한 신흥 문화산업 업종들을 적극적으로 발전시키고 이를 통해 문화산업의 고도화를 추진해 나간다. 여덟째, 문화상품과 문화서비스의 수출을 적극적으로 장려하고 이를 통해 내외문화교역을 확대시켜 나간다.

98) 중국은 1952년부터 매 5년을 단위로 경제사회발전5개년 계획을 실시하고 있다. 제12차 경제사회개발 5개년계획은 2011년부터 2015년 기간을 말한다. 제12차 경제사회개발 5개년계획은 모두 15편 62장으로 구성되어 있다.

국민의 문화적 소질을 향상시킨다, 제43장은 문화혁신을 추진한다, 제44장은 문화사업과 문화산업을 발전 · 번영시킨다이다. 이를 통해 중국은 향후에도 문화산업을 더욱 적극적으로 발전시켜 나갈 의지가 분명함을 밝히고 있다. 그러나 문화산업은 정부가 주도가 되어 계획적으로 발전시켜서 어떠한 성과를 달성하기에는 무리가 있다. 특히 문화수요를 확대하기 위해서는 소득수준이 일정하게 유지되어야만 가능하다. 즉 고소비를 위해서는 고소득이 있어야 하고 이는 고비용으로 이어지기 때문에 단기에 쉽게 형성되기 힘든 구조적인 특징을 가지고 있다. 그러나 중국은 제조업에서와 마찬가지로 방대한 문화시장규모를 가지고 있기 때문에 앞으로의 발전 잠재력은 매우 크다고 본다.

4. 문화지표

4.1. 문화지표와 문화자본

문화와 경제발전의 관계를 연구함에 있어서 가장 큰 애로사항은 바로 문화의 정량화 문제와 이용 가능한 데이터의 구축이다(Cochrane, P., 2006). 이 문제에 대해서는 여러 실증분석들이 한계점을 극복하고자 다방면의 노력과 시도를 하고 있다.[99] Throsby, D.(1999, 2001)는 문화자본(cultural capital)의 개념으로서 정량화를 시도하고 있다. 즉 물적자본의 추정 방법을 응용하여 문화자본을 추정할 수 있음을 제시하고 있다. 그러나 Throsby, D. 역시 많은 한계점을 가지고 있음을 인정하고 있다.

Bourdieu, P.(1986)에 의하면 문화자본은 체화된 상태(embodied state), 구체화된 상태(objectified state), 제도화된 상태(institutionalised state) 세 가지 형식을 가지고 있다. 그 중에서 체화된 상태의 문화자본이 가장 일반적인 형식으로서, 이는 인적자본과 비슷한 의의를 가지게 된다(Robbins, D., 1991). 즉 인적자본은 물적자본과는 달리 물리적인 형태를 가지는 것이 아니기 때문이다. 한편 Costanza, R., Daly, H.E. (1992), Zweigenhaft, R.L.(1993)은 교육을 문화자본 형성에 있어서 중요한 요소로 보고, 사회적 성과에 대한 영향을 연구하고 있다.

이론적으로 문화자본은 문화의 총체적 역량이나 문화의 종합적 가치를 나타내는 중요한 지표이지만, 실증분석에서는 여러 가지 통계적 데이터의 제약으로 인해 쉽게 변수로서 이용되기는 어렵다. 따라서 현재까지 시도되고 있는 대부분의 실증연구는 문화자본 스톡을 직접적으로 추계하기 보다는 문화지표를 이용하여 간접적으로 연구하고 있다. 물론

99) 4절은 주로 김상욱(2008)을 참고하고 있음.

문화지표가 한 지역이나 한 국가의 문화적 역량이나 문화자본 스톡을 나타내기에는 일정한 한계를 가지고 있다. 그러나 현재로서는 문화지표를 문화자본 추계에 있어서 차선의 대안으로 받아들이지 않을 수 없는 실정이다.

4.2. 국가별 문화통계

4.2.1. UNESCO의 문화통계

UNESCO는 1970년대 초부터 국가 간 문화통계의 비교를 시도하고 있다. 1986년의 Framework for Culture Statistics는 이후 각 국가나 지역의 문화지표 연구에 큰 영향을 미치고 있다. UNESCO(1992)는 각 국가의 문화통계를 구축하기 위해 문화지표를 문화 자유지표(cultural freedom index), 창조적 능력지표(creative empowerment index), 문화적 대화지표(cultural dialogue index), 발전과 삶의 기대에 대한 문화지표(cultural index of development and life expectancy), 네 가지 지표로서 정량화를 시도하고 있다(McKinley, T., 1997).

2009 UNESCO Framework for Culture Statistics는 1995년부터 2005년 기간 동안 세계 14개 국가와 지역의 문화통계 Framework를 종합적으로 회고 하고 있다(UNESCO, 2007). 그리고 기존의 지표를 노동시장(labor market), 경제적 성과(economic performance), 공공의 지원(public support), 참가와 소비(participation and consumption), 무형문화자산(intangible cultural asserts)으로 재분류하고 있다.

2009 UNESCO Framework for Culture Statistics는 기존의 틀과 달리 세 가지 측면에서 확장을 시도하고 있다. 첫째는 문화의 범위를 문화와 경제(culture and economy)의 관계로 확장하고 있다. 왜냐하면 문화는 경제와 사회로부터 분리될 수 없으며, 경제와 사회로부터 분리되는 문화는 가치를 논하기기 힘들다. 그러나 문화적 가치가 반드시 시장적 가치를 가지는 것은 아니다. 왜냐하면 시장적 가치는 가지지 않지만 문화적 가치를 가지

는 섹터들이 많이 있기 때문이다. 둘째는 공공부문과 사적부문(public sector and private sector)의 관계로의 확장이다. 특히 문화의 영역에 있어서 공적과 사적부문을 분리시키는 것이 아니라 이들의 관계성을 강조하고자 한다. 셋째는 공식부문과 비공식부문(formal sector and informal sector)의 제도화(institutionalisation) 정도이다. 문화의 생산과 분배는 공식부문뿐만 아니라 비공식부문에서도 발생하기 때문이다. 그러나 문화의 생산과 분배가 비공식부분에서 발생하게 된다면 공식부문의 통계지표로서는 측정이 불가능하게 된다(UNESCO, 2007).

2009 UNESCO Framework for Culture Statistics는 핵심영역과 관련영역으로 구분하여 문화통계체제를 구축하고 있다. 핵심영역에는 문화와 자연유산(cultural & natural heritage), 성과와 축제(performance & celebration), 시각예술, 기능과 디자인(visual arts, crafts & design), 서적과 출판(books & press), 오디오–시각과 디지털 미디어(audio—visual & degital media)로 구성된다. 그리고 관련영역에는 여행, 스포츠와 레저(tourism, sport & leisure) 등이 포함된다. 그리고 핵심영역과 관련영역에 있어서 문화산업과 비문화산업을 나누고 문화적 종사자와 비문화적 종사자를 다시 구분하고 있다. 예를 들면 자동차산업의 디자이너는 비문화부문(non—cultural industries)의 문화적 종사자(cultural occupations)이다.

UNESCO의 문화통계 모형은 실질적으로 국가 간 비교에 이용되기도 하지만 다른 국가나 지역의 문화통계 구축에 큰 영향을 주고 있다. 특히 캐나다와 뉴질랜드는 UNESCO의 문화통계를 바탕으로 자국에 적합한 문화통계 체계 구축을 시도하고 있다.

4.2.2. 캐나다의 문화통계

Statistics Canada(2004)는 "문화는 창조적 예술 활동과 이를 통해 생산되는 재화와 서비스 그리고 인류유산의 보존이다"로 규정하고 있다. Statistics Canada(2004)에 의하면 문화는 가치가 포함된(value—laden) 개념으로 파악하고 있다. 문화통계에는 경제체제(economic systems), 정치 이데올로기(political ideologies), 교육제도(educational institutions), 사회 프로그램(social programs), 환경(environment), 기술 시스템(technological systems), 오락 활동(recreational practices), 예술과 유산(artistic and heritage activities), 수송 산업(transportation industries), 교류 산업(communication industries), 종교 · 정신 활동(religious and spiritual activities) 등을 포함하고 있다.

문화산업은 다른 산업들과는 다른 특성을 가지고 있다. 일반적인 산업 부문에서의 재화와 서비스와는 달리 문화산업은 투입과 산출의 과정에서 창조적 활동(creative activity)이 있기 때문이다. 따라서 기존의 통계체계로서는 이러한 창조적 활동을 추적하기가 힘들고 새로운 통계체계의 설계가 필요한 것이다. 또한 창조적 활동은 문화적 창조에서 시작하여 문화 상품과 서비스를 생산하는 전 과정에서 창조적 체인(creative chain)을 형성하게 된다. Statistics Canada(2004)의 문화통계체계는 UNESCO의 체계를 기초로 문화 상품과 서비스의 "투입(player)—연계(linkage)—산출(outcome)"이라는 측면에서 접근하고 있는 특징을 가진다.

4.2.3. 뉴질랜드의 문화통계

New Zealand Statistics(2006)는 UNESCO의 문화통계체계를 바탕으로, 문화부문이 경제사회발전에 미치는 영향을 파악하기 위한 기초 자료로서 문화지표를 고용(engagement), 문화적 정체성(cultural identity), 다양성(diversity), 사회적 결집력(social cohesion), 경제발전(economic development)의 다섯 부문으로 세부 지표를 설정하고 있다.

Statistics New Zealand(1995)는 뉴질랜드의 문화통계에 있어서 마오리(Maori) 문화의 중요성을 강조하고 있다. 뉴질랜드의 문화통계는 기본적으로 문화산업을 Encoder(supply)와 Decoder(demand)적인 측면에서 접근하고 있다. 따라서 문화통계에는 Taonga Tuku Iho, 문화유산(Heritage), 도서관(Libraries), 문학(Literature), 공연예술(Performing Arts), 시각예술(Visual Arts), 영상과 비디오(Film and Video), 방송(Broadcasting), 커뮤니티와 정부활동(Community and Government Activities), 스포츠와 오락(Sport and Recreation), 자연환경(Natural Environment) 등을 포함하고 있다.

New Zealand Statistics(2006)는 문화적 다양성을 정량화하기 위한 시도를 하고 있다는 측면에서 캐나다와 UNESCO의 문화통계체계가 더욱 발전하고 있다. 그러나 사회적 결집력(social cohesion)은 현재의 통계적 기술로는 정량화가 불가능한 문제점을 가지고 있기도 한다. 고용(engagement)에는 모두 4 종류의 섹터들을 두고 있으며 8개의 지표로서 통계체계를 구축하고 있다. 문화적 정체성(cultural identity)은 모두 2종류의 섹터를 두고 있으며 5개의 세부 지표로서 구성된다. 그 중에서 강인함(Strength)은 마오리(Maori) 문화와 뉴질랜드 문화와의 관계를 나타내고 있다. 다양성(diversity)은 모두 3개의 세부 지표를 포함하고 있는데 다른 문화의 활동에 대한 참가 정도 그리고 소수민족의 문화적 활동이 어느 정도인가로서 측정되고 있다. 경제발전(economic development)은 3개의 세부지표로 구성된다. 첫째는 문화산업(cultural industry)의 소득이다. 둘째는 창조적 산업(creative industry)에 의해 창출된 부가가치이다. 셋째는 전체 부가가치에 대한 창조적 산업의 비중이다.

여기서 문제는 문화산업과 창조적 산업에 대한 구분이다. 기존의 일반적인 산업분류에서는 문화산업과 창조적 산업이 독립적으로 분리되어 있지 않다. 따라서 새로운 기준을 통해 재분류가 필요하다. 그리고 재분류를 통해 문화산업을 분류해 내어도 부가가치에 대한 문제는 여전히 남는다. 부가가치는 투입과 산출의 관계에서 중간재를 제외한 나머지 부분을 말한다. 그러나 문화산업은 그 자체로서 창조적 활동을 포함하고 있기 때문에 이러한 관계를 적용하기가 힘들기 때문이다. 그러나 이러한 한계점이 있음에도 불구하고 뉴질랜드의 문화통계는 마오리 문화를 통계체계에 포함하고자 시도하고 있다는 점에서 나름대로의 의의가 있다고 본다.

4.2.4. 중국의 문화통계

중국의 일반적인 통계자료 조사, 편집, 발행은 주로 중화인민공화국통계국(中華人民共和國統計局)에서 담당한다. 그러나 문화관련 통계는 문화부(文化部)에서 주관한다. 중국 문화부는 매년 『중국문화문물통계연감(中国文化文物统计年鉴)』을 편찬하고 있다. 이를 통해 중국의 문화통계 현황을 파악할 수 있다. 다른 국가와 달리 중국은 문화통계연감을 독립적으로 발행함으로써 문화에 대한 연구와 문화산업에 대한 관리에 일관성 있는 자료를 제공하고 있다.

문화부의 주요 기관에는 예술사(艺术司), 문화과기사(文化科技司), 문화시장사(文化市场司), 문화산업사(文化产业司), 사회문화사(社会文化司), 비물질문화유산사(非物质文化遗产司), 정책법규사(政策法规司) 등이 설치되어 있다. 예술사 아래에는 예술연구처(艺术研究处), 희극곡예처(戏剧曲艺处), 음악무도잡기처(音乐舞蹈杂技处), 문학미술처(文学美术处), 연출연락처(演出联络处)가 있으며, 사회문화사 아래에는 문화관처(文化馆处), 도서관처(图书馆处), 군중문화활동지도처(群众文化活动指导处), 소수민족문화처(少数民族文化处)가 설치되어 있다. 여기에서 예술사는 주로 중앙과 지역의 전문예술관련 업무를 담당하고 있으며, 사회문화사는 민간의 예술관련 업무를 담당하고 있다. 즉 중국의 문화통계는 전문예술문화 관련 통계와 민간의 예술문화 관련 통계가 모두 집계되고 있는 특징을 가진다. 『중국문화문물통계연감(中国文化文物统计年鉴)』에서 전자는 艺术业(예술업)에서 후자는 群众文化业(군중문화업)에서 통계 자료를 구축하고 있다. 이외에도 『중국문화문물통계연감(中国文化文物统计年鉴)』에서는 图书馆业(도서관업), 文化市场经营机构(문화시장경영기구), 文化市场执法机构(문화시장행정기구), 教育科技及其他(교육, 과학기술 및 기타), 文物业(문물업), 非物质文化遗产保护(비물질문화유산보호)으로 분류된 문화 관련 통계를 제공하고 있다.

4.3. 중국의 지역별 문화지표의 비교

4.3.1. 문화지표의 요소

문화지표의 추계 방법은 국내외적으로 여러 가지 지표체계가 시도되고 있다. 문화지표는 지표를 작성하는 주체의 관심 영역에 따라 같은 분야라 할지라도 차이가 있으며(정연정 · 김학용, 2006), 또한 문화의 정의에 따라서 문화지표가 달라질 수도 있다. 특히 문화지표의 가장 큰 문제는 문화에 어떠한 부문을 포함시키는가이다.

김세훈(1995)은 1986년 UNESCO 한국위원회의 문화지표체계를 기초로 문화유산, 문학과 예술, 대중매체, 사회문화적 활동, 여가활동, 국제문화교류의 6개 부문으로 구성되는 문화지표를 구축하였다. 장영희 등(1996)은 서울시 문화지표 설정 연구에서 문화시설, 문화프로그램, 문화 활동, 전통문화자원, 문화행정을 주요 지표로 설정하였다. 그리고 이현식 · 이충석(2002)은 인천시 문화지표를 인문 · 사회 환경, 문화시설, 문화프로그램, 문화자원, 문화지원체계, 문화향유 및 수요, 문화산업의 7개 영역으로 구성하였다. 최근 정연정 · 김학용(2006)은 즉 문화지표는 지역의 문화적 상태를 총체적으로 나타내어 지역의 문화수준을 파악하기 위한 기준이 되는 것으로 정의하고 있으며, 지역의 문화수준을 문화 자원과 문화 복지 두 가지 측면에서 보고 있다. 그리고 충청북도의 문화수준을 나타내기 위한 일반현황, 문화 인프라, 문화향유 및 수요, 지역문화 정책평가의 네 가지 지표를 제시하고 있다. 정정숙(2006)은 OECD국가의 문화경쟁력을 비교하는 연구에서, 문화창조, 문화수출, 문화향유, 문화유산, 문화기반, 문화여건, 여섯 가지 부문에서 문화경쟁력을 분석하고 있다. 倪鹏飞(2007)는 중국의 도시경쟁력을 평가하는 지표 중의 하나로서 문화경쟁력 지표를 이용하고 있으며, 문화경쟁력은 가치지향지수, 창업정신지수, 혁신분위기지수, 교류신용지수 네 가지 지수로 구성되어 있다.

문화지표는 한 지역의 문화역량이나 문화수준 또는 문화경쟁력을 나타내는 종합적 지표이다. 즉 문화를 지역경제발전에 필요한 변수로서 인식하고, 이를 정량화하는 과정이 바로 문화지표이다. 특히 지역 간 비교를 위해서는 비교 대상과의 관련 적합성(relevant, serves a practical or valued purpose), 실무 반영성(grounded in and /or linked to policy practice), 보편성(comparable across regions, across time periods), 측정 가능성(measurable, able to be measured, and data available) 등의 조건들이 만족되어야만 한다. 즉 비교 항목들은 이론에 근거(grounded in theory)하여 설명력을 높일 수 있는 것이 선택될 수 있으면 가장 바람직하다(Madden, C., 2005).

4.3.2. 문화지표의 구조

문화지표를 추계하는 과정은 크게 네 단계를 가진다. 즉 부문(sector)의 설정, 요소(factor)의 설정, 가중치(weight)의 설정, 그리고 추계(calculation)이다. 이 중에서 가장 중요한 것은 바로 부문의 설정이다. 이는 문화를 어떻게 정의하느냐의 문제이다. 김상욱(2008)은 문화를 생산요소의 하나로서 정의한다. 문화는 직접적으로 지역경제발전에 영향을 초래할 수도 있으며, 또는 간접적으로 영향을 초래할 수도 있다. 직접적인 경로는 문화산업, 문화시설, 문화수요, 문화행정 등을 통해서 지역경제발전에 영향을 초래할 수 있다. 그리고 간접적인 경로는 문화의 다양성, 개방성, 창조적 혁신 등을 통해서 지역경제발전에 영향을 초래할 수 있다. 김상욱(2008)은 UNESCO와 OECD, 그리고 한국문화정책개발원(現 한국문화관광연구원)의 문화지표체계를 바탕으로 중국의 실정에 맞는 문화지표체계의 구축을 시도해 본다. 특히 김상욱(2008)은 문화를 생산요소로 정의하고 있기 때문에, 문화를 문화산업에만 국한시키지 않고, 교육 및 혁신과도 연계하고 있다. 김상욱(2008)의 문화지표는 기존의 연구들을 바탕으로 하여, 사회 · 경제 환경, 문화산업, 문화시설, 문화수요, 문화재정, 문화교육, 문화단체, 문화 다양성, 문화 개방성, 창조적 혁신의 10개 부문을 설정하고 있으며, 45개의 구체적인 요소들을 포함하고 있다. 최근까지 중국 지역연구에 있어서 아직 지역 간 비교를 위한 문화지표의 연구가 매우 미비한 실정이다. 따라서 아래의 표에서 제시하고 있는 문화지표는 향후 중국의 지역연구, 특히 지역문화의 실증분석에 중요한 의의를 가지고 있다고 본다.

<표 10-30> 문화지표의 구조

대분류	중분류	세부항목
사회 경제 환경	사회 환경	c1 총인구 중 여성인구의 비중
		c2 총인구 중 15세~64세 인구
		c3 도시인구 중 15세~64세 인구
	경제 환경	c4 평균 임금
		c5 1인당 GDP
		c6 소비성 지출 중 문화, 오락의 비중

문화 산업	문화 기초 산업	c7 문화산업 기구 수
		c8 문화산업 부가가치
	문화 관련 산업	c9 도서 출판 수량
		c10 신문 출판 수량
		c11 영상물 출판 수량
		c12 광고금액
	문화 주변 산업	c13 관광 수입
		c14 음향상품 소매 및 대여점 수
문화 시설	HW	c15 도서관 소장 도서 수
		c16 박물관 면적
		c17 예술 공연장 좌석 수
		c18 영화관 좌석 수
		c19 시민예술관, 문화관 수
	SW	c20 예술 공연단체 공연회수
		c21 예술 공연장소 공연회수
문화수요		c22 예술 공연 관객 수
		c23 공공도서관 도서 대출 수
		c24 박물관 전시회 수
문화 재정	재정지원	c25 1인당 문화사업 경비 지출
		c26 예술 공연단체 재정지원
	행정지원	c27 문화문물기구 사업경비
		c28 문화시장 행정관리기구 수
문화단체		c29 예술 공연 단체 수
		c30 무도 및 오락장소
		c31 PC방 수
		c32 현 · 시급 문화관 종사자수
		c33 향 · 진급 문화관 종사자수
		c34 文物業 종사자수
		c35 문화시장 경영기구 종사자수
문화 교육	교육사업	c36 문화부문 교육 종사자수
		c37 문화부문 재학생 수
		c38 문화부문 교육지출
	인석사본	c39 고등 인적자본 스톡
문화의 다양성		c40 예술 공연단체 非국유비중
		c41 민간조직 수
문화의 개방성		c42 외국인 여행자 수
		c43 외국인 여행자수/전체 여행자수 비중

문화의 창조적 혁신	c44 예술 공연단체 新공연 회수
	c45 인터넷 서비스 영업장소 수

자료: 김상욱(2008).

4.3.3. 문화지표의 비교

문화지표의 구조는 매우 복잡하고, 많은 데이터를 이용하고 있다. 그리고 각 데이터의 단위가 다르기 때문에, 우선 표준화를 해야 한다. 표준화 방법은 여러 종류가 있으나, 특히 Kresl, P.K., Ni, P.F.(2006)의 방법은 다수의 지표를 표준화하는 경우 가장 많이 이용되는 방법 중의 하나이다(倪鹏飞, 2007).

$$c_{ij} = \frac{x_{ij} - x_{i,\min}}{x_{i,\max} - x_{i,\min}} \quad \cdots\cdots (1)$$

식(1)에서 i는 세부항목을, j는 지역을 나타낸다. c_{ij}는 표준화된 값이며, x_{ij}는 원시 데이터, $x_{i,max}$는 원시 데이터 중 가장 큰 값, $x_{i,min}$는 원시 데이터 중 가장 작은 값을 나타낸다. 아래에서는 2005년도 31개 성 · 시 · 자치구(省 · 市 · 自治區)의 자료를 이용하여, 문화지표의 세부항목을 표준화한다.

45개의 세무항복의 표준화 결과에 의하면, 일반적인 지역경제발전구조와 비슷한 특징과 또한 다른 특징을 발견할 수 있다. 우선 지역경제발전 수준이 상대적으로 높은 동부 연해안 지역의 광동성(廣東省)과 상해시(上海市)가 각각 10개와 7개의 세부항목에시 가장 높은 표준 값을 나타내고 있으며, 절강성(浙江省)과 산동성(山東省)도 각각 4개와 3개의 세부항목에서 가장 높은 표준 값을 나타내고 있다. 그러나 북경시(北京市)는 2개의 세부항목에서만 가장 높은 표준 값을 나타내고 있다. 한 가지 주목할 사실은 중부 지역의 하남성(河南省)과 산서성(山西省), 그리고 서부지역의 사천성(四川省)이 각각 5개, 3개, 5개 세부항목에서 가장 높은 표준 값을 나타내고 있다는 것이다.

각 세부항목의 표준화한 값을 이용하여 각 지역의 종합적인 문화지표를 추계하기 위해서 아래 식 (2)를 이용한다. 식 (2)에서 i는 세부항목을, j는 지역, w는 가중치를 나타낸다. 그리고 c_{ij}는 위에서 계산한 각 세부항목의 표준화된 값들이며, CUI는 각 지역의 문화지표이다.

$$CUI_j = \sum_{i=1}^{45} \omega_i c_{ij} \quad \cdots\cdots (2)$$

식(2)를 이용한 지역별 문화지표의 추계 결과는 아래와 같다. 우선 31개 성 · 시 · 자치구(省 · 市 · 自治區) 중에서 13개 지역의 문화지표가 평균보다 높은 수준을 보이고 있다. 특히 광동성(廣東省), 절강성(浙江省), 상해시(上海市)는 문화지표의 절대 값이 각각 0.5894, 0.5658, 0.5278로서 상대적으로 높게 나타나고 있다. 이 세 지역은 모두 동부 연해안 지역에 위치하고 있으며, 중국 개혁개방의 시작과 더불어 가장 빠른 성장을 하고 있는 지역이다. 그리고 동부 연해안 지역의 산동성(山東省)과 강소성(江蘇省)도 비교적 높은 문화지표 값을 나타내고 있다. 이러한 결과를 볼 때, 경제발전 수준이 상대적으로 높은 지역의 문화적 잠재력이 상대적으로 크다고 볼 수 있다. 물론 문화적 잠재력이 경제발전에 영향을 미치는지 아니면 경제발전 수준이 문화적 잠재력을 크게 하는지는 또 다른 문제이다.

둘째, 평균 이상의 절대 값을 가진 13개 지역 중에서 하남성(河南省), 호남성(湖南省), 호북성(湖北省), 산서성(山西省)은 중부지역에 속하며, 사천성(四川省)은 서부지역에 속한다. 이들 지역은 동부 연해안 지역과 비교해 지역경제발전 수준이 상대적으로 낮지만, 전통적인 문화발전지역으로 문화적 잠재력이 상대적으로 높은 지역이라 볼 수 있다. 특히 서부지역의 경제발전을 주도하는 사천성(四川省)의 문화지표는 0.4146으로 북경시(北京市)와 비슷한 수준을 보이고 있다. 세부적인 지표를 보면, 문화산업, 문화시설, 그리고 문화단체의 지표가 평균보다 비교적 높은 수준을 보이고 있다. 그러나 사천성(四川省)의 문화수요는 전국 평균 0.013보다 낮은 0.009를 보이고 있다. 이는 경제발전 수준이 상대적으로 낮은 지역에서는 문화의 공급적 측면이 수요적 측면보다 강하게 작용하고 있기 때문일 것이다. 그러나 북경시(北京市)와 천진시(天津市) 같은 경제발전 수준이 상당히 높은 지역의 문화수요 지표가 전국평균보다 낮게 나타나고 있기 때문에 이를 일반적인 결론으로 보기는 힘들다.

셋째, 지역경제발전 수준이 비교적 높고 동부 연해안 지역에 위치하고 있으며 대외개방 정도가 상대적으로 높은 복건성(福建省)과 천진시(天津市)의 문화지표가 평균보다 낮게 나타나고 있다. 복건성(福建省)의 경우, 다른 세부지표들은 평균과 비슷한 수준을 보이고 있으나, 문화단체, 문화교육, 문화의 개방성이 평균보다 비교적 낮은 수준을 보이고 있다. 김상욱(2008)이 이용하고 있는 문화의 개방성 지표는 외국인 여행자 수의 절대 값과 외국인 여행자수와 전체 여행자수의 비중을 이용하고 있다. 2005년 복건성(福建省)의 전체 여행자수는 197.39만 명으로 전국 평균 171.80만 명 보다 높은 수준이나, 외국인 여행자수는 72.36만 명으로 전국 평균 97.09만 명 보다 낮은 수준이다. 그리고 외국인 여행자수의 전체 여행자수에 대한 비중이 36.66%로 전국 평균 70.31%보다 크게 낮은 수준이다. 따라서 문화의 개방성 항목이 전체 복건성(福建省)의 문화지표에 유의한 영향을 초래하는 것으로 볼 수 있다. 천진시(天津市)의 경우, 사회경제환경과 문화재정은 평균 보다 높은 수준을 나타내고 있으나, 문화산업, 문화시설, 문화수요, 문화단체, 문화의 창조적 혁신의 세부지표가 전국 평균보다 크게 낮은 것으로 나타나고 있다. 이는 천진시(天津市)의 문화적 기반시설이 타지역과 비교해서 상대적으로 열약하기 때문에 종합적인 문화지표의 값이 작게 나타나고 있다고 해석할 수 있다.

넷째, 소수민족이 상대적으로 많이 집중하고 있는 5개 自治區와 운남성(云南省)의 문화지표는 크게 높지 않게 나타나고 있다. 영하자치구(寧夏自治區)는 전체 인구의 35.99%, 서장자치구(西藏自治區)는 93.14%, 신강자치구(新疆自治區)는 60.43%, 내몽고자치구(內蒙古自治區)는 21.62%, 광서자치구(廣西自治區)는 40.73%, 그리고 운남성(云南省)은 26.15%가 소수민족이다. 소수민족은 여러 형식의 다양한 문화적 배경을 가지고 있기 때문에 지역문화의 발전에 적극적인 영향을 초래할 수 있다고 본다. 그러나 종합적인 문화지표 값은 다른 지역에 비해 상대적으로 작게 나타나고 있다. 특히 문화산업과 문화시설 등 문화기반시설이 타 지역에 비해 상대적으로 크게 열악한 것으로 나타나고 있다. 김상욱(2008)에서 이용하고 있는 문화지표의 구조 내에는 소수민족의 문화적 특성을 반영하는 구체적인 요소를 포함하고 있지 않다. 이는 소수민족은 전국적으로 균등하게 분포하고 있지 않기 때문에 이와 관련된 요소를 지표에 삽입하게 되면 당연히 이들 지역의 문화지표의 절대 값이 높아지게 때문이다. 이러한 결과가 초래되는 것은 김상욱(2008)의 문화지표가 가지는 한계점 중의 하나라고 해석할 수 있다. 각각 다른 문화적 특성을 가지고 있는 다수 지역의 문화적 잠재력을 비교할 수 있는 지표의 개발은 단지 중국뿐만 아니라 다른 모든 나라들이 가지고 있는 공통적인 한계점이기 때문이다.

종합적으로 보면, 추계 결과는 지역의 경제발전 수준과 문화지표 사이에는 어느 정도의 상관관계가 존재하는 것을 발견하였지만, 또한 양자의 관계가 반드시 성립하는 것은 아니라는 것도 동시에 발견되었다. 이러한 발견은 향후 지역문화 연구에 새로운 과제를 안겨주고 있다. 즉 지역경제발전 수준이 상대적으로 낮은 지역의 문화지표가 높은 것은 그 지역의 발전 잠재력을 간접적으로 나타낼 수 있기 때문이다.

□ 요약

본 장에서는 중국의 지역문화를 분석하고 있다. 지역문화는 매우 복잡한 개념으로 전통적인 지역경제학에서는 많이 다루지 않고 있는 부분이다. 그러나 지역경제발전이 다양화 되고 있는 현실에서 지역문화의 변수는 많은 지역문제를 설명하고 분석하는 연구에 이용될 수 있다. 우선 제1절에서는 지역문화의 정의를 통하여 부문별과 지역별로 중국의 지역문화를 비교하고 있다. 부문별 지역문화 비교에는 언어, 음식, 희곡 세 가지를 선택하여 지역성과 문화적 특징을 비교한다. 지역별 비교에서는 화북지역, 동북지역, 화동지역, 화중지역, 화남지역, 서북지역, 그리고 서남지역으로 나누어서 지역문화의 특징을 비교한다. 제2절에서는 지역문화 발전의 기본요건인 문화인프라를 중점적으로 분석한다. 문화인프라 중에서도 중요한 역할을 담당하는 예술공연단체, 군중문화기구, 그리고 공공도서관과 박물관을 중점적으로 분석한다. 그리고 문화사업비와 문화부문의 기본건설투자를 통해 지역별 문화투자 현황을 비교하고 있다. 제3절에서는 중국의 문화산업의 발전을 요약하고 지역별 문화산업의 생산성을 비교 분석한다. 중국의 문화산업은 주로 문화오락업을 중심으로 발전하고 있다. 따라서 인터넷 게임산업을 예로 문화오락업의 발전현황과 특징을 분석하고 있다. 제4절에서는 문화요인과 지역경제발전의 관계를 연결시켜 주는 문화지표에 대해 분석한다. 문화지표는 문화자본을 대리하는 변수로서 많이 이용되고 있으며 이를 통해 지역경제발전 격차를 설명할 수도 있다.

□ 주요개념

1. 문화
2. 지역문화
3. 문화경제학
4. 언어의 지역성
5. 음식의 지역성
6. 희곡의 지역성
7. 수도문화(首都文化)
8. 삼진문화(三晋文化)
9. 제로문화(齐鲁文化)
10. 관동문화(關東文化)
11. 오월문화(吴越文化)
12. 중원문화(中原文化)
13. 강서문화(江西文化)
14. 영남문화(岭南文化)
15. 신강문화(新疆文化)
16. 파촉문화(巴蜀文化)
17. 장문화(藏文化)
18. 군중문화기구
19. 문화관
20. 문화참
21. 문화산업
22. 문화지표
23. 문화자본

□ 주요 참고문헌

국민호(1997), "동아시아 경제발전과 유교", 『한국사회학』, 제31집, pp.29–59.

김광규(2010), "경영적 관점에서 살펴 본 우리나라 문화산업 경쟁력 제고방안", 『문화산업연구』, 제10권, 제1호, pp.29–47.

김상욱(2008), "중국 지역별 문화지표 추계에 관한 연구", 『한중사회과학연구』, 제6권, 제2호, pp.189–221.

김상욱(2011a), "중국 문화산업의 부문별 생산성 비교", 『한중경상연구』, 제10집, 제2호, pp.5–24.

김상욱(2011b), "중국 문화산업의 지역별 생산성 비교", 『중국학연구』, 제57집, pp.311–334.

김상욱(2011c), "중국 인터넷 게임산업의 발전과 특징", 『한국지식정보기술학회 논문지』, 제6권, 제4호, pp.145–152.

김세훈(1995), 『문화지표체계개선』, 한국문화관광연구원연구보고서, 정책연구 95–12.

데이비드 트로스비(2004), 『문화 경제학』, 서울: 한울.

선정규(2011), "중국 문화산업 정책의 특징과 전략적 목표", 『한국학연구』, 제37집, pp.33–58.

유재윤, 진영효, 김형국(2000), 『도시문화산업의 육성방안–도시마케팅적 접근을 중심으로』, 국토연구원, 국토연 2000–24.

안인자(2006), "문화분류와 문화콘텐츠산업분류에 관한 연구", 『한국비블리아학회발표논집』, 제15집, pp.21–39.

이현식·이충석(2002), 『인천광역시 문화지표설정 및 조사에 관한 연구』, 인천발전연구원, 자체02–04.

장영희·이기현·신경희·전기택(1996), 『서울시 문화지표 설정 및 측정 연구』, 서울시정개발연구원, 시정연 96–R–33.

정연정·김학용(2006), 『충청북도 문화지표 설정에 관한 연구』, 충북개발연구원, 충북연 2006–6.

정정숙(2006), 『OECD 주요국가의 문화경쟁력 분석』, 한국문화관광연구원.

조현성(2004), 『캐나다와 호주의 문화통계 생산체계 연구』, 한국문화관광연구원.

최의현(2001), 『韓流의 경제적 효과와 정책 시사점에 관한 설문 조사』, KIEP 동향분석속보, 제01–38호.

한홍석(2004), "중국 문화산업의 제도적 특징과 발전", 『현대중국연구』, 제6권, 제2호, pp.191–229.

허진, 2002, "중국의 한류 현상과 한국 TV 드라마 수용에 관한 연구", 『한국방송학보』, 통권제16–1호, pp.496–529.

金相郁(2006), "中国区域发展差距的趋势与动因分析", 『财经科学』, 第7期, pp.110–117.

金相郁(2004), "文化与经济的关系:第三种解释", 『经济学动态』, 第3期, pp.13–18.

金相郁(2007), 『中国区域经济不平衡与协调发展』, 上海人民出版社.

金相郁, 武鹏(2009), "文化资本与区域经济发展的关系: 中国经验", 『统计研究』, 第26卷, 第2號, pp.28–34.

倪鹏飞(2007), 『中国城市竞争力报告No.5』, 北京: 社会科学文献出版社.

张敦富 · 覃成林(2001), 『中国区域经济差距与协调发展』, 中国轻工业出版社.

赵德兴 · 陈友华 · 李惠芬 · 付启元(2006), "城市文化竞争力指标体系研究", 『南京社会科学』, 第6期, pp.20–25.

彭泗清(1999), "信任的建立机制:关系运作与法制手段", 『社会学研究』, 第2期, pp.53–66.

胡兆量(2001), 『中国文化地理概述』, 北京: 北京大学出版社.

胡兆量(2006), 『中国文化地理概述(第2版)』, 北京: 北京大学出版社.

Capra, F.(1982), *The Turning Point*, New York Simon and Schuster.

Cochrane, Phoebe(2006), "Exploring Cultural Capital and its Importance in Sustainable Development", *Ecological Economics* 57, pp.318–330.

Copus, A., Kahila,P., Jansson,B., Mariusen,G.(2001), "The Role of Regional Millieux in Rural Economic Development". SAC, Aberdeen.

Costanza, R., Daly, H.E.(1992) "Natural Capital and Sustainable Development", *Conservation Biology* 6, pp. 37–46.

Madden, Christopher(2005), "Indicators for Arts and Cultural Policy: A Global Perspective", *Cultural Trends* 14(3), pp.236–238.

McKinley, Terry(1997), "Cultural Indicators of Development", UNESCO Occasional Paper Series on Culture and Development.

New Zealand Statistics & Ministry for Culture and Heritage(2004), *Cultural Indicators for New Zealand,* New Zealand.

Saxenian, A.(1994), *Regional Advantage: Culture and Competition in Silicon Valley and Route 128*. Harvard University Press, Cambridge.

Sen, A.(2000). "Culture and Development", presented at World Bank Tokyo Meeting.

Statistics Canada(2004), *Canadian Framework for Culture Statistics*.

Throsby, David(1994), "The Production and Consumption of the Arts: A View of Cultural Economics", *Journal of Economic Literature* 32, pp.1–29.

Throsby, David(1995), "Culture, Economics and Sustainability", *Journal of Cultural Economics* 19, pp.199–206.

Throsby, David(1997), "Sustainability and Culture: Some Theoretical Issues", *International Journal of Cultural Policy* 4, pp. 7–20.

Throsby, David(1999), "Cultural Capital", *Journal of Cultural Economics* 23, pp. 3–12.

Throsby, David(2003), "Economics and Culture", Book review, *Journal of Cultural Economics* 27, pp.73–75.

UNESCO(1992), *Framework for Cultural Statistics*. UNESCO, Paris, 1992.

UNESCO(1998), *World Culture Report*. UNESCO, Paris, 1998.

World Commission on Culture and Development(1995), *Our Creative Diversity*. UNESCO, Paris.

저자

김상욱(金相郁)

경북대학교 경제학과(학사)
경북대학교 경제학과(석사)
中國 南開大學 경제학과(박사)

中國 南開大學 經濟社會發展硏究院 講師(2002-2004)
中國 南開大學 經濟社會發展硏究院 副教授(2005-2008)
배재대학교 중국학부 중국통상학 전공 교수(2008-현재)
한국동북아경제학회 사무국장(2010)
東北亞經濟硏究 편집위원(현재)
배재대학교 대학원 동아시아학과 주임교수(현재)
배재대학교 동아시아연구소 부소장(현재)

주요 저서 및 논문

中韩区域经济发展比较研究(2005), 中国区域经济不平衡与协调发展(2007)
空间收敛第一规律与空间收敛第二规律(2001), 中国聚集经济实证分析: 以天津市为例(2004)
中国区域发展差距格式实证研究(2005), 中国外商直接投资的区位决定因素分析: 城市数据(2006)
Total factor productivity and determinants in China(2007)
중국 지역별 문화지표 추계에 관한 연구(2008)
文化资本与区域经济发展的关系: 中国经验(2009)
Regional Specific Factor, Factor Appropriation, and Regional Economic Harmonious Development(2010)
중국의 지역별 문화지표의 추계와 비교(2011)

중국지역경제개론
INTRODUCTION to CHINESE
REGIONAL ECONOMIES

초판 1쇄 발행 _ 2011년 12월 30일

저 자 · 김 상 욱
발 행 인 · 정 현 걸
발 행 · 신 아 사
인 쇄 · 예지커뮤니케이션
출판등록 · 1956년 1월 5일 (제9-52호)
주 소 · 서울특별시 은평구 녹번동 28-36번지 2F
전 화 · (02)382-6411 · 팩스 (02)382-6401
홈페이지 · www.shinasa.co.kr
E-MAIL · shinasa@chol.com

ISBN 978-89-8396-752-7(93340)

정가 *35,000*원